Analecta Gregoriana

Cura Pontificiae Universitatis Gregorianae edita
Vol. 272. Series Facultatis Theologiae: sectio B, n. 93.

FRIEDRICH BECHINA

DIE KIRCHE ALS «FAMILIE GOTTES»

Die Stellung dieses theologischen Konzeptes
im Zweiten Vatikanischen Konzil
und in den Bischofssynoden von 1974 bis 1994
im Hinblick auf eine «Familia-Dei-Ekklesiologie»

Premio Bellarmino 1997

EDITRICE PONTIFICIA UNIVERSITÀ GREGORIANA
ROMA 1998

IMPRIMI POTEST
Romae, die 10 decembris 1997
R. P. Giuseppe Pittau
Rector Universitatis

IMPRIMATUR
Dal Vicariato di Roma, 11-12-1997
Sac. Luigi Moretti
Segretario Generale

ISBN 88-7652-776-1

Editrice Pontificia Università Gregoriana
Piazza della Pilotta, 35 - 00187 Roma, Italia

O Gott,

wir sind Deine Kinder im Vater,
wir sind Deine Geschwister im Sohne,
wir sind von Dir durchweht
und durchglüht im Heiligen Geiste.

Wir wollen Deine Kinder sein,
wir wollen Deine Familie sein,
wir wollen Dein Reich sein,
wir wollen Deine Braut sein!

O Vater, Sohn und Heiliger Geist!

Aber Du weißt,
wie groß der Ungehorsam ist Deiner Familie,
wie groß der Verrat Deines Reichs,
wie groß die Untreue Deiner Braut!

Ewiger Gott der Liebe,

so laß uns durch das läuternde Feuer Deiner Liebe
hindurchgehen und verbrennen,
daß wir mehr und mehr umgewandelt werden,
mitten in noch so großer Schuld,
in Deinen größeren Heiligen Geist!

Gehe auf in uns,
o Leben des Vaters und Licht des Sohnes
und Liebe des Heiligen Geistes!

Laß Dein Leben uns ganz überwältigen!
Laß Dein Licht uns ganz einnehmen!
Laß Deine Liebe uns ganz mit-wehen!
Sei in uns und über uns
in unserer Teilnahme an Jesus Christus.

(E. PRZYWARA, Alter und Neuer Bund, 156)

VORWORT

Die als Titel dieser Arbeit gewählten Worte «Die Kirche als *Familie Gottes*» umschreiben nicht nur das Thema der hier vorliegenden theologischen Dissertation, sondern entsprechen wesentlich auch der Grundausrichtung der *geistlichen Familie des «Werkes»*, der ich angehöre und in deren Auftrag ich diese Arbeit schreiben konnte. Es ist der ausdrückliche Wunsch der Gründerin des «Werkes», Frau Julia Verhaeghe, daß die Mitglieder aus der Gnade der Taufe und Firmung in gegenseitiger Ergänzung, Liebe und Ehrfurcht voreinander als anbetende und dienende Gemeinschaft, als *geistliche Familie* leben. So sollen sie in ihrem Streben nach einer immer tieferen Verwirklichung des Willens Gottes, des Vaters, Zeugnis von der Einheit der Gläubigen in Christus geben und Abglanz der *Familie Gottes*, der Kirche, sein.

Zum Anliegen der Gründerin, die die Entstehung dieser Arbeit dankenswerterweise durch reges Interesse und manchen wertvollen Hinweis begleitet hat, gehört es auch, daß das Charisma des «Werkes» in fruchtbare Konfrontation mit der Glaubenstradition der Kirche und der gegenwärtigen theologischen Forschung gebracht wird. So fiel es mir zu, der theologischen Begründung des genannten Kirchenverständnisses der *«familia Dei»* nachzugehen. Die Auszeichnung mit dem «Robert-Bellarmin-Preis» für die beste theologische Dissertation des Jahres 1996 an der «Gregoriana» ist deshalb nicht nur meiner Doktorarbeit als Anerkennung, sondern der ganzen Gemeinschaft als Ehre und Freude zuteil geworden.

Der unmittelbare Anstoß zur systematisch theologischen Behandlung des *Familie-Gottes-Themas* kam vom Ekklesiologen der päpstlichen Universität *«Gregoriana»*, P. Angel Antón *SJ*, im Anschluß an seine Vorlesung über *verschiedene Modelle der Kirche*. Ihm gilt mein aufrichtiger Dank für die Begleitung der Arbeit als wahrer *«Doktorvater»*. Sein treuer Dienst in der theologischen Forschung und Lehre nicht nur *über* die Kirche, sondern auch *mit ihr* und *für sie*, sowie seine zugleich effektive wie einfühlsame Art der Begleitung sind mir Ansporn und Vorbild für meinen eigenen priesterlichen Dienst.

Mein Dank gilt weiters P. William Henn *OfmCap*, der mit großem Interesse die Zweitbegutachtung übernommen hat, sowie allen anderen Professoren, Studienkollegen und Bediensteten an der *Gregoriana*, die mich während des Studiums oder bei der Verfassung und Veröffentlichung der Arbeit unterstützt haben.

Im Hintergrund dieser Arbeit stehen die ersten Erfahrungen von «Kirche» in meiner Familie, auf die ich gerne und dankbar zurückblicken darf, und ebenso die von «familiärer Gemeinschaft» in der Kirche und besonders im «Werk».

Danken möchte ich vor allem P. Rektor Dr. Peter Willi und Sr. Dr. Maria Katharina Strolz, den Internationalen Verantwortlichen der Priester- bzw. der Schwesterngemeinschaft des «Werkes», die mir in dieser Arbeit eine fordernde und zugleich bereichernde Aufgabe anvertrauten und mir dabei mit Rat und Tat zur Seite gestanden sind. Meinen Mitschwestern und Mitbrüdern sowie all jenen, die in vielfältiger Weise das Zustandekommen dieser Arbeit begleitet haben, sei ebenfalls mein Dank ausgesprochen.

Die Veröffentlichung innerhalb der angesehenen Reihe der *Analecta Gregoriana* wurde durch deren Direktor, P. Antón, sowie durch den Verantwortlichen für den «Bellarmino-Preis», den Vizerektor der Universität, P. Franco Imoda *SJ*, unter großem persönlichem Einsatz begleitet. Auch meiner Studentenverbindung *Amelungia Wien* im *ÖCV*, meiner Familie und allen anderen Wohltätern sei von Herzen gedankt, daß sie durch ihre Beiträge die Publikation mitermöglicht haben.

Möge aller Einsatz, der in irgendeiner Weise mit dieser Arbeit in Verbindung steht, Frucht bringen für die Familie Gottes, die Kirche.

Bregenz, am *Hochfest des Heiligsten Herzens Jesu* 1997

INHALTSVERZEICHNIS

ZWEITES KAPITEL

DIE *FAMILIA DEI* ALS EKKLESIOLOGISCHES
SCHLÜSSELKONZEPT ZUM VERSTÄNDNIS DER SENDUNG
DER KIRCHE IN DER WELT

ABKÜRZUNGSVERZEICHNIS UND ZITATIONSWEISE

* Die in der vorliegenden Arbeit verwendeten allgemeinen Abkürzungen sowie jene der biblischen Bücher, kirchlicher Dokumente, Zeitschriften, Serien, Quellenwerke, Handbücher, Antiker Autoren wie Werke und auch der Ordensbezeichnungen folgen im wesentlichen dem *LThK Abkürzungsverzeichnis*, Freiburg ³1993.

* Die Zitation der Quellentexte erfolgt entsprechend den im Literaturverzeichnis vermerkten Abkürzungen; häufiger vorkommende Werke der übrigen Literatur werden bei der ersten Nennung vollständig zitiert, in der Folge aber durch Kurztitel, wie sie im Literaturverzeichnis durch Fettdruck angedeutet sind. Die Zitate wurden weitgehend den gegenwärtigen Sprachregeln angepaßt. Übersetzungen sind — sofern nicht anders vermerkt — für diese Arbeit selbst angefertigt.

1. ALLGEMEINE ABKÜRZUNGEN UND ZEICHEN

a.	articulus	CDF	Congregatio pro doctrina fidei
a.a.O.	am angeführten Ort		
Adh.	Adhortatio	CeHV	Conférence épiscopale Haute Volta (Burkina Faso)
ahd.	althochdeutsch		
Anm.	Anmerkung		
apost.	apostolica/apostolisch	CIC	Codex Iuris Canonici
ARCIC	Anglican Roman Catholic International Commission	cit./zit./Zit.	citatus/zitiert/Zitat
		coet.	coetus
		cong. gen.	congregatio generalis
art./Art.	articulus/Artikel	const.	constitutio
AT	Altes Testament	Decl.	Declaratio
atl.	alttestamentlich	Decr.	Decretum
Aux.	Auxiliarbischof	ders.	derselbe
Bd.	Band/Bände	dies.	dieselbe/dieselben
bearb.	bearbeitet	d.Gr.	der Große
bes.	besonders	d.h.	das heißt
Bf.	Bischof/Bischöfe	d.i.	das ist
BfKonf.	Bischofskonferenz	Diöz.	Diözese(n)
BfSyn.	Bischofssynode	Diss.	Dissertation
bzw.	beziehungsweise	dog.	dogmaticus/dogmatisch
cap.	caput	dom.	dominica
CCB	Communauté chrétienne de base	dt.	deutsch
		ebd.	ebenda

Ebf.	Erzbischof/Erzbischöfe		ntl.	neutestamentlich
enc./Enz.	encyclica/Enzyklika		or.	oratio
engl.	englisch		ord.	ordinarius
ep.	epistula		Orig.	Original
etc.	et ceteri/cetera		östr.	österreichisch
EÜ	Einheitsübersetzung		par.	parallel
extraord.	extraordinarius		past.	pastoralis/pastoral
f.	folgend(er)		pont.	pontificius/päpstlich
ff.	und folgende …		PCom.	Postcommunio
fer.	feria		PUG	Pontificia Universitas
Fr.	Frau			Gregoriana, Roma
franz.	französisch		PUL	Pontificia Universitas
FS	Festschrift			Lateranensis, Roma
hebd.	hebdoma		q.	quaestio
Herv.	Hervorhebung		quadr.	quadragesima
Hg./hg.	Herausgeber/-gegeben		S./St.	Sanctus/Sankt
hpts.	hauptsächlich		SCC	Small Christian
Hr.	Herr			Community
IBK	Informationszentrum Berufe der Kirche, Freiburg		s.c.	sed contra
			schriftl.	schriftlich
ICAO	Institute Catholique de l'Afrique de l'Ouest, Abidjan Cote d'Ivoir		ser.	series/Serie
			SJ	Societas Iesu
			s.o.	siehe oben
inkl.	inklusive		ss.	die folgenden
insb.	insbesondere		s.u.	siehe unten
Inst. lab.	Instrumentum laboris		SynEp	Synodus episcoporum
it.	italienisch		Theol./theol.	Theologie/theologisch
ITK	Internationale Theologenkommission		t.w.	teilweise
			u.	und
Jh.	Jahrhundert		u.a.	und andere/unter anderem
KA	Katholische Aktion			
Kap.	Kapitel		u.ä.	und ähnliche/s
Kard.	Kardinal/Kardinäle		übers./Übers	übersetzt/Übersetzung
l.	liber/Buch		UN	United Nations
La./la.	Lehramt, lehramtlich		usw.	und so weiter
lat.	lateinisch		v.	von/vom
lin.	lineamenta		Vat I	Vaticanum I
Lit.	Literatur/-angaben		Vat II	Vaticanum II
Lit. enc.	Litterae encyclicae		verf./Verf.	verfaßt/Verfasser
LXX	Septuaginta [griechische Übers. des AT]		Vers./vers.	Version/versio
			vgl.	vergleiche
m.a.W.	mit anderen Worten		vol.	volumen
Ms.	Manuskript		vulg.	Vulgata
n./nn.	Nummer/Nummern		z.B.	zum Beispiel
NT	Neues Testament		zus.	zusammen

2. LEHRAMTLICHE DOKUMENTE

AA	*Apostolicam actuositatem*	*LG*	*Lumen gentium*
AG	*Ad gentes*	*MyC*	*Mystici corporis*
CD	*Christus Dominus*	*NA*	*Nostra aetate*
CL	*Christifideles laici*	*OE*	*Orientalium Ecclesiarum*
CT	*Catechesi tradendae*	*OT*	*Optatam totius*
DH	*Dignitatis humanae*	*PC*	*Perfectae Caritatis*
EA	*Ecclesia in Africa*	*PD*	*Pastores dabo vobis*
EN	*Evangelii nuntiandi*	*PO*	*Presbyterorum Ordinis*
FC	*Familiaris consortio*	*RP*	*Reconciliatio et paenitentia*
GE	*Gravissimum educationis*	*SC*	*Sacrosanctum Concilium*
GS	*Gaudium et spes*	*UR*	*Unitatis redintegratio*
IM	*Inter mirifica*		

3. ZEITSCHRIFTEN, SERIEN, QUELLENWERKE UND HANDBÜCHER

A — *Acta et documenta concilio Vaticano secundo apparando*, series I-II, Vatikanstadt 1960ff. (siehe Lit. Verz.).

AAS — *Acta Apostolicae Sedis*, Rom 1909ff.

AdF — *Archivio di Filosofia*, Padova 1931ff.

AdG — *Antwort des Glaubens* (Schriftenreihe des Informationszentrums Berufe der Kirche), Freiburg.

AfCS — *African Christian Studies*, Nairobi 1985ff.

AfER — *African ecclesiastical/ecclesial review*, hg. v. AMECEA Pastoral Institute (Eldoret), Masaka (Uganda) 1959ff.

Ang — *Angelicum*, Rom 1924ff.

AnGr — *Analecta Gregoriana* cura Pontificiae Universitatis Gregorianae edita, Roma 1930ff.

Anth — *Anthropotes. Rivista ufficiale del Pontificio Istituto Giovanni Paolo II per Studi su Matrimonio e Famiglia*, Roma 1985ff.

AS — *Acta synodalia sacrosancti concilii oecumenici Vaticani secundi*, Vatikanstadt 1970-1978 (siehe Lit. Verz.).

ASS — *Actae Sanctae Sedis*, Rom 1865-1908.

BAC — *Biblioteca de Autores Cristianos*, Madrid 1945ff.

BenM — *Benediktinische Monatsschrift*, Beuron 1919-1958.

BerThZ — *Berliner Theologische Zeitschrift*, Berlin 1984ff.

BEThL — *Bibliotheca Ephemeridum theologicorum Lovaniensium*, Louvain.

Bib — *Biblica*, Rom 1920ff.

Bijdr — *Bijdragen. Tijdschrift voor philosophie en theologie*, Nimwegen 1953ff.

BrevRom — *Breviarium Romanum ex decreto Ss. Concilii Tridentini restitutum Pii V Pontificis Maximi jussu editum.*

BSR — *Bibliotheca di Scienze Religiose*, Roma.

Cath(M) — *Catholica. Vierteljahresschrift für Ökumenische Theologie*, Münster 1968ff.

CatRom — *Catechismus Romanus.*

CCL	*Corpus Christianorum seu nova Patrum collectio series Latina*, Turnhout 1953ff.
ChrT	*Christianity Today*, Washington 1956ff.
ChSt	*Chicago Studies. An archdiocesan review*, Chicago 1962ff.
CI	*Christliche Innerlichkeit*, Wien 1966ff.
CivCatt	*La Civiltà Cattolica*, Rom 1850ff.
Coll	*Collationes. Vlaams Tijdschrift voor Theologie en Pastoraal*, Gent 1971ff.
Conc(D)	*Concilium. Internationale Zeitschrift für Theologie*, Einsiedeln 1965ff.
Conc(F)	*Concilium. Revue internationale de théologie*, Paris 1965ff.
CTS	*Corso di teologia sistematica*, Bologna.
DH/D	H. DENZINGER, *Enchiridion symbolorum, definitionum et declarationum de rebus fidei et morum. Kompendium der Glaubensbekenntnisse und kirchlichen Lehrentscheidungen. Lateinisch-deutsch, übers. und hg. v.* P. HÜNERMANN, Freiburg [37]1991.
Diak	*Diakonia. Internationale Zeitschrift für die Praxis der Kirche*, Mainz 1970ff.
DiEc	*Dialogo Ecumenico*, Salamanca 1966ff.
EcAf	*Ecoute Afrique*, Bobo Dioulasso (Burkina Faso) 1988ff.
EE	*Estudios eclesiásticos*, Madrid 1922-1936, 1942ff.
EglTh	*Église et Théologie*, Ottawa 1970ff.
EL	*Ephemerides Liturgicae*, Rom 1887ff.
EstTrin	*Estudios Trinitarios*, Salamanca 1967ff.
EtB	*Études Bibliques*, Paris 1907ff.
EThSt	*Erfurter theologische Studien*, Leipzig 1956ff.
EV	*Enchiridium Vaticanum*, Bologna 1976ff.
EvTh	*Evangelische Theologie*, München 1934ff.
FiRe	*Fidélité et Renouveau*, Ouagadougou (Burkina Faso) 1966-1984.
Gr	*Gregorianum*, Rom 1920ff.
GuL	*Geist und Leben. Zeitschrift für Aszese und Mystik*, Würzburg 1947ff.
HeyJ	*The Heythrop Journal. A quarterly review of philosophy and theology*, Oxford 1960ff.
HFTh	*Handbuch der Fundamentaltheologie, hg. v.* W. KERN-H.J. POTTMEYER-M. SECKLER, *4 Bd.* Freiburg 1985-1988.
Hochl.	*Hochland. Monatsschrift für alle Gebiete des Wissens, der Literatur und Kunst*, München 1903-1971.
HThG	*Handbuch theologischer Grundbegriffe, hg. v.* H. FRIES, *2 Bd.* München 1962f.
HThK	*Herders Theologischer Kommentar zum Neuen Testament*, Freiburg 1953ff.
ICR	*International Catholic Review «Communio»*, Washington 1974ff.
IKaZ	*Internationale katholische Zeitschrift «Communio»*, Frankfurt 1972ff.
Interpretatie	*Interpretatie. Tijdschrift voor bijbelse theologie*, Zoetermeer 1993ff.
Irén	*Irénikon*, Amay-Chevetogne 1926ff.
IRM	*International Review of Mission(s)*, Edinburgh 1912ff.
JAC	*Jahrbuch für Antike und Christentum*, Münster 1958ff.

JSSR	*Journal of the Scientific Study of Religion*, Washington 1961/62ff.
Jurist	*The Jurist*, New York 1941ff.
KKD	J. AUER–J. RATZINGER, *Kleine katholische Dogmatik*, 9 Bd. Regensburg 1970ff.
KKK	*Katechismus der Katholischen Kirche*, München 1993.
KKTS	*Konfessionskundliche und kontroverstheologische Studien*, Paderborn 1959ff.
KuD	*Kerygma und Dogma*, Göttingen 1955ff.
Lat	*Lateranum*, Roma 1919ff./1976ff.
LThK	*Lexikon für Theologie und Kirche*, 2. Auflage, hg. v. J. HÖFER–K. RAHNER, 10 Bd. + Register, Freiburg 1957-1967.
LThK³	*Lexikon für Theologie und Kirche*, 3. Auflage, hg. v. W. KASPER u.a., Freiburg 1993ff.
LThK.E	*Lexikon für Theologie und Kirche. Das Zweite Vatikanische Konzil. Dokumente und Kommentare*, hg. v. H.S. BRECHTER u.a. 3 Bd. 1966-1968.
LuV	*Lumière et Vie*, Lyon 1951/52ff.
Mansi	J.D. MANSI, *Sacrorum conciliorum nova et amplissima collectio*, 53 Bd. Florenz 1759-1827; Neudruck und Fortsetzung hg. v. L. PETIT–J.B. MARTIN, 60 Bd. Paris 1899-1927.
MdE	*Mission de l'Église* [L'union Missionaire du Clergé de France], Paris 1953ff.
MRom 1570	*Missale Romanum. Ex decreto Ss. Concilii Tridentini restitutum Pii V Pontificis Maximi jussu editum.*
MRom 1970	*Missale Romanum. Ex decreto Ss. Oecumenici Concilii Vaticani Secundi instauratum auctoritate Pauli Papae VI promulgatum.*
Miss(P)	*Missionalia* (hg. von der Southern African Missiological Society), Pretoria 1973ff.
MThS.S	*Münchener theologische Studien. Systematische Abteilung*, München (St. Ottilien) 1950ff.
MThZ	*Münchener Theologische Zeitschrift*, München 1950ff.
NBlackf	*New Blackfriars*, Oxford 1920ff.22
NRTh	*Nouvelle Revue Théologique*, Tournai - Löwen - Paris 1869ff.
NThRev	*New Theological Review. An American Catholic Journal for Ministry*, Wilmington 1988ff.
NZM	*Neue Zeitschrift für Missionswissenschaft*, Beckenried 1945ff.
OBO	*Orbis biblicus et orientalis*, Fribourg 1973ff.
OR	*L'Osservatore Romano*, Vatikanstadt 1849ff.
Pac	*Pacifica. Australian Theological Studies*, Victoria 1988ff.
PF	*Publik-Forum. Zeitung kritischer Christen*, Oberursel (Deutschland).
PG	*Patrologia Graeca*, hg. v. J.P. MIGNE, 167 Bd. Paris 1857-1866.
PL	*Patrologia Latina*, hg. v. J.P. MIGNE, 217 Bd. + 4 Register-Bd. Paris 1841-1864.
PontRom	*Pontificale Romanum*
POS	*Pastoral Orientation Service*, Tabora (Tanzania) 1967ff.
Presb	*Presbyteri*, Trient 1967ff.
ProDial	*Pro Dialogo*, Roma 1994ff.

PSV   *Parola spirito e vita. Quaderni di lettura biblica*, Bologna 1980ff.

QD   *Quaestiones disputatae*, hg. v. K. RAHNER–H. SCHLIER (ab 1985: H. FRIES–R. SCHNACKENBURG), Freiburg 1958ff.

RAT   *Revue Africaine de Théologie. Revue semestrielle*, Kinshasa (Zaïre) 1977ff.

RCI   *Revista Católica International «Communio»*, Madrid 1979ff.

REAug   *Revue des Études Augustiniennes*, Paris 1955ff.

RGG   *Die Religion in Geschichte und Gegenwart*, Tübingen ²1927-1932 u. ³1956-1962.

RSR   *Recherches de Science Religieuse*, Paris 1910ff.

SBS   *Stuttgarter Bibelstudien*, Stuttgart 1965ff.

ScEs   *Sciences et Esprit*, Brügge 1968ff.

SCH   *Schemata Constitutionum et Decretorum de quibus disceptabitur in Concilii sessionibus*, 4 Bd. Vatikanstadt 1962f.

Schol   *Scholastik*, Freiburg 1926-1965.

Semin   *Seminarium*, (nova series) Roma 1961ff.

SJTh   *Scottish Journal of Theology*, Edinburgh 1948ff.

StTG   *Studien zur Theologie und Geschichte*, (hg. von G. SCHWAIGER) St. Ottilien.

StZ   *Stimmen der Zeit*, Freiburg 1871ff.

Telema   *Telema. Revue de réflexion et créativité chrétiennes en Afrique*, Kinshasa 1975ff.

THAT   *Theologisches Handwörterbuch zum Alten Testament*, hg. v. E. JENNI–C. WESTERMANN, 2 Bd. München 1971-1976.

ThLZ   *Theologische Literaturzeitung*, Leipzig 1876ff.

ThQ   *Theologische Quartalschrift*, Tübingen 1819ff.

ThSt   *Theologische Studien*, Zürich 1938.

ThW   *Theologische Wissenschaft*, Stuttgart 1972ff.

ThWNT   *Theologisches Wörterbuch zum Neuen Testament* (G. KITTEL), hg. v. G. FRIEDRICH, 10 Bd., Stuttgart 1933-1979.

TRE   *Theologische Realenzyklopädie*, hg. v. G. KRAUSE–G. MÜLLER, Berlin 1976ff.

TS   *Theological Studies*, Woodstock 1940ff.

VAS   *Verlautbarungen des Apostolischen Stuhles* (Hg. von der dt. Bfkonf.) Bonn 1975ff.

WUNT   *Wissenschaftliche Untersuchungen zum Neuen Testament*, Tübingen 1950ff.

ZAM   *Zeitschrift für Aszese und Mystik*, Würzburg 1926ff.

ZKTh   *Zeitschrift für Katholische Theologie*, Wien 1877ff.

0. EINLEITUNG

Im Zielfeld der vorliegenden Arbeit steht — wie ihr Titel ausdrückt — eine katholische *«familia-Dei-Ekklesiologie»* als exemplarischer und authentischer Zugang zum Geheimnis der Kirche. Beim Versuch, dieses Projekt in seinen Vorgegebenheiten und Grundlinien zu bestimmen und abzugrenzen, zeigt sich allerdings, daß Bedeutung und Wert des Verständnisses der Kirche als Familie Gottes in der theologischen Diskussion zwar vielfach anerkannt werden; daß gelegentlich seine systematisch-ekklesiologische Entfaltung verlangt oder wenigstens das Fehlen einer tieferen Durchdringung bedauert wird;[1] daß einzelne Fachartikel zu Teilaspekten und einige umfassendere Studien in anderen Fachbereichen, insbesondere der Exegese und der Pastoraltheologie, zu diesem Thema erschienen sind;[2] daß es aber bislang offenbar *keinen monographischen Versuch* zur *systematisch-theologischen* Entfaltung einer entsprechenden Kirchenlehre gibt. Die Arbeit, die somit in gewisser Weise «ekklesiologisches Neuland» betritt, entgeht daher der Verpflichtung, vorausgehende Ansätze in der Wahl des wissenschaftlichen Zugangs zu berücksichtigen, muß aber um so größere Aufmerksamkeit auf die Frage nach einem angemessenen Ausgangspunkt richten.

Das theologische Verständnis der Kirche als Familie Gottes läßt mehrere Zugänge geeignet erscheinen. Denkbar wäre etwa ein *anthropologischer* Ansatz, der sich aus dem Familienbegriff, aus diesbezüglichen menschlichen Grunderfahrungen oder aus seinen vielfältigen

---

[1] Vgl. IOANNES PAULUS II, Adh. apost. *Ecclesia in Africa* 63: *OR* 16.09.1995, 5.; M.D. KOSTER, *Zum Leitbild von der Kirche auf dem II. Vatikanischen Konzil. Ein ekklesiologischer Diskussionsbeitrag*, in: *ThQ* 145 (1965), 34-40; P. MINEAR, *Images of the Church in the New Testament*, Philadelphia 1960, bes. 254; J.M.K. DABIRÉ, *L'Église Famille de Dieu. Approche théologico-doctrinale et pastorale*, Bobo Dioulasso 1992, 31; G. LOHFINK–R. PESCH, *Volk Gottes als «Neue Familie»*, in: J. ERNST–S. LEIMGRUBER, *Surrexit Dominus vere. Die Gegenwart des Auferstandenen in seiner Kirche. FS für Erzbischof Dr. Johannes Joachim Degenhardt*, Paderborn 1995, 227; im Blick auf die gegenwärtige Ekklesiologie: D. NOTHOMB, *L'Église-famille: concept-clé du Synode des évêques pour l'Afrique. Une réflexion théologique et pastorale*, in: *NRTh* 117 (1995), 44-64.

[2] Zur Sichtung vorhandener Literatur zum *familia-Dei-Thema* s.u. Kap. 3, bes. den abschließenden *«Überblick»*.

humanwissenschaftlichen Deutungsversuchen ein «Denkmodell», eine «Leitmetapher» zur Strukturierung der weiteren Erörterungen zurechtlegt. Ebenso könnten als erster Schritt zu einer *familia-Dei-Ekklesiologie* Forschungsergebnisse der *Exegese*, der *Patristik* oder der *Altertumskunde* über die Bedeutung der «Familie» im Leben Jesu, der Jünger oder in deren soziokulturellem Umfeld insgesamt aufgegriffen und auf die Kirchenlehre angewendet werden. Dieselben Fachbereiche sind befähigt, Auskunft über erste Anzeichen explizit vorhandener Vorstellungen über die Kirche als «Familie», sei es im praktischen Vollzug des Gemeindelebens, sei es in der Reflexion darüber, zu geben. Schließlich wäre es möglich, auf Grundlage einer *pastoraltheologischen* Situationsanalyse und der daraus folgenden «praxeologischen Optionen» nach ihren im Wesen der Kirche selbst zu verankernden «Kriterien» zurückzufragen und diese durch ein praxisorientiertes Leitbild der «Familie» zu erkunden.

Der Ertrag der genannten Ansätze, denen sich noch weitere zufügen ließen, soll hier keineswegs in Abrede gestellt werden. Dennoch erscheint es für einen «relativ» neuen Zugang am angemessensten, sich in einem *ersten Schritt* (dem andere folgen können und sollen) *der gläubigen und zugleich wissenschaftlichen Durchdringung* der zur Frage stehenden «Sache» selbst, nämlich der «*Kirche*», zuzuwenden: und zwar im Blick darauf, was sie selbst ist, wie sie sich selbst versteht und konkret vollzieht; wie sie in Treue zu ihrem Ursprung, in aktualisierender Kontinuität zu ihrer Tradition und in der Ausrichtung auf ihr Ziel, die vollendete Gemeinschaft mit dem trinitarischen Gott, über sich verbindlich lehrt. Daher ist es naheliegend, das *Zweite Vatikanische Konzil als Ausgangspunkt* zu wählen. Nicht nur, weil keine zeitgemäße Theologie an seinen Ergebnissen vorübergehen kann, weil hier die Kirche in ihrer höchsten Autorität und als Ausdruck ihrer universalen weltkirchlichen Einheit erstmals das Gesamt der Glaubenslehre «positiv» (und somit nicht primär als Beantwortung und Abwehr bestimmter Irrtümer) darlegen wollte, sondern auch und gerade deshalb, weil es — wie zu Recht vermerkt wurde — ein «Konzil der Kirche über die Kirche» war.[3]

Sich nun allerdings exklusiv dem Vaticanum II zuzuwenden, als ob dieses das einzige Maß und gleichsam der «End-» und «Höhepunkt»

---

[3] Vgl. K. RAHNER, *Das neue Bild der Kirche*, in: *Schriften zur Theologie* VIII, Einsiedeln 1967, 329 u. 329-354 (bes. 330: RAHNER spricht von der "Tatsache, daß in diesem Konzil die Kirche nicht nur das Subjekt, sondern auch das Objekt der konziliaren Aussage war, daß dieses Konzil das Konzil der Reflexion der Kirche auf ihr eigenes Selbstverständnis war". Und diese Tatsache war auch den Konzilsvätern durchaus bewußt; vgl. z.B. IOANNES XXIII, *Nuntius radiophonicus* (11.09.1962): *AAS* 54 (1962), 678-685; Kard. SUENENS (*AS* I.IV, 223).

aller Ekklesiologie wäre, hieße nicht nur sein Anliegen, sondern auch das Wesen der geschichtlich verfaßten Kirche von Grund auf zu verfehlen. Daß das Konzil in organischer Verbundenheit mit dem Ursprung und der Tradition der Kirche steht, wird nicht zuletzt daraus deutlich, daß es in seinen Lehren immer wieder aus dem reichen Schatz des überlieferten Glaubensgutes schöpft. Auf der anderen Seite will die vorliegende Arbeit nicht bei den Ergebnissen des Konzils stehen bleiben und richtet deshalb ihren Blick auch auf die Bischofssynoden der letzten zwanzig Jahre als authentischen Ausdruck der Rezeption des Konzils und der Weiterführung seiner Anliegen.

0.1. Fragestand, Grundlagen und Voraussetzungen

Insofern es in dieser Arbeit über die «*Kirche* als Familie Gottes» geht, sind *zunächst allgemein ekklesiologische Voraussetzungen* zu klären und zu beachtende Probleme anzudeuten. Auch wenn gegenwärtig von der «Kirche in der Krise»[4] gesprochen wird, ist das allgemeine Interesse an ihr nach wie vor groß. Das gilt nicht nur in Anbetracht der vielen Publikationen, die sich auf verschiedene Weise mit ihr beschäftigen. Selbst die (wenigstens im deutschen Sprachraum) ausführlichen und mit Vorliebe «kritischen» massenmedialen Reportagen zu «kirchlichen Themen» der jüngeren Zeit sind Zeichen dafür, daß man gerade mit diesen Themen auf ein breites wie interessiertes Publikum trifft. Allerdings bleibt unbestritten, daß von der «Kirchenbegeisterung» und beinahe «euphorischen Aufbruchsstimmung» der früheren Zwischenkriegszeit, wie man sie etwa hinter der Formulierung «*Ein Vorgang von unabsehbarer Tragweite hat eingesetzt: Die Kirche erwacht in den Seelen*»[5] vermuten mag, recht wenig zu

---

[4] Vgl. z.B. L. Scheffczyk, *Aspekte der Kirche in der Krise. Um die Entscheidung für das authentische Konzil*, Siegburg 1993; zur gegenwärtigen Situation der Kirche und ihrer ekklesiologischen Deutung vgl. auch: H.U. v. Balthasar, *Klarstellungen. Zur Prüfung der Geister*, Einsiedeln [4]1978; Ders., *Neue Klarstellungen*, Einsiedeln 1979; H. Fries, *Der Sinn von Kirche im Verständnis des heutigen Christentums*, in: HFTh 3, 17-29; V. Conzemius, *Die Kritik der Kirche*, in: HFTh 3, 30-48; A. Antón, *Postconciliar Ecclesiology. Expectations, Results, and Prospects for the Future*, in: R. Latourelle (Hg.), *Vatican II. Assessment and Perspectives 25 years after. 1962-1987*, New York 1988, 407-438; M. Kehl, *Die Kirche. Eine katholische Ekklesiologie*, Würzburg [2]1993, 161-261; S. Wiedenhofer, *Das katholische Kirchenverständnis. Ein Lehrbuch der Ekklesiologie*, Graz 1992, 17-49 u. 146-173.

[5] R. Guardini, *Das Erwachen der Kirche in der Seele*, in: Hochl 19/2 (1922), 257 (vgl. 257-267). Dieser Satz, der dann vor allem als Leitgedanke von 1922 gehaltenen Vorträgen des Autors über die Kirche (vgl. Guardini, *Vom Sinn der Kirche. Fünf Vorträge*, Mainz 1922) berühmt geworden ist, stellt allerdings keine Einzelmeinung dar, sondern gibt gut die weit verbreitete «katholische Aufbruchsstimmung» seiner Zeit wieder; vgl. H.B. Gerl, *Romano Guardini 1885-1968. Leben und Werk*,

verspüren ist; daß sich manche zur Zeit des Konzils und danach hier und dort gehegte Erwartungen als unerfüllbar, andere als verfehlt erwiesen; daß man heute eher Aussagen von einem «postkirchlichen» bzw. «postchristlichen» Zeitalter oder über den Vormarsch einer «neuen Religiosität», die mit Kirche und Christentum im letzten nicht mehr viel gemein hat, begegnet.

Auch in der ekklesiologischen Diskussion zeigen sich bedeutende Entwicklungen, die eine zeitgemäße Auseinandersetzung mit dem Verständnis der Kirche nicht unberücksichtigt lassen kann.[6] Diese lassen sich zwar keineswegs direkt und ausschließlich als Folgen des Konzils ausweisen. Dennoch spiegeln sich darin einige seiner zentralen ekklesiologischen Optionen wider.[7] So kann sich eine bevorzugte Sicht der Kirche als «komplexe Realität», als «Geheimnis» und damit auch «Gegenstand» des Glaubens ebenso auf das kirchliche Lehramt berufen wie die Überzeugung, daß das Wesen der Kirche nicht adäquat in eine Definition zu bringen, sondern angemessener durch eine Vielzahl einander komplementär ergänzender Bilder darzustellen sei.[8]

Insgesamt wird man kaum fehlgehen, wenn man in der nachkonziliären Ekklesiologie bestimmte Unsicherheiten erkennt, deren Symptome es im Vorfeld der Entfaltungen einer *familia-Dei-Ekklesiologie* zu beachten gilt: die Betonung der bleibenden Geheimnishaftigkeit der Kirche und der Unzulänglichkeit menschlicher Erkenntnis ihr gegenüber; eine gewisse Scheu, *bestimmte* Aussagen darüber zu machen, was die Kirche «*ist*»[9] und damit verbunden die verbreitete

---

Mainz ²1985 138f. (ebd. 139: "Der erste Satz der Vorträge, vom «Erwachen der Kirche in den Seelen», wurde berühmt – aber nur deshalb, weil hier wirklich ein geniales Formulieren des Atmosphärischen gelang, wie es keinem fachbegrenzten Blickwinkel möglich war").

[6] Vgl. ANTÓN, *Postconciliar Ecclesiology*. Exemplarisch ist etwa auch die Entwicklung weg von einzelnen dominanten Kirchenbildern, wie es etwa in der Zeit um den Zweiten Weltkrieg das «*Corpus Mysticum*» oder wenigstens ansatzhaft und in manchen Kreisen um das Konzil das «*Volk Gottes*» war; auf Gefahren der Fehldeutung des Bildes vom «*Corpus Mysticum*» verwies bereits: E. PRZYWARA, *Corpus Christi mysticum – Eine Bilanz*, in: ZAM 15 (1940), 197-215; zu den Grenzen und zu manchen falschen mit dem Bild des «*Volkes Gottes*» verbundenen Erwartungen und Vorstellungen vgl. A. DULLES, *A Church to Believe In*, New York 1982, 4f.; J. RATZINGER, *Die Ekklesiologie des Zweiten Vatikanums*, in: *IKaZ* 15 (1986), 48-52; T. MERRIGAN, *Models in the Theology of Avery Dulles. A critical Analysis*, in: *Bijdr* 54 (1993), 154.

[7] Vgl. ANTÓN, *Postconciliar Ecclesiology*, 408-420.

[8] Die Komplementarität der Kirchenbilder betont im Kontext der Kirche als «Familie Gottes» auch IOANNES PAULUS II, Adh. apost. *EA* 63: *OR* 16.09.1995, 5.

[9] So wird gegenwärtig eher darüber gesprochen, wie sich die Kirche «selbst versteht» oder «was der katholische Christ von seiner Kirche glaubt», als davon, «was sie ist»; vgl. dazu u.a. WIEDENHOFER, *Kirchenverständnis* (schon im Titel); die «ekklesiologische Kurzformel» bei KEHL, *Die Kirche*, 51f.; P. HÜNERMANN, *Anthropologische Dimensionen der Kirche*, in: *HFTh* 3, 153-175; K. RAHNER, *Grundkurs des Glaubens. Einführung in den Begriff des Christentums*, Freiburg ⁶1984, 316. Eine

Überzeugung von der «Undefinierbarkeit»[10] der Kirche, wenngleich andererseits doch auch «ekklesiologische Kurzformeln» oder «basic statements» gegeben werden[11]; das Ringen um eine angemessene Integration verschiedener «neuerer» Anliegen und Problemstellungen, wie etwa des «Ökumenismus» oder der «Geschichtlichkeit» der Kirche, das ebenfalls unter Theologen eine Zurückhaltung davor zu fördern scheint, sich selbst in Wesensaussagen über die Kirche zu sehr festzulegen; ein Pluralismus von Ansätzen und Bildern, dem die Ansicht korrespondiert, daß die Kirche in ihrer Geschichte — zeitlich und kulturell bedingt — verschiedene Realisierungsformen ihres Wesens kennt; der häufige Rückgriff auf Verstehensmodelle aus der Philosophie, der Soziologie, der Gesellschaftstheorie, der Sprachforschung und anderer Humanwissenschaften, um dadurch ekklesiologische Erwägungen gedanklich zu strukturieren;[12] die Tendenz, weniger die Kirche selbst als vielmehr die «Aussagen über die Kirche» oder ihr

---

theologisch gerechtfertigte Betonung der Geheimnishaftigkeit der Kirche darf allerdings nicht zu einem «ekklesiologischen Skeptizismus» führen, der davon ausgeht, daß das eigentliche Wesen der Kirche überhaupt unzugänglich sei und daß deshalb die einzelnen «Kirchenentwürfe» nicht nach ihrer «Wahrheit», sondern nur nach pragmatischen Gesichtspunkten zu beurteilen wären.

[10] Zur Diskussion über die *Definierbarkeit* der Kirche vgl. u.a. schon vor dem Konzil: MINEAR, *Images*, 12 u. 25f.; während des Konzils: Y. CONGAR, *Sainte Église. Études et approches ecclésiologiques* (Unam Sanctam 41), Paris 1963, 21-44; nach dem Konzil: J. AUER, *Die Kirche – Das allgemeine Heilssakrament, KKD* VIII, Regensburg 1983, 68-70; A. DULLES, *Models of the Church*, New York ²1987, 15-33 u. 34-46 (zu BELLARMIN); DERS., *The Craft of Theology: From Symbol to System*, New York 1992, 41-52; FRIES, *Der Sinn von Kirche*, 21-25; WIEDENHOFER, *Kirchenverständnis*, 175-212; KEHL, *Die Kirche*; dagegen H.W. RIKHOF, *The Concept of the Church. A Methodological Inquiry into the Use of Metaphors in Ecclesiology*, London 1981, 205-220 (er unterscheidet zwischen *realer* und *nominaler* Definition und parallel dazu zwischen *realem* und *nominalem* Wesen); dazu J.M. SOSKICE, *Metaphors in Ecclesiology* [Rezension], in: *HeyJ* 25 (1984), 57f. Daß eine Realität nicht adäquat definierbar ist, darf allerdings nicht so verstanden werden, als ob sie deshalb «nebulos» und dem menschlichen Verstehen unzugänglich wäre; vgl. G.K. CHESTERTON, zit. nach: MERRIGAN, *Models*, 157: "Much of our modern difficulty, in religion and other things, arises merely from this; that we confuse the word «indefinable» with the word «vague». ... But this is an error even in commonplace logic. The thing that cannot be defined is the first thing; the primary fact ... The indefinable ist the indisputable."

[11] Vgl. KEHL, *Die Kirche*, 51f. Seine *«nachkonziliare ekklesiologische Kurzformel»* lautet: "Die katholische Kirche versteht sich als das «Sakrament der Communio Gottes»; als solches bildet sie die vom Hl. Geist geeinte, dem Sohn Jesus Christus zugestaltete und mit der ganzen Schöpfung zum Reich Gottes des Vaters berufene Gemeinschaft der Glaubenden, die synodal und «hierarchisch» zugleich verfaßt ist"; das «basic statement in ecclesiology: "the church is the communio of the faithful"» bei RIKHOF, *The Concept of the Church*, 229-236.

[12] Vgl. z.B. die Einbeziehung einer «Theorie kommunikativen Handelns» nach J. HABERMAS u.a. bei KEHL, *Die Kirche*, 132-159; der «Rezeptionshermeneutik» der «Konstanzer Schule» bei F. SCHÜSSLER-FIORENZA, *Foundational Theology*, New York 1984, 108-124; zu den philosophischen Grundlagen von Kirchenmodellen im allgemeinen F.T. O'MEARA, *Philosophical models in Ecclesiology*, in: *ThSt* 39 (1978), 3-21.

«Verständnis» als solches zum Untersuchungsgegenstand zu machen und somit in den «metaekklesiologischen» Bereich und in die breite Erörterung linguistischer, hermeneutischer oder ähnlicher Vorfragen sowie nichttheologischer Problemstellungen auszuweichen;[13] schließlich die großen Verschiebungen im weltkirchlichen Gefüge, die für die Zukunft einen gegenwärtig bereits beginnenden starken Bedeutungszuwachs der Länder und Kulturen und damit auch der Theologie aus der «dritten Welt» erwarten lassen.[14]

Diese Situation gegenwärtiger Ekklesiologie kann im Blick auf das Thema der Arbeit durchaus als Chance gesehen werden; als Anzeichen für den Bedarf nach «neuen» und überzeugenden Bildern und Konzepten, die es ermöglichen, die Kirche im ganzen in den Blick zu nehmen und möglicherweise auch einige Anliegen der theologischen Diskussion aufzugreifen. Die Kenntnis der ekklesiologischen Situation mag schließlich eine Hilfe sein, um auch die bleibenden Grenzen eines jeden Kirchenbildes nicht aus den Augen zu verlieren und deshalb bei der Entfaltung einer darin gründenden Ekklesiologie bezüglich der eigenen Ansprüche und Erwartungen bescheiden zu bleiben.

Damit sind bereits *Voraussetzungen* angesprochen, die das *Verständnis der «Kirche als Familie Gottes»* betreffen. Ein erstes grundsätzliches Problem mag darin gesehen werden, wie das Verständnis der «Kirche als Familie Gottes» formal bzw. linguistisch zu qualifizieren sei. Der Titel der Arbeit spricht vom *«Konzept»* der Familie Gottes, *Lumen gentium* nennt es unter *«Bildern»* und die ekklesiologische Literatur kennt darüber hinaus noch eine Vielzahl anderer Begriffe. Es ist da die Rede von «Analogie» und «Gleichnis», von «Metapher» und «Symbol», von «Vergleich», «Parabel», «Paradigma», «Modell»[15], von «ekklesialer Realität», von «Denk-» oder «Gedankenmodell», von «Entwurf», «Verständnis» und «Sicht», von «Leitbild», «-motiv» und «-thema», von «Veranschaulichung», «Vorstellung», «Idee», «Idol» oder

---

[13] Vgl. RIKHOF, *The Concept of the Church*; die metaekklesiologische Fragestellung gelangte bereits hinsichtlich der Kirchenbilder und -modelle in den Blick bei: MINEAR, *Images*; DULLES, *Models*; typisch dafür ist auch der methodistische Versuch von D.R. LORD, *Church as family. Exploring a Perspective of the local Church and parish ministry through Metaphor and Family Systems*, Boston 1984 (dazu s.u. 3.4.1.).

[14] Zur wachsenden Bedeutung ekklesiologischer Impulse aus der «dritten Welt» vgl. ANTÓN, *Postconciliar Ecclesiology*, 414-420 u. V. COSMAO, *Verlagerung der Schwerpunkte*, in: G. ALBERIGO–Y. CONGAR–H.J. POTTMEYER (Hg.), *Kirche im Wandel. Eine kritische Zwischenbilanz nach dem Zweiten Vatikanum*, Düsseldorf 1982, 48-56; zur «Enteuropäisierung» der Weltkirche insgesamt: K. RAHNER, *Theologische Grundinterpretation des II. Vatikanischen Konzils*, in: *Schriften* XIV, 287-302.

[15] A. DULLES bezeichnet kritisch reflektierte «Bilder» als *«Modelle»* bzw. insofern diese dominierenden Einfluß ausüben als *«Paradigmen»*; vgl. *Models*, 15-33, bes. 23 u. 29.

auch vom «Typ» und von manchem anderen mehr. Auch die diesbezüglichen ekklesiologischen Veröffentlichungen konnten bisher weder eine für weitere Kreise annehmbare Ordnung in die verwirrende begriffliche Vielfalt bringen noch Einigkeit darüber erzielen, was die verwendeten Fachtermini im einzelnen genau bezeichnen oder welchen «Bildern» sie zuzuordnen wären.

Man wird auf verschiedene Einwände gegen die «Ekklesiologie eines Kirchenbildes» im allgemeinen gefaßt sein und ihre berechtigten Anliegen und aufgewiesenen Gefahren bei der weiteren theologischen Entfaltung berücksichtigen müssen. Weiters ist Rechenschaft über die Wertigkeit, die Stärken und Schwächen des einzelnen «Bildes» und die dafür anzuwendenden Kriterien zu geben.[16]

Ein erster Vorbehalt gegen eine *familia-Dei-Ekklesiologie* könnte in der Meinung bestehen, es sei zwar angebracht und nicht ohne spirituellen Gewinn, im Gebet, in der Liturgie, in mehr erbaulicher Absicht und Form, gegebenenfalls auch in der Pastoraltheologie, m.a.W. in der Redeweise einer «allgemein religiösen Sprache» Bilder und Metaphern einzusetzen; eine Ekklesiologie im Fachbereich der Dogmatik müsse dagegen frei von Subjektivität und Emotionalität sein und erfordere deshalb eine «theologische Sprache» mit klaren, eindeutigen und exakten Konzepten. In dialektischer Umkehr dieses Einwandes wird bisweilen die Ansicht vertreten, jede Theologie, auch die «dogmatische», sei an sich immer schon — wenn auch oft unbewußt — metaphorisch, sie sei deshalb notwendig subjektiv, partial und perspektivisch, weshalb das von ihr Ausgesagte auch keinen allgemeinen Wahrheitsanspruch erheben könne. Die Theologie solle das anerkennen und ihre Aufgabe darin sehen, lediglich erzählerisch, essayistisch zu inspirieren und Anstöße zu bieten.

---

[16] Zur Auseinandersetzung mit «Bildern», «Methaphern» und «Modellen» ... im allgemeinen vgl. DULLES, *Models*, 15-33 u. 190-203; DERS., *The Craft of Theology. From Symbol to System*, New York 1992, 41-52; MERRIGAN, *Models*, 141-161; M. SEMERARO, *Le immagini della Chiesa (LG 6)*, in: *Lat* 54 (1988), 92-118; RIKHOF, *The Concept of the Church*. Dulles nennt als wichtigste Kriterien: die Begründbarkeit in Schrift und Tradition; die Förderung der christlichen Identität und Sendung – auch hinsichtlich der zentralen christlichen Werte und Tugenden; die Angemessenheit gegenüber der gegenwärtigen religiösen Erfahrung; die theologische Fruchtbarkeit; die ökumenische Ausrichtung; die innere Kohärenz und Plausibilität. Es fällt auf, daß das lebendige kirchliche *Lehramt* hier nicht als Kriterium genannt wird und man gewinnt leicht den Eindruck, als ob lehramtliche Aussagen über die Kirche einem bestimmten «Kirchenmodell» zugeordnet werden. Demgegenüber muß festgehalten werden, daß es schon rein im Sinne der wissenschaftlichen Prinzipien der Theologie falsch ist, im Lehramt eine «theologische Richtung» neben anderen zu sehen, die ebenso wie diese aufbauend auf den je eigenen «Modellen» und «Paradigmen» *einen* «perspektivischen Beitrag» zur pluralistisch geführten theologischen Diskussion leiste.

In bezug auf die Funktion von «Modellvorstellungen» in den Naturwissenschaften könnte weiters kritisch angemerkt werden, daß sie dort Arbeitshypothesen und Gedankenexperimente darstellen, die daraufhin in Versuchsreihen zu verifizieren sind. Die Kirche, in der es immer auch um göttliche Wahrheit und letztlich um das Heil geht, könne sich dagegen nicht auf «Hypothesen» einlassen, die dann erst nachträglich durch entsprechende kirchliche Praxis — im Falle ihres Gelingens — gleichsam gerechtfertigt würden.

Zuletzt wäre noch anzufragen, ob es aufgrund der Partialität und Ergänzungsbedürftigkeit eines jeden Kirchenbildes nicht angemessener wäre, auf die Entfaltung der Ekklesiologie eines einzelnen zu verzichten und dagegen eine «metaphorische Ekklesiologie» auf der Grundlage größerer Gruppen komplementärer Bilder zu versuchen.

0.2. METHODOLOGISCHE OPTIONEN

Der Arbeit liegt die Überzeugung zugrunde, daß die Kirche ihrem Wesen und ihrer Sendung nach untrennbar mit dem Heilsplan Gottes und dem Erlösungswerk in Christus verbunden, ja selbst deren Ausdruck und Verwirklichung in Welt und Geschichte ist. Deshalb muß die Kirche wie der göttliche Heilsplan *Gegenstand des Glaubens* sein. Die Lehre von der Kirche im allgemeinen und eine *familia-Dei-Ekklesiologie* im besonderen finden somit ihren eigentlichen und angemessenen Standort innerhalb der *dogmatischen Theologie*. An dieser haben sich folglich auch primär die gewählten Methoden der Arbeit zu orientieren.[17]

Unter diesen Voraussetzungen ist auch der im Titel gewählte Begriff des *«Konzepts»* der Familie Gottes zu verstehen. Mit seinem eher allgemeinen Bedeutungsgehalt sollen «belastetere» Ausdrücke wie «Bild», «Metapher» oder «Modell» vermieden werden, um nicht die ganze Arbeit bereits von der Formulierung ihres Themas her in die Nähe eines spezifischen «modelltheoretischen» Ansatzes zu bringen.[18] Der Begriff scheint weiters am ehesten der Überzeugung Raum zu geben, daß die dogmatische Ekklesiologie weder in einem isolierten «Denken *reiner Begriffe*» noch in einer «mystischen Wesensschau *reiner Bilder*», sondern nur in der fruchtbaren Spannung und Ergän-

---

[17] Über die je spezifische, den verschiedenen Kapiteln eigene Methode wird — wo nötig — zu deren Beginn eingehender Rechenschaft gegeben.

[18] Das gilt auch insofern, als die Arbeit in Auseinandersetzung mit Quellen und theologischen Deutungen die jeweiligen Begriffe aufnimmt, und in der Folge von der «Metapher», dem «Bild», «dem Konzept» … der *Familie Gottes* sprechen kann, ohne dadurch einen formalen Unterschied andeuten zu wollen.

zung beider Verständnisweisen zu ihrem Ziel gelangt.[19] Durch den Begriff «*Konzept*» und das zugrundeliegende Verb «*konzipieren*» soll
schließlich auch die Dimension des dynamisch auf den ihm gegebenen
Erkenntnisgegenstand hin ausgreifenden Verstandes angedeutet werden, um die Fehlinterpretation auszuschließen, es gehe hier nur um
eine uneigentliche, übertragene Redeweise, die nachträglich einem
erkannten Gegenstand in zwar ästhetisch ansprechender, aber zugleich
sprachlich unexakter Formulierung beigelegt werde. Vielmehr soll das
«*Konzept*» der Familie Gottes einen vernunftgemäß reflektierten und
strukturierten Zugang zur besseren konzeptualen Erfassung von Wesen
und Sendung der Kirche beistellen. Das gilt um so mehr, als das
menschliche Denken gerade zur ganzheitlichen Erkenntnis komplexer
Realitäten bestimmter Leitbilder bedarf, die es — im Hinblick auf
theologische Fragen — erlauben, bei Wahrung der bleibenden Geheimnishaftigkeit denkerisch verantwortet auch die *Mysterien* des Glaubens
zu durchdringen und verständlich zu vermitteln.

Daß eine derartige Absicht nicht menschlich intellektueller
Hochmut, sondern aus der Sache selbst gerechtfertigt, ja erforderlich
ist, wird im Geschehen der Offenbarung einsichtig, die keinen Sinn
hat, wenn sie nicht im höchsten Maß Wahrheit und Mitteilbarkeit für
sich beanspruchen kann. Gerade diese Offenbarung geschieht aber nach
biblischem Zeugnis bevorzugt in «Bildern»; insbesondere die patristische *Tradition* folgte dieser methodologischen Option der Anfänge
christlicher Theologie, der in bezug auf das göttliche Offenbarungs-
wort keinesfalls weniger «Wahrheit», «Mitteilbarkeit» und «Angemessenheit» eignet als später entfalteten mehr abstrakt-konzeptualen Lehr-
systemen.

Formal werden wissenschaftlich reflektierte Aussagen einer
familia-Dei-Ekklesiologie wie in der Theologie insgesamt durch das
Prinzip der Analogie ermöglicht. Darin drückt sich ein im Glauben
geläutertes systematisches Denken ebenso aus wie der im vernünftigen
Denken bewährte Glaube, die beide dem Anspruch einer mitteilbaren
und allgemein verpflichtenden geoffenbarten Wahrheit Gottes und über
Gott gerecht werden können, weil sie sich bewußt sind, in menschlichen Bildern, Konzepten und Ausdrucksweisen, zwar gültig und
angemessen, jedoch bei aller Ähnlichkeit in je immer größerer Unähnlichkeit (vgl. *D* 806) von Gott und seinen Geheimnissen zu sprechen.
Daß eine solche Rede dem Menschen überhaupt möglich ist, wurzelt
im Geheimnis der Offenbarung Gottes in seinem menschgewordenen

---

[19] Vgl. E. PRZYWARA, *Bild, Gleichnis, Symbol, Mythos, Mysterium, Logos*, in:
AdF 1956 (2-3), 7-38; DERS., *Metaphysik, Religion, Analogie*, in: *AdF* 1956 (1), 153-
172. Dieses Prinzip bleibt für den Verlauf der ganzen Arbeit bestimmend.

Wort, seiner «Ikone», Jesus Christus. Die analoge Rede erweist sich der Kirche von ihrem Wesen her besonders naheliegend und angemessen, insofern diese selbst Vermittlung und Offenbarung des Göttlichen im Menschlichen und Widerschein Christi, des Lichtes, ist.

Die gewählte Methode der Arbeit ist primär weder *apologetisch*, *pastoraltheologisch* noch *spirituell erbaulich*, sondern betreibt eine *dogmatische* Darlegung des Geheimnisses von Wesen und Sendung der Kirche unter Zuhilfenahme des analogen strukturierenden und veranschaulichenden Sinnganzen der *«Familie Gottes»*. Damit ist allerdings keineswegs ausgeschlossen, daß sich eine entsprechende *familia-Dei-Ekklesiologie* nicht auch *«apologetischen»*, *«spirituellen»* und *«pastoralen»* Anliegen als höchst angemessen erweist. Das wird im Verlauf der Arbeit für zwei grundlegende Funktionen eines Kirchenbildes[20], die sogenannte *«explanatorische»* und die *«exploratorische»* zu zeigen sein. *«Explanatorisch»* besagt, daß das «Konzept» der Familie Gottes *«erklärend»* zu einer ganzheitlichen Auffassung von Wesen und Sendung der Kirche auch hinsichtlich der vielfältigen inneren Zusammenhänge und Verflechtungen einzelner Momente verhelfen soll; ebenso gilt es, dadurch schwerer verstehbare Teilaspekte zugänglich zu machen. Als *«exploratorisch»* kann sich dieses Konzept dann erweisen, wenn es *«erkundend»* in gewisser Weise neue Zugänge zur betrachteten Realität eröffnet; zu etwas daran, das in der gegenwärtigen theologischen Forschung und in den durch sie bevorzugten Leitbildern noch nicht oder nicht mehr so zu finden ist. Es werden deshalb aus der *familia-Dei-Ekklesiologie* zu gewinnende praktische Impulse zu erheben sein, die dann gegeben sind, wenn die Gläubigen im «Leitbild» der *Familie Gottes* ihre eigenen Glaubens- und Kirchenerfahrungen zu lokalisieren vermögen und dadurch die eigene Berufung und Verantwortung für das Ganze der Kirche besser erkennen, Wege zu deren Realisierung finden und den Anstoß zur konkreten Verwirklichung des Erkannten erhalten können.

Auf dem Weg zur Realisierung dieser Vorhaben ist zunächst im ersten Teil in *positiv theologischer* Auswertung der Quellen des Vaticanum II und der folgenden Bischofssynoden ein sicheres theologisches Fundament zu einer *familia-Dei-Ekklesiologie* zu legen. Im *Dialog mit* verschiedenen, nicht im strengen Sinn *ekklesiologischen Ansätzen* soll dieses im zweiten Teil auch hinsichtlich anderer wesentlicher theologischer Quellen befestigt und durch Hinweise auf mögliche weiterführende Gedanken bereichert werden, ehe das Schlußkapitel darauf

---

[20] Vgl. dazu bes. DULLES, *Models*, 15-33 u. 190-203; MINEAR, *Images*, 11-27 u. 250-267.

aufbauend in eigenständiger und mehr *spekulativer* Weise die Grundlinien einer dogmatischen *familia-Dei-Ekklesiologie* skizziert.

Dabei sollen die Grenzen der Arbeit nicht übersehen werden. Es
kann hier beispielsweise kein eigener Beitrag zur Diskussion um die
formale Bestimmung von «Kirchenbildern» beigesteuert werden. Die
systematische Erforschung der Quellen beschränkt sich schwerpunktmäßig auf Konzil und Synoden und bezieht andere insoweit ein, als
diese darauf erkennbaren Einfluß ausübten oder Gegenstand der im
dritten Kapitel untersuchten Sekundärliteratur sind. Die komplementäre
Verwiesenheit der *Familie Gottes* auf andere Kirchenbilder wird verschiedentlich angedeutet, kann aber nicht systematisch für das Ganze
des Ansatzes durchgeführt werden. Schließlich muß sich die abschließend skizzierte *familia-Dei-Ekklesiologie* auf die theologischen
Grundlinien beschränken[21] und vermag nur in einigen wichtigen
Bereichen exemplarisch auf praktische Implikationen zu verweisen[22].
Das geschieht allerdings in der Überzeugung, daß ein von den
Gläubigen angenommenes kirchliches Selbstverständnis als *Familie
Gottes* von sich aus zu Konsequenzen im konkreten Vollzug ihres
Kirche-Seins drängen wird.

0.3. AUFBAU UND QUELLEN DER ARBEIT

Die zwei Teile und vier Kapitel der Arbeit stehen in einem
logisch aufbauenden inneren Zusammenhang. Entsprechend dem Titel
befaßt sich der erste Teil im ersten und zweiten Kapitel mit der
«Kirche als Familie Gottes» und der «Stellung dieses theologischen
Konzeptes im Zweiten Vatikanischen Konzil und in den Bischofssynoden von 1974 bis 1994». Der zweite Teil richtet seinen Blick auf
die zu entwerfende *familia-Dei-Ekklesiologie*: im Dialog mit bisherigen
Veröffentlichungen zu verwandten Themen (Kapitel 3) und im eigenständigen Entwurf ihrer theologischen Grundlinien (Kapitel 4).

Leitendes Interesse der Erörterungen des ersten Teils ist nicht
primär ein Aspekt der *Konzils-* oder *Synodengeschichte*. Vielmehr geht
es um die *Frage nach der Möglichkeit, im Vaticanum II und seiner
Wirkungsgeschichte Ansätze zu einer familia-Dei-Ekklesiologie ausfindig zu machen.* Zunächst muß geklärt werden, wo und wie der
Begriff der «Familie Gottes» selbst, verwandte Termini oder auch

---

[21] Die Eignung zur Erörterung wichtiger ekklesiologischer Einzelthemen innerhalb jenes Konzeptes wird allerdings bereits im Kontext des Vaticanum II (Teil I) unter
Beweis gestellt.
[22] Das kann aber insofern genügen, als diese in der Auseinandersetzung mit
pastoraltheologischen Ansätzen ausführlicher zur Sprache kommen.

andere inhaltliche Belege für jenes Thema vorkommen und ob diese Stellen als «theologisch», «spirituell», «pastoral» oder anders zu qualifizieren sind. Ebenso sollen die *familia-Dei-Aussagen* an den «großen Trends», den Kerngedanken, Hauptthemen und Schlüsselbegriffen der Ekklesiologie des Konzils (z.B. der «Communio», des «Sakraments», des «Mysteriums», der «Trinität» u.a.) bewährt werden; ob sie diesen entsprechen, ob sie theologisch dahinter zurückbleiben oder sogar zu einer Weiterentwicklung beitragen könnten.

Das Ziel einer überschaubaren Darstellung des *familia-Dei-Konzeptes* und seiner theologischen Bedeutung bedingt die methodische Option, dem thematischen und systematischen Moment gegenüber dem diachronen den Vorrang einzuräumen, ohne letzteres dadurch — insbesondere dort, wo es für eine angemessene Interpretation bedeutsam ist — gänzlich aus dem Blick zu verlieren.[23]

Der Aufbau des ersten Teiles folgt der «Struktur» des Vaticanum II selbst. Wie Papst Johannes XXIII. ein Monat vor Konzilseröffnung erkennen ließ[24] und Kardinal Suenens in einer vielbeachteten Konzilsrede forderte[25], sollte sich der Blick des Konzils einerseits auf die Kirche «ad intra» (auf ihr innerstes Wesen) und andererseits «ad extra» (auf ihre Stellung und Sendung in der Welt) richten. Diese gedankliche Unterscheidung zweier voneinander nicht zu trennender Aspekte der Kirche findet ihren Ausdruck in der *ekklesiologischen Achse*, die die beiden Konstitutionen über die Kirche, die dogmatische, *Lumen gentium*, sowie die pastorale, *Gaudium et spes*, zusammen mit den anderen beiden Konstitutionen über die Liturgie und die göttliche Offenbarung diagonal durch die Entwicklung des Zweiten Vatikanums bilden. Sie wird durch weitere Elemente in Wesen und Sendung der

---

[23] Entwicklungen werden sowohl in bezug auf die verschiedenen Einzelthemen innerhalb der inhaltlich strukturierten Abschnitte als vor allem auch im zweiten Kapitel für die Darstellung und Auslegung der mehr systematischen Verwendung des *familia-Dei-Konzeptes* in der Pastoralkonstitution berücksichtigt.

[24] Vgl. IOANNES XXIII, *Nuntius radiophonicus* (11.09.1962): *AAS* 54 (1962), 678-685. In dieser Ansprache, die das kommende Konzil in das österliche Licht des auferstandenen Christus stellen will ("Un cantico solo si eleva possente, armonioso, penetrante: *Lumen Christi, Deo gratias*. Questa luce risplende e risplenderà nei secoli: sì: *lumen Christi, Ecclesia Christi, lumen gentium*"; ebd. 685) werden sowohl der programmatische Anfang der Dogmatischen Konstitution über die Kirche als auch wesentliche Inhalte der späteren Pastoralkonstitution genannt. Dem entspricht die ebenfalls vorgelegte Unterscheidung des Blicks auf die Kirche «ad intra» und «ad extra». Nach H. DE RIEDMATTEN stand diese Ansprache des Papstes selbst unter dem Einfluß von Kardinal SUENENS. Vgl. C. MOELLER, *Die Geschichte der Pastoralkonstitution*, in: *LThK.E* 3, 245f.

[25] Vgl. cong. gen. XXXIII (04.12.1962) zum Schema *de Ecclesia*: "Concilium sit Concilium «de Ecclesia» et habeat duas partes: *de Ecclesia ad intra – de Ecclesia ad extra.*" (*AS* I.IV, 223); vgl. den Vorschlag desselben Kardinals zur Anordnung der Schemen des Konzils in der Koordinierungskommission (*AS* V.I, 89f.).

Kirche ergänzt, die von den anderen Konzilsdokumenten vorgelegt werden. In Anlehnung daran folgt das erste Kapitel der Arbeit in *thematisch gegliederten* Unterabschnitten den Grundlinien von *Lumen gentium* und erhebt dabei die Bedeutung des *familia-Dei-Konzeptes* für die Fragestellung nach dem Wesen der Kirche, wobei auch diesbezügliche Aussagen der übrigen Konzilsdokumente berücksichtigt werden.[26]

Der ihrer Struktur nach weitgehend konstante Aufbau der einzelnen thematischen Unterabschnitte hängt mit der Frage nach den heranzuziehenden Quellen und ihrer unterschiedlichen Wertigkeit zusammen. Zu Wort kommen im ersten Teil fast ausschließlich primäre Quellen. Sekundärliteratur wird nur in Einzelfällen berücksichtigt.[27] Die thematischen Abschnitte und gegebenenfalls auch die weiteren inhaltlich differenzierten Unterabschnitte umfassen jeweils drei Ebenen: die Aussagen der Konzilsdokumente selbst; ihre Interpretation aus der Entwicklung vor und während des Konzils; ihre Weiterführungen und Neuentwicklungen im Kontext der nachkonziliären Synoden, denen — insofern sie in päpstliche Schreiben aufgenommen wurden — ebenfalls lehramtliches Gewicht zukommt.[28]

Den Ausgangspunkt für die Erforschung des *familia-Dei-Konzeptes* im *Vaticanum II* bilden naturgemäß *dessen Dokumente*, denen ein hoher Verbindlichkeitsgrad zukommt. Die weitere Differenzierung ihres theologischen Gewichtes ergibt sowohl eine höhere Bewertung der dogmatischen und der anderen *Konstitutionen* als auch eine Unterscheidung innerhalb der Dokumente zwischen im strengen Sinn theologischen, lehrhaften und anderen, etwa mehr pastoralen oder spirituellen Äußerungen. Zur Erhebung des Textbefundes der relevanten Stellen wird eine erste Interpretation anhand des Zusammenhanges

---

[26] In *LG* bilden jeweils zwei Kapitel eine thematische Einheit, an der sich die Gliederung der vorliegenden Arbeit orientiert. Abschnitt 1.1. befaßt sich nach einer vorgeordneten ersten Standortbestimmung des «*familia-Dei-Konzeptes*» (1.1.1.) mit dem Geheimnis der Kirche in seiner transzendenten (1.1.2.) wie seiner geschichtlich manifesten (1.1.3.) Dimension. Abschnitt 1.2. erhebt die Bedeutung des Konzeptes für die Lehre über die organische Struktur der Kirche im hierarchischen Amt (1.2.1.1.), in der Einheit von universaler und lokaler Kirche (1.2.1.2.) sowie im Laienstand (1.2.2.). Die beiden übrigen Abschnitte gelten einerseits der Finalität der Kirche (1.3.) im allgemeinen (1.3.1.) wie zeichenhaft bezüglich des gottgeweihten Lebens (1.3.2.) und andererseits (1.4.) ihrer eschatologischen Vollendung (1.4.1.), die in Maria (1.4.2.) bereits erreicht ist. Zu dieser Gliederung vgl. G. PHILIPS, *Die Geschichte der dogmatischen Konstitution «Lumen gentium»*, in: *LThK.E* 1, 152f.

[27] Diese Vorgangsweise ergibt sich nicht nur aus der Forderung nach Authentizität des zu ermittelnden Befundes, da das *familia-Dei-Konzept* im allgemeinen wie in bezug auf das Konzil und die Synoden theologisch kaum und wenn überhaupt, dann nur innerhalb sehr beschränkter Horizonte, behandelt wurde.

[28] Im Schriftbild wird die Dreiteilung nach den genannten Quellen durch einen vergrößerten Endabstand zwischen den jeweiligen Abschnitten, die weiteren *thematischen* Unterteilungen durch Sterne [«* * *»], gekennzeichnet.

des jeweils betroffenen ekklesiologischen Themas im Konzil insgesamt, der näheren Umgebung der Stelle sowie gegebenenfalls auch der unmittelbaren Entstehungsgeschichte geboten. Doch diese Interpretation findet ihre Grenzen am komplexen Charakter des Konzils und seiner promulgierten Texte, und man hätte sicherlich die Bedeutung der «Familie Gottes» im Vaticanum nicht angemessen erfaßt, wenn man beim Buchstaben seiner Dokumente stehenbliebe, die selbst letzter Ausdruck eines vielschichtigen Prozesses sind.

Deshalb wird in einem zweiten Schritt danach gefragt, welche Bedeutung bzw. welche weiteren Konnotationen und Implikationen die *Väter in der Aula* mit dem Thema der Familie Gottes verbanden. Diese müssen *als Verstehenshorizont für die verbindlichen Aussagen der Dokumente* gelten. Hiezu verläßt sich die Arbeit allerdings nicht auf durch subjektive Anliegen bestimmte Meinungsäußerungen von Konzilsteilnehmern, Periti oder Kommentatoren. Eine wissenschaftlich sicherere Grundlage bieten dagegen die veröffentlichten «offiziellen» Akten und Protokolle. Für die hier vorliegende Fragestellung, die sich nicht — auch nicht vorwiegend — auf einzelne Dokumente und bestimmte Stellen darin beschränken läßt, erweist sich eine häufig gewählte *chronologische* Vorgangsweise, die — ausgehend von den entsprechenden Stellen der Dokumente — durch die Schemen und Diskussionsphasen deren Entwicklung zurückverfolgt, als unzulänglich; dasselbe gilt für jene, die die Genese der Dokumente von ihrem ersten Entwurf an Phase für Phase durchläuft. Auf diese Weise geriete bei der Fülle vorhandener Daten und Belege das Thema selbst und seine systematische Darstellung nur allzuleicht in den Hintergrund und in Unübersichtlichkeit. Weiters kann nicht vorausgesetzt werden, daß auf die Entstehung eines Dokumentes nur jene Aussagen Einfluß hatten, die bewußt zu diesem Stellung nahmen und nicht beispielsweise auch solche, die vielleicht am selben Tag im Kontext eines anderen Dokumentes ein ähnliches Thema in der Aula behandelten. Sicherlich kann in jenem vielschichtigen Prozeß, in dem sich Bischöfe aus aller Welt, zum Konzil vereint, in zahllosen Beiträgen um eine zeitgemäße und verständliche Ausdrucksweise für die katholische Glaubenslehre bemühten, bei weitem nicht jede Entwicklung durch alle einzelnen Einflüsse und Kausalitäten hindurch aufgezeigt werden; auch nicht für ein beschränktes Thema wie das der Familie Gottes.

Der Arbeit liegt eine umfassende Durchsicht *aller* bisher veröffentlichten «offiziellen Akten» zum Vaticanum II zugrunde: von den Antworten der zukünftigen Konzilsväter und für die katholische Glaubenslehre verantwortlichen Körperschaften auf die Befragung, welche Themen sie in welcher Weise vom Konzil erörtert wissen wollten (*Antepraeparatoria*), bis hin zu den veröffentlichten Diskussionen in den Vorbereitungskommissionen (*Praeparatoria*) und den daraufhin erstellten *Schemata*; von den Sitzungsprotokollen und schriftlichen Anregungen zur Zeit der vier Konzilsperioden, bis zu den wieder und wieder verbesserten Textfassungen und den eingereichten *Modi* wie deren Besprechungen, die den *Acta Synodalia* zu entnehmen sind; und schließlich von den Äußerungen der Päpste zum Konzil und seinem Verlauf in allen Phasen bis hin zu Grußbotschaften, Mitteilungen der Sekretariate und Kommissionen und anderen vergleichbaren Wortmeldungen im Ereignis des Konzils. Hieraus soll der theologische Verständnishorizont für die *familia-Dei-Stellen* des Vaticanum II in *thematisch geordneter* Darstellung gewonnen werden, der eine große Vielfalt spiegelt: den Reichtum jenes Konzeptes nicht weniger als die Universalität der im Konzil versammelten Weltkirche.

Ebenfalls großen interpretativen Wert hat die *Wirkungsgeschichte des Konzils*, die jeweils als dritter Teilaspekt zu den einzelnen Themen betrachtet wird. Als Grundlage dazu wurden die Bischofssynoden der letzten zwanzig Jahre gewählt. Mehr als andere Quellen bilden sie einen authentischen Ausdruck und Gradmesser für Verständnis, Interpretation und Weiterentwicklung der Konzilslehren, zeichnen sie ein repräsentatives und umfassendes Bild der Kirche in der Gegenwart und setzen die mit dem Konzil angestrebte Erneuerung der Kirche fort. Zwar ist die Frage ihres theologischen Gewichtes noch nicht ausdiskutiert und es wird ihnen kein eigenes lehramtliches Gewicht zugesprochen. Unbestreitbar sind sie aber selbst Frucht des Konzils und seiner Lehre über die Kollegialität der Bischöfe und Konkretisierung ihrer weltkirchlichen Verantwortung; stellen sie eine Synthese von theologischen Strömungen und praktischen Erfahrungen aus dem Leben der Kirche in allen Kulturen der Welt dar; gehört es zu ihrer erklärten Absicht, das Konzil in ausgewählten Themen für das kirchliche Leben fruchtbar zu machen. All das drückt sich in den «Synoden», die als vielgestaltige Ereignisse der Kirche zu sehen sind, auf verschiedene, für diese Arbeit zu berücksichtigende Weisen aus.

Die vorbereiteten bzw. nach Umfragen erstellten «offiziellen» Texte (*Instrumentum laboris*, *Lineamenta*) verbinden den jeweiligen Fragestand mit ersten eingeholten Anregungen und aktuellen theologischen Deutungen. Vorsynodale und synodale Beiträge der Synodenväter, aber auch von Auditoren und anderen Beteiligten geben eine umfassende Übersicht über die behandelten Probleme und mögliche Lösungen – zusammengefaßt und geordnet durch diverse *Relationes*. In den Ergebnissen der nach Sprachen (und damit in gewissem Maße auch nach Kulturen) unterteilten Arbeitsgruppen, in den *Propositiones* oder Synodenbotschaften zeigen sich schließlich die Früchte der kollegialen Verantwortung der Bischöfe. Wie es unter Johannes Paul II. zur festen

Gepflogenheit wurde, ist der Papst bei den Synoden ein «Hörender», der aus den Stimmen der Weltkirche die wichtigsten Anliegen aufnimmt und in nachsynodalen Apostolischen Schreiben gemäß seinem Auftrag und mit der Autorität seines Lehramtes als richtungweisende aktuelle Deutung der Glaubenslehre vorlegt.

Von den «Synoden»[29] wurden als zeitlich wie thematisch repräsentativer Querschnitt die ordentlichen Versammlungen der Bischofssynode von 1974 bis 1994 ausgewählt.[30] Dazu kommt die aufgrund ihres Themas der «Kirche im Licht des Konzils» einzubeziehende außerordentliche Vollversammlung von 1985. Die Sonderversammlung für Afrika 1994 sowie die Generalversammlung des lateinamerikanischen Episkopates 1979 in Puebla, an denen auch der Papst teilnahm, werden zusätzlich zu den «Bischofssyoden» im strengen Sinn berücksichtigt, da sich in ihnen erste Anfänge einer wachsenden Bedeutung der Kirchen wie der Theologie der «dritten Welt» abzeichnen und sie wesentliche Beiträge zur Entfaltung einer *familia-Dei-Ekklesiologie* leisten können.

Parallel zum ersten Kapitel wie unter Berücksichtigung derselben Quellen und methodologischen Optionen orientiert sich das zweite in der Frage nach der *Sendung der Kirche in der Welt* hauptsächlich an der Pastoralkonstitution *Gaudium et spes*. Aufgrund der größten Häufigkeit von *familia-Dei-Stellen* sind darin am ehesten Ansätze zur Entfaltung einer entsprechenden Ekklesiologie zu erwarten. Deshalb wendet sich das Kapitel in seinem ersten Unterabschnitt einer eingehenden Interpretation des lehrhaft-theologischen Teils der Pastoralkonstitution zu. Durch den historisch genetischen Aufbau der Erörterungen wird der Tatsache Rechnung getragen, daß nun auch den Entwicklungen durch die einzelnen Diskussionsphasen hindurch bis hin zum Dokument größeres Gewicht und unübersehbarer interpretativer Wert zufällt. Zwei weitere Unterabschnitte (2.2. u. 2.3.) befassen sich mit der *Mission* und *Evangelisierung* sowie mit dem *ökumenischen* und

---

[29] Unter dem Begriff «Synode» sind hier — wie auch an anderen Stellen der Arbeit — nicht nur die *ordentlichen Versammlungen der Bischofssynode*, sondern auch *außerordentliche* (z.B. 1985) und *Sonderversammlungen* (z.B. für Afrika, 1994) zusammengefaßt. Selbst die ebenfalls aufgenommene *Generalversammlung des lateinamerikanischen Episkopats* (Puebla, 1979) kann darin in gewisser Weise miteingeschlossen werden. Die außerordentliche Vollversammlung 1969 wurde insoweit berücksichtigt, als sie für die Entfaltung der «Communio-Ekklesiologie» im Anschluß an das Vat II von maßgeblicher Bedeutung ist.

[30] Im einzelnen: 1974 (Evangelisierung); 1977 (Katechese); 1980 (Familie); 1983 (Umkehr und Versöhnung); 1987 (Laien); 1990 (Priesterausbildung); 1994 (Gottgeweihtes Leben). Über die hier durchgehend in die Erörterungen einbezogenen Synoden können in Einzelfällen je nach Thema noch andere berücksichtigt werden.

interreligiösen Dialog als spezifische, vom Konzil behandelte Ausdrucksformen im Vollzug der *Sendung* der Familie Gottes «*ad extra*».

Am Ende des ersten Teiles gilt es sodann, in einer vorläufigen Zwischenbilanz die *familia-Dei-Ekklesiologie* des Vaticanum II in der Zusammenschau von Wesen und Sendung der Kirche sowie in der Synthese der Ergebnisse der beiden ersten Kapitel zu umreißen. Bleibende theologische Fragen sind — sofern sie nicht in den Entwurf im vierten Kapitel Eingang finden — an dieser Stelle so weit wie möglich zu klären. Vor allem ist dabei eine klare Differenzierung zu gewinnen, was und wer mit der «Familie Gottes» unter welcher Hinsicht gemeint ist und wer ihr (gerade unter Ausnutzung explorativer Potenzen jenes Konzeptes) in welcher Weise zuzuordnen ist.

Darauf aufbauend tritt das dritte Kapitel auf dem Weg zu einer entfalteten *familia-Dei-Ekklesiologie* in den Dialog mit vorhandener Literatur zum Familie-Gottes-Thema. Die Zeit nach dem Konzil steckt dafür den Rahmen ab – ofern es sich nicht um ältere Beiträge von bleibender Bedeutung handelt. Die Auswahl der vier Themen besprochener Veröffentlichungen, der *Philosophie*, der *theologischen Methodenlehre*, der *Exegese* und *Bibeltheologie* sowie der *Pastoral* ergibt sich primär schon daraus, daß kaum Publikationen anderer Fachbereiche vorhanden sind. Breitere Aufmerksamkeit wird der Auseinandersetzung mit biblischen Zeugnissen als Quelle und Grundlage der *familia-Dei-Ekklesiologie* sowie mit pastoralen Ansätzen geschenkt, die deren praktische Implikationen in das Blickfeld rücken. Nur am Rande werden dagegen die zahlreicher vorhandenen Beiträge zum Thema der «*Ecclesia domestica*» und der «*frühchristlichen Hausgemeinden*» in Betracht genommen, da sie für das eigentliche Interesse der Arbeit nicht viel beizutragen vermögen. Am Ende des Kapitels stellt ein Überblick nochmals gesammelt vorhandene Quellen sowie Literatur zum *Familie-Gottes-Thema* dar.

Das vierte Kapitel unternimmt als Synthese den Versuch, aufbauend auf die Ansätze im Vaticanum II, in eigenständiger Weise eine *familia-Dei-Ekklesiologie* theologisch zu begründen und in ihren Hauptlinien vorzuzeichnen. Im Mittelpunkt der Erörterungen stehen vier bereits im Begriff der «*Familie Gottes*» erkennbare theologische Grundelemente: die «*Familie*» als anthropologische Voraussetzung jenes Konzeptes sowie das Geheimnis der *Trinität*, die *inkarnatorisch-sakramentale* und die *heilsgeschichtliche Dimension* als drei im eigentlichen Sinn theologische Eckpfeiler des Ansatzes. Die abschließende Bilanz fragt nach dem Wert des *familia-Dei-Konzeptes* für Kirche und Ekklesiologie.

ERSTER TEIL

DIE KIRCHE ALS *«FAMILIE GOTTES»* IM ZWEITEN VATIKANISCHEN KONZIL UND IN DEN BISCHOFSSYNODEN VON 1974 BIS 1994

STELLUNG UND BEDEUTUNG DES EKKLESIOLOGISCHEN KONZEPTES DER «*FAMILIA DEI*» ALS ZUGANG ZUM WESEN DER KIRCHE

1.1. DAS GEHEIMNIS DER KIRCHE IN SEINER TRANSZENDENTEN DIMENSION UND SEINER GESCHICHTLICHEN VERWIRKLICHUNG

1.1.1. Zur Einordnung und Standortbestimmung des *familia-Dei-Konzeptes* im Vaticanum II und in den Bischofssynoden

Zu den wesentlichen theologischen Fortschritten des Zweiten Vatikanischen Konzils gehört es, den Blick von einer zu sehr an den äußerlichen Strukturen orientierten Sicht wieder mehr auf das Wesen der Kirche gelenkt zu haben, das dem Gläubigen als «*Geheimnis*» des Glaubens entgegentritt.[1] Theologie als *Glaubenswissenschaft* darf nun aber nicht vor dem Geheimnis als dem schlechthin Verborgenen stehenbleiben, sondern muß — um die Mitteilbarkeit des Glaubens und seine denkerische Verantwortung zu gewährleisten — mit ihren Methoden versuchen, das Wesen der Kirche zu erheben und darzustellen. Im folgenden soll als erste Standortbestimmung untersucht werden, welchen Platz das *familia-Dei-Konzept* im diesbezüglichen Bemühen des Vaticanum II und der späteren Bischofssynoden einnimmt; und zwar im Blick auf: 1) die Möglichkeit und Weise, Wesen und Geheimnis der Kirche im allgemeinen zu erfassen; 2) die formale Bestimmung des dabei vom Konzept der *familia-Dei* zu leistenden Beitrages; 3) die «*Communio-Ekklesiologie*» als seinen thematischen Rahmen; 4) Ansätze zur Entfaltung einer *familia-Dei-Ekklesiologie* in Konzil und Synoden.

---

[1] Einen guten Überblick zur diesbezüglichen Entwicklung bietet: PHILIPS, *Geschichte*, 139-155, bes. 139-142; vgl. auch ANTÓN, *Postconciliar Ecclesiology*, 412f. Einen ersten wesentlichen Schritt in diese Richtung leistete bereits PIUS XII., Lit. enc. *Mystici corporis*: *AAS* 35 (1943), 193-248, (vgl. FRIES, *Der Sinn von Kirche*, 22).

1.1.1.1. Zur Möglichkeit und Weise, Wesen und Geheimnis der Kirche zu erfassen

Gemäß der Eingangsnummer der Dogmatischen Konstitution *Lumen gentium* ist es das erklärte Ziel des Konzils, «den Gläubigen und aller Welt» (d.h. im gläubigen Verständnis einsichtig und für die vorurteilsfreie Vernunft verständlich) «*Wesen* und *universale Sendung* [*der Kirche*] *eingehender zu erklären*». Die erste und für das ganze Konzil bestimmend bleibende Wesensbeschreibung der Kirche lautet dann:

> "Die Kirche ist ja in Christus gleichsam das Sakrament, das heißt Zeichen und Werkzeug für die innigste Vereinigung mit Gott wie für die Einheit der ganzen Menschheit."[2]

Dabei hält *Lumen gentium* an der Tatsache fest, daß die Kirche eine komplexe Realität bleibt, zusammengesetzt aus göttlichen und menschlichen, aus unsichtbaren und sichtbaren Elementen. Sie ist ein Geheimnis, das allerdings in Christus geoffenbart und in ihrer Gründung manifest wird.[3] Als Hilfen zum Verständnis nennt das Dokument verschiedene, dem allgemein menschlichen Erfahrungshorizont leicht zugängliche Bilder, die den Gläubigen das innerste Wesen der Kirche — aufbauend auf die figurative Vorausbedeutung im Alten Testament — erschließen sollen.[4] Unter den zahlreichen genannten Bildern

---

[2] Vgl. Const. dog. *LG* 1: *AAS* 57 (1965), 5 [dt.: *LThK.E* 1, 157]. Vgl. andere Wesensbeschreibungen: *LG* 3: "Ecclesia, seu regnum Christi iam praesens in mysterio ..." (ebd. 6); *LG* 4: "Sic apparet universa Ecclesia sicuti «de unitate Patris et Filii et Spiritus Sancti plebs adunata»; vgl. S. CYPRIANUS, *De oratione Dominica* 23: *PL* 4,553 [536A]: "Sacrificium Deo maius est pax nostra et fraterna concordia, et de unitate Patris et Filii et Spiritus sancti plebs adunata." Neben jenen Stellen, die in *LG* mit Hilfe eines Bildes sich einer Wesensbeschreibung der Kirche annähern (vgl. nn. 7-8, ebd. 9-12: *corpus mysticum* u. n. 9, 12-14: *populus Dei*), kann weiters Const. past. *GS* 40 (§2): *AAS* 58 (1966), 1058 genannt werden, wobei das Konzept der *familia Dei* in bezug zum Weltdienst der Kirche aufscheint.

[3] Vgl. Const. dog. *LG* 3: *AAS* 57 (1965), 6 u. *LG* 5: ebd. 7 (zur Manifestation des Geheimnisses in seiner Gründung). *LG* 8: ebd. 11 greift zur Erklärung der Einheit jener komplexen Realität (mit Verweis auf *MyC*) die Analogie der Inkarnation auf. Die Formulierung läßt hierbei gewisse Anklänge an frühere «Kirchendefinitionen» erkennen: "Unicus Mediator Christus Ecclesiam suam sanctam, fidei, spei et caritatis communitatem his in terris ut compaginem visibilem constituit et indesinenter sustentat, qua veritatem et gratiam ad omnes diffundit. Societas autem organis hierarchicis instructa et mysticum Christi Corpus, coetus adspectabilis et communitas spiritualis, Ecclesia terrestris et Ecclesia caelestibus bonis ditata, non ut duae res considerandae sunt, sed unam realitatem complexam efformant, quae humano et divino coalescit elemento"; vgl. PIUS XII, Lit. enc. *MyC*: *AAS* 35 (1943) 199f. u. 221ff; Lit. enc. *Humani generis*: *AAS* 42 (1950) 571.

[4] Vgl. *LG* 6: *AAS* 57, 8: "Sicut in Vetere Testamento revelatio Regni saepe sub figuris proponitur, ita nunc quoque variis imaginibus intima Ecclesiae natura nobis innotescit, quae sive a vita pastorali vel ab agricultura, sive ab aedificatione aut etiam a familia et sponsalibus desumptae, in libris Prophetarum praeparantur."

wendet *Lumen gentium* vermehrte Aufmerksamkeit dem *Volk Gottes*, dem *mystischen Leib Christi* und — um die trinitarische Sicht zu vervollkommnen — dem *Tempel des Heiligen Geistes* zu. Zugleich vermeiden es die Kirchenkonstitution und in ihrem Gefolge die anderen Konzilsdokumente, diese Bilder absolut zu setzen und ergänzen sie immer wieder durch weitere (z.B. jenes der *Familie*), um dadurch wichtige Dimensionen der Kirche, die in den drei bevorzugten Bildern weniger klar verankert sind, ins Licht zu rücken. Wie im folgenden darzulegen sein wird, war die hierin ausgedrückte methodologische Option allerdings selbst erst Frucht verschiedener Entwicklungsphasen des Konzils.

Die Mehrzahl der von den Vätern und anderen Befragten *vor dem Konzil* eingebrachten ekklesiologischen Vorschläge regte eine allenfalls sogar definitive Festlegung der Ekklesiologie des mystischen Leibes gemäß der Enzyklika *Mystici Corporis* an.[5] Vereinzelt meldeten sich Stimmen, die darüber. hinaus andere Bilder behandelt wissen wollten – verbunden mit dem Anliegen, mehr das innerste Wesen der Kirche als ihre äußeren Strukturen in den Blick zu nehmen.[6] Die Möglichkeit einer *Kirchendefinition* schien etwa hinsichtlich des Zieles der Kirche, der übernatürlichen Heiligung der Menschen in diesem Leben und der ewigen Seligkeit im zukünftigen, durchaus möglich.[7] Das erste Schema *De Ecclesia* legte unter dem Titel *Aeternus Unigeniti Pater*[8] eine weitgehend an *Mystici Corporis* orientierte Ekklesiologie vor. Das erste Kapitel (*Ecclesiae militantis natura*) nähert sich dem Wesen der «streitenden» Kirche an. Ausgangspunkt ist dabei der Heilsplan Gottes des Vaters, die Menschen zu erlösen und in sein Reich zu

---

[5] PIUS XII, Lit. enc. *MyC*: *AAS* 35 (1943), 193-248. Zu den Vorschlägen vgl. die Bände der *Acta et Documenta. Concilio Oecumenico Vaticano II Apparando. Ser. I (Antepraeparatoria)*, Vol. II-IV.

[6] Vgl. z.B. Bf. WEHR (*A* I.II.I, 665 sowie sein Aux. STEIN, ebd. 716) der auch das Konzept der *familia Dei* nennt: "Ecclesia appareat tamquam populus Dei, Christi sanguine acquisitus et in Novo Testamento constitutus. ... Praeterea Ecclesia celebretur sponsa unica et dilecta Filii Dei et familia Dei Patris vinculo fidei et spei et caritatis in Spiritu Sancto coadunata"; die theol. Fakultät Mailand (*A* I.IV.II, 678f.) nennt die Bilder: *Leib* u. *Braut Christi* sowie *Tempel des Heiligen Geistes*.

[7] Vgl. die Pont. Universitas Lateranense in Rom (*A* I.IV.I.1, 338-341). Aufbauend auf einen Definitionsentwurf in Vorbereitung zum Codex von 1917 schlug man als *Definition* vor (ebd., 339): "Christus Dominus, Unigenitus Dei Filius, verus Deus et verus homo, Redemptor generis humani, catholicam instituens Ecclesiam ad supernaturalem hominum sanctificationem in hac vita et ad eorumdem aeternam beatitudinem in vita futura, ei contulit ... omnem potestatem ad finem suum assequendum." Zur Erklärung wurde angemerkt, daß die genannte *sanctificatio* nicht rein moralisch zu verstehen sei und die Heiligung des ganzen Menschen (nicht nur der Seele) anziele.

[8] Vgl. *A* II.II.III, 986-1094 (1. Tl.); *SCH* II, 9-90 sowie *AS* I.IV, 12-91. Der Text wurde in der XXV. cong. gen. (23.11.1962) verteilt.

führen sowie seine Durchführung im menschgewordenen Sohn durch
den Heiligen Geist. In den ersten drei Nummern dominiert das Bild des
«neuen Volkes», des «auserwählten Geschlechtes», des «königlichen
Priestertums» und «heiligen Stammes», das mit dem paulinischen Begriff *Israël Dei* oder *novus Israël* ausgedrückt wird. Um aber Wesen
und Beschaffenheit der Kirche den Menschen einsichtig zu machen —
so führt Nummer 3 aus — werde sie durch verschiedene Bilder
(*figurae*) benannt, die den sozialen wie den mystischen Aspekt am
geeignetsten beschreiben. Von diesen werden *Reich, Haus* und *Tempel
Gottes, Herde, Schafstall* und *Braut Christi* sowie *Säule* und *Firma-
ment* der *Wahrheit* namentlich genannt. Die Nummern 4-7 entfalten das
Bild des *Leibes*, dem das Schema unter allen Bildern den Vorrang einräumt[9]. Dabei werden allerdings auch die Begriffe *Braut* und *Mutter*
ergänzend zur Veranschaulichung herangezogen. Mit Nachdruck verweist das Schema darauf, daß in Analogie zur Inkarnation die Kirche
Societas und *Corpus Christi* sei und daß deshalb kein Widerspruch,
sondern vielmehr Einheit zwischen der *hierarchischen «Rechtskirche»*
und der *charismatischen «Kirche der Liebe»* bestehe. Die eine, heilige,
katholische und apostolische Kirche, der mystische Leib Christi, wird
zum Abschluß des Kapitels mit der «katholischen römischen Kirche
unter der Leitung des Nachfolgers Petri» identifiziert.

Gegen eine zu einseitige Bevorzugung der Sicht der Kirche als
mystischer Leib wurden verschiedentlich Bedenken geäußert.[10] Mehr
und mehr zeigte sich der Wille der Mehrzahl der Väter, die Kirche

---

[9] Vgl. Schema *De Ecclesia* n. 4 (*A* II.II.III, 987): "Ex omnibus tamen figuris
principem locum figura corporis tenet, qua instinctu paene Christi Paulus usus est …".

[10] So bereits vor dem Konzil von der theologischen Fakultät Trier (*A* I.IV.II,
740), die auf eine Reihe von kritischen Meinungen bezüglich einer bevorzugten Verwendung des Konzeptes vom *Corpus Mysticum* während des Vat I und deren Zusammenfassung in der *Relatio* durch J. KLEUTGEN (MANSI 53, 319 D: "Multis reverendissimis patribus in priore schemate displicuit, definitionem ecclesiae symbolicam, qua
corpus Christi dicitur, tamquam caput doctrinae et fundamentum eorum quae sequuntur proponi") verwies. In der Zentralen Vorbereitungskommission: Kard. DÖPFNER (*A*
II.II.III, 1009): "Difficile etiam mihi videtur apodicticam ponere thesim, *quod figura
corporis* principem teneat locum in omnibus Ecclesiae figuris a S. Scriptura
usurpatis"; vgl. auch Kard. BEA (ebd., 1015), der die Kirche auch unter anderen
Metaphern (wie z.B. als Reich, Weinberg, Familie, Haus, Volk u.a.) beschrieben
wissen wollte, dazu aber einschränkend feststellte, daß in einer dogmatischen Darstellung der Akzent nicht sosehr auf die Anwendung von Metaphern gelegt, als
vielmehr eine klare Darstellung der Sache geboten werden sollte; während der ersten
Sitzungsperiode: die Kard. SUENENS u. TATSUO DOI (*AS* I.IV, 222-227 u. 397f.), die
Ebf. MARTY u. DE PROVENCHÈRES (ebd., 191f. u. 463), die Bf. CHARUE, GUANO u.
SCHOISWOHL (ebd., 433f., 505 u. 561) sowie der Franziskanergeneral SÉPINSKI (ebd.
I.IV, 577). Vgl. auch den im Dezember 1962 von den deutschsprachigen Bf.
eingereichten Entwurf *de Ecclesia*, der in bezug auf verschiedene Kirchenbilder
gewisse Ähnlichkeiten mit späteren Fassungen des diskutierten Schemas aufweist, *an
dieser Stelle* jedoch das Bild der *familia Dei* noch nicht aufnimmt (*AS* I.IV, 612).

vorrangig als Geheimnis des Glaubens, ja als «*Sakrament*», zu verstehen. Um aber Wesen und Sendung der Kirche verständlich und überzeugend darlegen zu können, wollte man vor allem auf biblische *Bilder* zurückgreifen, die im Unterschied zu einer Definition durch gewisse Analogien jeweils den einen oder anderen Aspekt des Ganzen ins Licht rücken. Deshalb könne es, wie mehrfach vermerkt wurde, auch nicht genügen, alles um *ein* Bild zu zentrieren oder nur einige wenige anzuführen. Vielmehr seien Bilder darauf angelegt, sich komplementär zu ergänzen. Und dieser Tatsache müsse ein verbessertes Schema Rechnung tragen. Gelegentlich findet sich in den genannten Vorschlägen auch das Bild der *Familie Gottes*.

Im Sinne vieler Anregungen wurde ein verbessertes Schema *De Ecclesia* erstellt.[11] Bereits seine Einleitung führt den Gedanken der Kirche als «Sakrament» ein, wodurch das Wesen der Kirche als Zeichen und Werkzeug der innigsten Einheit des Menschengeschlechtes in sich und mit Gott beschrieben wird und zugleich ihre Geheimnishaftigkeit gewahrt bleibt. Dem entspricht der Titel des ersten Kapitels, *De Ecclesiae mysterio*. Nach Nummern über Vater, Sohn und Heiligen Geist, die neben anderen den Begriff *Volk Gottes* auf die Kirche anwenden, hebt *LG* 5 wiederum die besondere Bedeutung des Bildes vom mystischen Leib Christi hervor. Nummer 6 nennt unter weiteren Kirchenbildern zum ersten Mal auch die *familia Dei* zusammen mit *Haus* und *Tempel*, auf die sich offenbar die beigegebene Bibelstelle (Joh 4,23) bezieht.

Die obengenannten Verbesserungen am Schema fanden in der zweiten Sitzungsperiode weitgehende Zustimmung. Vor allem wurde die vermehrte Einbeziehung biblischer Bilder lobend hervorgehoben. Dadurch sei nun nicht mehr einseitig die juridische und institutionelle Seite der Kirche als *societas*, sondern auch und primär die geheimnishafte Wirklichkeit ihres Wesens, der die Gläubigen kraft der empfangenen Taufgnade zugehören, erfaßt und überzeugender dargestellt.[12] Andererseits gab es weiterhin kritische Stimmen gegen eine zu un-

---

[11] Das Schema wurde schon vor Beginn der zweiten Sitzungsperiode an die Väter zur Begutachtung versandt und am 30.09.1963 in der Aula vorgestellt, vgl. *AS* II.I, 215-281; die *Relatio* zu n. 6 von Kard. BROWNE (*AS* II.I, 340).

[12] Vgl. bes. die Bf. BALDINI (*AS* II.I, 399) und ELCHINGER (zus. mit 4 anderen ostfranz. Vätern, *AS* II.III, 30). Andere Wortmeldungen regten — den zu betonenden Aspekten entsprechend — eine weitere Entfaltung der wichtigsten Konzepte (gegebenenfalls durch Zufügung eigener Paragraphen) an: die deutschsprachigen (zus. mit den skandinavischen) Konzilsväter (*AS* II.I, 774); u.a., vgl. ebd., 283 u. 678f.; Bf. GUANO (ebd., 455); Pater HEILIGERS *SMM* (ebd., 404) sowie fünf Väter (*AS* III.I, 621-625). Durch das Konzept der Familie erschienen z.B. der leibliche wie der geistige Liebesdienst und die der Kirche wesentliche Christusbeziehung besonders anschaulich darstellbar.

differenzierte Verwendung von Bildern oder aber eine «theologisch nicht zu rechtfertigende Bevorzugung» des *Corpus Mysticum* und einiger anderer Bilder in Gewichtung und Ausführlichkeit ihrer Entfaltung.[13] Von einem geeigneten Bild sei der katechetischen und pastoralen Ausrichtung des Konzils entsprechend vor allem zu fordern, daß es den Gläubigen das Geheimnis der Kirche anschaulich erschließe. Durch die bloße Aneinanderreihung ohne innere logische Ordnung oder vertiefte Erklärung entstehe aber die Gefahr, daß einander ausschließende Bilder mehr Konfusion als Klarheit bringen. In diesem Sinn gelte es, zuerst darüber Rechenschaft zu geben, was in welcher Weise durch ein Bild erklärt werden solle.

Wie die weiteren Fassungen des Schemas[14] bis zum endgültigen Dokument zeigen, bleibt die Grundausrichtung erhalten, die die Kirche als Geheimnis und als Sakrament der Einheit der Menschen mit Gott und untereinander[15] versteht. Neu hinzu kommt noch vor den Erörterungen über den mystischen Leib ein Abschnitt über das *Reich Gottes*. Ein eigenes Kapitel über das *Volk Gottes* wird dem über die hierarchische Struktur der Kirche vorangestellt. In der überarbeiteten Nummer 6 sind nun verwandte Bilder in Gruppen zusammengefaßt und die biblischen Belege neu angeordnet.[16] Darüber hinaus konnten aber die Wünsche nach vertiefter Entfaltung weiterer Bilder kaum erfüllt werden und auch in bezug auf die logische, systematisch strukturierte Anordnung blieben manche Desiderate.

---

[13] Man bemängelte, daß der Begriff «corpus *mysticum*» zwar im griechischen Denken zur Kennzeichnung eines gesellschaftlichen Gebildes weit verbreitet war, nicht aber von Jesus selbst verwendet wurde und daß Paulus ihn nur ohne den Zusatz «*mysticum*» verwendet habe, der ihn überdies für das allgemeine Verständnis schwerer zugänglich und erklärungbedürftig mache. Vor allem um der Verständlichkeit willen seien deshalb die Kirchenbilder der *Familie*, des *Volkes* bzw. der *Braut* vorzuziehen; vgl. Kard. RITTER (*AS* II.II, 19) und ausführlicher noch: Bf. DEL CAMPO Y DE LA BÁRCENA u.a. (*AS* II.II, 40f.); zum Problem der Aneinanderreihung von Bildern ohne vertiefte Erklärung: Prälat GROTTI (*AS* II.II, 165), der humorvoll bemerkt: "Et fortasse quis iocose dicat: Ecclesia est arca Noe, in ipsa uniuntur sponsa, familia tota, immo et grex!"

[14] Vgl. bes. den *textus emendatus* vom 03.07.1964 sowie die dazugehörige *relatio* (*AS* III.I, 158-377).

[15] Die *Einheit der Menschen mit Gott* erscheint nun vor der *Einheit untereinander*. Die *relationes* zu den einzelnen nn. sichern den im Titel des 1. Kap. genannten Begriff des *Mysteriums* gegen Mißdeutungen ab, und manche Vorbehalte gegen eine Anwendung des Begriffs *Sakrament* auf die Kirche werden entkräftet (III.I, 170f.): "Vox «mysterium» non simpliciter indicat aliquid incognoscibile aut abstrusum, sed, uti hodie iam apud plurimos agnoscitur, designat realitatem divinam transcendentem et salvificam, quae aliquo modo visibili revelatur et manifestatur. Unde vocabulum, quod omnino biblicum est, ut valde aptum apparet ad designandam Ecclesiam."

[16] Zur Begründung der *familia Dei* scheint beispielsweise nun bereits die Stelle Eph 2,19-22 auf.

Die hier angeschnittene Frage der theologischen Erfaßbarkeit des Wesens der Kirche wird bei den Bischofssynoden nur gelegentlich wieder aufgegriffen. Weiterhin bestimmend bleibt die Sicht der Kirche als Mysterium bzw. als Sakrament. Als seit dem Konzil verändert erweist sich allerdings die zeitliche und weltanschauliche Situation eines wachsenden Säkularismus und drohenden Schwundes des Geheimnisses Gottes wie des Transzendenten überhaupt. Andererseits erwacht bei vielen Menschen ein neues Bedürfnis nach dem Göttlichen. In diesem Kontrast steht die Kirche, die nun in Weiterführung des Ansatzes von *Lumen gentium* als *Sakrament der Communio* und *Versöhnung* zwischen Gott und den Menschen sowie der Menschen untereinander erscheint. Das Geheimnis der Kirche hängt dabei ganz am Geheimnis Christi selbst, in dem die Mysterien Gottes und des Menschen offenbar werden. Um der komplexen Realität der Kirche in ihrer unlösbaren Beziehung zu Christus gerecht zu werden, setzt man in der Darstellung des Wesens der Kirche weiterhin auf komplementäre Bilder (des Volkes Gottes, des Leibes Christi, des Tempels des Heiligen Geistes sowie der Familie Gottes). In bezug auf manche von ihnen wird allerdings davor gewarnt, eine frühere einseitig hierarchische Sicht durch eine ebenso einseitige rein soziologische ersetzen zu wollen.[17]

1.1.1.2. Zur formalen Bestimmung des *familia-Dei-Konzeptes*

Die *Dogmatische Konstitution über die Kirche* nennt unter anderen Kirchenbildern als Zugang zum Wesen der Kirche auch die *familia Dei*[18]. Der Begriff besteht aus zwei Teilen: *familia* und *Dei*. «Familia» ist in diesem Zusammenhang als *organische Gemeinschaft* zu verstehen, die einerseits aus freien Individuen gebildet wird und andererseits wie die natürliche Familie eine von ihrem Wesen her in ihrer Grundstruktur durch den Willen Gottes vorgegebene und nicht reiner menschlicher Willkür überlassene Realität darstellt. Die Genetivform

---

[17] Vgl. im Anschluß an die Synode von 1977: IOANNES PAULUS II, Adh. apost. *CT* 29: *AAS* 71 (1979), 1300-1302 (Mysterium der Kirche als Inhalt der Katechese); bei der außerordentlichen Synode 1985: Relatio finalis *Ecclesia sub verbo Dei mysteria Christi celebrans pro salute mundi* (07.12.1985), II.A: *EV* 9, 1787-1790; ebenfalls auf die Komplementarität der Konzepte des *Volkes* und der *Familie Gottes* bezieht sich die *Relatio* der englischsprachigen Kleingruppe «A» während der Sondersynode für Afrika 1994: Ebf. GANAKA: *OR Africa* II, 42.

[18] Vgl. Const. dog. *LG* 6: *AAS* 57 (1965), 8. Wörtlich lautet die Formulierung: "... domus Dei ..., in qua nempe habitat eius *familia*, ...". *Eius* bezieht sich dabei eindeutig auf *Dei*, weshalb an dieser Stelle ausdrücklich die Familie *Gottes* angesprochen ist. Durch die Beigabe des Zitates Eph 2,19-22 wird der Begriff *Familie* mit den dort genannten *Hausgenossen* verbunden und der Bedeutungsakzent auf die *Glieder* der Familie gesetzt. Dabei schwingt das Thema der *Liebe* als Kraft, welche ihre Einheit konstituiert, mit.

«*Dei*» drückt die Verbundenheit jener Familie mit Gott aus und stellt sie damit in das Spannungsfeld von Göttlichem und Menschlichem, das die Kirche auszeichnet. An weiteren vier Stellen verwendet *Lumen gentium* den Begriff *familia Dei* explizit und zwar jedesmal im Zusammenhang mit dem Leitungsdienst der geweihten Amtsträger[19]. Nummer 51 spricht schließlich im Kontext von Berufung und Vollendung von der *Familie*, die die Gläubigen als *Söhne Gottes in Christus* bilden.

In den anderen Konzilsdokumenten fällt der Begriff der *familia Dei* explizit in der Nummer 2 des *Dekrets über den Ökumenismus*, um die Aspekte von Brüderlichkeit und Eintracht in der Kirche hervorzuheben, *UR* 4 spricht von der notwendigen Erneuerung in der «Familia catholica».[20] Die Bezeichnung der Gemeinschaften von Gottgeweihten als «*Familie*» im *Dekret über die zeitgemäße Erneuerung des Ordenslebens*[21] läßt auf den ersten Blick nur wenig Beziehung zum Konzept der *familia Dei* erkennen. Für eine derartige Verbindung spricht allerdings das in derselben Nummer angeführte Beispiel des urkirchlichen Lebens, die Charakterisierung jener *familia* als «im Namen des Herrn versammelte» sowie die insgesamt vom Konzil betonte Einbindung des gottgeweihten Lebens in die Kirche. Wie hier die Gottgeweihten, so werden in den *Dekreten* über die *Hirtenaufgabe der Bischöfe* und *über die Ausbildung der Priester* auch die Priester bzw. Seminaristen einer Diözese «Familie» genannt, wobei für sie ebenfalls eine Zeichenhaftigkeit hinsichtlich des Wesens der Kirche und damit ein Bezug zum *familia-Dei-Konzept* zu vermerken ist.[22]

Eine gewisse Nuancierung in der Verwendung des *familia-Dei-Konzeptes* und eine Akzentuierung der *eschatologischen Dimension* in späteren Dokumenten des Konzils zeichnet sich bereits im *Dekret über das Laienapostolat* ab. Im *Dekret über die Missionstätigkeit* der Kirche wird sie deutlich erkennbar und schließlich in der *Pastoralkonstitution*

---

[19] *LG* 27 (Bischöfe); *LG* 28, §1 u. §5 (Priester vgl. *PO* 6); *LG* 32 (geweihte Amtsträger). Ähnlich auch im Decr. *CD* 16: *AAS* 58 (1966), 680. Diese Stelle spricht von der *familia sui gregis*, mit der aber nach dem Kontext keine andere als die *familia Dei* gemeint sein kann. Im selben Decr. bezeichnet n. 34 die Diözese als Familie (ebd., 690); vgl. Decr. *AA* 10 (ebd., 847), wobei der Blick auf die Pfarrgemeinde als *eigene kirchliche Familie* gelenkt wird.

[20] Decr. *UR* 2 u. 4: *AAS* 57 (1965), 92 u. 95. Daß auch n. 4 als Beleg für ein Vorkommen des *familia-Dei-Konzeptes* verstanden werden kann (wenn auch in mehr übertragenem Sinn), ergibt sich schon daraus, daß *Familia* groß geschrieben wird. Die nähere Kennzeichnung *catholica* drückt eine Unterscheidung der Katholischen Kirche von anderen christlichen Kirchen und kirchlichen Gemeinschaften aus und mag zugleich auch als Hinweis auf ihre Universalität gewertet werden.

[21] Vgl. Decr. *PC* 15: *AAS* 58 (1966), 709; ausführlicher dazu s.u. 1.3.2.

[22] Vgl. Decr. *CD* 28: *AAS* 58 (1966), 687 sowie bezüglich der Seminaristen *OT* 5 (ebd. 717).

weiter entfaltet.[23] Schon *Lumen gentium* 51 läßt die eschatologische Dimension des *familia-Dei-Konzeptes* aufleuchten. In den späteren Konzilsdokumenten eignet dem Begriff *familia Dei* selbst eine stärkere Ausrichtung auf die Bestimmung jener eschatologischen Gemeinschaft, zu der alle Menschen berufen sind und die die vollendete Verbundenheit und Einheit der Menschheitsfamilie mit Gott und in sich bezeichnet. Der bereits erreichten, zeichenhaften Verwirklichung jener Einheit in der Kirche ist dagegen eher der Begriff *familia filiorum Dei* zuzuordnen, der die Kirchlichkeit der Gotteskindschaft unterstreicht. In der Verschiedenheit der Begriffe mag man die eschatologische Spannung der Kirche als Sakrament ausgedrückt finden: Sie selbst verwirklicht schon jetzt angeldhaft, was sie ihrem Wesen und ihrer Sendung nach aufzubauen hat.

Eine direkte formale Bestimmung des Konzeptes der *familia Dei* wird in den Konzilsdokumenten nicht gegeben. Gewisse Hinweise dafür sind allerdings daraus zu gewinnen, daß *LG* 6 verschiedene neutestamentliche Bilder (*imagines*) zur *Beschreibung* des Wesens der Kirche aufzählt, die durch die alttestamentliche Offenbarung des Reiches (mit Hilfe von *figurae*) vorbereitet wurde. Einige Bilder (Schafstall, Herde, Acker, Weinstock u. Weingarten) werden durch die Verbform *est* mit der Kirche verbunden[24], und Nummer 7 nennt Christus selbst, das Haupt, *imago* des unsichtbaren Gottes, was als die *offenbarende Sichtbarkeit des Geheimnisses* zu deuten ist. Damit qualifiziert das Konzil die mit dem Begriff *imago* bezeichneten Konzepte nicht als reine Stilmittel und schmückende übertragene Redeweisen, sondern setzt voraus, daß sich in ihnen das Wesen der Kirche in seinen vielfältigen Dimensionen in einer dem menschlichen Erfahrungshorizont und Denken angemessenen und verstehbaren Weise offenbart. Manche Bilder sind dabei mehr übertragen bzw. als Ver-

---

[23] Vgl. *AA* 8: *AAS* 58 (1966), 844f. Zur Berechtigung der Interpretation des Begriffs *familia* in Richtung *familia Dei* an dieser Stelle s.u. 1.1.2.2. Thematische Ähnlichkeiten dazu weist auch die n. 27 (ebd., 858f.) auf; weiters *AG* 1 (ebd., 947); *GS* 24; 32 §3, §4 u. §5; 39; 40 §2 u. §3; 42; 43; 50 u. 92: *AAS* 58 (1966), 1044, 1051, 1057f., 1060, 1063, 1071 u. 1114. Zur Darstellung der nn. im einzelnen s.u. 2.1.; allein *GS* 50 weicht von dieser Bedeutungsnuancierung ab, wobei die «*familia Sua*» hier wieder mehr im Sinn von *LG* 6 zu verstehen ist.

[24] Die Veränderung der Formulierung von «*Est Dei familia, ...*» (im am 30.09.1963 vorgelegten Schema) zu «*Quae constructio variis appellationibus decoratur: domus Dei, in qua nempe habitat eius FAMILIA, ...*» (cong. gen. LXXX, 15.09.1964 – datiert mit 03.07.1964; sowie auch später bis zur endgültigen Fassung), durch die die *familia Dei* stärker mit anderen Bildern (vor allem des *Baues*) verbunden wurde, kann kaum als Option des Konzils für eine bestimmte formale Qualifizierung des *familia-Dei-Konzeptes*, sondern muß als stilistische Verbesserung verstanden werden, bzw. als Versuch gemäß den Forderungen einiger Väter, mehr Ordnung in die Aufzählung der Bilder zu bringen (vgl. *AS* III.I, 163).

gleiche, andere aber eher als konkret erfahrbare Wirklichkeiten der Kirche zu deuten. Für eine diesbezügliche klarere Begrifflichkeit und Unterscheidung sind jedoch aus *Lumen gentium* wie überhaupt aus den Konzilsdokumenten kaum ausdrückliche Anhaltspunkte zu gewinnen.[25]

Dieser Mangel wurde schon während der Konzilsdiskussionen erkannt und verschiedentlich kritisiert. Aus den Anmerkungen der Konzilsväter kann zumindest eine Hilfe für die formale Bestimmung des *familia-Dei-Konzeptes* gewonnen werden. Diese findet allerdings wiederum ihre Grenzen darin, daß Begriffe wie «Bild», «Metapher» u.a. von ihnen keineswegs einheitlich verstanden wurden. Gemäß einem mehrfach geäußerten Anliegen sollte in der «Familie Gottes» nicht nur ein schmückendes Bild oder eine juridische Fiktion, sondern eine *Realität* erkannt werden. Diese wurde in Anlehnung an die Lehre vom *Corpus Mysticum*[26] als «*mystisch*» näher bestimmt, worin man sowohl physische als auch moralische Elemente verbunden sah. Für die Kirche als Familie Gottes bedeute das konkret, daß ihre wesentlichen inneren Beziehungen der Vaterschaft, der Sohnschaft und der Brüderlichkeit nicht rein rechtlich dekretiert oder durch eine gemeinsame Idee und frei gewählte Ziele angestrebt, sondern *realiter* und unaufgebbar gegenwärtig seien. Wie die natürliche Familie sei die Kirche aus Personen von eigener Würde und Freiheit konstituiert, die die Einheit in Gemeinschaft und gegenseitiger Ergänzung verwirklichen; wie die natürliche Familie sei sie weiters durch *Blutsverwandtschaft*, d.h. Teilhabe am Leib und Blut Christi und damit an seiner göttlichen Natur, durch *Abstammung* aus der Wiedergeburt in der Taufe und durch die wesentliche *Hinordnung auf gegebene gemeinsame Ziele*, für die auch die Glieder die notwendigen Veranlagungen mitbringen, geeint. Zu jener mystischen Einheit der Familie Gottes als konkreter Verwirklichung des Corpus Mysticum gehören weiters unverzichtbar das Leben in dem einen Haus, der Kirche, eine gewisse äußere Ähnlichkeit der Glieder sowie der Vater als das eine und einigende Haupt.[27]

---

[25] Die Variation der Verben, die in *LG* (Kap. 1) verschiedene Bilder mit der Kirche verbinden, beabsichtigt offenbar der sprachlichen Eintönigkeit abzuhelfen und nicht inhaltliche Nuancierungen anzubringen. So verbindet das Dokument z.B. durch: «*dicitur*» (Bauwerk), «*comparavit*» (Stein), «*appellationibus decoratur*» (Haus Gottes, in dem seine Familie wohnt; Wohnstatt u. Tempel Gottes ...), «*appellare*» (Jerusalem u. Mutter), «*describere*» (Braut).

[26] Schon bevor das Konzil begonnen bzw. das Bild der Familie Gottes in die vorgelegten Schemen Einzug gehalten hatte, wiesen Eingaben die *Realität* der *familia Dei* als Erklärung und Verwirklichung des Bildes vom *Corpus Mysticum* auf; vgl. Bf. RAIMONDI (*A* I.II.III, 241f.).

[27] Vgl. Bf. HOA HIEN (*AS* I.IV, 513f. zur theologischen Begründung des *familia-Dei-Konzeptes*); vgl. vor Beginn der zweiten Sitzungsperiode (*AS* II.I, 548-550: Familie der Söhne Gottes in Christus als *konkrete Realität*); Bf. ZIMMERMANN (*AS* II.I,

Das neuredigierte Schema *de Ecclesia* in der zweiten Sitzungsperiode führte die *familia Dei* zusammen mit einer Reihe anderer «Kirchenbilder» ohne nähere Erklärungen an. Eine große Zahl von Vätern erkannte in Reaktion darauf dem Konzept der Familie Gottes mehr Bedeutung als anderen zu und kritisierte deshalb seine unreflektierte Einordnung unter die «Kirchenbilder» oder «Metaphern» wie beispielsweise Herde, Weinberg, Acker, Tempel, Haus Gottes.[28] Die Kirche sei vielmehr im wahren und eigentlichen Sinn — wenn auch analog — die «höchst ansprechende *Realität*» der *Familie Gottes*. Als Beweis dafür nannte man eine Reihe von im wahren und eigentlichen Sinn zu verstehenden Realitäten der Kirche, die das Wesen der Familie Gottes ausmachen und die niemand als «Metaphern» einzustufen pflege. Deshalb sei, so wurde gefordert, zur Verbesserung des Schemas das Konzept der Kirche als Familie Gottes aus der Aufzählung der Kirchenbilder zu streichen und dafür im Anschluß an die Ausführungen über den Corpus Mysticum bzw. in einer zusätzlichen Nummer eine Beschreibung der Kirche als Familie Gottes zu entfalten.[29]

Auch jene Stellen, die das ekklesiologische Konzept der Familie Gottes in den Synoden und Versammlungen der Bischöfe nach dem Konzil weitergeführt haben, bieten nur spärliche Hinweise zu seiner formalen Qualifikation. Eine Entwicklung kann am ehesten noch darin erkannt werden, daß die praktische Dimension mehr in den Vordergrund tritt. Die «Familie Gottes» erscheint als konkretes, der alltäglichen Erfahrung aller Menschen zugängliches «Kirchenmodell», das

---

578-580, Aux. Augsburg) der mit dem *familia-Dei-Konzept* die Lehre vom Corpus Mysticum verständlich zu erklären sucht.

[28] Zum Wortführer dieser Ansicht machte sich Ebf. DE PROENÇA SIGAUD (*AS* II.II, 34-36 + 38 Mitunterzeichner); ausdrücklich bzw. inhaltlich wurde er unterstützt durch: Bf. HOA HIEN (*AS* II.II, 42-45; u. andere vietnamesische Bf.); Prälat GROTTI (*AS* II.II, 169, Anm. 54 [die Formulierung "*non* fuit inter figuras collocata" entspricht nicht der Tatsache und geht offenbar auf einen Druckfehler zurück, wie die zweite Vorlage des sonst identen Beitrages zeigt] vgl. *AS* III.I, 586, Anm. 54: "Notandum est, cum dicimus Ecclesiam esse familiam, populum, regnum, nos non loqui figuraliter sed realiter; unde mirandum est quod in schemate proposito familia fuit inter figuras collocata et ei praelata fuit vox «populus»"). Vgl. weiters: Pater DUFAULT *AA* (*AS* III.III, 525), fünf Konzilsväter (*AS* III.I, 622) sowie Bf. JENNY (*AS* II.II, 73). Im Gegensatz dazu hob Kard. RITTER (*AS* II.II, 19) die Ergänzungsbedürftigkeit aller Kirchenbilder hervor und betonte, daß diese nicht univok, sondern nur analog zu gebrauchen seien, weshalb keines von ihnen als mehr oder weniger wesentlich oder aber akzidentiell einzustufen sei.

[29] Die vorgeschlagene Beschreibung nennt Ebf. SIGAUD sogar «Definition»: "Si ex rationibus pastoralibus quaerimus descriptivam sed praecisam definitionem Ecclesiae Catholicae, ubinam gentium meliorem inveniemus quam illam qua «praeceptis salutaribus moniti et divina institutione formati audemus dicere: Pater noster, qui es in caelis», ad quem dicimus «hanc igitur oblationem servitutis nostrae sed et cunctae familiae tuae, quaesumus Domine, placatus accipias [Canon Missae]»?" (*AS* II.II, 35f.).

sowohl für die theologische Bereicherung der Lehre über die Kirche als auch für ihre unmittelbare Erfahrbarkeit und lebensmäßige Verwirklichung seine Früchte zeitigt. Zum einen drückt es den bedeutungsvollen ekklesiologischen Begriff der *Communio* der Gläubigen aus, die in sich die Verschiedenheit nach Funktionen und Personen trägt. Zum anderen regt es — nicht als «psychologische Taktik», sondern als Ausdruck der Treue zur eigenen Identität — die Gläubigen an, sich nicht nur als Familie Gottes zu fühlen, sondern diese auch mitaufzubauen.[30]

1.1.1.3. Die «Communio-Ekklesiologie» des Vaticanum II als thematisches Umfeld für das *familia-Dei-Konzept*

Zwanzig Jahre nach Abschluß des Zweiten Vatikanischen Konzils konnte das Schlußdokument der außerordentlichen Bischofssynode von 1985 feststellen:

> "Die «Communio»-Ekklesiologie ist die zentrale und grundlegende Idee der Konzilsdokumente. Die Koinonia/Communio, die in der Heiligen Schrift gründet, genoß in der Alten Kirche und in den Ostkirchen bis heute hohes Ansehen. Seit dem Zweiten Vatikanischen Konzil geschah viel, damit die Kirche als «Communio» klarer verstanden und konkreter ins Leben umgesetzt wurde."[31]

Unter jener «Communio» verstand man dabei grundsätzlich «die Gemeinschaft mit Gott durch Jesus Christus im Heiligen Geist». Eine sogenannte «Communio-Ekklesiologie» wurde aber weder während der Vorbereitung und Durchführung des Konzils noch in den promulgierten Dokumenten explizit zum «Leitthema» erhoben, wenngleich sie in letzteren gute Grundlagen findet. Sie stellt im Grunde genommen das Ergebnis von schon weit früher begonnenen theologischen Entwicklun-

---

[30] Vgl. die Schlußbotschaft der Lateinamerikanischen Bischofsversammlung von Puebla 1979: *Puebla* 238-240 [ital.: *Puebla. L'Evangelizzazione nel presente e nel futuro dell'America Latina. Testo definitivo*, Bologna 1979, 123f.]; zur Afrikasynode (1994): Kard. THIANDOUM, *Relatio ante disceptationem: OR Africa* I, 16. Ebenfalls als *Modell* (mit Bedeutung für das konkrete kirchliche Leben) bezeichnen die Relatoren der italienischen wie der englischen Kleingruppen («D» u. «E») das Konzept der Familie Gottes (Pater ZAGO *OMI* u. Ebf. KPAKALA FRANCIS sowie Bf. DAVIES: *OR Africa* II, 40-47). Bf. MOREIRA DOS SANTOS (ebd. 48) sieht im Bild der Familie Gottes vor allem eine verstehbare *Realität*, die das Bewußtsein der Zugehörigkeit zur Kirche zu stärken vermöge.

[31] SYNEP (in coet. generalem extraord. congregata, 1985), Relatio finalis *Ecclesia sub verbo Dei mysteria Christi celebrans pro salute mundi* (7.12.1985), C.1: *EV* 9, 1800 [dt.: *VAS* 68, 13].

gen dar und wurde bald nach dem Konzil in dessen Interpretation und Anwendung verankert und entfaltet.[32]

Inhaltlich entspricht die Communio-Ekklesiologie durchaus der in *Lumen gentium* vorgelegten Leitidee von der Kirche als Sakrament, d.h. Zeichen und Werkzeug der *Communio* mit Gott wie der Menschen untereinander. Sie vermag somit die organische Struktur der Kirche aufzuweisen und zu vertiefen, besonders in der Verbindung der Kirche zum Geheimnis der Dreifaltigkeit als Urform aller Communio. Ebenso betont jene Ekklesiologie die Einheit der Kirche in der dynamischen Vermittlung von Identität und Differenz, von Einheit und Vielheit. Die Familie als ursprünglichste menschliche Gemeinschaft in der Einheit von Verschiedenem ist ihrerseits in gewisser Weise analoges Abbild zur trinitarischen Communio.[33] Aufgrund dieser Zusammenhänge scheint es nicht unangebracht, das *familia-Dei-Konzept* als Ausdrucksweise für die Communio-Ekklesiologie des Konzils in ihr größeres Ganzes einzuordnen.

Von den genannten Nummern der Konzilsdokumente zum Begriff der *koinonia* verwenden zwei zugleich auch das Konzept der *familia Dei*: *UR* 2 legt die katholischen Prinzipien des Ökumenismus vor[34] und charakterisiert die kirchliche Einheit, die dem Willen Christi entspricht und durch den Heiligen Geist bewirkt wird, als *Communio-Einheit*. Sie verwirklicht sich im Bekenntnis des einen Glaubens, in der gemeinsamen Feier des göttlichen Kultes wie in der brüderlichen Eintracht der Familie Gottes. Im zweiten Kapitel von *Gaudium et spes* über die menschliche Gemeinschaft betont Nummer 32 wohl am deutlichsten innerhalb der Konzilsdokumente die *Communio-Struktur* des Heilsplanes Gottes.[35] Das Ziel der apostolischen Sendung und damit der Kirche selbst erscheint dabei als die Verkündigung und Errichtung der neuen brüderlichen Gemeinschaft (*nova fraterna communio*) im

---

[32] Vgl. *LG* 4, 8, 13-15. 18, 21, 24-25; *DV* 10; *GS* 32; *UR* 2-4, 14-15, 17-19, 22. Diese Stellen nennt: CDF, *Lit. de aliquibus aspectibus Ecclesiae prout est communio* (28.05.1992): *AAS* 85 (1993), 838. Vgl. weiters: ANTÓN, *Postconciliar Ecclesiology*, 416-420; W. KASPER, *Kirche als Communio. Überlegungen zur ekklesiologischen Leitidee des II. Vatikanischen Konzils*, in: DERS., *Theologie und Kirche*, Mainz 1987, 272-289; PHILIPS, *Geschichte*, 139; d. *Kommentar zu LG 4* von A. GRILLMEIER, in: *LThK.E* 1, 161; sowie zu *UR* 2 von J. FEINER, in: *LThK.E* 2, 49: "Die Ausdrücke unius (fidei), communis (celebratio), fraterna concordia bringen die Einheit der Kirche als Communio treffend zum Ausdruck." Die theologische Entwicklung (in deren Zusammenhang meist H. DE LUBAC u. Y. CONGAR genannt werden) wird vereinfacht dargestellt als die Rückkehr zur Ekklesiologie der Kirche des ersten Jahrtausends, die die westliche Kirche (im Unterschied zur östlichen) zugunsten einer individualistischeren und institutionelleren Sicht im zweiten Jahrtausend in den Hintergrund gedrängt habe, beschrieben.

[33] Die theologische Möglichkeit dieser «Analogie» wird unter 4.2. geklärt.

[34] Vgl. Decr. *UR* 2: *AAS* 57 (1965), 92.

[35] Vgl. Const. past. *GS* bes. n. 32: *AAS* 58 (1966), 1051. Vgl. 2.1.3. d. Arbeit.

Leib Christi, der Kirche, durch die alle Menschen zur Familie Gottes vereint werden sollen.

Nahezu alle übrigen *familia-Dei*-Stellen in den Konzilsdokumenten zeigen zumindest einen thematischen Anklang an die «Communio»; besonders deutlich, wenn etwa *LG* 28 die Familie Gottes als *«fraternitas in unum animata»* bezeichnet. Hier ist von «Communio» die Rede, auch wenn der Begriff nicht explizit fällt. Ähnliches gilt für *LG* 51. Im Hinblick auf die Vollendung ist es die innerste Berufung der Kinder Gottes, als Familie in Christus in gegenseitiger Liebe und im einen Lobpreis der Heiligsten Dreifaltigkeit «Gemeinschaft zu haben»[36]. Die konstitutive Bedeutung des Bischofsamtes für die Communio der Kirche wird schließlich im Dekret über die Hirtenaufgabe der Bischöfe in der Kirche hervorgehoben, wobei die von ihnen geleiteten Teilkirchen korrespondierend zur zuvor genannten Vaterschaft der Bischöfe als «Familien» bezeichnet werden.[37]

In den Vorbereitungs- und Diskussionsphasen des Konzils findet sich das Konzept der Familie Gottes nicht explizit mit dem Begriff der *Communio*, dafür aber an einigen Stellen mit verwandten Begriffen (z.B. *«communitas»*) oder aber mit dem Thema der organischen (gemeinschaftlichen) Struktur der Kirche verbunden.[38] Diese äußere sich in der wechselseitigen Bezogenheit, Angewiesenheit und Solidarität der verschiedenen Glieder im Guten wie im Bösen. Sie lasse sich durch die Sichtweise der Kirche als Familie des Vaters besser als durch mehr juridische Konzepte ausdrücken.[39] Am deutlichsten von allen Belegen aus der Vorbereitungsphase des Konzils scheint das vorbereitete Schema für die geplante Konstitution über das Laien-

---

[36] Vgl. Const. dog. *LG* 28: *AAS* 57 (1965), 34 u. *LG* 51: ebd., 58: "... dum in mutua caritate et una Sanctissimae Trinitatis laude invicem communicamus, intimae Ecclesiae vocationi correspondemus ..." (*LG* 51). Die *Communio* ist hier durch die Verbform von «communicare» ausgesagt.

[37] Vgl. Decr. *CD* 16: *AAS* 58 (1966), 680.

[38] Aus Afrika stammen zwei Beiträge vor dem Konzil, die den gemeinschaftlichen, von ihnen so genannten «Familien-Charakter» der Kirche hervorhoben, der sich auch im praktischen Leben der Kirche (besonders im Umgang mit den Neugetauften) bewähren müsse (vgl. Bf. GANTIN: *A* I.II.V, 87 sowie der Apost. Präfekt ERVITI: *A* I.II.V, 117). Bf. PRIMEAU weist darauf hin, daß in der Gemeinschaft zwischen Gott und Mensch dem Konzept der Vaterschaft Gottes (und damit der vertikalen Dimension) das größere Gewicht gegenüber dem der Brüderlichkeit der Menschen (horizontale Dimension) einzuräumen sei (vgl. *A* I.II.VI, 370).

[39] Vgl. die Beiträge von Ebf. JÄGER (*AS* II.III, 93): "In hac reali Ecclesia datur coniunctio seu solidarietas inter membra sicut datur, in faustis et in adversis, solidarietas in una familia. Populus Dei est vere familia Patris in qua omnes filii et fratres alii ab aliis dependent, alii in alios verum influxum exercent, sive quando ad sanctitatem tendunt, sive quando peccando a recta via deficiunt"; sowie von Bf. PAILLOUX (*AS* II.III, 519f.).

apostolat in diese Richtung zu gehen, das die fundamentale Gleichheit aller Gläubigen sowie deren Verbundenheit im Konzept der Familie Gottes nach Eph 2,19 zugleich mit der Unterschiedenheit in der hierarchischen Ordnung der (Dienst-)Ämter gewahrt sieht.[40]

Zu einer ersten ausdrücklichen Entfaltung gelangte die *Communio-Ekklesiologie* von seiten der Bischofssynoden anläßlich der ersten außerordentlichen Vollversammlung 1969. Schon in dem vor Beginn den Bischofskonferenzen zur Prüfung vorgelegten Schema[41] bieten die doktrinalen Erwägungen über die Communio-Struktur der Kirche, ausgehend von ihrem Verständnis als Sakrament der Einheit im Vaticanum II, ein solides theologisches Fundament für die Erörterung der Beziehung zwischen dem Heiligen Stuhl und den Bischofskonferenzen sowie deren Verhältnis zueinander. Wie das vorbereitete Schema lassen auch die *Relatio* und deren Erklärung durch Kardinal Šeper einige thematische Anklänge an wesentliche Punkte des *familia-Dei-Konzeptes* erkennen, ohne jedoch den Begriff selbst aufzugreifen.[42]

In der Folgezeit erscheint das Konzept der *familia Dei* weiterhin gelegentlich als Ausdrucksform der nachkonziliären *Communio-Ekklesiologie*, sei es, daß der Akzent auf diese[43] oder wie beispielsweise bei der Afrikasynode auf das näher ausgeführte Modell der Familie Gottes gelegt wird.[44] Die inhaltliche Bestimmung und Beziehung gründet dabei

---

[40] Vgl. Schema Constitutionis *De Apostolatu Laicorum* (*SCH* IV, 56; vgl. auch *A* II.II.IV, 476): "Haec autem diversitas et hierarchicus ordo ministeriorum non inficit fundamentalem aequalitatem et mutuam coniunctionem omnium membrorum Ecclesiae. ... Cum igitur Ecclesia familia sit, cuius membra «iam non (sunt) hospites et advenae, sed (sunt) cives sanctorum et domestici Dei» [Eph 2,19], sua ipsa natura arctam unionem et concordem operam omnium membrorum suorum exigit."

[41] SYNEP coet. extraord. 1969, *Schema*, bes. Pars I,1 *De christifidelium communione*: CAPRILE, *Il Sinodo 1969*, 439f. Vgl. dazu wie zu den wesentlichen Punkten der *Communio-Ekklesiologie* jener Synode die als Ausblick auf die Synode erschienenen Artikel: A. ANTÓN, *Unità e diversità nella Chiesa secondo il Vaticano II*, in: *CivCatt* 120 (1969) I, 23-35 sowie DERS., *Episcopato et Primato garantiscono la diversità e l'unità nella Chiesa*, in: *CivCatt* 120 (1969) I, 110-124.

[42] Vgl. CAPRILE, *Il Sinodo 1969*, 455-459 sowie 468-470. Dazu sind vor allem die Sicht der Kirche als Sakrament der Einheit, die angeführten biblischen Zitate aus dem zweiten Kapitel von Eph und aus 1Kor 11,25 [neuer *Bund* im Blut Christi], die Betonung der Brüderlichkeit sowie die Gedanken zur *Einheit in Verschiedenheit* zu zählen.

[43] Vgl. das Schlußdokument der Vollversammlung des lateinamerikanischen Episkopates 1979: *Puebla* 211-303 [it.: 116-142]; zur Synode über die Familie (1980): Kard. POMA (CAPRILE, *Il Sinodo 1980*, 166); zur außerordentlichen Bfsyn. (1985), die die «Communio-Ekklesiologie» im Anschluß an das Vat II ausdrücklich zum Thema hat: *Relatio finalis* II. A, 2-3: *EV* 9, 1789f.

[44] Vgl. Die Beobachtungen von Kard. TOMKO zur Situation der Kirche in Afrika: *OR Africa* I, 50 sowie die Schlußbotschaft der Synode, ebd., II, 60. Als positive Konsequenz des *familia-Dei-Konzeptes* wird unter anderem die Stärkung der «Communio» zwischen Universalkirche und Ortskirche genannt.

zumeist im Geheimnis der trinitarischen «*Communio-Einheit*». Mit einem neuen Aspekt bereichert schließlich das *Instrumentum laboris* zur Synode über das gottgeweihte Leben die Themen der Familie Gottes und der *Communio-Ekklesiologie*: Indem die Jungfräulichkeit als «Mutter der Brüderlichkeit» und die «göttliche Familie» als von ihr «gezeugt» beschrieben werden, tritt der konstitutive und zeichenhafte Charakter des ehelosen Lebens um des Himmelreiches willen im Hinblick auf die Communio der Kirche in aller Deutlichkeit ins Licht.[45]

1.1.1.4. Ansätze zur einer *familia-Dei-Ekklesiologie* im Vaticanum II und in den Synoden von 1974 bis 1994

An verschiedenen Stellen der Konzilsdokumente wird das Konzept der *familia Dei* aufgegriffen, um ekklesiologische *Teilaspekte* zu veranschaulichen.[46] Zu einer ausführlicheren Entfaltung und systematischen Anwendung des Konzeptes kommt es erst gegen Ende des Konzils in den Schemen wie im Dokument der Pastoralkonstitution *Gaudium et spes*. Daß gerade dort der Begriff *familia Dei* eine größere Rolle spielt, mag mit der Themenstellung oder aber den grundlegenden theologischen wie methodischen Optionen des letzten Konzilsdokuments zusammenhängen.[47] Nicht unwahrscheinlich ist aber auch die Annahme, daß darin der mehrfach von Vätern geäußerte Wunsch nach Entfaltung und vermehrter Anwendung des *familia-Dei-Konzeptes* Auswirkungen gezeigt hat.[48]

Schon in der Phase der *Antepraeparatoria* wurde mehrfach eine systematische Darstellung der Lehre von der Kirche mit Hilfe des Konzeptes der Familie Gottes angeregt. Man berief sich etwa auf sein Vorkommen in der Botschaft Jesu selbst wie in Texten der römischen

---

[45] Vgl. SynEp 1994, *Inst. lab.* 52. Der Text, der ganz vom Thema der «Communio» (-Ekklesiologie) geprägt ist, spricht weiters in n. 78 von der Stellung der Gottgeweihten in der «Diözesanfamilie», sowie in n. 108 davon, daß die Religiösen Gemeinschaften (besonders für die Familienpastoral) «das konkrete Beispiel eines Lebens in brüderlicher Liebe und Freude als Glieder der großen Gottesfamilie» geben sollten (vgl. *FC* 74).

[46] In der Dogmatischen Konstitution über die Kirche (vgl. *LG* 6, 27, 28 [§2], 32, 51); weiters an Schlüsselstellen der Dekrete über den Ökumenismus und die Missionstätigkeit der Kirche, sowie als Zitat bzw. in Ähnlichkeit zu Belegen aus *Lumen gentium* in den Dekreten über Dienst und Leben der Priester und die Hirtenaufgabe der Bischöfe (vgl. *UR* 2, *AG* 1, *PO* 6, *CD* 16). Einige andere Dokumente (*UR* 4, *CD* 28, 34, *PC* 15, *AA* 8, 10, *OT* 5) beinhalten mehr oder weniger deutliche Anklänge daran.

[47] Diese Themen werden eingehender unter 2.1. dieser Arbeit behandelt.

[48] Diese Ansicht vertritt etwa N. SILANES, *La Iglesia, familia de la Trinidad*, in: *EstTrin* 14 (1980), 231-245.

Liturgie, vermerkte die enge Beziehung zu theologischen Themen wie der Vaterschaft Gottes und der Erlösung in Christus oder verwies darauf, daß dadurch der gemeinschaftlichen Natur des Menschen und der Bedeutung der Liebe besser Rechnung zu tragen sei. Damit entspreche man nicht nur den sozialen Erwartungen vieler Menschen, sondern auch den Anliegen von Papst Johannes XXIII. für das Konzil. Darüber hinaus schien eine *familia-Dei-Ekklesiologie* für den ökumenischen Dialog Vorteile zu bringen.[49]

In Reaktion auf die vorbereiteten Schemen, deren Ekklesiologie kaum explizite Ansatzpunkte für die Entfaltung des Konzeptes der *familia Dei* bot, vermehrten sich diesbezügliche Forderungen vor allem während der ersten drei Sitzungsperioden des Konzils. Sie fanden ihren Höhepunkt in der zweiten Sitzungsperiode, als das neu redigierte Schema *De Ecclesia* vorgelegt wurde, das zwar den Begriff *familia Dei* beinhaltete, jedoch keine Anzeichen einer theologischen Durchdringung erkennen ließ. Eine Reihe von Vätern beschränkte sich darauf, die weitere Entwicklung des *Familie-Gottes-Themas* etwa in einer eigenen Nummer der Kirchenkonstitution oder aber als mehrere Schemen durchstimmende ekklesiologische Grundidee anzuregen[50]. Andere wiederum arbeiteten wenigstens ansatzweise solche Entfaltungen aus und legten sie dem Konzil zur weiteren Behandlung vor.

In diesen Phasen des Konzils wurde der vietnamesische Bischof S. Hoa Nguyen van Hien zum entschiedensten Vertreter des *familia-Dei-Konzeptes*. Nachdem schon sein Beitrag zu den *Antepraeparatoria* diese Thematik enthalten hatte, verlangte er in einer ersten schriftlichen Stellungnahme zu den vorbereiteten Schemen noch vor dem Konzil, daß allen beabsichtigten Dokumenten gleichsam als *Prooemium* eine in zeitgemäßer und allgemein verständlicher Sprache verfaßte Botschaft des Konzils vorangestellt werde.[51] Sie sollte als zentrale

---

[49] Vgl. Bf. WEHR u. STEIN sowie die theol. Fakultät von Trier (*A* I.II.I, 665, 716 u. *A* I.IV.II, 740f.: liturgische Quellen); Bf. BALDINI (*A* I.II.III, 213: soziale Dimension u. theol. Themen); die Bf. HOA HIEN (*A* I.II.IV, 647) u. MATTHYSEN (*A* I.II.V, 192;) mit biblischer Begründung sowie Bf. A.G. SCHMITT (*A* I.II.V, 408: Ökumene).

[50] Vgl. während der zweiten Sitzungsperiode die Beiträge der Bf. BALDELLI (*AS AP* I, 375f.), GUANO (*AS* II.I, 455), PONT Y GOL (*AS* II.II, 482) sowie Kard. LERCARO (*AS* II.II, 11). Der Prälat von Cluny, Bf. HERVAS Y BENET (*AS* II.II, 174) identifizierte dabei das im Schema genannte «versammelte Volk» mit der «Familie Gottes», die durch Brüderlichkeit und das Erbe der göttlichen Herrlichkeit besonders gekennzeichnet sei. Diese Gedanken könnten, so deutete er an, durch Worte der Heiligen Schrift wie der Kirchenväter belegt werden.

[51] Als Vorschlag zur Formulierung einer solchen Konzilsbotschaft legte Hoa Hien den systematischen Aufriß einer *familia-Dei-Ekklesiologie* vor, vgl. *AS Ap* I, 214-217. Dieselbe Forderung wiederholte er auch während der ersten Sitzungsperiode anläßlich der Diskussion des Schemas *De fontibus revelationis* in der Aula, was ihm einen Ordnungsruf und die Unterbrechung seiner Rede durch den Praeses eintrug, vgl.

Aussage der Kirche und des Konzils — vor allem an die «Glaubensbrüder»[52], aber zugleich auch an alle Menschen gerichtet — gegen verschiedene die Menschheit trennende Ideologien die gottgewollte Einheit, Brüderlichkeit und Harmonie aller Menschen und Völker in der
«gemeinsamen Familie der Heiligsten Dreifaltigkeit» verkünden. Diese
sei in der katholischen Kirche bereits anfanghaft verwirklicht als Hoff-
nungszeichen für die künftige Vollendung.

An den verschiedenen Phasen der Diskussion des Schemas *De
Ecclesia* während des Konzils beteiligte sich Bischof Hoa Hien durch
einige wohlausgearbeitete Beiträge[53], in denen er zuerst allgemein die
Darstellung der Ekklesiologie in Form des *familia-Dei-Konzeptes* forderte und später im Anschluß an die überarbeiteten Schemen sowie an
Eingaben anderer Väter konkrete weitere Entfaltungen vorschlug. Die
einzelnen Beiträge weisen eine große Übereinstimmung nach Aufbau
und Argumentationsweise auf und zeigen eine klar strukturierte theo-
logische Gedankenführung, die sich vor allem an den Zeugnissen des
Alten und Neuen Testaments, aber auch der Tradition orientiert. Die
vorgelegten Erörterungen gipfeln zumeist in der Forderung nach einer
«Definition» der Kirche als Familie Gottes, als «göttlich-menschliche
Familie» oder aber als «große göttliche Familie» durch das Konzil. Zur
Begründung verwies der Bischof auf die enge Verbindung jenes
Kirchenverständnisses zu den zentralen Geheimnissen des christlichen
Glaubens, der *Trinität*, der *Inkarnation* und der *Erlösung* hin. Die
Vaterschaft Gottes des Vaters, als Haupt (der Familie), als ur-
sprungsloser Ursprung von allem und als die Menschen gnadenhaft
Berufender komme dabei ebenso zur Geltung wie die zentrale Stellung
des Sohnes, der den Menschen das Leben des Vaters mitteilt. Der
Heilige Geist, der Vater und Sohn in Liebe verbindet, erweise sich als
Familiengeist, als Geist der Liebe und Einheit.

Mit dem angeführten Geheimnis der *Inkarnation* öffnet Hoa Hien
in der Parallele Adam - Christus den Blick auf die Heilsgeschichte. Die
Menschheit, im alten Adam zur Menschheitsfamilie geeint und in und
mit ihm in der Sünde gefallen, werde durch die Menschwerdung des
einzigen Sohnes Gottes und in ihm durch wunderbaren Tausch zur

---

AS I.III, 94-97. Der vollständige Text der kurzen systematischen Abhandlung findet
sich allerdings in der schriftlich eingereichten Fassung seiner Rede (ebd.).

[52] Der hier für «Glaubensbrüder» verwendete biblische Begriff *domestici fidei*
[vgl. Gal 6, 10] weist selbst schon auf das Thema der *Familie* Gottes hin.

[53] Vgl. in der ersten Sitzungsperiode (*AS* I.IV, 513-516); in der zweiten (*AS*
II.I, 548-550; II.II, 42-45 zusammen mit anderen vietnamesischen Bischöfen; *AS* II.II,
826 f. im Zusammenhang der Frage der Kollegialität der Bischöfe); sein letzter
Versuch, eine systematische Entfaltung zur Familie-Gottes zu erreichen, stammt aus
der Diskussion des Schemas *De missionibus* während der dritten Sitzungsperiode (*AS*
III.VI, 795-797).

Gotteskindschaft erhoben, weil der Sohn als neuer Adam in Blutsverwandtschaft mit dem Menschengeschlecht trete, um sie dadurch zur «Familie Gottes» umzugestalten. Das verwirkliche sich im Geheimnis der *Erlösung*, die der vietnamesische Bischof gemäß Eph 2 als Versöhnung und Vereinigung der Familie Gottes *durch das Blut Christi* versteht. Erlösung bedeute nach Joh 11,52 «Sammlung der zerstreuten Kinder Gottes» und lasse so die von Gott gewollte gemeinschaftliche Dimension des Heiles klar hervortreten. Von daher sei Kirche vor allem in den Realitäten ihrer fundamentalen und in Christus als ihrem Mittelpunkt gründenden *Beziehungen* als Familie zu begreifen: die Beziehung der Vaterschaft/Kindschaft wie die aus der Sohnschaft im Sohn sich ergebende Brüderlichkeit der Gläubigen untereinander. Das Familiesein der Kirche schließe auch die triumphierende Kirche der Heiligen mit ein. Damit weitet Hoa Hien den Horizont auf die eschatologische Vollendung der Kirche als Familie der Heiligsten Dreifaltigkeit aus und zeigt die umfassende Sicht jenes Kirchenverständnisses, das sich eigne, manche Dimensionen des Mysteriums der Kirche zu erleuchten, die im Bild des mystischen Leibes im Dunkel blieben.

Wie die Beziehung der Kirche zu den Grundgeheimnissen des Glaubens werden durch das *familia-Dei-Konzept* — so argumentiert Hoa Hien weiter — auch verschiedene ihrer wesentlichen Lebensvollzüge erhellt: die Sakramente der Taufe als Wiedergeburt zur Gotteskindschaft und Eingliederung in seine Familie wie der Eucharistie als «Familientisch», an dem Gott seine Kinder mit dem Leib und Blut seines Sohnes nähre und sie dadurch seines göttlichen Lebens teilhaft werden lasse; die Liturgie, in deren Gebeten eine große Anzahl von Belegstellen für die *familia Dei* zu finden ist, werde ihrerseits durch jenes Konzept im Geist der Frömmigkeit und Liebe gestärkt. Im Sinne der Moraltheologie sei es die Hervorhebung der Liebe (als Grundprinzip der Familie), die neue Impulse zur Stärkung der Tugenden des sozialen Lebens und des Gehorsams erwarten lasse. Das sei vornehmlich in jenen Kulturen der Welt von besonderer Dringlichkeit, in denen die Familie selbst durch bestimmte Verfallserscheinungen bedroht werde. Der Geist von Brüderlichkeit und Liebe werde dadurch schließlich auch in der Kirche selbst gefördert - beispielsweise in einem Amtsverständnis, das väterliche Verantwortung mit Brüderlichkeit und Kollegialität verbinde, in der die Laien als wirkliche Glieder der einen Familie Mitverantwortung tragen.

An formalen Argumenten führt der Bischof besonders die Verständlichkeit des Familienkonzeptes an. Es helfe gemäß dem Vorbild des Apostels Paulus den Hirten, ihren Auftrag zu erfüllen: den Menschen das Evangelium verständlich und überzeugend zu verkündigen, das Wesen der Kirche, aber auch die Pflichten ihr gegenüber einsichtig zu machen und den getrennten Christen die Rückkehr in das eine Haus des Vaters zu erleichtern. Als allgemein menschliche Grunderfahrung spreche die «*Familie Gottes*» gleichsam zum Herzen und könne von Menschen aller Kulturen und sozialen Schichten, aller Altersstufen und Bildungsgrade leicht verstanden werden.

Aus der Zeit zwischen der ersten und der zweiten Sitzungsperiode stammt ein Beitrag des Augsburger Auxiliarbischofs Zimmermann.[54] Ihm geht es vor allem darum, mit Hilfe des *familia-Dei-Konzeptes* ein rechtes Verständnis der Lehre vom *Corpus Mysticum* zu ermöglichen, mit der er die Kontinuität des Heilshandelns Gottes hervorhebt. Schon in der in Adam geeinten Menschheitsfamilie erkennt er gleichsam einen «*mystischen Leib*», der als Vorausbild die Form der späteren Kirche in sich trage, um dann in der Fülle der Zeiten — wenn auch nicht als ganzer — in den mystischen Leib Christi umgewandelt zu werden. Was der Leib Adams durch die Sünde verloren habe, werde dabei der einen, heiligen, katholischen und apostolischen Kirche, dem sichtbaren mystischen Leib Christi, im Heiligen Geist unverlierbar gegeben. Für diese Form und damit auch für die Kirche sei die Familie das natürliche Beispiel, weil auch der Leib Christi als hinweisendes und sichtbares Zeichen der Einheit und des Heiles von Christus mit einer sichtbaren Struktur ausgerüstet wurde.

Ebenfalls die heilsgeschichtliche wie auch die sakramentale Dimension betont Prälat Grotti in einem Entwurf zur Neuformulierung von *Prooemium* und erstem Kapitel des Schemas *De Ecclesia* auf Grundlage der zur Zeit vor dem Konzil verbreiteten theologischen Methodenlehre von C.M. Berti *OSM*.[55] Unter dem Titel «*De mirabili totius Ecclesiae sacramento*» zeigt das erste Kapitel die Familie Gottes als durchgehende Gestalt auf, unter der Gott das Heil der Menschen von Adam an gemeinschaftlich wirkt. Diese Form konkretisiere sich in den jeweils die Heilsgemeinschaft als Familie konstituierenden Relationen der Liebe, der Vaterschaft, der Sohnschaft bzw. der Kindschaft, der Bräutlichkeit und Mütterlichkeit, der Jüngerschaft und der Lehre.

Im Namen von mehr als dreißig Vätern bringt in der Diskussion des Schemas *De Ecclesia* während der zweiten Sitzungsperiode der brasilianische Erzbischof G. De Proença Sigaud seine Forderung vor, eine eigene Nummer zur Wesenserklärung bzw. sogar «Definition» der Kirche mittels des Konzeptes der Familie Gottes zu verfassen:

---

[54] Vgl. *AS* II.I, 578-582.

[55] Der Beitrag wurde zweimal (während der zweiten und der dritten Sitzungsperiode) schriftlich eingereicht. Vgl. *AS* II.II, 162-169 sowie III.I, 582-587. Vgl. dazu C.M. BERTI, *Methodologiae theologicae elementa*, Roma 1955; zu Berti s.u. 3.2.

"Die auf Erden pilgernde katholische Kirche ist wahrhaft die Familie Gottes. In dieser göttlichen Familie ist Gott der gütige Vater, die selige Jungfrau Maria die allerliebreichste Mutter, der Heilige Geist die Seele, die Verbundenheit und die Liebe. Jesus Christus, der Erlöser, ist unsichtbares Haupt und Bruder, der «erstgeborene unter vielen Brüdern» [Röm 8,29]; die Gläubigen sind — durch die Taufe aus Gott geboren und in der Eucharistie mit dem Fleisch Christi genährt — Kinder [Söhne] Gottes und Mariens und untereinander Brüder; der römische Pontifex, der Stellvertreter Christi, ist das sichtbare Haupt, die Bischöfe sind Brüder, durch die der himmlische Vater zeugt, ernährt, erzieht und seine Familie leitet, für die die Erde ein Exil, der Himmel aber Erbe und bleibende Heimat [civitas] ist"[56].

Neben den hier enthaltenen ekklesiologischen Berührungspunkten mit der Wirklichkeit der Familie nennt Sigaud an weiteren Argumenten die einfache Verstehbarkeit und pastorale Ausrichtung des vorgeschlagenen Konzeptes, das, in der Liturgie gut verankert, genau den Anliegen des Konzils entspreche.

Ebenfalls in der zweiten Sitzungsperiode, allerdings im Kontext des dritten Kapitels des Schemas *De Ecclesia* über die hierarchische Verfassung der Kirche, verlangt Bischof Fougerat eine weitere Klärung des Dienstes der heiligen Kirche als *Mutter der Gläubigen*, die ihre Kinder, die Kinder Gottes, zeuge, ernähre und zur einen Familie Gottes vereine.[57] Die Kirche als *Societas*, *Communitas* oder *Populus* sei nach dem primären Verständnis von *Familie* zu konzipieren, woraus sich eine doppelte Ergänzungsbedürftigkeit des vielgebrauchten Begriffes «Volk Gottes» ergebe: in bezug auf seine Klarheit und in seiner menschlich ansprechenden Dimension. Innere Liebe, Friede und Wohlwollen müssen durch die Kirche kundgetan werden. Dazu bedürfe es aber des Familiengeistes in ihr, der vor allem von der Liebe zur Kirche wie zu einer Mutter und zu den Mitchristen wie zu Brüdern abhänge. Das gelte besonders für jene, die in der Kirche Verantwortung tragen. Nur wenn sie die Kirche lieben und als ihre eigene Familie aufbauen, dürften sie sich zu Recht «Leitende» nennen.

Während der dritten Sitzungsperiode legten Bischof Goicoechea und Erzbischof Melendro eine gleichlautende schriftliche Eingabe zum Schema *De Ecclesia* vor, die eine eigene Nummer über das biblische Kirchenbild des «*Hauses*» im Sinne von «*Familie*» forderte und diese Forderung durch die Anführung zahlreicher Schriftbelege, lehramtlicher Aussagen und anderer Autoritäten der kirchlichen Tradition begründete.[58] Eine ebenfalls zumindest anfanghaft entfaltete *familia-Dei*-

---

[56] Vgl. *AS* II.II, 34-36, zit. ebd. 35.

[57] Vgl. *AS* II.III, 461f.

[58] Vgl. *AS* III.I, 645 u. 723. An Bibelstellen zur «*familia Dei vivi*» werden genannt: Röm 9,26; Eph 2,19; 1Tim 3,5.12.15 sowie zur Wiedergeburt zur *Gottes-*

Ekklesiologie verwendet Bischof L. Castán im Namen von mehr als achtzig Vätern zur Rechtfertigung des Titels *Mater Ecclesiae* im Marienkapitel der Kirchenkonstitution.[59]

Trugen bei den Diskussionen in der Konzilsaula noch Väter aus den verschiedensten Kulturkreisen die theologisch tiefer durchdachten Ausarbeitungen zum Thema der *familia Dei* vor, so lag seine Weiterentwicklung in nachkonziliärer Zeit im wesentlichen in den Händen von Bischöfen der «dritten Welt».[60] Das Schlußdokument der dritten Generalkonferenz des lateinamerikanischen Episkopates 1979 in Puebla entwirft im Kontext der Evangelisierung eine durch den Begriff der Familie Gottes geprägte Ekklesiologie.[61] Ausgehend vom Erfahrungshorizont des lateinamerikanischen Volkes, das Kirchen als Bauwerke spontan *Gotteshäuser* nennt, weil sich dort die Familie Gottes versammle, legt das Dokument jenes biblische Bild vor, das «den lateinamerikanischen Menschen in seinem tiefsten Empfinden treffe». *Communio* und *Teilhabe* bilden Eckpfeiler für das Verständnis der Familie Gottes, die eng mit dem Begriff *Volk Gottes* verbunden wird. Ziel der Evangelisierung sei es demgemäß, die Menschen zur Teilhabe an der trinitarischen Communio zu rufen, die zugleich Urbild kirchlicher Communio als Familie ist.

Am meisten machten sich bislang afrikanische Bischöfe um die Entfaltung einer *familia-Dei-Ekklesiologie* verdient. Nach ersten, noch wenig systematischen Ansätzen bei den Synoden von 1974 und 1977[62] nehmen ab Ende der Siebzigerjahre diesbezügliche Eingaben nach Zahl, Umfang und theologischem Niveau zu. Vor allem die Bischöfe

---

kindschaft: 1Pt 1,25 [richtig: 1Pt 1,23]; Joh 1,12; 3,5; 1Joh 3,1; Röm 8,17.21.29; Hebr 3,2-6; Mt 6,9; weiters: CATROM, *De symbolo fidei*, Pars I, cap. X, art. 9; S. THOMAS, *Com. Sent. Lib. IV*, d.7 q.2 a.1, *s.c.*; la. Aussagen der Päpste PIUS XI., PIUS XII. u. JOHANNES XXIII. sowie zahlreiche Stellen aus dem *MRom*.

[59] Vgl. *AS* III.II, 15-21. Mehr dazu unter 1.4.2. dieser Arbeit.

[60] Vgl. ANTON, *Postconciliar Ecclesiology*, 414-420, der die Bedeutung der lateinamerikanischen Beiträge zur nachkonziliären Ekklesiologie würdigt und im Verständnis der Kirche als Familie Gottes einen von Kirchen der dritten Welt geprägten Ausdruck der «Communio-Ekklesiologie» erkennt (vgl. ebd. 419f.: "This people of God lives the mystery of communion in the Church of the Third World as the *great family of God*. The Church is not just a place where men are seated, but where they make themselves really and ontologically the *family of God*."). Ohne systematische Entfaltung wird der Begriff «Familie Gottes» in den nachsynodalen päpstlichen Dokumenten sowie den Synodenbeiträgen von Vätern *verschiedenster Herkunft* immer wieder verwendet.

[61] Vgl. *Puebla* bes. 238-249 [vers. it. 123-126]. Zur Ekklesiologie des Dokumentes vgl. auch 1.1.1.2., 1.1.1.3., 1.1.2., 1.1.3.4. u.a. Abschnitte dieser Arbeit.

[62] Vgl. zu 1974 (Evangelisierung): Bf. SANGU (CAPRILE, *Il Sinodo 1974*, 437f. u. 509: Bedeutung der afrikanischen Familie); 1977 (Katechese): Bf. BAYALA (Burkina Faso: CAPRILE, *Il Sinodo 1977*, 113).

aus Burkina Faso berichten verschiedentlich von den Erfahrungen mit der fundamentalen pastoralen Option *«pour une Église-Famille de Dieu»*[63] der Kirche in ihrer Heimat. Das geschieht einerseits im jeweiligen thematischen Horizont der einzelnen Synoden. Andererseits versuchen sie aus der Option gerade für die gestellten Themen weiterführende Anregungen beizusteuern.[64] Dahinter steht offenbar auch die Absicht, das Bild der Familie Gottes über den afrikanischen Kulturraum hinaus bekannter und die ihm innewohnende weltkirchliche Bedeutung dem Kollegium der Bischöfe bewußt zu machen. Ihren Höhepunkt erreichen diese Bestrebungen 1994 bei der Sondersynode für Afrika, bei der die «Kirche als Familie Gottes» in allen Phasen der Vorbereitung und Durchführung bis hin zum nachsynodalen Apostolischen Schreiben *Ecclesia in Africa* als Schlüsselkonzept gelten muß.[65]

Im Geiste des Konzils und getreu seiner ekklesiologischen Vorgaben suchen die verschiedenen Bischöfe mit dem *familia-Dei-Konzept*, ohne dessen Komplementarität zu anderen Kirchenbildern zu übersehen, einem doppelten Anliegen zu begegnen: auf theoretisch-theologischer Ebene das *Verständnis des Wesens der Kirche* insbesondere als *Communio*, d.h. als Gemeinschaft in der Einheit und der Vielfalt von Funktionen und Personen, den Gläubigen zugänglich zu machen; zum anderen aber dem *Kirchenbewußtsein und seiner praktischen Verwirklichung* im konkreten kirchlichen Leben Impulse zu geben.

Ausgangspunkt zur Entfaltung des Bildes der Familie Gottes ist vor allem in früheren Beiträgen ein *anthropologischer*, nämlich die

---

[63] Zur näheren Darstellung der Option s.u. 3.4.2.

[64] Vgl. 1977 (Katechese): Bf. MPWATI (Kongo: CAPRILE, *Il Sinodo 1977*, 159f.); 1983 (Buße u. Versöhnung): Bf. A.T. SANON (Burkina Faso: CAPRILE, *Il Sinodo 1983*, 210f. u. 332f.); 1985 (20 Jahre Vat II): A.T. SANON (CAPRILE, *Il Sinodo 1985*, 192-194), Bf. CISSÉ (Mali: ebd. 256-259); 1987 (Laien): Bf. J.B. KYEDREBEOGO (Burkina Faso: CAPRILE, *Il Sinodo 1987*, 334f.); 1994 (gottgeweihtes Leben): Bf. SOME (Burkina Faso), der das Konzept als Rahmen vorgibt u. Bf. DIARRA (Mali), der es im Kontext des Synodenthemas systematisch entfaltet (*OR Cons*, 82 u. 127).

[65] Vgl. zur Vorbereitung: *Relatio ante disceptationem*, Kard. THIANDOUM (*OR Africa* I, 14-16); Synodenbeiträge: von Ebf. VLK (Prag; sowie der afrikanischen Bf. OBIEFUNA (Nigeria), DIOUF (Sénégal), A.T. SANON u. J.B. SOMÉ (Burkina Faso), BUDUDIRA (Burundi), MONSI-AGBOKA (Bénin): *OR Africa* I, 34, 32, 36, 42, 59-61 u. 77; den Bericht zur Lage der Kirche in Afrika des Präfekten der Congregation für die Evangelisierung der Völker, Kard. TOMKO (ebd., 47-55), der den Gedanken der Kirche als Communio und Familie Gottes in der Lehre von der Kirche als Sakrament der Einheit (vgl. *LG* 1) verankert; *Relatio post disceptationem*, Kard. THIANDOUM (*OR Africa* II, 28f.); die *Relationes* der Arbeitsgruppen: Pater ZAGO *OMI* (it.), die Bf. GANAKA (Nigeria – engl. «A»), KPAKALA FRANCIS (Liberia – eng. «D»), M. OUÉDRAOGO (Burkina Faso – franz. «D»), SARR (Sénégal – franz. «C»), DAVIES (Kenya – engl. «E»), B. BUDUDIRA (Burundi – franz. «E») und MOREIRA DOS SANTOS (portugiesisch): *OR Africa* II, 40-49; Schlußbotschaft: *OR Africa* II, 58-66. Vgl. auch NOTHOMB, *L'Église-famille*, 44-64.

traditionelle afrikanische Großfamilie und ihre Werte. Auf diese Weise
wird die «Familie» als Grunderfahrung von menschlicher Gemeinschaft
und in religiöser Hinsicht als «häusliches Heiligtum» und *«Ecclesia
domestica»* auch von der Kirche ernstgenommen. Die damit verbundenen natürlichen, sozialen und kulturellen Realitäten und Werte seien
gleichsam in einem Prozeß der Inkulturation auch auf das Verständnis
der Kirche zu übertragen, wodurch diese nach dem Vorbild der Heiligen Familie und der ersten christlichen Gemeinden aufgebaut werde.
Inkulturation geschehe im Licht der Geheimnisse von Kreuz und
Auferstehung, in der Läuterung von menschlich sündiger Entstellung
und in gnadenhafter Umwandlung und Erhebung natürlicher Voraussetzungen.

Als Frucht tieferer systematischer Durchdringung verschiebt sich
etwa ab den Achtzigerjahren der *Ausgangspunkt* in den Eingaben mehr
und mehr zum *Theologischen.* Die selbst in gewisser Analogie zur
Familie stehende *trinitarische Communio* tritt als Urbild, Grund und
Ziel der kirchlichen Communio verstärkt ins Bewußtsein. Man verweist auf die innergöttlichen Beziehungen, die sich analog als Vaterschaft, Kindschaft und Brüderlichkeit auch in der Kirche finden. Desweiteren wird durch die Rückwendung zum göttlichen Geheimnis auch
die Bedeutung von Inkarnation und Erlösung und parallel dazu von
Taufe und Eucharistie als Ermöglichungsgrund für die Gotteskindschaft, die Teilhabe am göttlichen Leben und die Einheit der Familie
Gottes in Christus betont. An den ebenfalls auf die Dreifaltigkeit be-
zogenen Aspekt der Einheit in Verschiedenheit knüpfen die Bischöfe
ihre eindringliche Mahnung, das Bild der afrikanischen Familie nicht
als Anstoß für Partikularismus und Clandenken in der natürlichen
Stammesfamilie zu nehmen, sondern vielmehr die Ausrichtung auf die
universale und katholische Einheit der großen übernatürlichen Familie
der Kirche im Auge zu behalten.

Ein besonders häufig genannter *theologischer Schwerpunkt* im
familia-Dei-Konzept betrifft gemäß den bischöflichen Stellungnahmen
die innere *Struktur der Kirche.* Zum einen lasse es alle Gläubigen, besonders die Laien, ihrer hohen Würde innewerden, die in der Teilhabe
am Leben der göttlichen Familie in der Gemeinschaft der universalen
Familie der Kirche bestehe. Als Getaufte und Glieder der Kirche seien
sie selbst «Kirche», wie auch die Glieder einer Familie selbst «Familie»
sind. Daraus ergebe sich die Forderung nach Mitverantwortung aller.
Zum anderen beleuchte das Bild der Familie das geweihte Amt als
«Vaterschaft», als «Dienst» und «Dasein für», demgegenüber Gehorsam
und Ehrfurcht geschuldet werde. Als Nachfolger der Apostel und in
Einheit mit dem Nachfolger Petri eigne es den Bischöfen, Garanten
und Zeugen der «Familientradition» zu sein. Diese gründe in beson-

derer Weise in der Bibel, dem «Wort des Bundes» der göttlichen trinitarischen Familie mit der von ihr erschaffenen und erlösten Menschheitsfamilie. Mit der Personwürde des Menschen, der Mission und
Evangelisierung in ihrer universalen Ausrichtung sowie der Stellung
des gottgeweihten Lebens wurden weitere wichtige Elemente der
Ekklesiologie von Synodenvätern in ihre Erörterungen der Kirche als
Familie Gottes einbezogen.

Wie aus den synodalen Diskussionen ersichtlich ist, richten die
meisten afrikanischen Beiträge zum Thema der Familie Gottes ein besonderes Augenmerk auf die *praktische Verwirklichung der Kirche als
Familie*. Nach Ansicht vieler Bischöfe sei ein aktives und mitverant-
wortliches Kirchenbewußtsein der Gläubigen dann leichter zu erzielen,
wenn diese in der Kirche gleichsam ihre «Familie» erkennen, zu deren
fundamentalen Kennzeichen und Werten brüderliche Gemeinschaft,
Solidarität, Liebe, Hingabe, Vergebung, Hilfe, Dankbarkeit, aber auch
die Bereitschaft, aufeinander zu hören und miteinander im Dialog zu
bleiben, gehören. Diese Werte sollen gemäß dem erzieherischen
Auftrag der Kirche nicht nur im inneren verwirklicht, sondern auch
nach außen bezeugt und verkündet werden. Dem Bild der *Familie
Gottes* entspricht es, daß auch die Gottesbeziehung familiär verstanden
wird. Sie vollziehe sich beispielhaft als solche in Gottesdienst,
Anbetung und Eucharistie wie in der Verehrung der Gottesmutter. Um
diese Werte und durch sie das Familie-Gottes-Sein konkret ins Leben
bringen zu können, regen verschiedene afrikanische Synodeneingaben
die Bildung überschaubarer lebendiger christlicher Gemeinden nach
dem Vorbild der Ersten Christen an.

Angesichts der herausragenden Bedeutung des *familia-Dei-
Konzeptes* in der Ekklesiologie afrikanischer Bischöfe bei den Synoden
der letzten zwanzig Jahre setzten viele diesbezüglich hohe Erwartungen
in das nach der Afrikasynode angekündigte nachsynodale Apostolische
Schreiben. Man hoffte, daß das päpstliche Lehramt darin erstmals ausdrücklich zu einer *familia-Dei-Ekklesiologie* als solcher Stellung beziehe bzw. Orientierungslinien zu deren Entfaltung skizziere. Tatsächlich spielt der Begriff «Familie Gottes» im am 14. September 1995 in
Yaoundé (Kamerun) unterzeichneten Dokument *Ecclesia in Africa* eine
bevorzugte Rolle.[66] Neben anderen ca. fünfzehn Belegen für ihr
Vorkommen ist die Nummer 63 eigens der «Kirche als Familie Gottes»
gewidmet. Die Stellung der Nummer zwischen den Kriterien und den
Anwendungen der «Inkulturation» zeigt, daß der Papst die Verdienste

---

[66] IOANNES PAULUS II, Adh. apost. postsynodalis *Ecclesia in Africa*
(14.09.1995): *OR* 16.09.1995, 1-11. Die Kirche erscheint als *familia (Dei)* in: nn. 6,
13, im Zwischentitel vor 23-26, 63!, 65, 66, 85, 89, 94, 105, 137 u. 144
(marianisches Schlußgebet).

afrikanischer Theologie in der Entfaltung jenes Konzeptes sowie die
Versuche, darin originäre afrikanische Familienwerte für die Ekklesiologie fruchtbar zu machen, positiv anerkennt. Für die (Neu-)Evangeli-
sierung des afrikanischen Kontinents gibt dann der Papst im Anschluß
an die Ergebnisse der Bischofssynode auch den Aufbau der Familie
Gottes als Ziel an:

> "Die Synode hat nicht nur von Inkulturation gesprochen, sondern hat
> sie auch konkret angewandt, wenn sie als Leitgedanken für die Evange-
> lisierung Afrikas die Idee von der Kirche als Familie Gottes [vgl. *LG* 6]
> übernahm. Darin erkannten die Synodenväter einen für Afrika beson-
> ders passenden Ausdruck für das Wesen der Kirche. Dieser bildhafte
> Ausdruck betont nämlich die Sorge um den anderen, die Solidarität, die
> Herzlichkeit der Beziehungen, die Annahme, den Dialog und das Ver-
> trauen. ... Die Neuevangelisierung wird daher den Aufbau der Kirche
> als Familie anstreben, wobei jeder Ethnozentrismus und jeder über-
> triebene Partikularismus ausgeschlossen und stattdessen versucht wer-
> den soll, auf die Aussöhnung und eine echte Gemeinschaft zwischen
> den verschiedenen Völkerschaften hinzuarbeiten durch Förderung der
> Solidarität und der Verteilung des Personals und der Mittel zwischen
> den Teilkirchen, ohne Ansehen der ethnischen Herkunft."[67]

Neben den genannten Elementen einer zu errichtenden
«familiären Atmosphäre» in der Kirche tritt als weitere Bestimmung
des Konzeptes die universale Dimension der Kirche in den Vordergrund. Damit weitet sich hier, wie an anderen Stellen des apostolischen
Schreibens, der Horizont über Afrika hinaus auf die eine «große
Familie Gottes», die Kirche, deren Katholizität und Universalität, Vielfalt und Einheit in besonderer Weise in der um den Nachfolger Petri
versammelten Bischofssynoden aufleuchte.[68] Daß das Konzept der
familia Dei nicht nur für die Kirche in Afrika von Belang ist, zeigt
weiters der «eindringliche» Wunsch des Papstes an die Theologen,
jenes Konzept weiter zu entfalten:

> "Man kann nur [eindringlich] wünschen, daß die Theologen die Theo-
> logie von der Kirche als Familie erarbeiten, mit dem ganzen Reichtum,
> der diesem Begriff innewohnt, und dabei die Komplementarität dieses
> Begriffes durch andere Kirchenbilder entwickeln."[69]

---

[67] IOANNES PAULUS II, Adh. apost. *EA* 63: *OR* 16.09.1995, 5 [dt.: nach der
«offiziellen» Übersetzung des Staatssekretariates]. Als Ziel der Evangelisierung erscheint die «*familia Dei*» weiters in n. 85 (ebd. 7: "... daß es Ziel der Evangelisierung
ist, die Kirche als Familie Gottes aufzubauen, als — wenn auch unvollkommene —
Vorwegnahme des Reiches Gottes auf Erden").

[68] Vgl. *EA* 6, 13, den Zwischentitel zu den nn. 23-26 u. 137 zur Begründung
dieser universalen Ausrichtung in der Vaterschaft Gottes (*OR* 16.09.1995, 2f. u. 10).

[69] *EA* 63 (*OR* 16.09.1995, 5), dabei zit. JOHANNES PAUL II. die *Propositio* 8
der Synode.

Betont bindet der Papst die zu entfaltende *familia-Dei-Ekkle-siologie* an das Zweite Vatikanische Konzil und seine Dogmatische Konstitution über die Kirche *Lumen gentium* (bes. Nummer 6) zurück und ordnet damit das Bild der Familie als ein «komplementäres» in den Kontext verschiedener biblischer Bilder ein, mit denen das Konzil das *Wesen* der Kirche zu erhellen suchte. Die Richtung, die eine theologische Entwicklung jenes Bildes einschlagen müsse, um in Treue zum Vaticanum und zum aktuellen lebendigen Lehramt der Kirche zu stehen, gibt das nachsynodale Apostolische Schreiben am Ende der Nummer unter Verweis auf die «Ausgangsaussage» von *Lumen gentium* an: Kirche, das bedeutet, «in Christus gleichsam das Sakrament ... für die innigste Vereinigung mit Gott wie für die Einheit der ganzen Menschheit».[70]

Konklusion

Die im Vorausgehenden durchgeführte erste Einordnung des *familia-Dei-Konzeptes* in die Fragestellung des Zweiten Vaticanum nach dem innersten Wesen der Kirche zeigt, daß das Konzil nach manchen Diskussionen und Entwicklungen insbesondere in der Dogmatischen Konstitution *Lumen gentium* für ein Grundverständnis der Kirche als *komplexe Realität* und als *Mysterium* optiert. Damit redet das Konzil aber in keiner Weise einem ekklesiologischen Subjektivismus, Relativismus oder Skeptizismus das Wort. Vielmehr hält es an der Objektivität der Kirche, ihrem unveränderlichen Wesen sowie an seiner theologischen Erkennbarkeit und Mitteilbarkeit fest. Das innerste Wesen der Kirche stellt die Dogmatische Konstitution über die Kirche aber nicht durch eine klassische Definition dar. Zwar finden sich an manchen Stellen definitionsähnliche Beschreibungen. Der Vorzug wird aber einer Vielzahl von einander ergänzenden Bildern gegeben, die, insofern sie reflektiert und weiter ausgeführt sind, auch als theologische Konzepte gelten können. Unter diesen nennt *Lumen gentium* das der «*Familie Gottes*».

Das Problem der formalen und linguistischen Bestimmung der «Bilder» im allgemeinen wie im einzelnen, für das bislang auch kein theologisch-wissenschaftlicher Konsens erzielt wurde, wird in den Konzilsdokumenten nicht ausdrücklich behandelt. Aus ihrem Text-

---

[70] Vgl. *EA* 63 (*OR* 16.09.1995, 5) zit. Const. dog. *LG* 1 u. 6: *AAS* 57 (1965), 5 u. 8. *LG* 6 wird zur *familia Dei* weiters zit.: *EA* 6 (*OR* 16.09.1995, 2); zur Sakramentalität der Kirche als Familie Gottes vgl. ebd., n. 114 (*OR* 16.09.1995, 8). Auffallend ist in bezug zum Vat II auch die Eingangsformulierung des Dokumentes: «Ecclesia in Africa ... cum gaudio et spe suam in Christum resuscitatum celebravit fidem». Der Gedanke der Auferstehung erscheint im Kontext der *familia Dei* auch in n. 13.

befund und seiner Interpretation im Licht der Konzilsdiskussionen zeigt sich aber, daß jene «Bilder» nicht bloß als Stilmittel, sondern als echter theologischer Zugang zum Mysterium der Kirche zu verstehen sind. Der *Familie Gottes* und anderen Bildern kommt dabei nicht nur metaphorische und figurative, sondern reale und ontologische Bedeutung zu. Das Ziel, welches das Konzil in der Verwendung jenes «Konzeptes» verfolgt, ist ein zweifaches: ein vertieftes theoretisches Verständnis des Wesens der Kirche, woraus sich Verstehenshilfen für weitere theologische Einzelprobleme ableiten lassen, sowie das pastorale in der praktischen Umsetzung jenes Verständnisses in das kirchliche Leben. Letzteres Anliegen gewinnt in den Bischofssynoden noch mehr an Gewicht.

Die «Familie» ist die primäre Form menschlicher Gemeinschaft, in der die vertikale und horizontale Dimension in gegenseitiger Verwiesenheit harmonisch verbunden sind. Eine erste Einordnung erkennt deshalb die in den Konzilsdokumenten reichlich begründete und in der synodalen Weiterführung der konziliären Grundanliegen entfaltete *«Communio-Ekklesiologie»* als angemessenen theologischen Standort des *familia-Dei-Konzeptes*; die *Ekklesiologie der Familie Gottes* stellt m.a.W. eine anschauliche Ausdrucksform der *Communio-Ekklesiologie* dar. Für diese Zuordnung sprechen auch die verschiedentlich in nachsynodalen lehramtlichen Dokumenten und einzelnen Synodenbeiträgen thematisch oder explizit hergestellten Verbindungen beider Konzepte.

Eine systematische theologische Entfaltung des *familia-Dei-Konzeptes* erfolgt im Kontext der Frage nach dem Wesen der Kirche in den Konzilsdokumenten vor *Gaudium et spes* nur ansatzweise, insofern nämlich daraus in verschiedenen Dokumenten theologische Implikationen für einzelne Fragen, wie etwa die des priesterlichen Amtes, gewonnen werden. Daß diesen Stellen ein reicherer, für die Interpretation zu berücksichtigender theologischer Gehalt zugrundeliegt, wird durch Beiträge in der Konzilsaula bestätigt, die die enge Verbindung jenes Konzeptes zu den Glaubensgeheimnissen der Trinität und der Inkarnation, der Erbsünde und Erlösung, der Sakramente hervorhoben. Während Konzilseingaben zur Entfaltung einer Ekklesiologie der Familie Gottes mit größerer Häufigkeit von europäischen, asiatischen oder südamerikanischen Vätern kamen, stammen diesbezügliche Impulse in der nachkonziliären Zeit vorwiegend aus Ländern der dritten Welt (insb. aus Afrika).

Wenn es auch nicht primär Aufgabe des päpstlichen oder bischöflichen Lehramtes ist, neue theologische Konzepte zu entfalten, unterstützt es dieses Anliegen dennoch mit seiner Autorität: Das nachsynodale Apostolische Schreiben von Papst Johannes Paul II.

Ecclesia in Africa stellt nämlich die «dringliche Forderung» an die *Theologen*, eine *familia-Dei-Ekklesiologie* aufbauend auf den Grundlagen des Vaticanum II und im Licht seiner Sicht der Kirche als Sakrament zu erarbeiten.

Einer ersten Einordnung stellt sich das Konzept der *familia Dei* nach der Dogmatischen Konstitution über die Kirche und den anderen Konzilsdokumenten als bildlicher und zugleich konzeptualer Ausdruck der ekklesiologischen Grundposition des Konzils dar. Seine theologische Relevanz muß im folgenden hinsichtlich seiner Angemessenheit gegenüber den wichtigsten Hauptthemen der konziliären Ekklesiologie nach *Lumen gentium* aufgewiesen werden.

1.1.2. Das Geheimnis der Kirche als *Familie Gottes* in seinem Bezug zur Trinität

Es ist naheliegend, daß das Konzil aufgrund seiner Option für ein Verständnis der Kirche als Geheimnis dieses auch in enger Verbindung zum Grundgeheimnis des katholischen Glaubens, der Trinität, versteht und entfaltet. Unter dieser Voraussetzung soll nun nach einem kurzen Blick auf die Genese der trinitarischen Ekklesiologie des Vaticanum II geklärt werden, welche Bedeutung dem Konzept der *familia Dei* beim Konzil und den folgenden Bischofssynoden in diesem Kontext zukommt.

Die trinitarische Ausrichtung der Ekklesiologie des Konzils war selbst Ergebnis eines Entwicklungsprozesses, an dem der Hauptredaktor von *Lumen gentium*, der Theologe der Universität Louvain, G. Philips, maßgeblich beteiligt war.[71] Ihm gelang es, zentrale Anliegen und Gedanken des vorbereiteten Schemas mit Änderungswünschen der Väter im ersten Kapitel organisch zu verbinden und damit die Grundorientierung der späteren Dogmatischen Konstitution über die Kirche festzulegen.[72] Die Abfolge der Nummern über Vater, Sohn und Heili-

---

[71] Vgl. P. DRILLING, *The Genesis of the Trinitarian Ecclesiology of Vatican II*, in: *ScEs* 45 (1993), 61-78; zur Bedeutung von G. Philips ebd., 63f. u. 68-75.

[72] Die beiden Nummern über Vater und Sohn (*LG* 2 u. 3) gehen im wesentlichen auf das erste Schema zurück, während *LG* 4 über den Hl. Geist nach diesbezüglichen Anregungen von Philips verfaßt wurde. Die trinitarische Sicht scheint im ersten Schema *De Ecclesia* bereits insofern auf, als der grundgelegte Heilsplan Gottes in n. 1 trinitarisch ausgeführt wird (vgl. *A* II.II.III, 986). Mitbestimmend in der Entwicklung war weiters der Entwurf der dt. und östr. BfKonf., Dezember 1962: *Adumbratio Schematis Constitutionis Dogmaticae "De Ecclesia"* (*AS* I.IV, 610-639), dessen Prolog in den Nummern 1-3 trinitarisch gegliedert war und dessen erstes Kapitel die Überschrift *De mysterio Ecclesiae* trug. Als Grundlage seiner Redaktion diente Philips bes. der ihm selbst zugeschriebene Text *Concilium duce Spiritu Sancto* (Oktober 1962) vgl. G. ALBERIGO–F. MAGISTRETTI, *Constitutionis dogmaticae «Lumen Gentium»*

gen Geist (*LG* 2-4) und die sie beschließende Bezeichnung der Kirche als «von der Einheit des Vaters und des Sohnes und des Heiligen Geistes her geeintes Volk»[73] kennzeichnen exemplarisch die trinitarische Ausrichtung der Ekklesiologie des Konzils. Die Schlußformel der Kirchenkonstitution (*LG* 69) verbindet die angestrebte Einheit der Völkerfamilie in dem einen Gottesvolk mit der Verherrlichung der Heiligsten Dreifaltigkeit und bildet somit zusammen mit den Eingangskapiteln einen trinitarischen Rahmen. Nur im Lichte dieser von *Lumen gentium* vorgegebenen Ausrichtung können alle weiteren Aussagen über die Kirche in diesem und in den anderen Konzilsdokumenten angemessen interpretiert werden. Daß das auch für jene Stellen gilt, in denen sich das Konzil das Konzept der *familia Dei* zu eigen macht, ist evident und gewinnt an Plausibilität, wenn man die offensichtliche inhaltliche Bezogenheit jenes Konzeptes auf das Geheimnis der Trinität in Rechnung stellt. Diese Bezogenheit findet sich jedoch in den Konzilsdokumenten (mit Ausnahme von *Gaudium et spes*) mehr angedeutet als ausgefaltet.

Die in *LG* 6 aufgezählten «Kirchenbilder» stehen im Kontext der trinitarischen Kirchensicht des ersten Kapitels, zu deren Vertiefung und Verständnis sie beitragen sollen. Innerhalb der Bilder selbst ist jedoch keine trinitarische Strukturierung zu erkennen, wenngleich verschiedene Bilder gelegentlich mehr *einer* der göttlichen Personen verbunden erscheinen.[74] Beachtet man allerdings die beigegebenen biblischen Zitationen, kann für das Bild der *familia Dei* in *LG* 6 durchaus ein Bezug zur Dreifaltigkeit konstatiert werden.[75] Der Satzstellung nach steht *eius familia* [im lat. Text] zwischen den beiden biblischen Belegen 1Tim 3,15 und Eph 2,19-22, von jedem durch einen Beistrich getrennt.

---

synopsis historica, Bologna 1975, XIII sowie 3ff. [Text in Spalte «2»]. In beiden Texten gelangt das Konzept der *familia* im Hinblick auf die Kirche zur Anwendung: im Schema der deutschsprachigen Bischöfe in trinitarischem Kontext (vgl. *AS* I.IV, 610, 612 u. 630f.). Daß Philips die *familia Dei* mit dem trinitarischen Geheimnis verbindet, ergibt sich auch aus früheren Veröffentlichungen des Theologen (vgl. DRILLING, *The Genesis*, 71).

[73] Vgl. Const. dog. *LG* 2-4: *AAS* 57 (1965), 5-7 [dt.: *LThK.E* 1, 163]; darin zit.: S. CYPRIANUS, *De oratione Dominica* 23: *PL* 4, 553 [536A].

[74] Kard. SILVA HENRIQUEZ kritisiert, daß die Aufzählung der Kirchenbilder nicht entsprechend mit den vorausgehenden (trinitarischen) theologischen Grundlagen verbunden sei (*AS* II.I, 367). Vgl. zu dieser Kritik auch M. SEMERARO, *Le immagini della Chiesa (Lumen Gentium 6)*, in: *Lat* 54 (1988); 101f. Der besondere Bezug zu einer der Personen gilt besonders für die drei bevorzugten Bilder der Konstitution *Volk Gottes*, *Leib Christi* und *Tempel des Heiligen Geistes*.

[75] Vgl. Const. dog. *LG* 6: *AAS* 57 (1965), 8: "Quae constructio variis appellationibus decoratur: domus Dei (1Tim 3,15), in qua nempe habitat eius *familia*, habitaculum Dei in Spiritu (Eph 2,19-22)".

Nach dem Werdegang der Stelle scheint sich eher Eph 2,19-22 (worin eine trinitarische Kirchensicht vorliegt) auf *eius familia* zu beziehen.[76]

LG 28 beschreibt den Dienst der Priester und unterstreicht den Aspekt der Brüderlichkeit in der Kirche durch die Anwendung des *familia-Dei-Konzeptes*.[77] Die trinitarische Formel weist die Heiligste Dreifaltigkeit als Ziel aus, auf das hin die Priester die von ihnen gesammelte Familie Gottes zu führen haben. An diesem Ziel hat nach *LG* 51 die Familie Gottes angeldhaft bereits dort Anteil erhalten, wo sie in gegenseitiger Liebe und im Lob der Heiligsten Dreifaltigkeit verbunden ist.

Das Konzept *familia Dei* wird auch in anderen Konzilsdokumenten mehrmals mit der Kirche nach dem Urbild der Dreifaltigkeit in Beziehung gebracht; so z.B. in *UR* 2, wo die «brüderliche Eintracht der Familie Gottes» zu den wesentlichen Bestimmungsstücken der dadurch als «Communio» näher qualifizierten Einheit der Kirche gezählt wird.[78] *OT* 5 wendet das Bild der Familie zwar nicht an, um dadurch das Wesen der Kirche im strengen Sinn zu erhellen. Der Ver-

---

[76] Eph 2,19-22 (*EÜ*): "Ihr seid also jetzt nicht mehr Fremde ohne Bürgerrecht, sondern Mitbürger der Heiligen und Hausgenossen Gottes. Ihr seid auf das Fundament der Apostel und Propheten gebaut; der Schlußstein ist *Christus Jesus* selbst. Durch ihn wird der ganze Bau zusammengehalten und wächst zu einem heiligen Tempel im Herrn. *Durch ihn* werdet auch ihr *im Geist* zu einer *Wohnung Gottes* erbaut." [Hervorhebung vom Verf.] Manche Autoren neigen dazu, nicht Eph 2,19-22, dafür aber eher 1Tim 3,15 als biblische Begründung im Konzilstext direkt auf *eius familia* zu beziehen (SILANES, *Iglesia*, 241f.; J.M.K. DABIRÈ, *L'Église «Famille de Dieu». Au rendez-vous de la Theologie Pastorale de l'Inculturation*, in: *EcAf* 3 (1990), 22). Gegen diese Auffassung spricht allerdings, daß das Zitat bereits mit 2,19 beginnt und daß Kard. BEA, der die Zitation anregte, Eph 2,19 ausdrücklich mit der Idee der *familia Dei* verbunden hat: "«*Dei familia*»: citetur pro hac pulcherrima idea *Eph 2,19*: «estis cives sanctorum et *domestici Dei*»" (*AS* II.II, 28); ebenso wurde im Schema zur Konstitution über das Laienapostolat als Begründung für die Bezeichnung der Kirche als Familie Eph 2,19 angeführt (vgl. *SCH* IV, 56; *A* II.II.IV, 476); zur Verbindung des *familia-Dei-Konzeptes* mit Eph 2,19 siehe auch H. SCHLIER–V. WARNACH, *Die Kirche im Epheserbrief*, Münster 1949, 95). Der trinitarische Bezug ließe sich auch für die Stelle Joh 4,23, die dem in der zweiten Sitzungsperiode vorgelegten Schema beigegeben wurde (vgl. *AS* II.I, 219), aufzeigen.

[77] Vgl. Const. dog. *LG* 28: *AAS* 57 (1965), 34 [dt.: *LThK.E* 1, 251]: "Das Amt Christi des Hirten und Hauptes üben sie entsprechend dem Anteil ihrer Vollmacht aus, sie sammeln die Familie Gottes als von einem Geist durchdrungene Gemeinde von Brüdern und führen sie durch Christus im Geist zu Gott dem Vater" (vgl. *PO* 6). Das Amt selbst scheint hier durch die drei göttlichen Personen bestimmt zu sein, wenn vom *Amt Christi*, von der *Familie Gottes* und vom *einen Geist* die Rede ist. Zur trinitarischen Struktur des Amtes vgl. G. MAGRIN, *Il ministero ordinato. Icona della Trinità*, in: *Presb* 28 (1994), 230-236.

[78] Vgl. Decr. *UR* 2: *AAS* 57 (1965), 92; dazu den Kommentar von J. FEINER: *LThK.E* 2, 49. Der Begriff *familia* wurde an dieser Stelle erst aufgrund verschiedener Modi in der dritten Sitzungsperiode eingefügt (vgl. *AS* III.7, 22f. u. 48). Darin zeigt sich (in Verbindung mit dem Konzept der *familia Dei*) die Entwicklung zur später so genannten «Communio-Ekklesiologie» des Konzils.

weis auf Joh 17,11 legt allerdings die Annahme nahe, daß die geforderte Einheit von Verantwortlichen und Seminaristen als «Familie» und in Analogie zur innergöttlichen Einheit in ähnlicher Weise zeichenhaft für Kirche und Welt sein soll, wie die vom scheidenden Herrn für seine Jünger vom Vater erbetene Einheit. Zeichenhaft für die Kirche soll auch das Gemeinschaftsleben der Ordensleute sein, deren Einheit als «wahre Familie» in *PC* 15 ebenfalls in trinitarischer Umkleidung ausgesagt wird.[79]

Der kurze Überblick zeigt, daß sich das Konzil in den angeführten Stellen darauf beschränkt, das Konzept der *familia Dei* zu erwähnen und dadurch seine Verbundenheit mit der Dreifaltigkeitslehre anzudeuten, ohne jedoch den inneren Bezug theologisch zu entfalten. Das geschieht allerdings in der gegen Ende des Konzils diskutierten und promulgierten Pastoralkonstitution *Gaudium et spes*. Trotz ihrer «pastoralen Ausrichtung» weist diese an einigen Stellen ein hohes ekklesiologisches Niveau auf, das auch den in der Konzilsaula geäußerten Wünschen bezüglich einer Vertiefung des *familia-Dei-Gedankens* Rechnung zu tragen vermag. Die Einheit der Menschheitsfamilie, die in und mit Hilfe der Familie Gottes verwirklicht werden soll, durchzieht als wesentliches Grundthema die ganze Konstitution. Sie ist eine Einheit, die von Gott dem Vater, dem Ursprung und Ziel aller, herrührt und durch das offenbarende Kommen des Sohnes im Heiligen Geist, dem Geist wahrer Brüderlichkeit und Liebe, ihre Erfüllung finden soll.[80] Dabei erweist sich das *familia-Dei-Konzept* als besonders angemessen, jenen hochtheologischen Sachverhalt dem menschlichen Verstand zugänglich zu machen:

> "Gott, der väterlich für alle sorgt, wollte, daß alle Menschen *eine* Familie bilden und einander in brüderlicher Gesinnung begegnen. Alle sind ja geschaffen nach dem Bild Gottes, der «aus einem alle Völker hervorgehen ließ, die das Antlitz der Erde bewohnen» (Apg 17,26), und alle sind zu einem und demselben Ziel, d.h. zu Gott selbst berufen. ... Ja, wenn der Herr Jesus zum Vater betet, «daß alle eins seien ... wie auch wir eins sind» (Joh 17,20-22), und damit Horizonte aufreißt, die der menschlichen Vernunft unerreichbar sind, legt er eine gewisse Ähnlichkeit nahe zwischen der Einheit der göttlichen Personen und der Einheit der Kinder Gottes in der Wahrheit und der Liebe."[81]

Die trinitarische Einheit, wie sie hier gemäß dem Hohenpriesterlichen Gebet Jesu der Einheit der Kirche zum Vorbild gegeben ist, stellt zugleich das Ziel dar, auf das hin sich die Kirche und durch

---

[79] Decr. *PC* 15: *AAS* 58 (1966), 709.

[80] Vgl. *GS* 24, 32, 40, 42 sowie 92.

[81] Const. past. *GS* 24: *AAS* 58, (1966), 1044f. [dt.: *LThK.E* 3, 357 u. 359]. Vgl. auch *GS* 32 u. 40 (*AAS* 58 (1966), 1051 u. 1058), wo die trinitarische Ausrichtung aus mehr eschatologischem Blickwinkel in Betracht genommen wird.

ihr sakramentales Wirken auch die Welt selbst bis zur Vollendung bewegen sollen.

Weit mehr Dimensionen der inneren Verbindung *Trinität - Familienbild - Kirche* als die hier angeführten wurden in verschiedenen Väterbeiträgen während der Vorbereitungen und Diskussionen des Konzils angesprochen. So brachten schon in den Antworten auf die Befragung der zukünftigen Konzilsväter einige die *Kirche als familia Dei* mit dem Geheimnis der Heiligsten Dreifaltigkeit in Bezug.[82] Darin zeigt sich, daß auf diese Weise theologische Grundlagen geschaffen werden könnten, um bestimmten individualistischen Ideologien wirksam zu begegnen und den sozialen und praktischen Aspekt der Kirche, und damit erste Ansätze zu einer «Communio-Ekklesiologie», gegenüber dem asketischen und liturgischen mehr zur Geltung zu bringen. Gemeinschaft und Brüderlichkeit, die die Familie Gottes auszeichnen sollen, werden in der Vaterschaft Gottes und in seiner Liebe begründet, die er jenen entgegenbringt und als Gebot aufgibt, die durch die Erlösung in Christus zur Würde der Kinder Gottes erhoben sind.[83]

Zu ersten systematischen Ansätzen einer trinitarischen Begründung und Entfaltung der *familia-Dei-Ekklesiologie* kommt es wiederum in verschiedenen Beiträgen von Bischof Hoa Hien.[84] Gestützt auf Zeugnisse der Hl. Schrift, erkennt er die innere Beziehung zwischen der Dreifaltigkeit und dem Familienkonzept vor allem in den drei gött-

---

[82] Bf. WEHR regte z.B. in trinitarischer Formulierung eine Erörterung der Kirche als Familie Gottes an (*A* I.II.I, 665: "Praeterea Ecclesia celebretur sponsa unica et dilecta Filii Dei et familia Dei Patris vinculo fidei et spei et caritatis in Spiritu Sancto coadunata"). Die Vermutung liegt nahe, daß Glaube, Hoffnung und Liebe nicht unbewußt parallel zu den drei göttlichen Personen gesetzt sind.

[83] Vgl. Bf. BALDINI (*A* I.II.III, 213: "Quae fortior socialitas desiderari potest? Communis Pater, qui nos amat et iubet mutuum amorem; omnes in Christo vivificati, per Redemptionem eius elevamus ad dignitatem filiorum Dei; Sanguinis Christi divitias possidentes, Christum, sicuti Paulus, in membris nostris portamus, Christo in fratribus servimus, sic adimplentes omnem legem ac prophetas. Familiam Dei in terris efficimus; et sicuti in naturali familia amoris lege vincimur, similiter et in Dei familia, mutuo amore, omnia nova luce fulgent"). Vater und Sohn werden in dieser christozentrisch entfalteten Stelle als göttliche Personen explizit genannt. Der Heilige Geist kann wohl in der Liebe erkannt werden, die das Gesetz und die Propheten erfüllt und in der Kirche als Familie Gottes alles in neuem Lichte erstrahlen läßt.

[84] Vgl. *A* I.II.IV, 647; *AS Ap* I, 215; *AS* I.III, 94-97: "Porro, ubinam melius inveniantur relationes paternitatis, filiationis, fraternitatis quam in ipsa familia? Revera Christus totam doctrinam suam de Ecclesia (sua) aedificanda posuit in divina Familia Sanctissimae Trinitatis, ad quam omnes homines vocare dignatus est ut tandem aliquando omnes filii in Filio, haeredes Dei et cohaeredes Christi efficeremur, inchoative in terris per gratiam et definitive in caelis per visionem ..." (ebd., 95).; *AS* I.IV, 513-516; *AS* II.I, 548-550 sowie *AS* II.II, 42-45. Als biblischer Beleg wird immer wieder Eph 2,17-19 herangezogen.

lichen Personen und ihren Relationen, die sich abbildlich in der Kirche und zwar sowohl auf ekklesiologischem Niveau als auch in bezug zum kirchlichen Leben nachvollziehen. *Gott Vater* ist Ursprung und Haupt von allem. Dementsprechend erscheint die Kirche als «Haus des Vaters» (Joh 14,2). Die göttliche Vaterschaft spiegle sich in der Kirche durch das in Brüderlichkeit und Freundschaft auszuübende Amt. Die Bedeutung des *Sohnes*, Jesus Christus, umschreibt der Bischof durch Anspielung auf das Thema des *admirabile commercium*. Durch seine Menschwerdung unser Bruder geworden, erhebe Christus uns zu Mit-erben (vgl. Röm 8,17) und schaffe uns so als «Söhnen im Sohn» Zugang zum Vater (vgl. 1Joh 2,24). Seiner Beziehung zum Vater ent-spreche in der Kirche der (Sohnes-) Gehorsam sowie die kindliche Frömmigkeit gegenüber Vater, Sohn und Heiligem Geist. Damit lege Christus zugleich den Grund für Brüderlichkeit und Nächstenliebe in der Kirche. Der *Heilige Geist* als die Liebe, in der Vater und Sohn verbunden sind, wirke in der Kirche als «Familiengeist», als Geist der Wahrheit, der Einheit und der Liebe. *Einheit* und *Brüderlichkeit* seien auch die Schlüsselbegriffe in der Darstellung der Sendung der Kirche in der Welt – zum Aufbau der Einheit, die in der «Familie der Heilig-sten Dreifaltigkeit» gründe und sich in ihr vollende.

Auch andere Bischöfe verbanden während der Konzilsdiskussion das Konzept der Familie Gottes mit der Dreifaltigkeit und zeigten den Bezug der trinitarischen Relationen zur Kirche auf.[85] Problematisch erscheint dabei allerdings der Versuch, durch die Einfügung der Jung-frau Maria in die trinitarische Erklärung der Kirche die Familien-analogie um das weibliche Element zu ergänzen.[86]

Standen im Konzil die trinitarischen Relationen im Vordergrund der analogen Betrachtungsweise der Kirche als Familie Gottes, so ver-

---

[85] Vgl. z.B. Ebf. MARTY (*AS* I.IV, 191f.), der im Sinne der späteren Option des Konzils die transzendente Dimension der Kirche hervorhebt; Ebf. DE PROVENCHÈRES (AS I.IV, 463 mit Bezug zu Eph 2,19); Bf. CHARUE (ebd., 433f.); Bf. ELCHINGER (*AS* II.I, 508 mit Bezug zu Joh 14 u. 17 sowie zu S. CYPRIANUS, *De oratione Dominica* 23); Prälat GROTTI (*AS* II.II, 166 u. 169; vgl. *AS* III.I, 582-587 im Kontext der Kirche als Sakrament); Bf. HERVÁS Y BENET (*AS* II.II, 174).

[86] Vgl. Ebf. DE PROENÇA SIGAUD (*AS* II.II, 34-36, bes. 35). Die Parallelsetzung von Maria zum Vater bringt den unendlichen Unterschied zwischen dem Geschöpf und seinem Schöpfer kaum zur Geltung, weshalb hier eine «Fehlproportionierung» schwer zu leugnen ist. Auch Bf. HOA HIEN bezieht Maria in die *Kirche-Familie*-Analogie ein, ordnet sie aber klar den drei göttlichen Personen (durch die absteigende Formulierung der Stelle ausgedrückt) unter: Vgl. *AS* II.I, 550: "sensu[s] pietatis: pietatis erga Patrem, pietatis erga Filium Unigenitum et Primogenitum, pietatis erga Spiritum Sanctum, qui ex Patre Filioque procedit, pietatis erga B.V.M. Matrem simul Filii Primogeniti ac filiorum adoptionis; pietatis erga sanctos, ut fratres nostros glorificatos; et, cum nota respective conducente, erga superiores, aequales et inferiores, omnes authentice fratres …".

schiebt sich in den Bischofssynoden der Schwerpunkt zu einer sogenannten *Communio-Ekklesiologie* hin. Die Trinität im Ganzen gelangt als «*Communio*» der drei göttlichen Personen, in der sowohl die menschliche Communio der Familie als auch die zugleich göttliche und menschliche Communio der Kirche wurzeln, ins Blickfeld. Die dieser Sicht entsprechende Analogie zwischen Trinität und Familie erhielt lehramtliche Unterstützung, als Johannes Paul II. in seiner Homilie bei der Eröffnungsmesse zur Vollversammlung des lateinamerikanischen Episkopates von 1979 in Puebla Gott in seinem innersten Geheimnis als «Familie» bezeichnete. Zur Begründung wies der Papst darauf hin, daß Gott in sich Vaterschaft, Sohnschaft und das Wesen der Familie, (den Geist der) Liebe, trage.[87] Das Schlußdokument derselben Versammlung entwickelte dann auch das Konzept der Familie Gottes, ausgehend vom göttlichen Leben als *communio trinitaria*. Kirche als Familie bedeute in diesem Zusammenhang *Teilhabe* an jener Communio in Christus, dem Ziel des Weltdienstes der Kirche, der Verkündigung des Evangeliums und der Neugestaltung der Welt.[88] Ebenfalls unter Bezugnahme auf die genannte Homilie des Papstes verbindet das *Instrumentum laboris* zur Synode von 1980 Familie und Trinität – ihrem Thema entsprechend im Blick auf die Familie als «ecclesia domestica». Leitendes Grundprinzip der Darstellung ist die «Einheit in Verschiedenheit» als Grundlage des Bundes, den die Eheleute eingehen. Die darin gründende Verbundenheit der Familie (nach dem Bild der trinitarischen Liebe), die in gegenseitiger Selbsthingabe aus Liebe fruchtbar wird, soll aber nicht nur die «Kirchlichkeit» der Familie unter Beweis stellen, sondern auch selbst etwas vom Wesen der universalen Kirche offenbaren.[89]

---

[87] Vgl. *AAS* 71 (1979), 184: "Se ha dicho, en forma bella y profunda, que nuestro Dios en su misterio más íntimo, no es una soledad, sino una familia, puesto que lleva en sí mismo paternidad, filiación y la esencia de la familia que es el amor. Este amor, en la familia divina, es el Espíritu Santo." Zur theologischen Begründung der Analogie s.u. 4.2.

[88] Vgl. *Puebla* 211-219 [ital.: 116-118]; ähnlich schon bei der Synode über die Evangelisierung (1974) Pater GOOSSENS (vgl. CAPRILE, *Il Sinodo 1974*, 469), der auch das Engagement für eine integrale Erlösung, für Gerechtigkeit und Frieden wie für den menschlichen Fortschritt als Akt der Evangelisierung anerkennt, insofern dadurch Gemeinschaft unter Personen erreicht wird (Christus offenbare Gott in seiner dreifaltigen Communio von Personen, nach deren Urbild das Reich und die Familie Gottes aufzubauen seien in einer wahrhaft brüderlichen Gemeinschaft, die aus sich selbst Gott als Vater bezeuge). Hier ist allerdings auch die Gefahr nicht zu übersehen, unter Berufung auf das Geheimnis trinitarischer Communio den Dienst der Kirche auf die rein menschliche, horizontale Ebene und ihr Engagement für Gerechtigkeit und Frieden zu reduzieren und damit das Eigene ihrer Sendung aufzugeben.

[89] Vgl. SYNEP 1980, *Inst. lab.* 31: CAPRILE, *Il Sinodo 1980*, 683f. Zur Beziehung *Ecclesia Domestica-Trinität* siehe auch den Beitrag des kanadischen Bf.

Bei den späteren Synoden erscheint die Verbindung *Trinität - Familie - Kirche* vorwiegend in Beiträgen afrikanischer Bischöfe – besonders in der Sondersynode für Afrika 1994.[90] Dabei bemüht man sich, offenbar gegen mögliche Fehlentwicklungen, bewußt das Geheimnis der Dreifaltigkeit und nicht die «afrikanische Familie» als erste und maßgebliche Grundlage des Kirchenverständnisses auszuweisen. Von den schon früher angesprochenen Aspekten einer trinitarischen *familia-Dei-Ekklesiologie* steht wiederum die Einheit aller Menschen als Ziel der Sendung Christi und infolgedessen auch der Kirche mehr im Interesse. Zur praktischen Verwirklichung werden zum einen die Überwindung von Partikularismen in der Welt (Rassismus, Bürger- und Stammeskriege) und in der Kirche (Stärkung der Einheit mit der Universalkirche) gefordert und zum anderen die *Bereitschaft* zum *Dialog* als Voraussetzung im Aufbau menschlicher Beziehungen verlangt. Die Schlußbotschaft der versammelten Bischöfe, in der das Konzept der «Kirchenfamilie» auf den Grundlagen des Geheimnisses der Dreifaltigkeit durchgehend entwickelt wird, beschließt ihre Überlegungen in einer programmatischen Anrufung Mariens, die auch in das nachsynodale Apostolische Schreiben des Papstes Eingang gefunden hat:

> "O Maria, Mutter Gottes und Mutter der Kirche, ... Am Vorabend eines neuen Pfingsten für die Kirche in Afrika ... flehen das Volk Gottes und seine Hirten zusammen mit Dir: die Ausgießung des Heiligen Geistes möge aus den afrikanischen Kulturen Stätten der Gemeinschaft in der Verschiedenheit und die Bewohner dieses großen Kontinents zu großherzigen Söhnen und Töchtern der Kirche machen, die Familie des Vaters ist, Bruderliebe des Sohnes, Ebenbild der Dreifaltigkeit, Ursprung und Anfang auf Erden jenes ewigen Reiches,

---

BLANCHET während der Synode von 1983 zum Thema «Versöhnung» (CAPRILE, *Il Sinodo 1983*, 478).

[90] Vgl. Bf. KYEDREBEOGO (Burkina Faso): CAPRILE, *Il Sinodo 1987*, 334f.: "Nell'ottica della Chiesa-communione messa in luce dal Concilio, la nostra scelta pastorale si ricollega all'esperienza della vita familiare africana, e affonda le sue radici nel mistero della vita trinitaria della Famiglia di Dio. ... Quindi bisognerebbe far meglio comprendere cosa significano, nella Chiesa, ugualianza, fraternità, dignità, femminilità. Su questi interrogativi che scuotono il mondo attendiamo dal Sinodo una risposta chiara che viene da Dio Padre, Figlio e Spirito Santo"; zur Afrikasynode: *OR Africa* II, 40: "La Chiesa-famiglia di Dio ha risonanze positive nelle culture africane. Essa però trae fondamento e modello dalla Trinità (cfr. *LG* 4), e non dalla famiglia umana che pure è chiamata a modellarsi su quella. Si può quindi privilegiare il modello di Chiesa-famiglia di Dio, senza restringersi ad esso." Vgl. auch ebd., 44, Kleingruppe «Englisch D»; Schlußbotschaft n. 3 (ebd., 58), n. 20 (ebd. 60) u. n. 25 (ebd., 61 als Kern der vorgelegten Ekklesiologie): "Ma Cristo è venuto ad instaurare un mondo unificato, una Famiglia umana ad immagine della Famiglia trinitaria. *Siamo della famiglia di Dio: ecco la Buona Novella! Uno stesso sangue* circola nelle nostre vene ed è il sangue di Gesù Cristo; uno *stesso Spirito* ci anima ed è lo Spirito santo, Fecondità infinita dell'amore divino."

das seine Fülle haben wird in der Stadt, deren Bauherr Gott ist: der Stadt der Gerechtigkeit, der Liebe und des Friedens."[91]

1.1.2.1. Gott Vater: Vaterschaft Gottes und Kirche als Familie

Die Analogie der Dreifaltigkeit zur Kirche als Familie zeigt sich besonders in den Relationen der *Vaterschaft* und komplementär dazu der *Sohnschaft*, die zu den wesentlichen Bestimmungsstücken beider Realitäten gehören. Deshalb soll untersucht werden, was das Zweite Vaticanum und die Bischofssynoden unter der darin häufig erwähnten *Vaterschaft Gottes* verstehen, auf wen diese anzuwenden ist und welche Konsequenzen sich daraus ergeben.

Die trinitarische Einleitung in die Dogmatische Konstitution über die Kirche nimmt ihren Ausgang beim «ewigen Vater», der die ganze Welt frei erschaffen hat[92]. Dieses schöpferische Handeln Gottes wird in *NA* 5 mit der Analogie der Vaterschaft verbunden, indem Gott ausdrücklich «Vater aller Menschen» genannt wird, woraus sich deren brüderliche Zusammengehörigkeit in der Einheit der «*Menschheitsfamilie*» ergibt.[93] In der *Erklärung über die Religionsfreiheit* wird im Zusammenhang mit der Vaterschaft Gottes gegenüber allen in der Menschheitsfamilie der Grundsatz der *Religionsfreiheit* aufgestellt. Dieser bleibt allerdings eingekleidet in die Bitte an Gott, er möge alle zur «Freiheit der Kinder Gottes» führen, die entsprechend der angegebenen Schriftbegründung sowie der Formulierung der Stelle («*Gnade Christi*», «*Kraft des Heiligen Geistes*») nicht aus dem kirchlichen Kontext zu lösen ist.[94] Wenn das Konzil hier also von einer

---

[91] IOANNES PAULUS II, Adh. apost. *EA* 144: *OR* 16.09.1995, 10 [dt.: nach der offiziellen Übers.; «Baumeister» wurde vom Verf. aufgrund der Zweideutigkeit des Begriffes in bezug auf Gott durch «Bauherr» ersetzt]; vgl. Afrikasynode *Nuntius* n. 71: *OR Africa* II, 66.

[92] S.o. 1.1.2.; vgl. Decl. *NA* 1: *AAS* 58 (1966), 740, wo als Wurzel der Einheit des Menschengeschlechts Gott «Ursprung und Ziel aller» genannt wird, ohne daß dabei der Begriff der «*Vaterschaft*» fällt.

[93] Vgl. Decl. *NA* 5: *AAS* 58 (1966), 743. Auf den ersten Blick (und nach der Meinung mancher Kommentatoren) scheint dieselbe Aussage wie in der zitierten Stelle auch in *GS* 92 vorzuliegen: "Cum Deus Pater principium omnium exsistat et finis, omnes, ut fratres simus, vocamur. Et ideo, hac eadem humana et divina vocatione vocati, sine violentia, sine dolo ad aedificandum mundum in vera pace cooperari possumus et debemus" (*AAS* 58, 1114; dazu s.u. 2.1.3.). Dafür scheint auch zu sprechen, daß sich die erwähnte Brüderlichkeit der Menschen ja logischerweise aus einer Vaterschaft ergeben könnte. Im Text selbst steht allerdings, daß «*Gott Vater* der Ursprung» ... und nicht daß «Gott der *Vater und Ursprung*» ... aller ist. Und die erwähnte Brüderlichkeit wird als «*Berufung*» bezeichnet.

[94] Vgl. Decl. *DH* 15: *AAS* 58 (1966), 941 [dt.: *LThK.E* 2, 747]: "Gebe Gott, der Vater aller, daß die Menschheitsfamilie unter sorgsamer Wahrung des Grundsatzes der religiösen Freiheit in der Gesellschaft durch die Gnade Christi und die Kraft des

«universalen Vaterschaft Gottes» zu sprechen scheint, so steht dieser die *Menschheitsfamilie* gegenüber, die die allgemeine Berufung zur *Familie Gottes* in sich trägt. In bezug auf alle Menschen meint dann «Vaterschaft Gottes» nichts anderes, als daß Gott der Schöpfer, der Ursprung und das Ziel von allen und allem ist. Diese Wahrheit kann, wie das Konzil in *DV* 6 unter Berufung auf das Vaticanum I (*D* 3004) festhält, auch mit dem natürlichen Licht der menschlichen Vernunft erkannt werden. Zugleich aber würdigt die katholische Kirche die Anerkennung einer höchsten Gottheit oder sogar eines «göttlichen Vaters» in nichtchristlichen Religionen als «Strahl der Wahrheit».[95] Eine besondere Stellung kommt dabei dem auserwählten Volk des Alten Bundes zu, von dem das Konzil mit Paulus (vgl. Röm 9,4f.) an seiner «Annahme an Sohnes Statt» durch Gott festhält (vgl. *NA* 4). Der Unterschied des jüdischen Volkes zur Menschheitsfamilie einerseits und zur Kirche andererseits wird allerdings hinsichtlich der Frage der «Gotteskindschaft» vom Konzil nicht weiter geklärt.

Ungleich öfter als in diesem universalen Sinn spricht das Konzil von der Vaterschaft Gottes denen gegenüber, die *in Christus zur Würde der Gotteskinder erhoben* sind. Dabei stellt sich die Frage nach ihrer Besonderheit und ihrem Unterschied zu einer universal verstandenen Vaterschaft Gottes. Auch in diesem Zusammenhang sind die Eingangs-nummern von *Lumen gentium* (2-4) wegweisend, woraus deutlich wird, daß es in der Frage nach der «Gotteskindschaft» letztlich immer um das Geheimnis der Kirche geht. Die Nummer zwei der Kirchenkonstitution stellt fest, daß Gott die von ihm in Weisheit und Güte erschaffenen Menschen in freiem und ungeschuldetem Beschluß zur Teilhabe an seinem göttlichen Leben erhoben hat. Den gefallenen Menschen zu erlösen und zu erneuern, sandte er seinen Sohn, um in ihm als Haupt die Menschen zur Würde der Söhne Gottes zu erheben (vgl. *LG* 3; 13). Schließlich wurde zu Pfingsten der Heilige Geist ausgegossen, die Kirche zu heiligen und den Gläubigen einen Zugang zum Vater zu schaffen (vgl. *LG* 4). Somit muß «Gotteskindschaft» verstanden werden als die Teilhabe der durch die Kirche aus der Zerstreuung gesammelten Menschen (vgl. *LG* 13; *SC* 2) am trinitarischen Leben Gottes des Vaters im Sohn und durch den Heiligen Geist. Auch wenn der Kirche schon hier auf Erden eine unverlierbare Heiligkeit eignet und die Gotteskindschaft nicht bloß dem Namen, sondern auch dem Sein nach schon besteht (vgl. 1Joh 3,1), bleibt das Offenbarwerden der Kinder Gottes in Herrlichkeit (vgl. Röm 8,19-22) der eschatologischen Erwar-

---

Heiligen Geistes zu jener höchsten und ewigen herrlichen «Freiheit der Söhne Gottes» (Röm 8,21) geleitet werde."
[95] Vgl. Decl. *NA* 2: *AAS* 58 (1966), 740f.

tung anheimgestellt (vgl. *LG* 48 u. *AA* 4). Doch auch deren Anzeichen finden sich angeldhaft schon verwirklicht. Gerade in diesem eschatologischen Kontext verbindet dann die Kirchenkonstitution das Thema der Gotteskindschaft explizit mit der *Familie Gottes*:

> "Denn wir alle, die wir Kinder Gottes sind und eine Familie in Christus bilden (vgl. Hebr 3,6), entsprechen der innersten Berufung der Kirche und bekommen im voraus Anteil an der Liturgie der vollendeten Herrlichkeit, wofern wir in gegenseitiger Liebe und in dem einen Lob der Heiligsten Dreifaltigkeit miteinander Gemeinschaft haben."[96]

Unbeschadet der Tatsache, daß hier die *eigentliche* Gotteskindschaft auf die Glieder der Kirche beschränkt ist, bleibt insofern eine universale Ausrichtung der Vaterschaft Gottes bestehen, als jeder Mensch zur Gotteskindschaft in der Familie Gottes *berufen* ist.[97] Den Zugang dazu eröffnet die Offenbarung, die allerdings auch der den Kindern Gottes aufgetragenen Verkündigung bedarf: durch Wort und Tat in gelebter Gotteskindschaft Zeugnis zu geben für das Geheimnis der Liebe Gottes des Vaters, das sie selbst empfangen haben. Die Botschaft der Verkündigung findet dort ihre Verwirklichung oder aber ihre Grenzen, wo sie auf den freien Willen des Menschen trifft. Denn die Annahme der Offenbarung und damit der Vaterschaft Gottes besteht in einem freien Akt des Glaubens, in dem der Mensch zu dem kommen kann, was er dem Willen Gottes nach sein soll: *Kind Gottes*.[98] Genau in diesem freien Akt der Überantwortung an Gott besteht gemäß dem Konzil auch der tiefere Sinn der Religionsfreiheit, wie der menschlichen Freiheit überhaupt, die ihre höchste Verwirklichung und Vollendung findet in der *Freiheit der Kinder Gottes*[99]. Die freie Annahme der Offenbarung Gottes im Glauben ereignet sich sakramental in der Taufe, der Wiedergeburt zur Gotteskindschaft und in konkret gelebter Brüderlichkeit, im Gebet sowie ganz allgemein im Tun des Wil-

---

[96] Const. dog. *LG* 51: *AAS* 57 (1965), 58 [dt.: *LThK.E* 1, 325].

[97] Vgl. *DH* 15; Const. past. *GS* 92: *AAS* 58 (1966), 1114: "Darum müssen wir mit vereinten Kräften ... in immer größerer Übereinstimmung mit dem Evangelium brüderlich zusammenarbeiten, um der Menschheitsfamilie zu dienen, die in Christus Jesus zur Familie der Gotteskinder berufen ist." Auch hier ist der Zusammenhang *Gotteskindschaft - Familie Gottes* explizit ausgeführt. Vgl. im folgenden Const. dog. *DV* 1 u. 2: *AAS* 58 (1966), 817f. sowie Const. past. *GS* 93: ebd., 1114f.

[98] Vgl. Decl. *DH* 10: *AAS* 58 (1966), 936 [dt.: *LThK.E* 2, 733 u. 735]: "Denn der Glaubensakt ist seiner Natur nach ein freier Akt, da der Mensch, von seinem Erlöser Christus losgekauft und zur Annahme an Sohnes Statt durch Jesus Christus berufen, dem sich offenbarenden Gott nicht anhangen könnte, wenn er nicht, indem der Vater ihn zieht, Gott einen vernunftgemäßen und freien Glaubensgehorsam leisten würde." Vgl. *DV* 5 sowie *DH* 9. Dabei kann gesagt werden, daß die Verweigerung der Annahme den Menschen mit sich selbst in Widerspruch bringt und — sofern diese schuldhaft geschieht — ihn auch des Heiles verlustig gehen läßt (vgl. *LG* 14).

[99] Vgl. *DH* 15; *LG* 36 u. 37; *GS* 41.

lens des Vaters.[100] Neben Glaube und Taufe findet sich auch das dritte Bellarminsche Kriterium der Kirchenzugehörigkeit (*regimen*) im Konzil mit dem Thema der Vaterschaft Gottes und explizit auch mit dem Konzept der *familia Dei* verbunden.[101] Somit kann zusammenfassend auf die oben gestellte Frage nach dem Unterschied zwischen der *universalen «Gotteskindschaft» aller Menschen* und der *Gotteskindschaft in Christus* im Sinne der Dokumente des Vaticanum II gesagt werden, daß die Differenz in der Spannung zwischen der *Gnade Gottes* und der *Freiheit des Menschen* liegt: Gott ist Schöpfer, Ursprung und Ziel *aller* Menschen, die unverlierbar sein Ebenbild an sich tragen. Zugleich respektiert aber Gott, der sich in gnadenhafter Selbstmitteilung dem Menschen als Vater offenbart, damit er in freier Annahme des Glaubens als Kind Gottes des trinitarischen Lebens teilhaft werde, die Freiheit des menschlichen Willens und damit die Möglichkeit, die angebotene Gemeinschaft mit Gott abzulehnen.

Die angeführten Stellen aus den Konzilsdokumenten sind das Ergebnis eines Ringens der Konzilsväter um das rechte Verständnis der Vaterschaft Gottes, dessen Spuren sie in gewissem Maße auch noch an sich tragen. Von den zahlreichen Belegen, in denen die *Vaterschaft Gottes* während der Vorbereitungs- und Diskussionsphasen des Konzils genannt wird, beziehen schon vor Konzilsbeginn einige dieselbe auch auf alle Menschen, ohne jedoch dadurch eine Aussage über die *Vaterschaft Gottes* selbst machen zu wollen, sondern als Argument zur Begründung von Forderungen anderer Art.[102] Die Idee der brüderlichen

---

[100] Vgl. Const. dog. *LG* 11: *AAS* 57 (1965), 15 [dt.: *LThK.E* 1, 183 u. 185]: "Durch die Taufe der Kirche eingegliedert, werden die Gläubigen durch das Prägemal zur christlichen Gottesverehrung bestellt, und, wiedergeboren zu Söhnen Gottes, sind sie gehalten, den von Gott durch die Kirche empfangenen Glauben vor den Menschen zu bekennen." Vgl. *LG* 32; 40; *SC* 10 sowie Const. *SC* 6: *AAS* 56 (1964), 100 [dt.: *LThK.E* 1, 21]: "So werden die Menschen durch die Taufe in das Pascha-Mysterium Christi eingefügt. Mit Christus gestorben, werden sie mit ihm begraben und mit ihm auferweckt. Sie empfangen den Geist der Kindschaft, «in dem wir Abba, Vater, rufen» (Röm 8,15), und werden so zu wahren Anbetern, wie der Vater sie sucht"; zu den weiteren Kriterien: *NA* 5, *PO* 18, *GS* 93. Die Möglichkeit des Zugangs zum Heil für alle Gerechten (vgl. *LG* 2) auf anderen Wegen als dem ordentlichen des (expliziten) Glaubens und der Taufe, wird vom Konzil bewußt offengehalten und dem Wissen des Heiligen Geistes vorbehalten (vgl. *LG* 16), dabei allerdings nicht mit dem Thema der *Gotteskindschaft* verbunden.

[101] Vgl. Const. dog. *LG* 27: *AAS* 57 (1965), 33.

[102] So etwa, wenn der Apost. Vikar CLEIRE (*A* I.II.V, 176) auf die gleiche Würde aller Menschen hinweist; Bf. SALVUCCI (*A* I.II.III, 388) auf ihre Brüderlichkeit oder Ebf. ROY (*A* I.II.VI, 73) auf die Liebe der Kirche zu allen Menschen: "Mundo universo tunc attente audienti Concilium praebet optimam occasionem proclamandi caritatem Ecclesiae Catholicae erga omnes filios Dei, non omissis illis qui extra Ecclesiam nati sunt." Dabei beruft man sich gelegentlich auch auf Quellen des Lehramtes (LEO XIII., Ep. *In plurimis*: *ASS* 20 (1887f.), 545-559), allerdings mit

Menschheitsfamilie der Kinder des einen und selben himmlischen Vaters findet dann auch Eingang in das Schema über die sozialen Kommunikationsmittel, ohne jedoch in das spätere Dekret *Inter Mirifica* zu gelangen.[103] Während des Konzils vertraten einzelne Väter eine universale Vaterschaft Gottes gegenüber der Menschheitsfamilie, die deshalb auch «*Familie Gottes*» zu nennen wäre[104], mußten sich aber von anderer Seite die Frage stellen lassen, warum gesagt werde, «durch die Taufe werden wir Adoptivsöhne Gottes», wenn die «Gotteskindschaft» von vornherein für alle Menschen gelte.[105]

Am meisten Einblick in die Meinungsbildung des Konzils zur hier behandelten Frage ist aus der Entstehung der beiden Stellen der späteren Konzilsdokumente (*NA* 5 u. *DH* 15) zu erhalten, in denen die Vaterschaft Gottes auf alle Menschen bezogen wird. Als während der dritten Sitzungsperiode im September 1964 über das fünfte Kapitel [*De Iudaeis et nonchristianis*] des Schemas über den Ökumenismus, die Grundlage für die spätere Erklärung über das Verhältnis der Kirche zu den nichtchristlichen Religionen, diskutiert wurde, lag den Vätern ein Entwurf vor, dessen Nummer 33 den Titel *Omnes homines Deum ut Patrem habent* trug. Darin war zu lesen, Jesus Christus habe selbst die alttestamentliche Lehre bestätigt, daß Gott der Vater aller Menschen sei, weshalb sie auch als Brüder angesehen werden müßten. Zur Begründung wurde neben einigen neutestamentlichen Stellen der Prophet Maleachi zitiert.[106] Aber gerade aufgrund dieses Zitates

---

Verweis darauf, daß die zur Begründung der Gleichheit im sozialen Leben angeführte Gotteskindschaft der Möglichkeit (*facultas*) nach auf alle Menschen zu beziehen ist. Vgl. die Erörterungen F. NIGROS vom Pont. Athenaeum «De Propaganda Fide», in denen u.a. LEO XIII., Lit. enc. *Rerum novarum*: ASS 23 (1890f.), 641-670, PIUS XII., Lit. enc. *Summi Pontificatus*: AAS 31 (1939), 413-153 sowie BENEDICTUS XV, Lit. enc. *Ad beatissimi Apostolorum Principis* (01.11.1914): AAS 6 (1914), 565-581, genannt werden (A I.IV.I.1, 547f.).

[103] Vgl. *SCH* I, 205; vgl. PIUS XI, Ep. enc. *Vigilanti cura*: AAS 28 (1936), 251; PIUS XII, Lit. enc. *Miranda prorsus*: AAS 49 (1957), 769, 772, 777. Auch hier wird jedoch nicht undifferenziert die Gotteskindschaft aller Menschen behauptet, sondern vielmehr von den Kommunikationsmitteln gefordert, dazu zu dienen, daß die Menschen *erkennen*, Kinder des einen himmlischen Vaters zu sein. Vgl. auch die Diskussion über das Schema in der zentralen Vorbereitungskommission (A II.II.III, 494 u. 498).

[104] Vgl. Kard. DE ARRIBA Y CASTRO zur Begründung des sozialen Engagements der Kirche: *AS* II.II, 308: "Humanitas tota et non tantum Ecclesia ut etiam dictum fuit, est «familia Dei». Ideo Iesus nos docuit sic orare: «Pater noster qui es in caelis». Quidam auctor pulchre asseruit duas ideas vere originales Christi fuisse Deum spiritum docere nos et Deum Patrem omnium hominum. Hoc sensu intelligere oportet verba illa Christi Iesu: «evangelizare pauperibus misit me ...», elevationis scil. tum quoad vitam spiritualem tum quoad communicationem in bonis socialibus"; vgl. auch Bf. BADRÉ (*AS* III.VII, 182): "Nam omnes Patris caelestis filii sunt et ab Eo aequaliter amantur et salventur in Christo".

[105] Vgl. Apost. Vicar BERTOLI: *AS* III.II, 852.

[106] Vgl. *AS* III.VIII, 641f.

forderte der Wiener Erzbischof Kardinal König eine klarere Unterscheidung der universalen Vaterschaft Gottes als *Schöpfer* und *Richter* aller von jener gegenüber dem *auserwählten Volk*.[107]

Auf die Anregung eines Vaters, den Bibelbeleg durch geeignetere zu ersetzen, eingehend, legte Bischof Stein in einem fundierten Beitrag dar, daß sich die Vaterschaft Gottes gegenüber allen Menschen streng genommen weder durch das AT noch durch das NT beweisen lasse. Vielmehr gehe es in der Botschaft Jesu gemäß den Synoptikern und mehr noch dem Johannesevangelium darum, die Einzigartigkeit der Sohnschaft des eingeborenen Sohnes aufzuzeigen.[108] Ganz eindeutig in diesem Sinne äußere sich auch der Apostel Paulus an mehreren Stellen, wenn er Schöpfung und Sohnesbeziehung Christi klar gegenüberstellt.[109] An den Stellen zur «Gottessohnschaft von Menschen» seien stets jene gemeint, die in Christus an den Vater glauben und ihn anbeten. Denn nach dem NT gelange keiner zur göttlichen Sohnschaft, wenn nicht wegen und durch Christus[110].

Das Alte Testament spreche zwar von der Schöpfung des Menschen als Abbild Gottes; das geschehe aber in der Weise des *Schaffens* und nicht des *Zeugens*. Deshalb werde Adam in der Geschlechterfolge der Genesis (Gen 5,1-5) auch nicht als *Sohn* Gottes bezeichnet, sondern bleibe Gottes *Geschöpf*. Die Vaterschaft Gottes beziehe sich im AT niemals unterschiedslos auf alle Menschen, sondern auf das auserwählte Volk und zwar weniger im Sinn der Abstammung, sondern insofern sein Heilshandeln an Israel mit dem Thema des Bundes charakterisiert wird.[111] Die Vaterschaft Gottes bleibe deshalb an die Treue des Volkes zum Bund mit Abraham und seinen Nachkommen geknüpft. Zusammenfassend stellt der Trierer Auxiliarbischof fest, daß Gott *nur in gewisser Hinsicht* und nicht mit Berufung auf den biblischen Befund «Vater aller Menschen» genannt werden dürfe. Die *Vaterschaft Gottes in sensu stricto* bleibe dem eingeborenen Sohn vorbehalten. Im *eigentlichen Sinn, aber analog* gelte die Vaterschaft gegenüber den in Christus und durch die Gnade zur Sohnschaft er-

---

[107] Vgl. *AS* III.II, 594.

[108] Vgl. *AS* III.III, 33-35. Dagegen spreche weder: Mt 5,45 (vgl. Lk 6,35), wo es nicht um die universale Vaterschaft Gottes gehe, sondern darum, sich durch die Liebe gegenüber allen als Söhne Gottes zu erweisen; noch der Stammbaum Jesu Lk 3,38, wo der Ursprung Adams auf Gott selbst zurückgeführt, aber keine Aussage über eine universale Vaterschaft Gottes getätigt werde; noch die Aussage von Apg 17,24-28, die das Zitat eines Poeten und nicht göttliche Offenbarung wiedergebe.

[109] Vgl. z.B. 1Kor 8,5f.

[110] Vgl. Röm 8,14-16; Eph 4,6; u.a. sowie 1Pt 1,3; Jak 1,17-18; 1Joh 3,1-10; Hebr 12,9.

[111] An atl. Beweisstellen führt Bf. STEIN dazu an: Dt 32,18 (vulg.); 32,5f.; 14,1 Ps 89,27-29; 2,7; Weish 2,16-18; Hos 2,1; Sir 36,17.

hobenen Gläubigen, die dadurch der göttlichen Natur teilhaft seien und mit Recht «Vater unser im Himmel» beten. Nur im *uneigentlichen* und *metaphorischen Sinn* könnten alle Menschen einer göttlichen «Vaterschaft» zugeordnet werden – insofern nämlich Gott Schöpfer und Herr von allem ist und sich den Menschen gegenüber wie ein gütiger Vater verhält. Als Konsequenz des Gesagten fordert der Trierer Auxiliarbischof auf Grundlage eines genaueren Studiums der biblischen Quellen eine Neuformulierung der Stelle, die die «Vaterschaft» durch «väterliche Sorge» Gottes gegenüber allen Menschen ersetzen sollte.[112]

Das Konzil hat dem vorgebrachten Anliegen in der *Relatio* grundsätzlich zugestimmt und indirekt durch die ersatzlose Streichung aller biblischen Belege zur Vaterschaft Gottes den diesbezüglich geäußerten Bedenken recht gegeben. Im promulgierten Text erscheint die Aussage zur universalen Vaterschaft Gottes nicht mehr als Titel, sondern als Argument für die von den Christen gegenüber allen Menschen geforderte *brüderliche Haltung*:

> "Wir können aber Gott, den Vater aller, nicht anrufen, wenn wir irgendwelchen Menschen, die ja nach dem Ebenbild Gottes geschaffen sind, die brüderliche Haltung verweigern. Das Verhalten des Menschen zu Gott dem Vater und sein Verhalten zu den Menschenbrüdern stehen in so engem Zusammenhang, daß die Schrift sagt: «Wer nicht liebt, kennt Gott nicht» (1Joh 4,8)."[113]

Ähnlich verlief während der vierten Sitzungsperiode die Diskussion der anderen oben genannten Stelle aus der Erklärung über die Religionsfreiheit (*DH* 15), in der Gott wörtlich als «der Vater aller» bezeichnet wird. Ein Vorschlag zur Neufassung des Schemas von Kardinal Larraona noch vor Beginn der vierten Sitzungsperiode

---

[112] Als Neuformulierung schlägt er vor: "Dominus Iesus luculenter confirmavit, *quod* iam Scripturae Veteris Testamenti *ostendunt* et ipsa ratio innuit, *Deum Creatorem, benignum omnium Dominum, Paterna cura omnibus providere. Nos autem christifideles Deum Dominum nequimus vocare Patrem nostrum caelestem,* si erga quosdam homines ad imaginem Dei creatos, fraterne nos gerere renuimus. ..." (*AS* III.III, 35; die Hervorhebung im Text bezeichnet die Neuformulierungen).

[113] Decl. *NA* 5: *AAS* 58 (1966), 743 [dt.: *LThK.E* 2, 495]. Es verwundert, daß die *Relatio* zu den Veränderungen im Text (*AS* III.VIII, 648) davon spricht, nur jene Bibelbelege zur universalen Vaterschaft beibehalten zu haben, denen universaler Charakter eigne. Tatsächlich scheint nämlich keine derartige mehr im Text auf. Ebenso ist weiterhin eher undifferenziert von der «universalen Vaterschaft Gottes» ("Textus incipit cum universali paternitate Dei, ex qua habitudo fraternitatis inter homines derivatur") die Rede, wenngleich «Vater aller» im Text nicht unbedingt so verstanden werden muß. Noch mehr Einfluß hatte die Eingabe von Bf. STEIN möglicherweise auf die Entwicklung der theologisch wesentlich bedeutsameren *Konstitution Gaudium et spes*. Im Schema (Mai 1965 n. 35) heißt es dort [*neu*!]: "Secundum doctrinam sacram Deus, paterna cura super omnes vigilans, voluit ut cuncti homines unam efficerent familiam fraternoque animo se invicem tractarent" (*AS* IV.I, 458); zur Entwicklung von *GS* s.u. 2.1.2. u. 2.1.3.

begründet die Würde aller Menschen mit ihrer Gottebenbildlichkeit von der Schöpfung her, mit der allgemeinen *Berufung* zur Gotteskindschaft und der gemeinsamen Hoffnung auf das göttliche Erbe. Die hier in bezug zur Vaterschaft Gottes aufscheinenden drei Phasen der Heilsgeschichte sind als Ansatzpunkt für eine theologisch differenziertere Sicht zu werten.[114] Die entscheidende Kritik an der Vorlage kam aber wiederum von Trier. Gestützt auf allgemein anerkannte Exegeten, weist Bischof Wehr nach, daß die Idee der universalen Vaterschaft der Bibel wie der kirchlichen Tradition fremd sei und fordert deshalb «Vater aller» durch «unser Vater» zu ersetzen. «Vater aller» bedeute nämlich im Neuen Testament aus dem Kontext erkennbar «aller Christen» (vgl. Eph 4,6).[115] Die Idee der universalen Vaterschaft Gottes komme dagegen von griechischen Philosophen, von Philo, Josephus und manchen Stoikern. Sie wurde von der europäischen Aufklärung aufgegriffen und auf das Neue Testament übertragen, wie Bischof Wehr mit G. Schrenk aufzeigt:

> "Die europäische Aufklärung hat als modernisierte stoische Interpretation die allgemeine Vaterschaft über alle Menschen in die Bergrede hineingelesen. [...] Das Wort Vater gehört denen, welche die Botschaft «euer Vater» von Jesus annehmen. Das gilt auch da, wo der Ausgang von der menschlichen Analogie der Vatererfahrung genommen wird (Mt 7,9-11; Lk 11,11-13 ...). Auch wenn Umrahmungen einen weiteren Kreis setzen (Lk 6,27; Mt 23,1), bekommen die Zuhörer die *Vaterwahrheit nicht als allgemeine Weltwahrheit* zu hören, sondern in der neuen sinngebenden Wertung, die das Jüngersein einschließt (Lk 6,35f.; Mt 23,8f.)."[116]

---

[114] Vgl. *AS* IV.I, 628-632; zur Vaterschaft Gottes ebd. 628-629, wobei Mt 6,4.8.9; Röm 8,17; 1Joh 4,8-12 und Eph 3,15 zitiert werden. Zuvor war schon eine kleine, doch nicht unbedeutende Änderung am abschließenden Gebet der Erklärung vorgenommen worden (*AS* IV.I, 162). Der Wunsch, alle Menschen mögen zu jener Freiheit befreit werden, zu welcher Christus selbst befreie, wurde nicht mehr mit Gal 5,1, sondern mit Röm 8,21 begründet: "ad ... perennem «libertatem gloriae filiorum Dei»". In beiden Stellen meint Paulus mit den Söhnen Gottes die Christen (in Gal 5,1 evident und in Röm 8,21 klar, wenn 8,23 mitgelesen wird). Röm 8,21 steht aber im Gegensatz zu Gal 5,1 in eschatologischem Kontext. Deshalb scheint die im strengen Sinn verstandene Gotteskindschaft für alle und die mit ihr verbundene Freiheit zum *Inhalt* des *Wunsches* und *nicht zu seinen Voraussetzungen* zu gehören.

[115] Vgl. Bf. WEHR zus. mit den Aux. STEIN u. SCHMIDT (*AS* IV.II, 287). Bf. WEHR beruft sich vor allem auf G. SCHRENK, πατηρ, in: *ThWNT* 5, Stuttgart 1954, 946-959 u. 974-1024; G. QUELL, *Der Vaterbegriff im AT*, ebd., 959-974. Nach Bf. WEHR ist (neutestamentlich begründet) Gott der «Vater Jesu Christi», der «Vater der Gläubigen», «des Lichtes» (vgl. Jak 1,17) oder «der Geister» (vgl. Hebr. 12,9). Ebenso werde den Juden die Ehre zugesprochen, Gott zum Vater zu haben (vgl. Joh 8,41).

[116] *AS* IV.II, 287 zit. G. SCHRENK, *Vater im Neuen Testament (Gott, der Vater aller Menschen?)*, in: *ThWNT* 5, 990f. Es ist schwer zu verstehen, daß die zuständige Kommission trotz des Einwandes der Trierer Bischöfe an dieser Stelle bei der ursprünglichen Formulierung blieb.

Aus anderen Beiträgen, die die Gotteskindschaft als Proprium der Christgläubigen ausweisen, sind nähere inhaltliche Bestimmungen der Vaterschaft Gottes zu gewinnen: so etwa die Verbindung der Vaterschaft Gottes mit der Liturgie; die damit zusammenhängende gläubig gelebte Kindesbeziehung Gott gegenüber in der Anbetung und Verherrlichung des Vaters[117]; oder das kirchliche Amt als Abbild der innertrinitarischen Vaterschaft Gottes, worin eine Autorität gründe, die durch Liebe geprägt, nicht in Einsamkeit bleibe, sondern Gemeinschaft konstituiere, da «Vaterschaft» immer in Beziehung zu «Familie» stehe.[118]

Unter jenen Beiträgen, die das Konzept der *familia Dei* explizit mit der Vaterschaft Gottes — beispielsweise mittels des Begriffes *familia Patris* — verknüpfen, ragen wiederum jene von Bischof Hoa Hien heraus.[119] In der ausführlichen biblischen Begründung unterstreicht er die *Offenbarung* der Vaterschaft Gottes durch die Botschaft Christi sowie ihren in vielen Gleichnissen ausgeführten Zusammenhang mit dem *Reich* Gottes. Seine systematische Begründung nimmt ihren Ausgang bei den ewigen innertrinitarischen Relationen, in denen die Vaterschaft Gottes als Ursprung in der ewigen Zeugung des Sohnes, der Mitteilung der göttlichen Natur, des Lebens und der Liebe bestehe. An dieser Beziehung gibt Gott den Menschen in freiem Geschenk Anteil, wobei Hoa Hien deutlich zwischen den Werken Gottes, der *Schöpfung* und der *Sohnesannahme seiner Geschöpfe im Sohn Jesus Christus* unterscheidet. Letztere werde für den gefallenen Menschen objektiv durch das Kreuz erwirkt und subjektiv in Glauben und Taufe als göttliches Leben angenommen. Aus dieser Unterscheidung werde deutlich, daß die Sohnschaft untrennbar mit der Kirche verbunden bleibt, die aufgrund der in ihr wirklich vorhandenen Vaterschaft Gottes zu Recht «Familie Gottes» oder «Familie der Kinder Gottes» genannt werde.[120] Der universale Heilswille Gottes bleibe aber insofern erhal-

---

[117] In diesem Sinn wurde bereits vor Konzilsbeginn die Einführung eines liturgischen Festes der «Vaterschaft Gottes» angeregt, vgl. *A* I.II.II, 368, 434, 610 sowie *A* I.II.VI, 14.

[118] Vgl. die *Relatio* zum Schema über die seelsorglichen Verpflichtungen der Pfarrer von Kard. CIRIACI (*A* II.II.II, 602f.), in der er die «Vaterschaft» ein «fundamentales Prinzip in der katholischen Religion» nennt.

[119] Vgl. zu Bf. HOA HIEN: *AS* I.III, 94-97; I.IV, 513-516; II.I, 548-550; sowie II.II, 42-45. An biblischen Belegen werden u.a. angeführt: Mt 6,9; 23,8-10; Joh 1,12; 3,16; 5,20.26; 11,52; 14,2-3.31; 20,17; 1Joh 2,24; 3,1; 4,49; Röm 8,17 u. Eph 2,17f.; 3,15 (vulg.); weiters z.B. Ebf. JAEGER, der von der Vaterschaft Gottes in der *familia Patris* deren sozialen Zusammenhang in Solidarität und gegenseitiger Abhängigkeit der Kinder Gottes im Guten wie im Bösen ableitet (*AS* II.III, 93).

[120] Vgl. neben zahlreichen anderen diesebezüglichen Stellen bes. *AS* II.I, 549: "... Ecclesiam esse filiorum Dei adoptivorum in Christo familiam".

ten, als zu dieser Kirche ausnahmslos alle Menschen berufen seien[121]. An praktischen Implikationen dieser theologischen Wahrheit werden der *Dank* und die *Frömmigkeit im Geist der Anbetung* als wichtige Formen der Verwirklichung der Kindespflicht gegenüber dem Vater genannt. Dadurch könne die *Familie Gottes* auch auf das natürliche Familienleben ausstrahlen.

In Weiterführung des Themas nach dem Konzil bleibt die Vaterschaft Gottes grundsätzlich ein Charakteristikum der christlichen Religion[122], wobei sich bezüglich ihres Verständnisses zwei hauptsächliche Tendenzen erkennen lassen: zum einen gehört ein weit verbreiteter Verlust des Bewußtseins von der Bedeutung der «Vaterschaft» überhaupt unbestreitbar zu den Zeichen der Zeit; auf der anderen Seite erkennt das kirchliche Lehramt diese Entwicklungen und versucht ihnen in manchen seiner Dokumente durch Vertiefung von für unsere Zeit wichtigen und neu in Erinnerung zu rufenden Aspekten gegenzusteuern. Der gemeinschaftliche Aspekt der Vaterschaft Gottes, die Solidarität und Brüderlichkeit unter den Menschen bleiben weiterhin zentrale Themen[123], aber immer mehr mit Blick auf ihre Bedrohung und Verneinung durch bestimmte Ideologien, Weltanschauungen und Lebensgewohnheiten des heutigen Menschen. Darin zeige sich das Wesen der Sünde als «Abbruch der Kindesbeziehung zu Gott, um die eigene Existenz aus dem Gehorsam ihm gegenüber herauszunehmen», sei es in expliziter Ablehnung Gottes, sei es durch ein Leben, «als ob Gott nicht existiere»:

> "In einer solchen Situation ist die Verdunkelung oder Schwächung des Sündenbewußtseins das Ergebnis einer Ablehnung jeden Bezuges zur Transzendenz im Namen des Verlangens nach personaler Autonomie; oder auch der Unterwerfung unter ethische Modelle, welche der allgemeine Konsens und das generelle Verhalten aufdrängen, auch wenn das Gewissen des einzelnen sie verurteilt; ... schließlich und vor allem

---

[121] "Quam grates debemus esse erga Patrem qui dignatus est nos omnes sine exceptione vocare ad Ecclesiam seu familiam" (*AS* II.II, 45). Dadurch wird der Blick auch auf die Ökumene hin geöffnet, deren Ziel die Rückkehr aller getrennten Brüder in das väterliche Haus sein muß, wie HOA HIEN mit JOHANNES XXIII. festhält.

[122] Vgl. die entsprechende Aussage von Papst PAUL VI. in Vorbereitung auf die Synode 1974: *Lettera ai Vescovi d'Asia*: *OR* 21.04.1974, 1. Dabei spricht der Papst vom Materialismus als von einer jener Ideologien, die im Widerspruch zu einer erkannten und gelebten Gotteskindschaft stehen. Es muß allerdings auch auf eine gelegentlich zu unreflektierte und theologisch wenig differenzierte Redeweise von der Vaterschaft Gottes in den Beiträgen der Bischöfe hingewiesen werden.

[123] Vgl. bes. die Synodenbeiträge zur Synode 1983 über Umkehr und Versöhnung sowie IOANNES PAULUS II, Adh. apost. *RP*: *AAS* 77 (1985), 185-275. Ebf. FERNANDES (Indien) sieht z.B. in seiner Wortmeldung bei der Synode 1983 (Umkehr und Versöhnung) die gleiche Würde aller Menschen in ihrer Gotteskindschaft begründet (CAPRILE, *Il Sinodo 1983*, 128).

auch das Ergebnis der Verdunkelung der Vaterschaft Gottes und seiner Herrschaft über das Leben des Menschen."[124]

Das Schwinden des Verständnisses für die Vaterschaft Gottes bedinge als logische Konsequenz den Verlust für das Bewußtsein der brüderlichen und schwesterlichen Verbundenheit der Menschheitsfamilie und damit auch den Verfall des menschlichen Gemeinschaftslebens in den sündhaften Neigungen des Konsumismus und Individualismus, die nur den eigenen Vorteil suchen und den Mitmenschen zum Gegner und Konkurrenten werden lassen.[125] Darin zeige sich — wie Johannes Paul II. nicht müde wird, in Erinnerung zu rufen — das Scheitern des «Säkularismus» und aller Systeme, die angetreten sind, eine Brüderlichkeit und Menschlichkeit ohne Gott oder gegen Gott zu errichten, die sich mehr und mehr — wie die Erfahrung unserer Tage lehre — zum Schaden des Menschen auswirke:

> "Der «Säkularismus», der seiner Natur und Definition nach eine Bewegung von Ideen und Haltungen ist, die für einen Humanismus völlig ohne Gott kämpft, der sich ganz konzentriert auf den Kult des Machens und des Produzierens, der überwältigt ist vom Rausch des Konsums und des Genusses, ohne Sorge um die Gefahr, die eigene Seele zu verlieren ... [zeigt], daß nämlich der Mensch eine Welt ohne Gott bauen kann, diese Welt sich aber schließlich gegen den Menschen selbst richten wird."[126]

Demgegenüber soll der Glaube an Gott, den barmherzigen Vater, der alle Menschen immer wieder zu Umkehr und *Versöhnung* ruft, neu geweckt und gestärkt werden. Um aber Gott als Vater anzunehmen, bedarf es einer freien Entscheidung zu einem Leben als Kind Gottes.[127]

Das Zeugnis insbesondere afrikanischer Katholiken für die Vaterschaft Gottes und seinen Willen, alle Menschen zu seiner Familie zu vereinen, hebt Papst Johannes Paul II. auch in seinem nachsynodalen Apostolischen Schreiben *Ecclesia in Africa* hervor, woraus wiederum ein klares Licht darauf fällt, wie ein recht verstandener «christlicher Universalismus» aussehen kann, der in bezug auf die

---

[124] IOANNES PAULUS II, Adh. apost. *RP* 18: *AAS* 77, 227 [dt.: *VAS* 60, 38].

[125] Vgl. SYNEP (1980), Nuntius *Nos, patres synodales*: *EV* 7, 813.

[126] IOANNES PAULUS, Adh. apost. *RP* 18: *AAS* 77, 225 [dt.: *VAS* 60, 37].

[127] Das *Inst. lab.* zur Bfsyn. 1994 (vgl. bes. die nn. 52, 67 u. 68) hebt den diesbezüglichen Zeugnischarakter des gottgeweihten Lebens hervor: in der Abkehr von den oben dargestellten Ideologien, in der Öffnung des Blickes für die Gotteskindschaft, die dazu drängt, sich in brüderlicher Liebe allen Menschen (ohne Ansehen der Person) zuzuwenden. Vornehmlich die Jungfräulichkeit um des Himmelreiches willen offenbare so das Wesen der Kirche als «Communio der Söhne des einen Vaters im Sohn durch das Wirken des Heiligen Geistes».

Vaterschaft Gottes den bleibenden Unterschied der Gläubigen zur Menschheit insgesamt nicht verwischt:

> "Mit Rücksicht auf die besondere Berufung, die der Kirche von ihrem göttlichen Stifter aufgetragen wurde, bitte ich die Gemeinschaft der Katholiken in Afrika eindringlich, vor der ganzen Menschheit ein glaubwürdiges Zeugnis des christlichen Universalismus abzugeben, der Gottes Väterlichkeit entspringt. «Alle in Gott erschaffenen Menschen haben denselben Ursprung; wie groß ihre geographische Zersplitterung oder die Heraushebung ihrer Unterschiede im Laufe der Geschichte auch immer gewesen sein mag, sie sind dazu bestimmt, entsprechend dem 'im Anfang' gefaßten Plan Gottes eine einzige Familie zu bilden»."[128]

1.1.2.2. Gott Sohn, Jesus Christus: Mittelpunkt der Kirche als *Familie Gottes*

Die Bedeutung Jesu Christi wurde bereits im Zusammenhang der drei göttlichen Personen und der Vaterschaft Gottes angesprochen. Erstlich und eigentlich bezieht sich ja die Vaterschaft Gottes auf die zweite göttliche Person sowohl in der innertrinitarischen ewigen Zeugung als auch in der Menschwerdung des Wortes. Aber nicht nur durch die Urbildlichkeit jener Sohnesbeziehung zum Vater, die in den Kindern Gottes ihr Abbild findet, ist ein Bezug zur «Familie Gottes» gegeben. Auch wenn gelegentlich von der Überwindung eines sogenannten «Christomonismus» durch das Vaticanum II gesprochen wird[129], so bleibt die Ekklesiologie des Konzils und damit das Verständnis der Familie Gottes unbestreitbar «christozentrisch», wie der programmatische Anfang der Kirchenkonstitution *«Lumen gentium cum sit Christus ...»* zu erkennen gibt. Das wird im Hinblick auf das hier gestellte Thema der Familie Gottes konkret, wenn *Lumen gentium* die Grundlegung der Erwählung und der Sohnesannahme der Menschen

---

[128] IOANNES PAULUS, Adh. apost. *EA* 137 (*OR* 16.09.1995), 10; zit.: PONT. COMMISSIONE «IUSTITIA ET PAX», Documentum *I pregiudizi razziali. La Chiesa di fronte al razzismo* (03.11.1988), 20: *EV* 11, 925. Der sorgfältigen Lektüre der Nummer entgeht nicht der Unterschied zwischen der *besonderen Berufung der Kirche*, dem *christlichen* Universalismus aus der *Vaterschaft* Gottes und dem *Ursprung* aller Menschen aus Gott. Weiters ist von der Bestimmung aller Menschen zur Familie Gottes *«a principio»* die Rede, wodurch auf die (noch vorsündige) Schöpfungs- und Gnadenordnung verwiesen ist. Offenbar um diese Unterscheidung noch deutlicher zu machen, sind im Text die Stellen *«originem»* u. *«destinati sunt»* [nicht einfach «sunt»] kursiv gedruckt.

[129] Vgl. Y. CONGAR, *Pneumatologie ou «Christomonisme» dans la tradition latine?*, in: *Ecclesia a Spiritu Sancto edocta. Lumen Gentium 53.* (FS G. PHILIPS), Gembloux 1970, 41-63; DERS., *Die christologischen und pneumatologischen Implikationen der Ekklesiologie des II. Vatikanums*; in: ALBERIGO u.a. (Hg.), *Kirche im Wandel*, 111-123.

durch den Vater im Sohn und seiner Sendung erkennt oder wenn die Liebe Christi zur Kirche gemäß Eph 5 mit der bräutlichen und ehelichen Liebe verglichen wird.[130]

Diese Zusammenhänge lassen die dem Konzept der *familia Dei* angemessene Christozentrik deutlich erkennen. Darüber hinaus mangelt es aber auch nicht an Stellen in den Konzilsdokumenten, die ausdrücklich die *Familie Gottes* mit Christus verbinden: als jene «Familie», welche die Kinder Gottes *in Christus* zum Lob der Heiligsten Dreifaltigkeit bilden und die als Ziel der Sendung der Kirche in der Welt in der «Zusammenfassung von allem in Christus» erreicht werden soll.[131] Eine vertiefte christologische Sichtweise eröffnet das Dekret über das Apostolat der Laien, das in der Inkarnation des Wortes die Wurzel für jene übernatürliche Solidarität und Einheit als Familie, zu der die Menschheit berufen ist, ortet und das von Jesus verkündete Gebot der Nächstenliebe damit verbindet:

> "Er [Christus] selbst hat ja, als er die menschliche Natur annahm, die ganze Menschheit in einer übernatürlichen Solidarität zu einer Familie zusammengefaßt und an sich gebunden, und er hat die Liebe zum Zeichen seiner Jünger bestimmt mit den Worten: «Daran werden alle erkennen, daß ihr meine Jünger seid, wenn ihr Liebe zueinander habt» (Joh 13,35)."[132]

Die Verbindung der Christologie und insbesondere des Heilsgeheimnisses der Inkarnation zur Familie Gottes wird zwar in den Konzilsdokumenten nicht erschöpfend entfaltet, sie muß jedoch — nicht zuletzt aufgrund der die vorkonziliäre Ekklesiologie bestimmenden Enzyklika *Mystici Corporis* — als allgemeines Vorverständnis der

---

[130] Vgl. Const. dog. *LG* 3 u. 7: *AAS* 57 (1965), 6 u. 9-11.

[131] Vgl. Const. dog. *LG* 51: *AAS* 57 (1965), 58 u. Decr. *AG* 1: *AAS* 58 (1966), 947. Die Sendung der Kirche, alle Menschen zur einen Familie Gottes in Christus zu vereinen, ist zentrales Thema von *GS*; vgl. bes. *GS* 32; 39; 40; 42; 92 (s.u. 2.1.).

[132] Decr. *AA* 8: *AAS* 58 (1966), 844f. Die dt. Übers. [*LThK.E* 2, 631] spricht hier von «*einer* Familie», zu der die Menschheit durch die Inkarnation vereint wurde. Daß die Aussage des Konzilstextes aber über eine bloße Analogie, welche einen Zusammenhang aller Menschen durch ein allgemein verständliches Bild ausdrücken will, hinausgeht, wird durch den maßgeblichen lateinischen Originaltext deutlich. Trotz der universalen Ausrichtung der Stelle (*totum genus humanum*) geht es dabei nicht um eine rein *natürliche* und universale Einheit der Menschheit, sondern um die *Glaubenswahrheit*, daß Christus in seiner Menschwerdung die Natur aller Menschen angenommen hat, um alle zu erlösen. Durch dieses *gnadenhafte* Ereignis «*verbindet Christus das ganze Menschengeschlecht in einer übernatürlichen Solidarität sich zur Familie*» [*AA* 8: «totum genus humanum supernaturali quadam solidarietate in familiam sibi colligavit», wörtlich übers.] und stellt damit eine Einheit der Gnade her, die jede natürliche Einheit des Menschengeschlechts aus der Schöpfung übersteigt. Diese Einheit der Gnade ist die Einheit der Familie Christi, der Kirche, zu der alle Menschen berufen sind und die sich in ihr durch die Liebe *seiner Jünger* zeichenhaft ausdrückt; dazu s.o. 1.1.2.1.

Väter vorausgesetzt und mitbedacht werden.[133] Dafür spricht auch, daß in Vorbereitung und Durchführung des Konzils mehrfach der Begriff *familia Christi* als Bezeichnung für die Kirche verwendet wird, gerade auch, um die Ekklesiologie des mystischen Leibes durch das Konzept der Familie zu ergänzen.[134] In der Verwandtschaft beider Konzepte zeigt sich nicht nur der Christusbezug, sondern auch die von Vätern auf verschiedene Weise begründete Neuheit der Familie Gottes gegenüber der Menschheitsfamilie.[135] Die Menschheitsfamilie in Adam erscheint als schöpfungstheologische Voraussetzung, daß Gott in seinem Sohn durch die *Inkarnation* als *Bruder* in Blutsverwandtschaft mit dem ganzen Menschengeschlecht treten und so die neue *Gottesfamilie* begründen konnte.[136] Die Neuheit der Familie Gottes und ihr Christusbezug werden weiters in Leben und Sendung des irdischen Jesus verankert, der Menschen — vor allem Petrus und die anderen Apostel — beruft, mit ihm zu sein und so gleichsam die neue Familie Christi zu bilden.[137] Aber auch in der Erlösung am Kreuz ortet man unter Verweis auf das Zeugnis des NT eine für die Familie Gottes

---

[133] In *MyC* wurde zwar nicht das Konzept der *familia Dei*, wohl aber die mit diesem verwandte *Gotteskindschaft* aus dem Glaubensgeheimnis der Inkarnation abgeleitet. Vgl. die diesbezügliche Eingabe der theol. Fakultät der unbeschuhten Karmeliten in Rom (*A* I.IV.I.2, 342); zur *Inkarnationsanalogie* s.u. 1.1.3.2.

[134] Dabei konnte man sich auch auf einige lehramtliche Aussagen berufen: Bf. NEUHÄUSLER verweist auf einen Brief des Pro-Segretario di Stato MONTINI im Auftrag von PIUS XII., in dem die Kirche als große Familie Jesu Christi bezeichnet und zu einer vertieften liturgischen Frömmigkeit aufgerufen wird (vgl. *A* I.II.I, 699); ebenso findet sich der Begriff beispielsweise beim orientalischen Bf. JARJOUR in ökumenischem Kontext (*A* I.II.IV, 419); in einer Ansprache von JOHANNES XXIII. (*A* II.I, 267); mit Bezug zum *Corpus Mysticum* im Beitrag von Kard. RICHAUD anläßlich der Diskussion des Kirchenschemas in der zentralen Vorbereitungskommission (*A* II.II.III, 1051f.); sowie im bei derselben Kommission vorgeschlagenen Schema *De Ecclesiae unitate* (*A* II.II.IV, 438); zum *Corpus Mysticum* vgl. bes. Bf. ZIMMERMANN (*AS* II.I, 578-582); Bf. VAN VALENBERG sieht dadurch den Aspekt der göttlichen Liebe und des brüderlichen Geistes gegen die Gefahr einer aufkommenden Mentalität des Bürokratismus in der Kirche bestärkt (*A* I.II.IV, 264).

[135] Diese Neuheit der Familie Gottes sollte — wie gefordert wurde — auch ausdrücklich im Text der Kirchenkonstitution festgehalten werden: vgl. Bf. H. JENNY (*AS* II.II, 73); Bf. HERVÁS Y BENET (ebd., 174: Wiedergeburt in Christus); noch ausführlicher bei Bf. HOA HIEN (*AS* I.IV, 514: Gemeinschaft der Gottesfamilie mit Christus in seinem Leib und Blut).

[136] Vgl. bes. Bf. HOA HIEN (*AS Ap I*, 215f., *AS* I.III, 95 u.a.). Diese Sicht bestätigt sich im Stammbaum Jesu bei Lk 3,23ff. Die gnadenhaft erhebende Umgestaltung natürlich menschlicher Einheit wird dabei wiederum nach dem Schema des *admirabile commercium* und in der Bedeutungsvielfalt des Begriffes des *Leibes* (und Blutes) Christi (vgl. Hebr. 2,11.14) ausgedrückt; ähnlich ausführlich auch die Eingabe von Prälat GROTTI, der den kirchlichen Aspekt der Inkarnation noch mehr hervorhebt und auf den Eintritt des Gottessohnes in eine konkrete (die «Heilige») Familie hinweist (*AS* II.II, 167f.).

[137] Vgl. den Beitrag von Ebf. MODREGO Y CASÁUS (*AS* II.II, 820).

grundlegende Dimension des Christusereignisses.[138] Daß die Beziehung zwischen Christus und der Familie Gottes aber nicht nur Fundament, sondern auch Anforderung an die Kirche ist, zeigen anderen Beiträge, die diesbezüglich auf Notwendigkeit und Bedeutung von Gebet und Liturgie verweisen.[139]

Die Bischofssynoden erbringen im Anschluß an das Konzil kaum nennenswerte weitere Entfaltungen der christologischen Dimension der Familie Gottes. Wo sie aufscheint, dient sie vorwiegend zur Begründung anderer Forderungen (etwa nach Achtung der Menschenwürde und der Gleichheit aller vor Gott, weil alle von Gott geliebt sind) und verbleibt weitgehend im Rahmen des bereits Gesagten.[140] Weiterhin festgehalten wird dabei an der *Neuheit des Christlichen* und der Taufe (und damit der Kirche selbst), wie beispielsweise das nachsynodale Schreiben nach der Synode über die Laien 1987 im Zusammenhang mit der Gotteskindschaft in Erinnerung ruft.[141]

1.1.2.3. Gott Heiliger Geist: Geist der *Familie Gottes*

Über die Stellung des Heiligen Geistes im Zweiten Vaticanum sind die Ansichten der Autoren geteilt. Die einen legen den Akzent auf das Fehlen einer umfassenden Lehre über den Heiligen Geist, andere dagegen erkennen die pneumatologische Entwicklung während des Konzils positiv an, die ihrer Meinung nach zu zufriedenstellenden Ergebnissen geführt hat. Ohne in diese Diskussion einzutreten, wird hier gezeigt, inwieweit das Konzept der *familia Dei* mit der dritten Göttlichen Person in Konzilsdokumenten, Akten, sowie in den behan-

---

[138] Vgl. die genannten Beiträge von HOA HIEN und GROTTI unter Verweis auf Joh 11,52 u. Eph 2,17-19; JOHANNES XXIII. in Gebetsform während einer Sitzung der Kommission für das Laienapostolat: *AAS* 53 (1961), 504: "Faxit Deus ut omnes homines, pretioso Christi sanguine redempti atque in unam veluti familiam congregati, fraterno foedere usque coalescant" sowie: Lit. enc. *Aeterna Dei sapientia*, 11.11.1961: *AAS* 53 (1961), 801; das von der Kommission «de Episcopis et de dioeceseon regimine» der Zentralen Vorbereitungskommission vorgelegte Schema zu Fragen der Seelsorge (*A* II.II.III, 678), in dem der Gedanke des «Hauses Gottes» mit dem alten und dem neuen Bund, mit Mose und Christus verbunden wird unter Heranziehung von Eph 2,19, wo von den «Hausgenossen» (= der Familie) Gottes die Rede ist.

[139] Vgl. die Ansprache von JOHANNES XXIII. anläßlich seines Gedenkens der ersten Ankündigung des Konzils (*A* II.I, 161); Ebf. ROY in einer Anregung zum Liturgieschema vor Konzilsbeginn (*AS Ap* I, 295).

[140] Bf. THIANDOUM, Synode 1974: CAPRILE, *Il Sinodo 1974*, 470. Auf die aus der Inkarnation stammende Menschenwürde und Gotteskindschaft (auch im Kontext des Mysteriums der Kirche als *familia Dei*) weist die *Relatio finalis* der außerordentlichen Bfsyn. 1985 im Anschluß an *GS* 22 hin (vgl. CAPRILE, *Il Sinodo 1985*, 557).

[141] Vgl. IOANNES PAULUS II, Adh. apost. post-synodalis *CL* 10f.: *AAS* 81 (1989), 407f.

delten Synoden verbunden wurde, wobei all jenes vorauszusetzen ist, was im Zusammenhang der Trinität bereits über den Heiligen Geist gesagt wurde.

In den früher diskutierten Dokumenten des Konzils kommt dieser Bezug noch nicht so ausdrücklich und klar zum Vorschein wie vergleichsweise in späteren. In *LG* 28, wo es um die Vollmacht der Priester geht, steht der Begriff *familia Dei* (bei expliziter Nennung des Hl. Geistes) in trinitarischem Kontext, wobei entsprechend der kirchlichen Tradition der von Cyprian übernommene Gedanke der brüderlichen Einheit der Kirche in seiner vorliegenden Formulierung *«ut fraternitatem in unum animatam»* durchaus als Hinweis auf den Heiligen Geist interpretiert werden darf. Er wurde ja stets als das beseelende und das einende Prinzip der Kirche verstanden, das jeder christlichen Brüderlichkeit zugrunde liegen muß.[142] Daß diese Interpretation vom Inhalt her nicht fehlgeht, zeigt dann deutlich das Ökumenismusdekret, nach dem der Heilige Geist, der die Kirche belebt und wachsen läßt, der letzte Grund kirchlicher Einheit in ihren verschiedenen Erscheinungsformen ist. Dabei wird dem geweihten Amt in bezug auf die geistgewirkte Einheit der Kirche eine große Bedeutung zugemessen, die nicht nach dem Beispiel weltlicher Macht verstanden werden kann. Vielmehr entspricht jene Einheit der organischen Einheit einer Familie, die in ihrem Vater und seiner sie umfassenden Liebe gleichsam einen Brennpunkt findet.[143] Derselbe Geist wirkt als Geist der Liebe auch besonders dort, wo Menschen gerufen sind, unter seinem Antrieb sich ganz Gott hinzugeben und zeichenhaft jene Einheit und Gemeinschaft als «wahre Familie im Namen des Herrn» zu leben, die keine andere Einheit als die der Kirche, der «Familie Gottes» selbst, ist.[144]

Es wurde bereits darauf hingewiesen, daß die Väter in den Entwicklungsphasen des Konzils vornehmlich innerhalb der trinitarischen Begründung des *familia-Dei-Konzeptes* dem Heiligen Geist die Rolle des «Familiengeistes» zuschrieben, der die Familie der Kirche zur Einheit zusammenführt, sie darin belebt und erhält. Darüber hinaus finden

---

[142] Vgl. Const. dog. *LG* 28: *AAS* 57 (1965), 34 (vgl. *PO* 6); vgl. S. CYPRIANUS, *Epistula* 11,3: *CCL* IIIB, 59f. [*PL* 4, 242B]. Für obige Interpretation entscheidet sich auch die von den deutschsprachigen Bfkonf. beauftragte und genehmigte Übersetzung: "... sie sammeln die Familie Gottes als von einem Geist durchdrungene Gemeinde von Brüdern ..." (*LThK.E* 1, 251), nach der die Familie Gottes geradezu vom Heiligen Geist her zu definieren ist.

[143] Vgl. Decr. *UR* 2: *AAS* 57 (1965), 92; Decr. *CD* 16: *AAS* 58 (1966), 680f.

[144] Vgl. Decr. *PC* 15: *AAS* 58 (1966), 709. Das Verständnis des Heiligen Geistes als Prinzip der Einheit, der Liebe und der Brüderlichkeit, ja als «Familiengeist» findet sich innerhalb des *familia-Dei-Konzeptes* bes. in der Const. past. *GS* 32; 40; 42 sowie 92 (s.u. 2.1.).

sich nur wenige Belege, in denen die Bedeutung des Heiligen Geistes
für das hier untersuchte Kirchenverständnis weiter erhellt wird; und
diese Belege sind vorwiegend der orientalischen Theologie zuzurechnen.[145] Sie hoben beispielsweise die Fruchtbarkeit des Heiligen Geistes
in der ganzen Kirche hervor, die unter seinem Einfluß missionarisch
wirksam und in Erwartung der Wiederkunft des Herrn sei. Die Vielfalt
der Gnadengaben des Geistes bleibe jedoch immer auf den Dienst an
der «Familie des Vaters» ausgerichtet. Ausgehend von den Paraklet-
stellen bei Johannes (Joh 14,26; 16,7.12-13) betonte ein anderer Vater
die Notwendigkeit der Geistsendung für die Kirche. Der Glaube der
Apostel, ja selbst des Petrus oder Johannes, wäre ohne die Herabkunft
des verheißenen Beistandes nie zur Entfaltung gekommen und wirksam
geworden. Was nämlich für eine natürliche Familie gelte, daß sie zer-
falle, wenn in ihr die Liebe zwischen den Eltern und den Kindern
fehle, treffe noch mehr auf die «übernatürliche Familie der Kirche» zu.
Zur Kindesannahme genüge der rechtliche Akt einer Adoption allein
nicht, vielmehr bedürfe es der wahren väterlichen und kindlichen Liebe
zwischen dem Adoptierenden und dem Adoptierten. Diese Liebe, die
über Vater und Sohn noch hinausgeht, sei der Heilige Geist, der in uns
ruft «Abba - Vater» und der für uns eintritt «mit Seufzen, das wir nicht
in Worte fassen können» (vgl. Röm 8,14-15.26 u. Gal 4,6). So
erscheint der *Geist* — wie zu Beginn der Kirchenkonstitution (*LG* 4)
bereits festgelegt — gleich der väterlichen und kindlichen Liebe in
einer Familie als die *Liebe Gottes, die die Kirche beseelt und zum*
Leben erweckt.

Weiterführende Gedanken zur Stellung des Heiligen Geistes in
der Familie Gottes finden sich in nachkonziliarer Zeit am ehesten noch
im Schlußdokument der lateinamerikanischen Bischofsversammlung
von Puebla 1979 im Zusammenhang der Erörterungen über das
Geheimnis der Kirche als Volk und Familie Gottes[146]. Zum einen
erscheint der Heilige Geist wiederum als der Lebenspender in Glaube,
Hoffnung und Liebe. Vor allem aber stellt er das Grundprinzip jeder
echten Einheit und Communio auf allen Ebenen der Kirche dar, die
sich als *Einheit in Verschiedenheit* entgegen allen Gefahren der Spaltung der Kirche bewähren müsse. Diese geistgewirkte Einheit sei entsprechend der leibseelischen menschlichen Natur darauf ausgelegt, sich
konkret und sichtbar als Zeichen der Tiefe ihrer inneren Gemeinschaft
und äußeren Glaubwürdigkeit (vgl. Joh 17,21) zu verwirklichen. Um

---

[145] Vgl. Pater CAPUCCI, der Generalobere eines melchitischen Ordens (*AS*
III.IV, 143); Ebf. D'AVACK (*AS* IV.IV, 804) im Zuge seiner Forderung nach vermehrter Verehrung des Hl. Geistes im Leben der Priester.
[146] *Puebla* 243-246 [it. 124f.].

diese Lebenskraft zu erhalten, die den Zusammenhalt der Familie Gottes gewährleistet und darin alle Spannungen und Konflikte in der Gemeinschaft des Glaubens und der Liebe zu überwinden vermag, sei es notwendig, den Unterschied der verschiedenen Aufgaben und Charismen in der Kirche anzuerkennen.

Konklusion

Die theologische Relevanz des *familia-Dei-Konzeptes* gemäß dem Vaticanum II findet in seinem Bezug zur Trinität eine Bestätigung ersten Ranges. Der Begriff «Familie *Gottes*» verweist nämlich zum einen auf die untrennbare Verbindung der Kirche mit dem Grundgeheimnis christlichen *Gottesglaubens*. Zum anderen liegt das Konzept ganz im Trend des Konzils, das selbst durch verschiedene Entwicklungen hindurch zu einer trinitarischen Ausrichtung gelangt ist, die als eine der Haupttendenzen seiner Ekklesiologie gelten muß. Auffallend häufig erscheinen Belege zum Verständnis der Kirche als Familie gerade an trinitarisch strukturierten Stellen der Konzilsdokumente. Daß das nicht zufällig geschieht, sondern daß vielmehr eine tiefe innere Beziehung zwischen beiden Themen besteht, deutet sich an manchen dieser Stellen an und wird vollends offenbar, wenn man das aus den Diskussionen in der Aula zutage tretende nähere theologische Verständnis der *familia Dei* in Rechnung stellt. Aber auch nachkonziliäre bischöfliche Stellungnahmen sowie nachsynodale lehramtliche Aussagen können als weitere Indizien dafür in Anspruch genommen werden.

Ein erster Ausgangspunkt zur Entfaltung der Analogie liegt dabei in der Dreifaltigkeit als ganzer. Gerade in ihren inneren Beziehungen, der Vaterschaft, Sohnschaft und der einenden Liebe ist sie Urbild und höchstes Ziel der Communio, sei es in der natürlichen Familie, sei es in der Familie Gottes. Die kirchliche Communio, die nicht nur Abbild, sondern auch Teilhabe an der göttlichen Gemeinschaft ist, kann näherhin als Einheit in Verschiedenheit qualifiziert werden, wobei in der Liebe als einendes und belebendes Prinzip ein weiteres Analogon zwischen Trinität, Kirche und Familie erkennbar wird.

Neben der untrennbaren trinitarischen *Einheit* bietet die Verschiedenheit der göttlichen Personen einen zweiten Ausgangspunkt der theologischen Begründung des *familia-Dei-Konzeptes*. Die *Vaterschaft* Gottes gehört zu den fundamentalsten christlichen Offenbarungsdaten und wurde auch vom Konzil in ihren verschiedenen Dimensionen erörtert und mehrmals vorgelegt. Sie bezieht sich in eigentlicher und höchster Verwirklichung auf den Sohn in der *immanenten* Trinität und auf das *menschgewordene* Wort. Wie die Bibel und die ununterbrochene christliche Glaubenstradition festhalten, betrifft die Vaterschaft auch die Getauften in ihrer unauslöschlichen personalen Kindesbeziehung zu Gott, die durch väterliche Liebe und Fürsorge, seine Gerechtigkeit und seine Bundestreue durchstimmt ist. Zwar nicht auf eine biblische Begründung, wohl aber auf bestimmte Traditionen, kann sich jene Ansicht berufen, die die Wahrheit von Gott als Ursprung und Ziel des Menschen als Ebenbild Gottes im Bild einer «universalen Vaterschaft Gottes» (wenn auch nicht im strengen und eigentlichen Sinn) gemäß der Schöpfungsordnung ausdrückt.

Bezüglich der Lehre von der Vaterschaft Gottes steht die Kirche seit frühester Zeit bis heute in Auseinandersetzung mit Denksystemen, etwa der Stoa oder der europäischen Aufklärung, die eine undifferenzierte universale Vaterschaft Gottes vertreten. Diese Auseinandersetzung, die sich auch während des Konzils zeigte, wurde in seiner letzten Konstitution *Gaudium et spes* zu einer gewissen Entscheidung gebracht, verlangt jedoch nach weiteren theologischen Klärungen.[147] Eine angemessene Interpretation der Vaterschaft Gottes in ihrer Beziehung zur Kirche wird allerdings nicht nur diese theologischen Probleme, sondern auch die ebenfalls festgehaltenen praktischen Implikationen für das kirchliche Leben berücksichtigen müssen; auch angesichts der Zeichen der Zeit, nach denen, wie die nachkonziliäre Entwicklung zeigt, die Vorstellung von einer «vaterlosen Gesellschaft» um sich greift, zu deren Kennzeichen der Verlust der personalen Gottesbeziehung wie des Bezuges zur Transzendenz überhaupt gehören.

Neben der *Sohnschaft* als zugleich trinitarische und familiäre Relation ist für die zweite göttliche Person, den *Sohn* Jesus Christus, seine Mittlerstellung als weiterer Berührungspunkt zwischen Familie Gottes und Dreifaltigkeit verzeichnet worden. Insofern er Offenbarer des Vaters ist und jener Punkt der Mitte, in dem sich die trinitarische Communio mit der Gemeinschaft der Kirche berührt, gilt auch für das Konzept der Familie Gottes die in *Lumen gentium* durchgeführte Christozentrik. Nicht anders als in Christus sind die Getauften Kinder Gottes; nicht anders als in Christus ist die Kirche Familie Gottes. In ihm nämlich gründet die Neuheit jener Familie gegenüber der von der Schöpfung her zur Einheit bestimmten Menschheitsfamilie. Das leuchtet in der Inkarnation, dem Eintritt des Gottessohnes in die Menschenfamilie ebenso auf wie im Erlösungswerk, das etwa gemäß Eph als *Versöhnung* mit dem Vater und als bräutlich liebende Selbsthingabe an und für die Kirche theologisch darzustellen ist. Von diesen theologischen Deutungen des Christusereignisses ist aber das Auftreten und die Sendung des historischen Jesus von Nazaret nicht zu trennen,

---

[147] Auf diese wird in der Bilanz am Ende des ersten Teils näher eingegangen.

in dessen Jüngerberufung gemäß biblischem Befund die neue Familie Gottes grundgelegt ist.

Der *Heilige Geist* schließlich bringt als dritte göttliche Person und als «Familiengeist» die Teilhabe der Kirche an der göttlichen Communio zum Leben und zur Wirksamkeit in seiner immanenten wie heilsökonomischen Bedeutung als Prinzip des Lebens, der Liebe und der Einheit.

Wie aus der Fülle diesbezüglicher Belege nun hinreichend deutlich geworden ist, findet eine *familia-Dei-Ekklesiologie* im Sinne des Vaticanum II ein solides theologisches Fundament im Glaubensgeheimnis der Trinität. Man kann auch sagen, daß das Konzil diesbezüglich die Weichen gestellt und die zu gehende Richtung vorgelegt hat. Der Theologie bleibt allerdings die Aufgabe, die begonnenen Wege zu erschließen. Sie muß das, was hier zumeist nur angedeutet wurde, weiter entfalten und in einer sorgfältigen Klärung des Gehaltes, aber auch der Grenzen, die Analogie *Trinität-Familie-Kirche* begründen.

1.1.3. Das Geheimnis der Kirche als *Familie Gottes* in seiner geschichtlichen Verwirklichung

Nachdem das Vorkommen des *familia-Dei-Konzeptes* in Konzil und Synoden, insoweit es mit der *Kirche in ihrer Geheimnishaftigkeit* verbunden ist, erhoben wurde, soll in einem weiteren Schritt die *geschichtliche Realität der Kirche* ins Blickfeld gelangen. Mit derselben Absicht verwendet das Konzil in der Kirchenkonstitution den Begriff des «Volkes Gottes»[148], der dort auch das Thema des zweiten Kapitels bestimmt. Nicht nur aufgrund seiner Verwandtschaft zum Konzept des «Volkes» scheint aber auch das der «Familie» geeignet zu sein, jene Dimensionen der Kirche aufzuzeigen, die ihren Weg durch die Zeit bis zur Vollendung hin ausmachen. Wo und wie diese Eignung im Konzil und den Synoden erkannt wurde, soll in fünf Hauptthemen aufgeteilt untersucht werden.

---

[148] Vgl. RATZINGER, *Die Ekklesiologie*, 48-52; bes. 50: "Wenn man also in Schlagworten zusammenfassen will, welches die herausragenden Elemente des Volk-Gottes-Begriffes sind, die dem Konzil wichtig waren, so könnte man sagen, hier werde der geschichtliche Charakter der Kirche deutlich, die Einheit der Gottesgeschichte mit den Menschen, die innere Einheit des Gottesvolkes über die Grenzen auch der sakramentalen Stände hinweg, die eschatologische Dynamik, die Vorläufigkeit und Gebrochenheit der immer erneuerungsbedürftigen Kirche und endlich auch die ökumenische Dimension, d.h. die verschiedenen Weisen, in denen Verbindung und Zuordnung zur Kirche auch über die Grenzen der katholischen Kirche hinaus möglich und wirklich sind."

1.1.3.1. Die *Familie Gottes* in der Heilsgeschichte

Die heilsgeschichtliche Ausrichtung ihrer Ekklesiologie läßt die Dogmatische Konstitution über die Kirche schon in Nummer zwei erkennen, wenn sie das Geheimnis der Kirche in den großen Kontext der Geschichte Gottes mit den Menschen stellt. In der Erschaffung des Menschen, seiner Erwählung zur Teilhabe am göttlichen Leben, in der Treue Gottes zu seinem Heilswillen auch nach dem Sündenfall und schließlich im Christusereignis selbst, das die Heilsgeschichte ihrem Höhepunkt zuführt und für die eschatologische Vollendung öffnet, zeigt sich der Wille Gottes, mit dem Menschen in Gemeinschaft zu sein. Diese Gemeinschaft, die Teilhabe der Menschen an der Liebe Gottes, durchwaltet auch die Kirche. So gesehen kann das «Kirchliche» von Adam an — oder wie manche Kirchenväter zu sagen pflegten: «von dem gerechten Abel bis zum letzten Erwählten»[149] — bis hin zur Vollendung in einer eschatologischen universalen «Kirche» beim Vater gesehen werden. Da das Konzept der Familie — wie durch seine Verwendung in Konzil und Synoden bereits aufgewiesen — besonders geeignet ist, die liebende und väterliche Beziehung Gottes zum Menschen auszudrücken, kann man annehmen, daß die «Familie Gottes» auf irgendeine, wenn auch je verschiedene Weise, in allen Etappen der Heilsgeschichte, von der Schöpfung bis hin zur Vollendung, zu finden sei. Die deshalb zu erwartende heilsgeschichtliche Einordnung des *familia-Dei-Konzeptes* läßt sich jedoch in den Konzilsdokumenten nur ansatzhaft erkennen. *LG* 6 bringt ganz allgemein die angeführten Kirchenbilder in Zusammenhang mit der Offenbarung des Reiches im AT und weist damit auf eine geschichtliche Kontinuität hin. Andere Nummern heben die eschatologische Dimension der *familia Dei* hervor und zeigen damit eine geschichtliche Dynamik des Konzeptes an, ohne jedoch die Verankerung in früheren Phasen der Heilsgeschichte ausdrücklich in Betracht zu nehmen.[150]

Im Unterschied dazu haben einige jener Väter, die sich während der Entwicklungsphasen des Konzils für eine Entfaltung der Lehre von der Kirche als *Familie Gottes* einsetzten, deren Bezug zur Geschichte Gottes mit dem Menschen in ihren Phasen der Schöpfung und Erwählung, des Sündenfalls, der Erlösung und der Vollendung hervorge-

---

[149] Vgl. S. GREGORIUS MAGNUS, *In evangelia homiliae* XIX,1: *PL* 76, 1154B; S. AUGUSTINUS, *Sermo* 341, IX,11: *PL* 39, 1499; S. IOANNES DAMASCENUS, *Adversus iconoclastas* 11: *PG* 96, 1357.

[150] Zur eschatologischen Ausrichtung des *familia-Dei-Konzeptes* vgl. bes. *LG* 28; 51; *AG* 1; *GS* 32; 40 u. 92.

hoben.[151] Eine erste Analogie finde sich demnach im Gesamt der Schöpfung, die die Heiligste Dreifaltigkeit, ihren Ursprung und ihr Ziel, durch die zur Einheit strebende Vielfalt abbilde. Der Mensch («Adam») sei darin durch Gott erwählt, als sein besonderes Ebenbild und «Priester der sinnlichen Natur» im Geist der Einheit die ganze Schöpfung als «kosmische Kirche» zur Einheit mit Gott und in sich zu führen. In dieser Sicht bildet also die ganze Menschheit eine «forma futuri» der Kirche als Sakrament der Einheit, oder wie ein Vater ihn nannte, den «mystischen Leib Adams». Nicht nur aufgrund ihrer Einheit im Stammvater «Adam» erscheine sie deshalb als Familie. Sie sei gewissermaßen Familie *Gottes*, weil Gott ihr gegenüber Vater, Bräutigam, Haupt, König, Lehrer und Heilbringer und sie deshalb Tochter, Braut, Leib, Untergebene, Schülerin und Geheiligte, zugleich aber auch in Mitarbeit mit Gott berufen sei, selbst als Mutter und Lehrerin zum Heil der Schöpfung zu wirken.[152] Der Sündenfall des Stammvaters — und durch ihn, mit ihm und in ihm der ganzen Menschheit — zerbrach die wunderbare Ordnung und Einheit der Dinge, das Vorausbild der Familie Gottes. Er brachte die Menschen, ihrer übernatürlichen Erwählung entkleidet, in Trennung mit Gott wie auch, in ihrer natürlichen Beschaffenheit verwundet, in Spaltung untereinander. Diese aber könne der erbsündige Mensch forthin nicht aus eigener Kraft überwinden, weshalb alle Versuche, allein mit menschlichen Mitteln eine universale Einheit und den allumfassenden Frieden in der Menschheit und damit das Paradies auf Erden zu errichten, zum Scheitern verurteilt seien.[153]

---

[151] So z.B. während der *Antepraeparatoria* Ebf. DRAPIER (*A* I.II.I, 522) mit Betonung von Schöpfungstheologie und Menschenwürde; während des Konzils die Bf.: HOA HIEN (*AS* II.I, 549; II.II, 42 u.a.), ZIMMERMANN (*AS* II.I, 580f.: «mystischer Leib Adams») sowie Prälat GROTTI (*AS* II.II, 166-169 in Anlehnung an C.M. BERTI), nach dessen Eingabe sich die folgenden Erörterungen im wesentlichen richten.

[152] Zur schöpfungstheol. Begründung der Einheit der Menschheit vgl. Bf. ZIMMERMANN (*AS* II.I, 580); Kard. RUGAMBWA (*AS* III.6, 448: "Genus humanum una est familia, quae a Deo venit et ad Deum redit, qui «ex uno omne genus hominum inhabitare super universam faciem terrae» [vgl. Apg 17,26] ... effecit"); Bf. HOA HIEN (*AS* II.I, 549), der anspielend auf Eph 5,32 in der von der Schöpfung her eingesetzten menschlichen Familie als «sacramentum» für Christus und die Kirche den Ausgangspunkt für die *familia-Dei-Analogie* ortet. Es fällt nicht immer leicht, in diesen Beiträgen eine klare sachliche Unterscheidung zwischen Natur (Schöpfung) und Gnade (Erwählung) zu erkennen. Man wird aber wohl nicht falsch liegen, wenn man eine naturgegebene (abstammungsmäßige) Einheit der *Menschheits*familie von Adam her von den ersten Anfängen einer Kirche als Familie Gottes unterscheidet, die in der Erwählung Adams, Heilsmittler (oder wie andere es ausdrücken, «Priester» oder auch «quasi Sakrament») für die Menschheit zu sein, gründet. Das besagt nichts anderes, als daß Gott von Anfang an das Heil, zu dem er die Menschen frei erwählte, als gemeinschaftlich vermitteltes, d.h. als «kirchliches» gewähren wollte.

[153] Vgl. GROTTI (*AS* II.II, 166), ZIMMERMANN (*AS* II.I, 580) sowie HOA HIEN (*AS* II.I, 549).

Die Kontinuität der Form der Familie Gottes und damit des Heilshandelns Gottes wird in den dargestellten Beiträgen in einem weiteren Schritt im Christusereignis, an seiner Vorbereitung und an seinen geschichtlichen Einzelereignissen festgemacht. Demnach blieb Gott seinem Heilswillen auch nach dem Sündenfall des Menschen treu[154] und offenbarte im Bund mit den Patriarchen, mit Mose und durch die Propheten ein immer vollkommeneres Vorausbild für die Familie Gottes, das schließlich, als die Zeit erfüllt war, in Christus, dem neuen Adam, seine Erfüllung fand. Sein Wirken und seine Verkündigung des Reiches stand im Dienst der Einheit der gefallenen Menschen mit ihm und in ihm auch untereinander. Er berief Apostel, setzte sie ein und sandte sie, nahm Jünger an, lehrte die Menge, erwies seine Gottheit in Lehre und Wunderzeichen, errichtete die heilige Ordnung (Hierarchie), vergoß sein Blut am Kreuz, um die Söhne Gottes aus der Zerstreuung zu sammeln, und besiegte durch die Auferstehung den Tod. Er fuhr glorreich zum Himmel auf und erhob so die Kirche zu ihrer vollkommensten irdischen Form. So vereinte er die Menschen zu seiner Familie, zur Familie Gottes, wieder neu und wunderbarer als zuvor.[155] Dennoch aber harre die Familie der Söhne Gottes, die in Christus schon hier auf Erden anfanghaft sichtbar gegenwärtig und mit entsprechenden gesellschaftlichen Strukturen ausgerüstet sei, der Vollendung, in der sie in vollkommener Einheit Gottes Familie sein werde.

Die dargestellte große heilsgeschichtliche Perspektive des *familia-Dei-Konzeptes* erfährt nach dem Konzil durch das nachsynodale Apostolische Schreiben *Reconciliatio et paenitentia* insofern eine gewisse weitere Entfaltung, als das Augenmerk mehr auf die Sündenverflochtenheit des Menschen als Folge der Ursünde gerichtet wird. Die Sünde des Menschen stellt den radikalen Gegensatz zur Einheit der Menschheitsfamilie und auch der Familie Gottes dar. Mit der durch die Sünde zerstörten Einheit zwischen Gott und dem Menschen, der Einheit unter den Menschen und der Einheit zwischen Mann und Frau sind aber genau jene Momente verloren, die die Kirche als Familie Gottes konstituieren. Trotz allem bleibt diese auf den ersten Blick negative Sichtweise stets auf die erlösende und verzeihende Liebe Gottes ausgerichtet, dessen Heilswillen, die Menschheit zu seiner Familie zu versammeln, niemals endet.[156]

---

[154] Vgl. Ebf. KOZLOWIECKI (*AS* II.I, 677f.), der in der heilsgeschichtlichen Nummer 2 des Schemas *De Ecclesia* folgende Einfügung forderte: "Ita Deus in Christo familiam filiorum suorum iam ab initiis generis humani lapsi congregare coepit" (vgl. auch *AS* II.I, 774 u. ebd., 283).

[155] Vgl. GROTTI (*AS* II.II, 166-168) sowie HOA HIEN (*AS* II.I, 549).

[156] Vgl. IOANNES PAULUS II, Adh. apost. *RP* in ihrem Gesamtduktus, bes. n. 15: *AAS* 77 (1985) 212f.

1.1.3.2. *Familie Gottes* und Inkarnationsanalogie – die Einheit von transzendenter und geschichtlicher Dimension

Um die Geheimnishaftigkeit der Kirche zu wahren und gleichzeitig ihre Geschichtlichkeit und Sichtbarkeit festzuhalten, bedient sich *Lumen gentium* vornehmlich zweier eng miteinander verbundener theologischer Analogien: des *Sakramentes* und der *Inkarnation* (*LG* 8). Durch letztere wird unter Berufung auf *Mystici Corporis* ausgedrückt, daß die Kirche, die — aus Sichtbarem und Unsichtbarem im Heiligen Geist geeint — Göttliches und Menschliches in sich schließt, *eine* Realität ist. Sie hat jetzt schon in ihrem geschichtlichen Gefüge teil an der Herrlichkeit Christi, ihrem Haupt und Mittelpunkt, und bleibt doch in ihren menschlichen Gliedern sündig und der Bekehrung und Erneuerung bedürftig. Unter Voraussetzung dessen, was im Abschnitt über Christus bereits zur Fleischwerdung des Wortes gesagt wurde, ist nun zu überprüfen, ob und wie Konzil und Synoden sich einerseits des Konzeptes der *familia Dei* bedienten, um die Einheit von unsichtbarer und sichtbarer Dimension der Kirche darzulegen, und andererseits eine Beziehung dieses Konzeptes zur Inkarnationsanalogie selbst herstellten.

Ansätze dazu finden sich in den Konzilsdokumenten etwa im Ökumenismusdekret[157], das die «brüderliche Einheit der Familie Gottes» zusammen mit anderen *sichtbaren Momenten* der geistgewirkten kirchlichen Einheit anführt. Weiter ausgeführt wird die Verbindung von sichtbarer und unsichtbarer Dimension in der Familie Gottes vor allem in den Nummern 40 und 44 der Pastoralkonstitution *Gaudium et spes* hinsichtlich dessen, was die Kirche zum Aufbau einer wahrhaft menschlichen Welt beitragen und ihrerseits von dieser Welt empfangen kann.

Um die Einheit von sichtbarer und unsichtbarer Dimension der Kirche war es einigen Vätern, die die Kirche als Familie Gottes verstanden wissen wollten, bereits in früheren Phasen des Konzils gegangen – zumeist geleitet von der Absicht, den vor dem Konzil häufig gebrauchten Begriff «*societas*» durch «*familia*» zu ersetzen.[158] «Familie»

---

[157] Decr. *UR* 2: *AAS* 57 (1965), 92.

[158] Vgl. Bf. DURRIEU (*A* I.II.V, 67): "… le Corps Mystique du Christ n'est pas autre chose que l'Église réunion visible de tous ceux qui croient au Christ, qui sont baptisés, qui participent à l'eucharistie; assemblée hiérarchisée ou les uns, les fidèles, reçoivent la vie du Christ par les autres — diacres, prêtres, Evêques —; grande famille où tous doivent être consommés dans l'unité, non pas seulement dans l'harmonie intérieure des coeurs, mais d'une façon visible. Il n'y a pas d'Église invisible; il n'y a qu'une seule Église, humaine par ses membres, mais divine par son chef, Jésus-Christ, et par son âme, l'esprit-Saint"; Ebf. MARTY (*AS* I.IV, 192); zum Begriff «societas» vgl.

bezeichne nämlich eine nicht weniger sichtbare Realität, ohne jedoch
«juridisch» zu klingen und betone mehr die Dimension der Liebe
Gottes zur Kirche sowie der Liebe der Gläubigen untereinander.[159]
Keiner dieser Beiträge verwies allerdings explizit auf die Analogie des
fleischgewordenen Wortes. In anderem Zusammenhang allerdings,
nämlich um die Katholizität der Kirche, ihre Einheit in der Verschiedenheit und ihre Fähigkeit zur Inkulturation zu unterstreichen, brachte
eine Gruppe afrikanischer Bischöfe das Konzept der *familia Dei* mit
der Inkarnation in Verbindung:

> "Weil das Wort Gottes, der Erlöser aller, durch seine wunderbare
> Inkarnation einer bestimmten Nation und einem mit eigenen Tradi-
> tionen, eigener Kultur und eigenen Denkungsarten begabten Stamm
> eingegliedert werden wollte, ist die Kirche, die Mutter aller Gläubigen,
> ohne Zweifel verpflichtet, die Verschiedenheit der Gaben im «Haus
> Gottes» mit Achtsamkeit zu empfangen, sie zu bewahren und zur Fülle
> zu führen, damit so dem Willen Gottes treuer Gehorsam geleistet
> werde. Dadurch erstrahlt die Katholizität der Kirche, durch die die
> natürlichen und übernatürlichen Gaben des Geistes Gottes zur Voll-
> endung geführt werden. Weil nämlich diese Familie Gottes, die die
> Kirche ist, dazu bestimmt ist, daß sie alle Kinder Gottes in Einheit ver-
> sammle, strebt sie von Natur aus danach, in ihrem Leben die Einheit in
> Verschiedenheit und die Verschiedenheit in Einheit so vollkommen wie
> möglich zur Erscheinung zu bringen."[160]

Dem hier angedeuteten Zusammenhang liegt eine innere Verbindung zwischen der Fleischwerdung des Wortes und der Kirche in der
Form der Familie Gottes zugrunde, die ebenfalls ausdrücklich und
systematisch aufgezeigt wurde.[161] Im «Verbum Incarnatum», genauer
gesagt in der untrennbaren Verbindung von göttlicher und mensch-

---

z.B. das vor dem Konzil erstellte Schema *De Missionibus* (*A* II.II.III, 145 u. *SCH* IV,
350), das die Kirche als «societas filiorum Dei» bezeichnet, wenngleich dem Begriff
der «Kinder» jener der «Familie» wohl besser korrespondierte.

[159] Vgl. Ebf. D'AVACK (*AS* I.IV, 148f.); Bf. BALDINI (*AS* II.I, 399); Bf.
FOUGERAT (*AS* II.III, 461): "Ecclesia non esset societas, communitas, populus nisi
esset primum familia Dei"; sowie Ebf. PAILLOUX (*AS* II.III, 519f.): "Forsitan, haec
omnia melius dicerentur et reciperentur si Ecclesia, non tam ut societas hierarchica et
iuridica, quam ut familia inter se coadunata ac mutua affectione et reverentia roborata
ante oculos omnium poneretur". Andererseits wurde aber auch von einem Vater auf
die alte Unterscheidung zwischen der Kirche als «societas perfecta» und einer Familie
als «societas imperfecta» hingewiesen (vgl. *A* I.II.I, 389).

[160] Ebf. GRAULS (*AS* II.II, 161) sowie die BfKonf. von Burundi und Rwanda
zusammen mit 34 namentlich unterzeichneten afrikanischen Bf. (ebd., 206), die einen
Einschub mit dem Titel *De Ecclesiae catholicitate, i.e. de eius unitate in diversitate*
zwischen n. 7 und 8 der Kirchenkonstitution forderten.

[161] Vgl. Prälat GROTTI (*AS* II.II, 167-169), gestützt auf C.M. BERTI (s.u. 3.2.).
Daß der Form der Kirche am besten das Konzept der «Familie» entspreche, ergibt sich
nach GROTTI (ebd., 169, Anm. 53) aus der Analogie zu den darin ausgesagten Beziehungen: "Ecclesia est in primis familia cum constet Patre, filiis et amore, et conse-
quenter tantum, regnum et populus."

licher Natur in ein und derselben Person, finde die Kirche ihre höchste und vollkommenste *Form*, die sich in familiären Beziehungen kundtue: Die Gottheit verhalte sich zur Menschheit Christi und analog dazu der dreifaltige Gott zur Kirche wie der Vater zur Tochter und der Bräutigam zur Braut. Diese Form erfülle durch das Geschehen der Inkarnation die Familie von Nazaret als Vorausbild der Kirche und bilde sich im Menschengeschlecht, wie in gewisser Weise auch in aller Kreatur, ab. Die *familia Dei*, der hierbei eine sakramentale Mittlerfunktion zufalle, bleibe als Kirche Christi unsichtbar geleitet durch den Heiligen Geist und erhalte zugleich als «Kirche des Petrus», der sie als erster zusammen mit den übrigen Aposteln führt, eine vollkommene irdische und sichtbare Form, die selbst nochmals ihr zugrundeliegendes Geheimnis offenbare. Die Bischöfe seien nämlich ihren Gläubigen gegenüber gleichsam Vater, Bräutigam und — durch ihre Weihe des Priestertums Christi teilhaftig — Haupt und Lehrer. Der Sündigkeit ihrer Kinder wegen bleibe die volle Verwirklichung der Familie Gottes nach der ihr vorgegebenen Form der ewigen Herrlichkeit vorbehalten. Daß aber die Inkarnationsanalogie selbst nicht vor mißbräuchlicher Verwendung gefeit sei, war bereits früher von einem Vater angedeutet worden.[162]

Die wenigen Belege für diese Thematik aus den Bischofssynoden beschränken sich im wesentlichen auf die Frage nach «sichtbar» und «unsichtbar». Der Vorzug des Begriffs der «Familie Gottes» liegt dabei darin, daß einerseits in ihm selbst die göttliche Dimension und damit die Heiligkeit der Kirche (des «Ursakraments») ausgesagt und im Bild der Familie andererseits eine institutionelle Realität angesprochen ist, die für Struktur und Leitung ebenso Raum läßt wie für vitale Prozesse, in denen je immer neu Unvollkommenheit und Sünde, aber auch (heils-)geschichtliche Entwicklungen zutage treten.[163]

---

[162] Der portugiesische Ebf. SALGUEIRO verwies auf die mißbräuchliche Verwendung der Analogie (Inkarnation-Familie Gottes) von kommunistischer Seite, die von einer Inkarnation Lenins in den Gliedern der kommunistischen Partei sprach (*A* I.II.II, 587): "Unitas solummodo in Christo fit. Actualitas abscondita ac efficiens Corporis Mystici Christus est. Ita alliciens hoc cernitur dogma ut communistae illud sibi rapiant, quamvis sacrilege deforment. Reapse Comitatus Executivos Unionis Rerumpublicarum Socialistarum Sovieticarum sic docuit: «Lenin mortuus est, sed ille unoquoque factionis membro vivit. Unumquodque factionis membrum particula Leninis est. Tota familia nostra communista incarnatio collectiva Leninis est». Hoc expurgato textu quolibet pantheistico sensu, sicuti christiani tradunt auctores Ecclesia docet: «Christus amplius non moritur; unoquoque Corporis sui Mystici membro vivit. Unumquodque membrum vita Christi realiter participat. Tota familia christiana incarnatio continuata collectivaque Christi est»."

[163] Vgl. IOANNES PAULUS II, Adh. apost. *CT* 29: *AAS* 71 (1979), 1300-1302; *Puebla* nn. 255f. (it.: 127f.).

1.1.3.3. Die Kirche als Sakrament und die Sakramente der Kirche im Licht des *familia-Dei-Konzeptes*[164]

Christus ist das Licht der Völker, das Heil der Welt. Durch seine Menschwerdung schenkt er den Menschen die Möglichkeit, ihm zu begegnen, durch ihn und in ihm das Heil zu erlangen. Darin liegt die im vorhergehenden dargestellte Analogie der Familie Gottes zur Inkarnation: Gott selbst — im Sohn menschgeworden — *begegnet* den Menschen, um sie zur Gottessohnschaft zu erheben und dadurch untereinander zu Brüdern zu machen; im Glauben treten die Menschen in jener geschichtlich greifbaren und sichtbaren Familie mit Gott und untereinander in Gemeinschaft. Das aber entspricht genau dem, was das Konzil beabsichtigte, als es seine Ekklesiologie in *Lumen gentium* und anderen Dokumenten unter das Leitthema des «Sakramentes» stellte.[165] In den Konzilsdokumenten wird der Bezug der Kirche als Sakrament zum Thema der «Familie Gottes» *implizit* in der Liturgiekonstitution hergestellt, in der die Kirche als Zeichen unter den Völkern zur Sammlung der zerstreuten Söhne Gottes erscheint[166]. *Explizit* geschieht das im Dekret über die Missionstätigkeit der Kirche, welches mit seinen ersten Worten unter Berufung auf die Kirchenkonstitution (*LG* 48) die Kirche als Sakrament des Heiles beschreibt und das Ziel dieser Sakramentalität der Kirche in der Zusammenfassung von allem in Christus und der Bildung der Familie Gottes ortet.[167] Dieselbe Zielrichtung durchstimmt auch die Pastoralkonstitution, in der die Sendung der Kirche, Zeichen in der Welt zu sein und die Einheit der Menschheitsfamilie mit Gott und in ihr zu verwirk-

---

[164] Dieser Abschnitt behandelt in drei Teilen [durch «* * *» getrennt]: die Familie Gottes als Sakrament im allgemeinen; ihren Bezug zu den einzelnen Sakramenten sowie zur Liturgie als bevorzugte Verwirklichung des «Sakramentalen».

[165] Vgl. Const. dog. *LG* 1, 9 u. 48: *AAS* 57 (1965), 5, 14 u. 53; RATZINGER, *Die Ekklesiologie*, 45: "… Glaube ist Begegnung mit dem, was ich nicht erdenken oder durch Leistung herbeiführen kann, sondern was mir eben begegnen muß. Wir nennen diese Struktur des Empfangens, des Begegnens «Sakrament»." RATZINGER spricht desweiteren (ebd., 51) davon, daß es keine Treue zum Konzil gebe, die nicht (zusammen mit den anderen Begriffen) die Kirche als Sakrament verstehe, bemerkt aber hiezu: "Hier wird sichtbar, wie sehr das Konzil noch vor uns ist: Der Gedanke der Kirche als Sakrament ist noch kaum ins Bewußtsein getreten."

[166] Vgl. Const. *SC* 2: *AAS* 56 (1964), 98 [dt.: *LThK.E* 1, 15]: «So stellt sie [die Liturgie] denen, die draußen sind, die Kirche vor Augen als Zeichen, das aufgerichtet ist unter den Völkern [vgl. Jes 11,12]. Unter diesem sollen sich die zerstreuten Söhne Gottes zur Einheit sammeln [vgl. Joh 11,52], bis eine Herde und ein Hirt wird [vgl. Joh 10,16]." Die beiden biblischen Konzepte *Zeichen* und *Sammlung der Söhne* weisen jeweils auf die Themen des *Sakramentes* und der *Familie Gottes* hin und werden in diesen Zusammenhängen im Entwicklungsgang des Konzils auch öfters zitiert.

[167] Vgl. Decr. *AG* 1: *AAS* 58 (1966), 947.

lichen, durch die korrelierenden Themen «Familie Gottes» – «Menschheitsfamilie» umschrieben wird.[168]

Anzeichen der Entwicklung in diese Richtung lassen sich während der ersten Sitzungsperiode des Konzils in einem Beitrag von Bischof Hoa Hien zum Liturgieschema erkennen. Als Begründungen seiner Anregung, allgemein im Konzil die Kirche als Familie Gottes zu konzipieren, nennt er unter anderem den leicht herstellbaren Bezug des Konzeptes zum Mysterium der Kirche und der *Sakramente*. Er nennt zwar die Kirche nicht explizit «Sakrament», führt aber jene Elemente an, die als Grundlage für diese Sicht zu gelten haben: die menschliche leibgeistige Natur, die Menschwerdung Christi und die sakramentale Weise unserer Erlösung.[169] Wenig später bezieht Erzbischof Marty die Begrifflichkeit der traditionellen Sakramentenlehre auf die Familie Gottes.[170] Analog zur Eucharistie, die als *«res et sacramentum»* auf die Einheit der Kirche als *«res tantum»* ausgerichtet sei, diene die sichtbare, institutionelle Dimension der Familie der Kinder Gottes als Erscheinungsform ihres Geheimnisses.

Ausdrücklich wird die Beziehung der *familia Dei* zur *Kirche als Sakrament* in dem für die Entwicklung der sakramentalen Sicht der Kirche (in *Lumen gentium*) höchst einflußreichen Alternativentwurf der Bischofskonferenzen Deutschlands und Österreichs hergestellt.[171] Die Einheit der Menschen in einer Familie, die in Verwirklichung der doppelten Bestimmung der Einheit untereinander und mit Gott keine

---

[168] Besonders deutlich in den nn. 40-45 u. in der *Conclusio* (*GS* 92); s.u. 2.1.

[169] Vgl. *AS* I.III, 95.

[170] Vgl. *AS* I.IV, 191f.

[171] Neben den Eingangsworten «Lumen gentium ...» fallen als weitere Parallelen zur späteren Dogmatischen Konstitution im *Prooemium* die Betonung des Mysteriums der Kirche sowie deren nähere Kennzeichnung als «Sakrament der innersten Vereinigung des Menschengeschlechtes in sich und mit Gott», auf. Vgl. *AS* I.IV, 610: "Homines enim, qui hucusque in diversis orbis terrarum partibus segregati et hinc sibi invicem nimis ignoti vixerunt, hodie novis vinculis oeconomicis, socialibus, politicis, culturalibus intime connexi et alii ab aliis dependentes, ut unam tantum familiam efforment, vocantur. Eadem sorte aut fortunae aut interitus coniunguntur. Ideo ipsa quoque Ecclesia vicinior omnibus facta reapse mundi totius Ecclesia evadit. Cum vero sese ut sacramentum intimae unitatis totius generis humani in se eiusque unionis cum Deo, omnium principio et fine, cognoscat, propriam naturam instantius fidelibus suis et mundo universo praedicare intendit, non ut gloriam suam coram hominibus quaerat, sed ut fidelius suam ad mundum missionem impleat et fidem hominum facilius inveniat." Der Textabschnitt zeigt enge begriffliche wie inhaltliche Parallelen zum fünften Absatz von *LG* 28 (vgl. *GS* 43), in dem ebenfalls die Familie Gottes als Ziel des einenden Wirkens der Kirche vorgestellt wird. Damit ist im wesentlichen eines der Leitthemen der Pastoralkonstitution getroffen.

andere als die *Familie Gottes* sein kann, erweist sich darin als Ziel des «sakramentalen» Wirkens der Kirche.[172]

Berücksichtigt man die Entstehungsgeschichte der Aussagen der Konzilsdokumente über die Kirche als Sakrament, so legt sich nahe, das *familia-Dei-Konzept* als deren angemessene Veranschaulichung zu werten. Daß diese Interpretation nicht fehlgeht, beweisen in aller Klarheit die *Lineamenta* zur Synode über die Familie (1980). Unter ausdrücklicher Berufung auf die Kirchenlehre von *Lumen gentium* wird darin das *Mysterium Christi* als die Versöhnung und Vereinigung der Menschen zur Familie Gottes verdeutlicht:

> "Gott, der die Würde des menschlichen Wesens wunderbar geschaffen hat, erneuerte sie noch wunderbarer durch die Inkarnation und Erlösung Christi und gab allen Dimensionen und Aufgaben der menschlichen Person neue Bedeutung und neuen Sinn, indem er alle Menschen seiner Freundschaft und seiner Familie zuführte. Durch das «Mysterium» Christi errichtete er einen neuen und ewigen Bund, wie er verheißen hatte durch die Propheten. … Durch die Vergebung der Sünden werden die Menschen mit Gott versöhnt und Söhne Gottes durch Adoption … (So wird der neue Bund verwirklicht: die ganze menschliche Familie wird in der Gemeinschaft der Söhne Gottes und der geeinten Brüder durch das neue Gesetz der Liebe Christi vereint). In diesem Licht lehrt *Lumen gentium*, daß die Kirche Christi die wirksame Manifestation des Mysteriums Gottes und seine Familie und auch «in Christus gleichsam das Sakrament, das heißt Zeichen und Werkzeug für die innigste Vereinigung mit Gott wie für die Einheit der ganzen Menschheit» [*LG* 1] ist."[173]

Der deutlichste lehramtliche Beleg für die Verbindung des *Familie-Gottes-Konzeptes* mit der ekklesiologischen Leitidee des Vaticanum II von der Kirche als Sakrament des Heiles und der Einheit findet sich im Apostolischen Schreiben *Ecclesia in Africa*, das die geforderte theologische Entfaltung jenes Konzeptes ausdrücklich an die Lehre von der Sakramentalität der Kirche knüpft.[174]

$$* * *$$

---

[172] Im Laufe des Konzils hat die Verbindung beider Themen noch weitere Verbreitung gefunden. Der Entwurf von Prälat GROTTI (*AS* II.II, 166) überschreibt jenes Kapitel, in dem er ausführlich über die Familie Gottes handelt, unter Berufung auf Kard. RITTER (ebd., 165) mit dem Titel: *De mirabili totius Ecclesiae sacramento*; vgl. weiters z.B. Bf. CSERHÁTI zum Schema des Dekrets über Dienst und Leben der Priester (*AS* IV.V, 275).

[173] Vgl. CAPRILE, *Il Sinodo 1980*, 633f. Die Kirchenbilder des Hauses und der Familie werden unter Verweis auf Eph 3,14f. [alle Vaterschaft hat ihren Namen von Gott] nochmals eigens hervorgehoben.

[174] Vgl. IOANNES PAULUS II, Adh. apost. *EA* 114: *OR* 16.09.1995, 8; n. 105 (ebd.) verbindet die Themen von Gerechtigkeit und Frieden mit der *familia Dei* als Sakrament.

Führt man den oben aus den Dokumenten und Akten des Konzils herausgearbeiteten sakramentalen Ansatz der Familie Gottes weiter durch, so könnte man die einzelnen Sakramente selbst ausgehend von der *familia Dei* beschreiben. Tatsächlich machen sich das Konzil und seine Dokumente ein solches Sakramentsverständnis nicht ausdrücklich zu eigen, lassen aber den einen oder anderen Berührungspunkt zwischen beiden Themen erkennen.[175]

Für das Sakrament der Taufe ist die Verbindung zur Familie Gottes evident und wurde von Konzilsvätern verschiedentlich hervorgehoben.[176] Als grundlegendes Sakrament der Wieder*geburt* ist sie der ordentliche Zugang zur Gotteskindschaft und infolgedessen auch zur Brüderlichkeit mit Christus und allen Gläubigen, deren Einheit — wie aus diesen Beziehungen naheliegend — die «Familie Gottes» darstellt als den Raum, in dem sich all das vollziehen kann. Dabei dürfe aber nach Ansicht eines Vaters nicht außer acht gelassen werden, daß die Taufe zugleich auch subjektive Annahme der Erlösung, der Tilgung von Erbsünde und Sünden und deshalb auch Wiedergeburt zum wahren Leben sei und daß sie auf die Einheit der Familie aller Getauften in der sichtbaren Einheit der wahren Kirche hingeordnet bleibe.[177] Andere Väter bezogen das Verständnis der Taufe als «Zugang zur Familie Gottes» auf die praktisch-liturgische Ebene, indem sie forderten, die Eingliederung eines neuen Gotteskindes in seine konkrete geistliche Familie möge auch dort, nämlich in der Pfarrgemeinde, vollzogen werden.[178] Neben den theologisch inhaltlichen und pastoralen Argumenten für die Verbindung der Familie Gottes zur Taufe konnte man sich auch auf die Autorität des Thomas v. Aquin berufen, der im Sentenzenkommentar von den verschiedenen «*Charakteren*» spricht, die in Taufe, Firmung und Weihe verliehen werden. Christus sei für uns

---

[175] Hier wäre etwa der durch das Weihesakrament übertragene Dienst an der Einheit der Familie Gottes zu nennen, der in verschiedenen Dokumenten genannt wird: *LG* 27, *LG* 28 [vgl. *PO* 6], *LG* 32 sowie *CD* 16 (s.u. 1.2.). Die Pastoralkonstitution nennt als ein Eheziel, (durch Nachkommenschaft) die «Familie Gottes zu vergrößern und zu bereichern» (*GS* 50). Zur Weiterführung des Gedankens der Sakramentalität der Familie Gottes s.u. 4.3.

[176] Vgl. vor allem die Beiträge von Bf. HOA HIEN (*AS* II.I, 550; *AS* II.II, 43; *AS Ap* I, 216); sowie in dieser Frage noch ausführlicher Ebf. DE PROENÇA SIGAUD (*AS* II.II, 35).

[177] Vgl. Bf. DE LANGAVANT (*A* I.II.V, 243) – auch hier klingt das Thema der Familie an; vgl. P. GOISON *FC* (*A* I.II.VIII, 272).

[178] Vgl. Bf. VAN VALENBERG (*A* I.II.IV, 262); ebenso die Indonesische BfKonf. (*A* I.II.IV, 274); in dieselbe Richtung argumentiert auch Kard. LARRAONA in seiner *Relatio* zum Liturgieschema bei dessen Diskussion in der zentralen Vorbereitungskommission am 29.05.1962 (*A* II.II.III, 288). Nach Anregung von Ebf. L.A. LEFEVRE (*A* I.II.V, 307) sollten sich zu dieser Familie der Pfarre aber auch schon die Katechumenen gehörig fühlen können.

gleichsam Vater, Priester und König, weshalb dem Taufcharakter die Zurechnung zur *Familie Christi* als wiedergeborene Kinder des Vaters entspreche, dem Firmcharakter der Dienst als Soldat des Königs sowie dem Weihecharakter der Dienst für den Hohenpriester.[179]

In den Bischofssynoden wird die innere Beziehung der Taufe zur Familie Gottes zwar nicht weiter vertieft; wohl aber werden beide Realitäten beispielsweise im Kontext *Glaube-Taufe*, der *Versöhnung mit Gott* und der *universalen Dimension der Kirche* als weltweiter Familie, in der durch die Taufe räumliche, soziale und kulturelle Grenzen überwunden werden, gelegentlich in Zusammenhang gebracht.[180]

Es ist naheliegend, in den Themen der Einheit und der Gemeinschaft den Bezugspunkt der Eucharistie, die als «Sakrament der Einheit» Kinder Gottes in brüderlicher Einheit versammelt und nährt, zur Familie Gottes zu erkennen. Darin bezeichnet sie, was sie zugleich bewirkt: die Einheit der Familie Gottes.[181] Die innere Verbundenheit der Eucharistie mit der *familia Dei* begründet und entwickelt Bischof Hoa Hien in einer ausführlicheren spekulativ-theologischen Reflexion, die die tiefere *symbolische Bedeutung der eucharistischen Gestalten* ebenso zur Geltung bringt wie die Themen des *admirabile commercium*, der *Mütterlichkeit der Kirche*, der *Eschatologie* wie der *liturgischen Praxis*. «Blutsverwandtschaft» konstituiere die Einheit einer Familie. Diese bestehe zwar nicht biologisch, sondern vielmehr mystisch, aber deshalb um nichts weniger wirklich in der Familie

---

[179] Vgl. S. THOMAS, *Com. Sent. Lib. IV*, d.7 q.2 a.1, *s.c.*: "Praeterea, per characterem quasi ascribimur ad familiam Jesu Christi. Sed Christus sicut est Pater noster et sacerdos, ita est et rex noster. Cum ergo per characterem baptismalem ascribamur ei quasi patri filii regenerati per baptismum, et per characterem ordinis quasi ministri sacerdoti summo videtur quod simili ratione in confirmatione debeat imprimi character, quo conformemur ei quasi milites Regi"; vgl. die Eingaben von Bf. ARGAYA GOICOECHEA (*AS* III.I, 645) sowie Ebf. MELENDRO (*AS* III.I, 723).

[180] Vgl. SYNEP 1977 (Katechese), *Inst. lab.* n. 19, zit. nach CAPRILE, *Il Sinodo 1977*, 497; Bf. VAUGHAM (Synode 1983: Buße und Versöhnung): CAPRILE, *Il Sinodo 1983*, 339f.; die Beobachterin der *UNESCO*, C. BELOMO ESSANA (Synode 1987: Laien): CAPRILE, *Il Sinodo 1987*, 108.

[181] Vgl. die Eingabe der päpstlichen Universität von Manila (*A* I.IV.II, 288f.); Kard. LARRAONA in seiner *Relatio* zum zweiten Kapitel des Liturgieschemas (über das Geheimnis der Eucharistie) in der zentralen Vorbereitungskommission (März 1962; *A* II.II.III, 111f.); Eucharistie als Nahrung der Familie Gottes und ihre Einheit: Ebf. DE PROENÇA SIGAUD (*AS* II.II, 35) u. Bf. FOUGERAT (*AS* II.III, 461).; Ebf. VUCCINO zum Ökumenismusschema unter Berufung auf IGNATIUS v. A. (*AS* III.III, 758); auf ökumenische Probleme im Zusammenhang der Zeichenhaftigkeit der Eucharistie für die Einheit der Menschheitsfamilie (mit Gott wie in ihr) verwies Bf. GUANO (*AS* II.VI, 22); Ebf. FLAHIFF (*AS* IV.V, 326f.) verlangte, neben dem Aspekt des Opfers den des «Sakramentes der Einheit» (zur Vereinigung der Familie Gottes) nicht außer acht zu lassen und wies auf die größere Zeichenhaftigkeit der gemeinschaftlichen Feier der Eucharistie hin.

Gottes darin, daß Christus Fleisch und Blut des Menschen annimmt, um ihn dadurch seines Fleisches und Blutes, seines göttlichen Lebens und seiner Sohnschaft teilhaft werden zu lassen. Dieses Geheimnis verwirkliche sich durch Christus in der Hingabe seines Fleisches und Blutes, die nach dem Evangelisten Johannes die Gemeinschaft Christi mit seinen Jüngern konstituiere.[182] Eucharistie ist nach Hoa Hien kein privates Ereignis zwischen Gott und einer Seele, sondern geschehe ihrem Wesen nach immer in der «Familie der Kirche». So gesehen sei die Eucharistie wirklich ein Gastmahl, der «Familientisch», an dem Gott seine Kinder als Brüder versammle – schon jetzt sichtbar, doch auch als Angeld der Vollendung des himmlischen Hochzeitsmahles.[183] Dieses Familie-Gottes-Sein müsse sich auch im Vollzug der Feier der heiligen Messe selbst erweisen, die nicht als reine und private Gesetzeserfüllung zur Beruhigung des eigenen Gewissens dienen dürfe, sondern auch ihre gemeinschaftliche, soziale und damit kirchliche Bedeutung ausstrahlen möge.[184]

In den ihnen je eigenen Kontexten vertiefen dann noch die Bischofsversammlung in Puebla 1979 sowie die Afrikasynode 1994 das Geheimnis der Eucharistie in seiner Beziehung zur Familie Gottes. Die Eucharistie sei der erste Ort des Lebens der Familie Gottes, des Zusammenhaltes und ihrer Gemeinschaft in Glauben und Liebe inmitten aller sie umgebenden Spannungen und Konflikte. Um das zu ermöglichen, bedürfe es nicht nur des Willens zur Einheit, sondern auch der Gleichförmigkeit in bezug auf die volle Wahrheit Jesu Christi. Nur unter diesen Bedingungen nämlich könne die Eucharistie in ihrem tiefsten Sinn vollzogen werden: in der Vereinigung des Volkes Gottes als Familie, die an dem einen Tisch Anteil hat, an dem das Leben Christi — hingegeben im Opfer — das eine und einzige Leben aller wird. Zugleich aber sei in der Eucharistie auch für die Familie die Fülle von Gemeinschaft und Partizipation zu finden. Im Geist des Bundes werden die Gläubigen dazu gedrängt, ihr konkretes Leben in seinen verschiedenen Dimensionen nach der Eucharistie selbst auszurichten.[185] Als Prüfstein für die Läuterung afrikanischer Traditionen und Symbole erscheine schließlich Eucharistie und österliches Geheimnis in bezug auf das afrikanische Konzept der *Kirchenfamilie* bei der Afrikasynode.[186]

---

[182] Vgl. *AS* I.IV, 514 (zit. Joh 6,57-59) sowie vor Konzilsbeginn *AS Ap* I, 215.

[183] Vgl. *AS* I.III, 95 sowie zu den Aspekten des Mahles und der eschatologischen Vollendung auch *AS* II.I, 550 und *AS* II.II, 43.

[184] Vgl. *AS Ap* I, 359.

[185] Vgl. *Puebla* n. 246 (it.: 125) u. n. 588 (it.: 217; was hier von der christlichen Familie gesagt wird, kann analog auch auf die Kirche angewendet werden).

[186] Vgl. Bf. MONSI-AGBOKA: *OR Africa* I, 77.

Die Aspekte von Sünde, Umkehr und Versöhnung waren zur Zeit des Konzils etwas in den Hintergrund geraten[187]. Dem entspricht es, daß auch das *familia-Dei-Konzept* vorwiegend erst im Rahmen der Bischofssynode 1983 und des nachfolgenden Apostolischen Schreibens vermehrt mit dem Thema der Versöhnung im allgemeinen und dem Bußsakrament im besonderen verbunden wird. Aber auch andere Sakramente finden sich hierin als Ausdruck des Versöhnungsdienstes der Kirche unter expliziter Anwendung des *familia-Dei-Konzeptes* dargestellt:

> "Die Taufe ... ist nämlich ein Akt der Bekehrung und der Eingliede-rung in die rechte Ordnung der Beziehungen zu Gott, der Versöhnung mit Gott, wobei die Erbsünde getilgt und der Mensch in die große Familie der Versöhnten aufgenommen wird.
>
> Das Weihesakrament ist dazu bestimmt, der Kirche die Hirten zu geben, die als Lehrer und Vorsteher auch dazu berufen sind, Zeugen und Vermittler der Einheit, Erbauer der Familie Gottes, Verteidiger und Beschützer der Gemeinschaft dieser Familie gegen die Einwirkun-gen von Spaltung und Zersplitterung zu sein.
>
> Das Ehesakrament, Erhöhung der menschlichen Liebe unter dem Wirken der Gnade, ist gewiß Zeichen der Liebe Christi zur Kirche, aber auch des Sieges, den er den Eheleuten über jene Kräfte gewährt, die die Liebe entstellen und zerstören, so daß die Familie, die aus diesem Sakrament entsteht, auch zum Zeichen der versöhnten und ver-söhnenden Kirche wird für eine in allen ihren Strukturen und Institu-tionen versöhnte Welt."[188]

Grundlage für die Verbindung des *Familie-Gottes-Konzeptes* zu den genannten Themenkreisen bildet die Lehre von der Sünde als «Prinzip der Entzweiung» und radikalem Gegensatz zur Einheit der Menschen in der Familie Gottes.[189] Aufgrund der Erbsünde steht jeder Mensch von Beginn seines Lebens an in diesem Gegensatz. Doch Gott offenbart sich als ein versöhnender Vater, der seine Kinder ruft, sich zu ihm zu bekehren. Die Versöhnung, die in der Vaterschaft Gottes grundgelegt ist[190], wird vollzogen in seinem eingeborenen Sohn Jesus Christus, der die Trennung der Sünde aufhebt und die Einheit der

---

[187] Diese Tatsache wird vor allem an der Entwicklung von *GS* ersichtlich (s.u. 2.1.2. u. 2.1.3.).

[188] IOANNES PAULUS II, Adh. apost. *RP* 27: *AAS* 77 (1985), 248-250 [dt.: *VAS* 60, 55-57]. Das Sakrament der Ehe wurde als Sakrament der Gemeinschaft bereits in einer Wortmeldung in der Konzilsaula in seiner Bedeutung für die «Pfarrfamilie» hervorgehoben (vgl. Bf. VAN PETEGHEM, *AS* III.VIII, 765).

[189] Vgl. die *Relatio* der Kleingruppe «Englisch – C»: CAPRILE, *Il Sinodo 1983*, 410: "Il peccato è l'allontanamento da Dio, in quanto interrompe quei rapporti medi-ante i quali il Padre vuol riunire gli uomini in una famiglia di amore; aliena l'uomo da Dio schierandolo contro il disegno di amore da parte di Dio." Vgl. auch *RP* 23.

[190] Vgl. die Wortmeldung von Kard. PIRONIO: CAPRILE, *Il Sinodo 1983*, 269.

Menschen in der Familie Gottes ermöglicht. Diese Glaubenswahrheit durchzieht als Kerngedanke die ganze Synode, verbunden mit Eph 2,18-19, mit jener Stelle also, die in *Lumen gentium* zur Begründung des Kirchenbildes der Familie Gottes angeführt wird.[191] Das nachsynodale Apostolische Schreiben *Reconciliatio et paenitentia* kennzeichnet im Lichte dieses Konzeptes die Heilsgeschichte als «Geschichte einer Versöhnung» und die dadurch angezielte Gemeinschaft (der Kirche) als «neue Familie von Versöhnten».[192] Als versöhnte Familie Gottes wirkt die Kirche in vielfältiger Weise den Dienst der Versöhnung, der ihr von Christus im Heiligen Geist übertragen wurde und eng mit ihrer vom Vaticanum II herausgearbeiteten Stellung als Sakrament des Heiles zusammenhängt. Er richtet sich zuerst als Anspruch an die Gläubigen selbst, dann aber auf die Versöhnung und Einheit aller Menschen mit dem Ziel, sie zu einer mit dem Vater versöhnten Familie in Gerechtigkeit, Wahrheit, Freiheit und Liebe zu vereinen. Die sakramentale Dimension der Versöhnung als Wiedervereinigung zur Familie Gottes zeigt sich besonders im Bußsakrament. Die einzelnen Elemente (Bekenntnis, Vergebung, Versöhnung, Wiedergutmachung) drücken seinen sozialen Bezug aus und sind gut in den Kontext einer Familie einzuordnen, was noch durch den Dienst des Priesters unterstrichen wird, der im Sakrament die vergebende und seine Kinder in seine Familie zurückführende *Liebe des Vaters* sichtbar machen soll.[193]

* * *

---

[191] So schon in den *Lineamenta* n. 17: CAPRILE, *Il Sinodo 1983*, 644; im *Inst. lab.* n. 20: CAPRILE, *Il Sinodo 1983*, 703 sowie in einer Stellungnahme von Bf. TOMKO zur Synode im *OR* 01.12.1983: CAPRILE, *Il Sinodo 1983*, 603.

[192] Diese Gedanken werden in Auslegung des Gleichnisses vom *verlorenen Sohn* (und seiner Heimkehr in die Familie des barmherzigen Vaters) weiter ausgefaltet; vgl. IOANNES PAULUS II, Adh. apost. *RP* 4-6: *AAS* 77 (1985), 189-198 [n. 4 dt.: *VAS* 60, 10]: "Die Heilsgeschichte der gesamten Menschheit wie auch jedes einzelnen Menschen zu allen Zeiten ist die wundervolle Geschichte einer Versöhnung, bei der Gott, weil er Vater ist, im Blut und im Kreuz seines menschgewordenen Sohnes die Welt wieder mit sich versöhnt und so eine neue Familie von Versöhnten geschaffen hat." Vgl. n. 8: ebd. 201 [dt.: *VAS* 60, 17]: "Im engen Zusammenhang mit der Sendung Christi kann man also die an sich reiche und vielschichtige Sendung der Kirche zusammenfassen in der für sie zentralen Aufgabe der Versöhnung des Menschen mit Gott, mit sich selbst, mit den Brüdern, mit der ganzen Schöpfung; und dies fortwährend: denn ... «die Kirche ist von Natur aus immer versöhnend»."

[193] Die Notwendigkeit der inneren Versöhnung hebt der taiwanesische Bf. P. CHENG hervor: CAPRILE, *Il Sinodo 1983*, 135; mehr die nach außen gerichtete Dimension, Bf. FERNANDES (ebd., 466) sowie die Schlußbotschaft der Synode (ebd., 803); das Bußsakrament: Ebf. PIMIENTO RODRÍGUEZ (ebd., 164); vgl. weiters Bf. A.T. SANON, der in seinen Beiträgen den Familienkontext des in einer konkreten lokalen Kirche gespendeten Bußsakramentes betont (ebd., 210 u. 332), sowie die Überlegungen zur «Vaterschaft» der Kard. PIRONIO und SIN, (ebd., 269 u. 377).

Liturgie ist bevorzugte Verwirklichung des sakramentalen Wesens der Kirche. In ihr strahlt in menschlichen Ausdrucksformen die göttliche Herrlichkeit auf, sie ist Zeichen und Mittel der Vereinigung des Menschen mit Gott und der feiernden Gläubigen untereinander. Sie ist Vorgeschmack der himmlischen Liturgie, der eschatologischen Gemeinschaft mit Gott. In ihr, und zwar in der Feier der Eucharistie, findet das ganze kirchliche Leben seine Quelle und seinen Höhepunkt.[194] Entsprechend dem alten Prinzip *«lex orandi - lex credendi»* muß die Liturgie insbesondere in ihren tradierten Gebeten auch als echte und verbindliche dogmatische Quelle neben Schrift und Tradition und in der lebendigen Auslegung durch das kirchliche Lehramt erachtet werden. Die Angemessenheit eines Kirchenkonzeptes wird deshalb auch danach beurteilt werden müssen, wie es sich mit dieser Dimension verbinden läßt. Das Konzept der Familie Gottes kann sich dabei auf das Vaticanum II berufen. *LG* 51 nennt als Bestimmungsstücke, die das Leben der Kirche als Familie Gottes ausmachen, die gegenseitige Liebe und die *Liturgie* (das Lob der Heiligsten Dreifaltigkeit), die in ihrer endlichen irdischen Verwirklichungsform über sich hinaus auf die Vollendung, die selbst als Liturgie verstanden wird, verweisen und an ihr Anteil geben.[195] Die enge Verbindung zwischen Liturgie und dem *familia-Dei-Konzept*, die hier ausgedrückt ist, rührt daher, daß der Begriff der Familie Gottes fest und — soweit es sich zurückverfolgen läßt — durchgehend in der liturgischen Tradition verankert ist.[196] Ja vielen Vätern dürfte er überhaupt oder zumindest vorwiegend aus Gebeten des *Missale*, des Breviers oder anderer liturgischer Bücher geläufig gewesen sein, weshalb diese dann auch bevorzugt zur Begründung jenes Kirchenverständnisses angeführt wurden.[197] Nimmt man die von den Vätern genannten Belege und auch andere, die sich darüber hinaus in dem vor dem Konzil maßgeblichen

---

[194] Vgl. Const. dog. *LG* 11: *AAS* 57 (1965), 15 sowie Const. *SC* 2 u. 8: *AAS* 56 (1964), 97f. u. 101.

[195] Const. dog. *LG* 51: *AAS* 57 (1965), 58.

[196] Daß man sich auf dem Konzil dieser Tatsache bewußt gewesen ist, zeigt die offizielle Begründung der Aufnahme des Begriffes *«familia Dei»* in n. 2 des Ökumenismusdekretes: "Cum conceptus familiae Novo Testamento, quod omnes fideles fratres vocat, optime correspondeat et in Liturgia frequenter adhibeatur, eum in novo textu proponendo inseruimus; maluimus vero eum coniungere cum «fraterna concordia»" (*AS* III.VII, 22). Zur Verankerung des *Familie-Gottes-Begriffes* in der liturgischen Tradition vgl. J.M.K. DABIRE: *Le Sacrement de Confirmation dans le cadre de l'initiation chrétienne*, Diss., Paris 1985; DERS., *L'Église*; sowie DERS., *Approche*.

[197] Besonders ausführlich ist die Angabe liturgischer Quellen schon vor dem Konzil durch die theologische Fakultät Trier (*A* I.IV.II, 740f.); vgl. weiters die Väterbeiträge: *AS* II.I, 550; II.II, 43; II.II, 167-170; III.I, 582ff.; III.I, 645; III.I, 723f.; IV.V, 417. Darüber hinaus fällt auf, daß sich der Begriff «Familie Gottes» in den Eingaben der Väter häufig in doxologischen oder gebetshaften Formulierungen findet.

Missale befinden[198], in den Blick, so fällt auf, daß sich in ihnen häufig ein besonderes, personales Verhältnis Gottes des Vaters zu seiner Familie offenbart.[199]

Der bedeutendste Beleg für das Vorkommen der *«familia Dei»* in der Liturgie ist unbestreitbar der aus der Zeit der Kirchenväter stammende Teil *«Hanc igitur ...»* des römischen *Canon Missae*. Der Sinn dieses eigenständigen Gebetes des Canons besteht darin,

> "... unmittelbar vor dem Höhepunkt der heiligen Handlung, nachdem sich die kleine Feiergemeinde in die große Gemeinschaft der irdischen und der himmlischen Kirche ausgeweitet hat, noch Namen und Anliegen zu nennen, die man der göttlichen Gnade besonders empfehlen wollte ...".[200]

Um hierbei aber eine in früherer Zeit gelegentlich vorgekommene allzu detaillierte Aufzählung von Darbringern und Empfängern des Heiligen Opfers zu vermeiden, verfügte Papst Gregor d. Große die alles einschließende, nunmehr verbindliche Formulierung: *«Hanc igitur oblationem servitutis nostrae, sed et cunctae familiae tuae»*, die die große christliche Gemeinschaft in der Einheit von Klerus und Volk bezeichnet.[201] Darin erscheint das Volk Gottes als «eine unter Gott als *pater familias* stehende Hausgemeinde». Zugleich aber soll dadurch

---

[198] Vgl. *MRom 1570*. Insgesamt lassen sich über fünfzig derartige (aber teilweise auch gleichlautende) Belege anführen. Als wichtigste seien genannt: der Teil «Hanc igitur ...» im Canon; Praeparatio ad Missam, Fer. V; Dom. V post Epiphaniam, Or.; Dom. I in Quadr., Or.; Fer. III post Dom. I in Quadr., Or.; Fer. II post Dom. II in Quadr., Or.; Dom. III in Quadr., Or.; Dom. I Passionis, Or.; Fer. IV Hebd. sanctae, Or.; De Missa Sollemni Vigiliae Paschalis, Or.; Dom. XXI post Pentecosten, Or.; In Vigilia Nativitatis S. Ioannis Baptistae, Or.; In Nativitate Domini (Pro S. Anastasia), PCom.; S. Agapiti Martyris (Commemoratio), PCom.; Missa ad Vocationes Religiosas petendas et fovendas, Or.; Pro Remissione Peccatorum, PCom. Darüber hinaus wurden aber auch Stellen aus dem *BrevRom* (z.B. Hymnus ad Laudes in festo S. Familiae) oder dem *PontRom* (z.B. Priesterweiheliturgie: "... ut praedicatione et exemplo aedificetis domum id est familiam Dei ...") angegeben.

[199] Ein solches personales Verhältnis kommt z.B. zum Ausdruck in: Praeparatio ad Missam Fer. V: "Oramus, Domine, clementiam tuam, ut sereno familiam tuam, sacri tui nominis officia praestolantem, aspicere digneris vultu"; De Missa Sollemni Vigiliae Paschalis, Or.: "... conserva in nova familiae tuae progenie adoptionis spiritum, quem dedisti; ut, corpore et mente renovati, puram tibi exhibeant servitutem"; Dom. I Pass., Or.: Quaesumus, omnipotens Deus, familiam tuam propitius respice ..."; Pro S. Anastasia, Postcom.: "Satiasti, Domine, familiam tuam muneribus sacris ...".

[200] J.A. JUNGMANN, *Missarum Sollemnia. Eine genetische Erklärung der Römischen Messe*, Bd. 2: Opfermesse, Wien ²1949, 224; vgl. ebd. 219-228.

[201] Vgl. ebd. 225. Nach F. RÜTTEN [*Philologisches zum Canon Missae*, in: *StZ* 133 (1937/38), 45] meint die sprachlich bis in die Zeit Tertullians und die damalige Situation der Christenverfolgung zurückführbare Formulierung *«familia tua»* die "Schicksalsgemeinschaft aller Diener und geistig verstandene Blutsgemeinschaft aller Kinder eines Vaters, Gottes".

gerade der universalkirchliche Charakter der Meßfeier zum Ausdruck gebracht werden.

In anderen liturgischen Gebeten bezieht sich diese «*Familie*» je nach Kontext mehr auf die lokale versammelte Gottesdienstgemeinde oder aber auf die Kirche in ihrer universalen Dimension.[202] Wenn sich diesbezüglich oft keine eindeutige Zuordnung geben läßt, so scheint damit der theologische Sachverhalt ausgedrückt zu sein, daß jede lokale Feier der Eucharistie immer die *eine* Eucharistie der universalen Kirche ist und daß andererseits die universale Kirche nicht anders Eucharistie feiern kann als an einem bestimmten Ort (und im Normalfall auch als versammelte Gemeinde).[203]

Die genannten Eingaben der Väter beschränkten sich jedoch nicht darauf, Quellen für die Verwendung des Begriffes «*familia Dei*» aus liturgischen Büchern zu zitieren, sondern sie wiesen auch auf den mehrschichtigen inneren Bezug der Liturgie zur Familie Gottes hin. Vor allem wurde erkannt, daß die Liturgie die Kirche als Familie auf-

---

[202] Eher auf die lokale feiernde Gemeinde bezieht sich: Praeparatio ad Missam Fer. V (s.o.); Pro Remissione Paeccatorum, Or.: "Exaudi preces familiae tuae, omnipotens Deus ...". Die universale Kirche dagegen steht im Vordergrund in: Ad Vocationes Religiosas petendas et fovendas: "Familiam tuam, quaesumus, Domine, propitius respice et nova prole semper amplifica ..."; Fer. IV Hebd. sancta: "Respice, quaesumus, Domine, super hanc familiam tuam, pro qua Dominus noster Iesus Christus non dubitavit manibus tradi nocentium, et crucis subire tormentum". Meist aber lassen sich in den Orationen beide Aspekte erkennen. Die doppelte Bedeutung von versammelter Kultgemeinde und Gesamtkirche betont für das *familia-Dei-Konzept* in der Liturgie auch: KOSTER, *Zum Leitbild von der Kirche*, 35f., unter Berufung auf A. SCHAUT, *Die Kirche als Volk Gottes. Selbstaussagen der Kirche im Römischen Meßbuch*, in: *BenM* 25 (1949), 187-196, bes. 189 [SCHAUT ist der Ansicht, daß an den bei ihm genannten 12 Stellen mit «familia tua» "eindeutig die betende Gemeinschaft ... gemeint ist"]; auf die «gesamte Christusgemeinde» wie zugleich auch auf die «von der Hierarchie verschiedenen Laien» bezieht in diesem Zusammenhang die Mehrdeutigkeit: M. SCHMAUS, *Katholische Dogmatik* III.1. *Die Lehre von der Kirche*, München ³⁻⁵1958, 210f.

[203] Im *MRom 1970* wurden viele Orationen, die den Begriff «Familie Gottes» beeinhalten, aus dem *MRom 1570* oder aus älteren Sacramentarien übernommen, andere nach Vorlage von Konzilstexten neu formuliert. In diesem Zusammenhang mag verwundern, daß das deutsche Meßbuch (im Gegensatz zu Übersetzungen in anderen Sprachen) den Begriff «Familie» vielfach vermeidet und durch «Gemeinde», «Volk», «Kirche» oder auch das Personalpronomen «uns» ersetzt. Dadurch gehen der im Begriff der «Familie Gottes» gelegene (ekklesiologische) Inhaltsreichtum und besonders die Dimension der *engen und familiären Beziehung Gottes zu seinen Kindern in der Liturgie* verloren. Ebenso wird die in der lateinischen maßgeblichen Version enthaltene Offenheit der «Familie Gottes», die, ohne sich eindeutig und exklusiv auf eine Ebene der Kirche zu beschränken, das untrennbare Ineinander von lokaler und universaler Kirche bezeichnen kann, auf die Bedeutung der *lokalen, versammelten Gemeinde* reduziert.

baut, sie nährt und zur Einheit[204] zusammenführt. In diesem Zusammenhang wurde von einer größeren Gruppe afrikanischer Bischöfe die Bedeutung des Sonntages und seiner gottesdienstlichen Versammlung für die Kirche hervorgehoben.[205] Für viele Gläubige sei das die einzige Möglichkeit der Begegnung mit dem Worte Gottes sowie der Stärkung im Glauben. Das erfordere von den Priestern einen besonderen Einsatz im Bereich der Wortverkündigung, wie sie in der Sonntagspredigt erfolgt. Durch die Wahl seiner Begriffe weist dieser Beitrag auf eine wichtige Seite der *Kirche-Familien-Analogie* hin. Gilt der Sonntag schon im säkularen Leben als Tag der Familie, an dem sie ihre Einheit vollziehen und sich dieser bewußt werden kann, so gilt das ebenso, wenn nicht noch mehr, für die Familie Gottes, die im Tag der Auferstehung Anfang und Höhepunkt der Woche und Ausdruck wie Impuls ihrer Einheit findet.

Um die verschiedenen liturgischen Dimensionen jedoch auch sichtbar zu verwirklichen, sei eine aktive Mitfeier der Gläubigen an der Liturgie zu fördern.[206] Mit der gemeinsamen Feier selbst erschöpfe sich aber noch nicht der für die Kirche aus der Liturgie zu erwartende Ertrag. Liturgie dränge immer auch danach, ihr korrespondierende Früchte im täglichen Leben der Gläubigen zu bringen. So könne man erwarten, daß die liturgische Feier der Familie Gottes geeignet sei, «Familiensinn» und Brüderlichkeit unter den aus der Taufe geborenen Kindern des Vaters zu stärken.[207] Die Verbreitung des Verständnisses

---

[204] Zwei Väter bringen die Einheit der Familie Gottes auch mit der gemeinsamen lateinischen Sprache der Kirche in Zusammenhang, weshalb sie sich gegen die Zulassung der Volkssprache in der Liturgie wenden (vgl. *A* I.II.III, 914; *AS* I.I, 425f.).

[205] Vgl. Bf. NKONGOLO im Namen von über dreißig afrikanischen Bf. (*AS* IV.V, 421).

[206] Damit ist genau das Grundanliegen der Liturgiekonstitution getroffen. Vgl. Bf. NEUHÄUSLER: *A* I.II.I, 699; Bf. KÉMERER (*A* I.II.VII, 68): "Quam maxime fructuosa sicut et «actuosa» participatio christifidelium ad mentem Constitutionum Apostolicarum, in primis Encycl. *Mediator Dei*, *Mystici Corporis* aliarumque Pii Papae XII, in sacro Cultu Deo offerendo, praecipue in Sancto Sacrificio Missae, ita ut assistentes, divitias et dulcedines Liturgiae Sacrae percipiendo, nutriantur et ex communi effusione orationum et concentuum una voce Deum laudantium fiat cor unum, unaque familia Dei, unaque acies bene formata contra tot adversarios nominis Christi animarumque ab Eo redemptarum"; Bf. FERRAZ (*AS* I.I, 583); IOANNES XXIII (*A* II.I, 35); sowie die *Relatio* von Kard. LARRAONA zum Liturgieschema in der vierten Generalkongregation des Konzils (*AS* I.I, 308). Die aufbauende Wirkung des Breviergebetes an der Familie Gottes hatte bereits JOHANNES XXIII. im Gedenken der ersten Ankündigung des Konzils in der Basilica Ostiensis am 25.01.1962 hervorgehoben (vgl. *A* II.I, 161).

[207] Vgl. *A* I.II.IV, 647; *A* I.II.VII, 358; Kard. LERCARO (*AS* I.II, 56): "Quam familiam Dei congregatam etiam summe decet meminisse coram Patre necessitatum fratrum, praesertim pauperum et quomodocumque in tribulatione exstantium; sed et necessitatum ipsius Ecclesiae et mundi universi, prout S. Paulus hortatur"; Bf. BARBERO (*AS* I.II, 189): "Vultum socialem vultum esse nativum Ecclesiae necesse est

von Kirche als Familie Gottes trage ihrerseits zu einer aktiven Teilnahme an der Liturgie, die ihre Früchte im konkreten Leben bringe, bei, da sie besonders geeignet erscheine, den Geist einer kindlichen Frömmigkeit und Liebe gegenüber Gott dem Vater, dem Sohn und dem Heiligen Geist, der kindlichen Liebe und Verehrung gegenüber Maria und der Verehrung der Heiligen gemäß der ihnen je eigenen Würde zu wecken.[208] Der Geist der Liturgie und damit der gefeierten Gegenwart Gottes dränge dazu, sich in menschlichen Ausdrucksformen, nämlich in der sakralen Kunst, zu verleiblichen. Sie sei — wie im Konzil oder in seinem Umfeld bemerkt wurde — Frucht der feiernden Familie Gottes und zugleich geeignet, diese aufzubauen.[209]

1.1.3.4. Die *Familie Gottes* als sakramentale Gemeinschaft und brüderliche «Communio»

Das für die Ekklesiologie des Vaticanum II richtungweisende Verständnis der Kirche als Sakrament der Einheit der Menschen mit Gott und untereinander rückt den Aspekt der durch die Kirche konstituierten und zu konstituierenden *Communio* in seinen beiden Dimensionen, der vertikalen wie der horizontalen, ins Licht. Die vertikale Dimension wurde im vorausgehenden bereits eingehend erörtert und die häufige Verwendung des *familia-Dei-Konzeptes* durch Konzil und Synoden in diesem Kontext aufgewiesen. Zu den bedeutendsten theologischen «Innovationen» des Konzils gehört, die Bedeutung der horizontalen Ebene kirchlicher Communio, die gleiche Würde und die Brüderlichkeit aller Gläubigen, die ihrer in der Taufe gründenden Kindesbeziehung zum Vater und damit der vertikalen Ebene der Kirche entspringt, wieder neu erkannt zu haben.[210] Daß dem Ziel der Kirche, die Menschen mit Gott und untereinander zu vereinen, Priorität gegenüber der ihr dienenden hierarchischen Struktur zukommt, bringt *Lumen gentium* durch das zweite Kapitel zum Ausdruck, das die geschichtliche Realität des *Volkes Gottes* nach den Erwägungen über das Geheimnis der Kirche (I. Kapitel) und noch vor der Beschäftigung

---

ut homines oculis videant, corde admirentur, indeque vivant, ita ut, sicut filii et fratres, «Familiam Dei» in terra iterum componant".

[208] Vgl. Bf. HOA HIEN: *A* I.II.IV, 647; *AS* I.IV, 515; *AS* II.I, 550; *AS* II.II, 44.

[209] So etwa Papst JOHANNES XXIII. anläßlich der Segnung der neuen Orgel von St. Peter (26.09.1962; vgl. *A* II.I, 365); oder während des Konzils Bf. ARCE zum Kirchenbau (vgl. *AS* I.II, 748f.): "Admissa intima connexione artis sacrae cum sacra Liturgia Concilium decernat principia ad solvenda problemata orta ex exigentiis hodiernae actionis liturgicae; nempe ... circa ordinationem ipsam architectonicam ecclesiae: manifestari debet externe velut Domus Dei eiusque familiae, simulque domicilium Christi praesentis."

[210] Vgl. ANTÓN, *Unità*, 26-30.

mit der hierarchischen Verfassung der Kirche (III. Kapitel) einordnet. Zwar fällt der Begriff der *familia Dei* im zweiten Kapitel nicht explizit, dennoch wird seine Angemessenheit gegenüber diesem Thema aus einigen Belegen dieses und anderer Konzilsdokumente ersichtlich.[211]

Auch wenn die «Kirchenbilder» in *LG* 6 offenbar ohne tiefere Erklärung und unverbunden aufgezählt werden, gibt die zitierte Stelle Eph 2,19-22 einen Zusammenhang vor, innerhalb dessen das Bild der *familia Dei* durchaus unter Betonung des Aspekts der gleichen fundamentalen Würde der «Hausgenossen Gottes» gesehen werden kann. Nach dem zweiten Kapitel des Epheserbriefes besteht nämlich die Erlösung durch das Kreuz Christi im Abbau der vom Gesetz errichteten trennenden Wand zwischen Juden und Heiden, die nun ohne Unterschied der Herkunft in Christus Zugang zum Vater haben.[212]

Das zweite Kapitel der Dogmatischen Konstitution über die Kirche (nn. 9-13) bestimmt das Volk Gottes durch die dem Themenkreis der Familie zurechenbaren Begriffe, des *Bundes*, des auserwählten *Geschlechts*, der *Wiedergeburt* der *Söhne Gottes* in der Taufe, der Würde und Freiheit der *Kinder Gottes*, der Kirche als unzerstörbarer *Keimzelle* (*germen*) für die Einheit des Menschen*geschlechts*, der Sammlung der zerstreuten *Söhne Gottes* und des neuen und universalen Volkes der *Söhne Gottes*, die trotz ihrer Verschiedenheit alle als *Brüder* anzusehen sind. Im Anschluß daran drängt sich die Frage auf, ob nicht von der Kohärenz des Bildes her «*familia Dei*» dem verwendeten «*populus Dei*» vorzuziehen wäre.[213] Das geschieht dann tatsächlich

---

[211]Dafür spricht auch, daß die Eingangsnummer des Missionsdekretes (*AG* 1) die Sendung der Kirche als allumfassendes Heilssakrament in ihrem Auftrag sieht, alles in Christus zusammenzufassen und die Menschheit zur *Familie* und zum *Volk* Gottes zu vereinen, wobei *Familie* und *Volk* hier parallel und offenbar ohne sachliche Unterscheidung genannt werden. Vgl. hiezu die von über siebzig spanisch(sprachig)en Vätern mitunterzeichnete Eingabe von Bf. VELASCO während der vierten Sitzungsperiode (*AS* IV.IV, 314-316; schriftliche Version).

[212] Die fundamentale Gleichheit aller Gläubigen bei bestehender Verschiedenheit nach Dienst und Aufgabe war vor dem Konzil bereits im Schema zur geplanten Konstitution über das Laienapostolat mit dem Thema der *familia Dei* und dem zweiten Kapitel des Eph verbunden worden. Vgl. *Prooemium generale* (*A* II.II.IV, 469 u. *SCH* IV, 45) sowie vor allem *Caput II «De relatione ad hierarchiam»* (*A* II.II.IV, 476 u. *SCH* IV, 56): "Haec autem diversitas et hierarchicus ordo ministeriorum non inficit fundamentalem aequalitatem et mutuam coniunctionem omnium membrorum Ecclesiae. … Cum igitur Ecclesia familia sit, cuius membra «iam non (sunt) hospites et advenae, sed (sunt) cives sanctorum et domestici Dei» [Eph 2,19], sua ipsa natura arctam unionem et concordem operam omnium membrorum suorum exigit." Ähnlich dann auch während des Konzils Bf. TABERA ARAOZ (*AS* II.I, 730), Bf. PELLECCHIA (*AS* III.IV, 786) sowie Kard. BEA (*AS* III.VI, 365), der den Aspekt der (universalen) «*communio*»/«κοινωνια» aller Gläubigen hervorhebt.

[213] Diese Frage wird im Zusammenhang der späteren n. 49 der Konstitution von drei Vätern in der Aula gestellt, wobei die zuständige Kommission das Wahre des Anliegens anerkennt, dann aber um der Klarheit der ganzen Stelle willen eine

auch an Stellen des dritten Kapitels, wenn zwar das «Gegenüber» des Amtes zu den Gläubigen festgestellt, dabei aber auch sein Dienstcharakter an der brüderlichen Gemeinschaft der Familie Gottes erkennbar wird. Dieser gehören Klerus wie Laien gleichermaßen zu und nehmen an ihrer innersten Berufung, in gegenseitiger Liebe und im Lob der Heiligsten Dreifaltigkeit *Communio* zu haben, teil.[214] Unter jenen Stellen der übrigen Konzilsdokumente, die mit dem Begriff der *Familie* (Gottes) die brüderliche Gemeinschaft in der Kirche hervorheben (*UR* 2; *AA* 8 u. *GS* 32), charakterisiert die Nummer zwei des Ökumenismusdekrets die kirchliche Einheit am deutlichsten als *Communio-Einheit.* In ihrem Dienst stehe das hierarchische Amt in seinen drei Funktionen.[215] Das Gebot Christi, die brüderliche Liebe zu üben, richte sich, wie im Konzil an einigen Stellen ausgesprochen wird, auf alle Menschen. Mit dem Apostel Paulus (vgl. Gal 6,10) wird aber auch daran festgehalten, daß dabei den «*Hausgenossen*» des Glaubens eine Vorrangstellung zukomme.[216]

Auch wenn der Begriff der *Familie* an einigen Stellen der späteren Konzilsdokumente erst relativ spät hinzugefügt wurde, kann doch gezeigt werden, daß man von den frühesten Phasen des Konzils an die horizontale Dimension der Kirche mit dem *familia-Dei-Konzept* verbunden hatte. So sprach Johannes XXIII. in Vorbereitung des Konzils von der *Communio* der *familia catholica,* der alle Gläubigen in

---

weitergehende Umformulierung vornimmt, der beide Begriffe (*Volk* wie *Familie*) zum Opfer fallen. Vgl. die *Relatio* zu den *Modi* (*AS* III.VIII, 144: "Tres Patres malunt ut loco «totum populum Dei», dicatur «*totam familia Dei*». Ratio: in contextu immediato sermo est de «fratribus», non de concivibus ... [responsio:] Aliquid veri in hac animadversione habetur ..."). Es fällt weiters auf, daß die n. 42 der Pastoralkonstitution als Beleg für ihre um den Begriff *familia* zentrierte Kennzeichnung des Dienstes der Kirche an der Einheit der Menschheitsfamilie *LG* 9 zitiert. In derselben Nummer der Pastoralkonstitution findet man neben weiteren Hinweisen auf das *Familienthema* auch den Gedanken der Kirche als Sakrament der innigsten Vereinigung mit Gott und der Einheit der ganzen Menschheit, nicht aber den Begriff des «*Volkes Gottes*»; vgl. Const. past. *GS* 42: *AAS* 58 (1966), 1060f.

[214] Vgl. Const. dog. *LG* 28, 32 u. 51: *AAS* 57 (1965), 33-36, 38f. u. 58. In *LG* 32 wurde der Begriff *familia Dei* auf Verlangen asiatischer Bf. zugefügt, um (neben mehr Klarheit) den Gedanken der *koinonia* in den Text einzubringen (vgl. *AS* II.I, 283). *GS* gibt schließlich in den ekklesiologisch wichtigsten Teilen dem Konzept der Familie Gottes den Vorrang gegenüber dem des Volkes (s.u. 2.1.2. u. 2.1.3.).

[215] Dabei ist zu beachten, daß an dieser Stelle erst auf Wunsch einiger afrikanischer Väter eine auf die Einheit der Hirten ausgerichtete Sicht (*regiminis pastorum fraterna concordia*) der *Communio*-Einheit der Familie Gottes (*familiae Dei fraterna concordia*) gewichen ist. Vgl. Decr. *UR* 2: *AAS* 57 (1965), 92. Zur Textgeschichte vgl. *AS* III.II, 298; *AS* III.VII, 22f. sowie den *Kommentar* von J. FEINER: *LThK.E* 2, 49. Der Gedanke der umfassenden Liebe und Solidarität in der durch Christus begründeten Familie erscheint ebenfalls in n. 8 des Decr. *AA* (*AAS* 58, 844-846), wobei nach dem Zusammenhang die *familia* auch als *familia Christi* oder *familia Dei* zu deuten ist.

[216] Vgl. Decr. *AA* 4: *AAS* 58 (1966), 840-842.

gleicher Weise als Brüder Christi (vgl. Röm 8,29) angehören.[217] Ihm folgten nicht wenige Väter in diesbezüglichen Eingaben vor dem Konzil, die die *brüderliche Communio* in der Kirche von der Vaterschaft Gottes in Christus ableiteten. Dabei wird die besondere Eignung des *familia-Dei-Konzeptes* deutlich, in Analogie zu einer natürlichen Familie die Liebe, die Gott dem Menschen in Schöpfung wie Erlösung erwiesen und gegenüber seinen Mitmenschen zum Gebot gegeben hat, als Grundgesetz kirchlicher Gemeinschaft einsichtig zu machen.[218]

Während der Diskussion in der Konzilsaula begründete eine Reihe von Vätern die christliche Brüderlichkeit sowie die gleiche Würde aller Gläubigen, ausgehend vom Verständnis der Kirche als Familie Gottes.[219] Dieses erwies sich dabei einerseits als Schlüssel zum Verständnis anderer Begriffe für die Kirche und andererseits als Bild, das scheinbar gegensätzliche Momente des Wesens der Kirche in sich harmonisch verbinden konnte.[220] Alle Menschen seien berufen, als Miterben der durch Christus verdienten Herrlichkeit und verbunden im

---

[217] Vgl. IOANNES XXIII, *Allocutio ad moderatores dioecesanos Actionis Catholicae*: *OR* 10.-11.08.1959; vgl. auch die darauf bezugnehmende Eingabe der katholischen Universität von Angers vor Konzilsbeginn (*A* I.IV.II, 25-27); IOANNES XXIII, *Allocutio ad commissionum praeparatoriarum sodales et consultores* (14.11.1960): *A* II.I, 35.

[218] Vgl. Bf. BALDINI (*A* I.II.III, 213); Bf. VAN VALENBERG (*A* I.II.IV, 264); andere Väter ohne explizite Nennung des Begriffs *familia* (*A* I.II.II, 516 u. I.II.III, 789); Ebf. L.A. LEFEVRE (*A* I.II.V, 307) sieht im Verständnis der Kirche als Familie eine Möglichkeit, dem großen Einfluß von Sekten entgegenzuwirken, die ihren Mitgliedern ein besonderes Gefühl der Brüderlichkeit zu geben vermögen.

[219] Die fundamentale Gleichheit in Würde, Ehre und Ansehen hat ihren tiefsten Grund darin, daß der Gottessohn Mensch geworden ist, um die Menschen zu Kindern Gottes zu erheben. Vgl. bes. Bf. HOA HIEN (*AS* II.II, 826f.), der die gleiche Würde aller Kinder der göttlichen Familie, ausgehend von der Analogie einer orientalischen Familie zur Zeit Jesu, auf einleuchtende Weise mit der besonderen Stellung des sakramentalen Amtes verband (ebd., 827): "Deus sic dilexit mundum ut Filium suum unigenitum daret. Christus ad omnes salvandos, Ecclesiam suam instituit. Omnes filios divinae familiae sunt titulo ac dignitate aequales. Attamen, antequam de mundo discessit, aliquos ex filiis elegit quos «seniores» constituit in domo et quibus commisit munus grave ut alios conducerent ad Patris domum, certo pede." An anderen Stellen begründet HOA HIEN die christliche Brüderlichkeit, die gegenseitige Anerkennung und Liebe verlangt, ausführlich im Wort Gottes: *AS* II.I, 549f. u. II.II, 42f. Aus den genannten Bibelstellen (Mt 23,8; Joh 20,17; 1Kor 6,6; 8,13; Röm 14,15; 1Joh 2,10; Jak 2,15-16;) leitet der Bf. sowohl die Forderung nach Brüderlichkeit unter den Gläubigen als auch ein Argument für das *familia-Dei-Konzept* ab.

[220] Auf die Verwandtschaft der beiden Konzepte: *Volk* und *Familie* Gottes verwiesen in diesem Zusammenhang schon vor dem Konzil Bf. WEHR und die theologische Fakultät seiner Diözese Trier (*A* I.II.I, 665 u. I.IV.II, 740f. mit Betonung der liturgischen Quellen); der Münchner Auxiliarbischof NEUHÄUSLER (*A* I.II.I, 699) sowie während der vier Sitzungsperioden: die Bf. VAN VELSEN (*AS* II.II, 58); JENNY (ebd. 73); HERVÁS Y BENET (ebd. 174); DUBOIS (*AS* II.III, 25); VAN PETEGHEM (IV.V, 507). Den gemeinschaftlichen Aspekt betont dabei Ebf. JÄGER (*AS* II.III, 93); Bf. SCANDAR (*AS* III.II, 804) bringt durch den Begriff der *familia Dei* den Unterschied des Volkes des Neuen Bundes zu dem des Alten zum Ausdruck.

sakramentalen Leben aus Taufe und Eucharistie das versammelte Volk, nämlich die Kirche, zu bilden. Diese sei nach göttlichem Willen Familie Gottes, weil in ihr Gott selbst der Vater, Christus der Bruder und die Menschen in wahrer Brüderlichkeit verbunden sind; denn im Haus des *Paterfamilias* sei allen ohne Unterschied des Geschlechtes oder der Nation eine Wohnung bereitet. Mit der «Mutterschaft» Mariens und der Kirche wurden weitere Begründungen für die Forderung nach wahrer Brüderlichkeit in der Kirche gegeben, die dem Familienthemenkreis zuzurechnen sind.[221] Aber auch im Hinblick auf bestimmte Bereiche des konkreten Lebens der Kirche wurden Forderungen aus der christlichen Brüderlichkeit in der Familie Gottes abgeleitet; denn auch menschliche und weltliche Bande bezeugen und bauen jene Einheit auf, zu der Gott die Menschen in seiner Familie vereinen will.[222]

Besonders großer Stellenwert wurde der *Communio* und der aktiven Teilnahme (*actuosa participatio*) aller Gläubigen am kirchlichen Leben auf dem Weg zur Liturgiekonstitution gegeben. Schon in den dem Konzil vorausgehenden Jahrzehnten hatte die *Liturgische Bewegung* den Blick dafür geöffnet. Dieses Anliegen wurde auf dem Konzil in Verbindung mit dem Bild der Kirche als Familie vorgebracht.[223] Liturgie sei nicht selbst ihr eigenes Ziel, sondern Instrument der Gemeinschaft mit Gott im Namen Jesu Christi. Durch ihn werden die Feiernden mit der universalen *Familie* der Gläubigen wie mit der Gemeinschaft der Heiligen verbunden. Sie gelangen dadurch auch mit der ganzen Menschheit, ja sogar mit der ganzen Schöpfung in Zeit und Ewigkeit in Gemeinschaft. Ihrem Wesen entsprechend wurde der Eucharistie von den Vätern unter allen liturgischen Vollzügen die größte Bedeutung für die kirchliche *Communio* zugemessen. Wie aus einem Teil des *Canon Missae* zu erkennen ist, sei sie Feier der ganzen Familie Gottes zur Versöhnung und zum Aufbau ihrer Einheit, die die «*actuosa participatio*» erfordere.[224]

---

[221] Vgl. Bf. HERVÁS Y BENET (*AS* II.II, 174); Ebf. DE PROENÇA SIGAUD + 38 Mitunterzeichner (*AS* II.II, 34-36); Bf. FOUGERAT (*AS* II.III, 461f.).

[222] Vgl. Ebf. JÄGER (*AS* II.III, 93); die indonesische Bfkonf. (*AS* III.V, 695) sowie Bf. BARONI (*AS* III.VII, 184-187). Daß dem *Familiengeist* und der Brüderlichkeit, die keine Diskriminierung zulassen, in allen Formen des Apostolates Priorität zukommt, betont Ebf. MELS (*AS* III.IV, 341f. zum Schema über das Laienapostolat).

[223] Vgl. Kard. LARRAONA (in den ersten Sitzungen der Zentralen Vorbereitungskommission als Relator zum Schema über die Liturgie): *A* II.II.III, 111f.; Bf. FERRAZ (*AS* I.I, 583).

[224] Vgl. MROM: Canon Missae: *"Hanc igitur oblationem servitutis nostrae, sed et cunctae familiae tuae, quaesumus ..."*. Vgl. die Eingaben zum Liturgieschema von Bf. HOA HIEN noch vor der ersten Sitzungsperiode (*AS Ap* I, 359) sowie von Bf. RUSCH (*AS* I.II, 35); Ebf. FLAHIFF (*AS* IV.V, 326f.); Bf. ZAZPE (*AS* II.V, 13)

Die Frage der horizontalen *Communio* in der Kirche blieb nach dem Konzil weiterhin ein Thema der Bischöfe, dessen Affinität zum *familia-Dei-Konzept* in Erscheinung trat. Das Schlußdokument der Bischofsversammlung von Puebla (1979) veranschaulicht in einer Reihe von Nummern die Kirche als Familie Gottes, wobei auch das Geheimnis kirchlicher Communio und mit ihr der geforderte Geist der Brüderlichkeit ins Blickfeld gelangen.[225] In einer Zeit, in der die Versuche des modernen Menschen, eine sich selbst begründende universale Brüderlichkeit zu errichten, scheitern, gewinne die christliche Brüderlichkeit an Bedeutung. In der Familie Gottes, in der sich die Gläubigen durch einen gemeinsamen Ursprung (Vater) und ein gemeinsames Zentrum (Christus) verbunden wissen, seien alle zur Teilhabe an der Herrschaft Christi berufen. Ihr belebendes Feuer, der Heilige Geist, bringe die *christliche Communio* des Glaubens, der Hoffnung und der Liebe als unsichtbare Seele und Wurzel auf allen Ebenen hervor. Diese werde vornehmlich durch die Fähigkeit der Kirche, ihre Einheit und Gemeinschaft mit anderen zu teilen, bezeugt (vgl Joh 17,21). Die Hirten wiederum bleiben — unbeschadet ihrer sakramentalen Leitungsgewalt — immer auch Brüder *in* der *Familie*. Die *Einheit* der *verschiedenen* Gaben und Charismen, Liebe und Wahrheit des Glaubens, die Heilige Eucharistie und das geweihte Amt, das mittels seiner väterlichen Dimension in das organische Ganze der Familie Gottes einzuordnen sei, werden als Mittel angeführt, durch die die Communio in der Familie Gottes aufgebaut werde.

Bei der Synode über die Familie (1980) erfährt der Zusammenhang zwischen dem *familia-Dei-Konzept* und der horizontalen Communio keine nennenswerte weitere Vertiefung. Zu beachten ist allerdings, daß Kardinal Ratzinger in seiner *Relatio* zum *Instrumentum laboris* in bezug auf eine angemessene Ekklesiologie die Sakramentalität der Kirche hervorhebt und das Konzept der «*Familie*» gegenüber dem modernen Begriff des «Volkes» bevorzugt, um die Realität des alttestamentlichen «*Volkes Gottes*» auszudrücken:

> "Das Wort «Volk Gottes» ist im Alten Testament in seiner Bedeutung ursprünglicher und enger mit dem Konzept der «Familie» und des «Stammes» verbunden als mit dem modernen Begriff des «Volkes». Deshalb wurde die Kirche von Anfang an «Familie Gottes» genannt, und deshalb ist dieser Begriff auch angemessener und genauer als das Wort «Volksmenge» [«*plebs*»] oder «Volk» [«*populus*»], dessen Bedeu-

---

«definierte» gleichsam im Zusammenhang des Bischofsamtes die Diözese als Familie und *communio in Eucharistia*.

[225] Vgl. *Puebla* 241-249 u. 255 (it.: 124-127) «Volk» und «Familie Gottes» werden hierbei parallel gebraucht.

tung im Laufe der Jahrhunderte mit der politischen und sozialen Entwicklung einen ziemlich neuen Sinn gefunden hat."[226]

Ähnlich erwies sich auch das *familia-Dei-Konzept* bei der außerordentlichen Bischofssynode von 1985 gemäß manchen Wortmeldungen als Weiterentwicklung zum *Volk-Gottes*-Thema des Vaticanum II. Es sei geeignet, besonders umfassend und ganzheitlich die Gemeinschaft aller Glieder der Kirche in brüderlicher Communio wie in organischer Einheit ohne Polarisierung zu vermitteln. Es entspreche damit dem Grundanliegen der Synode, die den Begriff der *Communio* in das Zentrum ihrer Diskussionen stellte.[227]

Nicht wenige Beiträge zur Synode von 1987 über die Laien beriefen sich auf das *familia-Dei-Konzept*, um ihre Stellung in der Kirche positiv zu bestimmen und die allen Gläubigen gemeinsame Berufung und gleiche Würde zu betonen.[228] Gerade als Familie Gottes erscheint dabei die Kirche — unbeschadet der freien Initiative des berufenden Gottes — als Mittlerin und Sakrament dieser Berufung und der daraus erwachsenden brüderlichen Communio.[229] Zugleich aber hilft das Denkmodell der Familie einem — wie angemerkt wurde — oftmals sogar vom Klerus verursachten Mißverständnis der Kirche als Demokratie gegenzusteuern, nach dem es ein Recht der Partizipation ohne jede Beziehung zur hierarchischen Ordnung der Kirche gebe. In der Familie Gottes kommen nämlich die in *Lumen gentium* festgehaltenen drei wesentlichen und untrennbaren Dimensionen der Kirche in ihrer Verbundenheit zur Geltung: die *vertikale*, die die Einheit mit Gott und die Teilhabe am trinitarischen Leben beinhaltet; die *horizon-*

---

[226] SynEp 1980, *Relatio ante disceptationem* (26.09.1980): Caprile, *Il Sinodo 1980*, 753. Dieses Urteil wiegt um so schwerer, als Ratzinger unbestreitbar zu den besten Kennern des «*Volk-Gottes-Konzeptes*» unter den Theologen der Gegenwart gezählt werden muß (vgl. bes. seine Diss.: *Volk und Haus Gottes in Augustins Lehre von der Kirche*, Neudruck: *MThS.S* 7, St. Ottilien 1992).

[227] Vgl. Bf. Winnig: Caprile, *Il Sinodo 1985*, 180f.; einige afrikanische Synodenväter stellten die pastorale Option der *Église-Famille* vor, die ebenfalls die christliche Brüderlichkeit und Communio besonders berücksichtigt: Bf. A.T. Sanon, ebd., 192-194; Bf. Cissè, ebd., 256-258; sowie die Pressekonferenz von Kard. Zoungrana, ebd., 379-380.

[228] So etwa schon Johannes Paul II. in seinem Begleitschreiben zum *Inst. lab.* (22.04.1987): Caprile, *Il Sinodo 1987*, 19; Bf. Kyedrebeogo regte ausgehend vom Geheimnis der trinitarischen Communio eine vertiefte Klärung der Begriffe der *Gleichheit, Brüderlichkeit, Würde* und *Weiblichkeit* in der Teilnahme aller an der göttlichen Familie, der großen Familie der universalen Kirche an (vgl. ebd. 334f.).

[229] Vgl. Ebf. Maziers: Caprile, *Il Sinodo 1987*, 174f.; es ist beachtenswert, in der Eingabe eines französischen Bf. zur Beschreibung der Kirche die Trias der Begriffe: *liberté, pardon* und *fraternité* heranzuziehen, die in dieser Aufstellung Erinnerungen an die Prinzipien der franz. Revolution: *liberté, egalité* und *fraternité* zu wecken vermögen; vgl. weiters die *Relatio post disceptationem* von Kard. Thiandoum, ebd. 398.

tale, die die Communio unter den Gläubigen in ein und derselben Familie Gottes verwirklicht sieht; die *hierarchische*, in der der eine Heilige Geist die Glieder der Kirche in der Verschiedenheit der ihnen übertragenen Aufgaben zum Wohle des Ganzen in der Communio zusammenführt, in der auch jene von den Laien als Brüder angesehen werden dürfen, die den heiligen Dienst verrichten.[230] Die hier zutage tretende besondere Eignung und Bedeutung des Konzeptes der Familie Gottes im Kontext der Laien findet im nachsynodalen Apostolischen Schreiben *Christifideles Laici* nur insofern einen Widerhall, als das zweite Kapitel (über die Teilhabe der Laien am Leben der Communio der Kirche) die Pfarrgemeinde «Familie» (Gottes) nennt und als *eucharistische Gemeinde von Brüdern* charakterisiert, deren apostolische und missionarische Initiativen Laien und Priester in Einheit und gemeinsamer Verantwortung mit allen ihren Kräften unterstützen sollen.[231]

In jüngerer Zeit verbleibt die *familia-Dei-Ekklesiologie* der Afrikasynode bezüglich der Laien im wesentlichen im Rahmen des bereits Dargestellten. Bei der Bischofssynode 1994 tritt als neuer Aspekt die unverzichtbare und zeichenhafte Rolle des gottgeweihten Lebens hinsichtlich der gemeinsamen Berufung aller Getauften zur Heiligkeit und zum Aufbau der Familie Gottes in den Horizont.[232]

1.1.3.5. Zur Frage der Zugehörigkeit oder Zuordnung zur *Familie Gottes* und der Sichtbarkeit ihrer Einheit

Erkennt man die Tatsache an, daß die Kirche als Familie Gottes in Zeit und Welt wirklich und sichtbar gegenwärtig ist, kann die Frage nach ihrem Umfang und nach der Zugehörigkeit zu ihr nicht ausbleiben; einen ersten Ansatz zur Beantwortung erbrachte schon der Abschnitt über die Vaterschaft Gottes. Nimmt man die Vaterschaft als konstituierende Grundbeziehung einer Familie, so kann man — wie als Ergebnis der Lehre des Vaticanum II über die Vaterschaft Gottes gezeigt wurde — zwischen der *Familie Gottes* (*in sensu stricto*) aus jenen, die in Christus Kinder Gottes geworden sind, und der *Menschheitsfamilie*, der ihrerseits — wenngleich *in uneigentlicher Weise* — Gott als Vater gegenübersteht, unterscheiden. Es bleibt nun zu prüfen, ob und inwieweit die Konzilsdokumente dieser Unterscheidung auch

---

[230] Vgl. Ebf. RUEDA HERNÁNDEZ: CAPRILE, *Il Sinodo 1987*, 370f.

[231] Vgl. IOANNES PAULUS II, Adh. apost. *CL* 26f.: *AAS* 81 (1989), 438 u. 441.

[232] Vgl. Kard. TOMKO in seiner Darstellung der Situation der Kirche in Afrika während der ersten *Auditio* der Afrikasynode (14.04.1994): *OR Africa* I, 50 u. 53; zur Synode über das gottgeweihte Leben vgl. Kard. JAVIERRE ORTAS: *OR Cons*, 131 – Bedeutung der Eucharistie für die Communio der Kirche und die Einheit von Klerus und Laien in der *Famiglia santa* bilden; sowie *Messaggio del Sinodo*, ebd. 163.

dort folgen, wo der Begriff der Familie Gottes ausdrücklich fällt, m.a.W. *wen* das Konzil der Familie Gottes *auf welche Weise* zuzählt.

LG 6 führt den Begriff der «Familie Gottes» als «Bild» ein, um das innerste *Wesen der Kirche* zu erschließen. Somit kann an dieser Stelle «Familie Gottes» nichts anderes meinen als die Kirche[233], die im *Credo* als die «eine, heilige, katholische und apostolische» bekannt wird und die «in dieser Welt als Gesellschaft verfaßt und geordnet», in der katholischen Kirche «subsistiert», «die vom Nachfolger Petri und von den Bischöfen in Gemeinschaft mit ihm geleitet wird».[234] Damit ist — vor allem, wenn man das breite Interpretationsspektrum der Formulierung «*subsistit in*» berücksichtigt — die Frage noch nicht entschieden, ob bzw. in welcher Weise auch jene, die nicht in voller und sichtbarer Einheit mit der katholischen Kirche stehen, der Familie Gottes zuzuordnen sind.

Tatsächlich befaßt sich auch ein großer Teil der weiteren Stellen, in denen die Kirchenkonstitution von der Familie Gottes spricht, mit der Frage der sichtbaren Verwirklichung kirchlicher Einheit. Die Bischöfe sollen, «vom Hausvater gesandt», durch ihre väterliche Leitung die Einheit der Gottesfamilie sicherstellen. Dasselbe gilt aber auch für die Mitarbeiter der Bischöfe, die Priester, im Bezug auf den Teil der Herde, der ihnen zur Leitung anvertraut ist, insofern sie in Einheit mit ihrem Bischof und dem Papst stehen.[235] Insgesamt verknüpfen die angeführten Stellen somit die Einheit der Familie Gottes bevorzugt mit dem dritten Kriterium der traditionellen Lehre von der

---

[233] Das Zitat aus Eph 2,19-22 erlaubt noch eine Präzisierung dahingehend, daß «Familie» die Übersetzung von «οικειοι του θεου» ist, weshalb der Blick genaugenommen auf die Familienangehörigen (in der weiten Bedeutung des Begriffes «Familie» zur Zeit der Verfassung des Eph) der Familie Gottes zu richten ist.

[234] Vgl. Const. dog. *LG* 8: *AAS* 57 (1965), 11f.; zum *Credo*: D 150 (*Nicaeno-Constantinopolitanum*).

[235] Vgl. Const. dog. *LG* 27, 28 u. 32: *AAS* 57 (1965), 32-36 u. 38f.; Decr. *PO* 6 u. Decr. *OT* 5: *AAS* 58 (1966), 999 u. 717; *OT* 5 hat wohl mehr als nur eine «familiäre Atmosphäre» im Seminar im Blick. Die ausdrückliche Qualifizierung jener Einheit zwischen Verantwortlichen und Alumnen als *jene* Familie, die der Bitte des scheidenden Erlösers und ewigen Hohenpriesters (vgl. Joh 17) entspricht, weist über jeden bloß soziologischen Kontext hinaus auf das Geheimnis der Kirche selbst, das aus der Hingabe von Fleisch und Blut Christi, dem Geschehen der Erhöhung Christi und seiner sakramentalen Vergegenwärtigung in der Eucharistie, entspringt. So wie Christus im Abendmahlsaal seine Jünger im Angesicht jener Ereignisse auf ihren einheitsstiftenden Dienst vorbereitet hat, so soll auch die Seminarausbildung im gelebten Vollzug in jene Einheit einführen, durch die die späteren Priester als Zeugen auch andere zum Glauben und zur Einheit der Familie Gottes nach dem Bild der Einheit des Sohnes mit dem Vater führen. Diese tiefere theologische Sicht wird allerdings dann zugunsten einer soziologischen verstellt, wenn man — wie die «offizielle» Übersetzung im Auftrag der deutschen Bischöfe [*LThK.E* 2, 325] — "eam familiam ... quae Domini orationi «Ut sint unum» ... respondeat" durch die Formulierung "*eine* Familie bilden ..." wiedergibt [Hervorhebung v. Verf.].

sichtbaren Einheit der Kirche, nämlich der *Leitung* durch die geweihten Amtsträger in Einheit mit dem Nachfolger Petri.[236] Das Ökumenismusdekret nennt alle drei traditionellen Bestimmungsstücke der sichtbaren Einheit der Kirche, den *Glauben*, den *Kult* und die *Leitung*, wobei die «brüderliche Eintracht der Familie Gottes» parallel zur Leitung steht, aber auch als zusammenfassende Beschreibung der charakterisierten Einheit insgesamt verstanden werden kann.[237]

Das eschatologische Ziel kirchlicher Einheit wird in einer Reihe anderer Belege aus den Konzilsdokumenten mit dem Begriff der «Familie Gottes» ausgedrückt. Ein erster findet sich bereits unter Nummer 51 in der Dogmatischen Konstitution über die Kirche. Einerseits sind auch hier Konstituenten der sichtbaren kirchlichen Einheit, wie etwa der gemeinsame Kult oder die Gemeinschaft in der Liebe, genannt, andererseits wird die «Familie Gottes», die in ihrer geschichtlichen Verfassung bereits Anteil an der Vollendung hat, zugleich auch als *Berufung* offenbar, die auf die ewige Gemeinschaft und den Lobpreis der Heiligsten Dreifaltigkeit ausgerichtet ist. Damit öffnet sich die Sicht für die zweite zentrale Bedeutung, die der «Familie Gottes» in den Dokumenten des Konzils zugesprochen wird: die ewige Gemeinschaft der Menschen mit dem dreifaltigen Gott in der Vollendung, zu der nach Gottes Willen alle Menschen *berufen* und durch die Inkarnation Christi und seine Erlösungstat *befähigt* sind.[238] Diese Einheit der Familie Gottes, die in dieser Bedeutung dem «Reich Gottes» entspricht, zeichenhaft zu bezeugen und auf Erden aufzubauen, ist *das* Ziel der Sendung der Kirche.[239] Diese universale und eschatologische Perspektive bleibt auch in der Pastoralkonstitution maßgeblich. Als «Familie Gottes» wird darin sowohl die endzeitliche Vereinigung der Menschen mit Gott als auch die Kirche bezeichnet, deren Dienst in und an der Welt genau darin besteht, diese Familie zu errichten.[240]

Zur Frage nach der Zugehörigkeit zur Familie Gottes kann als erstes Ergebnis aus der Untersuchung der *familia-Dei-Stellen* in den Konzilsdokumenten gesagt werden, daß darin jene schon jetzt und sichtbar im vollen Sinn als Glieder der Familie Gottes angesehen werden, die auch entsprechend den sichtbaren Kriterien der Kirche angehören und die sich selbst nicht auf irgendeine Weise von der

---

[236] Vgl. Decr. *CD* 16: *AAS* 58 (1966), 680f.

[237] Decr. *UR* 2: *AAS* 57 (1965), 92. *UR* 4 (ebd. 95) spricht von notwendiger Erneuerung in der *Familia catholica* und wendet damit dasselbe Bild wie n. 2 auf die sichtbare katholische Kirche an. Zu *UR* ausführlicher, s.u. 2.3.

[238] Vgl. Decr. *AA* 8: *AAS* 58 (1966), 844f.

[239] Vgl. Decr. *AG* 1: *AAS* 58 (1966), 947.

[240] Vgl. bes. Const. past. *GS* 40: *AAS* 58 (1966), 1057-1059. Zu *GS* ausführlicher s.u. 2.1.2. u. 2.1.3.

Familie entfernt haben. Die Möglichkeit anderer Arten der Zugehörigkeit und Zuordnung zur Familie der Kinder Gottes bleibt allerdings grundsätzlich offen. Diese Möglichkeit muß nämlich zugestanden werden, wenn man daran festhält, daß es kein anderes Heil für den Menschen geben kann, als eben jenes der ewigen Vereinigung mit dem dreifaltigen Gott in der eschatologischen Familie Gottes. Es wird also deutlich, daß sich in der hier gestellten Frage die Glaubenswahrheit des universalen Heilswillens Gottes und das Axiom «nulla salus extra Ecclesiam» berühren. Dazu nimmt die Dogmatische Konstitution *Lumen gentium* in ihrem zweiten Kapitel Stellung, ohne dabei jedoch den Begriff der Familie Gottes zu verwenden. Im folgenden soll nun erhoben werden, ob in der Vorbereitung des Konzils und dann in seiner Umsetzung und Weiterführung durch die Bischofssynoden jenem Konzept eine Eignung zuerkannt wurde, mehr Licht auf die gestellte Frage zu werfen und in welcher Bedeutung es in diesem Zusammenhang angewendet wurde.

Bemerkenswerterweise finden sich gerade in der Frage nach der Kirchenzugehörigkeit die ersten Spuren jenes Weges, auf dem das *familia-Dei-Konzept* Eingang in die Kirchenkonstitution gefunden hat.[241] Die bis zum Konzil maßgebliche lehramtliche Stellungnahme zur Ekklesiologie, die Enzyklika *Mystici Corporis*, knüpfte die Kirchenzugehörigkeit an die eine Taufe, den einen Glauben und die Einheit der Leitung. Glieder des mystischen Leibes waren somit ausschließlich jene, die sich zur katholischen Kirche bekannten. Da aber das kirchliche Gesetzbuch (CIC 1917) bereits in der gültigen Taufe, die auch anderen christlichen Konfessionen nicht abgesprochen wurde, eine konstitutive Zugehörigkeit zur Kirche anerkannte, kam es zumal in jenen Ländern, in denen Katholiken und Protestanten in etwa gleicher Stärke zusammenlebten, zu theologischen Diskussionen, die auf die Ergänzungsbedürftigkeit des Bildes vom mystischen Leib besonders in der Frage der Kirchengliedschaft hinwiesen.[242]
Auch wenn man sich in der späteren Kirchenkonstitution zur Klärung dieser Frage für das Bild des «Volkes Gottes» entschied, wurde die Eignung des *familia-Dei-Konzeptes*, zur Lösung dieses

---

[241] Auf entsprechende Entwicklungen ist im folgenden näher einzugehen.
[242] Vgl. RATZINGER, *Die Ekklesiologie*, 48f., bes. 49: "Man fragte sich, ob das Bild vom mystischen Leib nicht als Ausgangspunkt zu eng sei, um die vielfältigen Formen der Zugehörigkeit zur Kirche zu definieren, die es in der Verworrenheit der menschlichen Geschichte nun einmal gibt. Das Bild vom Leib stellt für die Zugehörigkeit nur die Vorstellung des «Gliedes» bereit; Glied ist man, oder man ist es nicht, da gibt es keine Zwischenstufen. Aber — so fragte man — ist denn nicht eben der Ausgangspunkt des Bildes zu eng, da es ganz offensichtlich doch Zwischenstufen gibt?"

Problems beizutragen, beispielsweise von Papst Johannes XXIII. und anderen erkannt.[243] Weiters spricht das Schema zum geplanten Dekret *De Ecclesiae unitate «ut omnes unum sint»* in einer Nummer über die aus der Spaltung der Christen erwachsenden Schäden für die innere wie äußere Ausbreitung der *familia Christi* und ihren Kampf gegen die Pforten der Unterwelt. Dabei wurde eingeräumt, daß es viele gebe, die guten Glaubens vom Stellvertreter Christi getrennt, in «getrennten *Kirchen*» lebten und die dennoch in gewisser Weise der wahren Kirche nicht fremd seien und das Heil erlangen könnten, auch wenn sie wesentlicher Heilsmittel entbehrten.[244] Im vorbereiteten Schema *De Ecclesia* vermißt man dagegen den Begriff der *Familie Gottes* sowohl bei der Beschreibung des Wesens als auch im Kontext der Frage nach der Zugehörigkeit zur «Kirche», die mit der «streitenden Kirche» unter der Leitung des Römischen Pontifex identifiziert wurde. Aber schon in der Kritik am Schema, Anfang Dezember 1962, steht das *familia-Dei-Konzept* im Zentrum der Argumentation für eine angemessenere Klärung der Frage der getrennten Christen.[245] Ausgehend vom Bild der Kirche als «Familienmutter» werden alle Getauften als von der Kirche Gezeugte und damit als ihre Kinder bezeichnet, die es aufgrund ihrer Blutsverwandtschaft auch immer blieben und die deshalb auch nie der

----

[243] IOANNES XXIII, Lit. enc. *Ad Petri Cathedram: AAS* 51 (1959), 497-531; sowie DERS. (z.B. *A* II.I, 34f.) u. Bf. LE BELLEC (*A* I.II.I, 442).

[244] Vgl. *A* II.II.IV, 438; *SCH* I, 254: "De cetero neminem latet multos qui bona fide in separatis Ecclesiis vivunt et a Vicario Christi materialiter tantum et quasi per traditionem seiunguntur, ab Ecclesia vera quodam modo alienos non esse, et suam salutem consequi posse. Privantur tamen multis mediis salutis quae in vera Ecclesia inveniuntur, praecipue institutionibus et directionibus Magisterii, sine quibus fides et mores christiani non perfecte praeservantur. Et quidquid sit de salute individuorum, certum est divisionem in sinu societatis christianae nocumentum secum ferre nec non magnum damnum, tam in expansione interiore et exteriore familiae Christi quam in eius contra adversas Portas Inferi certamine. «In hoc cognoscent omnes quia discipuli mei estis, si dilectionem habueritis ad invicem» [Joh 13,35]." Es fällt auf, daß die Glaubensgemeinschaften der getrennten Christen *Kirchen* (wenn auch von der *wahren* Kirche unterschiedene) genannt werden und daß ihnen die Zugehörigkeit zur «Familie Christi» (die parallel zur «christlichen Gesellschaft» steht und von jenem Schaden in ihrem Inneren betroffen ist) nicht abgesprochen wird.

[245] Vgl. die dafür exemplarische vielzitierte Rede von Bf. DE SMEDT (*AS* I.IV, 142-144). Er warf dem Schema einen «gewissen Triumphalismus», «Klerikalismus» und «Juridismus» vor und präzisierte letzteren in der schriftlich eingereichten Version der Rede im Hinblick auf die «getrennten Christen» (ebd., 144, Anm. 25): "Sic loqui nec est bona theologia, nec est sermo dignus Ecclesiae si revera mater est. Quae unquam mater de filio suo quem generavit, quem dilectione fovit, si ille propter dolorosam aliquam rationem iam sub tecto paterno et cum fratribus suis non degit, quae, inquam ulla vera mater declaravit: iam non est membrum familiae meae. Vox sanguinis aliter loquitur. Matrem Ecclesiam sic loqui non convenit. Talis apriorismus, tale exercitium cursus Logicae minoris indignum est Matris Ecclesiae. Non sapit misericordiam, de qua Summus Pontifex in suo inaugurali sermone. In questione de membris positive est procedendum, agnoscendo et describendo gradus realis pertinentiae ad Matrem Ecclesiam."

Liebe der Kirche verlustig gingen. Das vorliegende Schema dagegen löse die Frage auf aprioristische und juridistische Weise.

Im Februar 1963 wurde eine Unterkommission mit G. Philips als Hauptredaktor mit der Verfassung eines neuen Schemas beauftragt. Als Basis dienten dabei neben einigen anderen Anregungen vor allem ein schon im November 1962 zu den Vätern gelangtes, von demselben Theologen verfaßtes Schema *Concilium duce Spiritus Sancti* sowie ein Entwurf deutschsprachiger Bischöfe. In beiden Texten ist an jener Stelle von der Kirche als Familie (Gottes) die Rede, wo es um die Frage geht, wer wirklich und im vollen Sinn Glied derselben sei.[246] Die Frage wird mit der «sichtbaren katholischen Kirche» und der dreifachen Weise der Verbundenheit mit ihr durch Glaube, Taufe und Leitung in traditioneller Weise beantwortet. Doch auch andere Christen, die nicht in allen Bestimmungsstücken der Berufung zur Kirche folgen, können in gewissem Sinn als Glieder bezeichnet werden. Die Möglichkeit einer näheren Klärung ihrer Zuordnung durch das Konzept der Familie Gottes wird in den beiden Texten nicht weiter genützt. Das neuredigierte Schema zur Kirchenkonstitution berücksichtigt es dann zwar als eines unter den angeführten Kirchenbildern, jedoch nicht zur Lösung der Frage der Kirchenzugehörigkeit, wenngleich es in der Aula und im Umfeld des Konzils auch dazu nicht an Beiträgen gemangelt hatte.

Papst Paul VI. zeigte etwa während des Konzils eine gewisse Vorliebe für das Wort «*familia catholica*», um dadurch die katholische

---

[246] Vgl. das Schema von G. PHILIPS (ALBERIGO, *Synopsis*, 59): "Reapse et sine restrictione ad Ecclesiae familiam pertinent illi tantum, qui integram eius ordinationem omniaque media salutis in ea instituta agnoscunt"; sowie den Entwurf der deutschsprachigen Bf. von Dezember 1962 (*AS* I.IV, 616f.), der an dieser Stelle zwei Formulierungsvarianten anbietet: a) "Perfecte, sicut plene correspondet voluntati Christi et naturae Ecclesiae, ille coniungitur huic familiae visibili, qui signum, quod est Ecclesia catholica, in hoc ordine signi perfecte percipit, agnoscit et amplectitur, et iustificatus interne insuper vivit id, quod signo externo profitetur, vitam scilicet Spiritus Christi. In ordine visibili et sociali signi ipsius ille plene coniungitur Ecclesiae, qui, licet donis gratiae internis careat, Eccleasiam participat unam fidem profitendo, unum baptisma suscipiendo et hierarchiae successorum Petri et apostolorum in Ecclesia catholica sese subiciendo." b) "Membrum perfectum huius familiae visibilis est ille, qui signum, quod est Ecclesia catholica, in hoc ordine signi perfecte percipit et agnoscit et amplectitur. Quod in illis impletur, qui Ecclesiam participant unam fidem profitentes, unum baptisma suscipientes et hierarchiae successorum Petri et apostolorum in Ecclesia catholica sese subiicientes." Die häufige Verwendung des Begriffes «signum» erinnert an die sakramentale Wirklichkeit des Wesens der Kirche. Diese muß (auch in Verbindung mit dem *familia-Dei-Konzept*) vor allem hinsichtlich der Fragen der Sichtbarkeit und Transzendenz, des Göttlichen und Menschlichen in der Kirche sowie nach der Möglichkeit des Heils durch die Kirche für jene, die ihr nicht sichtbar angehören, immer mitbedacht werden.

Kirche zu bezeichnen.[247] Ebenso klar und allgemein angenommen war in der Aula die Zuordnung der «familia christianorum» auf die Gesamtheit aller Getauften. Für andere, dem *familia-Dei-Konzept* zuzurechnende Begriffe («*familia Dei*», «*familia filiorum Dei*», «*familia Christi*», «*divina hominum in Christo familia*» u.a.) konnte sich dagegen trotz einiger offensichtlicher begrifflicher Nuancierungs- und Klärungsversuche bis gegen Ende des Konzils keine allgemein angenommene eindeutige Abgrenzung unter den Vätern durchsetzen.[248]

Während der Diskussion der Schemen über die Kirche und über den Ökumenismus empfahlen einige Wortmeldungen das Verständnis der Kirche als Familie für die Lösung der Frage, in welcher Beziehung die getrennten Christen zur Kirche stehen. Sie beriefen sich auf die Bezeichnung «*getrennte Brüder*» für die anderen Christen und auf deren Gotteskindschaft durch die Taufe. Den Akzent legten sie dabei teils mehr auf die Kriterien der vollen Zugehörigkeit zur sichtbaren Familie der Kirche, teils auf eine weiter verstandene, aber durchaus reale Verwandtschaft bzw. sogar Zugehörigkeit aller Christen[249] – wenigstens in zentralen Fragen gemäß der Hierarchie der Wahrheiten sowie in anderen anzuerkennenden wesentlichen Bestimmungsstücken der Kirche. Im Bild der Familie konnte man die unleugbare Tatsache der Trennung mit der bleibenden Beziehung verbinden, indem man in einigen Beiträgen etwa zwischen «von der» («de») «aus der» («ex») und «in der» Familie Gottes unterschied.[250] Auch wenn diese Unter-

---

[247] Vgl. die *Allocutio* zur III. *Sessio Publica* (04.12.1963): *AAS* 56 (1964), 31-40; die Ansprache vor den *UN*: *AAS* 56 (1964), 805-816; die *Allocutio* anläßlich der VI. *Sessio Publica* (14.09.1965, *AS* IV.I, 794-805), sowie die Const. apost. *Mirificus eventus*: *AAS* 57 (1965), 945.

[248] Eigentlich hatte bereits *LG* für die Identifizierung der *familia Dei* mit der «Kirche» entschieden. Zum Versuch einer begrifflichen Nuancierung vgl. Bf. HOA HIEN (*AS* II.V, 900); Bf. WEHR (*AS Ap* I, 420); wie es scheint, auch das Schema «*ut omnes unum sint*» (*A* II.II.IV, 438; *SCH* I, 254).

[249] Das gelte für die Orthodoxen in weit tieferem Sinn als für die Protestanten. Die unierten orientalischen Kirchen sollten gleichsam ihr Zugang zur «katholischen» Kirche sein; vgl. die schon zum früheren Schema *De Ecclesiae unitate* "*ut omnes unum sint*" abgegebenen Stellungnahmen vom melchitischen Patriarchen MAXIMUS IV. SAIGH (*AS* I.III, 618 u. 620) sowie Ebf. FARES (ebd. 784). In dieselbe Richtung weist ein Beitrag zum Schema *De Ecclesiis Orientalibus* von Bf. SCANDAR (*AS* III.V, 69); zu den Protestanten: Bf. FERRAZ (*AS* II.V, 890). Ebf. BAUDOUX (*AS* II.V, 609) spricht unter Berufung auf die Schemen *De Ecclesia* und *De Oecumenismo* von einer «wirklichen», wenn auch nicht «vollkommenen» Gemeinschaft und Zugehörigkeit («pertinerer») der getrennten Brüder zur Familie Gottes.

[250] Die Unterscheidung konnte nicht nur durch explizite Formulierungen, sondern auch durch die grammatikalische Zeit der Aussage erreicht werden. Vgl. zum Schema «*De Ecclesia*» die *Adumbratio schematis constitutionis dogmaticae «De Ecclesia»* der deutschsprachigen Bischöfe (*AS* I.IV, 616f.); Bf. HOA HIEN (I.IV, 516 u. II.1, 550; vgl. II.II, 43); sowie Pater DUFAULT AA (III.III, 525), der aufgrund der Mutterschaft der Kirche gegenüber den getrennten Brüdern sie als «in gewisser Weise» innerhalb der Familie der Kirche betrachtet; zum Ökumenismusschema: Kard. RUFFINI

scheidung das «Wie» der Zuordnung der getrennten Christen zur Familie Gottes im letzten noch nicht befriedigend klärt, scheint sie insofern wichtig zu sein, als die «*unitas*» zu den im Credo bekannten unverlierbaren Bestimmungsstücken der *familia Dei* gehört:

> "Die Einheit ist ein inneres und untrennbares Kennzeichen der römisch-katholischen Kirche. Die Kirche ist immer *eine* – kraft ihrer Seele, die der Heilige Geist ist: eine im Glauben, eine in der Leitung, eine in der Liebe. Diese Einheit kann niemals zugrunde gerichtet werden. Wenn daher Häresie oder Schisma auftreten, wird die Einheit der Kirche weder zerstört noch vermindert. Sicherlich zerstören Häresie und Schisma die Einheit der christlichen Familie, d.h. die Einheit der Christenheit, nicht aber die Einheit der Kirche. Deshalb ist die Einheit der Kirche auch nicht wieder aufzurichten, weil sie ja nicht zerstört werden kann. Wieder aufgerichtet kann und muß die Einheit der christlichen Familie, die Einheit der Christenheit, werden. Der Häretiker oder Schismatiker zerstört nicht die Einheit der Kirche, sondern *verläßt* die Kirche, die eine bleibt ...".[251]

In den bisher angeführten Beiträgen blieb der Umfang der Familie Gottes auf die getauften Christen beschränkt. Darüber hinaus lassen sich aber auch Meinungen anführen, die diese Grenze zu überschreiten suchten. Mit der Tradition der Kirche vereinbar ist eine solche Überschreitung in bezug auf die Katechumenen, die, wenn zwar noch nicht durch die Taufe zu Kindern Gottes wiedergeboren, so doch in gewissem Sinn bereits Glieder des Volkes Gottes und der großen

---

(*AS* II.V, 529), der feststellte, daß man die «eine Familie in Christus» *einst bildete*; Kard. RUGAMBWA (*AS* II.V, 556: «ex familia Dei sunt»). Explizit arbeitete der japanische Bf. TAGUCHI (*AS* II.V, 831f.) den Unterschied heraus: Die getrennten Christen seien von der selben Familie (d.h. Kirche), haben diese allerdings (wenn auch nicht die christliche Religion) verlassen: "Simili modo, fratres nostri separati, non sunt separati in religione, sed in Ecclesia: eandem religionem (eandem fidem et gratiam et media gratiae) habentes, oves Christi sunt, fratres nostri sanguine iuncti et Spiritu in eandem vitam divinam, sed non in ovili et in familia: cum ovili et familia non communicant, nam non subsunt pastoribus ovilis a supremo Pastore Christo constitutis, et cum aliis ovibus quae his pastoribus subsunt vitam non degunt: sunt oves (et non alia animalia), sed extra gregem, seu extra ecclesiam ovium a Petro et compastoribus pastarum, alios greges facientes. Sunt de familia nostra, fratres nostri, et ecclesiae sunt sorores inter se, ut orientales bene dicunt, sed familiam dereliquerunt amore libertatis, et extra familiam sunt, nam non subsunt fratri maiori qui confirmare debet fratres suos, ut unum sint et bene se habeant"; vgl. weiters die Ebf. BAUDOUX (*AS* II.V, 609); PANGRAZIO (*AS* II.VI, 32) sowie die *Relatio* von Ebf. MARTIN (*AS* II.V, 478f.) zur *Conclusio* des Schemas *De Oecumenismo*.

[251] Ebf. DE PROENÇA SIGAUD (*AS* II.VI, 112). Sigaud unterscheidet hier offenbar zwischen einem *theologischen* Begriff von Kirche (die er bevorzugt *familia Dei* nennt: vgl. *AS* II.II, 34-36) und dem mehr *soziologischen* der «*familia christiana*», der *Christenheit*. Die theologische Bedeutung der «Christenheit» bleibt dabei allerdings ebenso ungeklärt wie eine positive Sicht der Stellung der getrennten Christen, die durch die Aussage, daß sie die Kirche verlassen haben, nur negativ (im Blick auf die Defizienz ihrer Kirchlichkeit) bestimmt werden. Zu einer Möglichkeit, gerade ausgehend vom *familia-Dei-Konzept* hier weiter zu gehen s.u. die Bilanz zum I. Teil.

christlichen Familien sind.[252] Ebenso unbedenklich ist es, an der *Berufung* aller Menschen zur Familie Gottes festzuhalten.[253] Allerdings zeigten sich beim Konzil auch in einzelnen Fällen Tendenzen, die Zugehörigkeit zur Familie Gottes auf alle Menschen auszudehnen, zumindest insofern sie in der Gnade lebten.[254] Man berief sich auf ein Wort von Paul VI., nach dem die katholische Kirche über die Grenzen der christlichen Familie hinausschauen müsse und begründete die obige Ansicht damit, daß Gott der Vater aller Menschen sei, die er als seine wahre Familie liebe. Wenn Gott die Liebe ist, so schließt ein Vater, seien auch alle Menschen, die von ihm geliebt sind, Glieder des «*Volkes der Liebe*» und damit der Familie Gottes. Sie beteten Gott zwar nicht an, seien aber von ihm geschaffene und fortwährend im Dasein erhaltene Glieder der Menschheitsfamilie, aus der der Gottmensch durch die selige Jungfrau Maria geboren wurde, der sie erlöst habe. Deshalb sei Maria, die neue Eva, die Mutter der Kirche, auch die geistliche Mutter des Menschengeschlechtes. In Anbetracht all dessen könne man auch jene, die nicht an den einen Gott glauben, als «*wahre Familie Gottes*» (*ut familiam suam veram*) bezeichnen, sofern sie nur guten Glaubens (*bona fide*) seien.

Auch wenn diese Argumentation eine Reihe wahrer Momente, etwa die Liebe Gottes zu allen Menschen oder die mütterliche Sorge Mariens gegenüber der Menschheit, enthält, kann dadurch die undifferenzierte Ausdehnung des Begriffes der Familie Gottes auf alle

---

[252] Vgl. Ebf. ATTIPETTY (*AS* IV.IV, 169).

[253] Vgl. Bf. JENNY (*AS* II.II, 73): An dieser Stelle ist nicht gesagt, daß durch die Inkarnation schon alle Menschen Glieder der Familie Gottes geworden wären. Durch die Formulierung «ut ... fierent» («damit sie ... werden») wird klar, daß es hier um ein Ziel, eine Berufung geht, die erst vom jeweiligen Menschen eingeholt werden muß; diesbezüglich ganz klar: Bf. HERVAS Y BENET (*AS* II.II, 174): "... Ecclesia, voluntate divina est *familia Dei*, ad quam omnes homines vocantur, ut in ea partem habeant."

[254] Vgl. Bf. VAN VELSEN (*AS* II.II, 58): "Expositio ... de «familia Dei» multo magis apta est ad loquendum de «fratribus seiunctis»; ad loquendum de «nonchristianis», qui Deum habent patrem et sunt de familia Dei"; Kard. DE ARRIBA Y CASTRO (*AS* II.II, 308) [Zur exegetischen wie theologischen Unhaltbarkeit dieser Ansichten s.o. 1.1.2.1.]. Am ausführlichsten (während der zweiten Sitzungsperiode) Ebf. DUBOIS (*AS* II.III, 24f.), auf den sich die Darstellung im wesentlichen bezieht. Bemerkenswert ist, daß DUBOIS während der dritten Sitzungsperiode im Zusammenhang des marianischen Titels «*Mater Ecclesiae*» die «Familie ihrer Kinder» eindeutig mit der Kirche identifiziert (vgl. *AS* III.I, 685): "Me poenitet nullam mentionem explicitam tituli «Mater Ecclesiae» invenire ... Attamen, quia Maria mater spiritualis est uniuscuiusque Ecclesiae filiorum, quomodo non possimus eam vocare matrem spiritualem totius familiae filiorum, quae est Ecclesia?" Doch auch der Begriff «Kirche» meint bei ihm offenbar das ganze Menschengeschlecht (vgl. *AS* II.III, 711): "*Omne genus humanum, igitur, est etiam Ecclesia*, saltem in potentia, secundum voluntatem Dei et Christi, eiusdem generis Salvatoris", wobei in der Aussage selbst ein gewisser innerer Widerspruch enthalten ist, denn Potenz drückt ein Können (*potest*), nicht ein Sein (*est*) aus.

Menschen nicht gerechtfertigt werden. Das exegetisch nicht haltbare Argument der «universalen Vaterschaft Gottes» und das der universalen Liebe greifen zu kurz, wie auch aus der Analogie der Familie erhellt. Niemand würde behaupten, daß jeder, den ein Familienvater und mit ihm die ganze Familie liebt, deshalb schon zur Familie selbst gezählt werden kann. Ohne Zweifel gibt es die Heilsmöglichkeit auch für jene, die nicht explizit an Gott glauben, ohne Zweifel gehören sie zur von Gott geliebten *Menschheitsfamilie*, doch diese ist von der «*Familie Gottes*», der Kirche, zu unterscheiden. Daß sich das Vaticanum II für diesen Bedeutungsgehalt des Begriffes entschied, mußte zu diesem Zeitpunkt des Konzils bereits aus den vorliegenden Schemen und zahlreichen Väterbeiträgen klar geworden sein. Aus dieser und anderen Eingaben sprechen nicht nur eine begriffliche Unschärfe und Zweideutigkeit bezüglich des Verständnisses der Familie Gottes unter manchen Vätern, sondern auch eine Reihe damit verbundener ernster theologischer Probleme, die auch durch das Konzil letztlich nicht geklärt wurden und die bis heute nichts von ihrer Aktualität eingebüßt haben.[255]

Nachdem nun die im Konzil bleibende Offenheit in der ersten eingangs dieses Abschnittes gestellten Frage nach der Zugehörigkeit zur Familie Gottes aufgezeigt wurde, soll nun die zweite an die Väterbeiträge im Entwicklungsgang des Konzils herangetragen werden; die Frage nämlich, wie die durch die Kirche zu errichtende und in ihr zugleich auch als Zeichen schon sichtbar errichtete Einheit näherhin zu verstehen ist. Daß die Einheit ein wesentliches und unverlierbares Bestimmungsstück der Kirche ist, wird im Credo bekannt und vom Konzil erneut hervorgehoben (*LG* 8). Darüber hinaus bekennt der Glaube die Kirche aber auch als «heilig», «katholisch» und «apostolisch». Diese übrigen drei «Notae» eignen sich — wie von Konzilsvätern aufgezeigt wurde — zur näheren Bestimmung der sichtbaren Einheit der Familie Gottes.

---

[255] Eine erste Klärung des Begriffs *familia Dei* ist bereits aus den Schemen und der späteren Const. dog. *De Ecclesia* zu gewinnen. Die Ablehnung eines Modus (der die Ersetzung des Begriffes «Volk Gottes» durch «Familie Gottes» in n. 11 des Schemas *De Ecclesia* forderte) zeigt allerdings noch in der dritten Sitzungsperiode gewisse Unklarheiten bezüglich der Begrifflichkeit der *familia Dei*: "... vox *Familia* in contextu aequivocationem cum familia humana inducere posset ..." (*AS* III.VI, 97). Offenbar auch um die Behebung dieser Unschärfen bemüht war Papst PAUL VI.: *Sessio Publica* VII, 28.10.1965; *Homilia Summi Pontificis*: *AAS* 57 (1965), 902, der offenbar im Blick auf die Entwicklung von *GS* feststellte: "... in amplam familiam Dei, id est in sanctam Ecclesiam ...". Zur für diese Frage entscheidenden Entwicklung der Pastoralkonstitution s.u. 2.1. und zu Ansätzen einer Klärung mit Hilfe des *familia-Dei-Konzeptes* die *Bilanz* am Ende des I. Teils.

Es ist klar, daß die «*Heiligkeit*» der Kirche nicht ein Urteil über das tatsächliche moralische Verhalten ihrer Glieder im einzelnen wiedergibt, auch wenn die in der Taufe erhaltene Heiligung eine solche Heiligkeit als Berufung mit sich bringt, sondern auf den unverlierbaren Bezug der Kirche zur Heiligkeit Gottes verweist, der in zentralen Glaubensgeheimnissen aufleuchtet. Auf der anderen Seite kann aber die als heilig zu bestimmende Einheit der Kirche nicht im Unsichtbaren bleiben. Letzter Urgrund der Einheit der Kirche ist der dreifaltige Gott selbst. Indem nun einer aus der Trinität, der Sohn, Mensch geworden und damit in die Greifbarkeit von Welt und Geschichte eingetreten ist, hat sich in ihm auch die göttliche Einheit mit der geschöpflichen Verschiedenheit sichtbar verbunden, um diese von der erbsündigen Gespaltenheit zu erlösen und in die göttliche Einheit zurückzuführen.[256]

Die *Vielfalt und Universalität des Katholischen* als Ausdruck der dritten *nota* («Katholizität») und als weitere Konkretisierung kirchlicher Einheit als *umfassende Einheit in Verschiedenheit* ist in diesem Jahrhundert wieder erneut und vermehrt in das Bewußtsein der Gläubigen getreten. Sie gehört seit jeher zum Glaubensgut der katholischen Kirche und hat in den Dokumenten des Konzils einen deutlichen Niederschlag gefunden. Auf dem Weg dorthin war die Enzyklika *Evangelii Praecones* von Pius XII. von größter Bedeutung. Viele Väter beriefen sich in ihren Beiträgen vor und im Konzil auf sie. Die Katholizität der Kirche wird von Pius XII. dabei auch im Bild der *großen Familie Gottes* begrifflich gefaßt. Darin kommt eine Vorrangstellung der Einheit der einen großen Familie Gottes zum Ausdruck, die jedoch ihrerseits die Verschiedenheit der in ihr geeinten Kulturen nicht aufhebt, sondern vielmehr reinigt und heiligt.[257] Mit auffallender Häufigkeit spricht auch Johannes XXIII. gerade dort von der großen *katholischen* Familie, wo er sich in seinen Ansprachen auf das herannahende oder bereits begonnene Konzil bezieht. Die Wurzel der Katholizität liege in der Teilhabe an der göttlichen Natur, die den Gläubigen in der Taufe gegeben wurde. Durch diese werden in der

---

[256] Auf diesen Zusammenhang verweist etwa eine Gruppe afrikanischer Väter, die in der Kirchenkonstitution die Einfügung einer eigenen Nummer *De Ecclesiae catholicitate, i.e. de eius unitate in diversitate* anregt: vgl. *AS* II.II, 206 u. Ebf. GRAULS, ebd., 161.

[257] Die betreffende Stelle stammt ursprünglich aus der Ansprache des Papstes, *Vivamente gradito* an die Leiter der päpstlichen Missionswerke (24.06.1944): *AAS* 36 (1944), 210; sie wurde in *Evangelii Praecones* zitiert: *AAS* 43 (1951), 523f., und in der Konzilsvorbereitung von der katholischen Universität von Angers sowie von einzelnen Vätern eingebracht (vgl. *A* I.IV.II, 25-27). Die Vorrangstellung der katholischen Einheit wird unter Verweis auf dieselbe Enz. auch im fünften Kapitel des Vorbereitungschemas zum Dekret über das Laienapostolat festgehalten (*SCH* IV, 103; vgl. *A* II.II.IV, 507).

Kirche die Getauften aller Stände, aller Kulturen, Sprachen und Rassen in Einheit zusammengeführt und bilden eine Familie.[258] Die Eignung des *familia-Dei-Konzeptes*, die Katholizität der Kirche besser einsichtig zu machen, wurde aber nicht nur vom päpstlichen Lehramt erkannt, sondern fand auch unter den Konzilsvätern einige Vertreter.[259]

Die Einheit der Familie Gottes verwirklicht sich — wie andere Beiträge in den Konzilsprozeß einbrachten — durch den Dienst der Nachfolger des Petrus und der Apostel *apostolisch*, d.h. in ihrem sichtbaren Gefüge hierarchisch, m.a.W. in heiliger Ordnung. Deshalb betont auch Johannes XXIII., daß die weltweite katholische Einheit der Kirche ihr Zentrum in Rom hat, wie sie auch und in besonderer Weise durch das Konzil selbst der Welt kundgetan werde.[260]

Aus jenen Stellen, in denen sich die untersuchten Bischofs-synoden das *familia-Dei-Konzept* zu eigen machen, wird bezüglich der beiden oben angeschnittenen Fragen im wesentlichen nur der Aspekt der *Bedrohung* der *katholischen* Einheit sowie dementsprechender Heilmittel vermehrt hervorgehoben.[261] Besonders für das im afrikani-schen Kulturraum verbreitete Verständnis der Kirche als Familie wird in der Afrikasynode und im nachsynodalen Apostolischen Schreiben *Ecclesia in Africa* vermerkt, daß das Bild der Familie kein Klandenken in die Kirche introduzieren dürfe, sondern eine universale Ausrichtung behalten müsse. Durch die Taufe werden Menschen aller Sprachen, Rassen und Kulturen zu einer Familie geeint, in der es nach Paulus

---

[258] Vgl. bes. *AAS* 52 (1960), 1007; *A* II.I, 35. 365. Diese Aussagen von Johannes XXIII. werden in einem Schema zum Ökumenismusdekret zitiert (vgl. *AS* II.V, 414).

[259] Dabei wurde besonders auf den Bezug zwischen der Kirche und der universalen Menschheitsfamilie verwiesen. Ebf. DAMIANO (*A* I.II.V, 564) leitete in seinem Beitrag vor dem Konzil davon die Forderung nach einer «Internationalisierung der römischen Kurie» ab; Bf. BADRÉ (*AS* III.VII, 182) wiederum betonte während der Diskussion des Schemas zur späteren Pastoralkonstitution die Vielfalt der Riten, der Sprachen, der sakralen Kunstwerke und Schriften, die in der katholischen Einheit der Kirche zu höherer Schönheit und Vollkommenheit strebe: "Itaque, sicut unitati ecclesiae non repugnat diversitas rituum, linguarum, sacrorum artium, litterarum, etc., quae ad catholicitatem spectant, ita in humano generi (sicut etiam in qualibet familia) diversitas individuorum seu collectivitatum essentialiter concurrit ad pulchritudinem et perfectionem maioris toti existenti."

[260] Vgl. JOHANNES XXIII. am 18.11.1959 (*A* I.I, 58); dieser Ansicht folgt während des Konzils Bf. ATAÚN (*AS* II.V, 771f.). Zur Apostolizität der Kirche im Licht des *familia-Dei-Konzeptes* s.u. 1.2.1.

[261] Bf. NSUBUGA: CAPRILE, *Il Sinodo 1974*, 508, erkennt die einigende Aufgabe des Papstes in der universalen und katholischen Kirche im Gegensatz zu jedem Nationalismus, während das Schlußdokument von Puebla 1979 in der Kraft von Glaube und Liebe sowie in der gemeinsam gefeierten Eucharistie den Ansatz zur Überwindung von Spaltungen, Partikularismen, aber auch von monolitischer Verein-heitlichung verankert (vgl. *Puebla* nn. 243-247, it.: 124f.).

(vgl. Gal 3,26-28) keinen Unterschied des Stammes oder der Rasse geben dürfe. Dieses Wunder, das erstmals zu Pfingsten aufleuchte, solle sich in der Kirche fortsetzen, indem das Geheimnis Christi auf der ganzen Welt, in allen Sprachen und Kulturen gelehrt werde, das durch seine von der Sünde befreiende Kraft in den je verschiedenen Kuturen und Sprachen, die eine große Familie Gottes, die Gemeinschaft der Heiligen, errichte.[262]

Konklusion

Eine ausgewogene theologische Modellvorstellung kann sich nicht darauf beschränken, nur *eine* Dimension der komplexen Realität der Kirche, also etwa nur ihre spirituelle, geheimnishafte und unsichtbare Seite gebührend zu veranschaulichen. Vielmehr ist ihre integrierende Kraft daran zu messen, ob sie beizutragen vermag, einen ekklesiologischen Dualismus zwischen göttlich und menschlich, zwischen heilig und sündig oder zwischen charismatisch und institutionell sowie die einseitige Überbetonung bestimmter Aspekte zu überwinden und damit einer *«katholischen»* Kirchenlehre gerecht zu werden. In diesem Abschnitt wurde deshalb — den Leitlinien der Dogmatischen Konstitution über die Kirche weiter folgend — das Konzept der Familie Gottes mit der sichtbaren Realität der Kirche in Welt und Geschichte, die gemäß dem Konzil keine andere als die des zuvor dargestellten Glaubensgeheimnisses ist, konfrontiert.

Zwar stellt *Lumen gentium* seine diesbezüglichen Erörterungen im zweiten Kapitel unter das Leitbild des «Volkes Gottes», doch findet sich dabei auch das Familienthema wenigstens implizit (z.B. in der «Gotteskindschaft», der «Brüderlichkeit» und im «Bund») an einigen Stellen weitergeführt. Tatsächlich steht auch der Begriff der «Familie» dem des «Volkes» in seiner biblischen Bedeutung sehr nahe. Darüber hinaus vermag die «Familie» als Beispiel einer Realität, die zugleich sichtbare Institution und organische personale Gemeinschaft ist, die sich in ihrem tiefsten Sinn und Wesen der menschlich willkürlichen Verfügbarkeit entzieht, zu einem besseren Verständnis von Kirche beizutragen. Das wurde von einigen Konzilsvätern während der Diskus-

---

[262] Vgl. *OR Africa* I, 32 (Bf. OBIEFUNA): "La Chiesa è veramente una famiglia. Le sue frontiere vanno al di là del clan e della tribù"; II, 42 (*Relatio* Kleingruppe Englisch «A»); II, 46 (Französisch «C»): "Miracolo della Pentecoste: fin dalla nascita, la Chiesa parla tutte le lingue degli uomini, per insegnare loro a parlare nella loro lingua e a vivere nella loro cultura il mistero di Cristo nella sua pienezza liberatrice dal peccato e costitutiva della grande famiglia di Dio, la comunione dei Santi"; II, 47 (Englisch «E»): "Il concetto africano di famiglia offre un buon modello per la Chiesa, ma deve diventare universale"; mit lehramtlicher Autorität: IOANNES PAULUS II, Adh. apost. *EA* 6, 13, 63, 65 u. 137: *OR* (14.09.1995), 2, 5 u. 10.

sionen in der Aula erkannt und ausgesprochen und fand offenbar seinen Niederschlag auch an anderen Stellen der Kirchenkonstitution oder späterer Dokumente, an denen Aussagen über die Kirche als Familie Gottes wiederum Licht auf die im zweiten Kapitel von *Lumen gentium* behandelten Fragen zurückwerfen. Ähnliches gilt für die authentische Interpretation und Weiterführung der Konzilslehren in diesen Fragen.

Die *heilsgeschichtliche* Perspektive gehört zu den wesentlichen Kennzeichen der Ekklesiologie des letzten Konzils. Die Kirche pilgert als Zeichen und Werkzeug des Heiles der Vollendung entgegen. Sie steht dabei in der Spannung zwischen der Kontinuität im Heilshandeln Gottes von Erschaffung der Welt an und ihrer Neuheit in Christus, zwischen dem in Christus bereits angebrochenen Eschaton und der endgültigen Vollendung in der Gemeinschaft mit dem trinitarischen Gott. Auch eine natürliche Familie erweist sich durch die Geschichte hindurch als ein und dieselbe und doch in ihren Gliedern je immer neue Gemeinschaft. Der Grundgedanke heilsgeschichtlicher Kontinuität und Neuheit scheint mehrfach in Konzilsdokumenten auf, wo die Familie Gottes als Ausdruck der Gemeinschaft der Menschen mit Gott und untereinander sowohl die pilgernde Kirche als auch die endgültige eschatologische Vereinigung mit Gott bezeichnen kann. Was hierin für die letzten Phasen der Heilsgeschichte manifest wird, läßt sich, wie während der Konzilsdiskussionen festgehalten wurde, auf die ganze Heilsgeschichte und die «Ecclesia ab Abel» ausweiten. Die «Familie Gottes» erscheint demzufolge als Inbegriff der Gemeinschaftlichkeit oder auch «Kirchlichkeit» des Heilswirkens Gottes durch alle Phasen der Heilsgeschichte.

Das Glaubensgeheimnis der *Inkarnation*, in dem die Heilsgeschichte ihr Zentrum erreicht, stellt einen weiteren theologischen Bezugspunkt gegenüber dem Verständnis der Kirche als Familie Gottes dar. Indem der Sohn die Menschennatur als Kind der Menschheitsfamilie annimmt, nimmt Gott in «wunderbarem Tausch» die Menschen zu seinen Kindern in seiner Familie an. Die «Familie Gottes» als irreversible Gegenwart Gottes in der Welt wird überhaupt erst dadurch ermöglicht, daß der unsichtbare Gott in der menschlichen Gestalt seines Sohnes selbst in Welt und Geschichte offenbar wurde. In der ungetrennten und unvermischten Einheit von göttlicher und menschlicher Natur in Christus ist auch die organische Einheit von göttlicher und menschlicher, von unsichtbarer und sichtbarer Dimension der Kirche vorausbedeutet und grundgelegt. Die «Familie», die ihrerseits Einheit in Verschiedenheit ist, eignet sich als Bild kirchlicher Einheit, die Momente natürlich menschlicher Einheit aufzugreifen, zu läutern und gnadenhaft umzugestalten vermag. Diese hier angedeuteten theologischen Erwägungen gewinnen insofern vom Konzil her Fundament und Berechtigung, als in der Kirchenkonstitution die Analogie der Inkarnation im Zusammenhang der Einheit von sichtbarer und unsichtbarer Realität der Kirche aufgenommen und an anderen Stellen auch das Konzept der Familie Gottes in diesen Kontext einbezogen wird, wie es ausführlicher in der Konzilsaula gefordert und entfaltet wurde.

In der programmatischen Eingangsaussage von *Lumen gentium* über die Kirche als *Sakrament* kommt das Konzil einer «Definition» oder theologisch konzeptualen Wesensbeschreibung der Kirche am nächsten. «Sakrament» meint dabei *Zeichen* und *Werkzeug* für die innerste Vereinigung der Menschen mit Gott und untereinander. Kirche als Sakrament steht ihrerseits in engstem und konstitutivem Bezug zur Inkarnation, da nämlich in ihr und durch sie das Göttliche wahrhaft, sichtbar und wirksam in Menschlichem gegenwärtig ist. Dieses sakramentale Ineinander von Göttlichem und Menschlichem charakterisiert aber gerade die *«Familie»-«Gottes»*, wie die Zusammensetzung des Begriffes andeutet. Als eschatologische Gemeinschaft und Vereinigung mit dem trinitarischen Gott erscheint sie darüber hinaus als Ziel des sakramentalen Wesens der Kirche, wie aus den Anfangsnummern des Missionsdekretes hervorgeht und in der Pastoralkonstitution hinsichtlich des *familia-Dei-Konzeptes* systematisch entfaltet wird. Dabei wurden Gedanken aufgenommen, die schon von den frühesten Entwicklungen zu *Lumen gentium* an präsent waren und auch nach dem Konzil, sei es in bischöflichen Beiträgen, sei es in nachsynodalen lehramtlichen Schreiben, wiederholt zu finden sind. Die Sakramentalität der Kirche konkretisiert sich bevorzugt in den sieben Sakramenten, für die im einzelnen ebenfalls, und zwar gelegentlich durch lehramtliche Autorität gestützt, die tiefe theologische Beziehung zum Thema der Familie Gottes aufgewiesen wurde. Als weitere Verwirklichung des sakramentalen Wesens und des Lebens der Kirche überhaupt hat die Liturgie zu gelten. In ihren Traditionen findet das *familia-Dei-Konzept* reiche Quellen, die sich sehr weit zurückverfolgen lassen und die auch immer wieder zu seiner Begründung herangezogen wurden.

Kirche ist Sakrament, Sakrament der *«Communio»*. Das Vaticanum II hat in *Lumen gentium* und anderen Dokumenten nicht nur die «vertikale» Gemeinschaft mit Gott, sondern auch die «horizontale» der Menschen untereinander erneut in Erinnerung gerufen. Darin drücken sich die aus der durch Taufe erlangten Gotteskindschaft erwachsende Brüderlichkeit aller Glieder der Kirche und ihre fundamentale Gleichheit an Würde aus. Auch und gerade in diesem Zusammenhang vermag das *familia-Dei-Konzept* mehrere seiner theologischen Vorzüge zur Geltung zu bringen. Analog zur «Familie», der Primärform menschlicher «Communio-Einheit» in der Verschiedenheit der Personen, veranschaulicht die «Familie Gottes» die Gemeinschaftlichkeit des Gottesvolkes, abgehoben von Fehlinterpretationen, die sich an politischen Denkmodellen eines *Staatsvolkes* orientieren, ob dessen Form nun einer Monarchie, einer Feudalgesellschaft oder den gegenwärtig bevorzugten demokratischen Herrschaftsstrukturen entspricht. «*Familie Gottes*» ist dagegen wahre Brüderlichkeit von ihrem Ursprung und Zentrum in Christus her, der durch sein versöhnendes Erlösungswerk alle trennenden sozialen Schranken überwunden hat. Sie verwirklicht sich in gemeinsam getragener Verantwortung gemäß der Verschiedenheit nach Aufgaben und Diensten. Für diese Auffassungen finden sich in den Konzilsdokumenten eine Reihe expliziter und thematischer Belege, die gut ein häufig geäußertes Väteranliegen wiedergeben, das auch nach dem Konzil im Kontext des *familia-Dei-Konzeptes* weiterbesteht.

In der Erörterung der *sichtbaren kirchlichen Communio und Einheit* kann die Frage nach *deren Ausdehnung*, m.a.W. die Frage nach der theologischen Qualifikation der *Zugehörigkeit bzw. Zuordnung zur Familie Gottes* über die Grenzen der vollen sichtbaren kirchlichen Einheit hinaus, nicht ausbleiben. Vorauszusetzen und mit dem Konzil festzuhalten ist, daß der Kirche eine durch ihre innere Wahrheit gerechtfertigte und auch notwendig zeichenhaft sichtbare Einheit unverlierbar eignen muß, um universales Sakrament der Communio und des Heiles sein zu können. Diese Voraussetzung muß ihrerseits sowohl mit dem Wahrheits- und Absolutheitsanspruch der katholischen Kirche, dem Faktum der geschichtlich entstandenen Spaltungen unter den Christen, als auch mit dem universalen Heilswillen Gottes verbunden werden. Für die Bestimmung der Stellung des *familia-Dei-Konzeptes* im Vaticanum II ist dabei bemerkenswert, daß es gerade in diesen Fragen seit Beginn der Diskussionen zur Kirchenkonstitution angewendet wurde. In den Dokumenten scheint es dann allerdings vor allem dort auf, wo mittels der traditionellen Kriterien der Einheit in Lehre, Sakrament und Leitung die volle und sichtbare Gemeinschaft mit der Kirche charakterisiert wird. In bezug zu den, wenn auch nicht in voller Gemeinschaft *mit der «Kirche» verbundenen, getrennten Christen* bedienen sich die Konzilsdokumente des Konzeptes nur thematisch, etwa im Begriff «getrennte *Brüder*». Deren Aussagen über die theologische Qualifikation der unverlierbaren und sichtbaren Einheit der Kirche sowie über die verschiedenartige Verbindung bzw. Zuordnung aller Menschen zur Kirche, die nicht selten mit dem Schlagwort der «gestuften Kirchlichkeit» umrissen wird, lassen begrifflich wie theologisch manche Frage und einen breiten Spielraum für Interpretationen offen. Diesbezügliche Möglichkeiten des Konzeptes der Familie Gottes blieben dagegen, wenngleich sie in der Aula

mehrfach angesprochen wurden, in den Konzilsdokumenten unge-
nützt.[263]

Die im Verlauf des Konzils bis zuletzt erkennbare Auseinandersetzung um die Weite und die inhaltlichen Grenzen des Begriffs
«Familie Gottes» wurde schließlich durch die Pastoralkonstitution
zugunsten eines *theologischen* Begriffes, wie er bereits in *LG* 6 und an
anderen Stellen dieser Konstitution vorlag, entschieden. Nicht etwa die
Menschheit im ganzen, sondern die eine, heilige, katholische und
apostolische Kirche ist gemeint, wenn das Konzil von der «Familie
Gottes» spricht. Aber auch hierzu wären weitere theologische Klärungen wünschenswert. Somit zeigt sich nochmals, was für alle Einzelthemen dieses Abschnittes gilt, daß nämlich das *familia-Dei-Konzept*
die Potenz und erste Ansätze zur theologischen Erhellung vieler
Schlüsselfragen gegenwärtiger Ekklesiologie in sich trägt, daß diese
jedoch darauf wartet, in der Lehre über die Kirche und in ihren praktischen Implikationen noch weiter fruchtbar gemacht zu werden.

1.2. DIE ORGANISCHE STRUKTUR DER *FAMILIE GOTTES*

Nachdem im vorausgehenden die Gottesbeziehung als vertikale
Dimension der Kirche sowie die horizontale der brüderlichen Verbun-
denheit aller Getauften in Blick genommen wurde, soll nun die innere
Struktur der Familie Gottes als dritte Dimension in der organischen
Zuordnung von hierarchischem Dienstamt und den Laien dargestellt
werden.

1.2.1. Die hierarchische Ordnung der *Familie Gottes*

Wie der natürlichen Familie ein bestimmtes inneres Gefüge
vorgegeben und angemessen ist, so trägt auch die Kirche eine «heilige
Ordnung göttlichen Ursprungs» in sich. Diese *hierarchische* Ordnung
stellt nach gläubiger Sicht und im Sinn des Konzils nicht nur eine
soziologisch notwendige Leitungs- und Organisationsstruktur dar, sondern verkörpert in der Kirche *sakramental*, d.h. durch ein Sakrament
übertragen und zugleich zeichenhaft und wirksam in der Verbundenheit
von Göttlichem und Menschlichem, die von Liebe durchstimmte
Autorität Gottes, des Vaters, und das Priestertum Christi, des Bruders
und Mittlers. Wie aber das Vaticanum II und die folgenden Bischofssynoden diese im Licht des *familia-Dei-Konzeptes* näher verstehen,
wird in den folgenden beiden Abschnitten hinsichtlich der Frage nach

---

[263] Zu solchen Möglichkeiten s.u. die *Bilanz* nach Teil I.

dem sakramentalen Amt und der Zuordnung von universaler und lokaler Kirche erörtert.

1.2.1.1. Das sakramentale Amt in der *Familie Gottes*

Zu den bedeutendsten theologischen «Erträgen» des Vaticanum II gehört die Lehre über das Bischofsamt. Auch dabei bedienen sich die entsprechenden Dokumente verschiedener Bilder und Konzepte, unter denen der «Familie Gottes» eine bedeutende Stellung zukommt. Thematisch scheint sie bereits in der Bezeichnung «Vater» für den Bischof auf:

> "Durch ihr [der Bischöfe] väterliches Amt (vgl. 1Kor 4,15) fügt er [Christus] seinem Leib kraft der Wiedergeburt von oben neue Glieder ein. Durch ihre Weisheit und Umsicht endlich lenkt und ordnet er das Volk des Neuen Bundes auf seiner Pilgerschaft zur ewigen Seligkeit. Diese Hirten, die ausgewählt sind, die Herde des Herrn zu weiden, sind Diener Christi und Ausspender der Geheimnisse Gottes (vgl. 1Kor 4,1)."[264]

Der hier mit Paulus biblisch begründeten «geistlichen Vaterschaft» lassen sich vom inhaltlichen Gefüge des Vaterbildes neben dem hier angesprochenen väterlichen *Heiligungsdienst* in der Familie auch die beiden anderen der *tria munera*, die *Lehre* und die *Leitung*, gut zuordnen. Nach den Ausführungen über das *munus docendi* (*LG* 25) und das *munus sanctificandi* (*LG* 26) handelt die Dogmatische Konstitution über die Kirche in Nummer 27 über das Leitungsamt (*munus regendi*) der Bischöfe, das diese in der von Christus eingesetzten und vom Heiligen Geist bewahrten Form als Stellvertreter und Gesandte Christi, aber auch Gottes des Vaters, in ihren Teilkirchen ausüben:

> "Der Bischof, der vom Hausvater gesandt ist, seine Familie zu lenken, soll sich das Beispiel des guten Hirten vor Augen halten, der nicht gekommen ist, sich bedienen zu lassen, sondern zu dienen (vgl. Mt 20,28; Mk 10,45) und sein Leben für seine Schafe hinzugeben (vgl. Joh 10,11). Aus den Menschen genommen und mit Schwachheit behaftet, kann er mitleiden mit denen, die in Unwissenheit und Irrtum sind (Hebr

---

[264] Const. dog. *LG* 21: *AAS* 57 (1965), 24 [dt.: *LThK.E* 1, 219]. Die *Relatio* zu dieser Nummer vom 15.09.1964 (*AS* III.I, 238) hebt unter Berufung auf 1Kor 4,15 die biblische Begründung der *paternitas* des Amtsträgers hervor. Der Gedanke der Vaterschaft des Bischofs findet sich ansatzweise auch in n. 25 dieses Dokumentes, die ihn mit dem «Hausvater» vergleicht, von dem Mt 13,52 sagt, er "gleicht einem Hausherrn [«οικοδεσποτησ» = «Paterfamilias»], der aus seinem reichen Vorrat Neues und Altes hervorholt"; ebenso in *AG* 1, wenn davon die Rede ist, daß die Apostel «Kirchen zeugten»; oder auch in *OE* 9 in bezug auf die Patriarchen der Ostkirchen.

5,1-2). Er soll sich nicht weigern, seine Untergebenen zu hören, die er wie wirkliche Söhne umsorgt und zu eifriger Mitarbeit mahnt."[265]

Mit dem Bild der «Familie *Gottes*», die selbst schon Göttliches und Menschliches in sich vereinigt, wird auch für das Amt des Bischofs auf die Verbundenheit dieser beiden Elemente und damit auf einen Grundzug des Sakramentalen verwiesen. Der Bischof bleibt ein mit Schwachheit behafteter Mensch, dessen Leitung nicht als Verdienst, sondern als Dienst verstanden werden muß. Zugleich aber ist er als «Vater» und damit in gewisser Weise als *«Typos»* Gottes des Vaters[266], der immer der eigentliche *Paterfamilias* bleibt, zur Leitung der Familie Gottes eingesetzt, in der die Gläubigen aufgrund der Weihe des Bischofs zu seinen «wirklichen Söhnen» geworden sind. Im sakramentalen Verständnis des Amtes als Vaterschaft finden sich aber auch zwei weitere auf den ersten Blick gegensätzliche Elemente verbunden. Gemäß der *Communio-Struktur* der Kirche ist der Bischof als Getaufter den anderen Gläubigen in Christus *brüderlich verbunden*; gemäß seinem *Dienst* der Lehre, Heiligung und Leitung steht er ihnen jedoch nach hierarchischer Ordnung *als Vater in Liebe gegenüber*.[267]

---

[265] Const. dog. *LG* 27: *AAS* 57 (1965), 33 [dt.: *LThK.E* 1, 247]. Der am 15.09.1964 vorgelegte neue Text enthält als Erweiterung gegenüber dem früheren eine Zufügung, die nach Angabe der *Relatio* von IGNATIUS V. A. stammt: "Adduntur haec verba S. Ignatii M., de *familia Dei*, ad indicandum nexum gubernii episcopalis cum ipsa Dei providentia, quae talis est ut omnes apud Eum filii simus, unde etiam Episcopi subditos suos ut filios considerare debent" (*AS* III.I, 254f.). Der Text der *Relatio* läßt gut die Absicht für die Zufügung jener theologisch höchst relevanten Stelle erkennen. Daß dagegen der zitierte Text ["Episcopus, missus a Patrefamilias ad gubernandam familiam suam"] wirklich in dieser Form von Ignatius stammt, ist zumindest auf Grundlage der wissenschaftlich anerkannten Textausgaben [bes. FUNK] zu bezweifeln. Die *Relatio* gibt keine Stellenangabe und die neue Textversion führt zwar für denselben Absatz eine Reihe von Ignatiusstellen an [vgl. *AS* III.I, 232], von denen jedoch keine die genannte Formulierung enthält. Im endgültigen Konzilstext [*LG* 27] fehlt eine Stellenangabe. Daß die «Sendung des Bischofs durch den Paterfamilias, dessen Familie zu leiten» (die *sinngemäß* der Lehre des Ignatius über das Bischofsamt entspricht [vgl. z.B. *Trall* III,1]), nicht nur eine beliebige Formulierung, sondern einen bewußten und theologisch relevanten Gedanken des Konzils darstellt, ergibt sich aus der Zurückweisung eines Modus, der gemeint hatte, jener Satzteil wäre nicht zur Sache (vgl. *AS* III.VIII, 95).

[266] Vgl. S. IGNATIUS M., *Epistula ad Trallianos* III,1 [Ed. FUNK]; darauf aufbauend: A. LINDEMANN–H. PAULSEN H. (Hg.), *Die Apostolischen Väter. Griechisch-deutsche Parallelausgabe auf der Grundlage der Ausgabe von F.X. FUNK/ K. BIHLMEYER–M. WHITTAKER*, Tübingen 1992, 200f.; dazu L. GOPPELT, τυποσ, in: *ThWNT* 8, 246-260.

[267] Vgl. Const. dog. *LG* 32: *AAS* 57 (1965), 38f. Die väterliche Sorge des Bf. wird in *LG* 28 (ebd., 35) besonders auf die Priester bezogen, die aufgrund ihrer Teilhabe an seinem Priestertum und seiner Sendung wahrhaft zu seinen Söhnen geworden sind; vgl. Decr. *CD* 16: *AAS* 58 (1966), 680f. Siehe auch *CD* 28 (ebd., 687 [dt.: *LThK.E* 2, 207]: "Daher bilden sie [die Diözesanpriester] ein einziges Presbyterium und eine einzige Familie, deren Vater der Bischof ist"; Decr. *OT* 2 (ebd., 714, wo sich die Vaterschaft des Bf. auf zu weckende Berufungen in seiner Herde bezieht).

Dem entspricht der vom Konzil geforderte Leitungsstil des Bischofs, der vor allem in liebender und (für-) sorgender Verantwortung an den Seinen besteht. Komplementär dazu darf aber auch die zweite hier ausgesprochene Anforderung nicht verschwiegen werden, nämlich die an die Gläubigen, der gottgegebenen Autorität des Bischofs Gehorsam zu leisten, nicht aufgrund eines falschen Unterwürfigkeits- oder Untertanendenkens, sondern zum Wohl und in Mitverantwortung für das organische Ganze der göttlich-menschlichen Familie der Kirche:

> "Bei der Erfüllung ihrer Vater- und Hirtenaufgabe seien die Bischöfe in der Mitte der Ihrigen wie Diener, gute Hirten, die ihre Schafe kennen und deren Schafe auch sie kennen, wahre Väter, die sich durch den Geist der Liebe und der Sorge für alle auszeichnen und deren von Gott verliehener Autorität sich alle bereitwillig unterwerfen. Die ganze Familie ihrer Herde sollen sie so zusammenführen und heranbilden, daß alle, ihrer Pflichten eingedenk, in der Gemeinschaft der Liebe leben und handeln."[268]

Wie eine Familie sich im Gang der Geschichte fortwährend erneuert und doch dieselbe bleibt, so ist auch das Dienstamt der Bischöfe in die lebendige Tradition der Kirche gestellt. Auf diese Dimension des Amtes als Ausdruck der «*successio apostolica*» innerhalb des *familia-Dei-Konzeptes* verweisen zwei Stellen in anderen Konzilsdokumenten, die die Sendung der Apostel durch Christus, die Einheit der Menschen in der Familie Gottes zu verkündigen und aufzubauen, hervorheben.[269] Diese Sendung setzt sich in den Bischöfen in Einheit mit ihrem Haupt, dem Nachfolger Petri, in der Kraft des Heiligen Geistes durch die Zeit hin fort.

Die Stellung des Vaters in der Familie Gottes bleibt nach den Konzilsdokumenten allerdings nicht allein den Bischöfen vorbehalten. Auch die Priester sind berufen, kraft ihrer Weihe und in Teilhabe am Priestertum und an der Sendung des Bischofs wahrhaft «geistliche Väter» zu sein. Dabei leuchtet als weitere grundlegende Dimension des Amtes seine konstitutive Bedeutung für die Einheit der Familie Gottes auf:

> "Das Amt Christi des Hirten und Hauptes üben sie entsprechend dem Anteil ihrer Vollmacht aus, sie sammeln die Familie Gottes als von einem Geist durchdrungene Gemeinde von Brüdern und führen sie durch Christus im Geist zu Gott dem Vater. ... Die Fürsorge für die Gläubigen, die sie geistlich in Taufe und Lehre gezeugt haben (vgl. 1Kor 4,15; 1Petr 1,23), sollen sie wie Väter in Christus wahrnehmen.

---

[268] Decr. *CD* 16: *AAS* 58 (1966), 680 [dt.: *LThK.E* 2, 179].

[269] Vgl. Decr. *UR* 2: *AAS* 57 (1965), 91f. u. Const. past. *GS* 32: *AAS* 58 (1966), 1051. Auf die Vaterschaft der Bf. als Nachfolger der Apostel weist auch das Decr. *AG* 1 (§1): *AAS* 58 (1966), 947 hin (ohne jedoch den Begriff der Familie Gottes explizit zu nennen, der dort in §2 gebraucht wird).

Als Vorbilder der Herde aus Überzeugung sollen sie ihrer Ortsgemeinde so vorstehen und dienen, daß diese zu Recht mit jenem Namen benannt werden kann, der die Auszeichnung des einen und ganzen Gottesvolkes ist: Kirche Gottes."[270]

Unbeschadet ihrer bleibenden brüderlichen Verbundenheit zu allen Getauften sind auch sie gemäß ihrem Amt *Vater* und *Lehrer* im Volk, demgegenüber die Kindesliebe der Gläubigen gefordert ist. Ebenso betont das Konzil im Dekret über Dienst und Leben der Priester die Angemessenheit des Zölibates für das Priestertum, wobei im Verweis auf die geistliche Fruchtbarkeit und Vaterschaft des Priesters wiederum die Kirche als Familie in Erinnerung gerufen wird.[271]

Die auffallend große Bedeutung des Themas der Familie Gottes für die Frage des Amtes in den Konzilsdokumenten[272] spiegelt die Vielzahl diesbezüglicher Beiträge in Vorbereitung und Durchführung des Konzils wider. Einige davon erörterten das Amt oder Teilaspekte davon ausdrücklich im Rahmen des Verständnisses der Kirche als Familie und deuteten dadurch an, daß die geistliche Vaterschaft unlösbar und harmonisch in das organische Ganze der Kirche eingebunden ist. Das bringe — wie bemerkt wurde — den Vorteil, die gedankliche Einheit und Geschlossenheit der Ekklesiologie des Konzils im Rückbezug auf das erste Kapitel von *Lumen gentium* über das Geheimnis der Kirche zu wahren.[273] Die Angemessenheit jenes in vielen liturgischen Texten vorhandenen Konzeptes ergibt sich weiters aus der Stellung des Bischofs als Vorsteher der Liturgie der versammelten Familie Christi.[274]

---

[270] Const. dog. *LG* 28: *AAS* 57 (1965), 34f. [dt.: *LThK.E* 1, 251 u. 255]. Die besondere Sendung der Priester (in Zusammenarbeit mit dem Papst und den Bischöfen) für die Einheit der Familie Gottes und der ganzen Menschheit wird im letzten Absatz derselben Nummer (ebd. 35f.) nochmals hervorgehoben.

[271] Vgl. Decr. *PO* 6, 9 u. 16: *AAS* 58 (1966), 999-1001, 1005f. u. 1015-1017. In *PO* 6 erscheint die *Vaterschaft* des Priesters in der Familie Gottes parallel zur *Mütterlichkeit* der Gemeinde; Welch große Bedeutung das Konzil der Vaterschaft des Priesters zugemessen hat, ergibt sich auch aus verschiedenen Modi (sowie aus den Reaktionen der zuständigen Kommissionen), die zu diesen Nummern eingebracht wurden (vgl. *AS* IV.IV, 342; IV.VI, 354, 393, 396; IV.VII, 169f.); zur Brüderlichkeit zwischen allen Gläubigen vgl. die *Relatio* von Ebf. MARTY in der dritten Sitzungsperiode (*AS* III.IV, 241f.); zur geistlichen Vaterschaft der verantwortlichen Priester in der Priesterausbildung Decr. *OT* 3, 5 u. 6: *AAS* 58 (1966) 715-717. Hierbei wird die Seminargemeinschaft auch nach dem Vorbild der Einheit der Jünger Christi (vgl. Joh 17) als Familie verstanden.

[272] Die Mehrzahl der «*familia-Dei-Stellen*» des Konzils (außerhalb von *GS*) steht im Kontext des Amtes: vgl. *LG* 27, 28 (2x), 32, *UR* 2, *CD* 16, (34), *AA* 10, *PO* 6.

[273] Vgl. Bf. PONT Y GOL (*AS* II.II, 482) im Blick auf die Kirche als Sakrament.

[274] Papst PAUL VI. betont, daß der Bf. in bevorzugter Weise in seiner Kathedrale den liturgischen Feiern der ihm anvertrauten Christen-Familie vorstehe: Const.

Die Frage nach der kollegialen Verantwortung der Bischöfe wurde ebenfalls in diesem Rahmen — wenn auch in gegensätzlicher Weise — von verschiedenen Vätern behandelt. Die einen verstanden gemäß einem mehr soziologischen oder juridischen Begriff das «*Kollegium*» als durch gemeinsame Akte, Abstimmungen und Entscheidungen konstituiertes Rechtsorgan, das deshalb nicht mit einer Familie, die durch Blutsverwandtschaft und lokales Zusammenleben verbunden sei, verglichen werden könne.[275] Andere orteten dagegen die Wurzel der bischöflichen Kollegialität in der Auswahl der Zwölf durch Christus, der sie — gemäß biblischem Zeugnis — gleichsam als seine Familie um sich sammelte, damit sie bei ihm seien und mit ihm sein Leben teilten, oder betonten die Hinordnung der Kollegialität der Bischöfe auf die Einheit der Menschheitsfamilie wie der Familie Christi.[276]

Als besonderen Vorzug des *familia-Dei-Konzeptes* erkannte man seine Eignung zur Wesensdarstellung des von Gott gegebenen kirchlichen Amtes, das nicht nach demokratischen Herrschaftsstrukturen, sondern eben «familial» zu verstehen sei.[277] Die Vaterschaft, und damit alle Vollmacht in der Familie der Kirche, bleibe letztlich immer bei Gott. Das Wesen der bischöflichen Vollmacht aber könne aus dem Vergleich mit einer Großfamilie, wie sie zur Zeit Jesu im alten Orient die übliche Form war, erhellt werden. In dieser vertrete im Falle der Abwesenheit der älteste Sohn den Vater in seiner Verantwortung. Unbeschadet der gleichen Würde aller Kinder der göttlichen Familie habe der Herr selbst, als er die Erde verließ, einige der Söhne auserwählt, nicht aufgrund des natürlichen Vorranges ihres Alters, sondern durch

---

apost. *Mirificus eventus*: *AAS* 57 (1965), 948-950; auf die Weiheliturgie, die den Verkündigungsdienst des Priesters auf den Aufbau der Familie Gottes hingeordnet sieht, verwies Bf. NÉCZEY: *AS* IV.V, 417.

[275] Vgl. Ebf. JÄGER (*AS* II.II, 401) sowie Bf. CARLI (*AS* II.II, 539), der sich (auch unter Bezugnahme auf das *familia-Dei-Konzept*) grundsätzlich gegen eine kollegiale Verantwortung der Bischöfe wendet. Keine direkte Verbindung zwischen der Familie Gottes und der Kollegialität der Bischöfe findet sich in den späteren Konzilsdokumenten, die nur an zwei Stellen die Gemeinschaftlichkeit des Presbyteriums bzw. in der Priesterausbildung mit dem Bild der Familie (Gottes) verbinden (vgl. *CD* 28; *OT* 5) und einmal die Einheit der Familie Gottes als Ziel der Sendung der Bischöfe mit dem Nachfolger Petri darstellen (vgl. *UR* 2).

[276] Vgl. Ebf. MODREGO Y CÁSAUS (*AS* II.II, 820): "Petrus igitur et ceteri apostoli, qui ad instar familiae Christi, «cum eo» fuerant et collegium Duodecim efformarunt, postquam Christus clarificatus est, solidarie eius mandatum exsecuti sunt." Dabei ist jene zeichenhafte Familie gemeint, die Jesus in der Gemeinschaft derer errichtet hat, die ihm nachfolgten und die als Vorbild für die Kirche gelten kann. Bf. NOSER forderte in der zweiten Sitzungsperiode als Ausdruck der Kollegialität der Bischöfe in der Familie Christi (der Kirche) in etwa das, was durch PAUL VI. in Form der Bischofsynoden später eingeführt wurde (*AS* II.IV, 880).

[277] Vgl. Ebf. COORAY (*AS* II.IV, 513) u. bes. Bf. HOA HIEN (*AS* II.II, 827).

göttliche Vollmacht und Einsetzung gleichsam «Ältere» zu sein, denen die schwere Aufgabe zufalle, die anderen in verschiedenen Dienstleistungen sicher zum Haus des Vaters zu führen. Die einzelnen Mittel, mit denen der Bischof die Seinen leiten solle, entsprechen dabei durchaus den Erziehungsaufgaben in einer Familie: dem Unterweisen, Nähren, Heilen, Leiten – manchmal auch unter Zurechtweisung und Strafe.

Hauptangelpunkt in der Verbindung der Theologie des Bischofsamtes mit dem *familia-Dei-Konzept* ist die Lehre von der *Vaterschaft des Bischofs*, mit der sich eine Vielzahl von Stellungnahmen in der Entwicklung des Konzils befaßte.[278] Es wurde betont, daß es sich dabei nicht einfach um irgendein «schönes Bild» oder «sentimentales Konzept», sondern um «eine der sublimsten und charakteristischen Realitäten der katholischen Kirche» handle, in der sich die göttliche Einsetzung der katholischen Kirche zeige. Einer nicht mehr vorwiegend juridischen, sondern organischen und vitalen Sicht der Kirche müsse eine ebensolche des Amtes entsprechen, die im Bischof nicht erstlich einen «Amtsmann» und «Administrator», sondern den «Vater» erblicke.[279] Auf diese Weise werde eine zu abstrakte durch eine allgemein verständliche und biblische Sprache überwunden, die sowohl den Bedürfnissen der Zeit als auch ökumenischen Anliegen entgegenkomme. Sicherlich seien von einem Bischof auch administrative Fähigkeiten zu verlangen, doch stehen diese im Dienst am *Leben* der Seelen, ja der Kirche Christi, der gekommen ist, «damit sie das Leben haben und es in Fülle haben» (Joh 10,10).

---

[278] [A] Vor dem Konzil: Kard. LINÉART (*A* I.II.I, 300f.: *väterliche* und *mütterliche Autorität* der geistlichen Vollmacht); die katholische Universität von Lille (*A* I.IV.II, 184: Verantwortung für die Seelen vor Gott); der Belgrader Ebf. UJCIC (*A* I.II.II, 536: Vollmacht zu strafen); mehr die organische, vitale Dimension hoben hervor: Ebf. PIGNEDOLI (*A* I.II.III, 849: die geistliche Fruchtbarkeit und Vaterschaft des Bf.), Ebf. BAUDOUX (*A* I.II.VI, 79f.: mit Bezug zum «*Corpus Mysticum*»), Kard. DÖPFNER (*A* II.II.III, 662); zur Forderung nach Entfaltung: Bf. GONZALES *A* I.II.VII, 487. [B] In den vorbereiteten Schemen: *De Ecclesia* (*A* II.II.III, 1039 u. 1045, Anm. 5 unter Berufung auf einige Partikularkonzilien vor dem Vat I); *De cura animarum* (*SCH* III, 93 u. 98 u. *Relatio*, Kard. MARELLA: *A* II.II.II, 581, überarbeitetes Schema: *AS* II.IV, 753f.). [C] Beim Konzil: die Bf. GARCIA (*AS* III.I, 716); ELCHINGER (*AS* II.I, 511f.); LEVEN (*AS* III.IV, 82); MÉNAGER (*AS* III.IV, 342); Ebf. VUCCINO (*AS* III.III, 758); am ausführlichsten entfaltet: Ebf. GUERRY (vor u. beim Konzil: *A* I.II.I, 250f. u. *AS* I.IV, 240f.) sowie Bf. SEITZ (*AS* II.I, 715-717).

[279] Diese Forderung spiegelt die Entwicklung des Kirchenbildes des Vat II (bes. in *LG*) wider. Vgl. Ebf. GUERRY (*A* I.II.I, 250f. u. *AS* I.IV, 240f.); mit JOHANNES XXIII: Ep. apost. ad Archiep. Pechinen [Kard. TIENCHENSIN] (29.06.1961): *AAS* 53 (1961), 466, hatte auch das Schema *De cura animarum* (*SCH* III, 109 vgl. *A* II.II.II, 577) der Vaterschaft des Bf. gegenüber anderen Eigenschaften den Vorrang gegeben. Wenn in diesem Zusammenhang von einer vitalen und organischen Sicht der Kirche die Rede ist, kann vom Bild her keine andere als die der *Familie* gemeint sein, auch wenn das nicht immer explizit ausgesprochen wird.

Der Aspekt des *Lebens* wird im Konzept der geistlichen Vaterschaft mit Paulus vor allem in «*geistlicher Fruchtbarkeit*», im Zeugen, Hervorbringen und Nähren geortet. Demnach zeugt der Bischof als geistlicher Vater die ihm anvertrauten Gläubigen in Christus gleichsam zu einem neuen übernatürlichen, göttlichen Leben des Heiligen Geistes, der Gnade und des Glaubens. Er zeugt sie zum Leben der universalen und theologalen Liebe und zur katholischen Einheit in der Kirche. Er nährt sie mit dem Brot des Lebens und dem Wort. Das geschieht konkret im Heiligungsdienst, der Spendung der Sakramente wie in der Verkündigung vom Wort Gottes und der Lehre der Kirche.[280] Entsprechend dieser väterlichen Dimension und als Nachfolger der Apostel könne der Bischof auch zu Recht seiner Teilkirche gegenüber Begründer (*auctor*) genannt werden, dem darin erstlich und ursprünglich die Vollmacht oder Autorität (*auctoritas*) zukomme. Daraus folge, daß der Bischof, der nach Paulus als Vater *einer* ist (vgl. 1Kor 4,15), in der ihm eigenen und von Christus selbst herzuleitenden Vollmacht gleichsam den Brennpunkt bilde, in dem die Einheit seiner «Familie» zusammenlaufe. Zugleich verbinde er diese gegen jede partikularistische und nationalistische Tendenz des Lokalen mit der universalen katholischen Kirche. Er selbst und gleichsam in ihm auch seine Teilkirche stehe nämlich brüderlich in hierarchischer Communio mit allen Bischöfen und unter dem Papst.[281]

Die Autorität des Bischofs leitet sich nicht nur aus seiner väterlichen Stellung ab, sie muß auch — wie weiter gefordert wird — von Väterlichkeit durchstimmt sein. Wie in einer guten Familie sei es nicht primär Aufgabe des Vaters, zu beherrschen oder zu belehren. Das bedeute aber andererseits nicht den Verzicht auf die ihm zukommende Vollmacht und die ihr gegenüber angemessenen Haltungen von Ehrfurcht, Gehorsam und Liebe. Die Harmonie der Familie sei dann erreicht, wenn diese Haltungen einer väterlich liebenden Autorität gegenüberstehen: die sich müht, die Ihren zu kennen; die sich für sie verantwortlich fühlt und erweist; die sich für sie sorgt - besonders um das Wachstum im Leben des Glaubens, der Hoffnung und der Liebe; die schließlich immer offen und bereit ist, auf sie zu hören, mit ihnen im Gespräch zu bleiben und sie zu tätiger Mitverantwortung zu ermuntern.[282] Was hier allgemein in bezug auf die Diözesanfamilie des

---

[280] Vgl. Ebf. GUERRY (*A* I.II.I, 250f. u. *AS* I.IV, 240f.) u. Bf. GARCIA (*AS* III.I, 716 unter Berufung auf Joh 10,10); Bf. SEITZ (*AS* II.I, 715-717).

[281] Vgl. bes. Ebf. GUERRY (*A* I.II.I, 250f. u. *AS* I.IV, 240f.) u. Bf. SEITZ (*AS* II.I, 715-717). Hier ist das Bild des Familienvaters angesprochen, der selbst als Bruder in der größeren Familie steht, die doch dieselbe und seine eigene ist.

[282] Vgl. Schema *De cura animarum* (*SCH* III, 91-180, bes. 98); Bf. LEVEN (*AS* III.IV, 82); MÉNAGER (ebd., 342) u. Ebf. GUERRY (*A* I.II.I, 250f. u. *AS* I.IV, 240f.).

Bischofs ausgesagt wurde, betrifft noch mehr seine Mitarbeiter. Seine
Verantwortung und Fürsorge ihnen gegenüber dürfe nicht allein auf
ihre pastoralen Tätigkeiten gerichtet sein, sondern müsse auch Belange
des menschlichen Wohles, etwa die soziale Absicherung einschließen.[283]

   In bevorzugter Weise verbindet die väterliche Beziehung den
Bischof mit seinen Priestern, die deshalb auch analog als seine
«Familie» verstanden werden.[284] Dadurch komme zum Ausdruck, daß
die Einheit der Diözese und ihres pastoralen Dienstes ebenso im
Bischof begründet sei wie die Brüderlichkeit unter den Priestern, ihre
apostolische Fruchtbarkeit und ihre priesterliche Spiritualität. Zugleich
aber tue sich in jenem Bild auch das Erfordernis einer sorgenden
Begleitung der Pfarrer, wie besonders der Jungpriester in ihren Nöten
und Schwierigkeiten, durch den bischöflichen Vater kund.

   Daß die geistliche Vaterschaft des Bischofs keine Neuerkenntnis
des Vaticanum II darstellt, sondern gut in der Glaubenstradition der
katholischen Kirche verankert ist, läßt sich ebenfalls aus verschiedenen
Beiträgen zur Entwicklung des Konzils entnehmen. Man berief sich
beispielsweise auf das biblische Fundament jener Lehre, insbesondere
in den Paulusbriefen.[285] Die Übereinstimmung mit der verbindlichen

---

[283] Vgl. allgemein zur Väterlichkeit des Bischofs gegenüber seinen Mitarbei-
tern: Pater HEILIGERS *SMM* (*A* I.II.VIII, 159); Bf. RENARD (*A* I.II.I, 449: kindlicher
Gehorsam), CARBAJO (*A* I.II.II, 450: Einheit); der Apost. Nuntius Ebf. ZANINI (*A*
I.II.VI, 673: soziale Sicherheit); Schema *De Clericis* (*SCH* IV, 33: im Hinblick auf die
Jungpriester), vgl. auch die schriftliche Eingabe in der zentralen Vorbereitungs-
kommission von Ebf. SOEGIJAPRANATA (*A* II.II.II, 911). Schema *De cura animarum*
(*SCH* III, 93 u. 98: bes. auch gegenüber den Ordensleuten).
   [284] Vgl. Schema *De cura animarum* (*SCH* III, 93, 98 u. 109) u. *Relatio* (Kard.
MARELLA: *A* II.II.II, 581); Schema *De clericis* (*SCH* IV, 33: Jungpriester, vgl. Ebf.
PANICO: *A* I.II.II, 614); Pater COLETTE *AA* (*A* I.II.VIII, 188f.: Ordensgeistliche); bei
der Diskussion zu *CD*: Bf. BARBERO (*AS* III.II, 393-395: Einheit des Bf. und seiner
Familie mit dem Papst); PRZYKLENK (*AS* III.II, 434: gemeinsame pastorale Aufgabe);
Ebf. URTASUN (*AS* III.II, 244: Hilfe der Priester ihrem Bf. gegenüber: "... episcopus
et presbyteri membra sunt eiusdem familiae. Pater in suis difficultatibus a filiis
consolatur"); Bf. LAZIK (*AS* III.II, 418: regt an, die gebräuchliche Anrede
«Excellentissimus Dominus» durch «Reverendissimus Pater» zu ersetzen); Diskussion
zu *PO*: Bf. SAUVAGE (*AS* IV.V, 481) u. WHEALON (ebd., 515); Bf. COMPAGNONE (*AS*
III.II, 225: Ergänzungsbedürftigkeit jenes Bildes); vgl. weiters Bf. ZAZPE (*AS* III.IV,
661: Spiritualität); Bf. ARGAYA GOICOECHEA (*AS* IV.IV, 743: Pastoral); die Indonesischen Diözesanbf. (*AS* III.IV, 937: Gehorsam u. Brüderlichkeit); die Einheit der
priesterlichen Familie fordert als Zeugnis des Glaubens für die Welt (gemäß Joh 17)
auch eine geplante Botschaft des Konzils an alle Priester der Welt, die zwar an die
Väter in der Aula verteilt, nicht aber allgemein versandt wurde (*AS* II.I, 95f.); die
Ablehnung eines Vorschlags zur Kennzeichnung der Beziehung unter den Priestern als
«Familienleben» zeigt, daß man vermied, das Bild der Familie zu überspannen (*AS*
IV.II, 584).
   [285] Vgl. bes. Schema *De cura animarum* (2. Sitzungsperiode: *AS* II.IV, 753f.;
Ebf. GUERRY u. Bf. SEITZ (*A* I.II.I, 250f.; *AS* I.IV, 240f.; II.I, 715-717). Unter Ver-
weis auf: Gal 4,19: ("... bei euch, meinen Kindern, für die ich von neuem Geburts-

Lehre der Kirche über das Amt wurde ebenso genannt wie Belege aus der Liturgie und aus Werken der Kirchenväter.[286] In letzteren findet sich dabei ein Gedanke, der zum Ausgangspunkt für eine weiterführende spekulativ-theologische Begründung der Vaterschaft des Bischofs durch einige Väter wurde. Ignatius v. Antiochien nennt in seinem Brief an die Traller[287] den Bischof «τυπος του πατρος» [«*Typos des Vaters*»]. Anschließend an diesen Gedanken und unter Voraussetzung der Glaubenswahrheit von Christus als Offenbarung des Vaters konnte zugleich die Christusförmigkeit wie die in Gott, dem Vater, gründende väterliche Vollmacht des Bischofs und des Weihepriestertums allgemein ausgesagt werden:

> "Jesus Christus, der kam, seinen Vater den Menschen zu offenbaren und mit jenen, denen er die «Vollmacht, Söhne Gottes zu werden» gab, lebendige familiäre Beziehungen einzurichten, wollte auch die Vaterschaft Gottes hier auf Erden in der Kirche als aus ihr entströmende sichtbare Manifestation aufrechterhalten. Diese ist die apostolische Hierarchie; sie muß sichtbares Zeichen, ja gleichsam Sakrament der Vaterschaft Gottes — wie die orientalische Theologie sagen würde — sein."[288]

Daß hier die sakramentale Ebene der geistlichen Vaterschaft in der Kirche und damit Göttliches gemeint ist, das sich in Menschlichem zeichenhaft und wirksam vergegenwärtigt, leuchtet auch aus anderen Väterbeiträgen auf. Darin zeigt sich nicht nur der Unterschied der sakramental verkörperten Vollmacht Gottes zu jeder anderen Verantwortlichkeit in der Kirche, sondern auch die zentrale Stellung des Bischofs, in dem als «quasi-Sakrament» des Vaters und durch die Feier

---

wehen erleide, bis Christus in euch Gestalt annimmt"); 1 Thess 2,7-8: ("... wir sind euch freundlich begegnet: Wie eine Mutter [«*nutrix*»] für ihre Kinder sorgt, so waren wir euch zugetan und wollten euch nicht nur am Evangelium Gottes teilhaben lassen, sondern auch an unserem eigenen Leben; denn ihr wart uns sehr lieb geworden") u. 1Kor 4,15: ("Hättet ihr nämlich auch ungezählte Erzieher in Christus, so doch nicht viele Väter. Denn in Christus Jesus bin ich durch das Evangelium euer Vater geworden") werden besonders die Aspekte der liebenden und fürsorgenden Verantwortung, der Einheit des Bischofsamtes und der negativen Abgrenzung gegenüber einer nur belehrenden oder beherrschenden Autorität, betont.

[286] Vgl. Ebf. GUERRY (*A* I.II.I, 250f. u. *AS* I.IV, 240f.: Konzil v. Trient, [Weihe-]Liturgie, IGNATIUS v. A.); zu IGNATIUS vgl. auch Schema *De rationibus inter episcopos et parochos* (*A* II.II.II, 578 u. 580 [Anm. 9]) u. Ebf. VUCCINO (*AS* III.III, 758); zur weiteren Entfaltung dieses Gedankens auch: Bf. SEITZ (*AS* II.I, 715-717), ELCHINGER (*AS* II.I, 511f.).

[287] S. IGNATIUS M., *Epistula ad Trallianos*, III.1: LINDEMANN, *Die Apostolischen Väter*, 200f.

[288] Bf. GUERRY (*AS* I.IV, 241). Es fällt auf, daß Bf. GUERRY die Stelle insgesamt auf das hierarchische Amt bezieht und die geistliche Vaterschaft als von Christus eingesetzte unaufgebbare Grundbeziehung der Kirche als Familie Gottes erhellt.

der Eucharistie (in persona Christi) die sakramentale Einheit der Familie Gottes, der Kirche, kulminiert.[289]

Die Frage nach der Zuordnung von *potestas iurisdictionis* und *potestas ordinis* zählt zu den wichtigsten kirchenrechtlichen Diskussionspunkten beim und im Anschluß an das Konzil.[290] Deshalb ist auch hier im Blick auf die verschiedenen Beiträge zu klären, ob die geistliche Vaterschaft im Sinne des Konzils den Bischöfen und Priestern durch iurisdiktionelle Vollmachtsübertragung oder aber schon durch die Weihe selbst zukomme. Vor dem Konzil bezeichnet das Schema *De Ecclesia* die residierenden Bischöfe als Väter der Gläubigen.[291] Da die Vaterschaft des Bischofs auf bestimmte Gläubige bezogen ist und der Begriff außerdem nicht im Kapitel über das Sakrament der Weihe, sondern in dem über die residierenden Bischöfe fällt, scheint die Vaterschaft des Bischofs hier als eine iurisdiktionell (vom Papst) den Bischöfen übertragene Vollmacht verstanden zu sein.[292] Im Laufe der Konzilsentwicklungen wurde man sich allerdings mehr und mehr der theologischen Bedeutung der Bischofsweihe bewußt. Parallel dazu wird auch die Vaterschaft später vorwiegend als durch die Weihe übertragen verstanden; so zum Beispiel, wenn auch nicht-residierenden oder emeritierten Bischöfen eine bleibende geistliche Vaterschaft zugesprochen wird.[293]

Dem Papst eignet eine besondere Form der geistlichen Vaterschaft, die sich in der Anrede «Heiliger Vater» spiegelt. Sie wurde hauptsächlich vor dem Konzil über diesen Titel hinaus zum Thema gemacht, etwa um die universale Verantwortung des Papstes für alle Katholiken, ja für alle Christen anzudeuten, oder aber um daraus

---

[289] Vgl. Ebf. VUCCINO (*AS* III.III, 758: "Etenim qui habet Eucharistiam habet Ecclesiam. Iuxta S. Ignatium episcopus est quasi sacramentum Patris aeterni ad efficiendam unitatem propriae Ecclesiae"); Bf. SEITZ (*AS* II.I, 715-717: der Bischof als Sakrament Christi, des sichtbaren Bildes des Vaters); vgl. auch Bf. ELCHINGER (*AS* II.I, 511f.: Gott selbst vereinigt durch die Bf. die Menschen sozial und sakramental).

[290] Vgl. P. KRÄMER, *Dienst und Vollmacht in der Kirche. Eine rechtstheologische Untersuchung zur Sacra Potestas-Lehre des II. Vatikanischen Konzils*, Trier 1973.

[291] Vgl. *A* II.II.III, 1039 u. 1043 (Anm. 5).

[292] Ausdrücklich vertritt diese Ansicht vor dem Konzil Kard. RICHAUD (Mai 1962: *A* II.II.III, 1051f.): Der Bischof erhalte vom Papst die *paternitas* als iuridische Beauftragung (*missio*), die aber wenigstens der Möglichkeit nach (*potentialiter*) bereits in der Weihevollmacht eingeschlossen sei.

[293] Vgl. im Zusammenhang der Frage nach einer Altersklausel für residierende Bischöfe: Kard. DÖPFNER (vor dem Konzil: *A* II.II.III, 662); Erzabt REETZ *OSB* (*AS* II.IV, 737): "*Paternitas spiritualis et supernaturalis*, quam antistes in fideles suos exercet et vivit, ex natura sua perpetua est, sicut paternitas naturalis"; Kard. SUENENS (*AS* II.V, 10); Bf. DA CUNHA MARELIM (*AS* II.V, 121); in bezug auf den Pfarrer: Ebf. A. ROSSI (+ über hundert Bf.: *AS* III.II, 228). Vgl. auch Beiträge zur Weihe als Konstituens der priesterlichen Familie um den Bischof: Ebf. PERINI (*AS Ap* I, 670: Weihe als Ursprung); Bf. SOARES DE RESENDE (*AS* IV.V, 66).

bestimmte Folgerungen für das kirchliche Leben abzuleiten – häufig im Zusammenhang der Ökumene.[294] Während des Konzils wenden sich die Väter in ihren Beiträgen dann mehr der Stellung der Bischöfe als der des Papstes, die bereits im Vaticanum I verbindlich geklärt wurde, zu. Die Vaterschaft des Papstes wird — wo man sie erwähnt — meist in den größeren Kontext der sichtbaren Struktur der Kirche gestellt, die gemäß der Einsetzung Christi nicht demokratisch, sondern nach Art einer Familie zu verstehen sei. Die väterliche Autorität in der Kirche entspringe der Vaterschaft Gottes selbst, an der der Papst als höchster Vater und zusammen mit ihm die anderen Bischöfe Anteil erhalten.[295]

Sieht man das Priestertum als Teilhabe am Priestertum Christi, das der Bischof in seiner Diözese ausübt, so ist naheliegend, daß der Priester an der bischöflichen *Paternitas* Anteil hat und man ihn infolgedessen «geistlichen Vater in Christus» nennen kann. Diese Sichtweise hat sich das Konzil, besonders in *LG* 28, ausdrücklich zu eigen gemacht. Aber auch hierzu bieten die Stellungnahmen und Diskussionsbeiträge der Väter noch weitere Klärungen, die teils das über die Vaterschaft des Bischofs Gesagte in dem Maß der ihm übertragenen Verantwortung auf den Priester anwenden und teils andere Aspekte wie Ansätze zur systematischen Entfaltung enthalten.[296] Mehr

---

[294] Vgl. die Eingabe der päpstlichen Universität «*Gregoriana*» vor dem Konzil zum Thema Mission unter Berufung auf PIUS XI. und PIUS XII. (*A* I.IV.I.1, 74); der theol. Fakultät «Marianum» (*A* I.IV.I.2, 430-432); bes. häufig bei JOHANNES XXIII.: vgl. u.a.: *A* II.I, 79 (Petrus der Vater aller seit Beginn der Kirchengeschichte); ebd., 168 (*Cathedra Petri* als Ausdruck der großen Menschheitsfamilie, aus deren Gliedern sich die Kirche zusammensetzt); ebd., 205 (der italienische Ausdruck «Papa», d.h. «liebenswerter Vater» als Anspruch und Ansporn für die Amtsführung des Papstes); Ebf. RÉMOND (*A* I.II.I, 354f.: Internationalisierung der Kurie und Repäsentation des Papstes durch Nuntien als Ausdruck der universalen Vaterschaft); Bf. LE BELLEC (*A* I.II.I, 442: «Familie Petri» als «Vaterhaus» auch für getrennte Christen); Ebf. DUVAL (*A* I.II.V, 101: Forderung von kindlichem Gehorsam der Katholiken gegenüber dem Papst als Voraussetzung für die Einheit in der Kirche und die Ökumene); sowie die vorbereiteten Schemen: *De facultatibus episcoporum* (*A* II.II.III, 1280); Const. dog. *De Beata Maria Virgine* (*A* II.II.IV, 750f. u. *SCH* II, 98). Kritik im Zusammenhang mit der Vaterschaft des Papstes äußerte der melchitische Patriarch MAXIMOS IV. SAIGH in der zentralen Vorbereitungskommission (*A* II.II.III, 611). Die Autorität des Papstes bedürfe (ähnlich der eines Vaters) nicht der fortwährenden Betonung ihrer Rechte und Gewalten, wie das im Schema *De Missionibus* (*SCH* IV, 349-369) allenthalben geschehe.

[295] Vgl. die Ebf. COORAY (*AS* II.IV, 513) sowie DE PROENÇA SIGAUD (*AS* II.II, 35); Ebf. GUERRY (*AS* I.IV, 241) betont, daß der Papst ganz zu Recht und in höchster Verwirklichung des Gesagten «Heiliger Vater» genannt werde.

[296] Vgl. bes. die Beiträge der Bf. NOSER (*A* I.II.VII, 637 u. *AS* I.IV, 536f.) u. MARAFINI (*AS* IV.V, 394f.) sowie Kard. CIRIACI (*A* II.II.II, 602f.: *Relatio* zum Schema *De Parochorum obligationibus quoad curam animarum*). Neben der paulinischen Begründung (1Kor 4,15 u. Gal 4,19) u. der theol. aus der (trinitarischen) Vaterschaft Gottes u. ihrer Offenbarung in Christus sowie aus der Anrede «Pater» wurden z.B. die Aspekte des Zeugens in Wort u. Sakrament u.a. zur näheren Bestimmung genannt.

in Blick gelangten dabei die Voraussetzungen für die geistliche Vaterschaft, beispielsweise die *menschliche Reife*, die man durch Anhebung
des Mindestweihealters besser gewährleistet sah.[297] Aber auch das
spirituelle Leben in Gebet und Tugend wurde in seiner konstitutiven
Bedeutung erkannt. Das Bewußtsein, geistlicher Vater der ihm anvertrauten Gläubigen zu sein, sporne den Priester an, mit vermehrtem
Einsatz die Tugenden der Liebe und der Keuschheit, der Wachsamkeit
und der Geduld zu üben und dadurch eine tiefe Beziehung zu seinen
geistlichen Söhnen und Töchtern aufzubauen und zu schützen.[298] Diese
Beziehung müsse durch gegenseitige Liebe, Vertrauen und Ehrfurcht
voreinander geprägt sein:

> "Ich spüre, daß aus einer verbindlichen Aussage des Konzils zur
> Existenz und zum Wesen der geistlichen Vaterschaft des katholischen
> Priesters viel Gutes kommen könnte. Sie würde beiden, Priester wie
> Volk helfen, sich mehr der engen Beziehungen bewußt zu werden, die
> zwischen ihnen bestehen, und auch der praktischen Konsequenzen
> dieser wirklich geistlichen Bande für das alltägliche Leben. Die Rolle
> des Priesters als Kanal des Lebens der Gnade für seine geistlichen
> Kinder klar ans Licht zu heben und festzulegen, würde helfen, beide in
> enge Verbindung und Einheit zu bringen und beständig im Bewußtsein
> dieser wunderbaren geistlichen Beziehung zu leben."[299]

Desweiteren wurde die enge Verbundenheit von Zölibat und
geistlicher Vaterschaft gewürdigt. Die bewußt auf sich genommene
Ehelosigkeit des Priesters erweise sich als besonderer Ausdruck seines
spirituellen Lebens und seiner übernatürlichen Beziehungsfähigkeit als
geistlicher Vater. Der Zölibat nämlich gebe jener Vaterschaft tieferen
Sinn und größere Fruchtbarkeit, da der Priester zwar auf die eheliche
Liebe und auf leibliche Kinder verzichte, seine Liebe aber um so mehr
der Kirche als seiner Braut und den ihm anvertrauten Seelen als seinen
geistlichen Kindern zuwende. Im Bewußtsein dieser Vaterschaft über-
winde der Priester auch leichter die Einsamkeit der Sinne und des
Herzens, selbst wenn er allein im Hause wohne.[300] Explizit mit dem
Konzept der Familie Gottes verbunden wurden Zölibat und geistliche
Vaterschaft in verschiedenen Entwicklungsstufen des Schemas zum
Dekret über Dienst und Leben der Priester, worin zur priesterlichen
Ehelosigkeit festgestellt wird:

---

[297] Vgl. den diesbezüglichen Vorschlag in den vorkonziliären Eingaben der
Erziehungskongregation: *A* I.III, 397.

[298] Vgl. die Bf. BOSETTI (*A* I.II.III, 853), NOSER (*AS* I.IV, 536f.) u. MARAFINI
(*AS* IV.V, 394f.).

[299] Bf. NOSER (noch vor dem Konzil: *A* I.II.VII, 637).

[300] Vgl. bes. Bf. MARAFINI (*AS* IV.V, 394f.: zum späteren Decr. *PO*); zur
väterlichen *Beziehung* im Zusammenhang des *Zölibats* vgl. auch: Bf. DEL CAMPO Y DE
LA BÁRCENA (*AS* III.IV, 568); Bf. FRESNO LARRAIN (*AS* III.IV, 586).

"Den Jüngern Christi wird nämlich empfohlen, daß sie sich in Jungfräulichkeit oder Zölibat um des Himmelreiches willen leichter
ungeteilten Herzens (vgl. Mt 19,11; 1Kor 7,32f.) dem einen Gott und
seinem Reich hingeben. Es ist also angemessen, daß die Priester durch
die derartige vollkommene Enthaltsamkeit die vollkommene Hingabe
ihrer Person — nämlich des Leibes und des Herzens — an Christus zu
erkennen geben, in Antwort auf seine apostolische Berufung: «Sie
haben alles verlassen und sind ihm nachgefolgt» (Lk 5,11); auch ist es
angemessen, daß sie, indem sie den Ratschlag des Apostels Paulus den
Gläubigen in Erinnerung rufen, den ihnen Anvertrauten den Lebensweg
in der Nachfolge des Herrn und seiner Mutter verkündigen; so, daß sie
der Familie Gottes freier dienen, die Vaterschaft in Christus in größerer
Fülle erlangen und bereiter werden für den Dienst am Reich Gottes.
Die ganze Sendung des Priesters ist dem Dienst an der neuen Menschheit gewidmet, die Christus, der Sieger über den Tod, durch seinen
Geist in der Welt errichtet, und die ihren Ursprung «nicht aus dem Blut,
nicht aus dem Willen des Fleisches und nicht aus dem Willen des
Mannes, sondern aus Gott» (Joh 1,13) hat."[301]

Auch die Endfassung des Dekretes begründet die Angemessenheit des Zölibates gegenüber dem Priestertum unter Berufung auf die
geistliche Vaterschaft und Fruchtbarkeit sowie auf den Bund zwischen
Christus und der Kirche, der auch das Leben des ehelosen Priesters in
seiner Hingabe an Christus und die Kirche durchstimmen soll.[302]

Die Vaterschaft des Priesters wurde ausführlicher auch in Verbindung mit den seelsorglichen Aufgaben des Pfarrers behandelt –
nicht als schmückende Formel, sondern um dadurch die angemessene
Grundeinstellung und den leitenden Geist des Apostolates vorzugeben.
Sie erschien in ihrer unlösbaren Hinordnung auf den Bischof als grundlegendste Verpflichtung des Pfarrers, aber zugleich auch als sein Lohn;
denn als Vater dürfe er sich in einer Familie wissen, jener Einsamkeit
enthoben, die das hauptsächlichste Opfer seines kirchlichen Lebens sei.
Als Vater müsse er sich vor allem auch in jenen Momenten erweisen,

---

[301] *Textus recognitus*: AS IV.IV, 362f. [die Stellenangabe, Lk 5,11, wurde vom
Verf. richtiggestellt]. Vgl. die frühere Version (13.10.1964: AS III.IV, 226f.:
"Castitatem sancte custodiant et sincere ament, et qui sacrum coelibatum, Ecclesia
commendante immo vel etiam iubente, gratia Dei confisi voverunt, toto corde eidem
inhaereant atque gaudeant se hac ratione indivise cum Christo uniri [cf. 1Cor 7,32-34]
necnon Dei familiae liberius ministrare" [vgl. PIUS XII., Lit. Enc. *Sacra virginitas*:
AAS 46 (1954), 161-191].

[302] Vgl. Decr. *PO* 16: AAS 58 (1966), 1015-1017. Der Gedanke aus dem
Schema war bereits nach Substanz und Inhalt von den Vätern angenommen, wurde
aber in einer letzten Änderung gestraffter formuliert, der der ausdrückliche *familia-
Dei-Bezug* (obgleich ihn die meisten Änderungsvorschläge beibehielten) zum Opfer
fiel; vgl. die Änderung und ihre Begründung (12.11.1965: AS IV.VI, 376f. u. 400
sowie 02.12.1965: AS IV.VII, 182) sowie die Änderungsvorschläge von Kard.
DÖPFNER (AS IV.IV, 885), ders. im Namen von 65 deutsch- und skandinavisch-
sprachigen Vätern (ebd. 764 u. 775), Kard. SUENENS (ebd. 791), Bf. KLOOSTER (AS
IV.V, 48) u. Bf. PESSERS (ebd. 435).

die die Familie selbst betreffen: in Geburt, in Eheschließung wie vornehmlich im Tod. Gerade dann nehme er an Leiden und Freuden der Familie teil und übe auf sie einen unermeßlichen und beständigen Einfluß aus. Ebenso trage er als Vater erzieherische Verantwortung, die er — besonders den jungen Menschen gegenüber — in familiärer Art, in Milde, aber auch mit nötiger Strenge, ausüben solle. Seine Vaterschaft dürfe er nicht auf die «Guten» seiner Pfarre beschränken, sondern müsse nach dem Vorbild des Guten Hirten auch die verlorenen Schafe suchen.[303]

Auch dort, wo während des Konzils die Begriffe der Familie und der geistlichen Vaterschaft auf die Priesterausbildung in den Seminaren bezogen wurden, ist mehr gemeint als nur ein soziologisch strukturiertes «familiäres» Zusammenleben, in dem es bestimmte Autoritäten zu berücksichtigen gilt. Daß die (hierarchisch geordnete) Einheit im Seminar Abbild, Vorbild und Vorbereitung des kirchlichen Lebens als Familie Gottes wie der darin den Priestern übertragenen geistlichen Vaterschaft sein soll, entsprach dem Anliegen der Väter von den ersten Schemen an bis zum promulgierten Dokument.[304] Das Seminar möge — wie eine Familie — Ordnung und Disziplin in den Dienst der gemeinsamen Liebe und Verantwortung einbinden.[305] Im Glauben und im Ganzen der Sendung der Kirche gesehen habe es jedoch noch eine höhere Bedeutung. Gleichsam als «Herz der Diözese» bilde es in jenen, die der Ewige Hohepriester gerufen hat, bei ihm zu sein, mit ihm und untereinander mehr und mehr eins zu werden, wie er mit dem Vater eins ist, das Geheimnis der Kirche selbst ab und solle es als sichtbares Zeichen in Kirche und Welt strahlen lassen: als Familie Gottes in brüderlicher Gemeinschaft, im Verantwortungtragen füreinander und in Einheit mit jenen, die als ihre Väter zu besonderer Verantwortung erwählt sind. Dadurch spiegeln die Seminaristen in der Einheit mit ihrer Leitung das Wesen der Kirche wider und wachsen immer tiefer in ihre Berufung hinein, geistliche Väter in der Familie Gottes zu werden:

---

[303] Vgl. die Schemen *De cura animarum* (*SCH* III, 93 u. 109 sowie leicht modifiziert in der zweiten Sitzungsperiode: *AS* II.IV, 755; *De Parochorum obligationibus quoad curam animarum* (*A* II.II.II, 600 u. *Relatio*: Kard. CIRIACI: ebd. 602f.); Bf. NOSER (*AS* I.IV, 536f.); Bf. MARAFINI (*AS* IV.V, 394f.).

[304] Vgl. Schema *De sacrorum alumnis formandis* (*A* II.II.IV, 27 u. *SCH* IV, 223, 231, 245, 273; *AS* III.VII, 519f., 797; *AS* IV.IV, 15f.); Decr. *OT* 5: *AAS* 58 (1966), 717 – dazu s.o. 1.1.2. u. 1.1.3.5.

[305] Vgl. Kard. HENRIQUEZ (*A* II.II.IV, 77: gegen entmündigenden «Paternalismus» und für Mitverantwortung der Seminaristen); Ebf. SALAZAR, (*AS* III.VII, 736: Kontinuität zwischen der christlichen Familie und der Seminarfamilie); Ebf. J. WEBER (*AS* III.VIII, 41); Bf. CAMBIAGHI (*AS* III.VIII, 266: Familie als Ausdruck für Ganzheitlichkeit der Erziehung).

"Jenen, die allzuoft den Priestern Paternalismus vorwerfen, überlassen wir es zu bestimmen, was sie unter diesem Wort verstehen. Trotzdem muß sich die liturgische Bildung und Formung der Kleriker darauf ausrichten, daß sie im Sinne der Offenbarung des Evangeliums und einer authentischen christlichen Spiritualität zur Vaterschaft erzogen werden, die nämlich darin besteht, daß sich die Gläubigen — dem priesterlichen Dienst anvertraut — als Familie Gottes verstehen, der gegenüber jene gleichsam wahre und sorgende Väter seien und ihre Verantwortung für das Heil der Seelen vor Augen haben [mögen]."[306]

Wo in den Bischofssynoden Elemente der Theologie des Amtes innerhalb des *familia-Dei-Konzeptes* wieder aufgenommen bzw. neu und weiter entfaltet werden, geschieht das durchaus in Kontinuität zum Vaticanum II, wobei wiederum der «geistlichen Vaterschaft» die meiste Aufmerksamkeit geschenkt wird.[307] Mit Hilfe des *familia-Dei-Konzeptes* betont die theologische Begründung und Bestimmung des Amtes nun schwerpunktmäßig seinen *sakramentalen* und *relationalen* Charakter. Das Sakramentale zeigt sich als dienende Repräsentanz des Göttlichen: des Vaters als Bezugspunkt für die Einheit seiner Kinder, für Vollmacht und Autorität in der Kirche sowie für den Dienst der Versöhnung; des Sohnes als Bruder und Bräutigam; der innertrinitarischen Communio und ihrer Beziehungen.[308] Es tritt aber auch in Erscheinung, wenn von Menschlichem die Rede ist, das durch die

---

[306] Bf. PAWLOWSKI (*AS* III.VIII, 35); ähnlich ein Modus (wahrscheinlich von Bf. NOSER: *AS* IV.IV, 80), der bedauert, daß sich der Priester heute oft mehr durch Höflichkeit und Geschäftigkeit auszeichne, als durch Väterlichkeit, die eine vertiefte Beziehung zu den Gläubigen einschließe. Die Anrede «Pater» dürfe nicht zu einem reinen Ehrentitel verkümmern; Bf. BLECHARCZYK (*AS* III.VIII, 261: Jungpriester allgemein).

[307] Vgl. dazu *Puebla* 248f. u 257-260 (it: 125f. u. 128f.); IOANNES PAULUS II, Adh. apost. *PD* 12, 26, 41, 65 u. 74: *AAS* 84 (1992), 675-677, 697-700, 726-729, 770-772 u. 788-792; zur Afrikasynode (*OR Africa* II, 61: Schlußbotschaft). Die Hauptbezugspunkte im Vat II sind: *LG* 28, *PO* 6, 9 u. *CD* 16. Beiträge zum Priesterseminar oder zur brüderlichen Gemeinschaft der Priester als Spiegel der Familie Gottes bleiben im Rahmen des bereits beim Vat II für das *familia-Dei-Konzept* Erhöbenen, vgl.: Synode 1990: Bf. ROSALES, Bf. COMPAORE, Kard. SILVESTRINI; Don BONNICI sowie das *Inst. lab.* u. die *Relatio post disceptationem* von Kard. NEVES (CAPRILE, *Il Sinodo 1990*, 137, 144, 288, 396f., 614 u. 699f.); Adh. apost. *PD* 60: *AAS* 84, 762-764.

[308] Vgl. *Puebla* 248f. u 257-260; IOANNES PAULUS II, Adh. apost. *PD* 12: *AAS* 84, 675-677 (dt.: *VAS* 105, 27): "Man kann also das Wesen und die Sendung des Priestertums des Dienstes nur in diesem vielfältigen und reichen Zusammenspiel von Beziehungen bestimmen, die aus der innergöttlichen Trinität kommen und sich in die Gemeinschaft der Kirche, als Zeichen und Werkzeug in Christus für die innigste Vereinigung mit Gott wie für die Einheit der ganzen Menschheit, hinein fortsetzen" (vgl. *PD* 41, 65, 74: *AAS* 84, 726-729, 770-772 u. 788-792, bes. in bezug auf das Presbyterium); *OR Africa* II, 61.

Gnade der Weihe aufgenommen, umgestaltet und erhoben wird.[309] Die angesprochenen Relationen, durch die der Priester oder Bischof die Familie Gottes aufbaut, gründen dabei offenbar nicht in einer jurisdiktionellen Beauftragung, sondern in der Weihegnade selbst. Ebenfalls im Hinblick auf die sakramentale und relationale Dimension des Amtes leuchten Bedeutung und Wert des priesterlichen Zölibates auf. Als «einzigartige Anteilnahme an Gottes Vaterschaft und an der Fruchtbarkeit der Kirche» trägt er zum Aufbau der Familie Gottes bei – nicht als Absage an die natürliche Familie und Vaterschaft, sondern als Art der Verwirklichung einer weit universaleren Familie und einer weit faszinierenderen Vaterschaft als es die natürlichen sind.[310]

Mit dem Bild der Familie Gottes wird weiters im Anschluß an das Vaticanum II die Hinordnung von Sendung und Dienst des Priesters auf die Kirche veranschaulicht, wobei die Mitverantwortung aller und die kollegiale Dimension des Amtes vermehrt das Interesse der Väter auf sich ziehen. Zwar verlange und rechtfertige die väterliche Vollmacht der Priester Entscheidungen in Klarheit und Festigkeit, jedoch nur insoweit, als diese vom Dienst an Einheit und dem Leben des Glaubens her verlangt sind. Denn dem väterlichen Charakter der geweihten Amtsträger widerspreche keineswegs, daß sie selbst *in* der Familie Gottes stehen und im Dienst an dem Leben, das der Heilige Geist unter den anderen Brüdern frei schenkt und das sie respektieren, annehmen, orientieren und fördern müssen, auch wenn es nicht ihrer eigenen Initiative entsprungen ist.[311]

---

[309] Vgl. IOANNES PAULUS II, Adh. apost. *PD* 74: *AAS* 84, 788-792 (dt.: *VAS* 105, 130-134, zit. 132): "Die Grundzüge des Presbyteriums sind also die einer wahren Familie, einer Brüderlichkeit, deren Bande nicht solche des Fleisches und des Blutes sind, sondern der Weihegnade: einer Gnade, die die menschlichen, psychologischen, emotionalen, freundschaftlichen und geistlichen Beziehungen unter den Priestern aufnimmt und erhebt."

[310] Vgl. IOANNES PAULUS II, Adh. apost. *PD* 22 u. 29: *AAS* 84 (1992), 690f. u. 703-705; aus der Themenstellung der Synode 1990 («Priesterausbildung») verständlich, beleuchtete man vor allem den Aspekt der Bräutlichkeit, der Fruchtbarkeit und der geistlichen Vaterschaft (die auch mütterliche Züge annehmen könne) bei zölibatären Priestern: vgl. Bf. J.M. COMPAORÈ, Bf. TOASY, Don BONNICI sowie das *Inst. lab.* 48: CAPRILE, *Il Sinodo 1990*, 144, 263, 396f. u. 614; Afrikasynode: Schlußbotschaft: *OR Africa* II, 61.

[311] Vgl. *Puebla* 248f. u 257-260; IOANNES PAULUS II, Adh. apost. *PD* 26 u. 74: *AAS* 84 (1992), 697-700 u. 788-792 (Dienst an der *familia Dei* unter Berufung auf: VAT II, Decr. *PO* 6: *AAS* 58, 999-1001); Kard. ZOUNGRANA (CAPRILE, *Il Sinodo 1990*, 64) bei der Synode über die Priesterausbildung zur Kollegialität der Bf., die (bes. durch die Synoden) die Universalität der Familie Gottes offenbare.

1.2.1.2. Die *Familie Gottes* als universale und lokale Kirche

Die Dogmatische Konstitution *Lumen gentium* behandelt die Frage der Zuordnung von universaler und partikulärer Kirche im dritten Kapitel *über die hierarchische Verfassung der Kirche und das Bischofsamt.*[312] Wie im vorausgehenden gezeigt wurde, läßt sich aus der Stellung des Bischofs als Vater und Kulminationspunkt der Einheit seiner Diözese, der zugleich brüderliches Glied des Bischofskollegiums mit und unter dem Bischof von Rom ist, bereits ein erster Ansatz zur Klärung jener Frage gewinnen, der dem Themenkreis der Familie zuzuordnen ist. Es bleibt nun zu untersuchen, wie Konzil und Synoden allenfalls weitere diesbezügliche Lösungsversuche im Zusammenhang des *familia-Dei-Konzeptes* unternommen haben.

Die Einheit der Teilkirchen in der einen katholischen Kirche wie zugleich das ihnen selbst zukommende echte «Kirchesein» drückt sich schon allein im Begriff der «Familie Gottes» aus, der in den Konzilsdokumenten sowohl die Bedeutung der universalen als auch einer Teilkirche annehmen kann. Die universale Kirche steht dort im Blick, wo allgemein vom Wesen der Kirche, vom Ziel ihrer eschatologischen Vollendung die Rede ist;[313] und noch augenscheinlicher dort, wo die Einheit der katholischen Kirche bzw. ihre auf alle Menschen ausgerichtete Sendung ausdrücklich zum Thema wird.[314] Wenn hier die Kirche *im allgemeinen* und ihr Wesen zur Frage stehen, so ist damit nicht gesagt, daß all das nicht auch Gültigkeit für die Teilkirche hätte, die ja nichts anderes als die eine katholische Kirche, in der ihr eigenen Situation anwesend, ist. Auf der anderen Seite enthalten die Konzilsdokumente eine Reihe von Stellen, die zu Recht und im Vollsinn des Wortes mit der Familie Gottes, die Familie des Bischofs, d.h. die Diözese meinen.[315] Schließlich sprechen auch zwei Belege der Pfarrgemeinde zu, Familie Gottes zu sein, die als Tätigkeitsfeld sowohl für den Dienst des Priesters an der Einheit der Kirche (in dem ihm anver-

---

[312] Vgl. bes. Const. dog. *LG* 19, 22, *23* u. 26-28: *AAS* 57 (1965), 22-36. Die diesbezügliche Lehre des Konzils ist auch (in einem wohl nicht ganz unmißverständlichen Bild) als «kopernikanische Wende» in der Ekklesiologie (von der Universalkirche zur Teilkirche) bezeichnet worden; vgl. E. LANNE, *L'Église locale et l'Église universelle*, in: *Irén* 43 (1970), 481-511, bes. 490; vgl. Y. CONGAR, *Die christologischen und pneumatologischen Implikationen der Ekklesiologie des II. Vatikanums*, in: ALBERIGO u.a. (Hg.), *Kirche im Wandel*, 111-123, bes. 117; CONGAR bringt diese «Wende» mit der Schwerpunktverlagerung von Christologie und Pneumatologie in Zusammenhang.

[313] Vgl. Const. dog. *LG* 6, 28 (§5), 51 sowie mehrmals in *GS* (s.u. 2.1.).

[314] Vgl. *UR* 2 u. 4; *AA* 8; *AG* 1 u. nahezu durchgängig in *GS* (s.u. 2.1.).

[315] Vgl. *LG* 27, 32; *PO* 6; *CD* 16 u. 34. Auch die Bezeichnung «Schwesternkirchen» für Lokalkirchen (*UR* 14) stellt diese in das Bild einer Familie, wobei auch der Aspekt der Einheit in Verschiedenheit (z.B. nach Ritus und bestimmten eigenen Traditionen) anklingt.

trauten Umfang) als auch für die Laien erscheint, deren apostolischer und missionarischer Einsatz hierin in das Ganze der Sendung der universalen Kirche gestellt wird.[316]

Hinter den genannten Stellen aus den Konzilsdokumenten stehen manche weiterführende Gedanken aus den *Vorbereitungs- und Arbeitsphasen des Konzils*, die — wenn sie auch nicht ausdrücklich in den verbindlichen Text Eingang fanden — doch als Verstehenshorizont der Väter zu gelten haben. Trotz der Anwendung der Familie Gottes auf verschiedene kirchliche Ebenen kann als beim Konzil allgemein anerkannt gelten, daß alle Gläubigen, gleich welcher Pfarre, welcher Diözese oder welchem Volk sie entstammen, der einen großen Familie der Mutter Kirche unter der Leitung des Stellvertreters Christi angehören.[317] Begründet in der Vollmacht des Bischofs, bezeichnete man aber mehrfach auch die Diözese als Familie. Indem man beispielsweise von der Familie des Gründers oder der Familie Gottes am bestimmten Ort sprach, wurden die Aspekte der geschichtlichen Kontinuität einer Teilkirche oder die konkrete lokale Anwesenheit der Kirche bildhaft deutlich gemacht. Das Konzept der Familie konnte zugleich aber auch die Mitverantwortung aller, des Bischofs, der Priester, der Gottgeweihten wie der Laien für ihren Aufbau in Erinnerung rufen.[318]

Nicht selten erschien auch die Pfarrgemeinde in Beiträgen als «geistliche Familie», als Zelle der Familie Gottes bzw. als ihre kleinste Einheit, der selbst noch zukomme, diese Familie zu sein; oder aber im Blick auf ihre eigene Substruktur als Familie von christlichen

---

[316] Vgl. *LG* 28 (§1: da dieselbe Nummer sowohl die geistliche Vaterschaft der Priester als auch ihre Brüderlichkeit untereinander und ihre geistliche Sohnschaft gegenüber dem Bischof aussagt, erscheint hier die Teilkirche gleichsam als Großfamilie gegenüber den Kernfamilien der Pfarrgemeinde, die doch ein und dieselbe Familie sind) u. *AA* 10 (Zur Textgeschichte von *AA* 10 im Kontext des behandelten Themas: *AS* IV.II, 329f. u. IV.VI, 62 u. 71).

[317] Das wurde durch Bf. RAIMONDI (*A* I.II.III, 241f.) eigens hervorgehoben.

[318] Vgl. [A] vor dem Konzil: IOANNES XXIII, Allocutio (06.03.1959): *A* I.I, 13: Venedig als «Familie des heiligen Markus» in Einheit mit der universalen Kirche unter der Führung Petri); die Ebf. PICCHINENNA (*A* I.II.III, 11: Inkardination als Eingliederung in die wahre Familie der Diözese), FARES (*A* I.II.III, 181: «familia dioecesana»), SIGNORA (*A* I.II.III, 761: «Familie von Pompei» in Einheit mit dem Papst); [B] Schemen: *De clericis* (*SCH* IV, 30 u. *A* II.II.I, 596f. dazu Bf. SEPER: ebd., 610); [C] beim Konzil (bes. hinsichtlich des Bischofs): Bf. SCANDAR (*AS* II.IV, 693), Bf. ZAZPE (*AS* II.V, 13: "... episcopus namque et dioecesis unam realitatem constituunt, ubi episcopus dioecesim format et dioecesis reflectit episcopum. Si episcopus pater est, dioecesis est familia. Si episcopus sacerdos est, dioecesis est communio in Eucharistia. Si episcopus est magister, dioecesis est communitas fidei. Si episcopus dux est, dioecesis est populus. Si episcopus caput est, dioecesis ab episcopo incrementum accipit"), Bf. BARRACHINA ESTEVAN (*AS* III.II, 246f.) u. die Indonesischen Ordinarien (*AS* III.IV, 937); Bf. GRANADOS GARCIA (*AS* II.IV, 630f. zur allgemeinen Mitverantwortung).

Familien.[319] Aufgrund ihrer überschaubaren Größe sei die Pfarrgemeinde der Ort, wo der Geist des Evangeliums als Familiengeist in
Liebe und Brüderlichkeit am besten spürbar gemacht werde, wo sich
das konkrete Leben der Familie Gottes vollziehe, in der Offenheit
neues Leben zu empfangen und aufzunehmen und dadurch die eine
universale Familie der Kirche aufzubauen und zu bezeugen.[320]
Entscheidende Bedeutung in der Theologie der Pfarre wie auch der
Teilkirche trägt das Thema der Liturgie – vor allem der Eucharistie.
Dann nämlich verwirkliche sich vornehmlich die Familie Gottes, wenn
die Gläubigen durch ihren Pfarrer zur Feier der heiligen Geheimnisse
um den Altar Gottes, in der Gemeinschaft des einen Brotes und des
einen geopferten Lammes versammelt sind und die Pfarren gleichsam
durch den Bischof.[321] Wie die Eingabe eines Vaters gegen Ende des
Konzils ausweist, scheint dann aber auch schon der Gedanke auf, daß
es komplementär zur Pfarrgemeinde in der Kirche auch andere Formen
von «geistlicher Familie» gebe.[322]

Einen weiteren Vergleichspunkt zwischen dem Konzept der
Familie und dem Zusammenhang von universal und lokal in der Kirche
bildet das Thema der Einheit in Verschiedenheit. Wie eine Familie aus
verschiedenen Gliedern besteht, so trage auch die Kirche in ihren
Teilkirchen den Reichtum verschiedener Traditionen, verschiedener
Riten, Kulturen und Sprachen. Sie alle machen auf ihre je eigene

---

[319] Vgl. [A] vor dem Konzil: Ebf. MARELLA (*A* I.II.I, 455: «famiglia spirituale»); Bf. POLETTI (*A* I.II.III, 874); die *Relatio* zu den allgemeinen Prinzipien der
Erneuerung der Liturgie vom Sekretär der zuständigen Kommission, BUGNINI (*A*
II.II.III, 53f.), nennt die Pfarre als Teil der Diözese, die letzte Zelle der Kirche und
selbst «kleine Kirche», in der die Gläubigen aus Gott geboren, die Fülle des christlichen Lebens empfangen und leben, weshalb Diözese und Pfarre ein zweifaches
hierarchisches Zentrum der Einheit der Kirche als Familie Gottes bilden; Pater
PEDROLLO *PSDP* (*A* I.II.VIII, 302: Pfarre als Familie aus Familien); [B] beim Konzil:
Don MARCOS (Auditor, *AS* III.VIII, 182: Pfarre ist Basiszelle, die wahrhaft die «familia
filiorum Dei» bildet); Bf. KULIK (*AS* IV.II, 779: Pfarre als «familiarum familia
Christiana»).
[320] Vgl. [A] vor dem Konzil: Bf. GARCIA sowie Kard. GARIBI Y RIVERA (*A*
I.II.VI, 183 u. 197f.: Familiengeist in der Pfarre); JOHANNES XXIII.: *AAS* 54 (1962),
580f. (Offenheit der Pfarrfamilie für neues Leben durch Einwanderer); [B] Schemen:
De cura animarum (*SCH* III, 118, 120 u. 163-165, vgl. die in der zweiten Sitzungsperiode des Konzils vorgelegte Fassung des Schemas: *AS* II.IV, 803); *De apostolatu
laicorum* (*SCH* IV, 86, 100f., *A* II.II.IV, 496 u. 505f., vgl. auch die in der dritten
Sitzungsperiode des Konzils vorgelegte Fassung: *AS* III.IV, 694); *De sacra Liturgia,
Relatio*: Kard. LARRAONA (*A* II.II.III, 288); [C] beim Konzil: Bf. NECSEY (*AS* III.IV,
747: Pfarre sollte gleichsam als Familie vom *CIC* die Stellung einer Rechtspersönlich-
keit erhalten).
[321] Vgl. Kard. LARRAONA (*Relatio* zum Schema *De sacra Liturgia*: *AS* I.I,
308); Pater DEGRIJSE *CICM* (*AS* III.IV, 296f.: Pfarre als «Kirche in Miniatur» und
«erste apostolische Familie um den Altar versammelt»); Bf. BARONI (*AS* III.VII, 186);
Pfarrer MARCOS (Auditor: *AS* III.VIII, 182: Theologie der Pfarre).
[322] Vgl. Kard. ROY (*AS* IV.V, 17).

Weise gültig die Kirche sichtbar – untereinander verbunden zu der einen *katholischen* Familie Gottes.[323]

Mit dem Konzept der Familie Gottes versuchten verschiedene Bischöfe auch in nachkonziliärer Zeit die harmonische Verbindung (d.h. die Einheit in Verschiedenheit) zwischen der Universalkirche und der Teilkirche auszudrücken. Man vermied dadurch bewußt verschiedene Fehlinterpretationen, die der Kirche als Ganzer nicht mehr Bedeutung als einem losen Zusammenschluß oder einer unwesentlichen Dachorganisation zumessen oder andererseits den Eigenwert einer Teilkirche auf den einer Untergruppierung oder Verwaltungseinheit reduzieren. Vielmehr sei die Kirche selbst eine Familie von Teilkirchen, die in der Verbundenheit von Schwestern gemeinsam Verantwortung für die Familie, aber auch füreinander tragen. Aus dieser Sicht sollte auch die konkret gelebte Beziehung der Teilkirchen untereinander geprägt sein, die «Paternalismus» und Vormundschaft der älteren und reicheren gegenüber den jüngeren, ärmeren Kirchen nicht zulasse. Die theologische Begründung dazu verwies auf den notwendig universalen Charakter der Kirche, die im Anschluß an Eph 2 als Familie der durch das Kreuz Versöhnten erscheine. Christus habe die Sünde und damit das Trennende niedergerissen und alle Menschen aus allen Völkern, Rassen und Kulturen zu seiner Kirche berufen. Diese Universalität sei verkörpert und an einem bestimmten Ort gegenwärtig in den Teilkirchen, denen zukomme, die eine Familie Gottes gleichsam als ihrer Inkarnation in Erscheinung zu bringen.[324] Die Einheit von Universalkirche und Teilkirchen ist dann auch eines der Hauptanliegen innerhalb der Entfaltung des *familia-Dei-Konzeptes* im nachsynodalen

---

[323] Vgl. Kard. CICOGNANI (*Relatio* zum Schema *De ritibus in Ecclesia*: A II.II.II, 184); Bf. CARRETTO (*AS* III.VI, 399) und Bf. BADRÉ (*AS* III.VII, 182) sowie Ebf. YEMMERU (*AS* IV.IV, 668).

[324] Vgl. [A] zur Synode über die Evangelisierung (1974): die Mitteilungen des Präfekten der Kongregation für die Evangelisierung der Völker, Kard. A. ROSSI sowie die Synthese nach den Väterbeiträgen: CAPRILE, *Il Sinodo 1974*, 456 u. 940; [B] zur Synode über die Katechese (1977): die schriftliche Eingabe der amerikanischen und kanadischen Bischöfe zur Katechese im Kontext einer pluralistischen Gesellschaft: CAPRILE, *Il Sinodo 1977*, 187; [C] in späteren Synoden (wenn auch nicht mehr so ausführlich): 1980 (Familie), Kard. KNOX (Sakramentenkongregation) zu den Grenzen der liturgischen Anpassung, da alle Menschen zur einen Familie in Christus, der Kirche, gerufen und die Unterschiede nach Kultur etc. demgegenüber nur akzidentiell seien (CAPRILE, *Il Sinodo 1980*, 474); 1990 (Priesterausbildung), JOHANNES PAUL II. zur Einheit der einen Familie der Kinder Gottes in der Verschiedenheit der Riten, die nicht nur in Frieden, sondern vor allem auch in Liebe zusammenleben sollen (CAPRILE, *Il Sinodo 1990*, 475); Afrikasynode 1994, Kard. THIANDOUM zur Lokalkirche als Inkarnation der universalen Familie Gottes u. zum Thema der Inkulturation im Kontext der Frage nach den Strukturen der Kirche als Familie Gottes (*Relatio ante disceptationem*: *OR Africa* I, 13 u. *Relatio post disceptationem*: *OR Africa* II, 29).

Apostolischen Schreiben *Ecclesia in Africa*. Es gelte, jede Form des «Ethnozentrismus» oder «übertriebenen Partikularismus» zugunsten echter Gemeinschaft und gelebter Solidarität zwischen den Teilkirchen zurückzustellen.[325]

Aus der Sicht der Teilkirche oder auch der lokalen Gemeinde als Inkarnation der Familie Gottes läßt sich die Forderung ableiten, daß diese auch in besonderer Weise das Familiesein der Kirche ausstrahlen müssen. Die «geistliche *Familie*» sei nicht nur Ausdruck für die väterliche Vollmacht des Bischofs in der Diözese oder des Pfarrers in seiner Gemeinde.[326] Sie drücke auch die gemeinsame Verantwortung aus, Familie Gottes zu *sein*, die Kirche als Familie Gottes zu verwirklichen und zu bezeugen. Als angemessenen Ort der Verwirklichung dafür hält das nachsynodale Apostolische Schreiben *Catechesi tradendae* die Pfarrgemeinde fest:

> "Kurz gesagt, ohne ein Monopol aufstellen oder alles gleichmachen zu wollen, bleibt doch, wie ich schon sagte, die Pfarrei der bevorzugte Ort der Katechese. Sie muß ihre Berufung wiederfinden, das Haus der Pfarrfamilie zu sein, brüderlich und gastfreundlich, wo die Getauften und Gefirmten sich bewußt werden, Volk Gottes zu sein."[327]

Darin bestätigt der Papst mit lehramtlicher Autorität, was bei Synoden verschiedentlich ausgedrückt wurde. Man verstand die Pfarrgemeinde gewissermaßen als «Ikone der Heiligsten Dreifaltigkeit» und mit *Lumen gentium* als «Familie Gottes» und «von einem Geist durchdrungene Gemeinde von Brüdern» und zeigte, daß sie diese Bestimmungen vornehmlich in der lebendigen Begegnung mit dem Wort Gottes, in der brüderlichen Einheit, in der Eucharistie und im Brechen des Brotes als Quelle des Lebens und der Erneuerung der Communio sowie in der Einheit mit Gott im Gebet vollziehe.[328] «*Familie Gottes*» bedeute in diesem Zusammenhang weiters die Fähigkeit der Kirche, Heimat und Geborgenheit, Brüderlichkeit und Gastfreundschaft zu

---

[325] Vgl. IOANNES PAULUS II, Adh. apost. *EA* 6, 13, 63, 65 (Dialog) u. 137: *OR* (14.09.1995), 2, 5 u. 10. Der Bedeutung des Petrusgrabes in Rom als Bezugspunkt für die katholische Einheit, der Verbundenheit aller Bischöfe mit dem Nachfolger des Apostelfürsten und der Einrichtung der Bischofssynoden wird in diesem Zusammenhang ebenso Rechnung getragen wie der Konkretisierung der Beziehungen im familiären Dialog auf allen Ebenen der Kirche.

[326] Vgl. IOANNES PAULUS II, Adh. apost. *FC* 73: *AAS* 74 (1982), 170f.: Der Bf. hat "als Vater und Hirt ... dafür zu sorgen, daß seine Diözese immer mehr zu einer «Diözesanfamilie» wird, Vorbild und Quelle der Hoffnung für die vielen Familien im Bistum".

[327] IOANNES PAULUS II, Adh. apost. *CT* 67: *AAS* 71 (1979), 1331-1333 [dt.: *VAS* 12, 59]; vgl. die *Relatio* der lateinischsprachigen Kleingruppe: CAPRILE, *Il Sinodo 1977*, 319.

[328] Vgl. den Beitrag des zur Synode 1990 geladenen Pfarrers Don RABVAR (CAPRILE, *Il Sinodo 1990*, 386-390).

vermitteln – insbesondere für Menschen, denen jene Realitäten im Leben fremd geworden sind; die Fähigkeit, auch die natürlichen Familien und ihre Werte zu fördern; die Fähigkeit, verschiedene Charismen organisch im Dienst und zum Wohl der einen, heiligen, katholischen und apostolischen Kirche zu verbinden; die Fähigkeit schließlich, den Glauben authentisch zu bezeugen und zu vermitteln.[329] In Konsequenz all dessen erscheint es nach Bild und Inhalt angemessen, daß Johannes Paul II. in seinem nachsynodalen Schreiben zur Synode über die Laien die Pfarrgemeinde im Anschluß an *Lumen gentium* und *Catechesi tradendae* als «Familie Gottes» geradezu definiert:

> "Wir alle müssen das wahre Gesicht der Pfarrei im Glauben neu entdecken, das heißt, das «Geheimnis» der Kirche, das in ihr wirksam und gegenwärtig ist. Auch wenn sie zuweilen an Gliedern und Gütern arm ist, wenn sie sich geographisch über weiteste Gebiete erstreckt oder inmitten dicht bevölkerter und problemvoller moderner Stadtviertel fast unauffindbar ist, besteht die Pfarrei nicht in erster Linie aus einer Struktur, aus einem Gebiet oder aus einem Gebäude, vielmehr ist sie die «Familie Gottes, als von einem Geist durchdrungene Gemeinde von Brüdern» [*LG* 28], sie ist «das Haus der Pfarrfamilie, brüderlich und gastfreundlich» [*CT* 67], die Gemeinschaft der Gläubigen. Letztlich gründet die Pfarrei in einer theologischen Gegebenheit, weil sie *eucharistische Gemeinschaft* ist."[330]

1.2.2. Die Laien in der *Familie Gottes*

Die geistliche «Vaterschaft» der geweihten Amtsträger hat ihr Ziel nicht in sich selbst. Vielmehr ist sie auf die Familie Gottes bezogen und auf jene, die in ihr die Mehrzahl bilden: *die Laien*. Gemäß der Dogmatischen Konstitution über die Kirche sollen der Bischof und

---

[329] Vgl. IOANNES PAULUS II, Adh. apost. *FC* 69: *AAS* 74 (1982), 166 [dt.: *VAS* 33, 72: "Auf diese Weise wird sich im Schoß der kirchlichen Gemeinschaft, der aus christlichen Familien geformten großen Familie der Gemeinde, zwischen allen Familien ein gegenseitiger Austausch von Beistand und Hilfe verwirklichen ..."], *FC* 85: *AAS* 74, 186f. [dt.: *VAS* 33, 89: "Niemand ist ohne Familie auf dieser Welt; die Kirche ist Haus und Familie für alle, besonders für jene, die sich plagen und schwere Lasten tragen"] sowie bei der vorausgehenden Synode (1980): die Wortmeldungen von Bf. KARLEN u. von «Mutter Teresa» BOJAXHIU: CAPRILE, *Il Sinodo 1980*, 252 u. 439; zur Synode über die Laien (1987): die *Relatio post disceptationem* von Kard. THIANDOUM und die *Relatio* der Kleingruppe «französisch C»: CAPRILE, *Il Sinodo 1987*, 420 u. 422; zum gottgeweihten Leben in der Diözesanfamilie: SYNEP 1994 *Instrumentum laboris*, n. 78 [dt.: 100].

[330] Adh. apost. *CL* 26: *AAS* 81 (1989), 438 [dt.: *VAS* 87, 40]. Vgl. auch die n. 100 der Adh. apost. *EA* (*OR* 14.09.1995), 8: "Priester und Laien müssen alle Mühe darauf verwenden, daß das Leben der Pfarrei harmonisch ist, in einer Kirche als Familie, in der alle «an der Lehre der Apostel und an der Gemeinschaft, am Brechen des Brotes und an den Gebeten» (Apg 2,42) festhalten."

mit ihm jene, die durch das Sakrament der Priesterweihe Anteil am
Priestertum Christi erhalten haben, sich nach dem Vorbild Christi nicht
bedienen lassen, sondern den ihnen Anvertrauten dienen und für sie ihr
Leben hingeben. Vornehmlich im Gebet und in Werken der Liebe
mögen sie für die Ihren Sorge tragen, ein offenes Ohr haben und sie
zur verantwortungsvollen Mitarbeit rufen. Auf diese Weise bauen sie
nicht nur die Einheit der Gläubigen mit Gott, sondern auch deren
brüderliche Einheit untereinander auf und entsprechen so dem Ziel und
dem Wesen der kirchlichen Sendung. Andererseits verlangt das Konzil
von den Gläubigen Gehorsam gegen ihre Hirten und Väter, ein Anhangen wie die Kirche gegenüber Christus und wie der menschgewordene göttliche Sohn gegenüber dem Vater mit dem Ziel der Einheit
und der Verherrlichung Gottes.[331]

Das vierte Kapitel von *Lumen gentium* (über die Laien) bringt
ebenfalls dort das Thema der Familie Gottes zur Anwendung, wo es
um das Verhältnis Klerus-Laien geht und hält dabei fest, daß die
Beziehung der Brüderlichkeit, die vor allem die geistlichen Väter aufbauen sollen, nicht nur die Laien in Unterscheidung zu den Klerikern
betrifft, sondern zugleich beide Stände in der Kirche. Dieser Gedanke
wird von der Menschwerdung («Bruderwerdung») Christi abgeleitet
und mit einem Zitat des heiligen Augustinus belegt:

> "Wie die Laien aus Gottes Herablassung Christus zum Bruder haben,
> der, obwohl aller Herr, doch gekommen ist, nicht um sich bedienen zu
> lassen, sondern um zu dienen, ... so haben sie auch die geweihten
> Amtsträger zu Brüdern, die in Christi Autorität die Familie Gottes
> durch Lehre, Heiligung und Leitung so weiden, daß das neue Gebot der
> Liebe von allen erfüllt wird. Daher sagt der heilige Augustinus sehr
> schön: «Wo mich erschreckt, was ich für euch bin, da tröstet mich, was
> ich mit euch bin. Für euch bin ich Bischof, mit euch bin ich Christ.
> Jenes bezeichnet das Amt, dieses die Gnade, jenes die Gefahr, dieses
> das Heil.»"[332]

Die hier angesprochene Brüderlichkeit in der Familie Gottes
entspricht dem Willen und Gebot Christi und stellt eine Frucht des

---

[331] Vgl. Const. dog. *LG* 27 u. 28 [vgl. *PO* 6]: *AAS* 57 (1965), 32-36 u. Decr.
CD 16: *AAS* 58 (1966), 680f., wo überdies vom Bischof eine Kenntnis der ihm Anvertrauten verlangt wird.

[332] Const. dog. *LG* 32: *AAS* 57 (1965), 38f. [dt.: *LThK.E* 1, 269]. Das
Augustinuszitat stammt aus *Sermo* 340,1: *PL* 38, 1483. Vgl. *LG* 37: *AAS* 57 (1965),
42f; sowie Decr. *PO* 9: *AAS* 58 (1966), 1005f.; zur Textentwicklung: *AS* III.I, 274,
278f. u. 289f. [zu *LG* 32 u. 37] sowie *AS* III.IV, 225f., 234, 241f. u. Bf. DE ROO (*AS*
IV.V, 133 zu *PO* 9). Das Decr. *PO* 6: *AAS* 58 (1966), 999-1001, bringt wiederum die
Hinordnung der Hirten auf die ihnen anvertraute Familie Gottes zum Ausdruck, stellt
aber zugleich klar, daß nicht das Bestreben, möglichst gut bei den Menschen anzu-
kommen, sondern die Anforderungen der Lehre und des christlichen Lebens Norm für
ihren Dienst sein müssen.

Wirkens des Heiligen Geistes dar, weshalb sie auch nicht erstlich als Verdienst menschlichen Strebens zu begreifen ist.[333] Daß diese Brüderlichkeit nicht einfach in einem schönen Gefühl besteht, sondern Mitverantwortung und Mitarbeit aller an der Sendung der Kirche verlangt, drückt das Dekret über das Apostolat der Laien im Hinblick auf die Pfarrgemeinde als «kirchliche Familie» und Ort, an dem die apostolische Mitarbeit der Laien ihren besonderen Platz hat, aus.[334] Diese Mitverantwortung der Laien in der Familie Gottes wird von Konzilsdokumenten an anderer Stelle besonders für jene expliziert, die das Sakrament der Ehe empfangen haben und dadurch berufen und gestärkt sind, das Geheimnis der Einheit und der fruchtbaren Liebe zwischen Christus und der Kirche darzustellen, in Mitarbeit an der schöpferischen Liebe Gottes seine Familie aufzubauen und so gleichsam eine «*Ecclesia domestica*» (*Hauskirche*) zu bilden.[335]

Ein kurzer Überblick über die Konzilsgeschichte in dieser Frage läßt gewisse Entwicklungen im Verständnis der Stellung der Laien erkennen. Einige Anregungen anläßlich der Befragung von zukünftigen Vätern und theologischen Fakultäten vor dem Konzil spiegeln noch eine Sicht, die Laien vorwiegend negativ als «*Nichtkleriker*» definiert und sie als «*zu Versorgende*» — im Bild der Familie gesprochen, als «*unmündige Kinder*», die von den Eltern versorgt werden müssen und deren Hauptpflicht in der Familie der kindliche Gehorsam ist — darstellt.[336] Erste Anzeichen der besagten Entwicklung lassen sich schon in dieser Phase bei einzelnen, etwa beim jungen Auxiliarbischof von Krakau, Wojtyla, erkennen. Er stellt fest, daß über die Laien, die in der Kirche immer mehr eine aktive Rolle einnehmen, im *CIC* [1917] nicht viel zu finden sei und fordert deshalb vom Konzil die theo-

---

[333] Vgl. Decr. *UR* 2: *AAS* 57 (1965), 91f. (brüderliche Einheit als horizontales Moment der Einheit der Kirche); Decr. *AA* 8: *AAS* 58 (1966), 844-846 (das Gebot der Nächstenliebe, das darin gründet, daß Christus durch die Menschwerdung unser Bruder geworden ist und uns zu seiner Familie zusammenführen will).

[334] Vgl. Decr. *AA* 10: *AAS* 58 (1966), 846f.

[335] Vgl. Const. dog. *LG* 11: *AAS* 57 (1965), 15f; Decr. *AA* 11: *AAS* 58 (1966), 848 (*domesticum sanctuarium Ecclesiae*); dazu bei S. IOANNES CHRYSOSTOMUS., *In Genesim sermo* VI u. VII,1: *PG* 54, 606-609; Const. past. *GS* 50: *AAS* 58 (1966), 1071 [ähnlich im Paragraphen über die Heiligung der Welt durch die Laien im von den deutschsprachigen Bf. im Dezember 1962 vorgelegten Schema *De Ecclesia*: *AS* I.IV, 629]. Das Thema der *Ecclesia domestica*, das in *LG* 11 angesprochen wird und zu dem sich viele Belege in allen Phasen des Konzils und der untersuchten Bfsyn. finden, geht über den Rahmen dieser Arbeit hinaus und wird deshalb nur kurz erwähnt.

[336] Vgl. Ebf. CAMOZZO (*A* I.II.III, 541f.); Bf. HELMSING (*A* I.II.VI, 450), der darauf verweist, daß sich die Gehorsamsleistung letztlich immer auf Gott bezieht; sowie die theol. Fakultät *Marianum* in Rom (*A* I.IV.I,2 430-433 u. 449), die den kindlichen Gehorsam in der Familie Gottes besonders gegenüber den verschiedenen Formen des kirchlichen Lehramtes hervorhebt.

logische Klärung ihrer Stellung, Berufung und aktiven Verantwortung zum Aufbau der Kirche in Einheit mit dem Klerus. Gestützt auf das Konzept der «geistlichen Vaterschaft», ohne die es keine Seelsorge geben könne, wenn sie mehr als nur eine soziale Funktion darstelle, verlangt er von den Hirten eine bessere Kenntnis über Leben und den natürlichen wie übernatürlichen Wert der Laien ebenso wie eine angemessene Neugestaltung der gegenseitigen Beziehung. Die heutigen sozialen Beziehungen, die sich vom früheren *Patriarchalismus* entfernt und einem *Demokratismus* angenähert haben, fordern angemessene und zeitgemäße Formen der Ausübung der geistlichen Vaterschaft der Priester gegenüber den Gläubigen. Dabei seien jene beiden «Ismen» und alles, was dem gemeinsamen Aufbau des mystischen Leibes entgegensteht, zu meiden. Die Laien seien nicht nur Objekte, sondern auch Subjekte der Seelsorge, wobei sich ihr Eifer vor allem auf jene Bereiche erstrecken solle, zu denen die priesterliche Sendung keinen Zugang habe.[337]

Schon die vorbereiteten Schemen wie dann verschiedene Wortmeldungen zur Diskussion in der Aula greifen auf den Gedanken der Familie Gottes zurück, um die organische Zusammenarbeit im Dienst an der Kirche und die *gemeinsame Verantwortung* aller in der Verschiedenheit von geistlicher Vaterschaft und Mitarbeit der Laien sowie in der Vielfalt der vom Geist zum Dienst an der ganzen Familie Gottes gegebenen Gaben hervorzuheben.[338] Durch das Zitat von Eph 2,19 führt beispielsweise das Schema zur geplanten Konstitution über das Laienapostolat das Thema der Familie Gottes ein und entfaltet es im zweiten Kapitel (über die Beziehung zur Hierarchie) im Hinblick auf die Gleichheit aller Glieder nach ihrer Würde wie auch auf ihre Unterschiedenheit im Dienst weiter. Kirche erscheint dabei als Familie, in der alle Glieder in Einheit aktive Verantwortung tragen müssen; sowohl auf der Ebene der Pfarrgemeinde als auch auf der der universalen Kirche.[339]

Das Verständnis der Kirche als *familia Dei* erweist in anderen Stellungnahmen seine Stärken als *vitales Konzept* – geeignet, Wesen

---

[337] Vgl. *A* I.II.II, 743f.

[338] Vgl. Schema Const. *De apostolatu laicorum* (*SCH* IV, 45 u. *A* II.II.IV, 469, Caput II *De relatione ad Hierarchiam*: *SCH* IV, 56 u. *A* II.II.IV, 476); Bf. HOA HIEN (*AS* I.IV, 516); Bf. LAMONT (*AS* II.III, 494f.); sowie Pater CAPUCCI *BA* (*AS* III.IV, 143). Der maronitische Patriarch MEOUCHI (*AS* III.I, 735) verbindet mit dem *familia-Dei-Konzept* eine familiäre Atmosphäre zwischen Hierarchie und Laien sowie die Möglichkeit, vermehrt die Erfahrungen von Laien in das Leben der Kirche einzubringen. Mit Eph 2,19 begründet auch Bf. PELLECCHIA (*AS* III.IV, 786) die aus dem Wesen der Kirche als Familie Gottes geforderte Einheit von Klerus und Laien.

[339] Vgl. *SCH* IV, 86 u. 100f. u *A* II.II.IV, 496 u. 505f. (*Pfarrfamilie*); *SCH* IV, 103 u. *A* II.II.IV, 507 (*universale Familie*).

und Auftrag der Laien in der Kirche zu beleuchten und Impulse für deren Verwirklichung im kirchlichen Leben zu geben: in bezug auf das Leben der Pfarrfamilie, zu dessen Fülle auch das Laienapostolat gehört; auf das Lebenszeugnis der Laien, deren Leben und Arbeit zum Lob Gottes werden und gleichsam als Predigt ohne Worte gerade in ihren Bereichen wirken sollen;[340] und schließlich in der familiären Beziehung zwischen den beiden Ständen in der Kirche.

Zu deren Bestimmung reiche das biblische Bild von Hirte und Herde nicht aus, das zwar die Einheit zwischen beiden und die Bereitschaft des Hirten, sein Leben für seine Schafe einzusetzen, nicht aber die Stellung und Berufung der Laien als Künder des Evangeliums auszudrücken vermöge. Das Bild der Familie veranschauliche ergänzend dazu die Sendung, Würde und *Mitverantwortung der Laien*, ihre *Einheit mit der Hierarchie* sowie auch ihre *Eigenheit und Verschiedenheit* von den Klerikern. Es sporne sie an, mit ihren geistlichen Vätern zusammenzuarbeiten und ihnen gleichsam wie Söhne zu helfen. Es helfe andererseits, die bleibende Verschiedenheit nicht zu verdunkeln, indem die Laien gegen ihre Berufung die eigentlichen Aufgaben von Bischöfen und Priestern an sich zu reißen suchen, um sich dadurch mit Autorität schmücken zu können. Es impliziere vielmehr einen Gehorsam, der nicht dem von Schafen, sondern dem von Söhnen gleiche und der umfangen sei von der gegenseitigen Offenheit für einen wahren Dialog, der aus der Bereitschaft, nicht nur zu reden, sondern vor allem aufeinander zu hören, erwachse. Es gebe weiters einen Impuls, die Einheit von Klerus und Laien in familiärem Klima konkret zu vertiefen, wobei den Bischöfen die Aufgabe zukomme, in ihrem Leitungsstil allzugroße Distanzen zu überwinden[341]:

> "All das wird klarer und der Würde der Laien angemessener ausgesagt, wenn der Begriff der Familie angewendet wird, nach dem die Laien als geistliche Söhne des Bischofs ihm folgen, ihn hören, ihm helfen können und müssen. Die Laien heute sind gebildeter als jene von früher und deshalb würdig und geeignet, zum Werk der Evangelisierung berufen zu werden; aber dazu werden sie nicht gewonnen durch eine nicht immer ausreichend pastorale Ausübung der Vollmacht eines Bischofs,

---

[340] Vgl. Pater DEGRIJSE *CICM* (*AS* III.IV, 296f.) u. das «Gegenschema» *De Ecclesia* der deutschsprachigen Bischöfe (Dezember 1962) in einer Nummer über den Weltheiligungsauftrag der Laien (*AS* I.IV, 629).

[341] Vgl. allgemein und am ausführlichsten: Bf. LAMONT (*AS* II.III, 494f.); zum Dialog zwischen Klerus und Laien: Bf. LEVEN (*AS* III.IV, 82: Diözese); Ebf. SEPER (*AS* III.IV, 140: Pfarrfamilie); der Laienauditor KEEGAN (*AS* III.IV, 221) unter Berufung auf: PAULUS VI, Lit. enc. *Ecclesiam suam*: *AAS* 56 (1964), 609-659 (deren dritter Abschnitt den *Dialog* in verschiedenen Erscheinungsformen zum Thema hat u. die gegen Ende (wo es um den Dialog im Inneren der Kirche selbst geht) jenen Dialog mit den Begriffen *domesticus* und *familiaris* qualifiziert, worauf sich offenbar Keegan bezieht (*family dialogue*) und damit einen Bezug zum *Familie-Gottes*-Thema herstellt.

der seine Herde von weitem durch Schreiben, die er einmal im Jahr als
nahezu Unbekannter an seine Gläubigen richtet, weidet. Diese Distanz
oder Spaltung zieht die Laien nicht an, sondern versucht sie vielmehr
im Glauben. Wir mögen eine Familienatmosphäre schaffen, damit wir
uns wie Väter unter Söhnen verhalten, leben und anerkannt werden!
Fliehen wir nicht vor ihnen! Rufen wir sie nicht nur, sondern suchen
wir sie! ... Das Problem des Bischofs ist nicht, daß er geehrt werde,
sondern, daß er geliebt werde: geliebt zu werden entspricht dem Vater,
geehrt zu werden, dem Herrn."[342]

Nicht selten gelangte auch die andere Seite der Analogie Kirche-
Familie, der Vergleich der christlichen Familie mit der Kirche, in den
Blick, woraus wiederum Licht auf das Wesensverständnis der Kirche
zurückfiel. So wurde die christliche Familie als *Subjekt* des Apostolates
verstanden, die — wie ein bemerkenswerter Gedanke ausdrückt —
gerade in Verfolgungszeiten für die Kirche gleichsam der Zufluchtsort
einer *Katakombe* sei.

"Darüber hinaus bleiben die christlichen Familien, wenn die pastorale
Tätigkeit behindert und die kirchlichen Einrichtungen zerstört werden,
die letzten Bollwerke des mystischen Leibes: die Eltern nämlich stellen
gleichsam als die Zugangswege der Kirche den Kindern die primären
Heilsmittel bereit; nämlich die Taufe und die Überlieferung des
Glaubens. In jenen Familien führt die Kirche — gleichsam am
Zufluchtsort der Katakomben — ein zwar eingeschränktes, wohl aber zu
den schönsten Früchten der Heiligkeit geeignetes Leben."[343]

Die Gegenwart der Kirche in der Familie konnte man auch mit
dem von Kirchenvätern (Johannes Chrysostomus) stammenden Begriff
der «*Ecclesiola*», «*parva Ecclesia*» oder «*Ecclesia domestica*», d.h. als
Zelle, kleinste Gemeinschaftsform oder Abbild der Kirche, das diese
selbst aufbaut, umschreiben.[344] Nach göttlichem Willen sei nämlich der
mystische Leib, die Kirche, in seiner organischen Struktur nicht nur
aus *Gliedern* (Individuen), sondern notwendig auch aus *Organen*, d.h.
aus Gemeinschaften, aufgebaut; wie der Bischof nicht von seiner
Diözese, so seien auch die Eheleute nicht von der Gemeinschaft ihrer
Familie zu trennen. Und dieser eigne es, das letzte und kleinste wie

---

[342] Bf. LAMONT (*AS* II.III, 495).

[343] Schema zur geplanten Konstitution über das Laienapostolat: *AS* III.IV, 685
vgl. die früheren Fassungen: *SCH* IV, 67-70 u. *A* II.II.IV, 483-485. Nicht aufgrund
sachlicher oder inhaltlicher Einwände von Vätern, sondern um der geforderten
Kürzung der Schemen willen, fielen eine Reihe der genannten Belege aus dem Text
des späteren Dekrets heraus. Die «Reste» des darin entfalteten Konzeptes der *familia
Dei* finden sich noch in *AA* 8 u. 10, weshalb diese Stellen zu den echten Belegen für
das *familia-Dei-Konzept* in den Dokumenten des Vat II. zu gelten haben.

[344] Der in *GS* 50 aufgenommene Gedanke, daß die christlichen Familien berufen sind, durch Zeugung und Erziehung ihrer Kinder natürlich wie übernatürlich die
Menschheitsfamilie und die Familie Gottes zu bereichern und aufzubauen, findet sich
bereits im Schemenvorschlag zu *De Ecclesia* der dt. u. östr. BfKonf. (*AS* I.IV, 629).

zugleich heilige und fruchtbare Organ des mystischen Leibes zu sein –
durch das Sakrament der Ehe zu einem Teil der Kirche, ja sogar zur
«kleinen Kirche» selbst erhoben.[345]

Einen biblischen Ansatzpunkt beim Verständnis der Familie in
Analogie zur Kirche bietet das fünfte Kapitel des Epheserbriefes. Dabei
herrschte weitgehende Einigkeit darüber, daß die darin genannte Verbindung von Christus zur Kirche in der Familie nicht nur als Vergleich
oder Imitation, sondern als Realität, als fruchtbare Verwirklichung des
Geheimnisses der Kirche gemeint sei.[346] Diskutiert blieb dagegen die
Frage, ob die Analogie nur auf den Bund der Eheleute oder auch auf
die christliche Familie als Abbild und Teilhabe am Liebesbund Christi
mit der Kirche bezogen werden könne.[347] Einige Väterbeiträge in der
Aula enthalten ernstzunehmende Versuche, die *Familie* selbst in jenem
großen Geheimnis zu erkennen. Ein erster geht von der *fruchtbaren
Liebe* aus, die er in einer gewissen Analogie zur Dreiheit von Mann -
Frau - Kind auch in der trinitarischen Einheit wiederfindet. Im größeren Kontext des Epheserbriefes beziehe sich die *fruchtbare Liebe* auf
das Mysterium der Kirche und Christi, insofern sie Christus am Kreuz
zur Vollendung gebracht hat. Analog dazu möge auch die christliche
Familie durch eine heroische, unberechnende, selbstlose Liebe, die in
ihrer Selbstverleugnung und Opferbereitschaft der Liebe Christi entspricht, gekennzeichnet sein. Ein biblisches Vorbild dafür sei in der

---

[345] Vgl. Bf. FIORDELLI (*AS* II.I, 794 u. II.III, 21-24); Bf. CODERRE (*AS* III.VIII,
712: die Kirche lebe und entfalte sich — zumal in Verfolgungszeiten — in den
Familien); Bf. BERGONZINI (*AS* I.IV, 423), der im Kirchenschema das Thema der
Familie als Aspekt der Kirche selbst vermißt; Kard. SILVA HENRIQUEZ im Namen zahlreicher südamerikanischer Väter (*AS* II.III, 408); Ebf. MODREGO Y CASÁUS (*AS* II.IV,
269) sowie die *Relatio* zur Entstehung von *LG* 11: *AS* III.I, 197.

[346] Vgl. z.B. Bf. SCHICK (*AS* I.IV, 559); Bf. PICACHY (*AS* III.IV, 386).

[347] Vgl. *für die Familie als Analogon*: Schema zur Const. past. (03.07.1964: *AS*
III.V, 132: "Sed cum familia christiana sit imago et participatio foederis amoris Christi
et Ecclesiae (cf. Eph 5,32), coniugum amore, generosa fecunditate, unitate atque
fidelitate mundo innotescat viva Salvatoris praesentia in mundo atque sincera Ecclesiae
natura"); *dagegen [nur Ehebund]*: Kard. RUFFINI (*AS* III.V, 222): "Deinde ... familia
christiana dicitur «imago et participatio foederis amoris Christi et ecclesiae». Id vero
non congruit cum doctrina S. Pauli, qui in Epistula ad Ephesios [Eph 5,22-33] aperte
monet foedus amoris quo Christus coniungitur cum Ecclesia significari non a familia
christiana, sed a matrimonii sacramento, ex qua efficaci significatione ambae fluunt
matrimonii christiani proprietates substantiales nimirum *unitas et indissolubilitas*"; der
endgültige Text bezieht [als Kompromiß] die Analogie auf die Ehe, nennt diese aber
zugleich als Konstituens der Familie: "Proinde familia christiana, cum et matrimonio,
quod est imago et participatio foederis dilectionis Christi et Ecclesiae, exoriatur [vgl.
Eph 5,32], vivam Salvatoris in mundo praesentiam atque germanam Ecclesiae naturam
omnibus patefaciet, tum coniugum amore, generosa fecunditate, unitate atque
fidelitate, tum amabili omnium membrorum cooperatione" (Const. past. *GS* 48: *AAS*
58 (1966), 1069; zur Textänderung vgl. *AS* IV.I, 479 u. IV.VII, 273).

Heiligen Familie zu sehen oder aus dem Buch Tobit zu gewinnen.[348] Eine andere genannte Möglichkeit der Verbindung liegt im sakramentalen Bund der Ehe als Konstituens der Familie. In ihrer biblisch-heilsgeschichtlichen Dimension erscheinen Bund und Ehe als göttliches Mysterium und Inbegriff der Beziehung Jahwes zu seinem Volk. Dieser Bund, an dem die Eheleute nach Eph 5 teilhaben, leuchte im NT in der Heiligen Familie auf, ehe er — in der Hochzeit von Kana vorausbedeutet — am Kreuz Christi seine Erfüllung finde.[349]

Unter den Bischofssynoden verfolgt jene von 1980 das Thema der Laien indirekt weiter, und zwar insofern sie Ehe und Familie bilden, und die von 1987 direkt hinsichtlich ihrer Stellung und Berufung. Wo in den Beiträgen und im nachsynodalen Apostolischen Schreiben zur Familiensynode die Analogie Kirche - Familie angesprochen wird, liegt der Akzent erwartungsgemäß auf der Familie als Kirche, als «Ecclesia domestica».[350] Dabei werden aber verschiedentlich Vergleichspunkte herausgearbeitet, die sich auch zur Beschreibung von Wesen und Sendung der Kirche eignen. Beide sind Gemeinschaft, «*Communio*» als Einheit in Verschiedenheit, weshalb sie auch die Heiligste Dreifaltigkeit zum gemeinsamen Urbild haben.[351] Denn auch

---

[348] Vgl. Bf. SCANDAR (*AS* III.VII, 352-354); Bf. JUBANY ARNAU (*AS* III.VII, 297f.) verbindet mit der Teilhabe der Familie am Geheimnis Christi und der Kirche vor allem ihre Möglichkeit, darin ein Mittel der eigenen Erhebung und des Zeugnisses für Christus zu finden.

[349] Vgl. die Eingabe mehrerer frz. Väter (*AS* III.VII, 398f. unter Bezug auf Joh 2,1-11; 19, 25-27.34).

[350] So zuvor schon bei der Synode von 1974 (Evangelisierung): Bf. SANGU (CAPRILE, *Il Sinodo 1974*, 437f.), der die Familie als fundamentalen Kern des Gottesvolkes und erste authentische wie natürliche «Basisgemeinde» für die Evangelisierung als ebenso notwendige Voraussetzung bezeichnet, wie es die Natur für die Gnade ist. An weiteren Vergleichspunkten zwischen Familie und Kirche nennt er die Achtung der Autorität, Solidarität, gegenseitige Hilfe und Ergänzung sowie die Fruchtbarkeit; PAULUS VI, Adh. apost. *EN* 71: *AAS* 68 (1976), 60f.; zur Synode 1977 (Katechese): Bf. MPWATI (CAPRILE, *Il Sinodo 1977*, 159), der die Inkulturation und Heiligung der natürlichen familiären Beziehungen und Elemente durch die Kirche (als Familie) als wesentliches Moment der Katechese erkennt; IOANNES PAULUS II, Adh. apost. *CT* 68: *AAS* 71 (1979), 1333f. Auch in den Synoden nach 1980 erscheint das Thema, ohne jedoch neue Gedanken zu erbringen: vgl. BfSyn. 1987 (Laien): die Bf. OTT, BEVILACQUA u. VILLALBA AQUINO: CAPRILE, *Il Sinodo 1987*, 142, 144 u. 278; IOANNES PAULUS II, Adh. apost. *CL* 62: *AAS* 81 (1989), 514-517; Afrikasynode (1994): Bf. VERDZEKOV, *Relatio* der portugiesischen Kleingruppe u. *Synodenbotschaft* n. 25-27: *OR Africa* II, 36, 48 u. 60f.

[351] Vgl. die *Lineamenta* (pars III *munera familiae christianae*) sowie das *Inst. lab.* nn. 31 u. 85 zur Bischofssynode 1980: CAPRILE, *Il Sinodo 1980*, 653f., 683f. u 728. Den Eltern einer Familie komme es demnach besonders zu, die Vaterschaft Gottes wie auch die Liebe in Christus zu offenbaren und damit eine erste Erfahrung von Gemeinschaft und Kirche zu bieten. Von den Väterbeiträgen vgl. Kard. POMA (CAPRILE, *Il Sinodo 1980*, 166: die «Heilige Familie» als Vorbild für Familie und Kirche); M. GAVIOLA (Generalsekretär der philippinischen Bfkonf.), ebd. 227f. sowie

in der Trinität gebe es Einheit in Verschiedenheit. Diese sei das Fundament für den Bund der Ehe, in dem zwei Menschen in vollkommener gegenseitiger Selbstgabe einerseits verschieden und doch eins und organisch verbunden sind. Ebenso könne die Fruchtbarkeit als Ausdruck der Liebe in jenem göttlichen Geheimnis ein gewisses Analogon finden. Die Familie, die sich nicht in sich selbst verschließt, sondern von dem Ihren anderen mitteilt, bilde schließlich auch auf diese Weise die sich selbst mitteilende Dreifaltigkeit ab und deute damit zugleich auf die trinitarische Struktur der universalen Kirche hin. Vor diesem Hintergrund legt dann das nachsynodale Apostolische Schreiben *Familiaris consortio* den Zusammenhang von Kirche und Familie dar: beide sind *Gemeinschaft*, Lebens- und Liebesgemeinschaft in der Einheit des Glaubens, konstituiert durch die bräutliche, väterliche und mütterliche, kindliche und brüderliche (geschwisterliche) Relation, für die die Familie eine erste Erfahrungsmöglichkeit und Einführung bietet; sie sind fruchtbar im Hervorbringen (Zeugen und Gebären) und Begleiten (Erziehen) von neuem Leben, was für die Familie sowohl im *natürlichen* als auch in der *geistlichen* Vater- und Mutterschaft im *übernatürlichen* Sinn gilt.[352]

Ein weiterer in einem Synodenbeitrag geäußerter Vergleichspunkt zwischen Kirche und Familie ist in den vier *notae Ecclesiae* zu erkennen. Auch der Familie eignet es, *eine* zu sein: in der Verschiedenheit der Personen durch die Einheit jener Liebe, mit der Christus die Kirche liebt und die in der Eucharistie sakramental gegenwärtig wird; sie ist *geheiligt* im christlichen Tugendleben, der Liebe und der Annahme des Kreuzes, *katholisch* in ihrer Öffnung auf alle anderen Familien hin im Zeugnis gelebten Glaubens und verwirklichter Liebe und *apostolisch* in Liebe und Gehorsam gegenüber dem Lehramt.[353] Apostolisch bedeutet aber auch — auf die ihr eigene Weise — Teilnahme an der apostolischen Sendung der ganzen Kirche in gegenseitiger Bezogenheit von Kirche und Familie wie im Zeugnis für die

---

der apost. Vikar CAMPOS, ebd. 413: "Come la Chiesa è il fondamento della famiglia, così anche la famiglia è il fondamento su cui si edifica la Chiesa"; die *Relatio* der französischen Kleingruppe «A» (ebd. 348), die die Analogie in der Teilhabe an der Einheit Christus-Kirche und ihrer Fruchtbarkeit (vgl. Eph 5) und zugleich auch im trinitarischen Geheimnis begründet. Der Mensch sei in geschlechtlicher Bipolarität und nach dem Bild des dreifaltigen Gottes geschaffen und im Bund des Glaubens und einer Liebe vereint, die sich in der Familie als gegenseitige fruchtbare Liebe erweise. Aber dieser Vergleich (Familie-Kirche) dürfe — wie dieselbe *Relatio* festhält — nicht überspannt werden. Nicht alle Konstituenten der Kirche (wie z.B. das authentische apostolische Amt) finden sich auch in der Familie, die auf keinen Fall «klerikalisiert» werden dürfe.

[352] Vgl. IOANNES PAULUS II, Adh. apost. *FC* 15, 41 u. 50: *AAS* 74 (1982), 97, 132f. u. 141f.

[353] Vgl. Bf. YASUDA: CAPRILE, *Il Sinodo 1980*, 310.

Gegenwart Christi in der Welt. Dadurch erscheint die Familie hineingenommen in die Sendung Christi selbst als Prophet, Priester und König, indem sie wirksam wird durch *Verkündigung*, *Heilshandeln* und ihren *Dienst am Reich Gottes*.[354]

Der *Verkündigungsdienst* betreffe vor allem jene, die in den Familien die Vater- und Mutterschaft für das natürliche wie übernatürliche Leben verwirklichen. Aus der Kraft der Sakramente der Taufe und der Ehe nehmen sie am Erziehungsauftrag der Kirche als *mater et magistra* teil und üben so ein «eigenes und wirkliches Amt» in der Kirche aus. Das geschehe im Glaubensgehorsam gegenüber dem Wort Gottes und eingebunden in die missionarische Sendung der ganzen Kirche. Besonders in schwierigen Situationen könne so die Familie oft der einzige Ort der wirksamen Einführung in Heilsmysterium und Glauben sein.[355]

In Teilnahme am *priesterlichen Wirken Christi* ist die Familie wie die Kirche *heilshandelnde, erlösende Gemeinschaft*. In der Familie nämlich vollzieht sich die Eingliederung in die «große Familie der Versöhnten». Analog zur Kirche als Sakrament des Heiles und der Einheit des Menschengeschlechts in Christus kann auch der Familie zugeschrieben werden, in gewisser Weise «Sakrament» zu sein – und zwar nicht erst äußerlich, als nachträglicher Auftrag, sondern von ihrer eigenen Natur aus. Sie ist nämlich heilswirksam im Aufbau von Einheit und Familienleben in der Heilsgeschichte, im Zeugnis und der lebendigen Erinnerung («*memoria*») der Heilstaten Gottes. Die «Sakramentalität» und der Heiligungsdienst der Familie offenbaren sich weiters in ihrer engen Verbundenheit zu den verschiedenen Sakramenten der Kirche. In den Sakramenten nämlich stehen die Kirche und die Familie im heilsamen Dialog mit Gott. Die *Ehe* symbolisiert die Liebe und Hingabe Christi zu seiner Kirche und läßt in sich auch abbildlich

---

[354] Vgl. IOANNES PAULUS II, Adh. apost. *FC* 49f.: *AAS* 74 (1982), 140-142.

[355] Vgl. IOANNES PAULUS II, Adh. apost. *FC* 15, 38f. u. 51-54: *AAS* 74 (1982), 97, 129-131 u. 142-147. Es ist beachtenswert, daß in nn. 38f. die durch die Eltern in der Kraft des Ehesakramentes geleistete Erziehung ihrer Kinder als «wahres und eigenes Amt der Kirche» («*verum ... ac proprium "ministerium" ecclesiae*») bezeichnet wird. Die Anwendung des Begriffs «ministerium» auf Laien wurde auch gelegentlich als unpräzise bzw. zweideutig kritisiert: vgl. IOANNES PAULUS II, Adh. apost. *CL* 23: *AAS* 81 (1989), 431 [dt.: *VAS* 87, 35: "Bei dieser Vollversammlung der Synode fehlten neben den positiven nicht die kritischen Beurteilungen über den undifferenzierten Gebrauch des Terminus «Amt»]". Desweiteren fordert *CL* 23 eine Präzisierung der Begrifflichkeit, die bei gewahrter Einheit der einen Sendung der Kirche den Unterschied zwischen dem einen Amt (*ministerium*), das im Weihesakrament gründet und jenen Ämtern (*alia ministeria*), zu denen Taufe und Firmung bevollmächtigen, festhält. Hierin zeigt sich, daß der Begriff «*ministerium*» (oder seine Verwendung in Singular oder Plural) alleine nicht zur sachlichen Unterscheidung zwischen dem sakramentalen Dienstamt und dem Dienste des allgemeinen Priestertums ausreicht.

die Geheimnisse von Schöpfung, Bund, Kreuz und Auferstehung erkennen. Die *Eucharistie* erweist sich als bevorzugte Quelle der Einheit in Ehe und Familie, manifestiert sie doch im Liebesbund Christi das *Ein-Leib-Sein* vom Haupt und den Gliedern der Kirche, aus dem auch der Liebesbund der Ehe Kraft und Leben schöpft. Familie ist schließlich der Ort der ersten Erfahrung von Gewissen, von Schuld und Vergebung, von Umkehr und Versöhnung, bereitet damit zur Versöhnung mit Gott im *Bußsakrament* den Weg und wird durch dieses, wo die Sünde Spaltung und Bruch des Bundes zu bringen droht, wiederum selbst in ihrer verletzten Einheit geheilt. Auch das Familiengebet als echtes Gebet der Kirche ist schließlich «priesterlicher» Dienst zum eigenen wie zum Heil der Welt.[356]

Der *königliche Dienst*, in dem Kirche und Familie vereint sind, bezieht sich auf den Aufbau des Reiches Gottes in der Geschichte. Im Neuen Testament von Jesus selbst zur bildlichen Beschreibung des Reiches Gottes verwendet, dient die Familie den Mitmenschen und der Welt, indem sie Gemeinschaft der Liebe, des Friedens und der Gerechtigkeit aufbaut, die ganzheitliche Entfaltung des Menschen fördert und so auch auf die eschatologische Vollendung hinweist, die sich in der Kirche anfanghaft bereits zu verwirklichen begonnen hat. Der Dienst am Reich Gottes relativiert aber auch die natürliche Familie angesichts der neuen Familie Gottes. Wie der Herr von seinen Jüngern das Verlassen der eigenen Familien forderte, um dadurch eine neue Gemeinschaft mit dem Ziel des Reiches Gottes zu errichten, so muß auch jede christliche Familie als «*Ecclesia domestica*» dafür offen bleiben, sich durch das Wirken Gottes erheben und umgestalten zu lassen und dadurch dem Reich den Weg zu bereiten.[357]

Den hier aufgezeigten inneren Beziehungen zwischen Familie und Kirche entspricht auch die gegenseitige Verwiesenheit in Dienst und Hilfe aneinander. Die *Kirche* offenbart den Familien ihre wahre

---

[356] Vgl. IOANNES PAULUS II, Adh. apost. *FC* 15, u. 55-62: *AAS* 74 (1982), 97 u. 147-155; Kard. LANDÁZURI RICKETTS (CAPRILE, *Il Sinodo 1980*, 406). Die *Relatio* der französischen Kleingruppe «A» verankert die Verbindung der Familie zur Sakramentalität über die Ehe im Pascha-Mysterium, der Selbsthingabe Christi bis zum Tod und vor allem im Bund, der die Heilsgeschichte als Grundgestalt in Sünde und Gnade, Treue und Untreue sowie in Fall und Vergebung durchzieht (vgl. ebd. 348 u. 373: die *Relatio* der spanisch-portugiesischen Kleingruppe «C»).

[357] Vgl. IOANNES PAULUS II, Adh. apost. *FC* 15, u. 63f.: *AAS* 74 (1982), 97 u. 155-158; SYNEP. 1980, *Inst. lab.* 31 (Familie als Bild für das Reich Gottes, vgl. Lk 15, 11-32): CAPRILE, *Il Sinodo 1980*, 683f.; zur Relativierung der natürlichen Familie: Kard. LORSCHEIDER (ebd. 110f.), die *Relatio* der spanisch-portugiesischen Kleingruppe «C» (ebd. 373), die Laienauditoren Hr. u. Fr. MCBRIDE (ebd. 462: Offenheit der Familie auf das Volk Gottes hin); sowie bei der Synode 1990 Bf. DIARRA (CAPRILE, *Il Sinodo 1990*, 242: Vorrang der Bindungen des Glaubens in der Familie Gottes gegenüber den natürlichen).

Identität gemäß dem Willen Gottes, stärkt sie in den Sakramenten im übernatürlichen Leben und ruft sie im Liebesgebot auf, in der Liebe Christi, in Opfer und Selbsthingabe ihr Familienleben zu gestalten. Die Familie wiederum dient der Kirche durch die Weitergabe der Liebe Christi, als erlösende Gemeinschaft sowie in der Anteilnahme an ihrer Fruchtbarkeit und Mutterschaft. Sie wirkt am Schöpferhandeln Gottes mit, baut die Kirche als «Familie aus Familien» auf und führt durch Vorbild und Erziehung in grundlegende Erfahrungen von Kirche ein.[358]

Ein wesentliches Ziel der Synode über die Laien (1987) bestand darin, eine positive Definition des Laienstandes zu finden, die nicht erstlich an ihrem «nicht-amtlichen» Charakter orientiert bleibt. Mit dem Konzept der Familie konnte hiezu ein Gedankenmodell bereitgestellt werden, das die Einheit von Klerus und Laien sowie ihre gemeinsame Verantwortung für die Kirche zur Geltung bringt, ohne ihre bleibende Unterschiedenheit zu vernachlässigen. Nach Eph 2,19 dürfen sich alle Christen (ermächtigt durch das Sakrament der Taufe) als Kinder Gottes und Christi Jünger, als erwählte Heilige sowie als Brüder und Schwestern in der Familie Gottes verstehen. Darin gründe die allen gleiche Würde in der Kirche, unbeschadet der Verschiedenheit der Charismen, Lebensstände, Gaben und Dienste, die jedoch alle auf das Wohl und die Sendung des Volkes Gottes hingeordnet seien. Um der Einheit der Kirche willen, die weder eine Vermischung des Verschiedenen noch einen irgend gearteten Dualismus dulde, sei es wichtig, an der Eigenheit der Stellung und Sendung der Laien festzuhalten, die untrennbar mit der Hierarchie verbunden bleiben, jedoch nicht einfach als deren Hilfskräfte zu verstehen seien, sondern das Ihre in eigener Mitverantwortung für die Kirche tun.[359] Diese Sichtweise, die in einigen Väter-

---

[358] Vgl. IOANNES PAULUS II, Adh. apost. *FC* 49: *AAS* 74 (1982), 140f.; bei der Synode wurde etwa der Dienst der Kirche an den Familien darin gesehen, daß sie als große Familie den kleinen helfe, in einer an Veränderungen reichen Zeit ihre Stabilität zu wahren; die Pfarrfamilie bereite christliche Familien auf ihren eigenen Auftrag vor, begleite sie darin und könne vor allem für jene, die die Geborgenheit einer Familie entbehren, wirklich Heimat und Familie sein: Vgl. *Relatio* zum *Inst. lab.* (Kard. RATZINGER: Stabilität), Bf. KARLEN (Familienpastoral) u. Kard. W.W. BAUM (Familienersatz): CAPRILE, *Il Sinodo 1980*, 75, 252 u. 403. «Kirchenerfahrungen» in der Familie sind z.B. die Gemeinschaft in Glaube und Liebe, die komplementäre Bezogenheit auf andere Personen hin oder aber die Bedeutung des Gewissens, vgl. Ebf. DATUBARA: CAPRILE, *Il Sinodo 1980*, 127; *Synodenbotschaft* an die christlichen Familien nn. 7f.: *EV* 7, 814-816 sowie *Elenchus propositionum* nn. 26, 34, 36 u. 38: *EV* 7, 751, 773, 785 u. 795.
[359] Vgl. die Beiträge von Kard. WETTER, Ebf. CHIASSON u. Bf. NIKWIGIZE: CAPRILE, *Il Sinodo 1987*, 169, 174 u. 272f. Zur Differenzierung des Begriffes des «Amtes» vgl. IOANNES PAULUS II, Adh. apost. *CL* 23: *AAS* 81 (1989), 431. Bei der Synode über Umkehr und Versöhnung (1983) hatte Pater BOYLE *CP* den Ungehorsam vieler Gläubigen eines der großen Leiden der Kirche genannt. Gerade jene Tendenzen, die gleichsam ein «eigenes Lehramt» zu errichten suchen, stehen im Widerspruch zu

beiträgen vertreten wurde, spiegelt sich dann im abschließenden Gebet des nachsynodalen Apostolischen Scheibens *Christifideles laici*, das die Berufung der Laien positiv von der *Familie Gottes* her beschreibt:

> "Mit dir danken wir Gott, «dessen Erbarmen von Geschlecht zu Geschlecht währt», für die herrliche Berufung und die vielfältige Sendung der christgläubigen Laien, die von Gott beim Namen gerufen sind, mit ihm in der Gemeinschaft der Liebe und der Heiligkeit zu leben und brüderlich in der großen Familie der Kinder Gottes vereint zu sein; ausgesandt, das Licht Christi auszustrahlen und das Feuer des Geistes durch ihr Leben nach dem Evangelium der ganzen Welt zu bringen."[360]

Konklusion

Die Dogmatische Konstitution über die Kirche beschreibt im dritten Kapitel die in Christus gründende organische Struktur der Kirche, die in der Zuordnung von den Trägern des hierarchischen Amtes und den christgläubigen Laien näher ausgeführt wird. Der Begriff «Familie» bezeichnet seinerseits eine sowohl gemeinschaftliche als auch institutionelle Realität von vorgegebener Ordnung. Eltern und Kinder sind voneinander unterschieden, doch aufeinander hingeordnet und in organischer Einheit verbunden. Diese bedeutende Analogie im Konzept der *Familie Gottes*, auf die zahlreiche Beiträge in den verschiedenen Phasen des Konzils verwiesen, machen sich *Lumen gentium* und andere Dokumente zunutze, um die Lehre über die hierarchische Struktur der Kirche im allgemeinen, über das sakramentale Amt, den Zusammenhang zwischen universaler und lokaler Kirche oder die Berufung der Laien anschaulicher darzustellen und daraus Impulse für die konkrete Verwirklichung derselben zu geben.

Die Mehrzahl der «*familia-Dei-Stellen*» in *Lumen gentium* sowie einzelne in anderen Dokumenten beziehen sich auf die *geweihten Amts-*

---

jener Einheit, die die Familie Gottes kennzeichnen soll: CAPRILE, *Il Sinodo 1983*, 178. Vgl. bei der Afrikasynode: zum Thema *Mitverantwortung - Familiensinn*: Kard. TOMKO: *OR Africa* I, 50; Bf. J.B. SOMÉ, ebd. 59f.; Bf. BUDUDIRA, ebd. 60f.; zur Stellung der *Katechisten*: Bf. SOME, a.a.O.; *Nuntius* n. 59: *OR Africa* II, 65; zum *Geist der Seligpreisungen - Communio*: *Nuntius* n. 57, ebd.

[360] IOANNES PAULUS II, Adh. apost. *CL* 64: *AAS* 81 (1989), 520 [eigene Übers.]. In den anderen Teilen des Dokumentes verbleibt die Verwendung des Konzepts der Familie Gottes im Charakter von Randnotizen: *thematisch* etwa in n. 11 (ebd., 407f.) im Zusammenhang der Gotteskindschaft der Laien oder *begrifflich* als Bezeichnung besonders für die Hauskirche (n. 62, ebd., 514-517) wie Pfarrgemeinde (nn. 26f., ebd., 437-442). In seiner *Allocutio* während der letzten Generalkongregation hatte allerdings JOHANNES PAUL II. zum Ausdruck gebracht, daß das Ziel der Synode darin bestehe, der großen «*Familie Gottes*» zu dienen, deren größten Teil die Laien bilden (vgl. CAPRILE, *Il Sinodo 1987*, 536).

träger und ihr Verhältnis zu den ihnen jeweils anvertrauten Gläubigen. Dieses Verhältnis wird im Bild der Familie Gottes in seiner doppelten Bestimmung, der in der gemeinsamen Berufung der Gotteskindschaft gründenden *Brüderlichkeit* und der aus dem Weihesakrament erwachsenden *geistlichen Vaterschaft*[361] charakterisiert. Der Bischof und auf seine Weise auch der Priester[362] verkörpert sakramental, sei es zeichenhaft als «Ikone des Vaters», sei es in der Wirksamkeit seiner Vollmacht, die väterliche Autorität Gottes. Die Lehre von der geistlichen Vaterschaft, die in Schrift und Tradition sicher begründet ist, läßt sich auf die *tria munera* anwenden. Der *Heiligungsdienst* erscheint als das Zeugen und Ernähren der Gläubigen aus den Sakramenten und dem Wort Gottes zu übernatürlichem Leben der Gnade, das *Lehramt* als väterlicher Dienst der Erziehung und Unterweisung und die *Leitung* als ausgeübte Autorität des Vaters und Hauptes der Familie. Wie in einem harmonischen Familienleben soll die väterliche Verantwortung die ihr Anvertrauten nicht entmündigen, sondern vielmehr zur aktiven Mitverantwortung im Dienst der Einheit der Familie anleiten und fördern.

Aber auch andere wichtige Momente der Theologie des Amtes finden in jenem Konzept Ansatzpunkte für ein vertieftes Verständnis. Die *apostolische Sukzession* gründet in den Aposteln, die als Väter gleichsam Kirchen «zeugten» und besteht fort in der ungebrochenen Linie ihrer Nachfolger, die einem «Stammbaum» ihrer Teilkirchen gleicht. Die *bischöfliche Kollegialität* wird von einigen Konzilsvätern in der Gemeinschaft Jesu mit den Aposteln begründet, die nach den synoptischen Evangelien auch als die neue Familie Jesu Christi zu konzipieren ist. In Ergänzung seines «Leitbildes» der Kirche als «Volk Gottes» schlägt deshalb einer der bedeutendsten Ekklesiologen zur Zeit des Konzils vor, das Bild des Volkes für die Frage des Amtes durch das der *Familie Gottes* zu verdeutlichen. Darin sieht er — in bewußter Abhebung von politischen Modellen — nicht nur den «familienhaften

---

[361] Der in der Tradition mit dem kirchlichen Dienstamt verbundene Begriff der *geistlichen Vaterschaft* schließt nicht aus, daß diese (im Sinne des Apostels Paulus) in sich auch «mütterliche Züge» tragen kann. Andererseits wird gerade durch den Begriff der «*Vaterschaft*» implizit auf eine von ihr verschiedene und doch notwendig mit ihr verbundene *geistliche Mutterschaft* verwiesen; dazu s.u. den Exkurs über *Komplementarität* am Ende von 4.2.

[362] Es fällt auf, daß das Amt des Diakons vom Konzil in seinen Formulierungen sehr vorsichtig behandelt und weder mit dem Gedanken der geistlichen Vaterschaft noch mit dem der dadurch ausgedrückten wesentlichen inneren Hinordnung auf die *Familie Gottes* verbunden wird. Darin zeigt sich offenbar ein fundamentaler Unterschied zwischen dem diakonalen *Dienst*amt und dem priesterlichen Amt des Bischofs und Priesters in der sakramentalen Repräsentation der Vaterschaft Gottes in seiner Familie, der Kirche. Für eine diesbezüglich weiterführende theologische Unterscheidung dürfte ebenfalls aus dem Konzept der *familia Dei* mancher Ansatzpunkt zu gewinnen sein.

Leitungsstil», sondern auch den organischen Zusammenhang zwischen dem Primat des Papstes und der Kollegialität der Bischöfe in der Komplementarität von «väterlicher» und «mütterlicher» Leitung ausgedrückt.[363]

Kaum ein anderes bildliches Kirchenkonzept vermag schließlich in ähnlicher Klarheit und Überzeugungskraft die tiefe innere *Verbundenheit des Priestertums mit dem Zölibat* aufzuzeigen. Das geschieht in den Konzilsdokumenten unbeschadet der mit Blick auf ostkirchliche Traditionen in *PO* 16 getroffenen Feststellung, daß der Zölibat vom Wesen des Priestertums nicht unumgänglich gefordert sei. Wenn man — wie es durchaus dem Anliegen des Konzils entspricht — nicht nur die mit dem Priestertum verbundenen Funktionen, sondern auch sein innerstes Wesen als Berufung und Auserwählung zu personaler Gemeinschaft und Hingabe und als dienende Ausrichtung auf die Gläubigen betrachtet, dann erscheint die priesterliche Ehelosigkeit nicht mehr erstlich als Verzicht oder asketische Leistung, sondern als Voraussetzung und Ausdruck ungeteilter Liebe und Hingabe, gnadenhaft umgestalteter menschlicher Beziehungsfähigkeit und geistlicher Fruchtbarkeit in der Familie Gottes.[364] Sie folgt dem Vorbild Christi

---

[363] Vgl. KOSTER, *Zum Leitbild von der Kirche*, 34-40; s.u. den Literaturüberblick nach Kap. 3.

[364] Im Anschluß an die Afrikasynode wurde allerdings von einem Autor unter Berufung auf das Konzept der *Église-Famille* auch die Ansicht vertreten, wenigstens in Afrika seien aufgrund der kulturellen Gewohnheiten zölibatäre Priester zur Gemeindeleitung weniger geeignet; vgl. F. KABASELE LUMBALA, *L'«Église-Famille» en Afrique*, in: *Conc(F)* 260 (1995), 125-131, bes. 129: "Dans une Église-famille, le responsable de la communauté chrétienne locale doit être un homme marié, un père de famille". Dagegen zeigt L. CLERICI (*The Church as Family: African Church Communities as Families of Jesus and of God. A Biblical and Ecclesiological Reflection*, in: *AfCS* 11/2 [1995], 27-45), aufbauend auf exegetische Studien, daß bestimmte (schon zur Zeit Jesu) gegen gesellschaftliche Gewohnheiten gerichtete Anforderungen der Nachfolge, wie z.B. das Verlassen der Familie, zur Authentizität der prophetischen und apostolischen Sendung der Kirche im Licht des Reiches Gottes gehören. Ebenso sei das Konzept der Kirche als Familie nicht in erster Linie an veränderlichen kulturellen Gewohnheiten, sondern an der Botschaft Christi und des Evangeliums auszurichten. Darin liege auch die bleibende Bedeutung des priesterlichen Zölibates für die Kirche in Afrika; vgl. ebd. 37: "One day a social psychologist may perhaps empirically demonstrate how the family-building power of celibate and widowed missionaries and Church ministers was not a minor factor in giving the early Christian Churches their astonishing evangelistic and spiritual power and enthusiasm" u. 42: "We claimed that Christians community building into vigorous families of God and of Jesus was no matter of mere ethical or devotional or emotional appeal, in order to create more of a «family atmosphere» in our too often heavily administrative Catholic Church organisations in Africa. ...[und im Blick auf das Vorbild Jesu, seiner Jünger und der Paulusbriefe und der ersten christlichen Gemeinden:] We found shocking evidence of self-sacrifice in matters of legitimate human family satisfaction having been the necessary price paid for the prophetic and missionary calling to which one third of today's humanity owes its allegiance to what is called «Christianity». Without those searing family renunciations of the first evangelisers and of the hundreds of thousands of

und kündet von der Endgültigkeit und Unverbrüchlichkeit der in Christus angebrochenen eschatologischen Familie, d.h. der Gemeinschaft mit dem trinitarischen Gott.

Gemäß *Lumen gentium* ist die eine katholische und universale Kirche in ihren Teilkirchen wirklich gegenwärtig, so daß es die Universalkirche nicht ohne ihre Teilkirchen noch die Teilkirchen ohne die Universalkirche geben kann. Diese *Einheit zwischen der Universalkirche und ihren Teilkirchen* findet sich in den Konzilsdokumenten durch das *familia-Dei-Konzept* schon allein dadurch angedeutet, daß dasselbe Bild sowohl die eine oder andere als auch beide zugleich in ihrer inneren Verbundenheit zu bezeichnen vermag. Auch hier drängt sich wiederum der Vergleich mit einer Familie auf, die wirklich und schon ihrem Namen nach ein und dieselbe ist als «Großfamilie» wie in ihren «Kernfamilien». In das Konzept der Familie Gottes übertragen und darin veranschaulicht, wird dieser Zusammenhang in den Konzilsdokumenten vornehmlich durch die beiden Grundgedanken, der konstitutiven Stellung des Bischofs als Vater in der Familie Gottes seiner Diözese und seiner brüderlichen Verbundenheit mit den anderen Bischöfen wie mit und unter dem Bischof von Rom im Bischofskollegium. Diese Modellvorstellung wird dann in gewisser Analogie auch auf die Zuordnung der Pfarren zu ihrer Diözese und des brüderlichen Presbyteriums zu seinem Vater, dem Bischof, angewendet. Infolgedessen ergibt sich als weitere, aus den Konzilslehren zu ziehende Konsequenz, der Pfarrgemeinde und gegebenenfalls auch anderen kleineren Gemeinden — wenigstens insofern sie in der Eucharistie versammelte Communio sind — das Familie-Gottes-Sein zuzusprechen. Daß in diesen Formen das Familienhafte der Kirche ursprünglicher und konkreter erfahrbar wird, kann (mit der Autorität des Konzils und des nachsynodalen päpstlichen Lehramtes) als zusätzliches Argument für jene Ansicht ins Treffen geführt werden.

Ein großes Anliegen des Zweiten Vatikanischen Konzils bestand darin, das Bewußtsein für die *Eigenheit und Würde der Berufung und Stellung der Laien in der Kirche* neu zu wecken, m.a.W. zu einer positiven Definition derselben vorzudringen, die sie nicht mehr primär als «Nichtkleriker» und «Nichtexperten» und damit als Glieder «zweiter Klasse» einstuft. Andererseits galt es, die von Wesen und Struktur der Kirche unaufgebbar geforderte Verschiedenheit der Berufungen und Stände dadurch nicht in Zweifel zu ziehen. Diesem Anliegen versuchte das Konzil in seinen Dokumenten durch die Betonung der organischen Zuordnung des allgemeinen und des Weihepriestertums sowie der

pioneering evangelists in their footsteps, throughout twenty centuries and all over the globe, we today would have nothing of what is meant by «Christianity»."

aktiven Mitverantwortung der Laien im Apostolat der Kirche zu entsprechen. Das *familia-Dei-Konzept* scheint im Zusammenhang der Beziehung Klerus-Laien, nicht aber als Ausgangspunkt für eine Theologie der Laien selbst auf. Für diese könnten allerdings die Aussagen des Konzils über die «*Ecclesia domestica*», die ihrerseits die Analogie Familie-Kirche weiter erhellen und die Frage der Laien insofern behandeln, als diese in Ehe und Familie verbunden sind, in Anspruch genommen werden. Das Thema der Ehe und Familie als Verwirklichungsform der Kirche spielt auch nach dem Konzil, vor allem bei der Familiensynode 1980, eine entscheidende Rolle.

Erst das nachsynodale Apostolische Schreiben *Christifideles laici* verbindet, wie in den Diskussionen beim Konzil ansatzhaft erwogen und vor allem bei der Synode 1987 gelegentlich angeregt wurde, ausdrücklich die Berufung der Laien mit dem Bild der Familie Gottes. Diese Verbindung enthält eine Möglichkeit zur Entfaltung einer theologischen, positiven Bestimmung der Stellung und Berufung der Laien, die geeignet erscheint, auch manche im Konzil verbliebenen Desiderate zu erfüllen. Im Bild der Familie gesprochen, liegt das Wesen der Laien in der *Gemeinschaft mit Gott als seine Kinder* und in der *brüderlichen Gemeinschaft untereinander*. Sie können und sollen Verantwortung für die ganze Familie tragen in dem Maße, als sie dazu imstande sind. Die Gleichheit der Würde aller Gotteskinder bleibt auch dann erhalten, wenn einige von ihnen — nicht aufgrund eigener Verdienste, sondern durch die Gnade der Weihe — zu sakramentalen Repräsentanten der väterlichen Vollmacht Gottes, die immer *seine* eigene bleibt, erwählt und befähigt werden. Dadurch werden die geweihten Amtsträger nicht mit einer größeren *eigenen* Würde begabt oder ihrer Gotteskindschaft enthoben, sondern in einen Dienst gestellt, der sie komplementär mit den anderen Gläubigen verbindet. Wie aber die je komplementär von allen zu tragende Verantwortung, in der nicht nur die «geistliche Vaterschaft», sondern auch die — in den untersuchten Quellen nur vereinzelt angesprochene — «geistliche Mutterschaft» eine eigene und tragende Rolle spielt, konkret aussehen bzw. weiter vertieft werden könnte, wäre im Kontext des *familia-Dei-Konzeptes* noch weiter zu entfalten.[365]

1.3. Die Finalität der *Familie Gottes*

Im zweiten Kapitel der Dogmatischen Konstitution über die Kirche erscheint die Heiligkeit als Berufung und Zielbestimmung für

---

[365] Zu diesbezüglichen Überlegungen s.u. 4.2., *Exkurs «Komplementarität»*.

alle Getauften. Wenn sich *Lumen gentium* im fünften Kapitel nochmals eigens diesem Thema zuwendet, so läßt sich daran seine vom Konzil erkannte Bedeutsamkeit ermessen. Zugleich aber zeigt die Anordnung der Kapitel fünf und sechs die innere Bezogenheit zwischen der allgemeinen Berufung zur Heiligkeit und der besonderen der Gottgeweihten, die diese in einem Leben nach den evangelischen Räten zeichenhaft in der und für die Kirche verwirklichen sollen.

1.3.1. Die allgemeine Berufung zur Heiligkeit

Bereits im programmatischen Verständnis der Kirche als Sakrament und in ihrer Sendung, die Menschen als Familie Gottes zu verbinden, ihnen dadurch Anteil am göttlichen Leben und an seiner Heiligkeit zu geben, leuchtet die allgemeine Berufung zur Heiligkeit auf. Diese erfüllt sich ja im Sinne des Konzils nicht in erster Linie durch individuelles Vollbringen geistlich-asketischer Sonderleistungen, sondern in der Teilhabe an der Heiligkeit Gottes selbst, die er seiner Kirche als Gabe und zugleich als Aufgabe zugeeignet hat und die als Anspruch eine Antwort der Gläubigen verlangt: im verantwortlichen liebenden Glaubensgehorsam gegenüber dem Willen Gottes, der sich mit und im Dienst der ganzen Familie der Kirche vollzieht. So wird die Berufung zur Heiligkeit vorrangig als eine Berufung der *hingebenden Liebe*, der *personalen Beziehung* und des *Glaubens* offenbar, woraus deutlich wird, daß das Bild der *familia Dei*, jener Communio, in der diese Bestimmungsstücke der Heiligkeit zu den konstitutiven Wesenselementen gehören, dem Thema höchst angemessen ist. Diese Annahme läßt sich durch einige Stellen in den Konzilsdokumenten weiter begründen.

Im fünften Kapitel von *Lumen gentium* fehlt zwar eine explizite Nennung der *familia Dei*, dafür aber wird die christliche Vollkommenheit und Heiligkeit darin (n. 40) in ihrem Bezug zur Heiligsten Dreifaltigkeit und in der durch die Taufe erlangten *Gotteskindschaft* und Teilhabe an seiner Natur begründet. Antrieb zur Verwirklichung derselben im Doppelgebot der Liebe ist der Heilige Geist. An anderer Stelle (*LG* 51) spricht dasselbe Dokument von der «innersten Berufung der Kirche», die einen Vorausgeschmack der ewigen Herrlichkeit gibt und der dann entsprochen wird, wenn die *Familie Gottes* in gegenseitiger Liebe und im Lob der Heiligsten Dreifaltigkeit vereint ist. Und diese durch Liebe und Gotteslob charakterisierte innerste Berufung der Kirche ist keine andere als die zur «Heiligkeit». Im Kapitel über die Laien zeigt *LG* 32, daß auch die Gnade des Amtes nicht erstlich auf die

Heiligung und Heiligkeit ihrer Träger ausgerichtet ist, sondern dazu dient, die Familie Gottes zur Erfüllung des «neuen Gesetzes», des Liebesgebotes und den mit ihm verbundenen Pflichten anzuleiten und damit zur Heiligung der Gläubigen beizutragen. Jenes größte Gebot der Gottes- und Nächstenliebe wird im Dekret über das Apostolat der Laien im Licht der Inkarnation mit der universalen Berufung des Menschengeschlechtes verknüpft, das das menschgewordene Wort «in übernatürlicher Solidarität sich zur Familie verbinden wollte»[366]. Daß der Heilige Geist Antrieb jener Einheit und brüderlichen Eintracht der Familie Gottes ist, die ihre Heiligkeit offenbaren, wird zu Anfang des Dekrets über den Ökumenismus (*UR* 2) festgehalten.

Mit Blick auf die Berufung und das eine Endziel aller Menschen in der Welt sowie den diesbezüglichen Dienst der Kirche nähert sich die Pastoralkonstitution *Gaudium et spes* einem Verständnis der Heiligkeit, das diese vom Doppelgebot der Liebe her konzipiert; in der Teilhabe an der trinitarischen Einheit (vgl. Joh 17,20-22) und der Bildung jener Familie, in der die Menschen einander in brüderlicher Gesinnung begegnen. Dabei wird vor allem die notwendige gemeinschaftliche, d.h. kirchliche Dimension der Heiligkeit beleuchtet, wie sie der von der Schöpfung her sozial verfaßten menschlichen Natur entspricht und sich auch durch die Heilsgeschichte Gottes mit seinem Volk nahelegt. Dieses Heilshandeln Gottes, das sich in Christus und dem neuen Bund erfüllt, hat sein Ziel nach *Gaudium et spes* in der Familie Gottes, die hier in einer «Spannung» verstanden wird, die anzeigt, daß in der Kirche schon etwas begonnen hat und anfanghaft wirklich gegenwärtig ist, dessen Erfüllung zugleich gläubig hoffend zu erwarten ist: die vollendete Einheit der Menschen mit dem dreifaltigen Gott und in ihm auch untereinander.[367]

Die Frage der allgemeinen Berufung zur Heiligkeit läßt sich in drei Teilaspekte weiter aufgliedern, die jeweils auch in der einen oder anderen eben angeführten Stelle betroffen sind: die *Universalität dieser Berufung* und die Heiligkeit der Kirche, das *Wesen dieser Heiligkeit* sowie die *Wege ihrer lebendigen Verwirklichung*. Auch wenn die große Bedeutung des Themas der allgemeinen Berufung zur Heiligkeit nur nach und nach erkannt und festgehalten wurde, finden sich zu diesen drei Aspekten auch im Werdegang des Konzils Belege, die zu einer weiteren Vertiefung des Verständnisses gerade mit Hilfe des *familia-Dei-Konzeptes* beitragen können. Vor dem Konzil stand dabei offenbar

---

[366] Vgl. Decr. *AA* 8: *AAS* 58 (1966), 844f. Zur Textgeschichte vgl. *AS* IV.II, 322f. u. IV.VI, 46f.
[367] Vgl. Const. past *GS* bes. nn. 24, 32 u. 40: *AAS* 58 (1966), 1044f., 1051 u. 1057-1059.

die Zurückweisung bestimmter atheistischer, materialistischer und individualistischer Ideologien im Vordergrund des Interesses, weshalb vor allem die Übernatürlichkeit und Gemeinschaftlichkeit des *einen* Zieles und der *einen* Berufung des Menschen betont wurden.[368] Der Weg dorthin bestehe im neuen Gesetz, nämlich Christus in den Brüdern zu lieben und ihm zu dienen. Das verdeutlicht man gelegentlich durch die Analogie der Familie, in der ebenso die Liebe eine zentrale Stellung innehat. So gesehen kann dann die Familie Gottes geradezu als Ziel, Berufung und Aufgabe des Menschen erscheinen.

Bei der Diskussion des Schemas *De Ecclesia* wurde das Thema der Heiligkeit im Zusammenhang der Frage nach den neutestamentlichen Kirchenbildern angeschnitten und erkannt, daß nach Eph 2,19 der Begriff «Familie Gottes» gerade den engen Bezug der Kirche zur Heiligsten Dreifaltigkeit, ihre Einheit wie ihre Heiligkeit ins Licht rücke.[369] Diese Heiligkeit sei, wie andere Väter weiter ausführten, im Sinne von biblischer wie theologischer Lehre als wachsende Einheit mit Christus in der Kirche zu verstehen und deshalb seien auch alle, die zur Familie Gottes gehören, zu derselben Heiligkeit berufen. Dieses Ziel stelle die Kirche aber nicht nur vor Augen und biete entsprechende Mittel zu seiner Erreichung an, sondern sie heilige die Menschen auch durch die schon vorhandene Gegenwart der Heiligkeit in ihr: in der Verbundenheit mit allen Heiligen des Himmels, besonders aber mit jenen, die von der Kirche als solche erklärt wurden. Diese nämlich seien der lebendige Beweis dafür, daß die Kirche wahrhaft Haus, Volk und Familie Gottes und dadurch seiner Heiligkeit teilhaft ist.[370] Ausgehend von den heilsgeschichtlichen Daten der Sünde als Ungehorsam Adams und der Erlösung als Gehorsam Christi, wurde der Weg zur Heiligkeit durch die Liebe, die sich in der Familie Gottes als Gehorsam verwirkliche, bestimmt.[371]

Durch die folgenden Bischofssynoden erfährt das Thema der allgemeinen Berufung zur Heiligkeit im Kontext des *familia-Dei-Konzeptes* keine weitere nennenswerte Vertiefung.

---

[368] Vgl. Bf. BALDINI (*A* I.II.III, 212f.); die theol. Fakultät von Mailand (*A* I.IV.II, 673): "Unicus enim finis, — quem Catholicae Doctores Ecclesiae recte supernaturalem appellant —, a Deo homini constitutus in hoc consistit ut familiae eius quasi filius efficiatur socius, eiusque vita et beatitudo tamquam haereditas illi obtingat."

[369] Vgl. Ebf. DE PROVENCHÈRES (*AS* I.IV, 463).

[370] Vgl. Bf. ARGAYA GOICOECHEA (*AS* II.IV, 102); Ebf. MATHIAS (*AS* III.I, 425). Bf. CODERRE (*AS* II.IV, 135) verbindet die allgemeine Berufung zur Heiligkeit zwar nicht explizit mit dem Begriff der Familie, charakterisiert sie allerdings durch die wachsende Verwirklichung der Gotteskindschaft in der Kirche als «Gemeinschaft» jener Kinder.

[371] Vgl. Ebf. D'AVACK (*AS* I.IV, 148f.).

1.3.2. **Die besondere Berufung der Gottgeweihten zur Heiligkeit**

Auch bei der besonderen Berufung der Gottgeweihten geht es um keine andere Heiligkeit als die im Sakrament der Taufe gründende, die sich als immer tiefere Beziehung der liebenden Hingabe an Gott und damit als Teilhabe an seiner Heiligkeit in der Kirche verwirklicht. Sie soll zeichenhaft durch Gelübde oder andere heilige Bindungen in den drei evangelischen Räten der jungfäulichen Liebe, der Armut und des Gehorsams in einer kirchlich anerkannten, dauerhaften Lebensform angestrebt werden. Das gottgeweihte Leben findet seinen Ursprung im Herrn Jesus Christus. Er hat nach biblischem Zeugnis selbst in vollkommener Hingabe an den Vater und die Seinen gelebt und Menschen berufen, ihm nachfolgend ganz bei ihm zu sein, alte Bindungen, ja sogar die eigene Familie, zu verlassen, um dadurch mit ihm zur «neuen Familie Gottes» zu werden, die eschatologisches Zeichen für das Kommen des Reiches ist.

Mit diesem personalen und relationalen Verständnis des gottgeweihten Standes, das durchaus der Lehre des Konzils entspricht, wurde in seinen Dokumenten allerdings nur ansatzhaft und implizit das *familia-Dei-Konzept* verbunden, dessen Stärken gerade in der Eignung zur Darstellung personaler Beziehungen liegen. So ist der in der kirchenrechtlichen Sprache nicht ungebräuchliche Begriff *«familia religiosa»* wohl mehr im übertragenen Sinn und in bezug auf das Gemeinschaftsleben von Instituten ausgesagt, als daß dadurch auf die Kirche als Familie Gottes angespielt werden sollte.[372] Mehr Anhaltspunkte zum Thema enthalten Stellen, die die bräutliche Beziehung der Kirche zu Christus mit der Vorrangstellung der Liebe im Wesen des gottgeweihten Lebens (als Hingabe) verbinden und in *Brautschaft* und *Liebe* zwei Konstituenten einer Familie ansprechen.[373] Am naheliegendsten ist es noch, die Nummer 15 des Dekrets über die zeitgemäße Erneuerung des Ordenslebens als Beleg für eine Verbindung des *familia-Dei-Konzeptes* mit dem gottgeweihten Leben zu inter-

---

[372] Vgl. Const. dog. *LG* 43: *AAS* 57 (1965), 49; Decr. *PC* 1: *AAS* 58, 702.

[373] Zur Brautsymbolik vgl. Const. dog. *LG* 44 u. 46: *AAS* 57 (1965), 50-52; Decr. *PC* 1 u. 12: *AAS* 58 (1966), 702f. u. 707f. Die Vorrangstellung der Liebe, die sich gerade und vor allem durch den Rat der Jungfräulichkeit in der Kirche zeichenhaft verwirklicht, wird in *LG* 42 (a.a.O. 47-49) im Zusammenhang des Strebens nach Heiligkeit festgehalten. Daß der «vollkommenen Liebe» als Grundprinzip, das alles andere durchstimmt und erklärt, jene bevorzugte Sonderstellung im gottgeweihten Leben zukommt, wird auch durch die programmatischen Eingangsworte des Dekrets über die zeitgemäße Erneuerung des Ordenslebens *«Perfectae caritatis»* deutlich. Zum priesterlichen Zölibat und seiner Verbindung zur geistlichen Vaterschaft vgl. Decr. *PO* 16: *AAS* 58 (1966), 1015-1017 u. Decr. *OT* 10: *AAS* 58 (1966), 719f.; näheres: s.o. 1.2.1.1.

pretieren.[374] Darin wird das Gemeinschaftsleben der Gottgeweihten in kirchlichem Kontext dargestellt, das sich als wahre im Namen des Herrn versammelte Familie vollzieht. Diese «Familie» kann, gestützt auf die ihr in dieser Nummer zugesprochenen weiteren Charakteristika: des Vorbildes der Urkirche, des Aufbaus der Gemeinschaft in der Lehre des Evangeliums, der Liturgie, bes. der Eucharistie, der Brüderlichkeit und des Geistes der Liebe, vor allem dann als *Familie Gottes* bezeichnet werden, wenn man in den gottgeweihten Gemeinschaften einen Abglanz und die zeichenhafte Verwirklichung dessen sieht, was Kirche ist und sein soll: Zeichen und Werkzeug für die innigste Vereinigung mit Gott wie für die Einheit der ganzen Menschheit.

Zwar finden sich unter den Anregungen der zukünftigen Väter *vor dem Konzil* keine nennenswerten Beiträge, die das Konzept der Familie Gottes mit dem gottgeweihten Leben verbinden. Die theologische Vorbereitungskommission legte aber schon mit den ersten Worten im *Prooemium* des Schemas zur geplanten Dogmatischen Konstitution *De castitate, matrimonio, familia, virginitate* diesen Gedanken vor:

"Weil die katholische Kirche die große, zugleich aus der jungfräulichen und der bräutlichen Vereinigung der Kirche mit Jesus Christus entsprungene Familie ist; (niemals hört nämlich der Erlöser auf, seine durch sein Blut erworbene Braut ganz makellos fruchtbar zu machen durch das Wort des Lebens und die Gnade des Heiligen Geistes;) deshalb hat die Heilige Synode beschlossen, in der einen oder anderen Dogmatischen Konstitution die Vorzüglichkeit der keuschen Enthaltsamkeit und ihrer schönsten Blüte, der heiligen Jungfräulichkeit, wie auch der keuschen Ehe und ihrer übernatürlichen Frucht, der christlichen Familie, zu rühmen und zu schützen."[375]

Der Zeichencharakter des gottgeweihten Lebens hinsichtlich der Kirche wie auch ihrer eschatologischen Vollendung war eine der Leitideen bei seiner Verbindung mit dem Konzept der Familie Gottes im Werdegang des Konzils. Man betonte, daß das Leben in den evangelischen Räten nur im Ganzen der Kirche zu verstehen sei, oder aber, daß

---

[374] Vgl. Decr. *PC* 15: *AAS* 58 (1966), 709. Zu einer angemessenen Interpretation der Nummer kann auch ein Blick auf Textgeschichte und *Relatio* beitragen (vgl. *AS* IV.III, 524, 594 u. 600).

[375] *A* II.II.III, 893, ähnlich: *SCH* I, 99; vgl. die Anmerkungen einiger Kommissionsmitglieder (die Kard. RUFFINI, DÖPFNER u. MONTINI) in der IV. cong. der zentralen Vorbereitungskommission (*A* II.II.III, 939, 948 u. 974). Vgl. weiters das Schema Const. *De statibus perfectionis* nn. 22, 73 u. 120 (*SCH* III, 195, 222 u. 244). In den nn. 22 u. 73 scheint allerdings der Begriff «Familie» mehr im übertragenen Sinn die «brüderliche» Ordensgemeinschaft zu bezeichnen und dabei ohne direkten und expliziten Bezug zur *familia Dei* verwendet zu sein; für n. 120 könnte aufgrund der Parallele zwischen der Liebe zur *propria familia religiosa* und zur *Ecclesia* ein solcher angenommen werden.

diesem Leben in besonderer, zeichenhafter Weise eigne, das Geheimnis der Kirche und ihre Heiligkeit zu verwirklichen. In kirchlich gewährleisteten Formen lassen die Berufenen in Jungfräulichkeit, Armut und Gehorsam die natürlichen familiären Beziehungen zurück, die gnadenhaft umgewandelt und erhoben werden. Ihr brüderliches Leben künde von der Einheit, der übernatürlichen Fruchtbarkeit und der rechten Ausübung bevollmächtigter Verantwortung in der Kirche. Dadurch bauen sie — selbst zu einer übernatürlichen Familie neugestaltet — die Familie Gottes auf und geben ein Beispiel für Kirche und Welt. So seien sie zugleich ein Vorausbild der Auferstehung und ihrer Herrlichkeit, des Kommens Christi und seines Reiches wie auch eine Manifestation der neuen Brüderlichkeit und des neuen Lebens der zukünftigen Familie Gottes, in der die Kinder des einen Vaters alles gemeinsam haben werden.[376]

In bezug auf die einzelnen evangelischen Räte bemühten sich einige Väter, ihren positiven Charakter gegenüber einem ausschließlich am Verzicht auf ein Gut orientierten Verständnis ins Licht zu rücken. Der Jungfräulichkeit komme eine bevorzugte Stellung zu, da sie in der radikalen Nachfolge Christi und der Freiheit zum Dienst zeichenhaft das Geheimnis der Kirche als Familie wie der Vaterschaft Gottes zu erhellen vermöge. Zugleich sei sie Ausdruck der vollkommenen Liebe und der bräutlichen Hingabe an Gott und somit Grundprinzip geistlicher Fruchtbarkeit, die sich, verbunden mit der Gnade des Amtes, besonders in der geistlichen Vaterschaft des Priesters verwirkliche.[377] Auf der anderen Seite sei die bräutliche Hingabe in Liebe, Tugend und Frömmigkeit durch die Kirchengeschichte hindurch besonders klar dort in Erscheinung getreten, wo gottgeweihte Jungfrauen gleichsam als Bräute des Lammes auch in Stellvertretung für die ganze Familie der Kirche den göttlichen Bräutigam anbeteten.[378] Auch für die anderen evangelischen Räte wurde die innere Hinordnung auf die Familie Gottes deutlich gemacht. So erschien etwa die Armut der Gottgeweihten als Zeichen für die Brüderlichkeit und das zukünftige Leben der

---

[376] Vgl. Das Schema *De Ecclesia* der deutschsprachigen Bischöfe (1962): *AS* I.IV, 631; Bf. TABERA ARAOZ (*AS* II.I, 743); Ebf. URTASUN (*AS* II.III, 386: lange Tradition des Ordenslebens i.d. Kirche); Bf. PICACHY (*AS* II.IV, 330); Pater BRAUNSTORFER *OCist* (*AS* II.II, 682: monastische Familie als «ecclesiola» bei Benedikt).

[377] Vgl. Kard. SUENENS (*AS* II.II, 319); Kard. BEA (*AS* II.III, 643); Ebf. GOMES DOS SANTOS im Namen von 112 brasilianischen Bf. (*AS* III.IV, 424) u. die Väter deutscher und skandinavischer Sprache (*AS* III.IV, 957). Daß im Konzil immer wieder von der *geistlichen Vaterschaft*, nicht aber [außer in bezug zu Maria oder zur Kirche] von *geistlicher Mutterschaft* der (bes. der in gottgeweihter Jungfräulichkeit lebenden) Frau in der Kirche gesprochen wird, kann als Mangel vermerkt werden, der nach weiterer theologischer Vertiefung des Themas verlangt.

[378] Vgl. Bf. FIORDELLI (*AS* I.II, 521).

Familie Gottes. In der Analogie der Kirche zu einer guten Familie suchte man schließlich auch einen Lösungsansatz für die Frage der Vermittlung zwischen dem frei gewählten Gehorsam und der notwendigen Mitverantwortung aller.[379]

Die dem Konzil folgenden Bischofssynoden zeigen ihm gegenüber eine große Kontinuität (auch in der Gewichtung der einzelnen, durch das *familia-Dei-Konzept* gestützten Anliegen), wobei der eine oder andere Aspekt noch tiefer durchdrungen wurde. Im Mittelpunkt stand zumeist der Zeugnis- und Zeichencharakter des gottgeweihten Lebens. Scheinbar bilde dieses, insbesondere im Rat der Jungfräulichkeit, einen Gegensatz zu Ehe und Familie. In der antiken Gesellschaft wie heute noch mehr sei die Jungfräulichkeit ein Zeichen des Widerspruches, das auf höhere Werte in einer neuen Gemeinschaft verweise; daraus entspringe jene neue Freiheit der Existenz, die nicht nur für sich selbst und die Ihren, sondern für viele Menschen eine neue Familie, die *familia Dei* aufbaue.[380] Dennoch eigne dem gottgeweihten Leben, komplementär mit Ehe und Familie auf das engste verbunden und gemeinsam auf die übernatürliche Familie Gottes hingeordnet zu sein. Beide nämlich stellen je auf ihre Weise das eine Geheimnis des Bundes Gottes mit seinem Volk dar. Die Jungfräulichkeit aber beziehe sich auf die eschatologische Dimension der Verbindung Christus-Kirche nach dem Bild des Ehebundes. Sie öffne sich ihrerseits auf eine reiche Fruchtbarkeit hin: in geistlicher *Vater-* und *Mutterschaft* gegenüber vielen und zum Dienst an der Verwirklichung der Familie nach dem Plane Gottes.[381]

---

[379] Vgl. zur *Armut*: Schema *De statibus perfectionibus adquirendae* vom 22.04.1963 n. 23 [*de paupertate individuali*]: *AS* III.VII, 770), die z.T. wörtlich mit n. 43 [*de origine consiliorum evangelicorum*] des oben genannten Schemas *De Ecclesia* deutschsprachiger Bf. übereinstimmt (vgl. *AS* I.IV, 631); zum *Gehorsam*: Kard. DÖPFNER (*AS* III.VII, 432 u. 436).

[380] Vgl. SYNEP 1980, Kard. RATZINGER, *Relatio ante disceptationem* II.IV: CAPRILE, *Il Sinodo 1980*, 747: "... ex ea nova libertas existendi oritur, non solum pro se et pro suis, sed etiam pro pluribus hominibus e diversis familiis provenientibus, cum quibus hoc modo unam novam familiam homo constituit, quae haud raro «familia Dei» nominata est."

[381] Vgl. IOANNES PAULUS II, Adh. apost. *FC* 16: *AAS* 74 (1982), 98f. Es fällt auf, daß dieses lehramtliche Dokument nicht mehr nur von der geistlichen *Vater-*, sondern auch von der *geistlichen Mutterschaft* spricht und sich damit einem oft zu wenig beachteten, wesentlichen Aspekt gelebter Verantwortung in der Kirche annähert, der weiter zu vertiefen ist. [Vgl. im selben Dokument auch die n. 74, (*AAS* 74, 172) die über den Dienst der Gottgeweihten an den Familien spricht und dabei ihre beispielgebende Rolle in der *familia Dei* aufzeigt.] Die Schlußbotschaft der Afrikasynode spricht sogar in einer eigenen Nummer über die Gnade der geistlichen Mutterschaft der gottgeweihten Frauen und hebt dabei die große Bedeutung jener «Mütter» für das Wohl der Familie der Kirche hervor: *Nuntius* n. 68: *OR Africa* II, 66.

Zeichenhaft und gleichsam als «Kraftzentrum» und Antrieb für das dynamische Leben der Kirche erweise sich das Leben in den evangelischen Räten aber auch in «familiärer» Gemeinschaft, in Brüderlichkeit und Solidarität. Durch die Verbundenheit der Glieder in Liebe und gegenseitiger Ergänzung, in Gebet und Liturgie, aber auch auf dem Weg des Kreuzes vermögen diese Gemeinschaften über ihre eigenen Grenzen hinaus im Geist der Seligpreisungen, der Demut, der Selbsthingabe im Alltäglichen und der Güte, ein glaubwürdiges Beispiel der Familie Gottes abzugeben und das väterliche Antlitz Gottes wie das mütterliche der Kirche widerzuspiegeln.[382] Dieses zeichenhafte Verständnis des gottgeweihten Lebens in der Kirche erhielt im Anschluß an die Afrikasynode durch Papst Johannes Paul II. Zustimmung und lehramtliches Gewicht:

> "In der Kirche als Familie Gottes nimmt das *gottgeweihte Leben* einen außerordentlichen Platz ein, nicht nur, damit es allen die Berufung zur Heiligkeit vor Augen führe, sondern wahrlich auch das brüderliche Leben in Gemeinschaft bezeuge."[383]

Die Synode 1994 hatte das gottgeweihte Leben selbst zum Thema. Wenn auch das *familia-Dei-Konzept* nicht zu den bestimmenden Leitgedanken bei Vorbereitung und Durchführung der Synode gehörte, kann doch aus den Grundtexten und Beiträgen weiteres Licht auf die Beziehung zwischen jenen beiden Themen fallen. Im *Instrumentum laboris* geht es vor allem darum, die untrennbare Verbindung zwischen Kirche und gottgeweihtem Leben im Kontext einer *Communio-Ekklesiologie* darzustellen. Die Berufung der Gottgeweihten gründe wie jene aller Christen in der Taufe und Firmung, durch die Menschen zu Söhnen und Töchtern des Vaters werden. Durch die Nachfolge Christi seien sie darüber hinaus befähigt, die «Communio» mit ihm und den anderen Gläubigen, m.a.W. das Geheimnis der Kirche, in der ihnen eigenen Dynamik zu leben und sichtbar zu machen:

> "Als Kinder Gottes haben sie sich ihm übergeben, indem sie die Haltungen des armen, keuschen und gehorsamen Sohnes der Jungfrau und Mutter nachahmen. ... Insofern sie an einem Charisma teilhaben, sind

---

[382] Vgl. *Synode* 1980: Pater CABRA *CSF* u. Pater BOYLE *CP*: CAPRILE, *Il Sinodo 1980*, 214f. u. 423; *Afrikasynode* 1994: Bf. SARRAF: *OR Africa* I, 70.

[383] IOANNES PAULUS II, Adh. apost. *EA* 94: *OR* 16.09.1995, 7 [eigene Übers.]. Dabei zit. der Papst die *Propositio* 16 der Afrikasynode, die sich ihrerseits auf VAT II, Const. dog. *LG* 43-47 beruft; ähnlich schon während der Synode: *Relatio* der it. Sprachgruppe, Pater ZAGO *OMI*: *OR Africa* II, 41 (indem hier die zwei zentralen Wesenskennzeichen der Kirche, die als Gemeinschaft mit Gott verstehbare *Heiligkeit* und die *brüderliche Gemeinschaft* der Menschen, angesprochen sind, wird der enge Bezug des gottgeweihten Lebens zum Wesen der Kirche selbst deutlich).

sie berufen, in ihrem Leben einen besonderen Aspekt des Geheimnisses Christi und der Kirche zum Ausdruck zu bringen."[384]

In den Themen der Gotteskindschaft und der Jungfrau-Mutter scheint das Bild der Familie durch; der Begriff selbst fällt aber im Text auf die Kirche bezogen eher nebenbei, wenn etwa von der Einbindung kontemplativer Gemeinschaften in die *Diözesanfamilie* gesprochen oder eine Formulierung aus *Familiaris consortio* zitiert wird, um den Dienst der Gottgeweihten an den Familien als konkretes Beispiel für ein Leben in brüderlicher Liebe und Freude als Glieder der großen Gottesfamilie zu charakterisieren.[385]

Zentralere Bedeutung erhält das Konzept der Familie Gottes bei der Erläuterung der Stellung der Jungfräulichkeit im Geheimnis der Kirche. Mehr noch als bei den anderen evangelischen Räten trete hier der Charakter des Dienstes an Gott und dem mystischen Leib hervor. Nicht als Verlust, sondern als übernatürliche Erhöhung menschlicher Beziehungsfähigkeit verstanden, könne folglich der Jungfräulichkeit dieselbe konstitutive Bedeutung für die Familie Gottes eingeräumt werden, wie sie der Ehe für die natürliche zukomme:

> "Wie die Ehe die menschliche Familie hervorbringt, so zeugt die Jungfräulichkeit die göttliche. Der Leib, den man zum Opfer hingibt, indem man die Bindungen aus Fleisch und Blut übersteigt, wird wie der Leib Christi zur Lebensquelle für alle. Die Jungfräulichkeit ist zudem Mutter der Brüderlichkeit. Aus ihr schöpft man das beste, um Gemeinschaft in der eigenen Gemeinschaft zu sein."[386]

Während der Diskussion in der Aula wurde von einigen Wortmeldungen die Stellung der Gottgeweihten in der bewußt als Familie Gottes verstandenen Kirche thematisiert. Man wies etwa auf die Einbindung in die Diözesanfamilie hin oder hob den Zeugnis- und Modellcharakter des Lebens in den evangelischen Räten hervor. Es könne dazu beitragen, in der ganzen Kirche die Bedeutung der *Communio* in Dialog und brüderlichen Beziehungen in Erinnerung zu rufen, eine Zivilisation der Liebe aufzubauen und die eschatologische Ausrichtung der Kirche als Familie Gottes nicht in Vergessenheit geraten zu lassen.[387] Diese «Zivilisation der Liebe» als Frucht des Heiligen Geistes und als Ziel der Berufung zur Heiligkeit, von der auch der Papst immer wieder und mit großer Eindringlichkeit spricht, strebt auf die

---

[384] SYNEP 1994, *Inst. lab.* 68; [dt.: *Synode der Bischöfe. IX. ordentliche Vollversammlung. Das gottgeweihte Leben und seine Sendung in Kirche und Welt. Instrumentum laboris,* Vatikanstadt 1994, 88].

[385] Vgl. SYNEP 1994, *Inst. lab.* nn. 78 u. 108 [dt., 100f. u. 135] zit. IOANNES PAULUS II, Adh. apost. *FC* 74: *AAS* 74 (1982), 171f.

[386] Vgl. SYNEP 1994, *Inst. lab.* 52 [dt., 68].

[387] Vgl. Bf. LÓPEZ HURTADO, ebd. 118; Kard. JAVIERRE ORTAS, ebd. 131; die Auditorinnen Sr. OFFIAH, ebd. 56 u. Sr. ECHAVARREN, ebd. 124f.

«große Familie der Kinder Gottes» zu, in die die ganze Menschheit berufen ist. Dieser Gedanke, der sich bereits in der Schlußbotschaft der Synode findet, wird schließlich von Johannes Paul II. mit lehramtlichem Gewicht erneut vorgelegt.

> "Das geweihte Leben ist während der ganzen Kirchengeschichte eine lebendige Gegenwart dieses Wirkens des Geistes gewesen. Es war ein bevorzugter Raum der absoluten Liebe zu Gott und zum Nächsten, ein Zeugnis für den göttlichen Plan, aus der ganzen Menschheit in der Zivilisation der Liebe die große Familie der Kinder Gottes zu machen."[388]

Versteht man die Kirche als eine große Familie, werde — wie ebenfalls bei der Synode hervorgehoben wurde — auch ein vertieftes Verständnis des kontemplativen Lebens geweckt. Es ist die Berufung, gleichsam stellvertretend für alle wie Mose auf dem Berg bittend und anbetend vor Gott zu verweilen.[389] Auch für die evangelischen Räte im einzelnen wurde in der Synodenaula der Bezug zur Familienanalogie aufgewiesen.[390]

Konzipiert man die Kirche und auch geistliche Gemeinschaften in Analogie zur Familie, stellt sich besonders im Hinblick auf die gottgeweihten Frauen und Männer unweigerlich die Frage nach einer Verhältnisbestimmung zwischen der natürlichen und den beiden übernatürlichen Familien. Auch dazu finden sich in manchen Synodenbeiträgen erste Lösungsansätze, die einerseits die Radikalität und prophetische Originalität der von Jesus herausgerufenen «neuen Familie Gottes» erkennen lassen, die dadurch in gewisser Gegenposition zur natürlichen Familie steht. Andererseits weisen sie darauf hin, wie natürliche Werte der Familie im Leben der evangelischen Räte geläutert und gnadenhaft erhoben zur Geltung kommen.[391] Auch die brüderliche Gemeinschaft und Einheit der Kirche gründe nicht in Blutsverwandtschaft, Volks- oder Stammesbewußtsein. Sie überwinde vielmehr ethnische und soziale Grenzen, da sie freier Erwählung und der Berufung der Liebe entstamme.[392] Die «neue Familie» werde

---

[388] IOANNES PAULUS II, Adh. apost. *Vita Consecrata* 35: *OR* 29.03.1996, 5; zit. *Messaggio del Sinodo* IX: *OR Cons.*, 165 [*OR* 29.10.1994, 7].

[389] Vgl. Bf. ASSOGBA: *OR Cons.*, 108.

[390] Vgl. zum *Gehorsam* (in Liebe und Mitverantwortung nach dem Vorbild einer guten Familie): die Bf. PUJATS u. J.B. SOMÉ: *OR Cons.*, 81 u. 82; zum *Zölibat* (in seinem Gemeinschaftsbezug): Pater SAREGO SVD, ebd. 149 sowie zur *geistlichen Mutterschaft* gottgeweihter Frauen (im Kontext der «Weiblichkeit der Kirche»): Sr. BARIL, ebd. 38.

[391] Besonders ausführlich: Bf. DIARRA zur Stellung der Gottgeweihten im *familia-Dei-Konzept* im Kontext der pastoralen Option der Kirche seiner Heimat: *OR Cons.*, 127f. sowie die n. 9 der Schlußbotschaft, ebd. 165.

[392] Vgl. Bf. EGGER u. SZLAGA: *OR Cons.*, 100f. und den Beitrag von «Mutter Teresa» BOJAXHIU, ebd., 55 (eine weitere Gemeinsamkeit zwischen natürlicher und

weiters gekennzeichnet durch Solidarität und gegenseitige Verwiesenheit, durch Überwindung der Anonymität sowie durch dienend auszuübende hierarchische Autorität. Die Gottgeweihten seien wie alle anderen durch die Taufe Glieder dieser Familie geworden. Durch ihre Bindung in den evangelischen Räten gehören sie aber *ganz* dem Lamm an – nicht um ihrer selbst und ihrer eigenen Heiligkeit willen, sondern zum *Dienst* an der Familie Gottes, wodurch ihre Hingabe erst fruchtbar gemacht werde, auch für die Welt. Besonders in Gegenden, in denen die Katholiken eine Minderheit bilden, tragen sie wesentlich und exemplarisch zur Verwirklichung und Glaubwürdigkeit der Kirche als Familie Gottes bei. Den geistlichen Gemeinschaften eignen aber ihrerseits Eigenschaften einer Familie, und in ihrem Gemeinschaftsleben entsprechen sie der Sehnsucht der Welt nach Liebe, brüderlicher Gemeinschaft und Familie.

Dem Gedanken, daß das gottgeweihte Leben ein besonderes Zeichen für Gemeinschaft und Brüderlichkeit in der Kirche ist, widmet schließlich das nachsynodale Apostolische Schreiben *Vita Consecrata* das zweite seiner drei Kapitel.[393] Dabei wird die Gemeinschaft der Kirche in der Heiligsten Dreifaltigkeit begründet. Ausgehend vom Sohnesverhältnis Jesu zum Vater, erweist sich die Berufung der Jünger, die diese in die Nachfolge Jesu hineinnimmt und zu einer neuen Gemeinschaft vereint als Grunddatum, als «Modell» der kirchlichen Gemeinschaft im allgemeinen, wie der zeichenhaften der Gottgeweihten im besonderen. Aber genau diese modellhafte Gemeinschaft faßt der Papst in den einleitenden Sätzen des Kapitels im Anschluß an das Zeugnis des Markusevangeliums in das Konzept der «neuen Familie»:

"Während seines Erdenlebens rief der Herr Jesus jene zu sich, die er erwählt hatte, um sie bei sich zu haben und sie zu unterweisen, nach seinem Beispiel für den Vater und für den von ihm erhaltenen Auftrag zu leben (vgl. Mk 3,13-15). Damit begründete er jene neue Familie, zu der im Laufe der Jahrhunderte alle gehören sollen, die bereit sein werden, «den Willen Gottes zu erfüllen» (vgl. Mk 3,32-35). ... In der Tat *ist die Kirche ihrem Wesen nach Geheimnis der Gemeinschaft*, «das von der Einheit des Vaters und des Sohnes und des Heiligen Geistes geeinte Volk». ... Das geweihte Leben hat ... durch die ständige Förderung der geschwisterlichen Liebe auch in der Form des Gemeinschaftslebens gezeigt, daß *die Teilnahme an der trinitarischen Gemeinschaft die menschlichen Beziehungen dahingehend zu verändern vermag*, daß sie eine neue Art von Solidarität hervorbringt. Auf diese

---

geistlicher Familie sieht Mutter Teresa in der Bedeutung des gemeinsamen Gebets für ihre Einheit).

[393] Vgl. IOANNES PAULUS II, Adh. apost. *Vita Consecrata* Cap. II «*Signum fraternitatis*» (nn. 41-71): *OR* 29.03.1996, 5-8.

Weise zeigt das geweihte Leben den Menschen sowohl die Schönheit der geschwisterlichen Gemeinschaft als auch die Wege, die konkret zu ihr führen. Denn die Personen des geweihten Lebens leben «für» Gott und «von» Gott und können sich eben deshalb zur Macht der versöhnenden Wirkung der Gnade bekennen, die die im Herzen des Menschen und in den sozialen Beziehungen vorhandenen zersetzenden Kräfte niederwirft."[394]

Bei der Synode 1994 sprach man auch von *neuen Formen des gottgeweihten Lebens*, die «*familiae ecclesiales*» genannt werden. Im Unterschied zu dem schon früher häufig gebrauchten Begriff der «*familia religiosa*» scheinen hier dem Wort «*familia*» eine weit gewichtigere Bedeutung sowie theologische Relevanz zuzukommen. Zum einen stehen jene Gemeinschaftsformen in engster Beziehung zum Geheimnis der Kirche als Familie Gottes; zum anderen lassen sich daraus Implikationen für den Aufbau und die lebensmäßige Verwirklichung der zugrundeliegenden Charismen gewinnen. Bereits zur Synode 1987 hatte Kardinal Ratzinger in einem theologischen Abriß über Wesen und Stellung der Laien auf die für die Kirche wesentlichen Beziehungen zwischen den verschiedenen und komplementären Ständen der Laien, des Klerus und der Gottgeweihten hingewiesen und angemerkt, daß sich diese (beispielsweise im gottgeweihten Leben) auch gegenseitig durchdringen können. Daraus ergebe sich eine große Vielfalt in der Verwirklichung der gemeinsamen Berufung, das Evangelium in der Welt zu leben. Diese Vielfalt zeige sich in — wie er sie nannte — «*geistlichen Familien*», in denen sich *verschiedene Stände* in *einer gemeinsamen Spiritualität* bemühen, aus dem Reichtum des Geheimnisses Christi immer neue Antworten auf die Erfordernisse der Zeit zu finden.[395]

Versuche zu einer näheren Bestimmung jener *geistlichen Familien*, die auch die besondere Stellung der Gottgeweihten darin berücksichtigten, sind dann in Synodenbeiträgen von 1994 zu erkennen und finden auch im nachsynodalen Apostolischen Schreiben *Vita Consecrata* ihren Widerhall.[396] Das Familienhafte jener neuen Formen komme dadurch zum Ausdruck, daß an einem wohlumschriebenen, grundlegenden gemeinsamen Charisma die verschiedenen Stände der Kirche in je verschiedener Weise und Intensität Anteil haben können

---

[394] IOANNES PAULUS II, Adh. apost. *Vita Consecrata* 41: *OR* 29.03.1996, 5 [dt. nach der Übers. des Staatssekretariates, Vatikanstadt 1996, 41]. Dabei zit. [Anm. 87] das Dokument S. CYPRIANUS, *De oratione Dominica* 23 [im Anschluß an *LG* 4]: *PL* 4, 553 [536A].

[395] Vgl. CAPRILE, *Il Sinodo 1987*, 180f.

[396] Vgl. Ebf. FERNANDES DE ARAÚJO: *OR Cons.*, 84; die Eingabe der Auditorin Sr. MÉNDEZ, ebd., 147; IOANNES PAULUS II, Adh. apost. *Vita Consecrata* 12 u. 62: *OR* 29.03.1996, 2 u. 7f.

und dabei von ihrem Wesen her eine Familie nach dem Ideal des Evangeliums bilden. Eine solche *«familia ecclesialis»* zeichne sich durch eine einheitliche Leitung, durch eine bestimmte evangelische Radikalität und Verwirklichung der Armut sowie durch die Einheit von Konsekration und Sendung aus. Dabei komme dem gemeinschaftlichen *Sein* gegenüber der *Aktivität* der Vorrang zu – verbunden mit einem intensiven und vor allem auch gemeinschaftlichen Gebetsleben, aus dem der missionarische Eifer erwachse. Insofern leitende Autorität darin nicht grundsätzlich an das priesterliche Amt gebunden sei, komme es auch zu einer Aufwertung des laikalen Elements. Ebenso charakteristisch sei ein hohes Maß an gemeinschaftlicher Mitverantwortung.

Konklusion

Der wieder vermehrt an der theologischen und spirituellen Dimension der Kirche orientierten Ekklesiologie des Vaticanum II entspricht es, in einem eigenen Kapitel die *allgemeine christliche Berufung zur Heiligkeit* hervorzuheben. Diese wird dabei in der unzerstörbaren Heiligkeit der Kirche und dem biblischen Heiligkeitsgebot begründet. Im entsprechenden fünften Kapitel der Dogmatischen Konstitution über die Kirche erscheint das Konzept der Familie Gottes zwar nur in thematischen Anklängen, an einigen anderen *«familia-Dei-Stellen»* in *Lumen gentium* und den übrigen Konzilsdokumenten kommt dagegen mehr oder weniger deutlich das Thema der Finalität der Kirche in der Heiligkeit ihrer Glieder zur Sprache. Diese Stellen ergeben — im Blick auf die Entwicklungsphasen des Konzils und dessen Auslegung und Weiterführung bei den Bischofssynoden interpretiert — einen guten Überblick über eine mögliche theologische Bestimmung jener Heiligkeit innerhalb des Verständnisses der Kirche als Familie Gottes. Dabei kommt auch der untrennbare Bezug jener Heiligkeit zur Kirche, der zu Anfang des fünften Kapitels von *Lumen gentium* ausgesprochen, im weiteren Verlauf jedoch nur noch schwach erkennbar wird, deutlicher zur Geltung.

Der Hauptberührungspunkt der Analogie zwischen Kirche und Familie ist in diesem Zusammenhang die *Liebe* als inneres Einheitsprinzip der Familie und näherhin im Sinne des Doppelgebotes der Gottes- und Nächstenliebe die durch sie konstituierte zweifache gemeinschaftliche Beziehung der Kirche. Heiligkeit erweist sich demnach als liebende Hingabe an Gott und damit verbunden als Teilhabe an seinem göttlichen Leben und seiner Heiligkeit. Sie bewährt und konkretisiert sich im gläubigen Gehorsam gegenüber seinem Willen und in der geübten Nächstenliebe. Das Tun des Willens Gottes aber ist nach Mk 3,31-35 genau die Voraussetzung für die Zugehörigkeit zur «neuen Familie Jesu», der Familie, in der Gott der Vater ist und die sich in gelebter brüderlicher Liebe verwirklicht.

Wie der weitere Aufbau der Kirchenkonstitution andeutet, richtet sich die *besondere Berufung zur Heiligkeit im gottgeweihten Leben* nicht auf ein individuelles Vollkommenheitsstreben. Vielmehr ist sie ein besonderer und zeichenhafter Ausdruck der allgemeinen christlichen Zielbestimmung und ganz in den Dienst und die Einheit der Kirche gestellt. Das gottgeweihte Leben und seine Hinordnung auf die Kirche findet sich seit den ersten (Vorbereitungs-) Phasen des Konzils mit dem Gedanken der Familie Gottes verbunden. Diese Verknüpfung erscheint in Ansätzen in den Konzilsdokumenten, wurde in nachkonziliärer Zeit, insbesondere im Rahmen der Bischofssynode 1994, noch weiter ausgefaltet und schließlich durch das nachsynodale Apostolische Schreiben *Vita Consecrata* lehramtlich bestätigt.

Einer der Kerngedanken geht dabei von den evangelischen Räten aus. Diese gründen in der radikalen Forderung Jesu an seine Jünger, alles, ja sogar ihre Familien, zu verlassen, um mit ihm die neue Familie Gottes zu bilden. Sie können theologisch als gnadenhafte Erhöhung und Umformung familiärer Werte und Dimensionen im Licht des kommenden Reiches Gottes gedeutet werden. Das gilt für die Armut in Entsprechung zur gemeinschaftlichen materiellen Grundlage und Obsorge in der Familie wie für den Gehorsam analog zum Gehorsam gegenüber der (erzieherischen) Autorität und zur gemeinsam getragenen, wenngleich in einer letzten Vollmacht zusammenlaufenden Verantwortung. Am deutlichsten und zugleich am tiefgreifendsten zeigt sich jene übernatürliche Umgestaltung allerdings in der gottgeweihten Jungfräulichkeit, der deshalb im Bezug auf das Leben in den Räten wie auf die Kirche als Familie Gottes eine Vorrangstellung zukommt. Die höchsten und ganzmenschlichsten Fähigkeiten der Liebe, der innersten Beziehung und der Hingabe, die schon im «Natürlichen» den Menschen über die Begrenzung seines «*Ich*» hinaus an das Transzendente heranführen, werden darin nicht verweigert oder abgewertet, sondern auf die Gemeinschaft mit dem lebendigen Gott und mit allen seinen Kindern hin ausgerichtet. Wie die höchste menschliche Einheit zwischen Mann und Frau in der Ehe zur väterlich/mütterlichen Fruchtbarkeit gelangt und dadurch die natürliche Familie erbaut, so baut die Jungfräulichkeit aus der Kraft Gottes, dem Heiligen Geist, in geistlich fruchtbarer Liebe und Vater-/Mutterschaft die Familie Gottes auf. Darüber hinaus offenbart sich in ihr zeichenhaft das tiefe Geheimnis der innigsten und unauflöslichen bräutlichen Verbindung zwischen Christus und der Kirche. Als «Mutter der Brüderlichkeit» bildet die Ehelosigkeit um des Himmelreiches willen auch die Grundlage des Lebens in religiösen Gemeinschaften, die gelegentlich auch als «Familien» bezeichnet werden.

Das Zweite Vatikanische Konzil und in seiner Folge der CIC 1983 sprechen von der Möglichkeit neuer Formen des gottgeweihten Lebens, in denen Menschen dem Ruf der evangelischen Räte folgen. In einigen der jüngeren Bischofssynoden zeigten sich Tendenzen zur Entfaltung einer solchen neuen Form unter dem Titel der *«familia spiritualis»* oder *«familia ecclesialis»*. Wenn diesem Begriff — wie es etwa für die Anerkennung einer solchen neuen Form vorauszusetzen wäre — theologische Bedeutung zukommen soll, muß er sich ohne Zweifel an einer *familia-Dei-Ekklesiologie* (und zwar im Sinne des Vaticanum II) orientieren. Eine «geistliche Familie» wäre demnach als Spiegel und zeichenhafte Verwirklichungsform der Kirche als Familie Gottes anzusehen, in der, um dem Bild zu entsprechen, die Einheit der Menschen mit Gott und untereinander in der Verschiedenheit der kirchlichen Berufungen und Lebensstände zum Ziel zu setzen sei. Respektiert werden müßte dabei allerdings der Unterschied der je eigenen Berufung nach dem Vorbild Jesu selbst, der einen engeren Kreis von Jüngern um sich scharte, die in der Radikalität ihrer Nachfolge und der engen menschlichen Beziehung zu ihm Zeugnis für das Kommen des Reiches ablegten, während «ortsfeste Jünger» auf andere Weise gemäß ihrer Situation und Umgebung den hohen Forderungen des Evangeliums zu entsprechen suchten. So könnten auch in den geistlichen Familien die verschiedenen Stände in je verschiedener Weise Anteil an einem grundlegenden Charisma haben und dabei in wesentlicher und komplementärer Einheit und Zuordnung zueinander stehen. Insofern eine Familie mehr ein «Sein» als eine «Aktivität» bezeichnet, wäre darin auch der Schwerpunkt des Zeugnischarakters der «geistlichen Familie» zu suchen, was verschiedenste daraus erwachsende Werke des Apostolates und der Durchdringung der Welt im Geist des Evangeliums nicht ausschließt.

Das Familienhafte könnte zum einen durch die Form der Bindung (für die Gottgeweihten in den evangelischen Räten, für die anderen Glieder gemäß ihrer christlichen Grundberufung und ihres Lebensstandes) ausgedrückt werden. So etwa im Rückbezug auf die heilsgeschichtliche Kategorie des *«Bundes»*, die den Vorrang der erwählenden und treuen Liebe Gottes nach dem Bild von Bräutlichkeit und Ehe mit dem Zeichen für die Einheit zwischen Christus und Kirche in einer tiefen und personalen Bindung und Beziehung zu Christus verknüpft. Zum anderen müßte der *geistlichen Vater- und Mutterschaft* wie der gelebten *Brüderlichkeit* und Solidarität in gemeinsamer Verantwortung mit- und füreinander besonderes Augenmerk geschenkt werden. Das Prinzip «geistlicher Vaterschaft» fordert darüber hinaus auch die Anerkennung und Förderung des hierarchischen Dienstes in der Kirche sowie einen fruchtbaren gegenseitigen Austausch mit diesem, sei es durch Glieder, die diesem Stande angehören, sei es im Verhältnis zu den «geistlichen Vätern» und Hirten der Kirche, insbesondere der jeweiligen Teilkirchen. Besonderer Ausdruck der familiären Beziehung zu Gott wäre sicherlich das auch gemeinschaftlich gepflegte vertraute Gebet und die Liebe zur Liturgie.

1.4. DIE ESCHATOLOGISCHE AUSRICHTUNG DER KIRCHE ALS *FAMILIE GOTTES*

Die Kirche als Sakrament steht von ihrem Wesen und ihrer Sendung her in einer eschatologischen Spannung, weil sie das schon immer zeichenhaft in Welt und Geschichte *ist*, was sie durch die Zeit hin je immer neu bis zur Vollendung hin *aufbauen soll*: die Communio oder innige Einheit der Menschen mit Gott und untereinander. Somit ist Kirche bereits *auf Erden Familie Gottes* in Identität, aber auch in Differenz zur *Familie Gottes der Vollendung*, der ewigen Teilnahme an der trinitarischen Communio Gottes selbst. In bevorzugter Weise kommt es der allerseligsten Jungfrau Maria zu, Zeichen dafür zu sein, daß die Kirche in der Gemeinschaft der Heiligen dieses ihr Ziel bereits erreicht hat.

1.4.1. Die *Familie Gottes* in Zeit und eschatologischer Vollendung

In jeder Aussage über die Kirche muß streng genommen die eschatologische Spannung wenigstens implizit mitschwingen und offengehalten werden. An einigen Stellen, in denen die Konzilsdokumente das Konzept der *familia Dei* anwenden, tritt sie jedoch explizit und in besonderer Deutlichkeit hervor. Zwar reiht die Dogmatische Konstitution über die Kirche in Nummer 6 die «Familie Gottes» nicht unmittelbar unter typisch eschatologische Bilder ein,[397] die zitierte Stelle Eph 2,19 drückt aber die bereits bestehende Zugehörigkeit der durch Christus Versöhnten zur Familie Gottes in den Begriffen «*concives sanctorum*» und «*domestici Dei*» aus und weist damit auf die in Christus und der Kirche *schon*, aber *noch verborgen* gegenwärtige Vollendung hin.[398] *LG* 28 dagegen bezeichnet mit dem Begriff *familia*

---

[397] Vgl. Const. dog. *LG* 6: *AAS* 57 (1965), 8f.
[398] Darauf verwies Kard. BEA (bei der Diskussion des Schemas *de Ecclesia in mundo huius temporis*): *AS* III.V, 274.

Dei die Einheit aller Menschen als noch ausständiges Ziel, auf das die Kirche und insbesondere ihre Hirten hinarbeiten sollen.[399] Der wichtigste Beleg für die Verwendung des *familia-Dei-Konzeptes* in eschatologischem Kontext findet sich im Kapitel *über den endzeitlichen Charakter der pilgernden Kirche und ihre Einheit mit der himmlischen Kirche.* Nachdem die Einheit der pilgernden Kirche mit der Kirche der Heiligen in der Herrlichkeit betont wurde, zeigt *LG* 51, in welcher Weise die Kirche als «Familie in Christus» schon jetzt die ewige Einheit und Gemeinschaft angeldhaft verwirklicht. Die Gemeinschaft in gegenseitiger Liebe und im Lob der Heiligsten Dreifaltigkeit ist gegenwärtige Anteilnahme an der zukünftigen Liturgie der vollendeten Herrlichkeit, der die Kirche entgegenstrebt.[400]

Von den übrigen Konzilsdokumenten verbindet das Ökumenismusdekret in ähnlicher Weise die eschatologische Dimension der Einheit mit dem Begriff der Familie Gottes. Gott selbst bewirke die eschatologische Bewegung auf die Einheit hin in ihrer Erweckung durch den Heiligen Geist wie auch in der Vollendung, der Gemeinschaft von Glauben, Kult und «Eintracht der Familie Gottes». Auf Erden aber bleibe die *Familia catholica* stets der Erneuerung bedürftig.[401] Zu einem Leitthema wird die *Familie Gottes* dann in der Pastoralkonstitution *Gaudium et spes.* Durch das Kommen Christi und den seine Sendung fortsetzenden Dienst der Kirche als Familie Gottes sollen die von ihrer Natur her zur Gemeinschaft bestimmten Menschen zur neuen Menschheitsfamilie mit Gott und untereinander vereint werden. Dabei verbleibt durch die ganze Konstitution hindurch die Spannung, daß sich *familia Dei* (bzw. *familia filiorum Dei*) in verschiedenen Nummern einmal auf das eschatologische Ziel, zu dem alle Menschen berufen sind, ein andermal mehr auf die in der Kirche bereits gegenwärtige Gemeinschaft bezieht. Darin ist aber keine Defizienz des Dokumentes, sondern vielmehr der Ausdruck der bleibenden eschatologischen Spannung selbst zu erkennen.[402]

---

[399] Vgl. Const. dog. *LG* n. 28 (§5): *AAS* 57 (1965), 35f. Diese Stelle wird weiters in der Const. past. *GS* 43: *AAS* 58 (1966), 1063 zitiert; in dieselbe Richtung weist auch das Decr. *AG* 1 (§ 2), ebd. 947.

[400] Vgl. Const. dog. *LG* 51: *AAS* 57 (1965), 58.

[401] Vgl. Decr. *UR* nn. 2 u. 4: *AAS* 57 (1965), 92 u. 95.

[402] Vgl. Const. past. *GS* [bes.] nn. 24, 32, 39, 40 (vgl. 42) u. 92: *AAS* 58 (1966), 1044f., 1051f., 1056-1061 u. 1113f. Dabei verstehen die Nummern 24, 32 u. 92 die *familia (filiorum) Dei* mehr als eschatologisches Ziel der Kirche, während z.B. n. 40 die Kirche als schon in dieser geschichtlichen Zeit gebildete Familie der Söhne Gottes ansieht. Begrifflich könnte eine *gewisse Unterscheidung* darin erkannt werden, daß mit «*familia filiorum Dei*» eher auf die geschichtliche und mit «*familia Dei*» mehr auf die eschatologische Gottesfamilie abgehoben wird.

In früheren Phasen des Konzils wurde das Konzept der *Familie Gottes* in eschatologischem Zusammenhang in drei verschiedenen Grundbedeutungen verwendet: als Bild für die zukünftige Vollendung, zur Kennzeichnung der pilgernden und der Erneuerung bedürftigen Kirche sowie in der Spannung der schon verwirklichten Gemeinschaft mit Gott und ihrer noch ausständigen Vollendung. Dem Konzil wurde das übernatürliche Ziel aller Menschen, *als Erben seines Lebens und seiner Seligkeit Kinder der Familie Gottes werden*, zur Behandlung anempfohlen.[403] Andere Beiträge wiederum betonten, daß die pilgernde Kirche als Familie Gottes schon von ihrem Wesen her danach strebe, durch das Beispiel gelebter Einheit, alle Söhne Gottes zur katholischen *Einheit in Verschiedenheit* zu führen, die die vollendete Familie Gottes kennzeichne. Darauf hinzuleiten sei wesentlicher Inhalt der christlichen Erziehung.[404] Eine dritte Gruppe von Eingaben erkannte in der *universalen familia Dei* die enge Verbundenheit der «pilgernden» mit der «triumphierenden» Kirche. Denn durch die Heiligen werde offenbar, daß die Familie Gottes, die Kirche, selbst wenn sie noch auf Erden wandelt, zugleich auch schon in das Ziel ihrer seligen Vollendung hineinreiche. Das gläubige Bewußtsein von der Gemeinschaft der Heiligen bilde darüber hinaus die Grundlage für ein vertieftes Verständnis von Brüderlichkeit und Einheit in der Kirche, die alle drei Stände, der Pilgerschaft, der Läuterung und der Herrlichkeit umfasse:

> "Die Kirche Gottes, zu der alle Menschen ohne Ausnahme berufen werden, ist die göttlich-menschliche Familie, in der die Glieder unter dem gemeinsamen himmlischen Vater, durch die Verdienste Christi, des Erlösers und unter Antrieb des Geistes der Liebe zu Adoptivsöhnen Gottes im Sohn gemacht werden — anfanghaft nämlich schon auf Erden unter dem Amt der Apostel geführt durch Petrus (die streitende Kirche) — und endgültig im Himmel, im Haus des Vaters, in dem viele Wohnungen sind (Joh 14,2) (die triumphierende Kirche)."[405]

In den folgenden Synoden wurden eschatologische Themen kaum ausführlicher mit dem Verständnis der Kirche als Familie Gottes ver-

---

[403] Vgl. die Eingabe der theol. Fakultät Mailand (*A* I.IV.II, 673); etwa denselben Bedeutungsgehalt schreibt Bf. SANCHEZ TINOCO (*AS* II.VI, 87) während der Diskussion des Ökumenismusschemas in der Aula dem biblischen Bild der *magna familia Dei* zu, die als das himmlische Ziel der auf Erden gelebten brüderlichen Liebe erscheint.

[404] Vgl. die gemeinsame Stellungnahme der Bf. von Burundi und Rwanda (*AS* II.II, 206-209; vgl. ebd. 161) sowie Bf. VAN PETEGHEM (*AS* IV.V, 507). Aufgrund der wörtlichen Übereinstimmung ist auch ein Modus zum Schema *De educatione christiana* (*AS* IV.IV, 257) demselben Bischof zuzuschreiben.

[405] Bf. HOA HIEN (*AS* I.IV, 515); vgl. vor dem Konzil: Bf. ZATTERA (*A* I.II.VII, 229: Gemeinschaft der Heiligen); während des Konzils: Bf. HOA HIEN (*AS* II.I, 549 u. *AS* II.II, 44); Prälat GROTTI (*AS* II.II, 169); sowie Ebf. MATHIAS (*AS* III.I, 425: in den Heiligen schon jetzt manifest gegenwärtige Heiligkeit der Kirche).

bunden. Lediglich die Versammlung des lateinamerikanischen Episkopats in Puebla 1979 bringt diesbezüglich eine weitere Entfaltung. Ausgangspunkt bildet dabei das Geheimnis der «Communio» des trinitarischen Gottes als das Ziel, auf das sich der Pilgerweg der Kirche durch die Geschichte hinbewege. In der heiligen und universalen Gemeinschaft der Familie Gottes, der Kirche als sichtbarer und lebendiger Wirklichkeit, sei dieses aber bereits in gewisser Weise hier auf Erden gegenwärtig.[406]

1.4.2. **Die Jungfrau und Gottesmutter Maria im Geheimnis der** *Familie Gottes*

Die Kirche hat in Maria, ihrem Urbild und zugleich vornehmsten Glied, die Vollkommenheit bereits erreicht. Denn sie, die Jungfrau und Mutter, wurde durch Gott um der Menschwerdung seines Sohnes willen von der Erbschuld bewahrt, vom Engel «voll der Gnade» (Lk 1,28) genannt und am Ende ihres Lebens glorreich in den Himmel aufgenommen. Die bereits von den Kirchenvätern erkannte enge Verbindung des Geheimnisses Mariens mit dem der Kirche wird durch das achte Kapitel der Dogmatischen Konstitution *Lumen gentium* zum Ausdruck gebracht, das die Lehre über Maria in ekklesiologischem Kontext entfaltet.[407] Da die Stellung Mariens gegenüber Gott, aber auch innerhalb der Kirche vor allem durch ihre *Bräutlichkeit* und *Mütterlichkeit* zu kennzeichnen ist, legt sich schon von daher eine thematische Verbindung zur «*Familie Gottes*» nahe. Um so mehr verwundert es, daß sich der Begriff «*familia Dei*» im achten Kapitel von *Lumen gentium* nicht findet und auch sonst in keinem Dokument des Konzils in marianischem Kontext vorkommt. Das mag damit zusammenhängen, daß in *Lumen gentium* zwar oft über die «*Mutterschaft*» Mariens gesprochen[408], dabei aber der in Vorbereitung und während des Konzils

---

[406] Vgl. *Puebla* nn. 217; 232, 236 u. 255 [it., 117, 121f. u. 127]. Dabei wird weiters festgehalten, daß auch die Verehrung der Heiligen, die sich letztlich immer auf Christus und durch ihn auf Gott richtet [vgl. *LG* 50] nur innerhalb der «trinitarischen Communio» der Familie Gottes zu verstehen sei. Die «trinitarische Communio» selbst wird hierbei im Anschluß an IOANNES PAULUS II, *Homilia in urbe Puebla habita* 28.01.1979: *AAS* 71 (1979), 184, als «Familie» gedeutet.

[407] Vgl. Const. dog. *LG*, Kap. VIII, nn. 52-69: *AAS* 57 (1965), 58-67.

[408] So z.B. als «Mutter Jesu Christi» (und damit auch «Gottesmutter») (nn. 52-59, 61, 63-64 u. 66-69); als «Mutter der Glieder Christi» (n. 53); «von der Kirche als geliebte Mutter verehrt» (n. 53); «Mutter der Menschen, vor allem der Gläubigen» (n. 54 vgl. 60 u. 69); «Mutter der Lebendigen» (n. 56); «dem geliebten Jünger zur Mutter gegeben» (n. 58); «unsere Mutter in der Ordnung der Gnade» (n. 61f.); «Mutter der Brüder Christi» (n.62); «Urbild der Jungfrau und Mutter Kirche» (n. 63f.); «unsere Mutter» (n. 67).

vielfach geforderte Titel *Mater Ecclesiae*[409] vermieden wird. Insgesamt kann man in den eher vorsichtigen Formulierungen, die nicht zwischen verschiedenen möglichen Auffassungen theologischer Schulen entscheiden wollten[410], eine Folge der vorangegangenen heftigen Diskussionen erkennen, in denen jedoch das Konzept der *familia Dei* auch von Verfechtern gegensätzlicher Positionen häufig aufgegriffen wurde.

Vor dem Konzil war es der mehrfach geäußerte Wunsch einer dogmatischen Definition der Mittler- und geistlichen Mutterschaft Mariens, der von einigen zukünftigen Vätern mit dem Verständnis der Kirche als Familie untermauert oder zumindest thematisch verbunden wurde.[411] Um die Mutterschaft Mariens in der Familie Gottes ging es dann auch in verschiedenen Diskussionsbeiträgen in der Konzilsaula: sei es, daß sie damit ihre Forderung nach Eingliederung des Marienkapitels in das Kirchenschema begründeten – man solle nämlich nicht die Mutter von der Familie trennen;[412] sei es, daß man den Zusammenhang zwischen der Mutterschaft Mariens und der *familia Dei* selbst vertiefte.[413] Letzteres geschah beispielsweise durch Hinweis auf die

---

[409] Gerade mit diesem Titel wurden nämlich *familia-Dei-Aussagen* in der Diskussionsphase zumeist verbunden.

[410] Vgl. *LG* 54. Als Beispiel einer solchen vorsichtigen Formulierung, die von der Mutterschaft Mariens spricht und dabei weitesten Raum für die verschiedensten Interpretationen offenläßt, sei nur Const. dog. *LG* 53: *AAS* 57 (1965), 59, genannt: "Quapropter etiam ut supereminens prorsusque singulare membrum Ecclesiae necnon eius in fide et caritate typus et exemplar spectatissimum salutatur eamque Catholica Ecclesia, a Spiritu Sancto edocta, filialis pietatis affectu tamquam matrem amantissimam prosequitur."

[411] Vgl. die Bf. BERNACKI (*A* I.II.II, 734-736); LACASTE (*A* I.II.V, 110); HARDMAN (*A* I.II.V, 370); NOSER (*A* I.II.VII, 637) sowie der Abt von Monte Cassino P. REA *OSB* (*A* I.II.III, 764). Das PONT. ATHENAEUM ANTONIANUM in Rom versuchte in einer umfassenderen theologischen Darlegung unter reicher Anführung lehramtlicher, biblischer und patristischer Belege die Definierbarkeit der geistlichen Mutterschaft Mariens aufzuweisen (*A* I.IV.I.2, 55-61), während die KATHOLISCHE UNIVERSITÄT von TOULOUSE in ihrem Beitrag eine theologische Klärung vornahm, was mit der «Mittlerschaft Mariens» überhaupt gemeint sein könne (*A* I.IV.II, 602-614 die mütterliche Rolle der Mittlerschaft Mariens wird dabei mit der Beziehung Christus-Kirche in Verbindung gebracht).

[412] Vgl. Ebf. FERRERO DI CAVALLERLEONE (*AS* II.I, 353) sowie ein schriftlicher Verbesserungsvorschlag in einer Zusammenstellung, welche am 29.10.1963 an die Väter verteilt wurde (*AS* II.III, 301: "Schema separatum a schemate *de Ecclesia*, an non? ... ut schema *de Ecclesia* ita reformetur ut appareat tamquam Ecclesia caritatis, seu familia Dei, in qua Deipara suum naturalem habeat locum").

[413] Vgl. die Bf. LOAYZA GUMIEL (*AS* I.IV, 523); SEITZ (*AS* II.I, 707); COUSINEAU (*AS* II.III, 704; zit.: LEO XIII, Ep. enc. *Quamquam pluries*: *ASS* 22 [1889-90], 67-68, worin LEO XIII., ausgehend von der Heiligen Familie, in der Josef Gemahl der Gottesmutter und Putativvater Jesu war, die Mutterschaft Mariens mit einer väterlichen Rolle Josefs in der Kirche als «über die ganze Welt verbreitete Familie» verbindet) sowie Bf. GÚRPIDE BEOPE (*AS* II.III, 735).

Parallelität bzw. Urbildlichkeit der Mutterschaft Mariens gegenüber der Kirche als Mutter und Familie der Kinder Gottes; das heilsgeschichtliche Fundament der Mutterschaft Mariens für alle Christen und ihre über die ganze Erde hin verbreitete Familie wurde in der Geburt des Erlösers, aber noch mehr im Geschehen zu Füßen des Kreuzes erkannt; andere Väter wieder gingen von der für die Kirche wesensnotwendigen Atmosphäre der Liebe in der Familie aus. Wo nämlich die mütterliche Liebe fehle, leiden alle Brüder. Deshalb können die Kinder es auch nicht erdulden, daß ihrer Mutter Unehre angetan werde. Schon von daher werde die Unverzichtbarkeit der Marienverehrung deutlich, die überdies das Band der Einheit und des Gehorsams in der Kirche zu stärken vermöge. Dem mütterlichen Dienst Mariens in der Familie der Kirche solle — so forderte man weiters — auch der Stil der mariologischen Redeweise des Konzils angepaßt werden.

Große Bedeutung maßen einige der Mutterschaft Mariens in der Familie für die Frage der Einheit zu. Die durch die Sünde geknechtete Menschheit solle ihre Augen durch die jungfräuliche Mutter zu Christus, ihrem Erlöser, erheben. Wer nämlich Maria liebe, liebe Christus. Und wie auch in der natürlichen Familie die Mutter das Band der Einheit der Kinder sei, führe die Liebe zur Mutter des Erlösers die Kinder zur Einheit seiner Familie.[414] Die einheitsfördernde Wirkung der Mutter beschränke sich aber nicht auf jene, die schon ganz der Familie zugehören; auch der ökumenischen Einheit stehe Maria keinesfalls im Wege, sondern fördere sie taktvoll und sanft durch ihre Frieden, Harmonie und Einigkeit stiftende Mütterlichkeit.[415]

Als in der dritten Sitzungsperiode das achte Kapitel der Kirchenkonstitution diskutiert wurde, begründete eine Reihe von Vätern ihr Anliegen, im Schema die allerseligste Jungfrau mit dem Titel *«Mater Ecclesiae»* zu bezeichnen, ebenfalls mit Verweis auf die Kirche als Familie Gottes.[416] Wenn Maria Mutter der Kinder der Kirche ist, dann könne man sie auch Mutter von deren Familie, der Kirche, nennen. Denn Maria sei ein wesentliches Element der Familie

---

[414] Vgl. Bf. TEDDE (*AS* I.II, 483); ein schriftlicher Verbesserungsvorschlag in einer Zusammenstellung, welche am 29.10.1963 an die Väter verteilt wurde (*AS* II.III, 311: "Unus Pater est qui dolet non satis apparere quomodo privilegia B. Virginis suum fundamentum habeant in divina maternitate; alius autem magis urgeri debere comparationem cum matre humana ut est vinculum totius familiae"). Bf. BARELA (*AS* IV.V, 62) bezog die Mutterschaft Mariens, ausgehend von der Mutterschaft gegenüber Christus und seinem mystischen Leib, vor allem auf die Priester. In dieser Mutterschaft seien die Priester als «priesterliche Familie» in Einheit verbunden.

[415] Vgl. Kard. OTTAVIANI (*AS* I.III, 658); Generalabt Pater KLEINER *OCist* (*AS* II.VI, 62) u. Ebf. DOOLEY (*AS* III.II, 113).

[416] Vgl. Ebf. DUBOIS (*AS* III.I, 685) u. Bf. OLAZAR MURUAGA (*AS* III.II, 145).

Gottes, nicht aus ontologischer Notwendigkeit, sondern aufgrund der
Gnade und des göttlichen Heilswillens. Ohne diesen oder jenen Bruder
könne die große katholische Familie im Himmel wie auf Erden leben,
nicht aber ohne die Mutter, die Gott sich der Kirche zu geben
gewürdigt habe. Allerdings argumentierten auch Gegner des Begriffs
«Mutter der Kirche» mit dem Konzept der Familie Gottes. Der Titel
könne zwar richtig verstanden werden, bringe aber zugleich auch
theologische Unklarheiten mit sich. Denn in der Ordnung der Gnade
sei in erster Linie Gott selbst durch seinen Sohn unser Vater geworden. Zu dieser Vaterschaft könne analog (allerdings bei je immer
größerer Unähnlichkeit) von der Mutterschaft Mariens gesprochen
werden. Da nun aber weder dem Vater noch dem Sohn oder dem
Heiligen Geist der Titel «*Pater Ecclesiae*» zugeschrieben werde, wäre
es nicht statthaft, Maria «*Mater Ecclesiae*» zu nennen.[417]

Die ausführlichste Begründung und Entfaltung der Mutterschaft
Mariens in der Familie Gottes legte der spanische Bischof Castán im
Namen von über 80 Vätern vor.[418] Nach *LG* 6 sei die Kirche auch als
Familie zu verstehen. Einer Familie aber eigne, eine Mutter zu haben.
Damit nun die Familie der Kirche nicht seitens der Mutter verwaist sei,
habe Gott aus Liebe ihr die bestmögliche Mutter, nämlich die aller-
seligste Jungfrau Maria, gegeben. Als «Familienmutter» erfülle die
Mater Ecclesiae eine dreifache Aufgabe: als Braut (Braut des Bräuti-
gams und auch Braut und Heiligtum des Hl. Geistes, der Seele der
Kirche, vgl. Lk 1,35); als Mutter der Kinder der Familie (Mutter
Christi im eigentlichen und physiologischen Sinn und als Mutter des
Hauptes auch Mutter der Glieder, der Brüder Christi, wie sie ja als
neue Eva Mutter der Lebendigen genannt wird); und in der Sorge für
jene, die zwar nicht Kinder der Familie sind, dieser aber dennoch in

---

[417] Vgl. Bf. VOLK (*AS Ap* I, 432). Diese Argumentation greift schon deshalb zu
kurz, weil sie (wohl ohne es zu wollen) Gott Vater mit Maria auf eine Ebene stellt. Als
«Mater Ecclesiae» ist Maria wie jede Mutter ja zugleich auch Glied ihrer Familie, was
von Gott aufgrund seiner zu wahrenden Transzendenz niemals auszusagen ist. Unser
Vater konnte er streng genommen auch nur werden, indem sein Sohn Mensch und
damit den Gliedern der Kirche (wenn auch als Haupt) zum Bruder geworden ist. Die
Vaterschaft Gottes ist in der Kirche — (vgl. *LG* Kap. III) — durch die Person des
Bischofs (in einer zur Mittlerschaft Christi sekundären Gnaden-Vermittlung, wie es
auch jene Mariens ist, vgl. *LG* 62) abbildhaft repräsentiert. Deshalb ist die Analogie
(wobei ebenfalls die größere Unähnlichkeit gilt) zwischen der Mutterschaft Mariens
(als Typos der Mutterschaft der Kirche) und der Vaterschaft des Bischofs (als «*typos
patris*») im Geheimnis der Kirche als Familie zu sehen und nicht in bezug zur Vaterschaft Gottes.

[418] Vgl. *AS* III.II, 15-21. An manchen Formulierungen des Beitrages läßt sich
die Heftigkeit und Emotionalität ablesen, mit der um jenes Thema gerungen wurde.

gewisser Weise zugehören[419] (in ihrer Fürbitte für die, welche noch nicht im Glauben erleuchtet sind).

Im zweiten Teil seines Beitrages widerlegt der Bischof einige Einwände gegen den Titel *Mater Ecclesiae*, die gebracht werden könnten (bzw. auch tatsächlich in der Aula zuvor gebracht wurden) und die er mehr als «Skurrilitäten» denn als berechtigte theologische Schwierigkeiten einstuft. Jenen, die anmerken, Maria müsse nach diesem Titel als Glied und Mutter der Kirche logischerweise ihre eigene Mutter sein, hält er entgegen, daß jede Mutter einer Familie zur Familie gehöre, wenn auch anders als ihre Kinder. Damit sei gerade die besondere Stellung Mariens auszudrücken, die einerseits Glied der Kirche sei und ihr andererseits auch in gewissem Sinne gegenüberstehe.[420] Weiters sei entgegen manchen diesbezüglichen Einwendungen aus einer recht verstandenen Mutterschaft Mariens gegenüber der Kirche keine juridische oder hierarchische *Potestas* ableitbar, denn auch in der Familie gebe es einen wesentlichen Unterschied zwischen der Vaterschaft, mit der die juridische *Potestas* verbunden sei, und der Mutterschaft.[421] Die Autorität des hierarchischen Amtes in der Kirche werde nämlich niemals aus der Mutterschaft Mariens, sondern aus der Hauptstellung Christi abgeleitet. Und wie eine gute Mutter auch für jene im Haus sorgt, die nicht aus ihr selbst hervorgegangen sind, wende die «Mutter der Kirche» gerade dem hierarchischen Amt ihre besondere liebende Fürsorge zu.

Anders als in den bisher angeführten Belegen, die die Mutterschaft Mariens vom Verständnis der Kirche als Familie her zu erklären oder zu begründen suchten, gab es auch Väter, die die Mutterschaft

---

[419] Vgl. Hier ist offenbar das Verständnis der altorientalischen Großfamilie vorausgesetzt, in der zur Familie auch jene gezählt wurden, die nicht im strengen Sinn Kinder von Familienvater und Mutter sind, die aber dennoch unter der Fürsorge der Mutter stehen.

[420] Ähnlich argumentiert auch Ebf. GARCIA Y GARCIA DE CASTRO (*AS* III.I, 539). Auch die in der Aula geäußerte Ansicht, Maria müsse logischerweise als Mutter der Kirche (die Mutter der Gläubigen ist) «Großmutter der Gläubigen» genannt werden, weist Bf. CASTÁN als «lächerlich» und nicht stichhaltig zurück, da ja im selben Schema auch die Bischöfe Väter der Priester und die Priester Väter der Gläubigen genannt werden, ohne daß jemand deshalb die Bischöfe «Großväter der Gläubigen» bezeichnete.

[421] Auch Bf. CASTÁN dürfte also die Mutterschaft Mariens mehr auf der Ebene der Vaterschaft des Bischofs (als Repräsentant Christi, des Hauptes) sehen und zugleich auch komplementär zu ihr. Die Stellung der Mutter sei dabei gegenüber der Strenge der juridischen Autorität mehr durch Liebe und ausgleichende Sanftmut zu charakterisieren (vgl. *AS* III.II, 17; siehe auch 19: "Munus matris familias in hac re est temperare et mollire sua lenitate auctoritatem capitis").

Mariens als Argument für das von ihnen vorgeschlagene ekklesiologische *familia-Dei-Konzept* vorbrachten.[422]

Daß der Bezug Mariens zur Familie Gottes in den meisten der
folgenden Bischofssynoden nicht weiter vertieft wurde, hängt möglicherweise mit einem allgemeinen Abflauen des theologischen Interesses an der Klärung mariologischer Fragen zusammen. Eine Ausnahme bildet hierbei das Schlußdokument der lateinamerikanischen
Bischofsversammlung von Puebla (1979).[423] Es erinnert an die für
Kirche und Volk jenes Kontinentes so bedeutsame und in Liebe
gepflegte Marienverehrung und entwickelt daran anschließend eine
profunde Darstellung der Bedeutung Mariens im Geheimnis der Kirche
als Familie nach dem Bild der trinitarischen Communio Gottes. Als
höchste Verwirklichung des Evangeliums vermöge gerade die geliebte
Mutter zur Gemeinschaft mit Christus, ihrem Sohn, und der Menschen
untereinander zu führen, und sie verbinde die Gläubigen wie durch ein
sanftes Band in Treue mit der Kirche. Deshalb erkenne auch das Volk
in *der* Kirche, die Maria zur Mutter hat, die Familie Gottes.
   Gestützt auf die Lehre des Vaticanum II (vgl. *LG* 53) und die
erklärenden Worte von Paul VI.[424], scheut sich das Dokument nicht,
Maria «*Mater Ecclesiae*» zu nennen und die Verwendung dieses Titels,
der «tiefe Realitäten ausdrücke», theologisch zu begründen. Die allerseligste Jungfrau sei Mutter der Kirche aufgrund ihrer wunderbaren
Fruchtbarkeit, in der sie durch ihr «*fiat*» zur Mutter des Hauptes
Christus und damit auch seines mystischen Leibes wurde. Mutter der
Familie Gottes nach der Ordnung der Gnade (vgl. *LG* 53 u. 61) wurde
sie aber, weil sie — unter dem Kreuz stehend und dem Jünger zur
Mutter gegeben — in Liebe mitwirkte, als aus der geöffneten Seite des
Erlösers die Kirche geboren wurde. Zu Pfingsten schließlich erbetete
sie mit den Aposteln den Heiligen Geist, durch den das Leben Christi
siegreich in die Kirche Einzug hielt. Ihre mütterliche Sorge setze sich
in der Familie Gottes durch die Zeit hindurch fort, indem sie als das

---

[422] Vgl. Bf. HOA HIEN (*AS* I.IV, 515; II.I, 550 u. II.II, 44: er erwartet sich vom
Verständnis der Kirche als *familia Dei* darüber hinaus eine Stärkung der «Marienverehrung»); Ebf. DE PROENÇA SIGAUD + 38 Mitunterzeichnete (*AS* II.II, 35: er betont
daß die «*familia Dei*» wie die Mutterschaft Mariens nicht metaphorisch, sondern als
Realität zu verstehen sei); Prälat GROTTI (*AS* II.II, 167 u. 169 [Anm. 53] sowie III.I,
584 u. 586 [Anm. 53]) weist auf den *typos Ecclesiae* in der Jungfrau und Mutter hin,
aus der — als Anfang des Heiles — die neue und vollkommene Form der Kirche erweckt wurde. Sie sei als neue Eva (und dieser, selbst vor dem Fall, bei weitem über-
legen) wie die Kirche Tochter Gottes, Braut, Schülerin, aber zugleich auch mit und
unter ihm Mutter und Lehrerin). Ebf. DUBOIS (*AS* II.III, 25) leitet aus der Mutterschaft
Mariens ein universales Verständnis der Menschheitsfamilie als Familie Gottes ab.
   [423] Vgl. *Puebla* nn. 217 u. 282-303 [it.: 117 u. 136-142].
   [424] Vgl. *AAS* 56 (1964), 1007.

«Weibliche» in der Kirche das «Klima der Familie» aufbaue und damit gleichsam Gegenwart und «Sakramental» der «mütterlichen Züge Gottes» sei. Gerade diese tiefe und heilige Wirklichkeit erwecke im Volk die Anrufung Mariens besonders in den Erfahrungen von Hoffnung und Schmerz.

Die allerseligste Jungfrau sei aber aufgrund ihrer engen Christusbeziehung nicht nur Mutter, sondern auch Modell und Idealbild der Kirche. Als Jungfrau und Mutter verkörpere sie beide Dimensionen der Kirche: ganz von Christus und bei ihm zu sein wie auch ganz im Dienst der Menschen zu stehen in der untrennbaren Einheit von Kontemplation und Evangelisierung. Als Mutter erwecke sie das Herz der Kindschaft, das in jedem Menschen schlummere, und helfe auf diese Weise, die Taufgnade, durch die die Gläubigen Kinder Gottes geworden sind, zu entfalten. Zur selben Zeit stärke aber ihr mütterliches Charisma auch die Brüderlichkeit und lasse so Kirche als Familie erfahrbar werden. Durch die Glaubensgeheimnisse der unbefleckten Empfängnis und der glorreichen Aufnahme in den Himmel werde — wie der Text weiter ausführt — der lateinamerikanische Kontinent im Glauben erleuchtet, wo Profanisierung und ein passiver Fatalismus drohen. Urbild für die Kirche und ihren Dienst sei Maria schließlich gerade als *Frau* und als *«Gebenedeite unter den Frauen»*, denn in ihr leuchte die Größe des *Charismas der Frau* in der Kirche auf, die berufen sei, gleichsam Seele zu sein, durch ihre Fähigkeit der liebenden Hingabe das «Fleisch zu durchgeistigen» und den «Geist zu inkarnieren». So sei Maria, die Frau, aus der Gott Fleisch geworden, in ein Volk eingetreten und somit zum Zentrum der Geschichte geworden ist, gleichsam der «Verbindungspunkt zwischen Himmel und Erde». Ohne sie bliebe das Evangelium unleibhaftig und liefe Gefahr, in Ideologie, Rationalismus oder Spiritualismus abzugleiten.

Von den übrigen Synoden können schließlich noch die zwei (gebethaften) marianischen Schlußformeln, des Apostolischen Schreibens *Christifideles laici* sowie der Schlußbotschaft der Sondersynode für Afrika 1994, die in das dazugehörige nachsynodale Apostolische Scheiben aufgenommen ist, genannt werden, die Begriff und Thema der Kirche als Familie Gottes beinhalten.[425]

---

[425] Vgl. IOANNES PAULUS II, Adh. apost. *CL* 64: *AAS* 81 (1989), 520; sowie SYNEP Africa *Nuntius* n. 66: *OR Africa* II, 66: zit. in: IOANNES PAULUS II, Adh. apost. *EA* 144: *OR* 16.09.1995, 10.

Konklusion

Ein Blick auf die *familia-Dei-Stellen* in den Dokumenten des Vaticanum II, besonders aber auf ihre systematische Entfaltung in der Pastoralkonstitution, ergibt, daß der Begriff der *«Familie Gottes»* die innerste Gemeinschaft der Menschen mit Gott und untereinander sowohl in der vorläufigen Verwirklichung durch die pilgernde Kirche als auch in der endgültigen eschatologischen Gemeinschaft mit dem trinitarischen Gott bezeichnen kann. Darin zeigt sich nicht nur die Sakramentalität der Kirche im *«Schon»* und *«Noch-Nicht»* des Zeichens und Werkzeuges sowie das Ziel ihrer heilsgeschichtlichen Dynamik und ihrer Sendung. Vielmehr offenbart sich auch eine Dimension der Universalität, die über das Geographische hinaus die heilsgeschichtliche Ebene betrifft; dann nämlich, wenn wie mehrmals während der Konzilsdiskussionen jene große Familie als Ausdruck der Verbundenheit zwischen der pilgernden, der vollendeten und der Kirche in der Läuterung verstanden wird. In dieser umfassenden Einheit ist die Kirche *«eschatologisch»*: schon *pilgernde Familie Gottes* in ihren Gliedern auf Erden; schon *vollendete Familie Gottes* in den Heiligen; *schon (erwählt) und noch nicht in familiärer Gemeinschaft* mit dem dreifaltigen Gott in der Spannung der Läuterung der Verstorbenen. Diese Dimension der Familie Gottes wirft — wie ebenfalls aus einem Väterbeitrag geschlossen werden kann — auch Licht auf den eschatologischen Charakter des als sakramentale Repräsentation der göttlichen Vaterschaft dargestellten Amtes in der pilgernden Kirche. In der Vollendung nämlich wird Gott selbst für alle seine Kinder als der *eine* und *einzige Vater* in Herrlichkeit offenbar werden.[426]

Das achte Kapitel der Dogmatischen Konstitution über die Kirche ist mehr als nur ein sonst nirgends unterzubringender *«mariologischer Anhang»*. Insofern nämlich in Maria als ihrem vornehmsten Glied die Kirche bereits die Vollendung erreicht hat und insofern sie, die *«neue Eva»*, Urbild der Kirche und *«Mitarbeiterin an ihrer Geburt»* ist, erscheint das Marienkapitel als Schlußpunkt, der nochmals das Ganze des Geheimnisses der Kirche von ihrem Ursprung bis zu ihrem Ziel symbolhaft zusammenfaßt. Das *familia-Dei-Konzept*, das explizit zwar nicht im Marienkapitel von *Lumen gentium*, wohl aber in dessen Entstehungsprozeß wie in der Interpretation und Weiterführung des Konzils vorkommt, kann seinerseits durch die Aufnahme marianischer Themen in seine Ekklesiologie weiteres theologisches Profil gewinnen.

---

[426] Vgl. Röm 8,18-23; in Herrlichkeit als Kinder Gottes offenbar werden die Geretteten nur dann, wenn Gott selbst in Herrlichkeit als ihr Vater offenbar wird.

Die familiären Relationen der *Jungfräulichkeit/Bräutlichkeit* und *Mutterschaft* sind die beiden Eckpfeiler der Verbindung zwischen Maria und der Familie Gottes, sei es in ihrer Urbildlichkeit, sei es als Glied jener Familie. Sie ist die makellose *Jungfrau* und damit *ganz Braut* in ihrer Hingabe an den Willen Gottes wie als Symbol für die Einheit der Kirche mit Christus, die sich im kontemplativen «Bei-Ihm-Sein» der Anbetung und Stille verwirklicht. Sie ist *ganz Mutter*, Mutter Gottes und Mutter der Kirche, in einer Mutterschaft, die der Vaterschaft Gottes keinen Abbruch tut und sie nicht mindert, da sie selbst als «Tochter des Vaters» in sekundärer Mittlerschaft «geistlich Mutter der Kirche» ist, wie auch die Apostel deren «Väter» sind.[427] Sie ist *ganz Mutter* in ihrer aktiven Sorge für die Menschen und damit als Symbol der aktiven Kirche in Apostolat und Weltdienst; *ganz Mutter* auch bei der Geburt der Kirche: von der Fleischwerdung des Wortes bis hin zum Erflehen des Geistes, doch am meisten zu Füßen des Kreuzes, wo in der Übergabe des Jüngers an sie die aus der Seite geborene Kirche vorausbezeichnet wird und sich selbst die Familie Jesu, die Heilige Familie, gegenüber dieser *«neuen Familie Gottes»* als vorläufig erweist.

Als *Braut* und *Mutter* ist Maria *ganz Frau*, gebenedeit unter den Frauen; ganz Frau in der Familie Gottes und ganz Frau als Bild für sie. Darin erstrahlt das weibliche Charisma in der Kirche und die «Weiblichkeit der Kirche» selbst. Wie die Frau gleichsam als Seele die Familie mit Liebe und Leben erfüllt, so ist sie berufen, das auch in der Familie Gottes zu tun, damit die Kirche Liebe und Leben bringende Seele in der Welt sei. Echte Fraulichkeit in der Kirche gebiert, nährt und schützt Gotteskindschaft und Brüderlichkeit. Sie zeichnet sich aus durch ihre Fähigkeit der Hingabe, in der sie das Umfeld schafft, in dem «das Fleisch durchgeistigt» und der «Geist leibhaftig wird» und das die Familie Gottes vor geistloser «Sachlichkeit» und unsachlicher, lebensfremder Schwärmerei bewahrt. Gott, der, um Mensch und dadurch auf der Welt in Fülle offenbar zu werden, eine Frau mit ihren natürlichen Anlagen und Fähigkeiten erwählte und in seinen Dienst nahm; sollte dieser lebendige Gott und Vater, der seine Gnade nicht ohne die Voraussetzung der Natur wirkt, nicht gerade die Frau in den ihr eigenen natürlichen wie übernatürlichen Anlagen und Fähigkeiten erwählen und in Dienst nehmen, um seine Familie, das Zeichen und Werkzeug seiner Gemeinschaft, aufzubauen?

---

[427] Darin drückt sich auch die notwendige Komplementarität zwischen geistlicher Mutter- und Vaterschaft aus, die theologisch auch und gerade im *familia-Dei-Konzept* noch weiter zu vertiefen ist (s.u. 4.2. *Exkurs: «Komplementarität»*).

DIE *FAMILIA DEI* ALS EKKLESIOLOGISCHES SCHLÜSSELKONZEPT ZUM VERSTÄNDNIS DER SENDUNG DER KIRCHE IN DER WELT

Das erste Kapitel der Arbeit erörterte die Stellung und Bedeutung des *familia-Dei-Konzeptes* im Zweiten Vatikanischen Konzil und in seiner nachkonziliären synodalen Rezeption und Entfaltung. Vorgegebener Kontext war dabei die Dimension der Kirche «ad intra», m.a.W. die Frage nach dem *Wesen* der Kirche. Gemäß der ekklesiologischen Leitidee von *Lumen gentium* ist die Kirche *in Christus gleichsam das Sakrament, d.h. Zeichen und Werkzeug für die innigste Vereinigung mit Gott wie für die Einheit der ganzen Menschheit*[1]. Diese Sicht bestätigt die enge Verbindung des Wesens der Kirche mit ihrer Sendung in der Welt. Es gehört nämlich unverzichtbar zum Wesen der Kirche, von Christus *gesendet zu sein*, jene Einheit in der Welt zu errichten. Andererseits besteht die Sendung der Kirche darin, *ihr Wesen*, die Einheit mit Gott und unter den Menschen, immer mehr *zu verwirklichen*. Deshalb muß, wo immer über das Wesen der Kirche gesprochen wird, auch ihre Sendung behandelt werden; andererseits kann man Stellung und Sendung der Kirche in der Welt nicht angemessen klären, ohne verbindlich Rechenschaft über ihr Wesen zu geben.

Das zweite Kapitel der Arbeit steht deshalb in engem Zusammenhang mit dem ersten und soll parallel dazu erheben, welche Rolle das *Konzept* der *Familie Gottes* im Zusammenhang der Dimension der Kirche «ad extra» spielt: im Blick auf ihre Stellung und Sendung in der Welt (2.1.); ihren missionarischen Auftrag (2.2.); ihren Dialog mit anderen christlichen Konfessionen sowie mit nichtchristlichen Religionen (2.3.).

---

[1] Vgl. Const. dog. *LG* 1: *AAS* 57 (1965), 5.

2.1. DIE *FAMILIA DEI* ALS EKKLESIOLOGISCHES SCHLÜSSELKONZEPT ZUM VERSTÄNDNIS VON DIENST UND SENDUNG DER KIRCHE IN DER WELT

Dienst und Sendung der Kirche in der Welt werden im Zweiten Vatikanischen Konzil vor allem durch die *Pastoralkonstitution über die Kirche in der Welt von heute* dargestellt. In eben diesem Dokument ist aber auch die größte Häufigkeit an expliziten *familia-Dei-Stellen* sowie an anderen Formulierungen, die ebenfalls jenem Thema zuzurechnen sind, zu verzeichnen. Die Erörterung der Bedeutung der «*Familie Gottes*» in *Gaudium et spes* wird deshalb durch die Fragen begleitet sein, ob diese darin zu Recht als «Schlüsselkonzept» bezeichnet werden kann und ob das Konzil in seinem letzten Dokument zu einer wenigstens ansatzhaft entfalteten *familia-Dei-Ekklesiologie* vorgedrungen ist. Dafür sind nicht nur die Häufigkeit der Belege, sondern auch ihre Stellung und theologische Charakteristik maßgeblich. Somit wird deutlich, daß es in diesem Abschnitt vor allem um eine angemessene Interpretation der Pastoralkonstitution — und zwar im Blick auf eine ganz bestimmte dogmatisch-ekklesiologische Fragestellung — geht.

Um der Pastoralkonstitution nach Aussagen und Anliegen gerecht zu werden, kann es einer dogmatischen Arbeit nicht genügen, sich vorrangig ihrem zweiten Teil zuzuwenden und den darin gegebenen «charismatischen» oder prophetischen «Weisungen»[2], in die ohne Zweifel auch manches Zeitbedingte eingeflossen ist und die deshalb nicht schon grundsätzlich unumstößliche Gültigkeit für sich beanspruchen können. Es wäre falsch, den ersten Teil gleichsam nur als notwendige lehrhafte «Voraussetzung» zu erachten, von der wenig «Originalität» zu erwarten sei; und ebenso falsch wäre es, diesen lehrhaften Teil nur oder vorwiegend im Blick auf den Menschen und die Anthropologie des Konzils zu bewerten. Vielmehr kann eine *Konstitution*, die ihrem Titel gemäß «*de Ecclesia …*» handelt, nicht anders als auch verbindliche ekklesiologische Lehren vorlegen, die in *Gaudium et spes* einerseits in Treue, andererseits als Ergänzung zur *Dogmatischen Konstitution über die Kirche* zu verstehen sind.

Eine angemessene Interpretation der Ekklesiologie der Pastoralkonstitution muß den vielschichtigen *Zusammenhang des Textes* berücksichtigen. Sie ist notwendigerweise an die Offenbarung in der Heiligen Schrift, an den Strom der lebendigen Tradition und des Glaubens der Kirche, an das, was «immer, überall und von allen

---

[2] Zu einer Interpretation der Const. past. im Hinblick auf diese «Weisungen» vgl. K. RAHNER, *Zur theologischen Problematik einer «Pastoralkonstitution»*, in: DERS., *Schriften* VIII, 613-636 u. DERS., *Theologische Grundinterpretation des II. Vatikanischen Konzils*, in: DERS., *Schriften* XIV, 301f.

geglaubt» wurde und was vom Lehramt zu jeder Zeit zu bewahren bzw. verbindlich auszulegen ist, gebunden.[3] Diesen Zusammenhang bilden weiters vor allem die Dogmatische Konstitution über die Kirche, die anderen Konstitutionen wie die übrigen Dokumente des Vaticanum II. Auch wenn im Konzil bis zu seinem letzten Dokument eine theologische Entwicklung erkennbar ist, hebt diese seine früheren Lehren nicht auf, sondern ergänzt und vervollkommnet sie vielmehr. Als dritter Kontext sei auf das Dokument selbst *als ganzes* verwiesen, aus dessen Zusammenhang Einzelaussagen nicht gerissen werden dürfen. Dabei ist die inhaltliche wie formale Charakteristik der Teile, Kapitel, Nummern oder auch Absätze, in denen bestimmte Aussagen vorkommen, von entscheidender Bedeutung. Das gilt insbesondere für die mehr lehrhaften vier Kapitel des ersten Teiles, denen unbestreitbar größeres theologisches Gewicht zuzumessen ist.[4]

Um zu verstehen, was das Konzil in der Ekklesiologie der Pastoralkonstitution sagen bzw. was es dort dezidiert nicht sagen wollte und um die viel diskutierten Schlüsselfragen in ihren Auswirkungen auf den promulgierten Text theologisch richtig einzuschätzen, muß im folgenden näher auf die Entwicklungen des Textes eingegangen werden, von denen das *familia-Dei-Konzept* nicht unwesentlich betroffen war.[5] Ihre Bedeutung erschöpft sich nicht darin, Ausdruck für das Ringen um Mehrheiten und einen für möglichst viele annehmbaren Text zu sein. Mag die Anerkennung des Wirkens des Heiligen Geistes auch dem gläubigen Denken vorbehalten bleiben[6], so ist allgemein einsichtig, daß gerade die besagten Entwicklungen die Absicht des Konzils deutlicher hervortreten lassen und gültige Verstehenshilfen für das Dokument bieten. Dabei sollen weniger die vor

---

[3] Daraus ergibt sich als negativ formulierte Bedingung, daß Dokumente nicht im Widerspruch zu den verbindlichen Aussagen von Schrift, Tradition und Lehramt auszulegen sind, unbeschadet der Tatsache, daß den Texten selbst insoweit eine wirkliche «Neuheit» zukommt, als sie den Glauben in einer der Zeit angemessenen Sprache vorlegen.

[4] Es kann auch nicht genügen, Gedanken der Einleitung, anderer Einzelstellen oder persönliche Meinungen von an der Erstellung des Textes Beteiligten, als «Geist der Pastoralkonstitution» auszugeben und daraus einen universal gültigen Interpretationsschlüssel abzuleiten. Vgl. J. RATZINGER, *Der Weltdienst der Kirche. Auswirkungen von Gaudium et spes im letzten Jahrzehnt,* in: A. BAUCH–A. GLÄSSER–M. SEYBOLD (Hg.), *Zehn Jahre Vaticanum II,* Regensburg 1976, 36-40.

[5] Die gegenüber dem ersten Kapitel der Arbeit sowie den anderen Abschnitten dieses Kapitels umgestellte Gliederungsordnung (zuerst die Entwicklungsphasen und dann erst das verbindliche Dokument) trägt der Tatsache Rechnung, daß in *Gaudium et spes* im Unterschied zu allen anderen Konzilsdokumenten eine ausführlichere Entfaltung des *familia-Dei-Konzeptes* und zwar als Ergebnis eines längeren Entwicklungsprozesses erkennbar wird.

[6] Dieses gläubige Denken ist allerdings innere Voraussetzung einer als Glaubenswissenschaft im Raum der Kirche betriebenen Theologie.

und während der Konzilszeit verbreiteten theologischen Meinungen
und Theorien oder der allgemeine kirchen- oder zeitgeschichtliche
Kontext beleuchtet werden, wie das in Kommentarwerken bereits
umfassend geschehen ist. Als Grundlage werden vielmehr jene Stellen,
an denen das Verständnis der Kirche als Familie Gottes schon früher
im Konzil im Kontext ihrer Sendung in der Welt angewendet wurde
(2.1.1.), berücksichtigt; sodann die offiziell beim Konzil vorgelegten
Schemen in den wichtigsten Entwicklungsstufen des Textes sowie die
dazu gegebenen und in den *Acta Synodalia* veröffentlichten Stellungnahmen (2.1.2.). Vor allem aber soll der promulgierte Text des
Dokumentes selbst ausführlicher zu Wort kommen (2.1.3.). Als letztes
Interpretationskriterium muß auch im Blick auf die Wirkungsgeschichte
festgestellt werden, welche Weiterführung das Konzept der *Familie
Gottes* im Kontext der Sendung der Kirche bei den folgenden Synoden
erfahren hat (2.1.4.).

2.1.1. Die «Sendung» der *Familie Gottes* im Zweiten Vatikanischen Konzil vor und außerhalb der Pastoralkonstitution

Einige der bereits in anderem Kontext genannten *familia-Dei-
Stellen* der Dogmatischen Konstitution über die Kirche treffen Aussagen über die Sendung der Kirche als Dienst an der Einheit. Von den
Bischöfen wird beispielsweise gesagt, daß sie die *«Familie Gottes als
von einem Geist durchdrungene Gemeinde von Brüdern»* sammeln und
durch Christus im Geist zu Gott dem Vater führen.[7] Damit ist einerseits die apostolische Sendung zum Aufbau der Einheit mit Gott und
unter den Menschen ausgedrückt und andererseits diese Sendung als
eine durch Christus und im Heiligen Geist von Menschen (hier den
Bischöfen) zu vollziehende, d.h. als göttliche und menschliche zugleich, charakterisiert.

Dieses Thema wird — allerdings aus mehr anthropologischer
Sicht — nochmals aufgegriffen, wenn die in den säkularen Bereichen
wachsende menschliche Einheit als Ansporn für den Einsatz der
Priester gesehen wird, jede Art von Spaltung zu beseitigen und die
ganze Menschheit der Familie Gottes zuzuführen. Mit dieser in der
späteren Pastoralkonstitution wörtlich zitierten Stelle[8] ist im wesent-

---

[7] Vgl. Const. dog. *LG* 28: *AAS* 57 (1965), 33-36. Vgl. dazu aus späteren
Dokumenten *PO* 6: *AAS* 58 (1966), 999 sowie Decr. *CD* 16: *AAS* 58 (1966), 680.

[8] Dieser Gedanke aus *LG* 28 §5 [vgl. Const. past. *GS* 43: *AAS* 58 (1966),
1063] scheint dann auch in den späteren Dekreten über das Laienapostolat *AA* 8: *AAS*
58 (1966), 844f. sowie über die Missionstätigkeit der Kirche *AG* 1: *AAS* 58 (1966),
947, wiederum auf, dürfte dort aber bereits im Zusammenhang der im Zuge der Vorbereitungen zur Pastoralkonstitution begonnenen Entwicklungen stehen.

lichen bereits ein Grundgedanke in der Verwendung des *familia-Dei-Konzeptes* ausgesprochen, der von *Gaudium et spes* dann noch häufiger vorgelegt und weiter entfaltet wird. In einer dritten Belegstelle wird der Familie Gottes die Erfüllung der innersten Berufung der Kirche und damit ihrer Sendung insofern zugesprochen, als die Gläubigen in der Gemeinschaft der gegenseitigen Liebe und im Lob der Heiligsten Dreifaltigkeit vereint sind.[9]

Vor dem Konzil wurde im Hinblick auf das hier erörterte Thema beispielsweise von der Liebe der Kirche zu allen Kindern Gottes, also auch zu jenen, die außerhalb der Kirche geboren sind, gesprochen und die göttliche Offenbarung wie der katholische Glaube als heilswirksames Licht und Band der Einheit für die ganze *Familie der Menschen* bezeichnet.[10] Einheit und Brüderlichkeit der Menschheitsfamilie als Grundlage für die Völkergemeinschaft wurden an anderer Stelle[11] theologisch aus der Beziehung zum einen gemeinsamen Vater als Schöpfer und Ziel aller begründet. Die *natürliche* Einheit der Menschheitsfamilie, die der Abstammung aus demselben ersten Menschenpaar entspringe, finde darüber hinaus ihre Bestätigung im Sohn Gottes, dem Bild des ewigen Vaters, durch den alles erschaffen ist und der in die Welt kam, um alle zu erlösen.

In der Konzilsaula hoben die Bischöfe von Burundi und Rwanda anläßlich der Diskussion des Schemas *De Ecclesia* die in ihrer Natur begründete Sendung der Kirche, alle Söhne Gottes in der Einheit der *Familie Gottes* zu versammeln, hervor.[12] Eine Reihe von anderen Beiträgen verband das Konzept der *familia Dei* mit dem sozialen und karitativen Dienst der Kirche an der Welt in noch universalerem Kontext. Sie konnten sich dabei auf die Allocutio von Paul VI. zur Eröffnung der zweiten Konzilssession berufen[13], in der er davon sprach, daß die katholische Kirche ihren Blick über die Grenzen der

---

[9] Vgl. Const. dog. *LG* 51: *AAS* 57 (1965), 58.

[10] Vgl. Ebf. ROY (*A* I.II.VI, 73).

[11] Vgl. das zu den ersten Vorläufern der späteren Pastoralkonstitution zu zählende Schema Const. doctrinalis *De communitate gentium*, Cap. I *Fundamentum morale communitatis gentium*: *A* II.III.I, 232f. u. *SCH* III, 47f. In der Argumentation beruft sich das Schema vor allem auf PIUS XII, Lit. enc. *Summi Pontificatus* (20.10.1939): *AAS* 31 (1939), 428 sowie die Adh. apost. *Conflictatio bonorum* (11.02.1949): *AAS* 41 (1949), 58-61. Darin wird die Einheit der Menschheitsfamilie und die Brüderlichkeit aller Menschen ebenfalls aus der Vaterschaft Gottes abgeleitet, ohne allerdings den Begriff der *familia Dei* auf die Menschheitsfamilie anzuwenden.

[12] Vgl. *AS* II.II, 206: "Cum haec Dei familia, quae est Ecclesia, nata sit ut omnes Dei filios in unum congreget, natura sua in id tendit ut in vita sua unitatem in diversitate et diversitatem in unitate quam perfectissime ostendat."

[13] Vgl. PAULUS VI, *Allocutio*, Sessio publica II (29.09.1963): *AAS* 55 (1963), 841-859, bes. 857f.

Familie der Christen hinausrichten müsse, in Nachahmung der Liebe
Gottes des Vaters, der alle mit seinen Wohltaten beschenkt und die
Welt so sehr geliebt hat, daß er seinen einzigen Sohn zu ihrem Heil
dahingab. Dem entspreche der gemeinsame Einsatz, die Familie der
Völker zu vereinen. In ähnlicher Weise wurde dieser Gedanke dann
auch anläßlich der Diskussion des Schemas *De Ecclesia* von einigen
Vätern in der Aula vorgetragen. Nach dem Evangelium sei die Kirche
zu geistigen wie leiblichen Werken der Barmherzigkeit und zur Liebe
gegenüber jenen verpflichtet, die ihrer bedürfen. Auf diese Weise zeige
sich die Kirche der Welt nicht nur als mystischer Leib, sondern auch
als die ganze Erde umspannende Familie Gottes, die in der Welt sei,
nicht um sich bedienen zu lassen, sondern um zu dienen.[14]

2.1.2. Das *familia-Dei-Konzept* in den Schemen und in der Diskussion zur Pastoralkonstitution *Gaudium et spes*

2.1.2.1. Das Schema XIII *De Ecclesia in mundo huius temporis* vom 20.10.1964[15]

Im Jänner 1963 beauftragte die Koordinierungskommission eine
aus Mitgliedern der Kommissionen *De doctrina fidei et morum* und *De
apostolatu laicorum* gebildete gemischte Kommission mit der Erstellung eines Schemas *über die Anwesenheit der Kirche in der Welt von
heute*. Das ursprünglich siebzehnte Schema wurde nach verschiedenen
Phasen der Ausarbeitung in Kommissionen und Unterkommissionen als
«Schema XIII» am 04.07.1964 offiziell zur Versendung an die Väter
bestimmt und am 20.10.1964 von Kardinal Cento in der Konzilsaula
präsentiert. Die Diskussion darüber wickelte sich in den darauffolgenden drei Wochen ab. Geschichte, Absicht und Aufbau des Entwurfs
wurden in der *Relatio* von Bischof Guano den Vätern erklärt.[16] Es gehe
im Text — so führte er aus — um die Beziehung zwischen Kirche und
Welt, wobei allerdings nicht die Evangelisierung der letzteren, sondern
das Verhältnis der Kirche zu den Problemen der Zeit im Licht der
Theologie behandelt werde. An Schwierigkeiten bei der Ausarbeitung

---

[14] Vgl. Pater HEILIGERS *SMM* (*AS* II.I, 404); Bf. PETRONI (ebd., 411) sowie
Kard. DE ARRIBA Y CASTRO (*AS* II.II, 308), der den Begriff der *familia Dei* und die
Vaterschaft Gottes auf die ganze Menschheit bezieht. Vgl. auch später bei der Diskussion der Pastoralkonstitution: Bf. BARONI (*AS* III.VII, 184-187). Mit dem dienenden
Charakter der Kirche in der Welt wurden außer dem Begriff der *familia Dei* auch die
Bilder *ancilla, mater* und *magistra* verbunden.

[15] Die Datierung bezieht sich auf die Präsentation in der Aula.

[16] Vgl. *AS* III.V, 142-146. Ausführlicher, aber auch mehr durch persönliche
Eindrücke und Ansichten geprägt: MOELLER, *Pastoralkonstitution*, 242-264.

erwähnte der Relator die Neuheit und Komplexität des Themas, die schwer in den Griff zu bekommenden Veränderungen in der Welt sowie das Ziel, das spätere Dokument nicht nur an die Katholiken, sondern an alle Christen und auch an die Nichtchristen zu richten.

Das Schema, das 25 Artikel und eine *Conclusio* umfaßte, begann mit einer Einleitung bezugnehmend auf das Thema, die Adressaten und die Situation in der Welt. Die folgenden vier Kapitel widmeten sich: I) der umfassenden Berufung des Menschen; II) der Sendung der Kirche (bes. der Hierarchie) bezüglich der zeitlichen Dinge; III) dem Verhalten der Christen zur Welt; IV) einigen schwerwiegenderen Problemen der Zeit und den diesbezüglichen Aufgaben der Christen. Die *Conclusio* als Aufruf an alle Menschen beschloß den Entwurf, dem weitere Anhangkapitel (*adnexa*) beigegeben wurden, welche die in Kapitel IV behandelten Fragen der Personwürde, der Familie, der Kultur, des wirtschaftlichen und sozialen Lebens, der Solidarität der Völkerfamilie sowie des Friedens weiter und konkreter ausführten, jedoch weder für die Diskussion in der Aula noch als Teile des späteren Dokumentes vorgesehen waren.

Bereits in diesem ersten Schema kann die *familia Dei* nach Anzahl der Belege, aber auch nach deren Stellung in Einleitung und Konklusion sowie in zwei der vier Kapitel, als ein Schlüsselkonzept angesehen werden, das vor allem parallel zum Thema der *Menschheitsfamilie* entwickelt wurde.[17] Das *Prooemium* begründet die Gemeinsamkeit des Menschengeschlechtes und der Kirche in Freude und Schmerz, in Angst und Hoffnung von Gott dem Vater her, der alle Menschen erschaffen und ihnen die Welt anvertraut habe. Diese Einheit, die Einheit der *Familie der Kinder Gottes*, ist christologisch bestimmt, weil Christus gekommen sei, alle Menschen von Sünde und Zwietracht zu befreien und in der Einheit von Liebe und Frieden zu versammeln. Unbeschadet der universalen Berufung zu ihr, meint sie an dieser Stelle ohne Zweifel die Kirche:

> "Alle sind wir darüber hinaus berufen, die eine Familie der Söhne Gottes in Christus zu bilden, der allen Menschen jeden beliebigen Stammes, jeder Sprache, Nation oder jedes Standes dieselbe Liebe zuwendet."[18]

---

[17] Das Konzept der *familia Dei* erscheint explizit an sieben Stellen: nn. 1 (*familia filiorum Dei*), 6, 21 (*familia Sua*), 24, 25 (2x) und in der *Conclusio*; auf die Menschheit wird der Begriff *familia hominum (humana, populorum u. gentium)* in den nn. 2, 4, 17, 24, 25 sowie in der *Conclusio* oft auch mehrfach angewendet, die dazu verwandten *genus humanum* bzw. *hominum* in den nn. 2, 4, 8, 23-25 und der *Conclusio*.

[18] *AS* III.V, 116. Durch die Formulierung *omnes ... vocati sumus* wird zugleich die Universalität der Kirche als auch ihre Differenz zur Welt gewahrt, da offen und der Freiheit des Menschen überlassen bleibt, wie dieser auf die Berufung antwortet.

Im ersten Kapitel (*über die Berufung des Menschen*) handelt die Nummer sechs über den Wert der irdischen Dinge und Aufgaben. Dabei wird der Mensch gemahnt, um nicht die ewigen Güter zu verlieren, die irdischen als Adoptivkind Gottes zur Verherrlichung des Vaters zu verwenden. Die Erfüllung der «höheren Berufung» der Menschen wird in der Gotteskindschaft und der Einheit in der Familie Gottes gesehen:

> "In Wahrheit hat uns Christus Jesus, der einzige Sohn Gottes, einer höheren Berufung teilhaftig gemacht (vgl. Hebr 13,14): daß wir, die an ihn und den Vater, der ihn gesandt hat, glauben, das ewige Leben haben, Söhne Gottes genannt werden und es sind (vgl. Joh 3,16), und in göttlicher Liebe mit ihm verbunden, die eine Familie Gottes bilden (vgl. 1Joh 3,1), da wir Gott Vater im Geist der Kinder erkennen – jetzt im Glauben, dann aber von Angesicht zu Angesicht (vgl. 1Kor 13,12)."[19]

Die Einheit in der Familie Gottes wird doppelt als Einheit der Menschen mit Gott (als Treue zu ihm) und als Brüderlichkeit untereinander bestimmt, die sich beide im Leben der Welt wie der Gesellschaft bewähren müssen. Die anschließende Forderung an die Gläubigen, auch in den irdischen Dingen niemanden von ihrer Liebe auszuschließen, unterscheidet offenbar zwischen der *Vaterschaft* Gottes gegenüber den Gläubigen als seinen *«Adoptivkindern»* und seiner *«väterlichen Sorge»* gegenüber allen Menschen.

Keinen expliziten Beleg für die *familia Dei* bieten das zweite und das dritte Kapitel. Dafür finden sich im vierten (*über einige schwerwiegendere Probleme*) deren vier. Die Nummer 21 über die Würde der Ehe und Familie bezieht Eph 5,32 auf die christliche *Familie*[20], die als Abbild und Teilhabe am Bund Christi mit der Kirche in ihrer Liebe, Fruchtbarkeit, Einheit und Treue Zeugnis für die lebendige Gegenwart des Erlösers in der Welt sowie für das wahre Wesen seiner Kirche geben soll. Die hier angesprochene Analogie zwischen dem Wesen der Ehe und Familie sowie dem der Kirche wird weiters konkret in der

---

Die Identifikation der *Familie der Kinder Gottes* mit der *Kirche* entspricht auch der Begriffsbedeutung in der Dogmatischen Konstitution über die Kirche, die am 21.11.1964 promulgiert wurde.

[19] *AS* III.V, 119. Die Zugehörigkeit zur Familie Gottes (zu der «wir» alle berufen sind), wird hier an die Bedingung des Glaubens geknüpft (*credentes in Eum et Patrem*). Die abschließende Formulierung (*nunc per fidem*) verweist auf die eschatologische Vollendung, weshalb eine Interpretation der *familia Dei* sowohl als in der Welt bereits gegenwärtige Kirche als auch in Richtung der verheißenen ewigen Gemeinschaft mit Gott zulässig erscheint.

[20] Kard. RUFFINI (*AS* III.V, 222) bemerkt dazu, daß Eph 5,22-32 vom Sakrament der Ehe, dem Bund der Liebe und nicht von der Familie spreche. Diesem Einwand wird in späteren Entwürfen durch eine exaktere Formulierung Rechnung getragen, die die Analogie auf die *Ehe, aus der die Familie hervorgeht*, bezieht.

fruchtbaren Teilhabe der Ehegatten an der Liebe des Schöpfers und Erlösers, der durch sie *seine Familie* ausbreitet und bereichert.[21]

Ein anderes Verständnis der *familia Dei* liegt in den folgenden Nummern desselben Kapitels vor. Zwar unterscheidet die Nummer 24 *(über die Förderung der Solidarität der Völkerfamilie)* durch ihre Eingangsformulierung noch zwischen den *Christgläubigen* und dem *Geschlecht der Menschen*. Im dritten Unterpunkt wird dann aber das Prinzip der Subsidiarität in der Forderung ausgedrückt, daß alle Völker tätig daran denken sollen, daß sie «*eine Familie Gottes*» und deshalb in dem, was das ganze Menschengeschlecht betreffe, zur gegenseitigen Hilfe verpflichtet seien. Im Gegensatz zu den Nummern 1 und 6 wird nun die Zugehörigkeit aller Menschen zur *familia Dei* nicht mehr als Berufung («*vocati*»), sondern als Sein («*esse*») dargestellt, weshalb an dieser Stelle mit der «Familie Gottes» nicht mehr die Kirche, sondern nur die Menschheitsfamilie insgesamt gemeint sein kann.[22] Noch deutlicher in diese Richtung geht die folgende Nummer (25) über die Stärkung des Friedens, die die *familia Dei* nicht nur mit der Familie der Völker identifiziert, sondern von dieser selbst die Kirche als *ancilla pacis Christi* gedanklich unterscheidet, die *mit der* Familie Gottes für den Frieden zusammenarbeiten soll:

> "Deshalb muß und will die Kirche, die Dienstmagd des Friedens Christi, mit der ganzen Völkerfamilie, die die Familie Gottes ist, in größter Sorgsamkeit zusammenarbeiten, damit jener Friede, der über jedes Sehnen und jedes Werk dieser Welt hinausgeht, auch zwischen den Völkern fruchtbar werde."[23]

Offenbar als Versuch einer christologischen Begründung dieser Ansicht fordert der abschließende vierte Punkt der Nummer von den Christen, dem Beispiel der Liebe Christi zu folgen, der durch sein Blut und sein Kreuz alle Menschen mit Gott versöhnt und zur Einheit in der

---

[21] Vgl. *AS* III.V, 132: "Unde verus amoris coniugalis cultus totaque vitae familiaris ratio inde oriens eo proditur, ut coniuges generose dispositi sint ad cooperandum amori Creatoris atque Salvatoris, qui per eos Suam familiam dilatat et ditat." Auch wenn in der Aula die Zweideutigkeit dieser Stelle kritisiert wurde, da nicht zu erkennen wäre, ob mit «Sua familia» die Menschheitsfamilie oder die Kirche gemeint sei (vgl. Ebf. DE PROVENCHÈRES, *AS* III.VII, 234), kann hier nur die Interpretation als «Kirche» angebracht sein. Dafür sprechen die Großschreibung von «Sua» sowie der Kontext, der von der *christlichen* Familie handelt und diese ja auch zuvor klar in Beziehung zur Kirche und nicht zur Menschheit insgesamt setzt.

[22] Das gilt unter der Voraussetzung, daß eine grundsätzliche Gleichsetzung von Kirche und Menschheit hier nicht beabsichtigt ist; vgl. *AS* III.V, 137: "Attamen, hoc historiae humanae tempore, omnes gentes efficacius meminerint se unam esse Dei familiam et propterea in re quae tangit universum hominum genus, ad mutuum obligari auxilium."

[23] *AS* III.V, 139.

einen Familie Gottes zurückgeführt habe.[24] Auch in der *Conclusio* identifiziert das Schema die «*familia Dei*» expressis verbis mit der «*familia humana*»; im Rahmen eines ökumenischen Aufrufes, der die brüderliche Zusammenarbeit aller Christen im Dienst der einen «*Menschheitsfamilie*», welche «*Familie Gottes und Christi ist*», anregt.[25]

Wie der Überblick über die *familia-Dei-Stellen* erkennen läßt, weist das behandelte Schema in seinen ekklesiologischen Voraussetzungen und Aussagen, besonders in bezug auf Wesen und Sendung der Kirche, Mängel auf, die auch in der Konzilsaula bzw. in schriftlichen Eingaben der Väter mehrfach beanstandet wurden. Sie äußern sich vornehmlich in einer theologischen wie begrifflichen Zweideutigkeit, ja bisweilen sogar Widersprüchlichkeit. Man beruft sich zwar auf die früheren Erörterungen des Konzils über das Geheimnis der Kirche[26], verläßt aber nicht selten das Fundament der dort vorliegenden Grundaussagen und Begriffsbestimmungen. Über die Kirche wird meist mit dem Begriff «*Ecclesia*» gesprochen, wobei nicht immer klar wird, wer oder was damit konkret gemeint sein soll.[27] Sparsam und mehrdeutig zeigt sich der Entwurf in der Verwendung der in den Schemen wie in der späteren Dogmatischen Konstitution *De Ecclesia* vielfältig vorgelegten Kirchenbilder. *Corpus* erscheint in Nummer 21 im Zusammenhang Kirche-Ehe[28], *populus Dei* meint zweimal die Gläubigen im Unterschied zu ihren Hirten und dreimal alle Gläubigen, die kraft ihres *sensus fidei* eine besondere prophetische Aufgabe in der Welt erfüllen.[29] An einer weiteren Stelle wird die Kirche *ancilla pacis Christi* genannt.[30] Sieben Belege können schließlich für das *familia-*

---

[24] Vgl. ebd., 140: "Christifideles, qui credunt in Christum Dominum, Principem pacis, Eius sentiant urgentem amorem et omni alacritate Eum sequuntur, qui per sanguinem crucis suae omnes homines reconciliavit Deo ac restituit omnium unitatem in una familia Dei, et propria sua carne occidit odium." Die vorliegenden Formulierungen scheinen auf das zweite Kapitel des Eph zu verweisen. Dort ist aber die Überwindung der Feindschaft, die Versöhnung mit Gott durch das Kreuz sowie die Zusammenführung zur Familie Gottes auf die aus Juden und Heiden gebildete Kirche bezogen und keinesfalls direkt und ohne Unterschied auf die ganze Menschheit.

[25] Vgl. ebd., 141: "Quare unitis studeamus viribus, non solum ut Evangelio Christi in dies magis imbuamur, sed etiam, ut cooperemur fraterne serviendo *familiae humanae, quae Dei familia est* et Christi eius" [Herv. v. Verf.].

[26] Vgl. n. 3: *AS* III.V, 117.

[27] Das ergeben Lektüre und Zusammenhang des Textes, auch wenn nach Darstellung des Vorsitzenden der Arbeiten am Text, Bf. GUANO, Kirche «das ganze Volk Gottes und nicht nur die Hierarchie» meine (vgl. MOELLER, *Pastoralkonstitution*, 262).

[28] Vgl. *AS* III.V, 132.

[29] Vgl. im Unterschied zu den Hirten: nn. 10-11, ebd., 122 sowie «alle Gläubigen» (3x): n. 14, ebd., 125f.

[30] Vgl. n. 25, ebd., 139.

Dei-Konzept angegeben werden, wovon allerdings — wie gezeigt — genaugenommen nur drei die Kirche im eigentlichen Sinn bezeichnen.[31] Auch das Proprium der Sendung der Kirche bleibt in diesem Entwurf unklar. Nummer 10 spricht zwar davon, daß viele Schwierigkeiten in der Beziehung Kirche - Welt beseitigt werden könnten, wenn alle gut verstünden, wie die Kirche ihre von Gott empfangene Mission bezüglich der Welt interpretiert. Eine derartige umfassendere und theologisch fundierte Interpretation vermag allerdings auch der Text selbst nicht zu vermitteln.[32] Ausdrücklich zur Sendung der Kirche wird nur gesagt, daß sie im Geist des Kreuzes Christi seine Liebe in der Welt sichtbar machen solle. Er selbst habe nämlich in seinem demütigen Leben und Sterben die Liebe des Vaters zur Welt manifestiert und, vom Vater auferweckt, mit seiner Liebe Kirche und Welt belebt.[33] Im folgenden wird die Sendung in der Welt weiter konkretisiert als Dienst, als Lehren und Beispiel-Geben, mit dem Ziel, den Menschen zu zeigen, wie sie die zeitlichen Aufgaben gemäß ihrer umfassenden Berufung verstehen und erfüllen sollen.[34] Der Dienst am Heil aller Menschen gelangt nur indirekt, in bezug auf die Aufgabe der Bischöfe, den Völkern das Evangelium zu verkündigen, sie Christi Gebote zu lehren und alle Gläubigen in der Einheit der Liebe, des Gebetes und der Danksagung zu versammeln, in den Blick.[35] Die Sicht der Kirche

---

[31] Gerade an der zweideutigen Verwendung des Begriffes der *familia Dei*, die von Vätern auch bemängelt wurde (vgl. Bf. GURPIDE BEOPE: *AS* III.V, 471 bezüglich den nn. 24f.), zeigt sich, daß das Schema die beiden Realitäten der Kirche und der Welt zuwenig klar voneinander unterscheidet. Das verwundert um so mehr, als man sich ebenfalls in der dritten Sitzungsperiode dieses Problems (im Zusammenhang mit dem Schema *de Ecclesia*) durchaus bewußt war, wie die Ablehnung eines Modus (der den Begriff der *familia Dei* in den Text einbringen wollte) mit der Begründung zeigt, es könnte dadurch zu Konfusionen zwischen der Kirche und der *familia humana* kommen (*AS* III.VI, 97). Ebenfalls auf Einseitigkeiten bzw. auf die Vermischung von Kirche - Welt, Natur - Übernatur etc. verwiesen die Ebf. CONWAY u. COORAY (*AS* III.V, 289 u. 447). Andere Väter übernahmen dagegen in der Diskussion ohne Kritik eine der beiden Bedeutungen der *familia Dei* als Kirche (Bf. TENHUMBERG: *AS* III.V, 671: "… christianus autem non est solus, sed sodalis et membrum familiae sacrae, quae est Ecclesia…"; die indonesische Bfkonf., ebd., 691) oder aber als Menschheitsfamilie (Bf. PILDÁIN Y ZAPIÁIN: *AS* III.VI, 310 u. Bf. BARONI: *AS* III.VII, 184-187, der allerdings sowohl die Pfarrgemeinde als auch mit n. 24 alle Völker *familia Dei* nennt).

[32] Bf. A.G. BANNWARTH (*AS Ap* I, 685-688) zählt zu den Hauptschwächen des Textes, daß das theologische Fundament (bes. der Bezug zum Christusgeheimnis) für die Beziehung Kirche-Welt nicht ausreichend dargelegt werde und daß das Eigene der Aufgabe der Kirche in der Welt nicht zum Ausdruck komme.

[33] Vgl. n. 4: *AS* III.V, 118.

[34] Vgl. n. 4: *AS* III.V, 118; n. 12, ebd, 123; sowie n. 14, ebd., 124-126.

[35] Vgl. n. 11, ebd., 122. Wenigstens an dieser Stelle ist die Sendung der Kirche als Dienst, die Menschen zur Einheit mit Gott und untereinander zu führen, erkennbar. An den meisten anderen die Sendung der Kirche betreffenden Stellen mag man sich allerdings die Frage stellen, weshalb es dazu die Kirche brauche und ob nicht auch

bleibt im wesentlichen auf ihr *Tun und Wirken* beschränkt, während ihr sakramentales Wesen als Grundlage für ihre Sendung, m.a.W. ihr *Sein* und ihre heilswirksame Gegenwart in der Welt, vernachlässigt werden.

Diese ekklesiologischen Schwachpunkte hängen eng mit anderen zu beanstandenden und von Vätern tatsächlich beanstandeten schwerwiegenden Mängeln des Schemas zusammen: das weitgehende Übersehen der Realität der Sünde und Erbsünde[36], das Ungenügen bezüglich der Eschatologie sowie die Konfusion der Ordnungen von Natur und Gnade[37]. Diese Probleme, die theologische Grundfragen betreffen, scheinen im letztgenannten gleichsam ihre gemeinsame Wurzel zu finden. In diesem könnten sich jedoch auch — wie die Intervention von Kardinal Bea anzudeuten scheint — erste Lösungsansätze finden lassen. Er spricht vom zweifachen Charakter des Lebens der Christen, die zwar schon jetzt Glieder der Familie Gottes seien, aber dennoch in der Spannung zwischen irdisch und himmlisch stehen. Davon aber bleibe selbst die ganze Schöpfung nicht unbetroffen, die «bis zum heutigen Tag seufzt und in Geburtswehen liegt» (Röm 8,22) in der Erwartung des Offenbarwerdens der Söhne Gottes. Die in diesem Beitrag angesprochene eschatologische Spannung zwischen «Schon» und «Noch-Nicht» im Leben der Christen trägt auch jene allgemeine Spannung zwischen Natur (und zwar als von der Erbsünde und ihren Folgen betroffene) und Gnade in sich, in der die Fragen nach der menschlichen Freiheit, der Sünde wie der Beziehung Kirche - Welt letztlich umschlossen sind.

Die dargestellten Mängel geben die Herausforderung und Aufgabe wieder, vor der die Überarbeitung des als Diskussionsgrundlage im ganzen gebilligten Textes in den Monaten bis zur vierten Sitzungsperiode des Konzils stand. Es ging vor allem darum, die Lehre von der Beziehung Kirche-Welt und damit eng verbunden von Gnade und Natur einerseits begrifflich klar und andererseits so darzustellen, daß die notwendig bleibende Spannung bzw. Unterscheidung der verschiedenen Ordnungen nicht in einem falschen Harmonisierungsstreben übersprungen werde. Nach mehrmaliger Überarbeitung wurde die Zusendung des neuen Textes an die Väter am 28.05.1965 vom Heiligen Vater gebilligt.

---

einzelne charismatisch oder prophetisch begabte Menschen einerseits oder aber gemeinnützige rein *menschliche* Zusammenschlüsse diese Dienste ebenso erfüllen könnten.

[36] Vgl. dazu etwa Bf. DRZECNIK (*AS* III.V, 452).

[37] Vgl. die Kard. LIÉNART (*AS* III.V, 215-217) u. BEA (ebd., 273f. mit Bezug auf Kol 3,3 und Eph 2,19: *schon jetzt Glieder der Familie Gottes*) sowie Ebf. COORAY (ebd., 447).

2.1.2.2. Das Schema zur Pastoralkonstitution vom 21.09.1965

Am 21.09.1965 wurde ein stark verändertes Schema[38] mit dem Titel *Constitutio pastoralis de Ecclesia in mundo huius temporis* in der Aula präsentiert und daraufhin bis zum 08.10.1965 diskutiert. Die dem Text beigegebene allgemeine *Relatio* sowie eine weitere, den Vätern am 21.09.1965 schriftlich ausgehändigte, berichteten kurz über die Entstehungsgeschichte des Entwurfs und stellten ihn in groben Zügen vor, wobei die Fragen der Qualifikation, der Adressaten, des Stils, des Zieles, der Methode, der Gliederung sowie des Bezuges zum vorhergehenden Text berücksichtigt wurden.[39] Auch wenn das vorgelegte Schema manchem als ganz neu erscheinen könnte, bilde der alte Text die Basis, die entsprechend den Vorschlägen der Väter überarbeitet wurde. Die *Adnexa* seien auf mehrfach geäußerten Wunsch als *zweiter Teil* der Substanz nach in den Entwurf mitaufgenommen. Die Qualifikation des zukünftigen Dokumentes als *Pastoralkonstitution* drücke aus, daß nicht beabsichtigt werde, in direkter Weise Lehren vorzulegen, sondern vielmehr deren Anwendungen auf die Probleme der Zeit zu erörtern. Deshalb bedürfe es nach Ansicht der *Relatio* auch nicht einer so rigorosen Verhandlung der einzelnen Begriffe, wie sie in einer strikt dogmatischen Materie zu verlangen wäre. Weiters wolle man sich in einem konkreten und pastoralen Stil an alle Menschen ohne Ausnahme wenden, in nicht allzu belehrender Weise, was allerdings nicht bedeute, dadurch auf ein festes und klares theologisches Fundament verzichten zu müssen.[40] So zeige das Schema Hoffnung und Ängste der Menschen von heute auf und stelle die Kirche als zugleich transzendente und im Dienst der Menschen stehende in Bezug dazu.

Der neue Text übertraf mit 106 Nummern den alten seinem Umfang nach bei weitem. Er bestand aus einem kurzen *Prooemium*, einer stark erweiterten Einführung in die Situation der Menschen in der Welt von heute (*Expositio introductiva*), aus *zwei Hauptteilen* und einer *Conclusio*. Der erste Hauptteil stellt mehr grundsätzlich und theoretisch[41] nach einer kurzen allgemeinen Einleitung in den ersten drei

---

[38] Vgl. zur Geschichte des neuen Textentwurfes bes. den ersten Teil der *Relatio* (*AS* IV.I, 518-521. Ebf. GARRONE ersetzte als *Relator* den mittlerweile erkrankten Bf. GUANO) sowie MOELLER, *Pastoralkonstitution*, 264-271.

[39] Vgl. die allgemeine dem Text beigeschlossene *Relatio*, AS IV.I, 517-528 sowie die am 21.09. verteilte, ebd., 553-558.

[40] Die zweite *Relatio* charakterisiert den Stil des Schemas gemäß den Konzilsabsichten von JOHANNES XXIII. wie folgt (ebd., 557): "Textus hic igitur evangelicus potiusquam technicus generaliter esse voluit: id est theologiam fideliter sequens, verbis tamen uti simplicibus, ut sunt verba evangelica …".

[41] Vgl. in der *Relatio* (*AS* IV.I, 554: ad Partem I, "quae nempe mentem Ecclesiae in genere de relatione Ecclesiae ad mundum definiret" u. ebd., 557: "Haec enim pars de doctrina fidei formaliter agit").

Kapiteln dar, was die Kirche von der Welt, näherhin von der Berufung des Menschen (I), von der menschlichen Gemeinschaft (II) und vom menschlichen Schaffen (III) denkt. Darauf aufbauend behandelt das vierte den Dienst der Kirche bezüglich der zeitlichen Dinge. Was im vierten Kapitel begonnen wird, führt der zweite Teil des Schemas im Hinblick auf die konkreten Fragen der Würde von Ehe und Familie (I), der Förderung des Fortschrittes menschlicher Kultur (II), des wirtschaftlichen und sozialen Lebens (III), des Lebens im politischen Gemeinwesen (IV) sowie der Förderung der Völkergemeinschaft und des Friedens (V) aus. Ebenfalls erweitert, spricht die *Conclusio* von den Aufgaben der einzelnen Gläubigen wie der Teilkirchen, ruft zum Dialog mit allen Menschen auf und lenkt abschließend den Blick auf das Reich Gottes als letztes Ziel von allem Irdischen.

Das *familia-Dei-Konzept* erscheint nunmehr nur noch an einer Stelle der Sache nach und an zwei Stellen explizit und spielt somit eine untergeordnete Rolle.[42] Im zweiten Kapitel (*de hominum communitate*) erörtert die Nummer 35 das theologische Fundament des sozialen Lebens. Auf die eingangs der Nummer getroffene Feststellung, daß die Offenbarung das Geheimnis des Menschen erhelle und zu tieferer Erkenntnis der vom Schöpfer gegebenen Gesetze des sozialen Lebens führe, folgt als theologische Begründung:

> "Gemäß heiliger Lehre wollte Gott, der in väterlicher Sorge über alle wacht, daß alle Menschen *eine* Familie bilden und einander in brüderlicher Gesinnung behandeln. Alle nämlich sind auf das Bild Gottes hin erschaffen, aus *einem* Ursprung hervorgegangen, zu ein und demselben Ziel berufen; schon jetzt des Lebens der Heiligsten Dreifaltigkeit teilhaftig, empfangen sie aus diesem die Mittel zum gemeinsamen Heil."[43]

Der Verweis auf die *väterliche Sorge* Gottes legt, auch wenn die Vaterschaft Gottes gegenüber allen Menschen nicht direkt ausgesprochen ist, die Annahme nahe, daß auf die *familia Dei* zumindest

---

[42] Auffällig ist, daß der Begriff der *familia* (bzw. verwandte) dagegen in den hauptsächlich untersuchten allgemeinen Teilen des neuen Schemas (*Prooemium, Expositio int., Pars I, Conclusio*) öfter auf die *Menschheit* angewendet wird als im früheren (*familia hominum*: 3, 45; *familia humana*: 2, 26, 31, 105 [und mehrfach auch im Teil II]; *genus humanum*: 1, 3 (3x), 4 (2x), 5 (2x), 9 (3x), 10, 30, 32, 34, 39 (2x), 45-47, 51, 55, 58, 105 (2x), 106; darin wird eine Bedeutungsverschiebung im *familia-Dei-Konzept* von der Kirche (wie noch durchgängig in LG und an einigen Stellen des ersten Schemas) hin zur Menschheit deutlich.

[43] *AS* IV.I, 458. Zwar lassen die Partizipialkonstruktionen *participantes* und *accipientes* einen gewissen Übersetzungsspielraum und man wäre der Sache nach geneigt, die beiden in Abhängigkeit von dem zuvor ausgesagten allgemeinen Endziel zu bringen. Doch gerade diese Interpretation scheint aus dem Text selbst nicht zu rechtfertigen zu sein. Es ergäbe sich nämlich ein inhaltlicher (zeitlicher) Widerspruch zwischen dem zukünftigen Ziel und der Gegenwart des *iam nunc*. Offenbar um der theologischen Richtigkeit und Klarheit willen wurde diese Aussage in späteren Entwürfen gestrichen.

angespielt wird, die nach Gottes Willen alle Menschen bilden sollen. Damit ist jedoch noch nicht geklärt, ob die Kirche[44] oder eine universal verstandene Menschheitsfamilie gemeint ist. Keine eindeutige Entscheidung ermöglicht auch die folgende, theologisch höchst problematische Aussage, daß alle Menschen *schon jetzt* des Lebens der Heiligsten Dreifaltigkeit teilhaft seien. Der Lehre der Kirche nach gehört nämlich gerade die Teilhabe am trinitarischen (göttlichen) Leben zu den spezifischen Wirkungen der Taufe[45] und muß deshalb als Charakteristikum für die Kirche angesehen werden. Da aber dieses Charakteristikum hier offenbar auf alle Menschen angewendet wird, scheint die untersuchte Stelle keinen Unterschied mehr zwischen der Kirche und der Menschheit zu machen, die beide mit dem Begriff *familia* gemeint sind.

Die folgende christologische Nummer 36 greift den Gedanken der brüderlichen Communio aus der vorhergehenden wieder auf, meint nun allerdings damit deutlich die Kirche (als «*nova* fraterna communio»), den Leib Christi, zu dem der Erstgeborene unter vielen Brüdern jene, die ihn im Glauben annehmen, durch die Gabe seines Geistes vereinigt.[46]

Der zweite Beleg für das *familia-Dei-Konzept* in diesem Schema findet sich unter Nummer 63 (über die Fruchtbarkeit der Ehe) im ersten Kapitel (über die Würde von Ehe und Familie) des zweiten Teiles. Er wurde sprachlich verbessert, aber der Sache nach im wesentlichen unverändert aus dem alten Schema übernommen und meint mit «*Sua familia*» wie dort die Kirche.[47] Ebenfalls aus dem vorhergehenden Schema wurde die dritte Stelle, in der nun der Begriff *familia Dei* ausdrücklich erscheint, ohne nennenswerte Umformulierung übernommen. Er findet sich eingebettet in die Nummer 105 des Schlußwortes, die den Dialog unter allen Menschen zum Thema hat.[48] Neu in dieser Nummer ist allerdings der erste Absatz, der den

---

[44] Dafür würde die Formulierung *voluit* sprechen, wobei aber an dieser Stelle auch nicht klar wird, ob mit diesem *Wollen* der schöpferische und Tatsachen setzende oder aber ein den Menschen zum Vollzug aufgegebener *Wille Gottes* im Sinne einer Berufung gemeint ist.

[45] Dieser Sachverhalt war bereits in der Entstehung der Dogmatischen Konstitution über die Kirche klargestellt und dann auch in das Dokument aufgenommen worden; vgl. Const. dog. *LG* 40: *AAS* 57 (1965), 44: "Christi asseclae a Deo non secundum opera sua, sed secundum propositum et gratiam Eius vocati atque in Iesu Domino iustificati, in fidei baptismate vere filii Dei et consortes divinae naturae, ideoque reapse sancti effecti sunt."

[46] Vgl. *AS* IV.I, 458f.: "Primogenitus in multis fratribus, inter omnes qui Eum fide accipiunt, dono sui Spiritus novam fraternam communionem instituit, in proprio scilicet Corpore suo, in quo omnes, secundum dona diversa singulis concessa, quasi essent alii aliorum membra, mutua sibi praestarent servitia."

[47] Vgl. *AS* IV.I, 480.

[48] Vgl. *AS* IV.I, 514f.

Gedanken der Sendung der Kirche als Zeichen der Einheit des ganzen Menschengeschlechtes einbringt.[49] Wiederum ist es der Heilige Geist, durch dessen Wirken Menschen der verschiedensten Nationen, Rassen und Kulturen zum einen *Corpus* vereinigt werden in der Communio mit Gott und untereinander, die dem innersten Wesen der Kirche entspricht. In der Formulierung *habitaculum fraternitatis* kann zumindest ein entfernter thematischer Anklang an das *familia-Dei-Konzept* erkannt werden. Um so mehr verwundert es[50], daß daraufhin trotz diesbezüglicher Kritik am vorhergehenden Schema undifferenziert die *familia humana* mit der *Familie Gottes* gleichgesetzt wird.

Die Reduzierung der *familia-Dei-Stellen* im Schema mag mit dem Versuch zusammenhängen, die kritisierten ekklesiologischen Schwachpunkte des alten Schemas zu beseitigen. Dabei scheint dieser zweite, den Vätern vorgelegte Entwurf auch die Ergebnisse der Dogmatischen Konstitution über die Kirche mehr berücksichtigen zu wollen. Eine erste signifikante Änderung in diesem Sinne bedeutet die nun bevorzugte Verwendung des Begriffes «*Populus Dei*» zur Bezeichnung der Kirche.[51] Gleich im *Prooemium* erscheint er viermal und meint die Kirche, die aus Menschen zusammenwächst, welche in Christus geeint, vom Heiligen Geist auf ihrer Pilgerschaft zum Reich des Vaters geführt werden und die allen Menschen vorgelegte Heilsbotschaft angenommen haben. In dieser Definition des Gottesvolkes sind vor allem drei Aspekte, die auch der Begriff «*Volk*» impliziert, betont: der Pilgerstand der Kirche, die besondere Blickrichtung auf *alle* Gläubigen in der Verschiedenheit ihrer Berufung und ihres Standes sowie die Ausrichtung auf das Reich Gottes. Dieser Bedeutungsgehalt bleibt durch das ganze Schema hin gültig. Ebenfalls zur Bezeichnung der Kirche wird das Bild des *Corpus* viermal herangezogen[52], an einer

---

[49] Vgl. *AS* IV.I, 514: "Ecclesia, quae, virtute Spiritus Sancti homines ad diversissimas nationes, stirpes et cultus humani formas pertinentes in unum Corpus coadunat eosque in unam cum Deo et inter se communionem colligit, quomodo non excellenter apparet ut habitaculum fraternitatis et sedes colloquii, pignus supremae veritatis et signum unitatis totius humani generis?" Aufgrund der Großschreibung ist der *Corpus* mit dem *Corpus Christi*, der *Kirche*, zu identifizieren.

[50] Das gilt vor allem deshalb, weil der hier angesprochene Gedanke der Kirche als Sakrament eine solide theologische Ausgangsbasis bieten könnte, um die Beziehung zwischen der Kirche (*familia Dei*) und der Menschheit (*familia humana*) ohne Zweideutigkeit zu klären.

[51] Das *Volk-Gottes-Konzept* erscheint [ohne Berücksichtigung des zweiten Teiles] in den nn. 1 (2x), 2, 3, 10 (2x), 15 [als Volk des Alten Bundes], 17, 27, 48, 53, 55 u. 56 (2x). Daß mit *populus Dei* die Kirche, und zwar als hierarchisch geordnete Kirche aus Laien und Klerus, gemeint sei, betont auch die *Relatio* zum *Prooemium* (*AS* IV.I, 529: "Item explicite dicitur quod Ecclesia est imprimis *Populus Dei*, etsi semper hierarchicus ...”); vgl. auch ebd., 556f.

[52] Vgl. die nn. 36 (*AS* IV.I, 459): *Corpus suum*; 43 (ebd., 464): *Corpus mysticum*; 53 (ebd., 471) *Corpus Christi*; 105 (ebd., 514): *unum Corpus*.

weiteren Stelle verweisen die Begriffe *templum Spiritus Sancti, Sponsa Christi* und *Mater fidelium* auf die trotz eingestandener Schwächen bleibende Heiligkeit und Treue der Kirche zu Christus, ihrem Bräutigam.[53]

Ein besonderer Mangel des vorhergehenden Textes, den es auszugleichen galt, betraf das Fehlen einer angemessenen theologischen Grundlegung für die Stellung und Sendung der Kirche in der Welt. Dabei erwies es sich als notwendig, zumindest ansatzweise auch vom Wesen der Kirche zu handeln, um das Eigene ihrer Sendung und damit ihre für einen Dialog mit der Welt wesentliche Unterscheidung von dieser nicht außer acht zu lassen. Unübergehbarer Bezugspunkt für derartige Erörterungen mußte die in *Lumen gentium* entfaltete Lehre über das Geheimnis der Kirche sein, die in diesem Entwurf nicht nur förmlich erwähnt[54], sondern mehrmals ausdrücklich aufgegriffen wurde. Das geschah — wie gezeigt — in der Übernahme des *Populus-Dei-Konzeptes*, besonders in der im *Prooemium* gegebenen «Definition» desselben, die zugleich eine Beschreibung von Wesen und Sendung der Kirche abgibt. Ebenfalls im *Prooemium* wird diese Sendung als dienende und die Wahrheit bezeugende Fortsetzung des (Heils-)Werkes Christi weiter charakterisiert.[55]

Über diese einleitenden Feststellungen hinaus wurde der neue Text auch durch die Neugestaltung des vierten Kapitels des ersten Teiles bereichert, das ausdrücklich die genannten Anliegen verfolgt.[56] Es hat die Aufgabe der Kirche in dieser Welt direkt zum Thema und muß aufgrund der darin gelegten theologischen Fundamente für die Behandlung der Fragestellung der gesamten Konstitution wie für ihre Teile im einzelnen als zentrales theologisches Kapitel des Schemas gelten. Durch verschiedene Zitate[57] und die Übernahme wesentlicher Themen wird auch hier die Dogmatische Konstitution über die Kirche als Voraussetzung greifbar.

Nummer 48 stellt eingangs des Kapitels klar, daß von der Kirche selbst und zwar als sichtbarer und in der Welt existierender Gemeinschaft die Rede ist. Gleich anschließend wird ihre Sendung im Dienst am Menschen ausgesprochen: Sie befreie ihn sowohl von Hochmut als auch von Verzweiflung und biete ihm die Mittel, um seinem wunder-

---

[53] Vgl. n. 58: *AS* IV.I, 474.
[54] Vgl. n. 2, ebd., 435.
[55] Vgl. n. 3, ebd., 436: "... ducente Spiritu Sancto opus ipsius continuare Christi, qui in mundum venit ut testimonium perhiberet veritati, ut salvaret, non iudicaret, ut sibi ministraret, non ut ministraretur ...".
[56] Vgl. dazu die *Relatio*: *AS* IV.I, 532f.
[57] An vier Stellen werden Nummern aus *LG* (1, 5, 8, 26 u. 28) zitiert.

baren Ziel zu entsprechen.[58] Die folgende Nummer stellt an ihren Anfang eine am ersten Kapitel von *Lumen gentium* orientierte Beschreibung von Wesen und Sendung der Kirche, die für das ganze Schema maßgeblich bleibt.[59] Sie beginnt mit einer trinitarischen Verankerung der Kirche, die die vom inkarnierten Wort vollzogene Erlösung durch die Zeit hin bis zum Kommen des Herrn repräsentiere und konkretisiere. Ihre Sendung stehe — begründet im Willen des Herrn — im Dienst der Menschen, die durch sie das Leben in Fülle erlangen sollen. Das folgende Zitat aus Joh 11,52 über die Sammlung der zerstreuten Kinder Gottes als Ziel der Kirche läßt das Familie-Gottes-Thema im Hintergrund aufleuchten, auch wenn der Begriff selbst nicht fällt. Die kurze Darlegung von Wesen und Sendung der Kirche gipfelt in einem Zitat aus *Lumen gentium* 1, worin die Kirche als Sakrament der innigsten Vereinigung mit Gott und der Einheit der Menschheit bezeichnet wird. Der letzte Absatz derselben Nummer bindet die Sendung nochmals an den Willen des Vaters und die Sendung durch Christus zurück und hält fest, daß der Mensch dem Anruf dieser Sendung nur durch *freie Zustimmung* entsprechen könne.

In der Folge wird der Zusammenhang von Schöpfungs- und Erlösungsordnung erklärt und dabei in Nummer 51 hinsichtlich des Dienstes der Kirche festgestellt, daß dieser, weil ja die Erlösungsordnung die Schöpfungsordnung umfasse, sich gemäß seiner Eigenart auf alle Dinge und menschlichen Probleme erstrecke. Zur rechten Interpretation dieser Aussage wird klargestellt, daß das der Kirche von Christus her gesetzte Ziel immer der religiösen Ebene zugehöre und niemals an eine bestimmte politische, ökonomische oder soziale Ordnung gebunden sei. Deshalb beziehe sich die Kirche in ihren Urteilen über menschliche Dinge letztlich immer auf das Reich Gottes als ein zukünftiges, auch wenn es schon hier auf Erden nahe und aus eigener Kraft wachse.[60] Die Nummer 58 ergänzt schließlich, daß die Sendung der Kirche, das Evangelium zu verkünden, nach dem Vorbild ihres Herrn unter dem Zeichen des Kreuzes stehen werde.[61] Der

---

[58] Vgl. n. 48: *AS* IV.I, 468.

[59] Vgl. n. 49, ebd.: "Ecclesia, ex Patris «philanthropia» procedens, a Christo Domino fundata est; virtute autem Spiritus Sancti, mysterium redemptionis, a Verbo incarnato peractum, per saecula repraesentat et applicat, donec Dominus veniat. Unicus finis propter quem vivit, est Christi propositum exsequi, ut homines vitam habeant et abundantius habeant, et filii Dei, qui erant dispersi, congregentur in unum. Ipsa est veluti sacramentum intimae cum Deo unionis totiusque generis humani unitatis." Zitiert wird dabei aus der Const. dog. *LG* 1: *AAS* 57 (1965), 5.

[60] Vgl. n. 51: *AS* IV.I, 469f.; zit. Const. dog. *LG* 5: *AAS* 57 (1965), 7.

[61] Vgl. n. 58: *AS* IV.I, 474f.

Gedanke der Kirche als Zeichen der Einheit[62] des ganzen Menschengeschlechtes tritt nochmals in der Nummer 105, der *Conclusio* des Schemas, auf. Die Kirche verbinde Menschen aus allen Nationen, Stämmen sowie Kulturen zur einen Communio mit Gott und untereinander in der Kraft des Heiligen Geistes.[63]

Wie bereits erwähnt, hatte dieses Schema auch die menschliche Freiheit gegenüber der Sendung der Kirche und der darin sich ausdrückenden Berufung aller Menschen durch Gott im Blick. An mehreren Stellen[64] wird festgestellt, daß Gott, der sich durch die Heilsgeschichte hindurch als befreiender Gott erweise, die Menschen zur Freiheit der Kinder Gottes führen wolle. Er lasse deshalb die freiwillige Ablehnung des Schöpfers durch seine Geschöpfe zu und zwinge niemanden, seiner Berufung zur Gemeinschaft mit Gott und deshalb auch zur Kirche zu folgen. Vielmehr wolle er, daß die Menschen diese in einem Akt der freien Glaubenszustimmung beantworten. Auch die eschatologische Ausrichtung der menschlichen Berufung zur Gemeinschaft mit den Brüdern und mit Gott selbst scheint an mehreren Stellen des Textes durch, wenngleich es dabei nicht zu einer entfalteten *Eschatologie* kommt.[65] Als weiterer Fortschritt gegenüber dem früheren Entwurf ist die vermehrt eingebrachte Christologie anzuerkennen[66], die Christus nicht nur in den Mittelpunkt der übernatürlichen Ordnung, sondern der Menschheit, ja der Welt überhaupt stellt. Durch das zentrale Geheimnis der Inkarnation, das in diesem Zusammenhang mehrmals genannt wird, könnte Licht auf die theologische Grundlegung der Einheit der Menschheit, aber auch auf eine differenziertere Verhältnisbestimmung von Natur und Gnade fallen, deren ausdrückliche theologische Entfaltung jedoch vermißt wird.

---

[62] Das Thema der menschlichen Einheit und Gemeinschaft, das im Text parallel zum Einheitsdienst der Kirche entfaltet wird, erscheint außerdem bes. in n. 4 (ebd., 437): Die Welt wird sich mehr denn je ihrer Einheit bewußt und ist ebenso mehr denn je von Krieg und Spaltung bedroht; n. 11 (ebd., 443): schöpfungstheologische Begründung menschlicher Gemeinschaft; n. 16 (ebd., 445f.): Trinität und menschliche Gemeinschaft.

[63] Vgl. n. 105: *AS* IV.I, 514.

[64] Vgl. die nn. 15 (ebd., 445), 27 (ebd., 454), 46 (ebd., 465) u. 49 (ebd., 469).

[65] Vgl. bes. n. 17 (ebd., 446) sowie nn. 43-47 (ebd., 464-466). Ein Ansatz zur Entwicklung einer Eschatologie kann auch in der relativ häufigen Verwendung des Begriffes *regnum* (*Dei*) erkannt werden, der immer wieder zur Zielbestimmung des Dienstes der Kirche in der Welt herangezogen wird; vgl. nn. 1 (ebd., 435), 37 (ebd., 460, 2x) 41-47 (ebd., 463-466 mehrmals), 51 (ebd., 469, 2x), 52 (ebd., 470) u. 106 (ebd., 515). In n. 51 wird durch Bezug auf *LG* 5 die eschatologische Dimension der Kirche angedeutet, da ja das Reich Gottes zwar zukünftig, in ihr jedoch bereits anfanghaft gegenwärtig ist.

[66] Vgl. bes. die nn. 20 (ebd., 448f.), 36 (ebd., 458f.), 45-47 (ebd., 465f.) u. 50 (ebd., 469).

Nimmt man zu den genannten Verbesserungen des Textes noch die getroffene Festlegung[67], daß mit der *Welt* das Universum selbst bzw. die ganze Menschheitsfamilie gemeint sei, könnte man von diesen Grundlagen her eine angemessenere Verhältnisbestimmung von Kirche und Welt, von Natur und Gnade im Schema erwarten. Eine Unterscheidung der beiden findet sich tatsächlich schon darin, daß die Kirche über die Welt spricht und von vielfachen Beziehungen wie vom Dialog zwischen Kirche und Welt die Rede ist, worin ja zwei voneinander zu unterscheidende Gesprächspartner vorausgesetzt sind. Ebenso stellt das *Prooemium* ausdrücklich die Begriffe der Menschheitsfamilie und des Volkes Gottes gegenüber, wie das auch in manchen der oben genannten Aussagen über die Kirche selbst geschieht. Doch gerade in den letzteren finden sich wiederum Passagen, die diese Unterscheidung offenbar nicht durchhalten, Aussagen über die Welt tätigen, die aufgrund ihres theologischen Gehaltes nur der Kirche angemessen sind[68], oder aber durch zweideutige Begriffe, die etwa die Kirche zu meinen scheinen und auf die Menschheit angewandt werden[69]. Ein weiterer Punkt, der Anlaß für Kritik von Vätern bot, war die ungenaue wie gelegentlich wider den Sinn und die Absicht biblischer Zeugnisse laufende Entwicklung des Themas der Vaterschaft

------

[67] Vgl. n. 2 (ebd., 436): "Nomine «mundi» hic intelligimus ex una parte caelum et terram seu universitatem rerum a Deo creatarum, ex altera parte universam familiam humanam, cuius membra, quamvis peccatores sint, a Deo tamen personaliter diliguntur, pro quibus Christus seipsum tradidit et postea resurrexit et qui omnes una eamdemque gaudent vocatione divina; licet «mundus» quatenus sub signo Maligni positus est, Deo hoc tempore adversetur, donec in fine et ipse per fidem salvetur. Illum uno verbo dicimus mundum, quem sic dilexit Deus ut Filium suum Unigenitum daret: Christum nempe, lucem mundi."

[68] Vgl. dazu beispielsweise die oben bereits angesprochenen nn. 35, 36, 49 u. 105. Ebenfalls symptomatisch dafür ist die n. 47 (*AS* IV.I, 466), die Christus als das Zentrum des Menschengeschlechtes darstellt und im folgenden Absatz daran ohne weitere Differenzierung die dem Eph (1,4-5) entnommene Aussage anschließt, daß *wir* vor Erschaffung der Welt erwählt und zur Sohnschaft aus Adoption vorherbestimmt sind. Dadurch entsteht zumindest der Eindruck, daß damit alle Menschen gemeint wären; ein Gedanke, der der Absicht und dem Kontext des Eph widerspricht.

[69] Dieses Problem wurde auch verschiedentlich von Konzilsvätern angesprochen, etwa durch die Bfkonf. von Zambia (*AS* IV.II, 938), die schon im *Prooemium* die Beziehung zwischen den Begriffen *Populus Dei*, *Ecclesia*, *omnes homines* und *mundus* nicht geklärt sieht und die Ansicht vertritt, daß das Volk Gottes wenigstens *im Werden nach dem Willen Gottes* alle Menschen bereits umfasse. Ebf. DE PROVENCHÈRES (*AS* IV.III, 796) dagegen weist die Identifikation von *familia Dei* und *familia humana* in n. 105 zurück und fordert die Neuformulierung (im Sinne einer «allgemeinen *Berufung*» zur «*familia Dei*»: "[familiae humanae], ... rectius legere: quae in familia filiorum Dei in Christo Iesu vocatur"), welche im endgültigen Dokument schließlich auch angenommen wird.

Gottes, die undifferenziert teils auf die Kinder Gottes in Christus durch die Taufe, teils auf alle Menschen bezogen wird.[70]

Diese unübersehbaren theologischen Schwachpunkte, die vor allem im ersten Teil des Textes zutage treten, faßt wohl am deutlichsten der *Magister generalis* des Dominikanerordens, Pater Fernandez in seiner Rede zum Schema zusammen, in der er diese Mängel auf die Wurzel einer nicht gemäß der Lehre der Kirche vollzogenen bzw. überhaupt unterbliebenen Verhältnisbestimmung von Natur- und Gnadenordnung zurückführt.[71] Er räumt ein, daß der Entwurf zu Recht die Einheit aller Menschen in einer *wahren Familie* betone, die der natürlichen Gemeinschaft der ursprünglichen Einheit der Menschen von der Schöpfung her und ihrer gemeinsamen Zielbestimmung entspreche. Die daraus hervorgehende brüderliche Einheit der Familie trete aber durch die Erhebung der menschlichen Natur zur übernatürlichen Ordnung in Christus, dem Erlöser, strahlender, stärker und tiefer ans Licht. Deshalb *können* sich alle Menschen in der göttlichen Familie vereinen, seien sie *berufen* und *erwählt*, wahrhaft der göttlichen Natur teilhaft zu werden und als Brüder des eingeborenen Sohnes Jesus Christus wahrhaft Söhne des einen Vaters und Miterben des Reiches zu sein. Daraus werde weiters deutlich, daß die übernatürliche Ordnung die natürliche voraussetze, nicht gegen diese gehe, wohl aber über sie hinaus. Deshalb müßten beide klar voneinander unterschieden werden, um nicht Zweideutigkeiten und die Gefahr von irrigen Interpretationen heraufzubeschwören.[72] Ansatzpunkte für die

---

[70] Vgl. z.B. n. 20 (*AS* IV.I, 449), n. 35 (ebd., 458), n. 47 (ebd., 466), n. 49 (ebd., 468) u. vor allem n. 105 (ebd., 515: "Unum Patrem habentes, omnes fratres sumus, eadem humana et divina vocatione praediti ..." [durch die Großschreibung von *Pater* fällt die Möglichkeit aus, diesen Begriff auf *Adam* zu beziehen]). Die fundierteste und ausführlichste Kritik daran kam vom Trierer Bf. WEHR, der sie im selben Wortlaut auch schon in anderem Zusammenhang vorgebracht hatte (s.o. 1.1.2.1.; vgl. *AS* IV.II, 286f.). Der ukrainisch katholische Ebf. HERMANIUK dagegen lobte die Universalität des Schemas (vgl. *AS* IV.II, 50f.), das seiner Ansicht nach zu Recht feststelle, daß die Menschheitsfamilie Gott zum Vater und ein und dieselbe göttliche Berufung habe.

[71] Vgl. *AS* IV.II, 498-501.

[72] Vgl. *AS* IV.II, 499f.: "Ordo enim supernaturalis, licet sit certe distinctus ab ordine naturali, tamen per Incarnationem Verbi et divinam revelationem et elevationem hominis ad ordinem supernaturalem insertus est in ipso ordine naturali. Talis ordo supernaturalis divinus ad quem omnes vocantur, non est ergo contra naturam, sed supra naturam, nec contra rationem, sed supra rationem, non inhumanum, sed suprahumanum. Valde dolendum est quod schema, praesertim in sua prima parte, haec clarissima et pulcherrima doctrina Ecclesiae non semper prae oculis habere videtur, et, e contra, pluribus in locis redolere videtur minus felix conamen assimilandi conceptus aequivocos ab extraneis et contrariis ideologiis ut existentialismo, vitalismo (actualistico) et evolutionismo mutuatos, cum non parvo detrimento et confusione verae et clarae doctrinae catholicae et magno periculo interpretationis erroneae. [im schriftlichen Text der Rede:] Quandoque e.g. praebere videtur occasionem erroris

angemessene Verbindung von Natur- und Gnadenordnung erkennt der Dominikanergeneral im Geheimnis der Inkarnation wie in der göttlichen Offenbarung. Insgesamt fordert er die Beseitigung der genannten Mängel sowie eine ohne Konfusionen dargelegte klare und solide Lehre über die Kirche.

Die schwerwiegendsten Einwände gegen das Schema waren vor allem von deutschsprachigen Bischöfen und Konzilstheologen bereits vor Beginn der vierten Konzilssession formuliert worden[73] und betrafen die unzureichende Präsenz der Themen der Geschichtlichkeit, der Eschatologie und der Sünde. Das letzte steht auch im Zusammenhang mit dem immer wieder kritisch genannten übertriebenen «Optimismus» des Schemas. Dabei geht es im Grunde genommen nicht allein um die Frage der Stimmung bzw. der Gesamtsicht des Textes, sondern um einen unaufgebbaren Teil der katholischen Lehre über die Kirche wie über die Welt. Denn wo die Realität der alle Menschen betreffenden Erbsünde sowie der Sünde überhaupt vernachlässigt wird, verliert unweigerlich auch die Wahrheit der Erlösung in Christus, das Christusgeheimnis selbst und damit das eigentlich Christliche eines Weltverständnisses, Sinn und Glanz. Als Folge erscheinen auch die wahre christliche Hoffnung und Freude ihres Fundamentes beraubt; die Feststellung, daß Christus das Ziel, der Endpunkt aller Geschichte ist,[74] droht ihren heilsgeschichtlichen Bezug in ein rein evolutionistisches Fortschrittsdenken hinein zu verlieren und sich dem Ideologieverdacht auszusetzen.[75]

Zusammenfassend kann festgehalten werden, daß der Text weiterhin Mängel und Unklarheiten aufweist[76], daneben aber auch eine Reihe von Verbesserungen enthält, die als Elemente zur Erfüllung der offengebliebenen Desiderate des ersten Schemas dienen könnten. Ziel für die weitere Konzilsarbeit mußte deshalb eine Synthese sein, die theologisch klar und fundiert sowie in möglichst verständlichen und dabei auch dogmatisch einwandfreien Konzepten und Begriffen die

---

eorum qui putant omnes homines esse destinatos ad quandam glorificationem cosmicam huius mundi, vel illorum qui a Paulo VI reprobati «confundere videntur Ecclesiam cum hoc mundo»."

[73] Vgl. MOELLER, *Pastoralkonstitution*, 271.

[74] Vgl. n. 47 (*AS* IV.I, 466).

[75] Vgl. Pater FERNANDEZ *OP* (*AS* IV.II, 500). Siehe auch Ebf. DE PROENÇA SIGAUD (*AS* IV.II, 50: "Caveamus ne schema nostrum (XIII) sit Charta Magna moderni paganismi sub aspectu Sanctificationis et Sacralizationis mundi"); in ähnlichem Zusammenhang war auch der Vorwurf eines übertriebenen «teilhardianischen Optimismus» geäußert worden (vgl. *AS* IV.I, 531).

[76] Diese wurden (besonders auch bezüglich der Mehrdeutigkeiten, der unzureichenden Beachtung der Realität der Sünde sowie des Kirchenbegriffes) vom Relator Ebf. GARRONE (*AS* IV.III, 735-737) in seiner die Diskussion beschließenden Zusammenfassung eingestanden.

Kirche gemäß ihrem Wesen und ihrer Sendung mit der Welt in Beziehung bringt.

2.1.2.3. Der *textus recognitus* vom 15.11.1965

Nach Abschluß der Diskussion über den vorgelegten Text am 08.10.1965 blieb nicht viel mehr als ein Monat zur Bearbeitung der Änderungsvorschläge, die — soweit es gerechtfertigt erschien — in den neuen Text aufgenommen wurden, welcher in der 160. Generalkongregation, am 13.11.1965, zur Verteilung gelangte.[77] Er folgt im wesentlichen der Gliederung des vorhergehenden Entwurfs, wurde aber durch die Vermeidung von Wiederholungen und eine in einigen Kapiteln gestrafftere und logischere Anordnung der Gedanken beträchtlich, nämlich von 106 auf 93 Nummern, gekürzt[78], ohne daß dadurch bedeutende Inhalte weggefallen wären. Vielmehr wurden an verschiedenen Stellen neue Artikel oder Absätze eingefügt, die vor allem die Realität der Sünde in ihrer theologischen Bedeutung angemessener zur Geltung bringen.

Die am 15.11. von Erzbischof Garrone gehaltene *Relatio generalis*[79] wirft Licht auf die wesentlichsten der zahlreichen Neuerungen und Verbesserungen am Text, der als Frucht der Entwicklung des Konzils selbst bezeichnet wird. Mehrmals kommt der Relator auf die Forderung vieler Väter nach mehr Klarheit zu sprechen, die man im neuen Text für die Väter annehmbar erreicht zu haben hofft. Weitere Fortschritte erkennt er bezüglich der Kritik am übertriebenen Optimismus sowie am nicht ausreichenden Vorkommen des Themas der Sünde. Eigens weist der Erzbischof auf die Verbesserungen am vierten Kapitel des ersten Teiles hin, in dem sich die Kirche mehr im Blick auf ihr Wesen und als hierarchisch gegliederter Organismus selbst darstellt, nachdem sie zuvor ihre Anthropologie vorgelegt hat. Es komme nun deutlich zum Ausdruck, was die Kirche *als solche* dem menschlichen Individuum, der Gesellschaft wie dem menschlichen Schaffen an Hilfen anbieten könne. Andererseits werde anerkannt, was sie ihrerseits von der Welt her an Unterstützung erfahre. Keine Änderung gebe es dagegen im Titel. Auch wenn manche Väter den Titel *Constitutio pastoralis*

---

[77]Vgl. *AS* IV.VI, 421-560; zur Textgeschichte auch MOELLER, *Pastoralkonstitution*, 273-276.

[78] Die *expositio introductiva* sowie das erste Kapitel des ersten Teiles wurden jeweils um eine Nummer (über die Sünde) erweitert, das zweite von sechzehn auf zehn, das dritte von elf auf sieben reduziert, wenngleich das letztere durch Artikel über das menschliche Schaffen im Kontext der Sünde sowie im Licht des Ostergeheimnisses bereichert wurde. Das vierte Kapitel des ersten Teiles fand schließlich mit sechs anstelle von elf Nummern sein Auskommen.

[79] Vgl. *AS* IV.VI, 560-563.

kritisiert hätten und andere Titel durchaus möglich wären, werde an jenem festgehalten, damit die Autorität des Schemas und seine zur Constitutio dogmatica *De Ecclesia* komplementäre Bestimmung erhalten bleiben. Nur gemeinsam könnten beide Konstitutionen über die Kirche dem ausdrücklich gesetzten Ziel des Konzils gerecht werden.

Daß mit der von Erzbischof Garrone angesprochenen größeren Klarheit nicht nur eine sprachliche gemeint ist, sondern auch die weitgehende Ausmerzung von am vorhergehenden Entwurf kritisierten theologischen Zweideutigkeiten, Mängeln und Fehlern, zeigt schon ein Überblick[80] über viele, bisweilen scheinbar nur kleine und die Formulierung betreffende Änderungen mit großer theologischer Tragweite. Sie bestehen in erklärenden bzw. das fehlende Gleichgewicht herstellenden Zufügungen neuer Nummern, Abschnitte oder Gedanken oder aber in der Eliminierung bzw. Richtigstellung theologisch ambivalenter Formulierungen.[81]

Als zentrales Problem für das gestellte ekklesiologische Thema erweist sich dabei vor allem die sachliche Unterscheidung der natürlichen von der übernatürlichen Einheit der Menschheit bei gleichzeitiger Klärung der Beziehung beider zueinander. Die als Faktum vorauszusetzende Einheit der Menschheitsfamilie, die sich aus der allen Menschen gemeinsamen Gottebenbildlichkeit wie aus dem gemeinsamen Ursprung ergibt[82], wird nun auch begrifflich im Text von jener übernatürlichen Einheit deutlich abgehoben, die der Berufung aller Menschen zur Gemeinschaft mit Gott entspringt.[83] In ihr besteht das eine höchste und letzte Ziel für alle Menschen als ein übernatürliches[84],

---

[80] An dieser Stelle kann ein Überblick über die Stellen und Änderungen genügen, da im wesentlichen bereits der Textbestand der endgültigen Pastoralkonstitution erreicht ist, die im folgenden Abschnitt (2.1.3.) eine eingehendere Interpretation erfährt. Dabei wird auch auf allfällige Korrekturen in der letzten Phase der Dokumentwerdung hingewiesen.

[81] Unbestreitbar finden sich sowohl in diesem Schema als auch noch im endgültig promulgierten Text der Pastoralkonstitution Passagen, die für sich genommen zweideutige Interpretationen zulassen. Diese Interpretationen verlieren jedoch (auch wenn sie mancherorts immer wieder vorgetragen werden) jede wissenschaftliche Grundlage und Vertretbarkeit, wenn man die hier dargestellten Entwicklungen bis hin zum Konzilsdokument sowie dessen gesamten inneren und äußeren Kontext berücksichtigt.

[82] Vorsichtiger, wenn auch nicht in einer jede Fehlinterpretation ausschließenden Weise fallen nun auch die Aussagen über die Vaterschaft Gottes (und damit verbunden die universale Brüderlichkeit der Menschen) aus; vgl. n. 24 (*AS* IV.VI, 446) sowie n. 96 (ebd., 556f. u. 559).

[83] Vgl. dazu bes. (und unter Berücksichtigung der diesbezüglichen *Relationes*) die neuen bzw. veränderten Passagen in den nn. 3 (*AS* IV.VI, 422 u. 424); 21 (ebd., 439 u. 445); 24 (ebd., 446); 32 (ebd., 451f.) u. 38 (ebd., 459).

[84] Vgl. die nn. 3 (ebd., 422 u. 424) u. 34 (ebd., 456f.).

das Gott bereits hier auf Erden anfanghaft gewährt[85]. In diese übernatürliche Gemeinschaft, in den Stand der Gnade und die Teilhabe am
trinitarischen Leben erscheint der Mensch nun nicht mehr wie an
manchen Stellen im früheren Schema schon immer und grundsätzlich
hineingenommen. Vielmehr ergeht an ihn eine *Berufung* dazu, der er
sich im Glauben *frei* öffnen, aber auch widersetzen kann.[86]

Trotz dieser Unterscheidung stehen sich im Schema Natur und
Gnade, die Einheit der Menschheit und die der Familie Gottes nicht
unverbunden gegenüber. Ansätze zu einer theologischen Beziehungsbestimmung finden sich etwa in der Betonung der Neuheit der Inkarnation, durch die das göttliche Wort in unerwarteter und für jedes
menschliche Desiderium von sich aus unerreichbarer Weise in die
natürliche Ordnung einbricht[87], in den Gaben des *einen* Heiligen
Geistes zum Aufbau der natürlichen wie der übernatürlichen Ordnung
oder aber in der sakramentalen Wirklichkeit, worin sich zeichenhaft
und wirkmächtig Natur und Gnade begegnen und durchdringen[88].

Die Möglichkeit der freien Annahme der Berufung zur Gemeinschaft mit Gott trägt als Kehrseite auch die Möglichkeit ihrer schuldhaften Ablehnung durch die Sünde in sich. Diesem Sachverhalt
versucht der überarbeitete Text entsprechend der Forderung vieler
Väter Rechnung zu tragen, indem er die Sünde als Mißbrauch der
menschlichen Freiheit gegenüber Gott an mehreren entscheidenden
Stellen zur Sprache bringt.[89] Sie besteht in der Abwendung des
Geschöpfes von seinem Schöpfer und in einer falschen Hinwendung
zur Schöpfung, in der der Mensch sein höchstes Ziel eigenmächtig zu
erreichen sucht. Dabei wird die Sünde als radikaler Gegensatz zur
gottgewollten und von ihm geschenkten Gemeinschaft und Einheit der
Menschen mit Gott wie untereinander, aber auch in sich selbst
offenbar, woraus sich die der Erfahrung gegenwärtige und aus der

---

[85] Auch dem Unterschied der natürlichen Gemeinschaft der Menschheitsfamilie
zur Gemeinschaft mit Gott und untereinander schon auf Erden in der Kirche wird in
diesem Entwurf angemessenere Beachtung geschenkt; vgl. bes. die nn. 3 (ebd., 422 u.
424); 11 (ebd., 433); 32 (ebd., 451f.); 96 (ebd., 557); sowie das ganze Kapitel IV
(ebd., 463-469).

[86] Das deutet sich schon im neuen Titel des ersten Teiles des Schemas an, der
nicht mehr von der «*condicio*» hominis, sondern von seiner «*vocatio*» spricht (vgl.
ebd., 433). Vgl. weiters die nn. 3 (ebd., 422); 12 (ebd., 434); 15 (ebd., 436: Glaube
als Gabe des Hl. Geistes); 17 (ebd., 436); 19-21 (ebd., 437-440: Atheismus als in der
menschlichen Freiheit gründende Möglichkeit der Ablehnung Gottes); 24 (ebd., 446f.)
u. 96 (ebd., 557).

[87] Vgl. den neuen Titel der n. 22 (ebd., 440) und die dazu gegebene *Relatio*
(ebd., 446).

[88] Vgl. bes. die nn. 38f. (ebd., 459f.) sowie im Blick auf die sakramentale
Wirklichkeit der Kirche das ganze Kapitel IV (ebd., 463-469).

[89] Vgl. n. 2: *AS* IV.VI, 421; n. 13 (ebd., 434f. u. 443); n. 17 (ebd., 436f.) u.
n. 37 (ebd., 458f. u. 463).

Offenbarung erhellte Gebrochenheit und Ambivalenz der Existenz des Menschen ergibt.[90] So erscheint das Leben des Menschen als ein Kampf zwischen Gut und Böse, in der Spannung einer von Gott her gut erschaffenen Welt und ihrer Entstellung durch die Sünde, der immer wieder von Gott angebotenen Gnade und der menschlichen Freiheit, sich dagegen zu widersetzen. Diese Welt bedarf der Läuterung, die nur durch die Gnade im Zusammenwirken mit dem beständigen Bemühen des Menschen erreicht werden kann.

Mit der Hervorhebung der Gebrochenheit des menschlichen Daseins und der Wirklichkeit der Sünde will das Schema keineswegs «Schwarzmalerei» betreiben, sondern die Bedeutung des Heilsmysteriums in Christus unterstreichen, das darüber hinaus durch einige Verbesserungen am Text selbst noch größeres Gewicht erhält.[91] Der Blick auf den Sieg Christi, zu dessen Teilhabe alle Menschen berufen sind, sowie andere Stellen bringen vermehrt das Thema der Eschatologie ein.[92]

Insgesamt kann deshalb die Entwicklung vom alten zum neuen Schema in einigen wesentlichen Punkten durchaus als «theologische Trendwende» verstanden werden. In bezug auf das Thema dieser Arbeit stellt sich daran anschließend die Frage, welche Bedeutung dabei dem Konzept der *familia Dei* zukommt, besonders im Hinblick auf ein vertieftes Verständnis der Kirche und ihrer Sendung in der Welt. Eine rein quantitative Aufwertung ist schon darin zu erkennen, daß sich nun neun Belege im Text anführen lassen.[93] Dazu kommt, daß sich der *Familie-Gottes-Begriff* vorwiegend an ekklesiologischen Schlüsselstellen des Schemas findet, in denen es ausdrücklich über die Kirche und ihre Sendung spricht. Die dritte diesbezügliche wesentliche Verbesserung besteht in dem nun präziseren und im ganzen Text einheitlich gewahrten Bedeutungsgehalt des Begriffs. Diese erzielte theologische wie sprachliche Klarheit steht offenbar in einem doppelten Zusammenhang.

Zum einen fällt gerade in die Zeit der Überarbeitungen des Schemas die bei der siebten *Sessio publica* von Papst Paul VI. gehaltene Homilie, in der er — wenn auch nicht explizit auf die Pastoral-

---

[90] Vgl. d. nn. 2 (ebd., 421), 10-17 (ebd., 429f. u. 433-437) u. 37 (ebd., 458f.).

[91] Vgl. zu den im wesentlichen schon im früheren Entwurf vorhandenen nn. über das Christusgeheimnis: 22 (ebd., 440f.); 32 (ebd., 451f.); 39 (ebd., 460) u. 45 (ebd., 468f.), die neuen Passagen in n. 2 (ebd., 421); n. 10 (ebd., 429f.); n. 13 (ebd., 434f.) sowie n. 37 u. n. 38 (ebd., 458-460).

[92] Vgl. bes. die nn. 18 (ebd., 437); sowie 38 u. 39 (ebd., 459f.).

[93] Explizit als *familia Dei* in n. 32 (*AS* IV.VI, 452) u. 43 (ebd., 467 als Zitat aus *LG* 28); als *familia filiorum Dei* in den nn. 40 (ebd., 464), 42 (ebd., 465) u. 96 (ebd., 557); als *familia*, die sich durch Kontext oder nähere Kennzeichnungen als Familie Gottes erweist in den nn. 24 (ebd., 446), 32 (ebd., 452) u. 54 (ebd., 477); sowie einmal thematisch in n. 42 (ebd., 465).

konstitution bezugnehmend — zum Begriff der *Familie Gottes* Stellung nimmt.[94] Er spricht über das Werk des Konzils, dessen Ruhm allein Christus zukomme und das dem Aufbau der umfassenden Familie Gottes, der heiligen Kirche, dienen solle. Durch die ausdrückliche Identifizierung der Familie Gottes mit der heiligen Kirche ("*... in amplam familiam Dei, id est in sanctam Ecclesiam ...*") entscheidet sich der Papst für die in der Dogmatischen Konstitution über die Kirche vorgelegte Bestimmung des Begriffs und schließt dadurch jede Zweideutigkeit aus, die in den zuvor behandelten Schemen zur Pastoralkonstitution aufgetreten war. Zum anderen vollzieht sich die Option für die in *Lumen gentium* grundgelegte Bedeutung auch dadurch, daß das neue Schema seine Absicht, die Ekklesiologie der Dogmatischen Konstitution über die Kirche vorauszusetzen und darauf weiter aufzubauen, nicht nur in allgemeiner Weise bekennt, sondern auch in den entscheidenden Aussagen über die Kirche, sei es durch wörtliche Zitate, sei es durch getreue Übernahme von Grundgedanken, durchhält.

Im zweiten Kapitel des ersten Teiles soll die Nummer 24 entsprechend der Neuordnung des Entwurfes die gemeinschaftliche Dimension der menschlichen Berufung in ihren Grundprinzipien im Licht der christlichen Offenbarung erhellen.[95] Einleitend und gleichsam als Grundthese wird die gemeinschaftliche Bestimmung des Menschen im Willen Gottes verankert, «der in väterlicher Sorge über alle wacht und will, daß alle Menschen eine *Familie* bilden und sich brüderlich begegnen». Diese Bestimmung wird daraufhin durch den gemeinsamen Ursprung (vgl. Apg 17,26) und das gemeinsame Ziel aller weiter begründet, wobei eine theologisch zumindest sehr mißverständliche Formulierung aus der alten Nummer 35 gestrichen wird. Somit erscheint die Menschheit als Familie, die gemäß dem Willen Gottes in einer heilsgeschichtlichen Bewegung auf ein bestimmtes Ziel hin steht, das in den Begriff der *familia Dei* gefaßt werden kann, auch wenn er hier nicht explizit fällt. Die Berechtigung dazu legt sich durch die aus dem vorhergehenden Schema übernommene sehr vorsichtige Aussage über die *Väterlichkeit Gottes*, die allerdings nicht direkt, sondern gemäß seinem Willen und vermittels seiner universalen Sorge auf die Menschheit bezogen wird, nahe. Ein weiteres, stärkeres Argument für diese Annahme ergibt sich aus der Parallelität zur Nummer 32, die das zweite Kapitel zusammen mit Nummer 24 rahmt.

---

[94] Vgl. *Sessio Publica VII* (28.10.1965); *Homilia Summi Pontificis*: *AAS* 57 (1965), 902. Diese Homilie des Papstes fällt genau in die Zeit der Vollversammlung der für das Schema zuständigen gemischten Kommission, deren Sitzungen vom 20. bis zum 30.10.1965 abgehalten wurden.

[95] Vgl. n. 24 (*AS* IV.VI, 446f.) sowie die dazugehörige *Relatio* (ebd., 453f.).

Die christologische Abschlußnummer des Kapitels über die Gemeinschaft der Menschen[96] spannt wiederum den heilsgeschichtlichen Bogen von der Auserwählung des Volkes und dem Bund über die Inkarnation hin zum Werk Christi. Er ruft die Kinder Gottes zu brüderlicher Liebe, betet um die Einheit seiner Jünger und sendet die Apostel, allen Völkern die Frohbotschaft zu verkünden, damit das Menschengeschlecht zur Familie Gottes werde, in der die Liebe die Erfüllung des Gesetzes ist. Wie die beiden folgenden Paragraphen derselben Nummer deutlich machen, die die Heilsgeschichte auf die Kirche und die Eschatologie hin öffnen, verwirklicht sich der Auftrag, die *Familie Gottes* zu bilden, als Geschenk des Heiligen Geistes in der neuen brüderlichen Gemeinschaft seines Leibes, der Kirche; seine endgültige Vollendung steht allerdings noch aus, bis alle durch die Gnade Gottes geretteten Menschen als eine *von Gott und Christus, dem Bruder, geliebte Familie* vollkommen Gott verherrlichen. Damit schließt Nummer 32 an die Grundthese von Nummer 24 an, daß nach Gottes Willen alle Menschen Familie [Gottes] werden sollen. Andererseits tritt nun das Geheimnis der Kirche, das selbst in der genannten heilsgeschichtlichen Bewegung steht, ins Licht, wobei zentrale in *Lumen gentium* für den Begriff der *familia Dei* festgehaltenen Bedeutungsdimensionen (z.B. der Bezug zur Trinität, die Einheit, die apostolische Sendung oder die eschatologische Ausrichtung) aufgegriffen werden.[97]

Die meisten, nämlich vier Belege zur Familie Gottes enthält das neu strukturierte vierte Kapitel des ersten Teiles. Es soll in grundsätzlicher und mehr lehrhafter Weise darstellen, was die Kirche über sich selbst in ihrer Stellung und Sendung in der Welt sagt. Das geschieht eingangs (n. 40), indem die Kirche als *Familie der Söhne Gottes* bestimmt wird, die ein eschatologisches Ziel hat und sich dennoch schon in der Geschichte des Menschengeschlechtes gleichsam als Seele der menschlichen Gesellschaft in der Form einer sichtbaren Gemeinschaft zur Ankunft des Herrn vorbereiten und vereinen soll.[98] In grundlegender Weise will Nummer 42 aufzeigen, wie die Kirche als

---

[96] Vgl. n. 32 (ebd., 451f.) sowie die *Relatio* (ebd., 456), die als Ziel der neu zugefügten *familia-Dei-Stelle* angibt, auch den Aspekt des Evangeliums zur Geltung bringen zu wollen.

[97] Es entspricht in *LG* wie in der genannten Passage prinzipiell der Beschaffenheit der Familie Gottes, Einheit aufzubauen. Weiters wird der Auftrag, die Familie Gottes zu bilden, mit der apostolischen Sendung verbunden, wie das in *LG* 27, 28 und 32 im Hinblick auf das apostolische Amt geschieht. Die eschatologische Dimension und die Ausrichtung der *familia Dei* auf die Verherrlichung des dreifaltigen Gottes schließlich findet sich in *LG* 51 grundgelegt.

[98] Vgl. n. 40 (*AS* IV.VI, 464).

solche der menschlichen Gesellschaft zu Hilfe kommen kann.[99] Gleich der erste, als fundamentale These zu verstehende Satz lenkt den Blick auf die Sendung der Kirche, Einheit aufzubauen, und stellt fest, daß die Vereinigung der Menschheitsfamilie und die in Christus begründete *Einheit der Familie der Kinder Gottes* sich gegenseitig erfüllen können und müssen. Der Weg der Kirche dazu bestehe — wie die Nummer fortführt — in besonderer Weise im *familiären Geist der Kinder Gottes*, in dem jene alle Zwietracht zwischen Nationen und Stämmen überwinden und der rechten menschlichen Vergesellschaftung Festigkeit verleihen sollen. Der hier angesprochene Bezug zwischen der Menschheitsfamilie und der Familie Gottes wird im folgenden Artikel durch ein Zitat aus *Lumen gentium* weiter vertieft, welches im Einheitsstreben des Menschengeschlechtes einen Ansporn dafür sieht, daß die Priester in vereinter Sorge und unter der Leitung ihrer Hirten danach trachten, jede Spaltung zu überwinden, damit das ganze Menschengeschlecht zur *Einheit der Familie Gottes geführt werde.*[100]

Im zweiten Teil des Schemas übernimmt Nummer 54 unverändert aus den früheren Entwürfen die Aufforderung an die Eheleute, in mutiger Bereitschaft mit der Liebe des Schöpfers und Erlösers mitzuwirken, der durch sie *seine Familie* vergrößere und bereichere.[101] Im zweiten Kapitel *über die Förderung des kulturellen Fortschrittes* weist Nummer 60 auf diesbezügliche Schwierigkeiten und Aufgaben hin, wobei das Konzept der *familia Dei* wenigstens anklingt.[102] Auch die schon früher vorhandene *Familie-Gottes-Stelle* in der *Conclusio* bleibt erhalten mit der bedeutsamen Veränderung, daß die *familia filiorum Dei* nicht mehr mit der Menschheitsfamilie identifiziert wird. Von letzterer wird nun vielmehr ganz im Sinne des gesamten Schemas gesagt, daß sie *in die Familie der Söhne Gottes berufen* ist.[103] Dazu offenbar korrespondierend und ebenfalls auf Anregung mehrerer Väter wurde auch die Aussage über die Vaterschaft Gottes entscheidend modifiziert und dem Befund der Heiligen Schrift besser angepaßt.

---

[99] Vgl. n. 42 (ebd., 465f.) sowie die *Relatio* (ebd., 470); diesbezügliche konkretere Ausführungen bleiben dem II. Teil der Pastoralkonstitution vorbehalten.

[100] Vgl. n. 43 (ebd.467) sowie die *Relatio* (ebd., 471). Das Zitat stammt aus *LG* 28: *AAS* 57 (1965), 35f.

[101] Vgl. n 54 (*AS* IV.VI, 477).

[102] Vgl. *AS* IV.VI, 493: "In medio quidem illarum antinomiarum cultura humana ita hodie evolvatur, ut integram personam humanam aequo ordine excolat atque homines iuvet in muneribus adimplendis, ad quae omnes homines, praecipue autem christifideles, in una familia humana fraterne uniti, vocantur." Vgl. dazu die parallele Stelle in n. 68 des vorhergehenden Entwurfes (*AS* IV.I, 484): "Quibus rite perspectis, nemo non videt omnes, et praecipue quidem christifideles, in una familia humana fraterne unitos, ad nova munera strenue adimplenda hac in re vocari."

[103] Vgl. n. 96 (*AS* IV.VI, 557) sowie die *Relatio* (ebd., 558f.). Die besagte Veränderung wurde von Ebf. DE PROVENCHÈRES gefordert (vgl. *AS* IV.III, 796).

Nachdem im alten Schema eine universale Vaterschaft Gottes und eine daraus resultierende Brüderlichkeit aller Menschen als Faktum konstatiert wurde, bezeichnet das neue *Gott Vater* als *Ursprung und Ziel von allem* und schließt daran eine allgemeine *Berufung* zur Brüderlichkeit an.[104]

Wesen und Sendung der Kirche als *Sakrament der Einheit der Menschen mit Gott und untereinander* entsprechen im vorliegenden Entwurf der Sicht und dem Leitthema von *Lumen gentium*, wie es schon in den früheren Textfassungen beabsichtigt war, nun aber mit größerer Deutlichkeit und in Parallelität mit der wiederholt betonten[105] Berufung aller Menschen zur Gemeinschaft mit Gott und der Einheit untereinander herausgearbeitet wird.[106] Weiters kommt das Eigene an Wesen und Sendung der Kirche, das sich nicht in einem säkularen Engagement verwirklicht und erfüllt, mehr zur Geltung.[107] Gerade durch die Anwesenheit der Kirche in der Welt und die getreue Erfüllung ihres übernatürlichen Auftrages trägt sie auch zum Wohl der Schöpfung in den zeitlichen Dingen bei.

Begrifflich wird die Kirche wie schon in früheren Entwürfen vorwiegend in den allgemeinen Terminus *Ecclesia* gefaßt. Neu ist dagegen, daß an den für das Verständnis des Wesens und der Sendung der Kirche in der Welt entscheidenden Stellen das Konzept der *familia Dei* vermehrt herangezogen wird. Es scheint besonders geeignet, da es der Ekklesiologie der Dogmatischen Konstitution über die Kirche entstammt und entspricht, den Bezug zwischen der Menschheitsfamilie und der Familie Gottes schon vom Begriff her erkennen läßt und der Absicht der Pastoralkonstitution, für alle Menschen verständlich zu sprechen, entgegenkommt. Auch wenn der *familia Dei* unter den Kirchenbildern im verbesserten Schema eine Vorrangstellung zukommt, wird es nicht exklusiv verwendet, sondern an verschiedenen Stellen durch andere Bilder, wie beispielsweise *populus Dei, Corpus, sponsa, Mater* oder sogar *anima societatis humanae* ergänzt[108]. Auffallend dabei ist, daß der Ausdruck *populus Dei* im Vergleich zum

---

[104] Vgl. die n. 96 im neuen Schema (*AS* IV.VI, 557): "Cum Deus Pater principium omnium existat [sic] et finis, omnes, ut fratres simus, vocamur" sowie die n. 106 im alten (*AS* IV.I, 515): "Unum Patrem habentes, omnes fratres sumus, eadem humana et divina vocatione praediti".

[105] Vgl. die nn. 3, 10, das ganze Kapitel II, 24f., 29, 31f., 34-39, 41-43, 45 sowie 95f.

[106] Vgl. die nn. 1, 3, 21, 24, 32, 39, das ganze Kapitel IV sowie n. 96.

[107] Vgl. die nn. 3, 11 sowie bes. 40-43.

[108] Das Bild des *Corpus* findet sich in den nn. 32 u. 39 (*AS* IV.VI, 452 u. 460); *sponsa* und *Mater* in n. 43 (ebd., 467f.) sowie *anima* in n. 40 (ebd., 464) nach *Epistula ad* DIOGNETUM, VI,1 in: *PG* 2, 1175f. [«*MG* 2, 1173» laut Schema].

vorhergehenden Entwurf weit weniger oft und auf ganz bestimmte Zusammenhänge beschränkt gebraucht wird.[109]

Die Konzilsväter konnten sich vom 15. bis zum 17.11.1965 in 33 Abstimmungen zum verbesserten Schema äußern, die als Resultat die grundsätzliche Annahme aller Kapitel sowie die beträchtliche Anzahl von etwa 20.000 Modi zeitigten.[110] Nach harter Arbeit in den Unterkommissionen und in der Gemischten Kommission wurde die *expensio modorum* in der 166. Generalkongregation am 02.12.1965 den Vätern vorgelegt und durch die *Relatio* von Erzbischof Garrone erklärt.[111] In den darauffolgenden Generalkongregationen am 04.12. und 06.12. wurde über das Schema im einzelnen wie in seiner Gesamtheit abgestimmt, ehe in der neunten öffentlichen Sitzung, am vorletzten Tag des Konzils (07.12.), seine Promulgation angeordnet wurde.

2.1.3. Das *familia-Dei-Konzept* in der Pastoralkonstitution *Gaudium et spes*

Nachdem sich der vorhergehende Abschnitt mit der Textgeschichte der Pastoralkonstitution im Hinblick auf das *familia-Dei-Konzept* befaßt hat, wendet sich dieser nun ihrem endgültigen und verbindlichen Text zu. Um zu seinem angemessenen Verständnis vorzudringen, sollen zuerst seine Stellung im Konzil sowie der sich aus der Absicht und dem Inhalt des ganzen Dokuments ergebende Kontext kurz beleuchtet werden, ehe eine Einzelinterpretation der für das vorliegende Thema relevanten Stellen erfolgen kann.

Das sechzehnte und letzte Dokument des Konzils trägt den Titel *Constitutio pastoralis de Ecclesia in mundo huius temporis*. Seine Qualifikation als *Constitutio*, die von den Vätern ausgiebig diskutiert und in eigener Abstimmung angenommen wurde, stellt es in eine Reihe mit den anderen drei Konstitutionen des Konzils über die Liturgie, die Kirche und die göttliche Offenbarung. Das dadurch gegebene hohe Gewicht soll durch die Spezifizierung *pastoralis* nicht herabgesetzt werden. Sie bezeichnet vielmehr die Zielsetzung, durch die in Ergän-

---

[109] Vgl. die nn. 3: *AS* IV.VI, 422); 11: [2x] ebd., 433; 44f.: ebd., 468 u. 96: ebd., 557. In n. 32: ebd., 451 ist mit *populus* zweimal das auserwählte Volk des Alten Bundes gemeint. Zur Streichung des *populus-Dei-Begriffes* an einigen Stellen bemerkt eine *Relatio* zur n. 1: ebd., 423 knapp: "Vitandum videtur hic ut sermo fiat de «Populo Dei», propter universitatem eorum, quos alloquimur."

[110] Vgl. MOELLER, *Pastoralkonstitution*, 275f.

[111] Insofern sich in dieser letzten Phase der Textentwicklung noch für das hier gestellte Thema relevante Änderungen ergeben haben, werden diese im folgenden Abschnitt (2.1.3.) angeführt.

zung zur «*dogmatischen*» Konstitution über die Kirche dem Anliegen des Konzils, die Kirche in ihren Dimensionen *ad intra* und *ad extra* zu beleuchten, entsprochen werden soll. Der pastorale Charakter der Konstitution besteht darin, daß sie aufbauend auf der dogmatischen Lehre der Kirche über sich selbst und die Welt deren gegenseitiges Verhältnis bestimmt. Sie tut dies, indem sie sich nicht nur an die Gläubigen, sondern an alle Menschen wendet und in einer für alle verständlichen Sprache sprechen will. Auch wenn die Pastoralkonstitution vor allem in der *expositio introductiva* sowie im zweiten Hauptteil zeitbedingte Elemente enthält, fehlt in keinem ihrer Teile die lehrhafte Zielsetzung. Sie muß deshalb insgesamt gemäß den allgemeinen theologischen Interpretationsregeln gedeutet werden.[112]

Als weitere Information gibt der Titel an, daß die Pastoralkonstitution *de Ecclesia*, d.h. *über die Kirche*, handelt. Diese Tatsache darf nicht aus den Augen gelassen werden, wenngleich im Dokument aufscheint, daß der *Mensch* im Mittelpunkt der Erörterungen steht.[113] Wie diese beiden auf den ersten Blick widersprüchlichen Aussagen zu verbinden sind, erhellt die Eingangsnummer. Sie nennt die Gemeinschaft der Kirche eine aus Menschen gebildete und verbindet damit in einer trinitarisch strukturierten Formulierung ihren übernatürlichen Auftrag.[114] Die Kirche spricht in dem Dokument nicht nur direkt über sich selbst, sondern auch indirekt, wenn sie ihre Lehre über die Berufung des Menschen oder aber über wichtige, den Menschen bewegende Einzelfragen unserer Zeit vorlegt.

Die kleine Präposition *in*, durch die Kirche und Welt im Titel verbunden werden, lenkt den Blick auf die Dimension der Kirche *ad extra*, auf den Kontext, *in* dem die Kirche gesehen wird. Verschiedene Varianten der Textentwicklung wollten an dieser Stelle durch Erweiterungen die *Aktivität* der Kirche in der Welt unterstreichen.[115] Dagegen

---

[112] Vgl. zur Absicht des Dokumentes als *pastorale Konstitution* die *Relatio* von Ebf. GARRONE zum *Textus recognitus* in der Cong. gen. CLI (*AS* IV.VI, 560-563), die der Konstitution beigegebene erklärende Note zu ihrem Titel: *AAS* 58 (1966), 1025; sowie die nn. 2, 91 u. 92 des Dokumentes selbst: ebd., 1026 u. 1113f.

[113] Vgl. die n. 3: ebd., 1026f.

[114] Vgl. n. 1: ebd., 1025f.

[115] Diese vorgeschlagenen Erweiterungen lauten z.B.: «*de praesentia et actione*», «*de praesentia efficaci*», «*de praesentia activa ... in mundo aedificando*» ...; vgl. C. MOELLER, *Kommentar zum Prooemium und zur «Expositio introductiva» der Pastoralkonstitution*, in: *LThK.E* 3, 282-284. Nach MOELLER soll das «*in*» ausdrücken, daß die Kirche *in* und "niemals" der Welt gegenüber stehe. Diese Ansicht muß sich allerdings die Fragen gefallen lassen, ob der immer wieder erwähnte Dialog Kirche-Welt nicht auch ein «*Gegenüber*» der beiden voraussetzt, ob das ausschließliche «*in*» nicht Gefahr läuft, die Kirche *in* der Welt aufgehen zu lassen und ob es nicht gerade das Wesen der Sakramentalität der Kirche ausmacht, sowohl *in der Welt* als auch *ihr gegenüber*, m.a.W. *in* der Welt, aber nicht *von* der Welt zu sein, weil sich in der Kirche das Göttliche mit dem Menschlichen zum Heil der Welt begegnet.

entschied sich das Konzil für das einfachere und zugleich umfassendere *in* und zeigte damit, daß es ihm nicht primär um die *Aktivität* der Kirche ging[116], sondern um ihr *Sein* gemäß ihrem Wesen und ihrer Sendung in der Welt. Daraus ergibt sich in einem zweiten Schritt sowohl das Tun der Kirche als auch der Dialog, in dem sie mit der Welt steht. Was im Titel wie im Gesamt des Textes mit *Welt* gemeint ist, wird einerseits durch einzelne Nummern explizit ausgewiesen und andererseits aus dem Zusammenhang ersichtlich. Sie ist — wie im *Prooemium* festgehalten — *die Welt der Menschen, die ganze Menschheitsfamilie mit der Gesamtheit der Wirklichkeiten, in denen sie lebt.*[117] Sie muß weiters als *geschichtliche* (im «heute») verstanden werden, wie der näher bestimmende Zusatz *huius temporis* im Titel erkennen läßt. Mit «Welt» als «geschichtlicher Welt» meint die Pastoralkonstitution zugleich den Schauplatz der Heilsgeschichte, den Schauplatz der Spannung zwischen der von Gott gut geschaffenen Schöpfung und ihrer Entstellung durch die Sünde, den Raum, in dem die göttliche Gnade und die menschliche Freiheit mit-, aber auch gegeneinander wirken können[118], das «Kampffeld» schließlich zwischen Gut und Böse, auf dem sich das menschliche Dasein in seiner Gebrochenheit wie in der in Christus bereits objektiv geschehenen Erlösung vollzieht.[119]

Nicht zu unterschätzende Bedeutung kommt den Anfangsworten eines Konzilsdokumentes zu. «*Gaudium et spes*» kann dabei in einer gewissen Parallelität zu «*Lumen gentium*» gesehen werden. Ausgehend von Christus, dem Licht der Völker, charakterisiert die Dogmatische Konstitution die Kirche selbst, die treu seine Sendung fortsetzt, als Licht der Völker, das die Menschen als sichtbares Zeichen hinführen soll zum wahren Licht, zur Gemeinschaft mit Gott und untereinander. In Ähnlichkeit dazu sagt die Pastoralkonstitution zum einen aus, daß die Kirche Freude und Hoffnung, aber auch Trauer und Angst der Menschen teilt. Zum anderen wird die Kirche dabei selbst zur Freude und Hoffnung der Welt, welche durch die Kirche mit ihrem eigentlichen Zentrum, dem Herrn Jesus Christus, verbunden ist. Somit wird durch die beiden Konstitutionen *über die Kirche* die wesentliche und die *Mittlerschaft* der Kirche begründende Sendungslinie: *Christus –*

---

[116] Wie aus Entwicklung und Diskussion der Schemen hervorgeht, gab es durchaus auch Tendenzen, die die Kirche vorwiegend unter dem Aspekt ihrer Aktivitäten verstehen wollten und dabei in Gefahr gerieten, das Wesen der Kirche selbst aus den Augen zu verlieren und einen (übertriebenen) Aktivismus zu fördern.

[117] Vgl. Const. past. *GS* 2: *AAS* 58 (1966), 1026.

[118] Das ist so zu verstehen, daß die Gnade Gottes niemals die menschliche Freiheit außer Kraft setzt, daß aber letztere als Möglichkeit in sich trägt, sich gänzlich der Gnade Gottes zu verschließen. Das «Gegeneinander» entspringt somit immer nur der menschlichen Freiheit und niemals der göttlichen Gnade.

[119] Vgl. bes. *GS* 2, 4, 10, 13f., 17, 22 u. 37-39.

Kirche – Welt (vgl. Joh 17) sichtbar. Dabei ist die Kirche selbst *gaudium*, in der jetzt schon gegenwärtigen *Freude* über den Sieg Christi, und zugleich *spes* in der *hoffenden Erwartung* der künftigen Herrlichkeit. Beide heilsgeschichtlichen Dimensionen, die Heilszeit des *Jetzt* wie das hereinbrechende *Eschaton* finden sich in ihr vereint.

Bei allem Optimismus, bei aller *Freude* und *Hoffnung*, die der Titel zu verströmen scheint, darf man nicht übersehen, daß schon im Eingangssatz auch *Trauer* und *Angst* einen dunklen Schatten werfen, der sich in der Form der Sünde als mißbrauchter Freiheit und Absage des Geschöpfes an die Liebe des Schöpfers im ganzen Dokument durchhält. Er bildet den finsteren Hintergrund, vor dem das Geheimnis der Erlösung noch heller zu leuchten kommt, zu dessen Annahme im Glauben alle Menschen gerufen sind.

Die in *Lumen gentium* festgehaltene enge Beziehung der Kirche zu Christus, ihrem Ursprung und Mittelpunkt, wird in der Pastoralkonstitution nicht nur übernommen, sondern sogar noch weiter entfaltet, indem im ersten, lehrhaften Teil besonders an den Enden der einzelnen Kapitel «christologische Nummern» oder Absätze das jeweils Erörterte an das Christusgeheimnis zurückbinden.[120]

Gegliedert ist die Pastoralkonstitution in ein *Prooemium*, eine *Expositio introductiva*, die vor allem den Zustand der Welt von heute umreißen soll, einen *ersten Hauptteil*, der in drei Kapiteln die anthropologischen Themen der *Menschenwürde*, der *menschlichen Gemeinschaft* und des *menschlichen Schaffens* behandelt und sich im vierten der *Kirche selbst als einer in der Welt seienden* zuwendet. Der *zweite Hauptteil* erörtert wichtige *Einzelfragen* der Menschen unserer Zeit, nämlich die *Würde von Ehe und Familie*, den *kulturellen Fortschritt*, *Wirtschaft*, *Politik* sowie den *Frieden* und die *Gemeinschaft der Völker*. Eine *Conclusio* beschließt das Dokument. Wie sich bereits aus den einzelnen Themen und Überschriften[121] absehen läßt, haben für die vorliegende ekklesiologische Arbeit vor allem der erste Hauptteil (und darin das vierte Kapitel) sowie die verschiedenen einleitenden oder zusammenfassenden Abschnitte Bedeutung, die auch mehr dem *de Ecclesia* des Titels zuzuordnen sind, während etwa die *Expositio introductiva* oder der zweite Hauptteil sich eher auf *in mundo huius temporis* beziehen.[122]

---

[120] Vgl. *GS* 10, 22, 32, 38, 39 u. 45.

[121] Es ist bedeutsam anzumerken, daß aufgrund einer eigenen Abstimmung darüber auch die Überschriften der einzelnen Nummern zum verbindlichen Textbestand der Pastoralkonstitution gehören.

[122] Die Einteilung darf nicht zu streng angewendet werden, da sich sowohl im I. Teil Aussagen über *die Welt von heute* als auch im II. Teil *über die Kirche* finden.

* * *

In diesem Kontext als unübergehbares Interpretationskriterium werden nun in einem weiteren Schritt jene Stellen untersucht, in denen das Konzept der *familia Dei* vorkommt oder mit denen es in enger Beziehung steht. Dabei ist zu fragen, inwieweit jenes Konzept angemessen ist, den oben herausgestellten Absichten der Pastoralkonstitution möglichst getreu zu entsprechen und es deshalb auch zu Recht ein *Schlüsselkonzept* von *Gaudium et spes* genannt wird. Die Anzahl der für das *familia-Dei-Konzept* unmittelbar relevanten Stellen ist bis zum promulgierten Text auf 12 angewachsen[123], die sich vorwiegend dort finden, wo die Pastoralkonstitution explizit *über die Kirche* wie über ihre Stellung und Sendung in der Welt handelt. Weiters fällt auf, daß das Thema der Familie Gottes häufig an hervorgehobenen Positionen auftritt: etwa am Anfang oder Ende von Kapiteln, wo einleitend oder zusammenfassend deren Grundaussagen formuliert werden.

Die ersten drei näher zu betrachtenden Belege stehen im zweiten Kapitel des ersten Teiles, das den Titel *De hominum communitate* («über die menschliche Gemeinschaft») trägt. Quer durch die Pastoralkonstitution spielt der Gemeinschaftscharakter der menschlichen Berufung eine zentrale Rolle, wie sich am häufigen Vorkommen der Begriffe *genus humanum/hominum* bzw. *familia humana/hominum*, die die Menschen insgesamt, und zwar als Gemeinschaft, bezeichnen, ermessen läßt.[124] Im zweiten Kapitel werden jedoch ausdrücklich die Grundlagen der menschlichen Gemeinschaft im Lichte der christlichen Offenbarung dargelegt. Dabei beachtet das Dokument — wie einleitend festgestellt wird[125] — einerseits die in der Welt vorfindliche Situation immer engerer gegenseitiger menschlicher Verflechtungen, andererseits wird die bleibende Bedeutung der christlichen Offenbarung in bezug auf die menschliche Gemeinschaft von den durch den Schöpfer der Natur eingeschriebenen Gesetzen her begründet.

---

[123] Explizit als «*familia Dei*» (3x): in *GS* 32, 40 u. 43 (zit. *LG* 28); als «*familia filiorum Dei*» (3x): in *GS* 40, 42 u. 92; als «*familia*», die aufgrund des Kontextes oder näherer Kennzeichnungen als Familie Gottes gedeutet werden muß bzw. kann (4x): in *GS* 24, 32, 40 u. 50; sowie thematisch (wenigstens 2x): in *GS* 39 u. 42. Zur Möglichkeit einer inhaltlichen Nuancierung mittels der Begriffe «*familia Dei*» und «*familia filiorum Dei*»; s.o. 1.1.1.2.

[124] *Familia hominum/humana* erscheint in *GS* 2, 3, 26, 29, 33, 37, 38 (2x), 39, 40, 42, 45 u. 92 sowie damit verwandt: *genus hominum/humanum* in *GS* 1, 2, 3 (3x), 4 (2x), 5 (2x), 9 (2x), 10 (2x), 11, 24, 26, 31, 32, 33, 34, 35, 37, 40, 42, 43 (2x), 44 u. 45 (2x). Auch aus dem hier nicht näher untersuchten zweiten Teil der Const. past. ließen sich diesbezügliche Belege anführen.

[125] Vgl. Const. past. *GS* 23: *AAS* 58 (1966), 1044.

In diesem Zusammenhang spricht die erste «inhaltliche Nummer» (24) des Kapitels vom *Gemeinschaftscharakter der menschlichen Berufung im Ratschluß Gottes* und stellt seinen Erörterungen gleichsam als Eingangsthese voran:

> "Gott, der väterlich für alle sorgt, wollte, daß alle Menschen *eine* Familie bilden und einander in brüderlicher Gesinnung begegnen. Alle sind ja geschaffen nach dem Bild Gottes, der «aus einem alle Völker hervorgehen ließ, die das Antlitz der Erde bewohnen» (Apg 17,26), und alle sind zu einem und demselben Ziel, d.h. zu Gott selbst, berufen."[126]

Die Stelle nimmt ihren Ausgang von der Beziehung Gottes zu den Menschen, wobei durch die Formulierung «*väterliche Sorge Gottes*» eine undifferenzierte und unbiblische Aussage über eine universale Vaterschaft Gottes vermieden und der Blick mehr auf die schöpfungstheologischen Grundlagen jenes Verhältnisses gelenkt wird. Das Prädikat des Satzes «*wollte*» leitet zum Heilswillen Gottes von Anbeginn, zu einer «gottgewollten» Vergemeinschaftung des Menschen als *Berufung* über, die gemäß der Verbform des *historischen Perfekt* auf ein begründendes geschichtliches Geschehen zurückzuführen ist.[127] Ziel dieses Vorganges ist die *eine Familie* aller Menschen, die die vertikale familiäre Grundrelation der väterlichen Sorge Gottes mit der horizontalen, der Einheit der Menschen *in brüderlicher Gesinnung* untereinander, verbindet. Der folgende Satz begründet parallel zur obigen Unterscheidung von *väterlicher Sorge* und *Berufung* die Gemeinschaft sowohl mit der *natürlichen* Einheit der Menschheit aus der Schöpfung als auch mit dem *übernatürlichen* Ziel aller Menschen in Gott selbst[128].

Aus dem zweiten Absatz von *GS* 24 kann man das im Liebesgebot gegebene konkrete Fundament für die Verwirklichung jener «familiären Gemeinschaft» gewinnen. Das Liebesgebot wendet sich aber nach biblischer Sicht primär an jene, die an Christus glauben, um sie für die Welt als Jünger erkennbar zu machen (vgl. 1Joh). In dieselbe Richtung weist auch der dritte Absatz, der in johanneischer Gedankenführung (vgl. Joh 17,20-22) eine «gewisse Ähnlichkeit»

---

[126] Const. past. *GS* 24: ebd., 1044f.; dt.: *LThK.E* 3, 357-359 [Herv. im Original des dt. Textes].

[127] Aufgrund der lat. *Consecutio temporum* kann «voluit ut ... efficerent» nur als historisches Perfekt übersetzt werden, wodurch eine «existentielle» Deutung ausgeschlossen ist (vgl. B.L. GILDERSLEEVE, *Latin Grammar*, London ³1965, 314-319). Theologisch ist deshalb an ein historisches *Berufungsgeschehen* zu denken, das einmal ergangen ist – wenn es auch sakramental je immer neu vermittelt werden kann.

[128] Die nähere Bestimmung des Endzieles aller Menschen «*id est ad Deum ipsum*» wurde während der letzten Änderungen aufgrund entsprechender Väterforderungen eingefügt, um keine Unklarheit bezüglich des einen menschlichen Endzieles aufkommen zu lassen (vgl. *AS* IV.VII, 408).

zwischen der menschlichen und der trinitarischen Einheit selbst ortet und damit — wenn auch in vorsichtiger Weise — ein theologisches Fundament für diese Einheit andeutet.[129] Mit *«omnes»* ist in Joh 17 allerdings gerade nicht die Welt, sondern sind vielmehr die gemeint, die der Vater dem Sohn gegeben hat (vgl. Joh 17,9), doch nicht nur sie, sondern auch alle, *die durch ihr Wort* an den Sohn *glauben* (vgl. Joh 17,20). Der Bezug zwischen der Einheit der Jünger und der Welt besteht dabei darin, daß durch sie die Welt erkennen soll, daß der Vater den Sohn gesandt hat und die Seinen ebenso liebt wie ihn (vgl. Joh 17,23). Infolgedessen bezieht auch *GS* 24 die Ähnlichkeit zur innergöttlichen Einheit auf *«die Einheit der Kinder Gottes in Wahrheit und Liebe»*. Diese Gotteskindschaft aber ist gemäß katholischem Glauben Frucht der Taufe, und die Wahrheit bzw. die Liebe sind gerade die Kriterien dafür, ob ein Mensch in der Gemeinschaft der Kirche verbleibt oder ihr, sei es als Häretiker (gegen die *veritas*), sei es als Schismatiker (gegen die *caritas*), entgegensteht.

Wenn auch im Text selbst die «Familie» *explizit* nur als «*eine*»[130] charakterisiert wird und die Nummer grundsätzlich von *allen Menschen* in ihrer Gemeinsamkeit gemäß Ursprung und Ziel und in der wachsenden Abhängigkeit bzw. Einheit in der Welt spricht, scheint mit *«familia»* in *GS* 24 aufgrund des dargestellten Zusammenhanges eine gnadenhafte menschliche Gemeinschaft, d.h. die *Familie Gottes* als Kirche, gemeint zu sein, so daß die Stelle berechtigterweise als Beleg für das *familia-Dei-Konzept* angeführt werden kann.[131] Aber — so

---

[129] Noch unter den letzten Modi zum Kapitel findet sich die von 195 Vätern unterstützte Forderung, den Abschnitt fallen zu lassen, weil er für «obskur», theologisch noch nicht entschieden etc. gehalten wurde; andere Eingaben forderten, ihn aufgrund seiner theologischen Tiefe und Wichtigkeit unbedingt beizubehalten (vgl. *AS* IV.VII, 409). Aus all dem ist zu erkennen, wie wichtig dieser Gedanke dem Konzil war, da er trotz Schwierigkeiten und Einwänden, die sich daraus ergaben, daß hier eine theologisch noch in Diskussion stehende Frage betroffen ist, durch die verschiedenen Entwicklungsschritte festgehalten wurde. Obwohl es dem Usus der Konzilien entspricht, nicht zu noch theologisch unentschiedenen Fragen Stellung zu nehmen, konnte der Gedanke durch die vorsichtige und unanfechtbare — weil biblische — Aussage gerettet werden. Dabei wird darauf verwiesen, daß hier das menschliche Denken an seine Grenzen gerät. Daß in dieser Aussage die Analogie zur Trinität nicht in der internen Struktur jeder menschlichen Person, sondern vielmehr in der *Gemeinschaft von Personen* zu suchen ist, bestätigt sich aus einer Relatio weniger als ein Monat vor Promulgation des Dokumentes (vgl. *AS* IV.VI, 453). Vgl. weiters andere diesbezügliche Entwicklungsstufen des Textes bzw. deren Relationes: *AS* IV.I, 445f.; IV.VI, 446f. u. 453f.).

[130] *«Una* familia» ist dabei nicht als unbestimmter Artikel, im Sinne von «*irgendeine*», sondern als Ausdruck numerischer Identität, als «*ein und dieselbe*» zu verstehen.

[131] Es fällt auf, daß beispielsweise DABIRE, *L'Église*, 35 u. 46; u. *Approche*, 33, diese Stelle nicht unter den Belegen für das *familia-Dei-Konzept* im Vat II anführt. Erwähnt wird sie dagegen bei SILANES, *La Iglesia*, 236.

könnten kritische Stimmen einwenden — ist dann nicht an dieser Stelle der Pastoralkonstitution die mehrfach für Etappen ihrer Entstehungsgeschichte aufgewiesene Ambivalenz weiterhin zu erkennen? Meint nicht jenes «Wollen» Gottes den schöpferischen Willen, demgemäß er die Menschheit im Anfang als Familie erschaffen *hat*? Könnte nicht deshalb die *«eine Familie»* hier *zugleich* als Menschheit, als Kirche oder aber als das übernatürliche Endziel der Menschen interpretiert werden? Und bliebe dann nicht gerade auch der Zusammenhang zwischen Kirche und Menschheit unklar? Eine Antwort auf diese Fragen ergibt sich, sobald die Nummer nicht mehr nur isoliert, sondern im Ganzen des Kapitels und vor allem in ihrer Parallelität zur Nummer 32 verstanden wird.[132]

Die christologische Nummer 32 bildet zusammen mit *GS* 24 den Rahmen für das zweite Kapitel, indem es die oben angeführte Grundthese aufgreift, weiter entfaltet und in die große Bewegung der Heilsgeschichte stellt, die sich in Nummer 24 schon durch den Verweis auf Ursprung und Ziel des Menschen andeutet. Es geht nun ausdrücklich um den Heilswillen Gottes, den er an den Menschen *gemeinschaftlich* verwirklichen will. Zentrum der Heilsgeschichte ist Christus, der die ganze Heilsbewegung gleichsam in sich zusammenfaßt, weshalb auch der Titel der Nummer «*das menschgewordene Wort und die menschliche Solidarität*» lautet.

Schon der erste Paragraph bringt die natürliche Gemeinschaftlichkeit des Menschen von der Schöpfung her mit der übernatürlichen Berufung zur Heilsgemeinschaft in Beziehung. Diese bestehe seit Beginn der (Heils-)Geschichte in der Auserwählung von Menschen nicht nur als Individuen, sondern gerade als Glieder menschlicher Gemeinschaft, die er zu seinem Volk machte und mit denen er seinen Bund schloß, der nicht isoliert von der Heilsgemeinschaft gesehen werden dürfe. Der folgende Abschnitt zeigt die Erfüllung und Vollendung der Gemeinschaftlichkeit des Menschen in Christus. Grundlage und Ausgangspunkt bildet dabei das geschichtliche Ereignis der Inkarnation, durch die das göttliche Wort selbst in die menschliche Gemeinschaft eintritt und — wie Werke und Worte Jesu kundtun — den Menschen den Weg zur Gemeinschaft mit Gott dem Vater und als

---

[132] An Parallelismen zu n. 24 sind in n. 32 zu erwähnen: in der ganzen Nummer die *heilsgeschichtliche Bewegung*; <u>in §1</u>: der Verweis auf die Schöpfung; <u>in §2:</u> durch die Verbform *voluit* wird auf ein heilsgeschichtliches Ereignis verwiesen, das den Willen Gottes konkretisiert (*Inkarnation* u. Neuschöpfung par. zu *Schöpfung* in n. 24); ein Verweis auf die *Liebe* des göttlichen *Vaters* als Berufung (24 §1); <u>in §3:</u> die *familia humana* soll zur *familia Dei* werden par. zur Aussage, die *Menschen* sollen zu *einer Familie* werden (24 §1); die Erwähnung von Brüderlichkeit und Liebesgebot (24 §1 u. 2); der Bezug zu Joh 17; <u>in §4:</u> *qui Eum fide ac caritate recipiunt* par. zu *filiorum Dei in veritate et caritate* (24 §3).

Folge auch untereinander öffnet. Daraufhin werden einige, durch ihre Bedeutung im Leben Jesu geheiligte gemeinschaftlich menschliche Vollzüge angeführt. Der dritte Abschnitt des Artikels spricht von wesentlichen Momenten im Werk Jesu Christi, in denen die Heilsgemeinschaft gründet, die keine andere ist als die Kirche:

> "In seiner Verkündigung gab er den Kindern Gottes das klare Gebot, einander wie Brüder zu begegnen, und in seinem Gebet bat er darum, daß alle seine Jünger *eins* seien. Er selbst hat sich als der Erlöser aller bis in den Tod hinein für alle dahingegeben. «Eine größere Liebe hat niemand als der, der für seine Freunde sein Leben hergibt» (Joh 15,13). Den Aposteln befahl er, allen Völkern die Frohbotschaft zu verkünden, damit die Menschheit [*genus humanum*] zur Familie Gottes werde, in der die Liebe die Fülle des Gesetzes sein soll."[133]

Die angesprochene Sendung der Apostel ist nach dem Zeugnis der Evangelien mit dem Auftrag verbunden, alle Menschen zu Jüngern Christi zu machen und sie zu taufen zu ihrem Heil (vgl. Mt 28,19f. u. Mk 16,15f.). Schon deshalb ist an dieser Stelle mit *familia Dei* deutlich die Kirche gemeint. Die Erwähnung des Gebets Jesu für seine Jünger (vgl. Joh 17) hält die Einheit als kirchliches Wesensmerkmal, das in Analogie zur Einheit des Sohnes mit dem Vater steht, fest. Die Gotteskindschaft sowie die im Gebot Christi geforderte Brüderlichkeit sind die primären inneren Beziehungen in der Familie Gottes.

Im Anschluß daran wendet sich der vierte Abschnitt der Nummer der Gründung der Kirche zu und gibt weitere Charakteristika der Kirche als Familie Gottes. Diese bleibt unlösbar an Tod und Auferstehung Christi sowie an die Gabe seines Geistes gebunden. Als Kriterium der Zugehörigkeit erscheint die Annahme Christi in Glaube und Liebe. Die innere Struktur jener neuen brüderlichen Communio wird in Analogie zum Leib erklärt, in dem die Glieder einander gemäß ihrer Verschiedenheit und ihrer Gaben komplementär ergänzen. In dieser Erklärung greift *Gaudium et spes* explizit das Bild des Leibes Christi, «der die Kirche ist»[134], auf und zeigt dadurch die enge innere Verbindung der ekklesiologischen Konzepte der Familie und des Leibes, die einander verdeutlichen.

Das Ziel der erwähnten heilsgeschichtlichen Bewegung wird durch den letzten Paragraphen der Nummer ebenfalls unter Anwendung des *familia-Dei-Konzeptes* als Abschluß des Kapitels über die menschliche Gemeinschaft in Aussicht gestellt:

---

[133] Const. past. *GS* 32: *AAS* 58 (1966), 1051; dt.: *LThK.E* 3, 377.

[134] Diese Beifügung (*quod est Ecclesia*) wurde aufgrund entsprechender Forderungen in letzter Phase eingefügt, um unmißverständlich zu zeigen, daß hier von keiner anderen Gemeinschaft als der Kirche die Rede ist (vgl. *AS* IV.VII, 419).

"Diese Solidarität muß stetig wachsen bis zu jenem Tag, an dem sie vollendet sein wird und die aus Gnade geretteten Menschen als eine von Gott und Christus, ihrem Bruder, geliebte Familie Gott vollkommen verherrlichen werden."[135]

Resümierend ist zum *familia-Dei-Konzept* im zweiten Kapitel des ersten Teiles von *Gaudium et spes* zu sagen, daß es keineswegs Ambivalenz in den Text einträgt, sondern vielmehr der Klärung der Frage nach dem unlösbaren Bezug zwischen Menschheit, Kirche und vollendeter eschatologischer Heilsgemeinschaft dient. Es tut dies als christozentrisch und heilsgeschichtlich orientiertes Konzept in Treue zur Ekklesiologie der Dogmatischen Konstitution über die Kirche.[136] Im Kontext der Frage menschlicher Gemeinschaft entwickelt es vor allem das Thema der *Einheit* mittels familiärer Grundrelationen: in seiner vertikalen Dimension als Beziehung zu Gott dem Vater sowie in der daraus entspringenden horizontalen Brüderlichkeit. Schon von Anbeginn der Heilsgeschichte sind die in «Adam» als *Menschheitsfamilie* geschaffenen Menschen durch die väterliche Sorge Gottes und ihre Berufung zur Gemeinschaft mit ihm verbunden.[137] Diese Berufung verwirklicht sich sichtbar in Welt und Geschichte in der *Familie Gottes*, welche die Kinder Gottes mit ihrem Vater sowie untereinander als wahre Brüder (Geschwister) vereint. Letztes Ziel für alle Menschen bleibt die Teilnahme an der eschatologischen Heilsgemeinschaft, der *von Gott und Christus, ihrem Bruder, geliebten Familie* derer, die aus Gnade gerettet sind. In der sich hierin zeigenden heilsgeschichtlichen Bewegung, die in der Spannung der universalen Berufung aller Menschen zur Familie Gottes und der Möglichkeit der menschlichen Freiheit, diese anzunehmen oder aber abzulehnen, steht, kommt der Kirche eine entscheidende Mittlerfunktion zu. Das Werk des Gottessohnes, der in die Menschheitsfamilie eingetreten ist, um sie zur Gemeinschaft mit Gott zu bringen, setzt sie getreu fort, indem sie menschliches Bemühen um Einheit anerkennt, fördert und zu Christus führt. Sie ist bereits auf Erden zeichenhaft Familie Gottes in Gotteskindschaft und Brüderlichkeit und sie soll die Menschheitsfamilie zu dieser Gemeinschaft in ihrer ewigen Vollendung geleiten. Wie das geschieht, m.a.W. in welcher Weise die Kirche als Familie Gottes ihre Sendung in der Welt näherhin

---

[135] Const. past. *GS* 32: *AAS* 58 (1966), 1051; dt.: *LThK.E* 3, 377.

[136] Vgl. die auffallenden thematischen Parallelen zu *LG* 1 u. 9 sowie in der Verwendung des *Familie-Gottes-Begriffs* zu *LG* 27, 28 u. 32: apostolische Sendung zum Aufbau der Einheit der Familie Gottes sowie zu *LG* 51: eschatologische Ausrichtung der Familie Gottes auf das Lob des dreifaltigen Gottes.

[137] Diese Verbundenheit vollzieht sich — wie n. 32 andeutet — in der Heilsgeschichte des auserwählten Volkes als «Bund», der sich mit und nach Christus in ganz neuer Weise fortsetzt und dadurch die Treue Gottes in der Geschichte ausdrückt.

verwirklicht, wird sich bei der Interpretation des vierten Kapitels erweisen.

Im dritten Kapitel des ersten Teiles *über das menschliche Schaffen in der Welt* kommt die *familia Dei* nicht explizit vor. Deutliche begriffliche wie inhaltliche Parallelen zum zweiten Kapitel (besonders zu den Nummern 24 und 32) zeigen allerdings eine auffallende «Harmonie» mit den dort entwickelten Gedanken und lassen es deshalb gerechtfertigt erscheinen, auch das dritte Kapitel als einen nicht unwesentlichen Teil in der Entfaltung des *Familie-Gottes-Themas* in *Gaudium et spes* anzusehen. Vor allem die aufgewiesene *heilsgeschichtliche Bewegung* wird übernommen und noch weiter vertieft. Nummer 33 setzt parallel zu *GS* 24 wiederum anthropologisch bei der *familia humana* an, von der gesagt wird, daß sie sich aufgrund zunehmender Beziehungen zwischen den Völkern «allmählich als *eine* Gemeinschaft in der ganzen Welt erfährt und aufbaut».[138] Diese natürliche Einheit, die in der folgenden Nummer mit der Schöpfung bzw. der Gottebenbildlichkeit des Menschen in Beziehung gebracht wird, ist gleichsam die Grundlage und soll, wie der weitere heilsgeschichtliche Verlauf des Kapitels zeigt, auch und gerade unter Einsatz menschlichen Bemühens geläutert und zu Christus geführt werden.

Wesentliche Bedeutung kommt der menschlichen Freiheit (als *rechte Autonomie der irdischen Dinge* in *GS* 36) zu, aber auch der Tatsache, daß der Mensch von Anfang der Geschichte an die Freiheit in der Sünde mißbraucht hat. So erscheint in Nummer 37 die Menschheit als Gemeinschaft, als Menschheitsfamilie, die durch die Sünde unter der Zerstörung von Brüderlichkeit und Einheit leidet.[139] Die Einheit steht nunmehr im Kampf zwischen Gut und Böse und bedarf zu ihrer Verwirklichung unter der Hilfe der Gnade großen menschlichen Mühens, das aufgrund des Sieges Christi nicht mehr der Vergeblichkeit anheimgegeben ist, sondern in diesem seine Vollendung finden kann.

---

[138] Parallele Gedanken zu n. 24 sind weiters z.B.: eine gemäß dem Willen Gottes die ganze Menschheit umfassende Gemeinschaft/Familie; die immer mehr eins werdende säkulare Welt. Die Aussage über eine «die ganze Welt umfassende *Gemeinschaft*» scheint etwas hoch gegriffen, da nüchtern gesehen enge Verflechtungen und vielfache Abhängigkeiten (vor allem wirtschaftlicher aber auch politischer Art) zwischen Menschen und Völkern bestehen, die schon deshalb aufrechtzuerhalten sind, damit die vorherrschende Weltordnung «weiterfunktioniert». Ob man diese jedoch mit dem in der Sprache der Kirche inhaltsreichen Begriff der «*communitas*» zu Recht charakterisiert, ist zu bezweifeln.

[139] Mit der Gemeinschaftlichkeit des Menschen in der Sünde, aber auch mit der zerstörten Brüderlichkeit und Einheit sind an dieser Stelle wesentliche Momente der katholischen Erbsündenlehre angesprochen, die in einer umfassenden Ekklesiologie einen unverzichtbaren Platz haben muß.

Der Sieg Christi wird in *GS* 38 näher ausgeführt. Er bahnt sich bereits an, indem das Wort Gottes durch die Inkarnation als wirklicher Mensch in Welt und Geschichte eintritt und diese dadurch gleichsam in sich zusammenfaßt. Infolgedessen öffnet er den Menschen den Weg zu einer umfassenden Brüderlichkeit[140], den er durch das Liebesgebot befestigt. In Leiden und Tod gibt er das Beispiel für Sühne und liebende Selbsthingabe, die forthin als Grundpfeiler des Aufbaues jener Brüderlichkeit zu gelten haben. In der Gabe seines Geistes schenkt er die einende Kraft, die sich in seinen Gaben in Kirche und Welt erweist. Der letzte Paragraph dieser Nummer lenkt durch das Sakrament der Einheit, die Eucharistie, den Blick auf die Vollendung in brüderlicher Gemeinschaft. Zugleich aber wird hier das «Sakramentale» als heilsgeschichtliches Grundprinzip und Antrieb jener Bewegung erkennbar. In der Eucharistie nämlich (als Sakrament par excellence) nimmt Gott die Früchte der Erde und des menschlichen Schaffens als sichtbare Zeichen an und erhebt, ja wandelt sie zur gnadenhaften Realität seines Leibes und Blutes. Er bezeichnet und bewirkt damit die übernatürliche Einheit seines Leibes, die der Mensch ersehnt, doch durch eigenes Mühen allein niemals erreichen kann.

Abschluß und Vollendung findet die heilsgeschichtliche Bewegung auch im dritten Kapitel in Christus, wie die christologische Nummer 39 zeigt. Ziel der Menschen ist es, als Kinder Gottes an Sieg und Auferweckung Christi Anteil zu erhalten in ewiger Vollendung, im Reich der Heiligkeit und der Gnade, der Gerechtigkeit, der Liebe und des Friedens. Doch dieses Reich ist schon auf Erden — wenn auch *in mysterio*[141] — anwesend, als der *wachsende Leib der neuen Menschheitsfamilie* («*Corpus illud novae familiae humanae*»), der Zeichen und Mittel ist, die Menschen zur Gemeinschaft mit Gott als seine Kinder zu führen.[142] Unweigerlich drängt sich an dieser Stelle der Leitgedanke

---

[140] Durch den hier deutlich aufgewiesenen Bezug jener Brüderlichkeit zum Heilswerk Christi, zu Inkarnation, Sühneleiden, Tod und Auferstehung wird der fundamentale Unterschied der christlichen Brüderlichkeit zu jenem Ideal der Aufklärung offenbar, das gerade unter Aufgabe des Propriums Christi (der dann nur noch als ein Prophet oder Weisheitslehrer unter anderen erscheint) eine «Weltbrüderlichkeit» unter einer immer schon für alle Menschen in gleichem Maße gegebenen «Vaterschaft eines Weltenbauers» errichten will.

[141] «*In mysterio*» kann einerseits entsprechend alter theologischer Traditionen auf das «*sacramentum*» bezogen werden. Andererseits ist daran zu erinnern, daß das erste Kapitel der *Dogmatischen Konstitution über die Kirche* das Wesen der Kirche gerade *in mysterio* zu klären versucht.

[142] An dieser Stelle sind zwei «mehr Klarheit bringende» (vgl. *AS* IV.VII, 441f.) Änderungen aufgrund von Modi in der letzten Phase der Textentwicklung von entscheidender Bedeutung. Die Großschreibung von *Corpus* rechtfertigt parallel zu *GS* 32 seine Deutung als *Corpus Christi, quod est Ecclesia*. Die Änderung von *novae humanitatis* zu *novae familiae humanae* bringt ihrerseits den Begriff der *Familie* ein,

der Dogmatischen Konstitution *de Ecclesia* auf, nach dem die Kirche Christus, das *lumen gentium*, auf ihrem Antlitz widerspiegelt und gleichsam als sein Sakrament die Menschen zur Gemeinschaft mit Gott wie untereinander führt. So gesehen ist es angebracht, im *Corpus novae familiae humanae* den Leib Christi, die Kirche, und zwar wie durch Formulierung und Zusammenhang naheliegend als *familia Dei*, zu erkennen.

Dem vierten Kapitel des ersten Teiles der Pastoralkonstitution kommt eine in mehrfacher Hinsicht zentrale Stellung zu. Gemäß seinem Titel behandelt es die *Aufgabe der Kirche in der Welt von heute* und ist damit das einzige Kapitel, das als ganzes ausdrücklich und direkt von dem spricht, was die Überschrift der Pastoralkonstitution ankündigt: *de Ecclesia in mundo huius temporis*. Deshalb muß es zumindest vom ekklesiologischen Standpunkt aus auch als Kernaussage von *Gaudium et spes* verstanden werden. Daß dieses grundlegende Kapitel am Ende des ersten Teiles steht, ergibt sich aus dem anthropologischen Ausgangspunkt der Pastoralkonstitution, wie er in der *expositio introductiva* und den Kapiteln 1-3 zutage tritt. Das Kapitel bildet auch von seinem Kontext her das Zentrum, denn es schließt einerseits die vorausgehenden drei zusammenfassend ab[143] und legt andererseits den Grund für die Behandlung konkreter Fragen der Menschen von heute im zweiten Teil. Weil dieses Kapitel in lehrhaften Aussagen zu Wesen und Sendung der Kirche Stellung nimmt und ihm schon deshalb größeres theologisches Gewicht zukommt, zog es ein besonderes Interesse der Konzilsväter auf sich, so daß bis zuletzt wichtige Änderungen und Verbesserungen daran vorgenommen wurden. Deshalb hat es nicht nur für die Ekklesiologie der Pastoralkonstitution, sondern auch für das vorliegende Thema der Kirche als Familie Gottes vorrangige Bedeutung, die sich noch erhöht, wenn man die Häufigkeit des Vorkommens des *familia-Dei-Konzeptes* darin in Rechnung stellt.[144]

Der Kontext des Kapitels wird eingangs der Nummer 40 eigens erwähnt, ehe diese über die Absicht, unter Voraussetzung der Ekkle-

---

wodurch der heilsgeschichtliche Bezug zwischen der *familia humana* und der *nova familia humana* als *familia Dei* wie schon im zweiten Kapitel greifbar wird.

[143] Da das Kap. IV Wesen und Sendung der Kirche parallel zu den Kap. 1-3 des ersten Teiles — in n. 41 bezüglich der Würde der menschlichen Person (Kap. I), in 42 bezüglich der menschlichen Gemeinschaft (Kap. II) sowie in 43 bezüglich des menschlichen Schaffens (Kap. III) — betrachtet, ist es ihnen, wenn auch formal nachgeordnet, so doch inhaltlich vorausgesetzt. Die n. 44 handelt von der Hilfe, die die Kirche von seiten der Welt erfährt, und n. 45 bildet den christologischen und eschatologischen Abschluß des IV. Kapitels wie des ganzen I. Teiles der Const. past.

[144] Insgesamt finden sich sechs Belege: in der allgemeinen und grundlegenden n. 40 drei; in der zum zweiten Kapitel (bes. den nn. 24 u. 32) parallelen n. 42 zwei und in n. 43 einer (par. zu Kap. III, bes. n. 39).

siologie von *Lumen gentium*, die Kirche selbst und insofern sie in der Welt existiert, lebt und handelt, darzustellen, Rechenschaft gibt.[145] Der zweite Absatz wurde auf Wunsch von mehr als zwanzig Vätern noch wenige Tage vor der Promulgation grundlegend überarbeitet und erweitert, um *das wahre Antlitz der Kirche* sowie ihre *göttliche Sendung* im Sinn der Theologie des Epheserbriefes aufstrahlen zu lassen.[146] Deshalb kann dieser Absatz als «*ekklesiologische Kurzformel*» der Pastoralkonstitution gelten, die treu zur Dogmatischen Konstitution über die Kirche, aber doch in einem neuen Kontext, einer anderen Sprechweise und am Ende der Entwicklungen des Vaticanum II *das* zentrale Thema des Konzils nochmals aufgreift und vorlegt. Gleichsam als Zusammenfassung der ersten beiden Kapitel von *Lumen gentium*[147] wird die Kirche als Geheimnis in ihrer transzendenten Dimension wie in ihrer geschichtlichen Verwirklichung unter Anwendung des *familia-Dei-Konzeptes* dargestellt:

> "Hervorgegangen aus der Liebe des ewigen Vaters, in der Zeit gestiftet von Christus dem Erlöser, geeint im Heiligen Geist [vgl. Eph 1], hat die Kirche das endzeitliche Heil zum Ziel, das erst in der künftigen Weltzeit voll verwirklicht werden kann. Sie ist aber schon hier auf Erden anwesend, gesammelt aus Menschen, Gliedern des irdischen Gemeinwesens, die dazu berufen sind, schon in dieser geschichtlichen Zeit der Menschheit die Familie der Kinder Gottes zu bilden, die bis zur Ankunft des Herrn stetig wachsen soll. Der himmlischen Güter willen geeint und von ihnen erfüllt, ist diese Familie von Christus «in dieser Welt als Gesellschaft verfaßt und geordnet» [*LG* 8] und «mit geeigneten Mitteln sichtbarer und gesellschaftlicher Einheit» [*LG* 9 vgl. *LG* 8] ausgerüstet. So geht denn diese Kirche, zugleich «sichtbare Versammlung und geistliche Gemeinschaft» [*LG* 8], den Weg mit der ganzen Menschheit gemeinsam und erfährt das gleiche irdische Geschick mit der Welt und ist gewissermaßen der Sauerteig und die Seele der in Christus zu erneuernden und in die Familie Gottes umzugestaltenden menschlichen Gesellschaft [*LG* 38]".[148]

Der Paragraph bindet die Kirche in dreifachem Hervorgang an ihren Ursprung, die Trinität, zurück und schließt damit an das an, was

---

[145] "Ideo in hoc capite, omnibus praesuppositis ab hoc Concilio de mysterio Ecclesiae iam edictis, eadem Ecclesia nunc consideranda venit prout ipsa, in hoc mundo existit et cum eo vivit atque agit": *AAS* 58 (1966), 1058. Wohl um Kritik zuvorzukommen wurde in zwei *Relationes* erklärend angemerkt, daß das vierte Kapitel mehr in allgemeiner und lehrhafter Weise von der Kirche selbst und zwar als organischer und hierarchisch gegliederter spricht (vgl. *AS* IV.VI, 562 u. IV.VII, 466). Der klare Verweis auf die vorauszusetzende Ekklesiologie von *LG* entspricht einer Väterforderung in der letzten Entwicklungsphase (vgl. *AS* IV.VII, 446).

[146] Vgl. *AS* IV.VII, 445-447. Aus *pastoralen* und *ökumenischen* Gründen wurde der Anregung stattgegeben.

[147] Auffallend ist wiederum, daß *LG* in diesem Zusammenhang das Konzept des *populus Dei* entfaltet hatte, das nun durch das der *familia Dei* ersetzt ist.

[148] Vgl. Const. past. *GS* 40 §2: *AAS* 58 (1966), 1058; dt.: *LThK.E* 3, 405-407.

Lumen gentium in den ersten Nummern über die Kirche als Mysterium vorlegt.[149] Derselbe Satz spannt aber auch schon den Bogen zum übernatürlichen Endziel der Kirche, das sie erst in der kommenden Ewigkeit erreichen kann. Nachdem so die göttliche Dimension der Kirche umrissen ist, wendet sich der folgende Satz ihrer menschlichen Seite zu, indem er feststellt, daß die Kirche aus Menschen gebildet ist, die der menschlichen Gemeinschaft entstammen. So zeigt sich das Wesen der Kirche in einem ersten Ansatz darin, daß sie, in der Welt stehend als *Familie der Kinder Gottes* bis zur Ankunft des Herrn, das Göttliche mit dem Menschlichen verbindet. In enger Entsprechung dazu entfaltet der Absatz weiters die Stellung bzw. Sendung der Kirche in der Welt, wobei gemäß dem Willen und der Gründung Christi die Kirche natürliche, sichtbare und gesellschaftliche Mittel in sich trägt, um dadurch ihr übernatürliches Ziel zu erreichen. Auf diese Weise ist sie ein und dieselbe Realität als sichtbare Versammlung und geistliche Gemeinschaft. Ihre Sendung besteht also schlechthin in der Mittlerschaft, weil sie in und mit der Welt und doch dieser gegenüber ist. Wie nämlich die Seele den Leib durchstimmt und belebt, so soll sie die menschliche Gesellschaft in Christus erneuern und in die *Familie Gottes* umwandeln.[150] Das *familia-Dei-Konzept*, das in diesem kurzen Text dreimal vorkommt, erweist sich als Schlüsselkonzept zum Verständnis der Kirche, die das schon — wenn auch anfanghaft — ist, was sie bewirken soll und als endgültiges Ziel vor sich sieht: die Gemeinschaft der Menschen mit Gott als seine Kinder und in Brüderlichkeit untereinander; kurz gesagt: die «*Familie Gottes*».

Im folgenden Absatz wird auf die engen Verflechtungen zwischen Kirche und Welt verwiesen und gezeigt, daß sich aus dem oben beschriebenen übernatürlichen Auftrag der Kirche auch ein Dienst an Welt und Menschheit ergibt. Der vierte und letzte Absatz der Nummer erkennt an, was andere christliche Kirchen und kirchliche Gemeinschaften zu diesem Weltdienst beitragen können und daß die Kirche selbst Hilfe von Menschen und Gesellschaft in Ausübung ihrer Sendung zur Verkündigung des Evangeliums erfährt.

---

[149] Vgl. zu Gott Vater *LG* 2, zum Sohn 3 u. 5 sowie zum Hl. Geist 4: *AAS* 57 (1965), 5-8.

[150] Auch wenn der Begriff «Sakrament» nicht explizit vorkommt, kann man wohl nicht anders als dieses Thema hier ausgedrückt finden. Begrifflich scheint hier die Pastoralkonstitution (ähnlich auch an anderen Stellen) mit der sichtbaren Kirche eher den Begriff «*familia filiorum Dei*» und mit der eschatologischen Vollendung eher den der «*familia Dei*» zu verbinden.

Die Nummer 42 des vierten Kapitels[151] greift im Kontext von Wesen und Sendung der Kirche das Thema des zweiten Kapitels (*der menschlichen Gemeinschaft*) wieder auf und entfaltet in einer einleitenden Grundthese über den Dienst der Kirche an der menschlichen Gemeinschaft das Thema der Familie Gottes im Anschluß an *GS* 40 weiter:

> "Die Einigung der Menschheitsfamilie wird durch die Einheit der Familie der Kinder Gottes, die in Christus begründet ist, in vieler Hinsicht gestärkt und erfüllt."[152]

Wiederum stehen *familia humana* und *familia filiorum Dei* parallel zueinander, wobei kein Zweifel über die Übernatürlichkeit der Einheit der Kirche aufkommen kann. Diese *Einheit* bildet nun die Verbindung von Kirche und Welt sowie den Angelpunkt, von dem aus die Hilfe der Kirche an der menschlichen Gemeinschaft zu verstehen ist. Die zweimalige Verwendung des Begriffes *familia* wirft ihrerseits Licht auf die Art jener Einheit, wie sie bereits anhand der zuvor behandelten Stellen näher erklärt wurde. Der zweite Absatz verdeutlicht die Grundthese des ersten und sichert ihn gegen mögliche Mißverständnisse ab. Die eigene Sendung der Kirche besteht nicht in Politik, Ökonomie oder im sozialen Bereich, sondern gehört der übernatürlichen Ordnung an. Aus dieser ihrer übernatürlichen Sendung entströmen Licht und Kräfte, welche die menschliche Gemeinschaft gemäß dem göttlichen Gesetz aufbauen und stärken können. Somit bildet der Weltdienst der Kirche in der Pastoralkonstitution nicht ein selbständiges Eigenziel der Kirche, sondern ist die Folge ihres primären und übernatürlichen Zieles und muß dabei — wie der Verweis auf das göttliche Gesetz zeigt — stets auf den Schöpfer zurückbezogen bleiben.

---

[151] Die n. 41 steht parallel zum ersten Kapitel, das über die Würde der menschlichen Person handelt und bringt dabei das *familia-Dei-Konzept* nicht zur Anwendung.

[152] Const. past. *GS* 42 §1: *AAS* 58 (1966), 1060 [dt.: *LThK.E* 3, 411 «menschliche Familie» vom Verf. zu «Menschheitsfamilie» korrigiert]. In der vorausgehenden Textfassung hatte die Aussage noch gelautet: "Unio familiae humanae et unitas familiae filiorum Dei in Christo fundata se invicem complere possunt et debent" (*AS* IV.VI, 465). Fünf Väter bemerkten dazu, daß damit eigentlich «zuviel ausgesagt» sei (vgl. *AS* IV.VII, 453). Die *Relatio* geht nicht auf dieses Problem ein, sondern legt nur den neuen Text vor und bemerkt dazu knapp, daß von der Hilfe der Welt an der Kirche an anderer Stelle (n. 44) die Rede sei. Das mögliche Mißverständnis, daß die Konstitution sagen wolle, die Einheit der Kirche (die — wie ja gesagt wird — in Christus gründet) hänge von der Einheit der Menschheit ab, wird durch die neue Formulierung beseitigt. Sie entspricht damit auch besser der getroffenen begrifflichen Unterscheidung zwischen der feststehenden «*unitas*» der Kirche und der eine Bewegung oder Entwicklung andeutenden «*unio*» der Menschheit [die ebenfalls durch eigene Übers. deutlich gemacht wurde].

Der dritte Absatz wendet sich nochmals dem eingangs genannten Begriff der Einheit zu. Das menschliche Streben nach Einheit wird in seinem Wert anerkannt und so gleichsam zur natürlichen Grundlage genommen, die die Kirche in ihre innerste Sendung als *Sakrament, d.h. als Zeichen und Mittel der innigsten Einheit mit Gott und des ganzen Menschengeschlechtes*, einzubeziehen vermag. Dieselbe Bewegung vom Natürlichen zum Übernatürlichen wird weiters erkennbar in der Beschreibung des sakramentalen Dienstes der Kirche an der Einheit in seiner zeichenhaften Dimension. Sie zeigt der Welt, daß die soziale Einigung (*unio*) aus jener von Herz und Gesinnung entspringt. Diese aber ist in der Kirche als unauflösliche übernatürliche Einheit aus Glaube und Liebe durch den Heiligen Geist begründet und bildet so die Kraft ihres Weltdienstes.

Daß die Kirche gerade aufgrund ihrer Übernatürlichkeit zur natürlichen Einheit beitragen kann, zeigt der vierte Abschnitt. An keine bestimmte politische, kulturelle, wirtschaftliche oder soziale Ordnung gebunden, eignet ihr jene Universalität, die imstande ist, menschliche Gemeinschaft über natürliche Grenzen hinweg aufzubauen. Dem entspricht auch die an ihre Glieder wie an alle Menschen gerichtete Mahnung, im *Familiengeist der Kinder Gottes* Zwietracht und Spaltungen zu überwinden, die durch die gewählte Formulierung an das anknüpft, was zuvor schon umfassender über die Einheit der Kirche als Familie Gottes gesagt wurde. Wie in *GS* 40 steht am Ende des Artikels die Anerkennung des Guten und Wahren, das in diesem Zusammenhang von anderen geleistet wird, sowie die Bereitschaft, daran zum Wohl der Menschen mitzuwirken.

GS 43 schließt inhaltlich an das dritte Kapitel sowie an die Nummer 40 an und übernimmt daraus wichtige Grundgedanken. Das Thema der *Hilfe der Kirche gegenüber dem menschlichen Schaffen* entfaltet sie vor allem im Blick auf ein angemessenes Engagement der verschiedenen Glieder der Kirche in den irdischen Dingen. Sie beginnt mit der Forderung, daß die Christen als Bürger eines natürlichen wie des übernatürlichen Gemeinwesens ihre irdischen Pflichten treu und im Geist des Evangeliums erfüllen sollen. Ausdrücklich werden daraufhin die Fehlhaltungen der *Weltflucht*, aber auch eines «*Aufgehens in der Welt*» zurückgewiesen. Beiden liegt dieselbe in dieser Zeit häufige Verirrung zugrunde: die Spaltung von Glauben und konkretem Leben in zwei voneinander unabhängige Bereiche. Vorbild einer gelungenen Synthese von religiösem und weltlichem Leben ist dagegen Christus selbst, der das beide Bereiche umgreifende Ziel der Verherrlichung Gottes als höchste und letzte Sinngebung menschlichen Tuns hervorhebt.

Die folgenden drei Absätze widmen sich den für die Laien spezifischen Aufgaben im kirchlichen Dienst gegenüber dem menschlichen Schaffen. Der fünfte Paragraph spricht in diesem Zusammenhang vom Leitungsdienst der Bischöfe und Priester. An seinem Ende, das zugleich auch die Erörterungen der Pastoralkonstitution über den Dienst der Kirche an der Welt gleichsam abschließend resümiert, steht ein Zitat aus *LG* 28. Nochmals und mit besonderem Blick auf die priesterliche Sendung wird darin das Thema des Dienstes der Kirche an der Einheit in der Welt vorgelegt, das *Gaudium et spes* von *Lumen gentium* übernommen hat. Nochmals wird das menschliche Einheitsstreben anerkannt und werden vor allem die Priester zusammen mit den Bischöfen und dem Papst aufgefordert, sich um die Einheit zu mühen im Blick auf das eine Ziel: *die Menschheitsfamilie zur Einheit der Familie Gottes zu führen*.

Es ist nicht verwunderlich, daß im letzten Absatz der Nummer parallel zum dritten Kapitel, in dem die Realität der Sünde behandelt wird, die auch in der Kirche vorhandene Sünde zur Sprache kommt. Allerdings wird klar unterschieden zwischen der objektiven Heiligkeit und Treue, die der Kirche als Braut Christi kraft des Heiligen Geistes unverlierbar eignet und durch die sie immer Zeichen des Heiles in der Welt bleibt, und andererseits den Fehlern und Schwächen, die ihre Glieder (Kleriker wie Laien) als sündige Menschen begehen oder begangen haben. Im Bewußtsein der Tatsache, daß es auf ihrem Pilgerweg in ihr immer Göttliches und Menschliches, Heiligkeit und Sünde gibt, ruft die Kirche als Mutter ihre Kinder fortwährend zur Bekehrung und Läuterung auf, damit sie ihre sakramentale Sendung in der Welt strahlender zu verwirklichen vermag.

Nach Nummer 44, die von der Hilfe spricht, die die Kirche von der «Welt» erfährt, schließt *GS* 45 das vierte Kapitel sowie den ganzen ersten Teil der Pastoralkonstitution mit einem Blick auf die eschatologische Vollendung ab, indem sie das Gesagte auf Christus, den Ursprung und das Ziel von allem, zurückbindet. Das Ziel der Kirche, das Kommen des Reiches Gottes, ist zugleich das Heil für die Menschheit. Auf dem Pilgerweg dorthin ist die Kirche *allumfassendes Sakrament des Heiles* in Offenbarung und Verwirklichung des Geheimnisses der Liebe Gottes zu den Menschen. So ist die Kirche, die zuvor in ihrem Wesen und ihrer Sendung als Familie Gottes dargestellt wurde, *Mittlerin*, hinorientiert auf Christus, den Anfang (*per quod omnia facta sunt*), die Mitte (*verbum caro factum est*) und die Vollendung (*instaurare omnia in Christo*) der Heilsgeschichte. Er, das Wort Gottes, ist zugleich Ziel und Mittelpunkt der Menschheit, in dem allein sie die vollkommene *Freude* und Erfüllung ihrer *Hoffnung* bzw. *Sehnsucht* finden kann.[153]

Im zweiten Teil der Pastoralkonstitution zeigt Nummer 50, *über die Fruchtbarkeit der Ehe*, daß das *familia-Dei-Konzept* auch außerhalb der explizit von Wesen und Sendung der Kirche handelnden Erörterungen seinen Stellenwert hat. Die Aussage, daß die eheliche Liebe in ihrer Fruchtbarkeit ein Ausdruck des Mitwirkens der Ehegatten an der Liebe des Schöpfers ist, der dadurch «*seine Familie immer mehr vergrößert und bereichert*»,[154] weist auf die Möglichkeit hin, jene Analogie in beide Richtungen anzuwenden. Nicht nur die Kirche ist in gewisser Weise «Familie», sondern auch die Familie «Kirche».

Im zweiten Kapitel (*über die richtige Förderung des kulturellen Fortschritts*) erwähnt *GS* 56 zwar nicht direkt die «Kirche als Familie Gottes», aber die *Menschheitsfamilie, in der den Christen eine besondere Aufgabe zufällt.*[155]

Der letzte Beleg für die Familie Gottes in der Pastoralkonstitution findet sich im Artikel 92 der *Conclusio*. Diese hat mehr die Funktion einer abschließenden Aufforderung zum Dialog (in der Kirche, mit allen Christen, mit allen, die an Gott glauben und auch mit den Nichtglaubenden) als die einer theologisch tiefer gehenden Zusammenfassung des erörterten Themas, wenngleich im ersten Absatz der Nummer 92 nochmals die sakramentale Sendung der Kirche, die Menschen aller Nationen, Rassen und Kulturen in einem Geist zu

---

[153] Hier scheint auf das Eingangswort der Pastoralkonstitution angespielt zu werden, wobei allerdings anzumerken ist, daß die Nummer im Anschluß an Paul VI. (*OR* 04.02.1965) nicht von *spes*, sondern von *desiderium* spricht. Dieser Begriff, der in der Theologie vor und zur Zeit des Konzils eine nicht unbedeutende Rolle spielt, wird in der Pastoralkonstitution mehrmals in dem hier vorliegenden Sinn verwendet: Christus selbst ist die einzige wirkliche Erfüllung aller menschlichen *Desiderien*, die der Mensch auf natürliche Weise niemals befriedigen kann.

[154] Vgl. Const. past. *GS* 50: *AAS* 58 (1966), 1071: "Unde verus amoris coniugalis cultus totaque vitae familiaris ratio inde oriens, non posthabitis ceteris matrimonii finibus, eo tendunt ut coniuges forti animo dispositi sint ad cooperandum cum amore Creatoris atque Salvatoris, qui per eos Suam familiam in dies dilatat et ditat." Bemerkenswert ist, daß diese die einzige *familia-Dei-Stelle* der Pastoralkonstitution ist, die von Anfang an und durch alle Entwürfe hindurch ohne wesentliche Änderung beibehalten wurde.

[155] Vgl. Const. past. *GS* 56: *AAS* 58 (1966), 1077: "In medio quidem illarum antinomiarum cultura humana ita hodie evolvatur oportet, ut integram personam humanam aequo ordine excolat atque homines iuvet in muneribus, ad quae adimplenda omnes, praecipue autem christifideles, in una familia humana fraterne uniti, vocantur." Auch wenn an dieser Stelle das *familia-Dei-Konzept* nicht explizit vorkommt, ist doch die Aufgabe der Christen darin erkennbar, die Menschen zu einer brüderlichen *Menschheitsfamilie* zu vereinen, was mit der Sendung der Kirche gemäß dem ersten Teil der Pastoralkonstitution zu verbinden ist.

einen, anklingt.[156] Der angesprochene Dialog wird im Zusammenhang
mit dem allen Christen aufgetragenen Dienst an der Menschheitsfamilie
gesehen, die — wie das Dokument nach einer bedeutenden Änderung
in seiner Entwicklung ausdrückt — «in Christus Jesus zur Familie der
Kinder Gottes *berufen* ist».

* * *

Gleich den früheren Entwürfen verwendet die Pastoralkonstitution zur Bezeichnung der Kirche häufig den «neutralen» Begriff
«Ecclesia». Wo allerdings ihr Wesen und ihre Sendung selbst zur
Diskussion stehen, werden — wie schon in *Lumen gentium* — Bilder
zur Verdeutlichung herangezogen. Unter diesen wird nach Anzahl wie
nach Stellung dem *familia-Dei-Konzept* der Vorrang gegenüber anderen
gegeben, ohne daß es dadurch absolut gesetzt würde. Vielmehr bringen
die ergänzenden Bilder des *Leibes (Christi)*, des *Volkes Gottes*[157], der

---

[156] Vgl. Const. past. *GS* 92 §1: *AAS* 58 (1966), 1113: "Ecclesia, vi suae
missionis universum orbem nuntio evangelico illuminandi et omnes homines cuiusvis
nationis, stirpis vel culturae in unum Spiritum coadunandi, signum evadit illius
fraternitatis quae sincerum dialogum permittit atque roborat." Die Berechtigung an
dieser Stelle, die die theologische Grundlage für den genannten Dialog abgibt, eine
Aussage über die Kirche *als Sakrament der Einheit* im Sinn von *LG* 1 zu erkennen,
ergibt sich vor allem aus der Formulierung *signum evadit illius fraternitatis* und *in
unum Spiritum coadunandi*. Durch die Großschreibung von *Spiritum* ist offenbar der
Heilige Geist und dadurch das Moment der Gemeinschaft mit Gott angesprochen;
fraternitas verweist auf die Gemeinschaft der Menschen untereinander, und mit *signum*
ist eine Dimension des Sakramentalen festgehalten, während die *Wirksamkeit* als
zweite in der erwähnten Sendung der Kirche zur Vereinigung der Menschen zu erkennen ist. Im Unterschied zu anderen Teilen der Pastoralkonstitution fällt auf, daß die
Conclusio noch mehr Ähnlichkeit mit dem ersten hier besprochenen und in verschiedenen Punkten als mangelhaft erkannten Schema aufweist, wenngleich zumindest die
gröbsten Mängel während der Entwicklung entfernt werden konnten.

[157] Mit *«populus Dei»* meint der Text des Dokumentes offenbar *alle Gläubigen*
(sowohl Klerus als auch Laien), die kraft ihres Glaubens innerhalb des Menschengeschlechtes eine besondere (prophetische) Stellung einnehmen; vgl. die nn. 3 (in
Kleinschreibung), 11 (2x in Kleinschreibung), 44f. (in Großschreibung) u. 92 (in
Großschreibung); in n. 32 ist mit *populus* zweimal das «auserwählte Volk des Alten
Bundes» gemeint. Der am 13.11.1965 an die Väter verteilte *Textus recognitus* hatte
bekanntlich einen großen Teil der Volk-Gottes-Stellen gestrichen. Nach MOELLER,
Pastoralkonstitution, 285, der sich auf die Diskussionen in der zentralen Unter-
kommission beruft, wollte man durch die Streichung den Gedanken der *Absonderung*
der Kirche von der Welt vermeiden. Y. CONGAR bemerkt in einem Kommentar
(*LThK.E* 3, 422), daß "obwohl ... [der Begriff des Volkes] den Inhalt des Wortes
«Kirche» in der Konstitution genau wiedergibt ... fürchtete [man], bei zu häufiger
Anwendung den Eindruck hervorzurufen, die Kirche sei ein Volk neben anderen
Völkern, eine Art tertium genus im soziologischen und nicht rein religiösen Sinn". Der
Ansicht CONGARS über den Inhalt des Begriffes «Kirche» in der Pastoralkonstitution
kann diese Arbeit nicht zustimmen, da dieser Inhalt sicherlich über die hier für den
Volk-Gottes-Begriff erhobenen Bedeutungen hinausgeht. Allerdings zeigt die Aussage
CONGARS auch die Tatsache, daß sich bereits während des Konzils Bedenken
bezüglich möglicher (soziologischer) Fehlinterpretationen des *populus Dei* regten. Man

Braut, der *Mutter* oder der *Seele* bzw. des *Sauerteigs* entsprechend ihrem spezifischen Kontext je eigene Dimensionen bzw. Bedeutungsnuancen der einen komplexen Realität der Kirche zum Ausdruck, die in dieser Welt immer auch ein Geheimnis des Glaubens bleibt.[158]

2.1.4. Zur Weiterführung des *familia-Dei-Konzeptes* im Anschluß an die Pastoralkonstitution *Gaudium et spes* durch die Bischofssynoden

Die Pastoralkonstitution *Gaudium et spes* steht am Ende der Entwicklung des Zweiten Vatikanischen Konzils. Wenigstens im Hinblick auf die Entfaltung einer *familia-Dei-Ekklesiologie* stellt sie auch seinen Höhepunkt dar. Aber schon in ihrer *Conclusio* weist das Dokument auf mögliche bzw. notwendige Ergänzungen und Weiterführungen hin.[159] Man könnte erwarten, daß deshalb auch die nachfolgenden Synoden, die sich immer wieder bewußt auf das Konzil beziehen, gerade dort, wo sie über den Weltdienst der Kirche sprechen, sich des Konzeptes der Familie Gottes bedienten. Merkwürdigerweise aber findet es sich wesentlich häufiger in anderen Zusammenhängen, die im ersten Kapitel der Arbeit behandelt wurden. Und es kann gefragt werden, ob nicht die «Familie Gottes» im Licht der Sendung der Kirche in der Welt zu jenen Themen des Konzils zu zählen ist, deren Rezeption eigentlich noch aussteht.

Auch wenn nur wenige Belege in den Synoden als Weiterentwicklung des *familia-Dei-Konzeptes* nach *Gaudium et spes* angesehen

---

kann daher wohl berechtigt die Frage stellen, ob nicht die Pastoralkonstitution nach einer gewissen «Volk-Gottes-Euphorie» in den früheren Phasen des Konzils durch die bescheidenere und differenzierte Verwendung des Begriffes (und dessen «Ablöse» durch das *familia-Dei-Konzept* in der Ekklesiologie von *GS*) eine wichtige ekklesiologische Entwicklung darstellt, die in der nachkonziliären Interpretation des Vaticanum II bisher wohl kaum genügend Beachtung gefunden hat. Für diese Ansicht scheint auch zu sprechen, daß gerade in n. 40, wo *GS* die Ekklesiologie von *LG* und besonders des zweiten Kapitels (das dort den Titel *de populo Dei* trägt) bewußt übernimmt und zitiert, das Konzept des *Volkes Gottes* nicht, dafür aber jenes der *Familie Gottes* am häufigsten, nämlich in drei Belegen vorkommt. Keineswegs soll damit gesagt werden, das Konzil habe (gegen Ende) den Begriff *Volk Gottes* überhaupt verworfen, wie seine häufige Verwendung etwa im ebenfalls späten Dekret über die Missionstätigkeit der Kirche zeigt.

[158] Das Bild des *Corpus* findet sich in den nn. 32 (mit dem klarstellenden Zusatz *quod est Ecclesia*) u. 39 (*Corpus illud novae familiae humanae* – aufgrund der Großschreibung und des Kontextes auf die Kirche beziehbar); *sponsa* und *Mater* in n. 43 (zur Betonung der unverlierbaren Heiligkeit der Kirche) sowie *anima* bzw. *fermentum* in n. 40 (dabei beruft man sich auf *LG* 38, wo als Beleg für diese Bilder auf *Epistula ad* DIOGNETUM, 6: FUNK, I, 400 sowie S. IOANNES CHRYSOSTOMUS, *Commentarium in S. Matthaeum Evangelistam* 46 (47),2: *PG* 58, 478 verwiesen wird).

[159] Vgl. Const. past. *GS* 91: *AAS* 58 (1966), 1113.

werden können, so lassen sich doch gewisse Tendenzen feststellen. So wurde etwa seit der Synode über die Evangelisierung (1974) der Einsatz für den menschlichen Fortschritt, für Gerechtigkeit und Frieden als Tun der Kirche nicht nur mit dem Reich Gottes, sondern auch mit seiner *Familie* vermehrt in Beziehung gebracht.[160] Auch das Schlußdokument der Vollversammlung des Lateinamerikanischen Episkopates in Puebla 1979 wendet dem Engagement der Kirche für Gerechtigkeit und Frieden sowie für den rechten Fortschritt besondere Aufmerksamkeit zu. Dabei fällt allerdings auf, daß damit eher das Bild des *Volkes Gottes* verbunden wird, während die *Familie Gottes* mehr dort zum zentralen Thema wird, wo von der Natur der Kirche die Rede ist.[161] Der Einsatz der Kirche für Gerechtigkeit und Frieden zählte dann auch zu den häufiger geäußerten Anliegen, insbesondere innerhalb des Konzeptes der Kirche als Familie.[162] Im nachsynodalen päpstlichen Dokument *Ecclesia in Africa* erscheint dann auch das Thema der

---

[160] Vgl. Bf. CONTRERAS NAVIA (CAPRILE, *Il Sinodo 1974*, 446) verweist auf die wachsende Gemeinschaft in der Welt und die Verantwortung aller, die Familie Gottes aufzubauen. Pater GOOSSENS (ebd., 469) wiederum zieht eine Verbindung von der trinitarischen Communio zur menschlichen Gemeinschaft, deren Aufbau die Kirche fördern soll: "La promozione umana può essere atto di evangelizzazione, in quanto ogni atto che crea la comunità di persone è promozionale del regno e della famiglia di Dio." Die zitierte Aussage scheint vom theologischen Standpunkt wohl etwas zu hoch gegriffen. Auch wenn menschliche Gemeinschaft in gewisser Analogie zur göttlichen Communio verstanden werden kann, darf wohl nicht jeder Akt, der Gemeinschaft aufbaut, als «Evangelisierung» bzw. «Aufbau der Familie Gottes» angesehen werden. Man muß ja schließlich auch die Möglichkeit einer bewußt ohne bzw. sogar gegen Gott vollzogenen menschlichen Vergemeinschaftung (die z.B. rein humanistische Ziele verfolgt) ins Auge fassen. Schon LEO d. G. (*Sermo* 95,9 [*de beatitudinibus*]: *PL* 54, 465f.; dt: *Die Feier des Stundengebetes. Lektionar* I.8, Freiburg 1979, 113f.) unterscheidet sehr klar die Gemeinschaft der Gotteskinder von anderen Formen menschlicher Übereinkunft: "«Selig die Friedfertigen; denn sie werden Söhne Gottes genannt werden» [vgl. Mt 5,9]. Diese Seligkeit gilt nicht jedweder Übereinstimmung und nicht jeder Eintracht, vielmehr jener, von welcher der Apostel sagt: «Habt Frieden mit Gott» [vgl. Röm 5,1] ... Diesen Frieden können auch die engste Freundschaft und die unterschiedslose Gleichgestimmtheit der Seelen nur dann wahrhaft für sich in Anspruch nehmen, wenn sie mit dem Willen Gottes übereinstimmen. Die Gemeinsamkeiten sündiger Leidenschaften, die Übereinkünfte der Verbrechen und die Bündnisse der Laster haben mit der Würde dieses Friedens nichts gemein."

[161] Vgl. *Puebla*, bes. Capitolo primo «Contenuto dell'evangelizzazione», 2.3. Il Popolo di Dio, al servizio della Comunione; it.: 132-136. Eine Verbindung der beiden Themen ist nur selten, etwa in n. 241 zu finden, die auf den fruchtlosen Versuch des modernen Menschen verweist, eine universale Brüderlichkeit ohne Zentrum (das Gott der Vater ist) aufzurichten; vgl. it.: 124.

[162] Vgl. Die Schlußbotschaft stellt einem Abschnitt den Titel «*Die Kirche als Familie im Dienst der Gesellschaft: Gerechtigkeit und Friede*» voran, vertieft aber den inneren Bezug zwischen diesen beiden Themen nicht weiter: *OR Africa* II, 62. Zur Verbindung von Gerechtigkeit und Frieden mit dem *familia-Dei-Konzept* bei der Synode vgl. weiters unter besonderer Berücksichtigung des Bulletin «*Justice et Paix*» von Kard. ETCHEGARAY: *L'Église-Famille: Foyer de justice et de paix*, in: *Telema* 81 (1995), 27-31.

Familie Gottes als Sakrament an einer Stelle im Kontext des Einsatzes der Kirche für den Aufbau des Reiches Gottes als eines Reiches der Gerechtigkeit und des Friedens. Auf der universalen Ebene einer weltweiten Verantwortung und Verflochtenheit soll die Familie Gottes in und als Frucht der Erfüllung ihres *eigenen übernatürlichen* Auftrages gleichsam Sakrament für internationale Solidarität, für Gerechtigkeit und Frieden sein:

> "Die Kirche als Familie Gottes auf Erden muß lebendiges Zeichen und wirksames Werkzeug der weltweiten Solidarität im Hinblick auf den Aufbau einer Gemeinschaft der Gerechtigkeit und des Friedens von planetarischen Dimensionen sein. Eine bessere Welt wird nur dann erstehen, wenn sie auf den festen Fundamenten gesunder ethischer und geistlicher Grundsätze errichtet wird. ... Weil alle, Männer und Frauen, das Abbild Gottes in sich tragen und berufen sind, zu derselben durch Christi Blut erlösten Familie zu gehören, muß für jeden ein gerechter Zugang zu den Ressourcen der Erde verbürgt sein, die Gott allen zur Verfügung gestellt hat."[163]

Die Weiterentwicklung des *familia-Dei-Konzeptes* im Kontext des Weltdienstes der Kirche bei den Synoden von 1974-1994 resümierend muß gesagt werden, daß es zwar weiterhin vorhanden, aber dabei wohl insgesamt hinter seinen *theologischen* Möglichkeiten zurückgeblieben ist.

Konklusion

Wie die ausführliche Auseinandersetzung mit dem Text und den Entwicklungen des letzten Konzilsdokumentes zeigt, kann das *familia-Dei-Konzept* in *Gaudium et spes* mit Recht als «ekklesiologisches Schlüsselkonzept» bezeichnet werden. Das gilt schon allein aufgrund der Häufigkeit seines Vorkommens, in der das Bild der *Familie* die anderen vorhandenen Kirchenbilder übertrifft, ohne dadurch aber absolut gesetzt zu werden. Ein Vorrang kommt ihm weiters infolge der Stellung seiner Belege, die sich häufig in Anfangs- oder Endnummern, in thesenhaften Kernaussagen wie in abschließenden Zusammenfassungen thematischer Abschnitte finden, zu. Als *ekklesiologisches* Konzept

---

[163] IOANNES PAULUS II, Adh. apost. *EA* 114: *OR* 16.09.1995, 8, wobei der Papst klar zwischen der Gemeinschaft gemäß der Schöpfungs- und der Gnadenordnung sowie zwischen dem *Familie-Gottes-Sein* der Kirche und der *Berufung* aller Menschen zu ihr unterscheidet; vgl. zu Gerechtigkeit und Frieden im Zusammenhang der *familia Dei* auch n. 105 (ebd., 8: "Ecclesiae Familiae Dei in Africa est Christus testificandus etiam per provectionem iustitiae et pacis in ea Continenti inque mundo universo"). Das Verständnis des «Sakraments» ergibt sich aus den beiden Begriffen «Zeichen» und «Werkzeug», die in *LG* 1 die Sakramentalität der Kirche erklären, worauf in n. 63 bezüglich des *familia-Dei-Konzeptes* ausdrücklich verwiesen wird.

gewinnt es schließlich noch zusätzliche Bedeutung, da es vorwiegend dort erscheint, wo die Konstitution in lehrhafter Weise Rechenschaft darüber ablegt, was die Kirche — und zwar als in der Welt seiende — ist.

Man wird dem *familia-Dei-Konzept* in der Pastoralkonstitution nicht gerecht werden können, ohne dessen bewegte Entwicklung durch die verschiedenen Schemen hindurch zu beachten. Bereits der erste in der Konzilsaula vorgelegte Entwurf zeigt trotz dabei auftretender begrifflicher Zweideutigkeiten Ansätze zu seiner vertieften Entfaltung. Im Bemühen der federführenden Kommissionen, die vielfach geäußerte Kritik an den Schemen zu berücksichtigen, wurde es in folgenden Phasen der Dokumentwerdung nahezu eliminiert, ehe es in die letzte vorgelegte Fassung und dann in den endgültigen Text reichlicher, klarer und in vertiefter systematischer Entfaltung wiederum aufgenommen wurde. Der Begriff der *Familie Gottes*, der in früheren Versionen bisweilen auf die Menschheitsfamilie insgesamt angewendet wurde, meint letztendlich im Dokument durchgängig die Gemeinschaft der Kinder Gottes mit ihrem himmlischen Vater und untereinander, wie sie in der Kirche bereits anfanghaft verwirklicht ist und als allen Menschen aufgegebene Berufung und als Ziel auf die eschatologische Vollendung verweist. All diese Entwicklungen stehen offenbar im Zusammenhang mit den in der Entstehung des Dokumentes ebenso kritischen wie zentralen Fragen der Zuordnung von Natur und Gnade, von Welt und Kirche und von Schöpfung, Geschichte und eschatologischer Vollendung, zu deren Klärung das Konzept nicht unwesentlich beigetragen hat. Nichtsdestoweniger bleiben bezüglich mancher dieser Probleme weitere theologische Klärungen im Anschluß an die Konzilslehren als Desiderate.

Bemerkenswert erscheint auch die Tatsache, daß die Häufigkeit der verwandten Bilder des *Volkes* und der *Familie* Gottes in den Entwürfen jeweils verkehrt proportional zueinander steht und daß schließlich der Begriff des «Volkes Gottes» in *Gaudium et spes* gegenüber *Lumen gentium* weitgehend seine vorherrschende Bedeutung verliert und gerade in den zentralen ekklesiologischen Aussagen — bei Beibehaltung ihres Gehaltes — mehrfach durch das *familia-Dei-Konzept* ersetzt wird.[164]

---

[164] Solche zentrale ekklesiologische Gedanken sind z.B. die *Kirche als Sakrament in der Welt*, die *Einheit von unsichtbarer und geschichtlicher Realität* oder auch die *Idee des «messianischen Gottesvolkes»* (vgl. bes. *LG* 9). Y. CONGAR, der sich als einer der Proponenten des *Volk-Gottes-Themas* im Vaticanum II besonders hervorgetan hat, scheint (aufgrund der Stelle in *GS* 11) dieses in einem Kommentar zum vierten Kapitel von *GS* (*LThK.E* 3, 401-405 u. 421f.) weiterhin für das ekklesiologische Leitbild der Pastoralkonstitution zu halten, wenngleich er dessen selteneres Vorkom-

In der Weiterentwicklung des «Volk-Gottes-Themas» durch das *familia-Dei-Konzept* zeigt sich exemplarisch die ekklesiologische Bedeutung der Pastoralkonstitution. Ihre *«familia-Dei-Ekklesiologie»* verbleibt in den wesentlichen Grundlinien, wie etwa der Betonung der trinitarischen Grundstruktur, der «Communio» insbesondere als Einheit der Menschen mit Gott und untereinander, der heilsgeschichtlichen Orientierung und der Sakramentalität der Kirche wie der Untrennbarkeit ihrer sichtbaren und unsichtbaren Dimension in Kontinuität zur Dogmatischen Konstitution über die Kirche. Zugleich aber zeichnet sie sich durch eine erneuerte Ausdrucksform, eine größere Geschlossenheit des Bildes und eine weitere Entwicklung in einzelnen wichtigen theologischen Fragen aus.[165]

Bei der näheren Bestimmung des *familia-Dei-Konzeptes* in *Gaudium et spes* fällt zunächst seine Angemessenheit gegenüber maßgeblichen Grundanliegen der Pastoralkonstitution auf. Es kommt durch allgemeine Verständlichkeit dem weit gesetzten Adressatenkreis entgegen, verweist in sich selbst auf den hohen Wert menschlicher Gemeinschaft und vermittelt ein Kirchenbild, in dem alle Glieder der Kirche in Einheit, aber auch in der Verschiedenheit ihrer Stände und Aufgaben berücksichtigt werden.

In der Darstellung und Entfaltung des Titelthemas der Pastoralkonstitution, der «Kirche in der Welt dieser Zeit», erkennt das *familia-Dei-Konzept* das Ziel der Kirche in der innigsten Vereinigung der Menschen mit Gott wie in der Einheit der ganzen Menschheit (vgl. *LG* 1). Im letzten bleibt es dadurch auf jene «Communio» ausgerichtet, die ihren tiefsten Grund und ihre höchste Vollendung in der trinitarischen göttlichen Communio-Einheit findet. Diese Ausrichtung der Kirche ist

---

men auch bedauert. Das in Kap. IV weit häufigere *«familia-Dei-Konzept»* findet dagegen nur ganz am Rande (ebd. 401) und mehr im Blick auf die Menschheitsfamilie Beachtung. Sein ausführliches Bedauern, daß der von ihm bevorzugte und vorgeschlagene Begriff des «Messianischen Gottesvolkes» nicht aus *LG* 9 übernommen wurde, scheint zu übersehen, daß sich gerade das Anliegen dieses Themas im *familia-Dei-Konzept* gut gewahrt findet. Bezüglich des Verlustes der Popularität des *Volk-Gottes-Modells* hat auch A. DULLES (*A Church to Believe In*, New York, 1982, 4f.) kritisch angemerkt, daß es zu nebulos sei, als daß sich die Gläubigen damit identifizieren könnten; vgl. T. MERRIGAN, *Models in the Theology of Avery Dulles, A Critical Analysis*, in: *Bijdr* 54 (1993), 154; RATZINGER, *Die Ekklesiologie*, 48-52 u. seine *Relatio* bei der Synode 1980 mit dem Vorschlag, den Begriff «Volk Gottes» durch «Familie Gottes» zu ersetzen, der im gegenwärtigen Begriffsverständnis besser treffe, was im zugrundeliegenden biblischen Konzept gemeint sei (vgl. CAPRILE, *Il Sinodo 1980*, 753).

[165] Das gilt etwa für die Frage der Zuordnung von Natur und Gnade und der (auch für das Verständnis der Kirche «ad intra» bedeutsame) Verhältnisbestimmung von Kirche und Welt. Die Kontinuität und Neuheit zwischen *LG* und *GS* zeigt sich exemplarisch an der Aussage von *LG* 28, die die in *GS* entfaltete Grundidee des *familia-Dei-Konzeptes* im wesentlichen bereits enthält, sie allerdings noch auf den spezifischen Kontext des priesterlichen Dienstes beschränkt.

allerdings nicht deren Selbstzweck, sondern steht als ihre Sendung in
sakramentalem Dienst an der Welt, insofern sie Zeichen und Werkzeug
ist, darin jene Einheit seinshaft zu bezeugen und zu verwirklichen. Das
geschieht aber — wie es einem Grundgedanken von *Gaudium et spes*
entspricht — gerade unter Anerkennung und Annahme dessen, was in
Welt und Menschheit an Gutem zu finden ist und der Einheit dient.
Diese heilsgeschichtlich-sakramentale Bewegung drückt das *familia-
Dei-Konzept* in der Zuordnung der Begriffe der «Menschheitsfamilie»,
der «Familie der Kinder Gottes» und der eschatologisch vollendeten
«Familie Gottes» aus: Von der Schöpfung her und in der Gottebenbildlichkeit geeint und auf den dreifaltigen Gott hin ausgerichtet, soll die
«Menschheitsfamilie» durch den zeichenhaften und wirksamen Dienst
der Kirche, des «wachsenden *Leibes* der *neuen* Menschheitsfamilie»,
der jetzt schon «Familie der Kinder Gottes» ist, in den «aus Gnade
geretteten Menschen» zur «einen von Gott und Christus, ihrem Bruder,
geliebten Familie», die «Gott vollkommen verherrlicht», geführt werden. Damit wahrt das Konzept in dynamischer Zuordnung zum einen
das Anliegen der «Weltöffnung der Kirche», zum anderen bleibt die
wesensnotwendige Unterscheidung jener beiden Realitäten gewahrt.[166]
Die differenzierte Doppeldeutigkeit des Konzeptes, das in sich die
eschatologische Spannung zwischen «Schon» und «Noch-Nicht» aus-
trägt, entspricht der programmatischen Sicht der Pastoralkonstitution,
die durch ihre Eingangsworte auch die Kirche in die Spannung von
gegenwärtiger *Freude* und auf die Vollendung gerichtete *Hoffnung*
stellt.

Durch den mehrfachen Hinweis auf Joh 17 in diesem
Zusammenhang zeigt sich, daß in die heilsgeschichtliche Bewegung des
familia-Dei-Konzeptes die vom Johannesevangelium skizzierte Sen-
dungslinie vom Vater zum Sohn, vom Sohn zu den Jüngern, von den
Jüngern zu allen, die durch ihr Wort an ihn glauben, einverwoben ist:
in der absteigenden Linie des Themas der Einheit, der Teilhabe und
Bezeugung; in der Gestalt sakramentaler, d.h. göttlich-menschlicher
Vermittlung von Gott im ewigen Wort als Licht, bis hin zur Welt, als

---

[166] Die Tatsache, daß das Konzil erstmals in der Geschichte des kirchlichen
Lehramtes ausführlicher und theologisch reflektiert ausdrücklich zum Thema des
Weltverhältnisses der Kirche (im allgemeinen) Stellung nimmt und sich dabei des Konzeptes der *familia Dei* bedient, verleiht diesem noch zusätzlich Bedeutung. Zur Frage
der Weltöffnung im Konzil, insbes. durch *GS* und der notwendig bleibenden Differenz
vgl. J. RATZINGER, *Weltoffene Kirche?* in: DERS., *Das neue Volk Gottes. Entwürfe zur
Ekklesiologie*, Düsseldorf 1969, 282-301; H.U. v. BALTHASAR, *Klarstellungen. Zur
Prüfung der Geister*, Einsiedeln ⁴1978, 158-169; L. SCHEFFCZYK, *Kirche und Welt:
der Weltauftrag der Kirche*, in: DERS., *Kirche in der Krise*, 113-124; zur ausführlichen
biblischen Begründung dieser Differenz: G. LOHFINK, *Wie hat Jesus Gemeinde
gewollt?* Freiburg 1993.

«Kampfplatz», die, insofern sie das fleischgewordene Wort nicht annimmt, in Finsternis bleibt, in seiner Aufnahme aber in die Fähigkeit zur Gotteskindschaft und damit zu seiner Familie erhoben wird.

Aus dem Aufgewiesenen wird erhellt, daß grundlegendste theologische Themen, wie etwa jene der Trinität, der Inkarnation, des Sakramentes, der Anthropologie, der Heilsgeschichte, im *familia-Dei-Konzept* einen Schnittpunkt zu finden vermögen. Folglich scheint auch in der Pastoralkonstitution trotz der mehrfach betonten anthropologischen Grundausrichtung der sogenannte «Ekklesiozentrismus» des Vaticanum II[167] weiterhin durchgehalten zu sein. Aber gerade die vorliegende Konzeption des *Familie-Gottes-Themas* vermag dem «Ekklesiozentrismus» einen gebührenden Ort zuzuordnen. Die Kirche als Familie Gottes erscheint darin nämlich gerade nicht als «Mittelpunkt» im Sinne von «Grund» und «Ausgangspunkt». Vielmehr ist sie jene «Mitte», die Christus selbst und in ihm den trinitarischen Gott zum «Mittelpunkt» und zum «Fundament» hat. Sie ist «Mitte» als «Mittlerin» und «Berührungspunkt»; als Familie der Kinder Gottes *inmitten* von Welt und Geschichte; als Sakrament, als aufgerichtetes Zeichen der «Stadt auf dem Berg» und als wirksame *Vermittlung* zwischen Menschheits- und Gottesfamilie. Sie erscheint als Ort, an dem sich das Göttliche mit dem Menschlichen, das Unsichtbare mit dem Sichtbaren, die Gnade mit der Natur in ihrem heilsgeschichtlichen Wechselspiel von Erbsünde und menschlicher Freiheit berühren; als die Mitte zwischen Schöpfung und eschatologischer Vollendung, deren Keimling sie bereits in ihrer irdischen Pilgerschaft ist.

All das macht deutlich, daß der Auftrag der Kirche in der Welt, wie er durch die Pastoralkonstitution vor- und ausgelegt wird, erstlich in ihrem *Sein* selbst gründet. Dieses ist die Wurzel, aus der ihr wichtiges und notwendiges, aber dennoch immer «abkünftiges» *Tun* in und für die Welt, ihr in nachkonziliärer Zeit vermehrt beachtetes und gefordertes Engagement für Gerechtigkeit, Frieden und Fortschritt Kraft und Leben schöpfen müssen, wenn sie nicht in einen *reinen* und damit *gottlosen Humanismus* hineinsterben wollen, in dem sich auf lange Sicht nicht nur die Identität der Kirche, sondern auch der Dienst am Wohl der Menschen selbst auflöst.

---

[167] Vgl. K. RAHNER, *Das neue Bild der Kirche*, in: *Schriften* VIII, 329-333 u. 352-354. Dabei läßt RAHNER durchaus eine positive Bedeutung der Vormachtsstellung der Ekklesiologie im Konzil gelten, insofern diese sich «zu den anderen Traktaten der Dogmatik wie eine Grammatik, Poetik und Semantik zur Dichtung» verhalte (ebd. 352). Einen immer noch beachtenswerten Ansatz zur Zuordnung theologischer Themen unter besonderer Bedeutung der Ekklesiologie, der vom Johannesprolog ausgeht und die Kirche darin auch als «Familie Gottes» bezeichnet, bietet: E. PRZYWARA, *Gott in der Kirche*, in: *ZAM* 19 (1944), 79-87.

Zusammenfassend ist somit das *familia-Dei-Konzept* als bevorzugtes ekklesiologisches Schlüsselkonzept der Pastoralkonstitution zur Darstellung der Sendung der Kirche in der Welt zu erachten. In Grundlinien läßt sich dabei auch eine *Ekklesiologie der Familie Gottes* erkennen, die als Grundgerüst zur Systematisierung der anderen diesbezüglichen ekklesiologischen Aussagen des Konzils, seiner Vorbereitung und nachkonziliären Interpretation bzw. Weiterführung dienen kann. Eine solche dürfte daher zu Recht «*Familia-Dei-Ekklesiologie* des Zweiten Vatikanischen Konzils» genannt werden.

2.2. DAS *FAMILIA-DEI-KONZEPT* UND DIE SENDUNG DER KIRCHE IN «MISSION» UND EVANGELISIERUNG

Die Verkündigung des Evangeliums an alle Menschen, m.a.W. die «Mission», ist *die* «Sendung» der Kirche schlechthin, weil sie darin gemäß dem Auftrag Christi an die Apostel ausdrücklich die Botschaft ihres Herrn verkündet, um die Menschen als Kinder Gottes zur Einheit mit ihrem Vater und als Brüder untereinander zu führen. Somit gehört Mission zum Wesen der Kirche selbst, die das allumfassende Sakrament des Heiles ist. Ihre eigentliche Stellung in der Welt, d.h. ihre Dimension *ad extra*, kann daher nicht anders als missionarisch sein.[168] Dieser Tatsache war man sich auch auf dem Konzil bewußt, als mit Rücksicht auf das Dekret über die Missionstätigkeit der Kirche jenes Thema nicht mehr eigens in der am selben Tag promulgierten Pastoralkonstitution entfaltet wurde, um unnötige Wiederholungen zu vermeiden. Dennoch zeigt die theologisch aufmerksame Lektüre von *Gaudium et spes*, daß darin mehrfach der missionarische Auftrag der Kirche anklingt, der Grundlage ihres Weltverhältnisses sowie ihres Dienstes an den Menschen bleibt.

In den Konzilsdokumenten erscheint das *familia-Dei-Konzept* zur Darstellung der missionarischen Sendung der Kirche etwa in Nummer 32 der Pastoralkonstitution, die den Auftrag Christi an die Apostel, *allen Völkern die Frohbotschaft zu verkünden, damit die Menschen zur Familie Gottes werden, in der die Liebe die Fülle des Gesetzes sein soll*, nennt.[169] Aber auch das Dekret über die Missionstätigkeit der Kirche *Ad gentes* greift das Verständnis der Kirche als Familie Gottes auf und stellt es seinen weiteren theologischen Ausführungen voran. Der erste Absatz der Einleitung bezieht sich auf *LG* 48 und bezeichnet

---

[168] Zur theologischen Begründung der untrennbaren Zuordnung von «Weltdienst der Kirche» und «Mission» vgl. J. RATZINGER, *Weltoffene Kirche?* in: DERS., *Das neue Volk Gottes. Entwürfe zur Ekklesiologie*, Düsseldorf 1969, 282-301.

[169] Vgl. Const. past. *GS* 32: *AAS* 58 (1966), 1051.

die Kirche gemäß ihrer Sendung von Gott her als das *allumfassende Sakrament des Heiles* für alle Völker, ehe er die Notwendigkeit der Verkündigung des Evangeliums im Wesen der Kirche, in ihrer Katholizität und im Willen des Stifters begründet. Der zweite Absatz stellt dann das Gesagte in den Kontext der Welt von heute und öffnet den Blick auf das der Mission innewohnende Ziel:

> "In der gegenwärtigen Weltlage, aus der für die Menschheit eine neue Situation entsteht, ist die Kirche, die da ist Salz der Erde und Licht der Welt, mit verstärkter Dringlichkeit gerufen, dem Heil und der Erneuerung aller Kreatur zu dienen, damit alles in Christus zusammengefaßt werde und in ihm die Menschen die eine Familie und das eine Volk Gottes bilden."[170]

Das Ziel der Mission, die Menschen in Christus zur einen Familie bzw. zum einen Volk Gottes und dadurch zur vollendeten Gemeinschaft mit Gott und untereinander zu führen, bleibt für den weiteren Verlauf des Dekrets gültig, wenngleich der Begriff der *familia Dei* nicht mehr fällt. Thematische Anklänge lassen sich in *AG* 2 erkennen, wo die Gemeinschaftlichkeit des Heils gemäß dem Willen Gottes mit Joh 11,52 (*Sammlung der verstreuten Kinder Gottes*) begründet wird, sowie in Nummer 7, die die Grundsicht aus *AG* 1, die Vereinigung der Menschen mit Gott und untereinander, in den Gedanken von der *Vaterschaft Gottes* und der *Brüderlichkeit der Menschen* aufgreift[171].

Wie einzelne Beiträge in der Vorbereitung des Konzils zeigen, wurde das Thema der Mission schon vor dem Vaticanum II mit dem *familia-Dei-Konzept* verbunden.[172] In einer umfassenderen theologi-

---

[170] Decr. *AG* 1: *AAS* 58 (1966), 947 [dt.: *LThK.E* 3, 23; Übers. vom Verf. entsprechend dem verbindlichen lat. Text dahingehend korrigiert, daß der Genetiv «*Dei*» sowohl auf *unum populum* als auch auf *unam familiam* bezogen wird].

[171] Vgl. Decr. *AG* 2 u. 7: *AAS* 58 (1966), 948 u. 956. An beiden Stellen fällt der Begriff des Volkes Gottes, der bereits in n. 1 parallel zur *Familie Gottes* verwendet wurde. Schon während der dritten Sitzungsperiode hatte Bf. HOA HIEN (*AS* III.VI, 796) angemerkt, daß es im Zusammenhang von Joh 11,52 angemessener sei, von der *einen Familie Gottes* als vom *Volk Gottes* zu sprechen, da ja Christus sterben sollte, um die zerstreuten *Kinder (Söhne) Gottes* zu sammeln. Während der vierten Sitzungsperiode regte Ebf. DE PROENÇA SIGAUD (*AS* IV.IV, 486) an, in die n. 7 den Begriff der *familia Dei* explizit einzufügen: "… ut universi homines tandem aliquando Ecclesiam suam ingredientes, unum populum Dei efforment, unum Corpus mysticum Christi efficiant, fiant templum Spiritus Sancti, et sic modo ineffabili visibili et invisibili, homines coalescant in unicam Familiam Dei".

[172] Vgl. Praef. apost. AB ARRUAZU (H. GAMBOA),: *A* I.II.VII, 40f., der von guten Erfahrungen bezüglich der Übernahme der missionarischen Verantwortung für bestimmte Gebiete durch Diözesen mit gefestigter Glaubenstradition berichtet und dabei als Ziel der Mission, das Reich Gottes auszubreiten bzw. zum Wachstum der *heiligen Familie Christi des Herrn* beizutragen, nennt. Ein ähnlicher Gedanke wird

schen Erörterung des universalen missionarischen Auftrages der Kirche läßt die Eingabe der missiologischen Fakultät der *Pontificia Universitas Gregoriana*[173] die in der *«familia-Dei»* ausgedrückte Universalität der Kirche sowie die Nähe dieses Konzeptes zu dem des *Corpus Mysticum* erkennen. Zur Begründung der Mission werden in der Darlegung Aussagen des päpstlichen Lehramtes über die Einheit der Christen als Glieder ein und derselben Familie sowie des einen Leibes Christi angeführt. Dabei beruft man sich vor allem auf die mehrfach in die Vorbereitungs- und Konzilsarbeiten aufgenommene Missionsenzyklika *Evangelii praecones*[174] von Pius XII., in der der Begriff der «Familie Gottes» zweimal verwendet wird, um die Universalität der Kirche, sei es in bezug auf ihre geographische bzw. ethnisch-kulturelle Katholizität, sei es mit Blick auf die Einheit der pilgernden mit der leidenden und der triumphierenden Kirche, anschaulich auszudrücken:

> "Die Grundsätze der christlichen Sittenlehre und des christlichen Lebenswandels ... können mit jeder Kultur in Einklang gebracht werden, wofern sie nur gesund und rein ist, und vermögen sie überdies noch tauglicher zu machen, um die Menschenwürde zu schützen und das Glück zu erlangen. Die Katholiken eines Landes sind zuerst Bürger der großen Familie Gottes und seines Reiches [vgl. Eph 2,19], aber sie verzichten deshalb nicht darauf, auch Bürger ihres irdischen Vaterlandes zu sein."[175]

> "Alle Christen bilden ja nur eine einzige große Familie, deren Mitglieder sich die Güter der streitenden, leidenden und triumphierenden Kirche gegenseitig mitteilen. Daher ist auch nichts besser geeignet als die Lehre von der Gemeinschaft der Heiligen, um Geist und Herz des

---

dann auch während der vierten Sitzungsperiode des Konzils unter Zuhilfenahme des *familia-Dei-Konzeptes* von Bf. TJI HAK SOUN vertreten (vgl. *AS* IV.IV, 651f.).

[173] Vgl. *A* I.IV.I.1, 71f.

[174] PIUS XII, Lit. Enc. *Evangelii praecones* (02.06.1951): *AAS* 43, 497-528.

[175] Ebd., 523f.; dt.: ROHRBASSER, 461. Dabei zit. PIUS XII. seine eigene Ansprache *Vivamente gradito* (24.06.1944): *AAS* 36 (1944), 210 ("I Cattolici indigeni debbono essere veramente membri della famiglia di Dio e cittadini del suo regno [vgl. Eph 2,19], senza però cessare di rimanere cittadini anche della loro patria terrena"). Aus dieser Stelle wie der gesamten Enzyklika sind wertvolle Ansätze zur Entwicklung einer Theologie der Inkulturation sowie der rechten Bestimmung von Universalität, Verschiedenheit und Einheit in der Kirche — auch im Licht des *familia-Dei-Konzeptes* — zu gewinnen. Es scheint nicht unwesentlich, hier anzumerken, daß PIUS XII. an einer anderen Stelle der Enzyklika (die auch in einer Botschaft des Sekretariats für die Nichtchristen während des Konzils zitiert wurde; vgl. *AS* III.I, 33 u. 55 [deutsch]) als theologische Begründung für die Achtung und Übernahme anderer kultureller Werte durch die Kirche unter Berufung auf TERTULLIAN, *Apologeticum* XVII (*PL* 1, 433 [377 A]: «O testimonium animae naturaliter Christianae») angibt, daß *die Natur auch nach dem Sündenfall noch etwas bewahrt hat, was natürlicherweise christlich ist* (PIUS XII, *Evangelii praecones*,): "Humana natura, quamvis ob miserum Adae casum hereditaria labe infecta sit, aliquid tamen in se habet naturaliter christianum; quod quidem, si divina luce collustretur divinaque alatur gratia, ad veri nominis virtutem supernamque vitam evehi aliquando potest."

christlichen Volkes vom Nutzen und von der Bedeutung der Missionen tief zu überzeugen."[176]

Vor allem während der dritten und vierten Sitzungsperiode, als das Schema zum späteren Dekret *Ad gentes* diskutiert wurde, verbanden einige Väterbeiträge das Thema der Mission mit dem *familia-Dei-Konzept*. Ein entsprechendes Kirchenverständnis schien besonders geeignet für eine theologische Grundlegung des Missionsauftrages der Kirche. Man konnte damit beispielsweise das doppelte Ziel der Verkündigung, alle Menschen guten Willens in der Taufe der Familie Gottes und durch diese (als ordentlicher Heilsweg) zur vollendeten Gemeinschaft und Einheit der Kinder Gottes mit dem Vater zu führen, ausdrücken. Dabei kam als Vorzug zum Tragen, daß es sich einerseits um ein in den Synoptikern, bei Johannes und auf seine Weise auch im Corpus Paulinum vorhandenes biblisches und damit theologisch sicher begründetes Konzept handelte, das andererseits grundsätzlich für alle Menschen, besonders jenen in den Missionsgebieten des Ostens und Afrikas, einsichtig ist. So werde nach dem Beispiel des Apostels Paulus, der die Heiden in vorbildlicher Pädagogik und Rücksichtnahme auf seine Hörer zu Christus führte, die göttliche wie die menschliche Dimension der Kirche ansprechend offenbar gemacht in der *göttlichen Familie der Kinder [Söhne] Gottes in Christus*.[177] Aus dieser Sicht ergeben sich praktische Konsequenzen für die Missionsarbeit. Gott müsse als Vater und die Kirche als Familie verkündet werden, um die Liebe Gottes und der Kirche zu den Menschen sichtbar zu machen, wie es etwa Franz von Assisi vorgelebt habe. Die Liebe selbst werde so zur wichtigsten Missionsmethode; die beste Vorbereitung dafür sei die des Herzens. Angesichts dieser Vorzüge scheint das Bedauern eines Konzilsvaters berechtigt, daß dem Thema der Familie Gottes in den Schemen nicht noch mehr Beachtung geschenkt werde:

> "All das ist schön. Aber ich habe mich immer gewundert, warum wir den Begriff «Familie Gottes» vergessen. Sind wir nicht durch die Taufe Kinder Gottes in Christus? Rufen wir nicht Gott als «Abba», «Vater», an? Meiner Ansicht nach wird es nämlich nichtchristlichen Menschen

---

[176] Ebd., 528; dt.: ROHRBASSER, 465.

[177] Vgl. vor allem die ausführlicheren Erörterungen von Bf. HOA HIEN (*AS* III.VI, 795-797), der von den im *familia-Dei-Konzept* besonders zur Geltung kommenden *göttlichen* Momenten der Kirche das Geheimnis der Trinität, die Erlösung in Christus sowie die göttliche Kindesannahme; von den *menschlichen* die Erbsünde als Fall und Zerstreuung aller Menschen als Adamskinder in ihrem Stammvater nannte. Letzteres ist ein wichtiger Anknüpfungspunkt für das Geheimnis der Erlösung in Christus nach biblischem Zeugnis, weil Gott (aus Liebe zur Welt) seinen Sohn hingab, um seine Kinder, die zerstreut waren, zu sammeln und wiederum im einen Geist den Menschen Zugang zum Vater zu verschaffen [vgl. Joh 3,16; 11,52 u. Eph 2,18]. Vgl. auch die Beiträge von Ebf. EVANGELISTI (*AS* IV.IV, 507) sowie von Bf. VELASCO (ebd., 313-316 im Namen von mehr als 70 Vätern).

mehr Freude machen zu wissen, von Gott geliebt zu sein und daß er nichts anderes will, außer daß alle seine Kinder seien und ihn Vater nennen, als zu einer Gesellschaft zu gehören, die «Volk Gottes» genannt wird."[178]

Ein weiterer wesentlicher Aspekt des *familia-Dei-Konzeptes*, der im Zusammenhang mit der Mission öfters genannt wurde, war die *Einheit*. Durch die Verkündigung des Evangeliums und die Mitteilung des übernatürlichen Lebens der Gnade nämlich sollen alle Menschen gemäß dem Ratschluß Gottes schon hier auf Erden nach dem Vorbild der trinitarischen Einheit mit Gott und untereinander vereint werden. Das findet sich schon im zweiten Kapitel des Epheserbriefes mit Hilfe des Gedankens der Familie Gottes ausgedrückt.[179] Die Einheit wurde aber nicht nur als Ziel für alle Menschen erkannt, sondern auch als wesentliches inneres Prinzip für die Missionsarbeit selbst. Schon um glaubwürdig zu sein, müsse die Kirche in der Mission in der Einheit einer Familie erscheinen, die durch Priester und Bischöfe in besonderer Weise aufzubauen und zu verkörpern sei und schließlich in der höchsten Vollmacht des Papstes, gleichsam dem Vater für alle Gläubigen, einen besonderen sichtbaren Ausdruck finde.[180] Daß mit dem Bild der Familie nicht nur die Einheit, sondern auch die berechtigte Vielfalt in der Kirche zur Geltung gebracht wird, zeigte ein anderer Vater, der forderte, daß die Kirche als Familie alle in ihr gültigen Riten mit gleicher Liebe als ihre Kinder annehmen möge.[181]

In ähnlicher Weise wie während der kurz umrissenen Diskussionen in der Aula wurde das *familia-Dei-Konzept* auch in den Jahren nach dem Konzil bei den Synoden mit den Themen der Mission und der Verkündigung des Evangeliums verbunden.[182] Die Familie Gottes wurde als Ziel der Mission bzw. auch als zu verkündender Glaubensinhalt wiederum im *Instrumentum laboris* der Synode über die

---

[178] Ebf. ATHAIDE (*AS* IV.IV, 424f.).

[179] Vgl. Kard. LERCARO (*AS* I.IV, 330), der bereits während der Diskussion des Schemas *de Ecclesia* in der ersten Sitzungsperiode in ähnlicher Weise im Zusammenhang des Auftrages der Verkündigung des Evangeliums (an die Armen) argumentierte. In der dritten Sitzungsperiode vgl. Kard. BEA (*AS* III.VI, 365) unter Berufung auf Eph 1,10 u. 2; 1Kor 12,12f. u. Gal 3,28 sowie Bf. COUDERC (ebd., 495).

[180] Vgl. die Bf. MCGRATH (*AS* IV.IV, 156), SEITZ (ebd., 629) sowie POLETTI (ebd., 213), der in diesem Sinn auch die Verantwortung der «*Propaganda fide*» als Organ des Papstes unterstrich.

[181] Vgl. Ebf. YEMMERU (*AS* IV.IV, 668).

[182] So z.B. in einem Beitrag von Bf. NSUBUGA (CAPRILE, *Il Sinodo 1974*, 508f.) bei der Synode über die Evangelisierung (1974), der gegen nationalistische Tendenzen die Katholizität der Familie Gottes betonte und dabei die Möglichkeit erkennen ließ, daß in Zukunft die traditionellen Missionsgebiete in früher katholische Gebiete ihre Missionare als Glieder der *einen* Kirche senden werden.

Katechese (1977) sowie dann auch im nachfolgenden Apostolischen Schreiben angesprochen. Am ausführlichsten geschah das bei der Sondersynode für Afrika (1994), die unter dem Thema der *Evangelisierung* stand, die entsprechend der Anregung vieler Antworten auf die *Lineamenta* unter dem Bild des Aufbaues der Familie Gottes zu deuten sei. Afrika habe nicht nur ein tiefes Bedürfnis nach Evangelisierung, nach dem Aufbau der Familie Gottes, es biete ebenso dafür in seinen kulturellen Werten der Familie, der Communio, der Brüderlichkeit, des Friedens und der Solidarität, die fundamentalen christlichen Werten entsprechen, wichtige Wurzeln und Ansatzpunkte. Aber auch der universalkirchliche Aspekt der Evangelisierung werde im Verständnis der Kirche als Familie Gottes sichtbar, zugleich mit der Notwendigkeit in der Begegnung mit neuen Kulturen jeweils jene Strukturen zu errichten, die der Kirche als Familie Gottes angemessen sind. Aus alldem können neue Motivationen für den Missionseifer erwartet werden[183]. Die Berechtigung dieser Anliegen und die Sicht der *Familie Gottes* als Ziel der Evangelisierung bestätigt dann auch das nachsynodale Dokument des Papstes:

> "In diesem Sinne bekräftigt die Sonderversammlung für Afrika, daß es Ziel der Evangelisierung ist, die Kirche als Familie Gottes aufzubauen, als — wenn auch unvollkommene — Vorwegnahme des Reiches Gottes auf Erden."[184]

Eine besonders häufig angesprochene Frage aus dem Bereich des Missionsthemas ist die der *Inkulturation*. Wie schon in den Konzilsdiskussionen stützten sich dabei mehrere Väterbeiträge auf das *familia-Dei-Konzept*; sei es, weil sie dieses selbst in Anwendung auch kulturell geprägter oder vermittelter Werte auf die Kirche als besonderes Beispiel gelungener Inkulturation ansahen; sei es, um durch das Bild der Familie jenen Prozeß zu veranschaulichen, in dem die bleibende Identität der Kirche sich in verschiedenen kulturellen Ausdrucksformen verwirklicht oder aber das je Eigene verschiedener Völker und Kulturen dankbar annimmt und im Licht der Gnade geläutert zur kirchlichen

---

[183] Vgl. SynEp 1977, *Inst. lab.*: Caprile, *Il Sinodo 1977*, 494; Ioannes Paulus II, Adh. apost. *CT* 29: *AAS* 71 (1979), 1301; SynEp, Coet. spec. per Africam (1994), *Relatio ante disceptationem* (Kard. Thiandoum): *OR Africa* I, 13-16: in einer zusammenfassenden Formulierung umreißt der Kardinal kurz die Bedeutung des *familia-Dei-Konzeptes* für die Evangelisierung Afrikas (ebd. 14): "... attraverso il Vangelo, Dio costruisce la sua famiglia, poiché l'Evangelizzazione invita l'umanità a partecipare alla vita stessa della Trinità, chiamandola a ritornare al Padre nello Spirito e attraverso il Figlio, «perché Dio sia tutto in tutti» (1Cor 15,28)"; *Relatio post disceptationem* (Kard. Thiandoum): *OR Africa* II, 28f. sowie *Nuntius*: *OR Africa* II, 59 (darin wird das Engagement der Missionare zum Aufbau der Familie Gottes hervorgehoben); vgl. auch den Beitrag von Ebf. Vlk: *OR Africa* I, 34, der vor allem den Aspekt der Liebe im *familia-Dei-Konzept* unterstrich.
[184] Ioannes Paulus II, Adh. apost. *EA* 85: *OR* 16.09.1995, 7.

Einheit in Verschiedenheit verbindet.[185] Als lehramtliche Anerkennung der Bedeutung des Konzeptes der Familie Gottes in der Frage der Inkulturation ist es zu verstehen, daß das nachsynodale Apostolische Schreiben *Ecclesia in Africa* die Entfaltung einer *familia-Dei-Ekklesiologie* gerade in jenem Zusammenhang anregt.[186]

Eine Weiterentwicklung im pastoralen Bereich erfuhr das *familia-Dei-Konzept* vor allem seit der Synode über die Evangelisierung (1974) durch die sogenannten *Basisgemeinden*, die bisweilen als konkrete und erlebbare Verwirklichungsform der Kirche als Familie Gottes angesehen wurden.[187] Die Anregung dazu stammte vor allem vom Episkopat Lateinamerikas, der bereits 1968 bei seiner Vollversammlung in Medellín jene Gemeindeform zur Erneuerung pastoraler Strukturen empfohlen und die «Basisgemeinden» dabei in Orientierung an *Gaudium et spes* und dem dort entwickelten Konzept der *Familie Gottes* definiert hatte:

> "Das Gemeinschaftsleben, zu dem der Christ berufen worden ist, muß er in der «Basisgemeinde» finden: das heißt in einer lokalen oder durch ihre Situation bestimmten Gemeinde, die der Realität einer homogenen Gruppe entspricht und die eine derartige Dimension hat, die ein brüderliches, personales Zusammenleben unter ihren Mitgliedern erlaubt. In Konsequenz dessen muß der pastorale Einsatz der Kirche daran orientiert werden, diese Gemeinden in «Familien Gottes» umzuwandeln, damit beginnend, in ihnen als Sauerteig für die Masse gegenwärtig zu werden, selbst wenn sie klein sind, als eine Gemeinde des Glaubens, der Hoffnung und der Liebe (*LG* 8; *GS* 40)."[188]

---

[185] Vgl. u.a. bei der Synode 1977 (Katechese): Bf. MPWATI (Congo: CAPRILE, *Il Sinodo 1977*, 159) und dann vor allem zahlreiche Beiträge bei der Afrikasynode (*OR Africa* I u. II). Das rechte Verständnis der *Inkulturation* umreißt ein Beitrag von Kard. RATZINGER, der diese theologisch aus der Inkarnation, dem geschichtlich unwiderruflichen Eintreten des Wortes Gottes in die menschliche Welt und Geschichte, das sein Ziel in den österlichen Geheimnissen von Kreuz und Auferstehung findet und dadurch einen Weg der Reinigung, der Verwandlung und der Erneuerung vorzeichnet, der zum neuen Leben führt, begründet (vgl. *OR Africa* I, 43). Vgl. auch P. LWAMINDA, *The African Synod and the Family*, in: *AfCS* 11/2 (1995), 51.

[186] IOANNES PAULUS II, Adh. apost. *EA* 63: *OR* 16.09.1995, 5: "Die Synode hat nicht nur von Inkulturation gesprochen, sondern hat sie auch konkret angewandt, wenn sie als Leitgedanken für die Evangelisierung Afrikas die Idee von der Kirche als Familie Gottes [vgl. *LG* 6] übernahm."

[187] Vgl. die Interventionen vom Präsidenten der *CELAM*, Bf. PIRONIO und vom tanzanischen Bf. SANGU (CAPRILE, *Il Sinodo 1974*, 155 u. 509).

[188] Zweite Generalkonferenz des lateinamerikanischen Episkopats, August-September 1968, Medellín: *Medellín. Documenti. La Chiesa nella attuale trasformazione dell'America Latina alla luce del concilio Vaticano II*, Bologna 1969, 132; vgl. das Schlußdokument der Vollversammlung des lateinamerikanischen Episkopats in *Puebla* (1979), das die Kirche immer wieder als Familie Gottes darstellt und den Basisgemeinden die Aufgabe zuerkennt, eine lebendige Erfahrung der Kirche als Familie Gottes zu ermöglichen: *Puebla* n. 239 sowie auch 641 (it.: 123 u. 226). Das Apostolische Schreiben *Evangelii nuntiandi* nahm den Gedanken der Basisgemeinden

Ausführlicher wurde das Thema der Basisgemeinden auch bei der Sondersynode für Afrika erörtert und in das Ganze der favorisierten Sicht der Kirche als Familie eingeordnet.[189] Gemäß den wesentlichsten Punkten, die einzelne Synodenväter bzw. die Relatoren der verschiedenen Kleingruppen dazu vorbrachten[190], bilden Basisgemeinden gleichsam eine menschlich-überschaubare Verwirklichung der Communio-Ekklesiologie des Vaticanum II im Sinne des *familia-Dei-Konzeptes*. Als lebendige Zellen in der Kirche machen sie diese durch ihr authentisches brüderliches Leben, die Mitverantwortung aller, die gegenseitige Evangelisierung und ihre missionarische Strahlkraft als Familie Gottes erfahrbar. Sie stehen dabei offen zur Welt und wollen absolut niemanden ausschließen. Auf diese Weise wirken sie als geeignetes Mittel im Kampf gegen Spaltungen in der Kirche aus rassischen, völkischen oder anderen partikularistischen Motiven, aber auch darüber hinaus im Dienst zur Umgestaltung der menschlichen Gesellschaft.[191]

Auch das nachsynodale Apostolische Schreiben *Ecclesia in Africa* spricht von kleinen «Lebendigen Kirchengemeinden», vermeidet dabei allerdings im Unterschied zur Synodenbotschaft den Begriff «Basisgemeinde»:

"Die Synodenväter haben gleich erkannt, daß die Kirche als Familie nur dann im vollen Ausmaß Kirche sein kann, wenn sie sich in Gemeinden

---

(allerdings nicht zusammen mit dem Begriff der *Familie Gottes*) auf und unterschied klar jene Formen, die in Einheit mit der Kirche und ihren Hirten stehen, von anderen, die durch harte Kritik an der «institutionellen Kirche» und ihrer Hierarchie gekennzeichnet sind und die deshalb dem Auftrag der Evangelisierung sogar entgegenwirken; vgl. Adh. apost. *EN* 58: *AAS* 68 (1976), 46-49. In der adh. apost. nach der Synode von 1977 wurde nichts Eigenes zu den Basisgemeinden gesagt, sondern auf die genannte Stelle in *EN* zurückverwiesen; vgl. Adh. apost. *CT* 47: *AAS* 71 (1979), 1315. Während der Synode über die Katechese (1977) wies Bf. RIVERA (Mexiko) bei gleichzeitiger Anerkennung ihrer Vorzüge auf die Gefahr der Verabsolutierung der Basisgemeinden in Pastoralkonzepten und einer Aufsplitterung der «einen Familie der Getauften» in «viele Sekten» hin: CAPRILE, *Il Sinodo 1977*, 122.

[189] Vgl. J.G. HEALEY, *Church-as-Family And SCCs: Themes From The African Synod*, in: *AfER* 37 (1995), 44-48; er bezeichnet das *familia-Dei-Konzept* in Verbindung mit den «kleinen christlichen Gemeinden» als wesentlichste theologische u. pastorale Ergebnisse der Afrikasynode; P. LWAMINDA, *The African Synod and the Family*, in: *AfCS* 11/2 (1995), 52; CLERICI, *Church as Family*, 27-45; vgl. weiters unter besonderer Berücksichtigung des Bulletin *«Justice et Paix»* von Kard. ETCHEGARAY: *L'Église-Famille: Foyer de justice et de paix*, in: Telema 81 (1995), 27-31.

[190] Vgl. die Väterbeiträge: SYNEP, Coet. specialis per Africam (1994): die Bf. A.T. SANON (Burkina Faso), J.B. SOMÉ (Burkina Faso) u. BUDUDIRA (Burundi): *OR Africa* I, 42, 59-61; Bf. JITANGAR (Tschad): *OR Africa* II, 17; die *Relatio post disceptationem* (Kard. THIANDOUM): *OR Africa* II, 28; sowie die *Relationes* zu verschiedenen Kleingruppen: Pater ZAGO *OMI* (ital.; *OR Africa* II, 40f.); Cong. gen XXIII (28.04.1994), Bf. OUÉDRAOGO (franz. «D») u. Bf. BUDUDIRA (franz. «E»): *OR Africa* II 45-48.

[191] Vgl. die Schlußbotschaft der Synode, bes. n. 28: *OR Africa* II, 61.

gliedert, die klein genug sind, um enge menschliche Beziehungen zu erlauben. ... Sie sollen Räume sein, innerhalb derer man zunächst für die eigene Evangelisierung sorgt, um dann die Frohe Botschaft den anderen zu bringen; sie sollen daher Orte des Betens und Hörens des Wortes Gottes sein; des Verantwortungsbewußtmachens der Mitglieder selbst; einer Lehrzeit in kirchlichem Leben und des Nachdenkens über die verschiedenen menschlichen Probleme im Lichte des Evangeliums. Vor allem soll man sich in ihnen darum bemühen, die universale Liebe Christi zu leben, die die Schranken der natürlichen Solidaritäten der Clans, der Stämme oder anderer Interessengruppen übersteigt."[192]

Konklusion

Mit dem Thema der Mission wurde das Konzept der *familia Dei* bereits in maßgeblichen lehramtlichen Aussagen vor dem Vaticanum II verbunden. Das Konzil macht sich diese Verbindung dann in verschiedenen Dokumenten, vor allem aber in einer einleitenden Grundaussage des Missionsdekretes ausdrücklich zu eigen, wobei die *Familie Gottes* wiederum als Ziel der Sendung der *Kirche als allumfassendes Heilssakrament* erscheint. Wie sich während der Entwicklungsphasen des Konzils und dann auch in dessen synodaler Interpretation und Weiterführung zeigt, können im Rahmen einer «sakramentalen» oder der «Communio-Ekklesiologie» noch weitere Beziehungspunkte zwischen jenen beiden Themen gefunden werden.

Die «*familia Dei*» ist nicht nur das Ziel, sondern markiert auch den Weg der Sendung der Kirche. Als allgemein verständliches Konzept vermag sie in der Verkündigung zum Verständnis der Kirche und zu ihrer Annahme beizutragen. Mehr noch soll die als «Familie Gottes» konkret gelebte und erfahrbare Kirche aus sich selbst und durch ihr Zeugnis missionarisch wirken. Diese Forderung steht im Zusammenhang mit der Entwicklung bestimmter Formen kleiner lebendiger christlicher Gemeinden oder auch «Basisgemeinden», die — insofern sie echte *Kirchlichkeit* im Geist und Sinn des Evangeliums anstreben und die *familiären Werte* der *Brüderlichkeit/Geschwisterlichkeit*, der *Solidarität*, der *gemeinsam* getragenen *Verantwortung* u.a. verwirklichen — zu Recht «Familien Gottes» in der «einen großen Familie der Kirche» genannt werden. Diese «Verwirklichungsmodelle» der Kirche, die vor allem in den Ländern der «dritten Welt», in Südamerika und Afrika entwickelt und propagiert werden, verbinden im Bild der Familie auf ihren verschiedenen Ebenen die lokale mit der universalen Dimension der Kirche, wodurch das besondere Anliegen der Überwin-

---

[192] IOANNES PAULUS II, Adh. apost. *EA* 89: *OR* 16.09.1995, 7.

dung aller Partikularismen und der sich nicht exklusiv verschließenden (missionarischen) Offenheit und Universalität klarer hervortritt.

Die Universalität der Kirche läßt sich im *Familie-Gottes-Konzept* als Einheit in Verschiedenheit verdeutlichen. Ihr Grundprinzip, die «*Inkulturation*», findet im afrikanischen Modell der *Église-famille*, das in gegenseitiger Fruchtbarkeit die Werte der afrikanischen (Groß-)Familie in Lehre und Leben der Kirche aufnimmt, im Licht des Evangeliums läutert und umgestaltet, ein lehramtlich anerkanntes Musterbeispiel. Zum anderen ist der Prozeß der Inkulturation selbst durch Rekurs auf die «*Familie*», die je immer neues, anderes Leben in sich aufnimmt und aus ihr hervorbringt und dabei doch immer dieselbe in je verschiedener Verwirklichung bleibt, einsichtig zu machen.

2.3. DAS *FAMILIA-DEI-KONZEPT* IM KONTEXT DER ÖKUMENE UND DES INTERRELIGIÖSEN DIALOGS

Die Fragen der Ökumene und des Dialogs mit anderen Religionen, die von der Ankündigung des Konzils an zu seinen wichtigsten Themen zählten, bieten ein weiteres bevorzugtes Feld der Anwendung für das *familia-Dei-Konzept*, wie sich im ersten Kapitel dieser Arbeit vor allem bei der Behandlung der Vaterschaft Gottes (1.1.2.1.) und der Kirchenzugehörigkeit (1.1.3.5.) bereits zeigte. Die Einheit der Christen, die hier zur Diskussion steht, hängt nicht unwesentlich mit der Einheit der Menschen mit Gott und untereinander zusammen, die durch die Kirche als Sakrament bezeichnet und bewirkt werden soll. Deshalb erhebt dieser Abschnitt, welche Rolle das Konzept der *familia-Dei* gemäß dem Vaticanum II und den nachfolgenden Bischofssynoden im Dialog der christlichen Kirchen und kirchlichen Gemeinschaften bzw. in ihrem Bemühen um die Einheit spielt. Im Anschluß daran wird der Fragehorizont auch auf andere Religionen hin erweitert.

Die Bedeutung der *Familie Gottes* für das Thema der Ökumene läßt sich primär aus dem Dekret über den Ökumenismus ermessen. Der Begriff der *Familie* wird darin zweimal auf die Kirche bezogen. Nachdem *UR* 1 als *Prooemium* den Ökumenismus, d.h. das Bestreben, die Einheit aller Christen wieder herzustellen, als eine der Hauptaufgaben des Zweiten Vatikanischen Konzils ausgewiesen hat, beginnt das erste Kapitel in Nummer 2 die katholischen Prinzipien zur Ökumene darzulegen. Der Blick wird sogleich auf Christus, den Sohn Gottes, gelenkt, der vom Vater zur Erlösung und Einigung des Menschengeschlechtes in die Welt gesandt wurde. Diese Einheit wird im selben Absatz mit dem Hohenpriesterlichen Gebet Jesu (Joh 17) und dem

Sakrament der Eucharistie in Beziehung gebracht und dadurch an die Geheimnisse der innergöttlichen Einheit, der Menschwerdung, des Leidens und Sterbens Christi, sowie der Kirche, in der diese als Heilsgeheimnisse sakramental gegenwärtig und wirksam bleiben, gebunden. Die folgenden beiden Absätze beleuchten das innere unsichtbare (Hl. Geist) sowie das äußere sichtbare (Bischofsamt und Primat des Petrus) Prinzip der Einheit der Kirche, die letztlich immer in Christus selbst gründet. In engem Bezug zum geweihten Amt entfaltet daraufhin der vierte Absatz der Nummer die Kriterien kirchlicher Einheit gemäß dem katholischen Glauben:

> "Jesus Christus will, daß sein Volk durch die gläubige Predigt des Evangeliums und die Verwaltung der Sakramente durch die Apostel und durch ihre Nachfolger, die Bischöfe mit dem Nachfolger Petri als Haupt, sowie durch ihre Leitung in Liebe unter der Wirksamkeit des Heiligen Geistes wachse, und er vollendet seine Gemeinschaft in der Einheit: im Bekenntnis des einen Glaubens, in der gemeinsamen Feier des Gottesdienstes und in der brüderlichen Eintracht der Familie Gottes."[193]

In paralleler Reihung werden die drei traditionellen Bestimmungsstücke der sichtbaren Einheit der Kirche je aus dem Blickwinkel des (Bischofs-)Amtes und des gläubigen Volkes angeführt, wobei die komplementäre Verwiesenheit von Hirten und Gläubigen offenbar wird: der *eine* Glaube in der Entsprechung von gläubiger Predigt des Evangeliums und seinem Bekenntnis; der *eine* Kult als Verwaltung der Sakramente und als gemeinsame Feier; die *eine* Leitung, der die *herzliche Eintracht* der Familie Gottes korrespondiert[194]. Die genannten Elemente, in denen sich die Einheit der Kirche sichtbar ausdrückt, gehen auf den Willen Christi selbst zurück, sind gnadenhaft gewirkt und vollendet durch den Heiligen Geist. Dabei stellt die abschließende Formulierung dieses Absatzes *«in familiae Dei fraterna concordia»* eine nähere Bestimmung des dritten Kriteriums, eine zusammenfassende Beschreibung der (in den drei Kriterien konstituierten) sichtbaren kirchlichen Einheit überhaupt wie zugleich auch deren Zielpunkt dar.

---

[193] Decr. *UR* 2: *AAS* 57 (1965), 92 [dt.: *LThK.E* 2, 47-49]. Schon in einem früheren Entwurf fand sich weiter oben der Begriff *familia sua*, woraus deutlich wird, daß das Thema der Familie Gottes nicht erst durch die spätere Änderung in die Nummer bzw. in das Dekret überhaupt aufgenommen wurde. Zur Textgeschichte vgl. *AS* II.V, 413 u. den Beitrag des armenischen Patriarchen PETRUS XVI. BATANIAN (ebd., 879).

[194] Durch die Änderung des Textes von «regiminis pastorum fraterna concordia» zu «familiae Dei fraterna concordia» (vgl. *AS* III.II, 298 u. III.VII, 22f.) blieb einerseits der Grundbestand der beabsichtigten Aussage erhalten, der das dritte Bestimmungsstück der sichtbaren kirchlichen Einheit näher kennzeichnet. Andererseits konnte durch das Konzept der Familie der Aspekt der Brüderlichkeit aller in der Kirche zur Geltung gebracht werden.

Der fünfte Absatz nennt die Kirche wiederum *Zeichen unter den Völkern* und läßt damit die Kirche als «Sakrament» erscheinen in ihrer heilsgeschichtlichen Bewegung auf das Ziel des ewigen Vaterlandes hin. Im sechsten und letzten Absatz wird nochmals auf die innergöttliche Einheit als Vor- und Urbild kirchlicher Einheit verwiesen und die Nummer mittels einer trinitarischen Formulierung beschlossen.

Da der Begriff der «Familie Gottes» in *UR* 2 mit der *brüderlichen Eintracht* und auf diese Weise gerade mit der Einheit der Leitung, die ihren sichtbaren Ausdruck im Petrusamt findet, verbunden ist, können an dieser Stelle offensichtlich nur jene als im strengen Sinn zu dieser Familie gehörig bezeichnet werden, die de facto in dieser Einheit stehen. Somit entspricht der *familia Dei* hier im Vollsinn nur die *katholische Kirche*. Auch *UR* 4 wendet den Terminus *Familie* auf die katholische Kirche an und nennt — nachdem zuvor die in der Geschichte aufgetretenen Spaltungen unter den Christen erwähnt wurden — als ersten Schritt des ökumenischen Engagements die innere Erneuerung in der *eigenen katholischen Familie*.[195] Es entspräche nicht der Grundlinie wie der Absicht des Dekrets, in der vorliegenden Identifizierung der *Familie Gottes* mit der katholischen Kirche eine Tendenz zu orten, die den anderen christlichen Glaubensgemeinschaften grundsätzlich ihre Kirchlichkeit und Verbindung zur einen Kirche Christi absprechen wollte. Vielmehr erweist sich gerade das *familia-Dei-Konzept* in *Unitatis redintegratio* als Ansatzpunkt für eine angemessene Erörterung jenes Problems, die einerseits unbefangen das Gute und Wahre anderer «Kirchen» und «kirchlicher Gemeinschaften» anerkennt und zugleich an der unaufgebbaren Sonderstellung der katholischen Kirche festhält.

Die nicht der katholischen Kirche angehörenden Christen werden im Dokument zumeist mit dem Begriff *(getrennte) Brüder* bezeichnet; eine Nummer widmet sich in besonderer Weise der Begründung dieser Brüderlichkeit (auch unter Berücksichtigung des «Trennenden»).[196] Die Nummern 1, 4 und 17 sprechen von einem gemeinsamen *Erbe*, 3 und 12 von der Auszeichnung des gemeinsamen *Christennamens*, 14 von der *brüderlichen Gemeinschaft* des Glaubens und des sakramentalen Lebens und 15 von der *engen («arctissima») Verwandtschaft* der katho-

---

[195] Vgl. Decr. *UR* 4: *AAS* 57 (1965), 95. Durch die Erneuerung soll die katholische Kirche *Zeugnis geben* und dadurch dem Aufbau des Reiches Gottes besser dienen. Die von JOHANNES XXIII. in diesem Zusammenhang immer wieder geäußerte Hoffnung nach der *Rückkehr der getrennten Brüder in das Haus des Vaters* (als in ihr eigenes) wird an dieser Stelle nicht explizit genannt, kann aber wohl im Sinne jenes Anliegens des Vat II weiterhin als Ziel des Zeugnisses gelten.

[196] Vgl. Decr. *UR* 3: *AAS* 57 (1965), 92-94. Die Brüderlichkeit wird durch entsprechende Begriffe weiters ausgedrückt in den nn. 4 (4x), 5, 7 (2x), 8 (2x), 9 (3x), 10, 11 (3x), 17, 18, 20, 21, 23 u. 24.

lischen zur orthodoxen Kirche; 19 von der *besonderen* («*peculiaris*»)
Verwandtschaft zu den durch das abendländische Schisma Getrennten.
UR 22 betont weiters das sakramentale Band der Einheit aus der gemeinsamen *Wiedergeburt* in der Taufe. Alle diese Begriffe, die als
thematische Belege für das *familia-Dei-Konzept* zu werten sind,
drücken in gewisser Weise eine familiäre, verwandtschaftliche Zusammengehörigkeit aus, die aus einem gemeinsamen Ursprung erwächst
und doch in Abstufungen zu unterscheiden ist. Alle Verwandten gehören letztendlich zur «Familie», wenn sie im weiteren Sinn verstanden
wird; und doch gibt es dabei mehr oder weniger *entfernt* Verwandte.
So zeigt sich, daß die *Familie* gemäß dem Ökumenismusdekret[197] eine
einleuchtende, wenn auch darin nicht weiter ausgearbeitete Modellvorstellung bietet, die den Zusammenhang *aller Christen* mit der *einen
Kirche* angemessen auszudrücken vermag.

Weniger deutlich erscheint das *familia-Dei-Konzept* in der
Erklärung über das Verhältnis der Kirche zu den nichtchristlichen Religionen.[198] In der Parallelität der Eingangsnummer zu Artikeln anderer
Konzilsdokumente, die an dieser Stelle von der *Familie Gottes*[199] sprechen und in der Anerkennung der Erkenntnis Gottes als «Vater» in
religiösen Traditionen auch außerhalb des Christentums (*NA* 2), sind
zumindest entfernte Anknüpfungspunkte zu orten, die die Möglichkeit
erkennen lassen, auch die Frage der nichtchristlichen Religionen treu
zum Konzil im Licht des *familia-Dei-Konzeptes* weiter zu erörtern. Die
in den verschiedenen Religionen und Kulturen weitgehend geachteten
Werte der Familie, der Vaterschaft und der brüderlichen Gemeinschaft
können als grundlegende Gemeinsamkeiten dabei in einem gewissen
Umfang Dialog und gegenseitige Verständigung fördern.[200]

---

[197] Ansatzweise findet sich diese Sicht auch im Dekret über die Hirtenaufgabe
der Bischöfe in der Kirche *CD* 16: *AAS* 58 (1966), 680f. Dort wird die Teilkirche (als
eine — wie aus dem Zusammenhang klar wird — in voller Gemeinschaft mit der
Kirche stehende) als Familie bezeichnet, deren Vater der Bf. ist. Aber auch den anderen Christen wird durch den Begriff *getrennte Brüder* und durch die (vom Bischof)
ihnen gegenüber geforderte Menschlichkeit und *Liebe* eine *verwandtschaftliche* Beziehung zu jener Familie zugesprochen. Vgl. weiters die drei parallelen Aussagen *AA* 27
(*gemeinsames väterliches Erbe*, *Christenname*), *AG* 41 und *GS* 92: *AAS* 58 (1966),
859f., 989 u. 1113f., die die brüderliche Zusammenarbeit aller Christen zum Aufbau
von Familie und Reich Gottes bzw. im Dienst an der Menschheitsfamilie hervorheben
und damit thematisch oder explizit das *familia-Dei-Konzept* ansprechen.

[198] Decl. *NA*: *AAS* 58 (1966), 740-744.

[199] Vgl. Const dog. *LG* 28: *AAS* 57 (1965), 35f. u. Const. past. *GS* 43: *AAS* 58
(1966), 1063.

[200] In einer während der Entstehungszeit jenes Dokumentes verfaßten Stellungnahme eines islamischen Autors in der Beiruter Zeitung *L'Orient* heißt es: "[Die
Kirche] nähert sich hier der Auffassung des Koran von der Einheit der Gottesfamilie,
ebenso der Idee des Koran, daß das Volk des Buches eines ist, das Volk, das sich aus

Schon seit der feierlichen Ankündigung des Zweiten Vatikanischen Konzils begleitete das Thema der Familie Gottes die von Papst Johannes XXIII. so häufig und eindringlich vorgelegte ökumenische Absicht. Damit meinte er, daß das Konzil die Kirche und ihre Lehre umfassend und für die Zeit überzeugend darstellen solle, so daß die volle Einheit der Christen, die er in der Einheit von Lehre, Leitung und Kult gegeben sah, wiederhergestellt werden könne; oder wie er wiederholt äußerte, daß den getrennten Brüdern die Rückkehr in das *Haus des Vaters* nicht als in ein ihnen fremdes, sondern eigenes erleichtert werde.[201] Nicht nur durch den Begriff *Vaterhaus* für die Kirche, der gemäß biblischem Verständnis zugleich auch die *Familie des Vaters* meint, und durch die den getrennten Christen zuerkannte *Brüderlichkeit* mit den Katholiken legt sich die Option für ein Verständnis der Kirche als Familie Gottes im Hintergrund dieser Aussagen nahe. An anderer Stelle nämlich spricht Johannes XXIII. ausdrücklich von der Hoffnung auf die brüderliche Einheit aller von Christus Erlösten in der *einen Familie*.[202] Jene Einheit und damit die Bezeich-

---

Juden, Christen und Muslim zusammensetzt, aus denen, die Gott anbeten, Allah, den Vater Abrahams, der der Vater aller ist, die an den Einen Gott glauben." (*L'Orient* 06.12.1964, Beirut; zit. nach *LThK.E* 2, 460). Die Vaterschaft Gottes ist hier auf die an *einen* Gott Glaubenden beschränkt, was der moslemischen Lehre von der einen Quelle der drei monotheistischen Religionen entspricht. Die Analogien der *Vaterschaft* und der *Familie* Gottes haben aber im Islam ihre deutlichen Grenzen darin, daß Allah gemäß dem Koran der *absolut Ungezeugte* und *Unzeugende* ist, weshalb sie wohl auch in der hier vorliegenden Formulierung kaum für strenggläubige Moslems annehmbar erscheinen. Schon deshalb können ihnen auch für einen interreligiösen Dialog nicht mehr Bedeutung als die Anerkennung der Schöpfung durch Gott und die natürliche Einheit der Menschheit eingeräumt werden (sofern man das in der Trinitätslehre und der Gottessohnschaft Christi wurzelnde christliche Proprium nicht aufgeben will).

[201] Vgl. IOANNES XXIII, Lit. enc. *Ad Petri Cathedram* (29.06.1959): *AAS* 51 (1959), 497-531, bes. 510-518; u. diverse Ansprachen des Papstes, in denen er mit Blick auf das kommende Konzil auf diese Gedanken zurückkommt (*A* I.I, 46f. u. 74f. an die Diözesanverantwortlichen bzw. den Generalrat der *KA* Italiens; ebd., 76 u. II.I, 6 an die Pfarrer und an den Klerus von Bologna sowie II.I, 17f. in der Generalaudienz vom 11.09.1960).

[202] Vgl. IOANNES XXIII, Lit. enc. *Aeterna Dei sapientia* (11.11.1961): *AAS* 53 (1961), 800f.: "Utinam ita benignissimus Deus faxit, ut quam mox exspectatissimus ille illucescat dies, quo felix omnium concordia coniungatur! Tunc omnes qui a Christo redempti sunt, in unam coeuntes familiam divinamque collaudantes misericordiam, una, aeque laetissima, voce cum antiquo Psalte concinent: *Ecce quam bonum et quam iucundum, habitare fratres in unum!* [Ps 133 (132),1] Quae quidem pax, qua eiusdem caelestis Patris filii eiusdemque aeternae beatitatis coheredes gratiam invicem reconciliabunt, praeclarum sane Iesu Christi Mystici corporis triumphum testabitur." Vgl. auch die die feierliche Einberufung des Konzils: Const. apost. *Humanae salutis* (25.12.1961): *AAS* 54 (1962), 5-13, die immer wieder von der *familia hominum* spricht und in einem gegen Ende geäußerten Wunsch nach Einheit den Begriff *christiana familia* verwendet. Ähnlich auch während der ersten *Sessio Publica* des Konzils am 11.10.1962 mit Anspielung auf Joh 17 (*AS* I.I, 172f.). Auch Papst PAUL VI. behält später diese Sicht bei, vgl. Epist. apost. *Spiritus Paracliti*: *AAS* 56 (1964), 353-356.

nung als *große Familie* komme aber gemäß weiteren Aussagen des Papstes (mit Bezug zum Thema der Ökumene) der katholischen Kirche schon jetzt in geschichtlicher Zeit zu.[203]

Das dieserart verstandene ökumenische Anliegen wurde in zahlreiche Antworten auf die das Konzil vorbereitende Befragung aufgenommen.[204] Zwei Eingaben zeigten, daß dieselbe Sichtweise bereits früher im päpstlichen Lehramt, etwa bei Pius XII., zu finden ist, wobei auch die Heilsbedeutung der Kirche über ihre sichtbaren Grenzen hinaus zur Sprache kam.[205] Andere wiederum modifizierten den Grundgedanken und ließen ebenfalls mehr oder weniger deutliche Anklänge an das *familia-Dei-Konzept* erkennen, wenn etwa von der Rückkehr in die *Familie Petri* gesprochen wurde, wenn man den Zeugnischarakter der Einheit der katholischen Familie (mit dem Papst) hervorhob oder wenn das Gleichnis vom verlorenen Sohn zur Veranschaulichung und zur Mahnung an die Christen, in ihrer Haltung gegenüber den getrennten Brüdern es nicht dem älteren Sohn gleichzutun, herangezogen wurde.[206]

Wie schon bei Johannes XXIII., so finden sich auch im vorbereiteten Schema *De Ecclesiae unitate "ut omnes unum sint"* und bei manchen Konzilsvätern Formulierungen, die die Einheit aller Christen in der *einen Familie Gottes und Christi* als das Ziel der Ökumene bezeichnen. Dabei wurde an Mitteln, die diese Einheit herzustellen helfen, das Gebet, aber auch die Vorlage einer unverkürzten und überzeugenden Ekklesiologie, die auf den Bildern des Leibes, des Volkes oder aber der Familie Gottes aufbaut, erwähnt.[207]

---

[203] Vgl. JOHANNES XXIII. in einer Sitzung der Kommission *de Episcopis et de dioeceseon regimini* (25.04.1961) sowie in der Generalaudienz vom 05.09.1962 (*A* II.I, 84f. u 340f.).

[204] Vgl. z.B. die Eingaben vom Apost. Delegaten Ebf. O'HARA (*A* I.II.I, 52); Bf. STÖHR (Mainz) sowie sein Aux. Bf. REUSS (ebd., 622 u. 724); Kard. MONTINI (Mailand) sowie sein Aux. Ebf. PIGNEDOLI (*A* I.II.III, 376 u. 851).

[205] Vgl. Bf. J.J. WEBER (*A* I.II.I, 415) und die Erörterung der theologischen Fakultät der *Pont. Universitas Gregoriana* zur Einheit aller Christen (*A* I.IV.I,1, 16). Zit. wurde PIUS XII, Lit. enc. *MyC*: *AAS* 35 (1943), 243 u. IOANNES XXIII, Lit. enc. *Ad Petri Cathedram*: *AAS* 51 (1959), 515.

[206] Vgl. Bf. LE BELLEC (*A* I.II.I, 442): *familia Petri*; Ebf. DUVAL (*A* I.II.V, 101) u. Pater GOISON *FC* (*A* I.II.VIII, 272): Zeugnis der Einheit; sowie Bf. BATTAGLIERIN (*A* I.II.IV, 430): Gleichnis vom verlorenen Sohn.

[207] Vgl. Bf. JARJOUR (*A* I.II.IV, 419): Gebet; Bf. SCHMITT (*A* I.II.V, 408): Ekklesiologie. Kard. BEA wies später in der *Sessio* VI der zentralen Vorbereitungskommission am 08.05.1962 (*A* II.II.III, 1015) darauf hin, daß nicht nur der Leib Christi, sondern auch andere Kirchenbilder (wie etwa das der Familie Gottes) verwendet werden sollen, daß es aber letztlich in dogmatischen Fragen nicht nur auf diese ankomme, sondern darauf, daß die Sachen selbst (z.B. die Frage der getrennten Brüder) klar dargestellt werden; zum Schema *«ut omnes unum sint»* vgl. *A* II.II.IV, 438 sowie *SCH* I, 254. Kard. CUSHING (*A* I.II.VI, 281f.) betonte dazu, daß ein über-

Daß die Themen der Familie, der Vaterschaft bzw. der Kindesliebe und Frömmigkeit nicht nur in der Ökumene, sondern auch im Dialog mit den nichtchristlichen Religionen eine gewisse Rolle spielen können, zeigt schließlich die ausführlichere Darstellung verschiedener Formen fernöstlicher Spiritualität durch S. Lokuang im Namen des Pont. Athenaeum «De Propaganda Fide» sowie die Eingabe eines zukünftigen Konzilsvaters.[208]

Schon von den ersten Diskussionen zum Schema *De Ecclesia* an versuchte man, anschauliche Lösungen zu ökumenischen Fragestellungen, besonders zur bleibenden «Verwandtschaft» aller Christen mit Hilfe des Verständnisses der Kirche als Familie, vorzulegen.[209] Als in der zweiten Konzilsperiode das geplante Dekret zum Thema des Ökumenismus auf der Tagesordnung stand, wurde die oben gestellte Frage noch umfassender und differenzierter erörtert.[210] Dabei sollte sowohl der Tatsache der Trennung zwischen den christlichen Konfessionen als auch der weiter bestehenden Verwandtschaft der «*getrennten Brüder*» und ihrer Glaubensgemeinschaften als «*Schwestern*» (auch wenn diese «die Familie verlassen» haben) Rechnung getragen werden.[211] Das Ziel der Ökumene, die Einheit aller Christen, wurde wiederum mit dem Begriff der «*einen christlichen Familie*» ausgedrückt[212],

---

triebener Eifer für Vaterland und Staat in diesem Zusammenhang der *einen Familie Gottes* entgegenstehe.

[208] Vgl. *A* I.IV.I.1, 490f. Die Berührungspunkte ergeben sich vor allem bezüglich des Konfuzianismus. In Ähnlichkeit dazu läßt eine Stellungnahme von Bf. RAYMOND (*AS Ap* 1, 285) auf Parallelen im *familia-Dei-Konzept* zu indischen religiösen Traditionen hin schließen: "*Bhoodan et Jivandan*: aliae ideae dynamicae propagatae a Vinobha Bhave: Fundamentum harum idearum est quod et vita et proprietas divinitus homini conferuntur, in servitium Dei, in bonum commune familiae Dei, et in sortem communem generis humani."

[209] Vgl. die *Adumbratio schematis constitutionis dogmaticae «De Ecclesia»* der dt.sprachigen Bf. (*AS* I.IV, 616f.), die die Frage der vollen Zugehörigkeit behandelt; Bf. HOA HIEN erkennt in der Eignung des *familia-Dei-Konzeptes* für die Frage der Ökumene ein weiteres starkes Argument, um seine Verwendung und Entfaltung in den Konzilsdokumenten zu fordern (vgl. *AS* I.IV, 516: "De fratribus separatis ... Melius intelligitur eorum status in doctrina de familia divino-humana, nam hi, de sua separatione sive conscii, sive non, semper sunt de familia Christi, attamen sunt longinqui a vera Matre Magistra, ideoque minora ab ea dona recipiunt, quos tamen debemus fraterno amore prosequi"; weiters *AS* II.I, 550 u. II.II, 43); Bf. VAN VELSEN (*AS* II.II, 58); Ebf. DUBOIS (*AS* II.III, 24-27), der den Begriff der Familie Gottes auf alle Menschen ausdehnt; sowie Pater DUFAULT *AA* (*AS* III.III, 525).

[210] Eine ausführlichere Darstellung dazu findet sich im Zusammenhang der Frage nach der Zugehörigkeit zur Familie Gottes bereits unter 1.1.3.5. dieser Arbeit.

[211] Vgl. Bf. YOSHIGORO TAGUCHI (*AS* II.V, 831f.), der von getrennten «*Schwesternkirchen*» spricht, von diesen aber feststellt, daß sie die «*Familie verlassen*» haben; Ebf. PANGRAZIO (*AS* II.VI, 32) sowie die *Relatio* von Ebf. MARTIN zur *Conclusio* des Schemas *De Oecumenismo* (*AS* II.V, 478f.).

[212] Vgl. Bf. PONT Y GOL (*AS* II.V, 746) unter Berufung auf JOHANNES XXIII.; Ebf. ZOA (*AS* II.VI, 67). Während der vierten Sitzungsperiode erwähnte Bf. SHEEN (*AS* IV.III, 902) im Zusammenhang des Missionsdekretes, daß auch der *Weltrat der*

wobei es in der Diskussion nicht an Beiträgen fehlte, die die Notwendigkeit einer (geographischen) Universalität der Ökumene hervorhoben oder aber das «Für» und «Wider» einer Einbeziehung der nichtchristlichen Religionen in das Thema der *Ökumene* erwogen.[213] Nicht nur das Ziel, sondern auch die Mittel der Ökumene können im besonderen Zusammenhang der Familie Gottes gesehen werden. Als bevorzugter Weg wurde dabei etwa die Erfüllung der gemeinsamen Sendung aller Christen, das Evangelium zu verkünden, genannt.[214] Ebenso könnten nach Meinung mancher Konzilsväter das Zeugnis der lebendigen Verwirklichung der unverlierbar bleibenden Einheit der Kirche[215] oder aber die Vorlage einer am Begriff der *Familie Gottes* orientierten Ekklesiologie[216] wertvolle ökumenische Dienste leisten. Unbeschadet der Tatsache, daß gerade anhand von Lehre und Glaubenspraxis bezüglich der Eucharistie, des Bischofsamtes wie der Stellung Mariens manche Spaltungen offenbar werden, zeigen andere Bei-

-----

Kirchen in seiner Konferenz von Neu Delhi (1961) den Begriff der *Einheit der Familie* in die theologische Begründung der Ökumene aufgenommen habe: "... ad unicam familiam unificandam, ita ut omnibus hominibus, ubicumque, secretum reconciliationis cum Deo Patre offeratur".

[213] Vgl. Ebf. YÜ PIN (*AS* II.V, 833), der mit einem chinesischen Sprichwort die ganze Welt als eine Familie bezeichnet und seine Forderung nach Universalität der Ökumene durch das Zitat der *Allocutio* von PAUL VI. bei der *Sessio publica II* (29.09.1963) unterstützte: *AAS* 55 (1963), 857: "Catholica Ecclesia etiam longius respicit, ultra christianae familiae fines"; Bf. BERTOLI (*AS* III.II, 852), der melchitische Patriarch MAXIMUS IV. SAIGH (*AS* II.V, 543) und Kard. KÖNIG (ebd., 555) halten gegen die frühere Absicht des Ökumenismusschemas, das auch ein Kapitel über den jüdisch-christlichen Dialog enthielt, fest, daß «*Ökumene*» dem Begriff nach streng genommen nur die *Familie der Christen* umfasse, wenngleich — wie der Wiener Kardinal einräumte — auch von einer Versöhnung der durch die Sünde gespaltenen Menschheitsfamilie als Versöhnung von Juden und Heiden gesprochen werden könne. Radikaler fällt die Stellungnahme von Bf. SCANDAR (*AS* III.II, 804) aus, der unter Berufung auf eine Stelle aus dem Johannesevangelium den Juden die Qualifikation als Volk, als Familie oder als Kinder Gottes abspricht, die aufgrund ihrer ungläubigen Ablehnung gegenüber dem Christus gemäß dem NT auf die Kirche übergegangen seien; vgl. den maronitischen Bf. ABED (*AS* III.III, 157). Im Gegenteil dazu hebt Bf. LAMONT (*AS* III.III, 49f.) die engen Beziehungen der Christen zu den Juden sowie das gemeinsame Erbe hervor und bezeichnet alle Menschen als Brüder in der göttlichen Familie; vgl. Kard. BUENO Y MONREAL (*AS* III.III, 12), der in diesem Zusammenhang Erörterungen über das gemeinsame Erbe mit der «Familie der Moslems» sowie über «Familien» fernöstlicher Spiritualität einbringt.

[214] Vgl. Ebf. BAUDOUX (*AS* II.V, 609) und hinsichtlich der Prostestanten: Bf. FERRAZ (*AS* II.V, 890).

[215] Vgl. Bf. AÑOVEROS ATAÚN (*AS* II.V, 771f.) der unter Berufung auf JOHANNES XXIII. die Einheit der katholischen Familie (insbes. auch durch das Leitungsamt) hervorhebt. Ebf. DE PROENÇA SIGAUD (*AS* II.VI, 112) präzisiert den Begriff «*unitas*» als unverlierbare *nota* der katholischen Kirche.

[216] Vgl. Bf. HOA HIEN (*AS* II.V, 900).

träge zu Recht, daß darin auch Wege zu einer von Gott geschenkten tieferen Einheit liegen.[217]

In der synodalen Konzilsrezeption erfährt das Thema der *Familie Gottes* im Kontext der Ökumene kaum nennenswerte Vertiefungen. Mehr Beachtung wurde beispielsweise der Bedeutung des Heiligen Geistes für die Einheit der Christen wie aller Menschen geschenkt. So dürfe man nach Ansicht eines Bischofs die wachsende Brüderlichkeit unter Christen in ihrer Berufung gemäß dem Evangelium sowie das Bewußtsein der Menschheit, eine Familie zu sein, dem Wirken des Geistes zuschreiben.[218] An anderer Stelle wurde dagegen festgehalten, daß durch die Tatsache der Spaltung unter den Christen ein Skandal und eine Bedrohung der Verwirklichung der Sendung der Kirche, alle Menschen zur Familie Gottes zurückzuführen, erwachse, die sich gegen den Heiligen Geist als Prinzip des Lebens und der Einheit in dieser Familie richte.[219] Im Zusammenhang einer Synode zeigte sich aber auch die Möglichkeit von Rekursen auf das *familia-Dei-Konzept*, die dem ökumenischen Anliegen widersprechen.[220]

Als «Neuheit» in der Weiterführung des *familia-Dei-Konzeptes* im Kontext der Ökumene durch die Synoden kann der bei der Sondersynode für Afrika unternommene Versuch[221] betrachtet werden, den *Dialog* als wesentliches Moment der Verwirklichung der Ökumene, aber auch als Verhaltensform in der Kirche, aus dem Verständnis derselben als Familie abzuleiten. Gehört der Dialog schon zur inneren Struktur einer natürlichen Familie, so gewinne er in der Familie Gottes

---

[217] Vgl. Kard. OTTAVIANI (*AS* I.III, 658) u. Pater KLEINER *OCist* (*AS* II.VI, 62f.) zur Bedeutung Mariens als Mutter für die Einheit der Familie; sowie Bf. GUANO (ebd., 22) u. Ebf. VUCCINO (*AS* III.III, 758) zur Bedeutung der Eucharistie und des Bischofsamtes (Sakramentale Repräsentation Gottes des Vaters) als die Einheit der Menschen untereinander und mit Gott aufbauende Sakramente.

[218] Vgl. SYNEP 1974, Bf. LAMONT (schriftl.: CAPRILE, *Il Sinodo 1974*, 505f.), scheint dabei — wie schon während der dritten Sitzungsperiode des Konzils — wiederum zu wenig klar zwischen der *Menschheitsfamilie* und der *Familie Gottes* zu unterscheiden.

[219] Vgl. *Puebla* 243 [it.: 124].

[220] So etwa, wenn ein protestantischer Pastor (vom *Weltrat der Kirchen*) anläßlich der außerordentlichen Synode von 1985 dem während der Synode vor allem von afrikanischer Seite vorgebrachten Verständnis der Kirche als Familie Gottes die Absicht unterstellt, sich gegen das «System verallgemeinerten Gehorsams» und gegen den «römischen Zentralismus» zu wenden (vgl. CAPRILE, *Il Sinodo 1985*, 448). Ganz unabhängig von der Frage nach der Berechtigung solcher pauschaler Vorwürfe wird das Konzept der Familie Gottes hier in einen polemischen Kontext gestellt, was sicherlich nicht der Absicht derer entsprach, die es bei dieser Synode oder auch an anderer Stelle einzubringen suchten.

[221] Verschiedene Stellungnahmen kamen auf das Thema des Dialogs zur sprechen; vgl. bes. *Relatio ante disceptationem* (Kard. THIANDOUM): *OR Africa* I, 18; Bf. DIOUF: ebd., 36; sowie *Nuntius: OR Africa* II, 59f.

aus ihrer Analogie zur trinitarischen Communio und aus der sakramentalen Natur der Kirche noch tiefere Bedeutung. Der Dialog müsse Ausdruck innerer Gemeinschaft sein, die der Heilige Geist selbst wirke und die darauf dränge, sich zeichenhaft und heilsmächtig mitzuteilen. Er bleibe nicht auf das Wort allein beschränkt, sondern zeige sich als «Dialog des Lebens» im Zusammenleben mit den traditionellen afrikanischen Religionen, mit dem Islam wie vor allem mit den alten christlichen Kirchen und anderen kirchlichen Gemeinschaften in Afrika. Er sei aber auch «Dialog der Spiritualität» und «Heilsdialog in Christus», dessen Grundlage im Zeugnis christlichen Glaubens und Lebens besteht. Dadurch solle dem gegenseitigen Verständnis ebenso gedient werden wie dem gemeinsamen Einsatz für Gerechtigkeit und Frieden in der Welt.

Das nachsynodale Apostolische Schreiben *Ecclesia in Africa* nimmt diese Anregungen ebenfalls auf und bezeichnet den *Dialog* auf allen Ebenen der Kirche als Anwendung des Verständnisses der Kirche als Familie Gottes. Dabei wird allerdings auch deutlicher unterschieden zwischen dem «ökumenischen Dialog mit allen getauften Brüdern und Schwestern der anderen christlichen Konfessionen» und jenem mit den Muslimen, der die Anerkennung der Einheit und der Erschaffung der Menschheitsfamilie durch den einen Gott zur Grundlage hat.[222]

Konklusion

Eine Verbindung zwischen dem Thema der «*Ökumene*» und dem der Kirche als «Familie Gottes» legt sich bereits vom Begriff her nahe. Zwar bezeichnet die ursprüngliche Bedeutung des entsprechenden griechischen Wortes die «ganze *bewohnte* Erde», im zugrundeliegenden «οικοσ» schwingt allerdings auch das Thema der «Familie» mit. Und in diesem Sinne wurde bereits vor dem Konzil das Ziel der Ökumene als die Einheit der Christen im «einen Haus des Vaters», in der «einen

---

[222] Vgl. IOANNES PAULUS II, Adh. apost. *EA* 65f.: *OR* 16.09.1995, 5f. Das päpstliche Dokument zitiert im Zusammenhang des Dialogs mit den Muslimen die Schlußbotschaft der Synode (n. 23: *OR Africa* II, 60), nennt allerdings nicht wie diese Gott den «*Vater der großen Menschheitsfamilie, die wir bilden*», sondern den «*Vater jener großen Familie, die wir bilden*» [eigene Übers.!]. Dieser scheinbar kleine Unterschied hat insofern Bedeutung, als das Dokument unmittelbar danach davon spricht, daß Gott will, daß «wir» seine Zeugen seien und auch die Werte und religiösen Traditionen eines jeden achten. An dieser Stelle sind daher — auch im Sinne der im Titel genannten Adressaten — offenbar die verschiedenen Glieder der katholischen Kirche gemeint. Das gilt unbeschadet der Tatsache, daß man an jener Stelle im Zusammenhang der Schöpfung auch rechtens von einer gewissen Vaterschaft Gottes gegenüber der Menschheitsfamilie sprechen könnte, die allerdings der natürlichen Schöpfungsordnung zuzurechnen ist.

Familie Gottes» gesehen. Von den Konzilsdokumenten greift dann das Ökumenismusdekret das Konzept der Familie Gottes in der Darlegung der Prinzipien voller, d.h. auch sichtbarer kirchlicher Einheit auf. Im weiteren Verlauf des Dokumentes wie in anderen Konzilsdokumenten deuten verschiedene thematische Anklänge, wie z.B. der Begriff «getrennte Brüder» oder die Rede von der «Verwandtschaft» anderer Konfessionen zur katholischen Kirche, die Möglichkeit an, auch deren Zuordnung im Bild der Familie zu klären. In der nachkonziliären Weiterführung konnte schließlich darüber hinaus auch die Forderung nach Dialog, insbesondere unter allen Christen, im Verständnis der Kirche als Familie Gottes verankert werden.

Somit zeigt sich, daß das *familia-Dei-Konzept* für das Thema der Ökumene — ähnlich wie bei dem der Mission — auf verschiedenen Ebenen fruchtbar gemacht werden kann. Es vermag das ökumenische Engagement darzustellen, zu begründen, Impulse dazu zu geben sowie einen gemeinsamen biblischen Ausgangspunkt für die tiefere Erforschung des Wesens der Kirche zu bieten.[223] Und es eignet sich schließlich zur theologischen Durchdringung ökumenischer Schlüsselfragen, wie der des Verhältnisses der christlichen Konfessionen untereinander und zur *einen* Kirche Christi.

Auf Grundlage der Lehre von der Gotteskindschaft, zu welcher die Christen im Sakrament der Taufe wiedergeboren sind, scheint die Rede von einer gemeinsamen Familie aller Christen unter der Vaterschaft Gottes gerechtfertigt. Demgegenüber ist allerdings auch festzuhalten, daß das Vaticanum II seine «*familia-Dei-Ekklesiologie*» eng mit der Lehre von der Kirche als Sakrament verknüpft und diese von der sichtbaren Zeichenhaftigkeit und der gnadenhaften Wirksamkeit her entwirft. Deshalb kann von «Familie Gottes» im *Vollsinn* nur dann gesprochen werden, wenn in ihr auch die einzelnen Aspekte ihres sakramentalen Wesens verwirklicht sind, wozu auch die sichtbare Einheit in Lehre, Kult und Leitung gehört. Einen Lösungsansatz in dieser scheinbaren Aporie vermag aber ebenfalls die Modellvorstellung einer

---

[223] Tatsächlich lassen sich Publikationen zum Thema der Kirche als Familie (Gottes) von Autoren verschiedenster Konfessionen anführen: vgl. die biblische Studie im Auftrag des Weltrates der Kirchen von P. MINEAR, die Diss. des Methodisten, D.R. LORD und des Protestanten D. v. ALLMEN sowie die Artikel der Anglikaner P.J. SANKEY u. A. JONES. Die Bandbreite der Veröffentlichungen reicht dabei von einer hochspekulativen katholischen Theologie neoscholastischer Ausprägung bei C.M. BERTI bis hin zu einem sich in der Religion der reinen Vernunft auflösenden Protestantismus bei KANT (zu den Titeln im einzelnen vgl. das Literaturverzeichnis). Problematisch und für einen echten ökumenischen Dialog eher abträglich erscheinen Publikationen, die mittels des Konzeptes der Familie eine nicht vorhandene Einheit vorspiegeln und daran etwa die Forderung nach einer universalen Eucharistiegemeinschaft unter allen Menschen anschließen (vgl. z.B. C. MWOLEKA, *The Church as Family. Total Self-Giving Love*, in: *POS* 1986/4, 1-11).

Familie zu bieten: durch die Unterscheidung verschiedener Grade von Verwandtschaft oder auch die Möglichkeit eines inneren wie äußeren Verlassens des Familienverbandes, das die Tatsache der Abstammung und die damit verbundene bleibende Hinordnung unangetastet läßt.

Noch etwas anders stellt sich die Frage nach der Bedeutung der «*Familie Gottes*» hinsichtlich der «Nichtchristen», insbesondere im «interreligiösen Dialog». Im Anschluß an einige wenigstens implizite Belege in den untersuchten Quellen läßt sich analog zur Grundstruktur des *familia-Dei-Konzeptes* in *Gaudium et spes* eine heilsgeschichtlich dynamische Zuordnung zwischen Menschheitsfamilie, der sakramentalen Familie der Kinder Gottes und der vollendeten Einheit der Familie Gottes, zu der alle Menschen berufen sind, denken. Auf andere Religionsgemeinschaften angewendet, bedeutet das die Anerkennung und Annahme dessen, was in ihnen als natürliche und übernatürliche Elemente der Familie Gottes — insbesondere in ihrer Einheit und Gemeinschaft stiftenden Sendung — bereits zu finden ist. Das kann die Achtung der Familie als in gewisserweise «geheiligte» Institution und ihrer Werte oder mehr noch der Glaube an einen Vatergott sein. Wie aus der Reflexion über das Phänomen und den Begriff «Religion» selbst weiters offenbar wird, zeigt sich darin nicht selten eine besondere Nähe zur Institution der Familie. In bevorzugter Weise vollzieht sich auch Religion in Ausdrucksformen und Deutungskategorien, die wie das «Bundes-» und «Hochzeitsmotiv», wie Abstammungs- und Kindschaftsverhältnisse u.a. dem Familienthema entstammen.[224]

Aufgrund dieser Anknüpfungspunkte scheint ein gelegentlich propagierter Versuch an Plausibilität zu gewinnen, der das Bild der Familie und die Idee der universalen Vaterschaft Gottes[225] zum Ausgangspunkt nimmt, um daraus eine wesentliche innere Einheit der Gläubigen jedweder Religion abzuleiten. Demgegenüber ist einzuwenden, daß dabei das ekklesiologische Modell der Familie Gottes unweigerlich an Profil und Inhalt verlieren muß, da eine übernatürlich verstandene Familie Gottes (um die es im Zusammenhang von Religion letztlich gehen muß) gemäß christlichem Verständnis immer an ihren sakramentalen Charakter und besonders an die Gotteskindschaft aus der Taufe gebunden bleibt.[226] Und für den interreligiösen Dialog ergibt sich

---

[224] Vgl. dazu die nach wie vor bedeutungsvollen Erwägungen von E. PRZYWARA, *Metaphysik, Religion, Analogie*, in: *AdF* 1956/1, 156-162.

[225] Vgl. den Sammelband: A. FALATURI–J.J. PETUCHOWSKI–W. STROLZ (Hg.), *Universale Vaterschaft Gottes. Begegnung der Religionen*, Freiburg 1987.

[226] Vor einer diesbezüglichen Aporie steht offenbar auch E. RENAUD, *Église-Famille et Dialogue Interreligieux*, in: *ProDial* 2 (1995), 167-170, der im Kontext der Afrikasynode und des dabei behandelten Dialoges mit dem Islam vor ethnischem Exklusivismus und kirchlichem Ghettogeist warnt und deshalb «in letzter Analyse» die

diesbezüglich das Problem, daß christlicherseits fairerweise eingestanden werden muß, daß sich das Konzept der Familie Gottes letztlich nicht aus einem Vorbild rein menschlicher Gemeinschaft, sondern aus dem «christlichen Proprium» der Sendung Christi und des trinitarischen Gottesglaubens ableitet. Und die Botschaft des Evangeliums bleibt schon deshalb immer einzigartig und unvergleichlich, weil sich durch sie Gott selbst in seinem Sohn unüberholbar offenbart und selbst mitteilt.

Im Anschluß an diese Erwägungen ist im Sinne des Vaticanum II an der nicht unerheblichen Bedeutung des *familia-Dei-Konzeptes* für die Themen der Ökumene und des interreligiösen Dialogs festzuhalten. Dabei bleibt aber eine differenziertere, auch begriffliche Klärung wünschenswert. Das gilt vor allem hinsichtlich der Frage, wie nun die Zuordnung jener, die nicht in voller und sichtbarer Einheit mit der Kirche stehen, die nicht getauft sind oder die nicht an den einen wahren Gott glauben, zur Familie Gottes in letzter theologischer Konsequenz zu denken ist. Es scheint aber klar geworden zu sein, daß in jenem Konzept diesbezügliche ungenützte Möglichkeiten liegen. Auf diese wird im folgenden noch ausführlicher einzugehen sein.

---

ganze Menschheit als Familie Gottes versteht (vgl. ebd., 167: "... en dernière analyse, la famille de Dieu n'est pas l'Église. La famille de Dieu, c'est l'humanité toute entière"). Im selben Artikel verankert er aber die Bedeutung der christlichen Identität als wesentliche Voraussetzung für einen fruchtbaren Dialog, die notwendige Sichtbarkeit der Kirche und ihre Sendung als Sauerteig der Welt ebenfalls im Konzept der Familie Gottes (vgl. ebd., 167f.: "Il est clair que pour recontrer l'autre, il faut avant tout savoir «être soimême», fier de son appartenance, fier de son identité chrétienne. ... Cela implique entre autres choses une certaine visibilité ... En ce sens, le sentiment d'être une famille dans laquelle il fait bon vivre peut jouer un rôle très positif. ... Certes, l'Église est déjà signe de cette famille de Dieu, mais elle n'est pas établie de façon permanente. Elle est une réalité en marche, toujours à construire. ... Oui, la famille de Dieu est une réalité en devenir, un levain qui fera croître toute la pâte"). Es ist schwer einzusehen, wie die Kirche wirksames Zeichen für die Familie Gottes sein soll, ohne selbst schon diese Familie zu *sein*. Und andererseits kann die Familie Gottes nicht mit der ganzen Menschheit identifiziert werden, wenn sie darin die Stellung des Sauerteiges, der den ganzen Teig durchsäuert, einnehmen soll.

DIE *FAMILIA-DEI-EKKLESIOLOGIE*
ALS AKTUELLER UND AUTHENTISCHER ZUGANG
ZUR KIRCHE DES VATICANUM II

* DARSTELLUNG UND ZUSAMMENFASSUNG

Das nachsynodale Apostolische Schreiben *Ecclesia in Africa* fordert die theologische Entfaltung einer *familia-Dei-Ekklesiologie* unter Berücksichtigung des ganzen, diesem Begriff innewohnenden Reichtums und stellt die Forderung in den verbindlichen Kontext der Lehren des Zweiten Vatikanischen Konzils von der Kirche, insbesondere als «Sakrament, das heißt Zeichen und Werkzeug für die innigste Vereinigung mit Gott wie für die Einheit der ganzen Menschheit». Diesem Anliegen entspricht der erste Teil dieser Arbeit. Bereits für die Konzilsdokumente konnte eine nicht geringe Zahl expliziter Belege für die «*Familie Gottes*» und verwandte Begriffe sowie thematischer Anklänge an das Konzept ausfindig gemacht und dargestellt werden.

«Familie» erweist sich darin als vielschichtiger Begriff, der zwar in einzelnen Fällen in veranschaulichender Aussageweise eher allgemein bestimmte Formen von «Gemeinschaft» meint. In der Mehrzahl der erhobenen Stellen liegt aber eindeutig ein *theologisches* Verständnis, und zwar in der Bedeutung der Kirche als «Familie Gottes» oder der «Familie der Kinder Gottes», vor, an das sich gemäß leitenden Anliegen des Konzils nicht selten auch pastorale und spirituelle Implikationen anschließen. Daß die «*Familie Gottes*» dabei zu Recht als theologisches «*Konzept*» verstanden wird, ergibt sich weiters aus der Eignung zur darauf aufbauenden systematischen Erörterung zentraler ekklesiologischer Fragen, die ebenfalls in den untersuchten Stellen zutage tritt. Für die Qualifikation als *Schlüsselkonzept* der *Ekklesiologie* spricht die herausgehobene Stellung seiner Belege in einigen wichtigen Dokumenten (vor allem in *GS*, *UR*, *AG* und in bestimmtem Maße auch in *LG*), aber auch die Vielseitigkeit, mit der es in verschiedensten ekklesiologischen Zusammenhängen erscheint. Somit kann als erste Antwort (A) auf die Frage nach der Stellung des *familia-Dei-Konzeptes* im Vaticanum II thesenhaft gesagt werden:

Das Zweite Vatikanische Konzil bietet in seinen Dokumenten eine solide Ausgangsbasis für die Entfaltung einer «familia-Dei-Ekklesiologie».

Diese wird durch die Einbeziehung der konziliären Entwicklungen als Ausdruck des Verständnishorizontes der Konzilsväter und der nachkonziliären synodalen Interpretation und Weiterführung in die Erörterungen noch weiter verfestigt und inhaltlich ergänzt.

Ein eingehenderes Studium der Konzilsdokumente und ihrer Entwicklung läßt darüber hinaus — wie das zweite Kapitel der Arbeit ergab — wenigstens in der Pastoralkonstitution *Gaudium et spes* deutliche Ansätze zur systematischen Entfaltung einer *familia-Dei-Ekklesiologie* und Spuren derselben auch in anderen Dokumenten erkennen. Zwar handelt die Pastoralkonstitution ihrem Titel wie ihrem Ziel nach von der *Sendung* der Kirche, m.a.W. von ihrer Dimension «ad extra». Da aber das *familia-Dei-Konzept* in ihr eine grundlegende theologische Klärung darüber gibt, *was* die Kirche *ist*, insofern sie in der Welt ist, schließt es zugleich auch deren *Wesen* auf. So zeigt sich in der *familia-Dei-Ekklesiologie* nach *Gaudium et spes*, daß die Unterscheidung zwischen Wesen und Sendung, zwischen der Kirche «ad intra» und «ad extra», eine rein gedankliche Differenzierung zweier Aspekte einer einzigen Realität ist. Beide Aspekte finden sich verbunden im Bild der Familie Gottes enthalten. Jene «Familie» steht in der Spannung zwischen Schöpfung, Geschichte und Vollendung, zwischen menschlicher Freiheit und Gnade wie zwischen der Menschheitsfamilie und der Gottesfamilie als vollkommener Gemeinschaft mit Gott, zu der alle Menschen berufen sind. Sie ist deren angeldhafte Verwirklichung, Mittlerin und «Sakrament» in Welt und Geschichte. Im Anschluß an das Gesagte kann als *zweite und weiterreichende Antwort* (B) auf die Frage nach einer *familia-Dei-Ekklesiologie* des Zweiten Vatikanischen Konzils eine solche thesenhaft bzw. als «ekklesiologische Kurzformel» umrissen werden:

> *Die Kirche ist Familie der Kinder Gottes in Christus, ihrem Bruder, familiäre Gemeinschaft mit ihrem Vater im Himmel und brüderliche Gemeinschaft untereinander. Sie ist durch die Kraft des Heiligen Geistes Anteilnahme am trinitarischen Leben, dessen «Communio» sie zeichenhaft und wirksam widerstrahlt. Sie ist somit «Sakrament», durch das die Menschheitsfamilie in Welt und Geschichte bis hin zur Vollendung in die Familie Gottes gewandelt werden soll.*

In dieser «ekklesiologischen Kurzformel» scheinen vier theologische Hauptelemente auf, denen sich eine weitere Entfaltung der *familia-Dei-Ekklesiologie* im Sinne des Vaticanum II bevorzugt zuwenden muß und die sich letztlich bereits aus dem Begriff «Familie Gottes» ableiten lassen. «*Familie*» als Realität und Urform menschlicher Gemeinschaft umschreibt 1) die *anthropologische Dimension* des Konzeptes. Im Genitiv «*Gottes*», der ein enges Zugehörigkeits-, ja Abhängigkeitsverhältnis aussagt, wird 2) der Blick auf die *Theologie* im eigentlichsten Sinn, m.a.W. auf den christlichen *Gottesbegriff* und *-glauben* gelenkt, der *trinitarisch* ausgeformt ist. Die Verbindung «*Familie*» – «*Gottes*» verweist 3) auf das Geheimnis Christi als wahrer Gott und wahrer Mensch, auf den heilshaften Eintritt Gottes als Mensch in die Welt und die Menschheitsfamilie und davon abgeleitet auf die *inkarnatorisch-sakramentale* Dimension der Kirche. «*Familie*» als menschliche Gemeinschaft *durch die Zeit* erschließt 4) den *heilsgeschichtlichen Horizont*, in dem die Kirche als Familie Gottes von ihren Vorausbildern und Ursprüngen bis hin zur Vollendung anwest.

Für den Aufweis der Angemessenheit dieser *familia-Dei-Ekklesiologie* gegenüber Lehre und Absicht des Vaticanum II ist zunächst überblickshaft darauf zu verweisen, daß das *familia-Dei-Konzept* gerade die «großen Trends» konziliärer Ekklesiologie — wie sie sich gemäß den beiden Konstitutionen *De Ecclesia* darstellt — einzuholen vermag. In seinem ganzen Reichtum und seiner Vielfalt, die dem zugrundeliegenden Bild innewohnen, entspricht es der vorgelegten Sicht der Kirche als *komplexe Realität* und *Geheimnis des Glaubens*. Es folgt der *trinitarischen Ausrichtung* des vatikanischen Kirchenverständnisses und hilft, sie ins konkrete kirchliche Leben umzusetzen. Es vermag weiters die theologisch schwerer faßbare programmatische Aussage von der Kirche als *Sakrament* anschaulich darzubieten, wobei als Ziel die zweifach bestimmte «*Communio*» hervortritt. Dadurch bringt das Konzept der *familia Dei* die «*Communio-Ekklesiologie*» des Konzils in eine allgemein verständliche und vermittels grundlegender menschlicher Erfahrungen zugängliche Sprache. Als *organisches* Konzept, das im Bild einer Gemeinschaft und Einheit in Verschiedenheit gründet, liegt es auf der Linie der organischen Kirchensicht des Konzils, die «Einheit» als «Einheit in Verschiedenheit» konzipiert und dabei (bei Anerkennung der gemeinsamen aktiven Mitverantwortung aller Getauften) Laien und Kleriker harmonisch einander zuordnet. Schließlich vermittelt es in der Spannung zwischen Welt und Kirche, zwischen Natur und Gnade, zwischen Geschichte und Vollendung, die das konziliäre Anliegen der «Öffnung der Kirche gegenüber der Welt» auf den Plan gerufen hat.

Die auf Grundlage der *Pastoralkonstitution* im zweiten Kapitel thesenhaft entworfene *ekklesiologische Kurzformel* kann in einem dritten Schritt der Antwort auf die Frage nach einer *familia-Dei-Ekklesiologie* des Zweiten Vatikanischen Konzils (C) als Grundgerüst dienen, kursorisch rückblickend und zusammenfassend die in den ersten beiden Kapiteln der Arbeit aus verschiedenen Stellen (entsprechend der Grundgliederung der Konzilsdokumente im Blick auf die Kirche «ad intra» und «ad extra» sowie entsprechend dem Aufbau von *Lumen gentium*) erhobenen Themen zur Familie Gottes in ein systematisches Ganzes einzugliedern und das dabei weiter entfaltete *familia-Dei-Konzept* an wesentlichen ekklesiologischen Einzelthemen und -aussagen des Zweiten Vatikanischen Konzils zu messen.

Die Beziehung des *familia-Dei-Konzeptes* zur *trinitarischen Ekklesiologie* des Vaticanum wurde in seiner ersten Einordnung innerhalb der Konzilslehre über das Geheimnis der Kirche bereits angedeutet und scheint auch in der Formulierung der These auf. Sie ist vor allem hinsichtlich des Themas der «Communio» weiter zu entfalten, die in der trinitarischen Communio als Einheit in Verschiedenheit ihren tiefsten Grund wie ihr Ziel findet. Diese offenbart sich den Menschen in Christus durch die Analogie familiärer Relationen, die von der Kirche nicht nur verkündigt, abgebildet und bezeichnet werden. Vielmehr wird den Kindern Gottes in und mittels der Kirche daran wirklich Anteil gegeben. Weitere theologische Erwägungen müssen allerdings noch zeigen, wie weit die hierin aufleuchtende Analogie *Trinität - Familie - Kirche* berechtigterweise durchführbar ist und wie weit der «Familie» dabei zukommt, *tertium comparationis* zu sein. Diesbezüglich könnte man etwa fragen, ob das sowohl für die Familie als auch für die Kirche wesentliche Prinzip der Komplementarität in der trinitarischen Communio theologisch begründbar wäre.

Auch die drei göttlichen Personen in ihrer Verschiedenheit haben in der *familia-Dei-Ekklesiologie* ihren festen je eigenen Platz. Die *Vaterschaft Gottes*, die — obzwar fundamentales Offenbarungsdatum — dennoch gelegentlich neben christologischen oder pneumatologischen Interessen ins Hintertreffen zu geraten neigt, bleibt theologischer Ausgangspunkt der *Familie-Gottes-Ekklesiologie*, deren vertiefte Ausformung zu einem angemessenen Verständnis der Vaterschaft Gottes beiträgt. Besonders zu berücksichtigen gilt es dabei die Themen der väterlichen Liebe, aber auch der Autorität und Macht Gottes, die sich in der schaffenden und erhaltenden Liebe des Schöpfergottes wie in der unverbrüchlichen Treue des Bundesgottes als Gerechtigkeit und Barmherzigkeit erweisen. Der Stellung Gottes des Vaters als ursprungsloser Ursprung tut die recht verstandene Christozentrik jenes Konzeptes keinen Abbruch, die in *Christus* den *Mittler*, den *Angelpunkt* und *Ermöglichungsgrund* zur Verbindung von Göttlichem und Menschlichem in der Familie Gottes erkennt. Zugleich bringt das Christusereignis im Geschehen der Inkarnation, im Vollzug der Sendung (zum Aufbau der neuen Familie Gottes) und im versöhnenden und erlösenden Werk von Leiden, Kreuz und Auferstehung die Neuheit der Familie Gottes von ihren Ursprüngen her in historische Greifbarkeit. Dem *Heiligen Geist* kommt es schließlich zu, als Prinzip des Lebens und der Fruchtbarkeit, der Liebe wie der Einheit der Familie Gottes Bestand und Wirksamkeit in der Welt zu verleihen.

In der *inkarnatorisch-sakramentalen Grunddimension* und der ebenfalls in der Kurzformel der Familie-Gottes-Ekklesiologie angesprochenen *heilsgeschichtlichen* Bewegung zeigt sich als weitere Stärke des *familia-Dei-Konzeptes* die Fähigkeit, die Kirche auch in ihrer geschichtlichen Verwirklichung auszudrücken sowie die *Einheit des Sichtbaren und Unsichtbaren*, des Göttlichen und Menschlichen in der einen Realität der Kirche zu wahren. Das «*admirabile commercium*», in dem das göttliche Wort als *Einer* aus der trinitarischen Communio in die Menschheitsfamilie eintritt, um sie zur Gottesfamilie zu erheben, bleibt die heilsgeschichtliche Grunddynamik des sakramentalen Wesens der Familie Gottes, die sich vornehmlich und objektiv wirksam in den sieben Einzelsakramenten vollzieht, welche in Ansätzen bereits in das Ganze jenes Konzeptes einbezogen wurden, wohl aber darin noch weiter theologisch zu durchdenken sind.

In *heilsgeschichtlicher Perspektive* zeichnet eine entsprechende Ekklesiologie die pilgernde Kirche als in ihren Gliedern immer auch unvollkommene und sündige wie zugleich als heilige, die die familiäre Gemeinschaft mit dem dreifaltigen Gott in sich angeldhaft verwirklicht. Sie vermag dabei sowohl die Kontinuität als auch die unüberbietbare Neuheit im Heilshandeln Gottes in der durchgängigen Form der «Familie Gottes» festzuhalten.

Das in der These zur *familia-Dei-Ekklesiologie* dargestellte sakramentale Wesen der Kirche, ihre Gegenwart in Welt und Geschichte, erfordert als Voraussetzung für die Erfüllung ihrer Sendung eine sichtbare Struktur, die im Anschluß an das Konzil als «*Communio-Struktur*» oder näherhin als «*communio hierarchica*» bezeichnet wird. Sie gewinnt in der «Familie Gottes» eine Modellvorstellung, die ebenfalls auf eine gleichermaßen institutionelle wie organische Realität mit wesenseigener (und deshalb nicht äußerlich zugefügter) Ordnungsstruktur verweist. Wahre Brüderlichkeit, Gleichheit an Würde und aktive Verantwortung aller Gläubigen für die Kirche werden aus der Gotteskindschaft abgeleitet und behalten dadurch eine sichere Orientierung. Weiters vermag das Konzept von seinem Grundbild her leichter als etwa der Volk-Gottes-Begriff der in der Kirchengeschichte immer wieder auftretenden Versuchung, die Ordnung der Kirche nach dem Vorbild politischer Herrschaftsformen zu gestalten oder darzustellen, zu widerstehen. Im Zusammenhang der kirchlichen Struktur und Gemeinschaft muß allerdings gefragt werden, wie weit diese Gemeinschaft reicht, bzw. in welcher Weise jene, die nicht in voller Einheit der Kirche zugehören, dennoch mit dieser verbunden sein könnten. Diesbezügliche Kapazitäten einer *familia-Dei-Ekklesiologie* wurden bisher zwar verschiedentlich erkannt, aber weder befriedigend noch erschöpfend genützt. Hieraus könnten Hilfestellungen zur Lösung jener Frage gewonnen werden, die auch im Konzil eine letzte theologische und begriffliche Klarheit vermissen läßt.

Die *hierarchische Ordnung der Kirche* beinhaltet die Unterscheidung zwischen Klerus und Laien, die innerhalb einer Ekklesiologie der Familie Gottes nicht als «Zwei-Klassen-Gesellschaft», sondern in der «Spannungseinheit» zwischen bleibender Brüderlichkeit aller Getauften und wesenhafter gegenseitiger Zuordnung von «Eltern» und «Kindern», nach der es weder «Eltern» ohne Kinder noch «Kinder» ohne Eltern geben kann, erscheint. Ein theologischer Impuls für die *Lehre über das sakramentale Amt* ist innerhalb dieses Konzeptes aus dem Thema der *«geistlichen Vaterschaft»* zu gewinnen, nach der der geweihte Priester gemäß einem Gedanken von Ignatius v. A. als «Ikone», als «Typos» bzw. als «Sakrament» Gottes des *Vaters* verstanden wird, der in der geschichtlichen Sichtbarkeit und Sendung der Kirche dessen Vollmacht und Liebe dienend verkörpert. Insofern alles Sakramentale letztlich durch Christus vermittelt und er selbst *die* «Ikone» und *das* «Sakrament» des Vaters schlechthin ist, bleibt auch die Christusförmigkeit des Priestertums neben der «Vaterförmigkeit» gewahrt. Das Thema der «geistlichen Vaterschaft», das auch hinsichtlich der einzelnen *munera*, der Lehre, der Heiligung und der Leitung, weiter zu entfalten ist, erhellt weiters den stellvertretenden, eschatologisch vorläufigen Charakter des sakramentalen Priestertums: Gott selbst und nur er bleibt eigentlicher Vater seiner Kinder und wird als solcher einst in vollendeter Herrlichkeit offenbar werden. Schließlich bietet das *familia-Dei-Konzept* den geeigneten Rahmen zur positiven Darstellung des priesterlichen Zölibates, der darin den relationalen und menschlich ganzheitlichen Charakter des Amtes unterstreicht und diesem gegenüber seine grundsätzliche Angemessenheit aufleuchten läßt.

Ebenfalls innerhalb des Themas der hierarchischen Ordnung der Kirche ist der *Zusammenhang zwischen Universalkirche und Teilkirchen* zu klären. Eine *familia-Dei-Ekklesiologie* geht dabei vom Angelpunkt der bischöflichen Vaterschaft gegenüber seiner «Familie» der Diözese und seiner brüderlichen Kollegialität, die ihn mit den anderen Bischöfen mit und unter dem Bischof von Rom in der einen und universalen Familie Gottes verbindet, aus. Analog ist dieses Denkmodell auf kleinere Einheiten der Kirche, auf die Pfarrgemeinde, aber auch auf andere aktive Gemeindeformen übertragbar, denen in je eigener Weise zukommt, wirklich «Familie Gottes» zu sein und die eine unmittelbarere Erfahrbarkeit des «*Familie*-Gottes-Seins» und damit einen gewissen Vorzug im soziologisch-emotionalen Bereich jenes Konzeptes für sich beanspruchen können.

Schließlich soll in der Ekklesiologie der Familie Gottes auch die Möglichkeit einer positiven Bestimmung von *Wesen und Sendung der Laien in der Kirche* genützt werden. Dazu bietet die Wahrheit der Gotteskindschaft, verbunden mit der echten christlichen Brüderlichkeit und gemeinsam getragenen Verantwortung, einen Schlüssel. Die Prinzipien der «Komplementarität» und insbesondere auch des «weiblichen Charismas», der «geistlichen Mutterschaft» in gegenseitiger Ergänzung mit der «geistlichen Vaterschaft», sei es im sakramentalen Amt, sei es als grundlegendes «männliches Charisma», werden dabei noch weiter theologisch zu bedenken sein.

In Harmonie mit den Erwägungen des Konzils zur *Finalität der Kirche* zeigt die Kurzformel einer *familia-Dei-Ekklesiologie* die *Kirche in Bewegung auf ein Ziel* hin, da das sakramentale Wesen der Kirche danach strebt, schon in Welt und Geschichte die Einheit der Familie der Kinder Gottes immer vollkommener zeichenhaft zu verwirklichen. Andererseits erwartet die Kirche ihre Vollendung als Familie des trinitarischen Gottes in Herrlichkeit als eschatolgisches Ziel von ihrem Herrn selbst. So zeigt sich auch hier eine enge Verbindung der *allgemeinen Berufung zur Heiligkeit* (als Berufung zu Liebe und Gemeinschaft) mit der Familie Gottes, die nach biblischer Botschaft gerade durch das Tun des Willens Gottes (vgl. Mk 3,31-35) konstituiert wird. Daß es in dieser selbst schon zeichenhaften allgemeinen Berufung und Ausrichtung nochmals eine *besondere Berufung zur radikalen und prophetischen Verwirklichung der Familie Gottes in den drei evangelischen Räten* gibt, macht das «durch und durch» sakramentale Wesen der Kirche deutlich. Dabei wird gerade aus dem Rat der gottgeweihten Jungfräulichkeit eine «göttliche Dialektik» in der Familie der Kirche offenbar, die aus Verzicht, Opfer und menschlich-natürlicher «Unfruchtbarkeit» in Anteilnahme am Geheimnis von Kreuz und Auferstehung Christi übernatürliche Fruchtbarkeit und Fülle erwachsen läßt.

Der Blick auf die *eschatologische Vollendung* erkennt innerhalb des Konzepts der Familie Gottes die bereits bestehende Einheit der einen großen Familie der pilgernden, läuternden und triumphierenden Kirche. Darin wird wiederum das «Schon» und «Noch-Nicht» der «Familie Gottes» in ihren vielfältigen Verwirklichungsformen erkennbar. Das *Mariengeheimnis* ist nicht nur diesbezüglich Vor-Bild und Zusammenfassung. In der Jungfrau, Braut und Mutter erscheint nochmals das Ganze der Ekklesiologie der Familie Gottes umfangen. Diese Ganzheit läßt die Größe des «*weiblichen Charismas*» in der Kirche erahnen, das im Zusammenklang der Dimensionen von Jungfräulichkeit, Bräutlichkeit und Mütterlichkeit gleichsam wie eine Seele in der Kirche belebend und beseelend, bewahrend, aber auch zu Neuem befruchtend wirken kann.

Die *Sendung der Kirche* war selbst Ausgangspunkt in der Entfaltung des *familia-Dei-Konzeptes* durch das Konzil. Dem entspricht es, daß auch das *Thema der Mission*, in dem die Universalität der Kirche, die allgemeine Berufung zur Familie Gottes und das sakramentale Wesen der Kirche im Blick auf die Welt in urspünglichster Weise zum Ausdruck kommt, durch das Missionsdekret unter das Leitbild der Familie Gottes gestellt wurde. Ebenfalls diesem Themenkreis sind die Erwägungen über die konkrete Verwirklichung «familiärer Kirchlichkeit» in missionarisch orientierten «*kleinen*» bzw. «*Basis*»-Gemeinden oder über die *Inkulturation* zuzurechnen, die in einer *familia-Dei-Ekklesiologie* einen nicht unwesentlichen Platz finden.

Die in der ekklesiologischen Kurzformel festgehaltene universale Ausrichtung und das «In-der-Welt-Sein» der Familie Gottes verlangen auch eine Charakterisierung des *Verhältnisses zu den anderen christlichen Konfessionen und religiösen Glaubensgemeinschaften* insgesamt. Dabei wird nicht nur auf das Prinzip des «Dialogs» als «familiäre Umgangsform» hinzuweisen sein. In diesen Fragen, in denen Möglichkeiten, Stärken und Gefahren des *familia-Dei-Konzeptes* eng beisammen liegen und in denen es gilt, den Wunsch nach familiärer Zusammengehörigkeit aller mit der Einzigartigkeit und Sakramentalität der Familie Gottes zu verbinden, wird in der weiteren Entwicklung einer *familia-Dei-Ekklesiologie* besondere theologische Sorgfalt an den Tag zu legen sein.

* EXKURS: ZUR KLÄRUNG BLEIBENDER FRAGEN

Im ganzen gesehen erfreute sich das *familia-Dei-Konzept*, wo es in Konzil und Synoden vorkam, einer breiten Zustimmung, und es wurde so gut wie kein ernstzunehmender Einwand gegen seine Anwendung auf die Kirche geäußert. Unbeschadet dessen zeigten sich in der Frage nach dem Umfang und der Reichweite der «Familie Gottes»[1],

---

[1] Die Diskussion der hier angeschnittenen Frage wird nicht nur im Begriff der «Familie Gottes» selbst, sondern vor allem auch in den beiden dazugehörigen Einzelthemen der «Vaterschaft» Gottes (und ihr entsprechend der «Gotteskindschaft») und der «christlichen Brüderlichkeit» in ihrem Spannungsverhältnis zur «universalen Vaterschaft Gottes» und der «Weltbrüderlichkeit», ausgetragen. Dabei zeigt sich, daß auch dort, wo ohne explizite Nennung oder sogar bei Leugnung eines (personalen) göttlichen «Vaters» von allgemeiner «Brüderlichkeit» die Rede ist, immer ein «bedingendes», «ursprunggebendes» Prinzip erkennbar wird, das in gewisser Analogie eine «Vaterstellung» einnimmt, so daß auch in diesen Fällen das Familienthema in den beiden

m.a.W. in der Frage danach, wer ihr und in welcher Weise zuzuordnen ist, nicht unerhebliche Meinungsverschiedenheiten und Unklarheiten, die zwar vom Konzil letztendlich im Zusammenhang der Entwicklung der Pastoralkonstitution einer verbindlichen Klärung zugeführt wurden. Das Problem konnte dabei aber nicht mehr in seiner ganzen Tiefe erfaßt und durchdrungen werden. Ebenso können in Konzilsdokumenten verbliebene Spuren des Ringens um jene Klärung Anlaß zu ambivalenten Interpretationen geben; hartnäckig halten sich seither Meinungsäußerungen — selbst von «katholischen» Theologen —, die mit oder ohne Berufung auf ihre eigene Ausdeutung des Konzils offenbar jener Klärung zuwiderlaufende Ansichten vertreten, die noch eingehender zu prüfen sind.

Nach einer Sichtung des Fragestandes wird im folgenden zu erheben sein, ob berechtigterweise ein Unterschied zwischen der «Familie Gottes» in sensu stricto und der «Menschheitsfamilie» (als «Familie von Gott her») festzuhalten ist, worin gegebenenfalls dieser Unterschied liegt, wie eine solche Unterscheidung mit der universalen Ausrichtung und Sendung der *«katholischen»* Kirche vereinbar und wie schließlich eine Verbindung zwischen beiden zu denken ist. Darin zeigt sich auch, daß es in der Frage nach dem «Umfang» der «Familie Gottes» um mehr geht als um die begriffliche wie inhaltliche Stringenz eines Kirchenbildes oder nur um verschiedene diskutierbare Ansichten. Vielmehr stehen zentrale theologische Fragen auf dem Spiel.

Das vorliegende Problem stellt sich nicht erst seit dem Vaticanum II. Es begleitet die christliche Glaubensverkündigung von ihrer Ursprungszeit an, und seine Wurzeln reichen weit in vorchristliche Zeit, ja bis an die Anfänge der Religionsgeschichte überhaupt, zurück.[2] Die Vorstellung einer Gottheit als «Vater» gehört zu den religiösen Urphänomenen[3] und findet sich in den Überlieferungen sogenannter «primitiver» nicht weniger als in hoch entwickelten alten Kulturen – oft verbunden mit der grundmenschlichen Sehnsucht nach «Brüderlichkeit». Sie begegnet in verschiedensten inhaltlichen Schattierungen bevorzugt in der Bedeutung der Urheberschaft und Zeugung, die sich auf die ganze Welt, auf Völker und Stämme, auf den König, auf Priester oder andere Repräsentanten des Volkes, auf die Feiernden bestimmter (östlicher) Mysterienkulte oder auch ausnahmslos auf alle Menschen

---

Dimensionen, der Vaterschaft und der Brüderlichkeit, wenigstens implizit vorliegt. Im folgenden können deshalb alle drei Themen (der «Familie», der «Vaterschaft» und der «Brüderlichkeit») ohne weitere Unterscheidung in eins gesehen und behandelt werden.

[2] Vgl. im folgenden die immer noch gültigen Erörterungen von G. SCHRENK, *Der religiöse Gebrauch des Vaterbildes*, in: *ThWNT* 5, 951-954 u. J. RATZINGER, *Die christliche Brüderlichkeit*, München 1960.

[3] Eine grundsätzliche Kritik an der «Väterlichkeit» Gottes tritt als Phänomen erst in neuerer Zeit auf; zu diesbezüglichen Einwänden s.u. 4.2.

ausdehnt, die dadurch zu Brüdern gleichen Ursprungs erhoben werden (z.B. in der monotheistischen ägyptischen Periode Echnatons). Aber auch andere Eigenschaften, wie etwa der patriarchalische Despotismus des homerischen Zeus, wie Liebe und Fürsorge, wie königliche Attribute und Elemente einer höchsten Instanz für Gerechtigkeit oder das Gute können im Vaterbild eines Gottes enthalten sein. Die näheren Ausgestaltungen zeigen eine große Bandbreite zwischen polytheistischer Vielzahl an Vätern und den Formen streng monotheistischer Vatergottheiten, zwischen anthropomorphen und sehr konkreten Vorstellungen der göttlichen «Väter» bzw. ihres zeugenden Begründens und bis zur vollkommenen «Unpersönlichkeit» entrückten «höchsten Prinzipien», die metaphorisch und uneigentlich «Vater» genannt werden.

Der Übergang von diesen *religiösen* Systemen zu *philosophischen* ist fließend.[4] In der *Kosmologie Platons* bleibt die Vorstellung des «Erzeugers» und «Allvaters» erhalten, rückt allerdings mehr in die Nähe der höchsten *Idee des Guten*. Auch die Philosphie der *Stoa* leitet die Entstehung der Welt aus göttlicher Zeugung ab. Diese gewinnt insofern tiefere Bedeutung, als im Menschen ein «göttlicher Funke», «Same» oder «Logos» angenommen wird, in Konsequenz dessen eine gleiche hohe Würde und die allgemeine Brüderlichkeit aller Menschen zu postulieren sind. Der Gedanke der *universalen Vaterschaft Gottes und Brüderlichkeit aller Menschen* der *Stoa* mündet unmittelbar in eine reich entfaltete *Tugendlehre*, die in späteren Darlegungen der göttlichen Vaterschaft auch Elemente der «Königsherrschaft», der «Fürsorge» und der «Versorgung» zurechnet. Ein Primat der Tugendlehre ist ähnlich bei *Philo* zu erkennen, der in synkretistischer Zusammenschau Momente jüdischen und griechischen Denkens verbindet und daraus ein universalistisches göttliches Vaterbild entwirft, in dem sowohl der Zeugungsgedanke gegenüber dem Kosmos und der menschlichen Seele als auch die Attribute der Fürsorge, der Herrschaft, der Barmherzigkeit und Gerechtigkeit enthalten sind. Verschiedene *gnostische Systeme* belassen ihrerseits den höchsten Gott als «Allvater» in der transzendenten Stellung eines ruhenden Pols, der das Ziel der Erlösung, der Heimkehr aus der Gefangenschaft der sinnlichen Natur, darstellt.

Trotz Spuren einzelner Parallelen steht schon der jüdische Glaube an den sich auch als «Vater» offenbarenden *einen lebendigen Gott* in ausdrücklichem Kontrast zu diesen Gottesvorstellungen. Wenn auch die «Vaterschaft Gottes» kein Hauptthema im Alten Testament ist

---

[4] Vgl. G. SCHRENK, *Philosophische und gnostische Formen des Vaterglaubens*, in: *ThWNT* 5, 954-959; RATZINGER, *Brüderlichkeit*; die christliche Brüderlichkeit wird hier durchgängig theologischen und vor allem philosophischen Positionen gegenübergestellt.

und darin beachtliche Bedeutungsunterschiede erkennbar bleiben, tritt in seinem Zusammenhang die Besonderheit des Gottesglaubens des «Auserwählten Volkes» exemplarisch zutage.[5] Im Zentrum stehen nicht mythische Erklärungen einer Gottesbeziehung, sondern die lebendige Erinnerung geschichtlicher Heilstaten des Gottes Israels, der im Verlauf der Offenbarungsgeschichte immer klarer als der eine und einzige lebendige Gott, als der Schöpfer des Himmels und der Erde und damit auch aller Menschen erkannt wird. Diese alttestamentliche Einsicht kann in gewisser Analogie auch als «Vaterschaft gegenüber allen Menschen» gedeutet werden, wobei «Vaterschaft» dann aber keinesfalls als «Zeugung» zu verstehen ist, denn die «zeugenden» Urväter, auf die die natürliche Einheit der Menschheitsfamilie zurückgeht, «Adam» und (nach der Sintflut) «Noach»[6], sind Menschen und *Geschöpfe* Gottes. Von der Menschheitsfamilie ist das auserwählte Volk als Stamm und Familie Jahwes, das *durch historische Auserwählung*, gleichsam als «erstgeborener Sohn» (vgl. Ex 4,22), Gott zum Vater hat, abgehoben. Schlüsselereignisse dieser Erwählung sind vor allem die Herausführung aus der ägyptischen Sklaverei (vgl. Hos 11,1-4) und der Bundesschluß mit dem Volk. Aber auch der weitere heilsgeschichtliche Rückblick auf die ersten Anfänge des Volkes denkt nicht an eine mythische, göttliche Zeugung, sondern findet seinen Ausgangspunkt in der freien Erwählung des Stammvaters Abraham sowie in dessen Antwort auf die Erwählung im Glauben und im Bund, den Gott mit ihm geschlossen hat.[7] Somit erscheint die Vaterschaft Gottes, die die Brüderlichkeit des Volkes begründet, eng mit dem Gottesverhältnis des *Bundes* verknüpft.[8] Die bestimmenden Einzelaspekte

---

[5] Zum atl. Befund vgl. QUELL, *Vaterbegriff im AT*, 959-974; RATZINGER, *Brüderlichkeit*, 13-21; W. ZIMMERLI, *Grundriß der alttestamentlichen Theologie*, Stuttgart ⁵1985 (*ThW* 3.1), 20-25, 38 u. 125; M. DUJARIER, *L'Église-Fraternité. I. Les origines de l'expression «adelphotès-fraternitas» aux trois premiers siècles du christianisme*, Paris 1991, 22-28; F. MARTIN, *The God and Father of Our Lord Jesus Christ*, in: *Anth* 9 (1993), 192-198.

[6] An der Figur des «Noach» als Stammvater nach der Sintflut kann verdeutlicht werden, daß ein Festhalten des rein natürlichen Charakters der Einheit der Menschheitsfamilie (aus Abstammung) nicht bedeutet, diese als grundsätzlich von der Gnade unbetroffene einzuschätzen. Gerade im «Noachbund» wird die sorgende Zuwendung Gottes gegenüber den Menschen offenbar, auch wenn aufgrund dessen noch nicht im eigentlichen Sinn von der «Familie Gottes» die Rede sein kann; dazu s.u. 4.4.

[7] RATZINGER (*Brüderlichkeit*, 19) stellt fest, "daß derselbe Gott mit Abraham einen Sonderbund geschlossen hat, der die Kinder Abrahams als eine Sonderfamilie aus der großen Menschheitsfamilie der Kinder Adams, bzw. Noës ausgrenzt". Wie vor allem spätere und prophetische Bücher des AT erkennen lassen, bedeutet die Erwählung Israels keinen Heilsexklusivismus, sondern geschieht gerade im Blick auf das endzeitliche Heil für alle Völker (vgl. Jes 2,1-3; dazu LOHFINK, *Gemeinde*, 28-31).

[8] Vgl. Ex 4,22; Dtn 14,1; 32,5f.; Jes 1,2.4; 30,1; 63,16; Jer 3,4.14; Hos 11,1-4; Mal 1,6; dazu: PEDERSEN, *Israel. Its Life and Culture I*, London 1926 [1953]; T.C. VRIEZEN, *Outline of Old Testament Theology*, Oxford 1958, 142; die Ansicht von

sind daher auch Liebe und Gegenliebe, Verheißung, Gebot und Gehorsam, sowie die Bundestreue, die für jene Beziehung konstitutiv bleibt (vgl. Dt 32,5). Im Zusammenhang des davidischen Königtums und diesbezüglicher messianischer Verheißungen zeigt sich eine weitere Dimension der Sohnschaft (des Königs) Israels durch Erwählung, die dann im NT aufgegriffen und in der Neuheit ihrer Erfüllung durch Christus weitergeführt wird.

Für die Hagiographen der neutestamentlichen Schriften und die Interpretation der Kirchenväter stellt das AT (auch in bezug auf das hier behandelte Thema) die noch verhüllte Vorausbedeutung dessen dar, was in Christus unüberbietbar offenbar wurde.[9] Anders als im AT erweist sich aber nun die Vaterschaft/Kindschaft als *der* Inbegriff der Gottesbeziehung. Das gilt in erster Linie für Jesus selbst, der sich als «Sohn des Vaters» und Gott dadurch als «Vater» offenbart – worin der Glaube an den dreifaltigen Gott gründet:

> "Beruhte die Bruderschaft Israels auf der besonderen Vaterschaft Gottes, die sich im Ereignis der Erwählung zutrug, so ist nun im Christlichen der Vaterschaftsgedanke trinitarisch vertieft: Die Vaterschaft Gottes bezieht sich zunächst auf *«den»* Sohn, auf Christus, und durch ihn hindurch auf uns, da ja sein Geist in uns ist und in uns Vater sagt."[10]

Vom *einen* «Sohn» selbst werden nämlich seine Jünger in die Vertrautheit und in das Kindschaftsverhältnis zum «'abba», dem Vater, hineingenommen. Und schließlich werden durch die Kraft des Heiligen Geistes auch die Gläubigen der ersten christlichen Gemeinden «in Christus» zu Kindern Gottes und zu Brüdern untereinander:

> "So wird gerade 'abba grundlegendes Glaubenswort der Offenbarung Jesu und Bekenntnis seiner Gemeinde. Doch bedeutet es darum nicht banale, selbstverständliche Vertraulichkeit. Wohl besagt dieses Urwort, daß Gott nicht mehr weltferner Herrscher in der Transzendenz sei, sondern ein traulich Naher. Das ist Ernstmachen mit dem unbedingten Vaterglauben. Aber … das Recht zu solcher Kindlichkeit steht in den Schranken der βασιλεια. Die Synthese Vater/Richter, Vater/Herr-

---

QUELL (*Vaterbegriff im AT*, 964) über die Unabhängigkeit von Bundestheologie und Vatermotiv scheint sich auf den Gedanken der universalen und abstammungsmäßigen Vaterschaft, nicht aber auf die «Vaterschaft aus Erwählung» zu beziehen.

[9] Aus der Fülle der Literatur zur besprochenen Thematik im NT vgl. bes. G. SCHRENK, *Vater im Neuen Testament*, in: *ThWNT* 5, 981-1016; E. SCHWEIZER, υιοσ *im Neuen Testament*, in: *ThWNT* 8, 364-395; J. DUPONT, *Jésus et la famille dans les Évangiles*, in: DERS., *Etudes sur les Évangiles Synoptiques* (BEThL 70/1), Louvain 1985, 131-145; LOHFINK, *Gemeinde*; MARTIN, *God and Father*, 189-209; zur eingehenderen Auseinandersetzung mit einigen diesbezüglichen exegetischen oder bibeltheologischen Veröffentlichungen s.u. 3.3.

[10] RATZINGER, *Brüderlichkeit*, 48f.

scher macht durch die Beugung unter seine heilige Regierung jeden Mangel an Ehrfurcht unmöglich."[11]

Dabei steht die christliche Lehre von der «Familie Gottes», der «göttlichen Vaterschaft» und der davon abhängigen «christlichen Brüderlichkeit» in doppelter Herausforderung zwischen dem strengen Exklusivismus jüdischer Sekten und östlicher Mysterienkulte und dem Universalismus griechischer Philosophen. Zum einen bezieht sich die Gotteskindschaft als *Berufung* in *universaler Ausrichtung* auf alle Menschen, welcher Herkunft auch immer, die bereit sind, den Glauben an Christus Jesus anzunehmen (vgl. Joh 1,12f.; Gal 3,26-29; Eph 2,11-19). Zum anderen bleibt im Neuen Testament die *Vateranrede gegenüber Gott auf die Jünger bzw. die Gläubigen beschränkt*, beziehen sich Begriffe wie Bruder, Schwester, Brüderlichkeit (im übertragenen Sinn angewendet) so gut wie ausschließlich auf die *Glaubensbrüder*, die ebenso in Aussagen über zwischenmenschliche Liebe — mit Ausnahme des Jesuslogions über die Feindesliebe — durchgängig gemeint sind.[12] Das schließt allerdings nicht aus, daß die Christen von ihrem Glauben her verpflichtet sind, allen (bedürftigen) Menschen Gutes zu tun – wenngleich auch hierbei den Gliedern der «Glaubensfamilie» der Vorrang zukommt (vgl. Gal 6,10). Somit muß nach biblischem Befund die «Familie Gottes» im eigentlichen Sinn mit der Gemeinde der Jünger, bzw. derer, die an Christus glauben und den Willen des Vaters tun, identifiziert werden. Nur in weiterer Analogie kann auch die Menschheitsfamilie aufgrund der Schöpfung in Kindschaft zum «Vater» im Himmel gesehen und insbesondere von den Christen verlangt werden, sich allen gegenüber «*brüderlich*» zu erweisen.

Die «Exklusivität» der «*christlichen* Brüderlichkeit» und damit auch die klare Unterscheidung zwischen der natürlichen «Menschheitsfamilie» und der gnadenhaften Gemeinschaft der «Familie Gottes» bleibt durch die Zeit der Kirchenväter hindurch erhalten[13], wie etwa durch Tertullian theologisch begründet wurde:

"Brüder sind wir auch euch (den Heiden) nach dem Recht der Natur, unserer einen Mutter ... Doch mit wieviel mehr Recht heißen und sind

---

[11] SCHRENK, a.a.O., 985.

[12] Vgl. SCHRENK, a.a.O., 990f.; RATZINGER, *Brüderlichkeit*, 33-55; zur Bruderliebe: LOHFINK, *Gemeinde*, 124-134, bes. 132f.: "*Wenn das Neue Testament von zwischenmenschlicher Liebe spricht, meint es fast ausnahmslos die Bruderliebe innerhalb der Gemeinden.* Die johanneische Literatur, in der dieses Phänomen schon immer beobachtet wurde, steht also keineswegs allein. Johannesbriefe und Johannesevangelium spiegeln nur besonders deutlich wider, was für das gesamte Neue Testament gilt"; zur «Brüderlichkeit», die vor allem die «Kirche» selbst bezeichnet: DUJARIER, *L'Église-Fraternité*, 17-22.

[13] Vgl. RATZINGER, *Brüderlichkeit*, 56-59; LOHFINK, *Gemeinde*, 171-212; DUJARIER, *L'Église-Fraternité*, 35-104.

uns Brüder diejenigen, die (durch Glaube und Taufe) Gott als ihren einen Vater erkannt, die den einen Geist der Heiligkeit eingesogen haben, die aus dem einen Leib derselben Unwissenheit zu dem einen Licht der Wahrheit emporgeschreckt sind."[14]

Dieselbe Bedeutung muß auch für die Zeit nach dem dritten Jahrhundert, in der der Begriff «Brüder» als Grundanrede der Christen untereinander weitgehend zurückgedrängt wurde und meist nur noch in Bereichen des gottgeweihten Lebens zu finden war, als Glaubensgut festgehalten werden. Schon von frühester Väterzeit an finden sich auch Versuche, die Eigenheit des christlichen Glaubens mit vorhandenen «heidnischen» philosophischen und anderen Traditionen und Systemen in Konfrontation zu bringen. Dabei wurden bestimmte darin enthaltene Elemente unbefangen positiv bewertet und als vorausgesäte Samen des Evangeliums geachtet, ohne dadurch aber dem Christentum fremde Gedanken, wie beispielsweise den der stoischen «Weltbrüderlichkeit», unreflektiert einzuverleiben.

Zu einer ernsthaften Herausforderung der genuin christlichen Lehre von der Vaterschaft Gottes und der Brüderlichkeit der Gläubigen kommt es besonders in der Neuzeit, genauer gesagt durch die — vor allem vom deutschsprachigen Raum ausgehende — «Aufklärung».[15] Darin werden zwar Gedanken der griechischen Stoa aufgegriffen, aber in einer anderen Ausrichtung, die es der kirchlichen Lehre wesentlich erschwert, mit ihr Gemeinsamkeiten zu finden. Das Ziel der Aufklärung, die Befreiung des «Menschen aus seiner selbst verschuldeten Unmündigkeit», wirkt sich im religiösen Bereich dahingegend aus,

---

[14] TERTULLIAN, *Apologeticum* XXXIX,8f. [dt: nach C. BECKER, *Tertullian. Apologeticum*, München ²1961; zit. bei LOHFINK, *Gemeinde*, 178]. Die hier angedeutete und im Glaubensbewußtsein schon zuvor gegenwärtige konstitutive Bedeutung der Taufe für die Gotteskindschaft tritt ab der Wende vom dritten zum vierten Jahrhundert noch deutlicher zutage; vgl. S. AUGUSTINUS, *Enarrationes in Psalmos 32*, XXIX: *CCL* 38, 272f. [dt. *Die Feier des Stundengebetes. Lektionar* I/6, Freiburg 1979, 86-88], der zwar den getauften Schismatikern und Häretikern, nicht aber den nichtgetauften Heiden und Juden die «Brüderlichkeit» zuspricht: "Von gewissen Menschen sagt der Prophet: «Zu denen, die da sagen: Ihr seid nicht unsere Brüder, sprecht: Ihr seid unsere Brüder.» [Jes 66,5; *LXX*] Schaut euch um, von wem er das gesagt haben könnte. Etwa von den Heiden? Nein! Denn wir nennen sie nicht unsre Brüder, weder nach der Heiligen Schrift noch nach kirchlichem Sprachgebrauch. Vielleicht von den Juden, die nicht an Christus geglaubt haben? Lest den Apostel! Wenn er, ohne etwas hinzuzufügen, «Brüder» sagt, dann meint er nur Christen: «Wie kannst du deinen Bruder richten? Und du, wie kannst du deinen Bruder verachten?» [Röm 14,10] Und ein andermal: «Ihr begeht Unrecht und Raub, und zwar an Brüdern.» [1Kor 6,8] ... Indem sie [die getrennten Christen] unsre Taufe nicht anerkennen, leugnen sie, daß wir ihre Brüder sind. Indem wir ihre Taufe nicht wiederholen, sondern als unsere anerkennen, sagen wir zu ihnen: «Ihr seid unsre Brüder.»"

[15] Vgl. SCHRENK, a.a.O., 990f.; RATZINGER, *Brüderlichkeit*, 26-31; H.U. v. BALTHASAR, *Neue Klarstellungen*, Einsiedeln 1979, 44-51; LOHFINK, *Gemeinde*, 124-134.

daß die «vorläufigen» Formen dogmatisch bestimmter Religion mehr und mehr durch eine allen Menschen aus sich selbst zugängliche reine Vernunftreligion ersetzt werden sollen, in der «Gott», wenn auch «Vater» genannt, nur noch die Stelle eines Postulats einnimmt, das die Sinngebung menschlichen Tugendstrebens unterstützt.[16] Nicht aus einem personalen Vatergott, sondern aus gemeinsamer moralischer Verpflichtung und Gleichheit an Würde wird weiters eine universale Weltbrüderlichkeit abgeleitet. Diese Grundgedanken, denen in ihren verschiedensten Ausdrucksformen der Ersatz des Primates Gottes durch die Idee der reinen Menschlichkeit, des kirchlichen Glaubens aber durch den Kult einer reinen Vernunft, gemeinsam ist, finden sich exemplarisch etwa in der Philosophie Kants, in der Dichtung G.E. Lessings, oder auf die Spitze getrieben, wenn in der Schillerschen «Ode an die Freude» von «umschlungenen Millionen» oder davon die Rede ist, daß «alle Menschen Brüder werden». Mit dem realistischen «Bruderbegriff» des Christlichen haben diese Ideen genausowenig zu tun wie der «überm Sternenzelt wohnende liebe Vater» mit dem geschichtsmächtigen Gott der Schöpfung und Erlösung.

Versuche politischer Umsetzung dieser Idee unternehmen beispielsweise die französische Revolution und in ihrer Folge und in dialektischer Umkehr der Marxismus, wenngleich in beiden die Universalität der geforderten Brüderlichkeit gedanklich in eine (utopische) Zukunft rückt und in praktischer Verwirklichung — sei es am Schafott, sei es im Klassenkampf und in der Alleinherrschaft der Partei gegenüber den «Nicht-Brüdern» und «Nicht-Genossen» — scharfe Grenzen findet.

Trotz dieses ganz offensichtlich «kirchenfeindlichen» geistesgeschichtlichen Kontextes, trotz der Auflösung des Glaubens an den lebendigen Gott und Vater in die unpersonale Abstraktion der Aufklärung oder in die explizite Ablehnung im atheistischen Marxismus, begegnet man immer wieder Versuchen, die jene Ideen wenigstens in Ansätzen bewußt oder unbewußt in die christliche Glaubensvermittlung aufnehmen:

"Die Verwechslung der unbegrenzten aufklärerischen Bruderliebe mit der universalen christlichen Nächstenliebe ist zumindest in gewissen

---

[16] Vgl. I. KANT, *Beantwortung der Frage: Was ist Aufklärung?* [1784]: *Kants Werke. Akademie Textausgabe VIII*, Berlin 1912/23, 33-42; zum Entwurf einer solchen reinen Vernunftreligion: DERS., *Die Religion innerhalb der Grenzen der bloßen Vernunft* [1793]: *Kants Werke. Akademie Textausgabe VI*, Berlin 1907/14, 1-202; zur näheren Auseinandersetzung mit KANT, s.u. 3.1.

Nachwirkungen wohl noch immer weiter verbreitet, als man zunächst geneigt ist, anzunehmen."[17]

Auch wenn die Zeugnisse christlicher Offenbarung und früher Tradition einen christlichen «Exklusivismus» in den Fragen der Vaterschaft Gottes, der Brüderlichkeit und der Familie Gottes zu begünstigen, ja sogar zu fordern scheinen, könnte eingewandt werden, daß diese Aussagen in einem ganz bestimmten historischen und kulturellen Kontext stehen, der von Auseinandersetzungen der christlichen Gemeinde mit ihrer «Umwelt» und von eigener Identitätsfindung gekennzeichnet ist. Die heutige geistesgeschichtliche Situation sei dagegen von Toleranz, von Dialog und einer wachsenden Vergemeinschaftung der Welt geprägt, die ja schließlich auch durch das Vaticanum II anerkannt werde. Eine zeitgemäße christliche Verkündigung müsse das berücksichtigen, sie komme an der neuzeitlichen Wende zum Subjekt und dem damit verbundenen Primat des Menschlichen nicht herum und dürfe nicht in «fundamentalistischer Auslegung der Offenbarung» einem «sektenhaften Exklusivismus» das Wort reden, der darüber hinaus auch der Praxis Jesu widerspräche, der selbst ja «absolut niemanden ausgegrenzt» habe. Es gehe weiters darum, den *universalen Heilswillen* Gottes zugleich mit der notwendigen Gemeinschaftlichkeit des Heiles zu wahren; man dürfe die radikale und universale Forderung des Liebesgebotes nicht eingrenzen; «Katholizität» müsse «Offenheit» der Kirche gegenüber der Welt und allen Menschen bedeuten; der Eigenwert der Schöpfung sei ernst zu nehmen, ebenso die anthropo-

---

[17] RATZINGER, *Brüderlichkeit*, 31. Vgl. als Beispiele «christlicher» Veröffentlichungen, die offenbar in gedanklicher Nähe zur «Aufklärung» stehen: G. RUGGIERI, *Die Wiederentdeckung der Kirche als evangelischer Gemeinschaft der Brüderlichkeit*, in: *Conc(D)* 17 (1981), 460-470; J. BROSSEDER, *Gott der Vater – Gott der Schöpfer*, in: A. FALATURI–J.J. PETUCHOWSKI–W. STROLZ (Hg.), *Universale Vaterschaft Gottes. Begegnung der Religionen*, Freiburg 1987, 32-50. Dabei ist die Argumentationsweise BROSSEDERS beachtenswert, der seiner Erörterung des ntl. Befundes voranstellt (ebd. 34): "Das Neue Testament redet so uferlos oft von Gott als Vater, daß eine lückenlose Präsentation hier nicht erfolgen kann." Auf knapp eineinhalb Seiten führt er — mehr oder weniger kommentarlos — verschiedene Stellen an, ohne in der Folge jedoch deren Inhalt zu berücksichtigen. Nach einem Abschnitt über den atl. Befund, einem Exkurs zur Klärung des Inhaltes der *Vaterschaft*, folgt eine Darstellung christlicher Bekenntnisformeln und einiger «systematischer Reflexionen», die den Eindruck vermitteln sollen, das primäre (zeitlich wie sachlich) christliche Verständnis der Vaterschaft Gottes beträfe sein Schöpferhandeln gegenüber allen Menschen. Danach kommt der Autor schließlich — ohne das schlüssig begründet zu haben — zur These (ebd. 49): "Das «Schlimme» ist nicht Gott als Vater, sondern schlimm sind die Menschen, die mit dieser Rede nicht reif und erwachsen umzugehen vermochten ... Vaterschaft ist und bleibt ein Bildwort, ein Symbol. Jedes Bildwort hat nur einen Scopus. Dieser liegt *nicht* in der partikularen Vaterschaft Gottes für die Christen, die in der Taufe zu seinen Töchtern und Söhnen werden, sondern sie liegt in der Betonung der Sohnschaft *aller* Menschen, in der universalen Gleichheit *aller* Menschen, Männer und Frauen gleichermaßen, vor Gott."

logischen Grunddaten der allgemeinen Würde des Menschen, seines Selbstandes und seiner Freiheit; und schließlich wolle man nicht in einen «neuscholastischen Gnadenextrinsezismus» verfallen.

Man wird sich mit derartigen Einwänden ernsthaft auseinandersetzen müssen, zumal sich diese ja offenbar auch auf zentrale christliche Wahrheiten und Anliegen berufen können. Bei genauerer Betrachtung zeigt sich allerdings, daß jene universalisierenden Tendenzen, die die ganze Menschheit immer schon als die eigentliche «Familie Gottes» ausgeben, nur allzuleicht übersehen, daß sie dadurch nicht nur die Identität der Kirche und wesentliche Momente ihres überlieferten Glaubens auflösen, sondern gerade auch ihre eigenen vorgetragenen Ziele verfehlen. Besonderheit und «Exklusivität» gehören nämlich — wenn sie richtig verstanden werden — notwendig zur Sakramentalität der Kirche und zu ihrer universalen Sendung in der Welt. Und darin steht die Kirche notwendig in der Spannung zwischen Natur und Gnade, zwischen «Schon» und «Noch-Nicht», zwischen ursprünglich guter Schöpfung, menschlicher Freiheit und Sünde.

Die ganze Menschheit (im Kontext katholischer Theologie) im eigentlichen Sinn «Familie Gottes» zu nennen, bedeutet dagegen in letzter Konsequenz, zu behaupten, daß alle Menschen bereits in jener gnadenhaften Gemeinschaft mit Gott und untereinander stünden, die die Kirche zeichenhaft verwirklichen soll. Dadurch wird aber zugleich eine Unterscheidung zwischen Natur- und Gnadenordnung unmöglich gemacht. Zwar wirken Natur und Gnade in der konkreten menschlichen Existenz im Gang der Heilsgeschichte untrennbar zusammen. Dennoch müssen sie deutlich voneinander unterschieden, ja in einem gewissen «Spannungsverhältnis» bzw. einer «Spannungseinheit» belassen werden. Es wäre falsch, im Versuch einer harmonisierenden Kompromißlösung diese Spannung zu übergehen, indem man die Welt als immer schon in der Gnade *stehende*[18] betrachtet und die Gnade so gleichsam zu einem unverlierbaren Bestimmungsstück ihres Daseins macht. Auf diese Weise würde man wohl entweder bald zur Identifikation von Natur und Gnade (und damit auch von Kirche und Welt) gelangen und als unausweichliche Konsequenz die menschliche Freiheit ihres Inhaltes entleeren. Auf der anderen Seite setzen sich die genannten Harmonisierungsversuche der Gefahr aus, die Ordnung der Gnade

---

[18] In diesem Zusammenhang erweist sich auch die traditionelle Unterscheidung zwischen der aktuellen und der habituellen Gnade als unverzichtbar. Ohne Zweifel bietet Gott, der will, daß alle Menschen gerettet werden, ihnen unaufhörlich seine Gnade an. Damit ist aber noch nicht gesagt, daß diese Gnade auch angenommen wird und der Mensch — auf welche Weise immer — in einer dauernden gnadenhaften Gemeinschaft mit Gott *steht*, die ihn auch zu einer ebenfalls gnadenhaften Gemeinschaft mit den anderen Menschen befähigt.

ins Natürliche herabzuziehen, was in die Ekklesiologie übertragen bedeutet, die Kirche nicht mehr als Zeichen und Mittel der Communio mit dem sich selbst mitteilenden Gott, sondern nur noch als eine horizontale menschliche Vereinigung zur Befriedigung des grundmenschlichen Religions- bzw. Transzendenzbedürfnisses anzuerkennen, die von ihrem Wesen her nicht von der Menschheitsfamilie zu unterscheiden ist.

Diese Spannung der Unterscheidung von Natur und Gnade, von Kirche und Welt, von «Schon» und «Noch-Nicht» muß notwendig offengehalten werden: als Raum der Freiheit jedes Menschen, dessen Existenz von ihrem Anfang an sowohl durch die erbsündlich entstellte Natur geprägt als auch die machtvolle Hilfe der Gnade Gottes umsorgt ist; als Raum für Entwicklung und (Heils-)Geschichte, weil dem Menschen aufgegeben ist, mit der Gnade Gottes *in der Geschichte* zu seinem und dem Heil der Welt zu wirken, das ihm nicht als unverlierbares Bestimmungsstück seiner Existenz immer schon mitgegeben ist; als Raum schließlich, in den hinein die Inkarnation als das jedes menschliche Sehnen wie auch prophetische Hoffen und Künden unendlich übersteigende unerwartet *Neue* (und somit nicht als Explikation oder bevorzugte Verwirklichung eines immer schon irgendwie Dagewesenen) stattfinden konnte, indem Gottes Heil, sein ewiges Wort, zeichenhaft und wirkmächtig im Fleisch der Sünde erschien, als Urgrund und Mittelpunkt der sakramentalen Wirklichkeit der Kirche.

Somit zeigt sich, daß um der Anerkennung des menschlichen Eigenwertes willen die Unterscheidung zwischen Familie Gottes und Menschheitsfamilie aufrechtzuerhalten ist. Der höchste menschliche Eigenwert besteht nämlich gerade darin, daß das Heil durch menschliches Mitwirken und unter der Voraussetzung der menschlichen Freiheit vermittelt werden soll, wie es sich in der Inkarnation des Wortes in Maria und in der Sendung der göttlich-menschlichen Kirche vollzieht. Wird dagegen die *Menschheit* immer schon als *«die gnadenhafte Heilsgemeinschaft der Familie Gottes»* verstanden, bleibt dafür kein Raum mehr. Konsequent weitergedacht, verliert in einer solchen Gedankenkonzeption auch die Schöpfung und das irdische Dasein des Menschen jeden tieferen Sinn, denn man müßte sich fragen, warum ein guter Gott, der die Menschen liebt und will, daß sie in Gemeinschaft mit ihm seien, vor die vollendete Verwirklichung jener Gemeinschaft das Vorspiel des Erdenlebens setzen sollte, wenn nicht als Raum der Freiheit und frei gewollter Liebe, in dem sich der Mensch für oder auch gegen Gott entscheiden kann.

Weiters ist der Unterschied zwischen Familie Gottes und Menschheitsfamilie festzuhalten, damit der sich selbst mitteilende Gott im Menschen wirklich ein von ihm verschiedenes «Du» ansprechen kann und nicht nur immer wieder sich selbst; und ebenso als Voraussetzung für einen *Dialog* der Kirche mit der Welt, der mehr sein soll als ein «kirchliches Selbstgespräch». Deshalb muß der Charakter der Gnade Gottes als Ruf und Berufung gewahrt bleiben, dem der Mensch in Freiheit und Verantwortung antworten kann. Deshalb muß der Bezug der Menschheitsfamilie zur Familie Gottes der einer *Berufung* sein und nicht der eines «Seins», einer Identifikation, in der die Gnade offenbar den Menschen gleichsam «immer schon überwältigt» und vor vollendete Tatsachen gestellt hat.

Es bleibt noch der Einwand gegen den «Exklusivismus» christlicher Brüderlichkeit, der der Botschaft und Praxis Jesu zu widersprechen scheint. Doch hiezu kann die Behauptung gewagt werden, daß die christliche Brüderlichkeit als Gehalt und Vollzug des Gebotes der *Nächstenliebe* eine weit radikalere und ethisch höherstehende Forderung als das aufklärerische Ideal der Weltbrüderlichkeit beinhaltet. Jedem Menschen kann wohl aus eigener Erfahrung einleuchten, daß es leichter ist, sich ganz allgemein «Bruder aller Menschen» zu nennen, als jenen Tag für Tag und doch immer neu in wahrer und konkreter Brüderlichkeit zu begegnen und beizustehen, die man sich nicht selbst als Schwestern oder Brüder ausgesucht hat, mit denen man ständig zusammen ist und deren kleine Fehler und Schwächen man kennt und fortwährend erfährt. So vermag offensichtlich die christliche Brüderlichkeit im Konkreten durch die Bereitschaft, alle, die es wollen, ohne Unterschied ihrer Herkunft und ihres Standes, wahrhaft als Schwestern und Brüder anzunehmen, die «Universalität» der Liebe besser zu verwirklichen als die Forderung nach einer «Weltbrüderlichkeit», die sich — wenn es um ihre tätige Verwirklichung geht — nur allzuschnell als «Abstraktion» und als «naiver Traum» herausstellt.[19] Damit wird klar, daß auch dem Anliegen der «wahren Menschlichkeit» im genuin christlichen Verständnis besser gedient ist als im «Humanismus» der Aufklärung.[20]

---

[19] Vgl. RATZINGER, *Brüderlichkeit*, 27: "In dieser entschlossenen Grenzaufhebung liegt zweifellos etwas sehr Großes, aber es wird doch um einen teuren Preis erkauft: Die zu weit ausgedehnte Brüderlichkeit wird unrealistisch und bedeutungsleer"; ebd. 91: "Nur die begrenzte Verwendung des Bruderbegriffs ist christlich; die Aufhebung dieser Grenze ist aufklärerisch. Nur in dieser Begrenzung ist der Bruderbegriff überhaupt realisierbar"; LOHFINK, *Gemeinde*, 129-133, bes. 134: "Die neutestamentlichen Gemeinden haben niemals daran gedacht, sich mit einem «Alle Menschen werden Brüder» oder gar mit einem «Seid umschlungen Millionen» naiven Träumen hinzugeben."

[20] Damit soll allerdings keineswegs behauptet werden, daß sich alle getauften Christen auch dementsprechend verhielten, und daß Vertreter der «Weltbrüderlichkeit» nicht zu echten Werken brüderlicher Liebe fähig wären.

Dem gläubigen Blick bleibt weiters nicht verborgen, daß die «christliche Exklusivität» in ihrem letzten Sinn und Ziel gar nicht so «exklusiv», sondern vielmehr höchst *universal* ist. Sie vollzieht sich als «Sakramentalität», als «Stellvertretung» und als «Sendung» (Mission) für das Heil aller Menschen. Sie findet ihre höchste Verwirklichung, ihr reinstes Urbild in Christus selbst, der allein die Sünden aller Menschen zum Heil der Welt getragen hat, um alle zur Familie der Kinder Gottes zu versöhnen (vgl. Joh 11,52):

> "Die Aussonderung der begrenzten christlichen Brüderschaft ist nicht selbstzweckliche Hervorbringung eines esoterischen Zirkels, sondern geschieht im Dienst des Ganzen. Die christliche Brudergemeinde steht nicht gegen, sondern für das Ganze. Die christliche Brüderschaft verwirklicht ihre Verpflichtung für das Ganze vor allem durch die Mission, durch die Agape und durch das Leiden" …[und nimmt so teil an der Sendung Christi und am Geheimnis der «Stellvertretung», denn] "… immer wieder wird der Erwählte, der durch Gnade in die Erkenntnis des Glaubens und der Liebe Gerufene, bereit sein müssen, der stellvertretend Verworfene zu sein, durch den hindurch der andere dann tauschweise miterwählt ist."[21]

Die hier genannte «Mission» aber bedeutet nicht Werbestrategie zur Steigerung der Mitgliederzahlen und des weltlichen Einflusses. Vielmehr soll sie — vor allem durch das Zeugnis konkret verwirklichter Geschwisterlichkeit in der Nachfolge Christi — Menschen von der Schönheit und Größe der Gemeinschaft mit Gott und untereinander in der Familie Gottes überzeugen und ihnen dadurch den Weg zum Heil erschließen – in dem Bewußtsein, daß letztlich Gott allein und kein humanistisches Ideal dieses Heil gewähren kann, das in Christus Jesus angeldhaft bereits begonnen hat:

> "Jesus verweist mit seiner ganzen Existenz auf das Wunder, das sich jetzt in der Geschichte ereignet: das Reich Gottes bricht an. Dieses Wunder war nicht mit menschlicher Kraft herbeizuführen; es war unverfügbar und gänzlich unverdient. Nachfolge heißt, das Wunder des Reiches Gottes ahnen und fasziniert von dem Geschenk einer neuen Möglichkeit menschlicher Gemeinschaft radikal den Weg Jesu zu gehen."[22]

* ZUR VERSCHIEDENHEIT DER ZUORDNUNG ZUR FAMILIE GOTTES

Aus der Lehre des Vaticanum II, den Quellen christlicher Offenbarung und systematisch-theologischer Notwendigkeit ergibt sich als hermeneutische Grundregel für die christliche, näherhin katholische,

---

[21] RATZINGER, *Brüderlichkeit*, 101 u. 106f.
[22] LOHFINK, *Gemeinde*, 207.

Redeweise[23] über die «*Familie Gottes*»: Die «*Familie Gottes*» im eigentlichen Sinn meint die *gnadenhafte* Gemeinschaft der Menschen mit Gott und untereinander, sei es als das eine eschatologische Ziel und die Berufung aller Menschen, sei es (als die Kirche) in der sakramentalen Vorausverwirklichung jener Gemeinschaft in Welt und Geschichte. Auf diese gnadenhafte Gemeinschaft der Familie Gottes können auch außerhalb der christlichen Religion, insbesondere in der göttlichen Offenbarung des Alten Bundes, zwar verschleierte, aber dennoch vom Heiligen Geist gewirkte Hinweise und Verheißungen gefunden und anerkannt werden. Eine andere Bedeutung liegt allerdings dann vor, wenn *im übertragenen* und *uneigentlichen Sinn* alle Menschen von ihrer Erschaffung und Ebenbildlichkeit Gottes her, die ebenfalls — wenn auch in einer weiteren Analogie — durch die Bilder der Vaterschaft/Kindschaft zu veranschaulichen sind, «Familie Gottes» genannt werden. Um der theologischen Klarheit willen empfiehlt sich dabei allerdings eine vorsichtigere Ausdrucksweise oder ein expliziter Verweis auf den Bedeutungsunterschied.[24]

In der Frage der verschiedenen Formen der Zuordnung bzw. Zugehörigkeit zur Kirche hat das Konzil sicherlich bedeutsame theologische Ergebnisse erbracht. Dennoch war offenbar keine letzte begriffliche und konzeptuelle Einheitlichkeit und Klarheit zu erzielen, da beispielsweise in *LG* (14-16) abstrakte Formulierungen mit den verschiedenen verwendeten Bildern des Leibes und des Volkes[25] nicht

---

[23] Dabei ist zu beachten, daß es hierbei um die *theologische* Redeweise geht und daß *spirituell* oder *pastoral* unter bestimmten Voraussetzungen auch in mehr übertragenerem Sinn von einer «Familie Gottes» gesprochen werden könnte. Auch der außerchristliche Sprachgebrauch des Begriffs ist anders zu beurteilen, wobei nach Inhalt und Absicht der Aussagen zu unterscheiden ist, inwieweit darin echte Anknüpfungspunkte für einen fruchtbaren Dialog oder sogar zur «Inkulturation» in die christliche Glaubensverkündigung gegeben sind.

[24] Vgl. z.B. die vorsichtige Formulierung in n. 4 des *Schreibens an die Priester zum Gründonnerstag 1995* von Papst JOHANNES PAUL II., Vatikanstadt 1995, 9f. [um das rechte Verhältnis des Priesters zu Frauen (überhaupt) als «Schwestern» zu begründen]: "Denn die Familie Gottes umfaßt ja alle Menschen: nicht nur jene, die durch die Taufe zu Adoptivkindern Gottes werden, sondern *in gewissem Sinn* die ganze Menschheit, weil Christus dadurch, daß Er ihnen die Möglichkeit bot, zu Adoptivsöhnen und -töchtern des ewigen Vaters zu werden, alle Männer und Frauen erlöst hat. So werden wir alle in Christus zu Brüdern und Schwestern" [Herv. vom Verf. der Arbeit]. Vgl. die bereits unter 1.1.2.1. dargestellte, noch differenziertere Ausdrucksweise in: IOANNES PAULUS II, Adh. apost. *EA* 137: *OR* 16.09.1995, 10.

[25] *LG* 14 spricht den Katholiken im Bild des Leibes die «volle Eingliederung» [*incorporati*] in die Gemeinschaft [*societas*] der Kirche zu, während sich die Kirche in *LG* 15 mit den getrennten Brüdern «aus mehrfachem Grund verbunden» [*coniuncta*] weiß. Die Nichtchristen sind schließlich nach *LG* 16 «auf verschiedene Weise auf das *Volk Gottes hingeordnet*» [*ordinantur*], wobei in der Folge zwischen den Muslimen, die «der Heilswille umfaßt», den «Suchern des unbekannten Gottes», denen «Gott nicht ferne ist» und den nicht schuldhaften Atheisten, denen «die göttliche Vorsehung das Heilsnotwendige nicht verweigert», unterschieden wird.

immer harmonieren, während *UR* mehr auf Metaphern aus dem Familienthema zurückgreift[26], und in beiden Dokumenten schließlich der Unterschied zwischen den Zuordnungsformen aus den verwendeten Begriffen und Bildern nicht vollends klar wird. Größere Klarheit könnte ohne Zweifel durch eine einheitliche Anwendung des Konzeptes der sakramentalen Realität der Familie Gottes erzielt werden, und zwar ohne in einen Dualismus zwischen sichtbarer und unsichtbarer Kirche zu verfallen: entweder mehr allgemein durch die Unterscheidung zwischen der Kernfamilie und anderen Familien, die zu dieser in engerer oder entfernterer Verwandtschaft stehen, oder aber — wie im folgenden — durch eine detailliertere Ausfaltung des Familienthemas.

Erstes und wichtigstes Kriterium der Zugehörigkeit zur Familie Gottes ist die *Taufe* als *Wiedergeburt* der *Kinder Gottes* in die Gemeinschaft mit dem *trinitarischen* Gott. Darin gründet die unauflösliche Verbindung *aller* gültig *Getauften* zur Kirche «der Abstammung nach». Als zweites sakramentales Band der Einheit ist die *Eucharistie* zu nennen, die in mystischer Redeweise als *«Blutsverwandtschaft» der Familie Gottes* in der Teilhabe an Christi Leib und Blut zu deuten ist. Die Sakramentalität der Kirche verlangt darüber hinaus aber auch den *sichtbaren* und *zeichenhaften* Ausdruck dieses «Familie-Seins». Dazu gehören, im Bild der Familie gesprochen: der gemeinsame Name («Christ») als Bekenntnis und Erkennbarkeit nach außen; das Verbleiben im Erbe und in der Tradition (Glaubenslehre) der Familie; die Anerkennung und Liebe gegenüber den Gliedern der Familie in der ihnen eigenen Stellung (im Gehorsam gegen die sakramental repräsentierte Vaterschaft und in Brüderlichkeit untereinander) sowie die innere und äußere lebendige Anteilnahme am Familienleben, insbesondere durch das Leben im selben Vaterhaus, die Tischgemeinschaft (Eucharistie) und den Mitvollzug wichtiger Familienereignisse (Sakramente).

Der katholischen Kirche im ganzen eignet es, unverlierbar die mit der Fülle der Heilsmittel ausgestattete Familie Gottes, m.a.W. bleibend «Kernfamilie», zu sein.[27] Das schließt aber nicht aus, daß es in

---

[26] Das Ökumenismusdekret verwendet hauptsächlich Begriffe aus dem Familienbereich, spielt dann in n. 3 durch den Begriff «incorporati» bezüglich der getrennten Brüder auf das Bild des Leibes an, wobei der in diesem Zusammenhang problematische Begriff «Corpus» [der die «Kirche» meint] vermieden und von einer Eingliederung «in Christus» gesprochen wird. Der Unterschied in der Zuordnung zwischen den Orthodoxen und den westlichen getrennten Christen zur katholischen Kirche wird zwar in seinen Elementen ausgeführt, die begriffliche Charakteristik als «Verbindung in ganz enger Verwandtschaft» [*arctissima necessitudine ... coniunguntur*; Orthodoxe in *UR* 15], bzw. als «Bindung in besonderer Nähe und Verwandtschaft» [*peculiari affinitate ac necessitudine iunguntur*; Protestanten in *UR* 19] hält allerdings mit dieser Klärung nicht Schritt.

[27] Darin ist die Formulierung aus der Const. dog. *LG* 8: *AAS* 57 (1965), 12: "Haec Ecclesia, in hoc mundo ut societas constituta et ordinata, subsistit in Ecclesia

der sichtbaren katholischen Kirche Getaufte gibt, die zwar weiterhin «im Hause wohnen», nach außen der «Familie» zugehören und auch an manchen ihrer Vollzüge teilnehmen, die sich in ihrem Inneren aber von der Familie derart entfernt haben, daß ihr «Familienleben» als gestorben zu erachten ist; sei es durch explizite Ablehnung der Familie oder ihrer Glieder, sei es durch ein Verhalten, das sich radikal und in wesentlichen Angelegenheiten der Familie oder ihren Grundprinzipien entgegenstellt.

Anders sind jene zu beurteilen, die im Blick auf ihre Trennung von der katholischen Kirche «Häretiker» und «Schismatiker», im Sinne des Vaticanum II aber unter positiver Anerkennung der bleibenden Verbundenheit besser «getrennte Brüder» zu nennen sind. Dabei ist eine Unterscheidung zwischen persönlich schuldhaft bzw. unschuldig Getrennten auch danach festzuhalten, ob sie willens sind, in jener Weise die volle und sichtbare Gemeinschaft der Familie Gottes — auch unter dem Eingeständnis eigener Fehler — zu suchen, in der sie in ihren Gewissen die Verpflichtung dazu erkennen.[28]

Aufgrund ihrer Wiedergeburt aus der Taufe bleiben jene, die sich in Fragen der Lehre mehr oder weniger weit von der wahren Kirche entfernt haben, dennoch aus der Familie abkünftig und auf sie hingeordnet, ja in bestimmter Weise ihr auch zugehörig. Dabei kann durch die Modellvorstellung der Familie weiter unterschieden werden: nach «getauften Atheisten», die bis zur Aufgabe des «Familiennamens» («Christ») und zur offiziellen Abkehr von ihrer Religionszugehörigkeit ablehnen, zur Familie zu gehören; nach jenen, die die «Familientradition», d.h. ihr «Erbe» als ganzes oder in wesentlichen Teilen zurückgewiesen oder verloren haben; nach jenen, die am «Familienleben», insbesondere an der «Tischgemeinschaft» (Eucharistie) und den «wichtigen Familienereignissen» (Sakramente) nicht teilnehmen wollen oder es aufgrund unüberbrückbarer Widersprüche in ihren Auffassungen, die mit dem Familienleben und dem Familiengeist nicht zu verbinden sind, nicht können. Andere haben zwar im wesentlichen den

---

catholica, a successore Petri et Episcopis in eius communione gubernata, …", in einer Weise ausgesagt, die erkennen läßt, daß die Kirchlichkeit anderer christlicher Gemeinschaften immer auch «Verwandtschaft» zur katholischen Kirche bedeutet.

[28] Wenn in diesem Zusammenhang vom biblischen Gleichnis des barmherzigen Vaters und der Heimkehr des «verlorenen Sohnes» (Lk 15,11-32) die Rede ist, so gilt es zu beachten, daß die Analogie nicht nur und auch nicht in erster Linie dem zurückkehrenden, sondern auch dem älteren Sohn gelten muß, der zwar immer beim Vater und im Haus (in der Familie) verblieben ist, dessen Reaktion bei der Heimkehr des Bruders aber Gefahr läuft, sich derart gegen die Einheit der Familie zu stellen, daß er letztlich selbst derjenige ist, der außer Hauses verbleibt. Darin ist sowohl eine falsche «katholische Selbstsicherheit und Überheblichkeit», die «Annahme, selbst nicht der Bekehrung zu bedürfen» als auch jede «ökumenische Unversöhnlichkeit» zurückgewiesen.

«Namen», das «Erbe» und die «grundlegenden Lebensvollzüge der Familie» bewahrt, stehen aber in bestimmter Unversöhnlichkeit und Mißachtung zu anderen Gliedern der Familie und ihren ihnen darin zufallenden Aufgaben, insbesonders aber zu jenen, die darin die Vaterschaft verkörpern. Dabei ist die Tatsache des Bruches im Familienzusammenhalt ganz unabhängig von der Frage, wer dafür die Schuld in welcher Weise trägt, zu konstatieren.

Stand im Blick auf die «getrennten Brüder» die bleibende familiäre Verbundenheit aufgrund der Wiedergeburt der Taufe im Vordergrund der Verhältnisbestimmung, dann muß hinsichtlich der «Nichtchristen» ein anderes Zuordnungsmodell gefunden werden, das sowohl die universale Berufung zur Gemeinschaft der Menschen mit Gott und untereinander als auch den Absolutheitsanspruch der Kirche als universales Heilssakrament berücksichtigt. Versteht man die Kirche als Familie Gottes, bietet sich das Bild der altorientalischen Großfamilie an, an deren Gemeinschaft nicht nur die leiblich Verwandten Anteil haben, wenngleich der wesentliche Unterschied zwischen den geborenen Kindern und den anderen immer aufrecht bleibt. In vorsichtiger und begrenzter Anwendung der Analogie, die nicht in Richtung des «Dienstverhältnisses» auszuführen ist, könnte hierbei auf die «Freiheit der Kinder Gottes» hingewiesen und auf die paulinische Unterscheidung zwischen den «unfreien Sklaven» (der Sünde, der Unwissenheit und der Leidenschaften) und den freien und immer mehr mündigen «Kindern» zurückgegriffen werden. Daraus würde deutlich, daß Freiheit und (geoffenbarte) Wahrheit eng zusammenhängen. Die Möglichkeit, daß Momente der Wahrheit auch außerhalb der wahren Kirche zu finden sind, bliebe dabei offen. Zugleich aber würde sichtbar, daß diese letztlich immer auch als Momente der Familientradition anzusehen sind. Das sakramentale Wesen der Familie Gottes beinhaltet schließlich die Sorge der Familie für jene, die nicht ihre Kinder sind und die — aus welchem Grund immer — nicht durch Adoption und Wiedergeburt sichtbar zu Kindern jener Familie werden können oder wollen.

ZWEITER TEIL

ANSÄTZE ZU EINER
«FAMILIA-DEI-EKKLESIOLOGIE»

DRITTES KAPITEL

EXEMPLARISCHE VERÖFFENTLICHUNGEN
ZUM *FAMILIE-GOTTES-THEMA*

Die Erörterungen des ersten Teiles über Stellung und Bedeutung des *familia-Dei-Konzeptes* haben ergeben, daß eine *Ekklesiologie* der *Familie Gottes* im Zweiten Vatikanischen Konzil und in den nachfolgenden Bischofssynoden ein sicheres Fundament findet und aus ersten darin enthaltenen systematischen Entfaltungen eine Grundorientierung erhält. Es konnte somit aufgewiesen werden, daß jene Ekklesiologie einen authentischen Zugang zum Geheimnis der Kirche und zu ihrer Sendung gemäß dem Vaticanum II darstellt. Um aber den Ansprüchen einer *dogmatisch-theologischen Ekklesiologie* zu genügen, muß darüber hinaus diese auch im großen Strom christlicher Offenbarung und kirchlicher Tradition begründbar sein und müssen wenigstens die Hauptelemente systematisch theologisch geklärt und dargestellt werden. Ehe aber eine *familia-Dei-Ekklesiologie* in ihren Grundlinien entworfen wird, sichtet das dritte Kapitel die vorhandene Literatur zum *Familie-Gottes-Thema*. Es erhebt, was daraus an brauchbaren und gültigen Erkenntnissen ekklesiologisch direkt nutzbar gemacht werden kann oder was kontrastierend zu einer tieferen Durchdringung des Themas beiträgt.

3.1. KIRCHE ALS *FAMILIE UNTER EINEM GEMEINSCHAFTLICHEN, MORALISCHEN VATER* IN DER RELIGIONSPHILOSOPHIE KANTS

Immanuel Kant (1724-1804) hat im eigentlichen Sinn weder eine «*familia-Dei-Ekklesiologie*» entfaltet noch einen Traktat «*De Ecclesia*» vorgelegt. Dennoch fällt ein bemerkenswertes «systematisches Interesse am Begriff der Kirche» innerhalb seiner religionsphilosophischen Erörterungen auf.[1] Weite Teile seiner *Religion innerhalb der Grenzen der bloßen Vernunft*, aber auch Gedanken in anderen Veröffentlichungen, wenden sich diesem Thema zu.[2] *Die Religion innerhalb der Grenzen der bloßen Vernunft* sollte als eines der Hauptwerke Kants die religionsphilosophische Grundfrage «*Was darf ich hoffen?*» beantworten, nachdem er sich zuvor bereits mit der erkenntnistheoretischen Frage «*Was kann ich wissen?*» in seiner *Kritik der reinen Vernunft* [1781] sowie mit der moralphilosophischen Frage «*Was soll ich tun?*» in der *Kritik der praktischen Vernunft* [1788] auseinandergesetzt hatte.

In seinem religionsphilosophischen Hauptwerk geht es Kant darum, die *eine, allgemeine natürliche Religion* zu entfalten und zu würdigen[3], die aus der Moral hervorgeht, ohne daß diese der Religion zu ihrer Begründung bedarf.[4] Kant will bewußt methodisch innerhalb der Grenzen der Philosophie verbleiben, was seiner Ansicht nach nicht ausschließt, sich auch die Bibel zunutze zu machen.[5] Der natürlichen Vernunftreligion stellt er Formen geschichtlicher Offenbarungsreligion gegenüber, ohne aber dadurch das Christentum herabwürdigen bzw. die *Möglichkeit* übernatürlicher Offenbarung grundsätzlich bestreiten

---

[1] Vgl. K. BARTH, *Die protestantische Theologie im 19. Jahrhundert. Ihre Vorgeschichte und ihre Geschichte*, Zürich 1947 [³1961], 257f.; [zit.: Demgegenüber fällt sein gelebtes Desinteresse an der Teilnahme am (protestantischen) kirchlichen Leben auf (vgl. ebd. 238).

[2] Vgl. I. KANT, *Die Religion innerhalb der Grenzen der bloßen Vernunft* [1793]: *Kants Werke. Akademie Textausgabe VI*, Berlin 1907/14, 1-202; DERS., *Der Streit der Facultäten* [hg. 1798; entstanden 1793-1794]: *Kants Werke. Akademie Textausgabe VII*, Berlin 1907/17, 1-116; DERS., *Das Ende aller Dinge* [1794]: *Kants Werke. Akademie Textausgabe VIII*, Berlin 1912/23, 325-339. Die Entstehung aller drei Werke fällt in die Zeit nicht lange nach der Französischen Revolution [1789], "deren Ausbruch und Entwicklung Kant mit höchster Aufmerksamkeit und ... mit fast kindlicher Sympathie und Erwartung verfolgt hat" (vgl. BARTH, *Protestantische Theologie*, 241) und in eine späte wie reife Schaffensperiode.

[3] Vgl. KANT, *Religion*, 6 u. DERS., *Streit*, 8. «Religion» ist nach Kant "nicht der Inbegriff gewisser Lehren als göttlicher Offenbarungen (denn der heißt Theologie), sondern der aller unserer Pflichten überhaupt als göttlicher Gebote (und subjektiv der Maxime, sie als solche zu befolgen) ... Religion unterscheidet sich nicht der Materie, d.i. dem Objekt, nach in irgend einem Stücke von der Moral, denn sie geht auf Pflichten überhaupt, sondern ihr Unterschied von dieser ist bloß formal, d.i. eine Gesetzgebung der Vernunft, um der Moral durch die aus dieser selbst erzeugten Idee von Gott auf den menschlichen Willen zu Erfüllung aller seiner Pflichten Einfluß zu geben" (*Streit*, 36). Das Christentum (zumindest in einer ganz auf das Moralische ausgerichteten Interpretation) versteht Kant als die vollkommenste Annäherung an die «wahre Religion».

[4] Vgl. die Vorrede zur ersten Auflage: KANT, *Religion* 3 u. 6: "Moral also führt unumgänglich zur Religion, wodurch sie sich zur Idee eines machthabenden moralischen Gesetzgebers außer dem Menschen erweitert, in dessen Willen dasjenige Endzweck (der Weltschöpfung) ist, was zugleich der Endzweck des Menschen sein kann und soll."

[5] Vgl. ebd. 10.

zu wollen.[6] Zu diesem Vorgehen sieht er sich durch die Aufgabe der Philosophie, andere Wissenschaften, also auch die Theologie, im Licht der Vernunft kritisch hinsichtlich ihrer Wahrheit zu prüfen, veranlaßt, ja sogar verpflichtet.[7]

Auch der vierteilige Aufbau der *Religion innerhalb der Grenzen der bloßen Vernunft* läßt die grundlegende moralische Ausrichtung der Religionsphilosophie Kants erkennen. Der erste Teil handelt von der «*Einwohnung des bösen Prinzips neben dem guten, d.i. vom radikalen Bösen in der menschlichen Natur*»[8], durch das der Mensch immer wieder geneigt ist, dem moralischen Gesetz zuwiderzuhandeln. Der zweite und dritte Teil stellen den Kampf des guten mit dem bösen Prinzip sowie den Sieg des ersteren dar, der darin besteht, daß der Mensch entsprechend seiner Freiheit und unterstützt durch ein *ethisch gemeines Wesen* mehr und mehr darin fortschreitet, mit lauterer Gesinnung gemäß dem ihm innewohnenden Sittengesetz zu handeln. Der vierte Teil stellt dem wahren, d.h. *moralischen*, Gottesdienst der natürlichen Religion den «ethisch indifferenten» und «nutzlosen *Afterdienst*» im statutarischen Kirchenglauben wie im allein durch Gehorsam gegenüber willkürlichen (nicht allgemein vernunfteinsichtigen) Gesetzen und Observanzen begründeten sogenannten «*Pfaffenthum*» gegenüber.

Der Sieg des guten Prinzips über das Böse ist nach Kant durch die Vergemeinschaftung des Menschen, die im *Sich-untereinander-immer-wieder-Vergleichen* böse Neigungen und Leidenschaften weckt, bedroht.[9] Deshalb ist die Errichtung und Ausbreitung eines «ethisch gemeinen Wesens», einer «Gesellschaft nach Tugendgesetzen» zur Erhaltung der Moralität und zum Kampf gegen das Böse erforderlich.[10] Insofern die Pflicht, tugendgemäß zu handeln, nicht nur den Menschen als Individuum betrifft, sondern die ganze Gattung jenes vernünftigen Wesens objektiv dazu bestimmt ist, das höchste sittliche Gut zu fördern, schließt die Idee des ethisch gemeinen Wesens seine *Allgemeinheit* ein. Die Errichtung eines solchen allgemeinen ethisch

---

[6] Vgl. KANT, *Streit*, 8 u. 6; zum Titel der Abhandlung «*Religion innerhalb der Grenzen der bloßen Vernunft*» merkt er an: "Diese Betitelung war absichtlich so gestellt, damit man jene Abhandlung nicht dahin deutete: als sollte sie die Religion *aus* bloßer Vernunft (ohne Offenbarung) bedeuten; denn das wäre zuviel Anmaßung gewesen: weil es doch sein konnte, daß die Lehren derselben von übernatürlich inspirierten Männern herrührten; sondern daß ich nur dasjenige, was im Text der für geoffenbart geglaubten Religion, der Bibel, *auch durch bloße Vernunft* erkannt werden kann, hier in einem Zusammenhange vorstellig machen wollte."

[7] Vgl. ebd. 19f., 28 u. 32-35.

[8] In bemerkenswerter Weise hat KANT offenbar die Bedeutung der Lehre über das Böse (d.h. im christlichen Denken der *Erbsündenlehre*) als Voraussetzung der Entfaltung der Ekklesiologie erkannt.

[9] Vgl. KANT, *Religion*, 93-100.

[10] Vgl. KANT, *Religion*, 94.

gemeinen Wesens beruht nicht auf juridischen, durch das Volk selbst gegebenen Gesetzen, die auf *Legalität* in der bloßen äußeren Befolgung derselben abzielen. Es baut vielmehr auf den allgemeinen innerlichen Gesetzen der *Moralität* auf, weshalb es dazu der Voraussetzung der Idee eines höheren moralischen Wesens bedarf, das auch die moralische *Gesinnung* des Menschen zu beurteilen vermag.[11] Daran anschließend stellt Kant an den Beginn des vierten Unterpunkts, in dem der Begriff der *Familie* auf die Kirche angewendet wird, als These:

> "Die Idee eines Volkes Gottes ist (unter menschlicher Veranstaltung) nicht anders als in der Form einer Kirche auszuführen."[12]

Kant vollzieht nun den Schritt von der «erhabenen, nie völlig erreichbaren Idee eines ethischen gemeinen Wesens», der *unsichtbaren* Kirche also, die kein Gegenstand menschlicher Erfahrung sein kann[13], zur *sichtbaren* Kirche als menschlicher «*Veranstaltung*» oder Verwirklichung derselben in verkleinerter Form und gleichsam gezimmert aus krummem Holz, aus dem *nie etwas völlig Gerades* entstehen kann.[14] Den dabei offenbar zwischen der sichtbaren und der unsichtbaren Kirche bestehenden Graben versucht Kant durch den Gedanken zu überbrücken, daß der Mensch angesichts der Vernunftidee der unsichtbaren Kirche in sich die Pflicht erkennt, nicht untätig bleiben zu dürfen und eine Kirche zu stiften, selbst wenn manche derartige Versuche der Menschen zuvor fehlgeschlagen sind.[15] Da die sichtbare Verwirk-

---

[11] Vgl. ebd. 98-100. Das *ethische gemeine Wesen* ist insofern Volk Gottes, als [ebd. 99; Herv. im Orig.] "nur ein solcher als [sein] oberster Gesetzgeber ... gedacht werden [kann], in Ansehung dessen alle *wahren Pflichten*, mithin auch die ethischen, *zugleich* als seine Gebote vorgestellt werden müssen; welcher daher auch ein Herzenskündiger sein muß, um auch das Innerste der Gesinnungen eines jeden zu durchschauen und, wie es in jedem gemeinen Wesen sein muß, jedem, was seine Taten wert sind, zukommen zu lassen. Dieses aber ist der Begriff von Gott als einem moralischen Weltherrscher. Also ist ein ethisches gemeines Wesen nur als ein Volk unter göttlichen Geboten, d.i. als ein *Volk Gottes*, und zwar *nach Tugendgesetzen*, zu denken möglich." In der Folge räumt KANT ein, daß auch ein Volk Gottes nach *statutarischen Gesetzen* zumindest denkbar bleibt.

[12] Ebd. 100; vgl. 100-102.

[13] Vgl. ebd. 101. Diese ist die "bloße Idee von der Vereinigung aller Rechtschaffenen unter der göttlichen unmittelbaren, aber moralischen Weltregierung, wie sie jeder vom Menschen zu stiftenden zum Urbilde dient".

[14] Vgl. ebd. 100f. Die sichtbare Kirche ist dagegen nach KANT zu verstehen als "die wirkliche Vereinigung der Menschen zu einem Ganzen, das mit jenem Ideal zusammenstimmt" (ebd. 101).

[15] Vgl. ebd. 100f. u. 105f. Offenbar mit Blick auf die christliche Kirche und ihre Stiftung schwächt Kant dabei seine Aussage über die rein menschliche Stiftung der sichtbaren Kirche ab, weil es "Eigendünkel sein würde, schlechtweg zu leugnen, daß die Art, wie eine Kirche angeordnet ist, nicht vielleicht auch eine besondere göttliche Anordnung sein könne, wenn sie, soviel wir einsehen, mit der moralischen Religion in der größten Einstimmung ist, und noch dazu kommt, daß, wie sie ohne die gehörig

lichung eines moralischen Reiches Gottes nach Kant über die Weisheit des Menschen hinausgeht, räumt er auch eine Urheberschaft Gottes bei der Stiftung der sichtbaren Kirche ein. Dabei unterscheidet er zwischen der *Konstitution* der Kirche, deren Urheber allein Gott als der Erwecker ihrer Idee sein kann, und der *Organisation*, die ihre sinnliche Form meint und — wie Kant an dieser Stelle klar feststellt — *in allen Fällen* der Urheberschaft ihrer menschlichen Glieder überlassen ist.[16]

Es mag verwundern, daß Kant, nachdem er die Stiftung der sichtbaren Kirche als unvollkommenes Menschenwerk dargestellt hat, dennoch dazu fortschreitet, von «*der wahren* Kirche» zu sprechen.[17] Diese kennzeichnet er durch vier Erfordernisse, die — wie K. Barth überzeugend aufweist[18] — als Deutung der *notae Ecclesiae* der traditionellen christlichen Kirchenlehre zu verstehen sind. Der wahren Kirche eignet (1) *Allgemeinheit*, insofern sie wenigstens ihrer Anlage nach auf die Vereinigung aller Menschen zu einem einzigen ethischen gemeinen Wesen abzielt und (2) dessen *Beschaffenheit* bzw. Vereinigungsprinzip gemäß der *Lauterkeit der moralischen Triebfeder* zu werten ist. Sie muß sich (3) in ihren inneren wie äußeren Verhältnissen durch *Freiheit* und (4) ihrer *Konstitution* nach durch *Unveränderlichkeit* auszeichnen, was der Tatsache keinen Abbruch tut, daß ihre *Administration* auf geschichtlichen, d.h. zufälligen und deshalb auch veränderlichen Anordnungen beruht.

Der folgende Absatz faßt die Erörterungen über die wahre sichtbare Kirche unter Einbeziehung des Verständnisses der Kirche als Familie in einer Weise zusammen, die als «ekklesiologische Kurzformel» Kants gelten kann.[19] Auf den ersten Blick fällt eine ganze

---

vorbereiteten Fortschritte des Publikums in Religionsbegriffen auf einmal habe erscheinen können, nicht wohl eingesehen werden kann".

[16] Vgl. ebd. 151f. "In der Tat ist es auch ein widersinnischer Ausdruck, daß *Menschen* ein Reich Gottes *stiften* sollten ...; Gott muß selbst der Urheber seines Reichs sein. Allein da wir nicht wissen, was Gott unmittelbar tue, um die Idee seines Reichs, in welchem Bürger und Untertanen zu sein wir die moralische Bestimmung in uns finden, in der Wirklichkeit darzustellen, aber wohl, was wir zu tun haben, um uns zu Gliedern desselben tauglich zu machen, so wird diese Idee, sie mag nun durch Vernunft oder durch Schrift im menschlichen Geschlecht erweckt und *öffentlich* geworden sein, uns doch zur Anordnung einer Kirche verbinden, von welcher im letzteren Fall Gott selbst als Stifter der Urheber der *Konstitution*, Menschen aber doch als Glieder und freie Bürger dieses Reichs in allen Fällen die Urheber der *Organisation* sind" (ebd. 152).

[17] Vgl. ebd. 101: "Die wahre (sichtbare) Kirche ist diejenige, welche das (moralische) Reich Gottes auf Erden, so viel es durch Menschen geschehen kann, darstellt."

[18] Vgl. BARTH, *Protestantische Theologie*, 258.

[19] Vgl. KANT, *Religion*, 102 (Zeile 16-28). Im Anschluß daran scheint es nicht unangebracht, die Kantsche Kirchenlehre (zumindest insofern sie sich mit der sichtbaren Kirche beschäftigt) im Konzept der *Kirche als Familie* zusammenzufassen. Ein derartiger Versuch findet sich bei: U. KERN, *Kirche als «Hausgenossenschaft» der*

Reihe von Aussagen auf, die ebenso aus einer theologisch konzipierten Ekklesiologie christlicher Prägung stammen könnte: die eschatologische Ausrichtung der Kirche; die Andersartigkeit ihrer Verfassung im Vergleich zum politischen Gemeinwesen; ihre Rückbindung an Gott den Vater und den Sohn und die — sofern man die Rede von der *Herzensvereinigung* auf den Heiligen Geist bezieht — trinitarische Strukturierung derselben; die Stellung des Sohnes als Offenbarer des Vaters und seines Willens wie als Mittler zwischen ihm und den Menschen, die seine Brüder geworden sind; der viergliedrige (die Gemeinschaft der Kirche beschreibende) Abschluß der Formel, der wiederum an die Lehre von den *notae Ecclesiae* erinnert. Bevor allerdings ein gültiges Urteil über eine mögliche Übereinstimmung bzw. Ähnlichkeit der Sicht Kants mit der christlichen Ekklesiologie getroffen werden kann, muß — auch unter Berücksichtigung von Äußerungen an anderer Stelle — geklärt werden, wie er selbst die gebrauchten ekklesiologischen Kernbegriffe verstanden wissen will.

Die *Kirche*, von der Kant spricht, ist rein ethisch zu verstehen, d.h. ihr einziges berechtigtes Ziel ist die Förderung der Moralität. Im Verhältnis zum *Reich Gottes*, zur *triumphierenden Kirche*, der Herrschaft des guten Prinzips und der vollkommenen Moralität als Inbegriff der unveränderlichen Vernunftreligion, bleibt sie *bloße Repräsentantin* und ihr Glaube ein *Vehikel* oder *Leitmittel*[20]. Auch wenn sich die Kirche immer nur in unendlicher Annäherung auf das Reich Gottes hinzubewegt, kann man nach Kant auch begründet sagen, daß das Reich Gottes bereits gekommen ist, wenigstens als Prinzip des allmählichen Überganges vom historisch-statutarischen Kirchenglauben hin zur allgemeinen Vernunftreligion. Dieser Übergang aber ist der Prozeß der *wahren Aufklärung*, der bereits begonnen hat und der die Auflösung aller *erniedrigenden Zwangsmittel* in Religionsangelegenheiten hin zu einem *freien Glauben* betreibt.[21]

Freien. Grundstrukturen der Ekklesiologie Immanuel Kants, in: *ThLZ* 109 (1984), 705-716. Dieser Beitrag wurde am 12.4.1984 als Antrittsvorlesung an der Sektion Theologie der Friedrich-Schiller-Universität Jena gehalten und ist — soweit sich überblicken läßt — die einzige Veröffentlichung, die sich ausdrücklich und ausführlich mit der Kirche als Hausgenossenschaft (Familie) bei KANT auseinandersetzt.

[20] Zur Bedeutung des *Reiches Gottes* bei KANT vgl. ebd. 115-124 u. 134-136; die Ausdrücke *Vehikel* bzw. *Leitmittel* sind *termini technici* der Pharmazeutik zur Zeit KANTS und bedeuten eine Trägersubstanz, die dazu dient, eine andere Substanz als sie selbst zu befördern (vgl. BARTH, *Protestantische Theologie*, 254). Die Kirche heißt bei KANT auch *streitende Kirche*, da der Streit über ihre (*geschichtlichen*) Glaubenslehren nicht zu vermeiden ist (vgl. KANT, *Religion*, 115).

[21] Vgl. KANT, *Religion*, 122-124 u. 178f. Dieser Übergang läßt sich nach Kant auch im Blick auf die *Universalhistorie* des Menschengeschlechts (vor allem in der Ablösung des Judentums durch das Christentum) erkennen (vgl. ebd. 124-136).

Obwohl die *Verfassungsform* der Kirche zu ihrer *Organisation* gehört und deshalb nach Kant rein menschlicher Urheberschaft entstammt und der Zufälligkeit unterliegt, weist er die dem politischen Gemeinwesen eigenen Verfassungsformen der *Monarchie* (päpstliche Herrschaft), der *Aristokratie* (bischöfliche Herrschaft) wie auch der *Demokratie* (sektirischer Illuminatismus) als der Kirche unangemessen zurück, um dem die Form der *Hausgenossenschaft*, der *Familie* als geeignetste gegenüberzustellen.[22] Die darauffolgende nähere Kennzeichnung der Kirche als Familie verbleibt jedoch nicht in den thematischen Grenzen *kirchlicher Verfassung*, sondern holt überblickshaft zentrale christliche Wahrheiten in die religionsphilosophische Kurzdarstellung der Kirche ein:

> "Ein ethisches gemeines Wesen also, als Kirche, d.i. als bloße *Repräsentantin* eines Staates Gottes, betrachtet, hat eigentlich keine ihren Grundsätzen nach der politischen ähnliche Verfassung. ... Sie würde noch am besten mit der einer Hausgenossenschaft (Familie) unter einem gemeinschaftlichen, obzwar unsichtbaren, moralischen Vater verglichen werden können, sofern sein heiliger Sohn, der seinen Willen weiß und zugleich mit allen ihren Gliedern in Blutsverwandtschaft steht, die Stelle desselben darin vertritt, daß er seinen Willen diesen näher bekannt macht, welche daher in ihm den Vater ehren und so untereinander in eine freiwillige, allgemeine und fortdauernde Herzensvereinigung treten."[23]

U. Kern faßt in seiner Jenaer Antrittsvorlesung die Ekklesiologie Kants unter dem Titel der *Hausgenossenschaft (Familie) der Freien* und näherhin im Gedanken der *freien Herzensvereinigung* zusammen.[24] Unter Berufung vor allem auf die kleine Schrift *Das Ende aller Dinge*[25]

---

[22] Vgl. ebd. 102 u. 179f. Scharfe Kritik richtet KANT gegen die historische, hierarchische Verfassungsform der [katholischen] Kirche, die sich seiner Ansicht nach von der (ganz auf die Vernunftreligion ausgerichteten) Botschaft ihres Stifters abgewandt habe. Dieses — wie er es nennt — «*Pfaffenthum*» ersetze das allgemeine Gesetz der wahren Religion durch Statute und Observanzen, die zum «*Fetischdienst*» und Aberglauben anleiten und durch Gehorsamsforderung den Menschen ihre moralische Freiheit raubten (vgl. ebd. 151-202, bes. 179f.). Die Kritik richtet sich insbes. gegen die Leitungsgewalt in der Kirche, den Papst («*angemaßter Statthalter Gottes*»; ebd. 131) wie gegen die Unterscheidung von Klerus und Laien überhaupt. Durch den Prozeß der Aufklärung — so ist KANT überzeugt — werden sich alle diese vergänglichen geschichtlichen Formen auflösen hin zur Freiheit unter der Herrschaft von Vernunft und Moralität (vgl. ebd. 122: "Der erniedrigende Unterschied zwischen *Laien* und *Klerikern* hört auf, und Gleichheit entspringt aus der wahren Freiheit, jedoch ohne Anarchie, weil ein jeder zwar dem Gesetz gehorcht, das er sich selbst vorschreibt, das er aber auch zugleich als den ihm durch die Vernunft geoffenbarten Willen des Weltherrschers ansehen muß, der alle unter einer gemeinschaftlichen Regierung unsichtbarer Weise in einem Staate verbindet, welcher durch die sichtbare Kirche vorher dürftig vorgestellt und vorbereitet war").

[23] KANT, *Religion*, 102.

[24] Vgl. im folgenden U. KERN, *Kirche*, 713-716.

[25] Vgl. KANT, *Ende*, bes. 336-339.

legt Kern dar, daß nach Kant das Christentum gemäß seinem *Stifter*
nicht auf Gehorsam gegenüber dessen Befehlen und auf Autorität,
sondern vielmehr auf *Liebe, Liebenswürdigkeit, Freiwilligkeit* und einer
liberalen Denkungsart beruhe, nach denen der Mensch unter dem
Gefühl der Freiheit von selbst zu einem entsprechenden moralischen
Handeln gelange. Diese Option für eine *Ekklesiologie der Freiheit und
der Liberalität* definiere *Kants wahre Kirche*. Und damit liege Kant,
der seine Kirche, gereinigt von allem *Unfreien, Statutarischen* und
kultisch Verbrauchten, am Ideal der unsichtbaren Kirche *wahrer sittlicher Religiosität* orientiere — so folgert Kern —, auf der Linie der
Reformatoren und des Protestantismus.[26] Entsprechend dazu zeige sich
die theologische Relevanz der religionsphilosophischen Ekklesiologie
Kants besonders im Verständnis der Kirche als *Familie*:

> "Wenn Immanuel Kant die Kirche als eine «Hausgenossenschaft» bzw.
> «Familie» der Freien unter einem gemeinschaftlichen Vater versteht,
> dann ist hier nicht nur Nähe zu Luther festzustellen, dann ist das bibli-
> sche Bild der Gemeinde Jesu Christi, das aktual prägend und zu-
> kunftsorientiert ist, getroffen. Theologische Ekklesiologie und Kirche
> sind daran zu orientieren. Gleiches gilt, wenn Immanuel Kant vom lie-
> benswürdigen, sanften Geist des Christentums spricht, der diese
> «Hausgenossenschaft» der Freien bestimmt. Offen nach innen und außen
> ist dieses Freisein in der Hausgenossenschaft der sanften Freien. Es ist
> und lebt in Freiheit und Gebundenheit Verantwortung für das Ganze."[27]

Kern liegt sicher nicht falsch, wenn er die große Bedeutung, die
Kant dem Begriff der Freiheit zumißt, hervorhebt und die Kirche als
Familie in diesem Kontext interpretiert.[28] Allerdings ist zu bezweifeln,

---

[26] Vgl. U. KERN, *Kirche*, 714: "Dieses «liebenswürdige», durch «liberale Denkungsart» — entfernt von «Sklavensinn» und «Bandenlosigkeit» -, durch Aufrichtigkeit
und Lauterkeit, durch das «Gefühl der Freiheit» «die Herzen der Menschen» gewinnende Christentum definiert Kants wahre Kirche. Kant optiert nachdrücklich in seiner
Ekklesiologie für Freiheit und Liberalität. Sein leidenschaftlicher Protest gilt den
Strukturen und Observanzen von Unfreiheit in der Kirche. Für ihn lebt Kirche aus der
(christologischen) sittlichen liebenswürdigen Freiheit ihres Stifters. Kant ist auch der
Protestant der ekklesiologischen Freiheit. Er will die Freiheit des einzelnen in Kirche
und Religion fundamental entfaltet sehen. Hier steht Kant auf der Basis der protestantischen Freiheit, auf den Schultern der Reformatoren."

[27] Vgl. ebd. 715. Die Nähe zu LUTHER ortet KERN bes. im Begriff der «Hausgenossenschaft».

[28] Das gilt zumindest, solange diese Sicht nicht absolut bzw. als die einzige
richtige Interpretation angesehen wird. Deshalb scheint die Aussage KERNS problematisch, daß KANT auf diese Weise die wahre Kirche *definiere* (vgl. ebd. 714). KANT
selbst (vgl. *Religion*, 101f.) «definiert» nämlich die *wahre* (sichtbare) *Kirche* als
"diejenige, welche das (moralische) Reich Gottes auf Erden, so viel es durch
Menschen geschehen kann, darstellt" (ebd. 101), und gibt vier Kennzeichen für sie an,
von denen nur *eines* direkt im Zusammenhang der Freiheit steht. Das "wichtigste
Merkmal" für die "Wahrheit" einer Kirche (vgl. *Religion*, 109, 115 u.a.) ist dabei ihre
Allgemeinheit (aufgrund des allgemeinen *moralischen Gesetzes*). Durch die wiederholte
Formulierung «Hausgenossenschaft (Familie) *der Freien*» erweckt Kern den Eindruck;

daß er damit der Absicht Kants insgesamt gerecht wird.[29] Die Freiheit,
die als Postulat der praktischen Vernunft überhaupt nur aufgrund des
allgemeinen und jedem Menschen ins Herz geschriebenen moralischen
Gesetzes erkennbar ist und daraus auch ihre *Wirklichkeit* schöpft, bleibt
bei Kant nämlich ganz im Dienst der Moralität und dieser untergeordnet. Es geht also vor allem um die Befreiung von äußeren Zwängen,
d.h. um die *Aufklärung*[30], damit der Mensch, geleitet durch den selbständigen Gebrauch seiner Vernunft, fähig wird, wahrhaft moralisch
gut zu handeln. Und durch dieses *eigene* moralische *Tun* des einzelnen,
ja streng genommen sogar *in ihm* (und gerade nicht durch *Glauben* an
etwas Übernatürliches) soll der Mensch die *Glückseligkeit* erlangen.[31]

---

als ob auch der Zusatz *der Freien* von KANT stammen würde (vgl. U. KERN, *Kirche*,
705, 713 u. 715), wogegen dieser selbst von der «Hausgenossenschaft (Familie) *unter
einem gemeinschaftlichen ... moralischen Vater*» spricht (vgl. *Religion*, 102).

[29] Hier müßte die Bedeutung der Kantschen Rede über die *Freiheit des
Glaubens* und in der Kirche in bezug auf den transzendentalen Begriff, die Idee der
Freiheit als *Postulat der praktischen Vernunft*, die zwar nicht empirisch feststellbar,
aber aufgrund der Tatsache des inneren moralischen Gesetzes doch *wirklich* ist,
geklärt werden. Vgl. dazu: W. WEISCHEDEL, *Der Gott der Philosophen. Grundlegung
einer Philosophischen Theologie im Zeitalter des Nihilismus*, Bd. 1, München ²1985,
206-208; BARTH, *Protestantische Theologie*, 243-247.

[30] Zum Zusammenhang *Religion-Freiheit (der Kinder Gottes)-Aufklärung* vgl.
KANT, *Religion*, 123* u. 178-185; DERS., *Ende*, 336-339. Was KANT unter *Aufklärung*
versteht, beantwortet seine kleine Schrift *Beantwortung der Frage: Was ist Aufklärung?* [1784]: *Kants Werke. Akademie Textausgabe VIII. Abhandlungen nach 1781*,
Berlin 1912/23, 33-42, bes. 35: "*Aufklärung ist der Ausgang des Menschen aus seiner
selbst verschuldeten Unmündigkeit. Unmündigkeit* ist das Unvermögen, sich seines
Verstandes ohne Leitung eines anderen zu bedienen. *Selbstverschuldet* ist diese Unmündigkeit, wenn die Ursache derselben nicht am Mangel des Verstandes, sondern
der Entschließung und des Mutes liegt, sich seiner ohne Leitung eines anderen zu bedienen. Sapere aude! Habe Mut, dich deines *eigenen* Verstandes zu bedienen! ist also
Wahlspruch der Aufklärung."

[31] Vgl. KANT, *Religion*, 115-147 u. zur Verhältnisbestimmung *Moralität —
übernatürlicher Glaube*: ebd. 151-202. An dieser Stelle [und in kritischer Anmerkung
zu U. KERN] wird deutlich, daß nicht so einfach und unbefangen eine Verwandtschaft
des Kantschen Freiheitsbegriffes zu dem der Reformatoren [bes. LUTHER] behauptet
werden kann. Da LUTHER gerade die Möglichkeit des Menschen, aus freiem Willen
selbst *Gutes* zu tun, radikal bestreitet (vgl. *Disputatio Heidelbergae habita*, bes. These
13f.: M. LUTHER, *D. Martin Luthers Werke. Kritische Gesamtausgabe*, Bd. 1, Weimar
1883, 353f.: "Liberum arbitrium post peccatum res est de solo titulo, et dum facit
quod in se est, peccat mortaliter. Liberum arbitrium post peccatum potest in bonum
potentia subiectiva, in malum vero activa semper"). Keineswegs soll der Zusammenhang Protestantismus - KANT grundsätzlich geleugnet werden (vgl. z.B. die Lehre vom
radikalen Bösen: KANT, *Religion*, 19-53; die Betonung der *unsichtbaren Kirche*: ebd.
95-124 u.a.), doch ist dieser wohl eher als dialektische Umkehr des Protestantismus
durch KANT zu verstehen. Vgl. E. PRZYWARA, *Kant heute. Eine Sichtung*, München
1930, 47: "Aus *Kants* Gesicht schaut uns der unversöhnte Gegensatz zweier Religiosi-
täten entgegen, deren Kampf gegeneinander das Jahrhundert der Aufklärung kennzeichnet: reformatorische Religiosität eines solchen «Gott allein» des Gottes souveräner
Verdammung und alleinwirksamer Begnadung, daß die Geschöpfnatur seinshaft als
Sünde erscheint und die Vernunft des Menschen «Hure Vernunft» heißt – und auf-

Deshalb bleiben bei Kant *Freiheit* und auch *Liebe* an zweiter Stelle gegenüber der diesen vorausgesetzten *Achtung* vor den *Gesetzen* der Moralität.[32]

Auch die von Kern hervorgehobene *theologische Relevanz* der zitierten Aussage über die Kirche als Familie wie der Kantschen Ekklesiologie insgesamt findet in der strikten moralphilosophischen Auslegung bzw. Umdeutung ihre Grenzen.[33] Was auf den ersten Blick wie theologische (christliche) Konzepte oder Begriffe aussieht, erweist sich bei näherer Betrachtung als Maske, hinter der immer wieder nur eine vergöttlichte Vernunft und Moralität zu finden sind. Der *gemeinschaftliche, obzwar unsichtbare, moralische Vater* ist nicht der Gott des Glaubens und der Bibel, der durch Bund und Gnade in lebendiger, liebender, personaler Beziehung zu den Menschen steht. Er bleibt letztlich einerseits die geschichtlich unwirksame, erfahrungstranszendente Idee des Gesetzgebers der Tugendgesetze, die jeder in sich selbst vorfindet und dadurch andererseits als Postulat der praktischen Vernunft ganz im menschlichen Subjekt, in einer vergöttlichten idealen Humanität:

> "denn eigentlich entspringt der Begriff von der Gottheit nur aus dem Bewußtsein dieser Gesetze und dem Vernunftbedürfnisse, eine Macht anzunehmen, welche diesen den ganzen in einer Welt möglichen, zum sittlichen Endzweck zusammenstimmenden Effekt verschaffen kann"[34].

Als logische Folge eines solchen Gottesbildes ergibt sich, daß der Glaube an die «*Gnade*» nur noch als «*Aberglaube*» und die Rede davon als «*Schwärmerei*» angesehen werden, die dem Ziel der Auf-

---

klärerische Frömmigkeit eines solchen «Deus in nobis» «Gott in uns» in der allschöpferischen Menschenvernunft, daß Gott, der souveräne Gebieter, nur noch Göttlichkeitsschimmer alleingöttlicher «reiner Vernunft» ist. Aber das ist die furchtbare Verkettung, daß die zweite Frömmigkeit im Grund Kind der ersten ist, die ihren Todfeind im Schoße trug. Denn wenn in dem reformatorischen Heilserlebnis Gott und Mensch so sehr eins sind, daß Gott als der alleinwirkende in ihm ist, formen sich nicht da schon die Umrisse einer Lehre, die das ideal Menschliche Gott nennt und das empirisch sündig Menschliche Geschöpf, Gott im Menschen als die «Humanität?»"; vgl. BARTH, *Protestantische Theologie*, bes. 272-278.

[32] Vgl. KANT, *Ende*, 336-339.

[33] Vgl. U. KERN, *Kirche*, 714f. Die als *theologischer Grund* angesehene Aussage Kants, daß die Stiftung eines moralisches Volkes Gottes nur von Gott selbst erwartet werden könne, meint — wie der bei KERN an dieser Stelle weggelassene Kontext verdeutlicht — eine *Idee*, ein *Postulat der praktischen Vernunft*, das der Mensch nirgends anders als in sich selbst findet und das nichts mit dem Gott der Offenbarung und des Glaubens (um den es in der Theologie geht) zu tun hat (vgl. *Religion*, 100). Und nur wenn man die von KANT propagierte moralische Uminterpretation der Bibel voraussetzt, kann man KANTS Kirchenverständnis mit dem «biblischen Bild der Gemeinde Jesu Christi» identifizieren.

[34] Vgl. KANT, *Religion*, 104; zum Gottesbegriff bei KANT ebd. 4-8 u. 137-147; auch die *Trinität* wird moralphilosophisch umgedeutet.

klärung, die eigene Vernunft zu gebrauchen, zuwiderlaufen, wenngleich sich auch die Unmöglichkeit von Gnade nicht positiv beweisen lasse. Oder aber die Gnade wird soweit umgedeutet, daß sie von der Natur nicht mehr zu unterscheiden ist.[35]

Kants wahre sichtbare Kirche als Familie erscheint nicht nur vom *Vater* her «theologisch», sondern auch im *Sohn* «christologisch» bestimmt zu sein; und man meint, in der zitierten Formel wesentliche Elemente der Christologie zu finden, wenn etwa der *heilige Sohn* Offenbarer des Vaters und seines Willens genannt wird, der mit allen Gliedern der Familie in Blutsverwandtschaft steht und als Mittler zu kennzeichnen ist, in dem auch der Vater verehrt wird. Doch gerade in diesen «christologischen» Aussagen Kants[36] tritt wiederum offen die Spaltung zwischen der reinen Idee der Vernunft und dem empirisch feststellbaren Geschichtlichen zutage. Auf der einen Seite steht *der Sohn* als aus der Vernunft zu gewinnende *personifizierte Idee moralischer Vollkommenheit*, als den Menschen gegebenes Vorbild moralischer Gesinnung, durch die sie Kinder Gottes werden können. Der *Sohn* ist damit Abstraktum der in der Schöpfung angezielten gottwohlgefälligen Menschheit, das keiner historischen Realisierung bedarf. Diese *Idee* bildet auch das einzige Objekt des allein *seligmachenden moralischen Glaubens*, weil im Blick auf sie der Mensch hoffen kann, als *neuer Mensch* in reiner Gesinnung gottwohlgefällig zu werden. Auf der anderen Seite wird die Möglichkeit einer erfahrbaren Verwirklichung dieser Idee nicht positiv ausgeschlossen. Allerdings ist die Gestalt des geschichtlichen Jesus die eines Weisheitslehrers und Stifters des Christentums, der in Kantscher Deutung nur insofern Bedeutung und Legitimität erhält, als er jene Idee verwirklicht, als sein Tun und seine Lehre dem allgemeinen moralischen Gesetze in der Vernunft entsprechen und seine Stiftung (die Kirche) die möglichst getreue menschliche Veranstaltung der Idee des moralischen Volkes Gottes ist.

---

[35] Vgl. ebd. 174f., 190-192 (bes. 191: "Der Begriff eines übernatürlichen Beitritts zu unserem moralischen, obzwar mangelhaften Vermögen und selbst zu unserer nicht völlig gereinigten, wenigstens schwachen Gesinnung, aller unserer Pflicht ein Genüge zu tun, ist transzendent und eine bloße. Idee, von deren Realität uns keine Erfahrung versichern kann. – Aber selbst als Idee in bloß praktischer Absicht sie anzunehmen, ist sie sehr gewagt und mit der Vernunft schwerlich vereinbar: weil, was uns als sittliches gutes Verhalten zugerechnet werden soll, nicht durch fremden Einfluß, sondern nur durch den bestmöglichen Gebrauch unserer eigenen Kräfte geschehen müßte"); sowie KANT, *Streit*, 43.

[36] Vgl. zur «Christologie» KANTS bes. seine Aussagen in: *Religion*, 60-67, 74, 119f. u. 128f.; *Streit*, 39f. u. 53; *Ende*, 336-339. Vgl. auch K. BARTH, *Protestantische Theologie*, 256f. BARTH irrt zwar in seiner Annahme, daß «der Name Jesus oder Christus» KANT «nie aus der Feder geflossen ist» (ebd., 256; der Name *Jesus* findet sich bei KANT beispielsweise in: *Streit*, 53), zeigt daran anschließend aber zutreffend, wie Kant auch die Christologie in *seinem* Sinn interpretiert.

Folgerichtig erscheint er dann auch eher als normal gezeugter sterblicher Mensch, der aus *Wundern* und seiner *Auferstehung* keine weitere Beglaubigung erhalten kann, da diese beiden der Vernunft nicht zugänglich und deshalb entweder als Aberglauben zurückzuweisen oder rein moralisch und unhistorisch zu deuten sind.

Zur Frage des Amtsverständnisses innerhalb der Ekklesiologie Kants scheint auf den ersten Blick aus dem Vergleich der Kirche mit einer Familie nur eine negative Bestimmung zu gewinnen zu sein. Die Form der Familie wird nämlich ausdrücklich sowohl der hierarchischen als auch einer demokratischen Verfassung gegenübergestellt. Hierin drückt sich offenbar — ganz im Sinne der Aufklärung — die konsequente und vehemente Ablehnung aller Formen und Mittel eines «Zwanges» in Religionssachen aus[37]. Auf der anderen Seite spricht Kant unbefangen in der Beschreibung der sichtbaren Kirche von Gesetzen der Kirche und von «Dienern», die auf deren Einhaltung achten. Wenn diese dabei als «*Verwalter*» der Geschäfte des unsichtbaren Oberhauptes bzw. *moralischen Vaters* oder sogar als «*geistliche Väter*» bezeichnet werden[38], so läßt sich das Amtsverständnis bei Kant durchaus mit der Sicht der Kirche als Familie verbinden. Der scheinbare Widerspruch hierin läßt sich auf die Unterscheidung zwischen Kirchen- und Religionsglauben — oder in Begriffen des Amtes gesprochen — zwischen *Priestern* als *geweihten Verwaltern frommer Gebräuche* und *Geistlichen* als *Lehrern der rein moralischen Religion*[39] zurückführen. So stellt sich das Amt bei Kant in logischer Konsequenz seines Ansatzes als Dienst an der reinen Moralität dar, der — insofern das allgemeine Tugendgesetz für jeden Menschen in der eigenen Vernunft vorfindlich ist — etwas Vorläufiges bleibt, das allerdings in den Formen geschichtlichen Kirchenglaubens zu Despotismus wird und gegen den freien Gebrauch der Vernunft in der entwürdigenden Unterscheidung von Klerus und Laien ein System des Gehorsams errichtet.[40]

---

[37] Vgl. z.B. KANT, *Religion*, 95.

[38] Vgl. KANT, *Religion*, 101: "So fern eine jede Gesellschaft unter öffentlichen Gesetzen eine Unterordnung ihrer Glieder (in Verhältnis derer, die den Gesetzen derselben gehorchen, zu denen, welche auf die Beobachtung derselben halten) bei sich führt, ist die zu jenem Ganzen (der Kirche) vereinigte Menge die *Gemeinde* unter ihren Obern, welche (Lehrer oder auch Seelenhirten genannt) nur die Geschäfte des unsichtbaren Oberhaupts derselben verwalten und in dieser Beziehung insgesamt *Diener* der Kirche heißen"; 152f. u. 175f. Im Zusammenhang des Begriffes «*Pfaffentum*» (als Regiment eines sich allein auf rein statutarische Gesetze und Observanzen gründenden Klerus) wird die Möglichkeit *geistlicher Väter* grundsätzlich positiv anerkannt und der negative Bedeutungsgehalt allein auf den damit verbundenen *Despotismus* bezogen.

[39] Vgl. ebd. 106.

[40] Vgl. ebd. 179f.: "... so mögen der auferlegten Observanzen noch so wenig sein; genug, wenn sie für unbedingt notwendig erklärt werden, so ist das immer ein Fetischglauben, durch den die Menge regiert und durch Gehorsam unter eine Kirche

Nachdem nun das Konzept der *Kirche als Familie* bei Kant in seinen Grundlinien dargestellt und im Kontext Kantscher Religionsphilosophie beleuchtet wurde, bleibt zu fragen, welche Bedeutung ihm für die Entfaltung einer katholischen *familia-Dei-Ekklesiologie* zukommen könnte. Es wurde gezeigt, daß sich der Ansatz bewußt und mit beachtlicher Konsequenz in den Grenzen der reinen Vernunft bewegt, wobei zahlreiche christliche Glaubenslehren darin — wenn auch wesentlich umgedeutet — ihren Platz finden.[41] Aus diesen von Kant selbst gesetzten methodischen Grenzen, die keinen Platz für das Übernatürliche und Heilsgeschichtliche lassen, ergibt sich auch das Fehlen unverzichtbarer Grundpfeiler christlicher Ekklesiologie, wie beispielsweise des aus dem Geheimnis der Inkarnation folgenden sakramentalen Prinzips, das dazu geeignet wäre, die bei Kant letztlich unversöhnt gegenüberstehenden Dimensionen des Empirischen (Sichtbaren) und Ideellen (Unsichtbaren) zu verbinden. Das gilt auch für das Geschichtliche, das bei Kant der Idee nach in der kontinuierlichen Annäherung der Menschheit an das Gute besteht, die empirisch keineswegs nachzuweisen ist.

Trotz dieser Mängel fallen die *formale Geschlossenheit*, die *innere Folgerichtigkeit* und die logisch stringente Argumentation des Ansatzes positiv auf. Auch die Struktur der zitierten *Kirche-Familie-Formel* könnte in der Auswahl der aufgenommenen theologischen Einzelthemen als Vorbild dienen. An gültigen inhaltlichen Elementen wären zusätzlich die hervorgehobene Bedeutung der *Reinheit der Gesinnung*, der *Liebe*, der *Wahrheit* wie der *Freiheit der Kinder Gottes*[42] auch im Zusammenhang mit der Reinigung von äußerlichen,

---

(nicht der Religion) ihrer moralischen Freiheit beraubt wird. Die Verfassung derselben (Hierarchie) mag monarchisch oder aristokratisch oder demokratisch sein: das betrifft nur die Organisation; die Konstitution derselben ist und bleibt doch unter allen diesen Formen immer despotisch. Wo Statute des Glaubens zum Konstitutionsgesetz gezählt werden, da herrscht ein *Klerus*, der der Vernunft ... gar wohl entbehren zu können glaubt, weil er als einzig autorisierter Bewahrer und Ausleger des Willens des unsichtbaren Gesetzgebers die Glaubensvorschrift ausschließlich zu verwalten die Autorität hat und also, mit dieser Gewalt versehen, nicht überzeugen, sondern *nur befehlen* darf" (ebd. 180).

[41] Man wäre vielleicht geneigt, daran anschließend zu behaupten, die Kirche sei schon aus den Mitteln der reinen Vernunft als «Familie» zu erkennen.

[42] Allerdings ist in diesem Zusammenhang anzufragen, ob nicht das Konzept der Freiheit bei KANT durch die Rückbindung an das «gnadenlose» innere Sittengesetz und das von diesem unerbittlich eingeforderte moralische Tun, angesichts dessen der empirische (und von den Folgen der Erbsünde gekennzeichnete) Mensch immer wieder seine eigene Unvollkommenheit und Sündigkeit erfahren muß, gerade die wahre menschliche Freiheit zu einer reinen Idee ohne jeden Realitätsbezug verkümmern läßt. Dieser gegenüber könnte sich die recht verstandene *Freiheit der Kinder Gottes*, die aus der Anerkennung der Vaterschaft Gottes, seiner Gerechtigkeit und Barmherzigkeit, erwächst, als eine wirkliche Befreiung aus der Herrschaft der zu Götzen erhobenen Vernunft und Moralität erweisen.

dem Ziel der Kirche[43] entgegenlaufenden Elementen zu nennen. Vielleicht ist dieser Ansatz geeignet, gegenüber bestimmten Tendenzen in ekklesiologischen Ansätzen zu sensibilisieren, die zwar auf den ersten Blick eine gewisse Plausibilität für sich beanspruchen, in letzter Konsequenz und Radikalität aber zu einer Ekklesiologie führen können, die sich kontinuierlich einem rein menschlichen Kirchenverständnis annähert, in dem es für das Übernatürliche insgesamt und damit für einen personalen, geschichtsmächtigen Gott kaum noch Platz gibt.[44]

3.2. DIE *FAMILIE GOTTES* IN DER DOGMATISCHEN PRINZIPIENLEHRE VON C.M. BERTI

Als einzigartig in bezug auf das Kirche-Familie-Gottes-Thema können die in lateinischer Sprache verfaßten *«Methodologiae theologicae elementa»*[45] des Dogmatikers der theologischen Fakultät des Servitenordens in Rom («*Marianum*»), C.M. Berti *OSM*, angesehen werden. Wenngleich diese nicht dem Fachbereich der *Ekklesiologie* im strengen Sinn zuzuordnen sind, finden sich kaum andere dogmatische Monographien, die zur trinitarischen Entfaltung und Begründung der Kirche als *Familie Gottes* in ähnlichem Ausmaß Überlegungen beistellen. Aus der Gattung des «*Lehrbuches*» ergibt sich der systematische Aufbau, der mehr der Aneignung des Stoffes als der Diskussion theologischer Meinungen dienen will. Zwar legt Berti seinen Ausführungen die Quellen der Schrift, der Kirchenväter und -lehrer, des Lehramtes wie besonders liturgischer Texte zugrunde, doch werden diese zumeist nur in Form von «dicta probantia» im Text bzw. in zwei Abschnitten des Buches als «florilegia» gesammelt dargeboten.[46] Der Aufbau folgt einer absteigenden und zugleich zirkulären Bewegung, die von den *prima et altissima principia* über die *principia remota* und die

---

[43] Das gilt mehr prinzipiell und nicht hinsichtlich des von KANT bestimmten Kirchenzieles selbst bzw. auch mancher von ihm kritisierten «*Äußerlichkeiten*», die (wie z.B. die Sakramente als Gnadenmittel) wesentlich zur katholischen Ekklesiologie gehören.

[44] Als solche Tendenzen könnten z.B. genannt werden: eine Sicht, die den Bezug der Kirche zum Reich Gottes ohne Anerkennung der bereits in ihr gegebenen keimhaften Anwesenheit als *Dienst* charakterisiert und das Reich dabei in rein humanitären Kategorien (Gerechtigkeit und Frieden) bestimmt; die Überbetonung moralischer Aufgaben der Kirche gegenüber dem Gottesdienst; prinzipielle Vorurteile gegen jede Form kirchlicher Autorität; die Orientierung der *Wahrheit* der Kirche an der *Idee* einer allgemeinen (Vernunft-)Religion; alle Formen einer ausdrücklichen wie impliziten Gleichsetzung von Natur und Gnade; ein radikaler Anthropozentrismus, der die Humanität zu vergöttlichen droht; die Annahme der Vernunft als einziges bzw. höchstes Kriterium theologischer Wahrheitsfindung.

[45] C.M. BERTI, *Methodologiae theologicae elementa*, Roma 1955.

[46] Vgl. ebd. 55-73 u. 135-141.

principia proxima zu deren Anwendung in den einzelnen theologischen Disziplinen fortschreitet.[47] Die damit verbundene systematische Geschlossenheit des Ansatzes ist Ausdruck für das leitende Anliegen Bertis, die innere Einheit, Harmonie und Glaubwürdigkeit der gesamten katholischen Glaubenslehre aufzuzeigen.

Den Ausgangspunkt der Darlegung bilden fünf *höchste Prinzipien*, die sich in den weiteren Stufen der Entfaltung immer wieder finden und auswirken.[48] Das *erste*, das die übrigen durchstimmt und erklärt, ist *Gott* als *Liebe*. Diese vollzieht sich in der *Heiligsten Dreifaltigkeit* (als *zweites* Prinzip), die in zwei Schritten hinsichtlich der drei göttlichen *Personen* sowie als *Ganze* betrachtet wird. Das *dritte* beschreibt die *heilsgeschichtliche Bewegung* von *Schöpfung*, *Fall* und *Neuschöpfung*, jeweils in der besonderen Beziehung des Geschaffenen, das gleichsam das Siegel der Trinität trägt, zu Vater, Sohn und Heiligem Geist. Aus den drei ersten Prinzipien ergibt sich eine *ab-* und *aufsteigende Kreisbewegung*, die im *vierten* thematisiert wird – in engem Zusammenhang mit dem *fünften*, der *universalen Einheit* und *Harmonie des Glaubens*.

Die zentrale Bedeutung, die Berti dem Begriff der «*Familie*» zumißt, liegt in der Analogie zwischen der Trinität (als *ungeschaffener*, *göttlicher* oder *himmlischer Familie*[49]), der Menschheit (*familia humana*) und der Kirche (*Familia universalis*; *Familia Dei*). Dadurch soll das *trinitarische Siegel* in den beiden letzteren deutlicher erkennbar werden:[50]

> "Die allerheiligste Dreifaltigkeit, die ungeschaffene, himmlische Familie genannt werden *könnte*, ist höchstes Urbild, erste Quelle und letztes Ziel der irdischen Familie, sei es, in der wir geboren, sei es, in der wir

---

[47] Vgl. ebd 3f. Zu den *prima principia* (Pars I., 11-76) zählt Berti die *göttliche Liebe* und was daraus folgt [s.u.]; den *principia remota* (Pars II., 77-144) die *göttliche Lehre* und ihre Arten; den *principia proxima* (Pars III., 145-210) die *zwölf theologischen «Operationes»*. Die Anwendung der Prinzipien in den streng theologischen Disziplinen (Pars IV., 211-232) wird für die Dogmatik, Moral, Aszese/Mystik sowie Pastoral im einzelnen ausgeführt. Da sich die ersten Prinzipien in den nachfolgenden immer wieder abbilden, ergeben sich zahlreiche Wiederholungen. Die hier gebotene kurze Darstellung kann sich deshalb vor allem auf die für das Thema relevanten Kapitel des ersten (Cap. III.) und zweiten Teiles (Cap. I. u. II.) beschränken, obwohl auch in anderen Teilen die Kirche immer wieder als Familie gemäß dem Urbild der Trinität erscheint, ohne daß dabei wesentlich neue Gedanken entfaltet würden.

[48] Zur Darstellung der Prinzipien vgl. Pars I., Cap. I-V, ebd. 13-53.

[49] Vgl. ebd. 84, 94 u. 118. BERTI drückt sich in der Bezeichnung der Trinität als Familie betont vorsichtig aus: "SS. Trinitas, quae vocari *posset* Increata Familia Coelestis" (ebd. 84) oder "velut Caelestis Familiae" (ebd. 94).

[50] Vgl. ebd. 42: "Hoc autem Trinitarium Sigillum praesertim in Humanitate et splendidius in Sancta Dei Ecclesia, consideratis non ut persona vel in singulis personis sed ut familia, maiori luce manifestatur et micat"; vgl. ebd. 84.

wiedergeboren sind: nämlich sei es in der natürlichen Familie und besonders der christlichen, sei es in jener Familie, die die Kirche ist."[51]

Insofern sich die Trinität in den geschaffenen Realitäten der Menschheit und der Kirche je verschieden in den heilsgeschichtlichen Phasen der Schöpfung, des Falles und der Neuschöpfung abbildet[52], erscheint die Familie als *tertium comparationis* besonders im Zusammenhang des zweiten und dritten der obersten Prinzipien. Aus deren innerer Einheit ergeben sich Anknüpfungspunkte zu den übrigen Prinzipien, durch welche das Geheimnis des dreifaltigen Gottes in der Kirche wie in der Menschheit aufzuleuchten vermag.[53] Die Analogie wird daraufhin in zwei Schritten weiter entfaltet.

Der *erste Schritt* betrachtet die geschaffene Abbildlichkeit der *göttlichen Personen im einzelnen* sowie in ihren familiären Grundbeziehungen: der *Vaterschaft/Kindschaft*, der daraus folgenden *Brüderlichkeit* und der *Bräutlichkeit* bzw. der *Mütterlichkeit*, die das Geschaffene mit dem Vater und dem Sohn durch den Heiligen Geist verbinden.[54] Die *Sohnesbeziehung* kommt innerhalb des Geschaffenen zunächst in eigentlicher Weise der Menschennatur Jesu Christi zu. Seine menschliche Natur kann aufgrund ihrer unlösbaren Einheit mit der göttlichen zugleich als *Braut*, in Ermöglichung der Wiedergeburt der Völker als *Mutter* und — indem das göttliche Wort durch sie lehrt — auch als *Erzieherin* gedeutet werden.

---

[51] Ebd. 84. An derselben Stelle läßt BERTI erkennen, daß die Verwirklichung der Abbildlichkeit zur göttlichen Familie der menschlichen Familie zur Aufgabe gestellt ist: "*SS. Trinitatem ut finem* habere supremum: ita ut familia humana, — sive familia naturalis, sive familia christiana, sive Familia universalis quae est Ecclesia — eo debeat incessanter contendere quo *in dies perfectius* reproducat in terris Coelestem Increatam Divinae Triadis Familiam."

[52] Diesen heilsgeschichtlichen Phasen entsprechend verdeutlicht BERTI den Unterschied zwischen der Menschheit und der Kirche wie zugleich auch deren Beziehung. Die Kirche bezeichnet nämlich jenen Teil der Menschheit, in dem sich nach dem Sündenfall (und der damit verbundenen Entstellung des trinitarischen Siegels) die Neuschöpfung durch Christus (und damit die noch herrlichere Erneuerung jenes Siegels) vollzieht. Da die Kirche mit und unter ihrem Herrn und Gott an der Erneuerung der Menschheit weiter mitwirkt, bleibt sie in beständiger Beziehung zu ihr.

[53] Auch wenn diese Anknüpfungspunkte durch BERTI selbst nicht weiter ausgefaltet werden, können sie durchaus entsprechend dem Duktus seines Werkes als von ihm vorausgesetzt betrachtet werden. Die Familie ist schließlich auch die Form menschlicher Gemeinschaft, die sich aus *Liebe* konstituiert und von dieser durchstimmt ist, sie steht immer in *geschichtlicher Bewegung* des Abstieges der Generationen und der beständigen Erneuerung, und sie soll jene innere *Einheit und Harmonie* ausstrahlen, die ihr höchstes Maß und Ziel in der Trinität selbst hat. Diese Einheit und Harmonie besteht — wie BERTI hervorhebt — dem Willen Gottes gemäß nicht nur zwischen Gott und den Geschöpfen, sondern auch innerhalb des Geschaffenen, weshalb hier auch ein Anklang an die Beschreibung der Sendung der Kirche, die Menschen mit Gott und untereinander zu vereinen, gesehen werden kann (vgl. ebd. 49).

[54] Vgl. ebd. 33-42.

Die *unbefleckte Jungfrau und Mutter Maria*, die unter allen geschaffenen Kindern Gottes als bevorzugte *Tochter* den ersten Platz einnimmt, ist zugleich *Braut* und durch die Kraft des Heiligen Geistes *Mutter* sowie *Lehrerin*. Ähnliches gilt von der *ganzen Kirche*, die als *Tochter Gottes* erscheint, weil sie bei der Öffnung der Seite aus dem Herzen Jesu geboren wurde. Aber auch die *einzelnen Glieder der Kirche* erfreuen sich der *Gotteskindschaft*. Durch die Mittlerschaft der von Gott fruchtbar gemachten Kirche werden sie aus der Taufe wiedergeboren, von der Sünde befreit, ihrem Herrn Jesus Christus, dem Sohn Gottes, gleichgestaltet und in seinen Leib eingegliedert. Die Kirche ist darüber hinaus untrennbar mit ihrem Bräutigam geeinte *Braut* und *Mutter* und *Lehrerin*, die die Völker zu neuem Leben gebiert und sie die Geheimnisse Gottes lehrt.[55]

Gott, der *Vater* ist, hat *alle Menschen* erschaffen und erhält sie im Leben. Deshalb erfreuen sie sich von der Schöpfung her einer *gewissen Gotteskindschaft*. Da Gott sich selbst und seine Gaben unaufhörlich an die Menschheit hingibt, besteht zwischen ihm und ihr auch ein *bräutliches* Verhältnis, das sich durch ihre Mitwirkung an der schöpferischen Liebe Gottes in der Hervorbringung neuen Lebens fruchtbar zur *Mutterschaft* erweitert. Schließlich lehrt Gott auf vielfache Weise durch sie, so daß sie auch als *Lehrende* bezeichnet werden kann. Selbst im gefallenen Zustand lassen sich diese Beziehungen wiedererkennen – wenn auch entstellt in der Entartung zu «*verlorenen Söhnen*», zur «*untreuen Braut*», zur «*ehebrecherischen Mutter*» und folglich zur «*Irrlehrerin*» (indem der Diabolus in ihren Beziehungen an die Stelle Gottes tritt)[56]. Durch Inkarnation und Erlösung[57] werden die gestörten Beziehungen in neuer und vollkommenerer Weise wiederhergestellt, die Menschheit der Macht Satans entrissen und als Kind, Braut, Mutter und Lehrerin wieder ihrem Vater, Bräutigam, Schöpfergott und Lehrer zugeführt. Alle diese Beziehungen finden ihre höchste Vollendung in der himmlischen Herrlichkeit.

Selbst das *Ganze der übrigen (auch unbelebten) Schöpfung* zeigt einen Widerschein jener trinitarischen und zugleich «familiären» Relationen: weil ihr Schöpfer, der Vater ist, der sich selbst auf vielfältige Weise seiner Schöpfung mitteilt; weil in Christus, dem Sohn, die mit

---

[55] Dabei beruft sich BERTI auf Eph 5,25-33; PIUS XII, Const. apost. *Sponsa Christi Ecclesia* (21.11.1950): *AAS* 43 (1951), 5-24; VAT I, Const. dog. *Dei Filius (prooemium)*: *ASS* 5 (1869/70), 460-471.

[56] Vgl. die dazu angeführten ntl. Belege: Mt 12,39; 16,4; Mk 8,38; Joh 8,44,; Apg 13,10 sowie 1Joh 3,8 u. 10.

[57] Zur Erlösung zitiert BERTI 2Kor, 5,15 (*"Er ist aber für alle gestorben ..."*), Joh 11,52 (*"... er sollte aber nicht nur für das Volk sterben, sondern auch, um die versprengten Kinder Gottes wieder zu sammeln"*) sowie einen liturgischen Text (*MRom* 1570, feria III p. Dom. III Quadr.).

seiner Menschennatur gleichsam mitangenommene ganze Schöpfung ihre Erfüllung und ihren Höhepunkt findet; weil in der Erlösung auch die durch Erbsünde und Sünde in Mitleidenschaft gezogene Schöpfung aus der Macht Satans befreit und in den Dienst Gottes zurückgeführt wird; deshalb kann auch die ganze Schöpfung in gewisser, übertragener Weise als «*Kind Gottes*», als eine alles von ihm empfangende «*Braut*», als mit und unter Gott an seinem Schöpfungswerk verschiedentlich mitwirkende «*Mutter*» sowie als «*Lehrerin*», durch die Gott selbst lehrt, erscheinen.[58]

Wie Berti in einem *zweiten Schritt* zeigt, kommt das «trinitarische Siegel» im Geschaffenen noch strahlender zum Leuchten, wenn die *göttliche Dreiheit* nicht in ihren einzelnen Personen je für sich, sondern *als ganze* und in der Verwobenheit ihrer inneren Beziehungen — in Analogie zur Familie — betrachtet wird.[59] Alle Kreatur trage ein trinitarisches Siegel in sich: von der Schöpfung aus dem ewigen Vater durch seinen eingeborenen Sohn in der Kraft des Heiligen Geistes; von ihrer Fortsetzung in der Erschaffung der Seelen und der Erhaltung von allem; aufgrund ihrer Erneuerung, die Gott durch das Wirken der Kirche beständig weiterführt. Das trinitarische Siegel, das durch die Ursünde bzw. durch persönliche Sünden verdunkelt, vermindert, ausgelöscht oder sogar durch das Siegel Satans verdrängt wurde, erglänzt in der universalen Kirche wie in den Teilkirchen (trotz allem Irdischen in ihr) noch strahlender. Das explizierend, stellt Berti die *Trinität* in drei Betrachtungsweisen jeweils unter Hervorhebung einer besonderen Dimension dar;[60] a) unter Betonung der *Vaterschaft* als:

"Vater und Sohn und Heiliger Geist; nämlich als höchstes Urbild und erste Quelle und letztes Ziel aller *Vaterschaft* und Lehrautorität sowie aller *Sohnschaft* und Jüngerschaft [im Sinn von Gehorsam gegenüber

---

[58] Die Bedeutung der unbelebten materiellen Dinge und ihrer «familiären» «Gottesbeziehung» hebt BERTI vor allem durch den Hinweis auf Sakramente und Sakramentalien hervor, in denen Materie der Macht Satans enthoben und zum Träger Gottes und seines Heilswerkes gewandelt wird. Vgl. z.B. ebd. 36 (*Benedictio Chrismatis* bzw. *Olei catechumenorum*) u. 40f.: "Pater enim per Filium suum Jesum Christum et per Ecclesiam (...), ope praesertim Sacrificii Eucharistici et Sacramentorum ac Sacramentalium, virtute Spiritus Sancti, res sensibiles pene innumeras a diaboli servitute liberat easque assumit, quibus se sociat, quibuscum seu ex quibus vel per quas et regenerat et docet: aquam, sal, panem, vinum, oleum, balsamum, ceram aliaque propemodum infinita quae ad Divinum Cultum assumuntur."

[59] Vgl. dazu bes. ebd. 42-45.

[60] Vgl. ebd. 43: "*Unde Trinitarium Sigillum*, quod praesertim in Humanitate ac fulgidius in Ecclesia Dei splendet, *triplicem* hunc, fuse, praeseferet *characterem* (pater, filius, amor; sponsus, sponsa, amor; pater, mater, amor unde generatio vel regeneratio)."

der Lehrautorität] sowie auch aller wechselseitigen *Liebe* zwischen Vater oder Lehrer und Sohn oder Schüler".[61]

Daß dieses Siegel der *Menschheit* aufgeprägt ist, wird vornehmlich an der natürlichen Familie ersichtlich, in der Vater und Mutter zusammen den *einen Ursprung* setzen und mit den *Kindern* in gegenseitiger *Liebe* eine *Einheit* bilden. Ähnliches findet sich in allen übrigen Formen menschlicher Vereinigung oder Gemeinschaft, die in irgendeiner Weise der Familie nachgestaltet sind und schließlich in der Gesellschaft insgesamt.

Analog dazu ist in der Universalkirche der Papst in gewisser Weise Vater aller Gläubigen. Lehramt und Gehorsam ihm gegenüber sind Ausdruck ihrer Einheit und gegenseitigen Liebe. Dasselbe gilt für den Bischof in seiner Teilkirche. Als Ikone der Trinität erweist sich die «Familie» der Kirche auch in der Liturgie, besonders in der Feier des Eucharistischen Opfers, in dem der Kirche aus dem Vater durch den Sohn und in der Kraft des Heiligen Geistes dessen Gaben in Fülle geschenkt werden und andererseits unter Antrieb des Heiligen Geistes Liebe, Danksagung, Anbetung und Hingabe zum Vater aufsteigen. Besondere Träger des trinitarischen Siegels innerhalb der Kirche und gemäß ihrem Vorbild sind auf je eigene Weise die christliche Familie, die gottgeweihten, aber in bestimmtem Maß auch andere christlich ausgerichtete Gemeinschaften.

In der zweiten Betrachtungsweise (b) umfaßt die *Trinität bräutliche Einheit*:

”... den Vater, mit dem Sohn in der Kraft des Heiligen Geistes [der Liebe] unauflöslich eine Einheit bildend ... nämlich als höchstes Urbild und erste Quelle und letztes Ziel aller *Bräutlichkeit*, d.h. aller unauflöslichen Liebe zwischen Bräutigam und Braut; deshalb ist selbst die mystische bräutliche Einheit zwischen Christus und der Kirche dem trinitarischen Vorbild der ersten göttlichen Person, die in der Kraft des Heiligen Geistes mit der zweiten Person unauflöslich eine Einheit der gemeinsamen und wechselseitigen göttlichen Liebe bildet, nachgestaltet".[62]

Diese bräutliche Beziehung findet sich abbildlich auch in der Menschheit, zumal in der Familie zwischen Bräutigam und Braut und überall dort, wo in menschlicher Gemeinschaft *treue Liebe* Einheit bewirkt. Sie verbindet den Papst mit der Universalkirche und den Bischof mit seiner Teilkirche, was durch den Bischofsring versinnbildlicht wird.[63] Bräutliche Liebe läßt weiters im gottgeweihten Leben, in der

---

[61] Ebd. 42.

[62] Ebd. 42f.

[63] Das dritte Kapitel im Teil II führt als dreizehnte von einundzwanzig Weisen, wie Gott zu den Menschen spricht und sie lehrt, das Lehramt des Papstes (als Nach-

christlichen Familie wie in anderen Vereinigungen als Teilen der Kirche deren trinitarisches Siegel aufleuchten.

In der dritten Ausformung (c) der Analogie versteht Berti die Trinität als Urbild der *elterlichen* und *lehrenden Autorität*, und zwar als:

> "den Vater, der durch den Sohn in der Kraft des Heiligen Geistes ... (als sich nach außen verströmende göttliche Liebe) alles erschafft, erneuert und lehrt, und zwar als höchstes Urbild und erste Quelle und letztes Ziel aller *Väterlichkeit und Lehrautorität* wie aller *Mütterlichkeit und Lehrautorität*: Die Mutter ist nämlich Lehrerin *mit* dem Lehrer *bzw. auch unter* dem Lehrer, der, wie er mit ihr und durch sie zeugt und erneuert, so auch mit ihr und durch sie lehrt und leitet".[64]

Dieses dritte angeführte Abbild der Trinität hebt die Komplementarität und Einheit von Vaterschaft und Mutterschaft[65] als Dimensionen des Schöpferischen wie der Autorität hervor. Es kennzeichnet die natürliche Familie in jener Liebe zwischen Mann und Frau, die der Zeugung neuen Lebens zugrundeliegt, ist aber auch in analoger Weise auf alle menschliche Mitwirkung an der Schöpferliebe und auf die Teilnahme an seiner Lehrautorität in den verschiedenen Formen der Erziehung und Ausbildung zu beziehen. In der Kirche wiederum verwirklicht es sich in der geistlich-väterlichen Liebe von Papst und Bischof gegenüber der «mütterlichen» Universal- bzw. Teilkirche, die in der «sakramentalen Wiedergeburt» und in der Lehrautorität Fruchtbarkeit erlangt.

Im zweiten Teil (*de principiis remotis*) kommt Berti nochmals ausführlicher auf die *trinitarische Abbildlichkeit im Lehramt der Kirche*[66] zu sprechen. Dabei geht er wiederum von den Beziehungen der ersten göttlichen Person zur zweiten unter besonderer Berücksichtigung der Stellung des Heiligen Geistes als verbindendes Prinzip

---

folger Petri und «Haupt der Familie») an und entfaltet dabei noch ausführlicher die hier grundsätzlich dargestellten familiären Beziehungen zur Kirche als Abbild der Trinität (ebd. 104-113).

[64] Ebd. 43.

[65] Vgl. ebd. 50, wo BERTI die einander ergänzende Harmonie und Einheit zwischen Mann und Frau von der Schöpfung her als Abbild der innertrinitarischen wie der die Kirche mit Christus verbindenden Einheit herausstellt.

[66] Daß Gott durch die Universalkirche spricht und lehrt, wird an anderer Stelle noch ausführlicher unter breiter Darstellung der trinitarischen Beziehungen festgehalten (vgl. ebd. 118-122), wobei die Kirche wiederum explizit «Familie» genannt wird (ebd. 118f.): "*Ecclesia*, autem, considerata secundo *ut familia* seu ad modum familiae, est juxta exemplar SS. Trinitatis seu Caeli Familiae condita, Eiusdem creata terrena reproductio, ad Eamque tamquam ad finem in dies perfectius assequendum ordinata: unde in Ecclesia, ut familia, est Pater et Magister relate ad filios et discipulos, est Sponsus relate ad sponsam, est Pater et Magister relate ad matrem et magistram cum eo at sub eo docentem."

der Liebe aus.[67] Auf die göttliche Offenbarung und Lehrautorität bezogen, bedeutet das, daß die Vater-/Sohnschaft Urbild, Quelle und Ziel aller Lehrautorität, bzw. der Annahme der Lehre im Glaubensgehorsam ist. Gemeinschaft und Mitteilung der Glaubenslehre können weiters als Ausdruck von Einheit und Selbstgabe analog zum «bräutlichen Verhältnis» gedeutet werden. Die schöpferische, sich selbst entäußernde und übersteigende Liebe des Vaters durch den Sohn zeigt sich in der lehrenden Vater- und Mutterschaft, die einen Ansatzpunkt zur trinitarischen Begründung einer Mittlerschaft in der fruchtbaren Weitergabe des Glaubensgutes bietet. Aus diesen trinitarischen Relationen, die dem Bild der Familie entstammen, lassen sich im selben Kontext die lehrenden und leitenden Beziehungen Gottes zur Menschheit und in noch tieferer Weise zur Kirche bestimmen, wobei ein *erster Punkt* die Menschheit gleichsam *als Person* in Betracht nimmt.[68] Sie ist als geschaffene Reproduktion des Gottessohnes *Tochter*, *Schülerin* und *Braut* Gottes, die mit ihm, dem Vater, vereint, zur *Mutter* und damit auch mit und unter ihm zur *Lehrerin* wird, in je verschiedener Ausgestaltung der Beziehung (bzw. auch Entstellung) gemäß den heilsgeschichtlichen Phasen von Schöpfung, Fall und Erneuerung.

Als *zweiten Punkt* entfaltet Berti die geschaffene Reproduktion der Trinität im Kontext der Glaubenslehre und ihrer Annahme im Blick auf die *Menschheit und die Kirche als Familie.*[69] Dabei finden sich wiederholt dieselben «familiären» und «trinitarischen» Strukturen: a) die Vaterschaft als Lehrautorität in Liebe (Hl. Geist) mit der Sohnschaft als Glaubensgehorsam verbunden; b) die Einheit liebender Hingabe zwischen Bräutigam (als der sich Hingebende und Mitteilende) und Braut (als die in liebender Offenheit Empfangende), d.h. die Einheit, Gemeinschaft und Mitteilung der Lehre; c) die aus dem Vater durch den Sohn hervorbrechende, fruchtbare und schöpferische Liebe als heilswirksame, in der Einheit von Vater- und Mutterschaft vermittelt weitergegebene Glaubenslehre, die die Menschheit nach dem Bild der Dreifaltigkeit zur Familie der Kirche umgestaltet.

Als Verwirklichung dieser urbildlichen triadischen Beziehungen in verschiedener Vollkommenheit diagonal durch die gesamte Heilsgeschichte nennt Berti die Beziehungen: von Adam zu Eva in der Kraft der hervorbringenden, einenden und schöpferischen Liebe; von Adam gegenüber der Menschheit; des göttlichen Wortes gegenüber der von ihm angenommenen Menschheit; von Jesus Christus gleichsam als Vater und Lehrer gegenüber der ganzen Kirche als Tochter und

---

[67] Vgl. ebd. 79f.
[68] Vgl. ebd. 81-84.
[69] Vgl. ebd. 84-90.

Schülerin, die kraft göttlicher Liebe aus ihm hervorging, die er als seine Braut liebt, mit sich eint, ihr seine Wissenschaft mitteilt und als mütterlicher Mittlerin Anteil daran gibt, mit und unter ihm zu neuem Leben wiederzugebären und zu lehren. Innerhalb der Kirche findet sich diese Struktur gestuft und je auf die (streitende) universale Kirche bzw. einen Teil derselben bezogen: in der Liebe der *geistlichen Vaterschaft*, die die ihr Anvertrauten zu neuem Leben zeugt und lehrt; in der bräutlichen Liebe, die sie mit Christus vereint und ihr die heilige Wissenschaft mitteilt, sowie im Lehren und Leiten, an dem auch der dem jeweiligen «Vater» zugeordnete Teil der Kirche (als *mater et magistra*) teilhat. Im einzelnen werden der Papst, der Bischof und der Priester «geistliche Väter» aufgrund ihrer Weihe genannt. Im übertragenen Sinn haben auch alle jene Gläubigen an dieser Vater- und Mutterschaft teil, die auf irgendeine andere Weise in lehrender, sich hingebender und zu neuem Leben erweckender Liebe für ihnen anvertraute Personen Verantwortung tragen.

Abschließend fügt Berti die Mahnung[70] bei, daß jeder Dienst an der Lehre der Kirche, sofern er sich nicht in bestimmten Situationen der Unfehlbarkeit erfreut, gefährdet ist, gerade in den genannten Beziehungen unter dem Einfluß von Sünde und Schuld durch Entstellung, Verkürzung oder Verdunkelung der Glaubenslehre mit seinem trinitarischen Urbild in Widerspruch zu geraten. In allem aber muß das *erste und höchste Prinzip*, die *göttliche Liebe*, bestimmend bleiben, denn:

> "die *Vollkommenheit* des Vaters und daher des Lehrers, des Sohnes und daher Schülers, ... des Bräutigams und der Braut, ... des Vaters und darum des Lehrers sowie der Mutter und darum der Lehrerin mit und unter dem Vater und Lehrer darf nicht nur *aus Liebe entspringen*, sondern muß auch *aus Liebe ausgeübt* und auf die Vermehrung und Weitergabe der *Liebe hingeordnet* sein. Wenn die Familie, sei es, in welcher wir geboren, sei es, in welcher wir wiedergeboren sind, nämlich die heilige Kirche Gottes, in der dreifachen Reihe der Vollkommenheiten erglänzt, wird sie wahrhaft die gemäß dem Urbild der Allerheiligsten Dreifaltigkeit begründete und auf dieselbe als Ziel hingeordnete irdische Abbildung von ihr genannt."[71]

Die weiteren Abschnitte des Werkes bringen bezüglich der *Trinität-Familie-Kirche-Analogie* keine weiteren neuen Gedanken mehr ein, sondern wenden das Dargestellte in je verschiedenen Kontexten, z.B. der Weise, wie Gott selbst durch Geschaffenes spricht und lehrt[72],

---

[70] Vgl. ebd. 90-92.

[71] Ebd. 90.

[72] Vgl. Pars II. Cap. III., bes. ebd. 94-97 (die Menschheit als Familie gemäß dem Vorbild der «himmlischen Familie»); 102-104 (Christus); 104-113 (Papst); 116 (Autorität von Kirchenvätern und -lehrern als «Väter» in der «Familie Gottes»); 118-122 (die Kirche selbst und zwar als «Familie»).

der Menschheit als von Gott lernender wie mit und unter ihm lehrender[73] und einzelner theologischer Operationen sowie Disziplinen[74], an.

Verglichen mit neueren Veröffentlichungen, erscheint manches
an der Darstellung und Methode Bertis ungewohnt. Die fast litaneiartig
wiederkehrenden Prinzipien und Themen in ihrer Ausfaltung bringen
viele Wiederholungen mit sich, die dem Werk eine gewisse Schwerfäl-
ligkeit verleihen. Die thesenhafte Darstellung der Gedanken läßt
vielfach — gerade dort, wo ihr tiefere Spekulationen zugrundeliegen —
eine ausführlichere argumentative theologische Rechtfertigung vermissen. Die strenge systematische Einheitlichkeit des Ansatzes bringt es
mit sich, daß bisweilen der Eindruck entstehen kann, einzelne Themen,
Begriffe oder Analogien seien nicht nur um der Sache, sondern auch
um des Schemas willen eingeführt. Die für dieses Werk zentrale
Trinität-Familie-Analogie müßte wohl theologisch noch differenzierter
begründet werden.

Auf all diese Einwände könnte geantwortet werden, daß ein
«vorkonziliares», «neuscholastisches Lehrbuch» eben andere Ziele
verfolgt als im Zeitalter des «theologischen Pluralismus» erschienene
Publikationen. Aber — so wäre weiterzufragen — hat dann das Werk
Bertis überhaupt noch Bedeutung für die Entfaltung einer *zeitgemäßen*
familia-Dei-Ekklesiologie, zumal ja in der katholischen Theologie der
letzten dreißig Jahre die Tendenz, sich von der «Neuscholastik abzusetzen», kaum zu übersehen ist und eine «heutige Theologie» nicht am
Vaticanum II vorbeigehen kann?

Für die Bedeutung des Entwurfes von Berti spricht zunächst
einmal schon die Tatsache, daß er verschiedentlich in die Diskussionen
des Vaticanum II eingebracht wurde und daß deshalb ein direkter Einfluß auf die Entwicklung des Familie-Gottes-Themas darin nicht ausgeschlossen werden kann.[75] Darüber hinaus verdient der mutige Versuch,
ausgehend von *einem* Gedankenkonzept einen einheitlichen Ansatz zur
Methode und zu den Disziplinen der Theologie zu entwerfen, Anerkennung. Für das hier gestellte Thema kommt weiters dazu, daß die
Kirche als Familie Gottes von den höchsten theologischen Prinzipien
her *dogmatisch* begründet wird. Dadurch gelingt etwa der Nachweis,

---

[73] Vgl. Pars II. Cap. IV., bes. ebd. 132-134: *De modis Operationes Theologi-*
cas distinguendi: ... primus modus: *Familiaris* (seu iuxta Trinitarium Exemplar).

[74] Vgl. Pars III. Cap. XI., bes. ebd. 201-203 (zur «Operation» der Verteidigung
der katholischen Lehre, insbes. zentraler Glaubensinhalte). Kirche als Familie Gottes
erscheint bevorzugt im Zusammenhang der Disziplinen der *Aszese/Mystik* (ebd. 222f.)
und der Pastoraltheologie (ebd. 227).

[75] Vgl. die Eingabe der theologischen Fakultät des «Marianums» zu den *Ante-*
praeparatoria (A I.IV.I,2, 430) sowie während des Konzils Prälat GROTTI (*AS* II.II,
162-170; *AS* III.I, 582-587).

daß zwischen *«Liebeskirche»* und *«Rechtskirche»* kein wirklicher Gegensatz besteht, sondern die Formen kirchlicher Institution Ausdruck der göttlichen Liebe sein können und müssen.

Der Ausgang von der Trinität verbindet nicht nur die Ekklesiologie mit dem spezifischen Geheimnis christlichen Gottesglaubens, sondern öffnet den Blick auch auf Schlüsselfragen heutiger Ekklesiologie wie etwa der *personalen Beziehungen* in vertikaler und horizontaler Dimension, der *Communio* oder auch der *Komplementarität*, die sich in der Einheit gegenseitiger liebender Hingabe oder der Fruchtbarkeit der aufeinander verwiesenen geistlichen Vater- und Mutterschaft erkennen läßt. Eine heilsgeschichtliche Sichtweise, die die Realitäten von Schöpfung, Sünde und Erlösung nicht vernachlässigt, kann ebenso als großer Vorzug gelten wie die Anerkennung des hohen Wertes des Geschaffenen insgesamt. Auf methodischem Gebiet erscheinen die reiche Einbeziehung patristischer und liturgischer Quellen und der Versuch, die theoretischen, dogmatischen Ergebnisse auch in anderen Disziplinen und im konkreten Leben der Kirche zur Anwendung zu bringen, nachahmenswert. All diese Elemente haben unbezweifelbar bleibende Gültigkeit für den Versuch, im Fachbereich katholischer Ekklesiologie das Thema der Familie Gottes weiter zu entfalten.

3.3. Das Konzept der Kirche als *Familie Gottes* in exegetischen und bibeltheologischen Werken

Den in diesem Abschnitt untersuchten exemplarischen Ansätzen ist gemeinsam, daß sie sich im Licht des Begriffes der *Familie* als leitendes Konzept dem Ursprung bzw. der Anfangszeit der Kirche zuwenden, um daraus einen besseren Zugang zu ihrem Verständnis oder eine Richtschnur für eine ihr angemessene Praxis zu gewinnen. Ehe diese Ansätze im einzelnen dargestellt werden, ist zuvor noch auf eine «ältere», aber nach wie vor einflußreiche Veröffentlichung zum Thema biblischer Kirchenbilder im allgemeinen einzugehen.

Als im Anschluß an die dritte *World Conference on Faith and Order* in Lund (Schweden) 1952 durch eine theologische Kommission die Kirche in ihrer Beziehung zur Trinität und dadurch ihr inneres Einheitsprinzip geklärt werden sollte, erarbeitete Paul Minear eine Studie über die Kirchenbilder im Neuen Testament, die 1960 veröffentlicht wurde.[76] Darin führt der Autor 96 Bilder an, mit deren Hilfe das NT das Geheimnis der Kirche zu erfassen sucht. Minear geht es

---

[76] Vgl. P. Minear, *Images of the Church in the New Testament*, Philadelphia 1960.

weniger darum, die Bilder einzeln und unabhängig voneinander zu betrachten, als vielmehr ihre innere sich gegenseitig auslegende und bereichernde Verflochtenheit aufzuzeigen. Nach der Klärung der Methode und einer überblickshaften Erörterung von 32 «weniger bedeutenden» Bildern fassen die folgenden vier Kapitel (III-VI) die «wichtigeren» unter den Themen: *Volk Gottes, neue Schöpfung, Gemeinschaft im Glauben* sowie *Leib Christi* zusammen. Das siebte Kapitel erhellt die innere Beziehung der einzelnen Bilder untereinander und besonders zur zentralen Analogie des *Leibes Christi*, ehe das achte die Arbeit resümierend beschließt.

Das fünfte Kapitel behandelt unter dem Titel «*Gemeinschaft im Glauben*» 17 Analogien[77], die vor allem den dreifaltigen Gott als den Mittelpunkt und zentralen Akteur der Kirche hervorheben. Was die Gemeinschaft der Gläubigen auszeichnet und zur Kirche macht, wird als Teilhabe am Werk Christi und Beziehung zu ihm offenbar. Die trinitarische Gottesbeziehung schafft eine Gemeinschaft der Gläubigen untereinander, die eschatologische Züge trägt. Den Höhepunkt dieses Abschnittes bilden die Konzepte der *Hausgenossenschaft* bzw. *Familie Gottes*, der *Söhne Gottes* wie der *Bruderschaft*, die nach Minear im Bild der *Familie Christi* zusammenfaßbar sind.[78]

Eine bedeutende exegetische Vorentscheidung fällt dadurch, daß der Autor den griechischen Begriff «οικοσ» in seiner Doppeldeutigkeit von *Haus* und *Familie* übernimmt. Ohne die darin enthaltene Dimension des *Bauens* auszuschließen, neigt er einer personalen Interpretation zu, die auch der Realität der Kirche näherliegt.[79]

---

[77] Vgl. MINEAR, *Images*, 136-172. Im einzelnen werden genannt (vgl. d. Übersicht der 96 Analogien ebd. 268f.): die Geheiligten, die Gläubigen, die Gerechtfertigten, die Nachfolger, die Jünger, der Weg, «Kommen und Gehen», die bezeugende Gemeinschaft, die Bekenner, die Sklaven, die Freunde, die Diener, «mit ...» («with ...»), der Bau, die Familie (household) Gottes, die Söhne Gottes, die Bruderschaft.

[78] Vgl. ebd. 172: "... this cluster of images — father, household, sons, brothers — constituted perhaps the climatic articulation of that new fellowship in faith whose bonds were as strong as the power of the cross". Bezüglich der Frage nach der Angemessenheit der Einteilung der Bilder in bestimmte thematische Gruppen hebt Minear nochmals die Bedeutung sowie den Inhaltsreichtum der *Familie Gottes* hervor (vgl. ebd. 254): "Most clearly of all, perhaps, the image of the family of God (to which we have given far too little attention) breaks through all barriers and is found in all quarters." Zur Erörterung der Familie-Gottes-Bilder vgl. im folgenden ebd. 165-172.

[79] MINEAR zeigt (vgl. ebd. 221-249), daß die biblischen Kirchenbilder im allgemeinen zumeist nicht auf einzelne klar zu umschreibende Bedeutungen einzugrenzen sind, sondern vielmehr durch ihre nahezu verwirrende Vielfalt und Verwobenheit auf das Geheimnis der Kirche verweisen. Er begründet dies (ebd. 225): "It was made possible by a common perception of a reality that embraced all the images. The writer could presuppose an audience which to some degree had experienced a common field of force that freed them from verbalistic slavery to any description of that field." Im Anschluß daran erscheint es nicht unangemessen, auf eine detaillierte Unterscheidung

Die Stellen in den Evangelien und in der neutestamentlichen Briefliteratur, die die Kirche als *Haus* bzw. *Familie* Gottes bezeichnen, lassen die enge Beziehung zum zentralen Thema des *«Hauses Israel»* im AT erkennen.[80] Dem liegt das alttestamentliche Verständnis zugrunde, demgemäß die Familie nicht nur als eine aus Blutsverwandtschaft konstituierte Gemeinschaft, sondern auch als Modell und Begriff für jede menschliche Gemeinschaft, die von Einheit, Homogenität und Stabilität gekennzeichnet ist, erscheint. Ihre Identität und ihr Einheitsprinzip findet die Familie in der Person des Vaters oder Patriarchen und in seiner Geschichte, die als Vermittlung zur Gegenwart fungiert. So konnte sich Israel etwa unter Berufung auf die «Stammväter» Abraham oder Jakob (*«Israel»*) als Familie verstehen.[81] Damit eng verbunden ist der Gedanke der Sohnschaft, die nicht nur die Beziehung zum Vater, sondern auch derjenigen untereinander bestimmt, die denselben Vater haben.[82]

Für Israel *als Volk* war es maßgeblich, Gott selbst zum Vater zu haben. Aber nicht nur das Volk im ganzen, sondern auch der König, Propheten oder Priester konnten «Söhne Gottes» genannt werden. Dabei ist allerdings zu beachten, daß diese Vaterschaft im AT nicht *generativ*, sondern von der Realität des *Bundes* Gottes mit seinem Volk her zu verstehen ist.[83] Der Bund also ist Grundlage und Voraussetzung dafür, daß Gott Israels *Vater*, daß Israel *Sohn* oder *Tochter* Gottes bzw. auch seine *Familie* genannt werden kann. Dieser Bund aber beruht auf drei Voraussetzungen: 1) die absolute Anerkennung der Realität einer wahren Gemeinschaft zwischen Gott und dem Menschen;

---

zwischen Haus als Bauwerk oder als Familie in jeder einzelnen zitierten Stelle zu verzichten.

[80] Vgl. die Parallelsetzung von Mose und Jesus als Diener bzw. Sohn im Haus Gottes (Hebr. 3,1-6); weiters Lk 1,32f.; Apg 2,36.39; Joh 8,31-47; Eph 2,12-22 u. Hebr 8,1-13. Vgl. 1Petr 4,17. In den folgenden Erörterungen über die Familie im AT (vgl. ebd. 166-169) stützt sich MINEAR vor allem auf: PEDERSEN, *Israel*, bes. 14-57.

[81] Vgl. MINEAR, *Images*, 167. Indem das NT diesen Gedanken aufgreift (vgl. Gal 3,9; Hebr 11; u.a.) und Abraham als den Stammvater *aller Gläubigen* bezeichnet, wird der Blick auf den Glauben als Zugang zur Familie Gottes gelenkt. Dadurch gewinnt die Familie der Gläubigen eine kosmische Dimension, weil sie nicht mehr auf ein Volk beschränkt ist und Gott selbst in ihr Vater ist, von dem her alle menschlichen «Familien» ihren Namen haben. Hier spielt MINEAR auf Eph 3,15 an, wobei verschiedene gebräuchliche Übersetzungsmöglichkeiten (*Vaterschaft*, *Generation*) gemäß dem zuvor Gesagten im Begriff der *Familie* zusammengefaßt sind.

[82] Vgl. ebd. 168. "In calling an individual a son, he is simultaneously designated as a member of a community. ... The unity of the son in the family binds both him and the family to its leader, its father, who represents the whole family par excellence."

[83] Vgl. ebd. 169: "It is the definition of family by reference to this covenant that «makes Israelites brothers», that enables writers to speak of Israel as God's son, and to speak of God as the Father of Israel"; vgl. Ex 4,22; Dtn 14,1; 32,6; Jes 1,2; 30,1; 63,16; 64,8; Jer 3,4.14; Hos 11,1; Mal 1,6.

2) die absolute Anerkennung Gottes als des Heiligen, des Höchsten, der diese Beziehung errichtet hat und sie bestimmend leitet; 3) die Annahme der Regeln dieses Bundes.[84]

Von diesen Grundlagen her ist die Familie Gottes im NT als die souveräne Erfüllung der Verheißung des Bundes, den Gott mit dem *Haus* Israel geschlossen hat, im Neuen Bund (vgl. Hebr 8,1-13), zu interpretieren. Sie ist Ausdruck für das bestimmende Bewußtsein der Christen, durch die Wiedergeburt von oben und die Einwohnung des Heiligen Geistes Kinder Gottes zu sein. Diese Sohnschaft ist freies Geschenk, doch zugleich fordernde Aufgabe des Vaters an die ganze Gemeinschaft. Zu dieser sind nach Gottes Willen alle Menschen berufen, wenngleich ihr de facto keineswegs alle angehören.[85] Dennoch bleibt die schon im AT bestehende Bundesverheißung gültig und die Kirche, die *eine* Familie Gottes, hat zu ihrem Ziel, «alle Familien der Erde», d.h. «alle Menschen» (vgl. Gen 28,14 u. Sach 14,17) zu vereinen.

Die in der Gotteskindschaft ausgedrückte *Verwandtschaft* errichtet und bestimmt auch die Gemeinschaft der Gläubigen als *Brüderlichkeit* (vgl. 1Petr 2,17; 3,8; 5,9). Diese ist begründet durch das Werk des erstgeborenen Sohnes Jesus Christus und verlangt deshalb als ihren Inhalt die Anteilnahme an seiner Heiligung, seinem Leiden, seinem Tod, seinem Geist und seinem Königreich (vgl. Röm 8,39f.; Hebr 2,11f.). Dabei weist Minear nach, daß nicht der Begriff der *Brüderlichkeit* aus sich selbst die Bedeutung der inneren Beziehung in der Gemeinschaft bestimmt, sondern daß die christliche *Brüderlichkeit* erst von der Gleichgestaltung mit dem Sohn die Fülle ihres Gehaltes gewinnt. Bruder Christi und damit auch Bruder in der Familie Gottes wird jemand nämlich dadurch, daß er den Willen Gottes tut (vgl. Mk 3,35), auch wenn das die Hingabe der alten familiären Bindungen in der Nachfolge Christi bedeutet. Damit erhält nicht nur der Begriff *Bruder* eine radikal neue Bedeutung, weil Christus selbst in jedem

---

[84] Vgl. ebd. 168f. Diese Bestimmungsstücke des Bundes übernimmt MINEAR von: T.C. VRIEZEN, *Outline of Old Testament Theology*, Oxford 1958, 142.

[85] Vgl. Mt 23,9; Joh 1,12; 11,52. MINEAR nuanciert durch Anführung verschiedener ntl. Belege die Bedeutung von *Sohnschaft*, die von *Gehorsam* gegen Gott (Mk 3,35; 1Petr 1,14) bis zur *Freiheit* vom Gesetz, von Angst und Tod (Gal 4,5; Hebr 2,15) reicht; sie meint weiters *Versöhnung*, *Vergebung* und *Heilung* durch Christus (Mt 5,9; Mk 2,5), *Brüderlichkeit* und *Feindesliebe* (1Joh 3,10f; Mt 5,41-45), Annahme des *Hasses der Welt* und den *Sieg* über die *Versuchungen* (Joh 15,18f.; Offb 21,7), die *Fortsetzung der Sendung Jesu* und die *Heiligung* in ihm (Joh 17,18-23; Hebr 2,11). Daß nicht alle Menschen zur Familie Gottes gehören, sieht das NT auch im Zusammenhang mit dem bleibenden *eschatologischen* Kampf der Kinder Gottes (des Lichtes, des Friedens etc.) gegen die *Söhne*, die *Familie des Satans*, in dem es keinen Kompromiß geben kann (vgl. Mt 8,12; 13,38; 23,15; Lk 7,35; 10,6; 16,8; Joh 12,36; 17,12; Apg 13,10; 1Thess 5,5; Eph 2,3; 5,8f.; 2Petr 2,14; 1Joh 3,10).

Bruder zu sehen ist (vgl. Mt 25,40) und diese Brüderlichkeit Zeichen der Auferstehung ist (vgl. 1Joh 3,1-5,5); er wird auch an neue Inhalte und Anforderungen gebunden, die insgesamt in der Anteilnahme an Christus, im einzelnen in Demut, im Verzicht auf das Streben nach Macht und Einfluß (vgl. Mt 23,8) und in dienender Liebe, die alles erträgt, in allem standhält und alles erhofft, bestehen. Das gilt vor allem für jene, die besondere Verantwortung tragen, um ihre Brüder zu stärken (vgl. Lk 22,32).

So zeigt sich im abschließenden Urteil Minears, daß das neutestamentliche Bild der Familie Gottes nicht nur die Kirche unter Bezugnahme auf das AT mit dem Bund Gottes mit seinem Volk, der im Blick auf das Kreuz Christi kosmische Dimensionen annimmt, verknüpft, sondern auch bedeutende Implikationen für die wesentliche Struktur der Gemeinschaft und das konkrete innere Leben der Kirche mit sich bringt. Diese aber sind durch einfache Konstituenten wie *Glaube* und *Gehorsam*, *Gnade* und *Vergebung*, *gegenseitige Annahme* und *Liebe* zu bestimmen.[86]

* * *

Auch für den Antwerpener Exegeten Hendrik Hoet gehört die «Familie Gottes» zu den «biblischen Grundworten».[87] Ausgehend von den fundamentalsten, in der Familie vorfindlichen menschlich-gemeinschaftlichen Beziehungen (der vertikalen der Eltern-/Kindschaft wie der horizontalen der Brüderlichkeit und der ehelichen Partnerschaft), zeigt Hoet, daß das AT und das NT durchgehend im Begriff und Thema der Familie jene Solidarität und jene Brüderlichkeit ausdrücken, die die Kirche auszeichnen müssen. Auch heute dürfe die Kirche in ihren Strukturen nicht Maß nehmen an internationalen Konzernen – wie auch ihre Priester nicht als Manager und Betriebsleiter zu verstehen sind. Nicht politische Regierungsformen, weder eine absolute Monarchie, noch eine auf parlamentarische Mehrheitsentscheidungen aufruhende Demokratie, sind verbindliche Modelle für die Kirche nach dem Willen

---

[86] Vgl. ebd. 172; wie auch an anderer Stelle des Buches deutlich wird (vgl. ebd. 140), bringt die Familie Gottes eine radikale Umwertung sozialer Verhältnisse und Gewohnheiten mit sich, die etwa in der Umkehr der Begriffe von «Herrschen» und «Dienen» deutlich wird. Deshalb können die Gläubigen (trotz der Freiheit der Kinder Gottes) *«Sklaven»* genannt werden – da ja nach biblischem Verständnis auch die Sklaven zum Haus, zur Familie gehören und ihnen darin Anteil an Christus gegeben ist, der selbst gekommen ist, um zu dienen (vgl. ebd. 157f.). Das steht nicht im Widerspruch zu Joh 15,15. Die Freundschaft hebt den geforderten Gehorsam wie das Dienen nicht auf, gibt ihnen aber einen neuen Sinn, da der Sohn den Willen des Vaters geoffenbart und damit das sklavische Unwissen aufgehoben hat.

[87] Vgl. H. HOET, *Gods volk als familie*, in: *Interpretatie* (1996), 29-31.

Gottes, sondern die *brüderliche* und *solidarische* «*Familie Gottes*» in Erfüllung ihrer prophetischen Sendung in der Welt.

3.3.1. Die Kirche als *Familie Gottes* im «*Corpus Paulinum*»

In einem neueren Lexikon über Paulus und seine Briefe scheint die Kirche als Familie Gottes in zwei Artikeln auf.[88] P.T. O'Brien weist in seinem Beitrag zum Thema «Kirche» darauf hin, daß es für das ganze NT nicht ungewöhnlich sei, das *Volk Gottes* auch «*Familie*» zu nennen. Paulus ziehe ein breites Feld von Begriffen aus dem Familienleben dazu heran, die Kirche und die frühchristlichen Gemeinden zu charakterisieren. Als wichtigste Einzelthemen sind hiezu die *Vaterschaft Gottes*, die *Gotteskindschaft* der in Christus (dem *Erstgeborenen unter vielen Brüdern*) Erlösten sowie die christliche *Brüderlichkeit* angeführt. Die umfassendste (auch mit Hebr 3,1-6 vergleichbare) Darstellung der christlichen Gemeinde als Familie bzw. Hausgemeinschaft (*household*) im *Corpus Paulinum* enthalte der erste Timotheusbrief. Für die Frage der *Kirchenordnung* und *-leitung* bezeichnet R. Banks die «*Familie*» als «Schlüsselmetapher». Sie diene in vielfältiger Ausfaltung zur Beschreibung und Bestimmung der Beziehung von Paulus (und anderen «geistlichen Vätern») zu ihren Gemeinden und zeige eine Parallelität zum Verhältnis Gottes zu seinem Volk. Keineswegs sei diese paulinische Darstellungsweise «patriarchalistisch» oder «paternal» zu deuten, sondern drücke die elterliche Autorität, Verantwortung und Sorge aus, die gelegentlich auch mütterliche Züge annehmen könne. Diesen gegenüber stehe die Gemeinde in einer Kindesbeziehung, die mehr und mehr zur Mündigkeit und Reife des Glaubens gelangen solle. In Abhebung zu gegenwärtigen Tendenzen warnt Banks allerdings vor einer dem Anliegen des Völkerapostels zuwiderlaufenden Psychologisierung und Emotionalisierung der Familienmetapher.

Der ausführlichste Beitrag zum Thema der Familie Gottes im *Corpus Paulinum* stammt von Daniel v. Allmen und wurde von ihm 1980 als Dissertation an der theologischen Fakultät der Universität Lausanne eingereicht.[89] Die Studie will in einer breiteren, synthe-

---

[88] Vgl. G. HAWTHORNE,–R.P. MARTIN u.a. (Hg.), *Dictionary of Paul and his Letters*, Downers Grove, 1993; darin: P.T. O'BRIEN, *Church* (4.3. *The Household*), 128 u. R. BANKS, *Church Order and Government* (2. *Metaphors and Models*), 132f.

[89] Vgl. D. V. ALLMEN, *La famille de Dieu. La symbolique familiale dans le paulinisme* (*OBO* 41), Göttingen 1981. Vgl. dazu auch die beiden Rezensionen von J.N. ALETTI, *Bulletin Paulinien*, in: *RSR* 71 (1983), 437 u. in: *Bib* 64 (1983), 440f. Vor der Veröffentlichung war der Autor bereits mehrere Jahre im pastoralen bzw.

tischen Übersicht — ohne zu sehr ins Detail zu gehen — die «paulinische» metaphorische Sprache quer durch das ganze *Corpus Paulinum* erforschen[90] und dabei konkrete Exegese und hermeneutische Reflexion in gegenseitiger Bereicherung fruchtbar werden lassen.

In der einleitenden Übersicht über den Fragestand[91] zeigt v. Allmen, daß sich die Literatur dazu weitgehend nach R. Bultmann richtet und etwa aus dem Vergleich des paulinischen Stils mit dem der jesuanischen Gleichnisse oder aber unter Anwendung der Kriterien der *stoischen Diatribe*, Paulus das dramatische Talent, den Humor, die bildhafte Anschaulichkeit, wenn nicht sogar die Fähigkeit, unkonstruiert Bilder oder Metaphern einzusetzen, grundsätzlich abspricht.[92] Eine solche Sicht ergibt sich nach v. Allmen aus der zu geringen Beachtung der Absicht, des *Sitzes im Leben*, des genus litterarium oder der Voraussetzungen der paulinischen Briefe. Im Gegensatz dazu versucht er — aufbauend auf neuere Forschungen zur metaphorischen Sprache bei Ricoeur und Jüngel[93] — beispielhaft am Themenkreis der *Familie* nachzuweisen, daß im *Corpus Paulinum* Metaphern wohlüberlegt und theologisch begründet verwendet werden. Ebenso trachtet er zu erforschen, wie das im einzelnen geschieht und welche theologischen Gehalte dadurch vermittelt bzw. hervorgehoben werden sollen.

Im Aufbau der Dissertation folgt den einleitenden Vorüberlegungen die Erörterung der bildlichen Verwendung des Familienthemenkreises in den Paulinen im allgemeinen, eine detaillierte Untersuchung einer Stelle aus dem Galaterbrief (Gal 3,6-4,7) und ihrer

---

theologisch-wissenschaftlichen Dienst der protestantischen Kirche in Cameroun und der Vereinigung der protestantischen Kirchen der Schweiz gestanden.

[90] Zur Frage der Absicht und Methode vgl. ebd. 1-3 u. 41-47. Die Verfasserfrage, die der Autor nur kurz anschneidet (vgl. ebd. 47-52), spielt eine untergeordnete Rolle, da sich die Dissertation in vorwiegend synchroner Vorgangsweise hauptsächlich mit dem vorliegenden Text selbst und seiner Sprache befaßt. Im Anschluß daran verwendet auch die Darstellung des Ansatzes in der vorliegenden Arbeit Begriffe wie «Paulus», «paulinische Briefe» etc. im weitesten Sinn, ohne sich auf die historisch-kritische Fragestellung einzulassen.

[91] Vgl. 0/1 - 0/4; ebd. 5-41.

[92] Vgl. R. BULTMANN, *Der Stil der paulinischen Predigt und die kynisch-stoische Diatribe*, Göttingen 1910; DERS., *Gleichnis und Parabel* II,2-3, in: *RGG* II ²1928, 1239-1242. Vgl. vor BULTMANN bereits A. JÜLICHER, *Die Gleichnisreden Jesu*, Tübingen ²1899; A. HAUSRATH, *Der Apostel Paulus*, Heidelberg ²1872.

[93] Vgl. V. ALLMEN, *famille de Dieu*, 26-41 u. 257-263; P. RICOEUR, *La métaphore vive*, Paris 1975. E. JÜNGEL, *Metaphorische Wahrheit. Erwägungen zur theologischen Relevanz der Metapher als Beitrag zur Hermeneutik einer narrativen Theologie*, in: *Die Metapher*, Sondernummer der *EvTh*, München 1974, 71-122.; vgl. auch die Beiträge RICOEURS in diesem Heft, 24-45 u. 45-70. Mit den zit. Autoren versteht V. ALLMEN die Metapher nicht bloß als rhetorisches Stilmittel, sondern als Sprachereignis, das durch Anwendung eines Begriffes einer Kategorie auf einen Sachverhalt einer anderen gleichsam als Arbeitshypothese bzw. als Verstehenshorizont fungiert, neue Einsichten vermittelt und deshalb *heuristische Bedeutung* hat.

Parallelen in Röm 4 u. 8 und ein Überblick über sieben Einzelthemen aus dem Familienthemenkreis. Die zwei abschließenden Kapitel fassen die Ergebnisse im Blick auf die Bildsprache des Paulus und ihre referentielle bzw. theologische Bedeutung zusammen.

«*Familie*» meint im Verständnis der Dissertation entsprechend ihrer antiken Bedeutung nicht nur eine verwandtschaftlich verbundene Gemeinschaft, sondern ein *soziales Gebilde*, das *dasselbe Haus bewohnt* bzw. *demselben Paterfamilias untertan* ist, wozu also auch die Sklaven zu rechnen sind. Bei der näheren Bestimmung des Familienthemenkreises übt v. Allmen allerdings eine bemerkenswerte Zurückhaltung gegenüber Begriffen, die im Griechischen die *Familie* selbst oder — vom selben Wortstamm abgeleitet — deren Glieder meinen können. Das verwundert besonders in Anbetracht des Titels der Arbeit. In ihrem Verlauf spielen diese Begriffe eine untergeordnete Rolle, und dort, wo explizit von ihnen die Rede ist, bemüht sich v. Allmen zu zeigen, daß ein klares, wenn auch implizites Verständnis der Kirche als Familie Gottes erst in den Pastoralbriefen (vgl. 1Tim 3,5) zu erkennen sei.[94] Dagegen wendet sich das Interesse Begriffen zu, die *thematisch* der Familie zuzuordnen sind und die beispielsweise deren Glieder, Beziehungen oder lebensgeschichtliche Abschnitte benennen. Kriterien dafür, wann diese Begriffe berechtigterweise als *lebendige Metaphern*, in deren Anwendung noch die Spannung zwischen dem, was etwas ist und was es eigentlich nicht ist, spürbar bleibt, verstanden werden können und wann sie sich bereits zu *termini technici* verfestigt haben, werden im folgenden aus der Häufung von Begriffen desselben Themenkreises sowie aus dem Kontext der Verwendung gewonnen.

Die Schlüsselstelle (Gal 3,6-4,7), anhand derer v. Allmen die Entwicklung des Familienthemas bei Paulus exemplarisch herausarbeitet, steht sprachlich, argumentativ und theologisch in enger Parallele zu Abschnitten in Röm 4 und 8, so daß die Stellen gemeinsam betrachtet und zur gegenseitigen Erhellung herangezogen werden können.[95] Die paränetische Absicht des Paulus läuft darauf hinaus, daß die Gläubigen nicht nur theoretisch annehmen, Söhne Gottes zu sein, sondern das

---

[94] Vgl. V. ALLMEN, *famille de Dieu*, 53-59. Die betreffenden griechischen Begriffe sind «πατρια» (vgl. Eph 3,15), «γενος/συγγενης» und «οικος/οικια/οικειος». In der paulinischen Verwendung des Begriffs oikos, der das *Haus*, aber auch die «*Familie*» meint, findet V. ALLMEN mehr den Aspekt des *Baues* betont, in dem Gott wohnt. Gegen O. MICHEL, οικειος, in: *ThWNT* 5, 136f. (im Anschluß an Hebr 3,1-6: οικειος "ist offenbar vom Gemeindeverständnis bestimmt: die Gemeinde ist οικος του θεου nach Hebr 3,1-6, die Christen sind Hausgenossen, Angehörige der familia Dei"), hält er auch Eph 2,19 u. Gal 6,10 nicht für Belege für die *familia Dei*, sondern vielmehr einfach als Ausdruck für Nähe und Verbundenheit (im Gegensatz etwa zur Fremdheit in Eph 2,19).

[95] Vgl. V. ALLMEN, *famille de Dieu*, 67; Kap. II, 68-146 u. 291-294.

auch mit allen Konsequenzen in ihrem Leben verwirklichen; vor allem aber, daß sie nicht die geschenkte Freiheit der Kinder Gottes ihrem Glauben zum Trotz aufgeben, um sich wieder unter die Gefangenschaft des Gesetzes zu begeben.

Eine erste Argumentationslinie entfaltet den Gedanken der *Familie Abrahams*. Die diesbezügliche aus dem Galater- und dem Römerbrief zu gewinnende These lautet: *Jene, die glauben, sind, und zwar exklusiv, die wahren Nachkommen/Söhne Abrahams.* Sie haben Abraham zum Vater und sind die Erben der Verheißung an ihn. Gegen die dafür jüdischerseits festgehaltenen Voraussetzungen der leiblichen Abstammung und der Beschneidung führt Paulus ins Treffen, daß gemäß dem AT (vgl. Gen 15,6) Abraham der *Glaube* als Gerechtigkeit angerechnet wurde (vgl. Gal 3,6; Röm 4,3.9.13) und daß er die Verheißung als noch Unbeschnittener erhielt (vgl. Röm 4,9-12), lange bevor das Gesetz, das als Gegensatz zur Verheißung erscheint, gegeben wurde. Ein weiteres Argument liegt in der Interpretation des Begriffs «Nachkommenschaft» nach rabbinischer Art. Bezugnehmend auf den grammatikalischen Singular des Wortes folgert er, daß nur *einer* der wahre Nachkomme Abrahams und Erbe der Verheißung ist, nämlich Jesus Christus, der darüber hinaus als Sohn Gottes auch als natürlicher Erbe zu verstehen sei.[96] In dieser messianischen Deutung ist bereits die zweite Argumentationslinie, nämlich die der *Familie Gottes*, entfaltet. In Gal 3,26-29 finden beide ihren Zielpunkt, wenn gefolgert wird, daß die Gläubigen, die durch die Taufe Christus angezogen haben und gleichsam in ihm *einer* geworden sind, als dieser *eine* die Nachkommen und Erben Abrahams und Söhne Gottes *in Christus* sind. Damit ist letztlich die messianische Linie der Abrahamsverheißung durch Christus auf die messianische Familie der Kirche fortgesetzt.

Neben den Themen der Vaterschaft[97], Kindschaft/Sohnschaft und Nachkommenschaft, die es erlauben, von der *Familie Abrahams* bzw. der *Familie Gottes* in Christus zu sprechen, wurde im vorausgehenden auch der Begriff des *Erbens* genannt, den Paulus hier mehr im Blick auf seinen familiären als den juridischen Gehalt verwendet. Eng damit verbunden ist der Begriff des *Testaments*, der im griechischen Wort «διαθηκη» (*LXX*) das hebräische «BERITH» wiedergibt. Durch den Doppelsinn des Wortes wird das Thema des Bundes, der die genannte

---

[96] Vgl. ebd. bes. 89-92. Wie v. ALLMEN zeigt, dürfte in der Betonung des *einen* Erben auch eine wenigstens implizite Anspielung auf Isaak als den einzigen Erben der Verheißung zu erkennen sein (vgl. Gen 12,2f.; 21,10-13. Bereits Jer 33,22 bezieht diese Verheißung auf David und öffnet damit den Blick für ihre messianische Deutung, wie sie dann bei Paulus im Blick auf Christus zu finden ist.

[97] Wobei — wie v. ALLMEN zeigt — explizit und als Metapher nur von der Vaterschaft des Abraham, nicht aber von jener Gottes die Rede ist.

Verheißung näher qualifiziert, in die Familiensymbolik eingeflochten.[98] Aber noch in einer weiteren Hinsicht entfaltet Paulus das Thema des Erbes und verbindet es dabei mit der für den Galaterbrief typischen Antithese von Gesetz/Sklavenschaft und Glaube/Freiheit.[99] Durch die Taufe sind die Gläubigen einer in Christus und dadurch Söhne Gottes und natürliche Erben (vgl. Röm 8,17: Miterben Christi) der Verheißung. Söhne aber sind im Unterschied zu den Sklaven in der Familie frei. Solange aber Söhne noch unmündig sind, stehen sie unter der strengen Zucht des Vormundes («παιδαγωγος») und sind deshalb noch nicht frei, sondern *wie* Sklaven. Heilsgeschichtlich erweist sich das Gesetz als jener «παιδαγωγος», aus dessen Gefangenschaft die Gläubigen zur von Gott vorausbestimmten Zeit[100] befreit werden.

Die Schlüsselaussage der untersuchten Stellen in Gal und Röm und damit das konstitutive Element der Familie-Gottes-Thematik liegt gemäß der dargestellten Dissertation darin, daß Gott seinen Sohn gesandt hat, der in der Inkarnation die menschliche Kondition annahm, wodurch die Gläubigen durch Glaube und Taufe seines Todes und seiner Auferstehung teilhaft und in ihm als *Adoptivsöhne Gottes* angenommen und befreit werden können. Insgesamt zeigt v. Allmen, daß Paulus die Familienmetaphern und die Doppeldeutigkeit traditioneller Begriffe wohlüberlegt einsetzt, um dadurch die soteriologische Aussage christologisch zu begründen, daß die Gläubigen Söhne Gottes sind, woran sich seine diesbezügliche Paränese anschließt.

Die *Gotteskindschaft der Christen*, von der eben bereits ausführlicher die Rede war, ist auch das erste jener sieben Einzelthemen der Familienmetaphorik, die v. Allmen in der Folge aus dem Ganzen des *Corpus Paulinum* in synthetischer Zusammenschau auflistet.[101] Es hat seine Wurzeln im Alten Testament, wo mit «Kind Gottes» das auserwählte (Bundes-)Volk gemeint war. Auch Paulus findet darin nirgends die Dimension biologischer Abstammung, sondern erkennt in der Adoption und Kindesbeziehung zu Gott eine eschatologische Realität, etwas, das bereits durch und in Christus wirklich gegeben ist,

---

[98] Vgl. ebd. 82-89; der Bundesgedanke bezieht sich auf Gen 15,18 u. 17,2.4. und hat die Verheißung der Vaterschaft Abrahams zum Inhalt, die Paulus als Vaterschaft gegenüber allen *Glaubenden* interpretiert.

[99] Vgl. ebd. 104-125. Auch das Thema des *Sklaven* gehört nach v. ALLMEN zur Familienthematik, da im antiken Verständnis auch die Sklaven zum «οικος», d.h. zur «Familie», gezählt wurden. Vgl. bes. die «Parabel von den unmündigen Kindern» (als Gleichnis und seine Anwendung) Gal 4,1-5.

[100] Die Fülle der Zeit («πληρωμα») trägt in sich den Doppelsinn des Mündigwerdens und des von Gott festgesetzten Höhepunktes der Heilsgeschichte.

[101] Vgl. ebd. 147-156 u. 272-275. Belegstellen sind: Phil 2,15; 2Kor 6,18 (zit. 2Sam 7,14 und gehört zu einem «antipaulinischen Fragment», das oft in Beziehung zur Qumran-Literatur gebracht wird); Eph 1,5; 5,1; Röm 8,19ff.; 9,26.

dessen volle Realisierung aber noch aussteht, weshalb er daran meist paränetische Imperative, etwa die Treue oder sohnesgemäßes Verhalten, anschließt.

In bezug auf die Gläubigen ist bei Paulus kein Bedeutungsunterschied zwischen den Begriffen «Kind» oder «Sohn» zu erkennen. *Christus*, dessen *Sohnschaft*[102] Fundament und Ermöglichungsgrund der Gotteskindschaft der Christen ist, wird dagegen ausnahmslos «Sohn» und niemals «Kind» Gottes genannt. Die «Sohnschaft Christi» erscheint bevorzugt als christologischer Titel, als Ausdruck für das siegreiche Eingreifen Gottes selbst in Taufbekenntnissen und wird dabei in engen Zusammenhang mit der Auferstehung und der Offenbarung des Auferstandenen (vgl. Gal 1,15f.) gebracht. Es stellt — wie in der Dissertation anklingt — möglicherweise die Übertragung des judenchristlichen Konzeptes des «Menschensohnes» in heidenchristlichen Kontext dar. In Ähnlichkeit dazu wird Christus aber auch als «Bild» («εικων») Gottes bezeichnet – auch hier in Mittlerfunktion: ganz Bild Gottes und zugleich Bild des Menschen par excellence. Als solcher ist er der «Erstgeborene von vielen Brüdern» (Röm 8,29) in Solidarität mit den Menschen und doch bleibend in Vorrangstellung, damit die Gläubigen ihm gleichgestaltet werden als Kinder Gottes und als *Brüder und Schwestern untereinander*[103].

Die *Brüderlichkeit* unter den Christen gehört sicherlich zu den häufigsten Anklängen der Familienmetapher im *Corpus Paulinum* – zumeist allerdings in der einfachen, nicht näher reflektierten und deshalb mit v. Allmen als «stereotyp» zu bezeichnenden Anredeform «Brüder». Auch wenn beispielsweise im Philemonbrief sowohl Onesimus als auch Philemon unter der «geistlichen Vaterschaft» des Paulus stehen, wird die dort entfaltete Antithese von Sklave und Bruder — wie auch an anderen Stellen die Brüderlichkeit — ausschließlich und ganz von Christus her begründet: Christus ist für seine Brüder gestorben. Deshalb sind jene, die ihm in der Taufe und damit gleichsam in seinem Tod gleichgeworden sind, mit Paulus *Brüder in Christus* zu nennen; in einer Brüderlichkeit, die nicht auf die Anredeform bzw. den liturgisch-kultischen Kontext beschränkt bleibt, sondern sich ganz konkret im alltäglichen Leben bewähren muß.

Auch Paulus ist den übrigen Christen — als Ausdruck des gemeinsamen Seins in Christus — in erster Linie Bruder. In seiner missionarischen Beziehung zu den von ihm gegründeten Gemeinden

---

[102] Vgl. ebd. 165-181. Vgl. Röm 1,3-4; 8,29; 1Thess 1,9f.; 1Kor 15,49; 2Kor 3,18; Phil 3,21.

[103] Vgl. ebd. 156-165; 274 u. 298-301. Vgl. Röm 8,29 (worin keine christologische Wesensaussage, sondern vielmehr die Begründung der Brüderlichkeit von Christus her zu sehen ist); 14,13-20; 1Kor 8,9-13; u. Phlm 16.

versteht er sich aber auch als «*geistlicher Vater*» oder sogar als
«*Mutter*»[104]. Was in den Paulinen in bezug auf Gott gegenüber seinen
Kindern vermieden ist, das wird auf Paulus angewendet: geistlich
«zeugt er als Vater» und «gebiert als Mutter» «Kinder», allerdings *in
Christus* und *durch das Evangelium*, wodurch der Blick auf den
Verkündigungsdienst als nähere Bestimmung des Grundes der Vaterschaft gelenkt wird und Christus selbst wiederum als der eigentlich
Handelnde offenbar wird. Denn letztlich bleibt der Dienst des Paulus
als geistlicher Vater nicht auf seine, sondern auf die *Familie Gottes*
hingeordnet, in der er eine übertragene und vermittelnde Vaterfunktion
einnimmt.[105] Deshalb ist auch die daraus konstituierte Beziehung nicht
als Abhängigkeit im Sinne einer patriarchalen Familienordnung zu
verstehen, sondern erscheint vielmehr geprägt durch Liebe, durch eine
familiäre Atmosphäre, die durch Einsatz, Hingabe, ja sogar Leiden für
die geistlichen Kinder aufgebaut wird. Dabei erzeigt sich Paulus wie
eine Mutter, die in Sanftheit und aufmerksam für ihre Kinder sorgt und
sie nährt. Den mündig gewordenen Kindern tritt er als «mahnender und
anspornender Vater» in Freudschaft, Zuvorkommenheit, Offenheit,
aber auch in Strenge[106] gegenüber.

Nicht nur weil der *Sklave*[107] der antiken Familie zugezählt wird,
sondern auch durch explizite Entfaltung des Zusammenhanges im
Corpus Paulinum erkennt v. Allmen die Einbindung jenes Konzeptes
in den Familienthemenkreis. Dabei kann der Begriff des Sklaven
einerseits dem des Sohnes im Thema der Befreiung gegenübergestellt
werden oder er ist andererseits positiv Ausdruck für den gemeinsamen
Dienst an Christus[108]. Nach Paulus steht nämlich jeder Mensch im
Dienst von jemandem oder etwas. Aber gerade der Dienst an Christus

---

[104] Vgl. ebd. 181-199; 274 u. 294-296. vgl. 1Kor 3,1f.; 4,14-17; 2 Kor 6,11-
13; Gal 4,19; Phil 2,22; 1Thess 2,7-8.11f. u. Phlm 10. Die mehrfache Andeutung der
Vaterbeziehung des Paulus gegenüber Timotheus und Titus in den Pastoralbriefen (die
durch die Gemeinsamkeit des Dienstes kontrastiert wird) erfolgt nach V. ALLMEN in
stereotypen Wendungen und bringt gegenüber den näher dargestellten Passagen keine
inhaltlichen Neuigkeiten.

[105] Vgl. ebd. 187f.: "Ce n'est pas Dieu qui est ici le géniteur, et les croyants ne
reçoivent pas, dans ces contextes, leur titre de fils ou d'enfants de Dieu; ils sont
«enfants» de Paul. La naissance à la vie nouvelle est décrite comme médiatisée: par
l'Évangile, prêche et reçu, Paul est devenu le «père» des Corinthiens, des Galates ou
de Philémon; il les a «enfantés», en Christ, et les a ainsi rendus capables d'une autre
relation, en vertu de laquelle ils prennent place dans la «famille de Dieu». ... En termes
familiaux, cela signifie que la paternité spirituelle ne joue, par rapport à la famille de
Dieu, qu'un rôle subsidiaire (instrumental) et, semble-t-il, assez passager."

[106] Diese *Strenge aus Liebe* ist eine andere als die *methodische* des Lehrers, die
der paulinischen Vaterschaft antithetisch gegenübersteht (vgl. 1Kor 4,14f.).

[107] Vgl. ebd. 199-209; Röm 8; Gal 3; 4 (bes. 4,7); Phil 2,22; Kol 3,24; 4,7.

[108] Dabei kann — wie gezeigt wird — auch der christologische Titel «κυριος»
eine Rolle spielen, der nicht prinzipiell als stereotyper Begriff gedeutet werden muß.

erweist sich im Gegensatz zu jedem anderen «Sklavendienst» als Befreiung, da er zur Gotteskindschaft und der damit verbundenen wahren Freiheit führt.

Als weiteres Thema aus dem Familienbereich, das bei Paulus zwar seltener, aber dennoch in vielfältiger Bedeutung erscheint, nennt die Dissertation die *Braut-* bzw. *Ehemetapher*[109]. Sie hat ihre Wurzeln im AT, das die Beziehung Jahwes zu seinem Volk mit dem Bild der Bräutlichkeit bzw. der Ehe beschreibt. In den Paulinen kann der Vergleichspunkt zum einen in der Auflösung der Bindung durch den Tod gesehen werden (vgl. Röm 7,1-4), wenn durch den Tod Christi die Gläubigen aus der Bindung an das Gesetz befreit werden und nun Christus, dem Auferstandenen, zugehören. Eine andere Möglichkeit besteht in der frei umgestalteten Anwendung eines Schemas der Eheparänese auf die Beziehung Christus – Kirche (vgl. 2Kor 11,2-3) oder durch die Begründung der Eheparänese in jener Beziehung (vgl. Eph 5,22-33); wobei sich an dieser Stelle beide Realitäten als das «große Geheimnis» wechselseitig erklären.

Im einzelnen betont das Bild die bräutliche *Liebe* zwischen der Kirche und Christus, der sich für sie hingegeben hat. Der Begriff der *«Hingabe»* trägt dabei sowohl den theologischen (Tod Christi) als auch den konjugalen Gehalt (der ehelichen Einswerdung) mit seinen Implikationen für die Kirche in sich. Eng damit verbunden ist die *Unterordnung* der Kirche unter Christus. Die *Reinigung* kann sowohl ein Eheritual als auch eine Anspielung auf die Taufe bedeuten, ähnlich der *Heiligung*, die möglicherweise einen terminus technicus für *antrauen* bzw. *verloben* darstellt. Eine weitere Reihe von Bildern kommt aus dem Brauch der *Präsentation der Braut*, wobei die Aspekte der *Treue* und *Einfalt* der Braut gegenüber ihrem Bräutigam, das *Brautgeschenk* an die Kirche, das Christus selbst ist, oder die Stellung des Paulus als *Brautvater* bzw. *Freund des Bräutigams* mit der damit verbundenen Verantwortung einzeln zum Vorschein kommen. Gerade im Zusammenhang dieses Themas gewinnt nach v. Allmen auch die eschatologische Dimension Profil, wenn etwa auf die Verlobung als bereits geschehen, die Präsentation der Braut als noch ausständig angespielt wird. In dieselbe Richtung deutet die Formulierung, daß Christus die Kirche geliebt und sich für sie hingegeben *hat* und doch ihr makelloses und heiliges Erscheinen vor ihm der Zukunft vorbehalten bleibt.

Zuvor war bereits mehrfach von der Sohnschaft Christi und in ihm auch der Gläubigen die Rede. Man möchte deshalb annehmen, daß sich dieselben Relationen im *Corpus Paulinum* auch von der Seite Gottes aus *metaphorisch* als *Vaterschaft* ausgedrückt finden. Und

---

[109] Vgl. ebd. 238-256; 274f.; 296; 303; Röm 7,1-4; 2Kor 11,2-3; Eph 5,22-33.

tatsächlich gibt es eine ganze Menge von Belegstellen, in denen *Gott* als *Vater* erscheint. Doch gerade in diesem Zusammenhang kommt die Untersuchung zu einem bemerkenswert anderen Ergebnis.[110] Jene Belegstellen sind nach v. Allmen nämlich zumeist liturgisch geprägt bzw. Zitate aus dem AT. Aus ihrem Kontext werde ersichtlich, daß sie bis auf eine Ausnahme weder metaphorisch noch im Umfeld einer breiteren Entfaltung des Familienbildes vorkommen; und dort, wo Paulus die Metapher der Familie Gottes anklingen läßt, vermeidet er den Begriff «Vater» für Gott, auch dann, wenn dieser sprachlich, inhaltlich oder von dem zugrundeliegenden Schema her gefordert wäre.[111] Auf der anderen Seite wird dort, wo Gott als «Vater» erscheint, Christus nicht mit «Sohn», sondern fast durchwegs mit «Herr» («κυριος») betitelt.

Eine einzige Stelle — nämlich Eph 3,14f. — könne nicht anders als metaphorisch verstanden werden. Und eben diese Stelle biete einen ersten Ansatzpunkt zur Lösung des Problems. «Vaterschaft» werde dort nämlich nicht aus dem menschlichen familiären Verständnis genommen und auf Gott angewendet, sondern Gott selbst erscheint als der eigentliche *Vater* und jede andere Vaterschaft demgegenüber als abkünftig.[112] Aus alldem folgert v. Allmen, daß «Vater» bei Paulus keine Metapher, sondern Gottes *Eigenname* sei, der — wie der Jahwe-Name im AT — keinen metaphorischen Doppelsinn zulasse.[113] Damit erweise sich Gott bei Paulus als transzendent, in Treue zum AT, in dem die jahwistische Theologie sich gegen die generative Deutung der Vatergottheiten antiker heidnischer Religionen verwehrt.

---

[110] Vgl. ebd. 209-238; 275; 277f.; 283-287; 297f. u. 307-310. Näher in Betracht gezogen werden dabei: Röm 8; 1Kor 15,24.28; 2Kor 6,16-18; Gal 1,1.3-4; 4; Eph 2,19; 3,14f.; Phil 2,9-11; Kol 1,12f.

[111] Dazu werden: Röm 8,3; 8,32 (trotz Anspielung auf das Isaakopfer in Gen 22); Gal 4,4; 1Kor 15,24.28 (wobei «Vater» und «Sohn» nicht zugleich im selben Vers erscheinen) genannt.

[112] Vgl. V. ALLMEN, *famille de Dieu*, 278: "Dieu n'est pas «Père» à l'image de n'importe quelle paternité. Il est le Père par excellence, et sa paternité déclasse toutes les autres «paternités», arbres généalogiques et autres «descendances» invoquées pour distinguer les clans, peuples et tribus (πατριαι)" (vgl. ebd. 286 u. 297). An dieser Stelle sei gegenüber dem atl. Vorbild κυριος durch πατηρ ersetzt. Dabei räumt V. ALLMEN ein, daß mit «Vaterschaft» der Bedeutungsgehalt der Formulierung noch nicht ausgeschöpft sei und daß auch zu Eph 2,19 Bezüge zu erkennen seien. In der Tatsache, daß die Stelle in einem Brief steht, der von vielen Exegeten als «deuteropaulinisch» gewertet wird, sieht die Diss. (ebd. 308) einen Hinweis darauf, daß man die differenzierte Sicht der Vaterschaft Gottes bei Paulus als so bedeutend erkannte, daß sie in der «paulinischen Schule» zur Tradition wurde.

[113] Der Jahwe-Name wurde in der *LXX* mit «κυριος» wiedergegeben. Dieser Titel wird bei Paulus jedoch durchgängig auf Christus bezogen, weshalb sich die Notwendigkeit eines neuen Gottesnamens ergibt, den Paulus nach V. ALLMEN im «Vaterbegriff» findet.

Gott ist allerdings gemäß dem *Corpus Paulinum* nicht der rein Transzendente, für die menschliche metaphorisch-bildhafte Vorstellung Unerreichbare. Er offenbart sich vielmehr im Geschehen der Inkarnation *selbst* und geschichtlich den Menschen, denen er sich gleichsam «zur Metapher» gibt, zu «bildhafter Anschaulichkeit»: nämlich als *der Sohn und Herr Jesus Christus*. Deshalb dürfe «Sohn Gottes» nicht allein als Titel, sondern müsse als wirkliche *«göttliche Metapher»* verstanden werden; zugleich Bild Gottes und Bild des Menschen par excellence.[114] Gott hat sich den Menschen in seinem Sohn, dem «κυριος» Jesus Christus, geoffenbart und ihnen den Geist gegeben, in dem sie rufen: «Abba – Vater!» (Röm 8,15 u. Gal 4,6). Dementsprechend werden nach v. Allmen in den paulinischen Aussagen der «Vaterschaft Gottes» nicht neutrale Informationen gesehen, sondern die angemessene Form für die Anrede und Anbetung Gottes in Christus, die als Verifikation jenes Rufes von den Getauften fordert, sich wahrhaft als Söhne Gottes zu erweisen.[115]

Somit bestätigt sich auch in der Frage nach der Vaterschaft Gottes bei Paulus das, was als Ergebnis der Arbeit v. Allmens bezüglich der metaphorischen Sprache und hinsichtlich der *Familie-Gottes-Thematik* im *Corpus Paulinum* insgesamt gelten kann: «Paulus» wendet zumeist durchaus geläufige bzw. traditionell geprägte Begriffe in eigener freier Gestaltung als lebendige Metaphern gekonnt und mit besonderer Sensibilität an; vor allem, um dadurch bedeutende theologische Sachverhalte auszudrücken.[116] Dabei ist v. Allmen bemüht, nicht den Eindruck zu erwecken, Paulus habe ein geschlossenes «Denkmodell» der *Familie Gottes* nach dem Bild der antiken patriarchalischen Familie entworfen:

---

[114] Vgl. ebd. 308f.: "Ici aussi, il serait donc faux de dire que Paul refuse de se représenter Dieu à l'image de l'homme – et que ce serait la raison pour laquelle il refuserait de «métaphoriser» sur «Père». Dieu à l'image de l'homme (solidaire des hommes et assumant leur condition), c'est le Fils, qui est l'Homme par excellence, l'image de Dieu" (ebd. 309). Die Tatsache, daß Jesus selbst gemäß den Evangelien in Gleichnissen von «Vater» spricht, versteht V. ALLMEN nicht als Widerspruch zu seinem Ergebnis; vgl. ebd. 310: "Ne serait-ce pas le signe que, dans la sensibilité propre à Paul, la métaphore du «Père» est réservée au Fils, et participe donc de ce qui, dans l'incarnation, s'est passé une fois pour toutes et ne se renouvelle pas?"

[115] Vgl. ebd. 298: "«Le Père», ce n'est pas celui que l'on «voit comme» (que l'on contemple par les yeux de l'esprit, au sujet duquel on «spécule»), ni celui *dont* on «parle comme» d'un «père». Il est celui *à qui* on dit «Père»: celui que l'on invoque, bénit, adore, celui à qui l'on rend grâces" oder mit E. SCHLINK, *Die Methode des dogmatischen ökumenischen Dialogs*, in: KuD 1966, 209 (zit. bei V. ALLMEN, *famille de Dieu*, 298 Anm. 5): "Die elementare Grundstruktur der Aussagen über Gott ist nicht die *Lehre* von Gott, sondern die *Anbetung* Gottes."

[116] Vgl. ebd. durchgängig bes. z.B. 306: "Paul se montre sensible au phénomène métaphorique, capable de s'en servir, et conscient de ses limites".

"Paulus hat nicht in umfassender Weise die antike Familie oder einen solchen Typ familialer Relationen im Judaismus oder Hellenismus gewählt, um sich dessen in systematischer Weise als «theoretisches Modell» (...) zu bedienen und daher alle diese Beziehungen zwischen Gott (dem «Vater»), Christus (dem «Sohn») und den Gläubigen (den «Söhnen» oder «Kindern») sowie die Relationen, die sich unter den Menschen («Brüdern») etablieren, innerhalb einer großen «familia Dei» zu beschreiben. Angesichts unserer Analyse sagen wir im Gegensatz dazu, daß Paulus, ausgehend von einigen gebräuchlichen «metaphorischen» Begriffen (Erbe, Bund-Testament, Kind, Sohn, Brüder, Sklave) und einigen aus seiner Sicht fundamentalen «theologischen» Relationen, ein eigenes familiales «Modell» errichtet, das nicht ohne Analogie mit der menschlichen Familie von gestern oder von heute ist, sich aber in zahlreichen Zügen davon unterscheidet."[117]

Das paulinische Familienmodell setzt sich — wie weiter ausgeführt wird — aus den vier Bildgruppen der *Familien Abrahams*, *Gottes* und des *Paulus* sowie des Hochzeitsmotivs zusammen, die untereinander in enger Beziehung stehen und auf die Familie Gottes hingeordnet sind. Die Relationen in dieser Familie bilden ein «Netz von Übereinstimmung»; nicht primär als «Status», sondern vielmehr im «Werden»[118] und hängen mit einer Serie von «Vermittlungen» (in Christus; durch den Heiligen Geist, das Evangelium, die «geistliche Vaterschaft»[119] u.a.) zusammen. Die *Familie Gottes* steht bei Paulus schließlich in einem eschatologischen Kontext des «Schon» und «Noch-Nicht», woran der Apostel zumeist paränetische Passagen anschließt.

Auch wenn die untersuchte Arbeit in der Frage der Verankerung des *Begriffes* der *«familia Dei»* im *Corpus Paulinum* Zurückhaltung zeigt[120], bietet sie durch den Aufweis zahlreicher *Metaphern aus dem*

---

[117] Ebd. 287. Dabei beruft sich V. ALLMEN auch auf P. SCHMIDT, *Vater – Kind – Bruder. Biblische Begriffe in anthropologischer Sicht*, Düsseldorf 1978, 115. Vgl. im folgenden bes. V. ALLMEN, *famille de Dieu*, 298-306.

[118] Das drückt sich in den Bildern von Zeugung, Geburt und Reifung aus und steht theologisch im Zusammenhang mit dem eschatologischen Vorbehalt. Auch die Gotteskindschaft erscheint als «Werden» (durch Glaube, Taufe und das Wirken des Heiligen Geistes), das auf seine eschatologische Vollendung wartet.

[119] Im Kontext der geistlichen Vaterschaft des Paulus kommt dabei auch das weibliche, das mütterliche Element als vermittelndes in der Familie Gottes zum Ausdruck (vgl. ebd. 288).

[120] Dazu ist allerdings anzumerken, daß es sich hiebei um eine exegetische Theorie bzw. Hypothese handelt und daß andere namhafte Exegeten beispielsweise in Eph 2,19 das Konzept der *familia Dei* durchaus enthalten finden (vgl. O. MICHEL, οἰκεῖος, in: *ThWNT* V, 136f.; H. SCHLIER–V. WARNACH, *Die Kirche im Epheserbrief*, Münster 1949, 95: "Doch ist [in] 2,19 auch die Vorstellung des «Hauses Gottes» angedeutet, sofern die Heidenchristen als «Hausgenossen Gottes» bezeichnet werden. Das erweckt den Gedanken der familia Dei und führt zu der Vorstellung von den Gliedern der Kirche als Brüder und Schwestern" – wobei Schlier allerdings an anderer

Themenkreis der Familie, die insgesamt zu einem *Modell der Familie Gottes* zusammengefaßt werden können, einen wertvollen Beitrag für die biblische Begründung einer *familia-Dei-Ekklesiologie*. Dabei ist das Ergebnis, daß Paulus die Familienmetapher nicht bloß als Stilmittel, sondern gezielt einsetzt, um theologische Themen zu entfalten, von größerer Bedeutung. Weiters wird die Christozentrik im Bild der Familie Gottes bei Paulus deutlich gemacht. Als Konsequenz davon zeigt sich, daß bei Paulus weder die *Familie* noch die *Vaterschaft* Gottes ohne Bezug zum Sakrament der Taufe auf die Menschen anzuwenden ist. Damit scheidet ein Verständnis, das die Vaterschaft Gottes undifferenziert auf alle Menschen anwendet, als mit der paulinischen Theologie unvereinbar aus.

Daß die Dissertation die Metapher der *Vaterschaft* besonders im Blick auf die *geistliche Vaterschaft* betrachtet, kann einen geeigneten und biblisch gut begründeten Ansatzpunkt für eine Theologie des Amtes bieten, zumal ja diese geistliche Vaterschaft als vermittelnde und ganz im Dienst der Familie Gottes stehende qualifiziert wird. Die Lösung, die v. Allmen bezüglich des Problems der Vaterschaft Gottes bei Paulus vorschlägt, hat für sich, die Transzendenz Gottes zu unterstreichen, wodurch die geforderte Ehrfurcht vor dem Gottesnamen in Erinnerung gerufen wird. Im Anschluß daran scheint es nicht unberechtigt, einen Primat der Anbetung und Verherrlichung Gottes gegenüber der Rede *über* Gott einzufordern. Das darf allerdings nicht dazu führen, jede Analogie zum göttlichen Geheimnis in der Schöpfung zu verwerfen. Wenigstens ein katholisches Denken wird sich diesen — für Theologie und Verkündigung in gleicher Weise bedeutsamen — Sachverhalt stets bewußt halten müssen.

* * *

Mit der besprochenen Arbeit ist das Forschungsfeld der Familie Gottes bei Paulus allerdings noch nicht erschöpft. Im folgenden sollen beispielhaft einige Beiträge angeführt werden, die in manchen Punkten von jener Arbeit abweichen oder andere Aspekte des Themas mehr ins Licht rücken, sei es aufgrund methodologischer Optionen, sei es durch die Wahl der Materialobjekte.

So wendet sich etwa das Interesse von R. Banks[121] ebenfalls auf der Grundlage des ganzen *Corpus Paulinum* weniger der metaphorischen Sprache als dem Gemeindebild des Völkerapostels und seiner

---

Stelle das Thema des «Baus» als vorrangig hält, vgl. DERS., *Der Brief an die Epheser. Ein Kommentar*, Düsseldorf ²1958, 141).

[121] R. BANKS, *Paul's Idea of Community. The early House Churches in their Historical Setting*, Grand Rapids 1980.

historischen Verwirklichung zu. Es geht Banks vor allem darum, die Schlüsselaspekte der paulinischen Gemeinde[122] in ihrer *inneren* Struktur aufzuzeigen. Wenn die Paulinischen Schriften auch keine «systematische Gemeindetheologie» entfalten, sieht Banks darin dennoch die früheste und zugleich detaillierteste verbindliche Quelle für ein christliches Gemeindeverständnis, das auch heute noch Gültigkeit und Relevanz für sich beanspruchen kann.[123] Als einer, der durch seine ausgedehnten Reisen mit Menschen, Kulturen und Religionen verschiedenster Art in Berührung gekommen ist, könne Paulus nicht losgelöst vom Kontext seiner Zeit und Umgebung verstanden werden. Das ändere allerdings nichts an seiner Originalität und seiner Treue zum Evangelium, die Banks gerade auch im Zusammenhang des Familie-Gottes-Themas hervorhebt.[124]

In einer dem jüdischen Denken nicht fremden Darstellungsart gebe Paulus bei der Erklärung von Kirche und Gemeinde oft der Leuchtkraft von Bildern und Metaphern gegenüber abstrakten logischen Argumenten den Vorrang.[125] Die Bilder des Baues, des Tempels, des Ackers, der Pflanzung oder des Sauerteiges finden allerdings in der Beschreibung menschlicher Beziehungen und der Beziehung der Menschen zu Gott, die für die Kirche konstitutiv sind, Grenzen, die Paulus mittels anderer Bilder zu überwinden suche. Zu Recht spreche man von einer gewissen Vorliebe des Apostels für das Bild des Leibes. Doch auch dieses bedürfe der Ergänzung, die Paulus nicht selten aus dem Themenbereich der Familie Gottes gewinnt.[126]

---

[122] Das englische Wort «community» wird hier mit «Gemeinde» wiedergegeben. Es trägt allerdings darüber hinaus auch die Bedeutungen «Gemeinschaft» und «Communio» (im Sinne von «Kirche als communio») in sich. Diese Aspekte müssen mitgedacht werden, wenn im folgenden von «Gemeinde» die Rede ist!

[123] Vgl. ebd. 10-12, 188, 189: "Paul's idea of community was not only the most detailed, but also the most developed and profound, in the writings of the New Testament"; u. 190f.

[124] Vgl. ebd. 13, 59f., 188 u. 190. Zur Kontinuität im Familienthema mit dem Evangelium vgl. Mk 3,34f. u. 12,30f. (Liebesgebot). BANKS liegt wohl richtig, wenn er den Unterschied des paulinischen Verständnisses zu dem der Stoa oder der Qumran-Gemeinden aufzeigt. Allerdings ist im Blick auf die von ihm eher oberflächlich betrachteten atl. Quellen bzw. Parallelen doch eine größere heilsgeschichtliche Kontinuität auch im Familienbild zu erkennen.

[125] Vgl. dazu und zum Folgenden ebd. 52f. u. 62f.

[126] BANKS weist darauf hin, daß die Bilder des Leibes und der Familie Gottes von Paulus zur gegenseitigen Ergänzung und Erklärung in der Durchdringung des Geheimnisses der Kirche herangezogen werden (vgl. ebd. 52 u. 62: "Through the description of the Christian community as a «family», Paul says something about the basis and character of the relationships that either exist, or should exist, within it. His comparison of the community with a *soma*, «body», on the other hand, seems more concerned with the nature and exercise of the various gifts that are present in the community and with the source from which they come. Yet it would be misleading to distinguish too sharply between the application of the metaphors, for it is one of Paul's

Weniger das Vorkommen des Begriffs der *Familie Gottes*[127] selbst, als vielmehr die höchst zahlreichen thematischen Belege lassen erkennen:

> "daß der Vergleich der christlichen Gemeinde mit einer «Familie» als der am meisten bedeutsame metaphorische Gebrauch von allen verstanden werden muß. ... Mehr als irgendeines der anderen von Paulus verwendeten Bilder offenbart es den Kern seines Denkens über Gemeinde."[128]

Die weitere Darstellung des «Schlüssel-Bildes» der *Familie* befaßt sich in einem ersten Schritt[129] mit der paulinischen Beschreibung der Mitgliedschaft in der Gemeinde. Basis dafür ist die Sohnes-Beziehung Christi zu Gott, dem Vater, die den Ermöglichungsgrund für die «Adoption» der Christen zu Kindern Gottes im Heiligen Geist und damit zu Gliedern der Familie Gottes bildet. Das darin ausgedrückte Gottesverhältnis der Gläubigen sei als die zugleich innige wie reife Beziehung der Gläubigen als mündige Kinder zu ihrem Vater zu verstehen (vgl. Gal 4,1ff. u. Eph 4,13ff.). Als Implikation ergebe sich daraus die Forderung nach einem «Familienbewußtsein» der Glieder einer lokalen Gemeinde, das sich im konkreten Leben bewähren müsse.

Banks führt daraufhin einige weitere Begriffe aus dem Familienbereich an, die Wesentliches für die Gemeinde zum Ausdruck bringen[130]. Neben dem Wort *Verwalter* («οικονομος»), das die Verantwortung gegenüber der Gemeinde betont, *Sklave* («δουλος») und *Diener* («‘υπηρετης»), kennzeichne der Völkerapostel die innere Beziehung in der Gemeinde vor allem durch den Terminus *Brüder*, der trotz seines häufigen Auftretens nicht seinen ursprünglichen Bedeutungsgehalt eingebüßt habe. Einander *Bruder* zu sein bedeute, füreinander Verantwortung zu tragen nach dem Vorbild Christi, der für seine «Brüder» gestorben ist. Nicht weniger «familiären» Charakter

---

basic convictions that the two cannot really be separated"). Wie sich im folgenden zeigt, kann die enge Verbindung beider Bilder z.B. im Thema der «Einheit in der Verschiedenheit» deutlich gemacht werden.

[127] Allerdings wertet BANKS (im Gegensatz zu V. ALLMEN) Eph 2,19 und Gal 6,10 als echte Belege für die Kirche als Familie Gottes bei Paulus, wobei sowohl die Dimension der lokalen Versammlung als auch die der «himmlischen *ekklesia*» erkennbar sind (ebd. 54f.).

[128] Ebd. 53f. Daß die «Familie» — trotz vielfältiger Studien zu anderen paulinischen Metaphern — in der wissenschaftlichen Literatur zumeist übersehen bzw. nur am Rande erwähnt wurde, führt BANKS teils auf die geringe Zahl expliziter Belege für den Familienbegriff (z.B. «οικειοι») und teils darauf zurück, daß die thematischen Belege [z.B. «Bruder» etc.] gerade aufgrund ihrer Häufigkeit und dem damit verbundenen Gewöhnungseffekt nicht mehr besonderes Interesse auf sich ziehen.

[129] Vgl. ebd. 54-56.

[130] Vgl. zu *Verwalter*: 1Kor 4,1-2; 9,17, Kol 1,25 u. Eph 3,2; zu *Sklave*: 2Kor 4,5; Röm 1,1; Phil 1,1; Kol 1,7; 4,7.12 u. Eph 6,6 sowie zu *Brüder* im eigentlichen Sinn: bes. 1Kor 8,11.13; 15,58; Röm 15,14; Phil 3,1; 4,1 u. Eph 6,10.

haben die Beziehungen des Paulus zu den Gemeindemitgliedern. Er erkennt in den anderen Gläubigen seine Brüder und Schwestern. Andererseits kann seine Beziehung zu ihnen auch als «geistliche Vaterschaft», ja sogar als «mütterliche Fürsorge» qualifiziert werden.[131]

In einem zweiten Schritt arbeitet die Studie die *Liebe* als Grundprinzip dieser «familiären Beziehungen» in der Gemeinde heraus[132]. Unter jener Liebe verstehe Paulus nicht ein Gefühl oder eine Neigung und auch nicht jene Art «Freundschaft», die der griechische Begriff «φιλια» meint, der die Wechselseitigkeit der Beziehung voraussetzt, ja nicht einmal etwas, das der Mensch aus eigenen Kräften zu leisten vermag. Wo der Völkerapostel von Liebe als «αγαπη» spricht, meint er jene «Frucht des Geistes», die in einem positiven Akt des Willens und im Dienst am anderen besteht, ohne eine Erwiderung zu fordern. Eine solche Liebe, die nicht selten Mühen und Opfer kostet, die sich auch in Gebet und Leiden füreinander verwirklicht, ist es, die Paulus im Hohenlied (1Kor 13,4-8) vor Augen schwebe und deren Qualitäten der Geduld, der Demut, der Toleranz, der Freundlichkeit, der Standhaftigkeit, der Großherzigkeit, des Vertrauens, der Ausdauer und des Optimismus nicht sosehr Ausdruck eines individuell gedachten Gottesverhältnisses, als vielmehr jene Bausteine sind, die das Gemeinschaftsleben und die von Paulus so leidenschaftlich geforderte Einheit darin aufbauen.[133] Wenn diese Liebe auch alle sozialen Beziehungen durchstimmen soll, so hat sie doch ihren besonderen Ort im inneren Leben der Gemeinschaft.

Andere Veröffentlichungen, die ebenfalls dem Themenbereich der *Familie Gottes* bei Paulus zuzurechnen sind, entfalten — wie z.B. die Arbeit von P. Gutiérrez über die «geistliche Vaterschaft»[134] — einen

---

[131] Vgl. Röm 16,2; 1Kor 7,15; 9,5; Phlm 2; 10; Kol 1,1; 4,9; Phil 2,22. Der Verweis auf Röm 16,13 und die Mutter des Rufus in diesem Zusammenhang läßt erkennen, daß Paulus auch das Thema der «geistlichen Mutterschaft» — die in diesem Fall ihm selbst gegenüber ausgeübt wird — nicht fremd ist.

[132] Vgl. BANKS, *Paul's Idea*, 57-59. Als Grundlage dienen vor allem: Röm 12,9f.; 13,8; 15,1-2.5-6; 16,5.8-9.12; 1Kor 4,21; 10,14ff.; 12,25f.; 16,24; Gal 5,6.22; 6,2 Phil 1,8; 2,1-4.12; Eph 4,32-5,2; 1Thess 3,12; Kol 3,12-14; 4,7.

[133] Vgl. BANKS, *Paul's Idea*, 58f.: "Far from being merely an attitude towards others, it involves a purposive act of will. It is, as Paul says in one passage, «a labour» [1Thess 1,3; vgl. 2Kor 8,24] and it expresses itself not in mere feeling or inclination but in concrete acts of service. While it delights in reciprocation, love gives itself to others irrespective of the reaction it receives [Röm 13,10]" (ebd. 58). Vgl. 1Kor 16,14; Kol 2,8; 3,14 u. Eph 4,1-3.

[134] P. GUTIÉRREZ, *La paternité spirituelle selon Saint Paul* (EtB), Paris 1968. Nach der Erörterung der Metapher der «Vaterschaft» in der Antike im ersten Teil der Arbeit bietet GUTIÉRREZ im zweiten eine ausführliche exegetische Analyse von 1Thess 2,7-8.10-11; 1Kor 4,14-21; 2Kor 6,13 u. 12,14f.; Gal 4,19 sowie eine Darstellung der Beziehung zu Timotheus und Titus.

spezifischen Aspekt davon, oder sie nehmen etwa den Begriff der
«Familie Gottes» nach Eph 2,19 als Ausgangspunkt[135] bzw. als
zentrales Argument[136], um davon Folgerungen für andere Fragen abzuleiten, wobei auch dadurch mehr oder weniger viel Licht auf das
Ausgangsthema zurückfallen kann.

3.3.2. Die Kirche als *Familie Gottes* in den Evangelien

Einen ersten guten Zugang zum Thema der Familie Gottes in
den Evangelien bietet ein anläßlich der Bischofssynode über die
Familie (1980) verfaßter Artikel von J. Dupont.[137] Klar und übersicht-
lich gegliedert arbeitet der Autor anhand einiger typischer Evangelien-
abschnitte und ihrer Parallelen die Beziehung Jesu zu seiner eigenen
Familie im Horizont der von ihm errichteten «neuen Familie» seiner
Jünger heraus. Indem Dupont sonst häufig übergangene diesbezügliche
Belege der johanneischen Tradition berücksichtigt, läßt er erkennen,
daß eine *familia-Dei-Ekklesiologie* in allen vier Evangelien eine solide
Ausgangsbasis findet.

Der erste Teil des Artikels untersucht die Beziehung Jesu zu
seiner Familie. Die Exegese der in zwei verschiedenen Traditionen
überlieferten Episoden des Zwölfjährigen im Tempel (Lk 2,41-52) und

---

[135] Vgl. D. MÍNGUEZ, *«Vosotros sois familia de Dios» (Ef. 2,19). Reflexiones
bíblicas sobre la familia*, in: *RCI* 8 (1986), 577-585. Auch wenn es MÍNGUEZ hpts. um
die in Christus erneuerte *christliche Familie* geht, können seine Erörterungen über
Familie und Bund (ebd. 580f.), die Familie als «gran símbolo de la unidad humana»
(ebd. 581), die Bedeutung der Liebe (ebd. 582-583) u.a. durchaus auch in gewisser
Analogie auf die Kirche angewendet werden; R. PENNA, *«Voi non siete più stranieri né
ospiti» Ef 2,19; cf. Col 1,21*, in: *PSV* 28 (1993/2), 183-198.

[136] Vgl. H. HOET, *Een Broederlijke Familie van Vreemdelingen*, in: *Coll* 23
(1993), 241-257. HOET, dem es im Anschluß an Eph 2,19 fast ausschließlich um
soziale Aspekte und um menschliche internationale Soldiarität zu gehen scheint, muß
sich die Frage stellen lassen, ob er damit noch den ursprünglichen Sinn der in Anspruch genommenen Textstelle zu treffen vermag. Dem Eph geht es nämlich offenbar
nicht erstlich um eine «internationale messianische Bruderschaft» (ebd. 251), sondern
um die Einheit aller von Christus erlösten Gläubigen in der *einen Kirche Christi*. Auch
die im Artikel geforderte und in einer «universalen Vaterschaft Gottes» begründete
«internationale [soziale] Solidarität» über die bleibende Verschiedenheit der Religionen
hinweg (ebd. 251) dürfte die Tatsache nicht genug ernst nehmen, daß in Eph von
Menschen verschiedener *Herkunft* die Rede ist, die bereits ihre Einheit im einen
Glauben an Christus und in seiner Kirche gefunden haben.

[137] Vgl. J. DUPONT, *Jésus et la famille dans les Évangiles*, in: DERS., *Etudes
sur les Évangiles Synoptiques* (BEThL 70/1), Louvain 1985, 131-145; zum selben The-
ma auch: R. SCHNACKENBURG, *Die sittliche Botschaft des Neuen Testaments* (HThK
Supplement 11), Freiburg 1986, bes. 58-67, 144-155, 206-210 u. 236-250; in jüngerer
Zeit folgt DUPONT auch der Artikel: L. CLERICI, *The Church as Family: African
Church Communities as Families of Jesus and of God. A Biblical and Ecclesiological
Reflection*, in: *AfCS* 11/2 (1995), 27-45.

der Hochzeit zu Kana (Joh 2,1-11) ergibt als gemeinsamen Befund die *Freiheit Jesu gegenüber seiner eigenen Familie.*[138] Bezüglich seiner Sendung erweist sich Jesus als allein von seinem himmlischen Vater abhängig, dessen Willen er bedingungslos befolgt und dem er absolute Priorität gegenüber «familiären Verpflichtungen» einräumt.

Zeigen die Evangelien einerseits die Unabhängigkeit Jesu von seiner Familie, so steht dem andererseits der *Unglaube seiner Verwandten* gegenüber.[139] Von ihnen erfährt er Unverständnis, Spott und Nichtanerkennung seiner Sendung, was bis zum Versuch reicht, ihn an deren Erfüllung zu hindern. Der so charakterisierten Familienbeziehung Jesu korrespondiert seine *Botschaft von der neuen Gemeinschaft, seiner «neuen Familie»*, die jene als die «wahren Seinen» und Verwandten bilden, die sein Wort hören, gläubig befolgen und die wie er den Willen des Vaters erfüllen.[140] Daß die «neue Familie», die Gotteskindschaft und Brüderlichkeit der Gläubigen erst aufgrund der Auferstehung in Fülle wirklich werden können, wird nach Dupont aus Mt 28,10 u. Joh 20,17 ersichtlich, worin der Auferstandene die Jünger erstmals als «seine Brüder» bezeichnet.

Der zweite Teil des Artikels stellt unter Beweis: Was für Jesus in bezug auf seine Familie erhoben wurde, gilt analog auch für seine Jünger im Verhältnis zu ihren Familien.[141] Angesichts der Botschaft Jesu und der Berufung zur Nachfolge wird *vom Jünger eine klare Entscheidung verlangt.* Darin muß auch er gegenüber seiner Familie Freiheit zeigen, die im Ernstfall bis zu «Haß» und *«Spaltung» in der Familie* führen kann. Die Forderung Jesu richtet sich dabei nicht gegen den Wert der Familie an sich, sondern drückt vielmehr den absoluten Vorrang des Willens Gottes und seines Reiches vor allem anderen aus, wobei — anders als noch im Alten Testament (vgl. 1 Kön 19,19-21) — kein Aufschub geduldet wird. So ist zu erwarten, daß das Unverständnis, das Jesus erfahren hat, auch seine Jünger seitens ihrer Familien treffen kann. Gegenüber dem Evangelium gibt es nämlich keine «Neutralität», und die Ausflucht in Kompromiß und in einen «Frieden um

---

[138] Vgl. DUPONT, *Jésus et la famille*, 132-134.

[139] Vgl. ebd. 134-136. DUPONT bezieht sich auf die knappen, theologisch geprägten Aussagen bei Joh 1,11 [die «Seinen» sind nicht nur als «sein Volk», sondern auch als die «Verwandten» zu deuten]; 4,44 u. 7,5 sowie auf die synoptischen Erzählungen: Mk 3,21-35; 6,1-6; Mt 13,53-58 u. Lk 4,16-30.

[140] Vgl. ebd. 136-138; dazu Joh 13,1 [die Liebe Jesu zu den «Seinen» als seiner neuen Familie], Mk 3,21-35 [im Kontext der Jüngerberufung vgl. 3,13-19 sowie 6,1-6 par. 6,6-13], Mt 12,49f. u. Lk 8,21 [vgl. 11,27].

[141] Vgl. ebd. 139-141; dazu Lk 9,57-62 (par. Mt 8,19-22); Lk 14,26 (par. Mt 10,37).

jeden Preis» führt unweigerlich zum Widerspruch mit dem Willen Gottes.[142]

Diese apokalyptisch klingenden Aussagen heben nicht nur die Radikalität der Nachfolge Jesu hervor, sie bilden auch und vor allem den Hintergrund für eine große Verheißung.[143] Jenen, die um des Himmelreiches willen alles zurücklassen, wird hundertfacher Lohn versprochen – schon jetzt im irdischen Leben. Die Erfüllung dieser Verheißung erfuhren die frühen christlichen Gemeinden in ihrer Gemeinschaft mit Christus und untereinander, in der *neuen Familie*, die sie schon bildeten, die ihnen aber immer zugleich auch ein Appell blieb, durch ihr Verhalten diese Familie weiter aufzubauen.[144]

* * *

Mit der *neuen Familie in der Nachfolge Jesu* im *Markusevangelium* befaßt sich die *Foundational Theology* von Francis Schüssler-Fiorenza[145]. Sein fundamentaltheologischer Ansatz erweist sich als bestimmend für den Zugang zum Text und für seine Interpretation. Das Werk behandelt in vier Teilen die zentralen fundamentaltheologischen Fragen der Auferstehung Jesu, der Gründung der Kirche, ihrer Sendung sowie des Selbstverständnisses der betreffenden theologischen Disziplin. Schüssler-Fiorenza geht davon aus[146], daß die viel und heftig diskutierte Frage der Kirchengründung falsch gestellt sei. Dadurch komme es zu einer Aporie zwischen den beiden meistvertretenen entgegengesetzten Theorien, die entweder die Kirchengründung direkt in der historischen Absicht Jesu festmachen wollen oder aber dieselbe ausschließlich und prinzipiell in nachösterliche Zeit verweisen. Der Fehler liege nun darin, daß beide «Gründung» mit der

---

[142] Vgl. ebd. 141f.; dazu: Mt 10,34-36 (zit. Mi 7,6; par Lk 12,51-53); Mk 13,12f. (par Mt 10,21f. u. Lk 21,16f.).

[143] Vgl. ebd. 142-144; Mk 10,29 (par Lk 18,29f. u. abgeschwächt Mt 19,29).

[144] Dieser Appell betrifft bevorzugt die *Brüderlichkeit* als Charakteristikum der Familie Gottes; vgl. Joh 21,23; Lk 6,41f.; 17,3f.; 22,32 u. Mt 5,22-24; 7,3-5; 18,15-21.35; 23,8-10. Die Erfahrung der Urchristen als Familie Gottes spiegelt sich nach Dupont auch in den in diesem Artikel untersuchten Evangelienstellen.

[145] F. SCHÜSSLER-FIORENZA, *Foundational Theology*, New York 1984. Vgl. auch die gekürzte dt. Ausgabe: *Fundamentale Theologie. Zur Kritik theologischer Begründungsverfahren*, Mainz 1992. Die folgende Darstellung sowie die angegebenen Seitenzahlen beziehen sich (mit Ausnahme der wörtlichen dt. Zit.) auf die englischsprachige Originalausgabe. SCHÜSSLER-FIORENZA beruft sich in seiner Darstellung auch auf christologische und gemeindetheologische Erwägungen von H.C. KEE, der Mk das Modell der «eschatologischen Familie» zuordnet und ebenfalls die Umwandlung sozialer und wirtschaftlicher Strukturen betont; vgl. H.C. KEE, *Community of the New Age. Studies in Mark's Gospel*, London 1977 [bes. 89-110 bei SCHÜSSLER-FIORENZA angegeben: 77-105 u. 145-175];

[146] Vgl. SCHÜSSLER-FIORENZA, *Foundational Theology*, XIII-XV, 59-72 sowie 108-111.

«Gründungsabsicht» von Gründerpersönlichkeiten verknüpfen, wobei diese Begriffe selbst zumeist ungeklärt bleiben. Die Ausweglosigkeit jener Ansätze werde durch die Art der biblischen Zeugnisse noch weiter befestigt, die Schüssler-Fiorenza nicht als verläßlichen Zugang zur historischen Absicht Jesu gelten läßt.[147]

Als Lösung dieser Aporie bietet der Autor eine «rekonstruierende Hermeneutik des Ursprungs der Kirche»[148] an, die nicht nach einer Gründungsabsicht, sondern vielmehr danach frägt, ob die Verkündigung und das Tun Jesu eine Bedeutung haben, die das Entstehen der Kirche legitimiert, m.a.W. die Frage nach der Kontinuität bzw. Diskontinuität der Vision und Botschaft Jesu zur Vision und Botschaft der frühen christlichen Gemeinden.[149] Das methodische Instrumentarium dazu gewinnt Schüssler-Fiorenza vor allem aus den Sprach- bzw. Kommunikationstheorien von Ricoeur, Searle und Habermas sowie von der ursprünglich der Literaturwissenschaft entstammenden «Rezeptionshermeneutik» der «Konstanzer Schule».[150] Demnach sei die Bedeutung eines literarischen Werkes nicht einfach aus der Absicht des Urhebers zu ermitteln, sondern an der Originalität, der kreativen und paradigmatischen Dimension des Werkes zu ermessen, die darin bestehe, ob es seine Gattung durchbreche, über den Erwartungshorizont der Rezipienten hinausgehe und dadurch denselben zu verändern imstande sei. Wie weit das geschehe, zeigen aber erst die Rezeptionsgeschichte und die darin vollzogenen «Konkretisationen» der Rezeption. In bezug auf die Frage der Kirchengründung ergibt sich daraus eine Hinwendung zu den einzelnen durch die Evangelien in Form von theologisch reflektierten Erzählungen über Jesus und Geschichten der christlichen Identität vorgelegten Konkretisationen der Vision und Botschaft Jesu. Ihre Verschiedenheit dürfe gerade um der Angemessenheit der Interpretation

---

[147] Vgl. ebd. 121.

[148] Vgl. ebd. 108-122 u. 122-124.

[149] Damit will der Autor nicht die *historische Beziehung* der nachösterlichen Gemeinde *zu Jesus* übergehen, sondern als Problem religiöser Identität und Rezeption aufzeigen. Vgl. ebd. XV: "As a problem of identity and meaning, the foundation of the Church is understood not primarily in terms of historical intentionality, but as the hermeneutical reception of the identity that came to the fore in the vision, life, and praxis of Jesus."

[150] Vgl. SCHÜSSLER-FIORENZA, *Foundational Theology*, 112-118; als für die «Rezeptionshermeneutik» maßgeblich wird namentlich genannt: H.R. JAUSS, *Literaturgeschichte als Provokation*, Frankfurt 1970. Beim Versuch, die Absicht eines Autors zu ermitteln, stoße man auf das Problem, daß jeder Sprechakt bestimmten Regeln folgt bzw. folgen muß, auch wenn diese dem Sprecher selbst nicht explizit bewußt sind. Weiters sei bezüglich der «Wahrheitsfrage» zu unterscheiden, ob ein Sprechakt auf die «kognitive» Mitteilung von Information oder aber darauf ausgerichtet sei, «interaktiv» ein bestimmtes Verhalten zu erzielen.

willen nicht harmonisiert und auf eine einheitliche zugrundeliegende Gestalt zurückgeführt werden.

Die Konkretisation bzw. das Zeugnis für Jesus und die Begründung der christlichen Identität im Markusevangelium überschreibt Schüssler-Fiorenza mit den Begriffen des *Reiches* und der *neuen Familie*.[151] In seiner eschatologischen Gesamtsicht biete das Markusevangelium eine theologische Interpretation der Gemeinschaft der Jünger in ihrer Beziehung zu Jesus, seiner Verkündigung des Reiches sowie seiner Heilungen und Wunder. Dabei erscheine Jesus als Vorbild und Begründer einer neuen und radikalen Familie. Die beiden angeführten Belegstellen (Mk 3,31-35 u. 10,29f.) weisen die *Berufung durch Jesus* und das *Tun des Willens Gottes* als konstitutive Elemente für diese Familie und die Zugehörigkeit zu ihr aus, wobei von den Jüngern verlangt wird, ihre gewohnte Umgebung, insbesondere die alten familiären Bindungen zu verlassen. Worauf es Schüssler-Fiorenza besonders ankommt, ist zu zeigen, daß das Proprium jener Familie in einer radikalen Umkehr *gesellschaftlicher* Erwartungen, Verhältnisse und Werte besteht:

> "In dieser Aussage ist die alte Familie durch eine neue ersetzt, die ihre Wurzeln in der Nachfolge Jesu und im Evangelium hat. Markus macht in seinem Evangelium durchgängig deutlich, was es bedeutet, Mitglied der Familie Jesu zu werden und den Willen Gottes zu tun: Jesus nachzufolgen heißt nicht einfach, seinem Leiden am Kreuz zu folgen, sondern die eigenen Werte, Normen und Lebensregeln radikal in Frage zu stellen. … Das Markusevangelium verwendet die Metapher der neuen Familie, die untrennbar mit einer radikalen Umkehrung der Machtverhältnisse verbunden ist: nicht die Macht des Geldes, sondern die Macht der Armut, nicht die Macht der Herrschaft, sondern die Macht des Dienens. Die Regeln der Macht innerhalb der Gesellschaft sind in der neuen Familie Jesu überwunden."[152]

Ganz in diesem Kontext sei auch die Stellung und Aufgabe der Zwölf zu verstehen, die als repräsentative Gruppe für das neue Volk *bei Jesus sein* und sein Erlösungswerk fortsetzen sollen. Auch wenn *«bei Jesus zu sein»* geschichtlich einmalig und unübertragbar sei, liege

---

[151] Vgl. SCHÜSSLER-FIORENZA, *Foundational Theology*, 133-137.

[152] Ebd. 135 (dt. 172f.). Daß in der «Umkehr gesellschaftlicher Verhältnisse» eine leitende Absicht des Autors liegt, erhellt daraus, daß er in drei aufeinanderfolgenden Absätzen jene Aussage nahezu gleichlautend mehrmals wiederholt und dabei nicht weniger als fünfmal den Begriff «reverse» bzw. «reversal» verwendet. Die biblische Begründung dieser Ansicht findet er in dem für das Evangelium zentralen Abschnitt 8,27-10,52, der sowohl von der Leidens- und Kreuzesnachfolge (des Petrus und der Jünger) als auch von der Umkehr der Werte spricht.

bei Markus darin und im Auftrag, Jesu Werk fortzusetzen, «die Kontinuität bezüglich der Identität der Kirche mit Jesus»[153].

Der Ertrag aus den Erörterungen von Schüssler-Fiorenza für die Entfaltung einer *familia-Dei-Ekklesiologie* liegt wohl vor allem darin, vom Markusevangelium her die hohen Anforderungen und die «Radikalität» der Nachfolge Jesu in der Familie Gottes, der Kirche, gezeigt und damit jeder falschen ekklesiologischen «Familienidylle» das biblische Fundament entzogen zu haben. Ebenfalls ist es nicht unangemessen, den Aspekt der «Umkehr» als für die christliche Gemeinde zentral hervorzuheben. Doch muß die Frage erhoben werden, ob Schüssler-Fiorenza nicht gerade diesen Aspekt zu einseitig auf «gesellschaftliche Verhältnisse» von Macht und Einfluß eingrenzt. Damit setzt er sich dem Verdacht aus, in den Dunstkreis bestimmter Ideologien zu geraten, die das «Heil der Menschen» vor allem aus einer dialektischen Umkehr der gesellschaftlichen Verhältnisse erwarten. In Rechnung ist zu stellen, daß derartige Ansichten auch zum ideologischen Hintergrund jener Autoren gehören, deren Methoden hier übernommen werden.

Es liegt nahe, daß eine «negativ» und «kritisch» orientierte Hermeneutik[154], die den Wert einer literarischen Äußerung danach bemißt, inwieweit sie den Erwartungshorizont der Rezipienten durchbricht und Verhältnisse umzukehren vermag, auch in der Bibel genau diese und nur diese Elemente wiederfindet. Infolgedessen besteht die Gefahr, nicht nur durch die Konzentration des Blicks auf menschlich gesellschaftliche Verhältnisse das Übernatürliche der Kirche aus den Augen zu verlieren, sondern auch die notwendige Kontinuität der Heilsgeschichte zu übergehen. Damit soll nicht bestritten werden, daß die methodische Hinwendung zur Rezeptionsgeschichte als Quelle zur Ermittlung der Bedeutung von Jesu Wort und Werk grundsätzlich unangemessen ist, zumal ja nach Joh 14,25f. und 16,13-15 in ihr das Wirken des Heiligen Geistes zu erkennen wäre, der die Jünger das lehrt, was ihnen der Sohn geoffenbart hat. Doch vom Heiligen Geist ist in der untersuchten Darstellung in diesem Zusammenhang nicht die Rede. In Anbetracht all dessen möchte man fragen, ob das, was nach Schüssler-Fiorenza als legitime Konkretisation der Vision und Botschaft Jesu aus dem Markusevangelium herauszulesen ist, in dieser perspektivischen Verengung auch dem, was der Evangelist unter Anhauchung des Heiligen Geistes niedergeschrieben[155] hat sowie dem

---

[153] Ebd. 137 (dt. 175).
[154] Vgl. bes. ebd. 120.
[155] Wenn — wie es bei SCHÜSSLER-FIORENZA offenbar geschieht — die Bedeutung auch eines biblischen Zeugnisses unabhängig von der Absicht des Autors zu be-

Willen Jesu bezüglich *seiner* Kirche entspricht. Doch gerade diese Frage darf innerhalb der vom besprochenen Autor aufgestellten Voraussetzungen nicht gestellt werden.

* * *

Soweit ersichtlich, wurde das Lukasevangelium von den synoptischen Evangelien monographisch am ausführlichsten bezüglich seines Ertrages für das Verständnis der Kirche als *Familie Gottes* untersucht. Das geschah vor allem durch eine von David P. Reid *SSCC* an der *Pontificia Universitas Gregoriana* in Rom eingereichte und 1983 veröffentlichte bibeltheologische Dissertation.[156] Darin beabsichtigt der Autor — angespornt durch praktische pastorale Interessen[157] —, das «*Familien-Symbol*» bei Lukas bibeltheologisch, d.h. als Synthese exegetischer Einzelergebnisse treu zum biblischen Zeugnis und angemessen der heutigen Sinnsuche und Sprache, zu erforschen. Den beiden letztgenannten Anforderungen will er dadurch entsprechen, daß er das Evangelium *soziologisch* interpretiert und einen sowohl exegetischen als auch religionssoziologischen Nachweis entwirft, daß diese «heutige» Interpretation — unbeschadet der geschichtlichen und kulturellen Unterschiede — dasselbe Ziel wie einst der Evangelist verfolgt.

Die Arbeit ist in drei Teile gegliedert, von denen der erste untersucht, wie Lukas *Jesus und seine Familie* darstellt. Der zweite Teil beschäftigt sich mit der *Methode* und der *Umwelt* des Lukasevangeliums, insbesondere den sozialen, politischen und kulturellen Einflüssen, sowie mit den frühen christlichen *Hausgemeinden* als «Sitz im Leben» lukanischer Theologie. Der dritte Teil erhebt die theologische Bedeutung der «Familie als Lebenswelt» in Auseinandersetzung mit drei exemplarischen Textabschnitten[158] und konfrontiert die

---

stimmen sei, ergibt sich daraus unweigerlich ein Folgeproblem in der Bestimmung der Bedeutung von *Inspiration*. Sie müßte dann nämlich entgegen dem Verständnis der Konzilien von Trient und Vat I (vgl. *D* 1501 u. 3006) gleichwie des VAT II, Const. dog. *DV* 7: *AAS* 58 (1966), 820 "... tum ab illis Apostolis virisque apostolicis, qui, sub inspiratione eiusdem Spiritus Sancti, nuntium salutis scriptis", unter Umgehung des Hagiographen allein auf den Text und seine Interpretation bezogen bleiben.

[156] D.P. REID, *Christian Community as the Eschatological Family in Lucan Theology* (Diss. *PUG*; Exzerpt), Washington 1983. Auch wenn die Arbeit als Exzerpt veröffentlicht wurde, bietet dieses — nach Auskunft seines Verfassers — die wissenschaftlich ertragreichsten Teile (Teil III, Kap. I. u. II [t.w.]) und läßt auch den Aufbau der ganzen Arbeit gut erkennen. Die Seitenzahlen der Zitationen beziehen sich im folgenden allerdings auf die Originalfassung der Dissertation.

[157] Vgl. ebd. 1; Zu Aufbau u. Methode der Diss. vgl. im folgenden ebd. 3-8.

[158] Vgl. ebd. 256-271: Lk 10,1-24: die Aussendung und Rückkehr der 72 Jünger; ebd. 271-282: Lk 7,1-50: die Heilung des Dieners des Hauptmanns, die Auferweckung des Jünglings von Nain, Täuferanfrage u. Jesus und die Sünderin beim Pharisäer Simon; ebd. 284-303: Lk 24,1-53: das leere Grab, die Emmausjünger.

gewonnenen Ergebnisse mit einer heutigen Theologie der Familie im Anschluß an die Bischofssynode von 1980.

«Familie» bedeutet im Vorverständnis der Arbeit sowohl Realität als auch Symbol.[159] Sie kann dabei die aufgrund von Blutsverwandtschaft konstituierte *Kern-* oder *Großfamilie* oder aber eine durch andere «Konventionen» verbundene *«fiktive Familie»* meinen. Als *Symbol* für die Kirche bietet der Begriff eine Möglichkeit, die Realität der christlichen Gemeinde auszudrücken, wobei die Kirche und die natürliche christliche Familie einander (neu) interpretieren können. Durch das Familiensymbol werden nach Reid als wichtigstes inhaltliches Element für die Kirche die Vaterschaft Gottes in bezug zur Sohnschaft Jesu sowie weiters vor allem Liebe, Vergebung, Versöhnung, Großzügigkeit, Gastlichkeit und Generativität hervorgehoben.

Im Vergleich der Synoptiker kommt der Begriff der *Familie* («οικος»/«οικια» bei Lk am häufigsten vor; und gerade dort, wo er in Parallelstellen der anderen Evangelisten nicht erscheint, trägt er zur Horizonterweiterung wichtiger theologischer Themen bei.[160] Reid versucht durch die ganze Arbeit hindurch aufzuweisen, daß Lk bewußt das Familien-Symbol anwendet, um seine Botschaft der Zeit und dem Verstehenshorizont seiner Adressaten entsprechend darzustellen. Dabei sind drei Bedeutungsebenen von Familie im Evangelium zu unterscheiden: die physische Familie Jesu, die fiktive Familie der christlichen Gemeinden sowie die Familie als *«Lebenswelt»* für das frühe Christentum auf der Basis der Vaterbeziehung Jesu.

Der Begriff der *Lebenswelt*[161] («*life-world*») entstammt der (Religions-)Soziologie und beruht auf der hermeneutischen, sich wechselseitig beeinflussenden Beziehung zwischen dem religiös wie sozial bestimmten Wirklichkeitskonstrukt einer sozialen Gruppe und ihrer religiösen Praxis. Diese Beziehung schließt die vertikale Dimension in der Relation zwischen Gott und Menschen sowie die horizontale der Menschen untereinander ein. Beide Dimensionen finden sich bei Lk in den Grundrealitäten der frühen Christen, vertikal in der Gemeinschaft mit Gott in Christus, horizontal in der Mission durch das Familien-Konzept ausgedrückt. Als Kriterium für den Aufbau einer *religiösen* Lebenswelt bei Lk wird die Definition von Religion als «Sakralisation

---

[159] Vgl. ebd. 1-3.

[160] Vgl. ebd. 253-255.

[161] Dieser Begriff kann als Schlüsselbegriff für die ganze Arbeit gelten. Zum Verständnis von «*life-world*» bei REID vgl. bes. ebd. 4f. u. 311f. sowie das ganze erste Kapitel des dritten Teils (ebd. 253-303). Eine biblische Entsprechung zum Begriff der (Familie als) «*life-world*» findet REID (vgl. ebd. 280) am ehesten noch im Konzept der *Weisheit* (und ihres Hauses = Familie): "If any set of biblical concepts comes close to what the sociologists meant by «life-world» is it not indeed that of wisdom?"

der Identität» nach H. Mol herangezogen, die als vier zentrale Bestimmungsstücke jeder Religion, *Objektivierung*, *Bindung*, *Rituale* und *Mythos* nennt[162], die auch die religiöse «Lebenswelt» des Lukasevangeliums kennzeichnen:

> "Die kosmische Ordnung für die lukanischen Gemeinden wird durch die geheimnisträchtigen Worte Jesu: «Ich muß in dem sein, was meines Vaters ist» [Lk 2,49], *objektiviert*. Die Geschichte dieses «muß», des eschatologischen *dei*[163] im Leben Jesu, bildet den *Mythos* dieser neuen «Lebenswelt», eine Geschichte, deren Augenzeugen (Apg 1,22) die frühen Jünger von der Taufe durch Johannes an bis zum Tag, an dem Jesus [in den Himmel] aufgenommen wurde, gewesen sind. Was die Jünger *verpflichtet*, Zeugen zu sein, ist die fortdauernde Dynamik des Hörens/Tuns des Wortes; und diese Verpflichtung wird im *Ritual* der Gastlichkeit, das die Vergebung Gottes als Verwirklichung einer Heimkehr in das Haus des Vaters erklärt, erneuert und missionarisch offenbar gemacht."[164]

Indem Lukas mit dem symbolischen Konzept der Familie eine Lebenswelt für seine christlichen Gemeinden als «Gemeinschaft der Familie Gottes in Jesus» aufbaut[165], öffnet er deren soziale, politische und ethnologische Strukturen für eine Neugestaltung im Licht der Beziehung Jesu zu Gott als seinem Vater. Auf der anderen Seite erweist sich das Konzept als wirksam in der missionarischen Arbeit der

---

[162] Vgl. ebd. 7f. u. 267f. REID bezieht sich auf: H. MOL, *Identity and the Sacred. A Sketch of a New Social-Scientific Theory of Religion*, New York 1977; u. H.C. KEE, *Christian Origins in Sociological Perspective*, Philadelphia 1980. In diesem Werk beschäftigt sich KEE auch kurz mit der *Familie Gottes*, in der er im Anschluß an Mk 3,34f. und Lk 9,60-62 nicht eine «Idylle», sondern den Inbegriff der *Bekehrung*, d.h. der *radikalen Nachfolge* in der Umgestaltung der persönlichen wie gesellschaftlichen Identität erkennt; vgl. KEE (dt. Übers.: *Das frühe Christentum in soziologischer Sicht. Methode und Anstöße*, Göttingen 1982), bes. Kap. 4: "Persönliche und gesellschaftliche Identität in der neuen Gemeinschaft", ebd. 77ff. bes. 80: "Familie wird nämlich, in direktem Kontrast zur irdischen Familie, neu definiert als diejenigen, die den Willen Gottes tun (Mk 3,35)." Zu den Bestimmungsstücken im einzelnen vgl. REID, Christian Community, 268f., 281 u. 300 (Objektivierung); 267-270 u. 280f. (Bindung); 270 (Ritual) u. 300 (Mythos).

[163] Griechisch: «δει»: «muß», «es ist notwendig» [Anm. des Verf.].

[164] Ebd. 311f.; vgl. Lk 1,2 u. Apg 1,1f. Im Verlauf der von Lk dargestellten Mähler stellt sich nach REID (z.B. ebd. 277f. zu Lk 7,36-50 u. ebd. 292-297 zu Lk 24,28-35) immer wieder der Gast als der eigentliche Gastgeber heraus.

[165] Vgl. ebd. 7: "The Christian community is identified as the family of God. Its sacral character is well expressed in the soteriological dimension of the family symbol: Jesus is both savior and Son of God. The declaration that Jesus is Son of God calls one into the new situation of salvation, and one is thereby commissioned to herald the good news to others"; ebd. 312: "The theocentric use of the symbol of family, built on Luke's Christology of the Son of God, expresses therefore for Luke's communities what we would call in our sociological hermeneutic today a «life-world»."

Kirche.[166] Damit sind aber auch die beiden Bestimmungsstücke eines *Symbols*, das nach G. Theissen[167] *Einheit* und *soziale Interaktion* schafft, getroffen.

Aus dem eben Dargestellten ergibt sich der zugleich bibeltheologische wie religionssoziologische Blickwinkel, der die Auseinandersetzung der Dissertation mit einzelnen für das Familien-Symbol relevanten Stellen bei Lk bestimmt. Dabei versucht der Autor zu zeigen, daß sich dort, wo Lk jenes Thema entfaltet, immer auch die vier Dimensionen der religiösen Lebenswelt wie die Einheit und soziale Interaktion schaffende Symbolik erkennen lassen. Der Ertrag der Studien bleibt jedoch nicht auf soziologische Implikationen beschränkt, sondern unterstreicht die zentrale Bedeutung der Familien-Symbolik für vier Hauptthemen lukanischer Theologie: *Christologie, Soteriologie, Mission* und *Eschatologie*, in deren Schnittpunkt die *Kirche als eschatologische Familie Gottes* bei Lk anzusiedeln ist.

Für die Entfaltung der *Christologie* im Lukasevangelium[168] im Kontext des «Familiensymbols» bildet die physische Familie Jesu den Ausgangspunkt. Wie aus der Darstellung der Episode des Zwölfjährigen im Tempel (Lk 2,41-52), des öffentlichen Auftretens Jesu in Nazaret (Lk 4,16-30) oder des Verhaltens zu seiner Familie (Lk 8,19-21 u.a.) zu erheben ist, erweist sich diese Familie vom Anfang an als offen und angreifbar für «Neuinterpretationen» aufgrund der besonderen Beziehung Jesu zu seinem Vater im Himmel. In der Darstellung des Lk tritt der Kontrast zur Erwartungshaltung der Beteiligten deutlich ans Licht. Sie erfüllt sich in ganz unvorhersehbarer Weise und bleibt untrennbar an die Annahme der Person Jesu als den Sohn Gottes gebunden. Das Bekenntnis zu Jesus ist demnach nicht ohne die Offenbarung Gottes möglich. Die Theologie der christlichen Gemeinde als Familie muß infolgedessen in der gläubigen Anerkennung der Menschheit Jesu von Nazaret gründen und im Glauben zu Christus, dem Sohn Gottes, fortschreiten. Durch das Geschenk des Glaubens und die Bekehrung nämlich öffnet sich *jene neue Realität*, in der die Christen als Hörer und Täter des Wortes stehen und die «eschatologische Familie Jesu» genannt werden kann; oder wie Reid selbst formuliert und dabei Maria zum Beispiel für die Kirche nimmt:

---

[166] Vgl. ebd. 5: "Luke, in his propaganda for the Christian movement, unites these two dimensions of mission and community with God in the symbol of family. This becomes for him a marketable «life-world» symbol."

[167] Vgl. ebd. 7f. u. 266. Eine nähere Darstellung der Ansicht Theissens und bibliograhische Angaben befinden sich im nicht veröffentlichten dritten Kapitel des zweiten Teils der Diss.

[168] Vgl. ebd. 6 u. 305f.; zu Lk 4,16-30 ebd. 18-42; zu Lk 2,41-52 ebd. 43-58, zu Lk 8,19-21 ebd. 59-77 und zu Lk 24,1-53 bes. ebd. 284f.

"Die Sohnesbeziehung Jesu zu Gott wandelt die Gemeinschaft seiner Jünger in die eschatologische Familie, die die «Lebenswelt» der frühen christlichen Gemeinde ist. Wie die Frau, die auf das Wort gehört und Jesus geboren hat (11,27f.) durch die Kraft des Heiligen Geistes (1,35), so muß auch die christliche Gemeinde den Heiligen Geist empfangen und Familie Jesu werden."[169]

Insofern Lukas Heilsereignisse im Kontext der *Familie* dramatisiert, kann diese auch als *soteriologisches Symbol* fungieren.[170] Das zeigt Reid anhand von Stellen zur Erfüllung alttestamentlicher Verheißungen (Lk 1-2) sowie von anderen, in denen sich das zeichenhafte Heilshandeln Jesu oder seine erklärenden Gleichnisse in familiärem Umfeld vollziehen. Exemplarisch dafür sind die Erweckung des Jünglings von Nain oder der Tochter des Jairus (Lk 7,1-50 u. 8,40-42.49-56) als Wiederherstellung zerbrochener Familienbeziehungen und die Szene mit Zachäus in Jericho (Lk 19,1-10). Dasselbe gilt für das Gleichnis vom barmherzigen Vater (Lk 15,11-32), die Begegnung Jesu mit der Sünderin im Haus des Pharisäers Simon (Lk 7,36-50) und die Beschreibung der Jerusalemer Gemeinde (Apg 2,42-46), worin sich der Blick schon mehr auf das christliche Gemeindeleben richtet. Selbst die Verkündigung des Reiches Gottes durch die Jünger geschieht im Licht der eschatologischen Familie (vgl. Lk 10,1-24).[171]

Den genannten Stellen ist gemeinsam, daß in ihnen das Heil unerwartet und unverdient Menschen angeboten wird (vgl. Lk 1,46-55). Daraus läßt sich einerseits ein Ansporn und Ausgangspunkt für die missionarische Sendung gewinnen (Lk 8,26-39; bes. 39). Doch kann als Folge ebenso Unverständnis und Anstoß erregt werden (Lk 7,18-35; 15,1f; 18,9-14). Dem korrespondiert — wie Reid zeigt — als soteriologisches Prinzip für die Kirche als Familie, daß der heilende und rettende Glaube nicht nur zu einer neuen Familie in der Heilung menschlicher Gebrochenheit und der Übersteigung dessen, was für Menschen natürlich möglich erscheint, verbindet. Der Glaube bringt auch Spaltung, weil dieser vollkommen gnadenhaften Heilung der Gebrochenheit gerade in den Augen der sogenannten «Guten» etwas Skandalöses anhaftet.

Wie kaum ein anderes biblisches Zeugnis atmet das ganze lukanische Doppelwerk den missionarischen Geist der frühen Kirche. Um so mehr — und mit beachtlichem Erfolg — bemüht sich daher Reid zu zeigen, daß das Konzept der «Familie» in der Entfaltung des

---

[169] Ebd. 285 (im Kontext von Lk 24,1-53).

[170] Vgl. ebd. 306f.; zu Lk 7,1-50 ebd. 271-282; zu Lk 10,1-24 ebd. 267f.

[171] Vgl. ebd. 267: "... the social interaction of the disciples is grounded in the family relationship they enjoy with God the Father in Christ. Our notes also lead us to think of the family as a symbol of the salvation which is the preaching of the Kingdom."

Schlüsselthemas der *Mission*[172] eine herausragende Rolle spielt. Der «Hausgemeinschaft» oder «Familie» als Ort der Annahme und Entwicklung des Glaubens wie der Errichtung von «Hauskirchen» kommt dabei eine zentrale Vermittlungsfunktion zu. Mission geschieht bei Lk durch die missionarische Gegenwart der christlichen Gemeinde in der Welt. Die Sendung Jesu als «Licht in der Finsternis und im Schatten des Todes» (Lk 1,79) wird durch die von ihm gesendeten und gleichsam in seiner «korporativen Person» handelnden Jünger fortgeführt, indem sie Kunde bringen von seinem Heilshandeln und durch ihr Zeugnis zur Teilhabe an seiner Sohnesbeziehung zum Vater in der eschatologischen Familie Gottes aufrufen.[173] Dieser Auftrag findet sich in der programmatischen Begrüßungsformel der Missionare «Friede diesem Haus» (Lk 10,5) zusammengefaßt.

Das von Lk bevorzugte Motiv des Gastes, der zum Gastgeber wird, bildet im Zusammenhang mit der «Mahlpraxis Jesu» auch ein Grundgerüst für das missionarische Selbstverständnis der Gemeinde. In der Bereitschaft, andere anzunehmen, bietet der christliche Missionar das an, was er selbst von Jesus empfangen hat: die Vergebung. Auf die Aktualität dieses Missionsverständnisses weisen die abschließenden Fragen hin, die seine Angemessenheit nicht nur bezüglich der jesuanischen und apostolischen Praxis, sondern auch der Sicht des Vaticanums II erkennen lassen:

"Inwieweit liegt das Engagement der Kirche darin, dem modernen Menschen eine tragfähige «Lebenswelt» anzubieten, die in der Wirklichkeit der gastlichen Aufnahme gründet? Kann die Kirche als *Licht der Völker* [«*Lumen gentium*»] deutlicher mit ihrer Identität als die eschatologische Familie Jesu verbunden werden? Die Darstellung der Kirche als Familie für die Menschheit bietet eine höchst bedeutsame «Lebenswelt» für den technischen, entfremdeten und lebensfeindlichen modernen Menschen."[174]

In Christus hat das *Eschaton*[175] bereits begonnen, die Versöhnung der gebrochenen Familienbande der Menschheit. Beginnend mit Johannes dem Täufer bleibt das Symbol von Umkehr, Versöhnung und Neuerrichtung ein signifikantes Thema im lukanischen Doppelwerk.[176]

---

[172] Vgl. ebd. 307f.; zu Lk 10,1-24 ebd. 256-271.

[173] Vgl. Lk 7,16f.; 8,16 u. 10,1-24 bes. 16 u. 24. Die Sendung und Rückkehr der 72 Jünger kann nach Reid gleichsam als ihre pastorale Formung durch Jesus verstanden werden (vgl. REID, *Christian Community*, 263). Insgesamt zeigt diese Stelle, daß sowohl Ausgangs- als auch Zielpunkt der missionarischen Arbeit das Haus bzw. die Familie ist.

[174] REID, *Christian Community*, 308.

[175] Vgl. ebd. 309-311.

[176] Dabei und im folgenden beruft sich REID auf: Lk 1,17 (vgl. Mal 4,5f.); 4,22; 6,46-49; 7,36-50; 10,37; 11,14-23; 12,49-53; 20,27-40 u. Apg 3,19-21.

Nur vor diesem Hintergrund ist die Neudefinition der Familie Gottes bei Lk zu verstehen, die in Christus geschieht und zur beständigen missionarischen Aufgabe der christlichen Gemeinde in diesen «letzten Tagen» wird. In ihr soll das Wort der Gnade in der Erfahrung der Vergebung lebendig sein und antreiben, auch anderen diese Annahme zu schenken. Das Kommen des Reiches und seine Verkündigung steht aber auch in der Spannung zwischen Hören und Tun des Wortes; und obwohl die Versöhnung über den Tod hinaus in das Leben der Auferstehung reicht, bleiben Spaltung und Angefochtenheit. Angesichts dessen gewinnen das Liebesgebot und der Aufruf zur Versöhnung erhöhte Dringlichkeit.

Gott, der Vater Jesu, ist sowohl der Gott des Bundes und seiner Verheißung als auch jener, der durch ihre Erfüllung, die Ausgießung des Heiligen Geistes, den Anbruch der eschatologischen Zeit markiert. Der Kern lukanischer Eschatologie, das in Jesus gekommene Reich, das aber zugleich antreibende Verheißung für die missionarische Sendung der Kirche bleibt, findet einen geeigneten Ausdruck im Konzept der Familie, das auch jede Spaltung zwischen Religion und dem konkreten menschlichen Leben aufhebt.[177]

Der Anspruch des Evangeliums trifft jeden Menschen persönlich und doch nicht als isoliertes Individuum, sondern eingebunden in gemeinschaftliche Strukturen, die seit dem Fall sündig und deshalb erlösungsbedürftig sind. Daraus wird die Bedeutung des Familiensymbols für das Kirchenverständnis — besonders in der eschatologischen Dimension — noch deutlicher. Die «Familie» ist nicht nur Vermittlungsinstanz zwischen dem Individuum und der menschlichen Gemeinschaft, d.h. — auf die Kirche angewandt — jene «Situation», in der der einzelne in Gemeinschaft beim Namen genannt und durch den Anspruch des Wortes getroffen wird; diese «Familie» ist ebenso auch primärer Ort der Sendung zur eschatologischen Versöhnung und der Wiederherstellung der gebrochenen gemeinschaftlichen Beziehungen in der Kraft der Vergebung Gottes.[178]

---

[177] Vgl. REID, *Christian Community*, 310: "This use of the symbol of family is a clue to how the early Christians felt in the practice of their religion. The wall of separation between life and religion is broken when faith in God's *oikonomia* is expressed in the economic, family language of real human life. If Luke can be said to depict salvation as homecoming, part of his achievement is the provision of a language in which homecoming is actually experienced and felt." Zum Gesagten vgl. Lk 1,55; 2,49; 4,18.21; 19,9; Apg 1,4.6f.; 2,17 u. 3,13.26.

[178] Vgl. REID, *Christian Community*, 311: "The community as effecting this eschatological mission of reconciliation in the world inheres in the word of God, the power to forgive sins which belongs to Jesus. In continuing to be about the concerns of the Father, the community is family, the messenger of the Father's reconciling love to

Insgesamt zeitigt die soziologisch-bibeltheologische Auseinandersetzung mit dem Thema der Familie im Lukasevangelium in der Dissertation von D. Reid beachtenswerte Ergebnisse. Positiv zu vermerken ist z.B., daß nicht nur das Vorkommen des *Begriffes* der Familie, sondern auch andere nur thematische Belege dafür in Rechnung gestellt werden. Die Grundthese, daß Lukas mit dem Symbol der Familie gleichsam eine tragfähige Lebenswelt, d.h. einen Verstehenshorizont für seine frühen christlichen Gemeinden aufbaut, vermag zu überzeugen. Dem Theologen kann sich dabei allerdings die Frage stellen, ob das, was Reid letztendlich als Ertrag präsentiert, nicht auch ohne die Applizierung des aus der vergleichenden Religionssoziologie H. Mols stammenden Schemas einsichtig zu machen wäre. Man hat gelegentlich den Eindruck, daß die genannten Ergebnisse aus dem Evangelientext selbst sowie durch dessen exegetische und bibeltheologische Betrachtung wesentlich einsichtiger sind, als die nicht immer so glatt zu vollziehende Anwendung des Schemas[179], die eigentlich nur der Befestigung jener Ergebnisse dienen sollte. Ebenso ist anzufragen, ob die vier Bestimmungsstücke, die für jede Form von Religion Gültigkeit beanspruchen, nicht zu allgemein veranschlagt sind, um ein angemessenes Kriterium für die Untersuchung eines Evangeliums abgeben zu können. Lukas selbst ist es ja — und auf dieses Ergebnis kommt letztendlich auch die Arbeit Reids — wohl nicht darum gegangen, *irgendeine allgemein religiöse*, sondern eine ganz *spezifisch christliche* Lebenswelt aufzubauen.

Diese mehr die Argumentationsweise als den Ertrag der Dissertation betreffende Anfrage schmälert aber keineswegs den Wert, den die bibeltheologische Auswertung des Familien-Symbols bei Lukas in der Arbeit von Reid als Grundlage für den Versuch einer dogmatischen *familia-Dei-Ekklesiologie* hat. Dadurch wird nicht nur ihr biblisches Fundament befestigt; es zeigt sich gerade in der Anwendung des Familien-Konzeptes die Verflochtenheit des lukanischen Kirchen-

---

a broken humanity. The community as family mediates the ground between God as Father and the pained filially-broken condition of humankind, the actual state of the «pots and pans»."

[179] Daß REID offenbar selbst spürt, daß jenes Schema nicht immer so harmonisch zum Textbefund paßt, mag an der gelegentlichen Beteuerung, daß er mit dem Schema den Text nicht «pressen» wolle, ermessen werden, und an manchen Stellen können die vier Grunddimensionen nur durch Hilfskonstrukte (wie z.B. den Verweis auf einen weiteren Kontext der Stelle etc.) geortet werden (vgl. ebd. 7f.; 268 u. 282). Und selbst wenn sich *objectivation, committment, Myth* und *Ritual* in allen untersuchten Belegen finden lassen, bleibt fraglich, ob damit ein Beweis dafür gewonnen ist, daß Lk mit dem Konzept der Familie eine *Life-world* aufbauen möchte. Mit nur ein wenig Phantasie lassen sich nämlich diese vier Dimensionen wohl an nahezu jeder biblischen Stelle und in jedem dabei zugrunde liegenden Kontext finden.

bildes mit seinen anderen theologischen Leitthemen: der Christologie, der Soteriologie, der Mission und der Eschatologie.

* * *

Ganz im Gegensatz zum oben dargestellten Versuch von F. Schüssler-Fiorenza erarbeitet G. Lohfink in seinem vielbeachteten exegetischen Werk *Wie hat Jesus Gemeinde gewollt?*[180] Kriterien für die Authentizität der Kirche gerade aus dem *Willen* und der Praxis Jesu selbst, ohne dabei allerdings deren Rezeption in den ersten Jahrhunderten zu vernachlässigen. Als Quelle dienen vor allem die synoptischen Evangelien. Aber auch andere Bücher der Bibel wie der frühchristlichen Literatur werden berücksichtigt.

Wie verschiedene neuere Autoren weicht Lohfink der Diskussion über die Frage der *Kirchengründung* durch Jesus aus. Seine diesbezügliche Lösung läuft darauf hinaus, daß Jesus keine Kirche gründen mußte, da es das Gottesvolk Israel bereits gab.[181] Durch das ganze Buch hindurch ist deshalb der Autor bemüht, die Kontinuität im Heilsplan Gottes zu zeigen, die er vor allem darin erkennt, daß es Jesu Ziel war, Israel als Volk und Heilsgemeinde zu sammeln.[182] Auf diese Weise tritt Lohfink leidenschaftlich gegen jeden *Individualismus* und *Subjektivismus* an[183], die sich seit dem ausgehenden 19. Jahrhundert parallel zu politischen und gesellschaftlichen Ideologien vielfach des theologischen Denkens bemächtigten und etwa durch A. v. Harnack explizit gemacht wurden. Bis heute spiegeln sich derartige Tendenzen im Kirchenverständnis einer «Versorgungskirche», deren Hauptaufgabe es zu sein scheint, gleichsam als «religiöser Supermarkt» dem einzelnen die notwendigen Mittel für sein persönliches Seelenheil zu freier Wahl zur Verfügung zu stellen.

Auch wenn Lohfink die Kirche als die Weiterführung der Heilssendung Israels[184] versteht und immer wieder von einer notwendigen bleibenden Beziehung zwischen dem Volk Israel und der Kirche

---

[180] G. LOHFINK, *Wie hat Jesus Gemeinde gewollt?* Freiburg 1993.

[181] Vgl. ebd. 9.

[182] Vgl. ebd. 17-41, wo LOHFINK anhand von wesentlichen Elementen der Botschaft und des Tuns Jesu seine *Israelbezogenheit* aufzuweisen sucht. Die Kontinuität läßt sich aber auch im Thema der Familie, etwa an der Erwählung der Familie Abrahams oder am Konzept der Gotteskindschaft im AT, erkennen.

[183] Vgl. ebd. 11-16.

[184] Das Heil ist dabei allerdings schon im AT nicht auf Israel beschränkt. Entsprechend der Prophetie von der Wallfahrt der Heiden nach Jerusalem (vgl. Jes 2,1-5; 25,6-8; 60,1-22; Jer 3,17; Zeph 3,8-11; Hagg 2,6-9; Sach 2,10-13; 8,20-23) sieht Jesus das Ziel der Sammlung Israels gerade darin, ein eschatologisches Zeichen zum Heil aller Völker neu aufzurichten (vgl. ebd. 28-31).

spricht[185], übergeht er damit keineswegs die *Neuheit* dessen, was mit Jesus und seinen Jüngern beginnt. Dieses *Neue* faßt er in den Begriff der *neuen Familie (Jesu)*.[186]

Die Radikalität der Anforderungen Jesu, die sich exemplarisch in der Bergpredigt zeigt, richtet sich an das ganze Volk und gilt deshalb auch für die «ortsfesten» Anhänger Jesu, die — wie z.B. Lazarus — im Raum ihrer Familie und in ihrem sozio-kulturellen Kontext verbleibend, das Kommen des Reiches Gottes erwarten.[187] Andere aber, die Jünger im eigentlichen Sinn, ruft Jesus in freier Erwählung (vgl. Lk 9,59), Beruf, Besitz, alle Bindungen und Sicherheiten und — was für das orientalische Denken eine unerhörte Forderung darstellt — auch die «heilige Ordnung» der eigenen Familie zu verlassen und ihm nachzufolgen:

"Jesus verlangt also von seinen Jüngern die entschiedene Abkehr von der eigenen Familie ... An die Stelle ihrer Familie ... tritt die Lebensgemeinschaft mit Jesus. ... Die Lebensgemeinschaft des Jüngers mit Jesus ist *Schicksalsgemeinschaft*. Sie geht so weit, daß der Jünger bereit sein muß, dasselbe zu erleiden wie Jesus - notfalls sogar Verfolgung oder Hinrichtung."[188]

Mit diesen radikalen Forderungen stellt sich Jesus, der selbst um des Reiches Gottes willen ehelos geblieben ist (vgl. Mt 19,12) und sich von seiner eigenen Familie losgelöst hat (vgl. Mk 3,20f.31-35), jedoch nicht gegen menschliche Gemeinschaft überhaupt. Verzicht auf Ehe und Verlassen der Familie sind nicht Selbstzweck, sondern vielmehr Ausdruck dafür, daß Jesus eine neue, eschatologische Gemeinschaft errichten will, die zeichenhaft jene Gemeinschaft und gesellschaftliche Ordnung schon hier verwirklichen soll, die Gott für sein Reich vorgesehen hat:

"Das alles wird nun aber von Jesus relativiert: der Clan, die Eltern, die Kinder, das Land. Es ist möglich, unter Umständen sogar notwendig, das alles zu verlassen. Allerdings nicht um des Verlassens willen, nicht weil das Verlassen an sich schon etwas Positives wäre. Vielmehr deshalb, weil jetzt Neues entsteht: Das Reich Gottes bricht herein. Damit

---

[185]Dieser Gedanke durchzieht das ganze Buch; vgl. z.B. ebd. 95 (unter Bezug auf Röm 11): "Die Kirche kann somit nach Paulus ohne Israel gar nicht existieren. Nicht nur, daß sie als eingepfropfter Zweig von der Kraft des alten Ölbaums Israel lebt (Röm 11,17). Sie lernt auch an dem schuldig gewordenen Israel ständig die Gefahr der Überheblichkeit der Erwählten und die Unwiderruflichkeit der erwählenden Liebe Gottes kennen. Mehr noch: Einzig und allein Israel kann die Kirche immer wieder radikal vor die Frage stellen, ob sie ihre messianische Existenz tatsächlich lebt. Deshalb würde die Kirche ihre Identität verlieren, wenn sie ihre bleibende Bezogenheit auf Israel vergäße."

[186] Vgl. Teil II: *Jesus und seine Jünger* ebd. 42-88; bes. 50-57.

[187] Vgl. ebd. 42f.

[188] Ebd. 44. Vgl. Mk 1,16-20; 10,29; Mt 10,37f. u. Lk 14,26.

aber verändert sich alles. Diejenigen, die Jesus jetzt nachfolgen, die um des Reiches Gottes willen das Bisherige hinter sich zurücklassen, werden zu einer *neuen Familie*. Zu einer Familie, in der es paradoxer Weise wieder Brüder, Schwestern, Mütter und Kinder gibt."[189]

Damit erfüllt sich auch die Verheißung an die Jünger, schon in dieser Zeit das, was sie verlassen haben, hundertfach zurückzuerhalten (vgl. Mk 10,29). Sie geraten nicht in Einsamkeit und Isolation, sondern stehen in einer tragfähigen Gemeinschaft, die sich für die Jünger vor allem in jener Mahlgemeinschaft äußert, in der Jesus selbst der «Hausherr» ist (vgl. Mk 8,6 u. Lk 24,30f. 34). Lohfink legt Wert darauf zu zeigen, daß sich die Zugehörigkeit zur Familie Jesu nicht auf den Jüngerkreis im engen Sinn beschränkt, dem es in besonderer und zeichenhafter Weise zukommt, jene Familie zu verwirklichen. Wie Mk 3,32-35 erkennen läßt, sind nämlich all jene als Familie (Bruder, Schwester und Mutter) Jesu zu betrachten, die den Willen Gottes tun, was nichts anderes bedeutet, als sich dem Heilsplan Gottes im «Jetzt» anzuschließen, dem Evangelium Jesu zu glauben und bereit zu sein, das eigene Leben durch Gott ändern zu lassen. Dadurch ensteht die *neue Familie*, selbst wenn es in der Folge zur Entscheidung, ja bis zum Bruch quer durch Familien kommen kann.[190]

Im weiteren Verlauf des Buches arbeitet Lohfink das Eigene der Gemeinschaft Jesu mit seinen Jüngern, d.h. der neuen Familie Gottes, heraus und zeigt, daß dieses wenigstens bis Augustinus von der Kirche in Treue beibehalten wurde. Dem Verständnis der Gemeinschaft der Jünger als Familie entspricht es, sich untereinander als Brüder und Schwestern zu verstehen, wodurch soziale Schranken untereinander aufgehoben werden.[191] Diese Praxis, die auf Jesus selbst zurückzuführen ist und die in der Urkirche das Verhältnis der Gläubigen prägte (vgl. Mt 23,8), war für das religiöse Denken zur Zeit Jesu nichts Außergewöhnliches. Neu war dagegen die theologische Begründung des Geistes der Brüderlichkeit im Bewußtsein, Gott selbst zum liebenden Vater («Abba») zu haben und in der Ausgießung des Heiligen

---

[189] Ebd. 53f.

[190] Vgl. ebd. 55f.: "Diese Entzweiung geht *wegen des Evangeliums* durch die Familien Israels. Das bedeutet, daß es überall Menschen gibt, die sich für das Reich Gottes entscheiden und dabei den Konflikt mit der eigenen Familie, mit dem eigenen Clan, in Kauf nehmen müssen. Sie bilden dann quer durch Israel und quer durch die alten Familien und Sippen die neue Familie Jesu" (ebd. 56); u. ebd. 57: "Jesus und seine Bewegung wird zum Zeichen, dem widersprochen wird (Lk 2,34). Viele einzelne sagen sich los von den alten Formen (Mk 2,21f.) und binden sich an die neue Familie, von der Jesus in Mk 2,21f. spricht. So entsteht mitten im alten Israel, zunächst noch unscheinbar, aber doch unaufhaltsam, die neue Gesellschaft, die Gott plant."

[191] Zur Brüderlichkeit in der Familie Gottes vgl. ebd. 58f., 68, 88f., 103-134 u. 176-180.

Geistes über alle Gläubigen.[192] Einander Bruder und Schwester zu sein bedeutete jedoch nicht nur eine bestimmte Anredeform, sondern war vor allem Ausdruck für das gemeinsame mit- und füreinander Verantwortung-Tragen im Dienst am Aufbau der Gemeinde. Bei alldem erweist sich die Bruder- bzw. *Nächstenliebe* als tragendes Prinzip. Doch gerade dieser Begriff hat — wie Lohfink überzeugend nachweist[193] — in späterer Zeit eine Umdeutung erfahren, die nicht dem biblischen Zeugnis entspricht.

Gemäß dem gegenwärtigen Verständnis des Durchschnittschristen bestehe Nächstenliebe vor allem in einem (weltweiten) caritativen Dienst an den Armen und Notleidenden, ganz unabhängig von ihrer Religionszugehörigkeit. Lohfink bestreitet keineswegs, daß es dem Willen Jesu entspricht, allen Menschen Gutes zu tun, aber damit dürfe nicht undifferenziert die «Nächstenliebe» identifiziert werden:

> "Angesichts dieser christlichen Bewußtseinslage wirkt es wie ein Schock, wenn man als Exeget eines Tages feststellt, daß im Neuen Testament — von dem Jesuslogion über die Feindesliebe abgesehen — zwischenmenschliche Liebe fast ausnahmslos die *Liebe zum Glaubensbruder*, also die *Liebe der Christen untereinander* meint. Es gibt offenbar kaum ein Phänomen im Neuen Testament, das so intensiv verdrängt wird wie dieser Tatbestand."[194]

Lohfink erkennt die Gefahr, daß sich eine universal angesetzte «Bruderliebe» nur allzuleicht in eine nicht gelebte Abstraktion verliert. Denn die Liebe muß sich gerade in einer fest umschriebenen Gruppe konkret verwirklichen und bewähren. Erst eine derart verstandene und geübte Liebe bildet eine solide Basis, um sich selbst überschreitend die Liebe und das Gutes-Tun auch auf andere ausdehnen zu können.[195] Eine *universale Weltbrüderlichkeit* kann deshalb im Neuen Testament keine Grundlage für sich beanspruchen:

---

[192] Vgl. 60-62, 123, 126 u. 152. LOHFINK weist darauf hin, daß dieses endzeitliche Bewußtsein (vgl. Röm 8,14-16; Gal 4,5-7) mit der nach Joël 3 gedeuteten Gabe des Geistes an alle Gläubigen zusammenhängt, weshalb auch alle als «*Geistliche*» zu betrachten seien.

[193] Vgl. ebd. 128-134.

[194] Ebd. 129. In einer Fußnote (ebd. 218 Anm. 107) führt LOHFINK die ntl. Stellen an, in denen «αγαπη/αγαπαν» mit Sicherheit bzw. großer Wahrscheinlichkeit die *christliche Bruderliebe* im eigentlichen Sinn meint.

[195] Vgl. ebd.132f.: "Der Begriff des *Nächsten* wird dadurch zwar radikal entgrenzt, aber er verfällt keineswegs einer «universalen Abstraktion». Die ständige Entgrenzung der Bruderliebe behält ihre Basis im Volk Gottes, das zunächst einmal in seinem Binnenraum lebt, was Nächstenliebe heißt. Gerade indem diese Basis beibehalten wird, kann dann die Grenze nach draußen ständig überschritten werden" (ebd. 133). Zur notwendigen Begrenzung, aber auch zur universalen Tendenz der christlichen «*communio*» (bei den Kirchenvätern) vgl. B.P. PRUSAK, *Hospitality Extended or Denied: «κοινωνια» Incarnate from Jesus to Augustine*, in: *Jurist* 36 (1976), 89-126.

"Die Position Jesu wäre mißverstanden, wenn man sie undifferenziert als *universale Menschheitsliebe* definieren würde. ... Sieht man unvoreingenommen zu, ist wohl auch hier die Urkirche auf den Spuren Jesu – wahrscheinlich genauer als wir. Die neutestamentlichen Gemeinden haben niemals daran gedacht, sich mit einem «Alle Menschen werden Brüder» oder gar mit einem «Seid umschlungen Millionen» naiven Träumen hinzugeben. Sie haben sehr nüchtern versucht, Bruderliebe zuerst einmal in ihren eigenen Reihen zu verwirklichen, sich dann aber gleichzeitig bemüht, die Grenzen nach außen ständig zu überschreiten. Auf diese Weise werden immer mehr Menschen in die Brüderlichkeit der Gemeinde einbezogen und immer neue Nächstenverhältnisse möglich."[196]

Eine ursprüngliche Form exemplarischer Verwirklichung der brüderlichen Familie Jesu in der Urkirche ist mit Lohfink in den *christlichen Hausgemeinden* zu erblicken, die aus einer oder mehreren Familien bestanden: Sie bildeten eine neue, offene Familie, in der die eigenen natürlichen Familiengrenzen in konkret gelebter Brüderlichkeit und Schwesterlichkeit durchbrochen wurden.

Denen, die in der Nachfolge Jesu alles verlassen und die *neue Familie* bilden, wird verheißen (Mk 10,29f.), das, was sie verlassen haben, auf neue Weise hundertfach zurückzuerhalten. Dabei weist Lohfink darauf hin, daß die Parallele Verlassen – Erhalten im zweiten Glied keine *Väter* mehr nennt und leitet davon das *«Ende der Väter»* in jener neuen Familie ab.[197] Hinter dieser vielleicht etwas provokant anmutenden Formulierung stehen — wie der Autor weiter ausführt — zwei unbedingt ernstzunehmende Inhalte der Botschaft Jesu. Zum einen soll durch die Zurückstellung jeder anderen Vaterbeziehung der Blick radikal auf die Beziehung zu dem geöffnet werden, der als einziger die Anrede «Abba» (Vater) wirklich verdient und der als liebender und fürsorgender auch all das erfüllt, was eine altorientalische Vaterbeziehung

---

[196] LOHFINK, *Gemeinde*, 133f. Aus der Argumentation geht hervor, daß — vielleicht gegen eine weit verbreitete Meinung — der größere Realismus gerade bei jenen liegt, die sich ehrlich um die Praxis jener christlichen Brüderlichkeit bemühen. LOHFINK ist sich bewußt, daß seine Position einem mancherorts geäußerten Vorwurf des christlichen «Sektentums» begegnen muß. Doch dieser Vorwurf dürfte — wie er zeigt — selbst im Kontext einer Untreue zur Botschaft Jesu stehen (vgl. ebd. 126 u. 156: "Vielleicht sollten wir uns überhaupt abgewöhnen, das Etikett «Sekte» *allzu schnell* überall dort aufzukleben, wo keine «Volkskirche» oder «Großkirche» gegeben ist. Es könnte ja sein, daß es «Sekten» überhaupt nur deshalb gibt, weil ihre großen Schwestern zentrale Inhalte der Bibel verdrängt haben."

[197] Vgl. ebd. 57-63 u. 134-142. Das Fehlen der Väter könnte sich aber auch rein logisch daraus ergeben, daß man den «Vater» als Prinzip der *Einheit* der Familie nicht *hundertfach* zurückerhalten kann; vgl. auch DUPONT, *Jésus et la famille*, 142f., Anm. 31.

mit sich brachte.[198] Zum anderen wirft das «*Ende der Väter*» auch ein Licht auf innergemeindliche Strukturen:

> "Die Jünger werden in der neuen Familie Gottes alles wiederfinden, Brüder und Schwestern, Mütter und Kinder, aber keine Väter mehr. Patriarchalische Herrschaft darf es in der neuen Familie nicht mehr geben, sondern nur noch Mütterlichkeit, Brüderlichkeit und Kindschaft vor Gott, dem Vater."[199]

Damit bestreitet jedoch Lohfink nicht die Notwendigkeit von institutionellen Strukturen und letztverantwortlichen Leitungsämtern in der Kirche. Vielmehr will er — gestützt auf Lehre und Praxis Jesu[200] — zeigen, daß christliche Autorität allein als Dienst auszuüben ist, der jedes Streben nach Karriere, nach Ansehen und Macht ausschließt, wenngleich auch eingeräumt wird, daß sich die Versuchung zu derartigen Entstellungen offenbar bereits in der frühesten Zeit der Kirche findet. Eine dementsprechende Ausübung kirchlicher Autorität — so fordert Lohfink — müßte auf jede äußere Macht, auf jedes Erzwingen von Recht verzichten[201]:

> "Es ist eine der tragischsten Verblendungen der Kirche, daß sie ihre Autorität (die durchaus notwendig und legitim ist) immer wieder durch *Herrschaft* absichern möchte. In Wirklichkeit zerstört sie auf diese Weise gerade ihre Autorität und schadet dem Evangelium aufs schwerste. Die wahre Autorität kann nur in der Ohnmacht des Herrschaftsverzichts aufleuchten. Es ist die Autorität des Gekreuzigten."[202]

---

[198] Vgl. LOHFINK, *Gemeinde*, 57 u. 60-63; bes. 60f.: "Die Jünger Jesu haben ja alles verlassen, ihren Beruf und ihre Familie. Zur Familie, die nicht mit unserer geschrumpften Kleinfamilie gleichgesetzt werden darf, gehörte aber auch der Vater (...). Die Jünger Jesu sind fern von ihrem Vater, den sie bisher vertrauensvoll und voll Liebe *abba* nannten. In dieser Situation sagt ihnen Jesus ..., daß die Jünger durch das Verlassen ihrer Familien Gott in einem neuen und radikalen Sinn zum Vater bekommen haben. Sie haben zwar nicht mehr ihren irdischen Vater, der mit dem Überblick des erfahrenen Mannes plante und vorsorgte, aber dafür haben sie nun Gott selbst." Dabei beruft sich LOHFINK vor allem auf Mt 6,31-33; 23,9 u. Lk 12,29-31.
[199] Ebd. 62.
[200] Vgl. Mt 23,1-36; Mk 10,35-45; Lk 22,24-27 u. Joh 13,1-20.
[201] Vgl. ebd. 141f.: "Die Ächtung des *Kampfs um Rechte* heißt freilich nicht, daß es in der Kirche kein *Recht* mehr geben dürfte. Das wäre genauso unsinnig wie die Forderung, es dürfe in der Kirche keine Autorität oder keine Institutionen mehr geben. Letztlich laufen solche Forderungen auf eine *unsichtbare Kirche* hinaus, die mit dem neutestamentlichen Kirchenbegriff nicht mehr das geringste zu tun hätte. Selbstverständlich muß es Recht in der Kirche geben. Andernfalls wäre sie kein «Volk Gottes», kein «Leib Christi», nicht der gesellschaftlich faßbare «Herrschaftsraum Christi in der Welt». Aber das Recht in der Kirche kann im Vergleich zum weltlichen Recht immer nur *analoges Recht* sein. ... Es kann nur getragen sein von Gemeinden, die sich *einmütig* und in *freiem Gehorsam* unter ein solches Recht stellen und es leben. Solche Einmütigkeit ist von Menschen her unmöglich. Als von Gottes Geist immer neu bewirktes *Wunder* aber ist sie möglich."
[202] LOHFINK, *Gemeinde*, 140.

In all den gezeigten Dimensionen erweist sich die Besonderheit der *neuen Familie*, die Lohfink immer wieder als *«Kontrastgesellschaft»* bezeichnet wissen will.[203] Damit ist aber gerade nicht ein «theokratischer Staat» oder eine auf sich selbst beschränkte und zurückgezogene elitäre Gruppe gemeint[204], sondern das, was Mt 5,13-16 durch die Begriffe *Licht der Welt, Salz der Erde* und *Stadt auf dem Berg* ausdrücken will: die neue Familie der von Jesus gesammelten Brüder und Schwestern, die in der Welt sind, ohne von dieser Welt zu sein (vgl. Joh 18,36); ein wirkmächtiges Zeichen für die Gegenwart des Heiles Gottes in der Welt, das einlädt, sich ihm anzuschließen. Eine derartige Sicht steht allerdings in scharfem Kontrast zu einem heute weit verbreiteten «kirchlichen Minderwertigkeitskomplex»[205], der die Forderungen Jesu als utopisch ansieht und dazu neigt, den Dienst der Kirche an der Welt in eine Angleichung an sie zu verlegen, die letztlich zu Unscheinbarkeit und Identitätsverlust führt. Sie will andererseits aber auch nicht Schuld und Versagen in der Kirche leugnen oder meinen, die hohen Anforderungen Jesu aus eigener Kraft erfüllen zu können:

> "Was die Kirche zur göttlichen Kontrastgesellschaft macht, ist nicht selbsterworbene Heiligkeit, sind nicht krampfhafte Anstrengungen und moralische Leistungen, sondern die rettende Tat Gottes, der die Gottlosen rechtfertigt, der sich der Gescheiterten annimmt und sich mit den Schuldiggewordenen versöhnt. Erst in dieser Versöhnung und im Wunder des gegen alle Erwartung neu gewonnenen Lebens blüht das

---

[203] Vgl. bes. ebd. 78-86, 142-170 u. 181-187. An weiteren Dimensionen der *Kontrastgesellschaft*, die allerdings nicht in direktem thematischen Bezug zum Verständnis der Kirche als *neue Familie Jesu* stehen, nennt LOHFINK z.B. den *Verzicht auf Gewalt* (vgl. Mt 5,39-42; Lk 6,29f.; Joh 18,36), auf *jede menschliche Sicherheit* (vgl. Mt 10,5-42; Mk 6,6-11; Lk 9,2-5; 10,2-16: der notwendig mitzubedenkende Kontext dieser Anforderung ist die durch die neu entstehende Familie Jesu allenthalben gebotene Hilfsbereitschaft und Gastfreundschaft; vgl. ebd. 67); oder die *christliche Verweigerung*.

[204] Vgl. bes. 154-156 u. 169f.

[205] Vgl. 183f. u. 186: "Der moderne Christ pflegt angesichts solcher Texte [der frühen Kirche, die die Schönheit des christlichen Gemeindelebens darstellen] zu sagen: So darf man nicht verallgemeinern. Das ist Schwarz-Weiß der Legende. Es gibt stets Christen, die versagen, und es gibt stets auch bei Nichtchristen vorbildliches Verhalten. Nicht selten sind sogar die Nichtchristen besser als die Christen. – So etwa läuft heute ein stereotypes christliches Argumentationsschema, das schon fast zum Predigtschema avanciert ist. Den verbreiteten *christlichen Minderwertigkeitskomplex* verrät es überdeutlich. Die Christen der ersten drei Jahrhunderte hätten über uns wohl verwundert den Kopf geschüttelt. Sie waren in der Lage, völlig anders zu argumentieren. ... *Es wäre eine miserable Hermeneutik, altchristliche Texte nur deshalb zu nivellieren, weil wir Heutigen in unserer skeptischen Resignation Gemeinden, die mit dem Evangelium ernst machen, nicht mehr für möglich halten.* Vor einer solchen Hermeneutik des schlechten Gewissens, die den eigenen Zuständen ein historisches Alibi schaffen möchte, müßten uns schon die wenigen, aber gewichtigen Stimmen der damaligen *Gegner* des Christentums bewahren."

auf, was hier mit Kontrastgesellschaft bezeichnet wird. ... Gemeint ist schließlich nicht eine Kirche, in der es kein Kreuz und keine Leidensgeschichten mehr gibt, sondern eine Kirche, die immer wieder Ostern feiern kann, weil sie zwar mit Christus stirbt, aber auch mit ihm aufersteht."[206]

Eine solche Kirche ist nach Lohfink schon allein durch ihre Gegenwart in der Welt missionarisch, weil von ihr eine Faszination ausgeht, die einlädt, sich der Familie Gottes anzuschließen. Deshalb bestehe die Sendung der Kirche in der Welt nach dem aus der Bibel zu gewinnenden Willen Jesu, dem die frühchristlichen Gemeinden die Treue gehalten haben, also gerade nicht in vielen Aktionen, sondern im wahrhaft *Kirche-Sein*, wie Lohfink mit Origenes festhält:

> Die Kirche "dient der Welt am besten, wenn sie ihre Aufgabe, ein «heiliges Volk» im Sinne von 1Petr 2,9f. zu sein, radikal ernst nimmt. Gerade indem sie selbst die Gesellschafts- und Sozialordnung Gottes zeichenhaft lebt, ist sie das *Salz der Gesellschaft*. Es erscheint äußerst fragwürdig, wenn nicht wenige engagierte Christen heute so tun, als seien Weltverantwortung und Weltveränderung *nur jenseits und außerhalb von Kirche* möglich. ... Maßgebend ... müßte weiterhin sein, was Origenes mit bemerkenswerter Klarheit gesehen hat, klarer als viele Theologen der Gegenwart: *Der wichtigste und unersetzbarste Dienst, den die Christen der Gesellschaft zu leisten haben, ist ganz einfach, daß sie wahrhaft Kirche sind.*"[207]

Es kann kein Zweifel daran bestehen, daß das Buch Lohfinks zu bedeutsamen Ergebnissen für die Entfaltung einer dogmatischen *familia-Dei-Ekklesiologie* kommt. In exegetisch gesicherter Weise wird das *Familie-Gottes-Konzept* im Willen Jesu selbst verankert und mit einem breiten biblischen Fundament versehen. Zugleich wird deutlich,

---

[206] Ebd. 170. Die Hervorhebung des Tuns Gottes entbindet die Glieder der neuen Familie nicht von den in ihr gegebenen radikalen Forderungen, auch der nach Heiligkeit. Sie zeigt vielmehr, daß das, was nach menschlichem Ermessen utopisch ist, als durch Gott gewirktes Wunder und in der tragenden Kraft jener Gemeinschaft als «leichte Last» Jesu tatsächlich verwirklichbar ist; vgl. ebd. 70-78, 122: "Das eigentlich Gefährliche ist nicht unsere Schuld und unser Versagen. Das eigentlich Gefährliche liegt darin, daß wir uns unseres Zurückbleibens gegenüber dem, was Gemeinde und Volk Gottes vom Neuen Testament her sein sollten, nicht einmal mehr bewußt sind"; 142-154 u. 157f., bes. 150: "Die Kirche ist nicht nur durch die Erlösungstat Christi geheiligt, sie hat diese Heiligung auch in einem entsprechenden Leben zu realisieren."
[207] Ebd. 193f. LOHFINK beruft sich auf ORIGENES, *Contra Celsum* VIII, 43, 65, 68 u. 75. Im Blick auf die heutige kirchliche Situation vgl. dazu ebd. 153f.: "Vielleicht ist es ein Segen, daß uns heute die Illusion, in einer im ganzen christlichen Gesellschaft zu leben, endgültig und gründlich zerschlagen wird. Das könnte den Blick dafür schärfen, daß die Kirche ihren eigenen Weg gehen muß" (ebd. 154); sowie das ebd. zit. Buch: R. RIESNER, *Apostolischer Gemeindeaufbau. Die Herausforderung der paulinischen Gemeinden*, Gießen 1980, 86: "Der Entschluß, lieber eine Minderheit mit eindeutiger Identität zu bleiben (als die Kirche zu verweltlichen), ist die Voraussetzung für weltverändernde Wirksamkeit."

daß es sich dabei nicht um ein am Rande erwähntes mehr neben-sächliches Bild für die Kirche handelt, sondern um ein zentrales Konzept, das gerade das Besondere der Kirche und ihrer Sendung in der Welt zu verdeutlichen vermag. Mit dem Verständnis der *neuen Familie Jesu* als *Kontrastgesellschaft* scheint sinngemäß auch die vom Vaticanum II vertretene Sicht der Kirche als Sakrament neutestament-lich begründet auf, wenngleich dabei das Moment des *Zeichens* gegen-über dem des *Werkzeuges* und *Mittels* der Gemeinschaft der Menschen mit Gott ein Übergewicht erhält. Wohl fällt die These vom *Ende der Väter* und die diesbezügliche Kritik an entsprechenden Amtsbezeich-nungen in der Kirche[208] zu einseitig aus, zumal ja Lohfink zu Recht daran festhält, daß es dabei nach dem Willen Jesu und der Praxis der Urkirche vor allem darum geht, das Amt als Dienst zu verstehen. Und gerade dazu könnte sich der Begriff der «geistlichen Vaterschaft» als besonders angemessen erweisen, vor allem wenn man darin eine dienende *sakramentale Verkörperung* jenes Vaters erkennt, der — wie Lohfink an anderer Stelle betont — liebend für seine Familie sorgt.[209]

Auch wenn die schematische Einteilung der Kirchengeschichte als Zeit der Treue zum Willen Jesu bis Augustinus und als indivi-dualistische Verengung seiner «Kirchenvision» in der Zeit danach selbst nochmals gründlich hinterfragt werden müßte, kämpft Lohfink nicht zu Unrecht gegen ein heute weit verbreitetes individualistisches Kirchenbild an. Von daher gewinnt sein Ansatz der Kirche als neuer Familie Jesu und als Kontrastgesellschaft Aktualität und praktische Relevanz. Nur wenige Theologen haben gegenwärtig den Mut, wie er von der «Faszination» der Kirche zu sprechen, die gerade aus der Radikalität ihrer Anforderungen, die sich in keiner Weise dem Denken der Welt anpassen dürfen, gründet. Nur wenige haben den Mut, wie er darauf hinzuweisen, daß manche Kritik an der Kirche wohl am ehesten dem eigenen schlechten Gewissen entspringt und mit der Verdrängung zentraler Inhalte der biblischen Botschaft zu tun hat.

Lohfink stellt sich in seinem Buch die Frage nach der Ver-wirklichbarkeit jener neuen Familie Jesu. Für eine weiterführende Antwort könnten zwei — wohl mehr am Rande angeführte — Aussagen

---

[208] Vgl. LOHFINK, *Gemeinde*, 58: "Wie kommt Matthäus zu solcher Sensibilität in einer Frage, in der die Kirche später leider niemals mehr sensibel gewesen ist? Sie hat ja nicht nur eine Vielzahl von Amtsbezeichnungen und Ehrentiteln geschaffen, sondern in unmittelbarem Ungehorsam gegen Mt 23,9 für den Papst sogar die Anrede «Heiliger Vater» eingeführt."

[209] Ein ähnliches Verständnis dürfte wohl auch LOHFINK vorschweben, wenn er sich auf das Wort des Paulus im Philemonbrief beruft: "Onesimus, dem ich im Gefäng-nis zum Vater geworden bin", und gerade aus dieser Stelle die urchristliche *Brüder-lichkeit* begründet, die also offenbar in keinem Widerspruch zum Vorhandensein von «geistlichen» «Vätern» stehen muß (vgl. ebd. 126f.).

des Buches beitragen: die Unterscheidung zwischen «ortsfesten» Jüngern Jesu, die auf ihre Weise (etwa in der christlichen Ehelehre) den radikalen Anforderungen Jesu folgen und jenen, die um Jesu willen alles verlassen (wobei nach Lohfink eine untrennbare Beziehung zwischen beiden bestehen muß); sowie der Hinweis, daß die «Programmatik der neuen Familie» besonders im Mönchtum lebendig bleibt.[210] Kirche als neue Familie Gottes in konkreter und lebendiger Verwirklichung könnte demnach als eine Form von Gemeinschaft gedacht werden, in der ein Kern von Gottgeweihten, die in den evangelischen Räten und in einem Gemeinschaftsleben als Ausdruck radikaler Nachfolge in der Familie Jesu leben, in komplementärer Zuordnung und Ergänzung zu «ortsfesten» Familien und andern Gläubigen steht, die aus der Kraft der Sakramente und gemäß deren hohen Anforderungen ihre kirchliche Berufung verwirklichen. Zusammen könnten sie ein Abglanz der Kirche sein, wie Jesus sie gewollt hat; die in der Welt ist, ohne von dieser Welt zu sein und von der deshalb — nicht durch besondere Aktivitäten, sondern durch ihr Sein — eine Faszination ausgeht, die andere dazu einlädt, dem Willen Gottes im Glauben zu folgen und dadurch zu seiner Familie zu werden.

Eine weitere Entfaltung einiger hier angedeuteter Themen bringt ein jüngerer Artikel, den G. Lohfink zusammen mit R. Pesch verfaßt hat.[211] Noch deutlicher als im zuvor besprochenen Buch wird hier dem «Neuen», das mit Jesus von Nazaret in Israel begonnen hat, im Kontext des Konzeptes der *Familie Gottes* Kontur gegeben; einem «Neuen», das zwar Ziel der Sendung Jesu und Kern der Botschaft des Evangeliums ist, das aber dennoch nach Lohfink/Pesch in der geschichtlichen Umsetzung immer wieder verdrängt zu werden droht:

> "Wir müssen viele Begriffe zu Hilfe nehmen, um das Neue zu beschreiben, das mit Jesus von Nazaret mitten in Israel begonnen hat. Neue Familie ist einer dieser Begriffe. Wahrscheinlich ist er sogar der wichtigste, weil er für andere Begriffe wie «Gottesherrschaft», «Umkehr» oder «Jüngergemeinschaft» überhaupt erst den konkreten Ort

---

[210] Vgl. ebd. 125.

[211] G. LOHFINK–R. PESCH, *Volk Gottes als «Neue Familie»*, in: J. ERNST–S. LEIMGRUBER, *Surrexit Dominus vere. Die Gegenwart des Auferstandenen in seiner Kirche. FS für Erzbischof Dr. Johannes Joachim Degenhardt*, Paderborn 1995, 227-242. Es dürfte wohl nicht nur eine Ehrerbietungsformel gegenüber dem Geehrten dieser Festschrift, sondern eine tatsächliche Weiterentwicklung sein, wenn am Ende des Artikels (ebd. 242) die geistliche Vaterschaft des Bischofs nicht mehr als Ungehorsam gegenüber Mt 23,9, sondern als Inbegriff des bischöflichen Dienstes erscheint: "Dem «Vater Bischof», der diesen Titel unter diesen Einschränkungen [vgl. Mt 23,9; Mk 10,30] führt und der auch der Neuen Familie «ein guter Familienvater sein soll» (1Tim 3,4f.), ist das kostbarste «Gut anvertraut» (2Tim 1,12), das Vermächtnis, die Stiftung Jesu: Volk Gottes als Neue Familie."

sichtbar macht. Umso mehr fällt auf, daß das Stichwort Neue Familie (oder doch wenigstens ein verwandtes Stichwort) in keinem theologischen Lexikon vorkommt. Der Grund für dieses Defizit läßt sich leicht benennen: Es gibt zwar im NT — und vorbereitend auch schon im AT — viele Texte, die von der Neuen Familie handeln. Aber die Wirklichkeit des Volkes Gottes, um die es dabei geht, ist der Kirche längst so fremd geworden, daß das Gewicht dieser Wirklichkeit in den biblischen Texten gar nicht mehr wahrgenommen wird."[212]

Die in der früheren Veröffentlichung durch eine vielzitierte rhetorische Formulierung übersprungene Frage der Kirchen*gründung* wird nun unter dem beachtlichen Zwischentitel *Die Stiftung der «Neuen Familie»* direkt angesprochen. Ausgehend von Mk 3,20-35 und anderen ntl. Stellen[213] zeigen die beiden Exegeten, daß die Berufung der Jünger durch Jesus nicht eine Ersatzhandlung nach dem Scheitern der Sammlung von ganz Israel darstellt, sondern die Mitte seiner Sendung und seines Wirkens in der Welt. Durch den Hinweis auf die juristisch geprägte, bei der jüdischen Familienbildung und Eheschließung ähnlich gebrauchte, deklaratorische Formel von Mk 3,34f. wird bei Lohfink/Pesch deutlich, daß das NT selbst die Einsetzung der Kirche durchaus mit konkreten geschichtlichen Ereignissen verbunden hat. Ebenfalls in deklaratorischer Sprache, wenn auch bereits tiefer theologisch reflektiert, finde sich die Stiftung der Neuen Familie im Johannesevangelium durch die Szene von Maria und Johannes unter dem Kreuz (Joh 19,25f.) dargestellt.[214] Weiters werden in diesem Zusammenhang die Zeugnisse der Apg (1,12-14 u. 2,1) über die im Abendmahlssaal mit den Frauen, Maria und den Brüdern Jesu versammelten Jünger sowie über das Pfingstereignis berücksichtigt.

Daß die Betonung der Neuheit der «Neuen Familie» Jesu keinen Bruch mit den in *Wie hat Jesus Gemeinde gewollt?* ausgeführten Grundgedanken über die heilsgeschichtliche Kontinuität zwischen dem atl. Gottesvolk und der Kirche bringt, zeigt der weitere Verlauf des Artikels, der versucht, jene «theologischen Grundlinien» im AT aufzuweisen, in denen sich bereits «manche Umrisse» der «Neuen Familie

---

[212] Ebd. 227.

[213] Vgl. Mk 3,14; 10,30; Mt 12,49; Lk 2,49; 8,21; 11,27f.

[214] Vgl. ebd. 230f.: "In dieser Szene laufen gewiß viele kompositorische und theologische Linien des JohEv zusammen. Mit Sicherheit will der Evangelist aber vor allem sagen, daß durch Jesu Tod Kirche als Neue Familie möglich wird und in Erscheinung tritt. Die Grunderfahrung der Neuen Familie hatte der vierte Evangelist bereits in seinem Prolog formuliert: «Allen aber, die ihn aufnahmen, gab er Macht, Kinder Gottes zu werden, denen, die an seinen Namen glauben, die nicht aus dem Blut, nicht aus dem Willen des Fleisches und nicht aus dem Wollen des Mannes, sondern aus Gott geboren sind» (Joh,1,12f.)"; zur *Stiftung der Neuen Familie* im NT vgl. ebd. 227-231 u. 237.

abzeichnen».[215] Die Bezeichnung Israels als «Volk Gottes», die im ursprünglichen Sinn von «*'am JHWH*» auf Begriffe wie «Verwandter», «Stammvater» und damit auf das Thema der «Familie» abhebt, sei von Anfang an nicht als natürliche, ethnische Größe zu verstehen. Die «verwandtschaftliche» Beziehung zu Jahwe konstituiere sich vielmehr in *Berufung*, *Glauben* und im *Bund*, wenngleich Israel in der beständigen Gefahr lebte, «wie die anderen *Völker* sein zu wollen». Von daher erscheint es auch begründet, in den Einsichten des Paulus über die wahren Nachkommen Abrahams (vgl. Röm 9,6f.) keine Abwendung von den atl. Heilsinitiativen Gottes, sondern die Hinwendung zu ihrem ureigentlichsten Sinn zu erkennen.

Vor diesem Hintergrund stellt sich die Frage, wer oder was mit der «Neuen Familie» bei Lohfink/Pesch eigentlich gemeint ist. Aus verschiedenen Stellen des Artikels — je für sich genommen — könnte man hierbei einen gewissen Zwiespalt vermuten: Die *Neue Familie* erscheint nämlich zum einen als die *Zwölf*, bzw. ein etwas weiter gefaßter *Kreis von Jüngern* inmitten des Volkes Gottes, zum anderen wird aber ausdrücklich auch die Kirche als ganze so genannt. Doch gerade in diesem scheinbaren Widerspruch zeigt sich die Grundstruktur der Jüngergemeinschaft um Jesus im Evangelium wie für die Kirche selbst, die das Reich Gottes aufbauen soll, es zugleich aber schon als ein «*concretum*» lebendig anwesend in sich trägt. Nur so kann sie ihre universale Sendung erfüllen, wenn es in ihr Menschen gibt, die als die «Neue Familie» Jesu das zeichenhaft leben und verwirklichen, was die Kirche bis zur Vollendung hin universal aufbauen soll:

> Von der Mitte der Neuen Familie um Jesus her geschieht die eschatologische Sammlung und Scheidung in Israel; das Gottesvolk wird in seiner Mitte als Neue Familie neu konstituiert, mit einem weiten Kreis derer, die von dieser Mitte die Orientierung empfangen dürfen. Sie lernen das «Hören und Tun» des Willens Gottes in Verbindung mit den in die Jüngerschaft Berufenen. Die Wachstumsgleichnisse im Gleichniskapitel Mk 4 sollen zeigen, wie die Gottesherrschaft trotz des Widerstandes ihrer Widersacher aus kleinsten Anfängen unaufhaltsam heranwächst. Der konkrete Ort, an dem dieses Wachsen der Basileia zunächst verwirklicht wird, ist die Neue Familie der Jünger Jesu, «derer um Jesus mit den Zwölfen» (Mk 4,10). Denn ihnen, so sagt es Jesus, ist das Geheimnis der Gottesherrschaft anvertraut. ... Die Neue Familie ist keine schmückende Zutat zum Gottesvolk, aber auch keine geschichtlich bedingte Ausnahmesituation einer heroischen Anfangszeit, sondern ist die Mitte und der Sinn des Volkes Gottes."[216]

---

[215] Ebd. 231-237.

[216] Ebd. 228 u. 237. In dieser Grundstruktur der Kirche zeigt sich bei Lohfink/Pesch auch eine enge Parallelität zwischen der Sendung Jesu und der seiner Jünger; vgl. ebd. 238: "Selbstverständlich war Jesus als der Messias und der Sohn

Die abschließend dargestellten *Grundlagen der Neuen Familie* finden Lohfink/Pesch am eindrucksvollsten im Vaterunser formuliert, das nicht «allgemeine religiöse Wahrheiten» ausdrücke, sondern als *das* Gebet der Neuen Familie deren Situation, die ungeteilte Jesusnachfolge als seinen Kontext voraussetze. Denn die in der Anrede ausgesprochene *Vaterschaft Gottes* könne es im eigentlichen Sinn nur im Bereich der Neuen Familie geben.[217] Die ersten drei Bitten, die — wie durch ihre passive Formulierung erkennbar — das jeweils Erbetene sowohl von Gott erhoffen, als auch die Verpflichtung der Jünger zur Mitarbeit daran andeuten, zielen auf die endzeitliche Sammlung (vgl. Ez 20,41; 36,24-28), das Kommen des Reiches ab, das nur so beginnen kann, indem die Jünger selbst sich von Gott als seine Neue Familie sammeln lassen, seinen Willen tun und so seine Herrschaft auf Erden aufbauen.[218] Der zweite Teil des Gebetes spiegelt das gläubige Vertrauen und die Sorglosigkeit wider, die jene erlangen sollen, die sich unter die Herrschaft des Vaters begeben und alles von ihm erwarten. Daß das keine leere Utopie ist, dürfen sie in ihrem konkreten gemeinschaftlichen Leben, insbesondere in der vorauskostenden Tischgemeinschaft des «Brotes der kommenden Welt» erfahren. Im Raum der Neuen Familie erhält auch die Bitte um Vergebung ihren tiefsten Sinn, weil das Leben im Licht des Evangeliums auch die Schatten, die jeder an sich trägt und das «unendlich Viele, das jeder dem anderen schuldig bleibt», aufdeckt. In der Neuen Familie, der von Jesus die Vollmacht der Sündenvergebung anvertraut ist (vgl. Mt 18,18), wird so wahre Versöhnung zur Grundlage des Zusammenlebens.

Die sechste Vaterunserbitte, die in jüdischen Gebeten keine Parallele finde, spricht schließlich eine Realität an, von der die Neue Familie auf dieser Welt nicht verschont bleiben kann. Wie schon der Herr in seiner Sendung Widerstand und Verfolgung erfahren mußte,

---

Gottes das eigentliche Wunder in Israel. Ohne dieses Urwunder hätte es keine Neue Familie gegeben. Selbstverständlich war er der, von dessen Hingabe an den Willen des Vaters und von dessen absoluter Treue zu seinem Auftrag alles abhing. Aber es gab in Israel ein zweites Wunder: Daß dieser Eine und Einzige dort Menschen fand, die um der Sache Gottes willen alles hinter sich zurückließen — sogar ihre Familien und ihren Besitz — und mit ihm zusammen das Wagnis Neuer Familie im Raum der angekommenen Herrschaft des Vaters begannen. Jesus verhieß ihnen — freilich unter Verfolgungen — hundert Häuser, Brüder, Schwestern, Mütter, Kinder und Äcker (Mk 10,30), also ein Leben in der Neuen Familie unter der Herrschaft des «Vaters im Himmel»."

[217] Vgl. ebd. 239-242.

[218] Vgl. ebd. 240: "Den Willen Gottes tun meint in der Vaterunserbitte also die Hingabe an diese mit Jesu Kommen eröffnete einmalige, neue Geschichte, in der Gott jetzt endzeitlich an seinem Volk handelt. Dieses Sich-in-Dienst-nehmen-Lassen für das Handeln Gottes ist der eigentliche Boden der Neuen Familie, die deshalb mehr ist als ein natürliches Miteinander von Menschen."

steht die Kirche und jene, die Jesus im Geist des Evangeliums nachfolgen, bis heute in inneren und äußeren Anfechtungen des Bösen. Doch auch darin kann und wird sie ihren Schutz nur beim Vater finden.

> "Jesus weiß offenbar, daß die Neue Familie der Jüngergemeinde das komplexeste und gefährdetste Gebilde der Weltgeschichte ist. Wenn je, dann hat hier der Widersacher, die gesammelte Kraft des Bösen, ihr Betätigungsfeld. Die Schicksalsgemeinschaft mit Jesus — Verfolgung, Leiden, Tod — ist von diesem selbst seiner Jüngergemeinde vorausgesagt – und: daß der Satan sie aussieben möchte (vgl. Lk 22,31)! Die «Söhne Gottes» bzw. die «Kinder Gottes», zu denen in der Neuen Familie alle neu geboren werden, sind die besondere Zielscheibe des Diabolos, der auch Jesus, den Sohn Gottes, nach dessen Taufe versuchte. Er zielt auf die Haarrisse ihres Vertrauens, um Einbruchstellen zu finden, auf das Skandalon, das den Kleinen gegeben werde, auf den Hochmut, der vor dem Fall kommt. Daß es in den jüdischen Gebeten für den Schluß des Vaterunsers keine Parallelen gibt, ist sachgemäß: Zuvor gab es das stets gefährdete Gebilde der Jüngergemeinde, die Realimagination der Neuen Familie noch nicht. Sie bedarf der beständigen Erlösung vom Bösen."[219]

Wenn diese und andere ähnliche Aussagen auch zeigen, daß sich die beiden Autoren durchaus des hohen Anspruches und der Schwierigkeiten bewußt sind, die die konkret gelebte Nachfolge Jesu in seiner *Neuen Familie* mit sich bringt,[220] so ist dadurch jene wohl in wenigen gegenwärtigen ekklesiologischen Werken spürbare *Freude an der Kirche und am Dienst gemäß ihrer Sendung in der Welt*, die aus diesem Artikel spricht, keineswegs verdunkelt.

* * * * *

Bereits die vorausgehende Darstellung exegetischer und bibeltheologischer Werke wirft manches Licht auf die Frage nach Gestalt und Bedeutung der Familie zur Zeit Jesu und der ersten christlichen Gemeinden sowie nach ihrem Verständnis im Kontext der Botschaft des Evangeliums. Den damit angesprochenen soziologischen und geschichtlichen Fragestellungen widmet sich eine größere Zahl von Veröffentlichungen, die eine breite Vielfalt an Ausgangspunkten und methodischen Zugängen, an Absichten und Ausrichtungen wie an Meinungen und Hypothesen widerspiegeln.[221] Weitgehend einig ist man

---

[219] Ebd. 241f.

[220] Ohne Zweifel spiegeln sich darin auch praktische, in der «Integrierten Gemeinde» von ihnen gemachte Erfahrungen wider.

[221] Da auf diese Fragestellungen in der vorliegenden Arbeit nicht näher eingegangen werden kann, sollen hier einige exemplarische Veröffentlichungen sowie wichtige Ergebnisse hinsichtlich des *familia-Dei-Themas* überblickshaft angeführt werden: vgl. G. THEISSEN, *Studien zur Soziologie des Urchristentums* (*WUNT* 19), Tübingen

sich darüber, daß aus dem NT und der Praxis der urchristlichen Gemeinden keine «Familienidylle» zu gewinnen ist – schon gar nicht als Ausgangspunkt für ein angemessenes Kirchenverständnis. Ebenso falsch wäre es, die biblische «Familie» in Analogie zu einer durchschnittlichen mitteleuropäischen «bürgerlichen Familie» des ausgehenden zwanzigsten Jahrhunderts, bestehend aus Vater, Mutter und ein bis zwei Kindern, zu konzipieren.

Das Christentum entsteht im Schnittpunkt jüdischer Tradition und «weltumspannender» hellenistischer Kultur. Für das Familienverständnis der frühen Christen im Sinne einer Großfamilie, einer Sippe oder eines Klans war deshalb die jüdische Familie mit ihrem Einfluß (besonders des Vaters) über alle Lebensbereiche prägend; auch deshalb, weil sich das jüdische religiöse Leben zu einem Gutteil im Raum der Familie vollzog. Vor allem für die Zeit der Ausbreitung des Christentums ist auch das «römisch-hellenistische Familienbild» in seinen Auswirkungen nicht zu unterschätzen. Dieses kann mit Aristoteles[222] ebenfalls vom Haupt, dem «Paterfamilias», her gedeutet werden. Zur Familie gehören jene, die mit ihm als ihrem «Mann», «Vater» oder «Herrn» in Beziehung stehen.

Familie und Familienleben waren im römischen Reich in apostolischer Zeit nicht frei von Ambivalenz. Zum einen sah man in ihnen eine «heilige Institution», die Grundlage und den Inbegriff für Recht, staatliche Ordnung und soziale Festigkeit. Zum anderen waren eine liberale Scheidungspraxis, eheliche Untreue, vielfältige Formen der Unzucht, Abtreibung oder die Tötung, Aussetzung wie der Verkauf von Kindern weit verbreitet. Vor diesem Hintergrund ist das christliche Familienverständnis zu entfalten, das — folgt man den genannten Autoren — auch selbst in einer bestimmten Spannung steht. Ohne Zweifel läßt die Botschaft des Evangeliums mit der Besserstellung von Frau und Kindern und den hohen moralischen Anforderungen, wie etwa der Unauflöslichkeit der Ehe, der strikten Zurückweisung jeder Form von Unzucht und ihrer Eindringlichkeit, die bis in die Gesinnung und in das Gewissen des einzelnen hineinreicht, eine Hochschätzung der Familie und ihrer Werte erkennen. Dem steht aber offenbar das Hereinbrechen des Gottesreiches entgegen, das ebendiese Werte ihm

---

[2]1983; H.C. KEE, *Christian Origins in Sociological Perspective*, Philadelphia 1980; J.K. COYLE, *Empire and Eschaton. The Early Church and the Question of Domestic Relationships*, in: *EglTh* 12 (1981), 35-94 (patristisch); R. RADFORD RUETHER, *Church and Family in the Scriptures and Early Christianity*, in: *NBlackf* 65 (1984) 4-14 (bes. bezügl. der Stellung der Frau); L.R. HENNESSEY, *Sexuality, Family, and the Life of Discipleship: Some Early Christian Perspectives*, in: *ChSt* 32 (1993), 14-31; R.A. GREER, *Broken Lights and Mended Lives. Theology and Common Life in the Early Church*, London 1986, 93-118.

[222] ARISTOTELES, *Politica*, lib. I cap. II (1253B, 4-8).

gegenüber von Grund auf relativiert. Für den gläubigen Christen konnte kein Zweifel darüber bestehen, daß im Falle einer Pflichtenkollision zwischen Familie und Glaube — zumal in der Situation der Verfolgung — dem letzteren der Vorzug zu geben ist. Das haben zahlreiche Märtyrer mit ihrem Blut bezeugt.

Doch diese Standhaftigkeit und Glaubenstreue trugen den jungen christlichen Gemeinden seitens der Behörden und der Andersgläubigen im römischen Reich den Vorwurf der «*impietas*», der Gottlosigkeit und Staatsfeindlichkeit ein, da sie die römische Familie und ihre Traditionen und damit den Staat selbst zu untergraben schienen und nicht selten zur Spaltung von Familien führten.[223] Diese Vorwürfe von außen hatten nach Ansicht mancher Autoren zur Folge, daß Christen sich bemühten, ihr Verhalten als «wahre *pietas*» deutlich zu machen und deshalb nach Vermittlungen suchten, die Nachfolge Christi und die Hochschätzung der Institution der Familie in Einklang zu bringen.[224] Nach L.R. Hennessey gab es dabei drei Grundmöglichkeiten der Jüngerschaft:[225] a) als Weg des Verzichtes auf Ehe und Familie; b) die Kirche als die wahre Familie der Jünger; c) die natürliche Familie als Schule für die Jüngerschaft. Dem zweiten Modell scheint der Vorzug gegeben worden zu sein, da sich darin die anderen beiden, der Ehelosigkeit und des Familienlebens in der Verschiedenheit ihrer Berufungen verbinden ließen, wenngleich immer eine gewisse Spannung zwischen den einzelnen Formen verblieb:

"Das neue Testament und die frühe Kirche behandeln keinen dieser Wege der Jüngerschaft als normativ. Der zweite Weg, die Kirche als die wahre Familie der Jünger, scheint der dominante zu sein, aber das kann sowohl den Verzicht auf eine eigene Familie als auch ihre Bestätigung bedeuten. Der Ruf zur Jüngerschaft umfaßt das menschliche Leben, die Dynamik von geschlechtlichem Leben und Liebe miteingeschlossen; das wurde in der Form des Zölibats ausgedrückt und in der Form von Ehe und Familienleben. Die Spannungen, die diesen Wegen innewohnen, wurden niemals aufgelöst; sie bestehen auch heute im Leben der Kirche weiter."[226]

Wenigstens in den ersten drei Jahrhunderten dürfte eine Synthese der verschiedenen Formen der Nachfolge zur «neuen Familie der

---

[223] Im römischen Reich war es üblich, daß die Familie die Religion des Paterfamilias praktizierte. Der christliche Glaube, der aber auch die freie Glaubensüberzeugung des einzelnen und dessen Heil als wesentlich betrachtet, brachte hier manche Spaltung, da sich ihm zumeist Frauen und Sklaven schneller anschlossen als «Familienhäupter», deren gesellschaftliche und soziale Stellung eng mit dem römischen (Staats-) Kult verflochten war.

[224] Vgl. z.B. COYLE u. RADFORD RUETHER; darin liege — so wird bisweilen behauptet — der Zug zum Konservativen der christlichen Familienlehre begründet.

[225] Vgl. L.R. HENNESSEY, a.a.O. 26-30.

[226] Ebd. 30.

Jünger» bevorzugt in der «christlichen Hausgemeinde»[227] vollzogen
worden sein.[228] Dem Thema liegt als sprachliche Voraussetzung
zugrunde, daß weder im Hebräischen und Aramäischen des Judentums
noch im Griechischen ein begrifflicher Unterschied zwischen «Haus»,
«Hausgemeinschaft» und «Familie» besteht. Biblisches Fundament
hiezu sind vor allem jene Stellen im Neuen Testament, an denen ein
ganzes «Haus» bzw. eine ganze «Familie» als «Gemeinde» von
Gläubigen erscheint. Weitere zahlreiche Belege finden sich in der
frühchristlichen Literatur oder sind aus anderen Wissenschaften, etwa
der Archäologie, der Kulturgeschichte und Altertumskunde zu gewinnen. Demzufolge meint «οικος» im Zusammenhang der urchristlichen
Gemeinden mehr als eine Wohnstätte, ein «Versammlungslokal» für
Gottesdienst und Katechese oder ein Bild, das die Einheit der Gläubigen gleichsam als *ein* Bauwerk aus lebendigen Steinen symbolisiert. Ja,
es deutet alles darauf hin, daß die «Hausgemeinde» als konkrete Verwirklichung der «Familie Gottes» die gebräuchlichste Gemeindeform
urchristlicher Zeit war.

Solche Gemeinden bestanden aus etwa 10 bis 40 Personen und
bildeten eine «Substruktur» der Kirche an einem bestimmten Ort. Sie
waren geprägt durch ein intensives und familienhaftes Gemeinschaftsleben – entsprechend der Botschaft und den Gepflogenheiten Jesu und
seiner Jünger. Diese innere Einheit mußte — wie Stellen in den Paulus-

---

[227] Von dieser Form, die gelegentlich auch als *«ecclesia domestica»* bezeichnet
wird, ist jene ebenso genannte «Hauskirche» zu unterscheiden, die im Anschluß an das
VAT II (*LG* 11) die Familie, bestehend aus Eltern und Kindern, als Ort der ersten
Erfahrung von Kirche versteht. Zum Thema der *«ecclesia domestica»* gibt es bereits
zahlreiche wissenschaftliche Veröffentlichungen, auf die hier nicht weiter eingegangen
werden kann.

[228] Aus der großen Zahl entsprechender Publikationen können nur einige
exemplarische genannt und ihre Implikationen für das Thema der «Kirche als Familie
Gottes» kursorisch dargestellt werden: allgemein am besten und ausführlichsten infor-
mieren unter Angabe der ntl. und frühchristlichen Quellen: H.J. KLAUCK, *Hausgemeinde und Hauskirche im frühen Christentum*, Stuttgart 1981; DERS., *Die Hausgemeinde als Lebensform im Urchristentum*, in: *MThZ* 32 (1981), 1-15; J. GNILKA,
Der Philemonbrief (*HThK* X,4), Freiburg 1982, 17-33 [Exkurs: *Haus, Familie und
Hausgemeinde*]; DERS., *Die neutestamentliche Hausgemeinde*, in: J. SCHREINER (Hg.),
Freude am Gottesdienst. Aspekte ursprünglicher Liturgie. FS J.G. PLÖGER, Stuttgart
1983, 229-242; R. AGUIRRE, *La casa como estructura base del christianismo
primitivo: Las iglesias domesticas*, in: *EE* 59 (1984), 27-51; zu speziellen Fragen:
G. SCHÖLLGEN, *Hausgemeinden, oikos-Ekklesiologie und monarchischer Episkopat.
Überlegungen zu einer neuen Forschungsrichtung*, in: *JAC* 31 (1988), 74-90 (bes. zum
Bischofsamt; eher kritisch, insbes. bezüglich der Stellung des Bischofs, und zu «mini-
malisierenden Interpretationen» der entsprechenden Quellen neigend); zur Frage der
Anwendung auf die heutige Situation (*Basisgemeinde*): K.H. BIERITZ, *Rückkehr ins
Haus? Sozialgeschichtliche und theologische Erwägungen zum Thema «Hauskirche»*,
in: *BerThZ* 3 (1986), 111-126 (aus protestantischer Sicht); O. KNOCH, *Die frühe
Kirche als Familie Gottes. Gedanken zur Erneuerung christlicher Gemeinschaft*, in:
GuL 60 (1987), 375-379.

briefen andeuten — immer wieder gegen die Gefahr der Spaltung zwischen einzelnen Hausgemeinden in der einen Kirche ausbalanciert werden. Der Sache nach stellen «Hausgemeinden» kein einzigartiges Phänomen in jener Zeit dar. Abgesehen vom Eigenen ihres Glaubensfundamentes unterscheidet sich die Form der christlichen Hausgemeinden von ihren religionsgeschichtlichen Parallelen, beispielsweise der jüdischen Familie, der römischen Götter- und Ahnenkulte oder östlicher Mysterien, besonders durch ihre soziale Struktur und die diesbezügliche integrierende Kraft. So war auch das frühe Christentum nicht allein eine «Religion der Sklaven», sondern verband Menschen in gnadenhafter Übersteigung der Unterschiede von Alter und Geschlecht, von geographischer und religiöser Herkunft wie von sozialer Stellung und Bildung im Glauben an den Herrn Jesus Christus und in der Gemeinschaft seiner Familie als Brüder und Schwestern. Innerhalb dieser Gemeinden kam dem «Paterfamilias» eine bevorzugte Stellung zu, die allerdings mehr und mehr in das Amt des Bischofs hinein aufgehoben wurde. Aber auch die «Familienmutter», zu deren Domäne das antike Haus gehörte, war Träger besonderer Verantwortung und Autorität. Weiters zeichnet die Hausgemeinde die Fähigkeit aus, die beiden wesentlichen Elemente der Gemeinschaft und der individuellen Verantwortung auszugleichen.

Über die ekklesiologische Bedeutung jener Gemeindeform gehen die Meinungen der Exegeten auseinander. Ein engerer Zusammenhang zwischen der radikalen Nachfolgeforderung Jesu, dem in der Heiligen Schrift wenigstens ansatzweise entworfenen Kirchenmodell der *Familie Gottes* und den urchristlichen Hausgemeinden ist allerdings schwer von der Hand zu weisen. Dabei ist sowohl mit einem Einfluß der «Lehre von der Familie Gottes» auf das konkrete «kirchliche Leben» als auch des letzteren auf die Entfaltung der Lehre bis hin zu ihrer in der Heiligen Schrift festgehaltenen Gestalt zu rechnen. Praktisch bewährte sich die Hausgemeinde als «Missions- und Formungszentrum» bei der Ausbreitung des Christentums, als bevorzugter Ort der Liturgie und Katechese sowie für die Entwicklung und Festigung kirchlicher Strukturen, insbesondere für die spezifizierte Ausgestaltung des priesterlichen Amtes.

Konklusion

Die Auseinandersetzung mit Werken der Exegese und Bibeltheologie läßt hinsichtlich der Evangelien wie auch der neutestamentlichen Briefliteratur ein breites biblisches Fundament für eine *familia-Dei-Ekklesiologie* erkennen. Ebenso erbringt der kurze Blick auf Veröffentlichungen zur Gestalt des frühen Christentums[229] diesbezüglich zahlreiche weitere Anhaltspunkte. Das betrifft die Entfaltung einer dogmatischen Ekklesiologie auf Grundlage jenes biblischen Bildes und in unlösbarer Verbindung dazu auch die Dimension der praktischen Verwirklichung des Kircheseins als «Familie Gottes». Im einzelnen muß allerdings unterschieden werden, was zum normativen Gehalt der Botschaft Christi bzw. der Lehre und Praxis apostolischer und nachapostolischer christlicher Ursprungszeit gehört und was dagegen in geschichtlicher Einmaligkeit zeitlich bedingte Formung desselben ist, die sich nicht einfach auf Verständnis und Leben der Kirche heute übertragen läßt.

Es dürfte hinreichend klar geworden sein, daß eine biblisch fundierte und orientierte *familia-Dei-Ekklesiologie* nicht von einer Familienidylle, von einem psychologischen und emotionsbestimmten Bild der neuzeitlich-bürgerlichen Kleinfamilie ausgehen kann. Vielmehr zeigt sich sowohl in der Botschaft Jesu und der Lehre der frühen Kirche als auch in deren lebendiger Verwirklichung eine bleibende Spannung zwischen dem Wert der natürlichen Familie und dem hohen Anspruch der neuen Familie Gottes, des hereinbrechenden Gottesreiches. Diese Spannung darf jedoch nicht in unausgewogenen Extremlösungen zugunsten einer der beiden Seiten aufgehoben oder in einem Kompromiß unter Verwässerung der kirchlichen Lehre umgangen werden.[230] Eine der Aufgaben für die Entfaltung des Konzeptes der Familie Gottes wird es deshalb sein zu zeigen, daß gerade innerhalb dieses Modells jene Spannung fruchtbar werden kann: als eschatologische Spannung und prophetisches Zeichen, die in der Kirche in der gegenseitigen Verwiesenheit und komplementären Einheit von gottgeweihtem Gemeinschaftsleben in den drei evangelischen Räten und christlichem, an den Grundsätzen der Kirche orientiertem Familienleben bestehen.

Nicht nur für die Verbindung dieser beiden Dimensionen der Kirche sind Formen zu suchen, die die Kirche als wahre *Familie*

---

[229] Soweit ersichtlich, scheint das Thema der «Kirche als Familie Gottes» auf Grundlage der reichen Quellen der Kirchenväter noch kaum eingehender bearbeitet worden zu sein.

[230] Derartige extreme Ansichten schätzen z.B. entweder die Ehe als «notwendiges Übel zur Erhaltung der menschlichen Art» ein oder bestreiten andererseits den hohen Wert des Zölibats im gottgeweihten und priesterlichen Leben. Eine typische falsche Kompromißlösung wäre zu sagen, daß die Forderungen Jesu sowohl bezüglich der Ehe als auch der Nachfolge nur «Ideale» darstellten, die für die Mehrheit ohnehin nicht zu erreichen wären und deshalb auch gar nicht angestrebt werden müßten.

Gottes widerspiegeln.[231] Die neutestamentlichen und urchristlichen Hausgemeinden sind unbestreitbar mit einer einmaligen geschichtlichen Situation verknüpft. Dennoch ist für die «Kirche der Zukunft», die keine andere sein kann als die Kirche Christi von ihrem Anbeginn her, mancher Anstoß aus der Ursprungszeit zu gewinnen. Gerade im Hinblick auf die katholische Lehre zu Ehe und Familie sowie auf die Frage der Nachfolge Christi unter Verzicht auf Ehe und Familie um des Himmelreiches willen zeigt sich, daß der *gelebte* christliche Glaube als solcher weltweit der Glaube einer «Minderheit» ist: einer Minderheit jedoch, die ihrer Sendung nach Salz der Erde, Licht der Welt und damit universales Sakrament des Heiles ist.

3.4. DIE KIRCHE ALS *FAMILIE GOTTES* AUS PASTORALER PERSPEKTIVE

3.4.1. Ein methodistischer pastoralpsychologischer Ansatz

Daniel Ross Lord, Pastor einer kleinen, ländlichen Gemeinde der *East Conference* der *United Methodist Church* in Bern (Kansas/USA), reichte 1984 an der *Boston University Graduate School* eine Dissertation zur Erlangung des Doktorgrades der Philosophie im religions- bzw. pastoralpsychologischen Fachbereich ein.[232] Die Arbeit, die er selbst als «Gedankenexperiment» im allgemeinen Gebiet der *Ekklesiologie* beschreibt, verfolgt einerseits das Ziel, eine Methodologie darzustellen, um die lokale Kirche und das Amt in ihr, besonders hinsichtlich ihrer relationalen Dimension, kritisch zu erkunden. Andererseits soll in diesem Rahmen das Modell der Kirche als Familie — aufbauend auf die Erkenntnisse der *Familien-System-Theorie* — entworfen und praktisch angewendet werden.[233] Gestützt auf eigene Erfahrungen als Pastor sowie im Bereich der *Familien-Therapie*, will Lord durch seine Arbeit konkrete Hilfestellungen für die Pastoral, die Ausbildung von «Amtsträgern» wie auch Ausgangspunkte für die weitere Forschung bieten. Anders als die meisten bisherigen ekklesiologischen Entwürfe zu Kirchenbildern oder -modellen verzichtet der Autor darauf, historische und theologische Elemente zur Kirche als Familie zu sammeln. Er wählt eine *explorative Methode* in zwei Schrit-

---

[231] Wie das im Bereich der Pastoraltheologie unter besonderer Berücksichtigung des *familia-Dei-Konzeptes* geschieht, soll im folgenden Abschnitt anhand exemplarischer Literatur geklärt werden.

[232] D.R. LORD, *Church as Family: Exploring a Perspective of the Local Church and Parish Ministry through Metaphor and Family Systems Theorie*, Boston 1984.

[233] Rechenschaft über Absicht und Methode der Arbeit gibt der Autor ebd. V, 1-13, 76, 231, 303 sowie 330-337.

ten, die erstens aufbauend auf Fachliteratur zu methodischer und konzeptualer Klarheit in bezug auf die *Metapher* der Familie im Kontext einer metaphorischen Erkenntnistheorie sowie der Familien-Therapie und der Familien-System-Theorie vorzudringen sucht. Als zweiter Schritt, der gleichsam mit dem ersten in beständigem *Dialog* steht, folgt die konkrete Anwendung der Familien-Metapher zur Erkundung einer Perspektive von Lokalkirche und Amt in empirisch ausgerichteter Form und unter Einbeziehung der pastoralen Erfahrung des Autors zur praktischen Bestätigung des theoretisch Erarbeiteten.

Eine erste wesentliche Weichenstellung für die Entfaltung des Konzeptes der Kirche als Familie ergibt sich aus dem zu Beginn seiner Arbeit in zweifacher Weise abgesteckten Horizont des Ansatzes. Zuerst erfolgt — als thematischer Horizont für das Selbstverständnis von Kirche und Amt — eine Standortbestimmung gegenwärtiger «Kirchenlehre». Diese befinde sich — so stellt Lord unter Berufung auf ausgewählte ekklesiologische Literatur fest — in einer Gärungsphase. Vieles bleibe dabei noch ungeklärt, und der *unentwickelte Charakter der Kirche und des hauptamtlichen Leitungsdienstes* in ihr[234] trete innerhalb der großen religiösen wie kulturellen Umwälzungen der Zeit deutlich hervor. All das werde vielfach als *ekklesiologisches Dilemma*, als *Identitätskrise* von Kirche und Amt, als Verlust oder Verfall verstanden.[235] Für Lord ergibt sich daraus aber auch die positive Möglichkeit, ja die Notwendigkeit zu neuen Entwicklungen, die weniger eine *theologische Konsolidierung der Ekklesiologie* beabsichtigen, als vielmehr die Sammlung und Mitteilung von Zeichen und Erfahrungen für die weitere Erkundung des Geheimnisses der Kirche:[236]

"Die Situation der Ekklesiologie heute ist mehr als eine Menge von zu «lösenden Problemen». Eher befinden sich die Kirche und ihr Amt in

---

[234] Vgl. ebd. 303f.: "As religious and cultural traditions change over time, the unformed character of the church and its professional leadership becomes even more apparent, which in effect is one source of impetus for the present interest. All of this is not seen as a loss of something that once was, but rather the surfacing of a creative task of maturation and development now ready for addressing." «Professional leadership» scheint im Deutschen am besten mit «hauptamtlicher Leitungsdienst» wiedergegeben werden zu können, weil LORD damit nicht nur das «geweihte Amt» («ordained ministry»), sondern auch andere Formen der «Leitung» meint.

[235] Hier beruft sich LORD vor allem auf die Erfahrungen des *World Council of Churches* und manche wenig zielführende Versuche in seinem Umfeld, zu einer allgemein anerkannten Selbstdefinition der Kirche und des Amtes zu gelangen (vgl. ebd. 22-24; zur Identitätskrise des Amtes ebd. 338-342 u. 354).

[236] Gestützt auf R. MCAFEE BROWN (*Frontiers for the Church Today*, New York 1973, XII), merkt LORD (*Church as Family*, 24) in einem kritischen Kommentar gegen jene, die um die Aufweisung der *einzigen wahren Identität* der Kirche bemüht sind, an: "For those eager to usher in the arrival of the church's only true identity, such a comment would be close to blasphemy. And yet it is hard to miss the fresh air of possibility and the heartening sense of permission to explore …".

einem Entwicklungsprozeß, in dem den Bindungen an frühere Seins-
und Verhaltensweisen die Notwendigkeit neuen Wachstums und Lebens
entgegentritt. Das Endergebnis dieses gegenwärtigen Prozesses ist noch
nicht klar erkennbar und selbst wenn es das ist, dürfte es ebenfalls nur
ein vorläufiges Innehalten in der fortwährenden Offenbarung der Kirche
in der Welt sein. ... Von diesem Gesichtspunkt aus bedarf es weniger,
die Formulierung ekklesiologischer Doktrin zu fördern, als vielmehr zu
erkunden, wie am wirksamsten «Notizen gemacht» sowie «Erfahrungen
gesammelt» und «ausgetauscht» werden könnten, wodurch Spuren jenes
Geheimnisses flüchtig aufzuspüren, zu erhellen und darzustellen
wären."[237]

Der zweite Horizont der Arbeit betrifft die erkenntnistheoretischen Voraussetzungen der Anwendung des Familienkonzeptes auf die
Kirche. Lord geht davon aus, daß menschliches Wissen radikal
perspektivisch sei.[238] Der traditionellen erkenntnistheoretischen These,
daß das, was wahr und wirklich ist, dem menschlichen Erkennen als
objektive Tatsache zugänglich sei, hält er — gestützt auf «neuere
Forschungsergebnisse» — entgegen, daß der Mensch nur durch
Metaphern in einem Prozeß der konzeptualen Strukturierung und
Sinngebung einen Zugang zur Welt und seinem eigenen *In-der-Welt-
Sein* finde und zugleich seine Beziehungen darin aufbaue.[239] Durch die

---

[237] Ebd. 25. Wie auch an einigen anderen Stellen sieht sich LORD hier in
Übereinstimmung mit der Ansicht des katholischen Ekklesiologen DULLES (*Models*),
daß «im Innersten der Kirche Geheimnis zu finden ist». LORD ist dabei allerdings
offenbar entgangen, daß sich DULLES in seinem Verständnis des «vielschichtigen
Begriffs *mysterium*» neben anderen theologischen Quellen vor allem auf das VAT II
beruft, das im ersten Kapitel der *Dogmatischen Konstitution über die Kirche* unter dem
Thema des *Mysteriums* gerade das bleibende Wesen der Kirche und zwar als
Glaubenslehre darlegt (vgl. DULLES, *Models* [expanded edition, N.Y. 1987], 17f.).
Ohne Zweifel erkennt auch das Vaticanum an, daß die *komplexe Realität*, das
Geheimnis der Kirche, von Menschen niemals in seiner ganzen Fülle erfaßt werden
kann; doch besteht in der katholischen Theologie ein Unterschied zwischen dem
bleibenden und unaufgebbaren Gehalt einer Lehre und der jeweils angemessenen
Formulierung. Deshalb kann ein *katholischer* Theologe zwar Fortschritt und Veränderung in der Ekklesiologie zustimmen, wohl aber nicht einer Formulierung — wie
bei LORD —, die undifferenziert die Kirche selbst und ihr Amt inmitten eines Entwicklungsprozesses sieht, der keine objektiven Grenzen kennt.

[238] Vgl. LORD, *Church as Family*, V, VI, 2f., 16, 323 u. bes. 30f.: "The
beginning presupposition is that the real, objective world is something different from
the descriptions given it by the human being ... we cannot directly know the objective
world; only indirect access is available to us."

[239] Zum Verständnis von *Metapher* vgl. ebd. 2, 15-17, 26-47, 128, 304f. u.
335; für eine zusammenfassende Definition z.B. ebd. 16f.: "... metaphor is seen as a
basic element of reality definition, a primary mechanism for developing and
maintaining a conceptual system of human experience. It does not make claims to
«objective truths» but rather establishes «truths» that are relative to the conceptual
system being defined for the most part through metaphor", und in größerem Kontext
(ebd. 304): "Metaphor functions as an implicit, experientially based cognitive process
to organize human experience into an interrelated framework of meaning and relationship. As such, it is intricately interwoven with human action. Metaphor is not merely a

Anwendung bekannter, mit mehr Erfahrung verbundener Konzepte auf neu zu erkundende (auch abstraktere) Gegebenheiten werden diese in einer spezifischen und deshalb partialen Weise dem menschlichen Kennen, Wissen und Verhalten zugänglich. Keines dieser metaphorischen Konzepte könne für sich allein Wahrheit oder Objektivität beanspruchen. Vielmehr erhelle es Teilaspekte eines Ganzen der Wirklichkeit, die nur in der Verbindung und Beziehung der einzelnen Aspekte bestehe.[240]

Entsprechend diesen Voraussetzungen fordert Lord eine *metaphorische Ekklesiologie*[241], gemäß seiner Überzeugung, daß jede wissenschaftliche Forschung zumindest implizit metaphorisch vorgehen müsse. Es stelle sich nicht die Frage, «ob», sondern «inwieweit» Metaphern *bewußt* und *verantwortlich* gebraucht werden und ob sie offen für die kritische Überprüfung durch Theorie und Praxis bleiben.[242] Das Ziel der *metaphorischen Ekklesiologie* bestehe demnach nicht darin, eine umfassende Definition vorzulegen, sondern vielmehr in lebendiger und funktionaler Weise, gestützt auf Metaphern als Grundgerüst der bewußten Selbstreflexion der Kirche, indirekt und partial ihr Geheimnis zu erhellen. Dabei zeige sich unter der notwendigen Voraussetzung der Verwurzelung der Metapher in der gemeinschaftlichen Erfahrung der Gläubigen eine enge gegenseitige Verflechtung und Bedingung von Kirchenverständnis und Kirchenpraxis, woraus eine Dynamik auf die Zukunft hin erwachse. Daß die *metaphorische Ekklesiologie* keine Neuheit im Bereich der Theologie darstelle, zeigen die geschichtlichen Dokumente der Kirche und ihres Selbstverständnisses, die angefangen von der Schrift keine Kirchendefinitionen vorlegten, sondern Metaphern und Modelle als «Werkzeuge» der Konzeptualisierung gebrauchten.

Zur paradigmatischen Entwicklung einer derartigen Ekklesiologie wählt Lord, geleitet durch eigene pastorale Erfahrungen und persönliches Interesse an «Familie», «Familientherapie» und «Familien-

---

cognitive matter but a physical, active way of being in the world. We act the way we do because we think and perceive the world the way we do, i.e. through metaphor." Insofern Metaphern menschliche Beziehungen strukturieren, haben sie auch politische Bedeutung, weshalb stets auch die Frage nach der Gerechtigkeit der durch bestimmte Metaphern geschaffenen Strukturen zu stellen sei (vgl. ebd. 57).

[240] Zur Partialität (metaphorischer) Wirklichkeitserfassung vgl. ebd. 5, 15, 17, 42, 46, 85 u. 324; zum dahinterstehenden Wirklichkeitsverständnis als «Beziehungsganzes» ebd. 5 u. 92f.

[241] Vgl. ebd. 27, 47-54 u. 305f. LORD beruft sich dabei vor allem auf DULLES, *Models*; und MINEAR, *Images*.

[242] Vgl. LORD, *Church as Family*, 49-57 u. 305f. Die Kriterien für diese Überprüfung sind: die Vermeidung der Absolutsetzung einer Metapher; der bewußte und verantwortliche Umgang auch hinsichtlich der Frage, ob die durch Metaphern geschaffenen Beziehungen gerecht sind; die Erfahrungsgemäßheit.

System-Theorie», aus den wichtigsten gegenwärtigen ekklesiologischen Metaphern die der Familie aus.[243] Ohne sie absolut setzen zu wollen, führt er eine Reihe ihrer besonderen Vorzüge an:[244] ihre Verwurzelung in biblischen Bildern;[245] die Häufigkeit ihres Vorkommens in ekklesiologischer Literatur; ihre Angemessenheit gegenüber der empirischen Charakteristik lokaler Kirchen mit kleiner Mitgliederzahl; die Fähigkeit, die soziale und relationale Wirklichkeit der lokalen Kirche auf bewußte und kreative Weise zu strukturieren; die Möglichkeit, dadurch eine *konzeptionell-praktische* Brücke zwischen Schrift, Ekklesiologie und unmittelbarer Lebenserfahrung in der lokalen Kirche zu bilden; die Bedeutsamkeit und Einheitlichkeit des Konzeptes hinsichtlich Theorie, Praxis und Beziehungsebene.

Aus den verschiedenen möglichen Methoden der Erforschung des Kirche-Familie-Konzeptes wählt Lord eine *explorative*, die nicht direkt bei der unmittelbaren Erfahrung der «Betroffenen» ansetzt, sondern aus dem Literaturstudium von sozialwissenschaftlichen Forschungsergebnissen zu *einem perspektivischen* Verständnis des Begriffes der Familie und seiner Anwendung auf die lokale Kirche und ihr Amt vorzudringen sucht. Gemäß seinem eigenen Grundverständnis umreißt Lord «Familie» einleitend als «*das primäre Beziehungssystem, in dem Menschen von Geburt bis zum Tod gehegt werden*».[246] Dabei gelte die allgemein angenommene Unterscheidung zwischen Kern- und Großfamilie, der man durch Verheiratung, Blutsverwandtschaft oder Adoption angehört, wobei auch die Möglichkeit *symbolischer Verwandtschaft* als Ausdruck besonderer, nicht eigentlich verwandtschaftlicher Beziehung offen bleibt. Unbeschadet aller ethnischen Unterschiede hält Lord an einer größeren grundlegenden inhaltlichen Konstanz des Phänomens «Familie» fest.

Das Verständnis von Familie, das Lord seinem Kirchenbild zugrunde legt, entstammt der sogenannten *Familien-Therapie-Bewe-*

---

[243] Vgl. ebd. 8f. u. 62f.

[244] Vgl. ebd. 5f., 66-75 u. 306f.; gegen eine Absolutierung: ebd. 56 u. 63f.

[245] Vgl. ebd. 70-75. Unter Berufung auf PEDERSEN und MINEAR erkennt LORD die Familie als Wurzelmetapher für zwischenmenschliche Beziehungen, für Gemeinschaft schlechthin und bes. für die Gottesbeziehung (die gemäß dem Gebot Bilder, die zur Vergötzung neigen, meiden soll). Dieses Verständnis, das in der Vateranrede Gottes gipfelt, wird auch im NT übernommen und weiter entfaltet. Dabei geht «Familie» als Gemeinschaftsmetapher über die Grenzen der Blutsverwandtschaft hinaus, so daß LORD generalisierend sagen kann: "The family metaphor served as a standard for identification of the genus and specie of human relational networks" (ebd. 73).

[246] Ebd. 18. Dieses Familienverständnis zeigt starke Ähnlichkeiten zu dem an anderer Stelle (ebd. 175) referierten von: K.G. TERKELSEN, *Toward a Theory of Family Life Cycle*, in: E.A. CARTER–M. McGOLDRICK, *The Family Life Cycle. A Framework for Family Therapy*, New York 1980, 22.

gung[247], die sich seit Mitte dieses Jahrhunderts besonders in den USA etabliert hat und in der nach Lord innerhalb der gegenwärtigen Wissenschaftsdisziplinen die spezielle Frage der Familie am sorgfältigsten behandelt werde. Ausgehend von einer neuen Definition der «Person» als *Beziehung*, die eine «unzulängliche» als *«autonom handelnde»* bzw. als *«regulierbarer Mechanismus»* abgelöst habe, entwickelte sich parallel und in enger Verbindung dazu die *Familien-System-Theorie*, die im Ganzen der umfassenden wie umwälzenden Geistesströmung des *Systemdenkens* und der *Kybernetik* zu sehen ist.[248] Auch wenn diese Bewegungen gegenwärtigen Denkens aufgrund ihrer inneren Verschiedenheit nicht zu einer einheitlichen Sicht der Familie vordringen, lassen sich nach Lord drei konstante Grundprinzipien angeben: «Die Person ist Teil eines größeren Ganzen»; «menschliches Verhalten ist zirkulär»; «Leben ist Verhaltensmuster».[249] Das Prinzip *«Person als Teil eines größeren Ganzen»*[250] bezeichnet Person und Familie als *«natürliche lebendige Systeme»* in einem Beziehungsgeflecht radikaler gegenseitiger Abhängigkeit. Die Familie stehe inmitten einer Hierarchie von Systemen (vom Inneren der Atome bis zum ganzen Universum); auch in ihr selbst spiegle sich dieser Systemaufbau in Großfamilie – Kernfamilie – familiären Subsystemen (insb. in Partnerschaft, Eltern – Kindschaft und Geschwisterlichkeit) und Individuum wider. Die Eigentümlichkeit dieser komplexen Systeme zeige sich in ihrer *Differentiation* nach innen wie nach außen, die sich in einer aktiven Balance der primären Kräfte von *Gemeinsamkeit* und *Individualität* oder anders ausgedrückt im *Ein-Teil*-[eines Ganzen]-*Sein* (*partness*) und selbst *Ein-Ganzes-Sein* (*wholeness*) erhalte. Darin bestimme sich sowohl die Identität eines Systems als auch seine Beziehung zu Über- bzw. Untersystemen.

Als zweites Prinzip charakterisiert *«menschliches Verhalten ist zirkulär»*[251] die innere Struktur der natürlichen lebendigen Systeme, die

---

[247] Näheres zum *«Family Therapie Movement»*: vgl. LORD, *Church as Family*, 14f., 79-98 u. 307f.

[248] Dieses «neue Denken», das in alle Wissenschaftsdiziplinen Einzug gehalten hat, stellt weniger nur eine Theorie, als vielmehr eine Geistesströmung, ja Weltanschauung dar, die wie auch die *Familie-Therapie-Bewegung* bisweilen ideologische Züge annimmt (vgl. bes. ebd. 79-100).

[249] Vgl. LORD, *Church as Family*, 92, 308f. u. 97: "Together, these three metaphorical commitments form the basic «grid» of the systemic metaphor. *Person as part-of-a-larger-whole*, *human behaviour is circular*, and *lifegrowth is pattern* carry the conceptual rules or guidelines for observing the relational reality of radical interconnectedness."

[250] Vgl. ebd. 92f., 99-109, 126f. u. 308f.

[251] Vgl. ebd. 93-95, 110-127 u. 309-311. Dabei beruft sich LORD vor allem auf fünf von P. WATZLAWICK (u.a., *Pragmatics of Human Communication*, New York 1967, 48-71) aufgestellte Axiome zur Verhaltens-/Kommunikationstheorie.

in ihrer *Systemaktivität*, dem *Systemprozeß*, besteht, der in zwei Ebenen abläuft. Auf der *kommunikativen Ebene* zeige sich der interaktionale Charakter der Personen im beständigen Prozeß von *Beziehungsaufbau* und *-bestimmung*. Das geschehe nicht linear, sondern in Kreisläufen von «*digitaler*» (verbaler) und vor allem «*analoger*» (non-verbaler) Kommunikation, durch einen unendlichen Prozeß von *Feedback-Austausch*, in dem die oben genannten Kräfte zur Wirkung gelangen. Derselbe Prozeß bewege sich zweitens auf der *Zeitebene*. In Zeit und Entwicklung ergeben sich innere wie äußere Veränderungen und andere Einflüsse, die das System zu einem beständigen Ausgleich zwischen Kontinuität und Veränderung veranlassen.

In diesen Prozessen entwickeln sich auf bestimmte immer wiederkehrende Situationen hin Verhaltensmuster, gleichsam «Metaphern des analogen Verhaltens», die paradigmatisch den Ablauf von Beziehungsaufbau und -bestimmung strukturieren sowie gesammelt und durch die Zeit hin überliefert werden. Darin bestehe das dritte Prinzip: «*Leben ist Verhaltensmuster*»[252]. Als wichtigstes Verhaltensmuster einer Familie und jeder Gruppe überhaupt nennt Lord dabei im Anschluß an Bowen[253] die sogenannte «*Triangelbildung*». Emotionale Zweierbeziehungen neigen dazu, instabil zu werden. Durch Einbeziehung einer dritten Person — meist einer außenstehenden, von anderem Status oder aus einer anderen Generation — werde versucht, das Gleichgewicht wiederzugewinnen. Auf diese Weise entstehe innerhalb eines emotionalen Systems ein ganzes Netz von «Dreierbeziehungen». Jede Familie aber entwickle eigene Verhaltensmuster, die tradiert, verändert oder erweitert werden.

Im Licht dieses system- und beziehungsorientierten Familienbegriffs betrachtet Lord die Kirche, welche er im wesentlichen als *lokale Gemeinde* nach dem besonders protestantischerseits bevorzugten Modell der *Congregatio fidelium* unter Betonung menschlicher Beziehungen und ihrer Vernetzung versteht. Die von ihm vorgelegte «Kirchendefinition»[254] will bewußt theologischen Diskussionen ausweichen und das praktische Phänomen der Glaubensgemeinschaft (*faith group*) als Kontext und stabile Form ins Auge fassen, innerhalb derer Menschen, die sich selbst als Christen erachten, ihr Christsein gemeinschaftlich verwirklichen. Demnach sei die (lokale) Kirche ...

---

[252] Vgl. LORD, *Church as Family*, 95-98, 127-136 u. 311f.

[253] Vgl. M. BOWEN, *Family Therapy in Clinical Practice*, New York 1978. BOWEN beschreibt (ebd. 373; zit. nach LORD, *Church as Family*, 132) die sogenannte *triangle* als "a three-person emotional configuration" und "the molecule or the basic building block of any emotional system, whether it is in the family or any other group".

[254] Vgl. LORD, *Church as Family*, 19f. sowie 64-70.

"ein dauerhaftes Beziehungs-Netzwerk ... [und jenes] relationale Gebilde von Personen, deren Verbindung untereinander durch Teilhabe am gemeinschaftlichen Gottesdienst und an gemeinsamen Aktivitäten besteht".[255]

Auch wenn der Autor «Kirche» gemäß seiner eigenen Erfahrung mit einer kleinen ländlichen Gemeinde der *United Methodist Church* verbindet, hält er dieses Verständnis grundsätzlich und über die Grenzen seiner eigenen Denomination hinaus allgemein auf das Phänomen «Kirche» anwendbar. Daraus ergibt sich sein Vorverständnis des Amtes, näherhin des *«parish ministry»*. Es stelle *eine* unter vielen Formen des Leitungsdienstes in der lokalen Gemeinde dar und beziehe sich auf die «Berufung» bestimmter Personen, die durch ihre Glaubensgemeinschaft dazu bestimmt und ausgebildet sind, als Pastoren der Gemeinde im Kontext der lokalen Kirche beschäftigt zu sein.[256] Dieser Dienst sei ganz auf die konkrete Gemeinde hingeordnet, wobei sich entsprechend den (methodistischen) pastoralen Erfahrungen Lords dieses Verhältnis meist auf wenige Jahre beschränkt.

Für das Verständnis der Kirche als Familie gibt Lord fünf grundsätzliche Richtlinien an:[257]

«1) Die lokale Kirche ist ein natürliches lebendiges System.»[258] Das erste und elementarste der genannten Prinzipien stellt die Lokalkirche als Beziehungsnetzwerk in den großen Kontext der Systemhierarchie von Über- und Untersystemen, worin sie ihren eigenen und natürlichen Platz finden und behaupten müsse. Dabei sei die Balance der differenzierenden und vereinigenden Kräfte nach innen in bezug auf Untergruppen und einzelne Mitglieder wie nach außen zum politischen und kulturellen Umfeld sowie zur eigenen «denominationalen Vereinigung» zu halten.

«2) Die lokale Kirche ist ein Systemfeld von Differenzierung.»[259] Der Ausgleich zwischen Individualität und Gemeinschaft, zwischen

---

[255] Ebd. 19.

[256] Vgl. ebd. 20. Der Begriff *«vocation»* muß im Englischen nicht grundsätzlich religiös als «Berufung» verstanden werden, sondern kann ebenso auch allgemein «Beruf» oder «Begabung» bedeuten. LORD vermeidet es bewußt, eine Wertung zwischen dem *parish ministry* und anderen Formen des Leitungsdienstes vorzunehmen.

[257] Vgl. ebd. 136-151, 313 u. 324-327; und zur praktischen Bewährung der Richtlinien anhand der eigenen pastoralen Erfahrung ebd. (in Kap. IV) 255-279.

[258] Vgl. ebd. 137-140 u. 255-261. Zusammenfassend erklärt LORD (ebd. 140): "*Church as family*, by first of all «seeing» the local church as a *natural living system* claims that the fundamental purpose and basic reality to which the church is responsive is that of radical interrelatedness, or *relationship*. Though it be inefficient, encumbering, lumbering, sometimes recalcitrant, sometimes childlike, often impossible, narrow minded, even irrational — the «nature» of the local church is *relational* and therein lies the heart of its being."

[259] Vgl. ebd. 140-143 u. 261-267.

Trennung und Gemeinsamkeit, zwischen «Teilheit» und «Ganzheit», zwischen Autonomie und Verbundenheit bilde einen Differenzierungsprozeß, der die Systemkontinuität und den Übergang der Generationen bewirke und in der lokalen Kirche analog zur Familie, vor allem in den drei paradigmatischen Beziehungen der *Partnerschaft*, der *Elternschaft* sowie der *Kindschaft* bzw. *Geschwisterlichkeit* ablaufe. Beziehungen können dabei *komplementär* oder *symmetrisch* gestaltet sein und regeln die wirksame Bestimmung der Anteilnahme wie des Einflusses im Systemganzen. Das partnerschaftliche Subsystem bestehe aus Personen in dauerhafter Verbundenheit mit den Grundwerten der Gemeinde und trage wesentlich zum Aufbau und der Erhaltung der beziehungsmäßigen Grundstimmung in der Gemeinschaft bei. Das elterliche Untersystem habe durch Personen von hohem sozialen Status größten Einfluß auf Entscheidungsfindung, Problemlösung und Weitergabe der Tradition, während das dritte, «geschwisterliche», in seiner Anteilnahme am Gemeinschaftsleben in Abhängigkeit zu den beiden vorhergenannten bleibe. Konstituiert aus Personen von weniger gemeindeinterner Stabilität und geringerem Status, bestehe eine hohe Wahrscheinlichkeit der Involvierung in stabilisierende «Dreierbeziehungen».

«3) Die lokale Kirche ist ein kreislaufartiges Netzwerk analoger Kommunikation.»[260] Im Kommunikationsprozeß, in dem durch kreislaufartigen Austausch von Feedback Beziehungen aufgebaut und behauptet werden, finden der Gottesdienst, die Rituale und Sakramente der Gemeinschaft ihren Platz. Als gruppeneigene, stabilisierte Form analoger Konversation, die auch die digitale Kommunikation einschließe, tragen sie wesentlich zur Findung der *Systemidentität* bei. Das Besondere einer religiösen Institution sei, daß die Frage der Beziehungsgestaltung in dem stets gegenwärtigen Bewußtsein, auch von Gott gefragt zu sein, eine letzte Bedeutung erhalte.

«4) Die lokale Kirche ist ein sich selbst erhaltendes und entwickelndes Ganzes.»[261] Die genannten Prozesse verlaufen in der lokalen Kirche auch durch die Zeit hin. Anforderungen und Änderungen aus dem Inneren wie aus den sie umschließenden größeren Systemen drängen zu Veränderungen der Gemeinde und müssen von

---

[260] Vgl. ebd. 143-145 u. 267-271; zur Bedeutung von *Gottesdienst* und *Sakramenten* bes. ebd. 144: "The analogical conversation of greatest significance takes place through the worship service. This is the local church's primary ritual of systemic identity. It is a rehearsal of togetherness and individuality, of continuity and change, of reciprocal interrelatedness. It is a reaffirmation of the three basic subsystems of relational life, enacting dimensions of authority, mutuality, and becoming. In this setting, the focal rituals of sacraments take place again giving repetitive analogic voice to issues of membership addition and loss, status-generational transitions, and to commitment within an enduring covenantal reality."

[261] Vgl. ebd. 145-147 u. 271-275.

dieser mit dem meist stark vorhandenen Trend zu *Tradition*, zu Stabilität und Beharrung auf dem Gewohnten, wodurch die Identität gewahrt werden soll, in Balance gebracht werden:

> "Die Lokalkirche muß einen funktionalen Ausgleich zwischen Kontinuität und Veränderung bewerkstelligen, der dem System erlaubt, sich mit neuer Information auseinanderzusetzen und Veränderungen des Gegenwärtigen anzusteuern, ohne die Kontinuität mit der Vergangenheit zu verlieren."[262]

«5) Die lokale Kirche ist ein Medium für einen beispielhaften emotionalen Prozeß.»[263] In dem genannten Verlauf entwickle und sammle die Lokalkirche bestimmte Verhaltensmuster, die als kongregationale Paradigmen in der *Gegenwart* die emotionalen Prozesse in ihrem Inneren ausgestalten. Aber auch Untergruppen können ihre je eigenen «Familienmetaphern» ausbilden. Dabei sei die *Dreierbeziehung* ebenso grundlegend und wichtig wie in einer Familie, wobei meist zeitweilige Mitglieder, in bevorzugter Weise der Pastor, in Zweierbeziehungen ständiger Mitglieder oder Gruppen einbezogen werden, die ihre Stabilität zu verlieren drohen oder sie bereits verloren haben.

Die in der letzten der fünf genannten Richtlinien angesprochene emotionale Ebene bietet nach Lord auch einen ersten Ansatzpunkt zur Bestimmung der Stellung des Amtes innerhalb der Kirche als Familie:

> "Alles, was an System-Information durch die oben genannten Konzepte in Blick genommen wurde, gewinnt seine zentrale Bedeutung in der Anwendung auf die letzte – den emotionalen Prozeß. Gerade hierin ist das Leben der lokalen Kirche offensichtlich und greifbar an seinem am meisten dynamischen Punkt. Indem er Identifikation, Klärung und Verständnis der triadischen Struktur der Gemeinde bewirkt, ist er der wichtigste Aspekt pastoralen Einsatzes."[264]

Bezeichnenderweise greift Lord in der Einbeziehung des Pastorendienstes in seine Kirche-Familie-Metapher nicht auf die in der Hl. Schrift und der christlichen Tradition stark verwurzelte «geistliche Vaterschaft» zurück, sondern schließt diese vielmehr für seinen Ansatz dezidiert aus.[265] Auch in dieser Frage stammt der konzeptuale Aus-

---

[262] Ebd. 146.

[263] Vgl. ebd. 147-150 u. 275-279.

[264] Vgl. ebd. 326.

[265] Vgl. ebd. 267 (Anm. 2); LORD ordnet die «Ersatzelternschaft» den mehr am Individuum orientierten traditionellen Modellen zu und vertritt demgegenüber im Licht der Familien-System-Theorie ein partnerschaftliches Verhältnis zwischen Gemeinde und Pastor: "Through family systems theory, the basis for understanding the behavior of the principal actors is the relationship system in which they are naturally embedded. Thus, the pastor is seen as transient to the system and his/her presence as sharing influence within the ongoing emotional process of the intact relationship system of the local church. Through a more individually orientated model, the basis for understanding the behaviour of the same actors is the narrower sphere of pastor-parishoner,

gangspunkt aus dem «*family therapy movement*». Der Sicht der Kirche analog zur Familie als *lebendiges natürliches System* entspricht die Qualifikation des Pastorendienstes als *therapeutische Einbeziehung ins System* der Gemeinde, in welchem dem Pastor gleichsam die Stellung des *Familientherapeuten* zukommt.[266] Er müsse demnach Experte für natürliche, lebendige Beziehungssysteme und ihre emotionalen Prozesse im allgemeinen sein, das Systemganze in seiner Verflochtenheit zu Über- und Untersystemen im Auge behalten und durch Entwicklung seiner eigenen metaphorischen Perspektive sowie seiner Beziehung zur lokalen Kirche die metaphorische Struktur des Systems durchschauen, fortwährend kritisch prüfen und verfeinern.

Der praktische Vollzug des Pastorendienstes geschehe in einem ersten Schritt durch die Bildung einer neuen Systemeinheit, der *Pastor-Gemeinde-Einheit* als «therapeutisches System». Dabei sei der Pastor weder «allwissender Messias», unbeteiligter und einflußloser Beobachter, noch Teil der Gemeinde, sondern zusammen mit ihr Teil im Ganzen des neuen Übersystems.[267] Deshalb komme es vor allem darauf an, daß er seine eigene Stellung und Identität im System in beständiger Entwicklung kläre und überprüfe, im Kräftespiel zwischen Abgrenzung und Anteilnahme die Balance halte und sich nicht direkt auf emotionale Dreierbeziehungen einlasse. All das geschehe in einem dauernden Kommunikationsprozeß, in dem Systeminformation ausgetauscht werde.

Aus dem Feld der Familientherapie lassen sich nach Lord zwei Arbeitsmodelle als Grundgerüst für den pastoralen Dienst im Konzept der Kirche als Familie anwenden. Die Theorie der *Lebensphasen der*

---

granting the pastor a much more central focal point. The result is that what the first model «sees» as *spousal* clusters, giving focal priority to the intact relationship system of the parish, the second would «see» as *sibling* clusters with the pastor given the importance of a surrogate parent."

[266] Vgl. ebd. 217 u. 314. LORD nennt *ministry as therapeutic systemic involvement* die «zentrale Metapher für das Amt». Die zugrundeliegende Definition versteht *Familientherapie* hinsichtlich der Stellung des Therapeuten (ebd. 154f.): "... as the formation and functioning of an immediate suprasystem to the family itself, called the *therapeutic system*, in which one who is knowledgeable of family systems in general joins with a family system in particular to jointly influence the new system's relationship experience". Zur weiteren Entfaltung vgl. ebd. 218-229; zur praktischen Verifizierung des Konzeptes ebd. 279-301.

[267] Vgl. ebd. 154 u. zur Gestaltung der Beziehung 217: "The relationship formed between the local church and the pastor holds important parallels to that of a family and a family therapist in that it is temporary, it is both professional and personal, and it carries the expectation that the pastor is responsible for involvement beneficial to the church-as-a-*whole*."

Familie[268] baut auf der Erkenntnis der erheblichen Bedeutung der Übergänge zwischen den einzelnen menschlichen Lebensphasen auf und verbindet sie mit dem, was zuvor bezüglich der zeitlichen Prozesse innerhalb von natürlichen lebendigen Systemen gesagt wurde. An diesen Punkten müsse der einzelne, aber auch das ihn umgebende System der Familie seine Identität und die Beziehungen zu anderen neu finden bzw. festlegen, wobei häufig Krisensituationen entstehen können. Es gehöre seit jeher zu den wichtigsten sozialen und emotionalen Aufgaben von *Religion*, für diese Lebensübergänge in Form von *Ritualen* Verhaltensmuster bereitzustellen bzw. zu zelebrieren, die den verschiedenen betroffenen Systemen helfen, die auftretenden Kräfte im Gleichgewicht zu halten. In der Lokalkirche geschehe das durch Rituale, durch Gottesdienst und Sakramente, in denen der Pastor den höchsten «therapeutischen» Einfluß auf das Systemganze der lokalen Kirche wie deren Subsysteme auszuüben vermöge.

Das zweite Arbeitsmodell trägt in der Familientherapiebewegung die Bezeichnung *«family wellness research»*[269] und befaßt sich mit der Erforschung bzw. der therapeutischen Unterstützung jener Elemente, die das «Funktionieren» einer «gesunden» Familie ausmachen. Übertragen auf die Kirche, wird dadurch das Ziel des pastoralen Einsatzes in der Stärkung von Kompetenz und Selbstbewußtsein bzw. Selbstvertrauen in der lokalen Kirche und ihren Subsystemen hervorgehoben.

Aus den genannten pastoralen Aufgaben und Zielsetzungen ergeben sich nach Lord fünf primäre Rollen des Pastors;[270] er ist: 1) sowohl im konzeptualen als auch im empirischen Bereich *Experte* und damit auch *Berater für natürliche lebendige Systeme* und ihre Beziehungsgeflechte wie emotionalen Prozesse; 2) Zelebrant und Supervisor der familiären Lebensphasenentwicklung und -übergänge im Ganzen der Gemeinde wie in ihren Subsystemen; 3) Betreuer für das Wohl der Familie auf allen Systemebenen; 4) Berater in Systemveränderungen. Die fünfte Rolle erweist sich als notwendige Voraussetzung und Ermöglichungsgrund aller übrigen und meint weniger einen seinshaften Zustand als vielmehr eine Richtung für Wachstum und Entwicklung. Im Anschluß an die Theorie Bowens bezeichnet

---

[268] Vgl. ebd. 171-190 u. 222-224; als Kurzbeschreibung ebd. 224: "Family life cycle theory highlights the local church as a relational structure within which generations interact and through which generations pass."

[269] Vgl. ebd. 171, 191-207 u. 224f. In dieser Forschungsrichtung kommt besonders zum Ausdruck, daß sich die Familientherapiebewegung nicht ausschließlich oder vorwiegend mit pathologischen Situationen von Familien beschäftigt, was für die Anwendung ihres Familienkonzeptes auf die Kirche von größter Bedeutung ist.

[270] Vgl. ebd. 207-216, 225-229 u. 319f.

Lord den Pastor als «*differenzierendes Selbst*» (*differentiating self*) und verweist damit auf:

> "... die Fähigkeit von jemandem, in bedeutsamem emotionalen Kontakt mit den Personen eines Beziehungssystems zu stehen, ohne an der Reaktivität des emotionalen Prozesses des Systems teilzunehmen. ... [d.h.] ohne darin für irgendeine Seite Partei zu ergreifen."[271]

Aufgabe des Pastors, der im Beziehungsgeflecht der Gemeinde eine wesentliche, aber vorübergehende Rolle spiele, sei es deshalb, sich in einem nie endenden Lern- und Entwicklungsprozeß immer mehr der emotionalen Vorgänge in seiner Gemeinde bewußt zu werden und darin seine eigene Stellung mit all ihren Beziehungen zu finden und abzugrenzen.

In der vorausgehenden Darstellung des Amtsverständnisses zeigt sich bereits der radikale Unterschied zwischen der Perspektive Lords und der Glaubenslehre der katholischen Kirche. Zwar lassen die ersten vier Rollen des Pastors Spuren der «*tria munera*» erkennen, doch diese erscheinen bei Lord auf die menschlich-psychologische Dimension hin eingeschränkt bzw. umgedeutet. Die Verkürzung gipfelt darin, daß als Grundstruktur für alle Rollen nicht mehr die *Christusförmigkeit* des Priesters (*ganz in persona Christi* im Dienst an Gott und den Menschen), sondern ein «*differentiating self*» (*ganz selbst* in Beziehung und Abgrenzung zu den anderen) fungiert: nicht christusförmiger *Lehrer*, sondern *Experte* und *Berater* für menschliche Beziehungen, Emotionen und Übergangssituationen; nicht *Priester* in Teilhabe am Priestertum Christi in sakramentaler Feier seiner Geheimnisse, sondern *Zelebrant* und «*supervisor*» menschlicher Übergangsriten als Teil eines relationalen Ganzen; nicht *Hirte*, der die Herde Christi zu den Wassern des ewigen Lebens führt, sondern «*coach*» für relationales und emotionales Wohlsein.[272]

Der Pastorendienst, der nur für bestimmte Zeit an eine Gemeinde gebunden ist, bedeutet folglich *keinen Stand, kein Sein*, sondern einen *Prozeß* fortwährender Bestimmung von Identität und Beziehungen. Die bleibende Zuordnung, die den katholischen Priester an die Universalkirche und ihre Communio bindet, findet im vorliegenden methodistischen Verständnis kein Analogon. Die Vereinigung der

---

[271] Ebd. 226; vgl. ebd. 227-229 u. 328f. Hier sind die bereits genannten «Dreierbeziehungen» gemeint; nach M. BOWEN, *Family Therapy in Clinical Practice*, New York, 1978.

[272] Darin liegt wohl der tiefere Grund für die mehrfach konstatierte Identitätskrise des Amtes. Wo Christus als objektiver und sicherer Bezugspunkt des priesterlichen Dienstes verloren ist, wird die Identitätssuche von pastoralen «Hauptamtlichen» immer wieder nur in perspektivischen und partialen Konzepten ohne Tragweite verlaufen.

Lokalkirchen zu einer «*faith group*» bildet nur *ein* Übersystem neben anderen, in dem die Lokalkirche ihre Verbundenheit und zugleich ihre Eigenständigkeit finden und festlegen muß.[273]

Durch die Anwendung der Familienmetapher auf die Kirche gelingt es Lord, die Beziehungsebene kirchlicher Gemeinschaft hervorzuheben und besser zu erkunden.[274] Dabei beruft er sich auch auf die familiären Grundbeziehungen des Bundes als Partnerschaft, der Elternschaft und der Geschwisterlichkeit. Doch eigenartigerweise fallen in näherer Bestimmung gerade jene Elemente weg, die auf das Proprium der Kirche Christi und ihrer Grundlegung in Christus selbst verweisen. In Entwicklung seines Ansatzes bezeichnet Lord die Kirche nirgends als «Familie *Gottes*» und die *Vaterschaft* wird als «Elternbeziehung» ebenfalls nicht auf Gott, sondern auf Personen in der Gemeinde angewendet, die größeren Einfluß auf deren Entscheidungsfindung ausüben. Genausowenig bleibt in der Bundesrelation Platz für Gott als Handelnden, und selbst das Thema der christlichen Geschwisterlichkeit beschränkt sich auf die Analyse der Gemeindebeziehung von Menschen mit schwacher Gemeindebindung und geringem Einfluß.

Gemessen am katholischen Verständnis der Kirche als Sakrament der Einheit der Menschen mit Gott und untereinander, erscheint der Ansatz Lords, der eine menschlich verstandene Relationalität als «Herz» des «Seins der lokalen Kirche» vorträgt[275], auf *eine*, nämlich die *horizontale* Dimension eingeschränkt. Selbst dort, wo religiöse Elemente und Themen in der Darstellung auftreten, bleiben sie auf die menschliche Beziehungsebene hingeordnet oder sogar zu ihren Gunsten «verzweckt»[276]; wenn beispielsweise die Heilige Schrift, der innerhalb

---

[273] Dabei zeigt sich, daß nach den Erfahrungen LORDS (mehrfacher denominationaler Wechsel in der Geschichte seiner Gemeinde) nicht die *faith group*, sondern die lokale Gemeinde das «beständigere Element» darstellt.

[274] Allerdings bringt die starke Betonung der Beziehungen und ihrer Vernetzung im Ganzen des Systems gerade im Kontext einer Erkenntnistheorie, die direkten Zugang zu Wahrheit, Objektivität und Realität ausschließt und ihm subjektive metaphorisch-perspektivische Wirklichkeitskonstrukte gegenüberstellt, die Gefahr mit sich, daß mit der Objektivität von *Gut* und *Böse*, von *Wahr* und *Falsch*, die Möglichkeit von Schuld und damit auch von personaler Verantwortung aufgehoben wird. Vgl. z.B.: LORD, *Church as Family*, 91f.: "No one person can be singled out and made to carry the guilt or responsibility for a given situation"; oder mit M. KERR (*Family Systems Theory and Therapy*, in: A.S. GURMAN u. D.P. KNISKERN [Hg.], *Handbook of Family Therapy*, New York 1981, 226-264) zit. bei LORD, ebd. 136: "To know triangles is to see the absurdity of asking people «why» they do what they do and the absurdity of assigning cause to any particular event in a system. Looking for cause obscures the view of the interdependence."

[275] Vgl. LORD, *Church as Family*, 140.

[276] Vgl. z.B. ebd. 329f. LORD nennt das Wachstum in *differentiated connectedness* die zentrale Aufgabe der lokalen Kirche und ordnet auch andere auf den ersten Blick religiös verstandene Elemente kirchlichen Lebens als «metaphorische Vehikel» dieser unter: "The local church is a unique arena for both celebrating and

der Theorien Lords auch keine objektive Wahrheit zukommen kann, als *ein* geschichtliches Dokument für das metaphorische Selbstverständnis der Kirche einer bestimmten Zeit oder aber als Kontrollinstanz für innerkirchliche Metaphernbildung verstanden[277] oder Gottesdienst und Sakramente ganz in den Dienst von Beziehungsaufbau und Bestimmung der Systemidentität[278] gestellt werden.

Der Arbeit von Lord ist zugute zu halten, daß er ja selbst seinen Ansatz als einen perspektivischen, als Öffnung eines Horizontes und nicht als *die* Wahrheit bezeichnet und auf die Grenzen seines eigenen Vorverständnisses als methodistischer Pastor verweist. Und es erscheint durchaus auch für den Bereich der Theologie möglich zu sein, eine methodische Einschränkung derart anzusetzen, daß ein spezieller Aspekt — wie etwa der Systemrealität oder menschlicher Beziehungen — mehr in den Blick gelangt.[279] Doch gerade hinsichtlich dieser «perspektivisch-partialen» Zielsetzung müßte sich Lord einigen kritischen Anfragen stellen.[280]

Wenn Lord als *allgemeine Tatsache* voraussetzt, daß alles menschliche Wissen und Wirklichkeitsverständnis subjektiv, perspektivisch und partial sei, stellt sich die rein logische Frage, wie er selbst auf subjektivem Weg zu dieser anscheinend objektiven Aussage kommt. Als *eine* mögliche Sicht neben anderen kann sie nämlich ohne

---

wrestling with this elemental dimension of human being. In fact, religious rituals and doctrines can be understood as metaphorical vehicles for exactly these tasks. Through an individual's relationship with God, or the marriage bond, or the religious understanding of family-covenant, or the spiritual bond of brotherhood-sisterhood through the blood of Jesus Christ, the experience of *differentiated connectedness* is acknowledged, explained, and asserted as the primary concern of the local church." Als Zwiespalt im Denken LORDS fällt dabei auf, daß im Gegensatz zu seiner Dissertation, die Gott und das Übernatürliche umzuinterpretieren bzw. aus dem Kirchenverständnis auszuschließen scheint, in seinen als *Appendix B* mitveröffentlichten jährlichen Berichten an die *Charge Conference* der *United Methodist Church* auch die religiöse Dimension häufig hervorgehoben und durch beinahe liturgisch klingende Formulierungen unterstrichen wird (vgl. ebd. 364, 366-369; exemplarisch ebd. 368f.: "Yet through the love of God and the grace of Jesus Christ, even our human shortcomings will be material for faith-growth and Christian love. This, too, is surely to be a year in which we are all offered the opportunity to mature in our relationship with God and with one another. We can learn to live more and more with praise, prayer, forgiveness, love, and commitment – not so much out of our own willpower, but rather by continuing trust in the power and wonder of God."

[277] Vgl. ebd. 52 u. 70-76.

[278] Vgl. ebd. 239, 242: "... which again allowed the worship service both to highlight systemic identity and to address some of the continuing tension through rituals of prayer and celebration"; u. 245: "The worship life also offered a medium of stability". Diese Zweckbestimmung von Gottesdienst wirkt um so einseitiger, als die eigentlich religiöse Dimension dabei überhaupt kaum Erwähnung findet.

[279] Dabei läßt LORD erkennen, daß auch eine theologische Erforschung der Kirche-Familie-Metapher wünschenswert wäre (vgl. ebd. 337f.).

[280] Vgl. dazu z.B. ebd. 14, 16, 19f., 254 u. 337f.

inneren Widerspruch *keine allgemeine* Gültigkeit beanspruchen. Es wäre auch zu fragen, wie man bewußt eine Perspektive eines Systemganzen als solche zu erkennen und zu entfalten vermag, wenn nicht schon ein wenigstens implizites Vorverständnis darüber besteht, was dieses Ganze ist.[281]

Es kann nicht genügen, darauf zu verweisen, daß sich der Ansatz nicht in theologische Diskussionen einlassen und mehr allgemeingültig das Phänomen der Kirche aus einem bestimmten psychologischen Blickwinkel betrachten will, ohne dabei auch jene wesentlichen Momente festzuhalten, die die *Identität von Kirche* und ihre *Abgrenzung zu anderen sozialen Systemen* ausmachen. Wenn nämlich als wesentliches Ziel der lokalen Kirche die Förderung des relationalen und emotionalen Wohlseins, zumal durch dafür beauftragte und ausgebildete «Hauptamtliche» vorgelegt wird, mag man fragen, was dann die lokale Kirche noch von einem Rehabilitationszentrum für sozial Geschädigte oder psychisch Kranke oder vom «Ferienclub Mediterranée» unterscheidet, deren Aufgabe es ebenfalls ist, Beziehungen und emotionales Wohlbefinden durch Fachleute aufzubauen, die nicht zuviel und einseitig in den emotionalen Prozeß involviert werden sollen.

Trotz der aufgezeigten Unzulänglichkeiten des untersuchten Beitrags hinsichtlich eines christlichen Kirchenverständnisses sind abschließend manche positiven Elemente hervorzuheben, die zur Entfaltung einer katholischen, dogmatisch orientierten *familia-Dei-Ekklesiologie* dienlich sein könnten. Auch wenn das in bezug auf die Theologiegeschichte hier nicht neu oder einzigartig geschieht[282], ist anzuerkennen, daß Lord auf die komplexe Realität des Geheimnisses der Kirche verweist und durch die konsequent psychologische Entwicklung der Familienmetapher einen bestimmten Zugang dazu eröffnet, der die Wirklichkeit innerkirchlicher Beziehungen und damit letztlich ihre *Communiostruktur* beleuchtet. Ebenso nennt er eine Reihe gültiger Vorzüge des *Kirche-Familie-Konzeptes*. Sein Verweis auf die

---

[281] Perspektivisch ist streng genommen immer nur der konzeptuale Zugriff, der Blickwinkel, nicht aber das Phänomen «Kirche» selbst, die ein Ganzes ist und bleiben muß. Deshalb muß auch immer zwischen dem unveränderlichen Wesen der Kirche und ihrem je neu ausdrückbaren Verständnis unterschieden werden.

[282] Die Kirche wurde z.B. auch vom VAT II als *komplexe Realität* und Glaubensgeheimnis, zu dem der theologische Zugang mittels Bildern zu gewinnen ist, verstanden; LORD selbst verweist einmal auf das Beispiel eines Leibes für ein *natürliches lebendiges System* (ebd. 262) und nennt auch in seinen Jahresberichten an die Charge Conference die Kirche bisweilen *Leib Christi*, woraus erhellt, daß eigentlich bereits Paulus die Kirche nicht monokausal, sondern als «organisches Systemganzes» gekannt hat; die Communiostruktur der Kirche ist nie ganz aus dem kirchlichen Denken verschwunden und wurde vom VAT II erneut in Erinnerung gerufen – eng mit dem Geheimnis der Trinität verbunden, in der ebenfalls die «Personen» nur von ihren «Relationen» her zu verstehen sind.

für die Familie und jedes Beziehungssystem bedeutsame Zeitdimension und die darin verlaufenden Entwicklungsprozesse könnten ein Ausgangspunkt für die Einbeziehung der Heilsgeschichte in die *familia-Dei-Ekklesiologie* sein.

Anerkennung verdient weiters, daß Lord jede Art des Individualismus und des monokausalen Denkens durch ein ganzheitlicheres Verständnis der Systeme in ihren Kontexten überwinden möchte und dabei den Bezug zur pastoralen Praxis nicht aus den Augen verliert. Angesichts mancher Zeichen einer Zeit, in der gesunde menschliche Beziehungen bald nicht mehr der statistische Normalfall zu sein drohen, erhält der Versuch Lords besondere Aktualität. Es kann und muß stets Aufgabe der Kirche sein, Beziehung aufzubauen – gemäß ihrem Wesen, Sakrament der Einheit der Menschen zu sein: aber primär *mit Gott* und *als Folge* davon auch untereinander.[283]

* * *

Ebenfalls aus dem nordamerikanischen Bereich stammt eine Reihe kürzerer Veröffentlichungen, die manche methodische oder inhaltliche Parallelen zur Arbeit Lords aufweisen. Katholischerseits befaßt sich etwa J. Trokan[284] mit dem Dienst der Kirche bzw. ihrer Amtsträger an den Familien. Wie Lord bezieht er sich ganz auf die lokale Gemeinde und versteht diese gemäß den Paradigmen des *Systemdenkens.* Auch bei ihm bleibt das Amt betont auf die Errichtung und Betreuung von zwischenmenschlichen Beziehungen und deren Netzwerken ausgerichtet. Die lokale Gemeinde erscheint als «Familie von Familien», ohne daß dieser Gedanke näher entfaltet wird. Eine Parallele zwischen Kirche und Familie ortet er in bestimmten erkennbaren Typen ihrer Konkretisierung, die aus dem Denken der jeweiligen Zeit erwachsen: Einem «vorkonziliären, hierarchischen Kirchenmodell» ordnet er die traditionelle patriarchale Familie zu; der mit dem Vaticanum II anbrechenden «laienzentrierten und kollegialen» Kirche entspreche die «demokratisch-partnerschaftliche» Familie; eine neuere Form der «partnerschaftlich-missionalen» Kirche entwickle sich parallel zu einem modernen «existentialen und individualistischen» Familientyp.

---

[283] Gerade durch die «Metapher» der Familie kann der Primat der Gottesbeziehung verdeutlicht werden: auch die Geschwisterlichkeit entstammt der Beziehung zum gemeinsamen Vater und nicht umgekehrt.

[284] Vgl. J. TROKAN, *The challenge of ministry with a family perspective. An ecological view,* in: *NThRev* 5 (1992) 20-32. Das Thema «family-ministry» ist Gegenstand zahlreicher Veröffentlichungen in jüngerer Zeit. Es steht allerdings nicht in unmittelbarem Zusammenhang mit der Entfaltung einer *familia-Dei-Ekklesiologie* und kann deshalb hier nicht weiter behandelt werden.

Zusätzlich zu den bereits gegen den Versuch Lords gebrachten Einwänden ist anzumerken, daß es für einen «katholischen» Ansatz eigenartig anmutet, eine derartige Emotionalisierung und Psychologisierung der Kirche vorzutragen, die nicht mehr viel von kirchlicher Identität und Glaubenssubstanz erkennen läßt. Wenn Trokan darüber hinaus das Zentrum des Glaubens und des pastoralen Engagements weg von der Gemeinschaft der Gläubigen hin zu den einzelnen Familien und ihrem emotionalen und relationalen Wohlbefinden verlegt, dann ist ernstlich zu fragen, ob damit nicht der Botschaft Jesu von der «neuen Familie seiner Jünger» geradewegs widersprochen wird.

Der ebenfalls im Anschluß an die Arbeit von Lord zu stellenden Frage nach der gegenseitigen Abhängigkeit der *sozialen Systeme* der Familie und der Kirche wenden sich unter anderem L. Vaskovics[285] und K.J. Christiano zu. Vaskovics versucht dabei, das Interesse der Kirche, «die Familien unter ihre soziale Kontrolle zu bringen», darzustellen und zu begründen. Es ergebe sich aus den sozialen Funktionen der Familie (die selbst auf die Struktur religiöser Institutionen einzuwirken vermag), den Mitgliederbestand der «religiösen Organisation» sowie die «Verteilung der Mitglieder auf bestimmte Kategorien von religiösen und sozialen Positionen» zu gewährleisten. Christiano untersucht und relativiert die Hypothese, daß die Kirche gleichsam als «Ersatzfamilie» angesehen werden könne und deshalb für Menschen mit gestörten bzw. ohne Familienbeziehungen besonders anziehend und zum aktiven Mitleben einladend sei.

3.4.2. Die Kirche als *Familie Gottes* als grundlegende pastorale Option in Afrika

Nicht selten wird das Verständnis der Kirche als Familie Gottes spontan als «afrikanisches Kirchenmodell» bzw. als typischer Beitrag einer «afrikanischen Theologie» zur heutigen ekklesiologischen Diskussion bezeichnet.[286] Für diese Ansicht spricht, daß die ausführ-

---

[285] Vgl. L. VASKOVICS, *Thesen zur Interdependenz religiöser Organisationen und familialer Subsysteme*, in: *Conc(D)* (1974), 72-76; K.J. CHRISTIANO, *Church as a Family Surrogate: Another Look at Family Ties, Anomie, and Church Involvement*, in: *JSSR* 25 (1986), 339-354.

[286] Vgl. J.-L. VANDE KERKOVE, *L'ecclesiologia secondo le istanze socioculturali e pastorali della Chiesa dell' Africa nera*, in: D. VALENTINI (Hg.), *La Teologia. Aspetti innovatori e loro incidenza sulla ecclesiologia e sulla mariologia. Atti del Convegno Internazionale di Teologi Dogmatici della Congregazione Salesiana (Roma, 3-7 gennaio 1988: BSR 85)*, Roma 1989, bes. 242f. u. 245; NOTHOMB, *L'Église-famille*, 44 (unter Berufung auf: T. TSHIBANGU, *La théologie africaine*, Kinshasa 1987, 69); daß nicht das Kirchenbild der Familie selbst, sondern nur dessen

lichsten Versuche der Begründung und Entfaltung einer pastoral orientierten *familia-Dei-Ekklesiologie* aus Afrika — und darin vor allem aus der zentralafrikanischen Republik *Burkina Faso* (vormals: *Obervolta*) — stammen. Geschichte, Inhalt und theologische Begründung dieses Konzeptes sowie andere afrikanische Ansätze dazu sollen im folgenden in vier Abschnitten dargestellt werden.

3.4.2.1. Die Vorgeschichte der Option «pour une *Église-Famille de Dieu*» in Burkina Faso

Erste Ansätze zu einem Verständnis der Kirche als Familie Gottes lassen sich bis in die Zeit vor dem Vaticanum II zurückverfolgen. In einem gemeinsamen Hirtenbrief der Bischöfe Obervoltas aus dem Jahr 1962 wird die Kirche — ausgehend von ihrem gemeinschaftlichen und gesellschaftlichen Charakter — als Familie der Kinder Gottes, und zwar in engem Bezug zum Geheimnis der Trinität, vorgestellt.[287]

Zu einem ersten entscheidenden Anstoß für die Entfaltung eines diesbezüglichen Pastoralkonzeptes wurde eine Auseinandersetzung der Bischöfe des Landes mit der Regierung um die Erhaltung der katholischen Schulen in den Jahren 1964-1969.[288] Da die gläubigen Laien des Landes und insbesondere die Eltern der betroffenen Schüler kaum Interesse an der Diskussion zeigten und die Bischöfe auch in keiner Weise in ihrem Vorgehen unterstützten, wurde deutlich, daß trotz äußerlicher Teilnahme der Katholiken am kirchlichen Leben ihr Glaube kaum Resonanz in alltäglichen und konkreten Fragen fand. Es fehlte die Bereitschaft der Laien, Verantwortung für ihre Kirche zu tragen, die man nur zu gerne den Priestern, Gottgeweihten und

---

spezielle Ausfaltung als typisch afrikanisch zu bezeichnen sei, betont: C. NYAMITI, *New Theological Approach and New Vision of the Church in Africa*, in: *RAT* 2 (1978), 39f.; und die Diskussionen beim VAT II resümierend: DABIRÉ, *L'Église*, 35: "Cela veut dire en clair que la perception de l'Église comme «Famille de Dieu» n'est pas la trouvaille de l'Église africaine au Burkina Faso ou ailleurs. Elle fait plutôt partie du patrimoine doctrinal de l'Église."

[287] Vgl. DABIRÉ, *Approche*, 13f.; dort zit.: LES ÉVÊQUES DE HAUTE-VOLTA, *Le Chrétien dans l'Église*, Bobo-Dioulasso (Septembre) 1962, 21 u. 24: "L'Église, c'est la famille des enfants de Dieu. Unis au Fils unique dont ils ont à reproduire l'image, ils ont tous reçu dans leurs coeurs l'Esprit du père et du Fils. L'Esprit-Saint fait naître en eux des sentiments d'enfants vis-à-vis de Dieu. Il leur fait dire, il dit en eux: «père (Rm 8,15); ce faisant, il crée en eux des sentiments fraternels ... Il ne s'agit pas d'un idéal mais d'une sublime réalité. Les chrétiens font partie de la même famille divine comme les branches font partie d'un même manguier et les membres d'un même corps."

[288] Vgl. DABIRÉ, *Approche*, 14; G. COMPAORE, *La Famille Chrétienne. «Église domestique» dans l'Église – Famille de Dieu*, Thèse de Licence (Istituto Giovanni Paolo II per studi su Matrimonio e Famiglia; *PUL*) Roma 1987, 48-52.

Katechisten überließ. Ebenso zeigte sich, daß die Bindungen des Glaubens im Konflikt mit denen der natürlichen Großfamilie nur all-zuoft ins Hintertreffen gerieten. Als positive Folge dieses Geschehens entstand in den Jahren 1970-1975 die *«Organisation de la Communauté Chrétienne»*, die sich zum Ziel setzte, im Geist und Sinn des Konzils

> "... alle Christen unseres Landes im Inneren einer großen Familie zu versammeln, um den Eifer der ursprünglichen Kirche wiederzufinden, worin die Christen sich in Gemeinden organisierten".[289]

In dieser grundsätzlichen Aussage, deren geforderte Implikationen primär in der *«CCB»* (*Communauté Chrétienne de Base*) in einem Dorf, aber auch auf allen höheren Ebenen der Kirche von der Pfarre bis hin zur Kirche im ganzen Land verwirklicht werden sollten, ist wenigstens implizit das Konzept der *Église-famille* bereits enthalten. Explizit erscheint es dann 1975 am Ende eines Hirtenbriefs der Bischöfe des Landes zum fünfundsiebzigjährigen Jubiläum der Evangelisierung von Obervolta.[290]

Die unmittelbare Entstehung der pastoralen Option entspringt dem «historischen Appell» der Bischöfe vom 15.01.1976, der ganz im Zeichen der vorausgehenden Feierlichkeiten stand.[291] Die Bischöfe wandten sich darin an «alle Kinder der Kirche des Landes», um mit ihnen in einen Dialog zu treten. Sieben Feststellungen waren sieben Fragen zugeordnet, mittels derer man gemeinsame Wege der Evangelisierung finden wollte, die weg von einem rein klerikalen zu einem Kirchenverständnis hinführen, nach dem alle — auch die Laien — Verantwortung tragen. Das aber könne sich nur in der Weise einer echten Mentalitätsbekehrung vollziehen. Als Grundlage bezog man sich vor allem auf das nachsynodale Apostolische Schreiben *Evangelii nuntiandi* von Paul VI., das die Priorität der Evangelisierung in der

---

[289] Document, *Communauté chrétienne de Haute-Volta guide pratique du conseiller paroissial* (1970), 35; zit: DABIRÉ, *Approche*, 15. Vgl. ebd. 14-16 u. COMPAORE, *La famille*, 52. Für die Durchführung dieses Planes bildeten Katechese, Liturgie und Caritas Schwerpunktbereiche; vgl. weiters J.M.K. DABIRÉ, *L'Église «Famille du Christ»*, in: FiRe 105 (1977), 45-47.

[290] Vgl. DABIRÉ, *Approche*, 16f., zit: *Lettre des évêques à l'occasion du 75e anniversaire de l'évangélisation en Haute-Volta*, Ouagadougou, 1975, 29: "La célébration de ce 75e anniversaire doit nous aider à prendre davantage conscience que nous formons une seule et même Église, une seule et même famille par delà nos diocèses-mêmes"; vgl. F.M. SANON (Hg.), *Options Fondamentales pour un noveau départ. Message pascal des Evêques de Haute-Volta Avril 1977*, Bobo-Dioulasso 1978, 6 u. 11f.

[291] Vgl. DABIRÉ, *Approche*, 17; COMPAORE, *La famille*, 16 u. 53-56; SANON, *Options*, 6 u. 11f.

Sendung der Kirche betont hatte.[292] Die Antworten und Anregungen wurden auf diözesaner Ebene gesammelt und im November 1976 in eine Synthese gebracht.[293] Das Thema der Kirche als Familie Gottes erscheint als zweiter Punkt des bischöflichen Appells:

> "Diese Evangelisation ist als Werk dem ganzen Gottesvolk anvertraut, das nach Art einer wirklichen afrikanischen Familie Schritt für Schritt verantwortlich wird für sein eigenes Wachstum im spirituellen Leben und im sozio-caritativen Tun." *Dieser Feststellung folgte die Frage:* "Wie könnte das Bild der afrikanischen Familie besser die Realität der Kirche bezeichnen und den Platz und die Rolle jedes Christen in ihrem Inneren besser erkennbar machen?"[294]

Die eingelangten Reaktionen aus den Diözesen griffen in zahlreichen Anregungen das Konzept der *Église-Famille* zustimmend auf, wiesen aber auch auf Grenzen dieses Kirchenverständnisses hin. Als einzigartige und übernatürliche Realität könne die Kirche von keiner natürlichen Realität in ihrem vollen und tiefsten Sinn ausgedrückt werden. Weiters müsse man bedenken, daß die «afrikanische Familie» selbst unvollkommen und deshalb nicht zu idealisieren sei. Drittens wurde eingeräumt, daß es auch kritische Stimmen gebe, die befürchten, die Anwendung der afrikanischen Großfamilie auf die Kirche könne zu einer Einschränkung ihrer «individuellen Freiheit»[295] führen. Unbestreitbar aber sei die afrikanische Großfamilie reich an Werten, die besondere Bedeutung für den Aufbau christlicher Gemeinden haben. Von diesen Werten, werden — gleichsam als vorausbedeutende Spuren des Evangeliums — in der Folge sieben zentrale vorgestellt.[296]

Der *Familiengeist* (1) bezeichnet jenes Zugehörigkeitsgefühl, das aus dem Bewußtsein, von einem gemeinsamen Ahnen abzustammen, entspringt. Neben dieser Zugehörigkeit von Geburt gibt es aber auch die des «Bundes».[297] Daraus leiten sich gleichermaßen Rechte, wie der

---

[292] Im einzelnen bezog man sich auf die Nummern 1-5 (die *notwendige Erneuerung*), 30 (*Option für den Menschen*), 60 (*Gemeinschaft*) und 70 (*Dienst an der Welt*), vgl. SANON, *Options*, 10.

[293] Vgl. die Veröffentlichung der Synthese: *L'Église Voltaique en dialogue. Responses des Dioeceses a l'Appel des Evêques*, in: FiRe 103 (1977) Supplement; die für das Thema am meisten relevante *Question B*: ebd. 21-30 [zit.: «Question B»]. Vgl. außerdem DABIRÉ, *Approche*, 17-20 u. COMPAORE, *La famille*, 57.

[294] *Question B*, 21. Zur Synthese der Antworten vgl. im folgenden ebd. 21-30.

[295] Aus der Darstellung ist allerdings zu erkennen, daß diese Einwände einem individualistischen Denken zugerechnet wurden, das in der genannten «Mentalitätsbekehrung» überwunden werden sollte.

[296] Vgl. *Question B*, 21-25; DABIRÉ, *Approche*, 18-21 sowie COMPAORE, *La famille*, 57.

[297] In dem Brauch, daß eine Frau durch den *Ehebund* ihre alte Familie verläßt, um ganz der neuen anzugehören, läßt sich ebenfalls eine Analogie zur Kirche und zur

Anspruch auf die Fürsorge der Familie und Pflichten des vollen Einsatzes zum Wohl der Familie ab, die in einer natürlichen Solidarität jedem Individualismus entgegenstehen. Insbesondere wird von allen Gliedern die aktive Anteilnahme an Freud und Leid wie das Unterlassen jeder Kritik an der Familie *nach außen*, ja vielmehr ihre bewußte Verteidigung gefordert.

Die *Einheit* der Familie (2) bildet sich harmonisch und organisch *um ihr Haupt*, den gemeinsamen Vater, der den Ahnen repräsentiert und dem auch in bezug auf das Göttliche vermittelnde Funktion zukommt. Er ist gemeinsamer Bezugspunkt für alle Glieder, die mit Freud und Leid zu ihm kommen können. Seine Entscheidungen geschehen zu ihrem Wohl, nicht ohne mit ihnen in einem offenen Dialog zu stehen, sie zum aktiven Mittragen der Verantwortung aufzumuntern und ihre Ratschläge anzuhören. Andererseits ist es für die traditionelle afrikanische Familie selbstverständlich, seine Entscheidungen nicht zu diskutieren, sondern im Gehorsam anzunehmen – auch wenn es gerade in diesem Punkt Mißbräuche geben könne, durch die die notwendige Freiheit des einzelnen unberechtigt eingeschränkt werde.

Daß in der Einheit die Kraft der Familie liegt, erweist sich auch im Wert der *Solidarität*, der *Bereitschaft zu teilen* (3); konkret in gemeinsamer Arbeit und der getragenen Verantwortung füreinander. Das verlangt, in einer echten Läuterung der Gesinnung eigene Interessen unterzuordnen und die eigenen Gaben und Fähigkeiten in den Dienst des Ganzen zu stellen. Zu den «sprichwörtlichen afrikanischen Werten», die ebenfalls in der Familie ihren natürlichen Ort haben, gehören (4) die *Bereitschaft, andere aufzunehmen* und die *Gastfreundschaft*. Die *Ehrfurcht vor Brauchtum und Tradition* (5) verwirklicht sich in den Beziehungen zwischen Eltern und Kindern wie zwischen den Generationen und bildet eine Brücke zur Verbindung mit den bereits verstorbenen Gliedern der Familie. Aufgrund der Rechte und Pflichten aller ist es für die Familie lebensnotwendig, daß (6) *jeder seinen Platz und seine Rolle in der Familie findet* und die damit verbundenen Aufgaben zum Wohl aller erfüllt. Gerade in diesem Punkt wird die Unverzichtbarkeit des Familienhauptes sowie des Gehorsams ihm gegenüber einsichtig. Zuletzt wird (7) die *Erziehung* genannt, die in der afrikanischen Familie nicht ausschließlich Sache der Eltern ist, sondern in je verschiedener Weise all jenen zukommt, die selbst schon zu größerer Reife gefunden haben.

Vor dem Hintergrund dieser Werte wird abschließend die Analogie Kirche – Familie, die ihr Maß an der Beschreibung der

---

Nachfolge Christi erkennen, die von den dazu Berufenen auch ein Verlassen der eigenen Familie fordert, um ganz «neue Familie Christi» zu sein.

frühen Kirche zu nehmen hat, in einigen wesentlichen Punkten nochmals zusammengefaßt, worin die vertikale wie horizontale Verbundenheit und Einheit deutlich hervortreten.[298] Die Analogie der Familie soll eine praktische Hilfestellung bieten, in Anerkennung der eigenen Unvollkommenheit und in gegenseitiger Hilfe zu einer wahren inneren Bekehrung zu gelangen. Die daran anschließenden konkreten Hinweise für die Verwirklichung des Konzeptes stellen nochmals die gemeinsame Verantwortung aller, besonders auch der Laien, heraus. Die mehrfach angesprochene Mentalitätsbekehrung sei durch die Förderung der Anerkennung der Bedeutung der Taufe als Wiedergeburt in der Familie Gottes und Voraussetzung eines echten Familiengeistes, durch das gemeinschaftliche Gebet, die Liturgie und die Sakramente zu ermöglichen. Ebenso müsse eine wahre Brüderlichkeit im gegenseitigen Austausch und in Interesse wie Anteilnahme am Leben der universalen Kirche gestärkt werden. Drei abschließende *Propositionen* zeigen die unmittelbar in Angriff zu nehmenden Schritte an: die *theologische Entfaltung und Begründung einer familia-Dei-Ekklesiologie*; die *fortdauernde Ausbildung* und *Weiterbildung*, damit die Gläubigen in der Familie Gottes ihr Christentum in jeder Situation auch konkret zu verwirklichen imstande seien; die *Schaffung bzw. Bereitstellung konkreter Einrichtungen und Ausbildungsmittel* zur Förderung jenes Konzeptes.

3.4.2.2. Die «fundamentalen Optionen» für einen neuen Aufbruch

In der Synthese der Antworten auf den Appell der Bischöfe vom Jänner 1976 als «Reflexion des ganzen Gottesvolkes» hat das *familia-Dei-Konzept* bereits konkrete Züge. Seine definitive Annahme als «pastorale Option» erfolgte durch die — auf Grundlage jener Synthese erstellte — Osterbotschaft der Bischöfe des Landes im April 1977 mit dem Titel: «*Options fondamentales pour un nouveau départ*».[299] Sie

---

[298] Vgl. *Question B*, 25, 26 u. bes. 27: "*L'image de l'Église* perçue comme une famille à l'africaine pourrait aider énormément au changement des esprits. Pour cela, il nous faut sauvegarder la realité concrète de la grande famille avec ses différentes caractéristiques comme point de départ réel, soutenir ses relations intérieures et ses coutumes de valeurs, car cette famille africaine porte déjà les empreintes de l'Evangile. Il sera important de revivre intégralement de l'esprit de la grande famille africaine, où *tous et chacun ont un rôle et une place*. ... Cette famille, unie par la foi et le baptême et soudée par le sang du Christ, passe au-delà des discriminations raciales, culturelles, ethniques ou options socio-politiques. ... La reconnaissance de l'autorité hierarchique sera aussi sans problème, car dans ce cadre familial, *la place et le rôle du chef de famille* seront reconnus en toutes circonstances comme dans la famille africaine: le chef est lien d'unité entre tous les membres."

[299] Vgl. die kommentierte Ausgabe: SANON, *Options*, 5-67 (der Text findet sich ebd. 13-16; 17; 25; 50; 56; 58f.; 61f. u. 64 in Kursivdruck); vgl. DABIRÉ, *Approche*, 20f.; COMPAORE, *La famille*, 59.

richtet sich an die Christen des Landes, aller Stände und Aufgaben, und steht — wie der Titel und die ersten Worte des Dokuments ausdrücken — ganz im Zeichen von Ostern, von Auferstehung und Aufbruch des Volkes.[300] Dieser Aufbruch weiß sich zugleich verwurzelt in der *lebendigen Tradition der Kirche* von ihrem Ursprung her, wie sie in den Aussagen des Vaticanum II einen verbindlichen Niederschlag gefunden hat und durch die Feiern zum fünfundsiebzigjährigen Jubiläum der Evangelisierung neuerlich ins Bewußtsein getreten war.

Die bischöfliche Botschaft enthält eine Präambel, sechs «fundamentale pastorale Optionen» und eine Konklusion. Als zentrales Leitthema steht die «*Église-Famille*» in den zwei ersten Optionen im Mittelpunkt und scheint in den folgenden drei zumindest als Grundlage bzw. Kontext explizit auf. Ganz in diesem Sinne spricht schon die Präambel von der «absoluten Notwendigkeit» dieser Option:

> "Unter den dringendsten Prioritäten, die ihr uns aufgezeigt habt, halten wir die absolute Notwendigkeit fest, die sich uns, den Christen von Obervolta, heute stellt: aus unserer Kirche eine wahre Familie nach dem Bild Gottes und inspiriert durch die besseren afrikanischen Traditionen zu machen."[301]

Der ersten Option kommt richtungweisende Bedeutung zu. Die kurze Beschreibung und der Ansatz einer theologischen Begründung des Konzeptes offenbaren, daß es den Bischöfen eigentlich und primär um den Aufbau der Kirche in ihrem Land geht:

> "Das Volk Gottes, das in Obervolta ist, engagiert sich künftig — im Bewußtsein der Ehre, die jedem seiner Glieder gegeben ist, ungeschuldet am göttlichen Leben in Jesus Christus teilzuhaben —, auf allen Ebenen seiner Gemeinschaft den Geist und den Aufbau der «*Kirche als Familie Gottes*» unter den Menschen zu verwirklichen. Dabei gewinnen wir unsere Inspiration aus dem sublimen Vorbild der Heiligen Dreifaltigkeit, dem Erbe der Christen der Urkirche und den positiven Werten, die uns die traditionelle afrikanische Familie bietet."[302]

Zunächst fällt auf, daß vom Volk, «*das in Obervolta ist*», gesprochen wird und nicht einfach von «der Kirche *von* Obervolta». Damit wird deutlich, daß von Anfang an der Blick nicht nur auf die

---

[300] Vgl. SANON, *Options*, 13: "Christ est ressuscité! C'est une salution pascale transmise par des générations d'Ancêtres chrétiens, reprise et vécue intensément dans notre grande famille: l'Église." Der Kommentar bezieht den «Neuaufbruch» auf eine «kopernikanische Wende» im Kirchenbild durch das VAT II (vom juridisch-monarchischen Pyramidenmodell hin zur Kirche als Communio im Licht der *Trinität* und des *Volkes Gottes*); vgl. F.M. SANON, in: *Options*, 7-10 u. COMPAORE, *La famille*, 59: "On doit opérer une rotation de l'axe: Passer d'une Église totalement verticalisée à une Église horizontalisée, sans perdre son caractère hiérarchique voulu par son Fondateur."

[301] SANON, *Options*, 15.

[302] Ebd. 17.

lokale, sondern auch auf die «katholische» Kirche gerichtet bleibt. Die Kirche ist nach der Sicht der Option eine zugleich göttliche und menschliche Realität: als Familie *Gottes* unter den *Menschen*; aufgrund der Ehre der menschlichen Teilhabe am göttlichen Leben in Christus; in der näheren Kennzeichnung jener «Familie» durch das göttliche Urbild der Trinität und das menschliche Analogon der Familie. Daß die Kirche *unter den Menschen* steht, zeigt, daß sie auch immer ihr Gegenübersein zur Menschheit behält – als Voraussetzung, um Zeichen und Sakrament für diese zu sein.

Dreierlei wird im folgenden der Familie Gottes als Modell zur *«Inspiration»* vorgestellt, woraus erhellt, daß es sich nicht um eine unmittelbare Übertragung einer Analogie handelt, sondern vielmehr um eine vom Geist geleitete, gläubige Anwendung. Erstens hat die Familie Gottes an der Trinität selbst ihr Maß zu nehmen.[303] Weiters wird das Erbe der Christen der Urkirche genannt, das im Sinne der obigen Synthese mit Apg 2,42-47 zu unterlegen ist und sich nach Sanon im Hören des Wortes, in Gebet und Liturgie, im brüderlichen Leben aus dem Glauben wie im missionarischen Eifer konkretisiert. Die dritte Inspiration soll die *Église-Famille* aus den Werten der traditionellen afrikanischen Familie gewinnen. Daß diese nicht im einzelnen genannt sind, läßt Raum für weiteres diesbezügliches Forschen. Vor allem dürften an dieser Stelle jene Werte gemeint sein, die bereits in den diözesanen Reaktionen aufscheinen.

Auch in der zweiten Option bleibt die Kirche als Familie Gottes der wesentliche und zentrale *Inhalt* – nun aber in bezug auf den von den Bischöfen vorgelegten angemessenen *Rahmen* ihrer praktischen Umsetzung, die christliche Basisgemeinde («*CCB*»):

"Damit alle und jeder sich als Glied voll und ganz verantwortlich in dieser «Église-Famille» fühlt, legen wir in definitiver Weise den Rahmen des Ausdrucks und der echten Verwirklichung, in dem wir bereits seit sechs Jahren Erfahrungen zu machen trachteten, fest: *«die christliche Basisgemeinschaft»*. Es ist notwendig, daß jeder zukünftig darin seinen Platz ausfüllt und vollständig seine Rolle spielt, gemäß seinen Charismen und Fähigkeiten; nicht nur die Laien ... , sondern auch die

---

[303] Hier mag man eine Analogie zwischen Trinität und Familie angedeutet finden. Jedenfalls wird durch das Modell der Trinität die Einzigartigkeit der Kirche offenbar. SANON bezieht sich in seinem Kommentar zur ersten Option (SANON, *Options*, 17-24) auf die heilsökonomische Trinität, wie sie sich in Schöpfung, Christusereignis und Geistsendung im *einen* Heilsplan als vereint und doch auf verschiedenen «Niveaus» wirksam erweise. Für die Kirche ergebe sich daraus nach Sanon die notwendige Einheit in der Heilssendung und die Verschiedenheit der Aufgaben darin, deren einendes Grundprinzip der als Liebe verstandene Hl. Geist sei.

Priester, die gottgeweihten Männer und Frauen unserer jeweiligen Diözesen."[304]

Es ist leicht zu erkennen, daß die zweite Option zwei mögliche Fehldeutungen im Verständnis der Basisgemeinden ausschließt: erstens sind sie nicht eine Art «Gegenkirche», sondern entspringen einem definitiven Pastoralkonzept in Einheit mit den Bischöfen, und zweitens ist mit «Basis» nicht eine rein laikale Volksmenge gemeint. Vielmehr können die «*CCB*» im Anschluß an die vorliegende Option als *die Kirche, wie sie sich im überschaubaren Rahmen und im konkreten Leben stehend verwirklicht, in der Einheit der verschiedenen Berufungen, Stände und Aufgaben, die je auf ihre Weise unter Einsatz all ihrer Charismen und Fähigkeiten die ihnen zukommende Verantwortung in der Familie Gottes tragen*, definiert werden.

Die dritte Option nimmt die von Gott versammelte Familie zum Ausgangspunkt für die Darstellung der missionarischen Sendung und die daraus folgenden Implikationen für die Kirche in Obervolta: aus dem «Missionsland» soll ein «missionierendes Land» werden:

> "Wenn Gott uns zu einer Familie vereint, so geschieht das, weil er genaue Pläne über uns und unser Volk hat; Pläne, die bereits eingeschrieben sind in der Frohen Botschaft des Heiles in Jesus Christus. Diese Frohe Botschaft wurde uns durch ausländische Missionare gebracht und ist schon 76 Jahre [unter uns]. Wir unsererseits haben die dringende Pflicht, sie auch unseren Landsleuten weiterzuüberliefern, weil die weitaus größere Zahl sie noch nicht kennt! Wir müssen sie zugleich auch über unsere Grenzen hinaustragen."[305]

Wie der folgende Absatz weiter präzisiert, wendet sich der Auftrag Jesu, die Frohe Botschaft allen Völkern zu bringen und sie zu taufen, an die Apostel von heute, d.h. an alle Christen des Landes in Einheit mit den Bischöfen. Das soll durch ein gemeinsames pastorales Projekt in neuer Weise und über die Grenzen des Landes hinaus verwirklicht werden.[306]

---

[304] SANON, *Options*, 25. Das Ausmaß des Kommentars zu dieser Option (vgl. ebd. 25-50, das entspricht etwa der Hälfte vom Gesamtumfang der Darstellung und des Kommentars aller sechs Optionen) ist nicht der einzige Hinweis, daß F.M. SANON die «*CCB*» für das wichtigste Thema der Optionen hält. Seine Erörterungen zum Konzept der «*Église-Famille*» als solchem fallen demgegenüber eher dürftig aus.

[305] Ebd. 50; der Kommentar (ebd. 50-55) begründet die «Mission» in der Sendung des Sohnes, die vor allem in *Inkarnation* und *Erlösung* besteht, die durch die Kirche als *Sakrament* weiter in der Welt gegenwärtig bleiben.

[306] Darin zeichnet sich schon in den Siebzigerjahren eine Entwicklung ab, die sich heute offensichtlich vollzieht: Aus früheren «Missionsländern» werden «Missionare» in traditionell katholische Länder gesandt, in denen der Glaube mehr und mehr abzunehmen droht.

Die Notwendigkeit von Menschen, die sich ganz und ausschließlich dem Dienst der Evangelisierung hingeben, wird innerhalb der vierten Option in den Kontext der *Église-Famille* gestellt:

"Aber ihr wißt wie wir, daß sich Mission nicht verwirklicht durch flüchtigen guten Willen und vorübergehende Großherzigkeit. Es ist notwendig, daß aus unserer *«Église Famille»* eine große Zahl von Männern und Frauen hervorgeht, die zusammen mit den ersten Aposteln und ausländischen Missionaren es auf sich nehmen, ihr ganzes Leben dem Werk der Evangelisierung zu weihen. Erbitten wir demütig von Gott standhafte priesterliche und gottgeweihte Berufungen, aber auch Berufungen engagierter Laien."[307]

Gott läßt es nicht an Berufungen und auch nicht an der Bereitschaft, ihr zu folgen, fehlen. Die Gemeinschaft der Christen muß sich allerdings die Frage stellen, ob sie der Raum ist, in dem sich Berufungen entfalten und in den Anfechtungen der Zeit Kraft und Stütze finden können. Gerade in der Fähigkeit, Berufungen — nicht nur für sich selbst, sondern für das ganze Gottesvolk — hervorzubringen, zeigt sich die Lebendigkeit einer Gemeinde. Sie trägt zugleich auch Verantwortung für die geistliche und materielle Unterstützung während der Zeit ihrer Ausbildung.

Die fünfte und sechste Option sind nach ihrer Textlänge die umfangreichsten. Sie betreffen (5) die mit der Evangelisierung gegebene Notwendigkeit der humanen, katechetischen und spirituellen Bildung und (6) die Verankerung des christlichen Glaubens in der afrikanischen Kultur, vor allem im liturgischen, theologischen und disziplinären Bereich. Das Konzept der *Église-famille* bleibt ohne Zweifel auch hier — wie für alle Optionen — Voraussetzung, wenngleich es nur einmal, im Zusammenhang des Themas der Katechese, in der fünften Option explizit erscheint.[308] Die Schlußworte der bischöflichen Botschaft lenken den Blick zurück auf das Ostergeheimnis und die Erneuerung der Kirche in Obervolta.[309]

---

[307] Ebd. 56. Seine Vorliebe für das Thema der «*CCB*» zeigt SANON (ebd. 56f.), indem er — obwohl der Begriff im Text der Option nicht fällt — ihr als Titel voranstellt: "pour des CCB qui puissent en elles-mêmes leur énergie vitale", worin das zentrale Thema der «Berufung» und der damit verbundenen «Ganzhingabe» kaum erkennbar ist.

[308] Option 5: ebd. 58f. u. 6: ebd.61f.; Kommentar: 59f. u. 62f. Die *familia-Dei-Stelle* (ebd. 59) hebt das (in der Katechese zu verkündigende) christologische Fundament der Kirche als Familie Gottes hervor: "*Concernant la catéchèse elle-même*, nous ne vous rappellerons jamais assez combien il faut axer notre enseignement sur la *Personne du Christ*, par qui et en qui nous sommes promus à la dignité de fils de Dieu; par qui nous viennent «toutes bénédictions et tous biens» (Eph 1,3-7); le Christ qui est «l'aîné d'une multitude de frères» (Röm 8,29). Nous demeurerons ainsi dans la mystique de «*L'Église-Famille*»."

[309] Vgl. ebd. 64 (inklusive Kommentar).

3.4.2.3. Ansätze zur theologischen Begründung der Option «pour une *Église-Famille de Dieu*»

Die Forderung nach einer theologischen Begründung und Entfaltung der Option für eine *Église-Famille* war bereits während ihrer Entstehung mehrfach laut geworden. Aus derselben Zeit bis etwa Ende der Siebzigerjahre stammen auch die ersten diesbezüglichen Versuche, die vorwiegend seitens der Bischofskonferenz oder in ihrem Auftrag unternommen wurden.[310] Sie betreffen im wesentlichen jene Themenbereiche, die die Option angedeutet hatte: die traditionelle afrikanische Familie und ihre Werte als *anthropologischer Ausgangspunkt*, woraus sich der «speziell afrikanische» Kontext der Option ergibt; die *theologisch spekulativ* entfaltete Analogie zur Trinität als göttlicher Familie, die das «allgemeine» lehrhafte Fundament gewährleisten soll; die «*CCB*» als konkrete *pastorale* Verwirklichungsform der Kirche als Familie Gottes. Weitere Forschungen bis in die Gegenwart widmen sich bevorzugt der *afrikanischen Familie* in der konkreten Form je verschiedener Stämme, den Basisgemeinden sowie einer besseren Durchdringung der *positiv-theologischen* Quellen der Hl. Schrift, der Väter und Tradition, der Liturgie und des Lehramtes.[311] Ungeachtet des spezifisch afrikanischen Kontextes und der pastoralen Zielsetzung all dieser Arbeiten, machen einige deutlich, daß das Konzept der Familie Gottes nicht nur im afrikanischen Denken, sondern auch in der

---

[310] Vgl. vor allem die Veröffentlichungen in der Zeitschrift der Bfkonf., *Fidélité et Renouveau*: S. SAWADGO, *La Communauté Chrétienne*, in: *FiRe* 103 (1977), 17-21; DABIRÉ, *Famille du Christ*, 43-60; [als Grundlage bezieht sich Dabiré auf eine von ihm Juni 1976 in Paris verfaßte wissenschaftliche Arbeit]; CEHV, *La Communauté Chrétienne. Note théologico-pastorale*, in: *FiRe* 108 (1978), 33-49; CEHV, *L'Église – Famille du Christ en Haute-Volta*, in: *FiRe* 110 (1979), 1-60; [die engen — bisweilen wörtlichen — Parallelen zum zit. Artikel von DABIRÉ, *Famille du Christ*, lassen auch hier wenigstens seine Mitverfasserschaft vermuten] bes. 15-27 [zum Wesen der Kirche als Familie] u. 28-60 [«*Notre Mission dans la Communaute Chrétienne et dans le monde*»; zu ihrer Sendung]. Vgl. weiters: J.M.K. DABIRÉ, *Les communautes chrétiennes de base. Nouveau visage de l'Église*, in: *MdE* 50 (1980/4), 28-36; sowie Einleitung und Kommentar zu den «*options fundamentales*» von F.M. SANON, in: *Options*, 5-67.

[311] Vgl. hiezu vor allem DABIRÉ, *Approche*; DERS., *L'Église* [diese beiden Veröffentlichungen bauen zu einem Teil auf der — mir nicht vorliegenden — Dissertation des Autors, «*Le Sacrement de Confirmation dans le cadre de l'initiation chrétienne (l'experience de l'Église du Burkina)*, Diss. Paris 1985» auf, die in einem anderen, größeren Kontext ebenfalls jenes Thema erörtert]; G. COMPAORE, *La famille*; B. YANOOGO, *Église-famille au Burkina Faso*, Diss. (*ICAO*) Abidjan 1991; A. LOSIGO KULU, *Perspectives ecclésiologiques en Afrique noire francophone. Pour une théologie de l'Église locale à la lumière du Synode de 1974* (Diss. *PUG*; Exzerpt), Roma 1991, 103-108 [im wesentlichen wird DABIRÉ, *Famille du Christ*, referiert]; sowie jüngst bes. mit Blick auf die Afrikasynode und das biblische Fundament des Konzepts: NOTHOMB, *L'Église-famille*, 44-64. Ausführlichere Literaturangaben finden sich in den hier genannten wissenschaftlichen Arbeiten.

Tradition und Lehre der Kirche im allgemeinen seinen Platz und letztlich auch seinen Ursprung hat. Größte Verdienste in der Durchdringung jenes Modells hat sich in den letzten zwanzig Jahren der gegenwärtige Rektor des Priesterseminars von Koumi, Jean-Marie Kusielé Dabiré, erworben.

Von den ersten Beiträgen an war man sich bewußt, daß die *Familie Gottes* bzw. *Christi* ein Bild unter vielen ist, die nicht alle gleichermaßen zu jeder Zeit und in jeder Situation ekklesiologisch wie pastoral geeignet sind. Die Wahl des Familienbildes wird vor allem in seiner Nähe zum afrikanischen sozialen Denken begründet und durch Belege der Hl. Schrift wie des Vaticanum II gerechtfertigt. Das vom Konzil mehr verwendete Bild des *Volkes Gottes* erweise sich dagegen als mißverständlich. Gerade durch die verstärkte Gegenwart des Islam in Afrika erscheint es nämlich besonders notwendig, die trinitarische und christologische Dimension der Kirche mehr ins Licht zu rücken, was durch die *Familie Christi* besser zu gewährleisten sei.[312]

Auch wenn — wie verschiedentlich eingeräumt wurde — die «traditionelle afrikanische Familie» zeitlichen und kulturellen Veränderungen unterworfen ist[313], lasse sich doch eine Konstanz in ihren wesentlichen Bestimmungsstücken und Werten erkennen. In Weiterführung der Reaktionen der Diözesen auf den bischöflichen Appell von 1976 wurden in den folgenden Beiträgen die Grundmentalitäten oder das soziale Leben der Familie in den verschiedenen Stämmen dargestellt. Im Vergleich zum modernen westlichen Verständnis der Kernfamilie zeigt sich die Möglichkeit, in manchen afrikanischen Sprachen begrifflich verschiedene Ebenen zu unterscheiden: die Kernfamilie; jene, die dasselbe Land bebauen; größere Einheiten, die sich in Name und Verwandtschaft verbunden wissen, auch wenn sie einander nicht mehr persönlich kennen oder weit entfernt voneinander wohnen. Offen wird zumeist auch von den «Unwerten» des Stammesdenkens, etwa eines falschen Ehrgefühls, des Hasses und der Rache gesprochen, die der Läuterung durch die Botschaft des Evangeliums bedürfen.

---

[312] Vgl. DABIRÉ, *Famille du Christ*, 49-51; DERS., *Église*, 35f. u. 40; CEHV, *L'Église-Famille*, 16-18. Der Begriff «Volk Gottes» war einerseits soziologischen Mißverständnissen ausgesetzt und konnte ebenso auch von der islamischen Glaubensgemeinschaft für sich in Anspruch genommen werden.

[313] Vgl. DABIRÉ, *Famille du Christ*, 51-54 u. DERS., *Église*, 36-39 zur Familie der «Dagara» [dabei ist bemerkenswert, daß die Sprache der Dagara dasselbe Wort («yir») für «Haus» und «Familie» verwendet und auch die «Ecclesia» mit demselben Wortstamm («lâw-yir») bezeichnet]; S. SAWADGO, *Le Buudu. Famille traditionelle du Moaga*, in: *FiRe* 123 (1983), 25-34.; LOSIGO KULU, a.a.O., 104; COMPAORE, *La famille*, 17-37 zur Familie der «Moaga»; sowie CEHV, *L'Église-Famille*, 18-22 u. DABIRÉ, *Approche*, 39-43 allgemein.

Das in einem zweiten Schritt entworfene christliche Glaubensfundament für die *Église-Famille* zeigt, daß das Eigentliche und Wesentliche der Kirche nicht in einer einfachen Übernahme jener Werte, sondern erst in ihrer Umgestaltung erfaßt ist. Das bereits vorhandene Gute ist aufzunehmen und am Richtmaß des Glaubens zu orientieren. Das erste Prinzip, die *Heiligste Dreifaltigkeit*,[314] erkennt Dabiré in der Offenbarung Gottes in Christus als *Liebe* (vgl. 1Joh 4,8.16) sowie als Vater, Sohn und Geist. In analoger Redeweise nennt er sie «in ewiger Liebe gründende göttliche Familie». «Familiäre Relationen» verbinden nämlich den Vater mit dem Sohn im Hl. Geist, dem einigenden Band der Liebe, im *einen* göttlichen Wesen und ermöglichen zugleich, von *drei* göttlichen Personen zu sprechen[315]. Insofern der *Vater* ewig Quelle und Ziel der göttlichen Liebe und Selbstgabe ist, bezeichnet Dabiré die Trinität als «Familie des Vaters», als vollkommene Familie durch das göttliche Leben der Liebe, das keine Veränderung kennt. Die vollkommene und tiefe, untrennbare und unteilbare Einheit und Communio der drei Personen tue sich in der ewigen Einheit der Liebe, des Willens und der göttlichen Aktivitäten kund.

Die Erschaffung des Menschen als Mann und Frau in gegenseitiger Verwiesenheit (vgl. Gen 1,26f.) lasse ein erstes menschliches Abbild jener göttlichen Familie erkennen und begründe schöpfungstheologisch die menschliche Familie in der göttlichen, was Dabiré mit

---

[314] Die hier gebotene Darstellung der spekulativ-theologischen Begründung der *Église-Famille* (insb. im Geheimnis der Trinität) folgt dem Ansatz von DABIRÉ, *Famille du Christ*, 54-58; DERS., *Approche*, 43f. u. CEHV, *L'Église-Famille*, 22-26. Gegen NOTHOMB, *L'Église-Famille*, 48, der dem Rektor d. *ICAO*, E.J. PENOUKOU, die Entfaltung der trinitarischen Begründung zuschreibt; vgl. E.J. PENOUKOU, *Quel type d'Église pour quelle mission en Afrique?* in: *Sp* 123 (1991), 196-212 sowie DERS., *Chemins d'Église en Afrique. Introduction théologique*, in: M. CHEZA u.a. (Hg.), *Les évêques d'Afrique parlent (1969-1991). Documents pour le Synode africain*, Paris 1992, 23-29 u. 32f., ist an der größeren diesbezüglichen Bedeutung von DABIRÉ festzuhalten, zumal seine ersten Arbeiten wenigstens bis ins Jahr 1976 zurückreichen und PENOUKOU in seinen Beiträgen von 1991/92 nicht das Ziel der Begründung der *Église-Famille*, die bei ihm nur am Rande erwähnt wird, verfolgt, sondern das ekklesiologische Thema von «Einheit in Verschiedenheit» trinitarisch entwickelt.

[315] Vgl. DABIRÉ, *Famille du Christ*, 57 [nahezu wörtlich identisch: CEHV, *L'Église-Famille*, 22]: "Il apparaît clairement que les trois Personnes divines constituent mystérieusement une Famille puisque les relations qui les distinguent et les unissent sont toutes familiales. Il n'est donc pas surprenant de parler des trois Personnes de la Trinité comme les membres mystérieusement et éternellement constitutifs de la Famille divine fondé sur un amour éternel et un don réciproque d'une égale intensité"; aber auch der Grenzen jener Analogie ist sich Dabiré bewußt (vgl. ebd.): "Ces conclusions surprenantes auxquelles nous aboutissons ne doivent cependant pas nous obnubiler au point de réduire ou d'enfermer le mystère trinitaire dans l'image tout humaine de la famille concrète. Il s'agit d'une analogie familiale. Le problème inévitable est que nous ne pouvons parler de Dieu qu'en langage humain"; vgl. DERS., *Église*, 38.

Eph 3,14f. belegt.[316] Der gemeinschaftsbezogene Heilswille Gottes, der sich durch die Heilsgeschichte hindurch erweist, kommt vor allem in Christus zum Ausdruck. Die Gründung der Kirche als Abbild des trinitarischen Gottes verläuft selbst in «familiärem» Rahmen. Durch die Inkarnation wird Christus in einer menschlichen Familie geboren, er beruft die Zwölf als Kern der Kirche und zieht durch Tod und Auferstehung alle Menschen an sich. Durch die Gabe des Heiligen Geistes entsteht schließlich die erste christliche Gemeinde, im lebendigen Vollzug der göttlich-familiären Liebe. Aus allen Völkern und Nationen werden in der folgenden missionarischen Ausbreitung der Kirche Menschen zur Familie Gottes versammelt (vgl. Eph 2,18-20).

Schon von ihrer Gründung her versteht somit Dabiré die «Familie Christi», die Kirche, in die die Menschen durch Glaube und Taufe aufgenommen werden, als Abbild der trinitarischen Familie des Vaters. Sie ist deshalb als *eine* charakterisiert und *heilig* in ihrer Abbildlichkeit zur Heiligen Dreifaltigkeit. Sie ist *katholisch*, weil in ihr nicht biologische Bindungen der Blutsverwandtschaft, Abkunft, Rasse und des Landes, sondern das Tun des Willens Gottes konstitutiv sind. Die *Apostolizität* kommt ihr zu, weil die Apostel Christi ihren ersten Kern bildeten und Lebensweise wie Glauben weiterüberlieferten. Sie bleibt es weiterhin durch die Bischöfe, die gleichsam als die «Ältesten» der Familie auf das Gut des Glaubens achten. Zugleich aber pilgert die Familie Christi durch die Zeit, von menschlichen Veränderungen, Unvollkommenheiten und sogar Spaltungen betroffen und geschwächt, weil sie aus Sündern besteht.

Die Beziehung der «Familie Christi» zur «Familie des Vaters», die zugleich auch den göttlich-menschlichen Charakter der Kirche aufleuchten läßt, stellt Dabiré ganz im Blick auf die Mittlerschaft Christi her, wobei er das alte christliche Thema des «admirabile commercium» aufgreift:

"Schließlich zeigt uns die Analyse, die wir eben unternommen haben, daß die Familie des Vaters göttlich, trinitarisch und vollkommen ist, während die Familie Christi menschlich, kirchlich und unvollkommen ist. Wenn wir jedoch durch die Taufe die Familie Christi konstituieren, und weil Christus selbst, der Sohn Gottes, mit seinem Vater und dem Geist die göttliche Familie bildet, ist die Schlußfolgerung klar: Wir sind hineingenommen in die Familie des Vaters, da uns nun einmal der Sohn, der vom Vater gesandt ist, berufen hat, unter dem Antrieb des Geistes als Familie zu leben. So besteht eine geheimnishafte Interkommunikation zwischen der göttlichen Familie und der Familie der

---

[316] Vgl. CEHV, *L'Église-Famille*, 23: "De même que Dieu est Père, Fils et Esprit dans la famille du Père, fondée sur l'amour, de même l'homme est Adam et Eve, c'est-à-dire homme et femme dans une vie familiale fondée sur l'amour. La famille humaine tire donc son origine de la famille trinitaire."

Kirche. Ein wunderbarer Austausch der Liebe zwischen Gott und den Menschen ist auf familialer Ebene entstanden. Wir wurden der göttlichen Natur teilhaftig gemacht. Anders ausgedrückt, wir nehmen als adoptierte Glieder am trinitarischen Familienleben teil, weil wir durch die Taufe konstitutive Glieder der Familie Christi wurden, die die Kirche ist."[317]

Diese theologischen Grundlagen dienen als Kriterium für die christliche Identität in der Familie Christi, die die ekklesiologischen Implikationen der genannten Elemente der afrikanischen Familie erkennen läßt.[318] Die Gotteskindschaft in Christus durch die Taufe sowie die daraus folgende christliche Brüderlichkeit finden ein Analogon im afrikanischen Familienbewußtsein, Nachkommen desselben Ahnen und deshalb untereinander Brüder zu sein. Solidarität und Familiengeist erscheinen in der *Église-Famille* als Teilhabe an dem einen Geist der Liebe, der in der trinitarischen Liebe gründet und ihre Einheit wirkt. Das typische Streben nach Freiheit und Unabhängigkeit, das allerdings Autorität und Gehorsam in der Familie anerkennt, läßt sich auf die Freiheit der Kinder Gottes übertragen, die nicht Freizügigkeit, Willkür oder kirchliche Anarchie bedeutet. Ihren Ermöglichungsgrund findet sie in der vollkommenen Freiheit des Gehorsams Christi bis zum Tod. Schließlich bietet das afrikanische Bewußtsein der Verbindung mit den bereits verstorbenen Vorfahren in der Familie einen Zugang zur Lehre der Gemeinschaft der Heiligen.[319]

Das «admirabile commercium», das in Christus heilsgeschichtlich geschehen ist, wird somit zur Grundbewegung in der Familie der Kirche, in der durch das Wort, das Mensch geworden ist, das Menschliche zu Gott erhoben werden soll. Diese Realität, die in den genannten Entwürfen vor allem im Blick auf die afrikanischen Familienwerte entfaltet wird, kann auch unter dem Bild der «Transfiguration» gedeutet werden.[320] Es handelt sich dabei nicht nur um die Verwandlung von Christus, sondern auch der Apostel, die durch jene Erfahrung *dasselbe* in einem neuen erhellenden Licht und damit *anders zu sehen* gelernt haben. Diese Umgestaltung ist Aufgabe der Kirche in der Befreiung

---

[317] Ebd. 24.

[318] Vgl. DABIRÉ, *Famille du Christ*, 55f.; dabei arbeitet DABIRÉ auch den fundamentalen Unterschied zwischen der Sohnschaft Christi und der der Gläubigen heraus; vgl. : "Et nous chrétiens, nous devenons fils de Dieu avec le Fils Eternel par la renaissance baptismale. Jésus est Fils Eternel dans sa personnalité ontologique; nous, par le baptême, nous devenons fils adoptifs; c'est une qualité essentielle (non ontologique) de notre être-chrétien" (ebd. 55); vgl. DERS., *Église*, 38f.; DERS., *Approche*, 43-47; CEHV, *L'Église-Famille*, 25f. Siehe auch SAWADGO, *La communauté chrétienne*, 18-20.

[319] Vgl. DABIRÉ, *Approche*, 40f.

[320] Vgl. DABIRÉ, *Famille du Christ*, 57-60; DERS., *Église*, 39; DERS., *Approche*, 45-47.

von Angst, Unwerten und Sünde, in einer tiefgreifenden Mentalitätsbekehrung. Selbst dort, wo eine solche menschlich unmöglich
erscheint, darf sie als «familiäre Umgestaltung» im Sieg der Liebe, der
Kraft des Heiligen Geistes wie des Geistes der Sohnschaft und der
Brüderlichkeit, erhofft werden.[321]

Im letzten Gedanken klingt bereits die *Sendung* der Kirche an,
die aufbauend auf ihre Wesensbestimmung im Licht des Familienkonzeptes weiter entfaltet wird.[322] Sie nimmt ihren Ursprung in der
Sendung des Sohnes durch den Vater, in der sich sein Heilswille
offenbart, alle Menschen zur Gemeinschaft der großen Familie Gottes
zu vereinen.[323] Das erweist sich — insofern die Sünde dem Heilsplan
Gottes und der damit verbundenen Gemeinschaft entgegensteht —
näherhin als in Christus gründender Dienst der Versöhnung und Vergebung (vgl. Mt 1,21). Zu den wesentlichsten Grundvollzügen zählen
das *Gebet* als Ausdruck der Selbsthingabe und Rückkehr zur Kraft-
quelle der Familie, die *Evangelisierung* sowie die übernatürliche
Gottes- und *Nächstenliebe* in ihrer konkreten Verwirklichung im
täglichen Leben.[324] Gelebte Mitverantwortung aller geschieht in
verschiedenen Ämtern und Diensten, die von ihren Trägern *Bekehrung*
und *Familiengeist* als Zeugnis der lebendigen Anwesenheit Gottes in
seiner Kirche erfordern.[325]

---

[321] Vgl. ebd. 58: "Si l'Église se présente réellement comme la Famille du
Christ, charactérisée par l'amour et le don, on peut espérer une conversion familiale
de mentalité et la victoire de l'esprit de filiation et de fraternité-solidarité transfigurées,
sur l'esprit de haine et de vengeance invétérées"; und zur «Transfiguration»: "Elle se
définit comme la transparence des faits, des personnes, des communautés chrétiennes,
à la lumière de la foi chrétienne, de la résurrection du Christ et du dynamisme de
l'Esprit."

[322] Vgl. vor allem: CEHV, *L'Église-Famille*, 28-60; SAWADGO, *La communauté
chrétienne*, 17f.

[323] Vgl. ebd. 30: "Fils dans le Fils, le Père nous envoie, nous aussi, comme
Jésus à travers le Monde pour réaliser son dessein de salut: c'est-à-dire amener tous
les hommes à vivre avec lui et entre eux dans la Communion de la Grande Famille de
Dieu, en l'Esprit-Saint." Als biblische Belege werden Joh 3,17; 11,52 u. 17,21
angeführt.

[324] Vgl. ebd. 31-42. Der allgemeine Auftrag der Evangelisierung findet im
afrikanischen Familienverständnis insofern einen Anhaltspunkt, als die Ausbreitung
der Familie zu den höchsten Werten gezählt wird. In der Geburt eines neuen
Familiengliedes wird deshalb immer schon die Geburt eines potentiellen «Vaters» bzw.
einer «Mutter» gesehen (vgl. ebd. 36); zum «Gebet» vgl. bes. ebd. 40: "Toute la force
de la Famille de Dieu venant de l'Esprit, elle doit toujours se tourner vers sa source
pour renouveler et agir avec efficacité: c'est la *priere*."

[325] Vgl. ebd. 42-48 [Ämter und Dienste] u. 48-52 [Familiengeist].

Der fundamentalen Option der Bischöfe von Burkina Faso für die «Basisgemeinde»[326] als konkrete Verwirklichungsform der Kirche als Familie gingen sechs Jahre entsprechender praktischer Erfahrung voraus, die selbst manches zur Entstehung des Konzeptes der *Église-Famille* beigetragen hat. Schon darin zeigt sich eine enge Verbindung zwischen «*CCB*» und *Église-Famille*, die von Bischöfen wie seitens der theologischen Kommentatoren immer wieder hervorgehoben wird:

> "CCB und Kirche als Familie harmonieren vollkommen miteinander. Sie erfordern sich gegenseitig. Als Familie zu leben, verlangt kleine Gemeinden, während die kleinen Gemeinden in der Familie den Geist finden, der für die Gemeinden notwendig ist und den dort zu errichtenden Typ der Beziehung."[327]

Dabei ist man sich bewußt, daß der Begriff «Basisgemeinde» in manchen Teilen der Kirche belastet ist. Deshalb wird auch vielfach der Unterschied zu bestimmten Modellen von Basisgemeinden in Europa wie in Nord- und Südamerika betont.[328] Im Brennpunkt steht weder politisches Engagement, das leicht in Ideologisierung geraten könnte, noch eine radikale und fast ausschließliche Zuwendung zu «marginalisierten» Bevölkerungsschichten. Ebenso versteht sich das «afrikanische Modell» nicht als «spontane Gruppe», als «laikale Bewegung», sei es nach Art der «Katholischen Aktion», sei es am Rande der kirchlichen Institution oder sogar in Kontraposition zu ihr. Vielmehr wollen die «*CCB*» in Burkina Faso — in anerkannten und stabilen Formen errichtet — in Treue zum überlieferten Glauben, zum Papst wie zu ihren Bischöfen stehen und erfreuen sich ihrerseits auch deren Wohl-

---

[326] Zumeist wird der Begriff «Communauté chrétienne de base» («*CCB*») verwendet. Ein Überblick über mehrere gebräuchliche Begriffe, die jeweils einen Aspekt (die Kirchlichkeit, den christlichen Glauben, die Brüderlichkeit, die Familie Gottes etc.) jener Gemeindeform hervorheben, findet sich in: CEHV, *Communauté*, 35-38.

[327] Vgl. CEHV, *L'Église-Famille*, 58.

[328] Vgl. DABIRÉ, *Famille du Christ*, 47 [u. 48]: "Concernant tout d'abord l'identitité des communautés chrétiennes voltaïques, il faut affirmer que celles-ci n'ont rien à voir avec les Communautés Chrétiennes qui existent dans les Églises de l'Europe Occidentale et de l'Amérique du Nord. Dans ces pays en effet les Communautés Chrétiennes sont fortement politisées et s'organisent volontairement en dehors des structures ecclésiales; parfois même, elles sont hostiles à l'église-institution" [im folgenden werden auch einige Parallelen zu südamerikanischen Basisgemeinden genannt – ein ausführlicher Vergleich der südamerikanischen und afrikanischen Basisgemeinden unter besonderer Berücksichtigung der Frage nach der Kirchen- oder Weltorientierung derselben findet sich in: J.G. HEALEY, *Basic Christian Communities: Church-Centred or World-Centred?* in: *Miss(P)* 14 (1986), 14-32]; vgl. DABIRÉ., *Les communautés chrétiennes de base*, 29f. u. 36; CEHV, *Communauté*, 35; COMPAORE, *La famille*, 84f.

wollen und Anerkennung.[329] Positiv lassen sich die «*CCB*» mit Dabiré definieren:

> "Die christliche Gemeinde in Obervolta ... erscheint als Organisationsform der Familie Christi, in der sich alle ihre gültig getauften Glieder: Bischöfe, Priester, Gottgeweihte, Laien (...) gegenseitig ergänzen, einander helfen und das Werk des Heiles Christi für alle sichtbar und erreichbar machen. Sie ist eine Familie, in der das Tun von jedem seinen Platz findet; ein Volk Gottes auf Ebene des Dorfes oder der Siedlung, der Pfarre, der Diözese, der Nation, der Welt. Daher müssen diese Gemeinden auf allen ihren Ebenen in ihrer Struktur sowohl den Aspekt des gemeinsamen durch die Laien ausgeübten Priestertums als auch des Amtspriestertums, das den Klerikern zukommt, enthalten. Infolgedessen sind die christlichen Gemeinden nichts anderes als die Kirche selbst in ihrer lokalen und partikulären Totalität, die sich in ihren grundlegenden Strukturen erneuert."[330]

Als wesentlichster Punkt dieser Definition ist die *Kirchlichkeit* der Basisgemeinden festzuhalten, die sich im lebendigen Bewußtsein der Anwesenheit der universalen Kirche und der eigenen Teilkirche in ihr äußert. Um wirklich und sichtbar «Inkarnation» der Kirche als Familie Gottes und Sakrament des Heils auf Ebene des Dorfes oder der Siedlung zu sein, bedarf es der regelmäßigen und häufigen Feier der Eucharistie ebenso wie der Einbindung des hierarchischen Amtes der Bischöfe und Priester, denen es vor allem zukommt, die Einheit mit der Universalkirche in Lehre, Leitung und Communio zu wahren.

Der Weg zu diesem Gemeindemodell orientiert sich — nach Dabiré — an vier primären Zielen, die in ähnlicher Form auch bei den anderen zitierten Autoren zu finden sind:[331] 1) das Vorbild der urchristlichen Gemeinden, deren Geist und Eifer im Hören des Wortes und der Treue zur Lehre der Apostel, in Gebet und Liturgie, in brüderlicher Liebe und echter Gemeinschaft sowie im apostolischen und missionarischen Engagement es zu beleben gilt; 2) die Werte der traditionellen afrikanischen Familie, die im Licht des Evangeliums auf Christus hin orientiert und verwirklicht werden sollen, so daß die Kirche den Menschen nicht als etwas Fremdes erscheint, sondern als wahre Familie Heimat zu bieten vermag; 3) die hohe Würde und Berufung

---

[329] Vgl. bes. COMPAORE, *La famille*, 82 u. 88f.; DABIRÉ, *Approche*, 49-55; bes. die dort angeführten päpstlichen und bischöflichen Stellungnahmen.

[330] DABIRÉ, *Famille du Christ*, 48; nahezu gleichlautend: DERS., *Les communautés chrétiennes de base*, 29f.; siehe ebd.: "Au total, la communauté chrétienne est le nouveau visage de la même Église, une, Sainte, Catholique et Apostolique" (ebd. 30); zur Definition der «*CCB*» in Burkina Faso vgl. weiters: ebd. 36; CEHV, *Communauté*, 35-38 u. 42-44; COMPAORE, *La famille*, 82-84.

[331] Vgl. DABIRÉ, *Les communautés chrétiennes de base*, 30-32; DERS., *Approche*, 46-49; F.M. SANON, in: SANON, *Options*, 19-22 u. 25-50; vgl. auch die vorausgehende Anm.

der Taufe als Zugang zur Kirche und den übrigen Sakramenten, als
grundlegende Berufung zur Heiligkeit und als Auftrag an die
Gläubigen, selbst die eigene Verantwortung in der Kirche zu tragen,
erneut ins Bewußtsein zu heben;[332] 4) die praktische Umsetzung einer
am Geheimnis der Trinität orientierten *familia-Dei-Ekklesiologie* im
kirchlichen Leben.

Von Beginn der achtziger Jahre an wurden auch die positiv-
theologischen Quellen für das Konzept der *Église-Famille* vermehrt in
die Darstellungen einbezogen, verbunden mit dem Bemühen, ein über
die Grenzen des afrikanischen Kontextes hinaus gültiges theologisches
Fundament zu legen und dem Thema innerhalb der katholischen
Ekklesiologie mehr Aufmerksamkeit zu verschaffen. Der beschränkte
Umfang der diversen Studien hat allerdings zur Folge, daß den
einzelnen Quellen (Bibel, Tradition, Lehramt) nicht allzuviel Raum
gegeben werden kann, so daß die Beiträge unbeschadet ihres Wertes
für die Begründung des *familia-Dei-Konzeptes* den Charakter eines
Überblicks annehmen, der weder interpretativ ins Detail zu gehen noch
die fachspezifischen Methoden eingehender zur Anwendung zu bringen
vermag.

Allgemein wird die Reichhaltigkeit biblischer Zeugnisse
betont.[333] Die genannten Autoren neigen erwartungsgemäß dazu, das
griechische Wort «οικος» bzw. das hebräische «*beth*», die beide
sowohl Haus als auch Familie bedeuten können, in Richtung des
Familienbegriffes zu übersetzen. Demzufolge erkennen sie sowohl in
den alttestamentlichen Vorausbildern für die Kirche, etwa im «Volk
Gottes» oder in den «Familien» der Patriarchen, als auch einigen
neutestamentlichen Stellen (vgl. Eph 2,19; 1Tim 3,15; Hebr 3,6; 1Petr
4,17) explizite Belege für die «*familia Dei*» wenigstens als *Über-
setzungsmöglichkeit* an. Einig ist man sich darüber, daß der Großteil
der themenrelevanten Stellen Begriffe aus dem Familienthemenkreis
enthält, die die Beziehung Gottes zu seinem Volk oder aber der
Getauften zu Christus, zu Gott, ihrem Vater und untereinander beschreiben. Aus dem Verhältnis Jesu zu seiner eigenen Familie wie aus

---

[332] Diese Verantwortung kann sich in vielen Ämtern, Diensten und Charismen
kundtun. Dabei wird betont, daß gemäß dem Bedürfnis der Gemeinde auch neue
Formen von Ämtern und Diensten zu finden sind, die auch von Laien ausgeübt werden
können und die nicht in Konkurrenz zum hierarchischen Amt stehen sollen. Vgl.
F.M. SANON, in: *Options*, 29-37; DABIRÉ, *Les communautés chrétiennes de base*, 33;
DERS., *Famille du Christ*, 46f.; CEHV, *Communauté*, 45f.; CEHV, *L'Église-Famille*,
42-48.

[333] Vgl. DABIRÉ, *Église*, 22-26; DERS., *Approche*, 25-27 u. 44f.; COMPAORE,
La famille, 61-71; u. NOTHOMB, *L'Église-famille*, 52-57.

verschiedenen seiner Worte und Zeichenhandlungen[334] wird abgeleitet, daß die Kirche als «neue Familie» durchaus mit seinem Verständnis und Willen übereinstimmt. Auch auf die Bedeutung der zahlreichen Belegstellen in der Apostelgeschichte, im *Corpus Paulinum* wie in der übrigen Briefliteratur, die ebenfalls der Veranschaulichung personaler Beziehungen oder aber der frühchristlichen Haus- bzw. Familiengemeinden dienen, wird häufig hingewiesen.

An Texten aus dem Bereich der kirchlichen Tradition werden Werke von Tertullian, Hilarius v. Poitiers und Augustinus angeführt[335], wobei zu Recht angemerkt wird, daß das Thema der Familie Gottes in diesem Feld noch kaum erforscht sei. Besonderes Interesse wendet Dabiré — im Anschluß an seine Dissertation — den liturgischen Zeugnissen zu.[336] Schon in den frühesten erhaltenen liturgischen Büchern (*Sacramentarium Veronense, Gelasianum, Gregorianum*) bezeichnen zahlreiche Orationen die Kirche als *«familia Dei»*. Diese Tradition wird sowohl durch das nachtridentinische als auch in dem aus der Liturgiereform im Anschluß an das Vaticanum II hervorgegangenen Missale fortgesetzt. Neben den von früher übernommenen enthält das letztere auch Gebete, die im Anschluß an Stellen aus den Konzilsdokumenten (*GS* 24; 40; 42; 92; *AG* 1) neu formuliert wurden.

Durch die liturgischen Quellen schlägt Dabiré die Brücke zum Zweiten Vatikanischen Konzil, in dem er nach langem das Thema der Familie Gottes erstmals lehramtlich bzw. auch theologisch reflektiert wiederaufgenommen sieht.[337] Von den verschiedenen Autoren werden

---

[334] Vgl. z.B. die Inkarnation, das Leben Jesu in der Hl. Familie, die Worte über die «neue Familie» (Mk 3,33-35; Mt 12,48-50; Lk 8,20f. u.a.), die Berufung der Zwölf als Abbild der «Stämme» Jakobs etc. So kann DABIRÉ (*Église*, 24) schließen: "La première certitude à laquelle nous parvenons est que l'esprit de famille est inhérent à l'institution ecclésiale fondée par Jésus. Parler d'Église famille de Dieu n'est pas trahir Jésus dans son projet, mais au contraire désigner l'Église au plus profond de son mystère."

[335] Vgl. DABIRÉ, *Église*, 26f. 28 u. 32 [die Reihung ergibt sich aufgrund einer falschen Anordnung der Seiten im Druck des Artikels]; DERS., *Approche*, 28f.; COMPAORE, *La famille*, 71f., referiert hier nur DABIRÉ. Genannt werden [allerdings bisweilen mangelhaft zit. und nicht immer mit eindeutigem Bezug zum *familia-Dei-Thema*]: TERTULLIAN, *De patientia* II,3 (*CCL* I, 300) u. *Scorpiace* VI,6 (*CCL* II, 1080); S. HILARIUS, *De trinitate* V,10 (*PL* 10, 137f.); *Admonitio de commentario in Evangelium S. Matthaei* (*PL* 9, 975B); S. AUGUSTINUS, *De civitate Dei* I,29.35; II,18 (*PL* 41, 42) sowie zum Vergleich: *PL* 41, 251A; 462C; 610B; *PL* 35, 1476; *PL* 101, 1072B. Vgl. als ersten Schritt zur Erforschung der Kirchenväter im Kontext des (afrikanischen) *familia-Dei-Konzeptes* DUJARIER, *L'Église-Fraternité*, zum Begriff der «fraternitas» («αδελφοτης») als Bezeichnung für die Kirche. Darin verweist der Autor dreimal explizit auf das verwandte Familie-Gottes-Thema; vgl. ebd. 13, 62 u. 77f. [bei TERT.].

[336] Vgl. DABIRÉ, *Église*, 28-30; *Approche*, 29f. u. 34f.

[337] Zum VAT II vgl. DABIRÉ, *Église*, 30-35; DERS., *Approche*, 31-34; COMPAORE, *La famille*, 73-77; NOTHOMB, *L'Église-famille*, 44-48. DABIRÉ irrt aller-

bis zu 19 *familia-Dei-Stellen* aus den Konzilsdokumenten genannt. Daran sei einerseits eine größere Bedeutung dieses Konzeptes auf dem Konzil erkennbar. Andererseits müsse aber eingeräumt werden, daß anderen ekklesiologischen Bildern rein statistisch der Vorzug gegeben werde. Dabiré kommt das Verdienst zu, den Blick auch auf die Genese jener Stellen gelenkt und wenigstens einige davon überblickshaft interpretiert zu haben, ohne aber dadurch eine umfassendere Auskunft über die Bedeutung der «*Familie Gottes*» im Ganzen des Konzils geben zu können.[338] Ein Blick auf Aussagen der Bischöfe von Burkina Faso sowie in Dokumente und Ansprachen von Papst Johannes Paul II. seit dem Konzil rundet das Bild der *familia Dei* im Lehramt ab und zeigt, daß es von dieser Seite durchaus Unterstützung erfährt.[339]

3.4.2.4. Andere Ansätze zum *Familie-Gottes-Thema* in Afrika

Soweit es sich überblicken läßt, findet sich kein anderer Versuch, der das *familia-Dei-Konzept* nur annähernd so ausführlich entfaltet und pastoral anwendet wie die fundamentale Option in Burkina Faso. Dennoch ist auch in anderen Teilen des Kontinents ein wachsendes Interesse zu verzeichnen, das Thema der afrikanischen Familie in die ekklesiologische Diskussion einzubringen. Aus den zahlreichen neueren Veröffentlichungen von Autoren verschiedener

---

dings in der Meinung, daß das *familia-Dei-Konzept* der scholastischen Theologie im allgemeinen und der des THOMAS V. AQUIN im besonderen fremd sei (*Église*, 30; *Approche*, 31: "Après la période patristique, depuis le Moyen-Age jusqu'au Concile Vatican II, l'image ecclésiologique de Familia Dei avait disparu de la réflexion théologique et de la praxis pastorale. ... Cette image est, en tout cas, absente de la pensée théologique de Saint Thomas d'Aquin"); vgl. S. THOMAS, *Comm. in lib. IV sent.*, d. VII q. II art. I: "Praeterea, per characterem quasi ascribimur ad familiam Jesu Christi"; ebd., d. XX q. I art. IV vergleicht THOMAS die Pfarrgemeinde mit einer Familie; vgl. weiters im Anschluß an das Tridentinum: CATROM Pars I Caput X q. IV: "Domus autem Ecclesia idcirco appellatur, quia sit veluti una familia, quam unus paterfamilias moderatur, et in qua est bonorum omnium spiritualium communio." Weiters könnten aus den Enzykliken der Päpste (wenigstens) seit LEO XIII. mehrere «*familia-Dei-Stellen*» angeführt werden.

[338] An Stellen werden genannt: *LG*: 6, 27, 28 (2), 32, 51; *UR* 2 [bei NOTHOMB, *L'Église-famille*, 45 auch 4]; *CD* 16; *AG* 1; *PO* 6; *GS* 32 (2), 40 (3), 42, 43, 50 u. 92. Manche kleinere Ungenauigkeiten ergeben sich wohl daraus, daß Dabiré neben einer offenbar verwendeten Begriffskonkordanz nur die historische Synopse von G. ALBERIGO und ein Band der *Acta Synodalia* (*AS* I.IV; Diskussion des Schemas zur Const. dog. *De Ecclesia* in der ersten Sitzungsperiode) als Quelle dienten.

[339] Vgl. DABIRÉ, *Approche*, 49-55; COMPAORE, *La famille*, 77-80; genannt werden Stellen aus *Familiaris Consortio* (bes. n. 15), sowie aus verschiedenen (meist in Afrika gehaltenen) Ansprachen von Johannes Paul II; dagegen: NOTHOMB, *L'Église-famille*, 44-46 (ebd., 45f. unter Bezug auf das Schreiben der CDF, *Communionis notio* und den *KKK*): "On peut donc dire que dans l'enseignement officiel de l'Église universelle, après Vatican II, ce concept est pratiquement tombé dans l'oubli et est resté absent de la réflexion théologique."

christlicher Konfessionen, die das Thema im allgemeinen oder einen seiner vielfältigen Teilaspekte behandeln, sollen im folgenen einige exemplarische überblickshaft vorgestellt werden.

* * *

Eine erste Gruppe von Publikationen untersucht die Möglichkeiten, Grundlagen und Methoden zu einer authentischen afrikanischen Theologie und Ekklesiologie im allgemeinen. Darin erscheint häufig das Modell der Kirche als «Familie» oder als «Clan» als beispielhaftes theologisches Thema, dessen Entfaltung aus dem afrikanischen kulturellen und sozialen Kontext Kraft schöpfen und auf diesen selbst fruchtbar zurückwirken kann. In diesem Sinn zeigt auch Charles Nyamiti[340] anhand der *«Familie»*, daß afrikanische Realitäten und Werte ein Ausgangspunkt der theologischen Forschung sein können. Da die Familie an sich aber noch keine Eigenheit Afrikas darstelle, müsse das typisch Afrikanische an ihr, etwa die Form der Großfamilie, die bleibende Beziehung zu den verstorbenen Ahnen, der innerfamiliäre Zusammenhalt, der Aspekt der Initiation sowie die sakrale Dimension der Familie hervorgehoben und die entsprechende Ekklesiologie auch ganz im afrikanischen Kontext entwickelt werden, um von einer «afrikanischen Theologie» sprechen zu können. Ob die christlichen Geheimnisse darin zu Recht als Erfüllung und Vervollkommnung eigener kultureller Werte erscheinen, sei aber letztlich immer am unveränderlichen Befund der Offenbarung zu verifizieren.

Ebenfalls auf der Suche nach einer echten afrikanischen Ekklesiologie stellt Ernest Sambou[341] einen Bezug zwischen dem afrikanischen Verständnis der Großfamilie und der Schöpfungstheologie her. Zur Schöpfung nach dem Bilde Gottes finde das afrikanische Denken einen Zugang in der Vorstellung der Vaterschaft Gottes und der Brüderlichkeit aller Menschen der Menschheitsfamilie, in der sich gleichsam als «erster Kirche» der Ursprung der Familie Gottes zeige. In der Folge werden als besondere Charakteristik im afrikanischen Kirchenverständnis die Elemente der Beziehung, der Solidarität sowie der Bereitschaft zu teilen hervorgehoben.

Einer ausführlicheren Bewertung unterzieht das Modell der «Kirche als Clan» der in der Ausbildung von Amtsträgern der

---

[340] Vgl. C. NYAMITI, *New Theological Approach and New Vision of the Church in Africa*, in: *RAT* 2 (1978) 3, 33-53; zur Kirche als Familie ebd. 39-41.
[341] Vgl. E. SAMBOU, *Une voie réaliste pour l'ecclésiologie*, in: *LuV* 31 (1982/159); 29-41; bes. 37-41.

anglikanischen Kirche von Burundi tätige Paul J. Sankey.[342] Auch ihn
leitet das Anliegen einer genuinen Inkarnation des Wortes Gottes in der
afrikanischen Kultur, die eine «afrikanische Theologie» notwendig
mache. Das hierin anzusiedelnde Modell der «Kirche als Clan» ruhe
auf zwei Grundpfeilern auf. Es entspreche dem Aspekt der «mystischen
Communio», demgemäß die *Kirche eine «soziale Gruppe»*, d.h. eine
horizontale Gemeinschaft darstelle. Vorauszusetzen sei aber die grund-
legendere *vertikale Dimension*, die sich im afrikanischen Denken aus
einer sogenannten «*Ahnenchristologie*» ableiten lasse:

> "In der Annäherung an ein aus dem afrikanischen Leben genommenes
> Modell greift «Kirche als Clan» diese Idee menschlicher Gemeinschaft
> auf, macht sie allerdings abhängig von der vertikalen Dimension der
> Gemeinschaft mit Jesus, dem höchsten Ahnen und der Quelle des
> Lebens für sein Volk. … im traditionellen afrikanischen Denken agiert
> der Ahne als Kanal des Lebens, durch den die Lebenskräfte von Gott
> zum Clan überfließen. Der Ahne ist Mittler des Lebens für alle. … So
> ist die Rolle des Ahnen in der traditionellen afrikanischen Gesellschaft
> für einige afrikanische Theologen anregend: Jesus als «Proto-Ahne»,
> derjenige, der durch sein beispielhaftes Leben und seinen Opfertod die
> Quelle des göttlichen Lebens für seine Nachkommen geworden ist. Eine
> derartige Christologie steht im Einklang mit dem johanneischen
> Christus, der das Leben an die Gläubigen vermittelt und mit der pauli-
> nischen Christologie des zweiten Adam. Eine «Proto-Ahnen-Christo-
> logie» führt unwillkürlich zu einer «Clan-Ekklesiologie». Der Ahne ist
> notwendig der Stammvater einer sozialen Gruppe, sei es die Familie,
> der Clan oder der Stamm. In ähnlicher Weise ist Christus der geistliche
> Stammvater eines neuen Volkes, das seine Identität in ihm findet."[343]

Darin liegt nach Sankey auch die Stärke dieses Modells. Biblisch
gut begründet[344], integriere es gegenüber «westlichen Tendenzen», die
die Kirche auf eine horizontale Gemeinschaft zu verkürzen drohen, die
primäre vertikale Dimension der Communio organisch in das
Kirchenbild. Ebenso werde der Vorrang der Gemeinschaft vor individualistischen Interessen gewahrt. Daraus seien manche Impulse für das
kirchliche Gemeindeleben als «dynamisches, lebendiges und wachsendes Netzwerk innerkirchlicher Beziehungen, des Dienstes, der gegenseitigen Hilfe, Aufmunterung, Gemeinsamkeit und Anteilnahme» zu
gewinnen. Weiters gebe es fruchtbare Berührungspunkte zwischen dem
afrikanischen Ahnenkult und der christlichen Lehre der «*Communio
Sanctorum*».

---

[342] Vgl. P.J. SANKEY, *The Church as Clan: Critical Reflections on African
Ecclesiology*, in: *IRM* 83 (1994), 437-449.

[343] Ebd. 438f.

[344] Vgl. ebd. 439; SANKEY zit. aus dem AT: Ex 6,7; 19,5 u.a. sowie aus dem
NT: Joh 3,3; Röm 8,14-17.23; Gal 4,5; 6,6; Eph 1,5; 2,19; 1Tim 3,15;; 1Petr 1,3;
2,9; 1Joh 1,3.

Interessanterweise gehen die angeführten Kritikpunkte am Modell der «Kirche als Clan» Hand in Hand mit verschiedenen von Sankey geäußerten Vorwürfen gegen das katholische Kirchenverständnis.[345] Das «Clandenken» neige zu einer Theologie der Mission, die einem katholischerseits verbreiteten konfessionellen «Egozentrismus» entspreche. Dieser strebe nicht den Dienst am Reich Gottes als Dienst an der Welt (im Engagement für Gerechtigkeit und Frieden), sondern die Vermehrung der eigenen konfessionellen «Großfamilie» an. Die Bedeutung der Ahnen könne auch hierarchische Strukturen unterstützen, die die Verantwortlichkeit aller Christen untergraben. Weiters erwachse bisweilen daraus die Haltung, in allem passiv den Segen Gottes zu erwarten, wodurch das Engagement für das Kommen des Reiches behindert werde. Und schließlich dürfe der Ahnenkult nicht zu einer «der christlichen Tradition fremden», aber im katholischen Volksglauben praktizierten Heiligenverehrung führen, die daraus Segen und Gnadenvermittlung erhoffe.

In Anbetracht dieser Kritikpunkte muß sich Sankey allerdings die Frage stellen lassen, ob er nicht selbst sein Anliegen, die horizontale Dimension der Kirche zur Geltung zu bringen, verfehle. Denn gerade die Gemeinschaft der Menschen mit Jesus Christus und in ihm zu Gott scheint auf eine spiritualistische Form verkürzt zu sein, der das Konkrete und Sakramentale und damit das wirklich «Inkarnatorische» — sei es durch das Amt oder durch eine wirksame Gnadenvermittlung — letztlich genauso mangelt wie ein übernatürliches Verständnis des Gottesreiches.

* * *

Einen außergewöhnlichen Anstoß zur Beschäftigung mit der *Kirche als Familie Gottes* bot die Sondersynode für Afrika (1994), in deren Umfeld zahlreiche Artikel zu jenem Thema erschienen.

Für Hilary Odili Okeke stellt die Afrikasynode eine «Kopernikanische Wende» auf dem Gebiet der Ekklesiologie dar. Nicht mehr die Kirche als solche sei der Ausgangspunkt für eine in Analogie zu ihr zu deutende und gestaltende Familie als «Hauskirche», sondern die konkret erfahrbare afrikanische Familie werde nun zum Modell für die Kirche genommen.[346] Diese Grundthese — aus der ein neu erwachtes Selbstbewußtsein afrikanischer Theologie, die nicht mehr nur «Kon-

---

[345] Seine Kritik richtet sich im einzelnen vor allem gegen die Darstellungen von: C. NYAMITI, *The Church as Christ's Ancestral Mediation: An Essay in African Ecclesiology*, in: J.N.K. MUGAMBI u.a. (Hg.), *The Church in African Christianity. Innovative Essays in Ecclesiology*, Nairobi 1990, 129-177.

[346] Vgl. H.O. OKEKE, *From «Domestic Church» to «Family of God»: the African Christian Family in the African Synod*, in: *NZM* 52 (1996), 193-207.

sument» importierter Ideen sein will, spricht — sucht Okeke durch die einzelnen Entwicklungsphasen der Synode hindurch, von den *Lineamenta* bis zum nachsynodalen Apostolischen Schreiben des Papstes, zu verifizieren.[347] Die entscheidende Wende in der ekklesiologischen Perspektive vollziehe sich dabei im *instrumentum laboris*, das die Kirche als «eine lebendige Familie, die durch Bischöfe, Priester, gottgeweihte Männer und Frauen und Laien gebildet wird», versteht.

Die weltweite Bedeutung dieses «afrikanischen Kirchenbildes» sei gerade zur Zeit der Synode vor dem Hintergrund der UN-Weltbevölkerungskonferenz in Kairo offenbar geworden. Es entspreche der Botschaft des Evangeliums und damit der Sendung der Kirche, gegen eine um sich greifende — und vielfach auch den Ländern der «dritten Welt» aufgezwungene — materialistisch-individualistische Ideologie der westlichen Konsumgesellschaft anzukämpfen. Demgegenüber seien die in Afrika so hoch geschätzten familiären Grundwerte von Solidarität, Brüderlichkeit und Liebe wie eine «Kultur des Lebens» zu schützen, zu fördern und in der Gemeinschaft der *Familie Gottes* konkret zu verwirklichen. In diesem Zusammenhang stehende, von der Afrikasynode eingehender behandelte Einzelthemen werden im zweiten Teil des Artikels weiter entfaltet.[348]

Wie auch immer man den Artikel Okekes bewerten mag, so steht doch außer Zweifel, daß hier bedeutende weltweite Probleme von großer Tragweite für die ganze Kirche angesprochen sind, die zu einer ihrer großen Herausforderungen in den nächsten Jahren werden dürften. Das Konzept der Kirche als *Familie Gottes*, das dabei eine nicht unwesentliche Rolle im Bewußtsein von ihrem Wesen und ihrer Sendung in der Welt spielen kann, darf sicherlich nicht zu einem *rein afrikanischen* Kirchenbild verkürzt werden. Unbestreitbar zeigt sich darin jedoch ein erheblicher und fruchtbarer Impuls «*afrikanischer Theologie*» für die gegenwärtige Ekklesiologie.

Andere Beiträge im Umfeld der Afrikasynode beschäftigen sich mit verschiedenen Teilaspekten des *Familie-Gottes-Themas*. Breitere Aufmerksamkeit wird in diesem Zusammenhang der *Inkulturation* geschenkt. So setzt sich etwa François Kabasele Lumbala[349] mit einigen Aspekten der *Église-Famille* als Form *afrikanischer* Kirchlichkeit auseinander. Dabei spricht er zwar davon, daß Jesus das Reich Gottes über alle familiären Werte setze. Über weite Strecken seines Artikels versucht Kabasele Lumbala allerdings, seine Ansicht vorzutragen, daß

---

[347] Vgl. ebd. 193-198.
[348] Vgl. ebd. 199-207.
[349] Vgl. F. KABASELE LUMBALA, *L'«Église-Famille» en Afrique*, in: *Conc(F)* 260 (1995), 125-131.

sich gemeindeleitende Priester in Afrika den kulturellen Gepflogenheiten besser anpassen und deshalb verheiratete Familienväter sein sollten. Im Gegensatz dazu weist L. Clerici im Anschluß an eine Studie von J. Dupont auf die Grenzen der Anwendung afrikanischer (und anderer) kultureller Werte auf die Kirche hin.[350] Gerade auch angesichts der Familie müsse die Kirche als Familie Gottes in einer gewissen Gegenposition zur menschlichen Gesellschaftsordnung ihre transkulturellen christlichen Normen und Werte vermitteln. Darin aber zeige sich nicht nur die Radikalität, sondern auch die Einzigartigkeit des Anspruchs des Evangeliums.

> "Der Religionsgeschichtler muß sich fragen, ob ein anderer Religionsgründer jemals einen solch hohen Preis für seine Jüngerschaft von jemandem gefordert hat, nämlich das Opfer seiner eigenen Familienbindungen. Man wird eine solche Forderung als unmoralisch beurteilen müssen. Kein gewöhnlicher Mensch kann einen solchen Preis verlangen. Diese Forderung ist in sich ein unbezweifelbarer Indikator für Jesu Selbstbewußtsein, der einzige, transzendente Sohn des Gottes Israels zu sein." ... "Natürlich wird ein «verbürgerlichter» oder ein «Namens-Christ», der mehr durch Zufall der Geburt oder der Kindertaufe zu einem solchen geworden ist, das eine inhumane Absurdität nennen. Er/Sie hat unglücklicherweise bislang noch nicht die übermenschliche Tiefe des Glaubens erkannt, die jedes Fassungsvermögen von «Fleisch und Blut» transzendiert. Der christliche Glaube ist nicht einfach das Produkt der fruchtbaren menschlichen religiösen Seele, wie es all die übrigen ehrenwerten und weniger ehrenwerten Religiositäten sind, die von der ehrenwerten, aber durch die Erbsünde entstellten Menschheit hervorgebracht wurden (man denke nur an Menschenopfer, Tempelprostitution etc.). Diese sogenannten «Christen» haben bislang versäumt, sich durch den höchsten Akt frei entschiedenen Glaubens hinzugeben, der nur durch die übermenschliche Gnade Gottes möglich ist, um dadurch — so zu sagen — über alle menschlichen Begrenzungen hinauszuwachsen."[351]

In der gegenwärtigen Situation Afrikas seien dabei vor allem die Überwindung ethnischer Animositäten und Diskriminierungen, der Einsatz für eine kulturelle Gleichberechtigung der Geschlechter, der Kampf für Gerechtigkeit, Frieden und gegen weltweite Formen wirtschaftlicher Ausbeutung sowie die Förderung christlicher Familien- und Gemeinschaftskultur inmitten einer mediendiktierten hedonistischen Umwelt gefordert. Um das verwirklichen zu können, bedürfe es aber auch Menschen, die bereit sind, ihre eigenen Familien und ihre

---

[350] Vgl. CLERICI, *Church as Family*, 27-45; zu DUPONT s.o. 3.3.2.

[351] CLERICI, *Church as Family*, 35 u. 44f.; vgl. 27-45. Dabei werden aber sehr wohl von dieser «christlichen Radikalität» negative Formen eines religiösen Fanatismus oder Sektentums unterschieden.

soziokulturellen Gewohnheiten zu verlassen, um in ganzer Hingabe ihrer selbst wahre *«Familie Gottes»* in und für die Welt zu sein.

Andere Publikationen haben mehr die verschiedenen praktischen Konsequenzen des Modells der Kirche als Familie im Blick. Diese reichen vom Einsatz für Gerechtigkeit und Frieden[352], die aus den christlichen familiären und kirchlichen Tugenden der Brüderlichkeit, Solidarität und Achtung der menschlichen Personwürde genährt werden, bis zum Dialog mit dem in Afrika weit verbreiteten Islam.[353] Das Verhältnis der Kirche als Familie zu den christlichen Familien bildet ebenso den Gegenstand der Forschung[354] wie die Frage eines weltweiten Finanzplans der Kirche, der die Teilkirchen gleichsam als Glieder einer Familie betrachtet, die spirituell, aber auch wirtschaftlich mit und füreinander Verantwortung tragen.[355] Die Kirche müsse sich eben darin als «Familie Gottes» bewähren, daß sie zu einer gerechten Verteilung ihrer Mittel gelange. Durch die Art der Verteilung dürfe weder Macht und Einfluß ausgeübt werden noch zwischen den einzelnen Teilkirchen ein paternales und nicht brüderliches Verhältnis regieren. Selbst so spezifische Fragen wie die Implikationen des *familia-Dei-Konzeptes* der Afrikasynode für den katholischen Journalismus wurden gelegentlich erörtert.[356]

* * *

Folgt man J.G. Healey[357], so sind die *«Small Christian Communities»*, m.a.W. die kirchlichen Basisgemeinden — neben dem *familia-Dei-Konzept* und mit diesem auf das engste verbunden — das zweite bedeutende und ausführlich behandelte Thema der Afrika-

---

[352] Vgl. Bulletin *«Justice et Paix»* von Kard. ETCHEGARAY: *L'Église-Famille: Foyer de justice et de paix*, in: *Telema* 81 (1995), 27-31.

[353] Vgl. E. RENAUD, *Église-Famille et Dialogue Interreligieux*, in: *ProDial* 2 (1995), 167-170; zur Darstellung s.o. 2.3. [Konklusion].

[354] Vgl. P. LWAMINDA, *The African Synod and the Family*, in: *AfCS* 11/2 (1995), 51.

[355] Vgl. E. MANHAEGHE, *Les Églises, «Famille de Dieu» en acte et en vérité. Interdependance et solidarité au plan financier*, in: *Telema* 1994 (2), 43-53; ebd. 53: "Il est possible de vivre de la communion universelle et de montrer au monde que les Églises locales sont toutes des membres adultes d'une même famille: la «famille de Dieu»!"

[356] Vgl. J.O. FANIRAN, *The Challenges of African Synod to Catholic Journalists*, in: *Vidyaj* 59 (1995), 46-53.

[357] Vgl. J.G. HEALEY, *Church-as-Family And SCCs: Themes From The African Synod*, in: *AfER* 37 (1995), 44-48; er bezeichnet das *familia-Dei-Konzept* in Verbindung mit den «kleinen christlichen Gemeinden» als wesentlichste theologische bzw. pastorale Ergebnisse der Afrikasynode;

synode. Auch andere Veröffentlichungen dazu[358] sind sich im wesentlichen darüber einig, daß die Basisgemeinden bevorzugte Ausdrucksform der Kirche als Familie Gottes sind. Man betont die gute biblische
Begründung und die Verwurzelung in den Geheimnissen der Trinität
und der Sohnschaft im Sohn durch die Taufe. Die praktischen Vorzüge
bestehen in der Unterstreichung der Solidarität, des familiären Lei-
tungsstils, der Spontaneität sowie der Brüderlichkeit. Vor der Herausforderung durch zahlreiche afrikanische Freikirchen, die aufgrund ihrer
überschaubaren Größe oftmals besser imstande zu sein scheinen,
Familienatmosphäre aufzubauen, sei es besondere Aufgabe für die
Basisgemeinden, die familiären Werte in der Kirche zu verwirklichen.

* * *

Neben der sich hier äußernden Fülle positiver Anstöße für die
Entfaltung einer *familia-Dei-Ekklesiologie* und besonders für ihre
praktische Verwirklichung muß aber abschließend auch auf Grenzen
jenes Konzeptes verwiesen werden, die sich ebenfalls bei zwei Autoren
beispielhaft zeigen lassen. Aus ihnen wird klar, daß das Bild der
«Familie» allein noch kein Garant für ein angemessenes Verständnis
des Wesens und der Identität der Kirche ist.

So zeichnet etwa der tanzanische Bischof Christopher Mwoleka
in einer Ansprache[359] das Bild einer lokalen Gemeinde als «Familie aus
Familien», die in «totaler, sich selbst hingebender Liebe» vereint sind
und das Reich Gottes als eine neue Gesellschaft aufbauen, die fähig ist,
die sozialen Probleme der Zeit zu lösen.[360] Das Scheitern aller
bisherigen Versuche, eine wahrhaft menschliche Gesellschaft aufzubauen, liege an der vorausgesetzten Annahme, daß der Mensch eine

---

[358] Das Thema der Basisgemeinden wurde schon früher häufig im Zusammenhang der Kirche als Familie Gottes behandelt: E.J. PENOUKOU, *Chemins d'Église*, bes.
20f. [zur Überwindung eines individualistischen Kirchenbewußtseins und unter
Verweis auf die Trinitätslehre]; B. HEARNE, *The Church as Community*, in: *AfER* 19
(1977), 293; J. MUTISO MBINDA, *African Background for Community Building*, in:
AfER 19 (1977), 299-306 [zu den dabei genannten Familienwerten zählen vor allem
spontane Zusammenarbeit und Anteilnahme unter den Gliedern, Solidarität, die aus
gemeinsamen Versammlungen und Feiern Kraft schöpft sowie der erzieherische
Aspekt.]; HEALEY, *Basic Christian Communities*, 22; VANDE KERKOVE,
L'ecclesiologia, 223-248, bes. 245f.
[359] Vgl. C. MWOLEKA, *The Church as Family. Total Self-Giving Love*, in: *POS*
4 (1986), 1-11.
[360] Das theologische Fundament dafür gewinnt MWOLEKA aus einer (eng mit
Eucharistie und Ehe verbundenen) Theologie des Leibes Christi, der innertrinitarischen Einheit und Verschiedenheit (vgl. Joh 17,21-23) sowie aus dem Vorbild der
frühen christlichen Gemeinden (Apg 4,32-35). Die eheliche Hingabe und das «Ein-
Fleisch-Sein» sowie die Feier der Eucharistie, die die Teilnehmer zum einen Leib
Christi zusammenführt, sind gleichsam das Maß für die Liebe jener Familien untereinander.

gefallene Kreatur und deshalb nicht zu jener Liebe fähig sei. Dagegen müsse man die Realität der Erlösung den Menschen mehr ins Bewußtsein bringen.[361] Daraus entstehende Formen von Gemeinschaften dürften nicht wie früher in der Kirche auf gottgeweihte, zölibatäre Männer und Frauen beschränkt, sondern müßten für alle Menschen radikal offen sein. Als Einheitsprinzipien für diese Gemeinschaft erscheinen die im Artikel häufig wiederkehrende *total selfgiving love* und eine *«eucharistische Gemeinschaft»*, die — den theologischen Grundlagen ihres Zeichencharakters (für die Einheit in Christus) beraubt — in Konsequenz des dargestellten Ansatzes nur noch als «magisches» Mittel zu deuten ist:

> "Mitglieder verschiedener Denominationen oder Weltreligionen könnten ein und dieselbe authentische Eucharistiegemeinschaft bilden. Ihre authentische Einheit würde aus der Fähigkeit von jedem, alle anderen mit totaler selbsthingebender Liebe zu lieben, entspringen."[362]

Ein inhaltlich bestimmtes Glaubensfundament für jene Einheit schließt der Bischof mit Hinweis auf die durch Christus beseitigte «trennende Mauer» (Eph 2,14f.) und auf das neue Gebot, das den Menschen nicht mehr dem Buchstaben, sondern nur noch dem Geist unterstelle, aus:

> "Wenn wir weiterhin den denominationalen Bekenntnissen erlauben, uns zu trennen, geben wir dann nicht gerade durch diese Tatsache zu, daß wir mehr unter der Herrschaft des geschriebenen Gesetzes stehen, das tötet, als unter dem Gesetz des Geistes, das Leben gibt?"[363]

Aus diesen letzten Aussagen wird deutlich: Das hier vorgestellte «Kirchenbild» bedarf nicht mehr des Fundamentes eines christlichen Glaubens; eine unbestimmte, «totale» und «universalistische» Liebe tritt an seine Stelle. Daß ein derartiger Versuch schon von seinem Ansatz her scheitern muß, ist evident.

Ein ähnliches wie das bei Mwoleka offenbar implizit vorliegende Ökumeneverständnis versucht der Artikel eines methodistischen Autors

---

[361] Vgl. ebd. 6f. MWOLEKA, der hier die Erbsündenlehre mit der Soteriologie in Gegensatz bringt, überspringt den Unterschied zwischen dem Wesen und den Folgen der Erbsünde (welche nach katholischer Lehre auch nach der Erlösung bleiben und im Menschen die «Konkupiszenz» als Hang zum Bösen ausmachen). Desweiteren wäre anzumerken, daß kaum eine der gescheiterten Ideologien die Lehre vom gefallenen Menschen in ihr Denken aufgenommen hatte. Vielmehr liegt vielen von ihnen gerade ein rein «humanistisches» Menschenbild zugrunde, nach dem der Mensch meint, sich selbst erlösen zu können.

[362] Ebd. 9; Darin sieht MWOLEKA einen «Ökumenismus par excellence».

[363] MWOLEKA, *The Church*, 10.

theologisch in Analogie zur afrikanischen Großfamilie zu begründen.[364] Er setzt voraus, daß der Kirche eine unverlierbare ontologische Einheit eigne, die trotz der geschichtlich manifesten Spaltungen zwischen den einzelnen christlichen Denominationen sichtbar gemacht werden müsse. Zur Lösung dieses Problems wird die eine Kirche Christi analog zur «Abusua» (einem Clan in Ghana) und als «Clan Christi» konzipiert, der aus verschiedenen je aufeinander verwiesenen kleineren Familieneinheiten aufgebaut ist. Jede dieser Familien ist gleichermaßen authentische Verwirklichung des Clans, der offen und expansiv, d.h. auch forthin durch neue kleinere Familien erweiterbar ist.

Das Verständnis der Kirche als Familie Gottes leitet der Verfasser des Artikels aus der Bibel ab. Jesus habe die natürliche, durch biologische Zusammenhänge gebildete Familie gegenüber der neuen spirituellen relativiert, die aus jenen bestehe, die den Willen Gottes tun. Die darauf aufbauende Argumentation entpuppt sich allerdings als Versuch, jedes Zeichen sichtbarer Einheit sowie die dogmatische und inhaltliche Bestimmung des Willens Gottes in das Spirituelle hinein aufzulösen.[365] Allgemeine Gültigkeit kann offenbar nur das geforderte Engagement für die Einheit der Welt für sich beanspruchen. Durch diesen Versuch meint der Autor, der Einheit des einen Leibes Christi dienen zu können. Katholischerseits wird man einräumen, daß das Bild der Familie sicherlich bestimmte Eignungen hat, um den Zusammenhang der verschiedenen christlichen Konfessionen einsichtig zu machen. Das kann allerdings nicht ohne Treue zum Evangelium wie zu Glaube und Tradition der Kirche geschehen, da eine indifferente Einheit jedenfalls unweigerlich auf Kosten der Identität der Kirche Christi gehen müßte.

* * * * *

Vor allem im Blick auf die fundamentale Option in Burkina Faso ist die herausragende Bedeutung afrikanischer Beiträge zur Entfaltung einer *familia-Dei-Ekklesiologie* anzuerkennen. Beispielhaft ist etwa die Entwicklung des Konzeptes in Einheit und gegenseitiger Ergänzung von «Basis», Bischöfen und Theologen.[366] Auch der Versuch, das Problemfeld in seiner ganzen Breite in Blick zu nehmen, ist nachahmenswert. Vor allem aber scheint die «Kirchlichkeit» jenes Modells, die Orientierung der Bemühungen am Wohl der Kirche als Richtmaß, bleibend Anspruch und Anfrage an die ekklesiologische Forschung zu

---

[364] Vgl. M.A. ODUYOYE, *La familia africana como simbolo de ecumenismo*, in: *DiEc* 25 (1990), 397-419.

[365] Vgl. z.B. ebd. 405, 408-410 u. 413.

[366] Die gemeinsame Entwicklung der Basisgemeinden in Afrika «von oben» und «von unten» erwähnt auch: KEHL, *Die Kirche*, 233-235.

sein. Daß manche Fragen und Probleme in einem dogmatischen Entwurf noch tiefer und umfassender reflektiert werden müßten, ist nicht als Kritik, sondern mehr als Aufforderung, solche Studien in Angriff zu nehmen, anzusehen.

3.4.3. Die «*Familie Gottes*» in pastoraltheologischen Versuchen im europäischen und nordamerikanischen Bereich

Wie sich zeigte, ist die «*Familie Gottes*» ein Schlüsselbegriff der «Pastoraltheologie» in Afrika – in enger Beziehung zu Modellen dortiger Basis-Gemeinden. Auch in Aussagen des lateinamerikanischen Episkopats werden beide Konzepte miteinander verbunden.[367] Im Anschluß daran stellt sich die Frage, ob auch in der englisch- und deutschsprachigen Pastoraltheologie okzidentaler Prägung dem Konzept der *familia Dei* vergleichbare Bedeutung zugemessen wird und ob man sich dabei durch Modelle der «dritten Welt» inspirieren läßt.[368] Doch soweit aus der nahezu unüberschaubaren Menge pastoraltheologischer Veröffentlichungen zu erkennen ist, läßt sich kein Versuch finden, der dem von Burkina Faso in etwa gleichkäme. Vor der Darstellung zweier exemplarischer deutschsprachiger Versuche ist noch auf zwei anglophone hinzuweisen, die in gewisser Weise eine Mittelstellung zwischen den afrikanischen und den deutschsprachigen Ansätzen einnehmen.

3.4.3.1. Zwei pastoral ausgerichtete anglophone Versuche zur «*Familie Gottes*»

Wie die Bischöfe in Burkina Faso orientiert auch Bischof Cormac Murphy-O'Connor[369] seinen Dienst als Hirte der südenglischen

---

[367] Vgl. E. KLINGER, *Die Kirche der Basisgemeinden. Der Mensch als Prinzip der Ekklesiologie*, in: DERS.- R. ZERFASS (Hg.), *Die Basisgemeinden – ein Schritt auf dem Weg zur Kirche des Konzils*, Würzburg 1984, 43-57; ebd. 48 zit. aus dem Dokument der Bischofsversammlung von Medellin: "Daher soll die pastorale Bemühung der Kirche auf die Umwandlung dieser Gemeinschaften in eine «Familie Gottes» ausgerichtet sein, indem sie beginnt, in ihnen als Sauerteig durch einen Kern — wenn er auch klein ist — wirksam zu sein; einen Kern, der eine Glaubensgemeinschaft, eine Gemeinschaft der Hoffnung und der Nächstenliebe bilden soll" (in: *Adveniat, Dokumente – Projekte 1-3. Sämtliche Beschlüsse der 2. Generalversammlung des Lateinamerikanischen Episkopats, Medellin 24.8.-6.9.1968*, Essen 1970, 142f.).

[368] Dafür spräche die von P.M. ZULEHNER vertretene Ansicht, daß die Impulse für Pastoral und Theologie heute nicht mehr von Europa, sondern von den «jungen Kirchen» ausgehen: DERS., *Europas alte Kirche auf dem Prüfstand junger Kirchen*, in: DERS.–M. ALBUS (Hg.), *Nur der Geist macht lebendig. Zur Lage der Kirche in Deutschland nach 20 Jahren Konzil und 10 Jahren Synode*, Mainz 1985, 14-28.

[369] Vgl. dazu die Sammlung von Predigten und Ansprachen: C. MURPHY-O'CONNOR, *The Family of the Church*, London 1984.

Diözese von Arundel und Brighton am Kirchenbild der Familie Gottes und verbindet damit die pastorale Option für kleine lebendige Gemeinschaften:

> "Meine Vision der Kirche ist die einer Familie, der Familie Christi. Diese Familie wird auf viele verschiedene Weisen aufgebaut. Sie ist eine sehr große Familie, die aus kleineren Familien besteht, die Familie der Diözese, der Pfarre, individueller Familien und besonders der kleinen Gemeinschaften von Menschen, die sich im Namen Jesu versammeln, um durch ihn genährt zu werden."[370]

Mit dem bevorzugten Kirchenmodell will der Bischof Antwort auf zwei grundlegende Fragen der Kirche heute geben: Wie kann die Kirche immer mehr werden, was sie nach ihrem Wesen ist, nämlich eine Familie des Glaubens, der Hoffnung und der Liebe sowie die authentische Gegenwart Christi in der Welt? Wie kann diese Familie, die Kirche Jesu Christi, in der modernen Welt Kirche sein?[371] Die besondere Wertschätzung des Kirchenbildes der Familie[372] hat bei Murphy ihre Wurzeln in ersten Erfahrungen von Kirche und ihren fundamentalen Werten des Gebetes, der Liturgie, der Vergebung und der Liebe, in seiner eigenen Familie. Ein weiterer wichtiger Schritt daraufhin war die durch das Vaticanum II vollzogene Wendung im Selbstverständnis der Kirche: von der Betonung der institutionellen Dimension zur *Kirche als Geheimnis*, Zeichen und Sakrament der Einheit der Menschen mit Gott und untereinander. Kirchenmodelle bieten nach Murphy-O'Connor nicht nur den Verständnishorizont für die Kirche, sie gestalten auch die Beziehung zu ihr. Der gegenwärtige Pluralismus der Kirchenbilder erweise sich nicht immer als Zeichen der Fülle des Mysteriums der Kirche, sondern könne bisweilen zu Auffassungsunterschieden und Spaltungen führen. Die Glaubenskrise heute sei in bezug auf die Kirche als Krise der Bilder zu verstehen. Doch gerade in dieser Situation werde Wert und Eignung des Konzeptes der Familie erkennbar, verschiedene Kirchenmodelle zu verbinden:

> "Aus diesem Grund habe ich das Bild der Kirche als Familie in Erinnerung gerufen. Es kann genau deshalb ein brauchbares Modell sein, weil es hilft, alle diese Modelle in einer Weise zu harmonisieren, daß ihre Unterschiede mehr komplementär als einander ausschließend sind. Eine Familie ist eine Institution (...) wie die Kirche. Eine Familie

---

[370] Ebd. 114. Als katholischer Delegierter in der *ARCIC* verbindet er mit seinem Versuch auch Anliegen des ökumenischen Dialogs; vgl. ebd. 111-114.

[371] Vgl. ebd. 1. Hier sind die beiden zentralen ekklesiologischen Fragen nach *Wesen* und *Sendung* der Kirche zu erkennen, die das VAT II in den Const. *LG* und *GS* behandelt hat.

[372] Vgl. MURPHY-O'CONNOR, *The Family of the Church*, 7-10.

ist Communio und Gemeinschaft; sie ist Zeichen; sie ist Herold und sie ist Diener. "[373]

Die Kraft des Bildes der Familie Gottes sieht Murphy-O'Connor nicht nur in bezug zu anderen Modellen. Es könne auch bestimmte konstitutive Momente der Kirche klarer darstellen.[374] Augenscheinlich gelte das für die *Einheit* der Kinder Gottes in der Familie der Kirche als Brüder und Schwestern durch die Taufe. Diese Einheit zeige sich besonders im *einen* Glauben an den Herrn und Erlöser Jesus Christus, sie müsse aber auch in der Gemeinschaft und in einem Zugehörigkeitsgefühl zu ihr erfahrbar sein, woraus sich — insbesondere für die lokale Gemeinde — die Forderung nach familiärem Umgang miteinander ergebe. Bleibende Einheit und fortwährende Erneuerung dürfen wie in einer natürlichen Familie dabei kein Widerspruch sein.

Im Dienste dieser Einheit stehe auch die für die Kirche konstitutive und notwendige *Autorität*, die Murphy-O'Connor ausführlich behandelt.[375] Die gegenwärtige Generation werde bisweilen «vaterlos» genannt, und die moderne Literatur zeichne häufig das Bild von haltlosen, entwurzelten Menschen. Gerade als Familie Gottes könne die Kirche diesen Phänomenen ein Verständnis von Autorität entgegenstellen, das dem menschlichen Grundbedürfnis nach Geborgenheit, Sicherheit und Heimat, ja ihrem Bedürfnis nach wahrer Autorität, entgegenkomme und das wirkliche menschliche Freiheit erst ermögliche. Denn Autorität, Verantwortung und Gehorsam werden in der Botschaft Christi nicht in militärischen Konzepten, sondern als Ausdruck des Glaubens und der Liebe vermittelt. Liebe aber habe ihren natürlichen Platz in der Familie. Es eigne der Familie, daß in ihr alle in bestimmter Weise an Autorität und Entscheidungsfindung teilhaben. Ebenso sei die Pflicht des Lehrens und des Lernens des Glaubens nicht ausschließlich auf die hierarchische Struktur der Kirche bezogen, sondern betreffe alle Ebenen der Kirche. Auf der anderen Seite finde die Verantwortung natürlicherweise in einem besonderen Glied

---

[373] Ebd. 10. Nach MURPHY-O'CONNOR finden sich hier das traditionelle katholische (*Institution*) mit dem protestantischerseits bevorzugten Bild (*Herold*) ebenso verbunden wie mit den Modellen des Konzils (*Communio, Zeichen*) und dem neuerdings oft vorgeschlagenen des *Dieners*.

[374] Vgl. ebd. 10-15.

[375] Vgl. ebd. 11f. u. 84-93; zur grundsätzlichen Sicht des Amtes in der Familie Gottes ebd. 90: "All people in the Church do not have the same vocation, the same function, or the same responsibility. But all are concerned and all are co-responsible. The point at issue is that fatherhood in the Church, or paternity, breeds not children but brothers and sisters, because it leads to the communion with the same God and the same life in dependence on the only true Father who is God. Thus the inevitable hierarchic structure must situate itself in the fraternal union of all those brothers and sisters who are baptized in Jesus Christ."

der Familie, nämlich dem Vater, ihren Brennpunkt, was in der Kirche auf den Papst und die Bischöfe in Einheit mit ihm anzuwenden sei.

Eine weitere Grunddimension, die Murphy-O'Connor mit Hilfe des Bildes der Familie darstellt, ist der *Weltdienst der Kirche*.[376] Dieser bestehe darin, die Menschen zur Einheit, zum Frieden und zur Versöhnung mit Gott und untereinander zu führen, den Menschen Anteil an der Erfahrung Gottes und seiner Liebe zu geben und ihnen die Heimat und Geborgenheit einer Familie in der Kirche zu bieten. Um diese Ansprüche praktisch verwirklichen zu können, bedürfe es aber bestimmter Voraussetzungen, die der Bischof ebenfalls mit dem Bild der Familie Gottes veranschaulicht.[377] Drei Hauptwege, die Familie Gottes aufzubauen, werden genannt: die Feier der *Liturgie*, insbesondere der *Eucharistie*, die die Gegenwart Christi, des Herrn, erfahren lasse und die Gläubigen in der Einheit mit Christus und dem Vater sowie untereinander zur Familie der Kirche verbinde; das *gemeinschaftliche* und das *persönliche Gebet* der Gläubigen; die konkrete Verwirklichung des kirchlichen «Familie-Seins» in der lokalen Gemeinde, der Pfarre und vor allem in kleinen Gemeinschaften:

> "Durch kleine Gemeinschaften können Katholiken wieder neu das Gefühl von Familie erfahren und die Vertrautheit der Begegnung mit Christus und den anderen in der Kirche."[378]

So erscheine die Kirche als wahre Heimat, die offen steht für alle und sich dennoch durch ein starkes Zugehörigkeitsgefühl ihrer Glieder auszeichnet. Schon durch ihr gemeinschaftliches Sein als gelebtes Zeugnis für die Familie Gottes wirke die derart aufgebaute Kirche verkündigend und missionarisch.[379]

* * *

Für L. Doohan wiederum bietet das Konzept der Familie Gottes die Basis, um eine Ekklesiologie zu skizzieren, deren Hauptinteresse

---

[376] Vgl. ebd. 13-15; 73 (Gotteserfahrung in anderen und in Gemeinschaft); 83 (als mögliche Definition des Weltdienstes: "making the world one family in unity and in peace with God and with each other") u. 103 (Dienst der Versöhnung: "It is a sign of Jesus' ministry of forgiveness; it lifts people from their sins and draws them together in a loving Church, which is the family of God").

[377] Vgl. ebd. 16-24, wobei sich MURPHY-O'CONNOR besonders für die Bildung kleiner, «familiärer» Gemeinschaften einsetzt; zur praktischen Verwirklichung in seiner Diözese vgl. ebd. 25-32.

[378] Ebd. 22.

[379] Vgl. ebd. 21: "Break down any walls or barriers that you yourself have erected that keep you from truly sharing and communicating with others, especially those in need. It is in that way that we will carry out our mission of inviting and welcoming others into the family of God our Father in union with Christ, who is the Light of the World."

sich der Stellung der Laien in der Kirche zuwendet.[380] Die gegenwärtige, nachkonziliäre Zeit sei erstmals in der Kirchengeschichte reif
für das Verständnis einer «laienzentrierten Kirche», die es nun zu
verwirklichen und anzuerkennen gelte. Mehr und mehr seien Sendung
und Leben der Kirche von Laien getragen und auch Priester und
Gottgeweihte setzten sich verstärkt dafür ein, Kirchenbewußtsein und
Dienstbereitschaft der Laien in der Kirche zu fördern. Deshalb sei es
notwendig, die Theologie der Stellung und Aufgabe der Laien und eine
ihnen eigene und angemessene Spiritualität zu erarbeiten, die vor allem
allgemein verständlich zu sein habe. Um das zu erreichen, schlägt
Doohan das Verständnis der Kirche als Familie vor,

> "... das einer laienzentrierten Kirche angepaßt ist. Dieses Verständnis
> bringt eine Synthese mit sich, die theologisch aussagekräftig ist und
> zugleich ausreichend im Alltagsleben der Laien verankert, um von allen
> Getauften verstanden zu werden, nicht nur von einer theologischen
> Elite. Weiters ist die Darstellung der Kirche als Familie nicht abstrakt,
> wie es frühere Modelle waren, sondern fordert alle Laien auf, anzuer
> kennen, daß sie ihre alltägliche Erfahrung, ihr Wissen und ihre Fähig
> keiten befähigen, die Familie der Kirche zu sein."[381]

Der anschließende Entwurf des Kirchenbildes der Familie Gottes
nehme seinen Ausgangspunkt nicht wie früher häufig von der
Hierarchie und dem Klerus, sondern von den Laien und könne deshalb
als «aufsteigender», d.h. als «Versuch von unten» gekennzeichnet
werden. Als weitere Vorteile bezeichnet Doohan die Eignung für den
ökumenischen Dialog und die in Verbindung mit ihm zu erwartenden
positiven Auswirkungen auf das konkrete kirchliche Leben.[382]
Eine erste Begründung der Sicht der Kirche als Familie gewinnt
Doohan aus dem Begriff «Church» selbst, der sich, wie auch in
anderen nordeuropäischen Sprachen, aus dem griechischen «κυριακη
οικια» herleite, was Doohan mit «Familie des Herrn» übersetzt.[383]

---

[380] Vgl. L. DOOHAN, *The Lay-Centered Church. Theology and Spirituality*,
New York 1984.

[381] Ebd. *Preface* [2]; vgl. ebd. 128-136. Als Vorteil gegenüber anderen
Kirchenmodellen nennt Doohan, daß die *«Familie Gottes»* vitaler, für Laien besser
verstehbar und dynamisch sei und dabei die Rolle der Laien in das Ganze des
kirchlichen Lebens integriere (vgl. ebd. 64-67).

[382] Vgl. zur Charakteristik des Versuches ebd. 88f.; zu seiner Entfaltung ebd.
62-89 u. zu den praktischen Implikationen (insb. in kleinen Gemeinschaftsformen) ebd.
63 u. 131: "This awareness will include interest in the group's Christian identity and a
deeper sense of responsibility in faith for all other members of the family Church. This
will also lead to a willingness to grow as a group in mutual acceptance, faith-sharing,
personal prayer, liturgy, and common mission."

[383] Vgl. ebd. 67f. Vom griechischen Begriff her ist diese Deutung zwar nicht
auszuschließen, bei der Übernahme des Begriffs in nordeuropäische Sprachen dürfte
aber mit großer Wahrscheinlichkeit der Gedanke des «Hauses» als «Bau», in dem sich
die christliche Gemeinde versammelt (und nicht der der «Familie»), maßgeblich gewe-

Mehr Gewicht als dieses linguistische Argument hat wohl die aufgewiesene Verankerung im Zweiten Vatikanischen Konzil.[384] Dabei führt der Autor einige Belege an, in denen die Konzilsdokumente die Kirche als ganze oder die lokale Kirche explizit «Familie» nennen oder denselben Begriff beispielsweise auf das Priesterseminar oder auf religiöse Gemeinschaften anwenden. Daraus folgert Doohan, daß die allgemeine kirchliche Grundberufung zur Gemeinschaft in ihren je verschiedenen Ausfaltungen immer in gewissem Ausmaß eine «Familienspiritualität» einschließe.

Die weiteren Ausführungen scheinen den Eindruck vermitteln zu wollen, die «Familie Gottes» sei das eigentliche Hauptthema der Ekklesiologie des Konzils. Zwar wird eingeräumt, daß viele komplementäre Sichtweisen der Kirche in den Dokumenten zu finden seien; die ihnen allen gemeinsamen Aspekte der Einheit, der Communio, der Liebe und der Gemeinschaft müßten aber dem Familienleben zugeordnet werden, so daß jede der konziliären Kirchenbeschreibungen in irgendeiner Weise in bezug zu Qualitäten der Familie stehe. Detailliert wird diese Ansicht auf das Bild des *Corpus Christi Mysticum* angewendet. Dahinter stehe die alttestamentliche Auffassung der *korporativen Persönlichkeit*, nach der eine Familie in einem einzelnen Repräsentanten zuammengefaßt, gedacht und ausgedrückt werde. Wenn deshalb bei Paulus oder Augustinus die Kirche als «Christus» oder aber als «Leib Christi» erscheine, so sei damit letztlich die nach dem Vorbild trinitarischer Einheit verbundene und durch *ein* Leben und *einen* Namen geeinte «Familie Christi» gemeint.[385]

Aus den Ausführungen des Konzils zur christlichen Familie als «*Ecclesia domestica*» erhält Doohan einen letzten Anstoß, um einen Aufriß der Kirchenlehre des Vaticanums II vorzulegen, der zur Doppelthese «*Kirche ist Familie und Familie ist Kirche*» verdichtet werden kann. Jede Organisation sei so stark wie ihre Primärgruppen. Das gelte nach Doohan auch für die Kirche hinsichtlich der Familie, der somit eigne, selbst und zwar «fundamental» Kirche zu sein:[386] als

---

sen sein (vgl. *Duden. Bd. 7. Etymologie. Herkunftswörterbuch der deutschen Sprache*, Mannheim 1963, 325f.).

[384] Vgl. ebd. 68-72.

[385] Vgl. ebd. 70-72; bes. 71f.: "The Church, then, is God's family. When we see all members as one mystical person, one corporate personality, we are viewing the Church in terms of the scriptural notion of family. All of the Council's descriptions of the Church are either directly based on this notion or are based on another biblical notion (...) which in its turn presumes the religious concept of the corporate person. And, as I have said, the notion of corporate person is itself a theological portrayal of the Church as family."

[386] Zur Familie als Kirche vgl. ebd.73-77; bes. 76: "As we saw, family life develops interpersonal relationships and is a specific vocation in the Church. It is initiated by an irrevocable personal commitment to community, but it leads to mutual

durch den sakramentalen Bund der Ehe konstituierte Einheit und Institution; als wirkliche Berufung; als Weg zur Heiligung, erziehende Körperschaft und Gegenstand fortwährender Entwicklung.

Auf der anderen Seite baue die «Familie Gottes» auf der Spiritualität ihrer Primärgruppe auf, so daß das kirchliche Leben seinerseits durch Qualitäten der Familie gekennzeichnet sei.[387] Unter anderem nennt Doohan dabei die Überwindung des Individualismus, den Primat des Seins vor dem Tun sowie der Einheit vor der Effektivität, die allgemeine und gemeinsam zu tragende Verantwortung für das Ganze, innerhalb dessen die Gaben der Glieder Dienstcharakter annehmen. All das sei nicht in der Suche nach größerer Effizienz oder in demokratischen Prinzipien, sondern im Glauben selbst zu begründen.

Aus dem weiteren Verlauf der Erörterung wird deutlich, daß sich das eigentliche Ziel der Emphase Doohans auf das Konzept der Familie Gottes und der Versuch, dieses als den Inbegriff der Kirchenlehre des Konzils auszugeben, nicht auf die Darstellung eines bestimmten Kirchenmodells und seiner Stärken beschränken. Ganz offensichtlich legt der Autor damit ein ekklesiologisches Fundament, um seine Theorie der «laienzentrierten Kirche» theologisch zu begründen. Wenn nämlich — so schließt er — die Kirche «Familie» ist und auf der Primärgruppe der Familie aufbaut, dann sind auch im Bereich der Familie die wahren «Experten» für die Kirche zu suchen.[388] Da sich aber eine Familie erstlich aus zwei Eheleuten konstituiert, fallen — wenigstens in der lateinischen Kirche — Klerus und Gottgeweihte aus jener Gruppe heraus und es bleiben allein die Laien, auf denen somit die Kirche gründe.

---

enrichment and deeper humanity. The family is also a domestic Church, the sacrament of union in miniature. It is a rich mystery that in faith leads us in some way to be ready to lose our own identity and, through an asceticism of unity, to find a fruitfulness formerly unthought of.”

[387] Zur Kirche als Familie vgl. 72f. u. 77-80; bes. 79: “In addition, the mission of all Christians is to live as the family of the Church. It is more important to *be* Church than to *do* anything. If we as Church are the family of God and are called to live as such, then it seems that the spirituality of the whole Church depends on the spirituality of small family groups within the Church.

[388] Vgl. ebd. 80-89 u. 68: “... since the family is the basic experience of laity in their prime groups that make up the Church, this approach [the image of the Church as family] capitalizes on the laity's knowledge, experience, and contributions. This image also highlights the lay role, for not only does Vatican II see the Church as a family, but it also sees the family as a domestic Church. There is, in fact, a dynamic interrelationship between family life and Church life”; ebd. 83: “The basic cell of Church, whatever form it takes, can be referred to as a family, and yet this term most frequently refers to primary lay groups.” Trotz alldem vertritt Doohan nicht die Ansicht, daß die Laien den Klerus in seinen eigenen Aufgaben ersetzen könnten oder sollten (auch nicht aufgrund des wachsenden Priestermangels). Vielmehr sollten die

Man könnte Doohan in Kritik seines Ansatzes entgegenhalten, daß er von einer falschen Alternative ausgehe. Denn Zentrum der Kirche sind letztlich weder die geweihten Amtsträger noch die Laien, sondern einzig und allein Christus selbst. Auch scheint der Autor in seiner Begeisterung für das Modell der Kirche als Familie Quellen einseitig und nicht immer ganz angemessen zugunsten seines Anliegens zu interpretieren. Das trägt nicht zur Wissenschaftlichkeit seiner Erörterungen bei, was um so schwerer wiegt, als sich diese zum Ziel gesetzt haben, die Stellung und Spiritualität der Laien *theologisch* zu begründen und zu durchdringen. All das mindert aber nicht Berechtigung und Wert seines Anliegens, das aktive Verantwortungtragen der Laien in der Kirche zu fördern. Daß dabei das Konzept der Kirche als Familie Gottes eine bedeutende Rolle spielen kann, hat der Autor ohne Zweifel richtig erkannt:

> "Wir betrachteten das Konzept der Kirche als Familie als einen Ansatz, der klar genug ist, um von allen recht verstanden werden zu können, außerdem ausreichend symbolisch, um Einstellungen, Beziehungen und Handlungsabläufe hervorzurufen; es ist ein Konzept, das ebenso klar genug ist in seiner gegenwärtigen soziologischen Entfaltung, um auch in einem theoretischen Verständnis der Kirche dienen zu können. Wir sahen weiters, daß es ein Zugang ist, der das Potential zu erfolgreicher Entwicklung des kirchlichen Lebens in den letzten Jahrzehnten des zwanzigsten Jahrhunderts in sich trägt."[389]

3.4.3.2. Die *Familie Gottes* in Entwürfen deutschsprachiger Pastoraltheologie

Das Konzept der *«familia Dei»* als solches findet sich in deutschsprachigen pastoraltheologischen Monographienen nicht als eigenständiges und zentrales Schlüsselkonzept entfaltet. Am ehesten wäre hier noch das oben dargestellte bibeltheologische Werk von G. Lohfink zu nennen, das zugleich pastorale Ziele verfolgt. Auch bei anderen Autoren scheint der Begriff der «Familie Gottes» gelegentlich auf[390]. Vor allem aber spricht man in den letzten Jahren häufig von der «geschwisterlichen Kirche», die zumindest thematisch auf die «Familie» verweist. Dabei stellt die Rede von «Geschwistern» und von der ihnen eigenen Beziehung in ekklesiologischem Kontext an sich keine unmittelbare Neuerkenntnis dar, sondern findet sich (im Zusammen-

---

Laien die *ihnen eigene* Verantwortung als die zentralen Träger des kirchlichen Lebens tragen und ihren diesbezüglichen Dienst [ministry] erfüllen.

[389] Ebd. 88.

[390] Nicht selten unter Bezugnahme auf LOHFINK, *Gemeinde*, bzw. auf die von ihm untersuchten biblischen Grundlagen des Gemeindeverständnisses. Auf die genannten Stellen wird weiter unten noch im einzelnen Bezug genommen.

hang der Kirche als Familie) beispielsweise bereits in den Vierziger-
jahren bei E. Przywara.[391] Breitenwirkung erreichte sie allerdings erst
in unseren Tagen.[392] Die folgende Darstellung zur Bedeutung des
Familie-Gottes-Themas in der deutschsprachigen Pastoraltheologie
befaßt sich hauptsächlich mit der «geschwisterlichen Kirche», und zwar
mit Belegen, die den Begriff nicht nur als Schlagwort gebrauchen,
sondern auch die Konturen eines damit entsprechenden Kirchenverständnisses erkennen lassen. Die Auswahl der beiden näher in Betracht
genommenen Ansätze ist damit zu begründen, daß bei P. Wess der
geistes- und kirchengeschichtliche Hintergrund aufleuchtet, während
der Beitrag von P.M. Zulehner als typische Entfaltung innerhalb eines
pastoraltheologischen Systems[393] gelten kann.

Die Überlegungen von Wess zur «geschwisterlichen» Gemeinde
bewegen sich nicht ausschließlich auf theoretischem Niveau. Vielmehr
knüpfen sie an die Erfahrungen des Autors als Pfarrer in der 1966
gegründeten Pfarre «Wien, Machstraße» beim Aufbau von Basisgemeinden an.[394] Doch die ideengeschichtlichen Wurzeln dieses Konzeptes reichen weiter zurück als in die Anfangszeit deutschsprachiger
«Basisgemeinden». Wie Wess selbst erkennen läßt, steht letztlich die

---

[391] Vgl. E. PRZYWARA, *Gott in der Kirche*, in: *ZAM* 19 (1944), 80: PRZYWARA
spricht im Anschluß an Tertullian von der Kirche als *corpus Trinitatis* und expliziert
diesen Gedanken unter Verweis auf Joh 17 unter anderem auch durch die *Einheit* «der
Geschwister in Christus, dem Bruder», so daß die Kirche die Gegenwart Christi als «in
ihrer Familie der präsente Bruder mit seinen Geschwistern» ist; vgl. DERS., *Alter und
Neuer Bund. Theologie der Stunde*, Wien 1956, 156; der Gedanke der Geschwisterlichkeit erscheint dann auch bei RATZINGER, *Brüderlichkeit*, 53, der von den Christgläubigen sagt, «daß sie von einem Geist geschwisterlicher Liebe zusammengehalten
sind».

[392] In der gegenwärtigen deutschsprachigen Ekklesiologie wird «Geschwisterlichkeit» bereits beinahe wie ein «Fachbegriff» verwendet; vgl. KEHL, *Die Kirche*, 275;
WIEDENHOFER, *Kirchenverständnis*, 99-102 (die «Kirchentheologie» der Evangelien
zusammenfassend, ebd. 101): "Die Gemeinschaft, die durch die in Jesus nahege-
kommene Herrschaft der Liebe Gottes begründet wird, ist nach den Evangelien eine
geschwisterliche Gemeinschaft, eine Gemeinschaft von Schwestern und Brüdern ... Sie
ist eine neue Familie, in der die patriarchalische Hausordnung außer Kraft gesetzt ist,
weil sie auf dem gemeinsamen Grund des Hörens des Wortes Gottes, des Glaubens
und des Tuns des Willens Gottes beruht (Mk 3,31-35)."

[393] Vgl. P. WESS, *Ihr alle seid Geschwister. Gemeinde und Priester*, Mainz
1983. Die Idee der «geschwisterlichen Gemeinde» findet sich bei Wess (einige Zeit
bevor sie zu einem pastoraltheologischen Modewort avanciert ist); vgl. DERS., *Zur
Frage der Notwendigkeit und Größe einer geschwisterlichen Gemeinde*, in: *Diak* 12
(1981), 422f.; von Zulehner werden verschiedene Monographien und Artikel herangezogen; vgl. auch den rezenten Versuch einer systematischen Entfaltung des Themas
der Geschwisterlichkeit durch mehrere karmelitische Autoren in der Zeitschrift: *CI* 29
(1994 – ganzes Heft 2), 35-72.

[394] Vgl. dazu P. WESS, *Gemeindekirche – Zukunft der Volkskirche. Der
Lernweg einer Pfarrgemeinde*, Wien 1976; oder die Kurzdarstellung in: J. MÜLLER,
Gemeinde-Reform? Kritisches Korrektiv oder Zufluchtsort, Wien 1983, 30f.

Philosophie der Aufklärung dahinter.[395] Das darin angezielte «Mündig-werden» des einzelnen Menschen vollzieht sich aber erst in diesem Jahrhundert in breiten gesellschaftlichen Veränderungen. Von ihnen könne nach Ansicht des Autors auch die Kirche nicht unberührt bleiben. Diese Veränderungen, die alte «patriarchalische Herrschafts-systeme» in Frage stellen bzw. ablösen, beschreibt Wess mit dem Titel des einflußreichen Werkes des Sozialphilosophen A. Mitscherlich als den «Weg zur vaterlosen Gesellschaft», nicht ohne allerdings auf die Gefahr hinzuweisen, daß die Menschen nach dem Verlust der Leitung durch Autoritäten in einer sogenannten «Geschwistergesellschaft» nicht fähig seien, die auf sie zurückfallende Verantwortung zu tragen – wenigstens solange es für sie nicht eine gemeinsame verbindliche Basis zur Orientierung gebe.[396]

Auch die Kirche sei — wie Wess gestützt auf J.P. Audet dar-legt[397] — seit dem dritten Jahrhundert «in Untreue zur Botschaft Jesu und zur urchristlichen Praxis» von patriarchalischer und hierarchischer Herrschaft geprägt, die die ursprüngliche «Geschwisterlichkeit» verdrängt habe. Nur im Mönchtum und unter den Klerikern, auf die sich mehr und mehr das eigentliche kirchliche Leben beschränke, lebe das Prinzip der Brüderlichkeit fort. Daran schließt Wess die These vom «fundamentalen Schisma» in der Kirche, nach dem ihre Glieder in Kleriker und Laien geteilt seien, in gnadenvermittelnde und pastoral tätige Subjekte auf der einen und nur empfangende, passive und un-mündige Objekte auf der anderen Seite, was sich sowohl im traditio-nellen Priesterbild als auch im korrespondierenden Gemeindeverständ-nis äußere:

---

[395] Vgl. WESS, *Geschwister*, 7 u. 90-93.

[396] Vgl. WESS, *Geschwister*, 7 u. 91-93; ebd. 91 zit. A. MITSCHERLICH, *Auf dem Weg zur vaterlosen Gesellschaft. Ideen zur Sozialpsychologie*, München 1963, 420f.: "Wo «kein identifizierbarer Einzelner» die Macht in Händen hält, besteht dem Prinzip nach eine Geschwistergesellschaft. Gerade auf diesen Zustand ist die Gesell-schaft nicht vorbereitet. ... Das vaterlose (und zunehmend auch mutterlose) Kind wächst zum herrenlosen Erwachsenen auf, es übt anonyme Funktionen aus und wird von anonymen Funktionen gesteuert." Diese Stelle zeigt, daß die Herkunft des pastoraltheologischen Begriffs der «Geschwisterlichkeit» bei WESS einerseits im Werk von A. MITSCHERLICH zu suchen ist; andererseits beruft sich der Autor auch auf den in Mt 23,8f. ausgesprochenen Gedanken, der im Titel seines Buches aufscheint und diesem als Motto vorausgestellt ist. Die Übersetzung «Geschwister» statt wie üblich «Brüder» soll bewußter männliche und weibliche Gläubige einschließen und dabei die weibliche Dimension hervorheben (vgl. WESS, *Geschwister*, 40).

[397] Vgl. WESS, *Geschwister*, 62-72; nach J.P. AUDET, *Priester und Laie in der christlichen Gemeinde. Der Weg in die gegenseitige Entfremdung*, in: *Der priesterliche Dienst I: Ursprung und Frühgeschichte*, QD 46, Freiburg 1970, 115-175; zum Begriff «Schisma» ebd. 122f. Die These vom Verlust der Brüderlichkeit in der Kirche ab dem dritten Jahrhundert dürfte von A. V. HARNACK stammen (vgl. G. RUGGIERI, *Die Wiederentdeckung der Kirche als evangelischer Gemeinschaft der Brüderlichkeit*, in: *Conc(D)* 17 (1981), 463 u. 470, Anm. 6).

"Der Verlust der geschwisterlichen Liebe, die das innere Wesen der
Kirche ist und daher das Kennzeichen der Christen sein soll, ist das
fundamentale «Schisma» in der Geschichte der Kirche. Diese Entwicklung setzte in der Mitte des 3. Jahrhunderts ein und ergab sich vor
allem durch die Vermassung der Gemeinden infolge Überschreitung
ihrer sinnvollen Größe. Damit verbunden war die Spaltung zwischen
dem Klerus und dem Volk, welches in Anonymität und Passivität
versank. Beide Vorgänge wurden bis jetzt von der Kirche weder in ihrer
Tragweite deutlich genug erkannt noch rückgängig zu machen
versucht."[398]

Es fällt auf, daß Wess jenes «Schisma» nicht nur in der Organi-
sationsform der Gemeinde und der Art der Ausübung des Priesteramtes
ansetzt, sondern im grundlegenderen *Wesensverständnis* von Kirche
und Priestertum selbst, wie es «traditionell» sowohl vom Lehramt als
auch durch die Theologie vorgetragen wurde.[399] Der daraufhin weiter
entfaltete Versuch einer Rückbesinnung auf das ursprüngliche christliche Erbe, die selbst dem Vaticanum II nicht gelungen sei, verfolgt
deshalb zwei Linien: die Darstellung des eigentlichen innersten Wesens
der Kirche als «geschwisterliche Liebe» sowie des Amtspriestertums als
«von der Gesamtkirche eingesetztes Verbindungsglied einer Gemeinde
bzw. Diözese zur Gemeinschaft der Gemeinden».[400] Dem ersten Eindruck nach erscheint in der Identifizierung des *Wesens* der Kirche mit
der «*geschwisterlichen Liebe*» die *horizontale* Dimension kirchlicher
Gemeinschaft überbetont, die *vertikale* dagegen außer acht gelassen zu
sein. Gewißheit darüber muß aus der theologischen Begründung des
Ansatzes gewonnen werden.

In der biblischen Begründung folgt Wess im wesentlichen
G. Lohfink.[401] Mit Lohfink spricht auch er im Anschluß an Mk 3,35
und 10,29f. von der «neuen Familie der Brüder und Schwestern Jesu»,
in der es keine Väter mehr gebe und die deshalb frei sei von jeder
patriarchalischen Herrschaft. Die derart gebildete «Kontrast-» bzw.

---

[398] WESS, *Geschwister*, 62f.

[399] Als Beispiel für einen neueren Vertreter der «traditionellen» Sicht des
Priestertums wird G. GRESHAKE, *Priestersein. Zur Theologie und Spiritualität des
priesterlichen Amtes*, Freiburg 1982, genannt; als ebenfalls der Sache nicht gänzlich
angemessene «progressive» Gegenposition wird E. SCHILLEBEECKX, *Das kirchliche
Amt*, Düsseldorf 1981, angeführt.

[400] Vgl. zum Wesen der Kirche: WESS, *Geschwister*, 35-85, bes. 59-62; zum
Amtspriestertum, 86-119. Die «sekundär» genannten anderen Aufgaben des Amtspriestertums in *Apostolat* und *Leitung* der Gemeinde sieht WESS als vorübergehende
und auf die Zeit der noch nicht erreichten Mündigkeit der Gemeinde beschränkte
Funktionen an; zum VAT II ebd. 11f., 66 u. 76.

[401] Vgl. ebd. 35-47; WESS folgt dem von LOHFINK in einem Referat am
11.05.1981 in Rottenburg entwickelten Gedankengang, der dann erweitert (während
der Drucklegung des Buches von WESS) als Monographie erschien (und in den
Fußnoten berücksichtigt wurde): G. LOHFINK, *Wie hat Jesus Gemeinde gewollt? Zur
gesellschaftlichen Dimension des christlichen Glaubens*, Freiburg 1982.

«Gegengesellschaft» zur Welt, trage — wie Wess den Gedanken Lohfinks weiterentwickelt — als geschwisterliche Gemeinschaft stark weibliche und mütterliche Züge und solle unter anderem durch «Zärtlichkeit» gekennzeichnet sein.[402] Im folgenden Abschnitt distanziert sich Wess allerdings wiederum vom Verständnis der Kirche als Familie. Er stellt zwei Gemeindemodelle einander gegenüber. Das *integrative* Modell hebt die vorausbestehende objektive Realität bzw. die Einheit einer Gemeinschaft, z.B. einer Familie oder eines Volkes, hervor, in die der einzelne aufgenommen wird. An diesem Modell, das er dem alttestamentlichen Denken zuordnet, kritisiert Wess die Neigung zur Überbetonung von Tradition und Uniformität.[403] Die geschwisterliche Gemeinschaft des Neuen Testaments sei dagegen nach dem *relationalen Modell* als «Beziehungsgefüge» zu deuten, das sich durch die frei bejahten Beziehungen der Glieder untereinander konstituiere.

Geschwisterliche Liebe in der Familie läßt sich mit Wess durch drei wesentliche Kennzeichen bestimmen. Sie ist

> 1) "wechselseitig, besteht nicht nur in einseitiger Zuwendung oder Betreuung"; 2) sie "erfordert eine gewisse Nähe auf Dauer, ohne daß diese ständig aktualisiert sein müßte"; 3) sie "bedeutet außerdem immer, daß meine Geschwister auch alle untereinander in einer entsprechenden Beziehung sind, nicht nur zu mir".[404]

---

[402] Vgl. WESS, *Geschwister*, 39-41, 40: "Die neue Familie der Jünger Jesu soll also eine geschwisterliche Gemeinschaft sein, die von mütterlich-sorgender Liebe ohne jede Herrschaft geprägt ist. Mann und Frau sind hier absolut gleichwertig. Die Frau muß sich ihren Platz nicht erst erkämpfen. Vielleicht kommt es nicht von ungefähr, daß das gemeinsame Wort für Brüder und Schwestern, die «Geschwister», eigentlich von den «Schwestern» abgeleitet ist. Die Sprache verrät damit möglicherweise, daß in unserer männlich-«herr»schaftlich geprägten Gesellschaft eher die Frau diese dienende Liebe aufbringt, welche die Grundlage der Gemeinschaft ist, die Jesus seinen Jüngern vorgelebt und von ihnen erwartet hat." Zur «Zärtlichkeit» beruft sich WESS auf: 1Kor 16,20; 2Kor 13,12; 1Thess 5,26; 1Petr 5,14; 3Joh 15.

[403] Vgl. WESS, *Geschwister*, 41-47, 43: "Demnach sind das Volk oder die Familie eine von Gott geschaffene und auf ihn verweisende eigene Wirklichkeit, die durch den Stammvater bzw. das Familienoberhaupt verkörpert ist und in die man durch Geburt bzw. Beschneidung und Übernahme des Kultes und des Gesetzes eingegliedert wird." Die Zuordnung des «integrativen Modells» zum AT wird vom Autor später relativiert, da sich dort jenes Problem nicht auf dieselbe Weise stelle: vgl. WESS, *Liebe in Gott und in der Welt. Überlegungen zur Dreifaltigkeitslehre und ihren sozialen Implikationen*, in: ZKTh 107 (1985), 397f. (Anm. 56). Vgl. weiters: DERS., *Strukturen der Liebe. Von der kirchlichen Soziallehre zur Kirche als Sozialpraxis*, in: StZ 207 (1989), 114 u. 122 (Anm. 8), wo sich der Autor wiederum auf die obige Unterscheidung bezieht.

[404] WESS, *Notwendigkeit*, 423; zum zweiten Punkt noch ausführlicher ebd. 422: "Ich möchte nun keinesfalls versuchen, aus der Geschwisterlichkeit der Christen auf eine «ständige, aktuelle gegenseitige Beziehung» der Glieder einer Gemeinde untereinander zu schließen. Denn schon in der Familie bedeutet die geschwisterliche Beziehung nicht, daß die Betreffenden dauernd tatsächlich in bezug zueinander stehen. Sie ist einfach latent da. Ebensowenig kann eine tatsächlich erreichte Vertrautheit von An-

Dabei erweise sie sich näherhin als *personale Liebe*, die weder im Streben, den anderen zu besitzen, noch in Gefühl oder Sympathie gründet, sondern den anderen um seiner selbst willen und in seiner Würde als einmalige Person bejaht; als *gläubige Liebe*, insofern Gottes- und Nächstenliebe im Glauben ihre gemeinsame Wurzel haben und Gott als die letzte Sinngebung der Nächstenliebe erscheint, worin das bleibend Geschenkhafte der Liebe aufleuchte. Ihre *Gegenseitigkeit* sei deshalb auch keine Forderung oder Erwartungshaltung, sondern der Ausdruck für ihr gemeinschaftliches Ziel. Dazu komme, daß, wie in einer Familie, Geschwister nicht aussuchbar, aber dennoch zu lieben sind.

Im Zusammenhang der «gläubigen Liebe» scheint nun doch auch Gott auf, und zwar als «letzter Grund der geschwisterlichen Liebe». Diese Begründung könne aber nach Wess nur dann einsichtig gemacht werden, wenn Gott nicht im Sinne des alttestamentlich-monotheistischen Verständnisses, sondern als trinitarischer Gott, der in sich selbst schon Beziehung ist, gedeutet werde.[405] Es geht Wess darum zu zeigen, daß die menschlich horizontale Beziehung in der Vielheit von Menschen als Gleichen nicht eine Konsequenz ihrer Endlichkeit, sondern eine positive Größe ist, die im trinitarischen Gott selbst ihr Urbild findet. Um die Differenz zwischen Gott und seinen Geschöpfen zu wahren, hält der Autor gegen Rahner an der Unterscheidung von immanenter und *heilsökonomischer* Trinität fest, die er bestimmt als

> " ... die Anwesenheit des dreifaltigen Gottes in seiner Schöpfung, die in der Schrift auch Geist genannt wird und mit dem Heiligen Geist als dritter göttlicher «Person» nicht gleichgesetzt werden kann".[406]

Die vertikale Dimension, die sich in der geschwisterlichen Kirche auf den Glauben als Vertrauen auf Gott den Vater, der in der Schöpfung sein vollendetes Vorbild im Glauben Jesu finde (vgl. Hebr

---

fang an realistisches Ziel einer geschwisterlichen Gemeinde sein. Sie muß erst mühsam zustande kommen." Zur weiteren Kennzeichnung der «geschwisterlichen Liebe» vgl. WESS, *Geschwister*, 47-59, sowie im Hinblick auf ihre sozialen Implikationen: *Strukturen der Liebe*, 110-122.

[405] Vgl. WESS, *Geschwister*, 35 (*These* 4): "Der unmittelbare theologische Grund und damit das innere Wesen der Kirche ist die gegenseitige gläubige personale Liebe der Christen untereinander, durch die sie Geschwister werden. Die dadurch entstehende Gemeinschaft ist nicht nur Mittel zum Zweck, sondern hat als anfanghafte Vorwegnahme des Reiches Gottes und der Gemeinschaft der Heiligen einen Selbstwert. Der letzte Grund dafür ist der liebende Gott, der in sich schon Beziehung ist." Bemerkenswert ist hierbei, daß nach WESS nun nicht mehr — wie bei Paulus — die in Christus und der Taufe erlangte Gotteskindschaft, sondern die «gegenseitige, gläubige personale Liebe» die Gläubigen zu Geschwistern macht. Vgl. im folgenden zur trinitarischen Begründung dieser Ansicht (in Auseinandersetzung mit der Trinitätstheologie Karl Rahners): WESS, *Liebe in Gott*, 385-398.

[406] WESS, *Liebe in Gott*, 393.

12,2), reduziert, hat nach Wess ihren Grund im ersten innergöttlichen
Hervorgang:

> "Der erste Hervorgang in Gott, die Zeugung des Sohnes, konstituiert
> zwei relational entgegengesetzte Grundformen der Liebe: die schen-
> kende Liebe oder das Vater-(Mutter-)Sein und die empfangende Liebe
> oder das Sohn-(Tochter-)Sein. In letzterer gründet der Glaube Jesu und
> der unsere."[407]

Die horizontale, geschwisterliche Liebe und Gemeinschaft als
Wesen der Kirche hängt nun nach Wess aber gerade nicht von der
vertikalen Dimension ab, sondern gewinnt ihre Eigenständigkeit ebenfalls direkt aus einer innertrinitarischen «partnerschaftlichen» Beziehung, die in der dritten innergöttlichen Relation, dem Heiligen Geist,
verankert wird:

> "Der Heilige Geist als dritte real unterschiedene Relation in Gott kann
> als die Grundform der partnerschaftlichen Liebe verstanden werden, die
> schon in Gott verwirklicht ist. So ist sie die Voraussetzung einer
> geschwisterlichen Gemeinschaft unter Menschen, die nicht auf wechsel-
> seitige Abhängigkeit oder nur auf den gemeinsamen Ursprung zurück-
> geführt werden muß, sondern einen positiven Selbstwert darstellt."[408]

Wess unterscheidet zwischen Gott selbst und seiner Anwesenheit
in der Heilsgeschichte, die von der Bibel «Geist» genannt werde. Diese
sei aber nicht Gott selbst, sondern bestehe in seinem «schöpferischen
Wirken», in der «von Gott bewirkten Annahme seiner Liebe in Jesus
und in uns» wie in der «Gemeinschaft der Christen untereinander». Der
andere und die Gemeinschaft mit ihm wird zum Ort der sakramentalen
Erfahrung der Liebe Gottes. Auf diese Weise meint der Autor nicht
nur das Problem der Beziehung von Gottes- und Nächstenliebe
gelöst[409], sondern auch eine trinitarisch begründete Synthese von
vertikaler und horizontaler Dimension in Gott selbst geboten zu haben,
die eine Versöhnung der beiden auch im menschlichen Bereich er-
möglliche.[410]

---

[407] Ebd. 396.

[408] Ebd. 397.

[409] Vgl. ebd. 395: "Im anderen und in der Gemeinschaft mit ihm erfährt er [der
Mensch] sakramental die Liebe Gottes, zu dem er als dem ihn und die anderen um-
greifenden, tragenden Du (im analogen Sinn) auch in Beziehung steht und beten kann.
Der Mensch wünscht sich nicht ein grenzenloses göttliches Du, sondern daß seine
begrenzte mitmenschliche Liebe, die seiner Kapazität angemessen ist und ihn schon
erfüllen kann, voll gelingt und endgültig wird, was nur Gott ihm schenken kann."

[410] Vgl. ebd. 397f.: "Weil es schon in Gott Partnerschaft gibt, ist diese auch
unter uns Menschen möglich. Es steht weder der einzelne über der Gemeinschaft,
sodaß diese nur seiner Selbstverwirklichung zu dienen hätte, noch die Gemeinschaft
über dem einzelnen, als ob sie eine eigene metaphysische Wirklichkeit wäre. ... Die
Kirche als Gemeinschaft der Gläubigen im Heiligen Geist ist dann nicht mehr nur
durch die gemeinsame Beziehung zu Gott oder durch wechselseitige Abhängigkeit

Die Verwirklichung der geschwisterlichen Kirche hält Wess nur in der Form überschaubarer Basisgemeinden für möglich.[411] Sie seien nicht als «Utopien oder Träumereien eines Theologen» abzuqualifizieren, sondern als durch das «Wunder» des Wirkens Gottes ermöglichte Wirklichkeit zu verstehen. Grundsätzlich sei dafür aber notwendig, die «Autorität des Priesters» durch den «Glauben als von allen angenommene gemeinsame geistige Basis» und die «volle Miteinanderverantwortung der Gemeinde» zu ersetzen.[412] Die Universalität der Kirche drücke sich darin aus, daß Brüder und Schwestern in ihr nicht ausgesucht werden können. Weiters dürfe sie nicht fluktuierend sein, um tiefere Beziehungen entstehen und wachsen zu lassen. Trotz der im Aufbau von Basisgemeinden zu erwartenden Schwierigkeiten und notwendigen Entwicklungen, die Wess — gestützt auf seine Erfahrungen und mit realistischem Blick — in großer Offenheit darstellt, bleibt er überzeugt[413]:

> "Die Verwirklichung der geschwisterlichen Gemeinschaft unter den Gläubigen als des inneren Wesens der Kirche kann nur in überschaubaren Basis- oder Stammgemeinden erfolgen. Die Untergliederung in solche Gemeinden — und nicht die in Klerus und Volk — ist das innerste Strukturprinzip der Kirche."

* * *

Auch im Kirchenverständnis von P.M. Zulehner kommt dem Begriff der «Geschwisterlichkeit» eine Schlüsselstellung zu. Gemäß seinem Ansatz[414] ist Pastoraltheologie in die Analyse der pastoralen Situation (*Kairologie*), die Erhebung der Ziele und der Zielsicherheit pastoraler Praxis (*Kriteriologie*) sowie die praktisch-methodische Umsetzung derselben (*Praxeologie*) einzuteilen. Innerhalb dieses Systems kann nun dem Sinn und der Bedeutung der «geschwisterlichen Kirche» nachgegangen werden.

---

ihrer Glieder zusammengehalten, sondern die Beziehung zwischen den Schwestern und Brüdern hat als solche Selbstwert."

[411] Vgl. WESS, *Notwendigkeit*, 423: "Von hier aus ergibt sich eine theologische Begründung der Basisgemeinde, die wohl die tiefste ist: Sie ist als Gemeinschaft untereinander geschwisterlich verbundener Christen notwendig, damit die christliche Brüderlichkeit konkret erfahren, eingeübt, gelebt und wirksam werden kann"; DERS., *Geschwister*, 72f.; 79-85; DERS., *Strukturen der Liebe*, 120f. Die Größe einer solchen Basisgemeinde setzt WESS bei etwa 70 Erwachsenen (+ Kinder) an.

[412] Vgl. WESS, *Geschwister*, 120. WESS vermeidet bewußt den Begriff «Mitverantwortung», um das *selbständige* Tragen der Verantwortung hervorzuheben.

[413] Vgl. ebd. 72; zu den Schwierigkeiten ebd. 126-139; zu den Entwicklungen ebd. 139-146.

[414] Vgl. kurz zusammengefaßt in: P.M. ZULEHNER, *Das Gottesgerücht. Bausteine für eine Kirche der Zukunft*, Düsseldorf ²1987, 8.

Die pastorale *Situation* stelle sich heute vielfach als Krise dar.[415] Diese zeige sich — wie Zulehner im Anschluß an J.P. Audet und P. Wess konstatiert — im «pastoralen Grundschisma»[416], in der Spaltung zwischen «Volks-» und «Expertenkirche», in einer Überbetonung der Stellung und des Einflusses des Klerus, dem sich nun mehr und mehr auch nicht dem Klerus angehörende «Hauptamtliche» (Laientheologen) zugesellen. Viele «wirkliche Laien» finden sich übergangen, zurückgesetzt, von der Entscheidungsfindung ausgeschlossen und in den ihnen verliehenen Charismen und Gaben nicht ernst genommen, so daß eine «Veruntreuung von Laiencharismen» und eine «Vergeudung von Gnadengaben des Volkes» festgestellt werden müsse. Als anderes Symptom der Krise mache sich mehr und mehr ein «ekklesialer Atheismus» breit.[417] In der «Versorgungskirche» seien zwar Verwaltung und auch nicht wenig Aktivitäten, dafür aber Gott und die Freude an ihm kaum mehr zu finden und zu erleben.

Angesichts dieser Situation stelle sich zum einen ein blinder und zielloser Aktivismus ein, der mit allen Mitteln am System der «Versorgungskirche» festzuhalten versuche. Zum anderen erfasse viele eine resignative Stimmung, die sie zu mancherlei Art von Flucht und Rückzug treibe: in Passivität; in die scheinbare Sicherheit eines unkritischen Traditionalismus; in Sekten und andere parareligiöse Gruppen; in Lagerbildung und Polarisierung etc. Dieser Situation sei nicht anders als durch neuen «Christenmut», durch «Kirchenträume» und «-visionen» zu begegnen, die das *Ziel* einer Kirche voranstellen, in der Gott wieder erfahrbar ist, in der der Botschaft des Evangeliums, dem «Gottesgerücht», aufs neue «Beine gemacht werden». In ihr sollen die Menschen aus einer individualistischen Leistungsgesellschaft, die kaum mehr Raum für echte personale Beziehungen lasse, wieder Heimat, ein tragendes Netz von Beziehungen und Orte der Hoffnung finden können.

---

[415] Vgl. ZULEHNER, *Kirchenvision*, in: *StZ* 207 (1989), 5f.; DERS., *Wider die Resignation in der Kirche. Aufruf zu kritischer Loyalität*, Wien 1989, 7-80. «Krise» ist dabei auch als «Entscheidung» zu verstehen.

[416] Vgl. das Vorausgehende zu P. WESS–A. HELLER–P.M. ZULEHNER, *Jenseits der Klerus- und Expertenkirche. Zur Zukunft der Laientheologen*, in: M. ALBUS–P.M. ZULEHNER (Hg.), *Nur der Geist macht lebendig. Zur Lage der Kirche in Deutschland nach 20 Jahren Konzil und 10 Jahren Synode*, Mainz 1985, 119-129, bes. 120-122; DIES., *«Wir haben gehört: Gott ist mit euch». Bausteine für eine Kirche der Zukunft*, ebd. 148f.; ZULEHNER, *Gottesgerücht*, 15-18.

[417] Vgl. ZULEHNER, *Kirchenvision*, 6; DERS., *Gottesgerücht*, 44-56; J. FISCHER, *Über das Gottvorkommen in der heutigen Kirche. Wider den ekklesialen Atheismus*, in: ALBUS/ZULEHNER, *Nur der Geist*, 29-37. Besonders augenscheinlich trete dieses Phänomen im Umgang mit der Zeit und dem Verlust des Sonntags als Tag des *Herrn* zutage.

Die Zulehnersche Kirchenvision, die sich in einigen wesentlichen Punkten der Theologie Karl Rahners verdankt[418], umfaßt drei Hauptelemente, die in enger gegenseitiger Verbindung und Abhängigkeit stehen: die «Kirche der Zukunft» müsse *mystisch*, *geschwisterlich* und *politisch* sein.[419] *Mystik* meint in diesem Zusammenhang «Einwurzeln» und «Eintauchen» in Gott. Als «gottverwurzelte» müsse die Kirche — zumal in einer Zeit der Gottesvergessenheit — mit der Gottsuche des Menschen solidarisch werden, im Bewußtsein, daß der Sehnsucht des Menschen nach Gott die «Sehnsucht Gottes» nach seiner Schöpfung und den Menschen entspreche. Das geschehe durch den «zärtlichen Umgang» der Kirche mit Gott in Anbetung, Lobpreis, Klage, Notschrei, Liturgie, Meditation, Einkehr und Stille. Weiters müsse durch Verkündigung das «Gottesgerücht wachgehalten» werden, doch das — so Zulehner — werde nicht durch ein vermehrtes Reden über Gott gelingen, sondern nur durch Taten, «durch eine gottgemäße Form, miteinander und füreinander zu leben», d.h. durch *Koinonia* und *Diakonie* oder in der Sprache der dargestellten Kirchenvision durch *Geschwisterlichkeit* und *Politik*.

Nach einer Definition von Zulehner ist *Geschwisterlichkeit*

"... ein Wort, das in den letzten Jahren in der praktisch-theologischen Diskussion Raum gewonnen hat. Es ist eine Weiterentwicklung des auf dem Konzil betonten Begriffs der Brüderlichkeit. Diese Sprachentwicklung hat zu tun einerseits mit dem wachsenden Selbstbewußtsein von Frauen in der Gesellschaft und zunehmend auch in der Kirche, andererseits mit der wachsenden Bereitschaft der Kirche, in diesem wachsenden Selbstbewußtsein auch das Wirken des Geistes Gottes zugunsten der Menschheit und auch der Kirche zu erkennen. Mehr Weiblichkeit ist mehr Menschlichkeit. Inhaltlich meint Geschwisterlichkeit jene Art des Umgangs zwischen Menschen, die geprägt ist von dem Respekt vor der wahren Gleichheit an Würde, vor der Eigenständigkeit und Eigenmächtigkeit jedes Menschen und zugleich von einer hohen Verbindlichkeit füreinander."[420]

Nach eigenem Selbstverständnis steht die «Vision der geschwisterlichen Kirche» in Kontinuität zur Communio-Ekklesiologie

---

[418] Vgl. ZULEHNER, *«Denn du kommst unserem Tun mit deiner Gnade zuvor ...». Zur Theologie der Seelsorge heute. Paul M. Zulehner im Gespräch mit Karl Rahner. Unter Mitarbeit von Andreas Heller. Mit einem Nachwort: Karl Rahner zum Gedenken*, Düsseldorf ²1984.

[419] Vgl. (insb. zur Geschwisterlichkeit) im folgenden: ALBUS/ZULEHNER, *Nur der Geist*, 145-149; ZULEHNER, *Kirche ereignet sich in Gemeinden*, in: W. LUDIN-T. SEITERICH–P.M. ZULEHNER (Hg.), *Wir Kirchenträumer. Basisgemeinschaften im deutschsprachigen Raum*, Freiburg 1987, 14-17; ZULEHNER, *Gottesgerücht*, 33-45 (Mystik), 66-77 (Geschwisterlichkeit), 78-93 (Politik); DERS., *Kirchenvision*, 7-14; DERS., *Resignation*, 90-105.

[420] ZULEHNER, *Gottesgerücht*, 63; vgl. ebd. 66; ZULEHNER, *Kirche ereignet sich*, 16.

des Vaticanum II[421], wobei die Aspekte der gleichen Würde aller Getauften hervorgehoben und der seit dem Konzil veränderten Stellung der Frau in Kirche und Gesellschaft Rechnung getragen werde. Vor allem aber will das geschwisterliche Kirchenverständnis eine Antwort auf die bleibende Sehnsucht des Menschen nach Gemeinschaft bieten – zumal in einer Zeit und Kultur, die wenigstens in der westlichen Welt den Verlust von Beziehungsfähigkeit und einen um sich greifenden «depressiven Individualismus» erkennen lasse. Als «geschwisterlicher Lebensort», als Ort der Gemeinschaft, der Hoffnung und als Beziehungsnetz, sei es gerade Aufgabe der Kirche, Gemeinschaft, Treue, Verläßlichkeit, Verbindlichkeit und Solidarität erneut erlebbar zu machen.[422]

In der Begründung der Geschwisterlichkeit in der Kirche bleibt Zulehner jedoch nicht bei der menschlichen Sehnsucht nach Gemeinschaft und ihrer horizontalen Dimension stehen. Das hat sich bereits in der Forderung nach einer *mystischen* Kirche gezeigt. Noch stärker in dieselbe Richtung weist die gegebene biblische Begründung, die sich wiederum an G. Lohfink orientiert und dabei auch den Begriff der Familie Gottes aufnimmt. Anders aber als Wess bindet Zulehner dieses Konzept in eigenständiger Weise in seinen Ansatz zur geschwisterlichen Kirche ein. Geschwisterlichkeit erscheint nämlich als Folge der grundlegenden «Gottesverwandtschaft», die Eingliederung des Getauften in die Familie Gottes. Diese wird nach der radikalen Forderung Jesu an seine Jünger zum Ort der «Erstzugehörigkeit», in dem Gott selbst das «väterliche Lebenszentrum» ist:

> "Die Bibel sagt, daß sie [Geschwisterlichkeit] nicht einfachhin «machbar» sei, sie ist Gabe Gottes. Voraussetzung ist, daß jemand Gott aufnimmt, was ihn mit anderen ebenfalls gottverwurzelten Menschen «gottverwandt» werden läßt. Er/sie ist dann eingegliedert in das neue Volk Gottes. ... In diesem Volk gibt es dann nur noch Brüder und Schwestern. Vater hingegen soll sich keiner mehr nennen, denn Gott selbst ist das elterliche Lebenszentrum dieser Familie Gottes (Mk 10,28-30, Mt 23,9). Unter diesen Brüdern und Schwestern herrscht, auf Grund der Wiedergeburt in Jesus Christus, eine «wahre Gleichheit an Würde und Tätigkeit» [vgl. CIC c. 208]. ... Kirche, wenn sie wahrhaft Volk *Gottes* ist, kennt zwar ein Amt, aber bedarf eines Amtsstils, in dem diese fundamentale Gleichheit an Würde und Tätigkeit aller nicht faktisch widerrufen wird. ... Zu fragen ist auch, wie weit diese gläubige Verbundenheit zu einer lebensmäßigen Verbindlichkeit führt.

---

[421] Auch das Thema der «Sakramentalität» (und die damit verbundene universale Dimension) der Kirche scheint bei ZULEHNER auf, wenn er z.B. die Kirche als «Sakrament der Geschwisterlichkeit, der Einheit der ganzen Menschheit» bezeichnet [ohne dabei diese horizontale Einheit von der vertikalen — mit Gott — abzulösen]; vgl. ZULEHNER, *Gottesgerücht*, 72.

[422] Vgl. dazu bes. *Gottesgerücht*, 67-72.

Jedenfalls müßte ein Christ auf die Frage, wo er hingehört, zunächst sagen: zur Familie Gottes. Hier hat er seine geistliche Erstzugehörigkeit. "[423]

Die Annahme, daß das Konzept der Familie Gottes im Ansatz von Zulehner nicht nur beiläufig erwähnt wird, sondern auch eine bedeutende inhaltliche Rolle spielt, erhärtet sich im Blick auf die *praktischen* Implikationen der «geschwisterlichen Kirche», gemäß dem obigen Zitat.[424] Für die meisten Forderungen der «geschwisterlichen Kirche» könnte die Familie als Beispiel herangezogen werden, was explizit bei einigen auch geschieht.

Schon vom AT her wird gezeigt, daß die Geschwisterlichkeit im Fest, in der *Liturgie* wächst und erfahrbar wird, weil die Gläubigen unter den Augen Gottes zu einem «Volk von Menschen mit gleicher Würde» geformt wurden. Das müsse auch in den Gottesdiensten der Kirche heute zu erleben sein. Die *«gleiche Würde aller Getauften»*, die vom Konzil und im Anschluß daran vom kirchlichen Gesetzbuch festgehalten wurde, fordere ein Umdenken – nicht nur bei den Amtsträgern, sondern auch im Selbstbewußtsein der Laien als aktive Subjekte in der Kirche. Deshalb sei das *Taufbewußtsein* der Gläubigen, das Wissen um die große Würde ihrer primären christlichen Berufung, die sich in je verschiedenen speziellen Berufungen weiter entfalten könne, zu stärken. Man müsse — so Zulehner — richtigerweise allen Getaufen eine «geistliche Berufung» zuschreiben und diese fördern und dürfe nicht nur den Klerikern Bezeichnungen wie «Hochwürden» zugestehen. Die Anerkennung der gleichen Würde aller aus der Taufe hätte die Aufhebung aller Formen von Diskriminierung in der Kirche zur Folge und müßte sich in der Annahme und Anerkennung der Begabungen jedes einzelnen sowie in der Partizipation aller am kirchlichen Leben und seinen Entscheidungsfindungen äußern, die selbst Grundlage für eine tiefere Identifikation der Gläubigen mit der Gemeinschaft sei.[425]

Geschwisterlichkeit fordere weiters ein hohes Maß an *Verbindlichkeit*, die ebenfalls mit einem gestärkten Taufbewußtsein zusammenhänge. Es könne nicht genügen, nur *Kirchenbesucher* zu sein. Die Zugehörigkeit zur Familie Gottes fordere vielmehr den persönlichen Einsatz auch im Umgang mit der eigenen Zeit, den

---

[423] ZULEHNER, *Kirche ereignet sich*, 16f.; DERS., *Gottesgerücht*, 72; DERS., *Kirchenvision*, 10; DERS., *Resignation*, 95f.

[424] Zu den praktischen Konsequenzen der geschwisterlichen Kirche vgl. ZULEHNER, *Kirche ereignet sich*, 16f. u. 19; DERS., *Gottesgerücht*, 72-77; DERS., *Kirchenvision*, 10f.; DERS., *Resignation*, 96-99; DERS., *Ungehaltene Hirtenreden. Menschlichkeit darf maßlos sein*, Freiburg ³1988, 78-86.

[425] Beispielhaft werden die Bedeutung verschiedener Beratungsgremien und die Mitsprache bei der Findung von Kandidaten für Leitungsämter genannt.

Begabungen, der Phantasie und dem Geld.[426] Deshalb dürfe gemäß der Forderung des Evangeliums die bürgerliche Familie nicht in einem falschen «katholischen Familialismus» gegenüber der Familie Gottes, der Kirche, überbewertet werden, die für den Getauften der «existentielle Hauptwohnsitz» bleibe:

> "Das Bewußtsein der frühen Christen war daher «brüderlich», oder wie wir heute zu sagen lernen: «geschwisterlich». Entscheidend war für die Christen, zum Volk Gottes zu gehören, zur «Familie Gottes» und nicht zu einer bürgerlichen Familie. Im Vergleich zum Volk Gottes war die Familie sehr relativ. Einen Familialismus, ja einen Familienkult kennt also die Bibel nicht."[427]

Als wahrhaft geschwisterlich könnte sich die Kirche weiters in der Art, *Konflikte zu lösen*, in der damit zusammenhängenden Anerkennung des Wertes und Reichtums der Vielfalt, die nicht einem falschen Uniformismus und Konformismus geopfert werden dürfe, sowie in der *Ausübung des Amtes* erweisen. Zwar betrachtet auch Zulehner die «geistliche Vaterschaft» als etwas Vorübergehendes, das im Mündigwerden der «geistlichen Kinder» ihr Ziel finde. Sie solle deshalb nicht einfach weiterhin auf Amtsträger («Papst», «Abt» oder «Pater») angewendet werden, um dadurch die Gläubigen weniger als Kinder, sondern vielmehr als «gleichwürdige Schwestern und Brüder» zu qualifizieren.[428] Dennoch bringe die geschwisterliche Kirche keine Abnahme der Bedeutung des Amtes mit sich. Je mehr alle Gläubigen ihre je eigenen Begabungen einsetzen könnten und dürften, um so mehr würde auch der «Amtsbedarf» in der Kirche wachsen. Nur müsse das Amt wirklich als Dienst, der die Laien zur aktiven Teilnahme, zur Verwirklichung ihrer eigenen «geistlichen Berufung» und zum selbständigen Tragen von Verantwortung ermutigt, ausgeübt werden und dürfe nicht zu einer «Subordination» der Laien aufgrund der «Ordination» der Kleriker führen.

---

[426] Vgl. ZULEHNER, *Hirtenreden*, 81: "Es ist zu wenig, nur «Kirchenbesucher» zu sein, wenn man getauft ist: Wir besuchen ja auch keine Familie, zu der wir gehören. Wir leben dort, und zwar mit einem hohen Maß an Verbindlichkeit." Ebenso fällt der Begriff der Familie Gottes im Zusammenhang der Verbindlichkeit: DERS., *Kirche ereignet sich*, 16; DERS., *Resignation*, 98; DERS., *Kirchenvision*, 11.

[427] ZULEHNER, *Hirtenreden*, 47; vgl. ebd. 49: "Könnte es vielleicht deshalb so wenig Geschwisterlichkeit in unserer Kirche geben, weil sich die Christen in ihren Familien wie in «Familienschließfächer» einschließen?" Hier wäre nach Zulehner auch in der Frage gescheiterter Ehen in der Kirche anzusetzen: Würde die bürgerliche Familie nicht fortwährend überbetont, Alleinstehende, Alleinerzieher etc. ihr gegenüber zurückgesetzt, fiele es wohl Geschiedenen leichter, alleine zu leben, besonders dann, wenn sie sich durch ein tragfähiges geschwisterliches Beziehungsgefüge in der Familie Gottes aufgefangen und damit der drohenden Einsamkeit enthoben wissen könnten.

[428] Vgl. bes. ZULEHNER, *Gottesgerücht*, 71-74.

Auch wenn Zulehner immer wieder die Grenzen und Schwächen der «Großkirche» als «Versorgungskirche» aufzeigt, sieht er dennoch in Basisgemeinden[429] kein exklusives Patentrezept zur Lösung des Problems. Wohl aber erkennt er ihnen zu, «kirchliche Orte» zu sein, an denen «die Kirche dabei ist, Gott (wieder) lebendig werden zu lassen». Jedenfalls bleiben Basisgemeinden bei Zulehner nicht Selbstzweck, sondern stehen im Dienst am Aufbau einer Kirche, die *mystischer* und deshalb auch *geschwisterlicher* und *politischer* sein soll als ihre heutige Erscheinungsform.[430]

* * * * *

Grundsätzlich ist gegen eine theologische Verwendung des *Begriffs* «geschwisterlich» wohl kaum etwas einzuwenden. Er bietet die Möglichkeit, den ursprünglich ebenfalls nicht geschlechtsspezifischen biblischen Begriff «αδελφος»[431] angemessen in die deutsche Sprache zu übertragen. Dort ist er — abgeleitet aus «Geschwister»[432] — seit dem 16. Jh. nachweisbar. Auch die damit verbundenen Anliegen der Hervorhebung der allen Christen gemeinsamen Würde und Berufung der

---

[429] Zum Phänomen der Basisgemeinschaften im deutschsprachigen Raum (auch im Dunstkreis der dargestellten pastoraltheologischen Ansätze) vgl. die drei Sammelwerke: W. LUDIN–T. SEITERICH–P.M. ZULEHNER (Hg.), *Wir Kirchenträumer. Basisgemeinschaften im deutschsprachigen Raum*, Freiburg 1987; E. KLINGER–R. ZERFASS (Hg.), *Die Basisgemeinden – ein Schritt auf dem Weg zur Kirche des Konzils*, Würzburg 1984; H. FRANKEMÖLLE (Hg.), *Kirche von unten. Alternative Gemeinden. Modelle – Erfahrungen – Reflexionen*, München 1981.

[430] Vgl. ZULEHNER, *Kirche ereignet sich*, 18f. Daß ZULEHNER trotz seiner positiven Sicht der Basisgemeinden offenbar bemüht ist, nicht in eine «Basisgemeindeneuphorie» zu verfallen, sondern eine gewisse kritische Distanz zu ihnen zu wahren, mag daraus entnommen werden, daß nur ein Artikel der besprochenen Publikationen den Basisgemeinden als solchen einen eigenen Abschnitt widmet (vgl. ebd.); und dieser Artikel befindet sich in einem Sammelband über *Basisgemeinschaften im deutschsprachigen Raum*. Daß aber die Zulehnersche Kirchenvision gut mit dem Modell bestimmter Basisgemeinden in Einklang zu bringen ist, zeigt M. SCHMID (*Der Traum von einer geschwisterlichen Kirche*, in: LUDIN u.a. (Hg.), *Wir Kirchenträumer*, 149-155), die im wesentlichen dem Ansatz von ZULEHNER folgt und auch das Konzept der Familie Gottes aufnimmt; vgl. ebd. 149f.: "Die Basisgruppen-Bewegung ist ein Ausdruck des Traums von einer geschwisterlichen Kirche als einem Ort der Beziehung, des Dialogs und der Geborgenheit, einem Ort, wo der Mensch sich in seiner Ganzheit erfährt und als Mann und Frau ernst genommen wird. ... Mit der Taufe sind wir in die «neue Familie» Gottes hineingeboren (vgl. Mk 3,35). Durch sie sind wir mit dem Mal des Lebens gekennzeichnet. Dieses Leben heißt Communio (Gemeinschaft)."

[431] Der in beiden Geschlechtsformen mögliche Begriff «αδελφος, -η» leitet sich von «α δελφυς» = «*demselben Mutterleib entsprossen*» ab. Mit «*Geschwister*» wird er nur dann entsprechend wiedergegeben, wenn damit nicht eine Horizontalisierung der «*Brüderlichkeit*» angezielt, sondern so wie im Griechischen die Abkünftigkeit der «*Brüderlichkeit*» aus dem *Kindesverhältnis zu denselben Eltern* im Auge behalten wird.

[432] Vgl. *Duden Bd. 7. Etymologie. Herkunftswörterbuch der deutschen Sprache*, Mannheim 1963, 216. «Geschwister» (ahd. *giswestar*) meint ursprünglich nur die «Schwestern», wird später aber auf «Brüder» und «Schwestern» ausgedehnt.

Taufe sowie der Stärkung des Taufbewußtseins verdienen Unterstützung. Ohne Zweifel kann sich eine familiäre Verbundenheit der Gläubigen, die auch Verbindlichkeit in sich schließt und zu praktischen Konsequenzen drängt, mit diesem Wort in Erinnerung gerufen finden. Weiters ist die *begriffliche* Möglichkeit, die weibliche Dimension in der Gemeinschaft der Kirche zu unterstreichen, positiv zu beurteilen. Man wird allerdings für eine angemessene Bewertung hinter diese sehr allgemeine Charakterisierung weiter nach den philosophischen und theologischen Grundlagen, den damit verbundenen Absichten bzw. den gewollt oder ungewollt geweckten Assoziationen zurückfragen müssen.

So ist etwa zu befürchten, daß ein Begriff, der wie bei Wess aus der Geisteswelt der Aufklärung und einer «vaterlosen Gesellschaft» in den pastoraltheologischen Ansatz Eingang gefunden hat, über die Forderung nach Mündigkeit hinaus auch anderes Gedankengut von dorther mitbringt. Wenn das Ideal der Kirche als *Gemeinschaft ohne Väter* gezeichnet wird, in der Gott allein die Vaterschaft zukommt; wenn dann aber die Transzendenz dieses Vaters derart gedeutet wird, daß sich seine Gegenwart in der Welt in einen von ihm abgehobenen «Geist der Geschwisterlichkeit» auflöst; wenn weiters jene Formen sakramentaler Vermittlung, die die Vaterschaft Gottes, sein Heil, aber auch in einem bestimmten Maß seine Autorität (im priesterlichen Dienstamt und den daran gebundenen sakramentalen Heilsereignissen[433]) konkret vergegenwärtigen, einer überholten Theologie oder einer vorübergehenden Phase der Gemeindeentwicklung zugerechnet werden; dann bleibt das Zerrbild eines Gottes, der weder heils- noch geschichtsmächtig ist und zu einem Lückenbüßer dagradiert wird, der nur — insofern er Garant der zwischenmenschlichen geschwisterlichen Liebe (die dabei sogar als letztes Ziel menschlichen Sehnens ausgegeben wird) ist — in eine rein horizontalisierte Kirche Eingang findet.

---

[433] In diesem Zusammenhang fallen immer wieder falsch gestellte Alternativen auf. So kann es zwischen dem recht verstandenen allgemeinen und besonderen Priestertum weder Gegensatz noch Konkurrenz geben, da die beiden einander komplementär ergänzen (vgl. *LG* 10), insofern z.B. das in Taufe und Firmung erhaltene allgemeine Priestertum Voraussetzung für den Empfang der Weihen ist und das Weihepriestertum seinerseits im Dienst an den Trägern des allgemeinen Priestertums steht. Weiters ist es bezüglich der Heilsvermittlung falsch, zwischen den Klerikern als «aktiven Subjekten» und den Laien als «passiven, empfangenden Objekten» zu unterscheiden. Einerseits bleibt auch der geweihte Priester immer bedürftiger Empfänger des sakramental vermittelten Heiles (z.B. im Bußsakrament). Andererseits spenden Laien einander das Ehesakrament. Und merkwürdigerweise wird ein früher häufiger vorkommender Fall der aktiven sakramentalen Heilsvermittlung durch Laien, nämlich die durch Hebammen oder Ärzte gespendete Nottaufe, von denselben Autoren, die die institutionalisierte Passivität der Laien beklagen, als exemplarischer Ausdruck dem «überkommenen Grundkonzept der Versorgungsseelsorge» zugerechnet und durch eine schwer dem Vorwurf des Zynismus entziehbare Darstellungsweise in ein schiefes Licht gerückt (vgl. ZULEHNER, *Denn du kommst*, 16-21).

Diese ist wohl kaum noch von anderen gemeinnützigen menschlichen Gemeinschaften zu unterscheiden.

Auf diese Weise erscheint nicht nur das *Gottesbild*, sondern auch die *inkarnatorisch-sakramentale* Dimension der Kirche verkürzt. Als logische Folge einer These, die jeden Menschen immer schon und ohne sakramentale Vermittlung in die Gemeinschaft mit Gott versetzt, droht gegen die ganzheitliche sakramentale Sicht des Konzils, das die «Kirche in Christus gleichsam als das Sakrament ... für die innigste Vereinigung mit Gott wie für die Einheit der ganzen Menschheit» (*LG* 1) bezeichnet, ein eindimensionales Kirchenverständnis gestellt zu werden. Ein dritter wesentlicher theologischer Mangel bestimmter «Kirchenträume», «-visionen» und «futurologischer Skizzen» betrifft ihre *heilsgeschichtliche* Grundlage und zwar besonders hinsichtlich der *Eschatologie*. Wie L. Scheffczyk zeigt und kritisiert, werden dabei die Gedanken einer menschlich erreichbaren, innerweltlichen Zukunft und der eschatologischen Vollendung in Konfusion gebracht:

> "Alle diese Zukunftsentwürfe zeigen stark ausgeprägte gemeinsame Züge: den Bruch mit der Tradition (...), die grundsätzliche Kritik an der Wesensgestalt der Kirche, wie sie sich in der Geschichte durchgehalten hat, und das utopische Ausgreifen auf eine in dieser Welt zur Vollkommenheit gebrachte Kirche, wobei der Gedanke, daß auch diese aus Menschen bestehende Kirche notwendig eine unvollkommene sein würde, gar nicht in Erwägung gezogen wird. Unter dem ... Aspekt der Spannung zwischen «Zukunft» und «Vollendung» betrachtet, ist zu erkennen, daß die machbare irdische Zukunftsausrichtung dominiert und die Hoffnung auf eine von oben kommende endzeitliche Vollendung der Kirche keine Rolle spielt. ... Dabei ist aber nicht zu übersehen, daß diese erträumte Zukunftskirche völlig konturlos ist und daß sie vor dem Schicksal der Selbstauflösung in eine ideal gesinnte, religiös getönte jesuanische Sozialgemeinschaft nicht zu retten ist."[434]

In dieser Kritik wird bereits auf ein mögliches entscheidendes Manko des Konzeptes der «geschwisterlichen Kirche» und den damit eng verbundenen Modellen von Basisgemeinschaften im deutschsprachigen Raum hingewiesen. Es ist die Beobachtung, daß dieses Konzept häufig in «kritischem» Kontext, als «Kampf-» oder «Gegenbegriff» verwendet wird und deshalb bestimmte Assoziationen wecken kann, die nicht im Sinne einer kirchlichen Theologie sind.[435] Die Rede

---

[434] L. SCHEFFCZYK, *Die «Kirche der Zukunft» und die «Kirche der Vollendung»*, in: DERS., *Kirche in der Krise*, 176f.; vgl. 165-187.

[435] Vgl. Die «kritische Kraft» einer «Kirchenvision» hebt auch ZULEHNER (*Resignation*, 85) hervor. Zur Nähe jener Konzepte zu Protestbewegungen vgl. T. SEITERICH, *Kirche von unten*, in: W. LUDIN u.a. (Hg.), *Wir Kirchenträumer*, 179-184; P. EICHER, *Die Zeit der Basisgemeinde*, in: H. FRANKEMÖLLE (Hg.), *Kirche von unten*, 79 [zum Begriff «Basis» und seinen marxistischen Konnotationen]; A. KLÖNNE, *Kirchliche Basisgruppen und gesellschaftspolitische Alternativbewegungen. Bemerkungen*

von der «Kirche von unten», von «alternativen Gemeinden» oder von
der «Basis» (was auch nach dem marxistischen Schema von «Basis» und
«Überbau» gedeutet werden kann), die häufigen engen Beziehungen zu
Protestbewegungen der linken bzw. grünen Seite des politischen
Spektrums, zu atheistisch gesinnten feministischen und anderen extre-
men Gruppierungen, bringen nicht nur Zweideutigkeit, sondern auch
die Gefahr mit sich, mit der «geschwisterlichen Kirche» eine «Kontrastgesellschaft» zu assoziieren, die sich nicht mehr erstlich vom «Geist
der Welt»[436], sondern von der katholischen Kirche im tradierten (und
vom Vaticanum II neuerlich und in erneuerter Weise vorgelegten) Verständnis ihres Wesens und ihrer Sendung abzusetzen trachtet. Daß als
Gegenkirche entworfene Konzepte zwar in einer ersten Begeisterung
Zustimmung erlangen können, aber keineswegs ausreichen, um die von
Christus für die Gemeinde seiner Jünger geforderte Verbindlichkeit
oder auch das Fortbestehen jener Gemeinschaften auf Dauer zu gewährleisten, läßt auch ein kürzlich erschienener Artikel von P. Wess
durchblicken.[437]

Insgesamt hat sich gezeigt, daß der Begriff der «Geschwisterlichkeit» durchaus positive und für die Entfaltung einer Ekklesiologie der
Familie Gottes bedeutsame Elemente enthält, die jedoch nur dann zur
Geltung kommen können, wenn sein Verständnis bzw. seine Entfaltung
in einen Kontext gestellt werden, der mögliche Einseitigkeiten und

---

zum Problemzusammenhang, in: ebd. 100-110. Nach KLÖNNE geht die Rede von der
«Kirche von unten» auf K. RAHNER (*Strukturwandel der Kirche als Aufgabe und
Chance*, Freiburg 1972) zurück. In seinem Artikel warnt KLÖNNE Basisgemeinden
davor, zusehr in "eine «zweite Kultur» der alternativen Kleingruppen ab[zu]wandern
und sich dort gegenüber der jeweils herrschenden Kultur ab[zu]kapseln".

[436] In dieser Bedeutung wird der Begriff «Kontrastgesellschaft» beispielsweise
bei den Lohfink-Brüdern gebraucht. Trotz weitgehender inhaltlicher Zustimmung steht
P.M. ZULEHNER (*Denn du kommst*, 122-134) in jüngerer Zeit der Verwendung jenes
Begriffs eher kritisch gegenüber.

[437] Vgl. P. WESS, *Eine Vision, die erschrecken läßt*, in: *PF* 11 (10.06.1994),
22-23. WESS führt das Abflauen der Begeisterung für Basisgemeinden und die
Enttäuschung der in sie gesetzten Erwartungen unter anderem auf die Unklarheit der
grundlegenden Visionen und Motivationen sowie das Ungenügen rein kritischer bzw.
negativer Konzeptionen zurück; vgl. ebd. 23: "Auch die Enttäuschung über die
vermeintliche oder wirkliche Übermacht oder schlechte Amtsausübung der Hierarchie
kann ein Beweggrund sein, sich zusammenzuschließen, um dagegen aufzutreten. ...
Die meisten dieser Zielvorstellungen und Motive können durchaus der Anstoß sein,
eine Gemeinde zu bilden. Sie reichen aber nicht aus, um auf Dauer in persönlicher
Liebe mit Leuten, die man sich nicht aussucht, verbunden zu sein, also Gemeinschaft
im Sinn des Neuen Testaments zu bilden ... Auch gemeinsame Feindbilder reichen als
Motiv auf Dauer nicht aus oder müssen dauernd neu angeheizt werden; als Grundlage
für personale Beziehungen sind sie nicht geeignet." Als tragfähige Grundlage für
lebendige und dauerhafte christliche Gemeinden gibt WESS letztendlich den *Glauben*
und die Bereitschaft, sich zu binden und das Kreuz Christi auf sich zu nehmen, an.

Fehlinterpretationen ausgleicht. L. Scheffczyk hat darauf hingewiesen, daß dieser Kontext der Bezug zum Konzept der Familie sein könnte:

> "Eine wirkliche Ausarbeitung dieses Begriffes müßte auf seine seinshafte Grundlage in der Familie zurückgehen, in welcher sowohl bevollmächtigte Vaterschaft wie die seinshafte Mutterschaft der Kirche anerkannt sein müßten."[438]

* * * * *

Neben den bereits eingehender dargestellten exegetischen, bibeltheologischen und pastoral orientierten Publikationen zeigen gelegentlich auch mehr spirituelle Werke ein vertieftes Interesse an der Kirche als Familie Gottes. Hiezu sei exemplarisch auf einen Versuch im geistigen Umfeld der Schönstattbewegung hingewiesen.[439] Im Versuch einer möglichst organischen und umfassenden Zusammenschau der natürlichen wie der übernatürlichen Wirklichkeit werden dabei Abbildlichkeiten des dreifaltigen Gottes in der Schöpfung ausfindig gemacht. Als Schlüsselbegriff fungiert der «Kernbund»:

> "Der lebendige Kern der Welt ist ein dreipoliger Bund mit Gott, nämlich der Bund zwischen Gott-Vater, dem Gottmenschen Jesus und der gottgeistdurchwirkten Maria, bzw. der Funktionsunion des Heiligen Geistes mit Maria."[440]

Daraus bestimmt sich die Kirche als «Gemeinschaft der Personen, die durch das übernatürliche Leben als Kinder und Bundespartner Gottes teilhaben am göttlichen Leben». Im Sinn des Vaticanum II werden daraufhin verschiedene Bilder zur Verdeutlichung dieses Geheimnisses beigegeben, von denen das der Familie Gottes — als in den

---

[438] L. SCHEFFCZYK, *Die «Kirche der Zukunft»*, in: DERS., *Kirche in der Krise*, 173f. Auch wenn sich die Kritik Scheffczyks hier gegen einen Artikel ZULEHNERS wendet, muß diesem zugutegehalten werden, daß er wenigstens an anderer Stelle die «Geschwisterlichkeit» mit der «Familie Gottes» verbindet und dadurch auch die vertikale («mystische») Dimension der Kirche in der «Gottverwurzelung» und primären «Gottesverwandtschaft» unterstreicht. Die sakramental «bevollmächtigte Vaterschaft» im geistlichen Amt scheint dagegen bei ZULEHNER (auch in den hier behandelten Publikationen) tatsächlich zu kurz zu kommen.

[439] Vgl. B.M. ERHARD, *Frau – Gott – Mann. Die zweigeschlechtliche Welt – Abbildung des dreipersönlichen Gottes. Eine Studie*, Vallendar-Schönstatt, 1988 (bes. 101-118); zum Hintergrund: B. MUCHA, *Transparent Gottes im Alltag. Ehe und Familie: Grundlage und Ziel einer zeitgemäßen Neuevangelisierung. Grundzüge der Lehre über Ehe und Familie bei Pater Josef Kentenich, Gründer der internationalen Schönstattbewegung* (Diss. *PUL*: Istituto Giovanni Paolo II per studi su Matrimonio e Famiglia), Rom 1992. Der Gründer der Schönstattbewegung, Pater KENTENICH, betrachtete das Bild der Familie Gottes «zweifellos als das fruchtbarste Kirchenbild der Zukunft» (ERHARD, a.a.O., 114).

[440] ERHARD, a.a.O., 73.

Worten Jesu inhaltlich grundgelegtes — besonders aufgrund seiner Eignung zur Darstellung der personalen Beziehungsebene bevorzugt wird. Weitere Stärken werden ihm im Blick auf die geistig-seelisch-emotionale Dimension und seine psychologische Wirksamkeit zuerkannt.

> "Diese ganze Wirklichkeit dürfte am besten getroffen werden durch das Bild: Kirche – Familie Gottes. Aus dem Kernbund als dreipoligem Liebesbund gehen in endloser Fruchtbarkeit die vielen Kinder hervor, die das übernatürliche Leben in sich haben. Sie bilden dadurch eine Familie, die Familie Gottes. Im Unterschied zu einer irdischen Familie ist zu beachten, daß einerseits das Abhängigkeitsverhältnis des Kindseins gegenüber Gott immer bestehen bleibt, weil das übernatürliche Leben ständig von Gott her nachfließt, genährt wird; andererseits muß dieses Abhängigkeitsverhältnis von jedem Kind als eigenständiger Person in freier Entscheidung bejaht werden. Diese freie Entscheidung eigenständiger Personen können wir stets am besten als Eingehen eines Bundes- oder Bündnisverhältnisses kennzeichnen, weshalb die Gotteskinder irgendwann in ihrer Entwicklung auch echte Bundespartner werden."[441]

Gewiß trägt diese durch das Schönstatt-Charisma gestützte Interpretation der Kirche als Familie Gottes auch theologisch manche interessante Anregung in sich, etwa: die Bedeutung der Abbildlichkeit der Dreifaltigkeit in der Schöpfung, insbesondere im menschlich-personalen Bereich, in der geschlechtlichen Bipolarität wie in den Gemeinschaften von Ehe und Familie; die Hervorhebung der Bundesbeziehung als Grundgestalt für das Verhältnis zwischen Gott und Mensch; die Spannung zwischen bleibender Abhängigkeit des Menschen von Gott und seiner Liebesgemeinschaft mit ihm; die Verbindung von «Gott als Liebe» zur «Kirche der Liebe». Daß dabei die theologischen Grundlagen und manche sich dabei ergebenden Probleme (z.B. die nahezu parallele Zuordnung von Gott und Maria als «Vater» und «Mutter» der Familie Gottes u.a.) noch näher zu klären wären, steht außer Zweifel.

Konklusion

Die Darstellung exemplarischer Entwürfe läßt erkennen, daß das Thema der *Kirche als Familie Gottes* im Bereich der «Pastoraltheologie» auf vielfältige Weise behandelt worden ist. Dabei scheint die Art des Zuganges mit dem kulturellen Umfeld in Beziehung zu stehen. Eine erste Gruppe von Autoren, die bevorzugt dem *westlichen, anglophonen Bereich* entstammen, nähert sich der *Kirche als Familie aus psychologischer* bzw. mehr *emotionaler Perspektive* an. Familie wie

---

[441] Ebd. 102.

Kirche werden unter besonderer Berücksichtigung relationaler Aspekte als «Netzwerke» von Beziehungen gedeutet, denen sich Interesse wie Engagement der Kirche und ihrer Amtsträger vermehrt zuwenden.

Die *natürliche Familie, ihre Traditionen und Werte* sind vor allem auf dem *afrikanischen Kontinent* ein beliebter Anknüpfungspunkt, um unter den Gläubigen ein inkulturiertes Kirchenbewußtsein und die Bereitschaft, in der Familie Gottes aktiv Mitverantwortung zu tragen, zu fördern oder in der missionarischen Verkündigung Interesse für sie zu wecken. Dabei macht man sich die allgemeine Erfahrungsgrundlage des Phänomens «Familie» zunutze. Ein häufig anzutreffendes Charakteristikum entsprechender Entwürfe ist das Bemühen, das Modell der Kirche als Familie in den theologischen Quellen der Hl. Schrift, der Tradition und des Lehramtes zu begründen. *«Kleine Christliche Gemeinden»*, die als Verwirklichungsform der Familie Gottes vielfach propagiert werden, wollen zumeist bewußt in Einheit mit ihrem Bischof und der universalen Kirche stehen.

Als weiterer möglicher Zugang bietet sich der *biblische Befund* über das Verhältnis Jesu und seiner Jünger zu ihren Familien und zur Gesellschaft an. Daraus sind Ansätze zu entwickeln, die die *kritische Kraft der Familie Gottes* im praktischen Vollzug ihrer Sendung zur Geltung bringen. Sie können ihre Schwerpunkte auf das brüderliche bzw. geschwisterliche Gemeinschaftsleben als Zeichen und Kontrast in der Welt oder aber auf das Reich Gottes im Engagement für Gerechtigkeit und Frieden legen. Besonders aus dem deutschen Sprachraum lassen sich beispielhafte Studien nennen. Allerdings zeigt sich auch die Gefahr, daß sich das «kritische Potential» entsprechender Versuche gelegentlich gegen jede «Institution» und hierarchische Leitung und damit letztlich gegen die Kirche selbst richtet, wie es an manchen Formen von «Basisgemeinden» als «Kirchen von unten» und «Gegenkirchen» tatsächlich zu beobachten ist.

Es wäre falsch, in Anbetracht der Vielfalt entsprechender Veröffentlichungen das Konzept der *familia Dei* grundsätzlich der Pastoraltheologie zuzuordnen. Vielmehr zeigt sich gerade an jenem Modell die enge Verflochtenheit von Ekklesiologie und konkretem kirchlichen Leben. Eine «dogmatische» *familia-Dei-Ekklesiologie* kann gewiß aus Pastoraltheologie und Gemeindepraxis wertvolle und fruchtbare Anstöße erhalten. Für eine rechte Praxis ist andererseits ein gesundes theologisches Fundament und eine sichere inhaltliche Bestimmung der Lehre von der Familie Gottes unumgänglich, damit diese nicht — bewußt oder unbewußt — willkürlichen Interpretationen, die sich außerhalb von Theologie und Glauben der Kirche stellen, überlassen wird.

QUELLEN UND NEUERE LITERATUR
ZUM *FAMILIE-GOTTES-THEMA* IM ÜBERBLICK

Zu Recht wurde gelegentlich bemängelt, daß das Thema der Kirche als Familie Gottes in der ekklesiologischen Diskussion bisher zu wenig Beachtung gefunden habe, daß es auch in neueren einschlägigen Werken oft gar nicht oder nur sehr beiläufig und am Rande erwähnt werde.[442] Das mag insofern verwundern, als sich aus Schrift, Tradition und Lehramt der Kirche eine Vielzahl von Belegen zur Begründung einer *familia-Dei-Ekklesiologie* anführen läßt[443] und — wie gezeigt wurde — in den Väterdiskussionen bei Konzil und Synoden auch tatsächlich angeführt wurde. Ebenso wird aus der vorausgehenden Besprechung exemplarischer Veröffentlichungen deutlich, daß auch in anderen theologischen und der Theologie nahestehenden Disziplinen die «Familie Gottes» keineswegs abwesend ist. Es würde den Rahmen dieser Arbeit sprengen, über das bereits Dargestellte hinaus den verschiedenen Quellen im einzelnen und detailliert nachzugehen. Um aber die gute Fundierbarkeit einer *familia-Dei-Ekklesiologie* wenigstens anzudeuten, soll im folgenden — ohne Anspruch auf Vollständigkeit — ein kurzer Überblick über wichtige Quellen und Literatur zur Thematik gegeben werden.

Auch wenn das *Alte Testament* verständlicherweise nicht von der «*Kirche* als Familie Gottes» im strengen Sinn spricht, finden sich darin

---

[442] Vgl. KOSTER, *Zum Leitbild von der Kirche*, 34. Er stellt fest, daß die Kirche im Blick auf bestimmte, ihr eigene Aspekte "die «Familie Gottes und Christi» ist und genannt werden muß. Das kann nach der Schrift, dem christlichen Kult, nach dem Katechismus des Trienter Konzils, nach einer Reihe Päpste und Theologen nicht in Zweifel gezogen werden, obwohl man nicht übersehen darf, eine wie geringe Bedeutung bisher dem Offenbarungsgehalt, der in «Familie Gottes und Christi» enthalten ist, in allen ekklesiologischen Darstellungen zuerkannt wurde." Das führt KOSTER unter anderem auf eine "zweifelhafte Ansicht" über die "Leitung der Kirche [zurück], als käme sie einer staatsmäßigen, wenn nicht sogar monarchischen, mehr nahe als einer familienmäßigen"; vgl. weiters DABIRÉ, *Approche*, 31; im Blick auf die gegenwärtige Ekklesiologie: NOTHOMB, *L'Église-famille*, 64. Auch von lehramtlicher Seite wurde dieser Mangel offenbar erkannt; vgl. IOANNES PAULUS II, Adh. apost. *EA* 63: *OR* 16.09.1995, 5.

[443] Vgl. G. LOHFINK-R. PESCH, *Neue Familie*, 227. Daß der Begriff der «Neuen Familie» Gottes (oder wenigstens ein damit verwandter), den LOHFIK/PESCH für den «wahrscheinlich wichtigsten» zur Darstellung dessen, was mit Jesus von Nazaret an Neuem begonnen hat, halten, «in keinem theologischen Lexikon vorkommt», führen die Autoren darauf zurück, daß die dadurch bezeichnete Realität selbst weitgehend verdrängt und deshalb auch in den biblischen Zeugnissen nicht mehr wahrgenommen werde.

manche Belege, die im Glauben und im Geist der Kirchenväter als «Vorausbild» auf die Kirche bezogen werden können und die zugleich dem Familienthema zuzuordnen sind. Sie bilden gleichsam die «alttestamentliche Vorbereitung» für die Entfaltung einer *familia-Dei-Ekklesiologie*. Als erste sind hierbei Stellen zu berücksichtigen, die in der Septuaginta mit «οικος» wiedergegeben werden und in denen nicht sosehr ein «Bauwerk», als vielmehr eine «Familie», ein «Stamm» und ein «Volk» gemeint ist – oft in enger Verbindung zu einem Stammvater oder Patriarchen.[444] Im Ausblick auf das Neue Testament ist dabei den messianisch ausgerichteten bzw. zu interpretierenden Texten, die das Kommen des Erlösers aus dem Haus, der Familie Davids erwarten, besondere Bedeutung zuzumessen. Es zeigt sich weiters, daß «Familie» im Alten Testament als Bild für nahezu jede menschliche Gemeinschaft verwendet werden kann. Eine Bevorzugung von Bildern aus der Familienthematik eignet dem AT auch in der Beschreibung der Beziehung zwischen Jahwe und seinem Volk. Er steht ihm in der Relation des Bundes wie der Bräutigam seiner Braut, der Ehemann seiner Frau oder der Vater seinem Kind gegenüber. In diesem Sinn kommen auch namhafte Exegeten zu der Überzeugung, daß das theologische Selbstverständnis des Volkes Israel am angemessensten in den Begriff der «*Familie Jahwes*» zu fassen ist:

> "Israel ist eine von Gott geeinte Verwandtschaft, eine Familie, die von Jahwe her, vom Glauben an ihn her, begründet wird. Die enge Verbundenheit zwischen Jahwe und seinem Volk stiftet die enge Verbundenheit der Mitglieder des Gottesvolks. Gemäß der Bundesformel «Ich werde euer Gott sein, und ihr werdet für mich Volk sein» (Lev 26,12 u.ö.) werden Jahwe und Israel als eine Art Familie aufgefaßt, in deren Mitte Jahwe lebt. ... Freilich war Israel auch ständig in der Gefahr, sich als Nation unter Nationen zu verstehen und sich mehr als Staat denn als Familie Jahwes zu verfassen."[445]

Das *Neue Testament*[446] war bereits mehrfach Gegenstand von entsprechenden exegetischen und bibeltheologischen Untersuchungen[447],

---

[444] Zur *familia-Dei-Thematik* im AT s.u. 4.4.1.

[445] G. LOHFINK–R. PESCH, *Neue Familie*, 231 u. 233 (vgl. ebd. 231-237). Diese Familie Jahwes sei dabei von Anfang an nicht ethnisch, als Staat, als «Masse der Untertanen in einem Herrschaftsgebiet» oder als «eine durch Rechtsübereinkunft und Interessensgemeinschaft verbundene Menschenvereinigung» (so definiert AUGUSTINUS, *De Civ.* XIX,21 mit CICERO «Volk») zu verstehen, sondern nur im Kontext von Erwählung und Glauben. In besonderer Deutlichkeit tritt der Gedanke der *Familie Jahwes* in der Konzeption des Deuteronomium hervor, das "das Wort «Bruder» zum ersten Mal in breiter Front für den Glaubensgenossen verwendet" (ebd. 236) und die Konstitution jener «*Familie*» aus dem Glauben in enge Verbindung zu den drei großen, familienbezogenen Wallfahrtsfesten bringt.

[446] Daß das NT in seiner Entstehungszeit den Gedanken der Glaubensgemeinschaft als «Familie» nicht nur im AT, sondern auch in der außertestamentlichen jüdi-

die eine zentrale Stellung der Kirche als Familie Gottes unter den Kirchenbildern und die gute biblische Begründbarkeit dieses Konzeptes unter Beweis stellen. Aus *allen vier Evangelien* wird offenbar, daß die *Botschaft Jesu* vielfach auf *Kategorien* und insbesondere auf die *Grundbeziehungen des Familienlebens* zurückgreift, um das Reich Gottes und die bereits begonnene Gemeinschaft der Glaubenden mit Gott und untereinander zu beschreiben: die Vaterschaft Gottes und die Kindschaft der Gläubigen ihm gegenüber; die Brüderlichkeit der Jünger untereinander; andere Motive von Hochzeit und Familienleben.

Paradigmatisch für ein angemessenes Verständnis der Jüngergemeinde bzw. der Kirche im Sinne ihres «Gründers» ist das ebenfalls in den *vier Evangelien* ausführlicher entfaltete *Thema der Beziehung Jesu und seiner Jünger zur eigenen natürlichen Familie*. Die diesbezüglichen Darstellungen sind einhellig von einer doppelten Bewegung geprägt. Auf der einen Seite stehen die Relativierung familiärer Werte und Pflichten durch das anbrechende Reich Gottes, das Verlassen der Familie, der Unglaube und die Ablehnung, die Jesus seitens seiner Verwandten erfährt und an der auch jene Anteil erhalten, die ihm nachfolgen. Das Kommen Christi und seines Reiches führt auf diese Weise zur Entscheidung, zu Spaltung und Unfrieden. Dem gegenüber steht die neue Gemeinschaft, die die Jünger Jesu mit ihm, in ihm mit seinem Vater und untereinander bilden. Sie erweist sich als die «wahre Familie» Jesu und Gottes und soll das, was an familiärer Liebe, Beziehung und Geborgenheit zurückgelassen wurde, hundertfach ausgleichen. Wie man diese neue Familie Gottes unter den Ersten Christen — insbesondere in der Form der «Hausgemeinden» — aufzubauen und auszubreiten versuchte, leuchtet an mehreren Stellen der *Evangelien* und besonders der *Apostelgeschichte* durch.

Nicht wenige Exegeten finden auch im *Corpus Paulinum* und in der übrigen *neutestamentlichen Briefliteratur* Beweise für die «Hausgemeinde» als bevorzugte urkirchliche Gemeindeform. Diskutiert ist dabei, ob diese Briefe explizit und in bewußt ekklesiologischem Sinn

---

schen Literatur vorfand, erwähnen LOHFINK/PESCH (*Neue Familie*, 234) unter Bezugnahme auf PHILO, *Spec. Leg.* I,52: "Nach Philo hat schon Mose gemahnt, die Proselyten in der Neuen Familie freundlich aufzunehmen: «Und dies mit vollem Recht! Da sie (= die Proselyten) — so sagte er (= Mose) — Vaterland und Freunde und Verwandte um der Tugend (= der Nächstenliebe) und der Frömmigkeit (= der Gottesliebe) willen verlassen haben, sollen neue Städte und Hausgenossen und Freunde ihnen nicht vorenthalten sein.»"

[447] Wenn auch die vorhandenen exegetischen Einzelstudien eine reiche Grundlage für die Entfaltung einer *familia-Dei-Ekklesiologie* bieten, ist doch zu bedauern, daß bisher noch keine umfassende systematische Untersuchung zur Kirche als Familie Gottes in den Zeugnissen der Heiligen Schrift insgesamt vorliegt; zur Darstellung einiger exemplarischer Studien s.o. 3.3.

den Gedanken der Kirche als *familia-Dei* enthalten.[448] Unbestritten
bleibt jedenfalls, daß — vor allem im *Corpus Paulinum* — Bilder aus
der Familienthematik reichlich und systematisch eingesetzt werden, um
die Gemeinschaft mit Gott, die Gemeinschaft der Gläubigen untereinander, die Beziehung Christi zur Kirche, die Einheit der Gemeinden
und alles, was darin die (menschliche) Beziehungsebene betrifft, zu
veranschaulichen.[449]

* * *

Die Literatur zur Charakteristik der «jesuanischen Jüngergemeinde», zur urchristlichen «Hausgemeinde» und damit auch zur praktischen
Dimension des *familia-Dei-Konzeptes* bezieht häufig auch noch die Zeit
der frühen Kirche, d.h. die ersten drei Jahrhunderte, in ihre Forschungen ein. Daraus erhellt, daß die *Tradition* — beginnend mit den
Kirchenvätern — das Thema der Familie Gottes aus dem apostolischen
und biblischen Erbe übernimmt und weiterführt. Zwar scheint hierbei
das pastorale Interesse leitend, doch kann gerade für die frühere Zeit
christlicher Tradition noch keine strikte Trennung zwischen «Pastoral»
und «Theologie» konstatiert werden, die vielmehr einander gegenseitig
befruchtend ineinanderfließen. So finden sich offenbar auch in Texten
der Kirchenväter Stellen, die über eine Beschreibung des Gemeindelebens und der «Hausgemeinden» hinaus für eine *«theologische»* Durchdringung der Kirche als Familie Gottes Grundlagen zu bieten
vermögen, wenngleich diesbezügliche weiterführende patristische Studien bislang noch ausstehen.[450]

Die Anwendung des (lat.) Begriffs *«familia»* auf die Kirche läßt
sich im Schrifttum der Kirchenväterzeit wenigstens bis Tertullian (im
Übergang vom 2. zum 3. Jh.) zurückverfolgen.[451] Wie in den Zeugnissen der Evangelien steht auch bei ihm jene Formulierung im Kontext von Ablehnung und Verfolgung der Gläubigen. Wenn etwa von

---

[448] Vgl. Eph 2,19; 1 Tim 3,15; Hebr. 3,1-6; 10,21; 1Petr 4,17; Gal 6,10.

[449] Zur Familienmetapher bei Paulus s.o. 3.3.1.

[450] Ein erster Ansatz zur systematischen Durchdringung kann in der Behandlung verwandter Themen gefunden werden; vgl. z.B.: J. RATZINGER, *Volk und Haus
Gottes in Augustins Lehre von der Kirche* (Diss. Neudruck: *MThSt* II/7), St. Ottilien
1992; M. DUJARIER, *L'Église-Fraternité. I Les origins de l'expression «adelphotès-
fraternitas» aux trois premier siècles du christianisme,* Paris 1991; C. MOHRMANN,
Études sur le latin des Chrétiens. T.II. Latin Chrétien et médieval, Rom 1961 (zum
Thema *«Domus Dei»*, die – ihrer Ansicht nach bei Augustinus das «Bauwerk»,
näherhin im übertragenen Sinn die Einheit der Gläubigen als lebendige Steine, nicht
aber die «Familie» gemäß römischem Rechtsdenken bezeichne).

[451] Vgl. TERTULLIAN, *De patientia* II,3 (*CCL* I, 300) u. *Scorpiace* cap. VI (*CCL*
II, 1079-1081); in: *Apologeticum* cap. XXXIX: *CCL* I, 150-153, ist das Thema der
Familie Gottes deutlich erkennbar, auch wenn der Begriff selbst nicht fällt. Vgl. auch
F. RÜTTEN, *Philologisches zum Canon Missae,* in: *StZ* 133 (1937/38), 45f.

der Geduld Gottes gegenüber den Nationen, die «seinen Namen, seine Familie verfolgen», die Rede ist oder in einem Vergleich zwischen der *familia gladiatorum* und den christlichen Märtyrern diese als «*Familie ihres Herrn*» verstanden werden, so steht beide Male das Thema des «Kampfes» vor Augen; ein Kampf, der — wie die weiteren Ausführungen zeigen — im Blick auf das kommende Gericht zu sehen ist, in dem Gott wie ein Preisrichter über seine Familie und über den Kampf ihres Tugendstrebens richten wird. Durch den Begriff «*familia*» wird dabei einerseits die enge personale Zugehörigkeit der Gläubigen zu ihrem Herrn wie andererseits auch der sprachlich ursprünglichere Aspekt des Dienstes («*famulus*» = «Diener») ausgedrückt.

Bei Hilarius v. Poitiers (315-367) erscheint der Gedanke der *Kirche als Familie* durchgehend im Zusammenhang einer Gegenüberstellung vom Gesetz des Alten Bundes und dem Evangelium Christi.[452] In seiner allegorischen Auslegung von Mt 11,12; 14,8 u. Mt 23 zeichnet sich die «neue Familie» der Gläubigen ab, die zum Erben des Himmelreiches wird, dessen Verheißung die «Familie Abrahams, Isaaks und Jakobs» zurückgewiesen und dadurch verloren hat. Die *wahre* Familie Abrahams bilden jene, die durch die *Segnungen des Glaubens wiedergeboren* wurden.

Die von Jesus eingesetzte *neue Familie* sieht Hieronymus (347-420) in einigen seiner Briefe vornehmlich durch jene verwirklicht, die alles verlassen haben, um Christus als Jünger nachzufolgen. Dabei erscheint die *Jungfräulichkeit* — deren Vorzug im Vergleich zwischen Eva und Maria entfaltet wird — als Inbegriff der ungeteilten Nachfolge und Hingabe, deren höchstes Ziel die Anbetung Gottes ist:

> "Als der Sohn Gottes die Erde betreten hat, setzte er sich sogleich eine neue Familie ein, damit er, der im Himmel von den Engeln angebetet war, auch auf Erden Engel habe."[453]

Augustinus (354-430), der in *De Civitate Dei* ausführlicher das verwandte Bild des «Hauses» entfaltet, bezeichnet die Kirche an einigen Stellen auch als «Familie».[454] Sie ist die «von Christus erlöste Familie des Herrn», die bei ihrer Pilgerschaft auf Erden nicht auf Vergängliches ihre Hoffnung setzen muß, sondern mit dem Beistand der Gnade

---

[452] Vgl. S. HILARIUS, *Admonitio de commentario in Evangelium S. Matthaei* XI,7 (*PL* 9, 981), XIV,8 (*PL* 9, 999) u. XXIV,5 (*PL* 9, 1049); *De trinitate* V,15 (*PL* 10, 137f.).

[453] S. HIERONYMUS, *Epistola* XXII,21 (*PL* 22, 407-409); vgl. *Epistola* III,1 (*PL* 22, 332).

[454] S. AUGUSTINUS, *De civitate Dei* I,29 (*CCL* XLVII, 30), I,35 (*CCL* XLCII, 33), II,18 (*CCL* XLVII, 50).22, 332).35; II,18 (*CCL* 47, 30, 33 u. 50XII,21 (*PL* 22, 407-409); vgl. *Epistola* III,1 (*PL* 22, 332). Vgl. J. RATZINGER, *Volk und Haus Gottes in Augustins Lehre von der Kirche* (Diss. Neudruck: *MThSt* II/7), St. Ottilien 1992.

Gottes rechnen darf. Die tiefe Verbundenheit, die in der Familie Gottes zwischen dem Bischof und den Gläubigen herrschen soll, spricht aus der abschließenden Bitte des Bischofs von Hippo um das fürbittende Gebet in einem Brief an die Witwe Proba.[455]

Erste Ansätze zu einer systematischen theologischen Grundlegung für die Kirche als «Familie Gottes» lassen sich in den Predigten zum Weihnachtsgeheimnis von Leo d. Großen (+ 461) erkennen, wenngleich dort der Begriff *familia Dei* selbst nicht fällt. In der Geburt des Gottessohnes aus der Jungfrau und als Folge davon in der Wiedergeburt der Gläubigen als Kinder Gottes durch die Taufe werden die Konstituenten einer als «Lebensgemeinschaft mit dem Erlöser» und damit im Kontext vielfältiger Ausdrücke aus dem Familienleben und ihren Beziehungen nicht anders denn als *Familie* zu deutenden Kirche offenbar:

> "Denn die Geburt Christi ist der Ursprung des christlichen Volkes, und der Geburtstag des Hauptes ist auch der Geburtstag des Leibes. Wenn auch jeder einzelne Berufene seinen eigenen Platz in der Heilsordnung hat und alle Kinder der Kirche durch ihre Stelle im Ablauf der Zeiten unterschieden sind, so ist doch die Gesamtheit der Gläubigen, die aus der Taufe hervorgegangen ist, ... zusammen mit Christus in dieser Geburt gezeugt worden. Hinter jedem gläubigen Menschen, der in irgendeinem Teil der Welt in Christus wiedergeboren ist, wird der alte Weg, den er gekommen ist, abgeschnitten, und er vollzieht in der Wiedergeburt den Übergang zum neuen Menschen. Er steht nicht mehr in der Geschlechterfolge des fleischlichen Stammvaters, sondern in der Lebensgemeinschaft mit dem Erlöser, der ein Menschenkind geworden ist, damit wir Kinder Gottes werden können."[456]

Aus der späten patristischen Zeit ist vor allem Gregor d. Große (540-604) zu nennen, in dessen reichem Schrifttum sich etwa der Begriff *familia Ecclesiae* findet.[457] Vor allem aber hat seine verbindliche Einfügung der Formel «*Hanc igitur oblationem servitutis nostrae,*

---

[455] Vgl. S. AUGUSTINUS, *Epistola* CXXX,31 (*PL* 33, 507): "Sane memineritis et pro nobis non negligenter orare. Nolumus enim sic nobis honorem, quem periculosum gerimus, deferatis, ut adiutorium, quod necessarium novimus, auferatis. A familia Christi oratum est pro Petro, oratum est pro Paulo; et vos in eius familia esse gaudemus, et incomparabiliter plus quam Petrus et Paulus orationum fraternarum auxiliis indigemus."

[456] S. LEO M., *Sermo* XXII (*In Nativitate Domini* II): *PL* 54, 193-199 [dt.: *Lektionar zum Stundenbuch* I.1, Einsiedeln 1978, 132]; vgl. auch *Sermo* XXVI: *PL* 54, 212-216.

[457] S. GREGORIUS M., *Epistola* V,XXX (*ad Conductores Massarum*): *PL* 77, 756f.: "Sicut enim appelatio sancti Petri apostolorum principis familiam Ecclesiae tantae multitudini clariorem demonstrat, ita debetis caeteros morum claritate praecedere atque eos quibus praeestis, ut bene agant, ut agnoscant cui serviunt, assidue commonere, ut a rapinis gentium atque pravitatibus abstineant, et familia Ecclesiae non solum nomine, sed et meritis honoretur."

sed et cunctae familiae tuae»[458] in den römischen *Canon Missae* nachhaltigen Einfluß auf die weitere Rezeption und Entwicklung des Familie-Gottes-Themas, nicht nur in der Liturgie, sondern in der ganzen christlichen Tradition, ausgeübt.

Ein bevorzugter Träger der Tradition des *familia-Dei-Konzeptes* durch die Jahrhunderte bis heute ist die *Liturgie*. Schon von den frühesten erhaltenen liturgischen Büchern[459] an bis heute beziehen die genannte Stelle aus dem römischen *Canon Missae* sowie andere Orationen den Begriff der *«familia Dei»* auf die Kirche, sei es auf die lokal versammelte feiernde Gemeinde, sei es auf die universale Kirche, die in jeder offiziellen liturgischen Feier gegenwärtig ist.

Entschieden ist der Ansicht zu widersprechen, daß die *Familie-Gottes-Thematik* ab dem vierten Jahrhundert bzw. im Übergang von den Kirchenvätern zum Mittelalter aus der theologischen Reflexion und der pastoralen Praxis in der christlichen Tradition — mit Ausnahme von liturgischen Zeugnissen — verschwunden sei.[460] Wahr ist allerdings, daß die (wohl häufiger als vermutet) vorhandenen Belege im Blick auf eine *familia-Dei-Ekklesiologie* bisher noch kaum wissenschaftlich untersucht wurden.

Das alte theologische Prinzip *«lex orandi – lex credendi»* legt es nämlich nahe, daß die zahlreichen und durchgehend vorhandenen Belege aus der Liturgie auch auf andere Bereiche der Tradition, etwa auf theologische Werke, Einfluß ausübten. Tatsächlich findet sich der Gedanke der Kirche als Familie wenigstens zweimal bei Thomas v. Aquin.[461] Wenn dabei dem «Taufcharakter» als Zeichen, das die

---

[458] Vgl. J.A. JUNGMANN, *Missarum Sollemnia. Eine genetische Erklärung der Römischen Messe*, Bd. 2: Opfermesse, Wien ²1949, 219-228; dazu ausführlicher s.o. 1.1.3.3.

[459] Vgl. *Sacramentarium Veronense* (5.-6. Jh.): L.C. MOHLBERG, *Sacramentarium Veronense. Rerum Ecclesiasticorum Documenta* (series maior, fontes I), Roma ³1978; *Sacramentarium Gelasianum* (7.-8. Jh.): DERS., *Liber Sacramentorum Romanae Documenta. Anni circuli. Sacramentarium Gelasianum* (series maior, fontes IV), Roma ³1981; *Sacramentarium Gregorianum* (Papstliturgie 7. Jh.): J. DESHUSSES, *Le Sacramentaire Grégorien. Ses principales formes d'après les plus ancien manuscrits*, Bd. 1-3, Fribourg 1971-1982; *MRom 1570*; *MRom 1970*; zur *familia Dei* in der Liturgie vgl. DABIRÉ, *Le Sacrement de Confirmation dans le cadre de l'initiation chrétienne* (Diss.), Paris 1985, Bd. II, 353-358; DERS., *L'Église*, 29f.; DERS., *Approche*, 31; A. SCHAUT, *Die Kirche als Volk Gottes. Selbstaussagen der Kirche im römischen Meßbuch*, in: *BenM* 25 (1949), 187-196.; zur näheren Auseinandersetzung mit den Zeugnissen der Liturgie; s.o. 1.1.3.3.

[460] Vgl. DABIRÉ, *L'Église*, 29f.; DERS., *Approche*, 31.

[461] Vgl. — auch hier gegen DABIRÉ, *L'Église*, 29f.; DERS., *Approche*, 31, der von der «Abwesenheit» des Kirchenbildes der Familie «im theologischen Denken von THOMAS V. AQUIN» spricht — S. THOMAS, *Com. Sent. Lib. IV*, d.7 q.2 a.1, *s.c.* u. ebd. d.20 q.1 a.4.

Gläubigen der Trinität zugestaltet, die Eingliederung in die *Familie Christi* entspricht, so ist offenbar die universale Kirche im Blick. Im selben Werk qualifiziert dann der Aquinate die Form der Gemeinschaft der Kirche als «Volk» und somit «politisch». Von dieser sei eine «ökonomische», wie etwa der Familie, zu unterscheiden. In einer Pfarrgemeinde könne die Kirche ihrer gemeinschaftlichen Form nach aber sehr wohl einer Familie verglichen werden.

In der Auseinandersetzung mit Edmond Richer, der (als ein theologischer Begründer des «Gallikanismus») die *potestas* in der Kirche als eine dem ganzen Volk zukommende beschreibt, argumentiert Dionysius Petavius *SJ* im dritten Buch (*De ecclesiastica hierarchia*) seines Hauptwerkes *Dogmata theologica* (1644)[462] für die *potestas* des Papstes (und unter ihm der Bischöfe) als treuer Diener Christi vor allem vom Gedanken der Kirche als Familie Gottes her:

> "Die kirchliche potestas ist der Gemeinschaft der Gläubigen *formal*, wie sie es nennen, und *subjektiv* nicht innewohnend; und das wird aus ihrer Institution, aus der Schrift bewiesen; am meisten aus jenen Ähnlichkeiten, durch die die Beschaffenheit der Kirche gleich der eines Hauses oder einer Familie beschrieben wird. ... Die [heiligen] Schriften ... erinnern nämlich an das, worin die größte Kraft zum Beweis unserer Ansicht liegt; daß nämlich die Kirche nicht so sehr irgendeiner zivilen Gemeinschaft, die sie «πολιτεια» nennen, gleiche, als vielmehr der einer «οικια», d.h. eines Hauses und einer Familie. Sie ist nämlich eine gewaltig ausgedehnte Familie, deren Paterfamilias Christus ist."[463]

Seine Argumentation belegt Petavius biblisch durch den Hinweis auf die Parallele Mose – Christus (vgl. Hebr. 3,1-6), die beide über das Haus, die «Familie Gottes», gesetzt sind; der eine als treuer Diener, der andere aber als Sohn. Wie auch aus anderen biblischen Vergleichen erkennbar (vgl. Mt 24,45; Lk 12,42), seien der Papst und unter ihm die Bischöfe die treuen Verwalter, die der Herr selbst über seine «Familie», die Kirche, gesetzt hat und denen deshalb in ihr und zum Dienst am ganzen Volk die *potestas* zukomme. Daß dasselbe Thema des treuen Verwalters der Familie des Herrn auch im römischen Denken präsent ist, stellt Petavius, der hierbei seine «humanistische Gesinnung» erkennen läßt, mit Verweis auf verschiedene antike lateinische Dichter unter Beweis.

Wäre der Gedanke der Kirche als Familie Gottes der Tradition ferne gewesen, hätte er wohl nicht in den *Katechismus des Konzils von Trient* Eingang gefunden. Auch dabei wird — wie bei Petavius — mit dem Bild der Familie die Leitung durch den Paterfamilias verbunden:

---

[462] Vgl. D. PETAVIUS, *De Ecclesiastica Hierarchia*. Lib. III, Cap. XIV, Paris 1867, 76-83; vgl. H. RAAB, *Richer Edmond*, in: *LThK* VIII, Freiburg ²1963, 1299.
[463] PETAVIUS, *De Ecclesiastica Hierarchia*, a.a.O. 76 u. 82.

"Die Kirche wird aber deshalb ein Haus genannt, weil sie gleichsam eine Familie ist, die ein Hausvater leitet und in welcher die Gemeinschaft aller geistigen Güter besteht."[464]

Auch wenn Imanuel Kant natürlich nicht der kirchlichen Tradition im eigentlichen Sinn zuzurechenen ist, sei hier vermerkt, daß der protestantische Königsberger Philosoph in der Frage der Kirchenverfassung ähnlich wie Petavius daran festhält, daß die Kirche nicht staatlichen Gemeinschaftsformen wie etwa der Monarchie oder einer Demokratie, wohl aber der einer Familie vergleichbar sei.[465]

Schon aus diesen wenigen auf die Tradition geworfenen Schlaglichtern läßt sich erkennen, daß der Gedanke der Kirche als Familie Gottes, als er in den frühesten Phasen der Vorbereitung zum Zweiten Vatikanischen Konzil erstmals in die ekklesiologische Diskussion eingebracht wurde, nicht aus der Luft gegriffen war, sondern sich wenigstens in den liturgischen Belegstellen und in denen aus dem Katechismus auf verbindliche Zeugnisse berufen konnte. Aber auch in der theologischen Literatur der Zeit vor dem Konzil war er nicht gänzlich abwesend.

Bereits im vorigen Jahrhundert spricht der Kölner Theologe M.J. Scheeben (1835-1888) im Kontext der Frage nach der Beziehung der menschlichen Mutter zu ihrem göttlichen Sohn, Jesus, sowie zur Heiligsten Dreifaltigkeit von der «vollkommensten substantiellen Eingliederung Mariens in die Familie Gottes» und ihrer besonderen «Verwandtschaft zum Familienhaupte», Christus.[466] Im Hintergrund der hochspekulativen Gedankengänge Scheebens steht offenbar sein an anderer Stelle entfalteter Vergleich der Stellung des Heiligen Geistes in der Trinität mit der Stellung einer *Mutter* (insb. der jungfräulichen Mutter) in der *Familie*.[467] Wenn auch die «*Familie Gottes*» dabei mehr auf die trinitarische *Communio* der göttlichen Personen bezogen ist, wird im Blick auf die Menschwerdung des Sohnes und die bevorzugte

---

[464] *CatRom*, Pars I. Cap. X. art.9 q.4. [Übers.: lat.-dt. Ausgabe, Regensburg ⁴1905, 77]; vgl. ebd. Cap. VII. art.6 [über die Vorteile der Himmelfahrt Christi]: "Accedit etiam, quod in terris domum suam, id est, Ecclesiam, amplivicavit, quae Spiritus Sancti virtute et ductu gubernaretur."

[465] Vgl. KANT, *Religion*, 102; zur Darstellung der Position KANTS, s.o. 3.1.

[466] Vgl. M.J. SCHEEBEN, *Handbuch der katholischen Dogmatik*, V. Buch, 1. Halbband, (Hg. C. FECKES), Freiburg 1954, nn. 749-773, bes. 757f. u. 763; dazu: I. MUSER, *Das mariologische Prinzip «gottesbräutliche Mutterschaft» und das Verständnis der Kirche bei M.J. Scheeben* (AnGr 267), Rom (Diss.) 1995, 59-75 sowie L. SCHEFFCZYK, *Scheeben*, in: R. BÄUMER–L. SCHEFFCZYK (Hg.), *Marienlexikon* Bd. V, St. Ottilien 1993, 700f.

[467] Vgl. M.J. SCHEEBEN, *Handbuch der katholischen Dogmatik*. II. Buch, (Hg. M. SCHMAUS), Freiburg ³1948, nn. 1019-1024 (*Analogon der dritten Person in der menschlichen Familie*); u. DERS., *Die Mysterien des Christentums*, (Hg. J. HÖFER), Freiburg ²1951, 154-160.

Stellung der Gottesmutter bereits die Möglichkeit einer realen Teilnahme bzw. Zugehörigkeit des Menschen zu dieser «Familie» greifbar. Darin leuchtet zum einen die Urbildlichkeit Mariens gegenüber der Kirche (als Familie Gottes) auf. Zum anderen läßt sich wohl eine reale «Gottesverwandtschaft» der «gottesbräutlichen Mutter» und ihre Zugehörigkeit zu einer im strengen Sinn *göttlich* verstandenen «Familie Gottes» auch nur als «Grenzaussage» und im Vorausblick auf das in Christus erschienene Heilsgeheimnis der Kirche als heilshafte Gemeinschaft bzw. Familie der Menschheit (für die Maria nach Scheeben auch stellvertretend steht) mit Gott denken.

Anfangs dieses Jahrhunderts machte sich der spanische Dominikaner J. Gonzales Arintero (1860-1928) über die «Definierbarkeit» der Kirche Gedanken und kam zum Schluß, daß am angemessensten in einander komplementär ergänzenden Bildern von ihr zu sprechen sei.[468] Im Zusammenhang der Frage nach Wesen und Ziel der Kirche entfaltet er die Bildgruppen des «architektonischen», des «sakramentalen», des «agrikulturalen», des «organisch-anthropologischen» und des «soziologischen Symbols». In letzterem nimmt die Erörterung des Bildes der *«familia divina»* breiteren Raum ein, wobei Gonzales Arintero die organische Einheit des Konzeptes, die väterliche, d.h. liebende Autorität Gottes und in der Kirche, die Brüderlichkeit sowie vor allem die Mutterschaft Mariens in ihrer tiefen theologischen Bedeutung bevorzugt würdigt.

In den Fünfzigerjahren faltet ein weiter verbreitetes Manual zur theologischen Prinzipienlehre von C.M. Berti[469] die Analogie zwischen der Trinität, der Kirche und der Familie, gestützt auf Quellen der Väter, der Liturgie und des Lehramtes, in vielfältiger Weise aus. Michael Schmaus verbindet in den Erörterungen seiner *Katholischen Dogmatik* über das «gottmenschliche Gepräge der Kirche» — ebenfalls unter Berufung auf Gebete aus dem *Missale Romanum* — den Begriff der *«Familie»* mit dem des «Volkes Gottes». Er zeigt, daß dieser sowohl die universale Kirche als auch die lokal versammelte Gemeinde, und zwar im Gegenüber der Laien zur Hierarchie, bezeichnen kann.[470] Die Vorstellung von der Kirche als *familia Dei* und von ihren

---

[468] Vgl. J. Gonzales Arintero, *Desenvolvimiento y vitalidad de la Iglesia.* Bd. I, *Evolución orgánica,* (Hg. A. Alonso Lobo), Madrid 1974 [Salamanca 1911], bes. 184-214; dazu: A. Antón, *El Mistero de la Iglesia. Evolucion historica de las ideas ecclesiologicas. II. De la apologética de la Iglesia-sociedad a la teología de la Iglesia-mistero en el Vaticano II y en el posconcilio* (*BAC* 30), Madrid 1987, 463-474.

[469] Vgl. C.M. Berti, *Methodologiae*; zur näheren Darstellung s.o. 3.2.

[470] Vgl. M. Schmaus, *Katholische Dogmatik* III.1. *Die Lehre von der Kirche,* München 3-5 1958, 203f., 210f. u. 232f.

Gliedern als Brüder und Schwestern findet er in Eph 2,19 biblisch begründet.

Kaum Beachtung in der neueren ekklesiologischen Forschung haben bedauerlicherweise die Ansätze zu einer *familia-Dei-Ekklesiologie* bei Erich Przywara gefunden.[471] In der einzigartigen, wenn auch schwierigen Sprache und Gestalt seiner Theologie, die nach dem Vorbild der Kirchenväter die Zeugnisse des Alten und des Neuen Bundes mit der fortdauernden Heilsgeschichte in umfassender Zusammenschau verbindet, läßt er das Geheimnis der Kirche in zentralen «Worten der Offenbarung», wie etwa dem *«Bund»*, der *«Hochzeit»*, der *«väterlichen Liebe»*, der *«Brüderlichkeit»*, des *«Reiches»* u.a. aufleuchten. Die *«Familie Gottes»*, wie er die Kirche des öfteren auch explizit nennt, steht dabei bevorzugt in trinitarischen Reihungen, die verschiedene Dimensionen der Kirche mit den drei göttlichen Personen in Beziehung bringen. Ihre inhaltliche Bestimmung ergibt sich besonders aus den genannten «Worten der Offenbarung».

Vor dem Hintergrund von gegenwärtigen politischen wie geistesgeschichtlichen Entwicklungen erhalten die ekklesiologischen Erwägungen Przywaras neue Aktualität, der angesichts eines bisweilen in die Irre geleiteten Aktivismus und aufkeimender kirchenfeindlicher Ideologien die «Familie» als angemessene und fest in den Wurzeln des Glaubens verankerte Gestalt von Kirche und Katholizismus einmahnte:

"Wie kommen wir also heraus aus unserem heutigen Katholizismus einer gewissen, stellenweise Heißluft (...), einer Heißluft der Bewegungen, die unseren Besten, die uns allen die katholische Normaltemperatur, so oder so, verdorben oder geschwächt hat? Wir glauben es mit einem kurzen Wort sagen zu dürfen: Zurück oder besser hindurch zum Katholizismus der *Familie*. In einem Katholizismus der Familie, wie er, leider, so selten geworden ist, ist katholische Religiosität die Hausatmosphäre. Es gibt keine «religiösen Bewegungen» in der Familie. Sondern die «katholische Bewegung» der echt katholischen Familie besteht im fröhlichen Lachen, das durch das Haus schallt, und in der schlichten Geduld, mit der «ein jeder des andern Last» trägt. ... [Die katholische Bewegtheit] muß aus dem Lärm der Säle und Straßen in die heilige Enge der Familie. Denn nur zwei «Organisationen» sind eigentlich im letzten Sinn gottentsprungen und darum vom Atem Gottes, der «allein Wachstum gibt», durchweht: Die Familie und die

---

[471] Vgl. E. PRZYWARA, *Gott in der Kirche*, in: ZAM 19 (1944), 79-87 (Kirche als Leib der Dreifaltigkeit und Familie von Brüdern und Schwestern in ihrem Bruder Christus); DERS., *Alter und neuer Bund. Theologie der Stunde*, Wien 1956, bes. 113-156 (Kirche im Licht des «Bundes der Liebe» als «erfüllte Familie Gottes ...: Kinder Gott Vaters, Geschwister des Sohnes, in der Liebe des Heiligen Geistes»); DERS., *Katholizismus der Kirche und Katholizismus der Stunde*, in: DERS., *Ringen der Gegenwart. Gesammelte Aufsätze 1922-1927 I*, Augsburg 1929, 96-115. Im Rahmen dieser Arbeit kann auf die tiefen und vielschichtigen Gedankengänge, die nach eingehenderen wissenschaftlichen Untersuchungen verlangen, nur verwiesen werden.

Kirche. Und auch die Kirche ist nichts als Familie, das Fortleben der Familie von Nazareth. ... so zielt ... unsere ganz «katholische Bewegtheit» auf das einfache, unprogrammatische «Liebet einander, wie ich euch geliebt habe», der einen «Familie Christi».”[472]

Auch der an der Entfaltung der Ekklesiologie der Dogmatischen Konstitution *Lumen gentium* und ihrer trinitarischen Ausrichtung maßgeblich beteiligte Theologe G. Philips verband bereits Mitte der Fünfzigerjahre den Gedanken der Kirche als «Familie» mit dem Geheimnis der Heiligsten Dreifaltigkeit. Dabei erscheint die Kirche als

“... das erste und primordiale Werk des einen und dreifaltigen Gottes. ... Das trinitarische Geheimnis hat so eine konkrete und vitale Implikation, von höchster praktischer Bedeutung, für die Gemeinschaft jener Menschen, die Kinder Gottes geworden sind, die zusammenarbeiten als Schwestern und Brüder in der göttlichen christlichen Familie, beseelt durch ein und denselben Geist, indem sie nur eine Seele haben; und diese Seele ist der Heilige Geist.”[473]

Noch während des Konzils und vor Promulgation der Dogmatischen Konstitution über die Kirche stellt sich M.D. Koster die Frage nach dem «Leitbild von der Kirche auf dem II. Vatikanischen Konzil».[474] Seine Antwort lautet: «Die Kirche ist das Volk Gottes und Christi.» In der weiteren Ausfaltung widmet er einige Seiten auch der «Familie Gottes und Christi», wie seiner Meinung nach die Kirche hinsichtlich ihrer Leitungsstruktur genannt werden kann und muß:

“Die Kirche ist die Familie Gottes, äußerlich geleitet durch ihren Oberbischof und das Kollegium der Bischöfe als Stellvertreter Christi. ... Die Leitung der Kirche ist eine «mütterliche» durch den Episkopat und eine «väterliche» durch den Papst, und beide zusammen stellen die eine gemeinsame Leitung der Kirche als der Familie Gottes dar, so daß die bischöfliche unter der päpstlichen und mit ihr zusammengeht in der Obsorge für die gesamte Kirche.”[475]

Zur Begründung seiner Ansicht, die aufgrund der Verbindung des *familia-Dei-Themas* mit dem kirchlichen Leitungsdienst in gewisser Kontinuität zu Petavius und zum Trienter Katechismus steht, führt Koster eben diese beiden Quellen sowie andere Belege aus dem Bereich der Liturgie und des päpstlichen Lehramtes an.

* * *

---

[472] E. PRZYWARA, *Katholizismus der Kirche*, 114f.

[473] G. PHILIPS in einer Vorlesung zum Thema «*La Sainte Trinité dans la vie du Chrétien*» (1956); zit. bei: DRILLING, *The Genesis*, 71.

[474] Vgl. KOSTER, *Zum Leitbild von der Kirche*, 13-41.

[475] Ebd. 40 u. 38; vgl. zur *familia Dei* ebd. 34-40.

Auch das *«lebendige Lehramt»* der *Kirche* hat das Thema der Familie Gottes nicht erst im Vaticanum II wiederentdeckt.[476] Vielmehr kann es in den Dokumenten der Päpste der letzten hundert Jahre mehrfach zur Bezeichnung der Kirche gefunden werden.[477] In der Enzyklika *Quamquam pluries* über den heiligen Josef begründet Papst Leo XIII. die väterliche Schirmherrschaft des Heiligen über die Kirche in der Parallele der Familie Gottes zur Heiligen Familie:

> "Diese Heilige Familie, der Joseph mit väterlicher Vollmacht vorstand, war aber die Keimzelle der Kirche. Wie nämlich die Jungfrau Maria Mutter Jesu Christi war, so ist sie auch die Mutter aller Christen, da sie ihnen auf Kalvaria das übernatürliche Leben der Gnade vermittelt hat, damals in der Todesstunde des Erlösers. Desgleichen ist Jesus Christus gewissermaßen der Erstgeborene unter den Christen, die seine Adoptivbrüder wurden aufgrund seines Erlösungswerkes. Das sind die Gründe, die im Herzen des heiligen Erzvaters das Bewußtsein rechtfertigen, daß ihm die Gesamtheit der Christen auf besondere Weise anbefohlen ist: die ganze Christenheit oder die Kirche, d.h. jene gewaltige Familie, die über den ganzen Erdkreis zerstreut ist. Als Gemahl der Jungfrau Maria und als Vater Jesu Christi ist er der Kirche gegenüber gleichsam mit väterlicher Vollmacht ausgestattet."[478]

Der Gedanke von der Kirche als einer großen, über die ganze Erde ausgebreiteten Familie kehrt dann bei Pius XI. verschiedentlich wieder. Gleich zu Beginn einer Enzyklika zum dreihundertjährigen Jubiläum des Martyriums des heiligen Josaphat nennt er neben den anderen hervorragenden und von Gott gegebenen Merkmalen der Kirche ihre welt- und menschheitumspannende Einheit. Ihrer Gründung gemäß strebe sie ihrem Ziel zu, in der Fülle der Zeiten als eine einzige Familie offenbar zu werden, die das ganze Menschengeschlecht umfaßt.[479] Aber auch in ihrem erzieherischen Auftrag als Teil ihrer Heilssendung gegenüber einer durch die Erbsünde in ihren Kräften und Tugenden geschwächten Menschheit sei die Kirche durch mannigfaltige Mittel göttlicher Gnade wahrhaft Mutter und zugleich «eine große

---

[476] Das gilt gegen DABIRÉ, *Approche*, 31: "C'est le Concile Vatican II qui l'a de nouveau introduite dans la théologie et la pastorale de l'Église latine contemporaine"; DERS., *L'Église*, 30: "L'ecclésiologie préconciliaire à Vatican II semble avoir perdu de vue le riche évantail des images bibliques de l'Église parmi lesquels il y a *«domus Dei»* et *«familia Dei»*".

[477] Im folgenden werden einige exemplarische Belege dazu bei verschiedenen Päpsten — ohne Anspruch auf Vollständigkeit — angeführt. Belege ab JOHANNES XXIII. wurden bereits im ersten Teil im Zusammenhang von Konzil und Bischofssynoden dargestellt. Eine sicherlich ergiebige Auseinandersetzung mit dem Thema der Kirche als Familie im Lehramt von JOHANNES PAUL II. überschreitet den Rahmen dieser Arbeit und muß weiteren Studien vorbehalten bleiben.

[478] LEO XIII, Ep. enc. *Quamquam pluries*: *ASS* 22 (1889-1890), 67 [dt.: ROHRBASSER, *Heilslehre*, n. 1771f.].

[479] Vgl. PIUS XI, Ep. enc. *Ecclesiam Dei*: *AAS* 15 (1923), 573."

Familie Christi»; eng mit den einzelnen Familien in ihren Aufträgen verbunden.[480]

Mehrere verschiedene Aspekte der Kirche als Familie Gottes lassen sich in den Lehräußerungen von Papst Pius XII. beobachten. Anläßlich einer Reihe von Ansprachen an neuvermählte Ehepaare bei Audienzen der Jahre 1942 und 1943 nennt er die christliche Familie ein «häusliches Heiligtum» und ein Bild der Kirche, da diese nach dem großen Apostel Paulus (Eph 2,19) das Haus Gottes sei, worin die Gläubigen der Familie Gottes angehören. Daß das konkret — und hier im Blick auf das Verhältnis zu Hausangestellten gesagt — die gleiche Würde aller Getauften in Christus bedeute, wird ebenfalls mit Paulus (Gal 3,26-28) von der wiederaufzurichtenden christlichen Gesellschaft gesagt,

> "… in der es, gemäß dem bedeutenden Wort des Apostels Paulus unter dem Namen von Herrn und Sklaven nichts anderes mehr gibt als die heilige und gewaltige Familie der Kinder Gottes"[481].

Bei der Darstellung der grundlegenden christlichen Tugenden unterstreicht der Papst daraufhin die liebevolle Zuwendung und «familiäre» Beziehung Gottes zu den Menschen durch seine Offenbarung im thematischen Umfeld desselben Bildes.[482] Schließlich erweist sich die «Familie» auch als Symbol der Einheit, zu der alle christlichen Familien aufgrund desselben Glaubens verbunden sind. Diese Einheit ist nach Pius XII. die Einheit der großen «katholischen Familie», der Kirche, in der Christus der Bräutigam, der Papst aber als Stellvertreter Christi das sichtbare Haupt auf Erden ist.[483]

---

[480] Vgl. PIUS XI, Lit. enc. *Divini illius Magistri*: *AAS* 22 (1930), 75: "Infirmis autem humanae naturae viribus, deterioris ob avitam culpam factae, Deus, qua est bonitate, uberibus suae Gratiae auxiliis consuluit eâque praeterea, quam animis expiandis atque ad sanctitatem evehendis multiplicem habet Ecclesia adminiculorum copiam: Ecclesia, inquimus, magna illa Christi familia, quae est idcirco educatrix cum singulis familiis ita congruens ac coniuncta quam quae maxime."

[481] PIUS XII, *Discorso* (22.07.1942): *Discorsi e Radiomessaggi di Sua Santità Pio XII*, Bd. 4 (1942-1943), Vatikan ³1960, 149-158; zit. 158.

[482] PIUS XII, *Discorso* (05.05.1943): *Discorsi*, Bd. 5 (1943-1944), 53-60; ebd. 55: "… maestà immensa, signore, creatore, maestro sovrano, giudice infallibile, rimuneratore generosissimo, si degna di farci suoi figli, partecipi dei suoi disegni e dei suoi graziosi tesori, rivelandoceli e largendoceli, quand'anche noi non siamo atti a tutto comprendere. Egli usa i più dolci e cari nomi che suonano nella famiglia, e ci chiama figli, fratelli, amici, e vuol apparire padre, madre, sposo ammirabilmente amante e geloso del nostro bene e della nostra felicità."

[483] PIUS XII, *Discorso* 12.05.1943: *Discorsi e Radiomessaggi di Sua Santità Pio XII*, Bd. 5 (1943-1944), 61-69; ebd. 63: "Tutte le famiglie cristiane delle varie genti, che hanno una medesima fede … formano la grande famiglia spirituale, nella quale lo Sposo è Cristo, Sposa è la Chiesa, e capo visibile è il Vicario di Cristo in terra, il Romano Pontefice, … Se considerate, diletti figli, da un lato, le verità rivelateci da Dio, e dall'altro la docilità dei fedeli, una mirabile e immensa scena si offre al vostro sguardo nella grande famiglia cattolica."

In seiner Missionsenzyklika *Evangelii praecones* zeigt Pius XII. wiederum ausgehend von Eph 2,19, daß die Katholiken in erster Linie Glieder der «großen Familie Gottes und seines Reiches» seien. Als solche und darin über alle kulturellen Grenzen verbunden, könnten sie aber auch Bürger ihres irdischen Vaterlandes sein und dessen kulturelle Werte — sofern sie gesund und rein seien — in ihr christliches Leben aufnehmen.[484] Dieselbe Enzyklika konzipiert an ihrem Ende die Einheit des streitenden, des leidenden und des triumphierenden Standes der Kirche in der «Gemeinschaft der Heiligen» ebenfalls vom Bild der einen, umfassenden Familie her, der ihre geistlichen Güter gemeinsam sind.[485]

* * * * *

Aus dem bisherigen Verlauf der Arbeit ist nun die gute und durchgehende Verankerung einer *familia-Dei-Ekklesiologie* in den «klassischen» theologischen Quellen hinreichend bewiesen: im Vaticanum II als Orientierungspunkt gegenwärtiger Theologie; in dem durch synodale, weltkirchliche Verantwortung mitgetragenen päpstlichen Lehramt als Richtmaß zur Interpretation des Konzils; in der Heiligen Schrift, in der das Wort Gottes getreu überliefert und in der Kirche lebendig und gegenwärtig ist; in den Dokumenten der Tradition, die das Glaubensgut durch die Generationen weiterträgt; in der Liturgie, dem bevorzugten Vollzug kirchlichen Lebens; in den je immer neuen Artikulationen dieses Glaubensgutes durch das aktuelle ordentliche Lehramt der Kirche (der letzten hundert Jahre). Um das Bild der Voraussetzungen für eine heutige theologische Durchdringung des *Familie-Gottes-Themas* abzurunden, sei noch ein kurzer Blick auf die gegenwärtige (nachkonziliäre) Literatur geworfen.

Auffallend wenig Berücksichtigung erfährt das Kirchenbild der Familie in neueren (vor allem deutschsprachigen) ekklesiologischen Lehrbüchern und Gesamtdarstellungen.[486] Gelegentlich erscheint es in anderen dogmatisch-theologischen Veröffentlichungen, etwa über Kirchenbilder im allgemeinen oder im Zusammenhang von Darstellungen zur «Communio-Ekklesiologie» oder anderen konkreten Einzel-

---

[484] Vgl. Pius XII, Lit. enc. *Evangelii praecones: AAS* 43 (1951), 523f.; zit. die Ansprache *Vivamente gradito* (24.06.1944): *AAS* 36 (1944), 210.

[485] Vgl. ebd., 528.

[486] Beispielhaft seien genannt: Dulles, *Models*, 57, 210, 216 u. 218 (mehr beiläufig im Zusammenhang der Modelle der «mystischen Communio» und der «Jüngergemeinschaft» erwähnt); Auer, *Die Kirche*, 47 (Hinweis auf Bild der «Familie» in *LG* 6); Wiedenhofer, *Kirchenverständnis*, 306-318 (im Zusammenhang von Grundgestalten der kirchlichen Gemeinden); Kehl, *Die Kirche*.

themen.[487] Ebenso fallen in den Bereich der Theologie auch manche theologische Implikationen exegetischer Versuche und entsprechende Grundlegungen mehr pastoral ausgerichteter Ansätze.[488] Auch wenn dem Konzept der Familie Gottes — wie bereits eingehender dargestellt — gegenüber den genannten theologischen Publikationen in exegetischen, bibeltheologischen sowie in pastoral und spirituell orientierten offenbar ungleich mehr Interesse zugewendet wird, darf daraus nicht die Einordnung in eine vortheologische, mehr emotionale, rein metaphorische Ebene abgeleitet werden. Daß es sich bei der «Kirche als Familie Gottes» in letzter Konsequenz um ein Konzept von höchster theologischer Relevanz handelt, soll im folgenden Schlußkapitel wenigstens ansatzhaft in einigen zentralen Elementen angedeutet werden.

---

[487] Vgl. z.B.: K. RAHNER, *Das neue Bild der Kirche*, in: *Schriften* VIII, 349-351 (im Zusammenhang des kollegial-synodalen Prinzips in der Kirche); B. HEARNE, *The Church as Community,* in: *AfER* 19 (1977), 289-298, bes. 293f. u. G. GRESHAKE, *Communio – Schlüsselbegriff der Dogmatik,* in: G. BIEMER u.a. (Hg.), *Gemeinsam Kirche sein. Theorie und Praxis der Communio. FS* O. SAIER, Freiburg 1992, 90-121, bes. 107 u. 121 (*Communio-Ekklesiologie*); F. GEREMIA, *I primi due capitoli della «Lumen gentium». Genesi ed elaborazione del testo conciliare,* Roma 1971; SILANES, *Iglesia,* 231-245 («Familie Gottes» als Ausdruck der trinitarischen Ekklesiologie des VAT II); M. SEMERARO, *Le immagini della Chiesa (LG 6),* in: *Lat* 54 (1988), 92-118 (Kirchenbilder in *LG*); L. DOOHAN, *The Lay-Centered Church. Theology and Spirituality,* New York 1984 (Theologie und Spiritualität der Laien).

[488] Vgl. die vorausgehenden Darstellungen unter 3.3. und 3.4.

Viertes Kapitel

DIE GRUNDELEMENTE EINER
«FAMILIA-DEI-EKKLESIOLOGIE»

Im Sinne der Kirchenlehre des Vaticanum II und ihrer lebendigen Interpretation durch die Bischofssynoden sowie durch das päpstliche nachsynodale Lehramt wurde am Ende des ersten Teils der Arbeit als Grundthese zur *familia-Dei-Ekklesiologie* aufgestellt:

> *"Die Kirche ist Familie der Kinder Gottes in Christus, ihrem Bruder, familiäre Gemeinschaft mit ihrem Vater im Himmel und brüderliche Gemeinschaft untereinander. Sie ist durch die Kraft des Heiligen Geistes Anteilnahme am trinitarischen Leben, dessen «Communio» sie zeichenhaft und wirksam widerstrahlt. Sie ist somit «Sakrament», durch das die Menschheitsfamilie in Welt und Geschichte bis hin zur Vollendung in die Familie Gottes gewandelt werden soll."*

Nachdem die Sichtung vorhandener Literatur zum *Familie-Gottes-Thema* im dritten Kapitel ergeben hat, daß es zwar reiche — zumal biblische — Quellen und mancherlei Veröffentlichungen in verschiedenen Fachbereichen, aber bislang keine umfassendere systematisch entfaltete *familia-Dei-Ekklesiologie* gibt, stellt sich im vierten Kapitel die Aufgabe, ausgehend von der genannten These in Grundlinien dafür eine mögliche Struktur vorzuzeichnen und ein theologisch gesichertes Fundament zu legen. Das geschieht im Blick auf vier im Begriff der *«Familie Gottes»* schon implizit enthaltene und von der *«ekklesiologischen Kurzformel»* genannte Hauptelemente: das *anthropologische* der *«Familie»* als Realität und Urform menschlicher Gemeinschaft und Vergleichspunkt der Analogie (4.1.); das im strengen Sinn *«theologische»* der *trinitarischen Verankerung und Prägung* der Familie Gottes (4.2.); das *inkarnatorisch-sakramentale* ihres Wesens und ihrer Sendung (4.3.); das *zeitlich-heilsgeschichtliche* als *Horizont* ihrer Gegenwart in der Welt (4.4.).

Es gilt somit, in diesen vier, für jede Gesamtdarstellung der Kirche notwendig zu berücksichtigenden theologischen Themen eine Verankerung der *familia-Dei-Ekklesiologie* im christlichen Glaubensgut zu skizzieren, dabei auftretende Probleme anzusprechen und einer Lösung zuzuführen sowie die Grenzen des Ansatzes abzustecken. Auf diesem Weg soll sich zugleich zeigen, daß das Konzept der «Familie» Gottes als in der natürlichen grundmenschlichen Erfahrung verwurzeltes Sinnganzes gerade im Kontext der vier behandelten Themenkomplexe dazu geeignet ist, Wesen und Sendung der Kirche verständlich zu machen, manche bisher weniger beachtete Aspekte ins Bewußtsein zu heben und den einen oder anderen Ansatzpunkt für weitere Entwicklungen im theologischen Verständnis der Kirchenlehre und in ihrer Praxis zu bieten.

4.1. Die «Familie» als analoger Zugang zum Geheimnis der Kirche

Die These zur *familia-Dei-Ekklesiologie* beginnt: *Die Kirche ist Familie der Kinder Gottes in Christus, ihrem Bruder, familiäre Gemeinschaft mit ihrem Vater im Himmel und brüderliche Gemeinschaft untereinander.* Im Anschluß daran ist zunächst darüber Rechenschaft zu geben, was mit der «Familie», dem ersten Element der These, in diesem Zusammenhang gemeint und wie diese soziale Realität auf die Kirche zu beziehen ist. Dabei geht es nicht nur um die begriffliche Klärung des Vorverständnisses, sondern um Grundlagen und Voraussetzungen der Analogie *Familie – Kirche* selbst.

Der Aufbau sowohl der These als auch dieses Kapitels, die die «Familie» als *menschliches Phänomen* sowie anthropologische und humanwissenschaftliche Erkenntnisse voranstellen, deuten auf eine aufsteigende, eine Ekklesiologie «von unten» hin. Demgegenüber steht die Kirche Christi als freie Heilsinitiative des sich selbst an die Menschen mitteilenden Gottes als letztlich immer von oben begründete Wirklichkeit. Hierin liegt aber insofern kein Gegensatz, als der anthropologische Zugang die Ordnung der Erkenntnis betrifft, von der das Wesen der Kirche selbst unberührt bleibt. Andererseits gehört gerade zu diesem Wesen eine zugleich auf- und absteigende heilsvermittelnde Bewegung, wie sie als *«admirabile commercium»* im *familia-Dei-Konzept* selbst noch einmal klarer zutage tritt: *Der Sohn des Vaters tritt durch seine Inkarnation in die menschliche Familie ein, damit diese Familie Gottes werde.* Die zu entwerfende *familia-Dei-Ekklesiologie* ist deshalb «Ekklesiologie von unten», indem sie den Weg von allgemein menschlichen Phänomenen und Erfahrungen hin zu den Heilsgeheimnissen Gottes bahnt. Sie ist «Ekklesiologie von oben», weil die Kirche freies Geschenk der Gemeinschaft mit Gott und untereinander vom trinitarischen Gott her bleibt und deshalb nur im Richtmaß der Heilsgeheimnisse in ihrer Fülle zu verstehen ist.

Die folgende Darstellung humanwissenschaftlicher Daten und Theorien bezweckt nicht, ein möglichst lückenloses soziologisches Bild der Familie zu zeichnen. Vielmehr soll in Treue zur *theologischen* Methode aufgewiesen werden, daß es in den zentralen Elementen der *Gemeinschaftlichkeit*, der wesenhaften *Einbindung in Gesellschaft und Welt* sowie in der *zeitlich-geschichtlichen* Dimension — unbeschadet der je immer größeren Unähnlichkeit der Analogie im allgemeinen (*D* 806) — eine tiefe und vielfältige innere Übereinstimmung zwischen den Realitäten der Familie und der Kirche gibt.[1] Das gilt ebenso für eine durch die Offenbarung erhellte Sicht der natürlichen und der spezifisch christlichen Familie, wie sie etwa in der Pastoralkonstitution des Vaticanum II *Gaudium et Spes* sowie im nachsynodalen Apostolischen Schreiben *Familiaris Consortio* exemplarisch vorliegt.

4.1.1. Die «Familie» im Spiegel divergierender Deutungen

Nahezu jeder Mensch bringt aus eigener unmittelbarer Erfahrung ein Vorverständnis von «Familie» mit. Ein solches ist auch aus dem allgemeinen Sprachgebrauch vorauszusetzen. Laut *«Duden»* bedeutet «Familie» in der deutschen Sprache etwa die «Gemeinschaft der in einem fortdauernden Eheverhältnis lebenden Eltern und ihrer Kinder», wobei der ursprüngliche Sinn — vom lateinischen *famulus* ausgehend — die «Gesamtheit der Dienerschaft», d.h. die ganze «Hausgenossenschaft von Sklaven und Freien», meint, die «dem *pater familias* anvertraut war».[2] Dabei richtet sich — wenigstens im europäischen Kulturraum — der Blick primär auf die «Kernfamilie», ohne daß damit die Bedeutung der Großfamilie ausgeschlossen oder eine wesentliche Beziehung der kleineren zu den größeren Einheiten bestritten wäre.

In jüngerer Zeit begegnet man im Kontext der Anpassung von Rechtssystemen an gesellschaftliche Veränderungen wie im Feld soziologischer Forschung Versuchen neuerer «Familien»-Definitionen, die

---

[1] Diesen drei genannten Hauptelementen folgt sowohl der Aufbau dieses Abschnittes hinsichtlich der Analogie der Kirche zur Familie im allgemeinen (4.1.2.1. – 4.1.2.3.) und in theologischer Deutung (4.1.3.) als auch die Struktur des vierten Kapitels insgesamt (4.2. – 4.4.).

[2] *Duden* Bd. 7, *Etymologie. Herkunftswörterbuch der deutschen Sprache*, Mannheim 1963, 155; auch die größere Gruppe der Blutsverwandten kann «Familie» genannt werden. Vgl. etwa im Italienischen: M. BARBAGLI, *Famiglia. Sociologia*, in: *Enciclopedia delle Scienze Sociali* Bd. III, Roma 1993, 767: "Nel linguaggio comune italiano … famiglia è un sostantivo polisemico usato per indicare una coppia di coniugi e i loro figli, oppure tutti coloro che hanno rapporti di parentela con questi pur non stando insieme a loro, o anche un gruppo patronimico." Das in soziologischen Untersuchungen gelegentlich behandelte Phänomen der *Polygamie* ist hier beiseite zu lassen.

möglichst weit gefaßt sind, um mehr Raum für geschichtliche, kulturelle und soziologische Differenzierungen des Phänomens zu lassen. Als Grundlage gilt aber nach wie vor die Definition nach G. Murdock:

> "Die Familie ist eine soziale Gruppe, charakterisiert durch den gemeinsamen Haushalt, die ökonomische Zusammenarbeit und die Fortpflanzung. Sie umfaßt Erwachsene beiderlei Geschlechts, von denen wenigstens zwei eine sozial anerkannte Geschlechtsbeziehung aufrechterhalten, sowie ein oder mehrere eigene oder adoptierte Kinder jener Erwachsenen, die in Geschlechtsgemeinschaft leben."[3]

Von den drei hauptsächlich angesprochenen sozialen Sachverhalten der *Ehe* (Partnerschaft), des *Haushalts* und der *Eltern-Kind-Beziehung* werden in neueren Definitionen — je nach Standpunkt und Interessenslage — mehr und mehr einzelne betont, andere vernachlässigt.[4] Dabei gibt man sich häufig den Anschein, «möglichst wertfrei» das faktisch Vorhandene und soziologisch wie statistisch Erhebbare in Konzepte zu fassen. Andere Sichtweisen tragen deutlich und offen den Stempel von konkreten Interessen, Ideologien oder der Absicht, auf bestimmte gesellschaftliche Veränderungen hinzuwirken, an sich. So spricht etwa die «*UNO*» in Vorbereitung des *Internationalen Jahres der Familie 1994* von der «kleinsten *Demokratie* im Herzen der Gesellschaft», die als grundlegende soziale Einheit in der Verschiedenheit ihrer konkreten kulturellen Ausprägung das *individuelle* Wohlergehen

---

[3] BARBAGLI, *Famiglia*, 767; vgl. J. MESSNER, *Die Familie der Zukunft*, in: H. SCHAMBECK (Hg.), *Apostolat und Familie* (*FS* O. ROSSI), Berlin 1980, 353 unter Bezugnahme auf G. MURDOCK, *Social Structure*, New York 1963, 1-22.

[4] So wird das Moment der dauerhaften Beziehung zweier verschiedengeschlechtlicher Partner häufiger vernachlässigt, um auch «neuen Familienformen» gerecht zu werden, so daß dann die Definition auf das «Miteinander von verantwortungtragenden Erwachsenen und Kindern» reduziert wird; vgl. z.B. die «Familie in evangelischer Freiheit» (gemäß lutherischer Theol.): S. KEIL, *Familie*, in: *TRE* 11, Berlin 1983, 3, 5 u. 6 (Ziel ist — unbeschadet der «Schöpfungs-Konstante» des «Miteinander von Eltern und Kindern» — eine «freie Gestaltung» der mitmenschlichen Beziehungen, «unabhängig von den Vorgegebenheiten und Einengungen durch das, was schon immer galt oder was andere für richtig halten», wobei «keine historische Form zur Norm erhoben werden dürfe»); dazu auch: F.X. KAUFMANN, *Familie. Soziologisch*, in: *LThK*[3] 3, 1169; DERS., *Familie und Modernität*, in: K. LÜSCHER u.a. (Hg.), *Die «postmoderne» Familie. Familiale Strategien und Familienpolitik in einer Übergangszeit*, Konstanz 1988, 391-400; BARBAGLI, *Famiglia*, 767-770 u. 774-778 (weitere Lit. 778-780); aus iuridischer Sicht: C.M. BIANCA, *Famiglia. Diritto*, in: *Enciclopedia delle Scienze Sociali* Bd. III, Roma 1993, 780-788 (inkl. Lit.); D. SCHWAB, *Familienrecht*, in *LThK*[3] 3, 1175-1177: die Tendenz der Rechtsentwicklung "entspringe ... einer individualistischen Konzeption der familiären Beziehungen, welche die Familie weniger als Einheit denn als Treffpunkt der Rechte einzelner sieht" (ebd. 1175); es zeigt sich eine permanente Neuerung, "die vom Gedanken individueller Rechte der Familienmitglieder und ihrer Selbstbestimmung gespeist wird. Demgegenüber scheinen institutionelle Elemente des Familien-Verständnisses zu verblassen" (ebd. 1177).

der in ihr verbundenen Menschen und den Aufbau einer demokratischen Gesellschaftsordnung gewährleisten soll.[5]

Die Vielfalt, ja Widersprüchlichkeit der dargestellten Ansichten deutet offenbar Unsicherheit bzw. die Schwierigkeit an, zu einem angemessenen und zugleich allgemein anerkannten Familienverständnis vorzudringen. Diese Situation wird bisweilen «positiv» dahingehend gedeutet, daß die Familie ihrem tiefsten Wesen nach selbst eine *komplexe* und *geheimnishafte Realität* und deshalb niemals erschöpfend definierbar sei.[6] Andere vermuten darin die Symptome einer Krise der Familie im theoretischen Verständnis wie in ihren konkreten Verwirklichungsformen.[7] Aber selbst diese «Krise» erfährt ebenso wie die geschichtlichen und kulturellen Ausgestaltungen der Familie der letzten zweitausend Jahre[8] sehr unterschiedliche Bewertungen.

Rein soziologisch und statistisch feststellbar sind bestimmte Veränderungen der gesellschaftlichen Verhältnisse, Gebräuche und gesetzlich festgelegten Normen. Diese äußern sich hinsichtlich der Familie in einer erhöhten Instabilität (häufigere Scheidung), einer verringerten Reproduktionsleistung (Kinderzahl), im Zunehmen «neuer Formen des Zusammenlebens», im Wunsch vieler Frauen nach einer beruflichen Karriere (auch auf Kosten der Kinderzahl), in einer verstärkten Isolierung und Privatisierung der Kernfamilien sowie in einer geänderten Binnenstruktur (von der patriarchalen zur partnerschaftlichen Familie). Andererseits scheint die «Familie» statistisch gesehen an der Spitze der

---

[5] Vgl. UN OFFICE AT VIENNA. CENTRE FOR SOCIAL DEVELOPMENT AND HUMANITARIAN AFFAIRS, *1994. International Year of the Family. "Building the smallest democracy at the heart of society"*, Wien 1991 [Herv. v. Verf.]; J.B. u. B.K. WEINHOLD, *Partnership Families: Building the Smallest Democracy at the Heart of Society* (*UN* Occasional Papers Series 6, 1993), Wien 1993.

[6] Darin kann eine Analogie zum *Geheimnis* der Kirche im Sinne von *LG* gefunden werden. Vgl. M.A. FARLEY, *Family*, in: J.A. DWYER u.a. (Hg.), *The New Dictionary of Catholic Social Thought*, Collegeville 1994, 371; J.R. PAMBRUN, *The Family: A Narrative and Personalist Perspective*, in: *EglTh* 12 (1981), 119. Die unausschöpfliche Geheimnishaftigkeit der Familie erscheint auch in: IOANNES PAULUS II, Adh. apost. *FC* 4: *AAS* 74 (1982), 84f.

[7] Vgl. bes. KAUFMANN, *Familie und Modernität*, 391-415; MESSNER, *Familie der Zukunft*, 351-366; u. J. SCHASCHING, *Vaterlose Gesellschaft?* in: H. SCHAMBECK (Hg.), *Apostolat und Familie*, 436-450 (aus naturrechtlicher Perspektive); H. BERTRAM, *Strukturwandel der Familie*, in: *StZ* 206 (1988), 232-240; KEIL, *Familie*, 1f. u. 12-16; BARBAGLI, *Famiglia*, 777f.; zu den Symptomen dieser Krise: VAT II, Const. past. *GS* 46f.: *AAS* 58 (1966), 1046f.; IOANNES PAULUS II, Adh. apost. *FC* 7: *AAS* 74 (1982), 88.

[8] Zur Geschichte der «Familie» vgl. u.a.: KEIL, *Familie*, 7-16; BARBAGLI, *Famiglia*, 774f.; FARLEY, *Family*, 371-379; R. RADFORD RUETHER, *Church and Family*, in: *NBlackf* 65 (1984) 4-14; 77-86; 110-118 u. 202-212 (feministische Sicht).

Skala angestrebter Lebensziele auf[9], ist das *Idealbild* der «*Normalfamilie*» weiterhin dominant, und bei einer Gruppe von Befragten wächst die Bereitschaft zu einer Mehrkinderfamilie – trotz der damit verbundenen ökonomischen und anderen persönlichen «Einbußen». Die Situation der Familie heute ist also offensichtlich ambivalent, und in der Tat besteht ein nicht geringer wirtschaftlicher und sozialer Druck, der zwar die «Institution Familie» nicht außer Bedeutung setzt, aber gegen die konkrete Verwirklichung des «traditionellen Familienlebens» wirkt:

> "Wir halten daher die Deinstitutionalisierungsthese für weniger angemessen als die Vorstellung, daß — bei partiellem Umbau der Geschlechtsrollentypik — die institutionellen Grundlagen des modernen Ehe- und Familienverständnisses im wesentlichen intakt sind, daß es aber in Folge der skizzierten Überforderungstendenz für die Individuen immer schwieriger wird, den Perspektiven grundsätzlich akzeptierter Leitbilder zu entsprechen. Deshalb wird auch ihre *strenge* Verbindlichkeit in Frage gestellt, ohne daß doch überzeugende Alternativen propagiert werden. Dieser Vorgang sei als *Idealisierung* des Familienleitbilds bezeichnet."[10]

Aus den dargestellten Daten und Ansichten wird deutlich, daß es keine «wertfreie» Sicht der Familie gibt[11] und daß vielmehr hinter diversen Interpretationen und gerade hinter der Idee einer wertfreien Beschreibung eines faktisch vorhandenen «Familienphänomens» Ideologien und handfeste Interessen zu bemerken sind. Doch das darf nicht von den unmittelbaren Erfahrungen des Menschen mit der Realität der Familie getrennt werden. Alles in allem zeigt sich nämlich eine Konstanz, eine der Realität der Familie selbst innewohnende Kraft, die zur Verwirklichung jenes bestimmten Grundbestandes hindrängt, der offenbar mit dem Wesen des Menschen selbst gegeben ist.

4.1.2. Die «natürliche Familie»

Trotz ideologischer und interessensgebundener Färbungen finden sich einige allgemeinere Momente als *weitgehend akzeptierter Grundkonsens zum Familienverständnis* wenigstens ansatzhaft in nahezu alle genannten Theorien aufgenommen: *Familie* als *Gemeinschaft*, ihre *Be-*

---

[9] Vgl. P.M. ZULEHNER, *Religion im Leben der Österreicher. Dokumentation einer Umfrage*, Wien 1981, 21: 89% der Befragten stimmen der Aussage zu, "*mein Lebensziel ist ein glückliches Familienleben*".

[10] KAUFMANN, *Familie und Modernität*, 411. Es zeigt sich ebenso, daß die neuen und instabileren Formen des Zusammenlebens nur sehr beschränkt Nachwuchs hervorbringen und deshalb auch als unmittelbare Erfahrungsgrundlage für weitere geschichtliche Entwicklungen an Bedeutung verlieren.

[11] Vgl. SCHASCHING, *Vaterlose Gesellschaft*, 442f. u. 448.

zogenheit auf das größere soziale Ganze und ihre *zeitlich-geschichtliche Dimension* werden in der Folge als drei entsprechende Grundcharakteristika dargestellt. Sie sind ein Hinweis darauf, daß es vor jeder menschlichen Willkür und Eigeninitiative ein unveränderliches Wesen und damit auch eine unabänderliche Grundstruktur der Familie gibt. Diese sind in einer objektiven, mit der Schöpfung gegebenen Naturordnung verankert, die auch «Naturrecht» genannt wird und zu deren Erkenntnis — zumindest gemäß ihren fundamentalen Prinzipien — die menschliche Vernunft grundsätzlich befähigt ist.[12] Das «Naturrecht» als solches gehört einer vortheologischen Ebene an, was kein Widerspruch zur Tatsache ist, daß mit Hilfe von Gnade und Offenbarung zu einem vertieften Verständnis desselben zu gelangen ist.[13] Das gilt um so mehr, als infolge der Erbsünde auch die natürliche menschliche Erkenntnisfähigkeit beeinträchtigt wurde.

Die folgenden Abschnitte werden zuerst — ausgehend vom «allgemeinen Konsens» und den vortheologisch, naturrechtlich begründeten Wesenskonstanten zum Phänomen der «Familie» — die Analogie *Familie – Kirche* in ihren Hauptlinien entfalten. Daraufhin ist zu zeigen, inwieweit auch die variablen, die geschichtlich, kulturell oder sozial verschiedenen Verwirklichungsformen der Familie, ja selbst die

---

[12] Vgl. im folgenden entsprechende Aussagen in VAT II, Const. past. *GS* 46-52: *AAS* 58 (1966), 1067-1074; ebenso vorausgesetzt in: IOANNES PAULUS II, Adh. apost. *FC*: *AAS* 74 (1982), 81-191. Eine wissenschaftliche Darstellung der Prinzipien, der Erkennbarkeit und der Evidenz des «Naturrechtes», an dessen Existenz und Verbindlichkeit die katholische Lehre stets festgehalten hat, kann hier nicht gegeben werden. Ebenso würde eine Auseinandersetzung und Widerlegung der mancherorts geäußerten Kritik zu weit führen. Vgl. J. MESSNER, *Das Naturrecht. Handbuch der Gesellschaftsethik, Staatsethik und Wirtschaftsethik*, Berlin [7]1984, bes. 547-589; A. FLEISCHMANN, *Die Familie in naturrechtlicher Sicht*, in: SCHAMBECK, *Apostolat und Familie*, 367-383. Ein nicht weiter zu begründendes «Grundrecht» wird — und zwar gerade auch im Blick auf die Familie als «*societas naturalis*» — verschiedentlich von Verfassungen und Grundrechtserklärungen anerkannt; dabei kann von einer *objektiven Naturordnung*, von *existentiellen Zwecken* des Menschen oder (mehr individualistisch gefärbt) von allgemein angenommenen *Menschenrechten des Individuums* ausgegangen werden; vgl. SCHWAB, *Familienrecht*, in: *LThK*[3] 3, 1175-1177; BIANCA, *Famiglia. Diritto*, in: *Enciclopedia delle Scienze Sociali* Bd. III, Roma 1993, 780-783, bes. ebd. 783 (als beispielhafte *individualistische* Position): "La definizione costituzionale della famiglia quale società naturale (...) sta a significare il riconoscimento dei diritti di coloro che ne fanno parte come diritti fondamentali dell'uomo. La formula costituzionale è stata criticata perché richiamerebbe una nozione giusnaturalistica della famiglia, la quale è invece un fenomeno mutevole e storicamente condizionato. ... L'evolversi del fenomeno familiare non tocca, tuttavia, la realtà di un'esigenza fondamentale dell'uomo, e cioè quella di realizzarsi nella comunità familiare. L'uomo non ha semplicemente istinti sessuali, ma anche e soprattutto il bisogno essenziale di realizzarsi nella famiglia, quale prima forma di convivenza umana."
[13] Vgl. IOANNES PAULUS II, Adh. apost. *FC* bes. 3 u. 5: *AAS* 74 (1982), 83-86.

Kritik an ihr eine je eigene Bedeutung für die Entfaltung einer «familia-Dei-Ekklesiologie» haben können.[14]

4.1.2.1. Die Familie als *Gemeinschaft*

Allgemein anerkannt ist, daß es sich bei der «Familie» um eine, und zwar die *ursprünglichste Form von menschlicher Gemeinschaft* handelt. Damit ist ihr inneres Wesen, ihre Struktur *«ad intra»* angesprochen, die sich in vertikale und horizontale Beziehungen aufgliedern läßt. Aus der *vertikalen Relation zwischen Eltern und Kindern*, die nach psychologischem Wissensstand für das Aufwachsen und eine gesunde Entwicklung des Menschen notwendig ist, ergibt sich, sofern der Familie mehrere Kinder angehören, die *horizontale Geschwisterlichkeit*[15]. Der Familiengemeinschaft geht aber als Ermöglichungsgrund und rein biologische Bedingung für das Zustandekommen neuen Lebens die *bräutliche* und *eheliche* als *horizontale Beziehung zweier verschiedengeschlechtlicher Partner* voraus. Diese Beziehungen betreffen den ganzen Menschen in der leib-seelisch-geistigen Einheit seiner Person, die sich als solche auch in den einenden Prinzipien der Familie ausdrückt. Das höchste von ihnen ist die *Liebe*:

---

[14] Somit ist auch der Einwand von P. FRANSEN als irrelevant zurückzuweisen, der in seiner Kritik am Kirchenbild der «Familie» deren Realität als grundmenschliches Phänomen selbst zu wenig in Betracht zieht und sie vorweg der «bäuerlichen Kultur» und Gesellschaftsordnung zuweist; vgl. *Die kirchliche Communio, ein Lebensprinzip*, in: ALBERIGO, *Kirche im Wandel*, 175-197; 179f.: "In einer industriellen und nachindustriellen Kultur jedoch spielt die Familie nicht mehr dieselbe Rolle. Sie hat ihre Inspirationskraft zum großen Teil verloren, da sie selbst an der tiefen Krise unserer abendländischen Zivilisation teilhat. ... Sich in einer komplexen Gesellschaft ... von der Familie inspirieren zu lassen, führt leicht zu einem naiven Paternalismus, sei es seitens des Bischofs oder seitens des Priesters. Die Gläubigen sind «die lieben Kinder», und er entscheidet überall und immer. ... Das Modell der Familie ist hier von geringem Nutzen und muß notwendigerweise Illusionen erzeugen"; auf Basis der biblischen Botschaft von der «neuen Familie» Jesu läßt FRANSEN das Bild der Familie dann aber offenbar doch gelten (194): "... *communio* ist ... ein Mysterium brüderlicher Dichte, von Gott selbst gewollt. Gott rettet uns nicht als einzelne, sondern als seine Kinder, die zu seiner Familie, seinem Volk gehören."

[15] Vgl. IOANNES PAULUS II, Adh. apost. *FC* 15: *AAS* 74 (1982), 97: "In Ehe und Familie bilden sich vielfältige interpersonale Beziehungen heraus — die bräutliche, die väterliche und mütterliche, die kindliche, die geschwisterliche —, durch die jede menschliche Person in die «Familie der Menschheit» und die «Familie Gottes», die Kirche, eingeführt wird." Hier und im folgenden wird mit «Geschwisterlichkeit» dasselbe wie mit «Brüderlichkeit» gemeint, wobei sowohl eine «sprachliche Diskriminierung» als auch jede «Ideologisierung» der Begriffe vermieden werden soll. Daß sich die «geschwisterliche» Beziehung aus der gemeinsamen Kindesbeziehung gegenüber denselben Eltern ableitet und sich deshalb nicht von sich aus konstituieren kann, wird etwa auch aus der ursprünglichen Wortbedeutung des griechischen Wortes für «Bruder/Schwester»: «αδελφος, –η» (von: α δελφυς = demselben Mutterleib entsprossen) deutlich.

"Diese Gemeinschaft wurzelt in den natürlichen Banden von Fleisch und Blut und entfaltet sich, wobei sie ihre eigentlich menschliche Vollendung im Entstehen und Reifen der noch tieferen und reicheren Bande des Geistes findet. Die Liebe, die die zwischenmenschlichen Beziehungen der verschiedenen Familienmitglieder beseelt, stellt die innere Kraft dar, welche die familiäre Einheit und Gemeinschaft gestaltet und lebendig macht."[16]

Somit ist die *Familie* ihrem Wesen nach *die in der unauflöslichen Einehe gründende dauerhafte Lebensgemeinschaft von Eltern mit ihren Kindern*. Diese Kennzeichen sind als die primären anzusehen. Deshalb kann bezüglich der Familie als sozialer Realität von einem Primat des *Seins*, der Einheit und der inneren Gemeinschaft vor der *Aktivität*, ihrem *Tun* nach innen wie nach außen (das sich organisch aus dem *Sein* ergibt), gesprochen werden.[17] Im Sinne der Konkretisierung dieser «Lebensgemeinschaft» ist die Familie weiters als *Wirtschaftsgemeinschaft* sowie als *Haus-* und *Wohngemeinschaft* anzusehen. Auch wenn hier hauptsächlich von der «Kernfamilie» die Rede ist, bleibt diese unlösbar in die größere und doch selbige Familie eingebunden.[18]

Analog dazu ist die Kirche als Teilkirche wie als Universalkirche *durch Liebe geeinte Communio*, nämlich die in Welt und Geschichte originäre und eigentliche Form der Heilsgemeinschaft der Menschen mit Gott. Sie gründet ihrer Struktur nach in der *vertikalen* Vaterbeziehung Gottes zu seinen Kindern im Sohn Jesus Christus. Aus dieser leitet sich die ebenfalls wesentliche *horizontale*, geschwisterliche Beziehung der Gläubigen untereinander ab. Die hierin ausgesagte Einheit und Communio der Kirche ist deshalb Einheit und Communio von Gott, von oben her. Wie in einer natürlichen Familie werden Menschen nämlich auch in der Kirche nicht durch eigene freie Vereinigungsinitiative, aus gemeinsamen Interessen, Zielen und Aufgaben zu Geschwistern, sondern durch die gemeinsame Elternbeziehung, aus

---

[16] IOANNES PAULUS II, Adh. apost. *FC* 21: *AAS* 74 (1982), 104-106 [dt.: hier und im folgenden nach der amtlichen vatikanischen Übers.]; zur Familie als Gemeinschaft vgl. *FC* 15 u. 18-27 (ebd., 97 u. 100-114).

[17] Vgl. ebd. *FC* 18: *AAS* 74 (1982), 100: "Die von der Liebe begründete und beseelte Familie ist eine Gemeinschaft von Personen: des Ehemannes und der Ehefrau, der Eltern und der Kinder, der Verwandten. Ihre erste Aufgabe ist es, die Wirklichkeit ihrer Einheit treu zu leben in dem ständigen Bemühen, eine echte Gemeinschaft von Personen zu bilden."

[18] Es ist unrichtig, die «Großfamilie» als eine «Einrichtung der Vergangenheit» zu betrachten. Das hieße, Familie allein von wirtschaftlichen Aspekten und vom Zusammenwohnen her zu verstehen. Die wesensmäßige verwandtschaftliche Verbundenheit besteht dagegen immer. Und in gegenwärtiger Zeit drücken sich die Beziehungen vielleicht mehr in einer Gemeinsamkeit des Festes und der Freizeit aus; in Aspekten, denen auch allgemein mehr Raum als früher gegeben wird.

der ihnen die Rechte und Pflichten der Kinder als Gabe und Aufgabe zuteil werden.[19]

Im Sohn, der in sich ungetrennt und unvermischt die göttliche und die menschliche Natur vereint, erweist sich die Verschiedenheit von vertikaler und horizontaler Beziehung insofern in eine höhere, gnadenhafte Einheit hinein aufgehoben, als in ihm Gott selbst dem Menschen gleichsam *«horizontal»* als Bruder gegenübersteht. Ebenso überschreitet der analog zur Brautschaft und Ehe verstehbare Bund zwischen Christus und der Kirche, an dem auch deren Glieder gemäß der je eigenen Berufung — insbesondere in Jungfräulichkeit und Ehe — Anteil erhalten, die rein vertikale Ebene und verweist auf die alles menschliche Denken übersteigende eschatologische Gemeinschaft des in das trinitarische Leben hineingenommenen Menschen.

Den beiden vorausgehenden Erwägungen folgend, vermag die *Familie-Kirche-Analogie* auch tiefere Einsichten in die innere organische Struktur der Kirche zu vermitteln. Gott selbst bleibt durch seinen Sohn und im Heiligen Geist Leiter und Plan der Kirche, deren Aufgabe es ist, im Sohnesgehorsam seinen Willen zu erkennen und zu vollbringen. Darin verbindet die horizontale, unter den Gliedern der Kirche primäre, in der Taufe gründende Beziehung die Gläubigen als Geschwister in gleicher personaler Würde und gemeinsamer Verantwortung aus und gegenüber dem Anruf des sich selbst mitteilenden Gottes.[20] Das verwirklicht sich in der Kirche wie in einer Familie durch gelebte Liebe, durch den Einsatz zum Aufbau von Einheit und Gemeinschaft gemäß den je eigenen Gaben: in Solidarität und opferbereiter Selbsthingabe füreinander; in der Bereitschaft, einander zu hören und zu verstehen; in je immer neu vollzogener Verzeihung und Versöhnung.

Die horizontale Beziehung der Geschwisterlichkeit bleibt unbeeinträchtigt und auf alle Kinder Gottes bezogen, wenngleich mit ihr in einer fruchtbaren und zugleich unauflösbaren «Spannungseinheit» eine sekundäre, vertikale Dimension steht, die «geistliche Elternschaft» genannt werden kann und die ihr höchstes Urbild in der Vaterschaft Gottes findet.[21] Sie drückt sich in besonderer Weise in der «geistlichen Vaterschaft» des Weihepriestertums als sakramentale Repräsentation

---

[19] Hierin unterscheidet sich die Kirche Christi von anderen Versuchen, die aufgrund eines Basiskonsenses der Mitglieder eine religiös motivierte Vergemeinschaftung «von unten» errichten wollen.

[20] Hierin liegt auch ein tieferer Sinn des *sensus fidei* (vgl. *LG* 12), durch den die Gläubigen — unabhängig von ihrem Stand und ihren Aufgaben — in der Gemeinschaft der Kirche das Wort Gottes annehmen und im Glauben bewahren.

[21] Vgl. Gal 3,15; IOANNES PAULUS II, Adh. apost. *FC* 25: *AAS* 74 (1982), 111, bezieht diese Stelle ausdrücklich auf die Vaterschaft des Mannes in der Familie.

der väterlichen Vollmacht Gottes in Christus aus. Die *hierarchische Struktur* der Kirche kann demnach im Bild der elterlichen Vollmacht und Verantwortung in der Familie erfaßt werden, wobei die Analogie auch Momente des konkreten Vollzuges derselben umschließt.[22]

So liegt der eigentliche Sinn der Elternschaft allein im Wohlergehen der Kinder, ja sie kann ohne Kinder überhaupt nicht bestehen.[23] Es ist deshalb eine Pervertierung dieser fundamentalen Beziehung, wenn natürliche wie geistliche «Eltern» ihre Kinder als «Besitz», «Prestigeobjekt», «Mittel zu ihrer eigenen Selbstverwirklichung» und Karriere, als «Gegenstand der Befriedigung ihrer Wünsche nach Macht und Selbstbestätigung» betrachten oder sie dementsprechend behandeln. Andererseits kann aus der gemeinsamen Verantwortung weder die Forderung einer demokratischen Strukturierung der Familie noch der Kirche abgeleitet werden. Sicherlich sollen alle Glieder an der Entscheidungsfindung, d.h. im Blick auf die Kirche am Erkennen des Willens Gottes, teilhaben. Eine prinzipielle Demokratisierung läuft dagegen dem oben dargestellten inneren Beziehungsgefüge zuwider und ist in Gefahr, gerade die gemeinsam getragene Verantwortung in «Parteienstreit», anonyme Abstimmungs-, Mehrheits-, Wahl- und Delegationsmechanismen hinein aufzulösen.

Das kirchliche Amt wie die familiäre Vollmacht heben die gleiche personale Würde, die gemeinsame und gegenseitige Verantwortung aller Glieder nicht auf. Sie finden ihr eigenes Ziel in der Reife und Mündigkeit der «Kinder». Dabei ist anzuerkennen, daß unbeschadet der unersetzlichen elterlichen Aufgabe der Erziehung und Lehre in einer «Familie» jeder von jedem lernen kann und muß, wenn auch in je verschiedener, dem eigenen Stand wie den eigenen Gaben und Aufgaben entsprechender Weise.

In den vorausliegenden Erörterungen scheint die «Elternschaft» in der Kirche mit dem sakramentalen hierarchischen Amt identifiziert zu sein. Es wäre allerdings zu fragen, ob in einer darüber hinausgehenden, explorativen Ausfaltung des *Familienmodells* nicht auch eine Erweiterung dieser Beziehung der Verantwortlichkeit in Richtung der geistlichen «*Vater-*» und «*Mutterschaft*» und damit eine Anerkennung der Komplementarität der Geschlechter nicht nur in der Familie,

---

[22] Die elterliche Autorität in der Familie ist eine wesensmäßige und ursprüngliche. Für eine Begründung der kirchlichen Autorität innerhalb der *familia-Dei-Ekklesiologie* ist daher nicht von einer «patriarchalischen Form», sondern von der «Familie» im allgemeinen auszugehen.

[23] Daraus ist allerdings nicht abzuleiten, daß die Elternschaft durch die Kinder verliehen oder übertragen werde. In der natürlichen Familie wie in der Kirche gibt es eine gegenseitig bedingende Zuordnung von «Eltern» und «Kindern», die im letzten für beide unverfügbar bleibt und allein von Gott, dem Urheber des natürlichen wie übernatürlichen Lebens, der Kindschaft wie der Elternschaft, herkommt.

sondern auch in der Kirche zulässig, ja sogar notwendig sein könnte. Die Komplementarität zwischen Mann und Frau müßte nämlich — wie in der Familie — nicht primär auf der Ebene der Geschwister, sondern jener der Eltern angesiedelt werden. Die «geistliche» Mutterschaft allein auf Maria oder eine abstrakt verstandene «Kirche» zu beziehen, hieße die Vorhandenheit eines «weiblichen Charismas» in der Kirche leugnen. Und es ist wohl schwer einsichtig zu machen, wieso allein aufgrund des Geschlechtes Gläubige von ihrer je eigenen Verantwortung entbunden sein sollten.[24]

4.1.2.2. Die Familie als *Herz der Gesellschaft*

Allgemein wird *zweitens* daran festgehalten, daß die Familie als Gemeinschaft nicht isoliert für sich alleine steht, sondern in das größere soziale Ganze der Gesellschaft eingebunden ist, in der sie unersetzliche Aufgaben erfüllt. Damit sind ihre Stellung und ihr Auftrag nach außen, d.h. ihre Dimension *«ad extra»* angesprochen. Durch das Zeugen und Aufziehen von Nachkommenschaft gewährleistet die Familie die physische *Reproduktion* der Gesellschaft. Sie trägt den Hauptanteil an der *Sozialisation* und an der sozialen *Plazierung* der nachkommenden Generationen. Dementsprechend erkennt die katholische Soziallehre die *natürliche Familie* als «Ursprung und Fundament», als «Grund- und Lebenszelle» sowie als «Herz» der menschlichen Gesellschaft. In dieser «Schule reich entfalteter Humanität» wachsen und reifen Bürger physisch wie moralisch heran. Als eine «Institution» und *«societas* eigenen und ursprünglichen Rechtes»* kommt ihr von ihrem Wesen her der Vorrang gegenüber anderen Gemeinschaften, insbesondere gegenüber dem Staat, zu.[25]

---

[24] Dazu und zum Thema der Komplementarität s.u. 4.2. «Exkurs». Die Ähnlichkeit der Gemeinschaft der Kirche zu der einer Familie drückt sich nicht nur in der Frage der inneren Struktur und der Verantwortung aus. An weiteren Parallelen wäre die *«Gütergemeinschaft»* sowohl im natürlich-materiellen als auch im übernatürlichen Bereich zu nennen. So sind etwa Sakramente und andere «geistliche Güter» allen Gläubigen gemeinsam gegeben, wenngleich es bezüglich ihrer «Verwaltung» und «Vermittlung» verschiedene Gnadengaben und Aufgaben gibt. Von der Heilsmittlerschaft für andere an sich ist aber kein Glied der Kirche grundsätzlich ausgeschlossen. Auch das *Zusammenwohnen der Familie in einem Haus* kann ein kirchliches Analogon finden (s.o. Bilanz nach Kap. 2: *Zur Verschiedenheit der Zuordnung zur Familie Gottes*).

[25] Vgl. VAT II, Const. past. *GS* 52: *AAS* 58 (1966), 1073f.; Decr. *AA* 11: ebd. 847f.; Decl. *DH* 5: ebd. 933; IOANNES PAULUS II, Adh. apost. *FC* 42 u. 45: *AAS* 74 (1982), 134 u. 136f. Dem Vorrang der Familie gegenüber dem Staat entspricht das *«Subsidiaritätsprinzip»*, das analog auch auf die Kirche in ihrer Struktur wie in ihrer Stellung in der Welt anzuwenden ist (vgl. PIUS XII, Allocutio adstantibus Eminentissimis ac Reverendissimis Patribus Cardinalibus recenter creatis (20.02.1946): *AAS* 38 (1946), 145 (zur «Subsidiarität» bei PIUS XI): "Parole veramente luminose, che

Auch die Kirche kann sich aufgrund ihrer eigenen Sendung nicht in sich selbst verschließen, sondern bleibt in beständiger Beziehung zu größeren, ebenfalls gemeinschaftlich zu bestimmenden Ganzen. Glaube und Kirche sind niemals «Privatsache», sondern verlangen ihre Bezeugung nach außen. Als zugleich göttliche und menschliche «Familie» entfaltet die Kirche diese Relation in zweifacher, ungetrennter, aber auch unvermischter Weise, in deren Verschiedenheit und Einheit eine eschatologische Spannung zu erkennen ist: sie ist *Kirche in der Welt* und somit immer der Menschheit zugewandt, gleichsam als deren Herz oder Seele[26], als *Salz der Erde* und *Licht der Welt*. Da sie aber dieserart *universales Sakrament des Heiles* ist, kann ihr eigenes und eigentliches höchstes Ziel nicht allein oder primär die Menschheit, ihre Gemeinschaft und Einheit[27], sondern muß vielmehr die Gemeinschaft mit Gott in seiner eschatologischen «Familie» sein. Auf diese ist sie hingeordnet und steht in ihrem Dienst. Zugleich eignet aber der Kirche selbst, bereits in Welt und Geschichte zeichenhaft *universale*, d.h. *katholische Gemeinschaft von Menschen* und *Reich Gottes im Kommen* zu sein.[28]

In dieser ihrer Sendung ist die Kirche der Welt immer schon «vorgeordnet» als «Gemeinschaft eigenen und ursprünglichen Rechtes» und als «Institution»[29], die sich schlechterdings nicht aus Menschheit oder Gesellschaft ableiten läßt. Das «Institutionelle» an ihr steht dabei

---

valgono per la vita sociale in tutti i suoi gradi, ed anche per la vita della Chiesa, senza pregiudizio della sua struttura gerarchica").

[26] Vgl. *Epistula ad* DIOGNETUM, 6: FUNK I, 400 [LINDEMANN, *Apostolische Väter*, 312-315]; S. IOANNES CHRYSOSTOMUS, *Commentarium in S. Matthaeum Evangelistam* 46 (47),2: *PG* 58, 477-479; VAT II, Const. dog. *LG* 38: *AAS* 57 (1965), 43 u. Anm. 120.

[27] Die Kirche dient nicht primär dem Aufbau der Welt oder der Menschheit als Gemeinschaft, sondern dem Aufbau des Reiches Gottes. Da aber das Reich Gottes — wie jede gnadenhafte Realität — die Natur voraussetzt, um sie umzugestalten, zu erheben und zu vollenden, so steht auch die Kirche im Dienst der *Menschheitsfamilie*, insofern sie berufen ist, immer mehr zur *Familie Gottes* zu werden (dazu s.o. Kap. 2).

[28] Dieser doppelten Sendung «ad extra» entsprechen auch die beiden Vollzüge der «Mission/Evangelisierung» und des «Weltdienstes» der Kirche.

[29] Vgl. zum «Institutionsbegriff»: O. v. NELL-BREUNING, *Familie, Staat, Kirche - drei unentbehrliche Institutionen?* (AdG 32), Freiburg 1983, 2: "«Institution» [bedeutet] Einrichtung von allgemeiner Bedeutung und von Dauer, näherhin eine Einrichtung, die ihr Dasein nicht zufälliger menschlicher Erfindung oder gar freier Willkür verdankt, vielmehr einem unverzichtbaren Bedürfnis entspricht und darum unentbehrlich ist, sei es für das irdische Wohl und ein menschenwürdiges Zusammenleben (Familie und Staat), oder sei es für das dem Menschen von Gott zugedachte übernatürliche Heil (Kirche)"; KAUFMANN, *Familie und Modernität*, 392: «Institution» [soziologisch-funktionalistisch] als "ein Geflecht von kulturellen Leitbildern, sozialen Normen und daran anschließenden sozialen Kontrollmechanismen".

ganz im Dienst der *Communio*, der zuvor genannten primären Dimension der Kirche und trägt ebendiese als innere Struktur in sich.[30]

Die Analogie *«Familie – Kirche»* ist auch hinsichtlich der oben genannten Einzelaspekte, mittels derer die Familie die Gesellschaft aufbaut, weiterzuführen. So kommt der *Familie* in bevorzugter Weise zu, *«im Dienst des Lebens»* zu stehen, *Leben hervorzubringen und es physisch wie moralisch zu bewahren und in seiner ganzheitlichen Entfaltung zu fördern*. Dementsprechend äußert sich der kirchliche «Dienst am Leben» in bezug auf die Menschheit darin, in prophetischer Sendung und insbesondere angesichts einer um sich greifenden lebensfeindlichen Mentalität für den unaufhebbaren Wert und die Rechte des Lebens einzutreten. Die «Familie» Gottes wird nach Kräften auf den Schutz der Ungeborenen, der Alten und Behinderten und all jener, die weder ihr Recht selbst einzufordern, noch im Sinne einer Wirtschafts- und Konsummentalität Leistung zu erbringen vermögen, hinwirken. Mit den ihr eigenen Mitteln und in Vollzug ihrer Heilssendung trägt die Kirche auch wesentlich zur Förderung einer ganzheitlichen Lebensentfaltung bei, die die geistig-seelische Dimension neben der leiblichen nicht vernachlässigt.

Die *eigentliche* und *übernatürliche* Fruchtbarkeit der Kirche besteht aber darin, aus dem Wort und dem Sakrament «Kinder Gottes zu zeugen». Dieser Auftrag erweist sich im Blick auf die Kirche als *mütterlich* und auf das Priestertum Christi als *väterlich*, so daß auch zu dessen konkreter Verwirklichung im Leben der Kirche offenbar ein Zusammenwirken von «geistlicher Vaterschaft» des Weihepriestertums und in der Kirche getragener «geistlicher Mutterschaft» erforderlich ist. Das Leben der Gnade entfaltet sich in den Kindern Gottes nicht nur durch priesterlich-sakramentale Vermittlung, sondern verlangt ebenso eine konkrete mütterliche Begleitung und Fürsorge, die im praktischen Beistand nicht weniger fruchtbar sein kann als in Gebet und stellvertretender opfernder Hingabe, die gleichsam «Geburtswehen» des göttlichen Lebens für die ihr Anvertrauten durchleidet (vgl. Gal 4,19). Zu einer derartigen «geistlichen Elternschaft» sind alle Glieder der Familie Gottes entsprechend ihrer Verschiedenheit nach Stand und Gnadengaben berufen.

---

[30] Hierin — und in Analogie zur Familie — läge auch ein Ansatz zu einem unvoreingenommenen Verständnis der Rede von der Kirche als *«societas perfecta»*, die nichts anderes aussagt, als daß die Kirche von Christus in bezug auf ihre Heilssendung für die Menschheit mit allem dazu Notwendigen ausgestattet ist. Bei aller diesbezüglich gebotenen Vorsicht könnte man die Kirche von ihrem Bezug zur vollendeten Gemeinschaft und «Familie des trinitarischen Gottes» her in gewisser Analogie zur Familie als

Der zweite gesellschaftliche Beitrag der Familie besteht in der *«Sozialisation»*, der Gestaltung und Begleitung des Hineinwachsens in die Gesellschaft durch das Aneignen kultureller Werte, sozialer Normen und Rollen, durch die «Befähigung zum Umgang mit materiellen Gegebenheiten» und zur «sozialen Handlungsfähigkeit des Individuums in seiner gesellschaftlichen Umwelt»[31]. Dies ist — mit den Worten von Johannes Paul II. — ein Dienst der «Humanisierung und Personalisierung der Gesellschaft»:

> "So wird die Förderung einer echten und reifen Gemeinschaft von Personen in der Familie zu einer ersten und unersetzlichen Schule für gemeinschaftliches Verhalten, zu einem Beispiel und Ansporn für weiterreichende zwischenmenschliche Beziehungen im Zeichen von Achtung, Gerechtigkeit, Dialog und Liebe. ... Angesichts einer Gesellschaft, die in Gefahr ist, den Menschen immer mehr seiner personalen Einmaligkeit zu berauben und zur «Masse» zu machen und so selbst unmenschlich und menschenfeindlich zu werden ..., besitzt und entfaltet die Familie ... beträchtliche Energien, die imstande sind, den Menschen seiner Anonymität zu entreißen, in ihm das Bewußtsein seiner Personwürde wachzuhalten, eine tiefe Menschlichkeit zu entfalten und als aktives Mitglied in seiner Einmaligkeit und Unwiederholbarkeit der Gesellschaft einzugliedern."[32]

In Analogie zu diesen Aufgaben wird man den sogenannten «Weltdienst» der «Familie» Gottes im allgemeinen verstehen dürfen, der als Ausdruck ihrer Heilssendung unter besonderer Beachtung der Realitäten von Sünde und Erlösung darauf drängt, alles zu fördern, was der wahren Humanität dient. So kann die Kirche zum Wachstum von Gerechtigkeit, Frieden und einer wahrhaft menschlichen internationalen Ordnung in der Welt beitragen. Sie soll durch ihr «Familie-Sein» Beispiel geben für wahre Gemeinschaft und für gelebte soziale Tugenden. In Entsprechung zur heilenden Kraft der natürlichen Familie, die in den letzten Jahrzehnten psychologischerseits mehr und mehr entdeckt und in Therapien einbezogen wurde[33], kann sich auch die Kirche erneut auf die Bedeutung ihrer Sendung zu verschiedenen Formen der Heilung und zur Bewältigung von Konflikten besinnen. Aus ihrem sakramentalen Dienst der Versöhnung wird sie selbst immer wieder Kraft und Ansporn schöpfen, die vergebende Vaterliebe Gottes in der Welt sichtbar zu machen. Schließlich trägt die Kirche in der gegenwärtigen

---

«societas imperfecta» (d.h. als eine Gemeinschaft, die zur Verwirklichung ihrer Bestimmung der Hilfe bedarf) verstehen.

[31] Vgl. KEIL, *Familie*, 12f., zit.: F. NEIDHARDT, *Die Familie in Deutschland*, Opladen ⁴1975, 77.

[32] IOANNES PAULUS II, Adh. apost. *FC* 43: *AAS* 74 (1982), 134f.; vgl. VAT II, Const. past. *GS* 52: *AAS* 58 (1966), 1073f.

[33] Zur Bedeutung des *«Family-Therapy-Movement»* s.o. 3.4.1. (vgl. die Arbeit von D.R. LORD).

Zeit durch konkretes caritatives Engagement zur Linderung vielfältiger Not bei.

Besonderer Ausdruck der Liebe, aber auch der Verantwortung der Kirche für alle Menschen ist ihr prophetischer und lehrender Dienst, ihr Einsatz für Wahrheit und Gewissensbildung, die dem unveräußerlichen Recht, ja der Pflicht der natürlichen Familie zur Erziehung korrespondiert. Auch dieser Auftrag leitet sich aus dem Eigenen der Sendung der Kirche ab. Sie muß und kann die ihr durch die Offenbarung geschenkte tiefere Erkenntnis in die Wahrheit des Menschen, insbesondere aber in seine Würde und seine Bestimmung, unabhängig von menschlichen Interessen, Mehrheitsmeinungen und vom Zeitgeist, allen Menschen guten Willens verkünden. Zur Ausübung dieser Sendung, vor allem im Zeugnis ihres Lebens, sind alle Gläubigen durch die Salbung des Heiligen Geistes berufen und befähigt. Im kirchlichen Lehramt, dem hierzu über die Grenzen der Kirche hinaus besondere Verantwortung zukommt, erhalten sie dabei eine sichere Führung.[34]

Die eigentliche *«Sozialisationsaufgabe»* der «Familie» Gottes besteht aber in der Einführung der Menschen in das «Gemeinschaftsleben mit Gott» und in der Kirche. Auf vielfältige Weise hilft sie den Gläubigen, sich der hohen Würde ihrer Gotteskindschaft aus der Taufe bewußt zu werden, die daraus empfangenen übernatürlichen Anlagen zu entfalten und immer tiefer in die drei theologalen Tugenden des Glaubens, der Hoffnung und der Liebe hineinzuwachsen. Wie im natürlichen Familienleben spielen dabei Feiern, Riten und Gebräuche, besonders aber die Sakramente[35], eine bevorzugte Rolle.

Wie neuere philosophische und psychologische Erkenntnisse herausstellen, kann die Bedeutung der Sprache und das Empfangen des Wortes im Raum der Familie kaum hoch genug angesetzt werden. Darin vollzieht sich die Sozialisation in grundlegender Weise. Sprache «vermittelt dem Kind als Teil der Erziehung» nicht nur eine «Vorstellungs-, Erkenntnis- und Wertwelt, die sein Denken und Handeln von Jugend an prägt und formt»[36], sondern bestimmt sein «In-der-Welt-» und «Mit-anderen-Sein» überhaupt, erhebt es ins Bewußtsein und ermöglicht persönliche Stellungnahme. Analog dazu ist die Kirche jene «Familie», in der die Kinder Gottes lernen, immer mehr im und durch das Wort Gottes zu leben, darin eine *verantwortete* Weise Ihres «Mit-Gott-» und «Miteinander-in-Gemeinschaft-Seins» zu finden, sich ihres

---

[34] Vgl. Vat II, Const. dog. *LG* 12: *AAS* 57 (1965), 16f.
[35] Zu den Sakramenten im Kontext einer *familia-Dei-Ekklesiologie* s.u. 4.3.3.
[36] Vgl. Messner, *Familie der Zukunft*, 357.

Glaubens bewußt zu werden, diesen in freier Stellungnahme zu bejahen und weiter zu verkünden.

Mit der «*Plazierungsfunktion*» meint die Soziologie die Aufgabe der Familie, ihren Gliedern zu helfen, ihrer eigenen Identität und Stellung in der Gesellschaft inne zu werden bzw. diese zu bestimmen.[37] Die Familie bietet einen fixen Bezugspunkt als «Von-Woher» und «Heimat»[38], zu dem das je Neue gesellschaftlicher Aufgaben und Anforderungen in Beziehung gebracht, dadurch verstanden und bewältigt werden kann. Auch hierzu läßt sich für die Kirche als «Familie» eine doppelte, auf die Welt und auf die Kirche bezogene Parallele konstatieren. Die «Familie» Gottes vermag in umfassendster Weise ihren Gliedern Aufschluß über ihr *Sein in der Welt*, ihre tiefste Identität, ihr «Von-Woher» und ihr «Worauf-Hin» zu geben. Sie soll weiters für die Gläubigen zur «Heimat», zum Ort ihrer «existentiellen Erstzugehörigkeit» werden, zum sicheren Bezugspunkt, von dem aus die Aufgaben und Anforderungen des Lebens zu messen, im größeren Sinnganzen zu verstehen und daraus zu bewältigen sind. «*Plazierung*» bedeutet aber im Kontext der «Familie» Gottes auch das Finden der *innerkirchlichen Berufung* des einzelnen.

Dieser zweifache Dienst der «Familie» Gottes erschöpft sich keineswegs im Ideellen und Theoretischen, sondern stellt ganz konkrete Ansprüche an die ganze Kirche und alle ihre Glieder als Träger ihrer Sendung. Das *familia-Dei-Modell* kann diesbezüglich zur Anfrage werden, ob es der Kirche heute gelingt, glaubhaft «Familie Gottes», «Heimat» zu sein, jene göttlich-menschliche, übernatürlich-natürliche Familienatmosphäre zu vermitteln, in der Menschen ihre christliche Identität als ein durch echten Glauben getragenes Leben finden, orientieren und entfalten können. Die «Kirchlichkeit» eines jeden Katholiken ist vornehmlich daran zu messen, wie er dem Aufbau der «*Familie Gottes*» als solcher dient und nicht zuerst an seinen Behauptungen, Lippenbekenntnissen und «Kirchenvisionen». Konkretes Kriterium ist etwa: für Lehre und Verkündigung die Frage, ob die in der Auferstehung Christi begründete und zu Pfingsten der Kirche unverlierbar gegebene Glaubenszuversicht und eine entsprechende übernatürliche

---

[37] Dabei werden «gute Eltern» ihre Kinder durch eine verantwortliche Begleitung und Unterstützung zu einer eigenen und freien Entscheidung begleiten.

[38] Auch die diesbezügliche «emotionale» Bedeutung der Familie, die sich auch auf die «Familie Gottes anwenden läßt», ist festzuhalten; vgl. SCHASCHING, *Vaterlose Gesellschaft*, 449: "Je unpersönlicher und manipulierter die wirtschaftlichen, sozialen und kulturellen Organisationen werden, um so lebensnotwendiger werden für die Erhaltung echter Menschlichkeit jene Gebilde, die Geborgenheit, Affektivität und Hingabe vermitteln."

Sicherheit glaubhaft vermittelt werden[39]; für alle Gläubigen, ob ihr Verhalten gegenüber den Glaubensbrüdern die Züge eines harmonischen Familienlebens trägt, ob ihr Tun und Reden nach «innen», vor allem aber auch nach «außen» Vertrauen in die Kirche zu wecken vermag und dadurch einladend und missionarisch wirkt; ob die Mündigkeit der Christen sich auch darin als solche erweist, daß es ihnen als wahren «geistlichen Vätern» und «Müttern» ein Anliegen ist, anderen zu helfen, die eigene «Berufung» zu finden und dieser ein Leben lang treu zu bleiben.

4.1.2.3. Die Familie in ihrer *zeitlichen* und *geschichtlichen* Dimension

Als *dauerhafte* menschliche Gemeinschaft steht die Familie in den Dimensionen von Zeit und Geschichte, die sich bereits im vorausgehenden angedeutet finden. Sie verbindet verschiedene Generationen und trägt somit die Kontinuität zur Vergangenheit, aber auch die *Zukunft* der Gesellschaft[40], die durch sie in vielfältiger Weise in Wachstum, Entwicklung, Vermehrung und Erneuerung mit aufgebaut wird, in sich. Sie konfrontiert die Heranwachsenden in lebendiger Überlieferung und Neugestaltung mit Formen, Gebräuchen und Traditionen aus der *Vergangenheit* und mit der Kultur, dem «Erbe» der Gesellschaft.

Auch die Kirche ist notwendig «Familie Gottes» *in Zeit und Geschichte*. Sie ist Gemeinschaft *auf Dauer* und kann deshalb nicht auf eine «Versorgungskirche» zu vorübergehender religiöser Bedürfnisbefriedigung und zur Veranstaltung bestimmter transzendental angehauchter Gelegenheitsfeste und -riten verkürzt werden. Das Bild der «Familie» lenkt vielmehr den Blick auf eine Realität, die die ganze Lebenszeit umgreift und zu gestalten vermag, so daß sich das «kirchliche Leben» des einzelnen nur schwerlich und unter nachteiligen

---

[39] Dieser Auftrag (der sich gemäß der je eigenen Berufung besonders an die Träger des Lehramtes und die Theologen richtet) schöpft seine Kraft aus dem Vertrauen, daß die Kirche — vom Heiligen Geist geleitet — niemals aus dem Glauben und der Wahrheit herausfallen kann. Ein extremer «Konservativismus», der sich ungeachtet der Zeichen der Zeit und der darin an die Kirche herangetragenen Herausforderungen an überkommene Fragestellungen, Vermittlungsgestalten und Deutungskategorien anklammert, ist diesbezüglich genausowenig angebracht wie eine «progressivistische» Neuerungspanik, die das Heil in einer Anpassung an den Zeitgeist sucht. Diese beiden Extrempositionen zeugen letztlich von Glaubensschwäche und tragen deshalb nicht zum Aufbau der Kirche bei.

[40] Vgl. IOANNES PAULUS II, Adh. apost. *FC* 26: *AAS* 74 (1982), 112: "Kein Land der Welt, kein politisches System kann anders an seine eigene Zukunft denken als mit dem Blick auf diese neuen Generationen, die von ihren Eltern das vielfältige Erbe an Werten, Verpflichtungen und Hoffnungen der Nation, der sie angehören, zusammen mit dem Erbe der ganzen Menschheitsfamilie übernehmen"; zit. DERS., Allocutio ad legatos Nationum Unitarum (02.10.1979) 21: *AAS* 71 (1979), 1159.

Rückwirkungen auf bestimmte Randzeiten — etwa auf «Lebens-
wenden», sogenannte «heilige Zeiten» oder den Besuch des Sonntags-
gottesdienstes — einschränken läßt.[41]

Ebenso gehören die Gesetze von Wachstum, Entwicklung,
Fruchtbarkeit und Erneuerung zur Grundstruktur des Lebens der
«Familie» Gottes. Die pilgernde Kirche ist in ihren Gliedern immer der
Erneuerung bedürftig. Der Kreis des Kirchenjahres und der Sakramente gleicht dem Lebenszyklus einer Familie und soll die Gläubigen
immer mehr zur Gemeinschaft mit Gott und untereinander führen. In
nahezu allen Bereichen des kirchlichen Lebens muß es notwendig Entwicklung und Wachstum geben, die allerdings kein stetig aufsteigender, dem Plane Gottes sich kontinuierlich annähernder Prozeß sind.
Vielmehr äußert sich darin die «Heilsgeschichte» selbst, die im Zusammenspiel von Gnade und freiem menschlichem Willen, von Sünde
und Vergebung, von Tod und Auferstehung sowohl Reifung und
Wachstum als auch Verfall und Absterben kennt.[42]

Wie die natürliche Familie in ihrer Einheit verschiedener Generationen schließlich das Erbe eines Volkes durch die Geschichte trägt
und dabei seiner Identität Zukunft schenkt, so verbindet auch die Familie Gottes Kontinuität und Erneuerung. Sie bewahrt ihre Tradition,
trägt sie als Erbe durch die Zeit und erneuert diese wie sich selbst
dennoch fortwährend unter dem Wehen des Heiligen Geistes in allen
ihren Gliedern, wobei zu deren Orientierung dem *lebendigen* Lehramt
der Kirche «maßgebliche» Verantwortung eignet. Indem sich diese
«Familie» der Heilstaten Gottes erinnert und von ihm ihre endgültige
Vollendung erhofft, ist sie zugleich «*anamnetische*» und «*eschatologische*» Heilsgemeinschaft, die in der Geschichte gründet und immer

---

[41] Eine Mentalität, die die «Kirchlichkeit» des eigenen Lebens auf ganz
bestimmte Randzeiten einschränkt, läuft Gefahr — wie auch in einer natürlichen
Familie, die «Familienleben nur in wenigen Stunden am Wochenende kennt — zu
einem «Beziehungsstau» und einer Überforderung, insbesondere hinsichtlich der
bewußten und unbewußten Erwartungshaltungen des einzelnen gegenüber der Kirche
und ihren anderen Gliedern zu führen; vgl. SCHASCHING, *Vaterlose Gesellschaft*, 444:
"«Stauungen» der Beziehungen auf wenige Reststunden ... verursachen nicht selten
Überforderungen, das vor allem dann, wenn die einzelnen Mitglieder der Intimgruppe
aus einem Alltag zurückkommen, der für sie einen Streß bedeutete, also eine seelische
Spannung und das Bedürfnis zur Abreaktion. ... Die Intimgruppe Familie ist nicht
selten überfordert, in wenigen Stunden die so komplexen Stauungen abzubauen und
zwischenmenschliche Harmonie zu vermitteln."
[42] Vgl. IOANNES PAULUS II, Adh. apost. *FC* 6: *AAS* 74 (1982), 88: "Darin wird
deutlich, daß die Geschichte nicht einfach ein notwendiger Fortschritt zum Besseren
ist, sondern vielmehr ein Ereignis der Freiheit, ja ein Kampf zwischen Freiheiten, die
einander widerstreiten; sie ist ... ein Konflikt zwischen zweierlei Liebe: der Liebe zu
Gott bis hin zur Verachtung seiner selbst und der Liebe zu sich bis hin zur Verachtung
Gottes." Zur tieferen Entfaltung der heilsgeschichtlichen Dimension einer *familia-Dei-
Ekklesiologie* s.u. 4.4.

schon über sie hinausgreift.[43] In bevorzugter Weise wird das in der «Gemeinschaft der Heiligen» deutlich, die die «Generationen der Kirche» über die ihnen je eigene Situation der Pilgerschaft, der Läuterung und der Herrlichkeit hinaus zur Einheit in Christus verbindet.

Daß die Familie Gottes Gemeinschaft in der Zeit und durch die Geschichte hindurch ist, muß sich im konkreten «Jetzt» der gegenwärtigen Zeit und Situation sowie unter dem Anspruch der *Gnade des Augenblicks* bewähren. Als diesbezügliche Implikationen einer *familia-Dei-Ekklesiologie* verdienen etwa der Umgang der verschiedenen Generationen in der Kirche miteinander verstärkte Beachtung. Damit ist nicht nur die menschliche Ebene der sozialen Verantwortung für das beginnende Leben, für Kinder und alte Menschen gemeint. Kirche ist vielmehr nur dann glaubhaft «Familie», wenn auch in den kirchlichen Dingen selbst die Bedeutung und die Anliegen aller Generationen ernst genommen werden; wenn besonders Kinder, Jugendliche oder Alte, die manche ihrer Aufgaben bereits zurückgelegt haben, die ihnen gebührende Achtung, Ehrfurcht und Liebe erfahren[44].

4.1.2.4. Verschiedene Formen und Deutungen der Familie

Im vorausgehenden wurden *allgemeine* und *konstante* Momente der Familie, die sich aus deren Wesen notwendig ergeben, als Ansatzpunkte für eine *familia-Dei-Ekklesiologie* in Betracht genommen. Damit ist aber nicht gesagt, daß den «Variablen», der kulturell, geschichtlich oder auch sozial bedingten Verschiedenheit der je konkreten Verwirklichungsform oder auch einem spezifischen theoretischen Zugang zum Phänomen der Familie diesbezüglich keine Bedeutung zukommt. Dadurch wird vielmehr den kulturell, geschichtlich oder sozial bedingten Situationen der Kirche entsprochen: um darin ihr bleibendes Wesen und ihre Sendung verständlich darzulegen; um veränderliche, aber für eine bestimmte Zeit und Lage belangreiche Einzelaspekte — sei es hinsichtlich der Lehre über die Kirche, sei es hinsichtlich ihres praktischen Lebens — hervorzuheben bzw. auf sie einzuwirken; um gerade diese Situationen selbst einsichtig zu machen.

---

[43] Das zeigt sich insbesondere auch in den Sakramenten, die nach JOHANNES PAUL II. «Gedächtnis, Vollzug und Prophetie des Heilsgeschehens» sind; vgl. Adh. apost. *FC* 13: *AAS* 74 (1982), 93-96.

[44] Zur Stellung der Kinder und Alten in der natürlichen Familie (als Grundlage dieser Analogie) vgl. IOANNES PAULUS II, Adh. apost. *FC* 26f.: *AAS* 74 (1982), 111-114. Auch die Lehre vom unauslöschlichen Prägemal, das in den Sakramenten der Taufe, der Firmung und der Weihe verliehen wird, muß sich in der Anerkennung der damit verbundenen unvergänglichen Würde geschichtlich bewähren.

Es ist naheliegend, daß ein Ansatz, der die gegenwärtige kirchliche Praxis am Leben der Jüngergemeinschaft Jesu und der Urchristen zu messen beabsichtigt, in Entfaltung der Familienanalogie die Eigenheiten der *alttestamentlich-jüdischen Familie*, aber auch die Stärken, Schwächen der *«Hausgemeinschaft» im orientalischen, römischen und hellenistischen Umfeld* berücksichtigen wird. Dadurch können etwa die soziale Integrationskraft der Kirche und manche ihrer «revolutionär» erscheinenden Normen, die in Christus über gesellschaftliche Barrieren hinauszugehen vermochten, hervorgehoben werden. Auch für die Rede über die Vaterschaft Gottes oder die geistliche Vaterschaft in der Kirche sind hierin Bezugspunkte zu finden.

Nicht weniger als die geschichtlichen können kulturelle und soziale Unterschiede der Familienformen eine *familia-Dei-Ekklesiologie* bereichern. Diesbezügliche Möglichkeiten des *afrikanischen «Klans»*, wie etwa die Beziehung zum «Stammvater», die Verbindung mit den Verstorbenen, die positiven Aspekte eines angemessenen «Stammesbewußtseins» und die Achtung gegenüber dem Familienhaupt wurden bereits eingehender dargelegt.[45] Im Bild der *bäuerlichen Großfamilie* tritt die Gemeinsamkeit in der Arbeit und in allen Bereichen des Lebens vertieft ins Bewußtsein. Aber auch eine *Kleinfamilie*, die vereinzelt in einem Wohnblock *einer mitteleuropäischen Großstadt* lebt, entspricht in gewisser Weise der Kirche in Gestalt der «kleinen Pfarre», die in einer derartigen Stadt die Situation der «Diaspora» erfährt. Ja selbst defiziente Formen wie die *«vaterlose Familie»*, die niemals als Ziel angestrebt oder zur Norm erhoben werden dürfen, vermögen zum besseren Verständnis und zur Bewältigung analoger Erscheinungen im kirchlichen Gemeindeleben beizutragen.

Schließlich ist auch der Wert *spezifischer theoretischer Zugänge* zum Phänomen der Familie und deren Anwendung auf die Kirche nicht zu unterschätzen. Im Kontext narrativer oder personalistischer Ansätze[46] kommen die geschichtliche Dimension und die menschliche Beziehungsebene der Familie Gottes mehr zur Geltung. Versuche, die sich aus dem Bereich des Systemdenkens und der *Familien-System-Theorie* inspirieren lassen, nehmen verstärkt das innerkirchliche Beziehungsgefüge in den Blick, um in «modernen Konzepten» der Komplexität der Realität der Kirche und der Interdependenz ihrer Glieder gerecht zu werden – wie das traditionell etwa im Bild des «mystischen Leibes» geschehen ist. Versteht man Familie wie *Kirche als «Lebenswelt»*, ist darin ihr eminenter Einfluß auf den Daseinsentwurf, das

---

[45] Zum afrikanischen Kirche-Familie-Modell s.o. 3.4.2.

[46] Vgl. z.B. J.R. PAMBRUN, *The Family: A Narrative and Personalist Perspective*, in: *EglTh* 12 (1981), 115-140.

Wirklichkeitsverständnis, die Wertewelt und das Verhalten ihrer Glieder hervorgehoben. Der Rückgriff auf *Erfahrungen aus der Familien-Therapie* soll Deutungs- und Lösungshilfen für bestimmte innerkirchlich häufig zu beobachtende Konfliktsituationen sowie Elemente zu einem erneuerten Amtsverständnis bereitstellen.[47]

Die durch diesen kurzen Überblick angedeutete Tatsache, daß es innerhalb der verschiedenen Verwirklichungsgestalten der «Familie» beträchtliche Unterschiede bezüglich des Verhaltens, der Umgangsformen, der Riten und Gebräuche gibt, trägt selbst noch einmal den Keim einer Analogie in sich. Sie verweist auf die Inkulturationsfähigkeit der Kirche und ihre Katholizität.[48] Die Familie Gottes vermag — als ihrem Wesen und ihrer Sendung nach ein und dieselbe — in jeder geschichtlichen oder kulturellen Situation aus deren Reichtümern zu schöpfen und ihrerseits den Reichtum des Evangeliums auf Völker und Kulturen zurückströmen zu lassen. In der Kraft des Heiligen Geistes leuchtet selbst in ihr äußerlich aufgezwungenen «defizienten» Verwirklichungsmöglichkeiten — ähnlich, aber noch tiefer als im Phänomen der natürlichen Familie — ihre Konstanz und Standhaftigkeit auf.

4.1.2.5. Die «umstrittene Familie»

Wie bereits angedeutet, ist — zumal in den letzten Jahren — immer wieder von einer «Krise der Familie» die Rede, werden heftige Diskussionen zu diesem Thema geführt, die die Familie als «umstrittene Einrichtung» erscheinen lassen. Soziologen sprechen von einem Verlust an Popularität und Glaubwürdigkeit dieser Lebensgemeinschaft. Anderenorts wird die Familie zum «Feindbild» erhoben und offen kritisiert. Motiviert durch einen mehr grundsätzlichen Verdacht gegenüber Institutionenen und allem Traditionellen, ordnet man sie bisweilen als «unmodern» der Vergangenheit zu. Anscheinend nur gegen eine bestimmte «Form» gerichtete Vorwürfe erweisen sich bei näherer Betrachtung häufig als Kritik zentraler Punkte des Wesens, wodurch implizit die Familie selbst abgelehnt wird.

Unter Verweis auf diese ambivalente Situation und die Kritik an der Familie wird deshalb gelegentlich empfohlen, wenigstens im «entwickelten Westen» auf eine Anwendung jenes Konzeptes innerhalb der

---

[47] Zu den letzteren Ansätzen vgl. die Studien von D.R. LORD (s.o. 3.4.1.) und D. REID (s.o. 3.3.2.).

[48] Vgl. IOANNES PAULUS II, Adh. apost. *FC* 10: *AAS* 74 (1982), 91: "Die «Inkulturation» ist der Weg in Richtung auf die volle Wiederherstellung des Bündnisses mit der Weisheit Gottes, die Christus selbst ist. Die ganze Kirche wird auch durch jene Kulturen bereichert, die, obgleich arm an Technologie, reich an menschlicher Weisheit und von hohen moralischen Werten durchdrungen sind."

Ekklesiologie zu verzichten.[49] Demgegenüber wäre allerdings zu fragen, ob nicht gerade in der Kritik selbst noch einmal eine Parallele zur Kirche zu erkennen ist, ob nicht dieselben oder sehr ähnliche Vorwürfe auch gegen die «Familie Gottes» vorgebracht werden, ob nicht beide mit gleichen abträglichen Tendenzen zu kämpfen haben und ob schließlich nicht hinter alldem womöglich vielfach dieselben Ideologien stehen könnten.[50]

Ganz offen und explizit wird von *marxistischer* Seite eine Abschaffung der «überkommenen Einrichtung» der Familie angezielt. Im Denksystem jener *kollektivistischen Ideologie* erscheint «Familie» als eine «traditionelle Institution», die mancherlei Formen der Unterdrückung und Ausbeutung mit sich bringe, ungerechte Herrschaftsverhältnisse und soziale Benachteiligungen stabilisiere bzw. gesellschaftliche Umwandlungsprozesse behindere. Die «Familie», die «vollständig entwickelt nur für die Burgeoisie existiere» und die «ihre Ergänzung in der erzwungenen Familienlosigkeit der Proletarier und der öffentlichen Prostitution» finde, sei deshalb im Kommunismus durch die Abschaffung des Privateigentums zu beseitigen.[51] Ähnliche Meinungen werden — wenn auch nicht so direkt formuliert — auch heute noch in einschlägigen Gesellschaftsanalysen oder im Umfeld von Theorien zur Hermeneutik und Sprachforschung vorgetragen.[52] In einzelnen Formen feministischer Gesellschaftskritik, die in der Familie ein gegen die Frau gerichtetes Unterdrückungsinstrument sehen, von

---

[49] So z.B. FRANSEN, *Communio*, 179f.

[50] Zur gegenwärtigen Kritik an der Kirche und der darin sich ausdrückenden «Krise» vgl. den Sammelband: L. SCHEFFCZYK, *Aspekte der Kirche in der Krise. Um die Entscheidung für das authentische Konzil*, Siegburg 1993.

[51] Nach K. MARX und F. ENGELS wurde die «Familie» durch die Burgeoisie ihres «rührend-sentimentalen Schleiers» entkleidet und «auf ein reines Geldverhältnis» und die «Abhängigkeit des Weibes vom Mann und der Kinder von ihren Eltern vermittels des Privateigentums» zurückgeführt. Für die Arbeiterklasse hätten «Geschlechts- und Altersunterschiede keine gesellschaftliche Geltung» mehr und es gebe nur noch «Arbeitsinstrumente, die je nach Alter und Geschlecht verschiedene Kosten machen»; vgl. K. MARX–F. ENGELS, *Manifest der Kommunistischen Partei* [1848], Stuttgart 1969, 26, 31f., 35, 42-44 u. 47; F. ENGELS, *Grundsätze des Kommunismus* [1847/1914], Stuttgart 1969, 79f., zur Verwirklichung des Zieles soll die kommunistische Gesellschaftordnung «das Verhältnis der beiden Geschlechter zu einem reinen Privatverhältnis machen, welches nur die beteiligten Personen angeht und worin sich die Gesellschaft nicht zu mischen hat». Zu einer abgeschwächten «sozialistischen Spielart» der marxistischen Grundgedanken vgl. G. KRAUS, *Wert und Bewertung der Familie. Katholische und sozialistische Grundlagen* (Diplomarbeit: Kath.-theol. Fakultät Universität Wien), Wien 1991.

[52] In Übernahme derartiger Theorien in die theologische Forschung können sogar die Stellung Jesu gegenüber seiner eigenen Familie und die «neue Familie» seiner Jüngergemeinde als Argument für eine radikale Umgestaltung gesellschaftlicher Verhältnisse sowie der traditionellen Familienform ins Treffen geführt werden. Zu derartigen Tendenzen vgl. die Darstellung der Arbeit von H.C. KEE und F. SCHÜSSLER-FIORENZA unter 3.3.2.

dem diese befreit werden müsse, finden sie ebenfalls eine getreue Weitertradierung.[53]

Von selber Seite wird auch die Kirche als «Institution» verstanden, die «zur Unterdrückung bestimmter gesellschaftlicher und sozialer Bevölkerungsschichten eingesetzt» werde, die bestehende Verhältnisse und Ordnungen sakralisiere und befestige; die im übernatürlichen Bereich — so wie die Familie im natürlichen — den Menschen eine scheinbar heile und heilige Welt aufbaue bzw. sie auf eine solche im Jenseits vertröste. So würden die vorhandenen Kräfte zum Umsturz gesellschaftlicher Verhältnisse lahmgelegt. Deshalb müsse auch der Kirche ihr Einfluß genommen werden; ja sie selbst sei abzuschaffen, was — wie die entsprechenden Theoretiker bezüglich der «christlichen Idee» meinten — bereits durch die Aufklärung im 18. Jahrhundert geschehen sei.[54]

Die Gesellschaft, «in der die freie Entwicklung eines jeden die Bedingung für die freie Entfaltung aller ist», kann als ein Hauptziel der dargestellten Theorien gelten.[55] Darin zeigt sich aber eine enge Verwandtschaft zu der — auf den ersten Blick gegensätzlichen — ideologischen Strömung des modernen *Individualismus*», von dem die gegenwärtige «Familien-» und «Kirchenkritik» wohl am meisten beeinflußt ist. Anerkannt bleibt zwar, daß der Mensch zu seiner ganzheitlichen Entfaltung auch der Geborgenheit und des Beziehungsnetzes einer «Familie» bedürfe. Andererseits stehe jener Meinung nach die durch mancherlei Normen, Gebräuche und Bindungen geregelte «traditionelle Form» der vollen Entfaltung und Erfüllung der Freiheit des Individuums wie seiner sexuellen Wünsche im Wege. Analog dazu räumt man bestimmte «religiöse Bedürfnisse» des Menschen ein, zu deren Befriedigung es *verschiedene* Einrichtungen geben solle. Abgelehnt wird aber eine Kirche, die durch Normen, Gebräuche und Bindungen die ungezwungene Selbstverwirklichung des einzelnen — insbesondere im Bereich des sexuellen Lebens — behindere; vor allem dann, wenn die Kirche ihren Anspruch geltend macht, die *wahre* Kirche zu sein.

Im Unterschied zur direkten und offenen Polemik des Klassenkampfes wird hierbei nicht von «Abschaffung» der Familie oder der Kirche gesprochen. Um so mehr werden «gutgemeinte Reformvor-

---

[53] Vgl. z.B. S. OKIN, *Justice, Gender, and the Family*, New York 1989; C. DELPHY, *Close to Home: A Materialist Analysis of Women's Oppression* (übers. u. hg. D. LEONARD), Amherst (Massachusetts) 1984; beide werden äußerst wohlwollend betrachtet bei: FARLEY, *Family*, 379-381.

[54] Vgl. MARX–ENGELS, *Manifest*, 44-46.

[55] Vgl. I. FETSCHER, *Nachwort zum Manifest der Kommunistischen Partei*, in: MARX–ENGELS, *Manifest*, 95.

schläge» oder Forderungen nach Anpassungen an die geänderten geschichtlichen, sozialen und kulturellen Verhältnisse eingebracht oder gesetzgeberische Maßnahmen betrieben, die im letzten die Begriffe «Familie» und «Kirche» ihres eigentlichen Inhaltes entleeren.[56] Derartige Bemühungen zielen auf eine «Kirche», die wesentliche Momente ihrer inneren Struktur, Disziplin, Sendung und Verkündigung in Glaubens- und Sittenfragen der geänderten Mehrheitsmeinung, dem statistisch mehrheitlich praktizierten Verhalten und den Wünschen des individuellen Freiheits- und Selbstverwirklichungsdranges anpassen solle. Denn — so wird betont — anders würde die Kirche noch mehr an Popularität, öffentlicher Zustimmung und Anhängerschaft verlieren, und de facto hielten sich ja selbst in der Kirche nur noch die allerwenigsten an die überkommenen Lehren, Richtlinien und Gebräuche.

Eine weitere versteckte, vielfach «unterbewußte Kritik» besteht in der «schleichenden Uminterpretation» von für die Familie wie für die Kirche wesentlichen Begriffen: die «Ehe» als «jedes Zusammenleben mit einem überdurchschnittlichen Maß an emotionaler Nähe»; ein rein emotional bestimmtes und auf die Befriedigung individueller Wünsche ausgerichtetes «Liebesverständnis» ohne die Dimensionen von Opfer und Selbsthingabe; eine «Dauerhaftigkeit» der Lebensgemeinschaft, die sich allein an der «Dauer» gefühlsmäßiger Zuneigung bemißt. Ähnliche Phänomene scheinen es zu sein, wenn in der Kirche «communio» als frei gestaltbare Menschengemeinschaft demokratischer Art verstanden wird, wenn von der Verkündigung nur noch «Frohbotschaft» verlangt und Inhalte wie «Sünde», wie «Gottes Gerechtigkeit», wie «Gehorsam» oder «Strafe» einer «heute überholten Drohbotschaft» zugeordnet werden, wenn das subjektive «Gewissen» zur höchsten *«objektiven»* und damit «normsetzenden» Autorität[57] erhoben wird.

All diese Vorwürfe an Familie oder Kirche dürfen nicht vorschnell als gegenstandslos abgetan werden, sondern verdienen ein-

---

[56] Vgl. z.B. die eigene Angabe der *Grünen Alternativen Partei* in Österreich zu deren Ziel, "daß der Begriff Familie vom Gesetzgeber nicht mehr wie bisher in erster Linie für das Zusammenleben zweier verschiedengeschlechtlicher Erwachsener mit einem oder mehreren Kind/ern verwendet wird, sondern, daß alle Formen des Zusammenlebens, die ein überdurchschnittliches Maß an emotionaler Nähe bedingen, unter dem Begriff subsumiert werden. ... So können auch Lebensgemeinschaften, Alleinerzieher, eventuell auch Wohngemeinschaften, in denen für das körperliche, geistige, seelische und finanzielle Wohlergehen des(r) Kindes/r gesorgt wird, den Anforderungen gerecht werden, die an eine Familie gestellt werden"; in: M. BEHAM, *Diskussion des Begriffs Familie*, in: R. GISSER u.a. (Hg.), *Lebenswelt Familie. Familienbericht 1989*, Wien 1989, 11.

[57] Es soll nicht bestritten werden, daß der Mensch in seinem sittlichen Tun verpflichtet ist, seinem Gewissen zu folgen. Daraus lassen sich aber keine allgemeinen Normen ableiten, insbesondere, wenn diese mit objektiven geoffenbarten und verkündigten Wahrheiten im Widerspruch stehen.

gehendere Beachtung – zumal sie ja anscheinend durch weiter verbreitete Formen der «stummen Kritik», des «lautlosen Auszuges aus der Kirche», der kontinuierlichen «Verdunstung der Kirchlichkeit» Unterstützung erhalten. So wird sich gerade auch eine *familia-Dei-Ekklesiologie* der Frage stellen müssen, wo sich unter frommem Deckmantel «nicht in ihrem Wesen begründete Strukturen», Gebräuche, ja auch «Herrschaftsverhältnisse» und «Praktiken der Unterdrückung» in die Kirche eingeschlichen haben könnten. Man wird die Augen nicht davor verschließen, daß es unter den Gliedern der Kirche von Anfang an die Versuchung gab, kirchliche Ämter und Aufgaben für die eigene Karriere und zu einer ungezügelten Ausübung der Macht über andere zu mißbrauchen – Fehler und Schwächen, die um so schwerer wiegen, wenn sie von «Amtsträgern» begangen werden. Aber vielleicht kann gerade ein Verständnis der Kirche als Familie Anfrage und Anstoß zu einer Läuterung angesichts der vielfach vorgetragenen Kritik sein: Der Kirche *als Familie* entspricht eine Benachteiligung aufgrund des Geschlechtes genausowenig wie die Leugnung damit gegebener und zur gegenseitigen Ergänzung bestimmter Unterschiede. Sie eignet sich ganz offensichtlich nicht als Tummelplatz von Eigeninteressen und gegen das Ganze der Gemeinschaft gerichtete Machtansprüche. Sie wird sich weiters darum bemühen, der beständigen Versuchung zu Kompromissen und Angleichungen an bestimmte politische Formen und Systeme zu widerstehen.

Trotz aller Kritik[58] ist weder der «Untergang der Familie Gottes» noch der natürlichen Familie zu befürchten. Wenn die eine auf übernatürliche Weise, die andere «natürlich» von Gott selbst gewollt und gegeben ist, so wird er selbst im Heiligen Geist auch für ihre «Zukunft» Bürge stehen. Dem entspricht eine immer neu feststellbare natürliche Hinneigung des Menschen zur Familie wie eine übernatürliche zur «Familie» Gottes in der Suche nach Sinn und letzter Erfüllung des menschlich unerfüllbaren tiefsten Sehnens, in der merkwürdigen «Anziehungskraft» kirchlicher Themen, Ereignisse und Lehren auch auf jene, die nach außen hin nichts mit der Kirche zu tun haben wollen.[59]

---

[58] Es scheint beachtenswert, daß Soziologen darauf hinweisen, daß den von bestimmten «Kritikern» vorgeschlagenen Familienmodellen gegenüber den traditionellen eine weit geringere Fruchtbarkeit eignet (was etwa für die Lebensverbindungen von gleichgeschlechtlichen Partnern auch biologisch evident ist). Es wäre zu prüfen, wie weit hierzu Parallelen in manchen von den «Kritikern» der Kirche propagierten Formen zu finden wären, die ebenso — gemessen an «geistlichen Berufungen» und an der «Strahlkraft eines erlösten und frohen Glaubenslebens» — wenig «Fruchtbarkeit» aufweisen.

[59] Die bisweilen vorgetragene überaus scharfe Kritik an kirchlichen Aussagen zur Ehemoral ist sicherlich weder ein Zeichen der Gleichgültigkeit gegenüber der

Blickt man zurück auf die Aussagen der Evangelien zur «neuen Familie Jesu»[60], dann stellt sich die Frage, ob das «Umstritten-» und «Verfolgtsein» nicht immer in irgendeiner Weise zur «wahren Familie Gottes» gehört, ja ein Zeichen ihrer Lebendigkeit und Treue zur Botschaft Christi ist. Damit sind nicht eigene Fehler und Schwächen zu rechtfertigen oder die dadurch verursachten Vorwürfe und Verfolgungen zu «glorifizieren». Aber es mag ein Hinweis darauf sein, daß auch in Zeiten massiven Widerstandes das Wirken Gottes in der Heilsgeschichte zu erkennen ist und seine Liebe, die er besonders denen erweist, die um seinetwillen bereit sind, alle menschlichen Vorteile zurückzulassen, die aber in seiner Familie dafür hundertfachen Ausgleich — wenn auch unter Verfolgung — erhalten (vgl. Mk 10,28-30).

4.1.3. Die «christliche Familie» in katholisch-theologischer Deutung

Eine *familia-Dei-Ekklesiologie* wird nicht nur von der Analogie der Kirche zur «natürlichen» Familie ausgehen dürfen, sondern auch das Spezifische der *christlichen Familie* zu berücksichtigen haben.[61] Die Fülle an Veröffentlichungen zum christlichen Verständnis von Ehe und Familie kann für das hier verfolgte Ziel allerdings nur bedingt nutzbar gemacht werden. Dabei ist es nicht immer einfach, zwischen der *«natürlichen»* — insbesondere in einer durch Offenbarung und katholische Lehre erhellten Darstellung — und der spezifisch *christlichen* Familie zu unterscheiden. Weiters erweist sich eine «Theologie der Familie» oft bei näherer Prüfung im eigentlichen Sinn als Theologie *der Ehe*, obzwar unter besonderer Beachtung des Ehezieles der Fruchtbarkeit und des Kindes als leibhaftigem Ausdruck ehelicher Liebe und Mitarbeit am Schöpfungswerk; eine eigenständige theologische Würdigung der *Familie selbst als solche* unterbleibt dann nicht selten.

Wo die theologische Relevanz der Familie erkannt und behandelt wird, geschieht das häufig im Blick auf die «Hauskirche». Diese verwirklicht als «Kirche im Kleinen» im familiären Bereich wesentliche

---

Kirche (auch nicht unter denen, die ihr gar nicht angehören) noch eines unbefangenen und «reinen Gewissens», sondern vielmehr dafür, daß die Wahrheit auch heute — über konfessionelle und religiöse Grenzen hinweg — Gewissen trifft und im innersten zur Entscheidung auffordert.

[60] Dazu s.o. 3.3.2.

[61] Die Darstellung folgt hier bewußt der katholisch-theologischen Sichtweise und kann weder auf bestehende beachtliche konfessionelle Unterschiede noch auf die Familie als «heilige Realität» im Kontext der Religionswissenschaften näher eingehen; vgl. dazu H. BÜRKLE, *Familie. Religionswissenschaftlich*, in: *LThK³* 3, 1167f.; zur grundsätzlichen Bedeutung des «Familienthemas» für «Religion» im allgemeinen: E. PRZYWARA, *Metaphysik, Religion, Analogie*, in: *AdF* 1956/1, 156-162.

Momente der kirchlichen Sendung. Der Wert derartiger Versuche liegt vor allem darin, die Stellung der christlichen Familie in der Kirche, ihre Sendung und die ihr zukommenden Aufgaben zu klären. Als Ausgangspunkt für die Analogie der *Kirche als Familie Gottes* sind sie aber weniger geeignet. Wenn nämlich zuvor die Familie als «Kirche» gedeutet wurde, kann man daraus kaum — ohne theologischen «Zirkelschluß» — tiefere Einsichten in das Wesen der Kirche erwarten.

Auch in der vorliegenden Arbeit kann es nicht darum gehen, eine Theologie der christlichen Familie zu entfalten. In einigen wesentlichen Grundlinien soll aber angedeutet werden, was eine katholisch-theologische Interpretation der *christlichen* Familie als möglicher Ausgangspunkt zum Entwurf einer Ekklesiologie der Familie Gottes beizutragen vermag. Wie die Gnade immer die menschliche Natur voraussetzt, sie läutert, umgestaltet und in das Heilswerk Christi hinein erhebt, so bleibt auch hier das Phänomen der natürlichen Familie das Fundament. Es wird sich zeigen, daß gerade ihren wesentlichen Elementen von Christus her eine eigene, tiefere und heilsrelevante Dimension gegeben ist. Ihre gnadenhaft durchformten Wirklichkeiten können so Hinweise auf das Familienhafte der Kirche und Ansatzpunkte für weitere theologische Überlegungen sein.[62]

Sein nicht weiter ableitbares Grunddatum findet das theologische Verständnis der Familie im Rückbezug auf den «Anfang» (vgl. Mt 19,4-6.8). Damit ist aber nun nicht einfach der Rekurs auf die Schöpfung und das darin von Gott gewollte und begründete Wesen von Ehe und Familie gemeint, oder näherhin, wie dieser in Gen 1-2 dargestellt und theologisch gedeutet ist. Vielmehr geschieht dieser Rückbezug selbst schon «von Christus her», d.h. im Licht der endgültigen Offenbarung Gottes im *verbum incarnatum* als Vater, Sohn und Heiliger Geist und damit als Gemeinschaft, als Einheit in Verschiedenheit, mit einem Wort, als *«Liebe»*; er geschieht zugleich hineingenommen in das Geheimnis des neuen und ewigen Bundes in Christus.

Wenn «Familie» ihrem Wesen nach die in der unauflöslichen ehelichen Einheit von Mann und Frau vom Schöpfer begründete «innige *Gemeinschaft* des Lebens und der Liebe» ist[63], so findet gerade diese *Gemeinschaft* ihren Ursprung und ihr Ziel im trinitarischen Gott selbst:[64]

---

[62] Weiterführende theologische Erwägungen zu den hier in der Folge angedeuteten Elementen finden sich in den Abschnitten 4.2. – 4.4.

[63] Vgl. VAT II, Const. past. *GS* 48: *AAS* 58 (1966), 1067f.

[64] Zur vertieften Ausfaltung dieser Gedanken sowie zur Anwendung auf die Kirche s.u. 4.2.

"Gott hat den Menschen nach seinem Bild und Gleichnis erschaffen [vgl. Gen 1,26f.]: den er *aus Liebe* ins Dasein gerufen hat, berief er gleichzeitig *zur Liebe*. Gott ist Liebe [1Joh 4,8] und lebt in sich selbst ein Geheimnis personaler Liebesgemeinschaft. Indem er den Menschen nach seinem Bild erschafft und ständig im Dasein erhält, prägt Gott der Menschennatur des Mannes und der Frau die Berufung und daher auch die Fähigkeit und die Verantwortung zu Liebe und Gemeinschaft ein. Die Liebe ist demnach die grundlegende und naturgemäße Berufung jedes Menschen. ... Die christliche Offenbarung kennt zwei besondere Weisen, die Berufung der menschlichen Person ganzheitlich zu verwirklichen: die Ehe und die Jungfräulichkeit. Sowohl die eine als auch die andere ist in der ihr eigenen Weise eine konkrete Verwirklichung der tiefsten Wahrheit des Menschen, seines «Seins nach dem Bild Gottes»."[65]

Der christlichen Familie eignet es nun aber nicht nur, gleichsam «stummer Zeuge» und «unbewußtes Bild» göttlicher Liebe und Communio zu sein, wie es jeder menschlichen Gemeinschaft in gewisser Weise zukommt. Vielmehr ist sie explizit durch ihren Auftrag und ihre Berufung bewußte Verkündigung und Mitarbeit am Schöpfungs- und Erlösungswerk Gottes. An dieser Berufung haben die verschiedenen Glieder der Familie gemäß ihrem Stand, den ihnen verliehenen Gnaden und Gaben wie aus der Kraft der empfangenen Sakramente teil. Gemeinsam und als Ganzes aber sollen sie die Einheit aufbauen, durch die ihr Leben von der Einheit Gottes kündet und seine Liebe zu den Menschen beglaubigt.[66] In dieser Sendung kommen die christliche Familie und die «Familie» Gottes als «Sakrament der Gemeinschaft» in analoger, wenn auch je eigener Weise überein.

Ebenso «vom Anfang her» ist die liebende Beziehung Gottes zum Menschen zu verstehen. Er wendet sich ihm als Gemeinschaftswesen (vgl. Gen 1,27; 2,18-25), ja als der «Familie» Adams mit all den damit verbundenen Konsequenzen tiefster menschlicher Solidarität und

---

[65] IOANNES PAULUS II, Adh. apost. *FC* 11: *AAS* 74 (1982), 91-93; vgl. *FC* 28 (ebd. 114) u. VAT II, Const. past. *GS* 12: *AAS* 58 (1966), 1034. Der Bezug der Berufung der Ehe zur Gemeinschaft der Familie ist (aus dem bisher Gesagten) evident; zur gemeinschaftlichen und «familienhaften Bedeutung» der Jungfräulichkeit s.o. 1.3.2.

[66] Vgl. Joh 17; dazu auch: IOANNES PAULUS II, Adh. apost. *FC* 21: *AAS* 74 (1982), 104-106; gerade aus der Kraft der Sakramente empfängt die christliche Familie die "Gnade und die Verantwortung, alle Spaltungen zu überwinden und auf die volle Wirklichkeit der von Gott gewollten Gemeinschaft zuzugehen und so dem innigen Wunsch des Herrn zu entsprechen, daß «alle eins seien» [Joh 17,21]". Im Anschluß daran ist zu zeigen, daß entsprechend der (biblischen) Offenbarung das *primäre Analogon* zur innergöttlichen Einheit (als *Vater* und *Sohn* und *Heiliger Geist*) im Bereich des Familienthemas zu finden ist. Ebenso — und wie das Zeugnis der Evangelien beweist [s.o. 3.3.2.] — ist die Familie für die in der göttlichen Einheit gründende Einheit und Gemeinschaft der Kirche gegenüber anderen Bildern der Einheit — ohne Abwertung von deren Bedeutung — als *ursprünglicher* anzusehen.

gemeinschaftlicher Verwiesenheit in Heil und Unheil zu – auch dann noch, als der Mensch «im Ungehorsam seine Freundschaft verlor und der Macht des Todes verfiel»[67]. Diese Zuwendung aber wird biblisch ebenfalls in Bildern des Familienthemas, der Kindschaft, vor allem aber des bräutlichen und ehelichen Liebesbundes dargestellt:

> "Die Liebesgemeinschaft zwischen Gott und den Menschen, fundamentaler Inhalt der Offenbarung und der Glaubenserfahrung Israels, kommt auf bedeutsame Weise im bräutlichen Bündnis zwischen Mann und Frau zum Ausdruck. ... Ihr Liebesband wird zum Abbild und Symbol des Bundes, der Gott und sein Volk verbindet. Selbst die Sünde, die den ehelichen Bund verletzen kann, wird zum Abbild der Untreue des Volkes gegen seinen Gott: der Götzendienst ist Prostitution, die Untreue ist Ehebruch, der Ungehorsam gegen das Gesetz ist ein Verrat an der bräutlichen Liebe des Herrn. Die Untreue Israels zerstört jedoch nicht die ewige Treue des Herrn, und somit wird die immer treue Liebe Gottes zum Vorbild für das Verhältnis treuer Liebe, das zwischen den Eheleuten bestehen muß."[68]

Der tiefste und eigentliche Sinn des göttlich-menschlichen Liebesbundes leuchtet erst in Christus, im neuen Bund, in seiner unauflöslichen Einheit mit der Kirche in voller Kraft auf. Gerade diese liebende, von vollkommener Hingabe getragene Einheit wird gemäß Eph 5 durch die eheliche Einheit von Mann und Frau symbolisiert, woraus diese selbst ihren höchsten sakramentalen und ekklesialen Sinn gewinnt.[69] Ein umfassendes theologisches Verständnis der christlichen Familie darf ihren Horizont aber nicht auf das Sakrament der Ehe einschränken. Wenigstens vier innerlich aufeinander bezogene Sakramente, nämlich neben der Ehe auch die Taufe, die Eucharistie und die Buße, konstituieren die Familiengemeinschaft als «sakramentale» christliche Familie und ordnen sie so in die größere Heilsgemeinschaft der Kirche ein. In ihnen spiegeln sich familiäre Grundvollzüge, die — wie die bräutlich-eheliche Liebe, die Geburt von neuem Leben, lebensmäßig konkrete «Communio», Einheit und Versöhnung — an sich

---

[67] Vgl. *MRom 1970*, Canon missae IV.

[68] IOANNES PAULUS II, Adh. apost. *FC* 12: *AAS* 74 (1982), 93; zur biblischen Begründung vgl.: z.B. Hos 2,21; 3; Jer 3,6-13; Jes 54; Ez 16,25.

[69] Vgl. IOANNES PAULUS II, Adh. apost. *FC* 13: *AAS* 74 (1982), 93f.: "Die Gemeinschaft zwischen Gott und den Menschen findet ihre endgültige Erfüllung in Jesus Christus, dem liebenden Bräutigam, der sich hingibt als Erlöser der Menschheit und sie als seinen Leib mit sich vereint. ... [Die Offenbarung der] Urwahrheit über die Ehe ... gelangt zur endgültigen Vollendung in der Liebesgabe, die das göttliche Wort der Menschheit macht, indem es die menschliche Natur annimmt, und im Opfer, mit dem Jesus Christus sich am Kreuz für seine Braut, die Kirche, darbringt. In diesem Opfer wird der Plan vollständig enthüllt, den Gott dem Menschsein des Mannes und der Frau seit ihrer Schöpfung eingeprägt hat; die Ehe der Getauften wird so zum Realsymbol des neuen und ewigen Bundes, der im Blut Christi geschlossen wurde": vgl. Eph 5,32f.

schon unter Getauften nicht ohne Relevanz für die Gottesbeziehung und das Heil in Christus zu realisieren sind.[70]

Diese vier Vollzüge sind ihrerseits Grundgeschehen, die das «Familiesein» der Kirche in ihren Sakramenten bevorzugt ausdrücken. Sie verweisen darüber hinaus auf das Kreuz als ihre innere Kraft oder — im Sinne der Kirchenväter dieses ganze Heils- und Liebesgeschehen ins Symbol gebracht — auf das geöffnete Herz Jesu als ihre ursprünglichste Quelle. Somit erzeigt sich gerade das Geheimnis der Erhöhung Christi (im johanneischen Sinn) als Mittelpunkt der Heilsgeschichte, als Angelpunkt für die liebende Beziehung Gottes zu den Menschen und zugleich als Ansatzpunkt der Analogie der Kirche zur christlichen Familie:

> "Die von der Sünde entzweite Menschheitsfamilie wird durch die erlösende Kraft von Christi Tod und Auferstehung in ihrer Einheit wiederhergestellt. Die christliche Ehe hat an der heilbringenden Wirkung dieses Ereignisses Anteil und ist der natürliche Ort, wo sich die Eingliederung der menschlichen Person in die große Familie der Kirche vollzieht. ... Die Kirche findet so in der aus dem Sakrament geborenen Familie ihre Wiege und den Ort, wo sie sich den Generationen der Menschheit und diese mit sich verbindet."[71]

Ein dritter «Rückbezug auf den Anfang» erkennt die sich daraus entfaltende Heilsgeschichte Gottes mit der Menschheitsfamilie; eine Geschichte von Schöpfung und Freiheit, von Gnade, Sünde und Erlösung im hoffenden Ausblick auf die ewige Herrlichkeit, die familiäre Gemeinschaft mit dem trinitarischen Gott. In der christlichen, sakramental begründeten Familie, deren Lebensgeschichte immer auch Geschichte des Heils der Glieder wie der ganzen Gemeinschaft ist, finden sich die wichtigsten heilsgeschichtlichen Phasen gewissermaßen abgebildet: In ihr entsteht neues Leben – in liebender Annahme als Mitarbeit an der schöpferischen Liebe Gottes; in ihr ereignet sich je immer neu das Drama von Sünde und Spaltung, von Vergebung und Versöhnung; in ihr sind schließlich Menschen in das tiefste Geheimnis des Kreuzes Christi mithineingenommen, wenn sie Leid und Tod in der

---

[70] Zur «Sakramentalität der *Familie Gottes*» und zu den einzelnen Sakramenten s.u. 4.3.2. u. 4.3.3. Im Anschluß an das Dargestellte läßt sich in gewisser Weise von einer «Sakramentalität der christlichen Familie» sprechen; vgl. G. RUSSO, *Dalla Chiesa Sacramento alla famiglia sacramento? Considerazioni liturgico-morali sulla famiglia cristiana*, in: *EL* 106 (1992), 236-253 [auch Übersicht über neuere Lit.]; er versucht, die Sakramentalität der Familie in dreifacher Weise aus der Sakramentalität der Kirche abzuleiten (ebd. 247): "La famiglia cristiana, in Cristo per lo Spirito, è, infatti, *a)* sacramento di salvezza dell'amore di Cristo per la Chiesa; *b)* simbolo del cammino di ri-unione del genere umano; *c)* icona della vita rinata dal *mysterium amoris*."

[71] IOANNES PAULUS II, Adh. apost. *FC* 15: *AAS* 74 (1982), 97; vgl. *FC* 13 (ebd. 93-96) u. VAT II, Const. past. *GS* 78: *AAS* 58 (1966), 1101.

Nachfolge der aufopfernden Liebe ihres Herrn und Erlösers in stellvertretend sühnender Hingabe frei annehmen und fruchtbar werden lassen.

Im Anschluß daran und unter Voraussetzung dessen, was zuvor über die christliche Familie als Communio nach dem Bild des dreifaltigen Gottes und als «sakramentale Gemeinschaft» gesagt wurde, scheint auch für sie als Gemeinschaft, wie noch eigentlicher und tiefer für die «Familie Gottes» zu gelten, was das Apostolische Schreiben *Familiaris consortio* über die Gemeinschaft der Ehe sagt, daß sie nämlich auf ihre Weise «Gedächtnis, Vollzug und Prophetie des Heilsgeschehens» ist:

> "Die Eheleute sind daher für die Kirche eine ständige Erinnerung an das, was am Kreuz geschehen ist; sie sind füreinander und für die Kinder Zeugen des Heils, an dem sie durch das Sakrament teilhaben. Wie jedes andere Sakrament ist die Ehe Gedächtnis, Vollzug und Prophetie des Heilsgeschehens. «Als Gedächtnis befähigt und verpflichtet sie das Sakrament, der Großtaten Gottes eingedenk zu sein und für sie vor ihren Kindern Zeugnis abzulegen; als Vollzug befähigt und verpflichtet es sie, einander und den Kindern gegenüber im Jetzt zu verwirklichen, was eine verzeihende und erlösende Liebe verlangt; als Prophetie befähigt und verpflichtet es sie, die Hoffnung auf die künftige Begegnung mit Christus zu leben und zu bezeugen»."[72]

Konklusion

Als erstes Ergebnis auf dem Weg zur Entfaltung einer *familia-Dei-Ekklesiologie* kann festgehalten werden, daß das *Konzept der Familie Gottes* nicht an eine spezifische Bedeutung oder kulturelle bzw. geschichtliche Ausformung der «Familie» gebunden ist. Vielmehr vermag der Begriff unter verschiedenen Aspekten als Ausgangspunkt für die Analogie *Familie – Kirche* zu dienen, wobei der Kirche jeweils gegenüber der Familie — den zwei Naturen Christi entsprechend — ein doppeltes, göttlich-menschliches Gepräge eignet. Ausdrücklich wurde die Durchführbarkeit jener Analogie dargestellt: für ein allgemeines und dem verbreiteten Sprachgebrauch zu entnehmendes Vorverständnis von der «Familie»; für eine humanwissenschaftlich gestützte Sicht des Phänomens; für die wesensmäßige Bestimmung der «natürlichen»

---

[72] IOANNES PAULUS II, Adh. apost. *FC* 13: *AAS* 74 (1982), 93-96; vgl. *FC* 15 (ebd. 97); zit. aus: DERS., *Indirizzo di saluto ai delegati de «Centre de Liaison des Equipes de Recherche» e i membri del Consiglio Amministrativo della Federazione degli organismi di ricerca e promozione dei metodi naturali della pianificazione familiare* (03.11.1979), n. 3: *Insegnamenti di Giovanni Paolo II,* II/2 (1979), Vatican 1980, 1032. Zur näheren Bedeutung der «*Heilsgeschichte*» für eine *familia-Dei-Ekklesiologie* s.u. 4.4.

Familie wie die theologische der «christlichen», erhellt im Licht von Offenbarung und kirchlicher Lehre.

Dabei konnte eine beachtliche Konstanz jener Hauptelemente innerhalb der verschiedenen Sichtweisen aufgewiesen werden, die auch als Eckpfeiler zur Entfaltung der Analogie *Familie – Kirche* zu gelten haben: im Blick auf das Wesen, die Dimension «ad intra», entspricht der Familie als *Gemeinschaft* die *Communio* der Familie Gottes; in ihrer Sendung «ad extra» erweist sich die Familie eingebunden und geeignet zum Aufbau der Gesellschaft als größeres gemeinschaftliches Ganzes. Dem entspricht die Kirche als Sakrament des universalen Heiles und der Gemeinschaft der Menschen mit Gott und untereinander im Vorgriff auf das Reich Gottes; beiden Realitäten eignet es schließlich, *verbindend* in Zeit und Geschichte zu stehen. Zusätzlich zu diesen Konstanten wurden auch verschiedene veränderliche Erscheinungsformen und Zugänge zur Wirklichkeit der Familie als mögliche Bereicherung einer *familia-Dei-Ekklesiologie* aufgezeigt; ja selbst in der Kritik an Familie und Kirche sind noch weitere erhellende Parallelen zu erkennen.

Von diesen Grundlagen ausgehend läßt sich somit ein Konzept der Kirche als Familie Gottes entwerfen, das *explanatorische* Kraft besitzt. Es vermag wesentliche Elemente der Lehre über Wesen und Sendung der Kirche, ihrer Struktur und ihrer gelebten Praxis in das allgemein einsichtige Sinnganze der menschlichen Familie aufzunehmen und dadurch plausibel zu vermitteln. Darüber hinaus konnten erste Ansätze *exploratorischer* Potenz des Modells angedeutet werden. Aus dem Verständnis der Kirche als Familie Gottes lassen sich nämlich — etwa für das Verhältnis der Geschlechter — wertvolle Anstöße zu neuen Einsichten und zu einer der gegenwärtigen Zeit gemäßen Verwirklichung des kirchlichen Lebens gewinnen.

Somit ist aus einem ersten Schritt deutlich geworden, daß eine *Ekklesiologie der Familie Gottes* ausgehend vom Begriff der «Familie» und damit «aufsteigend» zum Geheimnis der Kirche vordringen kann, insbesondere in drei unveränderlichen Grunddimensionen der Familie, denen drei theologische Hauptelemente der Lehre von der Kirche entsprechen. Von diesen Elementen her ist in den folgenden Abschnitten eine *familia-Dei-Ekklesiologie* im Sinne des Vaticanum II theologisch, d.h. «von oben» weiter zu entfalten.

4.2. DIE VERANKERUNG DER *FAMILIA-DEI-EKKLESIOLOGIE* IM TRINITARISCHEN GEHEIMNIS

Die These zur *familia-Dei-Ekklesiologie* im Anschluß an das Vaticanum II ist trinitarisch aufgebaut: *Die Kirche ist Familie der Kinder Gottes in Christus, ihrem Bruder, familiäre Gemeinschaft mit ihrem Vater im Himmel und brüderliche Gemeinschaft untereinander. Sie ist durch die Kraft des Heiligen Geistes Anteilnahme am trinitarischen Leben, dessen «Communio» sie zeichenhaft und wirksam widerstrahlt.* Hierin drückt sich ein deutlicher Bezug der entsprechenden Kirchenlehre zum zentralen Geheimnis, dem *specificum* des christlichen Gottesglaubens, aus. Die Bedeutung dieses Bezuges erschöpft sich nicht darin, einen *nexus mysteriorum*[73] aufzuzeigen, der aus der inneren Harmonie der Glaubensgeheimnisse zu ihrem vertieften Verständnis wie zu ihrer Glaubwürdigkeit beiträgt und darüber hinaus die systematische Ekklesiologie der Dogmatik als ihrem angemessenen wissenschaftlichen Ort zuweist. Er entspricht vielmehr einer ekklesiologischen Notwendigkeit: Durch ihn allein kann nämlich sichergestellt werden, daß jene «Familie» nicht irgendeine Form religiös motivierter und ausgerichteter menschlicher Vergemeinschaftung, nicht die «Menschheitsfamilie» an sich und auch nicht einfachhin nur die anthropologisch notwendige «familiäre» soziale Verbundenheit derer, die an Christus glauben wollen, ist, sondern wahrhaft «Familie *Gottes*».

So erweist sich die «Familie» der Kirche als von oben, vom trinitarischen Gott selbst her kommende, in ihm begründet, von ihm im Dasein und in der Wahrheit gehalten und auf ihn als ihr Ziel zustrebend. Sie ist Ausdruck und Schöpfung des universalen Heilswillens Gottes (vgl. 1Tim 2,4) und bleibt unaufhebbar an diesen zurückgebunden. Deshalb ist auch die theologische Klärung der Beziehung zwischen der Kirche und dem Geheimnis der Dreifaltigkeit keine rein theoretische Spekulation, sondern entspricht einer tiefsten menschlichen Sehnsucht, die nur durch Gott erfüllt werden kann: in seinem Heil, in der Möglichkeit personaler Gemeinschaft mit ihm, dem Ursprung und Ziel von allem wie in einer vollendeten und bleibenden Gemeinschaft der Menschen untereinander. Das aber ist der Hintergrund der trinitarischen Ausrichtung der Ekklesiologie des Vaticanum II.[74]

Im folgenden ist weder eine ausgefaltete trinitarische Gotteslehre vorzulegen noch die Möglichkeit und Durchführung menschlicher Analogien zur Dreifaltigkeit erschöpfend zu erörtern. Vielmehr soll — ausgehend von der Problemstellung der *Trinität-Familie-Analogie* (4.2.1.) im Kontext der ökonomischen (4.2.2.) wie der immanenten

---

[73] Vgl. VAT I, Const. dog. *Dei Filius*: D 3016.
[74] Zur trinitarischen Ausrichtung der Ekklesiologie des VAT II, s.o. 1.1.2.

Trinität (4.2.3.) — wenigstens in seinen Grundlinien das «trinitarische Antlitz» der Familie Gottes vorgezeichnet werden. Es sind die innere Beziehung der beiden Geheimnisse, aber auch ihre Grenzen und Gefahren theologisch zu bestimmen und zu begründen. Aus der dogmatischen Ausrichtung der Arbeit ergibt sich dazu die Forderung, über eine mehr spirituelle und meditative, auf religiöse Erbaulichkeit zielende Denkweise (unbeschadet ihrer positiven Bedeutung) hinauszugehen. Andererseits gilt es, allzu abstrakte — und ohne zahlreiche gedankliche Hilfskonstruktionen nicht haltbare — Spekulationen zu meiden, die dem Anliegen einer *anschaulichen* Kirchenlehre widersprechen. Ein Exkurs zum Thema der «Komplementarität» untersucht deren mögliche Implikationen im Kontext der *familia-Dei-Ekklesiologie*.

4.2.1. **Möglichkeiten und Grenzen einer *Trinität-Familie-Analogie***

Auf den ersten Blick scheint es naheliegend, die Beziehung zwischen dem dreifaltigen Gott und der *familia Dei* in einer Analogie *Trinität – Familie* und damit im Begriff der «Familie» selbst gleichsam als *tertium comparationis*, das dann in *einem* Bild beide Geheimnisse zugleich veranschaulichen könnte, festzumachen. Dazu dürfte man sich prinzipiell schon insofern berechtigt sehen, als die Analogie *Trinität – Familie* vom kirchlichen Lehramt bislang nicht nur unbeanstandet blieb, sondern auch — etwa bei Pius XII. — positiv aufgegriffen wurde:

"Der Mensch, das Meisterstück des Schöpfers, ist nach dem Bilde Gottes geschaffen (Gen 1,26-27). In der Familie gewinnt das Abbild Gottes gleichsam eine neue und besondere Ähnlichkeit mit dem göttlichen Urbild. Wie nämlich die wesenhafte Einheit der göttlichen Natur in drei verschiedenen Personen — die doch eines Wesens und gleichewig sind — besteht, so verwirklicht sich die moralische Einheit der menschlichen Familie in der Dreiheit von Vater, Mutter und Kindern. Die eheliche Treue und die Unauflöslichkeit der christlichen Ehe bilden ein Einheitsprinzip, das scheinbar dem Niedrigen im Menschen entgegensteht, das aber ganz seiner geistigen Natur entspricht; andererseits sichert das dem ersten Menschenpaar gegebene Gebot: *Wachset und vermehret euch!* (Gen 1,22), das die Fruchtbarkeit zu einem Gesetz macht, der Familie die Gabe, sich durch die Jahrhunderte hindurch zu erhalten und legt so in sie gleichsam einen Abglanz der Ewigkeit."[75]

---

[75] PIUS XII, *Discorso ai coppie di novelli sposi* (19.06.1940), in: DERS., *Discorsi e Radiomessaggi di Sua santità Pio XII*, Bd. II (1940-1941), Città del Vaticano [Ristampa] 1960, 148; vgl. DERS., *Discorso radiophonico* (13.05.1946): *AAS* 38 (1946), 266; dazu L. SCHEFFCZYK, *Der trinitarische Bezug des Mariengeheimnisses*, in: *Cath(M)* 29 (1975), 121, Anm. 8.

Noch weitergehender und häufiger wurde der Gedanke der Familie als Abbild der göttlichen Trinität bei Johannes Paul II. aufgegriffen und vorgelegt.[76] Weiters findet er sich, wenigstens in jüngerer Zeit, von nicht wenigen Theologen ausgeformt.[77] Zwar sind diesbezügliche Versuche nach «Herkunft» und «Ausrichtung» stark divergierend, und ihre Bandbreite reicht von «bewußter und betonter Treue zur Kirche und ihrer Lehre» bis hin zu ihrer offenen Kritik und Ablehnung. Dennoch erregen fast ausschließlich die Ansätze der sogenannten «feministischen», «politischen» oder «Befreiungstheologie», deren Anliegen der Kampf gegen ein «patriarchalisches Gottesbild» und eine daraus folgende Praxis der Unterdrückung (der Frau) ist und die im Gegenschlag eine «Weiblichkeit» in Gott selbst postulieren,

---

[76] Vgl. IOANNES PAULUS II, *Homilia in urbe Puebla habita* (28.01.1979): *AAS* 71 (1979), 184. Der Papst spricht davon, daß Gott in seinem *innersten Geheimnis* nicht Einsamkeit, sondern «Familie» *ist* und bezieht die Analogie auf die *Vaterschaft*, die *Sohnschaft* und den Heiligen Geist als *Liebe* (*Wesen* der Familie). Dieser Gedanke des Papstes wird nicht nur im Dokument der lateinamerikanischen Bischofsversammlung von Puebla (*Puebla*, 215), sondern z.B. auch im *Instrumentum laboris* zur Bischofssynode zum Thema der Familie (1980) aufgegriffen und dort auch weiter entfaltet und theologisch befestigt (vgl. *Inst. lab.* pars II, c: *Sanctissima Trinitas ut fons familiae*, in: CAPRILE, *Il Sinodo 1980*, 683; dazu die *relatio* von Kard. RATZINGER, ebd. 739-756). Zur biblischen Begründung wird Eph 3,15 angeführt und die Analogie vor allem in der trinitarischen *Einheit* und *Verschiedenheit* als Fundamente des Ehebundes, in der liebenden Hingabe sowie der daraus entspringenden Fruchtbarkeit geortet; der Sache nach ähnliche Aussagen, die ebenfalls die Familie in gewisser Weise als Abbild der Trinität erscheinen lassen, finden sich in: IOANNES PAULUS II, Ep. apost. *Mulieris dignitatem* 6-8 u. 18 (wobei besonders auch auf die menschliche Zeugungskraft verwiesen wird): *AAS* 80 (1988), 1662-1670 u. 1693-1697; DERS., *Litterae familiis datae*, 6-8: *AAS* 86 (1994), 873-878; vgl. weiters S. BUTLER, *Personhood, Sexuality and Complementarity in the Teaching of Pope John Paul II*, in: *ChSt* 32 (1993), 46-48.

[77] Vgl. zu den bereits dargestellten Ansätzen des «Neuscholastikers» BERTI (s.o. 3.2.), des Afrikaners DABIRÉ (3.4.2.3.) und des «Schönstätters» ERHARD (3.4.3.2.) u.a.: S. GIULIANI, *La famiglia è l'immagine della Trinità*, in: *Ang* 38 (1961), 257-310; D. BARBÉ, *Demain, les communautés de base*, Paris 1970, 160-166; F.K. MAYR, *Trinität und Familie in De Trinitate XII*, in: *REAug* 18 (1972), 51-86; DERS., *Patriarchalisches Gottesverständnis? Historische Erwägungen zur Trinitätslehre*, in: *ThQ* 152 (1972), 224-255; B. DE MARGERIE, *L'analogie familiale de la Trinité*, in: *ScEs* 24 (1972), 77-92; L. GENDRON, *Mystère de la trinité et symbolique familiale. Approche historique* (Diss. *PUG*, Exzerpt) Roma 1975 (weitere Lit.); H. MÜHLEN, *Der Heilige Geist als Person in der Trinität, bei der Inkarnation und im Gnadenbund: Ich-Du-Wir*, Münster ⁴1980; A. VÁZQUEZ FÉRNANDEZ, *Los símbolos «familiares» de la Trinidad según la psicología profunda*, in: *EstTrin* 14 (1980), 319-385 (auf Grundlage von S. FREUD und C.G. JUNG); C. PLANTINGA Jr., *The Perfect Family: Our Model for Life Together is found in the Father, Son and Holy Spirit*, in: *ChrT* 04.03.1988, 24-28; L. BOFF, *Kleine Trinitätslehre*, Düsseldorf 1990; weitere Lit. auch bei: J. STÖHR, *Die Familie als Analogie zum Trinitätsmysterium*, in: DERS. (Hg.), *Die Familie: ein Herzensanliegen. Zur neueren Theologie der christlichen Ehe. Internationales theologisches Symposion: Universität Bamberg, 6.-8.11.1987*, St. Ottilien 1988, 141-181.

größeres Aufsehen. Sie sind es auch, die dadurch Feld und Kontext der entsprechenden trinitätstheologischen Diskussion vorgeben.

Gegen die Analogie *Trinität – Familie* spricht, daß sich dazu — nach einzelnen eher «zaghaften» Versuchen von Vätern aus dem griechischen und syrischen Raum vor allem seit der Ablehnung der Familienanalogie durch Augustinus — aus dem Strom der kirchlichen Tradition kaum einflußreichere befürwortende Ansätze anführen lassen.[78] Augustinus hatte bekanntlich — in Absetzung zu heidnischen Kulten von *Mutter-Gottheiten,* wie wohl auch bedingt durch sein (neuplatonisch beeinflußtes) Menschenbild — eine Trinitätsanalogie der Familie abgelehnt, worin ihm neben anderen vor allem Thomas v. Aquin folgte. Das Hauptanliegen lag vor allem darin, die Möglichkeit einer «innergöttlichen Weiblichkeit» auszuschließen, die etwa mit der — dem damaligen Menschenbild entsprechenden Annahme einer rein passiven weiblichen Rolle im Geschehen der Zeugung — nicht zu vereinbaren schien und überdies die Gefahr des «Anthropomorphismus» in sich trug. Dadurch aber wurde die Diskussion der Frage nach der Möglichkeit der Analogie *Trinität – Familie* noch weiter und fast ausschließlich auf das Thema der menschlichen Geschlechtlichkeit als Gottebenbildlichkeit — m.a.W. auf den Versuch die Trias *Vater-Mutter-Kind* mit der von *Vater-Sohn-Geist* in Übereinstimmung zu bringen — orientiert, was von der Tradition zu Recht vorwiegend kritisch beurteilt wurde.

Auch andere neuerdings geäußerte Einwände von Kritikern der *Trinität-Familie-Analogie* dürfen gewiß nicht unbeachtet bleiben.[79] Mit

---

[78] Vgl. S. AUGUSTINUS, *De trinitate* XII: *CCL* 50, 356-380; dazu STÖHR, *Familie als Analogie* (er folgt treu der augustinischen Bevorzugung der psychologischen Analogie); MAYR, *Trinität und Familie*; nach ihm (ebd. 57) "wird deutlich, daß Augustinus im menschlichen Männlich-Weiblichsein (das er mit der Antike nur als materiell-leibliches Phänomen sieht) nur insofern eine *Imago Dei* erblickt, als die menschliche Geschlechtlichkeit sich im Menschen in den geschlechtsneutralen «Geist» (*mens*) aufhebt, der für Mann und Frau derselbe ist. Daß aber der menschliche, beiden Geschlechtern zukommende Geist als das ungeteilte Abbild Gottes dann aber in seiner Funktion als *ratio superior* doch wiederum im *Männlichsein* (...) symbolisiert ist, zeigen die weiteren Ausführungen Augustins." Als einer der wenigen Befürworter der *Trinität-Familie-Analogie* wird zumeist RICHARD V. ST. VICTOR, *De Trinitate,* 3,11 u. 5,6 genannt; vgl. dazu J. O'DONNELL, *The Trinity as Divine Community. A Critical Reflection Upon Recent Theological Developments,* in: *Gr* 69 (1988), 8-10.

[79] Vgl. dazu beispielhaft STÖHR, *Familie als Analogie*; im Kontext von Feminismus und der Frage nach dem Frauenpriestertum: M. HAUKE, *Die Problematik um das Frauenpriestertum vor dem Hintergrund der Schöpfungs- und Erlösungsordnung (KKTS* 46), Paderborn ²1986, bes. 209-292; DERS., *Die Diskussion um die weibliche Symbolik des Gottesbildes in der Pneumatologie,* in: *Der dreifaltige Gott und das Leben des Christen. Internationales Symposion zur Trinitätslehre, 28./29.11.1991 (StTG* 11), St. Ottilien 1993, 130-150. Auch wenn hier der Kritik STÖHRS in einigen wesentlichen Punkten und in seiner Argumentationsweise nicht zugestimmt werden kann und sich für das gestellte Thema seine (im Anschluß an Augustinus *de facto* voll-

ihnen sind grundsätzlich all jene Theorien zurückzuweisen, die die trinitarische Einheit in einen «Tritheismus» dreier nur mehr lose verbundener eigenständiger «Personen» auflösen. Man wird sich die damit verbundene latente Gefahr des Anthropomorphismus stets bewußt halten müssen. Zu diesen Kritikpunkten ließe sich noch hinzufügen, daß manche der entsprechenden Versuche hoch spekulativer und komplizierter Hilfskonstruktionen bedürfen, die das Ziel einer «Analogie», schwer zugängliche Geheimnisse zu erhellen, selbst mehr zu verdunkeln scheinen. All das soll aber nicht als Vorwand dienen, auch die gültigen wie theologisch haltbaren Momente und Anliegen zugleich mit den unangemessenen voreilig zurückzuweisen, zumal wenn die geäußerten Warnungen berücksichtigt und diesbezügliche Gefahren umgangen werden können.

Im Blick auf das leitende Anliegen dieses Abschnittes wäre es möglich, dem angesprochenen Problem einfach auszuweichen. Denn zur trinitarischen Begründung der *familia-Dei-Ekklesiologie* bedarf es letztlich gar keiner strikt durchgeführten Analogie zwischen Trinität und Familie, da die Kirche von ihrem Ursprung, ihrem Wesen und ihrer Sendung her selbst an den dreifaltigen Gott gebunden ist.[80] Wenn allerdings das Verständnis der Kirche als *Familie Gottes* nicht nur eine erbauliche Redeweise, sondern ein dogmatisch bedeutsames Konzept sein soll, dann müssen sich auch hierzu — wenigstens ansatzhaft — seine sowohl explanatorische als auch heuristische Anwendbarkeit und Fruchtbarkeit unter Beweis stellen lassen. Es müßten im Bild der Familie zentrale Aspekte einer *trinitarisch geformten* Kirche so darstellbar sein, daß sich dadurch ein authentischer Zugang sowohl zum Geheimnis der Trinität als auch zu dem der Kirche in der Geschlossenheit und Anschaulichkeit eines einheitlichen Konzeptes bietet und daß dabei neue oder bisher vielleicht in der theologischen Diskussion wie in der kirchlichen Praxis vernachlässigte Momente deutlicher hervortreten. Dazu können richtungweisende Anhaltspunkte aus den Aporien der Diskussion um die *Familie-Trinität-Analogie* gewonnen werden. Denn es scheint, daß manche von einigen Befürwortern gleichwie von Kritikern stillschweigend gemachten Voraus-

----

zogene) fast ausschließliche Einengung auf das Problem der «Weiblichkeit in Gott» als Mangel erweist, sind doch auch einzelne gültige Einwände und für eine theologisch fundierte Beziehungsbestimmung *Trinität – familia Dei* wertvolle Erkenntnisse anzuerkennen.

[80] Sogar STÖHR (*Familie als Analogie*, 165; 181) — als einer der konsequentesten Kritiker der Familienanalogie — läßt diese vermittels der Sendung der Kirche gelten, wenngleich er dabei ganz von der «Hauskirche» bzw. vom Vorbild der «Heiligen Familie» und ihrer Beziehung zur Trinität ausgeht und nicht zu einer tieferen theologischen Sichtweise vorzudringen vermag.

setzungen oder Festlegungen auf bestimmte Perspektiven einer genaueren Prüfung zu unterziehen sind.

Formaler Ausgangspunkt für alle weiteren Erörterungen muß die — gerade im Hinblick auf das trinitarische Geheimnis getätigte — Aussage des vierten Laterankonzils (*D* 806) sein, nach der eine Analogie keine noch so große Ähnlichkeit zwischen Schöpfer und Geschöpf aufweisen könne, der nicht zugleich eine je immer größere Unähnlichkeit eigne. Damit kommt überein, daß die Trinität niemals als «*Abbild*» geschöpflicher Realitäten, sondern nur als ihr «*Urbild*» und zwar gemäß dem Prinzip *Deus semper maior*[81] zu betrachten ist. Wenn auch die menschliche Familie als eine solche geschöpfliche Realität und konkrete Analogie erfahrungsmäßig näher liegt als die göttliche «Communio» und sich daraus ein *der Erkenntnis nach* vorgeordneter Zugang anbietet, so ist letztlich in einer ganzheitlichen Sicht der Analogie das Abbild des Göttlichen unter Berücksichtigung seiner spezifisch *menschlichen Ausformung* im Geschöpflichen zu suchen und nicht umgekehrt. Deshalb muß — um nicht dem Anthropomorphismus zu verfallen — in der Übertragung *typisch menschlich kontingenter Momente* der sozialen Realität der Familie auf die Dreifaltigkeit Zurückhaltung geübt werden. Weiters hat die göttliche Offenbarung in Jesus Christus keine «abstrakte Trinitätslehre» vorgelegt, sie ist auch nicht dazu angetan, Informationen zu einer mathematischen Sachverhaltsbehauptung der Form «1 = 3» zu geben. Eine Trinitätslehre oder -analogie, die nur oder hauptsächlich darauf zielt, «Ternare» und geschöpfliche Wirklichkeiten ausfindig zu machen, in denen eine Dreizahl als Einheit erscheint oder umgekehrt, geht daher augenscheinlich am Vollsinn der Offenbarung vorbei und kann vielen wichtigen Aspekten des christlichen «trinitarischen» Gottesbildes, wie etwa der liebenden Einheit, der relationalen Ebene, dem dialogischen Charakter der Selbstmitteilung Gottes, dem innergöttlichen «Communio-Leben», an dem der Mensch Anteil erhalten soll, nicht gerecht werden.[82]

Vor diesem Hintergrund ist auch das Problem der Bedeutung der für die menschliche Familie unbezweifelbar konstitutiven geschlechtlichen Bipolarität von Mann und Frau für die *Trinität-Familie-Analogie* zu sehen. Augustinus hatte die Diskussion dieser Analogie ganz auf die

---

[81] Dazu nach wie vor grundlegend: E. PRZYWARA, *Analogia entis*, München 1932; DERS., *Deus semper maior* (Bd. I-III), Wien 1964. Auch Eph 3,15 kann in diese Richtung ausgelegt werden.

[82] Dieses Problem wird offenkundig sowohl im Versuch, die menschlichen Personen von Vater, Mutter und Kind in allzugroßer Übereinstimmung in den göttlichen Personen wiederzufinden, als auch in einer Kritik an der Familienanalogie, die als eines der Hauptargumente vorbringt, daß die christliche Familie ihrer Zielsetzung nach mehr als ein Kind haben sollte und deshalb nicht als Analogon zur göttlichen «Dreiheit» geeignet sei (vgl. etwa bei STÖHR, *Familie als Analogie*, 143 u. 180).

Frage der Geschlechtlichkeit ausgerichtet und damit bis heute nachhaltig beeinflußt. Eigenartigerweise machen sich die Vertreter gegensätzlichster Ansichten diese — von Augustinus wohl gar nicht beabsichtigte Einengung — vielfach zu eigen: wenn etwa in einer oft mehr emotionsgeladenen und ideologisierten als sachlich geführten Diskussion von «feministischer Seite» eine im Sinne von menschlicher Weiblichkeit verstandene «Mütterlichkeit Gottes» oder eine ebensolche «Weiblichkeit des Geistes» in das innertrinitarische Wesen Gottes hineininterpretiert werden, um daraus «patriarchalische Strukturen» der Kirche kritisch zu hinterfragen und aufzubrechen; oder wenn von anderer Seite bewußt oder unbewußt entgegengesetzte patriarchalische Tendenzen aufgebaut oder gerechtfertigt werden, indem im Blick auf die «Vaterschaft» Gottes und die «Sohnschaft» des Wortes wenigstens implizit eine «innertrinitarische Männlichkeit» nach menschlichem Muster postuliert und daraus eine im praktischen Umgang miteinander zutage tretende Auffassung von der höheren Würde des Mannes abgeleitet werden.

Vom Grundfehler des Anthropomorphismus sind beide Extrempositionen, die sich in unfruchtbarer Dialektik gegenseitig bedingen und bekämpfen und dadurch die jeweils berechtigten Anliegen zu verdunkeln drohen, nicht freizusprechen. Denn auch diesbezüglich muß gelten, daß der dreifaltige Gott in seinem innersten Wesen weder männlich noch weiblich noch beides zusammen, sondern einfach «*göttlich*», d.h. «*semper maior*», ist.[83] Es steht außer Zweifel, daß in Jesus Christus Gott als der «Vater» offenbart worden ist. Doch diese Aussage zielt nicht auf das Phänomen menschlicher Geschlechtlichkeit, sondern auf das Heilsgeheimnis, daß der einzige «Sohn» ganz und nur vom Vater her und mit ihm auf das tiefste verbunden ist. Parallel dazu sind auch die häufig genannten biblischen Aussagen zur «Mütterlichkeit» Gottes und zu dem Geist zuschreibbaren «weiblichen Attributen» mehr in Richtung von den «drei Personen» appropriierten Wirkweisen

---

[83] Zu dieser Einsicht ist schon allein auf Grundlage des alttestamentlichen Befundes vorzudringen, vgl. ZIMMERLI, *Grundriß*, 28f.: "Da dem AT auf der ganzen Linie die Einbeziehung Jahwes in die Bipolarität des Geschlechtlichen fremd ist, wird durch die Bemerkung, daß der Mensch von Anfang an in dieser Bipolarität geschaffen sei, der Mensch klar von der Einzigkeit Gottes abgehoben. ... Hier wird nicht von einer Menschengestaltigkeit Gottes, sondern von einer Gottgestaltigkeit des Menschen geredet. Der Mensch ist, so will hier gesagt werden, nur in diesem «Wo-her» zu verstehen. Er ist kein in sich bestehendes Wesen, sondern ist von Gott her" (ebd. 28). Damit ist aber andererseits auch nicht gesagt, daß die menschliche Verschiedengeschlechtlichkeit im später geoffenbarten trinitarischen Gottesverständnis nicht ein gewisses Analogon finden könne, zumal wenn dabei die Transzendenz Gottes gewahrt bleibt.

des trinitarischen Gottes denn als «Geschlechtsinformationen» zu deuten.

Es könnte nun aber eingewandt werden, daß das ewige Wort im historischen Jesus von Nazaret nicht nur ganz allgemein «Fleisch», sondern als «Sohn» auch wirklich «Mann» geworden ist. Und eben dieser Sohn ist nach biblischem Befund Ikone des Vaters, so daß, wer den «Mann» Jesus sieht, in ihm — und nicht anders — auch den Vater sieht.[84] Wenn aber in der *ökonomischen Trinität* somit wenigstens der «Sohn» und deshalb auch der «Vater» als «männlich» erscheinen, so müßte auch diesbezüglich eine gewisse Übereinstimmung mit der *immanenten Trinität* vorliegen, zumal ja in der neueren Theologie die Untrennbarkeit von ökonomischer und immanenter so sehr betont wird.[85] Auch die kirchliche Lehrtradition, die immer und überall daran festgehalten hat, daß die Christusförmigkeit des Weihepriestertums und die darin auf den «Vater» zurückverweisende «geistliche Vaterschaft» in sensu stricto nur durch Männer sakramental zu repräsentieren sei[86], scheint das zu bekräftigen.

Eine solche Argumentation überspringt allerdings den sakramentalen Charakter der Menschwerdung des Wortes.[87] Die Menschheit Christi ist nämlich *leibhaftige* Vermittlung der zeichenhaften und heils-wirksamen Gegenwart und Gemeinschaft Gottes mit den Menschen. Als solche schließt die Sakramentalität auch die menschliche «Männlichkeit» Jesu mit ein, so daß daraus um der Aufrechterhaltung des sakramentalen Zeichencharakters willen, der weder menschlicher Willkür noch kirchlicher Vollmacht zur freien Verfügung überlassen ist, die für die Christusförmigkeit des Weihepriestertums konstitutive «Männlichkeit» abzuleiten ist. Daß diese «Männlichkeit» aber ebenfalls aufgrund der sakramentalen Wirklichkeit nicht auf die immanente Trinität zu übertragen ist, läßt sich anhand des Sakraments der Eucharistie exemplarisch einsichtig machen. Die Brotgestalt gehört nach unaufhebbarer christlicher Glaubenslehre notwendig zur euchari-

---

[84] Vgl. Joh 1,18; 5,37; 14,8-11.

[85] Vgl. bes. K. RAHNER, *Bemerkungen zum dogmatischen Traktat De Trinitate*, in: *Schriften* IV, 115; DERS., *Grundkurs des Glaubens. Einführung in den Begriff des Christentums*, Freiburg ⁶1984, 141f. ("*Die «ökonomische», heilsgeschichtliche Trinität ist die immanente*"); etwas differenzierter: L. SCHEFFCZYK, *Trinität: Das Specificum Christianum*, in: DERS., *Schwerpunkte des Glaubens. Gesammelte Schriften zur Theologie*, Einsiedeln 1977, 165-170.

[86] Daß diese Lehre dogmatische Bedeutung hat und die Kirche nicht dazu befähigt ist, sie außer Kraft zu setzen bzw. abzuändern, wurde erst jüngst vom päpstlichen Lehramt mit hoher Autorität neuerlich vorgelegt; vgl. IOANNES PAULUS II, Epistula apostolica *Ordinatio Sacerdotalis*: *AAS* 86 (1994), 545-548; dazu CONGREGATIO PRO DOCTRINA FIDEI, *Responsum ad dubium circa doctrinam in Epistula Apostolica «Ordinatio Sacerdotalis» traditam*: *AAS* 87 (1995), 1114.

[87] Dazu s. u. 4.3.1.

stischen Gegenwart Christi. Es würde aber wohl niemand deshalb auf den Gedanken kommen, auf eine «Brothaftigkeit» Jesu oder des innertrinitarischen Sohnes rückzuschließen. Daß aber gerade die «Brotgestalt» — etwa im Blick auf den hingegebenen Leib und die Einheit der Kirche — gewisse Analogien zum menschlichen Leib des Sohnes, vor allem aber zum *Corpus mysticum* in sich tragen kann, ist dadurch nicht bestritten, sondern vielmehr tiefer begründet.

Rückschauend auf die anfangs gestellte Frage nach der Bedeutung der *Trinität-Familie-Analogie* für die trinitarische Begründung einer *familia-Dei-Ekklesiologie* ist somit thesenhaft festzuhalten:

1) *Die prinzipiell lehramtlich nicht ausgeschlossene (wenn nicht sogar unterstützte), wohl aber in der Tradition und der gegenwärtigen Theologie umstrittene «Trinität-Familie-Analogie» ist nicht der einzige oder «Hauptangelpunkt» der trinitarischen Begründung einer «familia-Dei-Ekklesiologie».* Man kann daher frei von Ausschließlichkeit und «Rechtfertigungsdruck» die theologisch gültigen und angemessenen Momente der Analogie unter bestimmten Voraussetzungen in die Lehre von der Kirche als Familie Gottes aufnehmen und darin fruchtbar machen.

2) *Im Anschluß an Augustinus und Thomas, aber auch besonders durch gegenwärtige Auseinandersetzungen mit der «feministischen Theologie» wurde das Problem weitgehend auf die Frage nach der Identifizierbarkeit der Trias von «Mann-Frau-Kind» mit der von «Vater-Sohn-Geist» eingeengt. Der theologische Streit um die Möglichkeit der «Weiblichkeit» bzw. der «Geschlechtlichkeit in Gott» wird somit bevorzugt auf dem «Schlachtfeld der Familienanalogie» und auf Kosten einer ihr angemessenen kritischen Würdigung ausgefochten. Dadurch geraten wichtige Aspekte jener Analogie aus dem Blickfeld. Diese Einengung gilt es deshalb zu überwinden.*

3) *Es ist festzuhalten, daß es im innersten Wesen Gottes im eigentlichen Sinn weder Männlichkeit noch Weiblichkeit noch beides zusammen gibt.*

4) Auf den Einwand, daß aber die menschliche Bipolarität von Mann und Frau wesentlich zur Familie und deshalb auch in eine mögliche Analogie gehöre, weshalb die Familie im Blick auf die Trinität bestenfalls «vestigia trinitatis» (die auf ihre Weise auch im Tierreich und in der unbelebten Natur zu finden seien) enthalte, ist zu antworten: *Die Trinität kann niemals nach dem Bild der Familie konzipiert werden, sondern die Familie ist «in analoger», d.h. bei aller Ähnlichkeit je immer mehr unähnlicher Weise Abbild der Trinität, ihres Ursprungs und Ziels.* Deshalb ist auch menschliches Mann- und Frausein keinesfalls in Gott hineinzutragen. Andererseits kann positiv

im «Mann-» und «Frausein» etwas von innergöttlichen Realitäten in analoger Abbildlichkeit aufleuchten.[88] Und tatsächlich lassen sich wesentliche Momente des innertrinitarischen Lebens, wie *liebende gegenseitige Hingabe*, daraus entspringende *Fruchtbarkeit*, *größtmögliche Einheit in größtmöglicher Verschiedenheit* unter allen menschlichen Realitäten am besten im Ganzen des Bildes der Familie veranschaulichen.

Unter diesen Voraussetzungen wird im folgenden nach der Beziehung der Kirche als Familie Gottes zum Geheimnis der Trinität — sei es hinsichtlich ihrer heilsökonomischen Wirksamkeit, sei es hinsichtlich ihres dieser zugrundeliegenden immanenten Wesens — zurückgefragt. Wenn sich dabei der Blick zuerst auf die «ökonomische Trinität» richtet, soll damit nicht eine Wertung der Wichtigkeit nach impliziert, sondern nur die sich durch die Offenbarung selbst nahelegende erkenntnismäßige Abfolge nachempfunden werden.

4.2.2. **Zur Beziehungsbestimmung zwischen der «ökonomischen» Trinität und der *Familie Gottes***

Die Selbstoffenbarung Jesu Christi und in ihm des dreifaltigen Gottes geschieht mittels unabänderlicher Offenbarungsworte, die dem Thema der menschlichen Familie entstammen. Die Rede von der *Vaterschaft* Gottes wurde durch das Alte Testament bereits vorbereitet, drückt dort allerdings die Transzendenz, die unendliche Differenz des Schöpfers zu seiner Schöpfung, zugleich aber auch die Souveränität und die barmherzige Gerechtigkeit des Bundesgottes gegenüber seinem Volk und dessen Repräsentanten aus. Das Neue Testament qualifiziert diese *Vaterschaft* durch das tief innige, wahrhaft «*familiäre*» Verhältnis des *einen* und *einzigen Sohnes* zu seinem «*Abba*» im Himmel. Das besondere und — im Sinne der Heilsökonomie — unerhört Neue besteht darin, daß *im Sohn* und nur in ihm der transzendente[89] *Gott und*

---

[88] Somit ist nach Ausschluß der Möglichkeit einer menschlich gedachten Geschlechtlichkeit im innersten Wesen Gottes die positive Möglichkeit einer heilsökonomischen bzw. sakramental zu verstehenden Gottebenbildlichkeit des Menschen und zwar auch in seiner Geschlechtlichkeit — die dann allerdings nicht allein auf das männliche Geschlecht zu beschränken ist — durchaus offenzuhalten; vgl. diesbezügliche Versuche bei C.M. BERTI (s.o. 3.2.) und im folgenden bes. den *Exkurs* zum Thema der «*Komplementarität*». Daß Dimensionen wie die der «liebenden Selbsthingabe» oder der «Komplementarität» in einem individualistisch verengten Gottesbild, dem eine einseitige Sicht von «Person» als «inkommunikabler *Selbststand*» entspricht, kaum Raum finden, ist evident.

[89] Daß Gott der Vater einerseits letztlich weiter transzendent bleibt, andererseits *im Sohn* den Gläubigen in familiäre Nähe gerückt ist, kann trinitarisch derart erklärt werden, daß erst durch die Rückkehr des Sohnes zum Vater, die seine ver-

Vater des Herrn Jesus Christus auch für die dem *erstgeborenen Sohn* zu «*Geschwistern*» Gewordenen in «*familiäre*» Nähe rückt; und zwar durch den vom *Sohn* verheißenen, nach seinem Erlösungstod, seiner Auferstehung und Himmelfahrt von *ihm* und dem *Vater* gesandten *Geist der Sohnschaft*, der in den Gläubigen «*Abba – Vater*» ruft. Das aber geschieht nicht in Form einer «individuellen Begnadung» einzelner, sondern in der Gemeinschaft der «*neuen Familie*» der *Schwestern* und *Brüder* des *Sohnes*; das sind jene, die sein Wort hören, an ihn glauben und nach seinem Vorbild den Willen des Vaters befolgen.

Gemäß der Offenbarung ist somit das in Christus gekommene Heil der Menschen nicht als individualistischer Gottesbesitz, -genuß oder isoliertes Anschauen geheimnishafter göttlicher Realitäten, sondern als in Christus gründende und durch den Heiligen Geist bewirkte Gemeinschaft mit Gott und untereinander zu verstehen. Diese Gottesgemeinschaft muß deshalb trinitarisch konzipiert werden und ist — entsprechend den Worten Jesu selbst — am angemessensten im Bild der Familie, der ursprünglichsten und naheliegendsten Form inniger und liebender menschlicher Gemeinschaft, aufzufassen.[90]

Dasselbe Heilsgeschehen wird in der Vätertradition auch mehr dynamisch im Schema «*exitus*»-«*reditus*» oder als «*admirabile commercium*» dargestellt, worin ebenfalls die trinitarische Struktur des Heiles in Gedanken des Familienbildes aufscheint. Die Menschheit — im «alten Adam» zur Familie zusammengefaßt — verlor durch die Sünde, den Ungehorsam des *einen*, Gnade und Freundschaft Gottes. Der einzige Sohn des Vaters, der von Anfang an bei ihm war, entäußerte sich, indem er das Fleisch der Sünde annahm, für die Sünder zur «Sünde» wurde und zum Bruder in der dem Tod verfallenen Menschheitsfamilie. Er kam vom Vater, um als «neuer Adam» im Gehorsam des *einen* durch seinen Tod und seine Auferstehung die Vielen mit Gott zu ver*söhnen*, die versprengten *Kinder* Gottes zu sammeln und in der Kraft des Heiligen Geistes zum *Vater* zurückzuführen. Auf symbolischer Ebene erscheint diese Heilsbewegung als ein mannigfacher Vorgang der *Geburt*, worin wiederum das Thema der Familie angesprochen ist: Das ewige Wort, der Sohn des Vaters kommt von ihm

---

herrlichte Menschennatur und damit in gewisser Weise alle, die er angenommen und erlöst hat, in das Geheimnis der dreifaltigen «Communio» hineinnimmt, Gott im eigentlichen Sinn «Vater» derer, die an Christus glauben, zu nennen ist, weshalb etwa bei Johannes erst nach der Auferstehung direkt von der Vaterschaft Gottes gegenüber den Jüngern die Rede ist (vgl. Joh 20,17). Zur bleibenden Transzendenz des *Vatergottes* bei Paulus s.o. 3.3.1., bes. D. V. ALLMEN.

[90] Das ließe sich zusätzlich zu den genannten auch aus manchen anderen «Offenbarungsworten» und «-begriffen» zeigen, die — wie etwa «wohnen», «Haus», die «Seinen», «Hausvater», «Brüder», «Kinder» u.a. — ebenfalls auf das Familienthema verweisen.

her durch das Wirken des Heiligen Geistes in die Welt, *geboren* von einer *Frau*; aus ihm gehen — wie in der Vätertheologie die Öffnung der Seite am Kreuz gedeutet[91] — der Heilige Geist und die Sakramente der Kirche hervor, wird die Kirche selbst *geboren*; im fruchtbaren Schoß der *Mutter* Kirche aber werden die Gläubigen durch die Kraft des Heiligen Geistes in Christus zu neuem, göttlichem Leben und zu *Kindern des Vaters* aus der Taufe *geboren*.

In diesem trinitarischen Heilsgeschehen findet die Kirche als Familie Gottes ihren eigentlichen Platz: Sie ist als Geschöpf des universalen göttlichen Heilsplanes jene göttlich-menschliche Familie, in der sich diese Heilsbewegung ereignet. Vermittelt durch Christus als wahrer Gott und wahrer Mensch, in dem sich das Göttliche mit dem Menschlichen ungetrennt und unvermischt berührt, erhalten die Gläubigen als wahre Gotteskinder Anteil am trinitarischen Leben gleichsam in familiärer Verbundenheit mit der Gemeinschaft des Vaters, des Sohnes und des Geistes.

So ist die Familie Gottes ganz und gar vom Geheimnis der Dreifaltigkeit geformt und durchstimmt: aus diesem hat sie ihren *Ursprung*, in diesem gestaltet sich ihre *Sendung*, auf dieses als ihr höchstes und letztes *Ziel* strebt sie hin. Sie kann daher *erstens* gemäß ihrem «Ursprung» zu Recht «*divino-humana Sanctissimae Trinitatis familia*», und zwar vom Kreuz her, genannt werden; am Holz des Kreuzes aus Christus *geboren*; ihm, ihrem *Bräutigam* als reine *Braut* in unübersteigbarer Liebe vermählt; von ihm mit der Gabe des Heiligen Geistes beschenkt und *fruchtbar* zur *Mutter* gemacht, um alle Trennung zu überwinden, die versprengten *Kinder* mit Gott als ihrem *Vater* zu versöhnen und sie des dreifaltigen Lebens teilhaftig werden zu lassen.

Sie ist *zweitens* ihrer «*Sendung*» nach «*divino-humana Sanctissimae Trinitatis familia*»; denn in dieser Familie Gottes als *Sakrament* trinitarischer Heilsökonomie ist das Heil, die *Communio* der Menschen mit Gott und untereinander wirksam und zeichenhaft gegenwärtig in geschichtlicher und sozialer Dimension, wie es dem Menschen als personales leib-geistiges Wesen angemessen ist. Diese *Communio*, die als zugleich vertikale und horizontale ihr ursprünglichstes menschliches Analogon in der zugleich vertikalen und horizontalen Gemeinschaft der Familie findet, erweist sich näherhin als *Erlösungsgemeinschaft*. Denn diese Gemeinschaft ist nicht nur soziale Verbindung auf Basis gemein-

---

[91] Vgl. VAT II, Const. *SC* 5: *AAS* 56 (1964), 99; zu den reichhaltigen patristischen Quellen: S. TROMP, *Die Geburt der Kirche aus dem Herzen Jesu am Kreuz*, in: *ZAM* 9 (1934), 233-246 [lat. Originalfassung mit ausführlicherer Zit. der Quellen, in: *Gr* 13 (1932), 489-527].

samer Sendung und Zielrichtung. Sie ist vorweg schon Erlösung aus
sündiger Zerworfenheit und Befreiung aus in sich selbst verkrümmter
gottloser «Icheinsamkeit»; indem das aber schon gegeben und zugleich
doch immer noch zur Verwirklichung aufgegeben ist, *Bekehrungs-
gemeinschaft* in der Umkehr hin zur versöhnten Gemeinschaft mit dem
dreifaltigen Gott und untereinander.

Aus dieser Versöhnung und Bekehrung aber erwachsen — selbst
als Gnadengabe Gottes — *«communio»* und Einheit der Kirche, die
wiederum in ihrem tiefsten Wesen nicht anders zu verstehen sind denn
als Abbild trinitarischer *«communio»* und Einheit, als tiefste Einheit in
größter Verschiedenheit. Und auch dazu drängt sich als menschliches
Analogon das Bild familiärer Gemeinschaft und Einheit auf; so ist die
Kirche — wie Papst Johannes Paul II. sagt — durch

> "… die Ausgießung des Geistes, … Familie des Vaters, … Bruderliebe
> des Sohnes, Ebenbild der Dreifaltigkeit, Ursprung und Anfang auf
> Erden jenes ewigen Reiches, das seine Fülle haben wird … in der Stadt
> der Gerechtigkeit, der Liebe und des Friedens".[92]

Die Kirche ist insbesondere hinsichtlich ihrer Einheit Abbild der
Dreifaltigkeit, da sie — nach den Worten Tertullians — gleichsam
selbst Gemeinschaft von drei Personen (vgl. Mt 18,20) unter der
Gegenwart des Herrn und vereint durch den Heiligen Geist ist.[93] Diese
Einheit der Liebe, die sich im konkreten kirchlichen Leben verwirklichen muß, wird schon im *Corpus Paulinum* ebenfalls in der Metapher
der Familie trinitarisch verstanden und begründet.[94] Die Verschiedenheit der Gaben, Dienste und Ämter beeinträchtigt sie nicht, sondern
erbaut sie im *einen* Leib vom *einen* Geist, vom *einen* Herrn und vom
einen Gott und Vater aller her auf; im Glauben und in der Erkenntnis
des Sohnes Gottes, den die Gläubigen nicht als «unmündige Kinder»,
sondern als neue Menschen und geliebte Kinder Gottes darstellen und
somit zu «vollkommenen Menschen» werden sollen.

Hierin zeigt sich als *Drittes* das «*Ziel*» der Kirche. Auch dieses
berechtigt schließlich, von der *«divino-humana Sanctissimae Trinitatis
familia»* zu sprechen. Das wird vollends klar im Blick auf das
Hohepriesterliche Gebet Jesu (Joh 17), das als Testament Jesu «den
Gesamtsinn des Heilswerkes Jesu Christi in trinitarischer Form zu-

---

[92] IOANNES PAULUS II, Adh. apost. *EA* 144: *OR* 16.09.1995, 10.

[93] Vgl. R. KRESS, *The Church as «Communio»: Trinity and Incarnation as the
Foundations of Ecclesiology*, in: *Jurist* 36 (1976), 142; dort zit. TERTULLIAN, *On
purity*, 21: "For the Church is itself, properly and principally, the Spirit Himself, in
whom there is a trinity of one divinity, Father, Son and Holy Spirit. He unites in one
congregation that Church which the Lord said consists of three persons."

[94] Vgl. bes. Eph 4,1-5,2 im Blick auf Gal 4 u. Röm 8; zur Familiensymbolik in
den letztgenannten Stellen s.o. (V. ALLMEN) 3.3.1.

sammenfaßt» und dabei «in nuce die gesamte Trinitätslehre» enthält.[95]
Dieses Gebet steht zwischen dem Letzten *Abendmahl*, der Einsetzung
der Eucharistie und der *Erhöhung* Jesu, dem bei Johannes in eins
gesehenen Heilsgeschehen von Tod, Auferstehung, Rückkehr zum
Vater und Ausgießung des Geistes, worin die Stützpfeiler kirchlicher
Einheit erkennbar werden. Im Gebet des scheidenden Erlösers klärt
sich der Sinn der «Stunde» als «Doxologie», als die Verherrlichung des
Vaters im Sohn und des Sohnes durch den Vater:

> "In diese ewige Doxologie werden nun die Gläubigen einbezogen. Sie
> haben die Offenbarung der Herrlichkeit des Vaters durch den Sohn und
> des Sohnes durch den Vater im Glauben angenommen und anerkannt.
> So ist der Sohn in ihnen verherrlicht (...). Diese Verherrlichung
> geschieht durch den «anderen Parakleten», den Geist der Wahrheit. ...
> Er ist und wirkt die konkrete Vergegenwärtigung der ewigen Doxologie
> von Vater und Sohn in der Kirche und in der Welt. Er ist die
> eschatologische Verwirklichung der Herrlichkeit Gottes, ihr Dasein im
> Raum der Geschichte."[96]

Den Jüngern und allen, die durch ihr Wort an den Sohn glauben,
ist die Teilhabe an der Herrlichkeit Gottes, an der Gemeinschaft vom
Vater mit dem Sohn im Heiligen Geist geschenkt. Sie verwirklicht sich
konkret als — wie wir sagen dürfen — sakramentales Zeichen und
Werkzeug zum *Heil der Welt im Glauben*, in der Einheit der Jünger
untereinander, der Einheit der Kirche, die selbst wiederum Teilhabe an
der personalen Einheit der göttlichen Personen ist. Diesen Zusammenhang hat auch die Pastoralkonstitution des Vaticanum II erkannt, wenn
sie auf jenes tiefe, für die menschliche Vernunft letztlich unerreichbare
Geheimnis verweist, das in der «gewissen Ähnlichkeit zwischen der
Einheit der göttlichen Personen und der Einheit der Kinder Gottes in
der Wahrheit und der Liebe» besteht.[97] Das Thema dieser Einheit
entwickelt die Pastoralkonstitution ganz im Zeichen der Kirche als
Familie der Kinder Gottes.

So führt das von der Trinität ausgegangene Heilsgeschehen
wiederum in das Geheimnis der Dreifaltigkeit als sein letztes und
höchstes Ziel zurück. In dieser Dynamik steht die Familie Gottes, die
vom trinitarischen Gott ausgeht, um die Kinder Gottes, die Schwestern
und Brüder Christi im Heiligen Geist gemäß ihrer himmlischen Berufung zur vollkommenen eschatologischen Gemeinschaft mit Gott und
untereinander zurückzuführen. In ihr verbindet sich das Kreuz mit der
Herrlichkeit des Sohnes - nämlich als die bleibende Gegenwart des
Kreuzesopfers Christi mit dem Lobpreis der Herrlichkeit des Vaters

---

[95] Vgl. W. KASPER, *Der Gott Jesu Christi*, Mainz ²1983, 369.
[96] Ebd. 370.
[97] Vgl. VAT II, Const. past. *GS* 24: *AAS* 58 (1966), 1045 [dt.: *LThK.E* 1, 325].

und des Sohnes. So ist die Familie Gottes vorwegnehmende Anwesenheit dessen, was uns als das Heil verheißen ist, welches wir im Glauben hoffend erwarten. In der Liebesgemeinschaft der Familie Gottes hat es bereits angeldhaft und vorauskostend Gestalt angenommen:

> "Denn wir alle, die wir Kinder Gottes sind und eine Familie in Christus bilden (…), entsprechen der innersten Berufung der Kirche und bekommen im voraus Anteil an der Liturgie der vollendeten Herrlichkeit, wofern wir in gegenseitiger Liebe und in dem einen Lob der Heiligsten Dreifaltigkeit miteinander Gemeinschaft haben."[98]

Deutlich leuchtet der Bezug der Familie Gottes zur Dreifaltigkeit auch im Mariengeheimnis auf. Grundlage dafür bildet die Lehre von Maria als Urbild und Glied der Kirche. Auch eine natürliche Mutter kann gleichsam symbolisch für die ganze Familie stehen und die «Familie» ihrerseits trägt als ganze gegenüber neuem, in ihr heranwachsendem Leben mütterliche Züge. In diesem Sinne ist von der einzigartigen Beziehung Mariens zum Sohn Gottes und in ihm zu allen drei göttlichen Personen auszugehen.[99]

Der aus dem Vater ewig hervorgehende Sohn wird durch den Heiligen Geist in der Jungfrau Maria menschlicher Sohn. So ist die heilige Jungfrau — wie Väter sagen — das Brautgemach, in dem sich das göttliche Wort die menschliche Natur in hochzeitlicher Verbindung ungetrennt und unvermischt zu eigen macht. Der «Gott-mit-uns» lebt in ihr und wird aus ihr geboren in Zeit und Welt: als Sohn der «Frau», die keinen Mann erkannte; als einziger Sohn des transzendenten himmlischen Vaters.

In Josef, der nicht aus eigentlicher und eigener Vaterschaft für den Sohn «Vater» und damit mehr «Repräsentant» und «Stellvertreter» ist, ließe sich das Bild auf die Heilige Familie hin erweitern, die hier — frei von «Familienidylle» und «häuslicher Romantik» — in ihrer tiefen theologischen Symbolik bezüglich der Familie Gottes, der Kirche, ernst genommen wird.[100] Wie Maria Urbild der Kirche und «Trägerin» der trinitarischen Heilssendung in Christus ist, kann auch die Heilige Familie in bestimmter Weise als Vorausbild der Familie Gottes gelten. Die Kirche, die etwa von Beda Venerabilis selbst

---

[98] VAT II, Const. dog. *LG* 51: *AAS* 57 (1965), 58; vgl. Hebr 3,1-6 u. VAT II, Const. *SC* 8: *AAS* 56 (1964), 101.

[99] Vgl. L. SCHEFFCZYK, *Der trinitarische Bezug des Mariengeheimnisses*, in: *Cath(M)* 29 (1975), 120-131.

[100] Die Heilige Familie als Vorbild der Kirche wurde bes. durch LEO XIII, Ep. enc. *Quamquam pluries*: *ASS* 22 (1889-1890), 65-69, in Erinnerung gerufen; ein Ansatz zu einer tiefergehenden Würdigung ihrer theologischen Bedeutung im Angesicht der Zeichen der Zeit findet sich bei: E. PRZYWARA, *Alter und Neuer Bund. Theologie der Stunde*, Wien 1956, 15-32.

«Gottesgebärerin» genannt wurde[101], ist nämlich jene «Familie», in der
das ewige Wort des Vaters aus der Kraft des Heiligen Geistes in Wort
und Sakrament empfangen wird, lebt und zur Welt kommt. In Christus
werden ihr Kinder Gottes als seine Schwestern und Brüder aus dem
Wasser der Taufe gezeugt. In jener «Familie» aber verbindet sich — in
gleichsam hochzeitlicher Vereinigung — Göttliches mit Menschlichem
in den wirksamen Heilszeichen der Gegenwart Christi. In ihr bleibt
Gott der eine und einzige eigentliche Vater (vgl. Mt 23,9), aus dem
alles göttliche Leben hervorgeht. Und doch wird — dem Vorbild des
heiligen Josef ähnlich — auch in der Kirche die Vaterschaft Gottes
stellvertretend sakramental und aus der Kraft des Heiligen Geistes
repräsentiert. Der Auftrag des «Putativvaters» Jesu erhellt deshalb Momente im Wesen der *geistlichen Vaterschaft* des Amtspriestertums,
die ein stellvertretender Dienst der Selbsthingabe ist; eine Vollmacht,
die nicht von ihren Trägern, sondern aus Gott kommt. Ihre Aufgabe ist
es, die Willensentscheide Gottes zu erkennen, anzunehmen und sie
dabei selbst immer mehr hinter ihn zurücktretend in der Familie der
Kirche zu verwirklichen. So sind Bischof und Priester dazu berufen, in
der Kraft des Evangeliums Kinder zu göttlichem Leben zu zeugen,
ohne selbst eigentlich Vater zu sein, sondern in ihrer ganzen Person
und Sendung gleichsam als «Ikone» des *einen* Vaters im Himmel nur
auf die fruchtbare Liebe des dreifaltigen Gottes hinzuweisen.

4.2.3. **Zur Beziehungsbestimmung zwischen der «immanenten» Trinität und der *Familie Gottes***

Nach Darstellung des Problems einer direkten Analogie
Trinität – Familie wurde zunächst die «ökonomische Trinität» als
Zugang zur trinitarischen Begründung einer *familia-Dei-Ekklesiologie*
gewählt. Von diesem ist nun fortzuschreiten zum Geheimnis der innergöttlichen Dreifaltigkeit selbst, um zu ermitteln, ob auch dazu die
Kirche als Familie Gottes in eine eigene und theologisch relevante
Beziehung gebracht werden kann. Denselben Weg geht beispielsweise
der grundlegende zweite Artikel des Ökumenismusdekretes des Vaticanum II in seiner trinitarischen Fundierung der kirchlichen Einheit.[102] Er
hebt an mit dem (ökonomisch) dreifaltigen Erscheinen der Liebe Gottes
in der Welt und verankert in einem heilsgeschichtlichen Durchgang die
Einheit der Kirche in der historischen Wirklichkeit. Diese Einheit erweist sich dabei konkret, sichtbar und ebenfalls trinitarisch strukturiert
als *Einheit der Familie Gottes*, die letztendlich zum Beschluß derselben

---

[101] Vgl. TROMP, *Die Geburt*, 242, Anm. 20.
[102] Vgl. Decr. *UR* 2: *AAS* 57 (1965), 91f.; dazu s.o. 2.3.

Nummer auf ihr «höchstes Vorbild und Urbild», auf die «Einheit des einen Gottes, des Vaters und des Sohnes im Heiligen Geist in der Dreiheit der Personen» zurückgeführt wird.

Diese Aussage des Konzils, die eine gewichtige lehramtliche Bestätigung der engen Beziehung des Trinitätsmysteriums zur Kirche als Familie Gottes darstellt, ist mehr als eine ästhetische theologische Formulierung, als ein nebensächliches spekulatives Gedankenkonstrukt oder auch nur als eine «Schutzlehre» und Absicherung christlicher Heilslehre. Die wissenschaftliche Beschäftigung mit der immanenten Trinität erweist sich vielmehr als theologische Notwendigkeit.[103] Durch eine Beschränkung auf die «Ökonomie» würde man sich nur allzu leicht die Gefahr einhandeln, das dreifaltig, in der Welt gegenwärtige und wirksame Heil auf eine modalistische schauspielartige Veranstaltung ohne reales Fundament zu verkürzen, in der irgendwelche Erscheinungsweisen, nicht aber Gott selbst sich den Menschen mitteilen; die verheißene eschatologische Gemeinschaft mit dem trinitarischen Gott wäre dadurch dem «Mythischen» anheimgegeben.

Eine derartige Beschränkung müßte wohl unweigerlich auch auf den christlichen Gottesglauben zurückfallen: es bliebe ein Götze, der sich gleichsam erst geschichtlich als dreieinig konstituierte und deshalb an Welt und Schöpfung gebunden wäre. Einen solchen könnte man wohl kaum mehr als frei, ungeschuldet und gnadenhaft die Menschen liebenden Gott verehren. Als anderes Extrem droht der Rückfall in ein streng monotheistisches «alttestamentliches» Gottesbild. Zur Überwindung der Transzendenz Gottes müßte man dann halbgöttliche Zwischenwesen postulieren oder wenigstens die sich heilsgeschichtlich offenbarenden göttlichen «Personen» auch in ihrem Wesen nicht als wesensgleich, sondern untergeordnet verstehen.

Bestand der Subordinatianismus früher gewöhnlich darin, die Göttlichkeit des Sohnes und des Geistes der des Vaters gegenüber geringer zu achten, so neigt eine gegenwärtige Überbetonung der ökonomischen Trinität offenbar eher dazu, den Vater gleichsam «bedeutungsmäßig» zu subordinieren, bzw. aus dem Blick zu verlieren. Vor dem «ideologischen Hintergrund» einer «vaterlosen Gesellschaft», massiver Angriffe auf das sogenannte «patriarchalische Gottesverständnis» und einer um sich greifenden Vergöttlichung der Natur, die keinen

---

[103] Vgl. dazu u.a. L. SCHEFFCZYK, *Trinität: Das Specificum*; DERS., *Uneingelöste Traditionen der Trinitätslehre*, in: *Glaube in der Bewährung. Gesammelte Schriften zur Theologie* III, St. Ottilien 1991, 87-112; dort (90-96) weist SCHEFFCZYK nach, daß entgegen anderslautenden Ansichten deutliche Ansätze zur Entfaltung einer immanenten Trinitätslehre bereits seit frühester Tradition zu verzeichnen sind.

Platz mehr für den Schöpfergott[104] läßt, verliert der «Vater», der nicht in heilsökonomischer Unmittelbarkeit erfahrbar ist, an Bedeutung. Als logische Folge davon wird auch der «Sohn» nicht mehr als «Ikone des Vaters» und «wahrer Gott vom wahren Gott» geglaubt und verkündigt, sondern nimmt nur noch die Stellung eines Weisheitslehrers, eines Propheten reiner Menschlichkeit oder des «Subversiven von Nazaret» ein; der Heilige Geist wird nicht mehr als bleibende Gegenwart Gottes und seiner unverbrüchlichen Treue und Wahrheit in der Kirche zusammen «mit dem Vater und dem Sohn angebetet und verherrlicht», sondern entartet zur Symbolfigur emotionalisierten Schwärmertums und liberalistischer Institutionskritik.

Eine *familia-Dei-Ekklesiologie*, die eine gesunde Lehre von der immanenten Trinität zu ihren Grundlagen zählt, wird diesbezüglich Positives beitragen können, zumal ja, gerade im Bild der Kirche als Familie Gottes, *Gott Vater* eine ganz entscheidende Stelle einnimmt. Hierzu wäre anzufragen, ob nicht bisweilen in der Interpretation des Vaticanum II die Aufwertung der Pneumatologie im Zusammenhang der weiterhin bestehenden «Christozentrik» derart überbetont wurde, daß die — etwa im Begriff des Volkes oder der Familie *Gottes* — eigentlich primär gemeinte «Person des Vaters» nicht mehr recht zur Geltung kommt.[105]

Von den Formen der Entfaltung der Trinitätslehre scheinen der *familia-Dei-Ekklesiologie* am besten — wenn auch nicht ausschließlich — das sogenannte «soziale Modell», die Lehre von der «Trinität als *Communio*» oder als «Perichorese» der göttlichen Personen zu entsprechen. Die Berechtigung, der Wert und die Fruchtbarkeit dieser theologischen Konzepte — zumal für die Verkündigung in der Gegenwart — können als in der Tradition begründbar und unter maßgeblichen Theologen heute vielfach sogar bevorzugt vorausgesetzt

---

[104] Wenn auch die Schöpfung ein Werk der «ganzen Trinität» ist, wurde sie doch zumeist in besonderer Weise dem Vater appropriiert. In dieselbe Richtung scheint auch das gegenwärtig geringe Interesse an einer entfalteten *Schöpfungstheologie* zu weisen.

[105] Vgl. F. LAMBIASI, *Lo Spirito santo: mistero e presenza. Per una sintesi di pneumatologia* (CTS 5), Bologna 1987, 145; er spricht von einem «Christozentrismus [des Konzils] in pneumatologischem Horizont». Tatsächlich ist zu bemerken, daß in *Lumen gentium* hauptsächlich Christus und weniger der Vater als Geber des Geistes erscheint (vgl. *LG* 7, 8 u. 9). Selbst dort, wo das geschieht, ist der von ihm Gesendete der Geist seines Sohnes, durch den die Einheit des Gottesvolkes verwirklicht werden soll (*LG* 13). Daneben mutet es fast ein wenig überheblich an, daß «jeder Laie» den «Geist in die Welt *ausgießen*» kann und sogar muß (vgl. *LG* 38). Am auffälligsten allerdings zeigt sich der Christozentrismus in *LG* 5, wo durch die leichte Abänderung eines Vulgatazitates (Apg 2,33) die Verheißung und Gabe des Geistes durch den Vater an den Sohn nicht mehr deutlich genug zum Ausdruck kommt und Jesus anscheinend allein *Geber* des Geistes an die Jünger bleibt.

werden.[106] Es durchbricht die Gefahr eines *individualistischen* oder *monistischen* Gottesbildes, das wenigstens implizit entsprechende ideologische Tendenzen rechtfertigen könnte, hält besser den Angriffen der Religionskritik stand und vermag Vorwürfe gegen ein angeblich ideologisches und patriarchalisches christliches Glaubensfundament zu entkräften. In Theologie und Verkündigung zeigt es seine Stärken in der bewußten Vermeidung eines theoretischen oder praktischen Subordinatianismus und Modalismus; es zeitigt positive Implikationen für das spirituelle Leben der Gläubigen; es bildet die angemessenste Grundlage einer «Communio-Ekklesiologie» und der damit oft verbundenen Forderung nach Betonung von Aspekten wie *Liebe*, *Partizipation*, *Gemeinschaft* und *Dialog* in der Kirche und führt diese zugleich auf ihre wahre Quelle zurück. Neben den Vorteilen sind allerdings auch die Grenzen und Gefahren dieser Analogie zu beachten[107]. Man wird etwa besondere Vorsicht gegenüber gewissen Tendenzen zum Tritheismus oder der Neigung mancher Versuche, spezifisch menschliche Eigenschaften in die Trinität hineinzutragen, walten lassen. Die Betonung der Relationalität in Gott und der analogen Relationalität der Menschen darf nicht dazu führen, die bleibende Freiheit und Eigenverantwortlichkeit des einzelnen vor Gott einzuschränken.

Bei der Entfaltung des Modells trinitarischer *Communio* ist vom Offenbarungsbefund auszugehen, daß Gott die *Liebe* ist (vgl. 1Joh 4,16), und zwar in Personhaftigkeit, zu der Freiheit, Selbstsein, aber auch — wie von der modernen personalen Philosophie hervorgehoben wird — Mitsein wesentlich dazu gehört.

> "Das göttliche Sein und Leben vollzieht sich zwar in Erkenntnis und Liebe eines Du, aber dieses Du kann nicht in erster Hinsicht und wesentlich ein geschöpfliches Du sein; denn die wesentliche Ausrichtung des göttlichen Erkennens und Liebens auf etwas Außergöttliches, auf etwas Geschöpfliches, würde das göttliche Sein in Abhängigkeit von etwas Geschöpflichem bringen und die Göttlichkeit im Sinne von Absolutheit, von seliger Selbstgenügsamkeit und vollkommener eigener Erfülltheit zerstören. Dies besagt, daß die göttliche Lebensbewegung

---

[106] Vgl. u.a. H.U. V. BALTHASAR, *Glaubhaft ist nur Liebe*, Einsiedeln 1963; DERS., *Credo*, Freiburg 1989; B. FORTE, *Trinität als Geschichte*, Mainz 1989; W. KASPER, *Der Gott Jesu Christi*, Mainz ²1983; J. MOLTMANN, *Trinität und Reich Gottes*, München 1980; H. MÜHLEN, *Der Heilige Geist als Person in der Trinität, bei der Inkarnation und im Gnadenbund: Ich-Du-Wir*, Münster ⁴1980; W. PANNENBERG, *Problem einer trinitarischen Gotteslehre*, in: W. BAIER–O. HORN u.a. (Hg.), *Weisheit Gottes – Weisheit der Welt* (*FS* J. RATZINGER), St. Ottilien 1987, 329-341; J. RATZINGER, *Einführung in das Christentum. Vorlesungen über das Apostolische Glaubensbekenntnis*, München 1968; L. SCHEFFCZYK, *Trinität: Das Specificum*.

[107] Eine sachliche kritische Würdigung des Konzeptes findet sich z.B. bei: J. O'DONNELL, *The Trinity as Divine Community. A Critical Reflection Upon Recent Theological Developments*, in: *Gr* 69 (1988), 5-34 u. J.L. GRESHAM, *The Social Model of the Trinity and its Critics*, in: *SJTh* 46 (1993), 325-343.

des Erkennens und des Liebens, die da zu einem Du hindrängt, ihr
Korrelat, ihr Gegenüber nur in einem göttlichen Du, in einer göttlichen
Person haben kann."[108]

Die hier im «Grundgedanken der Personalität und des liebenden
Mitseins» aufgewiesene innergöttliche Ich-Du-Relation läßt sich vorzüglich auf die Beziehung zwischen dem Vater und dem Sohn anwenden, die — insofern der Sohn auch «Wort» des Vaters genannt wird —
einen «dialogischen Charakter» trägt. Damit ist man allerdings erst zu
einer «Zweipersönlichkeit» vorgedrungen, in die es den Heiligen Geist
als dritten noch einzubeziehen gilt. Doch auch das läßt sich innerhalb
der sozialen Trinitätsanalogie ohne größere Schwierigkeiten durch-
führen:

"Tatsächlich schließt ein tieferer Blick auf ein personales Geschehen
zwischen einem Ich und einem Du, zwischen einem Sprechenden und
einem Angesprochenen noch eine tiefere Beziehung auf, die zwischen
beiden obwaltet, wenn es sich um einen gelungenen Kontakt, um ein
geglücktes personales Verhältnis handelt. ... Zu einem vollkommenen
personalen Geschehen gehören ... nicht nur das sich in Erkenntnis und
Liebe ereignende Selbstsein und Mitsein des einen oder des anderen,
sondern die «Einheit von Selbstsein und Mitsein». Dies geschieht in
einem neuen Akt der Zustimmung, der Annahme und der Bekräftigung,
durch eine Art personaler Besiegelung des Verhältnisses. Dieses
Geschehen leistet — analog gesprochen — in der Trinität der Heilige
Geist, der deshalb auch als Siegel, als Bund und als tiefste Zustimmung
der beiden «ersten» Personen verstanden wird und der innerhalb eines
solchen vollpersonalen Geschehens auf göttlicher Ebene nichts weniger
als Person sein kann. ... Deshalb ist der Geist in der Gottheit wie in der
Sendung zur Menschheit immer auch das Prinzip vollendeter Gemeinschaft."[109]

Diese «Communio» ist das theologische Fundament, das jedem
weiteren Nachdenken über den Bezug und die Liebe Gottes zu den
Menschen und zur Welt zugrunde liegen muß. Wenn nun weiter
danach gefragt werden soll, wie die Analogie der Trinität als
ontologisch usprünglichste und höchste «Communio» im Blick auf die
Kirche und zwar als *Familie Gottes* fruchtbar gemacht werden kann, so
ist zunächst festzuhalten, daß die «Familie» die ursprünglichste und der
Erfahrung nächstliegende Form menschlicher Gemeinschaft darstellt.
Dabei ist im Sinne der «Analogie» selbst die unendliche Differenz
zwischen dem Schöpfer und seinen Geschöpfen zu wahren; im
einzelnen also etwa der Unterschied, daß die Einheit der Familie eine
im strengen Sinn «natürliche», wenn auch leib-geistliche ist und daß —

---

[108] SCHEFFCZYK, *Trinität: Das Specificum*, 167.
[109] Ebd., 168f. unter Verweis auf: A. BRUNNER, *Dreifaltigkeit. Personale Zugänge zum Geheimnis*, Einsiedeln 1976, 32f.

wenngleich man von einer wesenhaften Einheit der Familie als solcher sprechen kann — ihre Glieder untereinander niemals «eines Wesens» sein können. Ebenso erscheint die Du-Gebundenheit und Relationalität des Menschen als eine «Bedürftigkeit», während sie in Gott Zeichen seiner inneren Fülle und Vollkommenheit ist.

Diese genannte «unendliche Differenz» ist hier insofern von höchster Bedeutung, als genau darin die Kirche anzusiedeln ist, als «*divino-humana Sanctissimae Trinitatis familia*». Sie verbindet analog zu ihrem einzigen Grund, Jesus Christus, heilswirksam in sich Göttliches und Menschliches und nimmt so eine echte «Mittlerstellung» ein: als «Sakrament», das die Menschheitsfamilie gnadenhaft zur *Communio* mit dem dreifaltigen Gott und untereinander umgestalten soll. Sie ist «Familie»; zugleich gekennzeichnet durch die göttliche Fülle und Vollkommenheit, aber auch durch menschliche Endlichkeit und Bedürftigkeit, die überdies durch den Schatten der Sünde umwölkt ist. Diese Analogie und Mittlerstellung der «*Familie*» der Kirche ist im folgenden in einigen zentralen Elementen der trinitarischen *Communio* näher auszuführen.

Einen *ersten Ansatzpunkt* bietet das, was in der Begrifflichkeit der Trinitätslehre «*Hervorgang*» genannt wird und das sich in einzelne Prinzipien wie des «sich Verschenkens, Hingebens und ganz *Auf-hin-Seins*», des «sich Verdankens, Empfangens und ganz *Von-her-Seins*» ausfaltet. Ohne eine Über- bzw. Unterordnung ist der Vater der sich ganz Gebende, Verströmende und ewig Aussprechende, der ursprungslose Ursprung von allem. Der Sohn ist ganz vom Vater her Empfangender, das immer ausgesprochene Wort, der zugleich immer auf den Vater Hingeordnete. Der Geist ist Gabe aus dem Vater und dem Sohn, ganz sich beiden Verdankender und beide Verbindender.

Analog gibt es auch in der Familie «Hingabe», «Gabe» und «Ursprung» als Prinzipien der einen Elternschaft von Mann und Frau; «Sich-Verdanken», «ganz Geschenk, beschenkt und *Von-her-Sein*» als Prinzip der Kindschaft; und doch eignet allen in der einen Familie dieselbe menschliche Personwürde. Auch in der Familie ist das *Wort* Ausdruck hingebender Liebe und des Schenkens und gewissermaßen auch Inbegriff des Sich-Verdankens des Kindes gegenüber seinen Eltern. Doch ist die menschliche Familie niemals frei von der Gefahr, daß sich «Verdanken» in «Undankbarkeit» verkehrt, «Hingabe» in Verantwortungslosigkeit; daß Ursprung und Ziel vergessen oder im Zuge des eigenen Lebensentwurfes verraten werden.

Im kirchlichen «Familiesein» äußern sich diese Prinzipien erstlich gegenüber Gott als ganz ihr gnaden- und geschenkhaftes «*Sich-ihm-Verdanken*», «*Von-ihm-her-Sein*» und «*Auf-ihn-hin-Sein*». Sie ist von ihm «*berufen*» und gleichsam sein in die Welt gesprochenes Wort. Doch diese Beziehungen müssen sich auch im innerkirchlichen Leben der Gläubigen miteinander spiegeln. Auch da gibt es etwas wie Hervorgang und Vaterschaft, ohne daß dadurch die gleiche Würde aller vor Gott und das gemeinsame «Sich-ihm-Verdanken» aufgehoben wären. In Wort und Sakrament bleiben Vaterschaft und Kindschaft, Gabe und Geber, doch sind die menschlichen Vermittlungen dabei im letzten nur Hinweis auf den *einen* Geber, den ursprungslosen Ursprung von allem Guten im Himmel.

Ein *zweiter* trinitarischer Aspekt, die «*Relationalität*», baut darauf auf, daß innertrinitarisch den einzelnen göttlichen Personen als Unterscheidendes keine «Attribute», sondern nur «Relationen» zukommen. Doch diese «Unterschiede» besagen keine wesenhafte Differenz, sondern sind die eigentliche und nähere Bestimmung der göttlichen Einheit, in der keine Person ohne die anderen beiden ist. So ist der Vater «*relational*», insofern er nicht ohne den aus ihm ewig hervorgehenden Sohn «Vater» ist und *vice versa*; so ist der Geist nicht Geist, wenn nicht als der eine und einende Geist des Vaters und des Sohnes, der aus beiden hervorgeht. Ebenso sind Vater und Sohn nicht anders eins als im *einen* Geist. Es ist also undenkbar, eine der göttlichen Personen aus dem trinitarischen Geheimnis herauszulösen. Diese Tatsache, die von Kirchenvätern und -lehrern mittels der Begriffe «*Perichorese*», «*circumincessio*» bzw. «*circuminsessio*» zur Sprache gebracht wurde und die neuerdings auch als «Communio-Struktur», «Partizipation» oder «dialogischer Charakter» umschrieben wird, ist dabei nicht Ausdruck von Mangel oder Bedürftigkeit, die Gott in den einzelnen Personen zuzuschreiben wären, sondern vielmehr Bekundung vollkommener göttlicher Seinsfülle.

Ebenso drückt der Begriff der «Familie» letztlich umfassende Relationalität aus. Es gibt keine Kinder ohne Eltern – und ebenso kann niemand Vater oder Mutter sein, es sei denn hinsichtlich seiner Kinder. Es gibt keinen Vater ohne die Beziehung zur Mutter seiner Kinder und keine Mutter ohne Vater. Es gibt schließlich keinen Bruder, keine Schwester ohne Geschwister. Darin drückt sich die grundmenschliche Bedürftigkeit nach einem «Du» aus. Doch diese «Hinordnung», dieses «Brauchen» des Anderen droht immer auch zum «*Gebrauchen*» des anderen zur bloßen Befriedigung eigener Wünsche in egoistischer Selbstverschließung zu entarten.

Auch in der Kirche, der «Familie» Gottes, hat es «Relationalität» immer und wesensnotwendig gegeben, selbst wenn dieser Sachverhalt nicht zu jeder Zeit in gleicher Klarheit Bewußtsein und Kirchenpraxis geprägt hat. Gerade durch eine *familia-Dei-Ekklesiologie* kann deutlich werden, daß etwa Amt und Charisma notwendig relational zueinander stehen, daß es kein allgemeines Priestertum der Gläubigen ohne die vermittelnde Funktion des Weiheamtes und kein Weiheamt, wenn nicht als Dienst und in Hinordnung auf die Träger des allgemeinen Priestertums, geben kann und daß die Universalkirche sich immer in Teilkirchen verwirklicht, während die Teilkirchen nur Kirche als Ausdruck der einen universalen Kirche sind.

Die Relationalität der Kirche, die noch auf zahlreiche andere Realitäten auszudehnen ist, entspricht den Anliegen der «Communio-Ekklesiologie», dem «dialogischen Charakter» kirchlichen Lebens und der «Partizipation» als eines seiner Grundprinzipien. Ein gestärktes diesbezügliches Bewußtsein kann ein einseitiges «Pyramidenmodell», in dem die Kirche zu statisch in «Aktive» und «Passive», in «Geber» und «Empfänger» eingeteilt wird, überwinden und positive Auswirkungen auf die aktive Mitverantwortlichkeit aller Glieder der Familie Gottes zeitigen. Die Familie Gottes, aus endlichen Menschen gebildet, deren gegenseitige Verwiesenheit Zeichen ihrer Bedürftigkeit ist, bleibt immer auch «heilige Kirche»; und so zeigt es sich, daß gerade im Zusammen der zuvor genannten relationalen Realitäten die göttliche Fülle aufzuleuchten vermag, in einer Weise, die eine summarische Zusammenschau der je eigenen Fähigkeiten bei weitem übertrifft.

Als *drittes* kann das Prinzip der Verbundenheit von «*liebender Hingabe*» und «*Fruchtbarkeit*» im innertrinitarischen Geheimnis verankert werden. Der Heilige Geist als «Inbegriff» göttlicher Fruchtbarkeit geht nämlich aus der gegenseitigen liebenden Hingabe von Vater und Sohn, die sich selbst in ihm gleichsam aus ihrer Zweiheit zur Trinität übersteigen, hervor. Ohne hierbei die göttlichen Personen mit denen einer Familie strikt identifizieren zu wollen, kann ein Bezug der menschlichen Familie zur trinitarischen Liebeshingabe und Fruchtbarkeit gefunden werden. Die liebende Hingabe von Mann und Frau übersteigt sich selbst in ihren Kindern zur Fruchtbarkeit und zur neuen Realität der Familie, deren «Geist» und «Einheitsprinzip» die Liebe ist, die ihren Ausgang aus der bräutlichen Liebe eines Mannes und einer Frau genommen hat und die sich in gegenseitiger Liebe aller Glieder untereinander entfaltet. Es muß nicht eigens hervorgehoben werden, daß sich gerade in diesem Bereich, in dem menschliche Liebe zum Reflex göttlicher Fruchtbarkeit werden kann, tiefste Abgründe der Neigung zur Sünde und zu schuldhafter Entartung gottgegebener Möglichkeiten auftun.

Im Blick auf die Familie Gottes ist zunächst an die übernatürliche Liebe und Fruchtbarkeit zu denken, die das bräutliche Verhältnis zwischen Christus und der Kirche bestimmen. Daß diese

Liebe keine andere ist als die der Lebenshingabe des Gottessohnes, wirft ein Licht auf das höchste Richtmaß jeder fruchtbaren Liebe und Hingabe in der Kirche: auf das Kreuz. Die «bräutliche Liebesgemeinschaft» des Bischofs mit seiner Teilkirche, die durch seinen Ring symbolisiert wird, kann deshalb nur echt und fruchtbar unter dem Zeichen des Kreuzes sein als Ausdruck von Opferbereitschaft und Selbsthingabe. Diese geistliche Liebe und Fruchtbarkeit ist nicht nur *abstrakt* auf die «Teilkirche» zu beziehen, sondern muß sich im konkreten Austausch und in gegenseitiger Befruchtung mit ihren einzelnen Gliedern auswirken und darin zu einer höheren Fülle als Ausdruck der Vielfalt der Gnadengaben des Geistes und damit als Spiegel der Vollkommenheit Gottes gelangen.

Die göttliche Dreifaltigkeit ist *viertens* nicht nur höchstes Vor- und Urbild aller Einheit, sondern west diese Einheit in größter Verschiedenheit, in der unendlichen Differenz zwischen Vater und Sohn und im Heiligen Geist, der diese Differenz in Liebe umspannt und fruchtbar verbindet.[110] Damit ist der Kern von «Communio» erreicht, der in der «Einheit in Verschiedenheit» besteht und das tiefste Wesen von gegenseitiger Liebe, die den anderen als anderen liebt und darin zwei «einander andere» eins macht. Dieses Prinzip durchwaltet die Worte des Erlösers im Hohenpriesterlichen Gebet (Joh 17) und muß auch als höchste Verwirklichungsweise geglückten menschlichen Familienlebens angesehen werden, in dem die größtmöglichen horizontalen und vertikalen menschlichen Verschiedenheiten von Mann und Frau, von Eltern und Kindern in Liebe verbunden sind. Ohne Zweifel kann aber auch menschliche Verschiedenheit Ansatzpunkt für sündhafte Trennung, für Auseinandersetzung, Feindschaft und Streit werden.

Die «Einheit in Verschiedenheit» zählt zu den «meistbeschworenen» Prinzipien gegenwärtiger Ekklesiologie und hat höchste Relevanz sowohl für die theologische Durchdringung des Geheimnisses der Kirche als auch für den lebendigen Vollzug ihres Wesens wie ihrer Sendung in der Welt. Das aber — und auch vieles von den zuvor genannten drei Prinzipien — kann vielleicht besonders angemessen in den Begriff der «Komplementarität» gefaßt werden. Ohne diese ist weder die Struktur der Familie noch der Kirche zu denken.

---

[110] Zur unendlichen Differenz von Vater und Sohn vgl. H.U. v. BALTHASAR, *Der dreifache Kranz. Das Heil der Welt im Mariengebet*, Einsiedeln 1977, 64-68.

Exkurs: Zum Prinzip der «*Komplementarität*» im Blick auf die Trinität und die Familie Gottes

Das dem Begriff «*Komplementarität*» zugrundeliegende Verb (lat. *com-plere*) bedeutet soviel wie «erfüllen», «ergänzen», «befruchten», «vollenden» oder «zur Fülle bringen». Die deutsche Sprache kennt ab dem 19. Jahrhundert das aus dem Französischen entlehnte Adjektiv «komplementär» im Sinne von «ergänzend»[111], das vorwiegend im Bereich der Naturwissenschaften, etwa zur Kennzeichnung «komplementärer Farben» (d.h. Farben des Spektrums, die zusammen weißes Licht ergeben) oder in der Mathematik für zwei einander zu 90° ergänzende Winkel angewandt wurde. Der Gebrauch des Begriffs der «Komplementarität» in der Atomphysik ab Ende der Zwanzigerjahre dieses Jahrhunderts durch Niels Bohr bringt wichtige Erweiterungen seiner Bedeutung.[112] Im Kontext der Quantenmechanik und der Frage nach der Natur des Lichtes stand man vor dem Problem, daß Licht sich — je nach Versuchsanordnung — als Welle oder aber als Teilchen beschreiben läßt, obgleich diese beiden Deutungen gemäß den physikalischen Gesetzen, die der Versuchsanordnung zugrundelagen, einander ausschließen.

> "Eine solche Situation, die bisher in der Physik ganz unbekannt war, mußte ja anfänglich völlig verwirrend wirken, aber mit der Zeit sah man ein, daß man die einander widersprechenden Bilder niemals braucht, um ein und dasselbe Phänomen zu beschreiben, sondern nur um von Erfahrungen Rechenschaft zu geben, die unter verschiedenen, einander gegenseitig ausschließenden Versuchsbedingungen gewonnen waren. Solche Erfahrungen stehen deshalb zueinander in einem Verhältnis, das man als *komplementär* bezeichnet, um zu unterstreichen, daß sie, obwohl sie nicht in einem einzigen anschaulichen Bild vereinigt werden können, je für sich gleichwichtigen Seiten der Gesamtheit der Informationen, die überhaupt gewonnen werden können, Ausdruck geben."[113]

Bohr erkannte weiters im Zusammenhang des Prinzips der «*Komplementarität*», daß der Physiker in jenen Versuchen kein neutrales beobachtendes Subjekt darstellt, sondern daß er in der gewählten Versuchsanordnung einen wesentlichen Einfluß auf die beobachteten Phänomene ausübt. Schon bei Bohr selbst und dann auch bei zahlreichen seiner Interpreten zeigt sich, daß dieses Prinzip nicht nur innerhalb der Physik, sondern auch in Philosophie und Theologie

---

[111] Vgl. *Duden* Bd. 7, *Etymologie. Herkunftswörterbuch der deutschen Sprache*, Mannheim 1963, 350.

[112] Vgl. G. Howe, *Zu den Äußerungen von Niels Bohr über religiöse Fragen*, in: *KuD* 4 (1958), 20-46; J. Honner, *Unity-in-Difference: Karl Rahner and Niels Bohr*, in: *TS* 46 (1985), 480-506.

[113] N. Bohr in einem Radiovortrag 1949; zit. bei Howe, a.a.O., 26.

einen passenden Anwendungsbereich finden bzw. dort bereits diskutierte Probleme erhellen kann.

Will man die vielschichtige Bedeutung des Begriffs der «Komplementarität» zusammenfassen, so lassen sich grob gesprochen drei Ebenen voneinander abheben. Er beinhaltet: 1) auf der Ebene der Phänomene selbst und im «eigentlicheren» Sinn des Wortes die *Ergänzung zweier Realitäten* zu *einem harmonischen Ganzen,* zu *einem qualitativ höheren Ganzen,* bzw. zu einer *größeren Einheit* und *Vollkommenheit,* die allein aufgrund der jeweils vorhandenen individuellen Anlagen nicht vorweg schon zu erwarten sind; oder noch radikaler gefaßt, die *Ergänzung zweier offenbar einander ausschließender Realitäten,* die dennoch *beide in gleicher Weise zur Vollständigkeit eines Ganzen* gehören. Auf der Ebene der Erkenntnis bedeutet «Komplementarität» 2), daß *von bestimmten Standpunkten aus* evidente und *gültige Aussagen über* ein und *dasselbe Phänomen* zu machen sind, die *einander ausschließen* und innerhalb ihrer Grundgesetze nicht in einer höheren Einheit zu veranschaulichen sind und die dennoch beide um der Vollständigkeit des Phänomens willen ausgesagt werden müssen. Es zeigt sich schließlich 3) auf der Ebene des *Beobachters* eines Phänomens, daß auch dieser *kein neutrales Gegenüber* darstellt, sondern *beeinflussend und beeinflußt in das beobachtete System einzubeziehen* und auch denkerisch daraus nicht ohne weiteres zu abstrahieren ist.

Somit betrifft das Prinzip der Komplementarität Realitäten, die dem menschlichen Erkennen gegenüber im letzten Geheimnis bleiben. Und darin stimmt eigenartigerweise das, was als *«übernatürlich»* gleichsam *«oberhalb»* der natürlich-materiellen Seinsordnung liegt, mit dem, was *«unterhalb»,* im Bereich der Atomphysik und Quantenmechanik anzusiedeln ist, überein. Von beiden «Geheimnissen» kann der Mensch — nicht in einem *vorläufigen* «Noch-nicht-Wissen» — sondern grundsätzlich nur im Vorgriff auf das unzugängliche Ganze in *Analogien* sprechen.

Es könnte eingewandt werden, daß mit diesen inhaltlichen Bestimmungsstücken der «Komplementarität» letztlich nichts der Theologie völlig Neues und Unbekanntes ausgesagt sei.[114] Dennoch könnte es sein, daß diese Realität von der Theologie nicht immer und in gleicher Tiefe reflektiert wurde und daß sie in sich noch manche Keime zu bedeutenden Implikationen trägt, die bislang nicht zur Fruchtbarkeit kamen. Vor diesem Hintergrund stellt sich die Frage, wie Trinität,

---

[114] Diesen Einwand hat auch Bohr nicht bestritten, da er vielmehr selbst auf theologische Sachverhalte wie beispielsweise die Barmherzigkeit und Gerechtigkeit Gottes verwies, die an sich nur komplementär zu verstehen sind.

Familie Gottes und menschliche Familie im Kontext dieses Prinzips zusammenhängen; ob die Komplementarität im trinitarischen Geheimnis selbst zu verankern wäre und ob die «Familie» dazu einen erfahrungsmäßig gültigen Zugang bietet, so daß im Blick auf die Komplementarität die menschliche Einsicht in die Realität der Familie tiefere Dimensionen der Kirche als Abbild der Dreifaltigkeit eröffnen könnte.

* Komplementarität» in *theologischem* Kontext

Eine «trinitarische Begründung» der Komplementarität wird sich zunächst wiederum der *heilsökonomischen* Dreifaltigkeit zuwenden. Ohne den besagten Begriff dabei überspannen zu wollen und die Vorstellung einer Bedürftigkeit und Unvollkommenheit in das göttliche Heilswerk einzutragen, sind darin dennoch gewisse «komplementäre Züge» erkennbar. Der *Sohn* erscheint nämlich als der vom *Vater* gesandte, der in allem von ihm abhängt und nichts ohne ihn tun kann und tut. Ebenso kommt niemand zum Sohn, es sei denn, der Vater zieht ihn. Andererseits gibt es ohne den Sohn kein Heil, keinen Zugang zum Vater; bliebe der Vater den Menschen (heilsökonomisch) verborgen und unbekannt. Der Geist ist schließlich der Geist des Sohnes, den der Vater auf Bitte des Sohnes ausgießt, der nichts aus sich selbst tut, sondern von dem nimmt, was des Sohnes ist, um die Jünger darin einzuführen und es in ihnen zur Lebendigkeit zu bringen.

Auch in einer aufsteigenden Bewegung der Heilsökonomie läßt sich die «trinitarische Komplementarität» erkennen. Das Gebet der Gläubigen richtet sich im Namen des Sohnes an den Vater, um *die* Gabe von ihm zu erbitten, den Heiligen Geist; und kein Gebet kann zum Vater aufsteigen, in Christus verrichtet werden, wenn nicht der Heilige Geist in den Gläubigen selbst betet.

> "Von daher kann jedes Gnadengeschehen ..., zumal das betont komplementär aufgefaßte, als Auswirkung der heilsökonomischen Trinität betrachtet werden, in dem irgendwie ein Abbild des trinitarischen Wirkens aufscheint. ... Das Heil [vollzieht sich] vom Vater her, verwirklicht sich in der Sendung des menschgewordenen Sohnes und findet seine Vollendung und sein Ziel in der Mitteilung des Geistes der Liebe und der Heiligkeit. ... Das ist ein wirklicher heilsgeschichtlicher Prozeß, der einen Ursprung, ein Zentrum und ein Ziel hat. Insofern alle drei göttlichen Personen daran beteiligt sind und insofern das Wirken von Vater und Sohn im Heiligen Geist seine Erfüllung und Vollendung findet, kann man hier von einer «Ergänzung» und «Komplementarität» in der ökonomischen Trinität sprechen. Vater, Sohn und Geist bilden das eine Heil, das wir in der Gnade empfangen. Man muß aber wissen, daß es sich dabei nur um analoge oder um Ähnlichkeitsaussagen handelt, die den Unterschied zwischen irdischer Komplementarität und

göttlicher Ergänzung nicht verwischen dürfen. Der Unterschied ist darin gelegen, daß in der göttlichen Komplementarität nichts aus Mangel, aus Begrenztheit oder Bedürftigkeit geschieht, was die Gleichwesentlichkeit der drei Personen aufheben müßte. Es muß sich allein um eine Komplementarität handeln, die nicht aus der Begrenztheit heraus erfolgt, sondern aus der Vollkommenheit des göttlichen Lebens erwächst und eine Offenbarung der göttlichen Fülle in der Heilsgeschichte ist."[115]

In einem zweiten Schritt könnte das Prinzip der Komplementarität über die dargestellte *unmittelbarere* und sich *auf die Wirklichkeit der Heilsökonomie bezogene Wortbedeutung* hinaus auch auf der Ebene der *Erkenntnis* dieses Heilsgeschehens angewendet werden. Von verschiedenen Perspektiven aus, an die das menschliche Denken gebunden bleibt, erweist sich die Heilsökonomie einerseits als der *eine* Heilsplan des *einen* und *einzigen* lebendigen Gottes, wodurch letztlich eine Mehrzahl von Heilsmächten und -wirkungen ausgeschlossen ist.[116] Andererseits erkennt der Mensch das Heil in der Offenbarung durch Jesus Christus in je verschiedener Weise als vom Vater her kommendes, durch den Sohn vermitteltes und im Heiligen Geist gewirkt und vollendetes, ohne daß in menschlichen Konzepten die sich hier auftuende denkerische Spannung zwischen dem Einen und dem Verschiedenen anschaulich gelöst werden könnte; beide Aussagen aber sind notwendig zu machen, um dem trinitarischen Heilsgeschehen gerecht zu werden.

Gemäß dem dritten Sinngehalt der «Komplementarität» gibt es gegenüber der Offenbarung des göttlichen Heilswirkens keine «neutrale» und unbeteiligte Beobachtung; denn der Beobachtende ist notwendig zu einer Entscheidung gerufen, der er sich nicht entziehen kann. Er steht deshalb entweder bereits selbst in diesem Heilsgeschehen als Teilhabender, oder aber er weist es — sei es implizit, sei es explizit — zurück.

Soll die göttliche Heilsökonomie eine nicht nur dem Anschein nach trinitarische und entsprechend die darin erkannte «Komplementarität» nicht nur «Scheinkomplementarität», sondern Wirklichkeit sein, so muß weiter nach der Verankerung der Komplementarität im innertrinitarischen Geheimnis selbst zurückgefragt werden. Ein Nachweis der Komplementarität des göttlichen Handelns in der Welt kann nur gelingen, wenn es wenigstens eine analoge Art von Komplementarität auch in der immanenten Trinität gibt. Da aber innergöttlich kein Unterschied der Personen bezüglich ihrer Eigenschaften besteht, kann auch keine «Komplementarität» als Ergänzung einer Person durch andere

---

[115] L. SCHEFFCZYK, unveröffentlichtes Manuskript eines Vortrages zum Thema *Trinität und Komplementarität* (16.07.1993), Bregenz 1993, 14.
[116] Vgl. *D* 153, 172, 415, 421, 441, 501, 531, 542, 545f. u.a.

hinsichtlich etwas, das sie selbst nicht hätte, angenommen werden. «Unterschied» gibt es *in* der Trinität nur als «Relationalität»; daß nämlich der Vater nicht ohne den Sohn «Vater» ist usw. Wenn man also innertrinitarisch von «Komplementarität» sprechen will, so muß damit eine «relationale Komplementarität» gemeint sein.[117] Und auch hier gilt, daß diese «Komplementarität» Ausdruck göttlicher Seins- und Lebensfülle wie seiner in sich bestehenden Vollkommenheit ist.

Es bleibt allerdings — wenn derart von «Komplementarität» die Rede ist — die Schwierigkeit für das menschliche Denken, wie dann all das, was über die trinitarische *Einheit* Gottes, die Einheit seiner Gottheit, seiner Macht und seines Wirkens, festzuhalten ist, verstanden werden kann. Hierzu ist nun wiederum das Prinzip der Komplementarität, und zwar auf der zweiten Ebene (der Erkenntnis), zur Anwendung zu bringen.[118] Die göttliche Wesen*einheit* schließt nämlich rein menschlich gedacht echte *Relationalität* wie eine *Mehrzahl* der Personen aus. Und beide «komplementären» Wirklichkeiten der einen Wirklichkeit Gottes können nicht mehr auf ein darüberstehendes Ganzes zurückgeführt werden. Sie sind gleicherweise zu glauben und zu verkündigen. Daß das aber nichts Widersinniges, für die menschliche Vernunft und in bezug auf die Schöpfung völlig Analogieloses ist, wurde durch die neuere Physik hinsichtlich der Natur des Lichtes — als Welle und Teilchen zugleich — verdeutlicht.[119]

Hier scheint (auf der Ebene des «Beobachters») bereits der dritte Bezug der Komplementarität zum Geheimnis des trinitarischen Gottes selbst auf: denn wie der Physiker dem beobachteten Licht, so kann

---

[117] Die unter 4.2.3. für die immanente Dreifaltigkeit erhobenen Elemente beschreiben, was näherhin als «relationale Komplementarität» der immanenten Trinität zu verstehen ist. Zur Deutung des Prinzips der Komplementarität und der «Einheit in Verschiedenheit» als «Perichorese» vgl. HONNER, *Unity-in Difference: Karl Rahner and Niels Bohr*, in: *TS* 46 (1985), 493-495.

[118] Das geschieht z.B. bei J. RATZINGER, *Einführung in das Christentum. Vorlesungen über das Apostolische Glaubensbekenntnis*, München 1968, 133-139.

[119] Vgl. ebd. 135f.: "Nur im Umkreisen, im Sehen und Sagen von verschiedenen, scheinbar gegensätzlichen Aspekten her gelingt uns das Hinüberweisen auf die Wahrheit, die uns doch nie in ihrer Gänze sichtbar wird. Vielleicht wird uns hier der Denkansatz der heutigen Physik eine bessere Hilfe bieten, als die aristotelische Philosophie sie zu geben vermochte. ... Warum sollten wir von hier aus nicht auch ganz neu verstehen können, daß wir in der Frage nach Gott nicht aristotelisch nach einem letzten Begriff suchen dürfen, der das Ganze um-greift, sondern gefaßt sein müssen auf eine Mehrheit von Aspekten, die vom Standort des Beobachters abhängen und die wir nicht mehr letztlich zusammenschauen, sondern nur miteinander hinnehmen können, ohne das letzte zur Aussage zu bringen? Wir begegnen hier der verborgenen Wechselwirkung von Glaube und modernem Denken. Daß heutige Physik über das Gefüge der aristotelischen Logik hinausgehend in dieser Weise denkt, ist doch wohl auch schon Auswirkung der neuen Dimension, die die christliche Theologie eröffnet hat, ihres notwendigen Denkenmüssens in Komplementaritäten."

auch der Mensch dem Geheimnis Gottes nicht einfach neutral gegenüberstehen:

> "Wir wissen heute, daß im physikalischen Experiment der Beobachter
> selbst in das Experiment eingeht und nur so zu physikalischer Er-
> fahrung kommen kann. ... Auch dies gilt entsprechend abgewandelt von
> der Gottesfrage wieder. Den bloßen Beschauer gibt es nicht. Die reine
> Objektivität gibt es nicht. ... Auch die Wirklichkeit «Gott» kann nur in
> den Blick kommen für den, der in das Experiment mit Gott eintritt – in
> das Experiment, das wir Glauben nennen. Nur indem man eintritt,
> erfährt man; nur indem man das Experiment mitmacht, fragt man
> überhaupt, und nur wer fragt, erhält Antwort."[120]

* «Komplementarität» in *anthropologischem* Kontext

Nachdem gezeigt wurde, daß sich das Prinzip der
Komplementarität im Geheimnis des trinitarischen Gottes selbst
begründen läßt, ist nun weiter zu fragen, wie es sich beim Menschen
besonders hinsichtlich der Familie äußert, wie es dabei theologisch zu
deuten ist und ob sich eine Verbindung zwischen der Komplementarität
in der menschlichen Familie und dem dreifaltigen Gott ziehen läßt.[121]
Vorweg sei die These gestellt, daß *die natürliche Familie im
menschlich personalen Bereich das ursprünglichste, erfahrungsmäßig
naheliegendste und damit auch beste Beispiel für das organisch
verwirklichte Prinzip der Komplementarität* bietet. Das kann hier im
Sinn des oben dargestellten Verständnisses von «Komplementarität»
wenigstens ansatzweise auch begründet werden:

Auf der Ebene des *Phänomens* der «Ergänzung» ist die Familie
die Verbindung der radikalsten Unterschiede menschlichen Person-
seins. Das einander ausschließende Mann- und Frausein als horizontale
Dimension und das hinsichtlich eines selben Verhältnisses ebenfalls
exklusive vertikale Eltern- *oder* aber Kindsein verbinden sich zu einer
Einheit, die ein qualitativ neues, höheres Ganzes darstellt, das nicht

---

[120] Ebd. 136f.

[121] Das Thema menschlicher Komplementarität, insbesondere zwischen Mann
und Frau, hat in jüngerer Zeit in lehramtlichen Aussagen wie in theologischen
Veröffentlichungen reichen Widerhall gefunden; vgl. dazu Pius XII, *Discorso*
(21.10.1945): *AAS* 37 (1945), 291f.; Vat II, Const. past. *GS* 52: *AAS* 58 (1966),
1074; bes. häufig und ausführlich bei Johannes Paul II., vgl. S. Butler, *Personhood, Sexuality and Complementarity in the Teaching of Pope John Paul II*, in: *ChSt*
32 (1993), 43-53; bei den Theologen: H.U. v. Balthasar; L. Bouyer u.a.; vgl. dazu
die Übersicht und Angabe der wesentlichsten Veröffentlichungen bei F. Martin, *Male
and female he created them: A summary of the teaching of Genesis chapter one*, in:
ICR 20 (1993), 260-265. In der vorliegenden Arbeit geht es nicht darum, das
Phänomen der «Komplementarität» erschöpfend zu erfassen, sondern einige seiner
Grundlinien für das Thema der Kirche als Familie Gottes aufzuzeigen.

schon aus der Addition der je individuellen Anlagen und Begabungen für sich zu erzielen ist. Dabei ist näherhin von einer «Komplementarität der Liebe» zu sprechen, insofern in der personal liebenden Verbindung und Ergänzung Mann und Frau eins werden. Aus ihrer Liebe geht als Frucht das Kind hervor, das die Liebe in einem dritten ergänzt und vollendet, worin Mann und Frau zu Vater und Mutter und gemeinsam mit dem Kind zur neuen Realität der Familie werden.

Auf der Ebene der *Erkenntnis* kann hinsichtlich der Familie ebenfalls von Komplementarität gesprochen werden. Die Familie wird von ihren Gliedern je verschieden und doch im Vorgriff auf das Ganze als ein und dieselbe Familie aufgefaßt, wenngleich etwa die Erfahrung des Mannes und Vaters die der Frau und Mutter in absoluter Weise ausschließt. Und selbst wenn sich der Mann in die Frau «hineindenkt», tut er auch dies nur als Mann, dem die Frau im letzten ein Geheimnis bleibt. Darüber hinaus kommt die hier bereits angesprochene dritte Ebene der Komplementarität dann zur Geltung, wenn der Beobachter selbst Glied der Familie ist, die er aus seiner «exklusiven» Perspektive erkennt und dabei in Wechselwirkung mit den anderen und dem Ganzen steht, ohne sich daraus — auch nicht rein gedanklich — vollkommen abstrahieren zu können.

Unter Voraussetzung des im Abschnitt über die Trinität bereits Gesagten sollen die folgenden Erörterungen wenigstens in Grundlinien die theologische Bedeutung der Komplementarität der Geschlechter, die der Realität der Familie zugrundeliegt, erheben. Sie kann als exemplarisch gelten, als der ursprünglichste und radikalste Fall menschlicher Komplementarität, da in Mann und Frau die größte menschlich personale Verschiedenheit aufleuchtet und es zugleich gerade auch diesen beiden gegeben ist, die tiefste menschlich personale Vereinigung vollziehen zu können.[122]

Echte und gelungene Komplementarität bedarf grundsätzlich zweier Voraussetzungen: es muß erstens so etwas wie «Kompatibilität» und gewisse gleiche Voraussetzungen zwischen den einander Ergän-

---

[122] Vgl. dazu im folgenden aus der reichhaltigen Literatur die lehramtlichen Dokumente von IOANNES PAULUS II, Ep. apost. *Mulieris dignitatem*: *AAS* 80 (1988), 1653-1729 u. *Litterae Familiis datae*: *AAS* 86 (1994), 868-925; andere Lit.: E. PRZYWARA, *Humanitas. Der Mensch gestern und morgen*, Nürnberg 1952, 760-797 (*Mensch als Transzendenz*); E. STEIN, *Beruf des Mannes und der Frau nach Natur und Gnadenordnung*, in: DIES., *Die Frau. Ihre Aufgabe nach Natur und Gnade* (Werke V), Freiburg 1959, 17-44; R. SCHULTE, *Überlegungen zu Sein und Verwirklichung menschlicher Geschlechtlichkeit in Verbindung mit dem Verständnis der Seele*, in: G. PÖLTNER–H. VETTER (Hg.), *Leben zur Gänze. Das Leib-Seele-Problem*, Wien 1986, 49-67; L. SCHEFFCZYK, *Die geschlechtliche Bipolarität im Lichte theologischer Anthropologie*, in: DERS., *Glaube in der Bewährung. Gesammelte Schriften zur Theologie III*, St. Ottilien 1991, 203-223; BUTLER, a.a.O., 43-53; MARTIN, *Male and female*, 240-265.

zenden geben, die nicht als einseitiges «In-Dienst-Nehmen», «Gebrauchen» oder auch «Geber-Empfänger-Verhältnis» zu fassen sind; zweitens aber müssen ebenso grundsätzliche Unterschiede bestehen, die eine wechselseitige «Hinordnung» bzw. gegenseitige «relationale Bedürftigkeit» ausmachen. In diesem Sinn charakterisiert das Apostolische Schreiben *Mulieris dignitatem* menschliche Komplementarität:

> "Im Bereich des «Menschlichen», dessen, was den Menschen als Person ausmacht, *unterscheiden sich das «Mannsein» und das «Frausein»*, und zugleich *ergänzen und erklären sie sich gegenseitig.*"[123]

Das christliche Menschenbild richtet seinen Blick im Licht der vollendeten Offenbarung in Christus und des Ganges der Heilsgeschichte zurück auf den «Anfang», um daraus den ursprünglichen, schöpfungsgemäßen Sinn des Menschen zu erheben. Die gemeinsame Voraussetzung für jede menschliche Person ist die Gottebenbildlichkeit, die — wie aus dem ersten Schöpfungsbericht der Genesis (Gen 1,1-2,3) erhellt — in engem Zusammenhang mit der königlichen Repräsentation Gottes in der Herrschaft über die Welt steht. Sie wird näher dahingehend gedeutet, daß der Mensch das einzige um seiner selbst willen von Gott erschaffene Wesen auf Erden ist, fähig zu Selbsterkenntnis, freier Selbstbestimmung und zur Gemeinschaft mit Gott. Diese verwirklicht sich in der Verherrlichung Gottes, die im Schöpfungsbericht abschließend durch den Verweis auf den Sabbat angedeutet wird. Die Gottebenbildlichkeit bezieht sich aber nicht nur auf eine vom Leib getrennt gedachte Geistigkeit, sondern auf den ganzen leibhaftigen Menschen, dessen Selbsterkenntnis, Selbstbestimmung und Gottesbeziehung sich in der Weise seiner Leiblichkeit vollziehen.

Nicht weniger ursprünglich als diese grundlegende Gemeinsamkeit ist die Verschiedenheit von Mann und Frau, die ebenfalls in unmittelbarer Verbindung zur Gottebenbildlichkeit dargestellt wird und deshalb auch als deren konkrete Ausformung zu gelten hat,[124] insofern es «den Menschen» nicht anders gibt, denn als leibhaftigen «Mann» oder als leibhaftige «Frau». Damit scheiden jene Deutungen aus, die die menschliche Geschlechterdifferenz allein sekundären biologischen und nur zur Fortpflanzung angelegten körperlichen Merkmalen zuweisen oder sie mehr als soziologisch angelerntes «Rollenverhalten» betrachten; ebenso erreichen Vorstellungen, die eine völlig geschlechtsneutrale Seele postulieren, nicht die Höhe des wahren christlichen

---

[123] IOANNES PAULUS II, Ep. apost. *Mulieris dignitatem* 25: *AAS* 80 (1988), 1714 [dt.: *VAS* 86, 58].

[124] Vgl. MARTIN, *Male and female*, 240-260.

Menschenbildes.[125] Das zeigt sich in Radikalisierungen dieses Ansatzes, die den Menschen als ursprünglich entweder ungeschlechtliches oder übergeschlechtliches Wesen denken, das in die materielle Geschlechtlichkeit gleichsam abgefallen oder sich dazu aufgespalten habe, so daß die Gottebenbildlichkeit überhaupt nur in der Vereinigung beider Geschlechter gegeben sei.

Wenn man aber den Menschen als leib-seelische Einheit versteht, an dem wesentlichen Unterschied der Geschlechter festhält und keinem der Geschlechter eine nur durch das andere vermittelte Gottebenbildlichkeit zusprechen will, dann stellt sich unweigerlich die Frage nach der möglichen Bedeutung der Geschlechtlichkeit des Menschen hinsichtlich seiner Gottebenbildlichkeit; eine Frage, die — wie gezeigt wurde — nicht durch das Eintragen des Geschlechtlichen in das Geheimnis göttlichen Seins selbst zu lösen ist.

Liest man die beiden Schöpfungsberichte der Genesis (Gen 1,26-31; 2,7-25) im Verständnisschlüssel der Lehre von der Trinität als «Communio», sprechen in der Tat nicht wenige Indizien[126] dafür, daß

---

[125] Vgl. PRZYWARA, *Humanitas*, 788: Das "Thomas-Wort «anima forma corporis» ... sagt ..., daß die Geist-Seele «forma» ist, also *als* Geist-Seele inneres Form-Prinzip jener Unterschiede zwischen Mann und Frau, wie sie sich im Leiblichen darstellen. Die Geist-Seele selber als «forma corporis» ist also mithin, da alle qualitativen Unterschiede auf sie zurückgehen (...), innerlich qualitativ differenziert. («Nicht sind darum die Formen verschieden, daß sie verschiedenen Materien entsprächen; sondern die Materien sind verschieden, daß sie verschiedenen Formen entsprächen», Comp. theol. 71). Wenn das Wort der Genesis den «Menschen» als «Mann und Weib» bestimmt (5,2) und Thomas so sehr Leib und Geist ein Eins sein läßt, daß nur die Einheit Mensch besteht (...), so geht die qualitative Differenz durch alles durch: es gibt qualitativ-differentes Geist-Leib-Leben der Frau wie des Mannes. Es heißt im Geistigen wie Leiblichen: nicht Bestimmung des Menschen durch die Weise des Mannes (und darum die Frau als «minderer Mann»), sondern durch die Weise, wie er geschaffen ist: «Männlich und weiblich schuf Er sie und segnete sie und hieß sie Mensch» (Gen 5,2)."

[126] Dazu gehören u.a. etwa: daß Gen 1,26f. von Gott im Plural und vom «Menschen» als seinem Abbild sowohl im Singular als auch im Plural spricht; daß Mann und Frau (ebd.) zugleich als Ebenbild Gottes von der Schöpfung her erscheinen; daß nach wiederholter Feststellung der «Gutheit» der Schöpfung diese «Gutheit» dem *Alleinsein* des Menschen abgesprochen wird (2,18); daß im zweiten Bericht (2,18-25) die Frau als gleiches leibseelisches Wesen und doch als komplementäre «Hilfe wie ihm gegenüber» geschaffen wird. Die plurale Rede von Gott (1,26) nimmt Papst JOHANNES PAUL II. in seinem Brief an die Familien: *AAS* 86 (1994), 873-878, zum Ausgang, um daran anschließend die Trinität als Urbild der familiären Gemeinschaft darzustellen: "Im Licht des Neuen Testamentes ist es möglich, *das Urmodell der Familie in Gott selber*, im trinitarischen Geheimnis seines Lebens, wiederzuerkennen. Das göttliche «Wir» bildet das ewige Vorbild des menschlichen «Wir»; vor allem jenes «Wir», das von dem nach dem Abbild und der Ähnlichkeit Gottes geschaffenen Mann und der Frau gebildet ist" (n. 6); "Die Familie ist tatsächlich eine Gemeinschaft von Personen, für welche die spezifische Existenzform und Art des Zusammenlebens die Gemeinsamkeit ist: *communio personarum*. Auch hier tritt bei Wahrung der absoluten Transzendenz des Schöpfers der Schöpfung gegenüber der exemplarische Bezug zum

der Mensch als leibhaftiger *Mann oder* leibhaftige *Frau* Abbild Gottes ist und zwar gerade in ihrer Hinordnung aufeinander, die in ihrer Geschlechtlichkeit exemplarisch und ursprünglich zum Ausdruck kommt. Darin nämlich spiegelt sich das innergöttliche «Mit-» und «Für-Sein», die göttliche «relationale Komplementarität», liebende Hingabe und sich selbst überströmende Fruchtbarkeit, so daß in gewisser Weise die menschliche Komplementarität als Einheit in Verschiedenheit «Analogie» zur göttlichen Einheit in Verschiedenheit, Liebe und Fruchtbarkeit sein kann. Eine derartige Interpretation läßt sich durch Aussagen des Vaticanum II weiter unterstützen[127] und wurde gerade auch in jüngerer Zeit wiederholt vom päpstlichen Lehramt vorgelegt:

> "*Gott*, der sich den Menschen durch Christus zu erkennen gibt, ist *Einheit in Dreifaltigkeit*: Einheit in Gemeinschaft. Damit fällt auch neues Licht auf jenes Abbild und Gleichnis Gottes im Menschen, von dem das *Buch Genesis* spricht. Daß der als Mann und Frau geschaffene Mensch Gottes Abbild ist, bedeutet nicht nur, daß jeder von ihnen einzeln als vernunftbegabtes und freies Wesen Gott ähnlich ist. Es bedeutet auch, daß Mann und Frau, als «Einheit von zweien» im gemeinsamen Menschsein geschaffen, dazu berufen sind, eine Gemeinschaft der Liebe zu leben und so in der Welt jene Liebesgemeinschaft widerzuspiegeln, die in Gott besteht und durch die sich die drei göttlichen Personen im innigen Geheimnis des einen göttlichen Lebens lieben. Der Vater, der Sohn und der Heilige Geist, ein einziger Gott durch die Einheit des göttlichen Wesens, existieren als Personen durch die unergründlichen göttlichen Beziehungen. Nur auf diese Weise wird die Wahrheit begreifbar, daß Gott in sich selbst Liebe ist."[128]

---

göttlichen «Wir» hervor" (n. 7); "In den Worten des Konzils [*GS* 24] ist die «Gemeinschaft» der Personen in gewissem Sinne aus dem Geheimnis des trinitarischen «Wir» abgeleitet, und auch die «eheliche Gemeinschaft» wird auf dieses Geheimnis bezogen. Die Familie, die aus der Liebe des Mannes und der Frau entsteht, erwächst in grundlegender Weise aus dem Mysterium Gottes" (n. 8); in der Folge scheint der Papst — wie hier im Anschluß an *GS* 24 — wenn auch in sehr vorsichtiger Ausdrucksweise eine gewisse Analogie der ehelichen Liebesvereinigung im «einen Fleisch» (sofern sie *«in der Wahrheit und der Liebe»* geschieht) zur trinitarischen Einheit der Liebe zu implizieren.

[127] Vgl. VAT II, Const. past. *GS* 24: *AAS* 58 (1966), 1044f. unter Berufung auf das Hohepriesterliche Gebet, Joh 17.

[128] IOANNES PAULUS II, Ep. apost. *Mulieris dignitatem* 7: *AAS* 80 (1988), 1665; [dt.: *VAS* 86, 17]; vgl. nn. 6-8 u. 18 (ebd. 1662-1670 u. 1693-1697; DERS., *Litterae Familiis datae*, 6-8: *AAS* 86 (1994), 873-878. Ein ganz ähnlicher Gedankengang findet sich auch bei F. MARTIN (*Male and female*, 259f.) im Anschluß an den exegetischen Befund von Gen 1,1-2,3: "Besides the functional and relational aspects there is, as well, what we may call the symbolic. In relating to each other, human beings can express through their total reality as bodily persons something of the love that God has and is. This imaging of God finds its exemplar in the positive relationship between man and woman and, as in any relationship, reaches its perfect expression when the love is mutual. In relating reciprocally, human beings symbolically display a

Die menschliche Komplementarität erweist sich einerseits als spezifischer Ausdruck der menschlichen Endlichkeit in seiner «Du-Verwiesenheit» und «-Bedürftigkeit», die ihre letzte und höchste Erfüllung nur im göttlichen «Du» finden kann. Zugleich aber offenbart sie bei je immer größerer Unähnlichkeit den Menschen als Symbol der göttlichen gemeinschaftlichen Lebensfülle, wie E. Przywara anzeigt: nicht als Versuch, Anthropomorphes in Gott hineinzutragen, sondern gerade um seiner unendlichen Andersheit und Transzendenz gerecht zu werden.

> "«Gleichnis Gottes» sind Mann und Frau jedes unmittelbar zu Gott: «als Gottes Bild schuf Er ihn (den Menschen), Mann und Weib schuf Er ihn» (Gen 1,27). Im Gesamt-Gleichnis also von Mann *und* Frau, in ihrer selber im Geheimnis beschlossenen «Einheit der (qualitativen) Unterschiedenheit» erscheint das über alle Gleichnisse erhabene Geheimnis der Unendlichkeit Gottes; nicht nur, «wie ein Mann sein Kindlein trägt auf dem ganzen Weg» (Deut 1,31), sondern «wie einen Knaben, den die Mutter tröstet, so tröste ich euch» (Is 66,13). Das ist folgerichtig zu jenem ausnahmslosen Gesetz, mit dem die echte Transzendenz Gottes steht und fällt: daß Gott nicht sei die Absolutheit irgendeines einzelnen Geschöpflichen (also in unserem Fall die Absolutheit des Männlichen oder die Absolutheit des Weiblichen), sondern die Absolutheit, die sich in der Einheit der Verschiedenheit des Geschöpflichen kundtut (vgl. Thomas v. A., Comp. theol. c. 102). Mann *und* Frau weisen im Geheimnis ihrer «Einheit in der Verschiedenheit» in das Geheimnis dessen, in dem nicht Mann noch Frau ist, weil Er in der Einheit Seiner Fülle alle geschöpfliche Teilung übersteigt."[129]

Hier weitet sich der Blick auf die Heilsgeschichte, in der der Mensch unverlierbar als Ebenbild und «Symbol» Gottes steht. Auch die Komplementarität zwischen Mann und Frau bleibt immer erhalten, selbst dort, wo diese zu einer gegenseitigen Ergänzung in der Sünde wird (vgl. Gen 3,1-24), die sich ebenfalls in einer Weise gleichsam «übersteigt», die diese Sünde auf die ganze abkünftige Menschheit fortträgt.[130] Von den Folgen dieser Sünde erscheint die Komplementarität des Menschen, seine Fähigkeit zu gegenseitiger Ergänzung und Einheit

---

dimension of God's presence to the world and manifest his own desire to relate to us. By insisting that 'âdâm is male and female, P [«Priestly tradition» in Gen] highlights the aspect of mutuality and includes this as part of what he intends by his unique application of the terms ... [image] and ...[likeness] to human beings."

[129] PRZYWARA, *Humanitas*, 792. Hinter diesen Aussagen steht das bei Kirchenvätern besonders auf die Kirche bezogene Thema der Hochzeit und Bräutlichkeit, das im AT zur Verhältnisbestimmung zwischen Jahwe und seinem Volk herangezogen wurde und das in der Einheit Christus - Maria bzw. Christus - Kirche seine höchste Vollendung findet. Daß die Gedanken Przywaras nicht mit dem Ansatz von K. BARTH übereinkommen, zeigt dessen an anderer Stelle (ebd. 891f., Anm. 21) gebotene differenzierte Kritik.

[130] Daß die Ebenbildlichkeit auch nach dem Fall erhalten bleibt, zeigen Gen 5,1 u. 9,6. Der Gedanke der *Komplementarität in der Sünde* scheint bisher in der Erbsündenlehre allgemein zu wenig Beachtung gefunden zu haben.

in Verschiedenheit und damit eine Dimension seiner Gottebenbildlichkeit besonders betroffen zu sein. Das Verhältnis zwischen Mann und Frau verliert seine ursprüngliche Unbefangenheit hinein in Begierde und den Drang, den anderen zu beherrschen und zu gebrauchen, unter dessen Folgen forthin die Frau bei weitem schwerer zu leiden hat als der Mann.[131] Auch auf anderer Ebene verliert die Vielheit ihre Kraft zu Ergänzung und Einheit und gerät gerade dort, wo sie diese eigenmächtig zu erreichen trachtet, in immer größere Verwirrung und Gegensätzlichkeit (vgl. Gen 11,1-9).

Vor dieser Schattenseite erhebt sich aber im Geheimnis der Erlösung das Prinzip der Komplementarität aufs neue und strahlender als zuvor. In Christus und Maria, dem neuen Adam und der neuen Eva, ist jene liebende Hingabe in Verschiedenheit und höchster Einheit vorausgebildet, die dann in der Bräutlichkeit zwischen dem Erlöser und der Kirche am Kreuz vollzogen wird. Daraus entspringt als Gabe, aber auch als Aufgabe die Aufhebung sündiger Herrschaftsverhältnisse und die Versöhnung des Getrennten zur Einheit in Christus (vgl. Gal 3,27f.), die die Verschiedenheit nicht leugnet, sondern organisch in gegenseitiger Ergänzung verbindet. Im Licht des Christusereignisses gewinnt auch die Komplementarität der Geschlechter eine neue und tiefere Dimension. Die «Bräutlichkeit» des leibhaftigen Seins, die den Menschen schon natürlich gesehen in der Liebe von Mann und Frau zur Einheit und darin über sich hinaus zur höheren Realität der Familie führt, ist forthin Berufung, die Einheit Christi und der Kirche sakramental darzustellen (vgl. Eph 5,21-32). In je verschiedener Weise gewinnen Ehe und Jungfräulichkeit Heilsbedeutung und werden zum Abbild der liebenden Hingabe Christi. In je verschiedener Weise gelangt die Bräutlichkeit in Ehe wie in Jungfräulichkeit durch liebende Hingabe und komplementäre Ergänzung zur Einheit und in ihr über sich hinaus zu einer «Vater-» und «Mutterschaft», die die eine Familie Gottes aufbaut.

* «Komplementarität» in *ekklesiologischem* Kontext

Im vorausgehenden war von «menschlicher Komplementarität» die Rede als Ausdruck geschöpflicher Ergänzungsbedürftigkeit und mitmenschlicher Verwiesenheit, die immer unter der Gefahr der sündigen Entstellung, der Unterdrückung und Verzweckung des anderen steht, in der aber auch bereits ein erster Widerschein der göttlichen Gemeinschaft und seines Geheimnisses zu finden ist. Zuletzt wurde der

---

[131] Das deutet sich bereits in Gen 3,16 an und wird von IOANNES PAULUS II, Ep. apost. *Mulieris dignitatem* 9f.: *AAS* 80 (1988), 1670-1677, weiter entfaltet.

Blick auf das Christusereignis gelenkt, in das menschlich komplementäre Anlagen mitaufgenommen und in ihm ins Heilswerk der Kirche einbezogen sind. Wenn die Kirche zu Recht *Familie* Gottes heißt, dann muß auch in ihr das für die «Familie» konstitutive Prinzip «Komplementarität» Geltung haben und zwar in einer Weise, die über das rein Menschliche hinausgeht und die — will sie zu Recht Familie *«Gottes»* genannt werden — echter Ausdruck göttlicher Fülle und Gemeinschaft ist; dann müssen in ihr menschlich komplementäre Anlagen von Sünde befreit, aufgenommen, umgestaltet und erhoben werden, so daß sie sich kraft göttlicher Gnade selbst übersteigen und so gleichsam zu einer neuen, höheren Realität werden, die menschlich gesehen nicht durch sie erreichbar ist.

Darin liegt etwas auf der Ebene der Erkenntnis «Komplementäres». Denn Göttliches und Menschliches sind durch menschliches Verstehen nicht auf eine gemeinsame höhere Einheit zurückführbar und selbst dort, wo beides in unüberholbarer Weise zur Einheit verbunden ist, im Gottmenschen, bleibt diese Einheit letztlich ein Geheimnis, das der Glaube in der Formel des «ungetrennt» und «unvermischt» gleichsam «komplementär» festzuhalten versucht. Diese so zu nennende «sakramentale Dimension» durchstimmt die ganze Familie Gottes als das Geheimnis des Göttlichen im Menschlichen, des unverlierbar Heiligen in der Hand sündiger Menschen, der unsichtbaren Gnade «sichtbar» in den aus sich selbst «gnadenlosen» geschöpflichen Gestalten. Es ist ein Geheimnis, dem der «Beobachter» nicht neutral und unbeteiligt gegenüberstehen kann, das ihn vielmehr zur Entscheidung fordert zwischen einander ausschließenden Perspektiven: des Glaubens, der das Heilige auch in unvollkommener und sündiger Gestalt erkennt und des Unglaubens, der selbst im Heiligsten immer wieder nur Unvollkommenheit und Schuld findet.

Das Hauptinteresse richtet sich hier weder auf die Erkenntnis- noch auf die Beobachterebene der Komplementarität, sondern vor allem auf das Prinzip gegenseitiger Ergänzung in der Kirche. Damit ist allerdings kein neuartiger Gedanke angesprochen, sondern ein zutiefst paulinisches Thema auf den Begriff gebracht, das bevorzugt durch das Bild des «Leibes» dargelegt wird. Doch schon bei «Paulus» findet sich dieses Bild durch das «komplementäre» der Familie ergänzt.

Im Bild des Leibes geht es vor allem um das Zusammenwirken verschiedener Dienste, Ämter und Gnadengaben, die aufeinander bezogen sind und sich so gegenseitig ergänzen. Sinn und Wert erhalten sie, indem sie *füreinander* und *dienend* ausgeübt werden, durchdrungen von der größten Gnadengabe, der Liebe. Dabei zielt «Ergänzung» hier eigentlich im letzten nicht auf eine wechselseitige Erfüllung von Personen in der Addition der jeweiligen Kräfte. Darin könnte nur allzuleicht ein subtiler Egoismus gefunden werden, der die Bedeutung des anderen ganz in der Bereicherung der eigenen Person ortet und diese sich daher zu «unterwerfen» trachtet. Komplementarität geht vielmehr auf ein neues, höheres Ganzes, das sich aus dem sich Ergänzenden wie eine Kuppel über ihren Trägern erhebt. Und dieses Ganze ist der Leib Christi, die Kirche.[132] Diese trägt in sich nicht nur die Dimension horizontaler Einheit in Verschiedenheit, sondern erweitert sich im Bild des Hauptes und des Leibes auf eine vertikale, die sich als von Gott herkommende, als grundlegende und ursprünglichere erweist (vgl. Eph 4). Wo diese trinitarisch weiter bestimmt wird, erscheint zugleich auch das Thema der Familie, durch die das angesprochene Prinzip der Komplementarität auf die Höhe der Personalität göttlichen Lebens zu erheben ist, wenn etwa von der «Vaterschaft» Gottes oder vom «Geist der Sohnschaft» (vgl. Gal 4; Röm 8) die Rede ist. Aus dieser vertikalen, göttlichen Einheit gewinnt dann auch die «Brüderlichkeit» als Ausdruck einer füreinander und in Liebe gelebten Komplementarität in der Familie Gottes vom Vater her ihr Ziel und ihre Kraft.

«Komplementarität» verbleibt im Sinne paulinischer Theologie nicht in den Grenzen der ergänzenden Verbindung dessen, was von sich aus harmonisch zueinander paßt und so zu einer höheren Einheit geführt werden kann. Vielmehr erweist sich die «Familie Gottes», gerade in biblischen Formulierungen, die diesem Begriff am nächsten kommen, als eine Verbundenheit und Einheit in Christus von dem, was sich zuvor unversöhnt und feindlich gegenübergestanden war. In der Familie Gottes ist vor allem die Trennung und Feindschaft aus der Sünde überwunden (vgl. Kol 1,20-22; Eph 2,11-22); in ihr sind die (volks-) religiösen Unterschiede zwischen «erwählt» und «nicht erwählt», die sozialen zwischen Sklaven und Freien wie die des Geschlechtes zwischen Mann und Frau in ein höheres Ganzes hinein aufgehoben, in dem gerade diese Unterschiede noch einmal komplementär zu übernatürlicher Fruchtbarkeit gelangen sollen.[133]

---

[132] Das wird z.B. an Kol 1,24, der einzigen Stelle, in der explizit das Wort «ergänzen» bzw. «erfüllen» vorkommt, deutlich. Wenn es dort heißt, daß Paulus im Dienst seines apostolischen Lebens durch Leiden ergänzt, «was an den Leiden Christi noch fehlt», so ist nicht an eine personale Bereicherung und Ergänzung Christi zu denken. Was hier ergänzt und deshalb «komplementär» aufgebaut wird, ist das «neue Ganze», der «ganze Christus», den Paulus verfolgt hatte (vgl. Apg 9,5: "... ich bin Jesus, den du verfolgst"), der «Leib», die Kirche. Wohl nicht zufällig steht diese Stelle im Zusammenhang der Versöhnung des Verfeindeten durch das Kreuz (Kol 1,20-23), worin nochmals eine Dimension der Komplementarität durchscheint.

[133] Vgl. bes. Gal 3,27f. Wie aus vielen anderen Stellen deutlich wird, haben die in Christus geeinten Unterschiede in der Kirche positive Bedeutung. So bekommt das «Sklavesein» und die «Freiheit» von Christus her ebenso einen neuen, tieferen Sinn, wie etwa die Vielfalt kultureller Werte oder die spezifische Ergänzung im Dienst männlicher und weiblicher Mitarbeiter des Apostels.

Aus dem Gesagten wird offenbar, daß «*Komplementarität*» die Einheit der Kirche in Verschiedenheit, die Gemeinschaft ihrer Glieder gemäß ihrer Gesinnung, ihrem Sein und ihrem Tun charakterisiert. Es besteht ein unaufhebbarer Zusammenhang zwischen allen im positiven wie im negativen, in Freud und Leid, aber auch in Gnade und Sünde. Der Begriff drückt also personale «Beziehung» aus. Wie diese im Sinne des Neuen Testamentes näherhin zu verstehen bzw. im kirchlichen Leben zu verwirklichen ist, kann anhand der neutestamentlichen Verwendung der Konjunktion «einander» («αλληλων») aufgezeigt werden.[134]

Das allgemeinste und grundsätzlichste im NT mit diesem Begriff Verbundene ist die *Zusammengehörigkeit*, *Einheit* und *Einigkeit* unter den Gliedern der Familie Gottes.[135] Das wird lebendig und sichtbar in der gegenseitigen *Liebe*[136], die zum eigentlichen Erkennungszeichen der Gemeinschaft der Kinder Gottes in der Welt werden soll. Ob das gelingt, d.h. ob die Kirche glaubwürdig ist, entscheidet sich im konkreten Zusammenleben. Dazu wird als unumgängliche Grundhaltung die *Demut*[137] eingemahnt, die Haltung, den anderen höher einzuschätzen als sich selbst, was so viel bedeutet wie ihn in seiner Andersheit und Fähigkeit, andere ergänzen zu können, zur Geltung kommen zu lassen. Das schließt aber ein, einander in der jeweiligen Eigenheit *anzunehmen*, zu *ertragen* und aufeinander *acht* zu *geben*.[138] Daraus folgt die Verpflichtung, einander *Gutes zu tun* in *Zuvorkommenheit* und der Bereitschaft, selbstlos zu *dienen*, *füreinander* zu *sorgen* und die *Lasten anderer zu tragen*.[139]

Es darf nun aber keineswegs der Eindruck entstehen, das NT rechne damit, daß alles im gegenseitigen Umgang der Gläubigen «von

---

[134] Schon MINEAR, *Images*, 161-164, hat darauf hingewiesen, daß bestimmte Dimensionen der gegenseitigen Beziehung in der Kirche in «herkömmlichen Kirchenbildern» zu kurz kommen. Deshalb wird das Beziehungswort «συν» unter den Kirchenbildern des NT (und zwar in unmittelbarer auch thematischer Nähe zum Bild der «*Familie*») besprochen. Das hier gewählte «αλληλων» scheint gegenüber dem eher statischen «συν» mehr die dynamische Seite der Beziehung, die dem Prinzip der Komplementarität auch besser entspricht, hervorzuheben.

[135] Vgl. Röm 12,5; 15,5f.; 1Kor 12,25; Eph 4,25; 1Joh 1,7.

[136] Vgl. Joh 13,34f.; 15,12.17; Röm 12,10; 13,8; Phil 2,2; 1Thess 3,12f.; 4,9f.; 2Thess 1,3; 1Petr 1,22; 1Joh 3,11.23; 4,7.11-12; 2Joh 5.

[137] Vgl. Phil 2,3f.; 1Petr 5,5. Die außer der *Demut* mit dem Begriff «αλληλων» zumeist verbundenen Tugenden als christliche Grundhaltungen sind bes.: *Zuvorkommenheit, Geduld, Einmütigkeit, Milde, Großmut, Großherzigkeit, Wahrhaftigkeit, Gütigkeit, Mitleidigkeit*.

[138] Vgl. Röm 15,7; Eph 4,2; Kol 3,13f.; 1Petr 4,9 (im Sinn von Gastfreundschaft); Hebr 10,24.

[139] «Klassisches Beispiel» dafür ist die Fußwaschung, die Jesus selbst seinen Jüngern als Vorbild und Auftrag gibt (Joh 13,14). Vgl. auch 1Thess 5,15; Röm 12,16; 1Kor 12,25; Gal 5,13; 6,2.

Haus aus» harmonisch, ohne Schwierigkeiten und Fehler verlaufe. Darauf nimmt die biblische Botschaft besondere Rücksicht, wenn etwa gefordert wird, andere *aufzubauen* und zu *ermutigen*.[140] Und dort, wo offenbar Schuld Beziehung und Gemeinschaft zu beeinträchtigen droht, erweist sich eine erhöhte Wachsamkeit im Umgang als angebracht. Es geht zunächst darum, Spaltungen zu verhindern, konkret *in Wahrheit nicht* zu *richten*, zu *verleumden* oder sich über andere zu *beklagen*.[141] Denn all das vergiftet die gemeinschaftliche Atmosphäre. Andererseits bedeutet das keineswegs, Fehler einfachhin zu übergehen und damit in der Tiefe weiter wirken zu lassen. So wird gefordert, *einander* die *Sünden* zu *bekennen*[142]; die christliche Gemeinde kennt darüber hinaus den Gebrauch, ja die Pflicht, einander *zurechtzuweisen*[143]. Über allem aber muß die Bereitschaft zu ehrlicher *Verzeihung*[144] stehen, die nicht vom anderen «Schuldenregister» anfertigt und fortan bewahrt, was einen wirklichen Neuanfang, eine wahre Bekehrung des anderen verhindert. Getragen werden diese Haltungen durch das *Gebet füreinander*[145], und es gilt das Vorbild der Gesinnung und des Tuns Jesu selbst, das Paulus im «Philipperhymnus» (Phil 2,5-11) in einzigartiger Weise darlegt.

Abschließend ist nun noch danach zu fragen, wie das Prinzip der Komplementarität in der Familie Gottes konkret ~zur Anwendung gebracht werden kann bzw. wo in ihr scheinbar gegensätzliche Momente bestehen[146], die — wenn man sie als einander ergänzende Realitäten in ihrer «fruchtbaren Spannung» annimmt und im Glauben verwirklicht — die übernatürliche Fülle der *familia Dei* als Abbild des trinitarischen Gottes erahnen lassen. Man wird aber zugleich auch einräumen müssen, daß gerade diese Momente aufgrund menschlicher Sündigkeit nicht davor gewahrt sind, entstellt zu werden und dadurch der Kirche zu schaden.

Als erstes sind untrennbare und aufeinander hingeordnete Inhalte, Werte und geistliche Wirklichkeiten zu nennen (die der «*sachlichen Ebene» der Kirche* zuzuordnen sind), welche aber dennoch bisweilen als Widerspruch oder Gegensatz aufgefaßt werden. Als

---

[140] Vgl. Röm 14,19; 1Thess 4,18; 5,11; Hebr 10,24f.
[141] Vgl. Röm 14,13; Kol 3,9; Jak 4,11; 5,9.
[142] Vgl. Jak 5,16.
[143] Vgl. Röm 15,14.
[144] Vgl. Eph 4,32; Kol 3,13f.
[145] Vgl. Jak 5,16.
[146] L. SCHEFFCZYK (*Katholische Glaubenswelt. Wahrheit und Gestalt*, Aschaffenburg ²1978, bes. 51-178) hat (ähnlich wie vor ihm bereits E. PRZYWARA) herausgearbeitet, daß das verbindende «*und*», das menschlich scheinbar Widersprüchliches zusammenzudenken vermag, wesentlich zum spezifisch «*katholischen Denkansatz*» gehört.

typische Beispiele dafür können die Komplementarität von *Sichtbarem* und *unsichtbar Geheimnishaftem*, von einer sogenannten *Rechts-* und *Liebeskirche* genannt werden. Im Leben der Kirche ist weiters eine *aktive*, eine *kontemplative* und eine auf die *Weltdurchdringung* und *-heiligung* ausgerichtete Dimension zu unterscheiden. Es zeigt sich aber, daß diese in enger Verwiesenheit zueinander stehen und — wenn sie harmonisch miteinander verbunden werden — zur Vollreife des christlichen Lebens führen. Pastorale Aktivitäten und der Dienst in der Welt können nur dann in der Kraft des Evangeliums bleiben, wenn sie aus den reichen Quellen der Anbetung, des Wortes Gottes und der Sakramente schöpfen. Besondere Fruchtbarkeit für die Kirche eignet aber auch der komplementären Sicht und Verwirklichung von *aktiver Mitverantwortung* und *Gehorsam*, von *charismatischen* und *hierarchischen* Gaben, vom *allgemeinen* und vom *Weihepriestertum*. Im Blick auf das Ganze der Kirche müssen *Katholizität* und *Einheit*, die *Teilkirchen* und die *Universalkirche* und damit eng verbunden der päpstliche *Primat* und die *Kollegialität* der Bischöfe[147] als komplementäre Realitäten gelten, die je aufeinander bezogene und nicht ineinander auflösbare Ausdrücke ein und derselben gottmenschlichen Wirklichkeit sind.

Eine besondere, wenn auch nicht immer gleichermaßen beachtete, komplementäre geistliche Wirklichkeit kommt der Kirche von ihrem Grund, Jesus Christus, her zu: die Tatsache, daß sein «Werk» in seiner Vollendung, wie das Johannesevangelium bezeugt, zugleich «Verherrlichung» in göttlicher Herrlichkeit, aber auch unter Spott und Verachtung tiefstes Leiden und Hingabe in den Tod ist. Da aber das «Werk» der Kirche kein anderes als das ihres Herrn und Erlösers ist, so wird sich auch an ihr immer sowohl die Herrlichkeit Gottes als Zeichen für die Welt spiegeln als auch durch sie und in ihr unter Spott und Verachtung sein Kreuz und Leiden bis zur Hingabe in den Tod zu tragen sein.

Neben der «*sachlichen*» eignet der Familie Gottes auch eine «*lebensmäßig konkrete*» und «*personale Ebene*» der Komplementarität. Darunter sind personale Beziehungen und Betätigungen der Gläubigen zu verstehen, in denen durch gegenseitige Ergänzung das geistliche Leben der Kirche in seiner Vollgestalt zum Vorschein kommen. Grundlage dafür sind beispielsweise die Vielfalt der natürlichen Voraussetzungen, der Fähigkeiten, Anlagen und Begabungen, die Verschiedenheit der Geschlechter, aber auch die charismatischen wie die mit einem bestimmten Amt oder einer bestimmten Aufgabe verbunde-

---

[147] Darauf hat bes. hingewiesen: ANTÓN, *Unità e diversita nella Chiesa secondo il Vaticano II*, in: *CivCatt* 120 (1969) I, 23-35 sowie: DERS., *Episcopato et Primato garantiscono la diversità e l'unità nella Chiesa*, ebd., 110-124.

nen Gnadengaben. Exemplarisch sei daraus als ein Thema, das durch das *familia-Dei-Konzept* und die Anerkennung des in ihr obwaltenden Prinzips der Komplementarität wohl neue Impulse und Implikationen zu erhalten vermag, die Frage der gegenseitigen Ergänzung von *geistlicher Vater-* und *Mutterschaft* noch kurz angerissen.

Ausgangspunkt der Überlegung ist die Tatsache, daß es Fruchtbarkeit und Verantwortung in natürlicher Elternschaft und letztlich das Elternsein überhaupt nicht ohne das Zusammenwirken und die gegenseitige Ergänzung von Mann und Frau gibt.[148] Diese Ergänzung setzt eine Verschiedenheit des männlichen und des weiblichen Prinzips sowohl nach seinem Wesen als auch nach dem konkreten Beitrag zur Entstehung und Ausübung der Elternschaft voraus. Dabei kann aber nicht ein der Ergänzung bedürftiger Mangel allein *einem* Geschlecht zugeordnet werden, demgegenüber dem anderen ein Überfluß eignete. Vielmehr erweisen sich beide Geschlechter dem je anderen gegenüber als «bedürftig» und ihre Gemeinsamkeit übersteigt die in jedem einzelnen Geschlecht für sich allein vorhandenen Fähigkeiten grundsätzlich.

Daran anschließend mag man fragen, wie in der Kirche heute eine Ergänzung zwischen der im «Amt» (aus der sakramentalen Zeichenhaftigkeit und im Sinne kirchlicher Lehre notwendig) männlichen «geistlichen Vaterschaft» und der «geistlichen Mutterschaft» als spezifisch weibliches Charisma konkret und in gesicherten wie anerkannten Formen[149] zu verwirklichen wäre. Daß diese Ergänzung heilsbedeutsam ist, zeigt sowohl das Negativbeispiel des Sündenfalles als auch die positive Heilsmittlerschaft in der Erlösungstat des «neuen Adam», die in der kirchlichen Tradition stets in Verbindung zur Mitwirkung an der Erlösung durch die «neue Eva» gebracht wurde. Mag sein, daß man sich — vielleicht auch kulturbedingt — in der

---

[148] Damit soll unvollständigen Familien (Alleinerziehern) nicht ihr Wert und ihre Verantwortung abgesprochen werden. Sie stellen aber nur eine Notlösung in bestimmten Situationen dar, die aus sich heraus auch der weiteren Fruchtbarkeit entbehrt. Eine gewisse, vorsichtige Analogie ließe sich darin zu Situationen in der Kirche ziehen, in denen Gemeinden des dauernden engeren Bezugs zum hierarchischen Amt entbehren müssen und denen deshalb auch eine wesentliche sakramentale Fruchtbarkeit mangelt. Auch die gedankliche Konstruktion einer reinen Klerikerkirche müßte sich in der Tat als höchst unfruchtbar erweisen.

[149] Es hat sich erwiesen, daß in Diözesen bestimmte «Leitungsaufgaben», etwa der karitativen Einrichtungen, der Finanzverwaltung, des Schulwesens oder anderer Bereiche, keineswegs an die sakramentalen Vollmachten des Amtes gebunden sind und deshalb weder ausschließlich noch besser von geweihten Amtsträgern zu erfüllen sind. Auch auf anderen Ebenen könnten Erfahrung und spezifisch weibliche Gaben sicherlich zum Nutzen der Kirche noch mehr berücksichtigt werden. In diesem Zusammenhang müßte geklärt werden, inwieweit nicht nur untergeordnete Verantwortungsbereiche innerhalb der kurialen Kirchenverwaltung (die ja keiner eigenen Lehr-, Leitungs- oder Heiligungsvollmacht bedarf, sondern in beratender Weise der des Papstes untersteht) auch für Frauen zugänglich zu machen wären.

Kirchengeschichte mehr theologisch spekulative und spirituelle Gedanken über diese Prinzipien als Vorstellungen über deren praktische Verwirklichung gemacht hat. Unbestreitbar ist aber auch, daß es im konkreten kirchlichen Leben die heilsbedeutsame Ergänzung von Mann und Frau wenigstens in Ansätzen immer gegeben hat – beginnend mit Maria und den Frauen um Jesus als erste Zeugen der Auferstehung, über die Mitarbeiterinnen des Paulus sowie in den nicht voneinander zu trennenden komplementären Heiligengestalten wie Benedikt und Scholastika, Franz v. Assisi und Clara, Teresa v. Avila und Johannes v. Kreuz, Franz v. Sales und Johanna Franziska v. Chantal.

Konklusion

Dieser Abschnitt befaßte sich mit dem ersten theologischen «Grundpfeiler» der *familia-Dei-Ekklesiologie*: ihrer Verankerung im trinitarischen Geheimnis. Dadurch wird die untrennbare Verbindung der *familia Dei* zu Gott sichergestellt und zugleich weiter geklärt.

Der naheliegendste — aber in der dogmatischen Theologie nicht unumstrittene — Versuch, die Trinität selbst analog als «Familie» (Gottes) zu deuten, kann nur unter bestimmten Voraussetzungen fruchtbar gemacht werden: wenn man die Gefahren des *Tritheismus* und *Anthropomorphismus* berücksichtigt, die Frage nicht sogleich auf das Thema der «Männlich-» oder «Weiblichkeit Gottes» einengt und allgemein die Prinzipien der *analogen Rede* von Gott anerkennt.

Kaum zu bestreiten ist dagegen die Affinität zwischen der Kirche als *familia Dei* und der *heilsökonomischen Trinität*. Sie ist grundgelegt in der biblischen Offenbarung Gottes als *Vater*, *Sohn* und *Geist*, der in bezug auf die Gläubigen als *Geist der Sohnschaft* erscheint und in anderen neutestamentlichen Anklängen an das *Familienthema*. Davon ausgehend läßt sich die Kirche als «*divino-humana Sanctissimae Trinitatis familia*» gemäß ihrem Ursprung, ihrer Sendung und ihrem Ziel im erfahrungsmäßig naheliegenden Sinnganzen des *Familie-Gottes-Konzeptes* darstellen, das auch Implikationen für das kirchliche Leben aufzuweisen vermag. Zentrale theologische Themen waren dabei vor allem das *admirabile commercium* zwischen Menschheitsfamilie und *familia Dei* sowie die biblische Heilssymbolik von «Geburt», «Mutterschaft», «Gotteskindschaft» u.a. Erhellende Kraft kommt schließlich dem Geheimnis Mariens und in gewisser Weise auch der Heiligen Familie zu, in deren familiären Beziehungen zu den göttlichen Personen ein symbolisches Vorausbild der Kirche als Familie der Heiligsten Dreifaltigkeit hinsichtlich ihres Heilsplanes erkennbar wird.

Die heilsökonomische Fundierung der *familia-Dei-Ekklesiologie* in der Trinität kann allerdings nur dann theologische Gültigkeit für sich beanspruchen, wenn sie sich auch mit dem *Mysterium der immanenten Trinität* organisch verbinden läßt, d.h. wenn die *Familie* Gottes darin ihr höchstes Urbild findet. Das wurde ausgehend davon, daß Gott die Liebe und die *Trinität* deshalb in sich *Communio* als Urform aller Gemeinschaft und als Ausdruck göttlicher Seinsfülle ist, gezeigt. Demgegenüber steht die natürliche «Familie» als ursprünglichste und erfahrungsmäßig naheliegendste Form menschlicher Gemeinschaft, die aufgrund ihrer Geschöpflichkeit aber immer endlich und beständig durch die Realität der Sünde in ihrer vollen Entfaltung bedroht und behindert ist. Die Kirche, die als *Familie Gottes* ihrem Wesen nach Göttliches und Menschliches in sich vereinigt und deshalb zwischen Gott und den Menschen eine Mittel- und Mittlerstellung einnimmt, spiegelt einerseits die Seinsfülle göttlicher Communio wider und trägt andererseits die Last menschlicher Endlichkeit und Sünde an sich. In wenigstens vier zentralen Bezugspunkten kann die menschliche Urerfahrung der Familie ein Konzept zur Veranschaulichung und Deutung sowohl für die Trinität als auch für die Kirche beisteuern, das auf diese Weise auch deren innere Verbindung aufscheinen läßt: in der *Vater-Sohn-Beziehung* als Urform allen *Ursprungs*, aller *Gabe* und allen *Sich-Verdankens*; in der *Relationalität* als gegenseitige Verwiesenheit und *dialogisch liebende Beziehung*; im Zusammenhang von *liebender Hingabe* und *Fruchtbarkeit*; im Prinzip höchster *Einheit* in größtmöglicher *Verschiedenheit*.

Letzteres Prinzip ist auch in den Begriff der «*Komplementarität*» zu fassen. Dieser wurde im vorausgehenden durch einen Exkurs von seinen sprachlichen und naturwissenschaftlichen Wurzeln her erhellt und in seinen trinitarischen, anthropologischen und ekklesiologischen Implikationen für eine *familia-Dei-Ekklesiologie* entfaltet.

4.3. DIE INKARNATORISCH-SAKRAMENTALE DIMENSION DER *FAMILIA-DEI-EKKLESIOLOGIE*

In der aufgestellten These zur *familia-Dei-Ekklesiologie* heißt es: *Die Kirche ist Familie der Kinder Gottes in Christus, ihrem Bruder, familiäre Gemeinschaft mit ihrem Vater im Himmel und brüderliche Gemeinschaft untereinander. ... Sie ist somit «Sakrament», durch das die Menschheitsfamilie in Welt und Geschichte bis hin zur Vollendung in die Familie Gottes gewandelt werden soll.* Damit ist eigentlich nur das explizit ausgeführt, was bei näherer Betrachtung in der Verbindung der beiden Wörter «*Dei*» und «*familia*» der Sache nach bereits zu finden ist: eine Beziehung zwischen Göttlichem und Menschlichem, die näherhin als heilsbedeutsam zu qualifizieren ist. Diese unter der Voraussetzung der theologischen Sinnhaftigkeit und Gültigkeit des Begriffs der *«Familie – Gottes»* «notwendige» Beziehung entspricht im letzten dem, was ekklesiologisch das *inkarnatorisch-sakramentale* Wesen der Kirche genannt werden kann. Die hier beabsichtigte theologische Klärung dieser Beziehung, die in den beiden vorangehenden Abschnitten durch die Annäherung «von unten» bzw. «von oben» bereits implizit vorausgesetzt war, ist nicht nur von spekulativem Interesse, sondern trifft ins Zentrum der Frage nach dem göttlichen Heil und nach der Möglichkeit wie nach den Grundlagen seiner Vermittlung zum endlichen Menschen in dessen leib-seelischer Verfaßtheit.

Eine solche Vermittlung muß nämlich angenommen und geklärt werden, wenn das «Heil» nicht verdinglicht oder etwa als eine rein individuelle geistige Erkenntnis verstanden wird, sondern *personal* als Gemeinschaft mit Gott und als Teilhabe an der Liebe des Dreifaltigen, m.a.W. als *«Gnade»* und *«Selbstmitteilung Gottes»*.[150] Menschliches Personsein und damit auch sein *Mit-* und *In-Gemeinschaft-Sein* vollzieht sich in der Welt nicht anders als leibhaftig und geschichtlich. Da die erlösende Gemeinschaft mit Gott den als ganzen von der Sünde geknechteten Menschen in wirklicher Gottesbegegnung betrifft, muß sie ihn auch als ganzen in geschichtlicher, leibhaftig vermittelter und greifbarer Nähe erfassen. Das ist der tiefere Sinn des «katholischen Heilsrealismus», der sich gegen idealistische und existentialistische Deutungen verwehrt, die meinen, ohne wirkliche geschichtliche Heilsvermittlung auszukommen, das «Heil» in die Ebene der «Idee» verschieben oder als eine der menschlichen Existenz immer schon immanente Veranlagung ausgeben zu können.

Andererseits hängt es von der Bestimmung jener Beziehung ab, ob Gott trotz aller heilshaften Nähe als «Gott», als der transzendente Schöpfer und Vater, der göttlich Heilige, «ganz Andere» und für den menschlichen Verstand in seiner letzten Tiefe immer auch Unverfügbare und Geheimnishafte festgehalten und nicht zu einer Projektion oder einem Postulat menschlicher Selbsterlösung herabgezogen wird.

---

[150] Es wurde bereits darauf hingewiesen, daß dieses Heilsverständnis (im Sinne des VAT II) mit dem Konzept der Familie Gottes besonders harmoniert. Darin nämlich ist Erlösung nicht anders denn als *«Versöhnung»* und das Heil als geistgewirkte *«familiäre» Gemeinschaft* der Kinder Gottes in Christus, ihrem Bruder, mit Gott, ihrem Vater, zu denken. Daß ein derartiges Verständnis auch die Einheit des göttlichen Heilsplanes und die Einzigkeit des menschlichen Endziels zu wahren vermag, soll in 4.4. mit Blick auf die gesamte Heilsgeschichte unter Beweis gestellt werden. Zur Frage der Möglichkeit menschlicher Gottesbegegnung und zum diesbezüglichen «katholischen Heilsrealismus» vgl. E. SCHILLEBEECKX, *Christus. Sakrament der Gottesbegegnung*, Mainz 1960, bes. 13-56; SCHEFFCZYK, *Katholische Glaubenswelt*, 51-178.

In bezug auf die theologische Ausformung einer Ekklesiologie steht weiters die Bedeutung des Christusmysteriums auf dem Spiel; die Frage, ob die Kirche das Mysterium der Kirche Jesu Christi bleibt oder zu einer humanitären, moralischen Einrichtung, zu einem «Jesu-Gedächtnis-Verein» entwirdt, der weder die Gegenwart des Herrn in der Welt noch das Heil wirklich zu vermitteln vermag.

Im folgenden geht es nicht darum, alle ekklesiologischen Einzelthemen, die in diesem Zusammenhang berücksichtigt werden könnten, also etwa die bereits im Kontext des Vaticanum II erwähnte[151] Einheit der sichtbaren Struktur und der unsichtbaren Gnadenwirklichkeit, die bleibende Spannung zwischen der zugleich *heiligen* und *der Läuterung bedürftigen* Kirche, die Frage der äußeren Einheit und Kirchenzugehörigkeit darzulegen. Vielmehr ist der für eine *familia-Dei-Ekklesiologie* fundamentale Zusammenhang zwischen Göttlichem und Menschlichem und damit die Möglichkeit und Wirklichkeit von Erlösung und Heil überhaupt theologisch zu klären. Das geschieht — im Sinne des Konzils, das sich, gestützt auf vorausgehende theologische Forschungen, das Konzept der Kirche als Sakrament zu eigen gemacht hat[152] — im Blick auf: den tiefsten Grund dieser Verbindung, auf Jesus Christus, das *Ursakrament* der Heilsgemeinschaft der Menschen mit Gott und untereinander, näherhin auf die Menschwerdung des göttlichen Wortes und seine personale Einheit als wahrer Gott und wahrer Mensch (4.3.1.); das Geheimnis der *Familie Gottes* als *Ganzsakrament*

---

[151] Dazu s.u. bes. 1.1.3.

[152] Vgl. *LG* 1, 9, 48; dazu s.o. 1.1.3. An Lit. vgl. vor dem Konzil u.a.: O. SEMMELROTH, *Die Kirche als sichtbare Gestalt der unsichtbaren Gnade*, in: *Schol* 28 (1953), 23-39; DERS., *Die Kirche als Ursakrament*, Frankfurt 1953; K. RAHNER, *Kirche und Sakramente (QD* 10), Freiburg 1960; SCHILLEBEECKX, *Christus*; bisher in der ekklesiologischen Forschung nur wenig berücksichtigt: J. GONZALES ARINTERO, *Desenvolvimiento y vitalidad de la Iglesia*. Bd. I, *Evolución orgánica*, (Hg. A. ALONSO LOBO), Madrid 1974 [Salamanca 1911], bes. 214-243; dazu: A. ANTÓN, *El Misterio de la Iglesia. Evolución historica de las ideas ecclesiologicas. II. De la apologética de la Iglesia-sociedad a la teología de la Iglesia-mistero en el Vaticano II y en el posconcilio (BAC* 30), Madrid 1987, 463-474; an nachkonziliären Veröffentlichungen vgl. im folgenden auch: K. RAHNER, *Das neue Bild der Kirche*, in: *Schriften* VIII, 329-354; J. AUER, *Die Kirche – Das allgemeine Heilssakrament (KKD* VIII), Regensburg 1983; W. KASPER, *Die Kirche als universales Sakrament des Heils*, in: DERS., *Theologie und Kirche*, Mainz 1987, 237-254; DERS., *Die Kirche als Sakrament der Einheit*, in: P. HENRICI–J. RATZINGER (Hg.), *Credo. Ein theologisches Lesebuch*, Köln 1992, 263-270; KEHL, *Die Kirche*, bes. 63-159 (strukturiert durch eine *«Theorie des kommunikativen Handelns»* des *«Neomarxismus»* bzw. der *«Frankfurter Schule»*); SCHEFFCZYK, *Katholische Glaubenswelt*, 106-178; DERS., *Jesus Christus – Ursakrament der Erlösung*, in: H. LUTHE (Hg.), *Christusbegegnung in den Sakramenten*, Kevelaer 1981, 9-61; DERS., *Die Kirche – das Ganzsakrament Jesu Christi*, ebd. 63-120; DERS., *Die Kirche als Sakrament Jesu Christi*, in: DERS., *Kirche in der Krise*, 24-38.

bzw. *Universalsakrament* Christi[153] (4.3.2); die *einzelnen Sakramente*, in denen sich das sakramentale *Familie-Gottes-Sein* exemplarisch verdichtet und verwirklicht (4.3.3.).

4.3.1. Christus, das «Ursakrament»

Wesentliche Vorentscheidungen für die Entfaltung einer Ekklesiologie fallen bereits in ihren christologischen Grundlagen. Auch die Dogmatische Konstitution über die Kirche *Lumen gentium* verankert die Lehre über die Kirche als Sakrament im Christusgeheimnis. Er ist das Licht, das die Kirche sakramental widerspiegeln soll. Nur in ihm ist die Einheit zu suchen und zu verwirklichen, die das Ziel der kirchlichen Sakramentalität darstellt (vgl. *LG* 1). So erscheint die Kirche selbst als das im «*Mysterium*» (m.a.W. «*sakramental*») bereits gegenwärtige Reich Christi (*LG* 3) und — unbeschadet seiner alleinigen Mittlerschaft — ist sie sein Heilsorgan, in dem sich Göttliches und Menschliches zum Heil der Welt berühren. Darin aber steht die Kirche selbst in «einer nicht unbedeutenden Analogie» zum «Mysterium des fleischgewordenen Wortes» (*LG* 8).[154]

Auszugehen ist von der Frage, die Jesus selbst an seine Jünger stellt: «*Ihr aber, für wen haltet ihr mich?*» (Mk 8,29). Die Antwort des Glaubens geht über das menschliche «Hörensagen», über den äußeren Anschein hinaus und sieht eine tiefere Realität. Diese Antwort des Glaubens hat durch das Konzil von Chalkedon (451) eine verbindliche Abgrenzung erfahren, die nicht das Geheimnis der Menschwerdung in seiner letzten Tiefe auszuschöpfen oder zu erklären beabsichtigt, sondern ein Richtmaß angibt, damit kein anderer Christus verkündigt wird als der, den die Apostel von Anfang an bezeugen:

> "In der Nachfolge der heiligen Väter also lehren wir alle übereinstimmend, unseren Herrn Jesus Christus als ein und denselben Sohn zu bekennen: derselbe ist vollkommen in der Gottheit und derselbe ist vollkommen in der Menschheit; derselbe ist wahrhaft Gott und wahr-

---

[153] Mit SCHEFFCZYK und SCHILLEBEECKX ist gegen SEMMELROTH und RAHNER festzuhalten, daß nicht die Kirche, sondern nur der Gottmensch selbst als einziger Mittler zum Vater «*Ursakrament*» zu nennen ist. Die Kirche dagegen ist das «*Sakrament*» Christi, das sein Heilswerk *universal* weiterträgt und vermittelt; vgl. dazu auch KASPER, *Die Kirche als universales Sakrament des Heils,* in: DERS., *Theologie und Kirche,* Mainz 1987, 245.

[154] Dabei wird keine Theorie der «fortgesetzten Inkarnation» Christi vertreten, sondern vielmehr die Beziehung zwischen dem Natürlichen und dem Übernatürlichen *sakramental* bestimmt. Darin drückt sich nicht nur ein wesentlicher Unterschied aus, sondern zugleich auch die einzigartige und unüberholbare Christus-Verbindung und Christus-Förmigkeit der Kirche.

haft Mensch aus vernunftbegabter Seele und Leib; derselbe ist der Gottheit nach dem Vater wesensgleich und der Menschheit nach uns wesensgleich, in allem uns gleich außer der Sünde [vgl. Hebr 4,15]; derselbe wurde einerseits der Gottheit nach vor den Zeiten aus dem Vater gezeugt, andererseits der Menschheit nach in den letzten Tagen unsertwegen und um unseres Heiles willen aus Maria, der Jungfrau [und] Gottesgebärerin, geboren; ein und derselbe ist Christus, der einziggeborene Sohn und Herr, der in zwei Naturen unvermischt, unveränderlich, ungetrennt und unteilbar erkannt wird, wobei nirgends wegen der Einung der Unterschied der Naturen aufgehoben ist, vielmehr die Eigentümlichkeit jeder der beiden Naturen gewahrt bleibt und sich in *einer* Person und *einer* Hypostase vereinigt; der einziggeborene Sohn, Gott, das Wort, der Herr Jesus Christus, ist nicht in zwei Personen geteilt oder getrennt, sondern ist ein und derselbe, wie es früher die Propheten über ihn und Jesus Christus selbst es uns gelehrt und das Bekenntnis der Väter es uns überliefert hat" (*DH* 301f.).

Diese *Definition* trägt ein wesentliches soteriologisches Anliegen in sich: Es gilt festzuhalten, daß Jesus v. Nazaret wirklich Gott und wirklich Mensch und damit das in ihm angebrochene Heil und die begonnene Gemeinschaft wirklich *göttliches* Heil und Gemeinschaft mit Gott sind; daß er als wahrer Mensch wirklich *Mittler* ist, der den Menschen in seiner leib-seelischen und durch die Sünde entstellten Existenz begegnend, erlösend und heiligend erreichen kann.[155] Dieser Sachverhalt, die *Mittlerschaft*, steht im Kern der Aussage von Christus als dem «*Ursakrament*» der Erlösung und der Gottesgemeinschaft. Seine Menschennatur ist *sichtbare gnadenhafte* Gegenwart Gottes und zugleich auch vollkommene Annahme der göttlichen Selbstmitteilung durch den Menschen. Er ist — durch die Auferstehung beglaubigt — unfehlbar unter den Menschen gegenwärtiges und wirksames Heil.

"Christus in seiner geschichtlichen Existenz ist in einem die Sache und ihr Zeichen, *sacramentum* und *res sacramenti* der erlösenden Gnade Gottes, die durch ihn nicht mehr, wie vor ihm, als noch verborgener Wille des fernen, transzendenten Gottes *über* der Welt waltet, sondern in ihm als der Welt endgültig eingestiftet gegeben ist und zur Erscheinung kommt."[156]

---

[155] Vgl. SCHILLEBEECKX, *Christus*, 24f.: "Weil die Heilstaten des Menschen Jesus von einer göttlichen Person vollbracht werden, haben sie eine göttliche Heilskraft, aber weil diese göttliche Heilskraft uns in einer *sichtbaren* irdischen Gestalt erscheint, sind diese Heilshandlungen Jesu *sakramental*. «Sakrament» bedeutet ja eine göttliche Heilsgabe in einer äußerlich wahrnehmbaren und durch eine äußerlich wahrnehmbare, greifbare Gestalt, die diese Gabe anschaulich macht: eine Heilsgabe in historischer Sichtbarkeit. ... Der Mensch Jesus als *persönliche* irdische Erscheinung der göttlichen Erlösungsgnade ist *das* Sakrament: Ursakrament, denn nach dem Willen des Vaters sollte dieser Mensch, der Sohn Gottes selbst, in seiner Menschheit der *einzige* Zugang zur Wirklichkeit des Heiles sein."
[156] RAHNER, *Kirche und Sakramente*, 15 [Herv. vom Verf.].

Mit der Bezeichnung «Ursakrament» läßt sich an den biblischen Begriff *«mysterion»* anknüpfen.[157] In den Evangelien begegnet dieser nur im Zusammenhang des Gleichnisses vom Sämann und meint dabei das «Geheimnis des Reiches Gottes», das den Jüngern Jesu bereits gegeben ist (Mk 4,11; Mt 13,11; Lk 8,10). Für die nähere Bestimmung derer, denen das Geheimnis gegeben ist, scheint die bei allen Synoptikern auffallende Verbundenheit dieses Wortes zum Logion über die *«wahre Familie»* Jesu aufschlußreich.[158] Es sind nicht jene aus der natürlichen Familie, die eigentlich von «Haus» aus Gemeinschaft mit Jesus hätten, die nun aber als die Ungläubigen und *«draußen»* Stehenden erscheinen (vgl. Mk 3,31f. par. 4,11). Die «neue Familie» der wahren Verwandten bilden vielmehr jene, denen das «Geheimnis» des Reiches Gottes in Jesus Christus gegenwärtig ist, weil sie den Willen Gottes erfüllen, oder — wie Lk sagt, der damit die Stelle über die neue Familie Jesu noch enger mit dem Sämannsgleichnis und seiner Deutung verbindet — «die Gottes Wort hören und tun» (Lk 8,8b-10 par. 8,21).

Wenn in den Evangelien Jesus als das «im *Mysterium»* bereits anwesende Reich Gottes und damit in gewisser Weise auch als dessen «Sakrament» erkennbar wird, so besteht darin eine Übereinstimmung zur Paulinischen Tradition, aus der explizit eine enge Verbindung des Wortes «Geheimnis» zum Christuskerygma zu erheben ist. Christus selbst ist das *Geheimnis Gottes*; das Geheimnis seines verborgenen Ratschlusses und Heilsplanes, der nun in der Fülle der Zeiten durchgeführt und offenbar geworden ist.[159] Kreuzigung und Verherrlichung Christi, in die hinein sich das Heilsgeheimnis verdichtet, bleiben allerdings der Weisheit der Welt unzugänglich und nur für jene erfaßbar, die den Geist Gottes erhalten haben. Zugleich aber ist darin das Heil in Welt und Geschichte gegenwärtig:

> "Im Mysterium bricht eine himmlische Wirklichkeit in den Bereich des alten Aeon ein: der «κυριος της δοξης» stirbt an dem Kreuz, das die Archonten der Welt aufrichten. Im Kreuz wird der radikale Gegensatz zwischen der bislang verborgenen Weisheit Gottes und der Weisheit der Mächte, bzw. der ihnen verfallenen Welt — für diese vernichtend, für die dem Kerygma Glaubenden heilbringend — offenbar. ... Der Inhalt des «μυστηριον» ... besteht in der Einwohnung des erhöhten Christus «in euch», den Heiden. ... Diese Vereinigung von Heiden und Juden in einem Leibe unter dem Haupt Christus ist ein eschatologisch-kosmisches Geschehen; es ereignet sich in ihm schon das Mysterium der

---

[157] Vgl. dazu G. BORNKAMM, μυστηριον, in: *ThWNT* IV, 809-834.

[158] Bei Mk 3,20f.31-35 u. Mt 12,46-50 geht dieses dem Sämanngleichnis unmittelbar voraus; bei Lk 8,19-21 folgt es darauf.

[159] Vgl. Kol 2,2; 1,26f., 4,3; Röm 16,25; 1Kor 2,1-16; Eph 1,9f.; 3,9.

Zusammenfassung der ganzen geschaffenen Welt in Christus, in dem auch das All sein Haupt und seine Summe empfängt. "[160]

Von da aus läßt sich für das *Corpus Paulinum* ein Bezug zwischen der gleichsam «sakramentalen» Gegenwart der Erlösung in Christus und dem Thema der Familie Gottes herstellen, insofern nach Eph 2,15-19 Christus Jesus in seinem Kommen Versöhnung und Frieden mit Gott gebracht und Juden und Heiden durch den Heiligen Geist den Zugang zum Vater geöffnet und sie zur Familie Gottes vereint hat.

Die Offenbarung des Vaters, der Zugang zu ihm und die Macht *Kinder* Gottes zu werden, verbindet vor allem die johanneische Theologie mit dem Geheimnis der *Inkarnation*.[161] Damit sind wiederum die wesentlichen Elemente der Anwendung des Sakramentsbegriffs auf Christus getroffen und zugleich das Bild der Familie in den Themen der Gotteskindschaft und der Gemeinschaft mit Vater und Sohn angesprochen. Ähnliches gilt wohl noch mehr für den Anfang des Hebräerbriefes (Hebr 1,1-3,6), der seinerseits das Geheimnis des Sohnes insbesondere als Heilsmittler und Offenbarer des Vaters in starker Anlehnung an alttestamentliche Grundgedanken vertieft. Er, der Sohn, ist durch die Annahme der menschlichen Konstitution von Fleisch und Blut seinen *Brüdern*, den Kindern Abrahams, gleich und damit zum Gesandten und Hohenpriester schlechthin geworden. So ist er nicht nur wie Mose Verwalter, sondern *der Sohn*, den Gott über seine «*Familie*»[162] gesetzt hat – und diese von Gott errichtete *Familie* sind die «Kinder Gottes», an die sich der Brief wendet.

Vor dem Hintergrund des im Glauben erkannten Christusgeheimnisses, des ungetrennt und unvermischt wahren Gottes und wahren Menschen, konnte im vorausgehenden ein erster Zugang zum Verständnis Christi als «*Ursakrament*» gewonnen werden, der seine Affinität zum Thema der Familie Gottes im Blick auf biblische Zeugnisse erkennen läßt. Die dabei zuletzt angeschnittene Frage der «Offenbarung» betrifft zum einen das Sichtbarwerden des unsichtbaren Gottes in der Welt durch seinen Sohn, zum anderen aber auch — im Sinne von «Wortoffenbarung» — das wirklich und gegenwärtig gewordene

---

[160] BORNKAMM, μυστηριον, in: *ThWNT* IV, 826f.; vgl. 1Kor 2,6-8; Kol 1,27; Eph 1,9f. u. 3,4ff.

[161] Vgl. Joh 1,1-18; 1Joh 1,1-3. Der Gedanke, daß der Sohn der einzige Zugang zum Vater ist und daß der Vater selbst im Sohn und nur im Sohn offenbar wird, durchzieht das ganze Evangelium: vgl. u.a. Joh 10,38; 12,44f. u. 14,8-11.

[162] Vgl. Hebr. 3,1-6. Es geht ganz offensichtlich nicht um ein «Bauwerk» Gottes («erbauen» kann in bezug auf «οικος» im AT durchaus auch die Gründung oder Erhaltung einer «Familie» meinen; vgl. Dtn 25,9 u.a.), sondern um die zuvor mehrfach genannten «Kinder» und «Brüder», über die der «Sohn» gesetzt ist, weshalb «οικος» hier richtiger mit «Familie» zu übersetzen ist.

göttliche Heilswort, das selbst wiederum «sakramental» zu verstehen ist.[163] Im Wort, das ansprechenden, berufenden und dialogischen Charakter hat, weitet sich nun der Horizont auf einen zweiten Aspekt der Sakramentalität Christi hin: auf das «*Ursakrament* der *Gemeinschaft* der Menschen mit Gott und untereinander». Dieser Aspekt bestimmt ohne Zweifel den Duktus der sakramentalen Ekklesiologie des Vaticanum II in *Lumen gentium*, *Gaudium et spes* oder *Ad gentes* und steht dabei — wie im ersten Teil gezeigt wurde — in engem Zusammenhang mit den dortigen Ansätzen zur Entfaltung einer *familia-Dei-Ekklesiologie*.

Der tiefere theologische Grund für diese Gemeinschaft ist nicht primär in äußeren gemeinschaftsstiftenden Akten und Worten Jesu zu suchen — so sehr diese auch in ihrer diesbezüglichen Bedeutung zu würdigen sind —, sondern im Geheimnis des Gottmenschen. Sein familiäres «Abba-Verhältnis» zu Gott, vor allem aber sein Sohnesgehorsam, sind menschlicher Ausdruck seiner göttlichen Sohnesbeziehung.[164] In diese Sohnesbeziehung und in den Gehorsam sind die Jünger aufgenommen: äußerlich greifbar durch entsprechende Worte und Symbolhandlungen Jesu, wie etwa die Orientierung auf das Tun des Willens des Vaters, auf ein unumstößliches Vertrauen ihm gegenüber oder auch den Aufbau einer familiären Gemeinschaft der Schwestern und Brüder aus gemeinsamer Gotteskindschaft; tiefer, grundlegender und letzteres erst begründend aber im Geheimnis von *Erlösung* und *Stellvertretung*[165].

Die Erhöhung und Verherrlichung des Sohnes als die (johanneisch) theologische Zusammenschau von Erlöserleiden, Kreuzestod, Rückkehr zum Vater und Geistsendung bildet den Kern- und Wendepunkt einer Heilsbewegung[166], die ihren Ausgang bei Gott, dem Vater, nimmt und zu ihm zurückführt. Darin ereignen sich Versöhnung und Erlösung als die Rückführung des in der Sünde vereinzelten, ja gottlos toten Menschen in die Gemeinschaft mit dem Vater und mit seinen anderen versöhnten Kindern, m.a.W. in die «Familie Gottes».[167] Es ist

---

[163] Vgl. RAHNER, *Kirche und Sakramente*, 17: In der gemeinschaftlichen und öffentlichen Dimension des Heils ist Christus "*das* sakramentale Urwort Gottes in der Geschichte der einen Menschheit, in dem Gott sein endgültiges, weder von Gott noch vom Menschen her aufhebbares Erbarmen kundtat, indem er es in Jesus wirkte, und es wirkte, indem er es ihm kundtat".

[164] Hebr 10,5-7 illustriert diesen Sohnesgehorsam gleichsam von der Inkarnation her als *die* Sendung Jesu.

[165] Vgl. J. RATZINGER, *Stellvertretung*, in: *HThG* II, 566-575; DERS., *Brüderlichkeit*, 101-114; H.U. V. BALTHASAR, *Pneuma und Institution. Skizzen zur Theologie IV*, Einsiedeln 1974, 401-409.

[166] Vgl. vor allem Phil 2,6-11; Joh 16,28 sowie den Gesamtduktus des Joh.

[167] Das deutet sich in Eph 2; Joh 11,50-52 an; vgl. 2Kor 5,19; Kol 1,12-22; dazu BALTHASAR, *Pneuma und Institution*, a.a.O, 401f.: "Das Leiden Jesu Christi ist

der Abstieg Gottes selbst, um als Menschensohn die Stelle des sündigen Menschen — in allem ihm gleich außer der Sünde und doch bis hinein in das Fleisch der Sünde (Röm 8,3), ja in Sünde und Fluch selbst (2Kor 5,21; Gal 3,13) — einzunehmen.[168] Es ist aber zugleich der Aufstieg des auferstandenen und verherrlichten Menschen, der durch das Wort angenommenen Menschheit in verklärter Leibhaftigkeit zur trinitarischen Gemeinschaft Gottes. Es ist schließlich die bleibende Mittlerschaft des verherrlichten Gottmenschen beim Vater und die Sendung des Geistes, der in den erlösten Kindern Gottes «Abba-Vater» ruft:

> "Das Ergebnis dieser erlösenden Inkarnation als dauerhafte himmlische Wirklichkeit ist unsere Kindschaft gegenüber dem Vater in Christus. ... So werden wir als *filii in Filio* aufgenommen in die besonderen Vorsehungsbeziehungen, die zwischen dem Vater und dem menschgewordenen Sohn herrschen, und so bezeugt der Vater sich wahrhaft in der fortwährenden Geistessendung seines Sohnes als *unser Vater* unser ganzes Leben lang: Was daher unter väterlicher Vorsehung prototypisch, wie in einem Urbild, im Menschen Jesus über seine Erniedrigung bis zu seiner Erhöhung vollzogen wurde, muß antitypisch wie in einem Abbild in seiner messianischen Familie, dem Gottesvolk, das die Kirche ist, nachvollzogen werden."[169]

Menschlicher und dabei gleichsam «sakramentaler» Ausdruck dieser göttlichen Heilsbewegung ist die liebende Hingabe Jesu für die Seinen bis zum Tod, die zugleich Hingabe des Sohnes durch den Vater bedeutet.[170] In ihr wendet sich die — durch die Sünde und den Ungehorsam des *einen* — sündige Todesverfallenheit der Menschheit in Gnade und Leben durch den Gehorsam des *einen* (Röm 5,12-21).

---

nicht nur ein Symbol, an dem man den immer schon vorhandenen, bisher aber noch nicht klar hervortretenden Versöhnungswillen Gottes ablesen kann, sondern der Akt dieser Versöhnung selbst, «Gott hat *in* Christus die Welt mit sich versöhnt» (2Kor 5,19)."

[168] Vor dem Hintergrund des AT hat SCHILLEBEECKX (*Christus*, 37f.) einen Zusammenhang zwischen der Selbstentäußerung des Sohnes und dem Thema der Familie aufgewiesen: "«Vom Vater weggehen» ist im jüdischen Familienleben ein technischer Begriff, der auf eine *Sendung* des Sohnes durch den Hausvater hinweist. Diese Sendung ist hier die *erlösende* Menschwerdung. Aber auf solche Weise enthält dieses Ausgehen vom Vater zugleich den Eintritt in die sündige Menschheit. Der Vater liebt zwar weiterhin den Sohn [Joh 3,35]; ... Er «ist nie allein» [Joh 8,16]. Aber er ist nicht nur «Er selbst», er ist auch «wir alle»: unser Stellvertreter im wahrsten Sinne dieses Wortes. Und wir sind Sünder. In diesem Zusammenhang bedeutet in der jüdischen Familie «vom Vater weggehen» den Bruch mit der Familie (siehe die Parabel vom verlorenen Sohn). In dieser zweiten Bedeutung ist der Ausgang des Sohnes *aus* dem Vater *in* diese sündige, gottentfremdete Welt ein Auftrag für Jesus, in der «gottentfremdeten Menschheit» die Anhänglichkeit der Menschheit an den Vater zu bezeugen, bis zum bittersten Ende."

[169] SCHILLEBEECKX, *Christus*, 49.

[170] Vgl. Joh 3,16; 10,11.15.17f.; 13,1; 15,13; 1Joh 3,16; Röm 5,8; Gal 2,20.

Diese Wendung erreicht im «Stammvater» die ganze «Familie» und kann somit als *Eintritt des Gottessohnes in die gefallene Menschheitsfamilie, um diese dadurch versöhnt mit dem Vater zur Familie der Kinder Gottes zu erheben*, bezeichnet werden. In dieser Familie aber bleibt forthin die Heilsbewegung in doppelter Stellvertretung sakramental erhalten: in der «absteigenden Linie» der *Heiligung* der Menschen im «Immanuel – Gott mit uns»; in der «aufsteigenden Linie» der *Verherrlichung* und *Anbetung* des Vaters durch den «Menschensohn – in allem uns gleich außer der Sünde».

In dieser stellvertretenden ab- und aufsteigenden Bewegung der Heilsmittlerschaft zeigt sich noch eine weitere, *dritte* Dimension der «Sakramentalität» des Gottmenschen. Sie vollzieht sich im «wunderbaren Tausch» des Gottessohnes (vgl. 2Kor 8,9), in einer *Umkehr* und *Umwandlung*, aber auch *Relativierung alles Menschlichen von Gott her und auf Gott hin*.[171] Wenn die Pastoralkonstitution (*GS* 22) im Geschehen der «Inkarnation» das Offenbarwerden des Geheimnisses des Menschen im «Bild des unsichtbaren Gottes» (Kol 1,15) erkennt, so ist davon nicht zu trennen, daß in der Offenbarung des göttlichen Bildes vom Menschen alle menschlichen Bilder und Vorstellungen vom «wahrhaft Menschlichen» radikal *«relativiert»* werden. Diese *Relativierung* setzt manches auf den ersten Blick gut Scheinende außer Kraft, fordert damit zur Entscheidung auf und bringt vordergründig gesehen nicht Frieden, sondern Spaltung und Streit. Dennoch ist sie in ihrem tiefsten Wesen als etwas Positives zu verstehen. Sie *befreit aus der Absolutheit*, des in der Sünde allein auf sich selbst gerichteten Menschen, läutert und erhebt menschliche Werte, indem ihr gottgegebener Sinn freigesetzt und sie selbst in Christus *in Beziehung zum Vater gebracht* werden.

Die «sakramentale Relativierung» des Menschlichen von Gott her ereignet sich zeichenhaft sichtbar in der prophetischen Sendung Jesu und im Blick auf das hereinbrechende Reich Gottes. Sie kommt zu

---

[171] Mit dem — vielleicht ungewohnten — Begriff «Relativierung», der in der Folge im *«Sakrament der relativierenden Umgestaltung»* noch weiter entfaltet wird, sollen die geschöpflichen bzw. menschlichen Grundlagen in Betracht genommen werden, die im Sakrament nicht nur zum Heilszeichen erhoben, sondern dadurch auch *umgestaltet* und *relativiert* werden. Diese Sichtweise erkennt somit positive Momente neuerer, anthropologisch ausgerichteter Ansätze zur Sakramentenlehre an, die besonderes Interesse für die den Sakramenten zugrundeliegenden menschlichen Situationen, aber auch für eine aus ihrer Feier entspringende christliche «Praxis» als Impuls zur Transformierung des menschlichen Lebens in seinen sozialen und politischen Dimensionen, zeigen. Durch den Doppelsinn des Begriffs «Relativierung» wird aber nicht nur das Anliegen der «Praxis» gewahrt, sondern dieses vor seiner Verselbständigung bewahrt, einer geschöpflichen Absolutierung enthoben und auf seine notwendige *«Relation» zu Gott* zurückgebunden.

Wort im Leitthema jesuanischer Predigt: «Kehrt um! Denn das Himmelreich ist nahe»! (Mt 4,17). Sie erweist ihre Kraft in den *Heilungen* und *Befreiungen* aus den Mächten des Bösen, in der Vergebung der Sünden und der Gemeinschaft mit menschlich Verstoßenen und Isolierten. Darin wird Jesus selbst zum Gericht über menschliche Wertordnungen, über scheinbar gute und gottgefällige Satzungen und Gebräuche, deren Inneres im letzten dann aber als menschliche Hartherzigkeit und gottvergessene Selbstbezogenheit ans Licht kommt.

Die Relativierung des Menschlichen im *Mensch gewordenen Angesicht Gottes* bringt eine *neue* Wertordnung, die nicht nur die Sünde und das Unvollkommene entlarvt, sondern auch manches «*An-sich-Gute*» auf ein neues und anderes Ziel hin ausrichtet und es dabei seiner Vorläufigkeit überführt.[172] So besteht etwa die neue Herrschaft im Dienen, die Gerechtigkeit im Verzicht, auf das gute Recht zu pochen, der wahre Reichtum und der Besitz des Himmelreiches im Armsein vor Gott. Bevorzugt und exemplarisch verwirklicht sich die sakramentale Rückbeziehung menschlicher Werte auf Gott in der Relativierung der natürlichen Familie Jesu selbst, der Familien seiner Jünger und in dem damit verbundenen Aufbau der «neuen Familie»[173], in der das Reich Gottes als brüderliche Gemeinschaft mit Jesus und in ihm mit dem Vater anfanghaft zu sich selbst kommt.

Inbegriff und Kulminationspunkt all dessen ist aber wiederum das Geheimnis des Kreuzes Christi (vgl. 1Kor 1,18-2,16), das alle «Menschenweisheit» als Torheit vor Gott entlarvt, das Schwache und Niedrige erhebt und damit dem «wahrhaft Menschlichen» Heil und Erlösung bringt. Im Blick auf die Auferstehung, die zeigt, daß das Kreuz nicht End-, sondern Wende- und Durchgangspunkt auf die vollendete Herrlichkeit hin ist, gewinnt die Relativierung des Menschlichen in Christus ihre letzte eschatologische Ausrichtung, die jenes Geschehen in die Dynamik, aber auch in die Spannung des bereits angebrochenen Reiches Gottes und seiner noch ausstehenden vollen Verwirklichung stellt. Damit aber werden alle menschlichen Hoffnungen auf das Heil und die Versuche, es mit eigenen Kräften innerweltlich zu errichten, selbst noch einmal relativiert und auf die göttliche Gnade und Macht zurückverwiesen.

4.3.2. Zur Sakramentalität der *Familie Gottes*

Im Anschluß an die Erörterungen über Christus, das «Ursakrament», stellt sich die Frage, wie das im Gottmenschen leibhaftig gegen-

---

[172] Vgl. dazu insb. Mt 5,1-7,29; Lk 6,20-49.
[173] Darüber wurde schon ausführlicher unter 3.3.2. gehandelt.

wärtig und wirksam gewordene Heil auch nach seiner verherrlichten Rückkehr zum Vater in der Welt weiterhin leibhaftig und menschlich erreichbar anwesend sein kann. Vorweg sind jene Lösungen zurückzuweisen, die in mystifizierender Weise alle Welt derart in die verherrlichte Menschennatur des Sohnes und dadurch in die trinitarische Gemeinschaft selbst aufgenommen sehen, daß weder die Transzendenz Gottes noch die relative Autonomie des Geschaffenen und des von Gott in die Freiheit gegebenen Menschen aufrecht zu erhalten sind. Aber auch andere Vermittlungsversuche wie das *sola-scriptura-Prinzip*, das die Heilige Schrift zum einzigen und unmittelbaren Zugang zum Heil erklärt, wie *solo-Spiritu-Theorien*, die den Geist direkt und unvermittelt auf die einzelnen Individuen herabsteigen sehen, aber auch ein überzogenes und ausschließliches *Institutionsmodell*, das die äußerlichen Strukturen der Heilsvermittlung überbetont, scheiden als unzulänglich aus.[174]

Das Vaticanum II hat sich zur Klärung dieser Fragen für die Anwendung der Analogie der Kirche zur Inkarnation (*LG* 8), die der Sache nach dem Konzept des *Sakraments der Gemeinschaft der Menschheit mit Gott und untereinander* (vgl. *LG* 1, 9, 48) entspricht, entschieden, ohne allerdings deren innerste Zusammenhänge theologisch zu erhellen. Das soll nun im Blick auf das *familia-Dei-Konzept* und als sakramentale Grundlegung desselben hinsichtlich der *Familie Gottes als Sakrament im allgemeinen* (4.3.2.1.), als *Sakrament der Gemeinschaft* (4.3.2.2.) sowie als *Sakrament der «relativierenden Umgestaltung»* (4.3.2.3.) in einigen Hauptlinien erfolgen.

---

[174] Vgl. KRESS, *The Church as «Communio»*, 134-139, bes. 138: "The above three explanations of the Church as the communion of present believers with the past event of Christ and the apostolic Church are all inadequate. The principle of *sola scriptura* is unaceptable because it is simply impossible: it avoids the problem of both author and reader-interpreter. This theory must give way to one of the other two. But the *solo Spiritu* theory is unacceptable because, although it respects the Christian Church insofar as it is a theandric communion (grace), it completely disregards this communion insofar as it is really an historical and sacramental tradition. Bellarmine's approach is unacceptable because, although it respects the Christian Church insofar as it is an historical communion, it tends to disregard this *communio* insofar as it is theandric (grace). The inadequacy of these three theories lies in their *heresis*, that is, their selection of only one of the constitutive elements of the Christian tradition or communio." So sehr an der Unangemessenheit eines reinen *Institutionsmodells* festzuhalten ist, müßte dennoch hier berücksichtigt werden, daß der vielzitierte Bellarminsche Vergleich der Kirche mit der «Republik von Venedig» in einem ganz bestimmten Kontext steht und sich die Ekklesiologie jenes Kirchenlehrers mit Sicherheit nicht in dieser Aussage zusammenfassen läßt.

4.3.2.1. Die *Familie Gottes* als *Sakrament im allgemeinen*

Wenn die Dogmatische Konstitution *Lumen gentium* eingangs von der Kirche feststellt, sie sei «in Christus gleichsam Sakrament»[175], soll den «*sieben Sakramenten*» sicherlich kein achtes hinzugefügt werden. Vielmehr knüpft das Konzil hier an den Gedanken von der Kirche als «*Mysterium*» an, den es dem ersten Kapitel der Kirchenkonstitution auch als Titel vorangestellt hat. Dieser bezieht sich auf das *Geheimnis* des in Christus offenbar gewordenen Heilsplanes Gottes, der von der Kirche forthin durch die Zeit weitergetragen wird – bis hin zur Vollendung. Zugleich aber werden Geheimnishaftigkeit und Komplexität der Kirche in Erinnerung gerufen, die es nicht zulassen, ihre Realität eindimensional entweder auf das Sichtbare oder auf das gnadenhaft Unsichtbare zu reduzieren.

Die in gewisser Weise «spannungsvolle» Einheit von «sichtbarer» und «unsichtbarer» Dimension des «Mysteriums» wird auch in der von *LG* 1 gegebenen Erklärung, was mit «Sakrament» gemeint sei, angesprochen. In den erklärenden Begriffen «Zeichen» und «Werkzeug» klingen ganz offensichtlich die beiden traditionellen, vom Konzil v. Trient definitiv festgelegten Bestimmungsstücke des Sakramentes, nämlich das «*sichtbare Zeichen*» und die bezeichnete «*wirksame Gnade*» an.[176] Ihr innerer Zusammenhang in der *einen* Realität der Kirche wird von *LG* 8 in Analogie zur Einheit von Gottheit und Menschheit in Christus gedeutet. Allerdings ist für Christus die Frage nach der Einheit des Göttlichen und Menschlichen — nicht zuletzt aufgrund der diesbezüglichen verbindlichen chalkedonensischen Definition — offenbar einfacher zu beantworten als für die Kirche. Diese kann ja gerade nicht als «*Hypostatische Union*» und damit auch *nicht in gleicher Weise* wie die Menschennatur als «Sakrament des Gottessohnes» dargestellt werden.

Durch die Lehre von der Kirche als «Sakrament», als «Zeichen» und «Werkzeug» bietet das Konzil zwar eine abstrakte konzeptuale Deutung und Absicherung gegen Fehlinterpretationen, nicht aber eine theologisch reflektierte wie zugleich anschauliche Lösung der zugrundeliegenden Probleme, die nun in den «Sakramentsbegriff» hinein

---

[175] Vat II, Const. dog. *LG* 1: *AAS* 57 (1965), 5. Die vorsichtige Formulierung «*veluti Sacramentum*» deutet an, daß gerade diese theologische Einsicht zur Konzilszeit noch nicht allgemein angenommen war.

[176] Vgl. *DH* 1606: "Wer sagt, die Sakramente des Neuen Bundes enthielten nicht die Gnade, die sie bezeichnen, oder verliehen denen, die keinen Riegel vorschieben, diese Gnade nicht, so als ob sie nur äußere Zeichen der durch den Glauben empfangenen Gnade und Gerechtigkeit und bestimmte Kennzeichen des christlichen Bekenntnisses seien, durch die sich bei den Menschen die Gläubigen von den Ungläubigen unterscheiden: *anathema sit*."

verschoben erscheinen. So bleibt offen, wie die festgehaltene Einheit von «gesellschaftlichem Gefüge» und «himmlichen Gaben» konkret zu denken ist und wie ihre Verbindung zu Gott und ihre Herkunft von ihm erklärt werden können. Erschwerend kommt hinzu, daß Begriffe wie «Zeichen», «Werkzeug», «himmlische Geschenke» verdinglichende Vorstellungen wecken. Damit wird Gott nur allzuleicht zum «fernen Verursacher» der Gnade in der Kirche, die dann auch nicht ausreichend gegen die Interpretation als «magisches Mittel» abgesichert ist und als etwas zur Struktur nachträglich Hinzukommendes oder gleichsam in ein sonst leeres Gebäude einziehendes Gegenständliches erscheint. Jedenfalls wird nicht klar, wie «Zeichen» und «Werkzeug» innerlich mit der von ihnen bezeichneten und bewirkten personalen Einheit der Menschen mit Gott und untereinander verbunden sind.

Ein zweites vom Konzil intensiver herangezogenes Konzept, das *Bild vom Leib Christi*, ermöglicht eine bessere Klärung der Frage, wie nach der Himmelfahrt des verherrlichten Gottmenschen auf der Welt sein Heil universal gegenwärtig und die von Gott kommende Gnade wirksam bleiben. Die Gegenüberstellung von Haupt und Leib schließt eine strikte Identifikation von Christus und der Kirche aus. Weiters kommt die durch die Gnade belebte organische Einheit der Glieder der Kirche in der Verschiedenheit ihrer Dienste und Gaben vorzüglich zur Geltung. Allerdings wird dieses Bild nicht im vollen Umfang der Personalität Gottes und der menschlichen Freiheit, Verantwortung und Gemeinschaftlichkeit gerecht. Ebenso kommt das Moment der bleibenden Gefährdung durch die Sünde nicht zur Geltung. Gnade könnte hier als etwas notwendig, immer und unabhängig von eigener Stellungnahme alle Glieder Durchströmendes, die dann als willenlose Ausführungsorgane mechanisch den Willen des Hauptes[177] vollstrecken, verstanden werden. Eine zweite latente Gefahr besteht darin, die Beziehung zwischen Gott und der Kirche allein von Christus her zu denken und dadurch die Bedeutung des Vaters und des Geistes zu vernachlässigen – verbunden mit Folgeproblemen, die von maßgeblichen Theologen als Ausdruck eines «ekklesiologischen Christomonismus» aufgezeigt wurden.

In dieser Problemlage bietet sich die Ergänzung der beiden genannten Konzepte durch das der *Familie Gottes* an. Die in und durch die Kirche *wirksame Gnade* erscheint im Bild der Familie nicht verdinglicht, sondern als von Gott dem Menschen frei geschenkte *personale Beziehungswirklichkeit*, m.a.W. als Selbstmitteilung Gottes, die nicht einen rein christologischen, sondern trinitarischen Ursprung

---

[177] Wenigstens wenn man — wie naheliegt — das Haupt bildlich als Sitz des Willens versteht.

hat. Diese Beziehungswirklichkeit wird nun nicht einem vorweg vorhandenen institutionalen Gebilde oder einer leeren Struktur hinzugegeben, sondern liegt ontologisch der Wirklichkeit dieser «Familie» bereits voraus, die ja die «leibhaftige Ausdrucksform ihrer Beziehungen» ist. Damit klärt sich auch, daß in *LG* 8 mit «sichtbarem Gefüge», mit der «mit hierarchischen Organen ausgestatteten Gesellschaft», der «sichtbaren Versammlung» nicht einfach eine unpersonale Struktur zum Träger der sakramentalen Gnade erklärt, sondern im letzten auf die personale Realität der «*communio* hierarchica» abgehoben wird. Auch die Einzelsakramente sind ja nicht allein an ihre *materiale* Grundlage, sondern auch an die Personen von Spender, Empfänger und an das gesprochene Wort als «*Form*» gebunden.

Damit ist für die Kirche als «Familie» Gottes jeder Dualismus zwischen sichtbarem Zeichen und unsichtbarer Gnade ausgeschlossen, vielmehr stehen beide in untrennbarer, aber auch unvermischter organischer Einheit. Wie eine natürliche Familie überhaupt nur dadurch Familie und sichtbare soziale Wirklichkeit sein kann, daß in ihr bestimmte menschliche Beziehungen ein Ganzes bilden, so ist auch die Familie Gottes als solche nur deshalb sichtbar, weil es in ihr Gnade als frei gewährte Kindesbeziehung zu Gott gibt, aus der die sichtbare soziale Einheit von Brüdern und Schwestern erwächst. Andererseits ist Gnade nur dann wirkliche und in der Welt gegenwärtige (heilsökonomische) Selbstmitteilung Gottes, wenn sie sich konkreten und notwendig in gemeinschaftlichem Bezug stehenden Menschen zuwendet; jedes personale Rufgeschehen setzt nicht nur einen Rufenden, sondern auch den Angerufenen voraus. Und wie in der «Familie» die Glieder in ihren nach Stand und Stellung verschiedenen Beziehungen die Familie verkörpern und diese Beziehungen an neu hinzukommende vermitteln, so verkörpern und vermitteln auch in der Familie Gottes die Glieder in Verschiedenheit nach Stand und Stellung *das* sakramental und in voller Leibhaftigkeit, was sie selbst sind, nämlich *Familie in Beziehung mit Gott und untereinander*:

> "Das äußere Zeichen des «Sakraments Kirche» ist dabei ihre ganze natürliche Wirklichkeit, insofern die Kirche Instrument des göttlichen Lebens und seiner Verwirklichung in der Welt ist. Das gläubige Volk der Getauften selbst ist Zeichen und Werkzeug der Verwirklichung des Heils. «Das gesellschaftliche Gefüge der Kirche dient dem Geist Christi» [*LG* 8], d.h. alle Glieder der Kirche sind in diese Funktion als Zeichen und Mittel aufgenommen. So umgreift diese Funktion die Bischöfe und Priester genauso wie die Laien; sie erstreckt sich auf die eigentlichen Ämter wie auf alle Dienste und charismatischen Begabungen."[178]

---

[178] SCHEFFCZYK, *Die Kirche – das Ganzsakrament Jesu Christi*, 93.

Von da aus sind nun im Kontext der Kirche als Familie Gottes die weiteren Elemente der verbindlichen kirchlichen Sakramentenlehre in die erörterte Fragestellung einzubeziehen. Die «*Gründung*» durch Christus wird von den einzelnen Sakramenten wie auch von der Kirche gelehrt.[179] Das bedeutet, daß die Familie Gottes nicht nur ein je immer neues «*Zu-sich-Kommen*» der immer schon verborgen vorhandenen und im einzelnen wirksamen Gnade Gottes ist, sondern ihre sichere Begründung im *historischen* Jesus von Nazaret und näherhin im Christusgeheimnis findet.

In gewisser Analogie zur Lehre der «*ex opere operato*» wirksamen sakramentalen Gnade[180] ist zunächst festzuhalten, daß sich die Familie Gottes nicht nur aktualistisch und je neu dort konstituiert, wo Menschen von der Gnade getroffen in subjektiver Heiligkeit Gemeinschaft mit Gott und untereinander verwirklichen. Vielmehr *ist* und *bleibt* sie in Christus unverlierbar und aller menschlichen Mitarbeit voraus das sichtbare und wirksame Zeichen der Einheit der Menschen mit Gott und untereinander, so daß, wer immer zu ihr in rechter Disposition hinzutritt, in ihr Gott so begegnen kann, daß er zur Würde der Kinder Gottes und damit zur Teilhabe an seiner Familie erhoben wird. In Christus bleibt die Familie der Kirche endgültig und unfehlbar göttlich-menschliche Familie *Gottes*.

Andererseits hebt die unfehlbare Zeichenhaftigkeit und Wirksamkeit nicht die Bedeutung der individuellen Mitwirkung mit der Gnade auf. Die Familie Gottes ist kein magisches Mittel, das dem, der ihr zutritt, unabhängig von seiner Annahme der Gemeinschaft mit Gott und den anderen Gläubigen durch seinen Lebensvollzug diese aufnötigen würde. Gerade im Blick auf die Zeichenhaftigkeit der Kirche, die sich nicht auf unpersonale «heilige Riten» beschränken läßt, ist es unvorstellbar, daß die in gelebter Heiligkeit vollzogene Gemeinschaft der Familie Gottes nicht immer auch sichtbar anzutreffen ist; selbst dann, wenn das nur durch wenige und in Stellvertretung für die Vielen geschehen sollte. Denn in der Familie der Kirche fallen in gewisser Weise die Kinder Gottes als Empfänger der Gnade mit dem Zeichen, das für sie und für andere diese Gnade sichtbar und auch wirklich erreichbar macht, zusammen. Sie selbst sind das «Licht der Welt» und «die Stadt auf dem Berge» (Mt 5,14), ihre Einheit ist es, die vor der Welt Zeugnis für das Heilswirken Gottes ablegt und zum Glauben ruft (vgl. Joh 17,21-23).

---

[179] Vgl. *D* 1601; die Lehre der Gründung der Kirche durch Jesus Christus wird z.B. in *LG* 5 vorgelegt. Zur Frage, wie diese «Gründung» im Kontext einer *familia-Dei-Ekklesiologie* näherhin zu verstehen ist, s.u. 4.4.2.

[180] Vgl. *D* 1607f.

Aufgrund dieser Tatsache gewinnt die Frage der Zugehörigkeit zur wahren Kirche entscheidende Bedeutung. Es kann von der Zeichenhaftigkeit der Kirche — ganz abgesehen von der Frage nach der individuellen Möglichkeit, gerettet zu werden — keine *Gleich-Gültigkeit* christlicher Konfessionen und ihrer Fähigkeit der sakramentalen Bezeugung der vollen Gemeinschaft mit Gott und untereinander geben. Es kann nicht gleichgültig sein, ob die Gottesbeziehung des einzelnen durch Sünde eingeschränkt oder sogar ausgelöscht ist, ob er — sei es im Lebensentwurf, sei es im Glauben oder im Bekenntnis — der notwendig auch zeichenhaft sichtbaren Einheit der Familie Gottes widerspricht.[181]

4.3.2.2. Die *Familie Gottes* als *Sakrament der Gemeinschaft*

Nach *LG* 1 ist die Kirche gleichsam Sakrament für die «innigste Vereinigung mit Gott wie für die Einheit der ganzen Menschheit». Damit optiert das Konzil für ein Verständnis des *Heils als Gemeinschaft*, als «*communio*». Diese Gemeinschaft soll als die «*res sacramenti*» durch die Kirche bewirkt werden. Die Kirche ist aber auch als «*sacramentum*» selbst diese in der Welt bereits zeichenhaft anwesende Gemeinschaft:

"Die sakramentale Struktur der Kirche fordert die Anerkennung der Wahrheit, daß das Zeichen dieses eigentümlichen Sakramentes in der gemeinschaftlichen, sichtbaren und menschlichen Wirklichkeit der Kirche besteht. Im Gegensatz zum Ursakrament Christus, dessen Zeichenhaftigkeit in der menschlichen Einzelexistenz Jesu bestand, liegt die Zeichenhaftigkeit des generellen Sakramentes der Kirche in ihrer menschlich-natürlichen Gemeinschaftsexistenz. Was bei Christus indivi-

---

[181] An dieser Stelle erhalten schließlich auch die «notae Ecclesiae» einen angemessenen Platz innerhalb einer *familia-Dei-Ekklesiologie*. Sie sind unverlierbare Bestimmungsstücke der Familie Gottes und Ausdruck der bleibenden Gegenwart Gottes in ihr; zugleich sind sie den Gläubigen zur Aufgabe gegebene Zeichen, in denen diese göttliche Gegenwart sichtbar und erreichbar wird. Sie können der wahren Kirche auch im konkreten lebendigen Vollzug — unbeschadet der Tatsache, daß menschliche Sündhaftigkeit ihre Strahlkraft verdunkelt — niemals fehlen: so ist die Familie Gottes *eine*, weil sie auf die Vereinigung aller Menschen mit Gott und untereinander ausgerichtet ist, was nicht in einer Mehrzahl von göttlichen Familien verwirklichbar ist; sie ist eine *heilige* Familie, da in ihr *der Heilige* bleibend gegenwärtig ist und Menschen darin mit sich vereint; sie ist *katholisch*, weil sie auf die ganze Menschheitsfamilie bezogen ist und diese selbst in der Einheit ihrer Verschiedenheiten sakramental repräsentiert; zugleich ist ihr alles, was zum wahren Familie-Gottes-Sein gehört (auch hinsichtlich ihrer sichtbaren Verkörperung) unverlierbar gegeben; sie ist *apostolisch* sowohl in geschichtlicher Vermittlung, die sich wie ein ununterbrochener Stammbaum bis auf die Apostel zurückbezieht als auch im geweihten Amt, das aus sakramentaler Gnade unverlierbar die Vaterschaft Gottes über seine Familie sichtbar macht.

duell geartet war, ist bei der Kirche gesellschaftlich und gemeinschaftlich verfaßt."[182]

Menschlich personale Begegnung und Gemeinschaft vollzieht sich innerweltlich nur in *leibhaftiger* Vermittlung. Das gilt auch für die Gottesbegegnung und -gemeinschaft, die im Gottmenschen in leibhaftiger Greifbarkeit gegeben war. Die Sendung der Kirche ist es nun, nach der Rückkehr des Sohnes zum Vater bis zu seiner Wiederkunft die Distanz zwischen der verherrlichten Menschheit Christi und der noch unverherrlichten Menschheit auf Erden in sich selbst sakramental zu umspannen, d.h. in leibhaftiger und zeichenhafter Anwesenheit Gottesbegegnung und Gemeinschaft in der Kraft des Heiligen Geistes zu sein. Konkret verlangt das von der Kirche die Repräsentanz einer doppelten, aber untrennbaren in Jesus Christus gegenwärtigen Beziehung: der vertikalen Beziehung zum Vater, seinem Ursprung und Ziel, an der er die Jünger teilnehmen ließ und der horizontalen, brüderlichen Gemeinschaft, die er zwischen sich und seinen Jüngern errichtete. Die Urrealität menschlicher Beziehung in jener untrennbaren Zweidimensionalität von vertikal und horizontal ist die Familie, die somit *das* Modell für die Kirche als Sakrament der Gemeinschaft und der Gottesbegegnung ist. Die Verwirklichung der «familiären Gemeinschaft» der Kirche kann deshalb nicht allein als spiritueller oder pastoraler Appell verstanden werden. Sie muß vielmehr sowohl auf der Ebene der Beziehung der einzelnen Gläubigen zu Gott und den Glaubensbrüdern als auch innerhalb strukturell gefestigter Formen und Institutionen, die ebenfalls die Einheit von vertikaler und horizontaler *communio* spiegeln, vom sakramentalen Wesen der Kirche her als theologisch notwendig eingefordert werden.

Als Urform dialogischer Gemeinschaft vom Anfang menschlichen «Zu-Wort-Kommens» an[183] erweist sich die Familie auch als naheliegendes Modell für den personal-dialogischen und responsorialen Charakter der sakramentalen Gemeinschaft der Kirche. In der theologischen Dichte des Johannesprologs wird das Heilsangebot, «die Macht, Kinder Gottes zu werden», als personales Ruf-Geschehen faßbar. Gott, der Vater, wendet sich den Menschen in seinem «*Wort*» zu, das *Fleisch annimmt*, und damit dem Menschen in seiner ureigensten Existenzweise Anteil an der göttlich-dialogischen Gemeinschaft schenkt, ihn anspricht und als Hörer des Wortes in frei verantworteter Annahme Gott gegenüber zu Wort kommen läßt. So begleitet das heilsmächtige

---

[182] SCHEFFCZYK, *Die Kirche als Sakrament Jesu Christi*, in: *Kirche in der Krise*, 34.

[183] Der enge Zusammenhang zwischen dem Wort und der Familie wurde schon unter 4.1.2.2. angedeutet.

Wort, das heilt, Sünden vergibt, lehrt, beruft und versöhnende Gemeinschaft stiftet, das ganze Erlösungswerk Christi. Es gipfelt in den seine eigene Lebens- und Opferhingabe deutenden Worten des Abendmahles, die zugleich Auftrag an seine Jünger sind, und führt im Hohenpriesterlichen Gebet Jesu und in der Bitte an den Vater um die Verherrlichung zu dem zurück, von dem es ausgegangen ist.

Dieses heilsmächtige Wort Gottes wird in der Wortverkündigung der Kirche weiterhin den Menschen wirksam zugesprochen und vernehmbar, worin es sich auf seine Weise als «sakramental» erzeigt. In seiner schöpferischen, umgestaltenden und belebenden Kraft durchstimmt und belebt es aber auch die im eigentlichen Sinn sakramentalen Vollzüge der Kirche:

"Aber das Wort hat nicht nur diese eine Bedeutung, nämlich jedes Sakrament zu beleben und es zu gestalten: es hat eine ebenso wesentliche Bedeutung für die in den Sakramenten stattfindende personale Christusbegegnung des Menschen. Die personale Begegnung wird ja nicht so sehr von «stummen» Zeichen ausgelöst und bestimmt als vom Ergehen des Christuswortes. Dieses ruft den Menschen zum Gehorsam, zur Umkehr, zum Lobpreis und Dank. Als Wort ruft das Sakrament erst jene «Antwort» des Menschen hervor, in der das dialogische sakramentale Geschehen zu seinem Ziel gelangt."[184]

Die Kirche ist *universales* Heilssakrament, m.a.W. «Zeichen» und «Werkzeug», um die *ganze* Menschheits*familie* zur *Familie Gottes* umzugestalten. Der Wille Gottes, die Berufung aller Menschen zu dieser Familie, steht scheinbar im Widerspruch zur sichtbaren Realität der Kirche, die ja de facto nicht alle Menschen in sich vereint und deshalb ganz offenbar permanent ihr eigenstes Ziel verfehlt. Eine gewisse Lösung dieser Aporie liegt im Hinweis auf die *Katholizität* der Kirche, ihre faktische Gegenwart in nahezu allen Kulturen und ihre universale Verbreitung über die ganze Welt; darin sei — so könnte man sagen — die Universalität symbolisch hinlänglich vollzogen. Man müßte dann aber fragen, ob die übrigen Menschen (und das ist die numerische Mehrheit) vom Heil, von der «universalen» Gemeinschaft mit Gott ausgeschlossen sind, und wenn nicht, wie das von ihnen zu erreichende Heil mit der Kirche zusammenhängt, die ja das *eine* und *einzige* Sakrament jener Heilsgemeinschaft ist. Als zweiter Lösungsansatz bietet sich an, die Universalität der Familie Gottes rein eschatologisch als etwas, dem sich die Kirche bestenfalls geschichtlich annähern könne, zu deuten, das aber letztendlich allein durch das souveräne Eingreifen Gottes am Ende der Zeiten zu bewerkstelligen sei.

---

[184] SCHEFFCZYK, *Jesus Christus – Ursakrament der Erlösung*, 50f.

Die genannten Lösungsansätze haben gültige Momente für sich, befriedigen aber nicht im vollen Umfang. Sie erhellen den bleibenden Auftrag zu universaler und missionarischer Offenheit der Familie Gottes, die ihr Ziel der Gemeinschaft erreicht, indem sie Menschen Anteil daran schenkt. Wie in der natürlichen Familie gilt auch hierbei die «Geburt», d.h. die Taufe, als einziger ordentlicher Zugang zur Gemeinschaft der Kinder Gottes mit ihrem Vater im Himmel. Sie muß deshalb unverzichtbar im Zentrum der missionarischen Sendung der Kirche stehen (vgl. Mt 28,19f.). In realistischer Sicht ist allerdings einzugestehen, daß die Kirche auf dem Weg der Mission mit den ihr verliehenen Kräften wohl kaum in absehbarer Zeit auch nur annähernd eine faktisch universale Heilsgemeinschaft aller Menschen wird errichten können. Auf andere Weise aber ist sie bereits jetzt in Fortführung des Werkes Christi universales Heilssakrament. Sie ist es auf dem Weg der *Stellvertretung*», der Teilhabe an der universalen erlösenden Stellvertretung durch den Menschensohn, als «stellvertretende Gemeinschaft mit Gott und untereinander».

Der Gedanke der «Stellvertretung» liegt auch der natürlichen Familie nicht fern. Das Eintreten und «Für-den-anderen-Stehen» gehört zu den familiären Grundvollzügen und zeigt sich exemplarisch in vielfältigen Formen etwa im Einstehen der Eltern für ihre in Entwicklung befindlichen Kinder, von Geschwistern füreinander oder der erwachsenen Kinder für ihre älter und hilfsbedürftig werdenden Eltern. In ganzmenschlicher leibhaftiger Verwirklichungsgestalt vollzieht sich Stellvertretung in dem auch physischen «Tragen», «Austragen» und «Zur-Welt-Bringen» eines Kindes durch die Mutter, die hier nicht nur für sich, sondern zugleich auch ganz *für ihr Kind steht*. Dieser Gedanke wurde schon in der Väterzeit auf die Kirche bezogen:

> "Die höheren Seelen, die schon inniger die Wahrheit umfangen, werfen in ihrer vollkommenen Reinheit und ihrem vollkommenen Glauben des Fleisches Torheiten ab und werden so zur Kirche und Lebensgenossin Christi; ihm sind sie nach des Apostels Wort gleich einer Jungfrau verlobt und angetraut, auf daß sie den reinen und zeugungsfähigen Samen der Lehre in sich aufnehmen und als Helferinnen der Verkündigung mitwirken zur Erlösung der anderen. Die aber noch unvollkommen sind und erst Anfänger in den Lehren, werden von den Vollendeten in Schwangerschaft der Erlösung entgegengetragen und geformt gleichwie im Mutterleib, bis sie geboren und ins Dasein gezeugt sind …; dann sind diese wiederum dank ihrem Fortschritt zur Kirche geworden und wirken nun mit zu anderer Kinder Geburt und Aufzucht, indem sie im Schoße ihrer Seelen wie in einem Mutterleib den makellosen Willen des Logos verwirklichen."[185]

---

[185] METHODIUS V. OLYMP, *Symp.* III,8; zit. bei: H.U. V. BALTHASAR, *Sponsa Verbi. Skizzen zur Theologie* II. Einsiedeln 1960, 183f.

Dieser Gedanke, der hier auf die Glaubensbrüder bezogen ist und mit dem übereinkommt, was der Apostel als geistliche Vater- und Mutterschaft, die Geburtswehen für die ihm Anvertrauten durchleidet, bezeichnet (Gal 4,19), läßt sich ohne größere Schwierigkeiten auch auf jene übertragen, die nicht sichtbar im Schoße der Kirche sind, von ihr aber dennoch stellvertretend sakramental «getragen» werden. Die Formen, das in der Kirche zu verwirklichen, sind vielfältig. So kann es keine gefeierte Eucharistie geben, die nicht auch auf das Heil der ganzen Welt ausgerichtet ist. Das Gebet der Kirche — wie es im «Stundengebet» beispielhaft geschieht — ist ein Dienst, der über die Grenzen der Glaubensgemeinschaft hinausweist. In der Stellvertretung liegt ein tiefer und exemplarischer Sinn des gottgeweihten Lebens, dessen Bedeutung nicht primär an seiner praktischen Effizienz in pastoralen und sozialen Aktivitäten und seiner Verfügbarkeit für spezielle kirchliche Aufgaben zu ermessen ist. Es ist in gewisser Weise stellvertretendes «Sakrament» der Gemeinschaft mit Gott und untereinander, um darin auch für andere «einzustehen», sie gleichsam zum Heil «mit-» und «auszutragen», sei es in Gebet, in liebender Hingabe an Gott und an einander oder in anderen Werken stellvertretender Sühne. Im Blick auf den «sakramentalen», stellvertretenden Dienst, als Christ für andere einzustehen, für sie in Gebet und Opfer Sühne zu leisten, gibt es unter den Gläubigen keine «Unberufenen».

All das gründet nicht in Vorstellungen archaischer Opferkulte oder in oft mißverstandenen mittelalterlichen «Satisfaktionstheorien», sondern ist der Ausdruck tiefster Christusverbundenheit und Anteilnahme an seinem Erlösungswerk. Dieses war vor allem anderen «Stellvertretung», Sühne und Versöhnung im Gehorsam des *Einen* für die *Vielen*. So wird das Kreuz Christi als Inbegriff und Zentrum seiner heilssakramentalen Stellvertretung zum Kriterium für das kirchliche Tun überhaupt, zu einer Umkehr menschlicher Werte und Erhebung dessen, was in den Augen der Welt wert- und sinnlos ist (wie etwa ertragenes Unrecht und durchstandenes aufopferndes Leiden[186]), zur übernatürlichen Teilhabe am universalen Erlösungswerk Christi, von dem kein Mensch ausgeschlossen ist.

---

[186] Diese Formen der Teilnahme am Werk Christi — die nur allzuleicht übersehen oder in Randbereiche kirchlichen Bewußtseins und Verkündigens verdrängt werden — sind als echter heilssakramentaler Dienst anzuerkennen. In bezug auf Unrecht und Leiden hat die Kirche nicht nur danach zu fragen, wie dieses auf menschliche Weise beseitigt werden könne (so sehr das unbestreitbar notwendig ist und ihren vollen Einsatz erfordert), sondern auch, wie diese — und zwar nicht einfach als «billige Jenseitsvertröstung» — für das Heil der Welt fruchtbar zu machen sind. Das gilt um so mehr, als die Kirche in gläubigem Realismus eingestehen muß, daß auch sie in Welt und Geschichte niemals ein Reich vollkommenen Friedens, vollkommener Gerechtigkeit und Leidensfreiheit errichten kann.

4.3.2.3. Die *Familie Gottes* als *Sakrament der «relativierenden Umgestaltung»*

Es hat sich gezeigt, daß das Kreuz Christi nicht nur Angelpunkt für die sakramentale Sendung der Kirche als versöhnende und versöhnte Gemeinschaft ist, sondern auch Kriterium für den tiefsten Wert, den Menschliches in den Augen Gottes haben kann. So ist der Blick nun auch auf die anthropologische Dimension der sakramentalen Zeichenwirklichkeit der Kirche zu richten. Menschliche Existenz vollzieht sich in der Welt immer *leibhaftig* und in *Gemeinschaft*. Das kommt schon im natürlichen Lebensvollzug in Gebräuchen, Riten, Zeichen und Symbolen zum Ausdruck, die Gemeinschaft schaffen, Sinn geben und vermitteln, aber auch auf höhere Realitäten über sich hinausweisen können.

Ursprünglichster «Ort» menschlicher Gebräuche, Riten, Zeichen und Symbole ist die Familie. In ihr werden sie gebildet und tradiert, gelernt und gelebt.[187] Dazu kann die Kirche, die — wie jede Konkretisierung von Gnade — die geschöpfliche Natur in ihrem heilshaften Wirken zur Voraussetzung nimmt, in gewisser Analogie verstanden werden. Sie ist in Ähnlichkeit zur Familie und doch ganz auf ihre Weise «Ort» von Gebräuchen, Riten, Zeichen und Symbolen, die ihr Leben strukturieren, Sinn geben und Beziehungen schaffen, und zwar nicht nur im natürlichen, sondern primär im übernatürlichen Bereich. Das bedeutet, daß menschliche Realitäten und Vollzüge zu «Zeichen» und «Werkzeugen» für die übernatürliche Heilsgemeinschaft des Glaubens, der Hoffnung und der Liebe werden. Dazu aber bedarf es ihrer «radikalen Relativierung», was nichts anderes heißt, als daß sie auf Gott zurückbezogen werden, von dem (als ihrem Schöpfer) sie herstammen und auf den (als ihr Ziel) sie in ihrer Zeichenhaftigkeit ausgerichtet sind.

Eine gelungene relativierende Umgestaltung des Menschlichen geschieht in der Kirche unter dem Einfluß der Gnade und der Mitarbeit des Menschen in drei Ebenen: angesichts der *Heiligkeit Gottes* werden die von ihr *beanspruchten* menschlichen Realitäten ihrer allfälligen sündigen Entstellungen überführt, zur Läuterung gerufen und durch die Gnade zur Heilung gebracht. Dadurch wird ihr wahrer geschöpflicher Eigenwert zu höchster Erfüllung freigesetzt; angesichts der *Absolutheit Gottes* werden sie aber auch jeder (ursündlich) absolut gesetzten menschlichen Geschöpflichkeit enthoben, so daß auch «an sich Gutes» in dieser neuen und göttlichen Beziehungswirklichkeit sich als nur «relativ und vorläufig gut» erweist. Dadurch wird der Drang zu

---

[187] Zur näheren anthropologischen Bedeutung s.o. 4.1.2.

menschlichem Perfektionismus durchbrochen, der zu «Gnadenlosigkeit» und Unbarmherzigkeit gegenüber sich selbst und anderen neigt und so bei beiden ein gnadenhaftes «*Über-sich-Hinauswachsen*» behindert; angesichts *göttlicher Vollkommenheit* und *Transzendenz* wird ihnen schließlich ein tieferer Sinn zu eigen, der ihre natürlichen Anlagen und Fähigkeiten übersteigt, auf Gott selbst hinweist und auch wirklich zu ihm führt.

Betrachtet man die Familie Gottes als «Sakrament relativierender Umgestaltung», so läßt sich dieses zweifach, nämlich als «Zeichen» der Relativierung, das ihre eigene sichtbare Gestalt betrifft, sowie als «Werkzeug», das eine diesbezügliche Sendung *ad extra* ausdrückt, näher bestimmen. Für die Gestalt der Kirche gilt diese Relativierung als Grundprinzip für jede Berührung zwischen dem Göttlichen und dem Menschlichen. Wo immer in der Kirche Gottes Gnade menschliche Realitäten erreicht, werden diese mit ihm in Beziehung gebracht und dadurch auch *relativiert*. Das trifft als *An-* und *Aufruf* (der Umkehr zu Gott) alle Gläubigen auf allen Ebenen ihrer Existenz; es trifft die gemeinschaftlichen Lebensvollzüge und menschlichen Ausdrucksformen in der Kirche. Diese lassen sich ihrer inneren Struktur nach im natürlich-menschlichen Bereich am ehesten mit Lebensvollzügen und Ausdrucksformen in der Familie vergleichen. Und tatsächlich entwickeln sich die Voranfänge der Kirche in der konkret gelebten heilshaften Gemeinschaft mit Jesus, in ihm mit dem Vater und auch in Geschwisterlichkeit untereinander aus der Relativierung familiärer Beziehungen und Werte im Licht des kommenden Reiches Gottes.[188] Somit stellt die Relativierung der natürlichen Familie zur «neuen Familie» Jesu den biblisch bezeugten Modellfall dar, wie Menschliches in Beziehung zu Gott tritt und der «Familie Gottes» zur sakramentalen Zeichenhaftigkeit eingestaltet wird.

Das erweist sich ganz konkret in der Liturgie im allgemeinen und vor allem in den sieben Sakramenten, die Grundsituationen des kirchlichen Lebens und Heilswirkens betreffen und deren Ähnlichkeit zu wesentlichen Situationen der natürlichen Familie offenkundig ist. Sie bleiben in gewissem Sinn «Familiensituationen», werden aber zu sakramentalen Zeichen umgestaltet, in die hinein sich das Familie-Gottes-Sein der Kirche exemplarisch verdichtet.[189] Diese Umgestaltung betrifft ebenso alle geschöpflichen Anlagen, Fähigkeiten und Mittel, die in den Dienst der Verkündigung gestellt oder zur Diakonie in der Gemeinde eingesetzt werden. Sie hat — in den dargestellten drei Ebenen — als Grundprinzip wahrer Inkulturation in der Kirche zu gelten.

---

[188] Ausführlicher dazu unter 3.3.2.
[189] Zu den Sakramenten im einzelnen s.u. 4.3.3.

Als sakramentales «Werkzeug relativierender Umgestaltung» erweist sich die Kirche aber auch *ad extra* in ihrer prophetischen Sendung. Sie mißt das, was sie in der Welt an gesellschaftlichen und kulturellen Werten, Strukturen und Einrichtungen vorfindet, am Maßstab des Reiches Gottes. Sie deckt dabei Sünde und Ungerechtigkeit auf und deutet Wege an, das wahrhaft Humane, das nichts anderes als das von Gott gewollte Gute sein kann, sowie Gerechtigkeit und Frieden auf allen Ebenen zu fördern und aufzubauen; durch ihr lehrendes Wort, vor allem aber durch das gelebte Zeugnis, durch das im Glauben geformtes kirchliches Gemeinschaftsleben bisweilen zur «Kontrastgesellschaft» wird und sogar werden muß. In diesem Sinn kann die Kirche zu Recht «Sakrament des *integralen* Heils»[190] genannt werden, das nichts von dem, was den Menschen betrifft, ausklammern darf.

4.3.3. Die Sakramente in der *Familie Gottes*

In einer *familia-Dei-Ekklesiologie* erscheinen die sieben Einzelsakramente als Grundvollzüge und gleichsam als «Familienereignisse» der *Familie Gottes* in wesentlichen ihrer Grundsituationen, so daß sie darin gemäß ihrem eigensten Wesen exemplarisch *sichtbar* und *wirksam* wird. Dabei zeigt sich eine enge wechselseitige Verwiesenheit zwischen der «Familie Gottes als Sakrament» und ihren einzelnen Sakramenten. So kann es zum einen nur deshalb «Familienereignisse» geben, weil es eine «Familie» gibt. Zum anderen aber gewinnen ihr Leben und ihre Existenz gerade in den genannten Ereignissen, denen in gewisser Weise auch «kirchenkonstituierende» Wirkung zuzuschreiben ist, Gestalt.

Die Sakramente stehen ihrer *erkennbaren Zeichengestalt* nach in einer «dynamischen Analogie» zu Grundrealitäten und -vollzügen einer natürlichen Familie. «Dynamisch» ist diese Analogie deshalb zu nennen, da in ihr menschliche Grundlagen und Zusammenhänge durch das Wirken des Heiligen Geistes erhoben und zu wirklichen Heilsereignissen umgestaltet werden. Darin kulminieren aber nicht nur die Sakramentalität der Kirche im allgemeinen und ihre Sendung. Sie sind vielmehr auch Weiterführung des sakramentalen Heilswerkes Christi, ja

---

[190] Vgl. dazu z.B. F.A. SULLIVAN, *The Church We Believe In. One, Holy, Catholic and Apostolic*, New York 1988, 132-151 ("Sacrament of «Integral Salvation»"; mit ausführlicher Darstellung diesbezüglicher lehramtlicher Quellen); dazu auch im Zusammenhang der Kirche als Familie Gottes: IOANNES PAULUS II, Adh. apost. *EA* 105 u. 114: *OR* 16.09.1995, 8: "Ecclesia, utpote quae sit Dei familia super terra, signum vivum esse debet et instrumentum efficax necessitudinis humanae universalis, respectu aedificationis communitatis iustitiae ac pacis equidem tantae, quanta est tota terra."

man kann sogar sagen, daß in den Sakramenten Christus selbst fortwährend am Werk ist (vgl. *SC* 7). Sie nehmen ihren Ausgang vom dem
in Welt und Geschichte als Jesus von Nazaret gegenwärtig und greifbar
gewordenen *Verbum incarnatum*, von seinen Heilstaten und -worten,
die in den Sakramenten der Kirche nachgestaltet werden, so daß durch
ihren Vollzug Christus selbst auf vielfältige Weise Gestalt annimmt. So
wird von Christus her die Neuheit und ungeschuldete Gnadenhaftigkeit
der Sakramente offenbar, die *heilsgeschichtlich* und somit keineswegs
als das Explizit- und Sichtbarmachen einer existentiell bereits im
einzelnen vorhandenen und wirksamen Heilsrealität zu deuten sind,
was nicht ausschließt, daß jedem Sakrament andererseits immer auch
Gnade vorausgeht.

Auch die *übernatürliche Wirksamkeit* der Sakramente kann in
der Familie Gottes und von ihr her anschaulich gemacht werden. Das
gilt zunächst für die gemeinschaftliche Dimension der Sakramente
überhaupt:

> "Gemäß dem Verständnis der christlichen Tradition sind Sakramente
> niemals rein individuelle Transaktionen. Niemand tauft, absolviert oder
> salbt sich selbst, und auch für die Eucharistie ist die Feier in
> Einsamkeit nicht der Normalfall. Auch hier entspricht wiederum die
> Ordnung der Gnade der Ordnung der Natur. Ein Mensch kommt als
> Glied einer Familie, eines Stammes, eines Volkes auf die Welt. Er
> gelangt zur Reife durch die Begegnung mit seinen Mitmenschen.
> Sakramente haben deshalb eine dialogische Struktur. Sie finden in einer
> wechselseitigen Interaktion statt, die den Menschen verhilft, einen
> geistlichen Durchbruch zu erzielen, den sie in sich selbst verschlossen
> nicht erreichen könnten. Ein Sakrament ist deshalb ein sozial
> begründetes oder gemeinschaftliches Symbol der Gegenwart sich selbst
> erfüllender Gnade."[191]

Wie zuvor schon ausführlicher dargelegt, hebt eine *familia-Dei-
Ekklesiologie* aber nicht nur die Gemeinschaftlichkeit in der Verwirklichung des Heils hervor, sondern läßt das Wesen des Heils selbst —
im Sinne des Vaticanum II — als «communio» und Einheit der
Menschen mit Gott und untereinander offenbar werden. Von den
einzelnen Sakramenten muß deshalb zu zeigen sein, wie sie die
vertikale und horizontale «Communio» der Familie Gottes nicht nur
bezeichnen, sondern auch konkret aufbauen.

Folgt man weiter der vorausgehenden Charakterisierung der
Familie Gottes als universales Heilssakrament, dann ist darüber hinaus
auch in den einzelnen Sakramenten die Kraft zu «relativierender Umgestaltung» im Blick auf ihre eigene auf Menschlichem aufbauende
Gestalt, aber auch als prophetische Sendung in der Welt ausfindig zu

---

[191] DULLES, *Models*, 67.

machen. Alle diese genannten Dimensionen der Sakramente in der Familie Gottes sollen bezüglich der sieben Einzelsakramente im folgenden wenigstens andeutungsweise anvisiert werden.

Die *Taufe* als das grundlegende Sakrament entspricht *ihrer Gestalt nach* der Familiensituation der Geburt neuen Lebens, die eine doppelte Erneuerung und Veränderung bringt. Durch die Wiedergeburt der Taufe wird nicht nur ein Mensch neu als Kind Gottes zum Glied seiner Familie, sondern auch die Familie selbst erfährt eine Erneuerung und Bereicherung. Wie in der natürlichen Familie geht allerdings dem Anfang der Taufe bereits eine «Vorgeschichte» voraus, eine Zeit des noch verborgenen Lebens, das doch schon erste Wirkungen zeigt. Es ist der Ruf Gottes, der einen Menschen getroffen hat, der als Katechumene schon von der Familie Gottes in Liebe umhegt wird, wobei diese Vorbereitung im Taufwillen der Eltern für ihr zur Welt kommendes Kind gleichsam stellvertretend geleistet wird.

So erweist sich die Taufe als die dynamische Umgestaltung eines familiären Grundvollzuges, insofern nämlich das Geschenk des natürlichen Lebens darin gnadenhaft zum noch größeren Geschenk des göttlichen Lebens erhoben wird, das nun sichtbar *auf die Welt* und *in die Geschichte* kommt. Diese Erhebung menschlichen Lebens in der Wiedergeburt «von oben» hat ihren ontologischen Ermöglichungsgrund in der Annahme des menschlichen Lebens durch das göttliche Wort. Es tritt in die Welt, in der sich nun die Scheidung vollzieht zwischen den «Seinen», die ihn ablehnen, und den «wahren Verwandten», die nicht nur menschlich aus Blut, aus dem Willen des Fleisches und aus dem Willen des Mannes, sondern im Glauben aus Gott geboren wurden. Ihnen ist die Macht gegeben, Kinder Gottes zu werden.[192] Dieselbe Relativierung der menschlichen Geburt aus dem Fleisch gegenüber der Geburt von oben — aus dem Geist — wird auch im Gespräch Jesu mit Nikodemus greifbar (Joh 3,3-6). Der Ursprung der Wiedergeburt und die Quelle der Taufe sind dann — wie aus dem weiteren Verlauf des Johannesevangeliums hervorgeht[193] — in der Erhöhung Jesu am Kreuz zu finden, in der Hingabe seines Geistes als Vollendung der von Johannes dem Täufer vorausverkündigten «Taufe im Geist» und in der Öffnung der Seite, wie sie vom Evangelisten bezeugt und von den Kirchenvätern auf Kirche und Sakramente bezogen wurde.

Ihrer Wirkung nach schafft die *Taufe* durch die vergebende Versöhnung und die Mitteilung göttlichen Lebens «familiäre» Gemein-

---

[192] Vgl. Joh 1,11-13; zur Beziehung zwischen den «Seinen» im Prolog und der bei den Synoptikern angesprochenen «neuen Familie Jesu» s.o. 3.3.2. (bes. die Studie von DUPONT).

[193] Vgl. u.a. Joh 1,33; 3,22-36; 7,37-39; 19,30.34f.

schaft der «neu geborenen» Kinder Gottes mit ihrem Vater und stellt sie zugleich in die Gemeinschaft mit ihren Brüdern und Schwestern in Christus. Wie auch die natürliche Geburt hinsichtlich der *menschlichen* ist die Taufe ihrerseits der einzige ordentliche Weg, um wahrhaft Glied der *Familie Gottes* zu werden, weshalb an ihrer «Heilsnotwendigkeit» festzuhalten ist. Die familiäre Gemeinschaft erweist sich als dialogisch, insofern das Kind durch seine Geburt den Namen der Familie als eigenen Namen erhält, der bleibend sein «Von-woher» offenbart. Indem die Eltern dem Kind einen Ruf-Namen geben, wird es als Person ansprechbar. So empfängt auch der in der Familie Gottes geborene Täufling den «Christennamen» und wird ein von Gott persönlich Angesprochener, Berufener und Geliebter.

Damit aber relativiert sich jeder Vorzug menschlicher Herkunft und Abstammung im Blick auf die unendlich größere Würde des «Christseins», die unter den Getauften eine wahre Gleichwertigkeit vor Gott ausmacht, die der Anlage und Berufung nach auf alle Menschen auszudehnen ist. Das menschliche Leben aber und sein hoher Wert werden durch das göttliche Leben übertroffen und relativiert. Das ist der Ausgangspunkt für die prophetische Sendung der Kirche in der Welt, im Einsatz für die gleiche Menschenwürde, für Frieden und Gerechtigkeit – allerdings stets in dem Bewußtsein, daß dies alles dem Menschen nichts nützt, wenn er dabei sich selbst verliert und seine Bestimmung zur ewigen Gemeinschaft mit Gott verfehlt.[194]

Als zweites Initiationssakrament steht die *Firmung* in engem Bezug zur Taufe. Ihre *Gestalt* entspricht einerseits dem Heranwachsen und Reifen des Menschen in der Familie und andererseits der Situation des Beschenktwerdens des Kindes durch die Eltern. Demgemäß betrifft sie in der Familie Gottes das «Reif-Werden» und «Verantwortung-Übernehmen» von (jungen) Christen, verbunden mit dem Geschenk *der* Gabe Gottes schlechthin, dem Heiligen Geist.[195] Damit werden sie für den «Kampf», für die «Anforderungen», die ein treues christliches Leben bringt, gestärkt. Hierin wird auch der Bezug zum Geheimnis und Werk Christi offenbar, der den Jüngern den Heiligen Geist verheißen hat. Ihn haben sie gleichsam in familienhafter «Hausgemeinschaft» gemeinsam erwartet, erbetet und am Pfingsttag empfangen. Der «Geist» erscheint im Kontext der «neuen Familie Jesu» aber auch als das Feuer, das Jesus auf die Erde zu werfen gekommen ist, das die

---

[194] Vgl. Lk 9,25; dieser Grundsatz bestimmt auch weite Strecken des ersten Teiles der Pastoralkonstitution *GS*.

[195] Die Tatsache, daß allein der Bischof *ordentlicher* Spender der Firmung ist (vgl. *D* 1630), scheint in der durch ihn repräsentierten Vollmacht den väterlichen Charakter der Gabe des Geistes zu unterstreichen.

Jünger zur Gemeinschaft in Einheit und Liebe formt, zugleich aber als
Reaktion Spaltung und Verfolgung hervorrufen kann (Lk 12,49-53).
Das Geschenk des Heiligen Geistes, das nicht nur als individuelle Zuwendung, sondern als Begabung im Dienst und zum Aufbau der ganzen
Familie verstanden werden muß, ist gleichsam «Inbegriff» der gemein-
schaftstiftenden *Wirkung* dieses Sakraments. Der Geist, der die Gaben
gibt, ist auch der Geist der Liebe und der Einheit, der die Kinder
Gottes zur «Familie» verbindet. Schließlich erweist diese Gabe Gottes
die Vorläufigkeit aller natürlichen Begabungen, die unbestreitbaren,
aber doch *relativen* Wert für das Reich Gottes haben. Darin liegt auch
eine prophetische Kritik an der in der Welt vielfachen Überbetonung
und Absolutierung menschlicher Anlagen und Fähigkeiten.

Die *Eucharistie* ist Zentrum und Höhepunkt des sakramentalen
Heilshandelns der Kirche, worin sich ihr «Familie-Gottes-Sein» in
höchster Lebensfülle vollzieht, in wesentlichen Momenten erkennbar
und wirksam wird. Von ihrer *sichtbaren Zeichenwirklichkeit* lassen
sich mehrere Verbindungen zu familiären Grundsituationen ziehen. Das
gilt zunächst für den «Bund» als der Form der treuen und liebenden
Hingabe von Mann und Frau aneinander. Dieses «Geheimnis», das
Eph 5,21-32 auf den Neuen Bund und die liebende Hingabe Christi an
seine Kirche bezieht, wird in der eucharistischen Hingabe des Fleisches
und Blutes des Herrn wirklich gegenwärtig. Und diese Hingabe Christi
an die Kirche ist für die «Familie» Gottes genauso konstitutiv wie die
eheliche Hingabe für die natürliche.

Auch die Dimension des «Mahles» korrespondiert einem wesentlichen familiären Geschehen. Der «Familientisch» ist leibhaftiger Ausdruck der Einheit der Familie, die hier auch physisch zusammen-
kommt, Stärkung und Nahrung für das gemeinsame Leben empfängt
und miteinander in Dialog tritt. Dementsprechend erlangt die Einheit
der Familie Gottes in der Versammlung um den Tisch des Herrn ihre
höchstmögliche, auch leibhaftig konkrete Greifbarkeit. Die Kinder
Gottes werden hier mit dem Brot des Lebens genährt, in ihrem
gemeinsamen Glauben gestärkt und stehen mit Gott und untereinander
in heilshaftem Dialog: in dem ihnen zugesprochenen und ausgelegten
Wort Gottes, in den wandlungskräftigen Worten des Herrn wie in den
vielfältigen Gebeten, die durch Christus bittend, lobpreisend und
dankend an den Vater gerichtet werden.

Im Rückbezug des eucharistischen Heilsgeschehens auf das
Christusgeheimnis werden die Hingabe seines Fleisches und Blutes und
die dazu gegebenen deutenden Worte Jesu zum Kriterium. Jenen, die
meinen, Jesu Familie ausreichend zu kennen (vgl. Joh 6,42) und die
nicht im Glauben zur Tiefe des Mysteriums durchzudringen vermögen,

wird das Wort der Hingabe von Fleisch und Blut zum Anstoß, Jesus und seine Gemeinschaft zu verlassen. Selbst die Zwölf werden vor die Entscheidung gestellt. Ihr Glaube und ihr Bekenntnis ist Ansatzpunkt einer noch tieferen Gemeinschaft mit Jesus, die in Johannes und Maria stellvertretend bis unter das Kreuz reicht und dort von Jesus her gleichsam zur «neuen Familie», in der Gott seine verstreuten Kinder sammelt, konstituiert wird.[196]

Die einheit- und gemeinschaftstiftende *Wirksamkeit* der Eucharistie wurde schon mehrfach theologisch erörtert[197]. Man hat die «vertiefte Eingliederung in den mystischen Leib Christi» gelegentlich sogar als «Erstwirkung und vermittelnde Ursache» der übrigen Wirkungen des Sakraments, m.a.W. als *«res et sacramentum»*, bezeichnet.[198] So könnte der Eindruck entstehen, durch diese Sicht solle die traditionell bevorzugte Lehrmeinung von der *Realpräsenz* Christi und seiner versöhnenden Erlösungstat als *«res et sacramentum»* ersetzt werden. Gerade innerhalb der Sicht der Kirche als Familie Gottes wird allerdings offenbar, daß hier zwei notwendig miteinander verbundene Dimensionen des *einen* sakramentalen Heilsgeschehens nicht in falsch gestellter Alternative gegeneinander ausgespielt werden dürfen, sondern vielmehr beide in ihrer Verwiesenheit und Bezogenheit aufeinander anzunehmen sind. Denn wenn jene konkrete, leibhaftig vollzogene und erfahrbare höchste Einheit *die* der Familie Gottes sein soll, dann muß sie in beiden Dimensionen, der vertikalen wie der horizontalen, gleichermaßen greifbar und wirklich sein.

Um nicht die kirchliche Gemeinschaft auf die horizontale Ebene zu beschränken, ist deshalb in gewisser Weise sogar von einer «Notwendigkeit» der Realpräsenz Christi (*«vere, realiter* et *substantialiter»*; D 1651) in seinem Leib und Blut für die volle sakramentale Zeichenwirklichkeit der Einheit der Familie Gottes zu sprechen. Denn diese Einheit ist die höchstmögliche Form *sakramentaler vertikaler Communio* der Gläubigen mit Gott, die ihn selbst im Fleisch und Blut Christi in sich aufnehmen. Zu dieser absteigenden Bewegung der vertikalen Gemeinschaft mit Gott in der Mitteilung seiner Gnade, seines Lebens, ja seiner selbst muß aber immer auch die aufsteigende der Verherrlichung, der Anbetung und des Lobpreises hinzutreten, so daß in der Anbetung des allerheiligsten Sakramentes nicht eine spätere Entstellung oder Einengung des Eucharistiegeheimnisses, sondern ein

---

[196] Vgl. Joh 6,60-71; 11,52; 19,25-27.
[197] Vgl. u.a. RAHNER, *Kirche und Sakramente*, 73-78; W. BEINERT, *Eucharistie als Sakrament der Einheit*, in: *Cath(M)* 36 (1982), 234-256; W. KASPER, *Einheit und Vielfalt der Aspekte der Eucharistie. Zur neuerlichen Diskussion um Grundgestalt und Grundsinn der Eucharistie*, in: DERS., *Theologie und Kirche*, Mainz 1987, 313-317.
[198] Vgl. RAHNER, *Kirche und Sakramente*, 74.

wesentlicher Ausdruck seiner gemeinschaftlichen Dimension zu erkennen ist.

Begründet in dieser ab- und aufsteigenden vertikalen *Communio*,
ist die Eucharistie auch höchstmögliche Form *sakramentaler horizontaler Communio*, weil die Kinder Gottes durch ihre Teilhabe am Fleisch
und Blut Christi nicht nur ideell auf das engste verbunden, sondern in
mystischer Weise «*blutsverwandt*» werden. Diese «*Blutsverwandtschaft*» ist dabei nicht nur ein spirituelles Bild, sondern drückt eine
tiefe, theologisch bedeutsame Realität aus; daß nämlich dieses Blut das
Blut des Neuen Bundes ist, das Blut, das im Opfer Christi die Versöhnung bewirkt und Menschen größtmöglicher Verschiedenheit in der
Gemeinschaft der Familie Gottes vereint.[199] Von daher ist leicht einsichtig zu machen, daß ohne eine wirklich (und auch unter einer gültig
sakramental vermittelten substantiellen Gegenwart des Leibes und
Blutes Christi) vollzogene Eucharistie schlechterdings nicht von der
zeichenhaften und wirklichen Gegenwart der Familie Gottes, d.h. von
«Kirche» im eigentlichen und theologischen Sinn, die Rede sein kann.

Insofern aber alle Menschen zur Familie Gottes berufen sind,
trägt die Eucharistie immer auch eine universale Dimension an sich.
Sie ist — im eschatologischen Vorgriff — sakramentale Feier der
Einheit aller Menschen mit Gott und untereinander, ja des in Christus
zu vereinenden Universums. Auf diese Weise appelliert sie an eine
sündige Strukturen «wandelnde» christliche Lebenspraxis, relativiert
aber gleichzeitig jedes menschliche Mühen um Frieden und Einheit der
Menschheit, das angesichts menschlicher Erbsündigkeit und Unfähig-
keit zur Selbsterlösung ohne Gott oder gegen Gott unweigerlich in die
Undurchführbarkeit ideologischer Utopien zurücksinken muß.

Versöhnung und Verzeihung, die bis zur Wiederaufnahme
dessen, der mit der Familie gebrochen hat, in den Familienverband reichen, gehören zu den wichtigsten Geschehen innerhalb der natürlichen
Familie. Sie sind nicht nur Wiederherstellung des verlorenen Friedens,
sondern gehören wesentlich zur Entwicklung und Reifung der Familie
in Liebe und Gemeinschaftssinn und stellen zugleich ein unverzicht-
bares Moment in der Erziehung der Kinder und im Von-einander-
Lernen aller dar. Analoges vollzieht sich *zeichenhaft sichtbar* durch
das *Sakrament* der *Versöhnung* in der Familie Gottes. Es bewirkt nicht
nur die Vergebung der Sünden und die Versöhnung mit der Familie,
sondern baut diese dadurch auf ihrem Pilgerweg der Läuterung hin zu
Gott wirklich auf. Der vollmenschlichen Realität der Versöhnung entspricht dieses Sakrament auch, insofern es sich dabei notwendig um ein

---

[199] Vgl. Kol 1,20; Eph 2,16-19.

dialogisches Geschehen handelt. Das Bekenntnis des Bereuenden als sein *verantwortliches* Einstehen für seine Sünden, der väterlich ermahnende, zurechtweisende, ermutigende und tröstende Zuspruch des Priesters, in dem die Vaterschaft Gottes sakramental repräsentiert erfahrbar wird, und schließlich das von Gott selbst gegebene Wort der Versöhnung und Vergebung gehören unverzichtbar zur «familiären Zeichenhaftigkeit» und zum Vollzug des Sakramentes, wenn dieses nicht zu einem magischen oder mechanischen Mittel der Sündenreinigung werden soll.

Es setzt das Heilswerk Christi fort, der Menschen zur Gemeinschaft mit ihm und in ihm mit dem Vater gerufen hat, indem er sie von ihren Sünden heilte und dadurch gemeinschaftsfähig machte; es ist der Dienst der «*Versöhnung*» im eigentlichsten Sinn dieses deutschen Wortes, den der Herr im Gleichnis des barmherzigen Vaters veranschaulicht: Der Vater begleitet die Umkehr des «verlorenen Sohnes» in Liebe und will mit ebensolcher Liebe auch den zur Umkehr führen, dessen Herz in Selbstgerechtigkeit verhärtet ist – um so die Einheit seiner Familie wieder herzustellen.

In Treue zu ihrem Herrn und zum Willen des Vaters vollzieht die Kirche den Dienst der Versöhnung als *wirksames* Mittel zum Aufbau der Familie Gottes als Gemeinschaft der mit Gott und untereinander Versöhnten. Dabei zeigt sich wiederum, daß weder Versöhnung noch Gemeinschaft in der Familie Gottes auf eine einzige Dimension reduzierbar sind. Es gibt keine vertikale Versöhnung mit Gott ohne die horizontale in seiner Familie und umgekehrt. Deshalb ist der Dienst der Kirche nicht eine rein äußerliche Anwendung eines gottgegebenen Mittels für die individuelle Beziehung einer Seele zu ihm, sondern höchste Involvierung in ein lebendiges, gemeinschaftliches und heilswirksames Geschehen.[200]

Im Licht des Sakramentes der Versöhnung relativiert sich die Sünde, die nicht rein menschliche Tat oder zwischenmenschliches Ereignis bleiben kann, sondern sich letztlich immer gegen den allein guten Gott als Urheber und Ziel von allem Guten wendet. Es relativiert sich aber auch jedes menschliche Bemühen um *Umkehr* und *Versöhnung* in der Kirche, die demütig von Gott als Geschenk zu erbitten und anzunehmen sind. Auf diesem Weg kann die Kirche auch prophetisches Zeichen für Frieden und Versöhnung in der Welt werden, das einer-

---

[200] Es ist das Verdienst von B. XIBERTA (Diss. «*Clavis Ecclesiae*», 1922), die Versöhnung mit der Kirche und durch die Kirche auch mit Gott als wesentliche Wirkung des Bußsakraments wieder in Erinnerung gebracht zu haben. Dieser Gedanke wurde dann vor allem von K. RAHNER aufgegriffen und zu breiter Anerkennung geführt; vgl. K. RAHNER, *Das Sakrament der Buße als Wiederversöhnung mit der Kirche*, in: *Schriften* VIII, 447-471; DERS., *Kirche und Sakramente*, 83-85.

seits Anstoß ist, alles Menschenmögliche einzusetzen, um eine wahrhaft menschliche Gemeinschaft aufzubauen, das aber dem Menschen auch die Aporie der Selbsterlösung vor Augen stellt und alle auffordert, die von Gott angebotene erlösende Verzeihung anzunehmen.

Altwerden, Krankheit und Tod sind aus dem Familienleben genausowenig wegzudenken wie praktisch zu verdrängen. Sie sind nicht individueller Leidenskampf, sondern wirklich «Familiensituation», insofern die Familie Schwäche, Krankheit und Tod gleichsam miterleidet, sich um den Kranken und Sterbenden versammelt und nicht selten gerade dadurch wieder neu als «Familie» zusammenwächst. In diesen Momenten wird die ganze Familie in gewisser Weise mit ihrer eigenen «Eschatologie» konfrontiert. In nicht geringer Ähnlichkeit gilt das auch für das *sakramentale Zeichen der Krankensalbung* in der Familie Gottes, die ihren Kranken und Leidenden bis in den Tod zur Seite steht, sich gleichsam gemeinschaftlich um sie versammelt, ihnen Zuspruch, Vergebung der Sünden und bisweilen auch Heilung bringt, zugleich aber aus den in Christus angenommenen Leiden selbst Kraft und Stärkung erfährt. Hierin gelangt die Familie Gottes zur Christusförmigkeit, in Nachfolge ihres Herrn, der Menschen geheilt und aus dem Tod befreit, vor allem aber zu unserem Heil seinen Todeskampf durchlitten hat. Und auch der Todeskampf Christi steht in der flehentlichen Bitte an die Jünger, zu wachen und zu beten wie zugleich in der vertrauensvollen Hinwendung des Sohnes an den Vater und nicht zuletzt in Maria, den Frauen und Johannes unter dem Kreuz in einer unübersehbar gemeinschaftlichen Ausrichtung.

So ist dieses Sakrament seiner *Wirkung* nach nicht nur Vorbereitung des in der Krankheit dem Tod Begegnenden auf die volle Realisierung seiner Gemeinschaft mit Gott. Es versammelt die Gemeinschaft der Familie Gottes um den Leidenden, in dem der leidende Christus mehr und mehr Gestalt annehmen soll. Im *priesterlichen* Wort und in der Salbung wird die Tröstung durch den *Vater*, der seinen Kindern insbesondere in Leiden und Sterben mit seiner Liebe nahesteht, leibhaftig erfahrbar. Von daher werden jedes menschliche Leiden, Krankheit und Tod im Blick auf Gott relativ. Sie sind nicht das endgültig Letzte des Menschen, sondern der Durchgang und Zugang zu Gott selbst. Daraus wird die Kirche Kraft und Ansporn erhalten, Menschen in Leiden und Sterben nahe zu sein, ihnen jede mögliche «Heilung» zu bringen, sie die Liebe Gottes erfahren zu lassen und dadurch das scheinbar *absolut Letzte* im Angesichte Gottes als Vorläufiges und von seinem Heilswillen Unterfangenes zu enthüllen.

«Vaterschaft» bzw. «Elternschaft» gehören notwendig zu den Grundgegebenheiten der Familie. Und doch sind sie auch darin nichts Absolutes, insofern es ja keine Elternschaft ohne Kinder gibt und insofern das neue Leben nicht eigenmächtig von den Eltern selbst bewirkt, sondern ihnen letztlich von Gott und durch ihre menschliche Mitarbeit hindurch dem Kind geschenkt wird. Somit erweist sich Elternschaft bereits im Natürlichen als «Vermittlung». Sie ist aber auch echte Autorität sowie Aufgabe der Ernährung, Versorgung und Erziehung. Sieht man das *Sakrament der Weihe* nicht sosehr in «christomonistischer Begrenzung», sondern innerhalb der trinitarischen Gestalt der Familie Gottes, so erscheint es als Repräsentation der Vaterschaft Gottes in der Kirche, wie aus seiner *sichtbaren Form* ebenfalls deutlich wird. Damit ist einerseits eine echte Vollmacht verbunden, andererseits kommt diese nicht aus dem Eigenen, sondern ist die «vorläufig» und sakramental repräsentierte Vollmacht Gottes, der der einzige und eigentliche Vater bleibt und in der Vollendung in ganzer Offenbarkeit sein wird.[201]

Diese These zum Weihesakrament in der Familie Gottes wird mit dem theologischen Einwand zu rechnen haben, daß hier die Lehren der «Christusförmigkeit» und des *«character indelibilis»* nicht ausreichend zur Geltung gebracht würden. Dem ist entgegenzuhalten, daß Christus selbst gemäß biblischem Zeugnis Offenbarung, ja «Ikone» des Vaters schlechthin ist und daß deshalb die Repräsentation der Vaterschaft Gottes durch den geweihten Priester nicht Bestreitung, sondern eigentlichster Ausdruck seiner Christusförmigkeit ist. Auch die einzelnen Akte, in denen die Christusförmigkeit des Priesters deutlicher hervortritt, also etwa der Dienst der Sündenvergebung und die bevollmächtigte Verkündigung und Lehre, ja selbst die *«in persona Christi»* gefeierte Eucharistie verweisen immer auf den Vater, indem sie seinen Heilswillen auf Erden offenbaren und verwirklichen[202], die Versöhnung

---

[201] Zur geistlichen Vaterschaft in der Kirche s.o. bes. 1.2.1.1.; 3.3. u. 4.1.2.1. Hinsichtlich der Weihestufen ist festzuhalten, daß sich die geistliche Vaterschaft im strengen Sinn vor allem auf den Bischof bezieht und auch auf den Priester in eigentlicher Weise angewandt werden kann. Dem Dienst des Diakons dagegen scheint sie nicht in dieser Weise zuzukommen, dem (wie aus vielen Belegen der Tradition der Kirche nachzuweisen wäre) eine qualitativ und wesentlich andere Form als dem eigentlichen *Priestertum* zukommt. Zu all dem kann hier nicht ausführlicher Stellung bezogen werden. Es scheint allerdings — auch hinsichtlich der Aussagen des VAT II; vgl. Const. dog. *LG* 29: *AAS* 57 (1965), 36: "... «non ad sacerdotium, sed ad ministerium» manus imponuntur. [Const. Ecclesiae aegypticae, III,2: FUNK (Hg.), *Didascalia*, II, 103. *Statuta Eccl. Ant.* 37-41: MANSI 3, 954] Gratia etenim sacramentali roborati ..." — über Wesen und Sakramentalität des diakonalen Dienstes bislang weder lehramtlich noch theologisch das letzte Wort gesprochen zu sein.

[202] So wird besonders an den Heilungen Jesu deutlich, daß er diese im Namen und Auftrag Gottes des Vaters vollzieht (vgl. z.B. Joh 11,41f.), der allein Sünden ver-

mit Gott bewirken oder aber auf den Lobpreis und die Verherrlichung des Vaters ausgerichtet sind. Ebenso steht die «eschatologische Vorläufigkeit» nicht im Widerspruch zum «*character*» des Weihesakramentes. Dieser «*character*» ist nämlich Ausdruck der unerschütterlichen *Treue Gottes*, der die *Berufung* und *Auserwählung* zur Stellvertretung seiner Vollmacht nicht zurückzieht. Der Gedanke an einen Fortbestand sakramentaler priesterlicher *Mittlerdienste* in der Vollendung wäre angesichts der Unmittelbarkeit der Gottesgemeinschaft widersinnig.

Daß die *Heilswirksamkeit des Weihesakramentes* auf den Aufbau der Familie Gottes ausgerichtet ist, dürfte evident sein. Dabei ist es noch vor aller wichtigen und notwendigen Aktivität primär das «Sein» des geistlichen Vaters, das im Bischof oder Priester zum vermittelnden und über sich hinaus auf den göttlichen Vater verweisenden Einheitspunkt für die ihm anvertrauten Gläubigen wird – zumal durch das «*In-persona-Christi-Sein*» im gemeinschaftlichen Vollzug der Eucharistie. Dem Priester kommt es aber nicht nur zu, vertikale Gemeinschaft der Kinder Gottes mit ihrem Vater sakramental zu vermitteln, indem er die Gläubigen väterlich zum geistlichen Leben bringt, nährt, stärkt, ihnen vergibt, ihre Berufung und Auserwählung annimmt und bestätigt oder sie segnend in die Ehe begleitet. Er soll zugleich in wahrer Brüderlichkeit, gleich Christus, sich für all jene hingeben, die immer auch seine Geschwister im Herrn bleiben. Vor diesem Hintergrund der doppelten gemeinschaftlichen Bezogenheit des Priesters in der vertikalen und horizontalen Dimension der Familie Gottes wird der Zölibat dann auch als höchst angemessene Formkraft, ja man könnte wohl sagen als «*Existential*» priesterlichen Lebens und Dienens offenbar.[203] Das dem Priester geschenkte Charisma der Ehelosigkeit ist dann nicht Verzicht auf Beziehung, sondern höchste geistliche Verwirklichung derselben. Diese gleichsam bräutliche und fruchtbare geistlich väterliche Liebe will aber — wie es die sakramentale Zeichenwirklichkeit nahelegt — auch immer in bestimmter *leibhaftiger* Weise vollzogen sein. Aufgrund ihrer Ausrichtung auf das Absolute und der Totalität ihres Wesens duldet sie deshalb schwerlich neben sich eine andere Verbindung, die ebenfalls eine bis ins Letzte und in die Ganzheit der leibseelischen Person zu vollziehende Liebe und Hingabe erfordert. Innerhalb einer *familia-Dei-Ekklesiologie* wird aber zugleich auch darauf hinzuweisen sein, daß eine solche Beziehung — wenn sie gelingen soll — nichts Einseitiges bleiben kann. Vielmehr muß die Gemeinde für den Priester auch *wirklich* und konkret als seine eigene «*Familie*» erfahrbar wer-

---

geben kann (Mk 2,1-12 par.) und mit dem er die Geheilten auch in Gemeinschaft bringt.

[203] Vgl. L. SCHEFFCZYK, *Der Zölibat: Formkraft priesterlicher Existenz und priesterlichen Dienstes*, in: *Semin* 33 (1993), 48-59.

den.[204] Ebenso vermag im Zölibat die komplementäre Hinordnung von «geistlicher Vaterschaft» und «geistlicher Mutterschaft» bevorzugt zum Ausdruck gebracht werden.

Da das Priestertum als sakramentale Repräsentation der Vaterschaft Gottes — wie gezeigt wurde — seinem Wesen nach selbst immer schon relativiert ist, vermag sein gläubiger Vollzug in der Familie Gottes zur Anfrage und kritischen Prüfung mancher Vorstellungen und Strukturen von Autorität und Herrschaft in Kirche und Welt zu werden. So könnte etwa die eindringliche Forderung Jesu, die echte Vollmacht in der Kirche nur als Dienst, frei von Karrieredenken, vom Drang nach Selbstbereicherung und -verwirklichung und von den Versuchungen der Macht, gelten läßt, immer mehr Gestalt gewinnen und dadurch der Welt zum Zeichen für die befreiende Herrschaft Gottes werden.[205]

Das *Sakrament der Ehe*[206] als gottgewollte und durch die göttliche Gnade getragene tiefste menschliche Einheit der Liebe und als dauerhafter wie ausschließlicher Bund zwischen Mann und Frau betrifft eine, wenn nicht *die* Grundvoraussetzung der Familie selbst. In ihrer Offenheit auf Nachkommen ist sie aber auch, wie das Vaticanum II sagt, «Mitwirkung mit der Liebe des Schöpfers und Erlösers, der durch sie seine eigene Familie [die Kirche] immer mehr vergrößert und bereichert»[207]. Gut begründet in prophetischen Worten des AT, die das

---

[204] Dieser Aspekt scheint in der gegenwärtigen Diskussion um den «Pflichtzölibat» zu wenig Beachtung zu finden. Es könnte sich dadurch erweisen, daß die vielbesprochene «Zölibatskrise» in nicht wenigen Fällen richtiger eine Krise des gläubigen kirchlichen Gemeinschaftslebens zu nennen wäre, das weder dem Priester noch sonst jemandem den Rückhalt einer ihn liebenden und ihn in allen Situationen des Lebens unterstützenden geistlichen Familie zu bieten vermag.

[205] Vgl. KASPER, *Sakrament der Einheit*, 269f.: "Als Ikone der Trinität ... kann [die Kirche] sakramentales Zeichen sein für eine vaterlose, gegen die väterliche Autorität aufbegehrende Welt, die über ihrer Emanzipation vom Vater nicht etwa zu einer befriedeten Gleichberechtigung, sondern in einen tödlichen Bruderzwist, neuerdings auch in einen Zwist zwischen den Brüdern und Schwestern, geraten ist. Dem Leitbild einer freisetzenden Autorität, die Ursprung und Quelle einer Vielfalt innerhalb einer größeren und umfassenderen Einheit ist, kommt in dieser Situation neue Aktualität zu." Es wäre zu fragen, ob nicht in manchen Diskussionen über die Bedeutung des Amtes, über die — aus «Gründen der Gleichberechtigung» — angebliche Notwendigkeit der Frauenordination etc. der einen oder anderen vorgetragenen Position immer noch ein tief sitzender «Klerikalismus» zugrunde liegt, der im Priestertum doch immer wieder nur eine Möglichkeit der Ansehenssteigerung, der direkten Einflußnahme auf kirchliche Entscheidungen u.ä. erblickt und nicht den allein aufgrund von Berufung zu erteilenden *Dienst* in ganzer Hingabe an den Willen Gottes und die dem Geweihten anvertrauten Gläubigen.

[206] Hier kann ein kurzer Überblick über die Bedeutung des Ehesakraments genügen, da dessen ekklesiale Bedeutung bereits an anderer Stelle besprochen wurde (s.o. 4.1.3.) und eine breitere Erörterung den Rahmen dieser Arbeit sprengen würde.

[207] Const. Past. *GS* 50: *AAS* 58 (1966), 1071.

Verhältnis Jahwes zu seinem Volk in bräutlichen und ehelichen Bildern darstellen, erscheint der «*Bund*» als die *sichtbare Gestalt* jenes Sakramentes. Dieser *Bund* ist Inbegriff der frei geschenkten, den Menschen aber auch als ganzen und in voller Leibhaftigkeit beanspruchenden und fordernden Liebe und Gottesbeziehung. Darin leuchtet die Kirche als Familie Gottes auf. Die der Ehe eigene Christusförmigkeit und Gleichgestaltung kann aus Eph 5,21-32 entnommen werden. Denn «Paulus» scheut sich dabei nicht, das tiefste Geheimnis menschlicher Einheit und Liebe zwischen Mann und Frau auf die liebende Hingabe Christi an seine Braut, die Kirche, zu beziehen.

Darin ist aber auch die gnadenhafte gemeinschaftsstiftende *Wirkung* des Ehesakramentes in Bezug zur Familie Gottes gebracht, das als echtes Heilsmittel Menschen zur Communio mit Gott führt und untereinander auf das innigste verbindet. Die derart begründete «Hauskirche» kann mit vollem Recht erste menschliche Erfahrung und kleinste Vollzugsgestalt der Familie Gottes genannt werden. Indem Gott aber im Sakrament die menschlichen Realitäten von Liebe, Geschlechtlichkeit, Nachkommenschaft u.a. aufgreift und übernatürlich erhebt, werden sie auf Gott hin «relativiert» und dadurch manchen Tendenzen, sie — wenn auch nur im praktischen Lebensvollzug — absolut zu setzen, enthoben. Diese Relativierung von Gott her, die in der Kirche auch in der gottgeweihten Ehelosigkeit eine zeichenhafte Form gefunden hat, bedeutet aber gerade keine Abwertung menschlicher Geschlechtlichkeit und Liebe, sondern soll diese in der sakramentalen Ehe zu höchster Erfüllung freisetzen, die Gott als den Geber und das Ziel von allem Guten nicht aus den Augen verliert.

Konklusion

Wie der Begriff «*Familie – Gottes*», so verbindet auch die damit gemeinte Realität Göttliches und Menschliches zu einer Einheit. Davon ausgehend entwickelt der vorausliegende Abschnitt die «Sakramentalität der Familie Gottes» als zweiten theologischen Eckpfeiler einer *familia-Dei-Ekklesiologie*. Dabei geht es — im Sinne eines «katholischen Heilsrealismus» — um die konkrete, leibhaftige Vermittlung des Heils als Gemeinschaft der Menschen mit Gott und untereinander in Welt und Geschichte. Zugrundegelegt wurde in den einzelnen Abschnitten jeweils ein dreifacher Aspekt von «Sakrament»: 1) im Sinn des traditionellen und *allgemeinen Sakramentsbegriffs* der «wirksamen Gnade in einem sichtbaren Zeichen» – oder mit dem Vaticanum II als «Zeichen» und «Werkzeug»; 2) in seiner die *heilshafte Gemeinschaft* der Familie Gottes aufbauenden Wirkung; 3) als «Sakrament *relativie-*

render Umgestaltung», das menschliche Realitäten und Situationen aufgreift und in eine transformierende Beziehung zu Gott hin bringt.

«Ursakrament» der heilshaften Gottesbegegnung ist zunächst der menschgewordene Sohn Gottes selbst in seiner ungetrennten und unvermischten Vereinigung von göttlicher und menschlicher Natur. Die Gemeinschaft der Familie Gottes bewirkt er im Gesamtgeschehen seiner Sendung erlösend, versöhnend und vor allem stellvertretend in seiner Person, insofern er als Gottessohn in die Menschheitsfamilie eintritt, darin als «Gott mit uns» Gott gegenwärtig macht und so dieser Familie die Vollmacht gibt, Kinder Gottes und seine Familie zu werden. Zugleich aber vertritt er auch nach Sühnetod und Auferstehung in seiner verherrlichten Menschheit die Menschheitsfamilie vor Gott und schenkt dieser in denen, die ihm angehören, Anteil an seinem trinitarischen Gemeinschaftsleben. In seiner Person, deren menschliche Natur selbst zum göttlichen Werkzeug des Heiles umgestaltet ist, liegt auch die tiefste christologische Begründung der auf Gott, den Vater, hin relativierenden und umgestaltenden Kraft des «Sakramentalen», die exemplarisch am Verhältnis Jesu zu seiner eigenen Familie und am Aufbau der neuen Familie seiner Jünger erkennbar wird.

Was hier für Christus gilt, läßt sich in gewisser Weise auch auf die Familie Gottes übertragen, die seine Heilssendung auf Erden gleichsam als sein «Sakrament» fortsetzt. Zur Klärung dieser theologischen Realität erweist sich eine Verbindung der Konzepte der Kirche als «Sakrament», als «Leib Christi» und als «Familie Gottes» als vorteilhaft. Letzteres verdeutlicht vor allem die personal-dialogische und gemeinschaftliche Dimension des Geschehens in der organischen Einheit von dem, was sie bezeichnet und dem, was sie bewirkt. Das aber ist die «Familie Gottes» selbst, die die vertikale Gemeinschaft der Menschen mit Gott und die horizontale der Menschen untereinander in sich bezeichnet und, indem sie sie bezeichnet, auch bewirkt. Sie ist «universal», insofern sie missionarisch auf die ganze Menschheit ausgerichtet bleibt und in ihrer Einheit in Verschiedenheit die Vielheit der Völker und Nationen der Erde verkörpert. Vor allem aber repräsentiert sie stellvertretend in Teilnahme an der erlösenden Sendung Christi in Kreuz und Sühne, aber auch in der vorauskostenden Herrlichkeit der eschatologischen Familie Gottes, die Menschheitsfamilie sakramental vor Gott und setzt andererseits Gott in der Menschheitsfamilie sakramental gegenwärtig.

Als «Sakrament der relativierenden Umgestaltung» erweist sich die Familie Gottes schließlich in ihrem Inneren wie gemäß ihrer Sendung nach außen: indem sie menschliche Situationen, Riten, Gebräuche und Symbole zu Heilszeichen Gottes umgestaltet; indem sie in ihren Gliedern fortwährend den Weg der Bekehrung und Läuterung, der

Hinorientierung aller Lebensbereiche auf Gott, gehen will; indem sie aber auch in ihrer prophetischen Sendung umgestaltend und zum Ziel des alle menschlichen Dimensionen umfassenden Heiles in der Welt zu wirken vermag.

Dieselben drei Aspekte des Sakramentalen wurden zum Abschluß des Abschnittes anhand der sieben Einzelsakramente exemplarisch aufgewiesen.

4.4. DIE HEILSGESCHICHTLICHE DIMENSION DER *FAMILIA-DEI-EKKLESIOLOGIE*

Im vorausgehenden Abschnitt wurde die *Familie der Kinder Gottes* entsprechend der ekklesiologischen Grundthese dieser Arbeit als *Sakrament, durch das die Menschheitsfamilie in Welt und Geschichte bis hin zur Vollendung in die Familie Gottes gewandelt werden soll,* näher erörtert. Sie ist demgemäß leibhaftig sakramentale Gegenwart Gottes und seiner Gemeinschaft *in der Welt. In-der-Welt-Sein* ist notwendig immer auch *In-der-Zeit-Sein,* das sich *geschichtlich* vollzieht. Dem christlichen Denken entspricht ein *lineares* Verständnis der Geschichte: Sie bewegt sich von einem Ursprung her und auf ein Ziel hin. Auch die Familie Gottes als universales Sakrament des Heiles in Christus ist deshalb nicht das Ergebnis zyklischer Wiederkehr oder Ausdruck dessen, was sich in der Existenz des einzelnen immer neu vollzieht, sondern weiß sich in geschichtlichen Heilsereignissen begründet und erwartet die eschatologische Vollendung als das Ziel ihrer Geschichte in der Welt.

Der festzuhaltende universale Heilswille Gottes (vgl. 1Tim 2,4) umfaßt sowohl die räumliche als auch die zeitliche Dimension, so daß Gott den Menschen aller Zeiten in irgendeiner Weise das Heil erreichbar gemacht hat und macht. Wenn nun aber das Heil als *Communio* der Menschen mit Gott und untereinander zu deuten und im Konzept der Familie Gottes zu veranschaulichen ist, dann müssen sich die Konturen der Familie Gottes wenigstens ansatzhaft in allen Phasen der Heilsgeschichte abzeichnen. Dies gilt in demselben Sinn, in dem man auch im Anschluß an das Vaticanum II, patristisch begründet, von der «*Ecclesia ab Abel*» sprechen kann.[208]

---

[208] Vgl. VAT II, Const. dog. *LG* 2: *AAS* 57 (1965), 5f.; S. GREGORIUS MAGNUS, *In Evangelia homiliae* XIX,1: *PL* 76, 1154B; S. AUGUSTINUS, *Sermo* 341, IX,11: *PL* 39, 1499; S. IOANNES DAMASCENUS, *Adversus iconoclastas* 11: *PG* 96, 1357; zur Vorbereitung der Kirche in Heidentum und AT vgl.: HERMAS, *Visiones pastoris* II,4: LINDEMANN, *Die Apostolischen Väter,* 343; S. CYPRIANUS, *Epistula* 64,4: *PL* 3, 1017; S. HILARIUS, *Commentarius in Matthaeum* 23,6: *PL* 9, 1047; S. CYRILLUS A., *in Genesim* II,10: *PG* 69, 110A; S. AUGUSTINUS, *passim,* u.a. in: *PL*

Diese Kontinuität des göttlichen Heilsplanes in der *Form der Familie Gottes* gilt es im folgenden aufzuweisen (4.4.1.). Daraufhin muß darüber Rechenschaft gegeben werden, wie die Neuheit der Familie Gottes in Christus zu wahren und wie die Frage nach der «Gründung» dieser «Familie», d.h. der Kirche im *eigentlichen* Sinn, zu beantworten ist (4.4.2.). Abschließend wird thesenhaft angedeutet, wie sich die heilsgeschichtliche Dimension *in der* Familie Gottes als der in Christus geschichtlich endgültigen und unüberholbaren Gemeinschaft mit Gott und unter den Menschen ausdrückt (4.4.3.).

4.4.1. Zur Kontinuität der «Form der *Familie Gottes*» in der Heilsgeschichte

Ein erster Hinweis auf die Heilsgemeinschaft als «Familie Gottes» kann bereits aus der gläubigen Sicht vom *Anfang des Menschen* gewonnen werden. Der priesterschriftliche Schöpfungsbericht (Gen 1,26-30) läßt der Erschaffung des Menschen nach dem Bild und Gleichnis Gottes — und zwar als Mann *und* Frau — die Beauftragung an beide zu Fruchtbarkeit und Vermehrung folgen. Die gegenseitige Hinordnung von Mann und Frau aufeinander und ihre Einheit in Verschiedenheit werden vom zweiten biblischen Schöpfungsbericht (Gen 2,7-25) gerade im Hinblick auf die Erfüllung jenes gottgegebenen Auftrages weiter präzisiert. Dadurch weitet sich der Horizont bereits auf eine analoge *familiäre Gemeinschaft*, nämlich die *«Menschheitsfamilie»*, hin.

Aus der Erteilung des Auftrages wird zugleich eine vom eigentlichen Schöpfungsakt zu unterscheidende personale und dialogische Zuwendung Gottes zum Menschen offenbar, die als «Selbstmitteilung» Gottes, d.h. als *Gnade*, zu deuten ist. Die personale und gnadenhaftungeschuldete Gottesgemeinschaft, die auch die Harmonie der Menschen untereinander mit einschließt, kann deshalb in gewissem Sinne «Familie Gottes» genannt werden. Sie steht in einer (heils-)geschichtlichen Dynamik, insofern sie sich durch «Adam» auch auf die folgenden Generationen erstrecken sollte. Dies kann allerdings nicht durch eine *natürliche* Übertragung erfolgen. Die natürliche Einheit der Menschheitsfamilie in Adam kann schöpfungsmäßige Voraussetzung, nicht aber eigentlich Ursache für die gemeinschaftliche Heilsvermittlung sein. Deshalb ist eher an eine «sakramentale» Vermittlung der Heilsgemeinschaft zu denken, so daß «Adam», als Vorausbild für Christus gleichsam als «Sakrament» für die Menschheitsfamilie anzu-

---

41, 609f.; *PL* 44, 161; 315 u. 974 (in der religiösen Menschheit); *PL* 33, 281; 523 u. 845f.; *PL* 41, 314; *PL* 42, 356, *PL* 44, 973f. (im AT).

sehen wäre. Dieser Gedanke findet sich zwar nicht explizit so in der Heiligen Schrift, kann aber von seinem Gehalt her exegetisch gerechtfertigt darin verankert werden[209] und gewinnt auch dem Begriff nach bei einigen Kirchenvätern und in späteren theologischen Studien ein breiteres Fundament.[210]

Zu ergänzen wäre allerdings, daß mit «Adam» hier nicht einfachhin ein individueller *Mann* gemeint sein kann, sondern der als Mann und Frau erschaffene *Mensch*, so daß die Heilsvermittlung von Anfang an in der Komplementarität von «Adam» und «Eva» vor sich gehen sollte. Darin aber ist in gewisser Weise schon die *familia Dei* als Sakrament, d.h. nicht nur als Ziel, sondern auch als Zeichen und Werkzeug der Heilsgemeinschaft mit Gott *in nuce* vorhanden. Dafür spricht jedenfalls der *Sündenfall* als «Zeichen» und «Werkzeug» zur Sünde, der eine Umkehrung darstellt, die — gemäß dem Schriftbefund (Gen 3,1-24) und der kirchlichen Lehre — in derselben «heilsgeschichtlichen» Form gemeinschaftlicher Ergänzung und Vermittlung auf die ganze Menschheitsfamilie hin geschieht, wobei neben dem Gottesverhältnis (Gen 3,8-10) gerade die zentralen familienkonstituierenden menschlichen Beziehungen zwischen Mann und Frau (Gen 3,7.16) bzw. zwischen den Geschwistern (Gen 4,1-16) von der Sünde beeinträchtigt werden.

Als der Mensch so die *Freundschaft Gottes verlor und der Macht des Todes verfiel*, hat Gott *ihn dennoch nicht verlassen, sondern voll Erbarmen allen geholfen, ihn zu suchen und zu finden*; er hat ihm *immer wieder seinen Bund angeboten und durch die Propheten gelehrt, das Heil zu erwarten*.[211] Unbeschadet des hier ausgesprochenen bleibenden Heilswillens Gottes, hat der Mensch durch die Erbsünde das «Sein in der Gnade» als vertraute Gemeinschaft mit Gott verloren. Wenn ihn forthin auch das Heil Gottes erreichen kann, so ist dennoch nicht *im eigentlichen Sinn* von einer «Familie Gottes» zu sprechen, die jene vertraute Gemeinschaft voraussetzt. Insofern aber Gott weiterhin väterlich für alle Menschen sorgt und ihnen das Heil immer wieder — und zwar gemeinschaftlich — anbietet, wird eine familienhafte Ver-

---

[209] Vgl. MARTIN, *Male and female*, 246f.: «Adam» erscheint gemäß Gen 1,26 nach altorientalischem Verständnis als Abbild, Repräsentant, ja Stellvertreter und somit gewissermaßen als «Zeichen» und «Werkzeug» Gottes und seiner Herrschaft auf der Erde.

[210] Vgl. M.J. SCHEEBEN, *Die Mysterien des Christentums*, (Hg. J. HÖFER) Freiburg ²1951, 191-197; 312-322 u. 458-466; L. SCHEFFCZYK, *Zur christozentrischen (christocephalen) Interpretation der Erbsünde*, in: W. ERNST u. K. FEIEREIS (Hg.), *Denkender Glaube in Geschichte und Gegenwart (FS Universität Erfurt; EThSt 63)*, Leipzig 1992, 343-356 (dort auch Väterbelege).

[211] Vgl. *MRom* 1970, Can. Missae IV; VAT II, Const. dog. *LG* 2: *AAS* 57 (1965), 5f.

mittlungsform als *Vorausbild* der *familia Dei in Christus* erkennbar. Diese läßt sich in verschiedene Phasen der Heilsgeschichte finden, von denen im folgenden vier exemplarisch auf ihren Bezug zur Familie Gottes hin untersucht werden.

Eine erste Stufe in der Heilsgeschichte faßt das AT in die Erzählung der *Errettung Noachs und des Bundesschlusses Gottes mit ihm* (Gen 6,8-10,32). Sie betrifft nicht nur einen individuellen Gerechten, der inmitten einer verdorbenen Generation seinen Weg mit dem Herrn geht, sondern richtet sich an sein «ganzes Haus», d.h. seine «ganze Familie» (Gen 7,1), die in der von Gott geplanten und durch die Mitarbeit des Menschen aufgebauten Arche gerettet wird. Im Unterschied zu den Tieren, die je paarweise Einlaß in die Arche finden (Gen 6,19; 7,2-3.9 u. 15f.), werden mehrfach die «ganze Familie» Noachs, nämlich seine Söhne, seine Frau und die Frauen seiner Söhne genannt (Gen 6,18; 7,7.13; 8,16.18). Die Bedeutung dieser gerechten *«Familie»*, durch die die «Menschheit» und die belebte Welt Rettung finden, wird durch die Darlegung der Geschlechterfolge der Familie als Rahmen der Erzählung (Gen 6,9-11 u. 10,1-32) noch weiter unterstrichen. Was für die Errettung gilt, ist ebenso für den darauffolgenden Bundesschluß (Gen 9,1.6-17) festzuhalten, in dem sich Gott Noach zuwendet, insofern dieser als *Abbild Gottes* der neue *Stammvater* des *Menschengeschlechtes* ist, der von neuem den Auftrag zu Fruchtbarkeit und Vermehrung erhält. In diesen «Bund», der allen Nachkommen, die darin als «Brüder» erscheinen (Gen 9,5), gilt, sind die Söhne des Gerechten explizit einbezogen.

In der theologischen, aus dem weiteren Gang der Heilsgeschichte erhellten Deutung wird man allerdings — vor allem im Vergleich zum Bund mit dem auserwählten Volk und zum Neuen Bund in Christus — den *Noach-Bund* nicht überbewerten dürfen.[212] Es geht hier letztlich um ein «religiöses Heidentum», in dem der Mensch «nicht von Gott loskommt, weil Gott ihn nicht losläßt», in welchem dem Gerechten der Weg zum Heil nicht verschlossen ist, das aber auch nicht als jenes «lebendige Ich-Du-Verhältnis» des Menschen als Kind Gottes zu seinem Vater verstanden werden darf, das der Mensch in der Sünde derart verloren hat, daß er es mit eigenen Kräften nicht wieder zu finden vermag[213]:

---

[212] Das geschieht etwa bei J.J. PETUCHOWSKI, *Bekannte und unbekannte Gottesbünde*, in: FALATURI u.a. (Hg.), *Universale Vaterschaft*, 13-31; seine Interpretation, die die Besonderheit der Auserwählung des Volkes Gottes kaum mehr aufrecht erhält, läßt sich nicht mit dem übrigen Befund des AT vereinbaren.

[213] Vgl. SCHILLEBEECKX, *Christus*, 17-20.

"Aus diesem Bemühen, einer tief verborgenen, aber authentischen religiösen Intention Gestalt zu geben, entstand im Heidentum ein buntes Ganzes von religiösem Leben und Streben, das sich in seinem Suchen und Bekennen, durch alle Verschiedenheit hindurch, doch auf einige religiöse Hauptmotive zurückführen läßt. ... Gerade weil sie nicht die Hilfe der besonderen sichtbaren Gottesoffenbarung hatten, wurden sie zu einem Gemisch aus echter Religiosität, Menschlichkeit, allzu schwacher Menschlichkeit, dogmatischer Verbildung und sittlicher Verwilderung inmitten eines Kerns von Heiligkeit, der hier und dort zum Durchbruch kam, und schließlich sogar aus teuflischer Infektion."[214]

Die in Noach errettete und von neuem als *Menschheitsfamilie* begründete Menschheit trägt die Gottebenbildlichkeit weiterhin an sich und erfreut sich der Zuwendung der väterlichen Sorge Gottes. In ihr — wie auch in ihrem gemeinschaftlichen religiösen Denken und Leben — ist deshalb ein schattenhaftes Vorausbild der Familie Gottes und der durch sie zu errichtenden *universalen* und *eschatologischen Familie der Geretteten* zu erblicken:

"Denn was in diesen Mythen — als Projektionen menschlicher Erfahrungen, in denen doch die Gnade auf eine dunkle Weise wirksam war — eine verzeichnete Gestalt erhielt, bildete zugleich einen blassen Vorausschatten des Zukünftigen. ... Die religiöse heidnische Gemeinschaft, die immer wieder durch religiöse Gipfelgestalten aktiviert wurde, und durch die der religiöse heidnische Mensch in seinem Leben *getragen* wurde und an der sich sein Leben *nährte*, ist die erste providentielle Skizze der kommenden wahren Kirche Christi."[215]

Die heilsgeschichtlichen Wurzeln der «Familie Gottes» lassen sich in einem zweiten Schritt auf *Abraham*, den «Stammvater» aller Glaubenden (Röm 4,11.16), zurückführen. Eine wesentliche Neuheit gegenüber dem Noach-Bund besteht nun darin, daß Abraham nicht als der «einzige Gerechte inmitten einer verdorbenen Generation», sondern ohne vorausgehendes eigenes Verdienst in freier Erwählung durch Gott, der sich mit seinem Wort an ihn wendet (Gen 12,1-3), zum Stammvater des Volkes Gottes berufen wird. Diese Erwählung erweist sich als Anforderung an ihn, die sich im doppelten Verlassen der eigenen Heimat sowie seiner Familie konkretisiert. Mit dem *Vaterland* und der *Familie* werden höchste Werte und Sicherheiten des altorientalischen Menschen auf Gott hin relativiert. Die heilsgeschichtliche Bedeutung und Größe Abrahams liegt darin, daß er dieser fordernden Berufung in *Glauben* und *Gehorsam* Folge leistet.[216]

---

[214] Ebd. 18f.

[215] Ebd. 19.

[216] Vgl. Gen 12,4; 15,6; Röm 4,3; 4,1-22; Gal 3,6; Jak 2,21-24; dazu ZIMMERLI, *Grundriß*, 20-24.

Zugleich beeinhaltet die Erwählung aber auch Verheißungen, die dem Verlassenen korrespondieren: Land und Nachkommenschaft – aber souverän von Gott her. Denn Abraham konnte — wie mehrfach hervorgehoben wird — menschlich gesehen nicht mehr mit Nachkommenschaft rechnen.[217] Und genau in der Nachkommenschaft und damit in der «Familie» Abrahams liegt der Kern der Verheißung[218], wie durch die kontrastierende Forderung der Opferung des Isaak als des teuersten, das Abraham hatte, nochmals hervorgehoben wird. Diese «Familie» erweist sich dabei aber nicht nur als Frucht, sondern auch als Träger der Verheißung. Denn die Verheißung bleibt nicht auf eine individuelle Person beschränkt, sondern bezieht sich ausdrücklich auf Abrahams Frau Sara (Gen 17,15-19) und schließt im Bundesschluß seine «ganze Familie» mit ein, in der alle das Bundeszeichen tragen. Sie steht in personaler Beziehung zu ihrem Gott (Gen 17,7) und soll in der Fortführung der Heilszusage Gottes zum Segen für «alle Familien der Erde» (Gen 12,3) werden. So zeigt sich bereits bei Abraham eine universale Heilsbedeutung der ungeschuldeten Auserwählung *eines* Stammvaters und *einer* Familie zur besonderen Beziehung mit Gott.[219]

Die *zentrale heilshafte Erwählung im AT* richtet sich nicht mehr nur an einen Stammvater und durch ihn an seine Familie, sondern an den Stamm, das Volk selbst, das *Jahwe sich erwählt, aus Ägypten herausführt* und dadurch zu einem «Volk» konstituiert.[220] Die Erwählung erfolgt wiederum aus Liebe, aus freier Entscheidung Gottes, unverdient, ja sogar im Gegensatz zu dem, was menschlich gesehen eine solche Erwählung rechtfertigen könnte:[221]

> "Denn du bist ein Volk, das dem Herrn, deinem Gott heilig ist. Dich hat der Herr, dein Gott, auserwählt, damit du unter allen Völkern, die auf Erden leben, das Volk wirst, das ihm persönlich gehört. Nicht weil ihr zahlreicher als die anderen Völker wäret, hat euch der Herr ins Herz geschlossen und auserwählt; ihr seid das kleinste unter allen Völkern. Weil der Herr euch liebt und weil er auf den Schwur achtet, den er euren Vätern geleistet hat, deshalb hat der Herr euch mit starker Hand herausgeführt und euch aus dem Sklavenhaus freigekauft, aus der Hand des Pharao, des Königs von Ägypten. Daran sollst du erkennen: Jahwe, dein Gott, ist der Gott; er ist der treue Gott; noch nach tausend

---

[217] Vgl. Gen 11,30; 15,2f.; 17,17; 18,11-14; 21,7; Röm 4,17-21.

[218] Vgl. Gen 12,2; 13,16; 15,1-5; 17,2.4-6; 18,18; 22,17.

[219] Vgl. Gen 17,7-14.23-27; 18,18f. [hier ist ausdrücklich von «Haus» = «Familie» die Rede]; 22,18. Die hier aufgezeigten heilsgeschichtlichen Prinzipien der Souveränität Gottes in Erwählung, Verheißung und Erfüllung finden sich ähnlich auch in den anderen «Patriarchenerzählungen».

[220] Vgl. dazu und im folgenden: ZIMMERLI, *Grundriß*, 35-47; 69f. u. 123-129.

[221] Vgl. Dtn 4,38; 7,6f.; 9,4-6; 10,14-16.

Generationen achtet er auf den Bund und erweist denen seine Huld, die ihn lieben und auf seine Gebote achten" (Dt 7,6-9).

Ein Bezug zum Thema der Familie und damit die Berechtigung, hier von einer echten heilsgeschichtlichen Vorform der *Familie Gottes* zu sprechen, ergibt sich nicht nur aus der Kontinuität zu den *Stammvätern*, zumal sich Jahwe explizit als der Gott Abrahams, Isaaks und Jakobs offenbart[222]. Vor allem bei den Propheten ist nicht selten vom «Haus» bzw. von der «Familie» Israel die Rede.[223] Zwar klingt im Wort «Familie Israel» noch der Name des Stammvaters Jakob an. Im Blick auf Mose, der die auserwählte Familie leitet, wird aber deutlich, daß diese nicht mehr nur die Familie eines menschlichen Hauptes — auch nicht des Mose, der als der treue Verwalter und Diener Gottes erscheint — ist. Sie ist vielmehr die Familie Jahwes selbst, der somit als der eigentliche «*Paterfamilias*» greifbar wird.[224]

Zur «Familie Gottes» wird das erwählte Volk durch die personale und dialogisch-responsoriale Beziehung, in die es mit Jahwe treten darf und die vom AT bevorzugt in der heilsgeschichtlichen Kategorie des «*Bundes*» gefaßt wird. Dieser Bund ist nicht nur gegenseitiges Rechtsverhältnis, sondern tiefe Liebesbeziehung (vgl. Mal 1,2), die alle menschlichen Konzepte übersteigt und deren Gehalt die heiligen Schriften durch Bilder — insbesondere aus dem Themenbereich der Familie — darzustellen suchen. So wird die Erwählung etwa durch das Wort «erkennen» ausgedrückt (Am 3,2), das im Verständnis der Bibel und seiner Umwelt nicht als abstrakte Sachkenntnis, sondern als ganzmenschliches Geschehen, dessen Bedeutung bis zur liebenden ehelichen Vereinigung reichen kann[225], zu deuten ist.

Noch klarer auf Israel als «Familie Jahwes» verweisen jene Stellen, die Gott gleichsam als Vater, bisweilen auch wie eine Mutter ihrem «Kind» gegenüber, darstellen und denen die Brüderlichkeit unter den Gliedern des Volkes entspricht. Diese Ausdrucksweise, die nicht mit altorientalischen Vorstellungen von «Vater-» bzw. «Muttergottheiten» zu vergleichen ist, spiegelt die besondere Sorge Jahwes für Israel, seine barmherzige Liebe und seine Gehorsam fordernde Gerechtigkeit.[226] Zwar kann die Vaterschaft Jahwes mit dem Gedanken des

---

[222] Vgl. Ex 3,6.15f.; 4,5; 6,2-8.

[223] Vgl. z.B. Jes 2,5; 5,7; 14,1; Jer 13,11; 31,31f., Ez 20,40.

[224] Vgl. Num 12,7; Hebr 3,2.5.

[225] Vgl. u.a. Gen 4,1; 1Sam 1,19f.; Mt 1,25; Lk 1,34; in Am 3,1f. ist darüber hinaus von der «Familie Israel» und vom «Stamm» die Rede, wodurch das Familienbild noch klarer hervortritt.

[226] Vgl. zur Vaterschaft in bezug auf das Volk: Ex 4,22; Dtn 32,5f.; 14,1; Tob 13,4; Ps 68,6; 103,13; Jes 30,1.9; 63,15f.; Jer 3,4.14.19; 31,9.20; Hos 1-2; 11,1-4; Weish 18,13; auf einzelne: Sir 23,14; 51,10; Weish 2,16-18; 5,5; 14,3; Spr 3,12; und etwa 40 mal in biblischen Namen; dazu: E. JENNI, *'âb*, in: *THAT* I, 1-

Ursprunges des Volkes (als «*Schöpfung*» und nicht als «*Zeugung*») verbunden werden, doch bleibt auch dabei die freie Erwählung bestimmend, so daß Israel weniger als «gezeugter Sohn», sondern eher als «Findelkind» erscheint (Hos 11,1; Ez 16,3-6).

Am breitesten entfaltet das AT die Höhen und Tiefen des Bundesverhältnisses Jahwes zu seiner «Familie» in der Braut- und Ehesymbolik.[227] Freude, Schönheit und Kraft der Liebe Gottes, die durch die Liebe des Volkes beantwortet werden soll, kommen darin ebenso zur Geltung wie die «Eifersucht» als Ausdruck des Ausschließlichkeitsanspruches Jahwes auf Israel; die unverbrüchliche Treue des Bräutigams und sein jede Rechtsnorm sprengendes (Dt 24,1-4) immer neues Werben um die Liebe seiner Braut wie die Untreue als «Ehebruch», «Prostitution» und «Unzucht» des abtrünnigen Volkes (Ez 16; 23; Hos 2,4-17), das in Verbindungen zu fremden Göttern und Völkern sein Heil sucht; die Verlassenheit und Hilflosigkeit der Braut Israel, die sich von ihrem Herrn entfernt, sowie die ihr durch Gott gewährte Fruchtbarkeit (Jes 54,1-10; Ps 113,9). Konstant bleibt in allen diesen Darstellungen, daß die Initiative vom Bräutigam ausgeht, daß sich aber zugleich die liebende Bundesbeziehung nur dialogisch und responsorial erfüllen kann; sie enthält geschenkhafte Verheißungen, verlangt aber auch den Gehorsam gegenüber den Geboten, die allerdings selbst wiederum zum Wohl des Volkes gegeben sind.[228] Vor allem aber will Jahwe von seinem Volk, das er liebt, auch selbst geliebt werden:

> "In der vollen Eröffnung von Dtn 6,5 wird dazu gemahnt, Jahwe zu lieben «von ganzem Herzen, von ganzer Seele und mit ganzer Kraft». Wenn dabei aber das Lieben auch sofort mit dem Halten der Gebote,

---

17; F. MARTIN, *The God and Father of Our Lord Jesus Christ*, in: *Anth* 9 (1993), 189-209, bes. 197: "Thus, Israel's speaking of God as father was not a projection of the «patriarchal» pantheon of its neighbors. It was a true case of faith seeking understanding and producing something never seen before: an understanding of God as solitary, powerful, active, and generous who became a father by creating a people and acting toward them as his children: «After all, you are our Father. If Abraham will not own us, if Israel will not acknowledge us, you, Yahweh are our Father, 'Our Redeemer' is your name from of old» (Is 63:16)"; zur «Mütterlichkeit» Jahwes: Jes 45,10f.; 46,3 (dort auch: «Familie Israel»); 49,8-26; 66,7-13.

[227] Vgl. Jes 1,21; 5 (vgl. 27,2-5 u. Ps 80,9-19); Jes 54,1-10 (vgl. Ps 113,9); Jes 61,10; 62 (vgl. Ps 45); Jer 2,2.23-25; 3,1-3.20; 16; 31,3; Ez 16!; 23; Hos 1-3; 9; Hld; dazu: S. VIRGULIN; *La sposa infedele in Osea*, in: *PSV* 13, 27-39; G.-F. RAVASI, *Il rapporto uomo-donna, simbolo dell'alleanza, nei profeti*, in: *PSV* 13, 41-56; T. ELLIOTT, *Lo sposo e la sposa nel Cantico dei cantici*, in: *PSV* 13, 57-68.

[228] Exemplarische Bedeutung (vgl. Gen 34,7; 2Sam 13,12) haben diesbezüglich die häufig und detailliert gegebenen Gebote zum sexuellen und familiären Leben, was nicht auf ein größeres Interesse an jenen Themen an sich, sondern darauf zurückzuführen ist, daß hier die innere *familiäre* Ordnung des Volkes, vor allem aber symbolisch das «familienhafte» Gottesverhältnis selbst auf dem Spiel stehen.

dem Dienen und dem Gehen auf seinen Wegen verbunden ist (...), so wird darin sichtbar, daß sich menschliches Gott-Lieben nicht einfach dem göttlichen Israel-Lieben gleichsetzen darf. Das Zweitwort des Menschen ist Antwort auf das Erstwort Jahwes. Die hier gemeinte Liebe zu Jahwe ist nie einfach das freie Sich-Eindrängen in Gottes Nähe, sondern das Nahen zu Gott auf dem von ihm aufgebrochenen Weg."[229]

In *David* und in den sich um ihn rankenden alttestamentlichen Erzählungen und Verheißungen spitzt sich die Heilsgeschichte in einer Weise zu, die berechtigt, vom Neuen Testament rückblickend, hier deutlichste Hinweise und Vorausbilder auf Christus und die in ihm gründende *familia Dei* zu erkennen. Wie Mose ist David zunächst *Knecht Gottes*, der stellvertretend als Verwalter über «seine Familie» gesetzt ist.[230] Neu aber ist, daß dieser Knecht in einer solchen Beziehung zu Gott steht, so daß er sein «erstgeborener Sohn» genannt werden kann.[231] Im Unterschied zu dem im alten Orient geläufigen Titel «Göttersohn» oder der Vorstellung von einem göttlichen Ursprung des Königs bleibt die Transzendenz Jahwes im Verhältnis zu David gewahrt. Selbst wenn die Sohnesannahme im Wort «zeugen» ausgedrückt wird, bezieht sich die «Vaterschaft» nicht auf den Ursprung des Königs, sondern tritt als freie Erwählung, als «Adoption», am Tag der Inthronisation und mit der Übernahme seiner Sendung in Kraft.[232] Somit ist diese «Gottessohnschaft» nicht sosehr als Wesensaussage über den König zu verstehen, der in keiner Weise selbst Gott oder göttlich ist, sondern vielmehr als Ausdruck seiner familiären Beziehung zu Jahwe, die repräsentativen Charakter für das ganze Volk hat, für das er die Herrschaft Gottes, des eigentlichen Königs über Israel, verkörpert. Diese Beziehung aber wird gerade im Kontext der «Familie Davids» auch als *Bund* für alle Zeiten näher bestimmt.[233]

Unbeschadet des hohen Ansehens Davids, seiner Würde und seiner Taten, bleibt Gott in allem souverän und an keine menschlichen Erwartungen und Vorzüge gebunden. So ist David vor seiner Erwählung der jüngste und unbedeutendste Sohn Isais, der ihn gar nicht für «vorzeigenswert» hält. In eine ähnliche Richtung weist das Buch Rut als «Vorgeschichte» Davids, worin auch ein in den Büchern *Samuel*, der *Chronik*, der *Könige* sowie in *Psalmen* breiter entfaltetes Thema seine Wurzeln hat: das «*Haus*», die «*Familie Davids*».

---

[229] ZIMMERLI, *Grundriß*, 126; vgl. Dtn 5,10; 10,12; 11,22; Ex 20,6.

[230] Vgl. 1Chr 17,14; 1Chr 29,23; 2Sam 3,18; 5,2; Ps 89,20-26.

[231] Vgl. Ps 89,27f.; häufiger in bezug auf Nachkommen Davids: 2Sam 7,14; 1Chr 17,13; 22,10; 28,6.

[232] Vgl. Ps 2,7; 89,20-28; dazu ZIMMERLI, *Grundriß*, 77.

[233] Vgl. 2Sam 23,5; Ps 89,4.29.35; Jer 33,20-22.

Rut, die «Stammutter» des Königs, stammt als Moabiterin nicht aus dem erwählten Volk. Die Familie, in die sie eingeheiratet hat, scheint dazu verurteilt, auszusterben (Rut 1,12). Durch ihre Bereitschaft, bei ihrer Schwiegermutter Noomi zu bleiben und deren Volk und Gott als die ihren anzunehmen (Rut 1,16), sowie durch die Erfüllung des Gesetzes der Schwagerehe (Dtn 25,5-10) durch Boas, den «nächsten» männlichen Verwandten Noomis, besteht die Familie der Vorväter Davids fort. Das Gesetz der «Schwagerehe» soll der Familie eines kinderlos verstorbenen Mannes aus der Ehe seiner Frau mit seinem nächsten männlichen Verwandten in deren erstgeborenem Sohn als Namensträger (Dtn 25,6) den Bestand sichern. Es ist nach Dtn 25,9 in der Formulierung, «seinem Bruder das Haus bauen», zu fassen. Darauf wird im Buch Rut Bezug genommen, wenn Boas als «Löser» Rut zur Frau nimmt und damit der Familie weitere Nachkommen ermöglicht. Der Gedanke des «Bauens des Hauses» wird allerdings in der Folge nicht auf Boas, sondern auf Rut selbst angewendet, die parallel zu den «Stammüttern» Israels, Lea und Rahel, zu der «gesegneten Frau» wird, die die «Familie Davids begründet» (Rut 4,11-17).

Die alttestamentlichen Darstellungen zu David und seinen Nachfolgern entfalten den Gedanken vom «Bauen des Hauses» weiter, wobei offenbar bewußt die begriffliche Doppeldeutigkeit zwischen «Haus» und «Familie», aber auch die Möglichkeit der Zuordnung derselben zu Gott und zu David eingesetzt werden. «Haus» meint demnach zum einen das ganze «Israel» als die «Familie» Gottes, über die David als König in Repräsentation Jahwes gesetzt ist. «Haus Gottes» bedeutet zum anderen aber auch den Tempel, den David dem Herrn bauen will und den sein Sohn Salomon schließlich errichtet. Die «ablehnende» Antwort Gottes auf die diesbezügliche Absichtserklärung Davids (2Sam 7,1-17; 1Chr 17,1-15) lautet, daß *er* seinerseits David ein «Haus bauen» wird, das durch ihn, den Herrn, ewig bleibt. Damit verbunden gibt Gott die Zusage, dem Sohn Davids «Vater» zu sein und sagt voraus, daß dieser seinem Namen ein Haus bauen werde.

Die Verheißung, David ein Haus zu bauen, besagt zunächst, daß Jahwe der Dynastie Bestand verleihen werde, was sich in der Regentschaft der Davididen wenigstens über Juda durch einige Jahrhunderte hindurch erfüllt. Aus der Häufigkeit ihres Vorkommens in der Bibel in bezug auf David und seine Nachfolger[234] sowie aus ihrer im souveränen Eingreifen Gottes begründeten Ausrichtung auf die «Ewigkeit» wird verständlich, daß sie auch nach dem Fall des davidischen Königtums im gläubigen Denken weitergetragen wurde:

---

[234] Vgl. u.a. 1Sam 25,28; 2Sam 23,5; 1Kön 2,24; 5,17-19; 6,12f.; 11,38.

"Die Zusage an das Davidhaus wird so zum Mutterboden der messianischen Erwartung. ... Dieses Ausschauen nach dem kommenden Davididen, der Recht und Gerechtigkeit, aber auch den Frieden bringen wird, spricht sich in den «messianischen» Worten des Protojesaja besonders deutlich aus. ... Das im NT zu vernehmende Geschrei zum «Sohne Davids» verrät, daß diese Erwartung ... auch um die Zeitenwende in dem «Israel» jener Tage lebendig war. Sie schaut nach dem königlichen Davididen aus, in dem Rettung und verwirklichte Gerechtigkeit auf dem Throne der Gottesherrschaft auf Erden volle Gestalt gewinnen und das Königtum auf Erden nicht mehr gegen das Königtum Gottes stehen wird."[235]

Die messianische Sicht jener Verheißung, daß der Herr selbst der Familie Davids Bestand verleihen werde, erlaubt es, in Gott nun den «go'el», den *(Er-)Löser* zu erblicken[236], der souverän eingreift, um der Familie, die — wie im Buch Rut — menschlich gesehen bereits ausgestorben ist, neues Leben zu schenken. In der Erwartung dieses Geschehens, nämlich des Heils, laufen die verschiedenen Verheißungslinien des AT wie in einer Spitze zusammen: der versprochene *Neue Bund* mit dem «Haus» Israel und Juda in der Vergebung der Sünden (Jer 31,31-34); das kommende «Wohnen» Gottes inmitten seiner «Familie»; die Lieder vom Gottesknecht, der stellvertretend die Schuld der Vielen trägt und sie dadurch zu Gerechten macht (bes. Jes 52,13,-53,12); die daran anschließende Erweiterung der Zusage an David und des Bundes mit ihm auf das ganze Volk (Jes 55,1-5); das in diesem Volk zu findende Heil für alle Völker. Schattenhaft beginnt sich hier dieses Heil bereits abzuzeichnen; es erweist sich, daß David nur Stellvertreter und Platzhalter war und daß es in «seinem Haus», in «seiner Familie», letztlich um die «Familie Jahwes» selbst geht, der er durch sein souveränes Eingreifen als der Erlöser einen neuen Sproß schenken und ihr darin Leben und ewigen Bestand verleihen wird. Hier gelangt das AT an Geheimnisse, an Grenzen, die es auf *seinem* Offenbarungs- und Glaubensstand nicht deutend zu überschreiten, sondern nur noch als Hinweise auf ein kommendes Heilswirken des Herrn in gläubiger Hoffnung zu erwarten vermag.

4.4.2. Die Neuheit der *Familie Gottes* in Christus

Die Untersuchung von vier exemplarischen Phasen der alttestamentlichen Heilsgeschichte hat eine darin vorhandene, nicht unbedeu-

---

[235] ZIMMERLI, *Grundriß*, 78f.

[236] So etwa bei Jes 62-64, wo wiederum die Themen der Vaterschaft Gottes und des Volkes als seiner Söhne und seiner «Familie» entfaltet werden; dazu MARTIN, *God and Father*, 196.

tende Kontinuität zum Vorschein gebracht. Diese gründet in der Treue Gottes und in seinem universalen Heilswillen – auch nach der Ablehnung der Gemeinschaft mit ihm durch die Sünde des Menschen. Sie verwirklicht sich etwa im «Bund», in Gottes freier und ungeschuldeter Erwählung bestimmter Menschen zu einer personalen und dialogisch-responsorialen Beziehung zu ihm, die in Liebe und Gegenliebe, in der Entsprechung von Verheißung und Gebot, von Lobpreis Gottes und Gehorsam konkret wird. Die Gottesbeziehung bleibt allerdings nicht auf einzelne Individuen beschränkt, sondern verbindet diese selbst zu einer Gemeinschaft, die — entsprechend mehrfachen Andeutungen im AT — eine Tendenz in sich trägt, alle Menschen in irgendeiner Weise an dieser göttlich-menschlichen Gemeinschaft Anteil nehmen zu lassen. Ihre Gestalt gleicht am ehesten einer «Familie», wie sie im AT bisweilen auch explizit genannt oder durch Bilder aus diesem Themenbereich in Erinnerung gerufen wird. In Anbetracht der familiären Beziehung zum väterlich fürsorgenden Gott scheint es nicht unangebracht, in ihr gewissermaßen eine «Familie Gottes» zu erblicken. Eine besondere Auserwählung kommt einigen zu, die in dieser Familie Recht und Gerechtigkeit Gottes verkünden und die Herrschaft Gottes verkörpern.

An der alttestamentlichen Heilsgeschichte läßt sich neben der Kontinuität in der Form der «Familie Gottes» aber auch eine Entwicklung erkennen, die die Konturen dessen, was mit dieser «Familie Gottes» gemeint sein kann, immer deutlicher hervortreten lassen. Vor diesem Hintergrund muß nun die Frage nach der Eigentümlichkeit und Neuheit der *familia Dei in Christus* gestellt werden, die auf die «traditionelle» Frage der «Kirchengründung» hinausläuft.

Unter den stark divergierenden Positionen, die von einem wie urkundlich festhaltbaren gleichsam jurisdiktionellen Gründungsakt des irdischen Jesus bis hin zur Leugnung jeder historisch erkennbaren Verbindung der Kirche zu ihm reichen, werden in der neueren Ekklesiologie Extrempositionen weitgehend vermieden. Manche vermittelnde Lösungen orten den Grund der Aporie zwischen dem, was der Glaube der Kirche nicht aufgeben kann[237], und dem, was die historisch-kritische Exegese an anscheinend entgegengesetzten Einsichten in das NT vermittelt, in einer nicht angemessenen Fragestellung:

> "Die kritische Theologie hat schon seit langem mit Nachdruck die Frage gestellt, ob der historische Jesus wirklich eine Kirche gegründet habe. Es zeigt sich freilich immer mehr, daß es sich hierbei um eine

---

[237]Zur katholischen Glaubenslehre über die Kirchengründung vgl. u.a. die apologetisch getönte Aussage des bis 1967 gültigen *Antimodernisteneides* (*D* 3540) sowie die vorsichtigeren Formulierungen des VAT II, Const. dog. *LG* 2 u. 5: *AAS* 57 (1965), 6-8.

falsch gestellte Frage handelt. Um es überspitzt zu sagen: Jesus konnte gar keine Kirche gründen, da es sie längst gab – nämlich das Gottesvolk Israel."[238]

Abgesehen von dem etwas provokativen Ton dieser Aussage von G. Lohfink kann man ihr insoweit zustimmen, als Jesus sich dem «Haus» Israel zuwendet, um es zu sammeln und zur Gemeinschaft mit seinem Gott zurückzuführen. Dabei ist es allerdings unumgänglich, gerade die hierin festgestellte heilsgeschichtliche Kontinuität noch näher ins Auge zu fassen, damit nicht etwa der Eindruck aufkommt, die «Familie Gottes» sei schlechthin dasselbe wie ihre Vorformen – wenn auch in einer veränderten Situation und in universaler Ausweitung. Es ist festzustellen, wo und wie diese heilsgeschichtliche Form aus dem AT im NT weitergeführt wird, bzw. was vom Alten im Neuen bewahrend, aber auch erneuernd und verändernd «aufgehoben» ist.

Auf die Kontinuität und Neuheit des Heils in Christus im Vergleich zur *Rettung der Familie des Noach in der Arche* wird im Hebräerbrief (11,7) verwiesen. Wie andere alttestamentliche Gestalten als Zeuge des heilsnotwendigen Glaubens (11,6) angeführt, bietet Noach ein Beispiel des Gehorsams gegenüber Gott. Doch dieses wird sogleich in der Gegenüberstellung zu Jesus, den «Urheber und Vollender des Glaubens» (12,2), als fernes Vorausblicken auf die noch nicht erlangte Verheißung und das ersehnte «*Vaterland*» bei Gott gekennzeichnet, das durch die Realität der Gotteskindschaft — selbst unter der als «Züchtigung» durch den Vater gedeuteten Bedrängnis (12,5-11) — überragt wird. Vor diesem Hintergrund der Errettung als «Familie» kann das Noach-Thema auch auf die Taufe (1Petr 3,20) oder die geforderte Wachsamkeit angesichts des Kommens des Reiches Gottes und seines Gerichtes (Mt 24,29-44[239]; Lk 17,26f.; 2Petr 2,5) angewendet werden.

An der Gestalt *Abrahams* leuchtete bereits im AT die freie Erwählung durch Gott als eine «Berufung», welche die natürliche *Familie* und das *Vaterland* relativiert und zum Gehorsam des Glaubens ruft, auf. Darin liegt aber auch schon die Verheißung des rein von Gott bewirkten und somit ungeschuldeten Aufbaues einer «Familie», die zur Heilsgemeinschaft erhoben wird, indem Gott mit Abraham und seiner Familie in eine Bundesbeziehung tritt, die gemäß der Verheißung ewig bestehen soll. Genau in dieser Verheißung an «Abraham und seine Nachkommen auf ewig» (Lk 1,55) steht nach neutestamentlichem Befund das Heil in Christus. Es ist nicht nur durch den «Gott der Väter»,

---

[238] Vgl. G. LOHFINK, *Gemeinde*, 9; F. SCHÜSSLER-FIORENZA s.o. 3.3.2.

[239] Insofern dieser Stelle das Wort über den treuen und wachsamen Verwalter, den der Herr über sein (personal zu verstehendes!) «Hauswesen» gesetzt hat, folgt (Mt 24,45), kann ein weiterer Bezug zum *familia-Dei-Thema* geortet werden.

den Gott «Abrahams, Isaaks und Jakobs»[240] gewährt. Vielmehr kommt Christus selbst als Nachkomme Abrahams (Mt 1,1f.17; Lk 3,34), und in ihm erfüllt sich — wie die beiden großen *Cantica* des Lukas-evangeliums (Lk 1,46-55.67-79) hymnisch zum Ausdruck bringen — die Verheißung an den Stammvater als das *erbarmende Eingreifen Gottes, des Retters der «Familie»*: in der Vergebung der Sünden; als aufstrahlendes Licht zur Erleuchtung derer, die in Finsternis und Todesschatten sind; in der Umwertung dessen, was menschlich schwach und unbedeutend ist, zur Herrlichkeit Gottes.

Daraus aber wird offenbar, daß Jesus Christus nicht nur Nach-komme Abrahams und Erfüllung der an ihn ergangenen Verheißung ist, sondern daß er den Stammvater übertrifft, dem er im NT gelegent-lich explizit gegenübergestellt wird; und zwar bis hin zu der für jüdisches Empfinden frevelhaften Aussage im Munde Jesu: «*Noch ehe Abraham wurde, bin ich*» (Joh 8,58). Dadurch stellt sich der Sohn auf-grund seiner Herkunft vom Vater und der unvergleichlichen Beziehung zu ihm *vor* den *menschlichen Ursprung* und Stammvater des Heils, der nun ihm, dem *wahren Ursprung* und einzigen Heilbringer, gegenüber wie ein vorausverkündigender Prophet erscheint (Joh 8,56). In ähnliche Richtung weist der Hebräerbrief (7,1-10). Er interpretiert die Abgabe des Zehnten durch Abraham an Melchisedek als vorausbedeutete Aner-kennung der höheren priesterlichen Vollmacht Christi gegenüber dem in Abraham gründenden levitischen Priestertum.

Noch ausführlicher erörtert das NT die Frage nach der wahren «Familie» und Nachkommenschaft Abrahams als die Verheißung emp-fangende und tragende Heilsgemeinschaft. Zwar läßt sich diesbezüglich an manchen Stellen noch ein Vorzug des auserwählten Volkes erkennen (vgl. Apg 3,25f.). Doch bereits die Predigt des Täufers stellt klar, daß — wo der Wille zur Umkehr fehlt — die natürliche Abstammung ihre Heilsbedeutung verliert und durch das souveräne Tun Gottes ent-kräftet wird (Mt 3,9; Lk 3,8). Dasselbe sagt das harte Wort der Mahnung Jesu an Israel, daß die familiäre Mahlgemeinschaft, d.h. die Heilsgemeinde der «Familie» Abrahams, aus bekehrungswilligen Men-schen aller Völker gebildet werden kann, daß aber jene, die aufgrund ihrer Abstammung dazugehörten, durch Mangel an Glauben Gefahr laufen, diese Gemeinschaft zu verlieren (Mt 8,10-12; vgl. Lk 13,29-30). Denn die «wahren Söhne Abrahams» sind gemäß dem Evangelium Jesu jene, die zur *Umkehr* bereit sind, die Gott *gehorchen* und wie ihr Stammvater *glauben*. Darin zeigt sich nicht nur Kontinuität in der Heilszusage Gottes, sondern auch etwas unerhört Neues.[241] Die Sünde

---

[240] Vgl. Mt 22,32; Mk 12,26; Lk 20,37; Apg 3,13.
[241] Vgl. Lk 19,9; Joh 8,30-47.

als *die* Versklavung des Menschen erweist sich nun als der radikale Widerspruch zur *wahren Sohnschaft* und der Glaube wird zur Scheidung. Die nicht glauben, werden als *falsche Abrahamskinder*, als *Söhne des Satan* entlarvt, während jene, die auf das Wort Gottes hören und es im Glauben annehmen, nicht mehr nur als Kinder Abrahams, sondern als *Söhne Gottes* offenbar werden. Im *Glauben an Christus* vollzieht sich somit der *Übergang von der «Familie Abrahams» zur Heilsgemeinschaft der «Familie Gottes»*.

Dieser Gedanke wird vor allem bei Paulus breiter entfaltet.[242] Nicht Abstammung, Gesetz und Beschneidung, sondern Glauben und Gehorsam sind die Kriterien, um Abrahams Kinder und Erben der Verheißung zu sein, wie auch Abraham selbst die Gerechtigkeit noch als Unbeschnittenem zuteil wurde. Bereits in Abraham richtete sich der Segen aber im letzten auf alle Völker. In Christus, dem *einen* und *eigentlichen* Nachfahren Abrahams aufgrund der Verheißung, ereignet sich das Heil aus Gnade. In ihm werden alle, die glauben, unabhängig von Stand und Herkunft eins (Gal 3,26-29), zu wahren Söhnen des Vaters und also zur «Familie Gottes».

Durch die Gegenüberstellung von *Mose* und *Christus* arbeitet das NT nicht nur Parallelen und Unterschiede der beiden in der Heilsgeschichte heraus, sondern erhellt auch die Kontinuität und Verschiedenheit zwischen dem alttestamentlichen Gottesvolk und der «Familie Gottes» im Neuen Bund. So stehen Mose und Christus auf einer Linie, insofern ersterer den letzteren vorausverkündigt und der Unglaube gegenüber dem einen sich auch als Unglaube gegenüber dem anderen erweist (Joh 5,45-47; vgl. 7,19-24). Beide sind weiters — in Treue zu Gott — über die «Familie» Gottes gesetzt (Hebr. 3,1-6). Doch Mose bleibt *«Diener* zum Zeugnis der künftigen Offenbarung», während Christus als *Sohn* der in ihm bereits Wirklichkeit gewordenen *«Familie Gottes»* vorsteht, die die «Berufenen» als *Kinder Gottes* und untereinander als *Brüder* bilden.[243] Darin tritt der Unterschied zwischen dem mosaischen Gesetz und der «Gnade und Wahrheit», zwischen den Jüngern des Mose und den Jüngern Christi in der «Macht, Kinder Gottes zu werden», zwischen dem verhüllten Vorausbild und der Offenbarung der Herrlichkeit Gottes in Christus deutlich zutage.[244]

---

[242] Vgl. Röm 4; Gal 3; 4; 6,9-13 (ähnlich auch Hebr 11,8.17; Jak 2,21.23, der den Glaubensgehorsam Abrahams als «Werk» der Gerechtigkeit hervorhebt); dazu die unter 3.3.1. behandelte Darstellung von D. V. ALLMEN.

[243] Dieser Unterschied ist kein anderer als der zwischen dem alten und dem neuen Bund (Hebr 8,1-13; 10,28f.), der sich in der «Familie» von Brüdern und der *«ecclesia* der Erstgeborenen, die im Himmel verzeichnet sind» (Hebr 12,18-24), kraft der Mittlerschaft Christi vollzieht.

[244] Vgl. Joh 1,12f.17f.; 6,30-35; 9,24-34; Apg 13,38; 15,1-28; Röm 5,14f.; 10,5-13; 2Kor 3,4-18; Hebr 10,28f.

Die Beziehung zwischen dem *alten* und dem *neuen Bund* ließe sich als Verhältnis zwischen der alttestamentlichen und der neutestamentlichen «Familie Gottes» exemplarisch auch anhand eines Vergleiches der Braut- und Hochzeitsthematik im AT und NT herausarbeiten; wenn etwa im Johannesevangelium der Täufer «Freund des Bräutigams» genannt wird (Joh 3,29) und damit offenbar in einer Weise auf das Verhältnis Jahwes zu seinem Volk angespielt wird, die impliziert, daß hier Gott selbst — gegenwärtig in seinem Sohn — zum Heil erschienen ist; wenn in Gleichnissen Jesu immer wieder das Thema der Hochzeit vorkommt; wenn «Paulus» das Verhältnis zwischen Christus und der Kirche und seine Hingabe für sie am Kreuz mit dem Geheimnis der ehelichen Einheit zwischen Mann und Frau verbindet.[245]

Der Titel «*Sohn Davids*», der sich auf den ewigen Bund Gottes mit dem König von Israel sowie auf die Zusage an ihn, ihm das «Haus zu bauen» und ihm auf ewig Bestand zu verleihen, bezieht und die Messiaserwartung des auserwählten Volkes ausdrückt, wird an einigen Stellen des NT auf Jesus angewendet; insbesondere dort, wo er sich — beispielsweise durch sein heilendes Tun — als Messias ausweist.[246] Andere Stellen bringen die Davidsohnschaft und damit die Messianität mit der Auferstehung in Beziehung und zeigen dadurch den Vorrang Jesu gegenüber dem «entschlafenen» David an.[247]

Wenn das Matthäusevangelium vor allem anderen (Mt 1,1) Jesus Christus «Sohn Davids» nennt und diesen Sachverhalt im folgenden noch breiter ausführt, dann darf hierin wohl noch ein tieferer, über den bloßen christologischen Hoheitstitel hinausgehender theologischer Sinn vermutet und im Blick auf die erörterte Frage der Kontinuität und Neuheit der Familie Gottes in der Heilsgeschichte weiterer Aufschluß erhofft werden. Daß Matthäus besonders daran gelegen ist, Jesus als Sohn Davids auszuweisen, steht außer Zweifel. Man könnte aber nun einwenden, daß der offenbar zur Begründung beigegebene, auf David ausgerichtete Stammbaum Jesu (Mt 1,1-17) gerade an der entscheidenden Stelle, nämlich bei Josef, die Reihe der «*Väter*» abbricht; und der Evangelist läßt keinen Zweifel darüber aufkommen, daß Josef nicht der eigentliche Vater Jesu ist (1,18). Zusätzlich zur Feststellung, daß das Kind «durch das Wirken des Heiligen Geistes» empfangen wurde,

---

[245] Vgl. Eph 5,22-32; dieser reichhaltigen Thematik kann hier nicht weiter nachgegangen werden; es sei aber auf die bisher nur wenig beachteten Erörterungen von E. PRZYWARA verwiesen: *Alter und neuer Bund. Theologie der Stunde*, Wien 1956; wie bes. zur johanneischen Theologie: DERS,. *Christentum gemäß Johannes*, Nürnberg 1954.

[246] Vgl. Mt 9,27; 12,23; 15,22; 20,30f.; 21,9.15; Mk 10,47f.; 11,10; Lk 18,38; Apg 13,22f.

[247] Vgl. Apg 2,25-36; 13,32-42 (zit. Ps 2,7); 2Tim 2,8; Röm 1,3f.

begründet er «prophetisch» mit einem Zitat aus Jes 7,14, daß «die Jungfrau ein Kind empfangen und ihm den Namen *Immanuel – Gott mit uns* geben wird».[248]

Die naheliegende Deutung, den davidischen Stammbaum durch *Adoption* auf Jesus weiterzuführen, ist sicherlich nicht unzutreffend, vermag aber offenbar nicht die ganze theologische Tiefe des vorliegenden Geschehens auszuloten. Im Hintergrund steht nämlich die Verheißung Gottes an David, ihm «ein Haus zu bauen», was der *terminus technicus* für die Erfüllung der «Schwagerehe» (Dt 25,9) durch das Eingreifen des *«go'el»* ist, der dem «unfruchtbaren Sproß» der Familie im erstgeborenen Sohn von dessen Frau Nachkommen und damit seinem Namen Bestand verschafft. Wenn deshalb der Stammbaum bei Mt 1,16 im «unfruchtbaren» Josef die Reihe der «Väter» und damit den Bestand der Familie Davids abbricht, dann ist die Erfüllung der Verheißung des Propheten Natan an David darin zu erkennen, daß Gott selbst durch das Wirken des Heiligen Geistes der Familie Davids in Jesus Bestand verleiht, der als der erstgeborene Sohn den Namen Davids weiterträgt und dennoch eigentlich «Sohn des Höchsten» und *«Immanuel* – Gott mit uns» ist.[249] Dadurch erweist sich aber Gott als der *«go'el»*, der «sein Volk besucht und ihm Erlösung geschaffen», einen «starken Retter in der Familie seines Knechtes [oder «Kindes»] David erweckt» und damit seinen Bund und seine Verheißung an die Väter erfüllt hat.[250]

Stellt man in Rechnung, daß die «Familie» Davids und ihr Thron stellvertretend die Vollmacht Gottes in *seiner* «Familie», nämlich dem auserwählten Volk, verkörpern, dann wird weiter deutlich, daß auf

---

[248] Vgl. Mt 1,22f.; daß Jesus nicht in rein natürlicher Weise als Sohn Davids zur Welt kommt, kann auch noch aus anderen Stellen des NT entnommen werden; vgl. Mt 22,41-46; Mk 12,35-37; Lk 1,31-35; 20,41-44; Joh 7,40-43.

[249] Vgl. Mt 1,18.20.23; Lk 1,32.35.43.

[250] Vgl. Lk 1,68-73. Als *«go'el»* erscheint Gott etwa in der Verheißung des Jes 62-64. Berücksichtigt man die deutlichen Übereinstimmungen der Segenswünsche über Rut (4,11f.) und des Lobpreises Gottes nach der Geburt des Obed (4,14) mit dem ersten Kapitel des Lk, dann legt sich auch eine Parallele zwischen Rut als der Stammutter Davids und Maria, der Mutter des Immanuel nahe. Es wäre dann auch der — obgleich kühne — Gedanke nicht mehr leicht von der Hand zu weisen, daß Maria, die durch das Wirken des *erlösenden* Gottes Jesus zur Welt gebracht hat, wie Rut im Rückbezug auf Rahel und Lea, jene «Frau» zu nennen ist, die David — aber nicht nur ihm, sondern in letzter Konsequenz Gott selbst — in Jesus, dem «erstgeborenen unter vielen Brüdern», das «Haus», m.a.W. die «Familie Gottes», aufgebaut hat. Wenn diese Deutung zutrifft, dann wäre damit auch eine nicht unbedeutende biblische Verankerung des Titels «Maria, Mutter der Kirche» als «Mutter seiner Familie», der *Familie Gottes* gewonnen. Daraus aber könnte gefolgert werden, daß im Sinne des *«marianischen Prinzips»* die Kirche als die *Familie Gottes*, insbesondere durch das *marianisch-frauliche* und *mütterliche Charisma*, m.a.W. durch gläubige Frauen, auferbaut wird.

diese Weise im Kommen Jesu Christi Gesetz und Verheißung erfüllt sind, daß ein — in den Augen eben dieses Gesetzes — «wahrer Sohn Davids» und doch eigentlich der *Sohn des Höchsten* erschienen ist. In ihm aber tritt nun Gott selbst als «Gott mit uns» in die auserwählte und im (alten) Bund zur Heilsgemeinschaft erhobene Familie Jakobs ein und macht sie so zu *seiner* Familie, zur «wahren Familie Gottes». Diese aber übersteigt im Sinne der Gottesknechtslieder selbst noch einmal die davidische Verheißung, indem sie nicht mehr allein auf das Haus Jakob und die Verschonten Israels ausgerichtet bleibt, sondern in Christus von Gott «zum Licht für die Völker», zum «Heil bis an die Enden der Erde» (Jes 49,6) gemacht ist.

Als Ergebnis des Überblicks über exemplarische Parallelen zwischen AT und NT im Thema der Familie Gottes kann festgehalten werden: Die Kirche als *familia Dei* kann, ja muß in Kontinuität zu ihren im AT erkennbaren Vorausbildern und Vorformen gesehen werden. Die Konstanz liegt dabei in der Treue Gottes zu seinem Heilsplan; in seinem personalen Verhältnis zu den von ihm Erwählten; in der notwendig gemeinschaftlichen und Gemeinschaft bildenden Form des Heils; in der Souveränität Gottes bezüglich Erwählung, Verheißung und Erfüllung; in der heilsgeschichtlichen Gestalt des *«Bundes»*, der nicht Selbstzweck bleibt, sondern dazu tendiert, sich in Richtung auf andere Völker hin zu übersteigen und so — wenn auch in der Weise der Stellvertretung — zum universalen Zeichen und Werkzeug des Heils zu werden.

Es zeigt sich aber, daß gerade dort, wo sich das NT das *familia-Dei-Thema* zu eigen macht und Konstanten zum AT sichtbar werden, nicht weniger die Neuheit der Familie Gottes in Christus zutage tritt. In Christus ist Gott als Mensch in die Geschichte des Menschen eingetreten, um selbst die Stelle des Mittlers und Repräsentanten einzunehmen. Er ist endgültig *Immanuel*, «Gott mit uns», und zugleich unverlierbar Mensch im Angesicht Gottes und in Einheit mit ihm. So wird die von Gott erwählte «Familie», die immer wieder durch die Sünde ihrem Herrn die Treue gebrochen und dadurch ihren eigenen Heilsauftrag verraten hat, in Christus unfehlbar, endgültig und unüberholbar zur *«Familie Gottes»*, zur Anwesenheit Gottes und seines universalen Heils in der Welt, die jedes menschliche Hoffen und alle alttestamentliche Verheißung in unerwarteter und qualitativ neuer Weise übertrifft.

Die hier aufscheinende Neuheit der Kirche tritt gerade in den tiefer reflektierten biblischen Darstellungen der *Heilsgeheimnisse Christi*, worin eine *theologische Begründung* der *familia Dei* greifbar wird, noch deutlicher hervor. Das gilt zunächst für das von Johannes bedachte *Mysterium der Inkarnation des Wortes*. Dieses bedeutet nach

Joh 1,9-14 das Kommen Gottes als Licht in die Finsternis der Welt, als
Kommen in «*das Seine*», worin er allerdings gerade die Ablehnung
durch «*die Seinen*», d.h. durch die ihm «von Haus aus Verwandten»[251],
erfährt. Der Ablehnung durch die ursprüngliche «Familie» wird die
«neue Familie» derer gegenübergestellt, die ihn aufnahmen, denen er
«Macht gab, *Kinder Gottes* zu werden» und «die nicht aus dem Blut
noch aus dem Willen des Fleisches, noch aus dem Willen des Mannes,
sondern *aus Gott geboren* sind». Das aber sind jene, unter denen das
Wort und in ihm Gott selbst «wohnt» und unter denen die Herrlichkeit
Gottes, die «Herrlichkeit des eingeborenen Sohnes vom Vater, voll
Gnade und Wahrheit», offenbar wird. Die hier greifbare «Familie
Gottes» ist nach Johannes «Familie aus Hochzeit», wie es die Dar-
stellung der Hochzeit zu Kana als «αρχη» der Sichtbarwerdung Gottes
im Menschlichen als Deutung erlaubt:

> "So ist vollends deutlich, warum das Wunder bei der Hochzeit von
> Kana der schlechthinnige Ursprung ... aller Versichtbarung des Logos
> Jesus Christus ist. Denn so gesehen faßt sich im Hochzeitswunder von
> Kana in Galiläa das gesamte Hochzeitswunder des Reiches Gottes zu-
> sammen: *Hochzeit* als innerste Form der einen Einheit von Gottheit und
> Menschheit in Christo (gemäß Augustinus); – Hochzeit als Grund-
> geheimnis zwischen Christus als dem zweiten Adam und Maria als der
> zweiten Eva ...; – Hochzeit als Grundform des Neuen Bundes von
> Johannes dem Täufer her (Joh 3,29), bis zum Endsinn desselben Bundes
> (Offb 19,7-9ff.); – Hochzeit als Geheimnis zwischen Gott und Welt in
> Christo im Geheimnis der letzten hochzeitlichen Wandlung, nämlich der
> eucharistischen; – Hochzeit darum abschließend als Grundform der
> Einheit von Welt und Gott in Christo überhaupt, – anfangshaft im
> Zeichen der Hochzeit von Kana, vollendet im Wesen aller menschlichen
> Hochzeit als Mysterium zwischen Christus und der Kirche (Eph 5,29-
> 32). ... Hochzeit als Austausch und Wandlung zwischen diesem Oben
> des Himmels und dem Unten der Erde (Joh 3,12 – 14,31) ist die Eine
> αρχη der Versichtbarung Jesu und die eine Erscheinung seiner Glorie
> und die eine Grundlegung des Glaubens seiner Jünger an Ihn."[252]

Im Sinne des Johannesevangeliums steht die «Familie Gottes»
aber auch in enger Beziehung zum *Erlösungsgeheimnis*. Es ist vorausbedeutet im Guten Hirten, der sein Leben für die «*Seinen*», für seine
«Familie», hingibt (Joh 10,11-18), weil er «die Seinen, die in der Welt
waren, liebte» und ihnen «seine Liebe bis zur Vollendung» erwies

---

[251] Auf den Bezug zwischen den «Seinen» bei Joh und den Stellen zur «neuen
Familie Jesu» bei den Synoptikern (Mk 3,31-35 u.a.) hat J. DUPONT (*Jésus et la
famille*; s.o. 3.3.2.) verwiesen; vgl. dazu Joh 1,11; 4,44 u. 16,32 (Ablehnung und
Verlassenheit Jesu durch die «eigene Familie»); 8,44 u. 15,19 (der Gegensatz zur Welt
und den «Ihrigen»); 5,18; 7,18 (die selbstlose Beziehung Jesu zum Vater); 10,3f.12;
13,1 (die Liebe und Hingabe Jesu für die «Seinen»). Zur Verankerung der «Neuen
Familie» bei Joh vgl. auch G. LOHFINK u. R. PESCH, *Neue Familie*, 230f.
[252] PRZYWARA, *Johannes*, 69 u. 71; vgl. ebd. 66-71.

(Joh 13,1), die sich im Erhöhungsgeschehen am Kreuz (Joh 19,30) vollzieht. Und genau dieses Geschehen erkennt der Hohepriester in prophetischer Voraussicht als Tod des *einen* für das Volk – und der Evangelist fügt hinzu: *«Er sollte nicht nur für das Volk sterben, sondern auch, um die versprengten Kinder Gottes wieder zu sammeln»* (Joh 11,49-52). Wenn derart die Erhöhung Jesu gleichsam als vorausgesagter Ursprung der *familia Dei* greifbar wird, so stimmt damit überein, daß Jesus nach Joh 19,25-27 vom Kreuz herab seine Mutter dem geliebten Jünger anvertraut, der sie «in das Seine nimmt», was so verstanden werden kann, daß Jesus hier eine neue «geistliche Familie» errichtet, die in Maria und Johannes symbolisch für die Kirche steht[253] und die Ähnlichkeit zu der bei den Synoptikern dargestellten Relativierung der natürlichen Familie Jesu zugunsten der «neuen Familie» derer, die an ihn glauben, aufweist. Und auch hierzu gilt, daß sich die Familie Gottes als Frucht des Erlösertodes Christi im Symbol der Hochzeit konstituiert:

"Unter dem Kreuze des Herrn wird der Jünger, «den Jesus lieb hatte», der Mutter des Herrn als «Dein Sohn» gegeben und umgekehrt die Mutter dem Jünger als «Deine Mutter», hinein «ins Eigen» ... Erst aus dieser Einverbindung entspringt für den Herrn die Vollendung ... (19,28-30). Erst auf dieses Einverbundensein hin geschieht das Geheimnis der Durchbohrung der Seite des Herrn als Entsprung des Neuen Bundes und der Neuen Kirche aus dem Herzen des Zweiten Adam (19,31-34). *Maria und Johannes* sind eins als personhaftes Symbol und innerstes Herz der Hochzeit von Bund und Reich: Maria als die zweite Eva, Johannes als Symbol der am Herzen des Herrn ruhenden Braut (13,23-35) und als Jünger, der die Liebe, die Gott in Christo ist, sinnbildet (da er nicht nur ist der «Jünger, den Jesus lieb hatte», sondern der Jünger, durch den Sich Gott in Christo kund tut mit Seinem Eigennamen als der Liebe, 1Joh 4,7-17). Maria und Johannes sind damit die innere Mitte des Einen Bundes und Reiches: als *innere Mitte der hochzeitlichen Liebe*. Darum werden sie gewiß zueinander gegeben in demselben Verhältnis, wie der zweite Adam zur zweiten Eva steht, d.h. als Mutter und Sohn; ja deutlicher: die Eine zweite Eva als mütterliche Braut des Einen Bundes und Reiches wird dem Jünger der Liebe zu eigen gegeben. – Aber das Zeichen dieses Eins ist das Zeichen des Einen königlichen Bräutigams des Einen Bundes und Reiches: das Kreuz der Entäußerung und Vergeblichung und Nichtigung (Phil 2,7f.)."[254]

In vergleichbarer theologischer Tiefgründigkeit reflektiert auch das zweite Kapitel des Epheserbriefes das Geheimnis der Erlösung,

---

[253] Joh 19,30.33-37 deuten im Sinne einer Väterexegese darauf hin, daß die Kirche aus dem geöffneten Herzen Jesu den Heiligen Geist und die Sakramente empfängt.

[254] PRZYWARA, *Johannes*, 295f.; vgl. ebd. 295-303.

und zwar ganz explizit mit Blick auf die Kirche. Jene, die früher als
«Söhne des Ungehorsams», als «Kinder des Zornes von Natur aus»
durch die Sünde versklavt, ja tot waren, werden von Gott aus Liebe
und Gnade in Christus auferweckt. Durch das Blut Christi haben nun
alle Menschen — gleich welcher Herkunft — Zugang zum Vater.
Durch das Kreuz werden sie versöhnt und zu der auf dem Fundament
der Apostel errichteten «Familie Gottes» vereint; als eine «Familie»,
die — wie das fünfte Kapitel geheimnishaft kündet — in der bräutlich-
hochzeitlichen Liebe und Hingabe Christi an die Kirche ihren Ursprung hat.

Mit der theologischen Begründung der Familie Gottes und ihrer
«Neuheit» in den Christusmysterien der Inkarnation und der Erlösung
wird man sich allerdings nicht begnügen dürfen. Nur allzuleicht könnten diese und mit ihnen der Ursprung der Kirche in eine existentielle
und «metahistorische» Ebene abgedrängt werden, die den Bezug zum
historischen Jesus von Nazaret genauso verliert wie die heilsgeschichtliche Dimension der Familie Gottes überhaupt. Deshalb muß in einem
nächsten Schritt noch angedeutet werden, wie die Familie Gottes und
ihre Neuheit gegenüber den alttestamentlichen Vorformen im Wort und
Werk des geschichtlichen Jesus von Nazaret verankert werden kann.

Fragt man, ob der historische Jesus überhaupt eine «Familie
Gottes» gründen *wollte*, wird man als Antwort nicht auf *einen* einzelnen, gleichsam juridischen Akt verweisen können, in dem sein Stif-
tungswille manifest würde.[255] Wohl aber findet sich eine ganze Reihe
von Worten und zeichenhaften Handlungen Jesu in den Evangelien, die
nicht als «Zufallsprodukte» oder als in anderer Absicht geschehen zu
interpretieren sind[256] und es deshalb gerechtfertigt erscheinen lassen zu
sagen: *Jesus hat die «Familie Gottes» in bestimmter Weise bewußt
gewollt und durch Wort und Tat ihr Entstehen herbeigeführt.* Von

----

[255] Allerdings weisen gerade auch Stellen, die als «Einsetzung der *Neuen
Familie Gottes*» aufgefaßt werden können (Mk 3,34f. u. Joh 19,25f.), eine «juristisch
geprägte Sprache» und deklaratorische Form (wie etwa bei einer Eheschließung) auf;
vgl. G. LOHFINK–R. PESCH, *Neue Familie*, 227-231.

[256] Gerade jene Zeugnisse, die in näherem Zusammenhang mit der «neuen Familie Jesu» stehen, werden auch von der kritischen Exegese in ihrer «Echtheit» kaum
bestritten. Es wäre falsch, die geschichtliche Gültigkeit von Belegen deshalb in Zweifel
zu ziehen, weil die Evangelien ein gläubiges, nachösterliches und vom Heiligen Geist
in der Erkenntnis dessen, was Jesus gelehrt und getan hat, erleuchtetes Denken widerspiegeln. Denn die Gläubigkeit und das Übernatürliche sind diesbezüglich nicht als
«ungeschichtlich» zu deuten; und ohne den Glauben kann man — trotz aller Wunder
und Zeichen — nur zu einer Anerkennung des Daseins eines Mannes namens Jesus in
einer bestimmten Epoche, nicht aber zur Überzeugung gelangen, daß dieser Mann der
«Gott mit uns in Welt und Zeit» gewesen ist.

diesen Worten und Taten seien im folgenden einige wesentliche ohne Anspruch auf Vollständigkeit angeführt.

Insofern die «Familie *Gottes*» mit der personalen Beziehung des Sohnes und seiner Jünger zum Vater steht und fällt, müssen jene Worte und Taten Jesu als für sie *grundlegend* angenommen werden, die einerseits sein eigenes «Abba-Verhältnis» zum Ausdruck bringen und andererseits darauf ausgerichtet sind, andere Menschen daran Anteil nehmen zu lassen.[257] Aus dieser Vaterbeziehung folgt für Jesus eine Relativierung seiner eigenen natürlichen Familie, die Hand in Hand mit dem ihm von den «Seinen» entgegengebrachten Unglauben und Unverständnis geht.[258] Dieselbe Distanz zur Familie, das Zurücklassen ihrer Sicherheit und Geborgenheit, verlangt Jesus von denen, die er in seine radikale Nachfolge beruft. Zugleich aber verheißt er ihnen eine neue Sicherheit, eine neue Geborgenheit, eine neue «Familie», die gekennzeichnet ist durch das Vertrauen auf den einen Vater im Himmel (vgl. Mt 6,25-34; Lk 12,22-32); durch die enge Beziehung zu Jesus als ihrem Freund und Bruder[259]; durch seine Sorge auch um ihr zeitliches Wohlergehen (vgl. Mk 6,31); durch die Geschwisterlichkeit der Jünger untereinander, deren konkrete Verwirklichung er durch mancherlei Mahnungen bestärkt (vgl. Mk 9,35; 10,43f. par.). Und diese hier gemeinte innigste, zugleich vertikale und horizontale Gemeinschaft ist im Wort und im Sinne Jesu bevorzugt als «Familie» Gottes zu fassen.

Sieht man von der «Heiligen Familie» als «symbolischer Familie Gottes» und «Urform der Kirche»[260] ab, dann ist der sichtbare Anfangspunkt für die familiäre Gemeinschaft um Jesus und in ihm mit dem Vater in der *Jüngerberufung* zu orten. Die Affinität des *familia-Dei-Themas* zu den Berufungserzählungen der Evangelien liegt nicht nur in der Forderung, die natürliche Familie zu verlassen. Sie ist etwa auch in der Auswahl der Zwölf als symbolhafte Verkörperung der «Stammväter» des auserwählten Geschlechts, in dem an sie ergehenden Ruf in die unmittelbare personale Nähe des Herrn (Mk 3,14) oder in dem sich bei Johannes (1,35-51) als Inhalt der Berufung enthüllenden «Wohnen» und «Bleiben» bei Jesus erkennbar.

Die Gemeinschaft der Familie Gottes baut Jesus sichtbar auch dadurch auf, daß er gesellschaftlich Ausgegrenzte, Zöllner und Sünder in seine «familiäre» Mahlgemeinschaft aufnimmt, ihre Sünden vergibt

---

[257] Insgesamt spricht Jesus in den ntl. Zeugnissen etwa 170mal von Gott als «Vater»; vgl. u.a. Mk 14,36; Mt 5-7; 11,25-27; Mk 13,32; Lk 10,21f.; 11,2-13; 23,46; sowie durchgängig bei Joh; vgl. MARTIN, *God and Father*, 189-209.

[258] Vgl. dazu u. weiters die oben (3.3.2.) dargestellten exegetischen Versuche.

[259] Vgl. Mt 12,49f.; Mk 3,34f.; Lk 8,21; Joh 15,14f.; 20,17.

[260] Darauf wurde bereits unter 4.2.2. hingewiesen.

und sie dadurch versöhnt in das «Haus des Vaters» zurückführt.[261] Wenn er weiters das Reich Gottes in Bildern aus der Familienthematik verkündigt, ist damit nicht nur eine leicht verständliche und der allgemeinen Erfahrung zugängliche Ausdrucksweise gewählt, sondern eine tiefere Realität dieses Reiches selbst angesprochen, die zeichenhaft schon in der Gemeinschaft Jesu mit seinen Jüngern aufscheinen soll. Dem entspricht, daß wesentliche Teile seiner Predigt, wie etwa die Seligpreisungen in der Bergpredigt, insbesondere von seinen Jüngern die Übung jener Tugenden verlangen, die nicht sosehr den aktiven missionarischen Einsatz, sondern vielmehr das konkrete gemeinschaftliche Zusammenleben unterstützen, dem dann von sich aus missionarische Ausstrahlung eignet (Mt 5,1-16).

Man wird allerdings auch des Einwandes gewärtig sein müssen, daß durch das bisher Gesagte der Wille Jesu für ein (längeres) Weiterbestehen dieser familiären Gemeinschaft nach seiner Rückkehr zum Vater noch nicht unumstößlich erwiesen sei. Dem ist entgegenzuhalten, daß die Art der Jüngerberufung und -gemeinschaft, insbesondere auch in ihrer symbolischen Dimension, auf ein Ziel verweist, dessen Erreichung menschlich gesehen nicht in einem Menschenleben und unter der Voraussetzung der geringen Zahl der Jünger denkbar ist. Schon die Aussendung der zwölf und der zweiundsiebzig Jünger richtet sich nach lukanischer Darstellung auf eine «Missionierung», die mehr erstrebt als die Lehrgemeinschaft eines Rabbi mit seinen Schülern und die dabei ganz im thematischen Rahmen der «Familie» geschieht.[262] Und schließlich bilden die Übertragung bestimmter Vollmachten an die Apostel[263], die Jesusworte über die rechte Ausübung und Autorität, die Gleichnisse des vom *Paterfamilias* über die «Familie» gesetzten Verwalters und von seiner Verantwortung ein sicheres Fundament, von dem ausgehend die Kirche im Heiligen Geist zu ihrer gottgewollten, entfalteten und für die spätere weltweite universale Kirche tragfähigen hierarchischen Leitungsstruktur gelangen konnte.

---

[261] Vgl. Lk 5,27-32 par.; 7,34 par. 15,1f.11-32; 19,1-10 u.a.

[262] Vgl. Lk 9,1-6.10f.; 10,1-20; zur Bedeutung der «Familie Gottes» im Zusammenhang der Sendung der Jünger und im lukanischen Missionsverständnis überhaupt vgl. die Diss. von D. REID, s.o. 3.3.2.

[263] Nicht nur aufgrund ihrer ekklesiologischen Implikationen, sondern auch durch ihre Nähe zum «Familien-Thema» ist hier vor allem die «väterliche» Vollmacht der Sündenvergebung (Joh 20,23) zu nennen (denn Sünden zu vergeben ist nach dem NT die Vollmacht Gottes, des Vaters; vgl. Lk 15,11-32; 5,21; 7,48f.; Mt 9,2-8). Auch die besondere Beauftragung des Petrus läßt etwa in der für seinen Dienst vorausgesetzten *Liebe* zu Jesus und im Auftrag der Stärkung der *Brüder* unschwer Anklänge an das Verständnis der Kirche als Familie Gottes erkennen (vgl. Joh 21,15-19; Lk 22,32).

In «familiärem Rahmen der jüdischen Paschafeier[264]» findet dann auch das Letzte Abendmahl als zentrales Geschehen im irdischen Leben Jesu statt, das seine erlösende Hingabe zeichenhaft im voraus versinnbildlicht und durch sein Wort deutet. Gemäß dem Auftrag Jesu an die Apostel soll es von ihnen fortan als vergegenwärtigendes Gedächtnis jenes Heilsgeheimnisses vollzogen werden. In ähnlichem Rahmen — nun allerdings als gleichsam noch verborgene «Familie» der Apostel, der Frauen, der Mutter und der Brüder Jesu — schildert Lukas (Apg 1,12-14) die Erwartung des verheißenen Geistes im Gebet. Sein Kommen am Pfingsttag (Apg 2,1-13) erweckt die Familie Gottes zu ihrem vollen Leben, in dem sie nun bis zum Ende der Tage in universaler Ausrichtung die sichtbare und missionarische Gemeinschaft[265] in Christus mit Gott dem Vater und der Glaubenden untereinander als Schwestern und Brüder bleibt.

4.4.3. Die heilsgeschichtliche Dimension in der *Familie Gottes*

Nach dem Aufweis der heilsgeschichtlichen Kontinuität in der Form der *familia Dei* und der Neuheit der Kirche als «Familie Gottes in Christus» ist nun noch ihrer heilsgeschichtlichen Dimension innerhalb der «Zeit der Kirche», d.h. der «Zwischenzeit» nach Pfingsten und vor der eschatologischen Wiederkunft Christi, nachzugehen. Insofern die Familie Gottes Zeichen und Werkzeug der *Communio* der Menschen mit Gott und untereinander ist und das Heil in der vollkommenen ewigen Einheit in Gott besteht, ist es naheliegend, auch bezüglich der eschatologischen Vollendung von einem «Bleiben» der «Familie Gottes» in Ewigkeit zu sprechen, wobei — im Sinn der *familia-Dei-Ekklesiologie* des Vaticanum II[266] — erst am Ende der Tage von der in allen ihren Möglichkeiten verwirklichten eigentlichen «Familie Gottes» zu sprechen ist. Deshalb ist es wichtig, die «Neuheit» der ewigen Gemeinschaft mit Gott gegenüber der Kirche, die ja selbst erst anfanghaft und sakramental das Reich Gottes auf Erden verkörpert, festzuhalten, um nicht ihren geschichtlichen und eschatologischen Charakter aufzugeben. Diese Neuheit aber besteht darin, daß es in der Vollendung keine *Werkzeuglichkeit* und *Zeichenhaftigkeit* mehr gibt, da alle Geretteten als offenbar gewordene Kinder Gottes vereint mit ihrem

---

[264] Der Zusammenhang des Letzten Abendmahles mit der Paschafeier ist unbestritten. Die Frage, ob das Abendmahl selbst ein Paschamahl gewesen sei, soll hier in keine Richtung entschieden werden.

[265] Vgl. G. LOHFINK–R. PESCH, *Neue Familie*, 230. Tatsächlich waren auch — wie unter 3.3.2. dargestellt — die ersten christlichen Gemeinden ihrer Form nach «familiäre Hausgemeinschaften» und so als «Familie Gottes» zu erkennen.

[266] Vgl. dazu die «Bilanz» am Ende des ersten Teiles.

Vater und ihren Schwestern und Brüdern am Leben der Heiligsten
Dreifaltigkeit Anteil erhalten und auf ewig in der unmittelbaren
Gemeinschaft der göttlichen und zugleich verherrlicht menschlichen
«Familie» leben.

Die Kirche steht demgegenüber in der «eschatologischen Spannung» des «Schon» und «Noch-Nicht»; in der ihr anvertrauten Gabe
und Aufgabe, als *Familie Gottes auf Erden* die Herrlichkeit dieses
Kommenden der Welt zu verkünden, es zeichenhaft vorauskostend
gegenwärtig zu setzen[267] und in der Wirksamkeit der göttlichen Gnade
auf seine endgültige Verwirklichung hinzuarbeiten. Wenn sie das aber
in Welt und Geschichte vollziehen soll, dann kann es nicht genügen,
ihre heilsgeschichtliche Prägung allein in ihrer Kontinuität und im Vorkommen in der Heilsgeschichte vor Christus, in Christus und bis zu
seiner Wiederkunft, ja in bestimmter Weise bis in Ewigkeit festzustellen. Es muß vielmehr darüber hinaus gezeigt werden, wie sich
«Heilsgeschichte» in ihrem konkreten Leben weiterhin vollzieht, welche Einsichten eine *familia-Dei-Ekklesiologie* diesbezüglich vermitteln
kann und entfalten muß. Nachdem wesentliche Momente dieses Geschehens in Analogie der Kirche zur natürlichen Familie bereits unter
4.1.2.3. dargestellt wurden, genügt es im Anschluß daran, auf fünf für
die Entfaltung einer *familia-Dei-Ekklesiologie* und ihre Implikationen
im kirchlichen Leben grundlegende «heilsgeschichtliche Prinzipien»
hinzuweisen.

1) *Gott selbst ist Leiter und Plan der Heilsgeschichte und
deshalb auch der Familie Gottes.* Diesem Prinzip muß die Anerkennung vorausgehen, daß Gott als liebender *Vater* ein lebendiger,
geschichtsmächtiger Gott ist und seiner Erwählung und Verheißung
allzeit treu bleibt; daß er auch weiterhin einen ganz bestimmten Plan
für seine Familie und jedes seiner Kinder hat. So offenbart er sich —
beginnend mit der Schöpfung — durch die ganze Heilsgeschichte
hindurch. Er ist es, der sein auserwähltes Volk souverän durch die Zeit
führt, und es bedeutet Unheil, wenn dieses Volk nicht mehr nach den
Ratschlüssen und Gesetzen des Herrn handelt, sondern seinen «eigenen
Plänen» (Ps 81,13; Jer 7,24) überlassen bleibt. Ihren Höhepunkt findet
die heilshafte Geschichtsmächtigkeit Gottes in seinem Eintritt als
menschgewordenes Wort in die konkrete Welt und Zeit des Jesus von
Nazaret. Doch auch nach dessen Rückkehr zum Vater bleibt Gott in
seinem verheißenen und ausgesandten Geist auf vielfältige Weise in
seiner Kirche gegenwärtig und wirksam. Deshalb kann diese als ganze

---

[267] Das geschieht nach *LG* 51 beispielhaft in der Gemeinschaft der Liebe und
im Lobpreis der Heiligsten Dreifaltigkeit.

auch niemals ihre Identität verlieren, ihre Sendung oder den Plan Gottes für sie verfehlen. Sein Wirken, das in der Familie Gottes in Menschen und ihren Worten und Taten, in Geschehnissen und Zeichen in Erscheinung tritt, ist dabei aber nicht an die «Vollkommenheit» derer gebunden, durch die es sich äußert.

Wo diese Prinzipien in der Kirche angenommen werden, wird man — ohne deshalb passiv oder tatenlos zu sein — im gläubigen Vertrauen darauf, daß die Kirche Familie *Gottes* ist und bleibt, zu innerer Ruhe und Gelassenheit gelangen. Diese erlauben es, die jeweilige Situation der Kirche nüchtern ins Auge zu fassen, auch Wunden und menschliche Schwächen zu sehen, ohne sich dadurch in Resignation, in fruchtlose Kritik, in eine konservativistische Zukunftsangst oder einen unkontrollierten Neuerungswahn, in einen ziellosen Aktivismus oder in andere «Panikreaktionen» drängen zu lassen, denen eine offenkundige Glaubensschwäche zugrunde liegt. Die Anerkennung der konkreten Geschichtsmächtigkeit Gottes bringt weiters mit sich, daß eigene Pläne und Ansichten immer wieder im Licht des sich offenbarenden Willens Gottes relativiert und geläutert werden. Sie kann von manchen Vorurteilen und der heimlichen Überzeugung bewahren, selbst und nur selbst die «Kirche retten zu können und zu müssen» und am besten zu wissen, was gut für sie sei. Sicherlich bleibt der Wille Gottes immer auch geheimnishaft und nicht unmittelbar zugänglich. Doch kann beispielsweise die ehrliche Gewissensprüfung der eigenen Gesinnung helfen, den göttlichen Plan, aber auch manche persönliche Nebenziele[268], die sich hinter an sich guten Absichten verbergen, zu erkennen. So wird es auch leichter fallen, Fehler und Schwächen bei sich selbst und bei anderen — wenn es notwendig ist, auch in echter Opferbereitschaft — zu *er-tragen* und anzunehmen; vertrauend darauf, daß sich das Gute und das Wahre[269] in der Kirche letztendlich aus Gottes Kraft durchsetzen werden.

2) Gott beruft Menschen, als Glieder der Familie Gottes in eigener Freiheit und Verantwortlichkeit an seinem Heilsplan für die Menschen und die ganze Welt mitzuarbeiten. Damit ist angedeutet, daß eine «heilsgeschichtlich» denkende *familia-Dei-Ekklesiologie* die Freiheit des Menschen und den Eigenwert der Schöpfung ernst nehmen muß. Schon im AT beruft und erwählt Gott Menschen, die seinen Heilsplan — bisweilen auch in zeichenhafter Verkörperung und «Stell-

---

[268] Solche Nebenziele können beispielsweise der Wunsch nach einer «kirchlichen Karriere», nach Lob, Macht, Anerkennung und ähnliches mehr sein.

[269] Vgl. die hinsichtlich der theologischen Forschung getätigte, aber auch für andere Bereiche gültige Aussage der CONGREGATIO PRO DOCTRINA FIDEI, Instructio de ecclesiali theologi vocatione *Donum veritatis* (24.05.1990) 31: *AAS* 82 (1990), 1562.

vertretung» — vollziehen und vermitteln sollen; in der Verschiedenheit ihrer Begabungen und Aufgaben und doch in der Hinordnung auf das eine Heil. Grundform dabei ist der «Bund», in dem sich Gott und Mensch als «Partner» gegenüberstehen und Verheißungen mit Verpflichtungen verbunden sind. Seine Festigkeit gründet in der unverbrüchlichen Treue Gottes.

Im kirchlichen Leben ist dementsprechend die Vielfalt und Verschiedenheit der Begabungen, der Dienste und Berufungen anzuerkennen und zu fördern. Es wäre auch falsch, die Glieder der Kirche in einer dem säkularen Berufsleben entnommenen Mentalität in «Verantwortliche» und «Untergebene» einzuteilen. In der Kirche gibt es keine «Unberufenen», und alle sollen — in den ihnen eigenen Aufgaben und Fähigkeiten — Verantwortung tragen. Dabei dürfen nicht Eigeninteressen die Entfaltung der Gaben anderer behindern. Andererseits kann das oberste Kriterium nicht darin bestehen, sich selbst und seine Fähigkeiten bestmöglich in — oder manchmal sogar auf Kosten — der Kirche zu verwirklichen. Auch hier entscheidet die ehrliche Absicht und das Ziel, die Familie Gottes aufzubauen und ihre Einheit zu fördern.[270] Gerade in der Kirche als *Familie* Gottes kann diesbezüglich von einem Primat der Liebe[271] zu Gott, dem Vater, und den Schwestern und Brüdern gesprochen werden, so daß den Vorrang hat, was aus dieser Liebe geschieht und dieser Liebe dient.

3) *Insofern die Kirche die aus Menschen gebildete Familie Gottes in Welt und Geschichte ist, wird es in ihr immer und notwendig Wachstum, Entwicklung und Erneuerung geben.* Mit diesem Kernpunkt der heilsgeschichtlichen Ausprägung der pilgernden Kirche ist auch eine Grundrealität des «Familienlebens» getroffen. Beide beruhen auf einem linearen Geschichtsverständnis und dürfen nicht mit einer je immer neuen zyklischen Wiederkehr desselben verwechselt werden. Das gilt für das natürliche wie für das übernatürliche Leben des einzelnen, das einen geschichtlichen Ursprung hat und im Tod zu seinem Ziel, seiner Vollendung gelangen soll. Es gilt aber auch für die Heilsgeschichte im ganzen von der Schöpfung an, die in ihren verschiedenen Phasen als Vorbereitung der Fülle der Zeit, des Kommens des Gottessohnes in die Welt, wie der endgültigen Offenbarung zu verstehen ist.

---

[270] Wenn das *hierarchische Amt* auch die Gaben und Charismen des Geistes nicht selbst verleihen kann, so fällt ihm dennoch in deren Förderung, Schutz und Eingliederung zum Dienst am Ganzen der Familie Gottes eine *maß-gebliche* und göttlich bevollmächtigte Aufgabe zu.

[271] Damit können allerdings weder Lüge noch falscher Kompromiß gerechtfertigt werden, da diese selbst im tiefsten der Liebe widersprechen.

So gibt es auch in der pilgernden Kirche als «*Ecclesia semper reformanda*» fortwährend äußeres und inneres Wachstum, notwendige Entwicklungen und Erneuerungen: Sie breitet sich durch die Zeit in ihrer missionarischen Sendung auf der ganzen Welt aus; sie kennt — in dem durch die Offenbarung vorgegebenen Rahmen — in ihren Strukturen, Riten, Gebräuchen, Ausdrucksweisen und Diensten in und zum Nutzen der Welt Veränderungen und ein immer wieder erforderliches «*aggiornamento*»; ja selbst die kirchliche Glaubenslehre unterliegt unbeschadet der Endgültigkeit der Offenbarung in Christus in bestimmter Weise «Entwicklungen».[272] Als sorgende Familie weiß die Kirche schließlich auch um das innere Wachstum und die Entwicklung ihrer «Kinder», sei es in Glaube, Hoffnung und Liebe, in einem immer reiferen Verständnis der Glaubensgeheimnisse, aber auch im Tugendleben, in der Reifung des Gewissens und der Fähigkeit, der sittlichen Botschaft des Evangeliums und der Kirche zu entsprechen.[273]

In all diesen Prozessen, die Ausdruck der Dynamik der Kirche in ihrer Heilssendung sind, wird man allerdings nicht einen «Evolutionismus übernatürlicher Art» vermuten dürfen, der in unausweichlichem Fortschritt auf den Punkt «Omega» zusteuert. Mit menschlichen Mitteln und in der Erdenzeit lassen sich weder das vollendete Reich Gottes herbeiführen, unüberbietbare theologische Erkenntnisse und Ansätze formulieren noch die vollkommene Form der Liturgie feiern. Und alles diesbezügliche Engagement stellt nicht grundsätzlich eine fortwährende Verbesserung dar. Das anzuerkennen, kann von einem individuellen wie gemeinschaftlichen Perfektionismus heilen, der nur allzuleicht zur Behinderung echten Fortschrittes führt. Es kann helfen, vorurteilsfrei aus dem reichen Erbe der Tradition zu schöpfen, dabei auf die Erfordernisse der Zeit zu achten, sich durch das Wirken des Geistes beleben zu lassen und somit Altes und Neues gemeinsam fruchtbar zu machen.

Heilsgeschichtlich zu denken bedeutet schließlich auch, mit diesen Entwicklungen bei sich selbst wie bei anderen bewußt zu leben,

---

[272] Vgl. *Die Interpretation der Dogmen. Dokument der Internationalen Theologenkommission*, in: *IKaZ* 19 (1990), 246-266.

[273] Vgl. IOANNES PAULUS II, Adh. apost. *FC* 34: *AAS* 74 (1982), 123f.: "Doch ist der Mensch, der berufen ist, dem weisen und liebenden Plan Gottes in freier Verantwortung mit seinem Leben zu entsprechen, ein geschichtliches Wesen, das sich Tag für Tag durch seine zahlreichen freien Entscheidungen selbst formt; deswegen kennt, liebt und vollbringt er das sittlich Gute auch in einem stufenweisen Wachsen"; allerdings kann dieses "sogenannte «Gesetz der Gradualität» oder des stufenweisen Weges nicht mit einer «Gradualität des Gesetzes» selbst gleichgesetzt werden, als ob es verschiedene Grade und Arten von Geboten im göttlichen Gesetz gäbe, je nach Menschen und Situationen verschieden"; zit.: DERS., *Homilia in Xystino sacello habita VI exeunte Synodo Episcoporum* (25.10.1980): *AAS* 72 (1980), 1083.

zu rechnen, sie zu erkennen, anzuerkennen und — sofern sie der Kirche dienen — zu ermöglichen und zu fördern. Es erfordert, den jeweiligen Entwicklungsstand des anderen in Gewissen und Glauben zu berücksichtigen, ihn nicht durch das eigene Tun und Reden zu verunsichern, durch zu hohe Anforderungen zu entmutigen, aber auch nicht den bereits in der Gemeinschaft mit Gott Gereiften auf ein niedrigeres «Durchschnittsniveau» herunterziehen zu wollen.[274] Das durch den Heiligen Geist gewirkte Erkennen von sich im Keim bereits anbahnenden Entwicklungen in der Kirche wie in der Welt gehört wesentlich zum prophetischen Amt der Kirche, das gerade auch in den vielfältigen Formen von Charismen des gottgeweihten Lebens zum Ausdruck kommen kann.

4) *Heilsgeschichte geschieht in der Familie Gottes im Wechselspiel von Gnade und Freiheit, von Sünde und Vergebung, von Heil und Unheil.* Man kann die menschliche Freiheit und Eigenverantwortlichkeit nicht anerkennen, ohne sich zugleich den Ernst der Sünde und die Macht des Bösen, das die Heilsgeschichte wie ein Schatten durchzieht, bewußtzuhalten; man muß die Erbsünde und ihre Folgen berücksichtigen. Doch erweist sich gerade *heilsgeschichtlich* der Schatten des Bösen als der finstere Hintergrund, vor dem das Licht der Erlösung, der barmherzigen und vergebenden Liebe Gottes, noch heller zu leuchten kommt. Denn Gott steht — unbeschadet der von ihm stets anerkannten und gewahrten Freiheit des Menschen — *über* der Sünde und dem Bösen. So offenbart er sich bereits im AT nicht nur als gerechter, sondern auch als barmherziger Gott, der die immer neue Untreue des Volkes mit immer größeren Verheißungen und Heilstaten beantwortet – bis hin zum Opfer seines eingeborenen Sohnes und zum Neuen Bund in seinem Blut.

Auch im kirchlichen Leben wird man mit den Realitäten der Sünde und des Bösen rechnen müssen, die sich in die besten Absichten, Pläne und Aktionen wie in die «heiligsten Bereiche» einschleichen können. Andererseits gilt es, nicht beim Erkennen des Bösen stehen zu bleiben, sondern an die Macht der göttlichen Barmherzigkeit und Vergebung, die je immer größer ist als jede noch so große Verfehlung, zu glauben und sich ihr gläubig zu öffnen. Dann wird man erkennen, daß nicht nur die Adamssünde gemäß der Osterliturgie zu einer *«felix*

---

[274] Das bewußte Eingehen auf den verschiedenen Entwicklungsstand und die unterschiedliche Gewissensreife der Gläubigen kann allerdings niemals bedeuten, *Böses «gut» zu nennen.* Vorbildlich sind diesbezüglich die verschiedenen Belehrungen und Mahnungen des Apostels Paulus; vgl. z.B. Röm 14,1-23; 1Kor 8,1-13; 10,23-33.

culpa» geworden ist, sondern jede menschliche Schuld für Gott zum Ausgangspunkt eines größeren Gutes werden kann.[275]

Sich selbst und die anderen von der barmherzigen Liebe Gottes umhüllt zu wissen, wird ein Anstoß sein, gegenüber sich selbst und anderen Barmherzigkeit walten zu lassen (vgl. Mt 6,15; 18,23-35). Das Vertrauen darauf, daß, welche Verfehlungen auch immer geschehen, Gott darüber steht und über all das hinaus neue und gute Entwicklungen heraufführen kann, ermöglicht es, nicht zu verurteilen. Das ist Voraussetzung für eine angstfreie Bekehrung, die nicht zurückgewandt räsonierend oder kritisierend bei den eigenen und fremden Fehlern und Sünden stehenbleibt, sondern im Dank für die erfahrene und angenommene Barmherzigkeit Gottes in Glaube, Hoffnung und Liebe den Blick zuversichtlich nach vorne richtet.

5) Die Familie Gottes steht in der Geschichte in einem fortwährenden Dialog mit den «Zeichen der Zeit». Wie die natürliche Familie, so steht auch die Familie Gottes in einem größeren, sich geschichtlich verwirklichenden Ganzen, von dem sie beeinflußt wird und auf das sie ihrerseits selbst Einfluß ausübt. Die Heilsgeschichte kennt verschiedene Formen des Verhältnisses der Heilsgemeinschaft Gottes zur «Umwelt» und den darin ablaufenden Geschehnissen, die von radikaler Abwendung und Abgrenzung bis hin zu missionarischer Zuwendung und Penetration in gleichsam «sakramentaler» Zeichenhaftigkeit und Stellvertretung reichen können. Dabei zeigt sich allerdings, daß die Abgrenzung letztlich nichts anderes bezwecken darf als die Wahrung der eigenen gottgegebenen Identität; und zwar, um durch diese für «andere» Heilszeichen sein zu können. Andererseits hat die Weltzuwendung ihr Ziel verfehlt, wenn dadurch nicht Gottes Heil in dieser Welt vergegenwärtigt wird. Es geht also in allen Phasen der Heilsgeschichte um den Ausgleich zwischen den Ansprüchen der *Identität*, der *unverfälschten Zeichenhaftigkeit* der Familie Gottes und der *Relevanz* ihres Zeugnisses, ihrer Botschaft und Sendung in der Welt, durch die sie ein *annehmbares Werkzeug* der Gnade sein soll.

Diese Spannung vollzieht sich im Erkennen, Verstehen und Bewerten der jeweiligen Zeichen der Zeit, so daß diese — seien sie positiv oder negativ — im Licht des Heiligen Geistes zum Anstoß des eigenen Wachstums im Glauben, aber auch des zeitgemäßen Vollzuges

---

[275] Die hier aufscheinende «göttliche Heilsdialektik» darf weder die unaufhebbare Negativität des Bösen in Zweifel ziehen, noch den Eindruck eines gleichsam «automatisch» ablaufenden Vorgangs erwecken. Sie verweist letztlich auf die von Gott dem Sünder niemals versagte Gnade der Bekehrung, die ihn (in freier Entscheidung) zur Mitarbeit aufruft und auf die «Freude, die im Himmelreich über jeden bekehrten Sünder herrscht» (Lk 15,7).

der eigenen Sendung werden. Die Zeichen der Zeit veranlassen so die Kirche, in der Zeit Zeichen zu setzen. Wenig Fruchtbarkeit zeitigt diesbezüglich sowohl eine Einigelung in überkommene Verhaltensmuster und Deutungskategorien, die die Auseinandersetzung mit dem Neuen und der in sich als «böse» abqualifizierten Welt scheut, als auch ein «Weltenthusiasmus», dem das *Humanum* wichtiger geworden ist als das *Divinum* und der so weit geht, eigene bleibende Werte in Anbiederung an den Zeitgeist über Bord zu werfen. Es fragt sich, ob nicht hinter beiden Extrempositionen dieselben unerlösten Leidenschaften stehen könnten. Die «wahre Erneuerung» der Familie Gottes im Heiligen Geist liegt nicht im Progressismus, auch nicht im Konservativismus, sondern in jenen, die bereit sind, unter der barmherzigen und gerechten Liebe Gottes, den — wenn auch bisweilen mühsamen — Weg der Bekehrung in einem stets reifenden Gewissen zu gehen. An dessen Ziel aber steht der liebende Gott und die vollkommene Gemeinschaft mit ihm, an deren *Freude* und *Herrlichkeit* Gott seiner Familie schon in dieser Welt vorauskostenden Anteil schenkt.

Konklusion

Als dritter und letzter Grundpfeiler wurde die *«zeitlich-geschichtliche»* Dimension einer *familia-Dei-Ekklesiologie* in ihren Hauptlinien skizziert. Sie besteht erstens in einer heilsgeschichtlichen Kontinuität der «Form der Familie Gottes», die sich in gewisser Weise schon im Bund mit dem aus der Sintflut erretteten Noach und seiner Familie abzeichnet. Diese «Familie» nimmt — wenn auch noch verborgen — in der Erwählung des Stammvaters Abraham gnadenhafte Züge an; er verläßt die Familie seiner Herkunft und erhält von Gott die Verheißung einer bleibenden Nachkommenschaft, einer «Familie», die zum Träger des Bundes und zum Segen für die Völker werden soll. Als Vorform der «Familie Gottes durch den Bund» erscheint dann aber vor allem das auserwählte und aus Ägypten herausgeführte Volk Israel, dessen personale und responsoriale Gottesbeziehung das AT bevorzugt in Bildern der Familienthematik darstellt. Die heilsbedeutsame «Familie Davids», der ewiger Bestand durch das Wirken Gottes zugesagt ist, nimmt bereits in verschiedenen alttestamentlichen Texten messianische Bedeutung an und kann — zusammen mit anderen Verheißungen — als Vorausblick auf ein erwartetes neues heilshaftes Eingreifen Gottes von ewiger Gültigkeit und universaler Ausrichtung an «seiner Familie» und durch sie gedeutet werden.

Auf alle vier genannten heilsgeschichtlichen Phasen nimmt das Neue Testament Bezug, zeigt dadurch — und zwar ebenfalls im

Themenkreis der Familie Gottes — die Konstanz im Heilsplan Gottes auf, unterläßt es aber auch nicht, gerade in der Gegenüberstellung von Christus und den alttestamentlichen Gestalten Abraham, Mose und David das unerhört Neue des Heiles im menschgewordenen Gottessohn hervorzuheben. Diese Neuheit läßt sich besonders im Sinne des Johannesevangeliums und des Epheserbriefes unter Bezugnahme auf die Heilsgeheimnisse der Inkarnation und der Erlösung als Errichtung der neuen Familie Gottes darstellen, wobei durch «Gotteskindschaft», «Bräutlichkeit» und «Brüderlichkeit» ihre konstitutiven heilshaften Beziehungen veranschaulicht werden. Theologisch gesprochen, besteht das Neue der Familie Gottes in Christus gegenüber ihren alttestamentlichen Vorformen in der endgültigen, unverlierbaren und unüberholbaren Gegenwart Gottes selbst in seiner Familie. Diese ist nun — wenn auch noch in sakramentaler Zeichenhaftigkeit und im Blick auf den einzelnen bedroht durch die Möglichkeit sündhafter Verweigerung — nicht mehr nur bildlich, sondern in leibhaftiger Verwirklichung «Familie Gottes auf Erden».

Die Neuheit der «Familie Gottes in Christus» läßt sich aber auch aus konkreten Worten und Zeichenhandlungen im Leben Jesu aufzeigen, durch die er — natürliche familiäre Bindungen relativierend — eine neue Familie in Glauben und Gehorsam gegenüber dem Wort aufbaut und ihr Gestalt, Leben und ein auf universale Ausbreitung hin tendierendes Ziel verleiht. Ihre innere Struktur wird durch die von Jesus auf seine Jünger übertragene Vaterbeziehung zu Gott und die «Geschwisterlichkeit» seiner Jünger untereinander bestimmt.

Der Kirche als Familie Gottes, die in eschatologischer Erwartung und zeichenhafter Vorwegnahme des Offenbarwerdens der Familie Gottes in der Vollendung und der Unmittelbarkeit der trinitarischen *Communio* durch die Zeit pilgert, eignet nicht nur deshalb ein heilsgeschichtliches Gepräge. Dieses und das ihm korrespondierende «heilsgeschichtliche Denken» als Grunderfordernis kirchlichen Lebens wurde abschließend in fünf Thesen entwickelt. Auf den fundamentalen Prinzipien der *souveränen Geschichtsmächtigkeit Gottes* und der von ihm gewährten *menschlichen Freiheit* und *Verantwortung* aufbauend muß eine *familia-Dei-Ekklesiologie* und -*Praxis* die Gesetze von *Wachstum, Entwicklung* und *Erneuerung* ebenso berücksichtigen wie die heilsgeschichtliche Dynamik zwischen *Gnade und Freiheit, Sünde und Vergebung, Heil und Unheil.* Darin aber steht die Familie Gottes in der stetigen Herausforderung durch die *Zeichen der Zeit*, die sie je immer neu *erkennen, deuten* und *im Licht des Glaubens beantworten* muß.

BILANZ

Im Verlauf der Arbeit wurde gezeigt, daß das *theologische* Konzept der *Familie Gottes* im Zweiten Vatikanischen Konzil und seiner aktuellen Rezeption in Leben und Lehre der universalen Kirche bezüglich seiner Anwendung auf ihr Wesen wie auf ihre Sendung eine sichere Verankerung findet. Daraus ließen sich erste Ansätze zu einer systematischen *familia-Dei-Ekklesiologie* erheben, die — nach Erkundung des Frage- und Forschungsstandes in vorhandener Literatur — schließlich gemäß ihren Hauptlinien in einem eigenen Ansatz theologisch begründet und exemplarisch entfaltet wurde. Abschließend bleibt die Frage nach dem Wert des *familia-Dei-Konzeptes* für Kirche und Ekklesiologie hinsichtlich seiner Bedeutung, seiner Möglichkeiten, aber auch seiner Grenzen.

Ein ekklesiologisches «Modell» läßt sich nun allerdings nicht wie ein «Denkmodell» oder eine «Arbeitshypothese» der physikalischen Forschung durch Versuchsreihen verifizieren. Auch statistische Daten und soziologische Erkenntnisse darüber, wieviele sich in welcher Weise mit welchem Bild identifizieren, können nicht zum Hauptangelpunkt einer theologischen Bewertung gemacht werden. Ebenso wird man sich nicht damit begnügen dürfen, darauf zu verweisen, daß jedes Konzept ohnehin nur einen Teilaspekt beleuchte, daß jede Zeit ihre je eigenen Leitbilder habe und daß diese deshalb — wenn überhaupt — nur von ihrer Rezeption in einer bestimmten und begrenzten Situation her zu bewerten seien.

Die *theologische* Bewertung eines Kirchenmodells muß in ihren Kriterien die «Wahrheitsfrage», die Frage nach Identität und Wesensgemäßheit, m.a.W. die *objektive Ebene*, genauso berücksichtigen wie die Frage nach der Relevanz, d.h. die *subjektive Ebene*. Dazu seien im folgenden sieben fundamentale Kriterien genannt.[1] Gemäß seiner mehr «objektiven» Dimension ist ein Modell daran zu messen:

ob es 1) in Übereinstimmung (oder wenigstens in Widerspruchslosigkeit) mit den verbindlichen theologischen Quellen des Glaubens, d.h. mit der Heiligen Schrift, der Tradition und der maßgeblichen Vorlage des Glaubensgutes durch das lebendige Lehramt der Kirche steht;

---

[1] Vgl. dazu die Einleitung zur vorliegenden Arbeit.

ob es 2) innere Kohärenz und Plausibilität aufweist, so daß auch auf der Ebene der Anwendung des Bildes als ganzes wie bezüglich seiner verschiedenen Teilaspekte keine Widersprüche bestehen und es ohne allzu komplizierte spekulative Hilfskonstruktionen harmonisch auf die Kirche zu beziehen ist;

inwieweit es 3) die wesentlichen Dimensionen des *Wesens* und der *Sendung* der Kirche, ihre göttliche, geheimnishafte und geistliche Wirklichkeit mit ihrer sichtbaren, menschlichen wie geschichtlichen Verfaßtheit in organischer Einheit aufzufassen vermag;

ob es 4) Fruchtbarkeit für die Erörterung aktueller ekklesiologischer Fragen (wie etwa der «Communiostruktur», der «Inkulturation», des Dienstes der Kirche zum Aufbau des Reiches Gottes und in der Welt, der «Ökumene» und des interreligiösen Dialogs etc.) aufweist.

Im Blick auf die Gläubigen und die «Relevanz» eines Modells kann dieses danach beurteilt werden, inwieweit es

5) der konkreten Glaubens- und Kirchenerfahrung der Christen in ansprechender und verständlicher Weise korrespondiert;

6) zur vertieften Identitätsfindung der Gläubigen im Geist des Evangeliums beiträgt und Anstöße zu ihrer praktischen Umsetzung beinhaltet;

7) dazu hilft, eine wahre Liebe zur Kirche aufzubauen, die ihr Wesen und ihre Sendung immer mehr zu erkennen und zu verwirklichen sucht, und die Schönheit, aber auch die Wunden der Kirche sieht, mit ihnen lebt und sie gläubig als die *eigenen* trägt.

Daß eine theologisch entfaltete *familia-Dei-Ekklesiologie* dem Anspruch der ersten vier («objektiven») Kritierien gerecht werden kann, wurde in der vorliegenden Arbeit hinreichend unter Beweis gestellt. In der aktuellen ekklesiologischen Diskussion kommt ihr dabei weiters zugute, daß das Konzept der *Familie Gottes* besonders im Bereich der «jungen Kirchen» hohes Ansehen genießt, immer wieder im Kontext der Suche nach einer lebensmäßigen Verwirklichung echter Kirchlichkeit in lebendigen Gemeinden erscheint und dabei dennoch, weder nach Herkunft noch nach Verbreitung, auf einen bestimmten geographischen oder soziologischen Querschnitt der Kirche eingeengt bleibt.

Trotz dieser Vorzüge wird hier nicht beabsichtigt, jenes Konzept als ein exklusives, das alles Bisherige übertrifft, auszuweisen. Die Unmöglichkeit eines solchen Ansinnens ist vom Geheimnis der Kirche wie von dessen ekklesiologischer Durchdringbarkeit her evident. Ohne Zweifel bedarf auch das *familia-Dei-Konzept* der komplementären Ergänzung durch andere Kirchenbilder und der konzeptualen theologischen Begründung, Entfaltung und Absicherung. Das Spezifikum dieses Konzeptes scheint allerdings gerade seine *synthetische* Kraft zu sein. So könnte man die «*Familie Gottes*» als «Brückenmetapher» verstehen, die andere Bilder in ein harmonisches Gefüge bringt. Es wurde im vorausgehenden die gute Verbindbarkeit mit dem Bild des *Leibes* Christi und dem Verständnis der Kirche als *Sakrament* aufgewiesen. Von seiner biblischen Herkunft steht es weiters in einem Nahverhältnis zu den architektonischen Bildern. Schließlich erweist sich immer deutlicher, daß durch das *familia-Dei-Konzept* nicht wenige Anliegen gewahrt werden können, die das *Volk-Gottes-Thema* aufgrund seiner möglichen Fehlinterpretationen und der nur geringen Akzeptanz im konkreten Kirchenbewußtsein der Gläubigen nicht unzweideutig und in dem Maße zu vermitteln vermochte, wie man sich etwa zur Abfassungszeit der Dogmatischen Konstitution *Lumen gentium* noch erhofft hatte. Als synthetisches Konzept erweist sich die «*familia Dei*» aber auch im Blick auf die Wirklichkeit der Kirche selbst, indem es deren sichtbare und unsichtbare Dimension, die vertikale wie die horizontale «*Communio-Struktur*», die Kirchenlehre und -praxis (um nur einige komplementäre Momente zu nennen) in organischer Einheit verbindet.

Doch gerade in dieser «Breite» und Vielseitigkeit, in diesem Zug zur «Synthese» und zur «Einheit» liegen auch die mit dem Modell verbundenen Grenzen und Gefahren. Die Fähigkeit, vieles zu assimilieren, neigt — wo eine sorgfältige theologische Bestimmung unterbleibt — zu einem Verlust an Profil und Genauigkeit. Die «*Familie*» als komplexe und sehr verschieden gedeutete Realität kann dazu verleiten, auch der Kirche unangemessene Eigenschaften in sie hineintragen zu wollen. Es mögen sich in einseitiger Interpretation dieses Bildes Tendenzen bestärkt finden, die die emotionale Ebene als Maß für alles andere an erste Stelle setzen. Schließlich könnte man sich auch darauf berufen, «die Familie der Kirche zu sein» und damit partikularistische Bestrebungen zu verbinden: etwa als «Kirchenfamilie eines Landes», die unter dem Vorwand von Selbstverantwortung und Mündigkeit den Bezug zur einen universalen katholischen und apostolischen Kirche und damit aber letztlich sich selbst die eigene Lebensader abschneidet. Eine weitere mögliche Fehlinterpretation der *Familie Gottes* würde schließlich in Selbstzufriedenheit die bleibende missionarische Sendung und den fortwährenden Anspruch zu Apostolat, Evangelisierung und innerer Bekehrung und Erneuerung vergessen.

Im Sinne der vorliegenden Arbeit sollen diese anzuerkennenden Grenzen und Gefahren allerdings nicht einen grundsätzlichen Verdacht gegenüber dem Konzept der *familia Dei* nähren, sondern vielmehr nochmals die dringende Notwendigkeit seiner fundierten theologischen Entfaltung in Erinnerung rufen.

Weniger leicht fällt die Beurteilung eines Kirchenmodells im allgemeinen und des *familia-Dei-Konzeptes* im besonderen hinsichtlich seiner Fruchtbarkeit im kirchlichen Leben und auf der «subjektiven» Ebene. Man kann theologischerseits — wie an einigen Stellen der Arbeit auch geschehen — explanatorische und exploratorische Potenzen erkennen. Ob diese aber bis in die tiefsten Schichten des Glaubenslebens der einzelnen wie der kirchlichen Gemeinschaft im ganzen Wirklichkeit werden und Früchte tragen, entzieht sich dem menschlichen Urteil. Sicherlich wird man in gewissem Maße erkennen können, ob die Gläubigen ein Kirchenbild annehmen, ob Gemeinden lebendiger, verantwortungsvoller, missionarisch eifriger oder etwa in geistlichen Berufungen fruchtbarer werden; sicherlich darf man auch mit dem *sensus fidelium* rechnen, durch den die Gesamtheit der Gläubigen zu jeder Zeit ein angemessenes Verständnis der Kirche unter dem Wirken des Heiligen Geistes zu erlangen vermag. Man wird schließlich bestimmte Anhaltspunkte dafür finden können, wie ein Modell möglicherweise dazu beiträgt, die Kirche aufzubauen.

Doch «wenn nicht der Herr das *Haus* baut, müht sich jeder umsonst, der daran baut»; wenn nicht der Herr selbst seine Familie vereint, ist alles Mühen vergebens. Das muß auch der theologische Versuch, ein ekklesiologisches «Modell» bereitzustellen, anerkennen. Was dabei letztendlich zählt, ist nicht die Originalität eines Ansatzes; auch nicht die Absicht, etwas Neues zu begründen oder aufzubauen. Es *ist* bereits alles gegründet, was zu gründen ist: die Kirche, die Familie Gottes. Was es braucht, sind *Menschen, die bereit sind, das Gegründete auch gründlich zu leben: vom Grund her und auf den Grund hin, der kein anderer ist als Christus selbst.* Von dieser Voraussetzung muß jeder Versuch zu einem tieferen Verständnis des Geheimnisses der Kirche ausgehen und in ihm, Christus selbst, sein höchstes Kriterium und Ziel finden.

LITERATURVERZEICHNIS

A. Quellen

1. Das Zweite Vatikanische Konzil

a. Dokumente des Zweiten Vatikanischen Konzils

* Constitutio de Sacra Liturgia *Sacrosanctum Concilium* (04.12.1963): *AAS* 56 (1964), 97-138 [zit.: **Const. SC**].
* Constitutio dogmatica de Ecclesia *Lumen gentium* (21.11.1964): *AAS* 57 (1965), 5-75 [zit.: **Const. dog. LG**].
* Decretum de Oecumenismo *Unitatis redintegratio* (21.11.1964): *AAS* 57 (1965), 90-112 [zit.: **Decr. UR**].
* Decretum de pastorali Episcoporum munere in Ecclesia *Christus Dominus* (28.10.1965): *AAS* 58 (1966), 673-696 [zit.: **Decr. CD**].
* Decretum de accommodata renovatione vitae religiosae *Perfectae caritatis* (28.10.1965): *AAS* 58 (1966), 702-712 [zit.: **Const. PC**].
* Decretum de institutione sacerdotali *Optatam totius* (28.10.1965): *AAS* 58 (1966), 713-727 [zit.: **Decr. OT**].
* Declaratio de Ecclesiae habitudine ad religiones non-christianas *Nostra aetate* (28.10.1965): *AAS* 58 (1966), 740-744 [zit.: **Decl. NA**].
* Constitutio dogmatica de Divina Revelatione *Dei Verbum* (18.11.1965): *AAS* 58 (1966), 817-836 [zit.: **Const. dog. DV**].
* Decretum de apostolatu laicorum *Apostolica actuositatem* (18.11.1965): *AAS* 58 (1966), 837-864 [zit.: **Decr. AA**].
* Declaratio de libertate religiosa *Dignitatis humanae* (07.12.1965): *AAS* 58 (1966), 929-946 [zit.: **Decl. DH**].
* Decretum de activitate missionali Ecclesiae *Ad gentes* (07.12.1965): *AAS* 58 (1966), 947-990 [zit.: **Decr. AG**].
* Decretum de Presbyterorum ministerio et vita *Presbyterorum Ordinis* (07.12.1965): *AAS* 58 (1966), 991-1024 [zit.: **Decr. PO**].
* Constitutio pastoralis de Ecclesia in mundo huius temporis *Gaudium et spes* (07.12.1965): *AAS* 58 (1966), 1025-1115 [zit.: **Const. past. GS**].

Deutsche Übersetzung der Konzilsdokumente im Auftrag der deutschen Bischöfe: *LThK.E* 1-3, Freiburg ²1966-1968.

b. Akten des Zweiten Vatikanischen Konzils und seiner Vorbereitung

* Acta et documenta Concilio Oecumenico Vaticano II apparando
Series I *(Antepraeparatoria)*
   * Volumen I: *Acta Summi Pontificis Ioannis XXIII*
   Typis Polyglottis Vaticanis 1960: = **A I.I**

   * Volumen II: *Consilia et vota Episcoporum et Praelatorum*
     * *Pars* I: *Europa* I
     * *Pars* II: *Europa* II
     * *Pars* III: *Europa* III (*Italia*)
     * *Pars* IV: *Asia*
     * *Pars* V: *Africa*
     * *Pars* VI: *America Septentrionalis et Centralis*
     * *Pars* VII: *America Meridionalis – Oceania*
     * *Pars* VIII: *Superiores generales religiosorum*
     * *Appendices* I-II
   Typis Polyglottis Vaticanis 1960f.: = **A I.II.I – I.II.VIII**

   * Volumen III: *Proposita et monita Sacrarum Congregationum Curiae Romanae*
   Typis Polyglottis Vaticanis 1960: = **A I.III**

   * Volumen IV: *Studia et vota Universitatum et facultatum Ecclesiasticarum et Catholicarum*
     * *Pars* I: *Universitates et Facultates in Urbe* [1-2]
     * *Pars* II: *Universitates et Facultates extra Urbem*
     * *Indices*
   Typis Polyglottis Vaticanis 1961: = **A I.IV.I.1/2 – I.IV.II**

Series II *(Praeparatoria)*
   * Volumen I: *Acta Summi Pontificis Ioannis XXIII*
   * Volumen II: *Acta Pontificiae Commissionis Centralis Praeparatoriae Concilii Oecumenici Vaticani II [Pars I-IV]*
   * Volumen III: *Acta Commissionum et Secretariatuum Praeparatoriorum Concilii Oecumenici Vaticani II [Pars I-II]*
   * Volumen IV: *Acta Subcommissionum Commissionis Centralis Praeparatoriae [Pars I-II]*
   Typis Polyglottis Vaticanis 1964-1993: = **A II.I – II.IV**

* Schemata Constitutionum et Decretorum de quibus disceptabitur in Concilii sessionibus
Series I-IV, Typis Polyglottis Vaticanis 1962f.: = **SCH I – IV**

* Acta Synodalia Sacrosancti Concilii Oecumenici Vaticani II
   * Volumen I: *Periodus prima*
     * *Pars* I: *Sessio publica I. Congregationes generales I-IX*
     * *Pars* II: *Cong. gen. X-XVIII*
     * *Pars* III: *Cong. gen. XIX-XXX*
     * *Pars* IV: *Cong. gen. XXXI-XXXVI*
   Typis Polyglottis Vaticanis 1970f.: = **AS I.I – I.IV**

   * Volumen II: *Periodus secunda*
     * *Pars* I: *Sessio publica II. Cong. gen. XXXVII-XXXIX*

* *Pars* II: *Cong. gen. XL-XLIX*
* *Pars* III: *Cong. gen. L-LVIII*
* *Pars* IV: *Cong. gen. LIX-LXIV*
* *Pars* V: *Cong. gen. LXV-LXXIII*
* *Pars* VI: *Cong. gen. LXXIV-LXXIX. Sessio publica III*
Typis Polyglottis Vaticanis 1972f.: = *AS* **II.I – II.VI**

* Volumen III: *Periodus tertia*
  * *Pars* I: *Sessio publica IV. Cong. gen. LXXX-LXXXII*
  * *Pars* II: *Cong. gen. LXXXIII-LXXXIX*
  * *Pars* III: *Cong. gen. XC-XCV*
  * *Pars* IV: *Cong. gen. XCVI-CII*
  * *Pars* V: *Cong. gen. CIII-CXI*
  * *Pars* VI: *Cong. gen. CXII-CXVIII*
  * *Pars* VII: *Cong. gen. CXIX-CXXII*
  * *Pars* VIII: *Cong. gen. CXXIII-CXXVII. Sessio publica V*
Typis Polyglottis Vaticanis 1973-1976: = *AS* **III.I – III.VIII**

* Volumen IV: *Periodus quarta*
  * *Pars* I: *Sessio publica VI. Cong. gen. CXXIII-CXXXII*
  * *Pars* II: *Cong. gen. CXXXIII-CXXXVII*
  * *Pars* III: *Cong. gen. CXXXVIII-CXLV*
  * *Pars* IV: *Cong. gen. CXLVI-CL*
  * *Pars* V: *Cong. gen. CLI-CLV. Sessio publica VII*
  * *Pars* VI: *Cong. gen. CLVI-CLXIV. Sessio publica VIII*
  * *Pars* VII: *Cong. gen. CLXV-CLXVIII. Sessiones publicae IX-X*
Typis Polyglottis Vaticanis 1976-1978: = *AS* **IV.I – IV.VII**

* Volumen V: *Processus verbales [Pars I-III + Indices]*
  Typis Polyglottis Vaticanis 1989-1991: = *AS* **V.I – V.III**

* Indices, Typis Polyglottis Vaticanis 1980
* Appendix prima, Typis Polyglottis Vatican 1983: = *AS Ap* **I**
* Appendix altera, Typis Polyglottis Vatican 1986: = *AS Ap* **II**

2. Die behandelten Bischofssynoden

a. Nachsynodale Apostolische Schreiben

PAULUS VI, Adhortatio apostolica *Evangelii nuntiandi* de Evangelizatione in mundo huius temporis (08.12.1975): *AAS* 68 (1976), 5-76 [zit.: **Adh. apost.** *EN*].

IOANNES PAULUS II, Adhortatio apostolica *Catechesi tradendae* de catechesi nostro tempore tradenda (16.10.1979): *AAS* 71 (1979), 1277-1340 [zit.: **Adh. apost.** *CT*].

IOANNES PAULUS II, Adhortatio apostolica *Familiaris consortio* de Familiae Christianae muneribus in mundo huius temporis (22.11.1981): *AAS* 74 (1982), 81-191 [zit.: **Adh. apost.** *FC*].

IOANNES PAULUS II, Adhortatio apostolica post Synodum episcoporum edita *Reconciliatio et paenitentia* de reconciliatio et paenitentia in hodierno Ecclesiae munere (02.12.1984): *AAS* 77 (1985), 185-275 [zit.: **Adh. apost.** *RP*].

IOANNES PAULUS II, Adhortatio apostolica post-synodalis *Christifideles laici* de vocatione et missione Laicorum in Ecclesia et in mundo (30.12.1988): *AAS* 81 (1989), 393-521 [zit.: **Adh. apost. CL**].

IOANNES PAULUS II, Adhortatio apostolica postsynodalis *Pastores dabo vobis* de Sacerdotum formatione in aetatis nostrae rerum condicione (25.03.1992): *AAS* 84 (1992), 657-804 [zit.: **Adh. apost. PD**].

IOANNES PAULUS II, Adhortatio apostolica postsynodalis *Ecclesia in Africa* de Ecclesia in Africa eiusque evangelizandi opere bis millesimum sub annum (14.09.1995): *OR* 16.09.1995, 1-11 [zit.: **Adh. apost. EA**].

IOANNES PAULUS II, Adhortatio apostolica post-synodalis *Vita consecrata* de vita consecrata eiusque missione in Ecclesia ac mundo (25.03.1996): *OR* 29.03.1996, 1-13 [zit.: **Adh. apost. VC**].

b. Synodenchronik

(miteingeschlossen die darin veröffentlichten *«lineamenta»*, *«instrumenta laboris»*, *«relationes»*, *«propositiones»* etc. sowie die zit. Dokumente der Vollversammlung des lateinamerikanischen Episkopats)

CAPRILE G., *Il Sinodo dei Vescovi. Prima assemblea straordinaria (11 - 28 ottobre 1969)*, Roma 1970.

CAPRILE G., *Il Sinodo dei Vescovi. Terza assemblea generale (27 settembre - 26 ottobre 1974)*, Roma 1975.

CAPRILE G., *Il Sinodo dei Vescovi. Quarta assemblea generale (30 settembre - 29 ottobre 1977)*, Roma 1978.

CAPRILE G., *Il Sinodo dei Vescovi. Quinta assemblea generale (26 settembre - 25 ottobre 1980)*, Roma 1981.

CAPRILE G., *Il Sinodo dei Vescovi. Sesta assemblea generale (29 settembre - 29 ottobre 1983)*, Roma 1984.

CAPRILE G., *Il Sinodo straordinario 1985*, Roma 1986.

CAPRILE G., *Il Sinodo dei Vescovi. Settima assemblea generale (01 - 30 ottobre 1987)*, Roma 1989.

CAPRILE G., *Il Sinodo dei Vescovi. Ottava assemblea generale ordinaria (30 settembre - 27 ottobre 1990)*, Roma 1991.

I lavori dell'assemblea speciale per l'Africa del Sinodo dei Vescovi. Supplemento a L'Osservatore Romano [zit.: **OR Africa**].
   * Bd. I: supplemento *OR* 09.-10.05.1994;
   * Bd. II: supplemento *OR* 16.-17.05.1994;
   vgl. auch die Tagesausgaben *OR* 11.-12.4.1994 – 09.-10.05.1994.

Nona assemblea generale ordinaria del Sinodo dei Vescovi. «La vita consacrata e la sua missione nella Chiesa e nel mondo». Supplemento a L'Osservatore Romano: *OR* 23.11.1994 [zit.: **OR Cons**].
   vgl. auch die Tagesausgaben *OR* 30.09.1994 – 30.10.1994.

SYNEP (SYNODUS EPISCOPORUM) 1994, *Instrumentum laboris* (dt. Ausgabe), Vatikanstadt 1994.

MEDELLÍN, *Documenti. La Chiesa nella attuale trasformazione dell'America Latina alla luce del concilio Vaticano II*, Bologna 1969.

PUEBLA, *L'Evangelizzazione nel presente e nel futuro dell'America Latina. Testo definitivo*, Bologna 1979 [zit.: **Puebla** + nn.].

3. Andere Quellen

a. Dokumente der Päpste sowie der kurialen Kongregationen und Räte

LEO XIII, Epistula ad Episcopos Brasiliae de libertate donata non paucis, qui in illo imperio sub iugo servitutis detenti erant *In plurimis* (05.05.1888): *ASS* 20 (1887-1988), 545-559.

LEO XIII, Epistula encyclica de Patrocinio S. Ioseph una cum virginis Deiparae pro temporum difficultate implorando *Quamquam pluries* (15.08.1889): *ASS* 22 (1889-1890), 65-69.

LEO XIII, Litterae encyclicae de conditione opificium *Rerum novarum* (15.05.1891): *ASS* 23 (1890-1891), 641-670.

BENEDICTUS XV, Litterae encyclicae *Ad beatissimi Apostolorum Principis* (01.11.1914): *AAS* 6 (1914), 565-581.

PIUS XI, Litterae encyclicae *Divini illius Magistri* de christiana iuventutis educatione (31.12.1929): *AAS* 22 (1930), 49-86.

PIUS XI, Epistula encyclica *Vigilanti cura* de cinematographicis spectaculis (29.06.1936): *AAS* 28 (1936), 249-263.

PIUS XI, Epistula encyclica *Ecclesiam Dei* in natali CCC Sancti Iosaphat Martyris, Archiepiscopi Polocensis ritus orientalis (12.11.1923): *AAS* 28 (1936), 573-582.

PIUS XII, Litterae encyclicae *Summi Pontificatus* (20.10.1939): *AAS* 31 (1939), 413-453.

PIUS XII, Litterae encyclicae *Mystici corporis*. De mystico Iesu Christi Corpore deque nostra in eo cum Christo coniunctione (29.06.1943): *AAS* 35 (1943), 193-248.

PIUS XII, Litterae encyclicae de sacra liturgia *Mediator Dei* (20.11.1947): *AAS* 39 (1947), 521-595.

PIUS XII, Adhortatio apostolica de missa votiva celebranda in osorum Dei criminis expiationem *Conflictatio bonorum* (11.02.1949): *AAS* 41 (1949), 58-61.

PIUS XII, Litterae encyclicae *Humani generis*. De nonnullis falsis opinionibus, quae Catholicae doctrinae fundamenta subruere minantur (12.08.1950): *AAS* 42 (1950), 561-578.

PIUS XII, Constitutio apostolica *Sponsa Christi Ecclesia* de sacro monialium instituto promovendo (21.11.1950): *AAS* 43 (1951), 5-24.

PIUS XII, Litterae encyclicae *Evangelii Praecones* de sacris missionibus provehendis (02.06.1951): *AAS* 43 (1951), 497-528.

PIUS XII, Litterae encyclicae *Sacra virginitas* de sacra virginitate (25.03.1954): *AAS* 46 (1954), 161-191.

PIUS XII, Litterae encyclicae *Miranda prorsus* de re cinematographica, radiophonica ac televisifica (08.09.1957): *AAS* 49 (1957), 765-805.

PIO XII, *Discorsi e Radiomessaggi di Sua Santità Pio XII*, Bd. 1-20 (1939-1958), Città del Vaticano [Ristampa] 1960.

IOANNES XXIII, Litterae encyclicae *Ad Petri Cathedram* de veritate, unitate et pace caritatis afflatu provehendis (29.06.1959): *AAS* 51 (1959), 497-531.

IOANNES XXIII, Epistula apostolica ad Archiep. Pechinen [Kard. TIENCHENSIN] (29.06.1961): *AAS* 53 (1961), 466-469.

IOANNES XXIII, Litterae encyclicae *Aeterna Dei sapientia*, de Sancto Leone I Magno, Pontifice Maximo et Ecclesiae Doctore, ab eius obitu anno millesimo quingentesimo exeunte (11.11.1961): *AAS* 53 (1961), 785-803.

PAULUS VI, Litterae encyclicae *Ecclesiam suam* de quibus viis catholicam Ecclesiam in praesenti munus suum exsequi oporteat (06.08.1964): *AAS* 56 (1964), 609-659.

PAULUS VI, Allocutio (21.11.1964): *AAS* 56 (1964), 1007-1018.

PAULUS VI, Constitutio apostolica *Mirificus eventus*: *AAS* 57 (1965), 945-951.

PAOLO VI, *Lettera ai Vescovi d'Asia*: *OR* 21.04.1974, 1.

IOANNES PAULUS II, Homilia in urbe Puebla habita (28.01.1979): *AAS* 71 (1979), 182-186.

IOANNES PAULUS II, Allocutio ad legatos Nationum Unitarum (02.10.1979): *AAS* 71 (1979), 1144-1160.

IOANNES PAULUS II, Homilia in Xystino sacello habita VI exeunte Synodo Episcoporum (25.10.1980): *AAS* 72 (1980), 1079-1085.

IOANNES PAULUS II, Epistula apostolica *Mulieris dignitatem* de dignitate ac vocatione mulieris Anno Mariali vertente (15.08.1988): *AAS* 80 (1988), 1653-1729.

IOANNES PAULUS II, **Litterae Familiis datae** *ipso volvente sacro Familiae anno 1994* (02.02.1994): *AAS* 86 (1994), 868-925.

IOANNES PAULUS II, Epistula apostolica de sacerdotali ordinatione viris tantum reservanda *Ordinatio sacerdotalis* (22.05.1994): *AAS* 86 (1994), 545-548.

JOHANNES PAULUS II., *Schreiben an die Priester zum Gründonnerstag 1995* (25.03.1995), Vatikanstadt 1995.

CONGREGATIO PRO DOCTRINA FIDEI, Instructio de ecclesiali theologi vocatione *Donum veritatis* (24.05.1990): *AAS* 82 (1990), 1550-1570.

CONGREGATIO PRO DOCTRINA FIDEI, Litterae de aliquibus aspectibus Ecclesiae prout est communio *Communionis notio* (28.05.1992): *AAS* 85 (1993), 838-850.

CONGREGATIO PRO DOCTRINA FIDEI, *Responsum ad dubium circa doctrinam in Epistula Apostolica «Ordinatio Sacerdotalis» traditam* (28.10.1995): *AAS* 87 (1995), 1114.

PONTIFICIA COMMISSIONE «IUSTITIA ET PAX», Documento *I pregiudizi razziali. La Chiesa di fronte al razzismo. Per una società più fraterna* (03.11.1988): *OR supplemento* 11.02.1989 (*EV* 11, nn. 1439-1513).

B. SEKUNDÄRLITERATUR

AGUIRRE R., *La casa como estructura base del cristianismo primitivo: Las iglesias domésticas*, in: *EE* 59 (1984), 27-51.

ALBERIGO G.–CONGAR Y.–POTTMEYER H.J. (Hg.), **Kirche im Wandel**. *Eine kritische Zwischenbilanz nach dem Zweiten Vatikanum*, Düsseldorf 1982.

ALBERIGO G.–MAGISTRETTI F., *Constitutionis dogmaticae «Lumen Gentium» synopsis historica*, Bologna 1975.

ALBUS M.–ZULEHNER P.M. (Hg.), **Nur der Geist** *macht lebendig. Zur Lage der Kirche in Deutschland nach 20 Jahren Konzil und 10 Jahren Synode*, Mainz 1985.

ALETTI J.N., *Bulletin Paulinien*, in: *RSR* 71 (1983), 437.

ALETTI J.N., *Rezension zu* D.V. ALLMEN, *La famille de Dieu*, in: *Bib* 64 (1983), 440f.

ALLMEN, D.v., *La famille de Dieu*. *La symbolique familiale dans le paulinisme* (*OBO* 41), Göttingen 1981.

ANTÓN A., *El Mistero de la Iglesia*. *Evolución historica de las ideas eclesiologicas*. *II. De la apologética de la Iglesia-sociedad a la teología de la Iglesia-mistero en el Vaticano II y en el posconcilio* (*BAC* 30), Madrid 1987.

ANTÓN A., *Episcopato et Primato garantiscono la diversità e l'unità nella Chiesa*, in: *CivCatt* 120 (1969) I, 110-124.

ANTÓN A., *Postconciliar Ecclesiology*. *Expectations, Results, and Prospects for the Future*, in: LATOURELLE R. (Hg.), *Vatican II. Assessment and Perspectives 25 years after. 1962-1987*, New York 1988, 407-438.

ANTÓN A., *Unità e diversità nella Chiesa secondo il Vaticano II*, in: *CivCatt* 120 (1969) I, 23-35.

AUDET J.P., *Priester und Laie in der christlichen Gemeinde*. *Der Weg in die gegenseitige Entfremdung*, in: *Der priesterliche Dienst I: Ursprung und Frühgeschichte* (*QD* 46), Freiburg 1970, 115-175.

AUER J., *Die Kirche – Das allgemeine Heilssakrament*, *KKD* VIII, Regensburg 1983.

BALTHASAR H.U. v., *Credo*, Freiburg 1989.

BALTHASAR H.U. v., *Der dreifache Kranz*. *Das Heil der Welt im Mariengebet*, Einsiedeln 1977.

BALTHASAR H.U. v., *Glaubhaft ist nur Liebe*, Einsiedeln 1963.

BALTHASAR H.U. v., *Klarstellungen*. *Zur Prüfung der Geister*, Einsiedeln ⁴1978.

BALTHASAR H.U. v., *Neue Klarstellungen*, Einsiedeln 1979.

BALTHASAR H.U. v., *Pneuma und Institution*. *Skizzen zur Theologie IV*, Einsiedeln 1974.

BALTHASAR H.U. v., *Sponsa Verbi*. *Skizzen zur Theologie II*, Einsiedeln 1960.

BANKS R., *Church Order and Government*, in: HAWTHORNE G.–MARTIN R.P. u.a. (Hg.), *Dictionary of Paul and his Letters*, Downers .Grove 1993, 131-137.

BANKS R., *Paul's Idea of Community*. *The early House Churches in their Historical Setting*, Grand Rapids 1980.

BARBAGLI M., *Famiglia*. *Sociologia*, in: *Enciclopedia delle Scienze Sociali* Bd. III, Roma 1993, 767-780.

BARBÉ D., *Demain, les communautés de base*, Paris 1970.

BARTH K., *Die protestantische Theologie im neunzehnten Jahrhundert. Ihre Vorgeschichte und ihre Geschichte*, Zürich 1947 [³1961].

BEHAM M., *Diskussion des Begriffs Familie*, in: GISSER R. u.a. (Hg.), *Lebenswelt Familie. Familienbericht 1989*, Wien 1989, 9-13.

BEINERT W., *Eucharistie als Sakrament der Einheit*, in: *Cath(M)* 36 (1982), 234-256.

BELLARMIN R., *De Controversiis christianae fidei adversus huius temporis haereticos*, Neapoli 1857.

BERTI C.M., *Methodologiae theologicae elementa (Marianum)*, Roma 1955.

BERTRAM H., *Strukturwandel der Familie*, in: *StZ* 206 (1988), 232-240.

BIANCA C.M., *Famiglia. Diritto*, in: *Enciclopedia delle Scienze Sociali* Bd. III, Roma 1993, 780-788.

BIERITZ K.H., *Rückkehr ins Haus? Sozialgeschichtliche und theologische Erwägungen zum Thema «Hauskirche»*, in: *BerThZ* 3 (1986), 111-126.

BOFF L., *Kleine Trinitätslehre*, Düsseldorf 1990.

BORNKAMM G., μυστηριον, in: *ThWNT* IV, 809-834.

BOWEN M., *Family Therapy in Clinical Practice*, New York 1978.

BROSSEDER J., *Gott der Vater – Gott der Schöpfer*, in: FALATURI A. u.a. (Hg.), *Universale Vaterschaft*, 32-50.

BRUNNER A., *Dreifaltigkeit. Personale Zugänge zum Geheimnis*, Einsiedeln 1976.

BULTMANN R., *Der Stil der paulinischen Predigt und die kynisch-stoische Diatribe*, Göttingen 1910 [1984].

BULTMANN R., *Gleichnis und Parabel* II,2-3, in: *RGG* II ²1928, 1239-1242.

BÜRKLE H., *Familie. Religionswissenschaftlich*, in: *LThK³* 3, 1167f.

BUTLER S., *Personhood, Sexuality and Complementarity in the Teaching of Pope John Paul II*, in: *ChSt* 32 (1993), 43-53.

CEHV (CONFÉRENCE EPISCOPALE DE HAUTE-VOLTA), *L'Église Voltaique en dialogue. Famille Africaine – Image de L'Église. Supplement* **Question B**, in: *FiRe* 103 (1977), 21-30.

CEHV, *L'***Église-Famille** *du Christ en Haute-Volta*, in: *FiRe* 110 (1979), 1-60.

CEHV, *La* **Communauté** *Chrétienne. Note théologico-pastorale*, in: *FiRe* 108 (1978), 33-49.

CHEZA M.–DERROITE H.–LUNEAU R. (Hg.), *Les évêques d'Afrique parlent (1969-1991). Documents pour le Synode africain*, Paris 1992.

CHRISTIANO K.J., *Church as a Family Surrogate: Another Look at Family Ties, Anomie, and Church Involvement*, in: *JSSR* 25 (1986), 339-354.

CLERICI L., *The* **Church as Family**: *African Church Communities as Families of Jesus and of God. A Biblical and Ecclesiological Reflection*, in: *AfCS* 11/2 (1995), 27-45.

COMPAORÉ G., *La* **Famille** *Chrétienne. «Église domestique» dans l'Église – Famille de Dieu* (Thèse de Licence, Istituto Giovanni Paolo II per studi su Matrimonio e Famiglia; *PUL*), Roma 1987.

CONGAR Y., *Die christologischen und pneumatologischen Implikationen der Ekklesiologie des II. Vatikanums*; in: ALBERIGO G. u.a. (Hg.), *Kirche im Wandel*, 111-123.

CONGAR Y., *Einleitung und Kommentar zum vierten Kapitel des ersten Teils der Pastoralkonstitution über die Kirche in der Welt von heute*, in: *LThK.E* 3, 397-422.

CONGAR Y., *Pneumatologie ou «Christomonisme» dans la tradition latine?* in: *Ecclesia a Spiritu Sancto edocta. Lumen Gentium 53* (*FS* G. PHILIPS), Gembloux 1970, 41-63.

CONGAR Y., *Sainte Église. Études et approches ecclésiologiques* (*Unam Sanctam* 41), Paris 1963.

CONZEMIUS V., *Die Kritik der Kirche*, in: *HFTh* 3, 30-48.

COSMAO V., *Verlagerung der Schwerpunkte*, in: ALBERIGO G. u.a. (Hg.), *Kirche im Wandel*, 48-56.

COYLE J.K., *Empire and Eschaton. The Early Church and the Question of Domestic Relationships*, in: *EglTh* 12 (1981), 35-94.

DABIRÉ KUSIELE J.M., *L'Église «Famille de Dieu». Au rendez-vous de la Théologie Pastorale de l'Inculturation*, in: *EcAf* 3 (1990), 20-47.

DABIRÉ KUSIELE J.M., *L'Église «Famille du Christ»*, in: *FiRe* 105 (1977), 43-60.

DABIRÉ KUSIELE J.M., *L'Église Famille de Dieu. Approche théologico-doctrinale et pastorale. Session de formation pour les jeunes pretres* (05-07 Août 1992: Propositions et positions. Manuscrits et documents 2), Bobo-Dioulasso (Burkina Faso) 1992.

DABIRÉ KUSIELE J.M., *Le Sacrement de Confirmation dans le cadre de l'initiation chrétienne* (Diss.), Paris 1985.

DABIRÉ KUSIELE J.M., *Les communautés chrétiennes de base. Nouveau visage de l'Église*, in: *MdE* 50 (1980/4), 28-36.

DELPHY C., *Close to Home: A Materialist Analysis of Women's Oppression* (übers. u. hg. D. LEONARD), Amherst (Massachusetts) 1984.

DESHUSSES J., *Le Sacramentaire Grégorien. Ses principales formes d'après les plus ancien manuscrits*, Bd. 1-3, Fribourg 1971-1982.

DE MARGERIE B., *L'analogie familiale de la Trinité*, in: *ScEs* 24 (1972), 77-92.

DOBHAN U., *«Bei euch soll es nicht so sein!» Meditation zur Utopie Jesu von einer geschwisterlichen Kirche*, in: *CI* 29 (1994), 70-72.

DOBHAN U., *«In diesem Haus haben alle gleich zu sein». Gelebte Geschwisterlichkeit bei Teresa von Avila*, in: *CI* 29 (1994), 60-69.

DOOHAN L., *The Lay-Centered Church. Theology and Spirituality*, New York 1984.

DRILLING P., *The Genesis of the Trinitarian Ecclesiology of Vatican II*, in: *ScEs* 45 (1993), 61-78.

DUDEN, Bd. 7. *Etymologie. Herkunftswörterbuch der deutschen Sprache*, Mannheim 1963.

DUJARIER M., *L'Église-Fraternité. (I) Les origines de l'expression «adelphotès - fraternitas» aux trois premiers siècles du christianisme*, Paris 1991.

DULLES A., *A Church to Believe In*, New York 1982.

DULLES A., *Models of the Church*, New York ²1987.

DULLES A., *The Craft of Theology: From Symbol to System*, New York 1992.

DUPONT J., *Jésus et la famille dans les Évangiles*, in: DERS., *Études sur les Évangiles Synoptiques* (BEThL 70/1), Louvain 1985, 131-145.

ELLIOTT T., *Lo sposo e la sposa nel Cantico dei cantici*, in: *PSV* 13, 57-68.

ENGELS F., *Grundsätze des Kommunismus* [1847/1914], Stuttgart 1969.

ERHARD B.M., *Frau – Gott – Mann. Die zweigeschlechtliche Welt – Abbildung des dreipersönlichen Gottes. Eine Studie*, Vallendar-Schönstatt, 1988.

ETCHEGARAY R., *Bulletin «Justice et Paix»: L'Église-Famille: Foyer de justice et de paix*, in: *Telema* 81 (1995), 27-31.

FALATURI A.–PETUCHOWSKI J.J.–STROLZ W. (Hg.), *Universale Vaterschaft Gottes. Begegnung der Religionen* (Weltgespräch der Religionen. Schriftenreihe zur großen Ökumene Bd. XIV), Freiburg 1987.

FANIRAN J.O., *The Challenges of African Synod to Catholic Journalists*, in: *Vidyaj* 59 (1995), 46-53.

FARLEY M.A., *Family*, in: J.A. DWYER u.a. (Hg.), *The New Dictionary of Catholic Social Thought*, Collegeville 1994, 371-381.

FEINER J., *Kommentar zum Dekret über den Ökumenismus*, in: *LThK.E* 2, 40-123.

FLEISCHMANN A., *Die Familie in naturrechtlicher Sicht*, in: SCHAMBECK H. (Hg.), *Apostolat und Familie (FS* O. ROSSI*)*, Berlin 1980, 367-383.

FORTE B., *Trinität als Geschichte*, Mainz 1989.

FRANKEMÖLLE H. (Hg.), *Kirche von unten. Alternative Gemeinden. Modelle – Erfahrungen – Reflexionen*, München 1981.

FRANSEN P., *Die kirchliche **Communio**, ein Lebensprinzip*, in: ALBERIGO G. u.a. (Hg.), *Kirche im Wandel*, 175-197.

FRIES H., ***Der Sinn von Kirche** im Verständnis des heutigen Christentums*, in: *HFTh* 3, 17-29.

GENDRON L., *Mystère de la trinité et symbolique familiale. Approche historique* (Diss. *PUG*; Exzerpt), Roma 1975.

GEREMIA F., *I primi due capitoli della «Lumen gentium». Genesi ed elaborazione del testo conciliare*, Roma 1971.

GERL H.B., *Romano Guardini 1885-1968. Leben und Werk*, Mainz ²1985.

GILDERSLEEVE B.L., *Latin Grammar*, London ³1965.

GIULIANI S., *La famiglia è l'immagine della Trinità*, in: *Ang* 38 (1961), 257-310.

GNILKA J., *Der Philemonbrief* (*HThK* X,4), Freiburg 1982.

GNILKA J., *Die neutestamentliche Hausgemeinde*, in: SCHREINER J. (Hg.), *Freude am Gottesdienst. Aspekte ursprünglicher Liturgie. FS* J.G. PLÖGER, Stuttgart 1983, 229-242.

GONZALES ARINTERO J., *Desenvolvimiento y vitalidad de la Iglesia. Bd. I, Evolución orgánica*, (Hg. A. ALONSO LOBO), Madrid 1974.

GOPPELT L., *τυπος*, in: *ThWNT* 8, 246-260.

GREER R.A., *Broken Lights and Mended Lives. Theology and Common Life in the Early Church*, London 1986.

GRESHAKE G., *Communio – Schlüsselbegriff der Dogmatik*, in: BIEMER G. u.a. (Hg.), *Gemeinsam Kirche sein. Theorie und Praxis der Communio.* (*FS* O. SAIER), Freiburg 1992, 90-121.

GRESHAKE G., *Priestersein. Zur Theologie und Spiritualität des priesterlichen Amtes*, Freiburg 1982.

GRESHAM J.L., *The Social Model of the Trinity and its Critics*, in: *SJTh* 46 (1993), 325-343.

GRILLMEIER A., *Kommentar zum ersten Kapitel der Dogmatischen Konstitution über die Kirche «Lumen Gentium»*, in: *LThK.E* 1, 156-176.

GRILLMEIER A., *Kommentar zum zweiten Kapitel der Dogmatischen Konstitution über die Kirche «Lumen Gentium»*, in: *LThK.E* 1, 176-207.

GUARDINI R., *Das Erwachen der Kirche in der Seele*, in: *Hochl* 19/2 (1922), 257-267.

GUARDINI R., *Vom Sinn der Kirche. Fünf Vorträge*, Mainz 1922.

GUTIÉRREZ P., *La paternité spirituelle selon Saint Paul* (*EtB*), Paris 1968.

HAUKE M., *Die Diskussion um die weibliche Symbolik des Gottesbildes in der Pneumatologie*, in: *Der dreifaltige Gott und das Leben des Christen. Internationales Symposion zur Trinitätslehre (28./29.11.1991: StTG* 11), St. Ottilien 1993, 130-150.

HAUKE M., *Die Problematik um das Frauenpriestertum vor dem Hintergrund der Schöpfungs- und Erlösungsordnung* (*KKTS* 46), Paderborn ²1986.

HAUSRATH A., *Der Apostel Paulus*, Heidelberg ²1872.

HAWTHORNE G.–MARTIN R.P. u.a. (Hg.), *Dictionary of Paul and his Letters*, Downers Grove 1993.

HEALEY J.G., **Basic Christian Communities:** *Church-Centred or World-Centred?* in: *Miss(P)* 14 (1986), 14-32.

HEALEY J.G., *Church-as-Family And SCCs: Themes From The African Synod*, in: *AfER* 37 (1995), 44-48.

HEARNE B., *The Church as Community*, in: *AfER* 19 (1977), 289-298.

HELEWA J., *Christliche Geschwisterlichkeit bei Paulus*, in: *CI* 29 (1994), 44-50.

HENNESSEY L.R., *Sexuality, Family, and the Life of Discipleship: Some Early Christian Perspectives*, in: *ChSt* 32 (1993), 14-31.

HOET H., *Een Broederlijke Familie van Vreemdelingen*, in: *Coll* 23 (1993), 241-257.

HOET H., *Gods volk als familie*, in: *Interpretatie* 4 (1996), 29-31.

HONNER J., *Unity-in-Difference: Karl Rahner and Niels Bohr*, in: *TS* 46 (1985), 480-506.

HOWE G., *Zu den Äußerungen von Niels Bohr über religiöse Fragen*, in: *KuD* 4 (1958), 20-46.

HÜNERMANN P., *Anthropologische Dimensionen der Kirche*, in: *HFTh* 3, 153-175.

INTERNATIONALE THEOLOGENKOMMISSION, *Dokument: Die Interpretation der Dogmen*, in: *IKaZ* 19 (1990), 246-266.

JAUSS H.R., *Literaturgeschichte als Provokation*, Frankfurt 1970.

JENNI E., *'âb*, in: *THAT* I, 1-17.

JONES A., *Making one familiy out of strangers. Re-imagining the Catholic Church*, in: *Pac* 6 (1993), 249-264.

JÜLICHER A., *Die Gleichnisreden Jesu*, Tübingen ²1899 [Darmstadt 1963].

JÜNGEL E., *Metaphorische Wahrheit. Erwägungen zur theologischen Relevanz der Metapher als Beitrag zur Hermeneutik einer narrativen Theologie*, in: *Die Metapher*, Sondernummer der *EvTh*, München 1974, 71-122.

JÜNGEL E.–RICOEUR P. u.a., *Die Metapher*, Sondernummer der *EvTh*, München 1974.

JUNGMANN J.A., *Missarum Sollemnia. Eine genetische Erklärung der Römischen Messe*, Bd. 2 *Opfermesse*, Wien ²1949.

KABASELE LUMBALA F., *L'«Église-Famille» en Afrique*, in: *Conc(F)* 31 (1995), 125-131.

KANT I., *Beantwortung der Frage: Was ist Aufklärung?* [1784], in: *Kants Werke. Akademie Textausgabe VIII. Abhandlungen nach 1781*, Berlin 1912/23, 33-42.

KANT I., *Das* **Ende** *aller Dinge* [1794], in: *Kants Werke. Akademie Textausgabe VIII. Abhandlungen nach 1781*, Berlin 1912/23, 325-339.

KANT I., *Der* **Streit** *der Facultäten* [hg. 1798; entstanden 1793-1794]: *Kants Werke. Akademie Textausgabe VII*, Berlin 1907/17, 1-116.

KANT I., *Die* **Religion** *innerhalb der Grenzen der bloßen Vernunft* [1793], in: *Kants Werke. Akademie Textausgabe VI*, Berlin 1907/14, 1-202.

KASPER W., *Der Gott Jesu Christi*, Mainz ²1983.

KASPER W., *Die Kirche als* **Sakrament der Einheit**, in: HENRICI P.–RATZINGER J. (Hg.), *Credo. Ein theologisches Lesebuch*, Köln 1992, 263-270.

KASPER W., *Die Kirche als universales Sakrament des Heils*, in: DERS., *Theologie und Kirche*, Mainz 1987, 237-254.

KASPER W., *Einheit und Vielfalt der Aspekte der Eucharistie. Zur neuerlichen Diskussion um Grundgestalt und Grundsinn der Eucharistie*, in: DERS., *Theologie und Kirche*, Mainz 1987, 300-320.

KASPER W., *Kirche als Communio. Überlegungen zur ekklesiologischen Leitidee des II. Vatikanischen Konzils*, in: DERS., *Theologie und Kirche*, Mainz 1987, 272-289.

KAUFMANN F.X., *Familie. Soziologisch*, in: *LThK³* 3, 1169f.

KAUFMANN F.X., **Familie und Modernität**, in: LÜSCHER K.–SCHULTHEIS F.–WEHRSPAUN M. (Hg.), *Die «postmoderne» Familie. Familiale Strategien und Familienpolitik in einer Übergangszeit*, Konstanz 1988, 391-415.

KEE H.C., *Christian Origins in Sociological Perspective*, Philadelphia 1980 [dt.: *Das frühe Christentum in soziologischer Sicht. Methode und Anstöße*, Göttingen 1982].

KEE H.C., *Community of the New Age. Studies in Mark's Gospel*, London 1977.

KEHL M., **Die Kirche**. *Eine katholische Ekklesiologie*, Würzburg ²1993.

KEIL S., **Familie**, in: *TRE* 11, Berlin 1983, 1-23.

KERN U., **Kirche** *als «Hausgenossenschaft» der Freien. Grundstrukturen der Ekklesiologie Immanuel Kants*, in: *ThLZ* 109 (1984), 705-716.

KERR M., *Family Systems Theory and Therapy*, in: GURMAN A.S.–KNISKERN D.P. (Hg.), *Handbook of Family Therapy*, New York 1981, 226-264.

KLAUCK H.J., *Die Hausgemeinde als Lebensform im Urchristentum*, in: *MThZ* 32 (1981), 1-15.

KLAUCK H.J., *Hausgemeinde und Hauskirche im frühen Christentum* (*SBS* 103), Stuttgart 1981.

KLINGER E., *Die Kirche der Basisgemeinden. Der Mensch als Prinzip der Ekklesiologie*, in: KLINGER E.–ZERFASS R. (Hg.), *Die Basisgemeinden – ein Schritt auf dem Weg zur Kirche des Konzils*, Würzburg 1984, 43-57.

KLINGER E.–ZERFASS R. (Hg.), *Die Basisgemeinden – ein Schritt auf dem Weg zur Kirche des Konzils*, Würzburg 1984.

KLÖNNE A., *Kirchliche Basisgruppen und gesellschaftspolitische Alternativbewegungen. Bemerkungen zum Problemzusammenhang*, in: FRANKEMÖLLE H. (Hg.), *Kirche von unten. Alternative Gemeinden. Modelle – Erfahrungen – Reflexionen*, München 1981, 100-110.

KNOCH O., *Die frühe Kirche als Familie Gottes. Gedanken zur Erneuerung christlicher Gemeinschaft*, in: *GuL* 60 (1987), 375-379.

KOSTER M.D., **Zum Leitbild von der Kirche** *auf dem II. Vatikanischen Konzil. Ein ekklesiologischer Diskussionsbeitrag*, in: *ThQ* 145 (1965), 13-41.

KRÄMER P., *Dienst und Vollmacht in der Kirche. Eine rechtstheologische Untersuchung zur Sacra Potestas-Lehre des II. Vatikanischen Konzils*, Trier 1973.

KRAUS G., *Wert und Bewertung der Familie. Katholische und sozialistische Grundlagen* (Diplomarbeit: Kath.-theol. Fakultät Universität Wien), Wien 1991.

KRESS R., **The Church as «Communio»**: *Trinity and Incarnation as the Foundations of Ecclesiology*, in: *Jurist* 36 (1976), 127-158.

LAMBIASI F., *Lo Spirito Santo: mistero e presenza. Per una sintesi di pneumatologia* (*CTS* 5), Bologna 1987.

LANNE E., *L'Église locale et l'Église universelle*, in: *Irén* 43 (1970), 481-511.

LINDEMANN A., PAULSEN H. (Hg.), *Die Apostolischen Väter. Griechisch-deutsche Parallelausgabe auf der Grundlage der Ausgabe von F.X. FUNK/ K. BIHLMEYER–M. WHITTAKER. Mit Übersetzungen von M. DIBELIUS u. D.A. KOCH neu übers. u. hg.*, Tübingen 1992.

LOHFINK G., *Wie hat Jesus Gemeinde gewollt?* Freiburg [1982] Neuausgabe 1993.

LOHFINK G.–PESCH R., *Volk Gottes als «Neue Familie»*, in: ERNST J.–LEIMGRUBER S. (Hg.), *Surrexit Dominus vere. Die Gegenwart des Auferstandenen in seiner Kirche. FS für Erzbischof Dr. Johannes Joachim Degenhardt*, Paderborn 1995, 227-242.

LORD D.R., *Church as Family. Exploring a Perspective of the Local Church and Parish Ministry through Metaphor and Family Systems Theory* (Diss. Boston University), Boston 1984.

LOSIGO KULU A., *Perspectives ecclésiologiques en Afrique noire francophone. Pour une théologie de l'Église locale à la lumière du Synode de 1974* (Diss *PUG*; Exzerpt), Roma 1991.

LUDIN W.–SEITERICH T.–ZULEHNER P.M. (Hg.), *Wir Kirchenträumer. Basisgemeinschaften im deutschsprachigen Raum*, Freiburg 1987.

LUTHER M., *D. Martin Luthers Werke. Kritische Gesamtausgabe*, Bd. 1, Weimar 1883.

LWAMINDA P., *The African Synod and the Family*, in: *AfCS* 11/2 (1995), 46-53.

MACCISE C., *Christliche Geschwisterlichkeit in theologischer Theorie und Praxis*, in: *CI* 29 (1994), 36-43.

MACCISE C., *Die biblischen Wurzeln der christlichen Geschwisterlichkeit*, in: *CI* 29 (1994), 51-54.

MAGRIN G., *Il ministero ordinato. Icona della Trinità*, in: *Presb* 28 (1994), 230-236.

MANHAEGHE E., *Les Églises, «Famille de Dieu» en acte et en verité. Interdépendance et Solidarité au plan financier*, in: *Telema* 1994 (2), 43-53.

MARTIN F., *Male and female he created them: A summary of the teaching of Genesis chapter one*, in: *ICR* 20 (1993), 240-265.

MARTIN F., *The God and Father of Our Lord Jesus Christ*, in: *Anth* 9 (1993), 189-209.

MARX K.–ENGELS F., *Manifest der Kommunistischen Partei* [1848], Stuttgart 1969.

MAYR F.K., *Patriarchalisches Gottesverständnis? Historische Erwägungen zur Trinitätslehre*, in: *ThQ* 152 (1972), 224-255.

MAYR F.K., *Trinität und Familie in De Trinitate XII*, in: *REAug* 18 (1972), 51-86.

MCAFEE BROWN R., *Frontiers for the Church Today*, New York 1973.

MERRIGAN T., *Models in the Theology of Avery Dulles. A Critical Analysis*, in: *Bijdr* 54 (1993), 141-161.

MESSNER J., *Das Naturrecht. Handbuch der Gesellschaftsethik, Staatsethik und Wirtschaftsethik*, Berlin 71984.

MESSNER J., *Die Familie der Zukunft*, in: SCHAMBECK H. (Hg.), *Apostolat und Familie (FS O. ROSSI)*, Berlin 1980, 351-366.

MICHEL O., *οικος*, in: *ThWNT* 5, Stuttgart 1954, 122-161.

MINEAR P., *Images of the Church in the New Testament*, Philadelphia 1960.

MINGUEZ D., *«Vosotros sois familia de Dios» (Ef. 2,19). Reflexiones bíblicas sobre la familia*, in: *RCI* 8 (1986), 577-585.

MITSCHERLICH A., *Auf dem Weg zur vaterlosen Gesellschaft. Ideen zur Sozialpsychologie*, München [¹1963] ¹⁶1986.

MOELLER C., *Die Geschichte der Pastoralkonstitution*, in: *LThK.E* 3, 242-278.

MOELLER C., *Kommentar zum «Prooemium» und zur «Expositio introductiva» der Pastoralkonstitution*, in: *LThK.E* 3, 280-312.

MOHLBERG L.C., *Liber Sacramentorum Romanae Documenta. Anni circuli. Sacramentarium Gelasianum* (series maior, fontes IV), Roma ³1981.

MOHLBERG L.C., *Sacramentarium Veronense. Rerum Ecclesiasticorum Documenta* (series maior, fontes I), Roma ³1978.

MOHRMANN C., *Études sur le latin des Chrétiens.* (T. II) *Latin Chrétien et médieval,* Rom 1961.

MOLTMANN J., *Trinität und Reich Gottes,* München 1980.

MOL H., *Identity and the Sacred. A Sketch of a New Social-Scientific Theory of Religion,* New York 1977.

MUCHA B., *Transparent Gottes im Alltag. Ehe und Familie: Grundlage und Ziel einer zeitgemäßen Neuevangelisierung. Grundzüge der Lehre über Ehe und Familie bei Pater Josef Kentenich, Gründer der internationalen Schönstattbewegung* (Diss. *PUL* – Istituto Giovanni Paolo II per studi su Matrimonio e Famiglia), Rom 1992.

MÜHLEN H., *Der Heilige Geist als Person in der Trinität, bei der Inkarnation und im Gnadenbund: Ich-Du-Wir,* Münster ⁴1980.

MÜLLER J., *Gemeinde – Reform? Kritisches Korrektiv oder Zufluchtsort,* Wien 1983.

MURDOCK G., *Social Structure,* New York, 1963.

MURPHY-O'CONNOR C., *The Family of the Church*, London 1984.

MUSER I., *Das mariologische Prinzip «gottesbräutliche Mutterschaft» und das Verständnis der Kirche bei M.J. Scheeben* (*AnGr* 267), Rom (Diss.) 1995.

MUTISO-MBINDA J., *African Background for Community Building,* in: *AfER* 19 (1977), 299-306.

MWOLEKA C., *The Church as Family. Total Self-Giving Love,* in: *POS* 4 (1986), 1-11.

NEIDHARDT F., *Die Familie in Deutschland,* Opladen ⁴1975.

NELL-BREUNING O. v., *Familie, Staat, Kirche – drei unentbehrliche Institutionen?* (*AdG* 32), Freiburg 1983.

NOTHOMB D., *L'Église-famille: concept-clé du Synode des évêques pour l'Afrique. Une réflexion théologique et pastorale,* in: *NRTh* 117 (1995), 44-64.

NYAMITI C., *New Theological Approach and New Vision of the Church in Africa,* in: *RAT* 2 (1978), 33-53.

NYAMITI C., *The Church as Christ's Ancestral Mediation: An Essay in African Ecclesiology,* in: MUGAMBI J.N.K.–MAGESA L. (Hg.), *The Church in African Christianity. Innovative Essays in Ecclesiology,* Nairobi 1990, 129-177.

O'BRIEN P.T., *Church,* in: HAWTHORNE G.–MARTIN R.P. u.a. (Hg.), *Dictionary of Paul and his Letters,* Downers Grove 1993, 123-131.

O'DONNELL J., *The Trinity as Divine Community. A Critical Reflection Upon Recent Theological Developments,* in: *Gr* 69, 1 (1988), 5-34.

O'MEARA F.T., *Philosophical models in Ecclesiology*, in: *ThSt* 39 (1978), 3-21.

ODUYOYE M.A., *La familia africana como simbolo de ecumenismo*, in: *DiEc* 25 (1990), 397-419.

OKEKE H.O., *From «Domestic Church» to «Family of God»: the African Christian Family in the African Synod*, in: *NZM* 52 (1996), 193-207.

OKIN S., *Justice, Gender, and the Family*, New York 1989.

PAMBRUN J.R., *The Family: A Narrative and Personalist Perspective*, in: *EglTh* 12 (1981), 115-140.

PANNENBERG W., *Problem einer trinitarischen Gotteslehre*, in: BAIER W.-HORN O. u.a. (Hg.), *Weisheit Gottes – Weisheit der Welt (FS* J. RATZINGER), St. Ottilien 1987, 329-341.

PEDERSEN J., *Israel: Its Life and Culture*. Bd. I, London 1926 [1953].

PENNA R., *«Voi non siete più stranieri né ospiti» Ef 2,19; cf. Col 1,21*, in: *PSV* 28 (1993/2), 183-198.

PENOUKOU E.J., *Chemins d'Église en Afrique. Introduction théologique*, in: CHEZA M.-DERROITE H.-LUNEAU R. (Hg.), *Les évêques d'Afrique parlent (1969-1991). Documents pour le Synode africain*, Paris 1992, 19-33.

PENOUKOU E.J., *Quel type d'Église pour quelle mission en Afrique?* in: *Sp* 123 (1991), 196-212.

PETAVIUS D., *De Ecclesiastica Hierarchia* l. III: DERS., *Dogmata Theologica* Bd. VIII, Paris 1867.

PETRI H., *Einheit in Katholizität – Eine bleibende Spannung?* in: *Cath(M)* 45 (1991), 265-282.

PETUCHOWSKI J.J., *Bekannte und unbekannte Gottesbünde*, in: FALATURI A. u.a. (Hg.), *Universale Vaterschaft*, 13-31.

PHILIPS G., *Die Geschichte der Dogmatischen Konstitution über die Kirche «Lumen Gentium»*, in: *LThK.E* 1, Freiburg 1966, 139-155.

PIO XII, *Discorsi e Radiomessaggi di Sua Santità Pio XII*, Bd. 1-20 (1939-1958), Città del Vaticano [Ristampa] 1960.

PLANTINGA C. Jr., *The Perfect Family: Our Model for Life Together is found in the Father, Son and Holy Spirit*, in: *ChrT* 04.03.1988, 24-28.

PRUSAK B.P., *Hospitality Extended or Denied: Koinonia Incarnate from Jesus to Augustine*, in: *Jurist* 36 (1976), 89-126.

PRZYWARA E., *Alter und Neuer Bund. Theologie der Stunde*, Wien 1956.

PRZYWARA E., *Analogia entis*, München 1932.

PRZYWARA E., *Bild, Gleichnis, Symbol, Mythos, Mysterium, Logos*, in: *AdF* 1956 (2-3), 7-38.

PRZYWARA E., *Christentum gemäß Johannes*, Nürnberg 1954.

PRZYWARA E., *Corpus Christi mysticum – Eine Bilanz:* in: *ZAM* 15 (1940), 197-215.

PRZYWARA E., *Deus semper maior*. Bd. I-III, Wien 1964.

PRZYWARA E., *Gott in der Kirche*, in: *ZAM* 19 (1944), 79-87.

PRZYWARA E., *Humanitas. Der Mensch gestern und morgen*, Nürnberg 1952.

PRZYWARA E., *Kant heute. Eine Sichtung*, München 1930.

PRZYWARA E., *Katholizismus der Kirche und Katholizismus der Stunde*, in: DERS., *Ringen der Gegenwart. Gesammelte Aufsätze 1922-1927 I*, Augsburg 1929.

PRZYWARA E., *Metaphysik, Religion, Analogie*, in: *AdF* 1956 (1), 153-172.

QUELL G., *Der Vaterbegriff im AT*, in: *ThWNT* 5, Stuttgart 1954, 959-974.

RAAB H., *Richer Edmond*, in: *LThK* VIII, Freiburg ²1963, 1299.

RADFORD RUETHER R., *Church and Family*, in: *NBlackf* 65 (1984) 4-14: *Church and Family in the Scriptures and Early Christianity*; 77-86: *Church and Family in the Medieval and Reformation Periods*; 110-118: *Religion and the Making of the Victorian Family*; 170-179: *The Family in Late Industrial Society*; 202-212: *Feminism, Church and Family in the 1980s*.

RAHNER K., *Bemerkungen zum dogmatischen Traktat De Trinitate*, in: DERS., **Schriften** *zur Theologie* **IV**, Einsiedeln ⁵1960, 103-136.

RAHNER K., *Das neue Bild der Kirche*, in: DERS., **Schriften** *zur Theologie* **VIII**, Einsiedeln 1967, 329-354.

RAHNER K., *Das Sakrament der Buße als Wiederversöhnung mit der Kirche*, in: DERS., **Schriften** *zur Theologie* **VIII**, Einsiedeln 1967, 447-471.

RAHNER K., **Grundkurs** *des Glaubens. Einführung in den Begriff des Christentums*, Freiburg ⁶1984.

RAHNER K., **Kirche und Sakramente** (*QD* 10), Freiburg 1960.

RAHNER K., *Strukturwandel der Kirche als Aufgabe und Chance*, Freiburg 1972.

RAHNER K., *Theologische Grundinterpretation des II. Vatikanischen Konzils*, in: DERS., **Schriften** *zur Theologie* **XIV**: *In Sorge um die Kirche*, bearbeitet von P. IMHOF, Einsiedeln 1980, 287-302.

RAHNER K., *Zur theologischen Problematik einer «Pastoralkonstitution»*, in: DERS., **Schriften** *zur Theologie* **VIII**, Einsiedeln 1967, 613-636.

RATZINGER J., *Das neue Volk Gottes. Entwürfe zur Ekklesiologie*, Düsseldorf 1969 [u. 1972].

RATZINGER J., *Der* **Weltdienst** *der Kirche. Auswirkungen von Gaudium et spes im letzten Jahrzehnt*, in: BAUCH A.–GLÄSSER A.–SEYBOLD M. (Hg.), *Zehn Jahre Vaticanum II*, Regensburg 1976, 36-53.

RATZINGER J., *Die christliche* **Brüderlichkeit**, München 1960.

RATZINGER J., **Die Ekklesiologie** *der Zweiten Vatikanums*, in: *IKaZ* 15 (1986), 41-52.

RATZINGER J., *Einführung in das* **Christentum**. *Vorlesungen über das Apostolische Glaubensbekenntnis*, München 1968.

RATZINGER J., *Stellvertretung*, in: *HThG* II, 566-575.

RATZINGER J., *Volk und Haus Gottes in Augustins Lehre von der Kirche* (Diss. Neudruck: *MThS.S* II/7), St. Ottilien 1992.

RAVASI G.-F., *Il rapporto uomo-donna, simbolo dell'alleanza, nei profeti*, in: *PSV* 13, 41-56.

REID D., **Christian Community** *as the Eschatological Family in Lucan Theology* (Diss. *PUG*; Exzerpt), Washington 1983.

RENAUD E., *Église-Famille et Dialogue Interreligieux*, in: *ProDial* 2 (1995), 167-170.

RICOEUR P., *La métaphore vive*, Paris 1975.

RIESNER R., *Apostolischer Gemeindeaufbau. Die Herausforderung der paulinischen Gemeinden*, Gießen 1980.

RIKHOF H.W., **The Concept of the Church:** *A Methodological Inquiry into the Use of Metaphors in Ecclesiology*, London 1981.

ROHRBASSER A. (Hg.), **Heilslehre** *der Kirche. Dokumente von Pius IX. bis Pius XII. Deutsche Ausgabe des französischen Originals von P. Cattin OP und H.Th.Conus OP besorgt von Anton* **Rohrbasser**, Fribourg 1953.

RUGGIERI G., *Die Wiederentdeckung der Kirche als evangelischer Gemeinschaft der Brüderlichkeit*, in: *Conc(D)* 17 (1981), 460-470.

RUSSO G., *Dalla Chiesa Sacramento alla famiglia sacramento? Considerazioni liturgico-morali sulla famiglia cristiana*, in: *EL* 106 (1992), 236-253.

RÜTTEN F., *Philologisches zum Canon Missae*, in: *StZ* 133 (1937/38), 43-50.

SAGARDOY A., *Geschwisterlichkeit*, in: *CI* 29 (1994), 35.

SAMBOU E., *Une voie réaliste pour l'ecclésiologie*, in: *LuV* 31 (1982/159), 29-41.

SANKEY P.J., *The Church as Clan: Critical Reflections on African Ecclesiology*, in: *IRM* 83 (1994), 437-449.

SANON F.M. (Hg.), **Options Fondamentales pour un nouveau départ. Message pascal des Evêques de Haute-Volta Avril 1977**, Bobo-Dioulasso [Burkina Faso] 1978.

SAWADGO S., *La **Communauté Chrétienne***, in: *FiRe* 103 (1977), 17-21.

SAWADGO S., *Le Buudu. Famille traditionelle du Moaga*, in: *FiRe* 123 (1983), 25-34.

SCHAMBECK H. (Hg.), **Apostolat und Familie** (*FS* O. ROSSI), Berlin 1980, 367-383.

SCHASCHING J., **Vaterlose Gesellschaft?** in: SCHAMBECK H. (Hg.), *Apostolat und Familie* (*FS* O. ROSSI), Berlin 1980, 436-450.

SCHAUT A., *Die Kirche als Volk Gottes. Selbstaussagen der Kirche im römischen Meßbuch*, in: *BenM* 25 (1949), 187-196.

SCHEEBEN M.J., *Handbuch der katholischen Dogmatik*, II. Buch (Hg. M. SCHMAUS), Freiburg ³1948; V. Buch, 1. Halbband (Hg. C. FECKES) Freiburg 1954.

SCHEEBEN M.J., *Die Mysterien des Christentums*, (Hg. J. HÖFER) Freiburg ²1951 [³1958].

SCHEFFCZYK L., *Kirche und Welt: der Weltauftrag der Kirche*, in: DERS., *Kirche in der Krise*, 113-124.

SCHEFFCZYK L., *Aspekte der **Kirche in der Krise**. Um die Entscheidung für das authentische Konzil*, Siegburg 1993.

SCHEFFCZYK L., *Der trinitarische Bezug des Mariengeheimnisses*, in: *Cath(M)* 29 (1975), 120-131.

SCHEFFCZYK L., *Der Zölibat: Formkraft priesterlicher Existenz und priesterlichen Dienstes*, in: *Semin* 33 (1993), 48-59.

SCHEFFCZYK L., *Die geschlechtliche Bipolarität im Lichte theologischer Anthropologie*, in: DERS., *Glaube in der Bewährung. Gesammelte Schriften zur Theologie* III, St. Ottilien 1991, 203-223.

SCHEFFCZYK L., **Die Kirche – das Ganzsakrament Jesu Christi**, in: LUTHE H. (Hg.), *Christusbegegnung in den Sakramenten*, Kevelaer 1981, 63-120.

SCHEFFCZYK L., *Die Kirche als Sakrament Jesu Christi*, in: DERS., *Aspekte der Kirche in der Krise. Um die Entscheidung für das authentische Konzil*, Siegburg 1993, 24-38.

SCHEFFCZYK L., **Jesus Christus – Ursakrament der Erlösung**, in: LUTHE H. (Hg.), *Christusbegegnung in den Sakramenten*, Kevelaer 1981, 9-61.

SCHEFFCZYK L., **Katholische Glaubenswelt. Wahrheit und Gestalt**, Aschaffenburg ²1978.

SCHEFFCZYK L., *Scheeben*, in: BÄUMER R.–SCHEFFCZYK L. (Hg.), *Marienlexikon* Bd. V, St. Ottilien 1993, 700f.

SCHEFFCZYK L., *Trinität: Das Specificum Christianum*, in: DERS., *Schwerpunkte des Glaubens. Gesammelte Schriften zur Theologie*, Einsiedeln 1977, 156-173.

SCHEFFCZYK L., *Trinität und Komplementarität. Zur Gründung der Komplementarität im Trinitätsgeheimnis* (unveröffentlichtes maschinschriftliches Ms., 16.07.1993), Bregenz 1993.

SCHEFFCZYK L., *Uneingelöste Traditionen der Trinitätslehre*, in: DERS., *Glaube in der Bewährung. Gesammelte Schriften zur Theologie* III, St. Ottilien 1991, 87-112.

SCHEFFCZYK L., *Zur christozentrischen (christocephalen) Interpretation der Erbsünde*, in: ERNST W.-FEIEREIS K. (Hg.), *Denkender Glaube in Geschichte und Gegenwart* (*FS Universität Erfurt, EThSt* 63), Leipzig 1992, 343-356.

SCHILLEBEECKX E., *Christus. Sakrament der Gottesbegegnung*, Mainz 1960.

SCHILLEBEECKX E., *Das kirchliche Amt*, Düsseldorf 1981.

SCHLIER H., *Christus und die Kirche im Epheserbrief*, Tübingen 1930.

SCHLIER H., *Der Brief an die Epheser. Ein Kommentar*, Düsseldorf ²1958 [³1962].

SCHLIER H.-WARNACH V., *Die Kirche im Epheserbrief*, Münster 1949.

SCHLINK E., *Die Methode des dogmatischen ökumenischen Dialogs*, in: *KuD* 1966, 205-211.

SCHMAUS M., *Katholische Dogmatik* III.1. *Die Lehre von der Kirche*, München ³⁻⁵1958.

SCHMIDT P., *Vater – Kind – Bruder. Biblische Begriffe in anthropologischer Sicht*, Düsseldorf 1978.

SCHMID M., *Der Traum von einer geschwisterlichen Kirche*, in: LUDIN W.-SEITERICH T.-ZULEHNER P.M. (Hg.), *Wir Kirchenträumer. Basisgemeinschaften im deutschsprachigen Raum*, Freiburg 1987, 149-155.

SCHNACKENBURG R., *Die sittliche Botschaft des Neuen Testaments* (*HThK* Sup. 11), Freiburg 1986.

SCHÖLLGEN G., *Hausgemeinden, oikos-Ekklesiologie und monarchischer Episkopat. Überlegungen zu einer neuen Forschungsrichtung*, in: *JAC* 31 (1988), 74-90.

SCHRENK G., πατηρ, in: *ThWNT* 5, Stuttgart 1954, 946-959; 974-1024.

SCHULTE R., *Überlegungen zu Sein und Verwirklichung menschlicher Geschlechtlichkeit in Verbindung mit dem Verständnis der Seele*, in: PÖLTNER G.-VETTER H. (Hg.), *Leben zur Gänze. Das Leib-Seele-Problem*, Wien 1986, 49-67.

SCHÜSSLER-FIORENZA F., **Foundational Theology**, New York 1984 [dt.: *Fundamentale Theologie. Zur Kritik theologischer Begründungsverfahren. Gekürzte Ausgabe aus dem Amerikanischen übersetzt von F.R. Hartwich*, Mainz 1992].

SCHWAB D., *Familienrecht*, in: *LThK³* 3, 1175-1177.

SCHWEIZER E., υιος *im Neuen Testament*, in: *ThWNT* 8, Stuttgart 1969, 364-395.

SEITERICH T., *Kirche von unten*, in: LUDIN W.-SEITERICH T.-ZULEHNER P.M. (Hg.), *Wir Kirchenträumer. Basisgemeinschaften im deutschsprachigen Raum*, Freiburg 1987, 179-184.

SEMERARO M., *Le immagini della Chiesa (LG 6)*, in: *Lat* 54 (1988), 92-118.

SEMMELROTH O., *Die Kirche als sichtbare Gestalt der unsichtbaren Gnade*, in: *Schol* 28 (1953), 23-39.

SEMMELROTH O., *Die Kirche als Ursakrament*, Frankfurt 1953.

SILANES N., *La Iglesia, familia de la Trinidad*, in: *EstTrin* 14 (1980), 231-245 [Der Beitrag wurde unter dem Titel «*La Iglesia. Familia de la Trinidad en el Vaticano II*» ebenfalls veröffentlicht in: *Semanas Estudios Trinitarios XIV. Trinidad y vida comunitaria*, Salamanca 1980, 81-97].

SOSKICE J.M., *Metaphors in Ecclesiology* [Rezension zu H.W. RIKHOF, *The Concept of the Church*], in: *HeyJ* 25 (1984), 55-59.

STEIN E., *Die Frau. Ihre Aufgabe nach Natur und Gnade*, in: *Edith Steins Werke*, Bd. V, Freiburg 1959.

STÖHR J., *Die Familie als Analogie zum Trinitätsmysterium?* in: STÖHR J. (Hg.), *Die Familie: ein Herzensanliegen. Zur neueren Theologie der christlichen Ehe. Internationales theologisches Symposion: Universität Bamberg (6.-8.11.1987)*, St. Ottilien 1988, 141-181.

SULLIVAN F., *The Church We Believe In. One, Holy, Catholic and Apostolic*, New York 1988.

TERKELSEN K.G., *Toward a Theory of Family Life Cycle*, in: CARTER E.A.-McGOLDRICK M., *The Family Life Cycle. A Framework for Family Therapy*, New York 1980, 21-52.

THEISSEN G., *Studien zur Soziologie des Urchristentums* (*WUNT* 19), Tübingen ²1983.

TROKAN J., *The Challenge of Ministry with a Family Perspective. An Ecological View*, in: *NThRev* 5 (1992), 20-32.

TROMP S., *Die Geburt der Kirche aus dem Herzen Jesu am Kreuz*, in: *ZAM* 9 (1934), 233-246 [lat. Originalfassung mit ausführlicherer Zit. der Quellen, in: *Gr* 13 (1932), 489-527].

TSHIBANGU T., *La théologie africaine*, Kinshasa 1987.

UN OFFICE AT VIENNA. CENTRE FOR SOCIAL DEVELOPMENT AND HUMANITARIAN AFFAIRS, *1994. International Year of the Family. «Building the smallest democracy at the heart of society»*, Wien 1991.

VANDE KERKOVE J.L., *L'ecclesiologia secondo le istanze socio-culturali e pastorali della Chiesa dell'Africa nera*, in: VALENTINI D. (Hg.), *La Teologia. Aspetti innovatori e loro incidenza sulla ecclesiologia e sulla mariologia. Atti del Convegno Internazionale di Teologi Dogmatici della Congregazione Salesiana (Roma, 3-7 gennaio 1988: BSR 85)*, Roma 1989, 223-248.

VASKOVICS L., *Thesen zur Interdependenz religiöser Organisationen und familialer Subsysteme*, in: *Conc(D)* 10 (1974), 72-76.

VÁZQUEZ FÉRNANDEZ A., *Los símbolos «familiares» de la Trinidad según la psicología profunda*, in: *EstTrin* 14 (1980), 319-385.

VIRGULIN S., *La sposa infedele in Osea*, in: *PSV* 13, 27-39.

VRIEZEN T.C., *Outline of Old Testament Theology*, Oxford 1958.

WATZLAWICK P. u.a., *Pragmatics of Human Communication*, New York 1967.

WEINHOLD J.B. u. B.K., *Partnership Families: Building the Smallest Democracy at the Heart of Society* (*UN* Occasional Papers Series 6; 1993), Wien 1993.

WEISCHEDEL W., *Der Gott der Philosophen. Grundlegung einer Philosophischen Theologie im Zeitalter des Nihilismus*, Bd. 1, München ²1985.

WESS P., *Eine Vision, die erschrecken läßt*, in: *PF* 11/1994 (10.06.1994) 22f.

WESS P., *Gemeindekirche – Ort des Glaubens: Die Praxis als Fundament und als Konsequenz der Theologie*, Graz 1989.

WESS P., *Gemeindekirche – Zukunft der Volkskirche. Der Lernweg einer Pfarrgemeinde*, Wien 1976.

WESS P., *Ihr alle seid **Geschwister**. Gemeinde und Priester*, Mainz 1983.

WESS P., ***Liebe in Gott** und in der Welt. Überlegungen zur Dreifaltigkeitslehre und ihrer sozialen Implikation*, in: ZKTh 107 (1985), 385-398.

WESS P., ***Strukturen der Liebe**. Von der kirchlichen Soziallehre zur Kirche als Sozialpraxis*, in: StZ 207 (1989), 110-122.

WESS P., *Zur Frage der **Notwendigkeit** und Größe einer geschwisterlichen Gemeinde*, in: *Diak* 12 (1981), 422f.

WIEDENHOFER S., *Das katholische **Kirchenverständnis**. Ein Lehrbuch der Ekklesiologie*, Graz 1992.

YANOOGO B., *Église-famille au Burkina Faso (Diss. Past. Theol. ICAO)*, Abidjan 1991.

ZIMMERLI W., ***Grundriß** der alttestamentlichen Theologie*, Stuttgart ⁵1985.

ZULEHNER P.M., *«**Denn du kommst** unserem Tun mit deiner Gnade zuvor ...» zur Theologie der Seelsorge heute. Paul M. Zulehner im Gespräch mit Karl Rahner. Unter Mitarbeit von Andreas Heller. Mit einem Nachwort: Karl Rahner zum Gedenken*, Düsseldorf ²1984.

ZULEHNER P.M., *Das **Gottesgerücht**. Bausteine für eine Kirche der Zukunft*, Düsseldorf ²1987.

ZULEHNER P.M., ***Kirche ereignet sich** in Gemeinden*, in: LUDIN W.-SEITERICH T.-ZULEHNER P.M. (Hg.), *Wir Kirchenträumer. Basisgemeinschaften im deutschsprachigen Raum*, Freiburg 1987, 10-19.

ZULEHNER P.M., ***Kirchenvision***, in: StZ 207 (1989) 3-14.

ZULEHNER P.M., *Religion im Leben der Österreicher. Dokumentation einer Umfrage*, Wien 1981.

ZULEHNER P.M., *Ungehaltene **Hirtenreden**. Menschlichkeit darf maßlos sein*, Freiburg ³1988.

ZULEHNER P.M., *Wider die **Resignation** in der Kirche. Aufruf zu kritischer Loyalität*, Wien 1989.

Finito di stampare il 30 gennaio 1998
Tipografia Poliglotta della Pontificia Università Gregoriana
Piazza della Pilotta, 4 - 00187 Roma